2012
中华人民共和国海关
AA类企业年鉴

海关总署稽查司 编

中国海关出版社

图书在版编目（CIP）数据

中华人民共和国海关 AA 类企业年鉴：2012 / 海关总署稽查司编. —北京：中国海关出版社，2012.3

ISBN 978-7-80165-869-2

Ⅰ.①中… Ⅱ.①海… Ⅲ.①进出口贸易—工商企业—中国—2012—年鉴
Ⅳ.①F729.2-54

中国版本图书馆 CIP 数据核字（2012）第 024946 号

中华人民共和国海关 AA 类企业年鉴(2012)

ZHONGHUA RENMIN GONGHEGUO HAIGUAN AA LEI QIYE NIANJIAN (2012)

作　　者：海关总署稽查司
策　　划：普　娜
责任编辑：左桂月　冯　菲
助理编辑：赵中娜　张　静
出版发行：中国海关出版社
社　　址：北京市朝阳区东四环南路甲 1 号　　邮政编码：100023
网　　址：www.hgcbs.com.cn；www.hgbookvip.com
编 辑 部：01065194242-7527（电话）　　01065194231（传真）
发 行 部：01065194242-7540/42/44/45（电话）　　01065194233（传真）
社办书店：01065195616/5127（电话/传真）　　01065194262/63（邮购电话）
北京市建国门内大街 6 号海关总署东配楼一层
印　　刷：廊坊市晶艺印务有限公司　　经销：新华书店
开　　本：889mm×1194mm　1/16
印　　张：52.25　　字数：1362 千字
版　　次：2012 年 3 月第 1 版
印　　次：2012 年 3 月第 1 次印刷
书　　号：ISBN　978-7-80165-869-2
定　　价：300.00 元

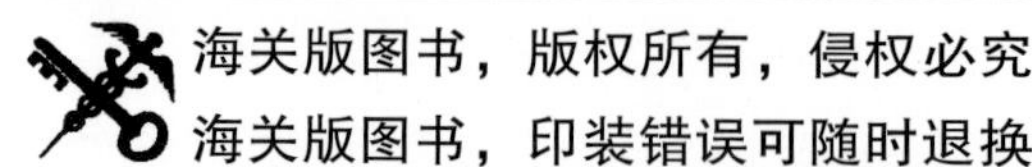

《中华人民共和国海关AA类企业年鉴（2012）》

编委会

协编

（排名按拼音顺

SMC（中国）有限公司

爱普生技术（深圳）有限公司

北京德尔福万源发动机管理系统有限公司

北京江河幕墙股份有限公司

北京科园信海医药经营有限公司

北京世元达电子技术有限公司

北京现代汽车有限公司

北京星宇车科技有限公司

重庆长安铃木汽车有限公司

蒂森电梯有限公司

福建联合石油化工有限公司

广东松下环境系统有限公司

广汽本田汽车有限公司

广州绿北洋皮革制品有限公司

广州中船龙穴造船有限公司

湖南泰嘉新材料科技股份有限公司

昆明中铁大型养路机械集团有限公司

乐金显示（广州）有限公司

青岛华天车辆有限公司

青海物通（集团）实业有限公司

山东东方海洋科技股份有限公司

山东省冶金设计院股份有限公司

上海善流物流有限公司

深圳长城开发科技股份有限公司

四川长虹电器股份有限公司

泰格工业集团有限公司

单 位

，不分先后）

清华同方 TSINGHUA TONGFANG 同方股份有限公司

同方威视技术股份有限公司

VARIAN medical systems 瓦里安医疗设备（中国）有限公司

RFMD 威讯联合半导体（北京）有限公司

XD 西安西电国际工程有限责任公司

中电科技国际贸易有限公司

中国船舶工业物资总公司

中国国际石油化工联合有限责任公司

中国国际图书贸易集团有限公司

SDIC 中国国投国际贸易有限公司

中国交通进出口总公司

中国乐凯胶片集团公司

中国石油工程建设公司

中国石油物资公司

中国首钢国际贸易工程公司

中国烟草 CHINA TOBACCO 中国烟草上海进出口有限责任公司

中国银行 中国银行总行

中国珠宝首饰进出口公司

中海石油化工进出口有限公司

COSL 中海油田服务股份有限公司

中航技国际经贸发展有限公司

中化国际招标有限责任公司

中技国际招标公司

中粮粮油有限公司

CRM 中国铁物 中铁物总进出口有限公司

百 年 中 行　全 球 服 务

全球现金管理
"世界无界"

报关即时通

中央财政业务
代理银行

中行概述

中国银行成立于1912年，先后履行中央银行、国际汇兑银行和外贸专业银行职能，坚持以服务大众、振兴民族金融业为己任，见证并参与了中华民族从苦难中崛起并走向伟大复兴的历史进程。

1912

1912年2月5日，中国银行在上海汉口路3号大清银行旧址上成立

1929

1929年伦敦经理处开业，中国银行迈出国门的第一步

1963

1963年，国务院决定用中国银行的外汇贷款购买远洋运输船舶,中国银行贷款支持的中国远洋船队在大海中航行

1994

1994年，中国银行获得港币发行权，成为允许在港发行货币的三家银行之一

2008

2008年，中国银行成为北京奥运会和残奥会唯一银行合作伙伴，创造了“服务零差错，客户零投诉”的佳绩，赢得国内外广泛赞誉

中国银行是中国国际化和多元化程度最高的银行，业务范围涵盖商业银行、投资银行、保险、基金管理、直接投资、飞机租赁等领域，在中国内地、港澳台及32个国家和地区拥有广泛的机构网络。

1989年以来，中国银行连续23次跻身于“世界500强”。在近百年的发展历程中，中国银行始终秉承追求卓越的精神、稳健经营的理念、诚信为本的传统和严谨细致的作风，携手客户共赢，向着国际一流银行不断迈进。

2012年中国银行迎来百年华诞

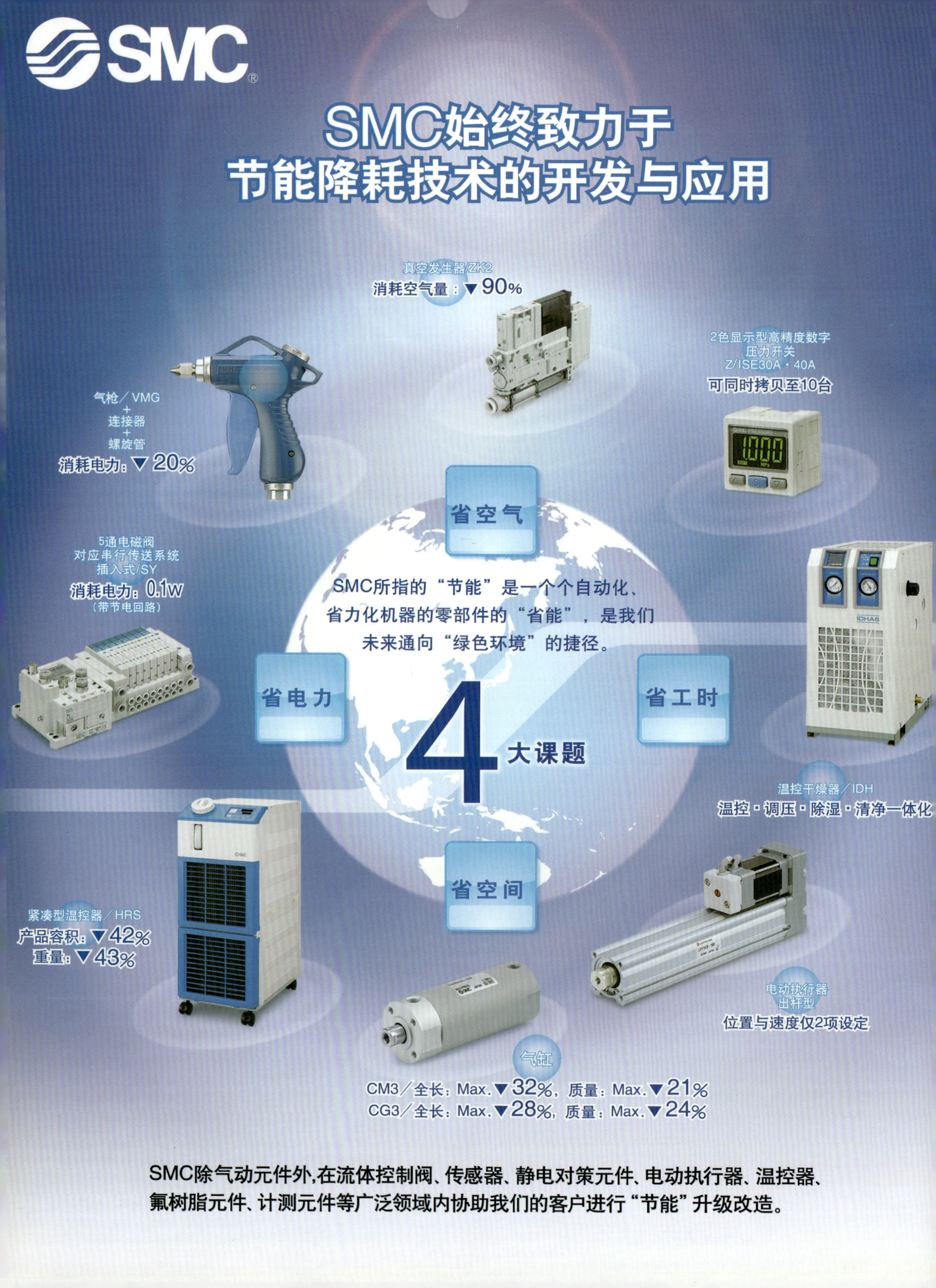

SMC始终致力于节能降耗技术的开发与应用

真空发生器/ZK2
消耗空气量：▼90%

2色显示型高精度数字压力开关
Z/ISE30A・40A
可同时拷贝至10台

气枪／VMG
+
连接器
+
螺旋管
消耗电力：▼20%

省空气

5通电磁阀
对应串行传送系统
插入式/SY
消耗电力：0.1W
（带节电回路）

SMC所指的"节能"是一个个自动化、省力化机器的零部件的"省能"，是我们未来通向"绿色环境"的捷径。

省电力

省工时

4大课题

温控干燥器／IDH
温控・调压・除湿・清净一体化

省空间

紧凑型温控器／HRS
产品容积：▼42%
重量：▼43%

电动执行器
出杆型
位置与速度仅2项设定

气缸
CM3／全长：Max.▼32%，质量：Max.▼21%
CG3／全长：Max.▼28%，质量：Max.▼24%

SMC除气动元件外，在流体控制阀、传感器、静电对策元件、电动执行器、温控器、氟树脂元件、计测元件等广泛领域内协助我们的客户进行"节能"升级改造。

面向全球的生产出口基地

Globe-oriented Production and Export Base

SMC最早在中国开展经营活动可以追溯到1985年。在过去26年的时间里，SMC一直活跃在中国市场，涉及许多工业产品领域，如：汽车、机床、半导体、液晶显示、太阳能电池、二次电池、LED、食品、医药、医疗、石油、化工、轨道交通等。

自1993年在哈尔滨工业大学设立第一家气动技术中心以来，SMC一直坚持走产、学、研相结合的道路，源源不断的技术创新和人才培养是我们一贯追求产业价值的体现。SMC始终将最前沿的气动、电动控制技术与实现自动化解决方案全面地投入到中国产业升级、产业结构改造和实现工业自动化的事业中。多年来，SMC已经成为中国工业自动化不分可割的一部分，是中国用户值得信赖的合作伙伴。

SMC见证了中国改革开放带来的巨大变化，同时也顺应时代发展潮流，不断积极进行自身的改革与发展。至今，SMC已在中国76个工业城市建立了营业所，为客户提供及时的技术支持与服务。SMC遍及中国的直销、代销机构可更好地把握市场脉搏，了解客户需求，让客户放心使用SMC的产品与技术。

SMC中国技术中心（CTC）
SMC China Technical Center

Beijing
北京分公司

北京第四工厂 Beijing #4 Factory
占地面积：95 590 m²
建筑面积：71 843 m²

Shanghai
上海分公司

Guangzhou
广州分公司

Hong Kong
香港公司

北京第一工厂 Beijing #1 Factory
占地面积：19 089 m²
建筑面积：16 300 m²

北京第二工厂 Beijing #2 Factory
占地面积：60 589 m²
建筑面积：40 600 m²

北京第三工厂 Beijing #3 Factory
占地面积： 274 891 m²
建筑面积： 150 000 m²

中国工厂

F.R.L 组装 F.R.L assembly

机加工生产线 Machining line

模具 Dies

冲压成型 Impact molding

氧化处理生产线 Oxidate disposal line

气缸组装 Cylinder assembly

北京现代
Drive your way™

北京现代
Drive your w

北京现代汽车有限公司

北京现代汽车有限公司成立于2002年10月18日，由北京汽车投资有限公司和韩国现代自动车株式会社共同出资设立，注册资本121 906.8万美元，总投资310 191万美元，中韩双方各占50%，合资期限为30年。北京现代是中国加入世界贸易组织后被批准的第一个汽车生产领域的中外合资项目，被确定为振兴北京现代制造业、发展首都经济的龙头项目和示范工程。

北京现代坐落于顺义区北京汽车生产基地，拥有两座整车生产工厂、两座发动机生产工厂和一座承担自主研发的技术中心。整车年生产能力已经达到60万台，发动机年生产能力达到60万台。工厂共占地面积181万平方米，现有员工9,700余人，生产机器人数量达到858台，位居国内乘用车生产企业前列，自动化程度很高。

目前正在推进第三工厂建设项目，三工厂位于北京市顺义区杨镇工业区，征地面积155万平方米，包括40万辆整车厂和40万台发动机厂，投资总额为12.46亿美元，分两阶段建设。到2012年，在公司成立十周年之际，第三工厂的竣工，将为北京现代构建100万辆产销体系提供强有力的硬件支持。

截至2011年10月，北京现代已拥有雅绅特、瑞纳、伊兰特、ELANTRA悦动、i30、ix35、途胜、MOINCA名驭、领翔、第八代索纳塔等10个系列车型。销售及售后服务网络已遍布全国，4S店数量461家，卫星店数量183家。累计销售313万辆，实现销售收入3 000亿元，累计纳税380亿元，带动160家（北京地区69家）配套企业就业约15万人，为振兴北京现代制造业、发展首都经济、稳定社会就业作出了应有的贡献。

北京现代良好的经营业绩对北京汽车工业和北京市整体的经济发展起到了极大的推动作用，成为北京乃至全国经济增长的亮点。北京现代的企业理念：“用精细的经营管理创造最好的回报，让股东满意；以舒适的现场提供最好的环境，让员工满意；靠完美的汽车开辟最好的生活，让顾客满意。”公司全体中韩员工将牢记使命，抓住机遇，迎接挑战，不断谱写新的篇章，把北京现代建设成为一个在全国乃至全世界有较高知名度和美誉度的“首都”品牌，为北京工业的繁荣兴盛，为首都经济的稳步发展，为中国建设社会主义和谐社会作出贡献。

广汽本田汽车有限公司

Guangqi Honda Automobile Co.,Ltd.

广汽本田汽车有限公司成立于1998年7月1日，公司注册资本28 329万美元。2010年进出口总额2亿美元。

公司自成立以来，在各级政府领导及有关部门的大力支持和关怀下，严格遵守国家各项法律法规，2008年成为海关总署首批分类管理AA类等级企业之一，2009年成为黄埔海关首批分类通关改革试点单位之一。

广汽本田目前拥有黄埔工厂、增城工厂两个厂区和一个汽车研发公司，现有量产车型包括Honda品牌旗下的歌诗图（Crosstour）、雅阁（Accord）、奥德赛（ODYSSEY）、锋范（CITY）和飞度（FIT）五大系列车型以及自主品牌理念（EVERUS）旗下的理念S1车型。理念S1由广汽本田汽车研究开发有限公司根据中国汽车市场发展趋势和消费需求而开发，是中国首个合资企业自主品牌的首款车型。

广汽本田的企业口号是“感世界而动”。“感世界而动”，代表着广汽本田及其每一个员工的姿态：在感受消费者的需求和社会环境的变化中，洞察到变化的本质，从而以别具一格的做法，挑战新事物，开创新潮流，创造出崭新的价值，并与消费者共享充满惊喜的感动。

广汽本田的环保口号是“让孩子的天空更蔚蓝”。自成立以来，广汽本田就将环保作为公司的事业来发展。于2006年9月19日全面落成的广汽本田增城工厂是个绿色工厂，它不设对外排污口，生活污水及工业废水经过污水处理站的处理，

实现100%回收再利用，成为全球第一个实现“废水零排放”的汽车工厂。2010年，该案例还入选2010上海世博会最佳城市实践区广州馆“水环境治理行动”展示案例。

作为汽车企业，广汽本田在为社会提供高品质的汽车的同时，也积极致力于解决汽车社会中的安全问题，共建和谐的交通环境。广汽本田的企业安全理念是“为了所有人的安全”。该理念以人为关注的中心，不但注重保护自身车内乘员的安全，而且也充分考虑对方车辆乘员和行人的保护，实现安全共存。广汽本田不仅长期坚持开展车主安全驾驶培训，还在国内首先举行“车对车碰撞试验”、“行人保护碰撞试验”等先进的碰撞试验，积极倡导社会关注交通安全。

广汽本田多次被评为“中国最受尊敬企业”和“中国最佳企业公民”。2011年7月，据权威的汽车评级机构J.D.Power亚太公司最新发布的2010年中国售后服务满意度指数调研（CSI）报告，广汽本田的售后服务荣获中国汽车行业客户满意度第一名。

地址：广州市黄埔区广本路一号（总部）　邮编：510700　网址：www.ghac.cn

CHINA SHOUGANG INTERNATIONAL TRADE &

中国首钢国际贸易

秘鲁铁矿

钢材出口

海外工程

中国首钢国际贸易工程公司(简称首钢国际)是1992年6月经国务院批准成立的国有企业，注册资本金5亿元人民币。首钢国际是一家独立运作的大型外经外贸企业，是首钢的全资子公司和集团的重要成员。首钢国际主营海外投资、进出口贸易、物流运输、设备引进、海外工程承揽及综合服务业等业务。首钢国际2010年实现营业收入407.3亿元，进出口总额52.65亿美元。在“2010年中国对外贸易500强企业”中，首钢国际排名第38位。首钢国际是中国海关最早评定的全国A类企业。

ENGINEERING CORP

工程公司

首钢国际在国内外拥有20多家全资控股公司，包括首钢控股（香港）有限公司、首钢秘鲁铁矿等，在印度、澳大利亚、韩国、津巴布韦、美国、奥地利、加拿大、新加坡、马来西亚、阿联酋等10多个国家和地区设有分支机构。

首钢国际在世界范围内，面向东南亚、日本、非洲、美洲和澳大利亚等50多个国家和地区出口各种钢材、有色金属、非金属矿产品、金属制品、机电产品等近百种商品。它是中国主要铁矿产品进口企业之一，与国外著名铁矿石供应商有着良好的合作关系，长期进口来自秘鲁、澳大利亚、巴西、印度及南非等国家的铁矿产品。首钢国际从首钢集团的战略发展需要出发，负责冶金设备的进口工作。通过不断参与国际投标和市场竞争，积累了独立承揽海外工程项目的丰富经验，依托首钢大型现代化钢铁联合企业所具有的钢铁、矿业、机械、建筑、电子等行业的生产管理经验和综合实力，形成了承揽海外工程项目、成套设备出口，以及提供工程设计、施工，设备安装调试和技术服务一体化的支柱产业，先后承揽并完成了印度那柯高炉、苏佳那综合钢厂、巴塞尔综合钢厂、印度尼西亚棒材轧机、菲律宾焊管、津巴布韦钢铁公司4号高炉大修及转炉改造等一批大中型工程项目，特别是2011年7月成功承揽了马来西亚东钢综合钢厂项目，赢得了良好的国际声誉。

首钢国际的未来发展，将以提升和拓展首钢海外事业为目标，通过不懈努力，建设国际知名的工贸结合型和投资控股型的国际贸易工程公司。首钢国际愿与各界朋友广泛开展多种形式的合作，共同创建美好的未来。

地址：中国北京海淀区西直门北大街60号　邮编：100082
电话：010-82291111（总机）　传真：010-82295000

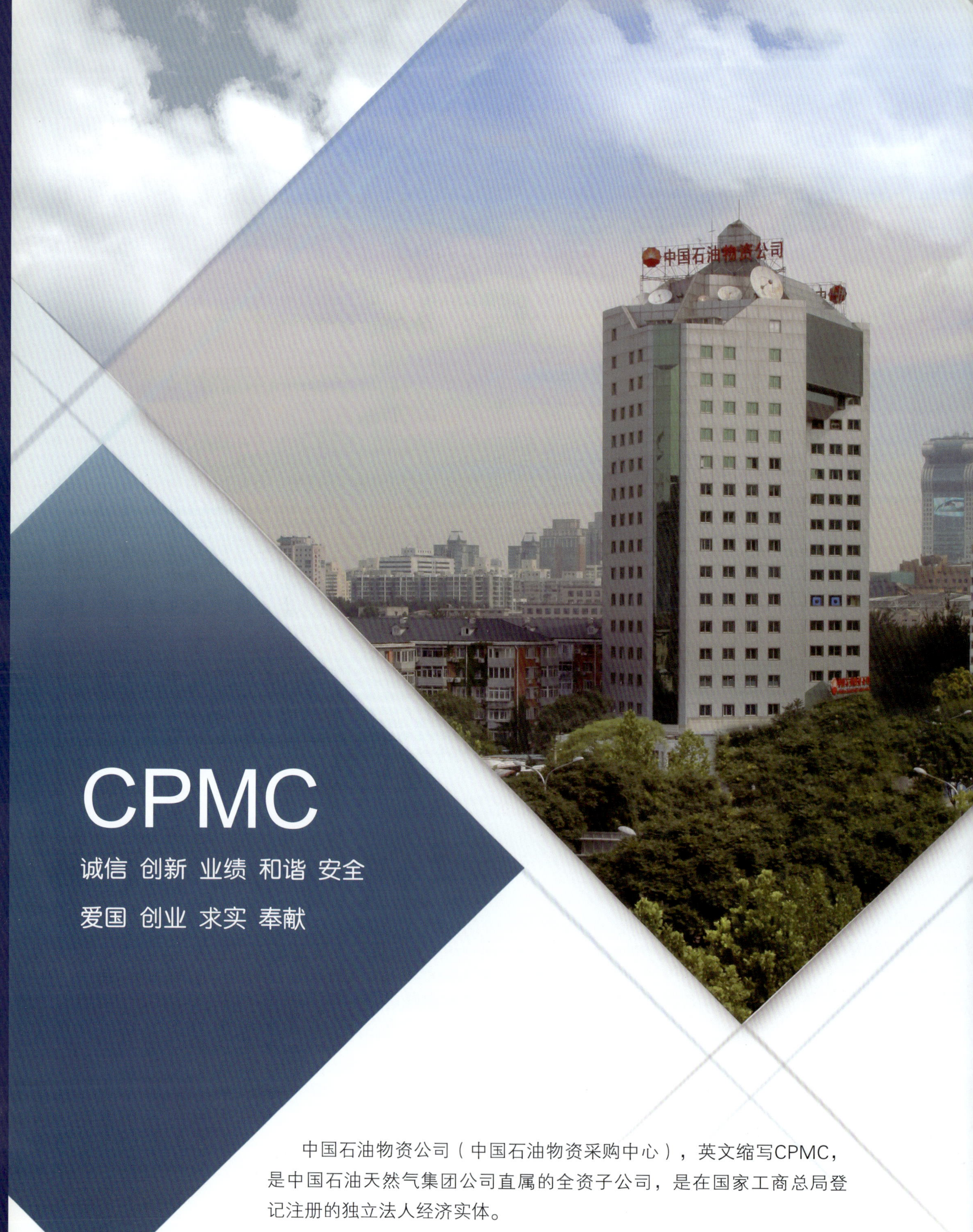

CPMC

诚信 创新 业绩 和谐 安全

爱国 创业 求实 奉献

中国石油物资公司（中国石油物资采购中心），英文缩写CPMC，是中国石油天然气集团公司直属的全资子公司，是在国家工商总局登记注册的独立法人经济实体。

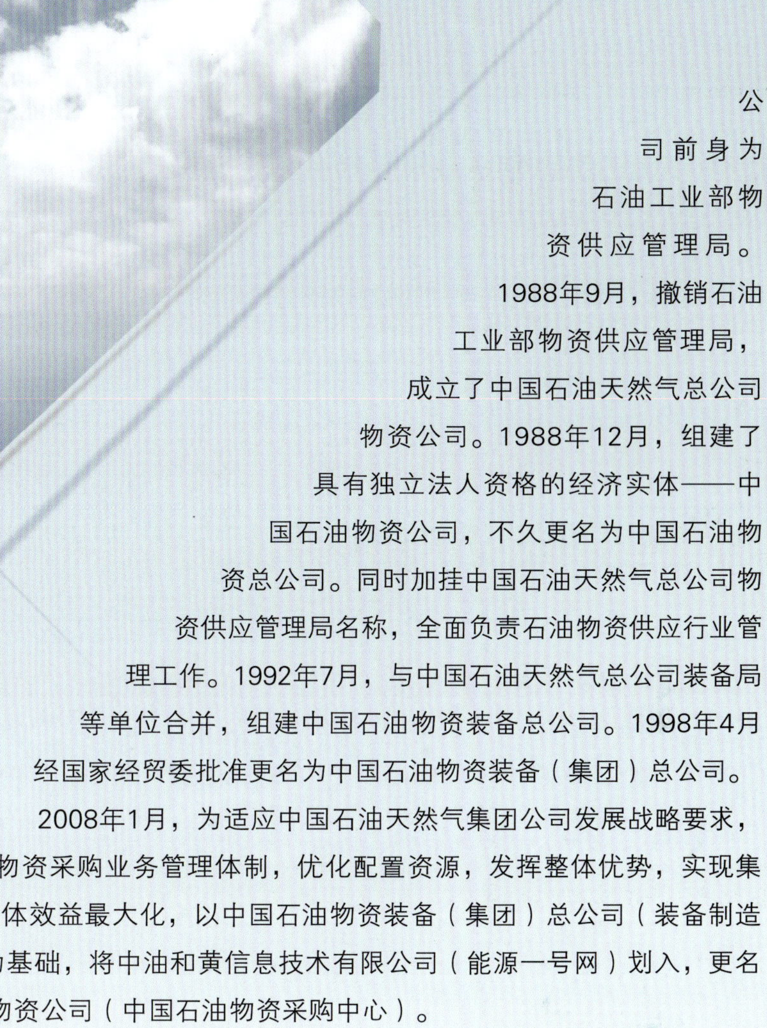

公司前身为石油工业部物资供应管理局。1988年9月，撤销石油工业部物资供应管理局，成立了中国石油天然气总公司物资公司。1988年12月，组建了具有独立法人资格的经济实体——中国石油物资公司，不久更名为中国石油物资总公司。同时加挂中国石油天然气总公司物资供应管理局名称，全面负责石油物资供应行业管理工作。1992年7月，与中国石油天然气总公司装备局等单位合并，组建中国石油物资装备总公司。1998年4月经国家经贸委批准更名为中国石油物资装备（集团）总公司。2008年1月，为适应中国石油天然气集团公司发展战略要求，理顺物资采购业务管理体制，优化配置资源，发挥整体优势，实现集团公司整体效益最大化，以中国石油物资装备（集团）总公司（装备制造业务除外）为基础，将中油和黄信息技术有限公司（能源一号网）划入，更名组建了中国石油物资公司（中国石油物资采购中心）。

中国石油物资公司

目前，公司作为中国石油天然气集团公司直属的物资专业化公司，主要承担集团公司、股份公司物资集中采购任务，包括大宗物资、重要物资、长周期物资、安全物资、成套设备、大型工程项目所需物资的采购业务，急需物资的供应保障和战略储备物资的仓储管理。公司拥有国内外贸易、国际国内招标、电子商务、运保商检、仓储物流等一体化物资采购服务功能，拥有甲级机电产品国际招标资质、中央投资项目招标资质、工程项目招标资质、进口付汇核销A类资质、海关AA类企业、危险化学品经营许可、辐射产品经营许可、电信与信息服务业务经营许可、石油专用管材检测实验室等多项专业资质和经营许可证书。

面对新的机遇和挑战，公司秉承“爱国、创业、求实、奉献”的企业精神，恪守“诚信、创新、业绩、和谐、安全”的核心经营理念，不断提升企业核心竞争力，努力为中国石油建设综合性国际能源公司提供优质物资供应服务保障。

驰名商标证书
国营长虹机器厂：
经审定，你厂注册并使用在电视机商品上的
"长虹"商标为驰名商标。
一九九七年四月九日
证书
授予 四川长虹电器股份有限公司
创新型企业
科学技术部 国务院国资委 中华全国总工会
二〇〇八年七月
全国抗震救灾英雄集体
统计调查

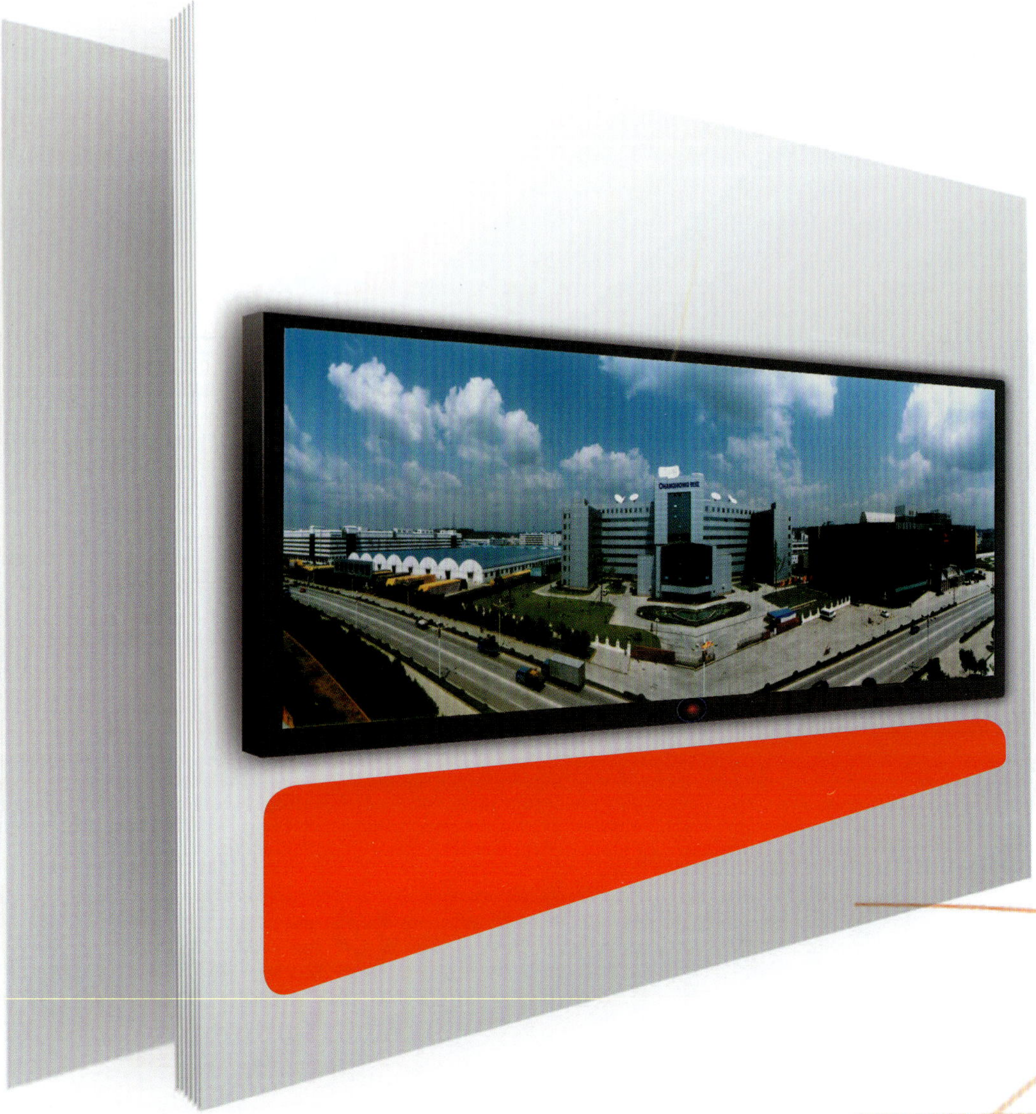

责任、创新、坚韧 ■　　员工满意、顾客满意、股东满意 ■

长虹始创于1958年，从军工立业、彩电兴业到信息电子的多元拓展，已成为集军工、消费电子、核心器件研发与制造为一体的综合型跨国企业集团，并正向具有全球竞争力的信息家电内容与服务提供商挺进。目前，长虹品牌价值705.69亿元。

近年来，长虹以创新为导向，不断提升核心技术创新能力，创新管理模式，提升经营活力，积极推进产业结构调整，不断丰富产业形态，挺进关键器件、核心部件领域，大力实施品牌国际化战略，不断提升企业综合竞争能力。

目前，长虹正全力推进制造业升级、服务业转型和全球化发展，坚持“员工满意、顾客满意、股东满意”的核心价值理念，恪守“责任、坚韧、创新”的精神，凭借品牌、技术、人才、市场、服务等强大实力，秉持“快乐创造C生活”的品牌主张，致力于为消费者创造聪明（Clever）、舒适（Comfort）、酷（Cool）的生活，成为全球值得尊重的企业。

注册资本：189 821万。经营范围：开展电视、空调、冰箱、IT、通讯、网络、数码、芯片、能源、商用电子、电子部品、生活家电及新型平板显示器件等产业研发、生产、销售、服务为一体的多元化业务。

地址：四川省绵阳市高新区绵兴东路35号
邮编：621000
网址：www.changhong.com.cn

中国烟草上海进出口有限责任公司

中国烟草上海进出口有限责任公司始建于1985年1月，是原对外贸易经济合作部批准的工贸一体化外贸公司。现为上海烟草集团有限责任公司［2011年1月由上海烟草（集团）公司更名，以下简称“上烟集团”］的全资子公司，注册资本人民币5 846万元，是全国烟草行业的主要口岸公司，是上烟集团开展对外经济合作的重要窗口，承担着上烟集团“走出去”国际化发展的重任。

公司主要经营烟草及其制品，烟草行业专用物资，专用机械及配套物资等进出口业务。2010年公司进出口贸易总额达1.888 7亿美元，创汇1.515亿美元，同比增长7.30%。其中，卷烟出口60.65亿支，创汇1.365亿美元；烟草机械、辅料等出口实现0.15亿美元。截至2010年，公司进出口贸易总额累计达30.35亿美元，出口创汇逾21.06亿美元。公司自1991年起连续十几年位列“中国最大500家出口企业”，自1994年起连年获得上海海关“信得过企业”荣誉称号，是首批获得“中国海关AA类企业”最高信用等级的企业之一。目前公司出口的上烟集团卷烟共进入了全球62个国家和地区的海外市场。

天语 SX4

千帆竞过，百舸争流，长安铃木如今已形成了一套独具特色、务实高效的公司理念。小少轻短美，是长安铃木的建厂方针和立业之本；精益生产，提升效率争创行业领先；追求零缺陷，使产品质量精益求精；处处为客户着想，营销服务贴心到位；尊重、培养、善用，全方位促进人才的快速成长。

重庆长安铃木汽车有限公司

重庆长安铃木汽车有限公司创建于1993年6月，是由重庆长安汽车股份有限公司（占51%）、日本铃木株式会社（占25%）、日本双日株式会社（占 14%）、铃木（中国）投资有限公司（占10%）四方持股的中日合资企业。公司注册资本19 000万美元，投资总额55 500万美元。作为国内大型的综合性现代汽车制造企业，长安铃木公司占地面积约42万平方米，现有员工4 000余人。

1999年，长安铃木对生产线实施了首期15万辆技改扩能工程，并逐次优化拓展，拥有天语、雨燕、羚羊和奥拓等四个系列约20个车型，G、M、K系列三个发动机机型，已具备了年产25万辆整车和25万台发动机的生产能力。2009年，长安铃木第100万辆轿车下线；2010年，公司年产销轿车突破20万辆，昂首迈入了中国汽车行业主流阵营。

通过引入日本铃木全球战略车型，不断完善现有产品谱系，长安铃木目前已拥有天语、雨燕、羚羊、新奥拓等四个系列车型，G、M、K三个发动机机型。天语SX4——国内首款cross跨界车型；雨燕——CRC、JWRC拉力赛年度总冠军；羚羊——树立了“低能耗、高品质”的行业标杆，被誉为“节油大师”；新奥拓——以其“精品、炫动、超节能”的设计理念，延续着铃木“小车之王”的美誉。

全系车型搭载了具备铃木先进技术的发动机，涵盖了1.0升至1.8升排量区间，其中K系列发动机百公里最低油耗仅为3.6L，G系列发动机创造了128万公里无大修记录，M系列发动机多次入选全国十佳发动机。

作为整车制造企业，长安铃木始终将提升技术发展视为提升竞争力的重要因素。2007年，技术中心下设整车、发动机、试验评价、项目管理、新能源等九大研发机构和配套试验室，通过引入国际先进的试验设备，开展技术人员赴日研修及各种专业培训，自主研发能力得到很大提升。

Way of Life
我的生活 我的路

天语 尚悦

公司引进日本铃木的科学管理模式，推行国际通用的精益生产方式，将“小少轻短美”经营理念贯穿于生产制造全过程，实行“准时制”生产和“零库存”管理，生产效率行业领先。

随着产品销量的不断提升，公司始终坚持以市场为导向，以客户为中心，致力于营销网络建设，成功实施了“千店工程”战略，网点遍布全国31个省、市、自治区。

员工的不断成长是企业持续发展的不竭动力，长安铃木视员工为企业最宝贵的财富，通过建立职业资格管理体系，创建职业发展通道；尊重员工职业倾向，提供多形式培养机会；以业务绩效为导向，打造人才梯队，多渠道、全方位促进人才培养工作，员工实施培训率超过90%。

通过公司党、政、工、团的通力配合，积极探索，长安铃木形成了符合合资企业特色的党群工作方式，成效显著。其中，公司党委连续数年被股份公司党委评为先进基层党组织；公司工会始终致力于“双维护”、“双关心”特色工作，依法维护员工合法权益，被市总工会授予“模范职工之家”称号；公司团委积极发挥公司青年模范先锋作用，已培养出极具表率作用的“重庆市青年文明号”、“建设重庆青年文明号”单位。

作为国内知名企业、重庆市第一支柱产业的核心成员，重庆长安铃木汽车有限公司直接带动了大批相关企业的成长壮大，繁荣了区域经济，创造了良好的经济效益和社会效益，已累计为社会创造利税100多亿元，为拉动重庆市、巴南区区域经济的发展作出了重大贡献！公司因此荣获“全国守合同重信用企业”、“重庆市纳税大户”、“重庆市高新技术企业”、“重庆市十佳外商投资企业”等诸多荣誉称号。

当前，国家大力倡导节能减排，随着国人消费观念的日趋成熟，以长安铃木为代表的“低能耗、高品质”经济型家轿，将把握时代脉搏，迎来广阔的市场前景！为此，公司制定了五年规划和未来发展愿景，2015年产销轿车将达到50万辆，销售收入420亿元；以树立经济型家轿领军品牌为目标，以打造中国一流汽车企业为使命，精耕细作，不断开拓进取。

锐骑 新奥拓 雨燕

北京江河幕墙股份有限公司

北京江河幕墙股份有限公司(简称“江河幕墙”，股票代码：601886)是一家在上海证券交易所A股主板上市的大型跨国企业，是集产品研发、工程设计、精密制造、安装施工、咨询服务、成品出口于一体的幕墙系统整体解决方案提供商，是中国最具技术实力、最具成长性的高端幕墙企业，是全球建筑幕墙行业的主要领导者与领先企业。

江河幕墙总部设在北京,是中国建筑建材行业首家国家级技术创新示范企业、中国幕墙业唯一一家国家级企业技术中心、行业首家国际认可CNAS 出口企业检测中心，同时也是国内幕墙行业首家国家火炬计划重点高新技术企业、国家级博士后科研工作站设站企业，在全球设立了40家分支机构。

经营项目

许可经营项目

制造各类幕墙、门窗、钢结构产品，加工各类玻璃、铝材、石材、钢材、金属五金制品等建筑装饰材料，对外派遣实施本公司境外工程所需的劳务人员。

一般经营项目

专业承包，建筑幕墙工程设计，建筑装饰设计，销售各类幕墙、门窗、钢结构产品，销售各类玻璃、铝材、石材、钢材、金属五金制品等建筑装饰材料，技术咨询、技术服务，货物进出口、技术进出口、代理进出口，承包境外建筑幕墙工程和境内国际招标工程，上述境外工程所需的设备、材料出口，技术开发。

江河幕墙全球最具影响力工程列表

序号	项目名称	高度（米）	所在地区/城市
1	上海中心大厦	632	上海
2	沙特CMA Tower	385	沙特利雅得
3	大连裕景二期	383.05	大连
4	Abu Dhabi Gateway Sky（Phase I&II）	365.40	阿联酋阿布扎比
5	Abu Dhabi National Oil Company New Corporate Headquarters	342.35	阿联酋阿布扎比
6	天津环球金融中心	336.90	天津
7	中国国贸三期	330	北京
8	Dubai Infinity Tower	310	阿联酋迪拜
9	广州珠江城	309	广州
10	广州利通广场	303	广州
11	深圳南山酒店	300	深圳
12	南昌绿地广场	289	南昌
13	重庆天成大厦	280	重庆
14	郑州绿地广场	280	郑州

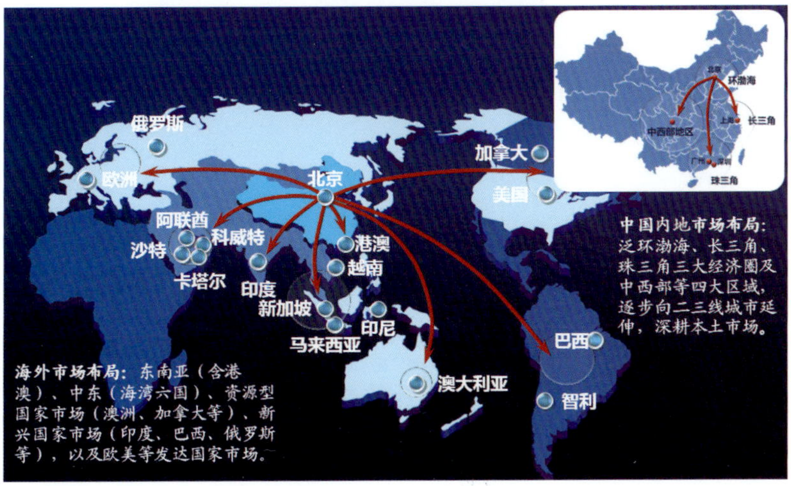

获得的荣誉

- 中国最具竞争力500强企业
- 中国幕墙企业用户首选品牌
- 中国建筑幕墙行业50强企业（前二名）
- 中国建筑装饰协会AAA+信用企业
- 中国建设科技自主创新优势企业
- 全国首批高校毕业生就业见习示范基地
- 中国创新设计红星奖（金奖）
- 中国建设门窗幕墙“四新”推广单位
- 全国企事业知识产权试点单位
- 光伏建筑一体化北京市工程实验室
- 北京市建筑装饰行业科技先进企业
- 北京市著名商标

中国国际石油化工

地址：中国北京朝阳区朝阳门北大街22号中国石化大厦
邮编：100728
网址：www.sinopec.com.cn

中国国际石油化工联合有限责任公司（英文缩写UNIPEC，中文简称联合石化）是于1993年2月经国务院批准正式成立的大型国际石油贸易公司，是中国石油化工股份有限公司的全资子公司，是中国最大的贸易公司，主要承担着中国石化的原油进口、成品油进出口、来料加工、转口贸易等国际石油贸易业务。公司注册资金30亿元人民币。

公司总部下设综合管理及业务部门11个；在境内的宁波、青岛及二连浩特设有3个口岸分公司；在海外设立了5

联合有限责任公司

个境外子公司，1个代表处，即联合石化亚洲有限公司、联合石化英国有限公司、联合石化新加坡有限责任公司、联合石化美洲有限公司、中石化冠德控股有限公司（香港上市公司）、联合石化越南代表处。

联合石化主要经营范围包括四大板块，即原油贸易、成品油贸易、LNG贸易及仓储物流等国际石油贸易业务。2010年，实现总贸易量2.09亿吨，贸易额1 144亿美元。2009年，公司被海关认证为AA企业；多次被北京市国家税务局和地方税务局评为“纳税信用A级企业”。

经过多年的积累发展，联合石化形成了具有一定国际竞争优势的国际石油贸易公司。目前在全球范围内建立了多元化的石油贸易渠道和网络体系，与全球近75个国家（地区）的600余家交易对手建立了广泛的贸易往来，开展良好的合作关系。联合石化致力于开发资源，拓展市场，以保障国家能源安全、稳定经济供应为己任，倡导用事业凝聚人、用文化鼓舞人、用感情温暖人、用机制激励人的理念，讲求诚信经营的商业道德，联合石化正朝着“打造具有市场领导地位的国际一流贸易商”目标奋勇迈进。

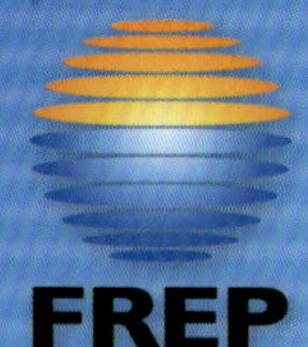

福建联合石油化工有限公司

FUJIAN REFINING & PETROCHEMICAL COMPANY LIMITED

福建联合石油化工有限公司是由福建炼油化工有限公司（代表中国石化和福建省出资）和埃克森美孚中国石油化工公司、沙特阿美中国有限公司以50%：25%：25%的股比出资共同设立的中外合资大型石油化工企业，总投资约400亿人民币，旨在建设和运营世界级、高科技、一体化的石油化工基地。公司总占地面积约480公顷，地处中国东南沿海的湄洲湾南岸，位于福建省泉州市泉港区，交通便捷，区位优势突出。

公司于2007年3月正式成立，2007年6月正式投入运营，在原400万吨/ 年（8万桶/天）炼厂的基础上，投资兴建了炼油乙烯一体化项目，将公司的炼油能力提升至1200万吨/年（24万桶/天），大幅提高加工含硫原油的炼制能力，主要加工沙特含硫原油，生产高质量的石油产品，并新建一套80万吨/年乙烯裂解装置、一套80万吨/年聚乙烯装置、一套40万吨/年聚丙烯装置和一套70万吨/年芳烃联合装置；同时，建设中国首套高度集成一体化部分氧化/汽电联产(IGCC)装置，用于制氢、产汽和发电；建设了与上述工艺装置相配套的厂内和厂外公用工程以及30万吨级原油码头和60万立方米中转油库，将公司码头吞吐量提升至1800万吨/年。新建项目于2009年8月份成功投入试运行，2009年11月宣布正式投入商业运营。

公司生产运行采用了现场总线集成控制等目前世界先进的自动化技术，实现数字化工厂的管理控制一体化，确保各装置的稳定和最优化生产运行；运用科学的管理和对生产过程的精确控制，生产出高品质的石油化工产品，为社会经济的发展提供清洁能源。按照设计能力，公司每年可向国内外迅速增长的市场提供约750万吨高品质成品油、130万吨塑料原料、70万吨化纤原料等石油化工产品，主要化工产品包括聚乙烯、聚丙烯、对二甲苯、工业用纯苯、丁二烯。另外，有甲苯、混合二甲苯、乙烯、丙烯、正丁烷等化工产品出厂。主要炼油产品包括车用汽油、轻柴油、3号喷气燃料、液化石油气、沥青、延迟石油焦、硫磺（液体/固体）、轻质燃料油。

公司始终致力于追求健康、安全和环境的协调发展，将生产活动对环境的影响降到最低；不断提升在各个业务领域的业绩，以保持公司的竞争优势；不断加强与客户、供应商等各关联方的合作，以优质的产品和服务帮助各关联方取得更大的成功，从而实现各方的互利共赢；同时高度重视和积极履行企业社会责任，以各种方式回馈社会，致力于成为最受雇员欢迎的公司、客户/供应商等关联方信赖的合作伙伴和周边社区的好邻居。

地址：福建省泉州市泉港区

邮编：362800

网址：www.fjrep.com

2011~2015：致力于建设成为亚洲领先的炼油化工一体化企业

2011-2015: Commit to Build a Leading Integrated Refining and Petrochemical Company in Asia

董事长、总裁：陆东 先生

广州中船龙穴造船有限公司公司位于广州市南沙区龙穴岛，离广州市区约70公里，毗邻香港和澳门，地理位置得天独厚。公司占地面积253万平方米，拥有大型船坞2座、泊位4个、600吨龙门吊4台。公司采用先进的工艺流程和设备，规划设计年造船能力达350万载重吨。

公司于2008年上半年开工造船，首制30.8万载重吨VLCC于2009年第四季度交船，截至2011年11月上旬，公司已完工交船346.6万载重吨。公司的建成投产，对于促进广东地区产业结构优化升级、完善我国船舶工业产业布局和使我国成为造船大国、强国具有重大意义。

公司的产品定位为超大型油轮（VLCC）、苏伊士型油轮、阿芙拉型油轮、巴拿马型油轮，超大型矿砂船（VLOC），超好望角型和好望角型散货船、超巴拿马型及巴拿马型散货船，大型集装箱船，高新技术船舶（如LNG）等民用船舶。

公司以打造世界造船企业之星为愿景；以为世界主干航线的主流船东提供一流的大型船舶，成为世界主干航线航运企业的最佳合作伙伴和船舶供应商为使命；秉承诚信造船、平安造船、绿色造船、精益造船的经营管理理念，全力打造“机构精简、管理高效、流程合理、设备先进、员工忠诚、效益领先”的世界一流的现代化造船企业。

广州中船龙穴造船有限公司于2006年5月25日注册成立，是中国三大造船基地之一的龙穴造船基地的核心企业，是目前我国在华南地区最大的现代化大型船舶总装骨干企业，由中国船舶工业集团公司、宝钢集团有限公司、中国海运（集团）总公司等三家中央特大型企业集团合资经营。

320000 载重吨超大型油轮

308000 载重吨超大型油轮

230000 载重吨矿砂船

82000 载重吨散货船

115000 载重吨阿芙拉型原油船

76000 载重吨成品油 / 原油船

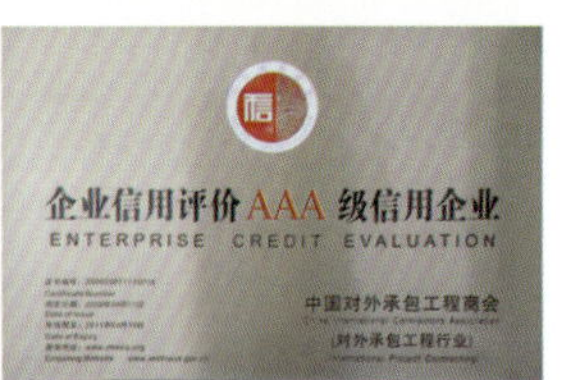

CHINA PETROLEUM ENGINEERING & CONSTRUCTION CORP.

中国石油工程建设公司

中国石油工程建设公司（CPECC）是中国石油天然气集团公司(CNPC)专门从事石油工程建设的专业公司。2006年度公司被评为海关总署“红名单”企业，2008年获得中国海关首批AA类管理企业。

公司建设功能完善，技术力量雄厚，拥有一大批熟悉国际惯例、技术水平高、管理经验丰富的专业技术和管理人才，具备设计、采购、制造、施工一体化全功能，能够在高原、沙漠、滩海等各种条件下，按照国际标准和惯例，提供大型石油石化工程项目前期咨询、可行性研究、环评安评、勘察测量、设计、采购、施工、制造、监理、试运投产和运行维修等各项服务，以及项目总承包（EPC）和项目管理承包（PMC）服务。公司连续18年入选美国《工程新闻记录》（ENR）的全球最大225家国际工程承包商，连续6年入选“中国承包商企业60强”，荣膺“2009年中国最具成长性承包商”第1位，工程建设和服务发展到了50多个国家和地区。自2008年以来，公司年经营总额三年分别达到100亿元、200亿元、300亿元人民币；2010年，工程带动出口额4.56亿美元，已将一大批国产优质设备和材料应用于国外大型石油石化项目，不仅保证了工程项目目标的实现，而且为中国产品在国际市场上创造了良好品牌效益。

公司始终坚持“诚信、创新、服务、共赢”的经营理念，努力为客户提供优质高效、安全环保的服务和产品，不断创造和提升客户投资价值。

诚信 创新 服务 共赢

CHINA RAILWAY LARGE MAINTENANCE MACHINERY CO.,LTD.KUNMINE

昆明中铁大型养路机械集团有限公司

昆明中铁大型养路机械集团有限公司（简称昆明中铁）隶属于国务院国资委管理的中国铁建股份有限公司，始建于1954年。公司注册资本58 798.4万元，占地面积887.6亩。2011年9月30日合并资产总额486 861.38万元，2011年1～9月进口总额41 390.69万元，2011年1～9月出口总额10 610.57万元。经营范围包括：铁路专用设备器材及配件、金属结构及构件、铁路运输设备制造，经营企业自产机电产品、成套设备及相关技术的出口业务，本企业生产科研所属的原辅料、机械设备、仪器仪表、零配件等技术的进出口业务。多年来，昆明中铁肩负着“为铁路强基固本”的神圣使命，以发展我国铁路养路机械事业为己任，通过引进技术、消化吸收和再创新，积累了一批自有技术和核心技术，具备了较强的自主创新能力，创立了符合国情的大型养路机械发展模式和技术体系，开发了一批具有自主知识产权的新产品，形成了良好的品牌效应。

公司董事长、党委书记 马云昆

昆明中铁通过了ISO 9001质量管理体系和OHSMS 28001职业健康安全管理体系认证，现已形成清筛、捣固、配砟、稳定、物料、焊轨等多个系列40多种产品配套的格局，实现了大型养路

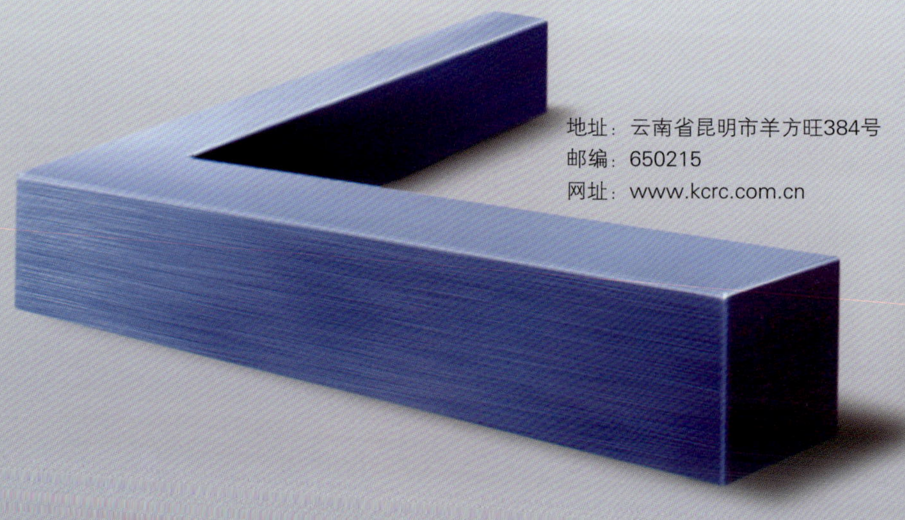

地址：云南省昆明市羊方旺384号
邮编：650215
网址：www.kcrc.com.cn

机械国产化配套，产品遍布全国各铁路局、工程局、地方铁路和城市地铁，市场占有率超过80%，是中国研发制造能力最强、产销量最大的铁路大型养路机械制造和修理基地，中国铁路养路机械设备的领军企业。多次荣获国家科学技术进步奖、国家火炬计划重点高新技术企业、全国文明单位、全国质量工作先进单位、全国设备管理先进单位、中国标准创新贡献奖、中国名牌产品、全国爱国拥军模范单位、全国模范职工之家、全国群众体育工作先进单位、中央企业先进基层党组织、中央企业先进集体等荣誉称号。

大型养路机械是铁路技术装备现代化的重要组成部分，对提高线路质量和作业效率具有重要作用，是确保铁路高速重载和安全运营不可缺少的重要装备。随着中国铁路的技术进步和装备现代化的发展，大型养路机械的综合作业范围覆盖了全国繁忙干线的大修、维修作业主要项目，大大提高了线路维修作业质量，结束了我国铁路依靠人工养护的历史，促进了铁路工务修程、修制的改革。在我国铁路历次大面积提速和青藏铁路等新线建设中发挥了不可替代的作用，使我国铁路养路机械的整体技术装备水平进入了世界先进行列。

青海物通（集团）实业有限公司是一家集铁合金研发生产、煤焦化、矿山开采、节能技术研发服务、物流、水利发电于一体的现代化企业集团，目前集团拥有资产15亿元，所属子公司15家，现有员工2 871人，农民工2 100人，残疾人68人，其中从事研究开发人员数398人，大专以上学历科技人员数134人，其中有国家级专家1人、高级职称技术人员15人、中级职称技术人员30人。

青海物通（集团）实业有限公司

2009年集团公司销售收入16.38亿元，上缴税收5 000万元，出口创汇5 548万美元，保持了青海省出口创汇第一名。2010年销售收入23亿元，上缴税收7 136万元，出口创汇1.11亿美元，是青海省50强企业、30户经济运行重点企业、纳税先进企业、高新技术企业，出口创汇居全省首位。

公司高纯硅铁产能居全国第一位，现拥有千万吨级铁多金属矿山两处，千万吨级高品质硅石矿两处，已形成矿山开发 — 煤焦化 — 冶金 — 精深加工为一体的铁合金产业链。目前公司启动了青海省最大的休闲娱乐中心——民和万亩桃园生态观光农业旅游度假区项目和青海省现代化大型工程机械交易中心项目。

公司自主研发的“物通牌”高纯硅铁，质量稳定，获两项国家技术专利，被认定为青海省高新技术产品，其产量、技术、质量处于国内外领先水平，产品销售到国内外诸多大型钢厂，各系列产品供不应求。

公司自主研发具有独立知识产权的矿热炉余热发电技术荣获青海省2009年度 “优秀技术创新奖”，申报国家技术专利两项。为再度提升企业技术创新水平，引进高端技术人才，目前公司正在积极筹备成立博士后工作站。

公司硅铁冶炼烟气余热发电项目一期工程于2009年10月26日竣工投运，已发电3 000多万度，余热发电二期工程即将建设完工。项目总投资1.71亿元，装机容量24 000kW，设计年发电量1.92亿度，相当于年节约标煤7万余吨，减少二氧化碳排放18万吨。项目全部建成后，硅铁冶炼可降低电耗800～1 000kWh/t，公司硅铁冶炼单耗从原来8 500kWh降低到7 500kWh，新增产值6 144万元,利税3 000万元。项目的实施不仅给企业自身带来了利润空间和发展前景,而且对全国同行业走节能减排、循环发展道路产生了积极的示范作用，是全国高耗能企业在节能技术方面的重大突破，被国家发改委列入“国家重点节能技术推广目录”，物通集团百通公司也由此成为青海省唯一一家国家工信部、财政部、科技部公布的创建“环境友好型、资源节约型”试点企业。

近年来，在青海省、西宁市各级政府和社会各界的关心支持下，青海物通（集团）实业有限公司得到了长足的发展。先后荣获了“全国商务系统先进集体”、“全国就业与社会保障先进民营企业”、2010年“青海省上缴税收先进企业”、2010年“青海省保增长、促发展先进单位”、“2010年度全省外贸进出口优秀企业”、“青海省经济运行先进单位”、“青海省节能降耗先进单位”、“青海省安全生产先进企业”、“青海省民族团结进步模范集体”、“青海省模范劳动关系和谐企业”、“最佳信贷诚信客户”、农行青海省分行“AAA级信用企业”、“信用知名品牌单位”、西宁市“和谐劳动关系优秀企业”、“先进基层党组织”、“十一五建功立业先进单位”。公司董事长杨生良先生被评为“全国模范军队转业干部”，荣获“全国光彩事业奖”、“全省光彩事业贡献奖”、“全省第五届优秀企业家”、“青海省最佳职业经理人”等荣誉称号。

青海物通（集团）实业有限公司董事长杨生良带领全体员工，以科学发展观为指导，发扬“团结、求实、创新、发展”的物通精神，不断发挥自身优势，积极承担企业的社会责任，为实现物通集团跨越式发展，为青海的和谐繁荣而努力奋斗！

超越自我 追求卓越

集团化 专业化 规模化

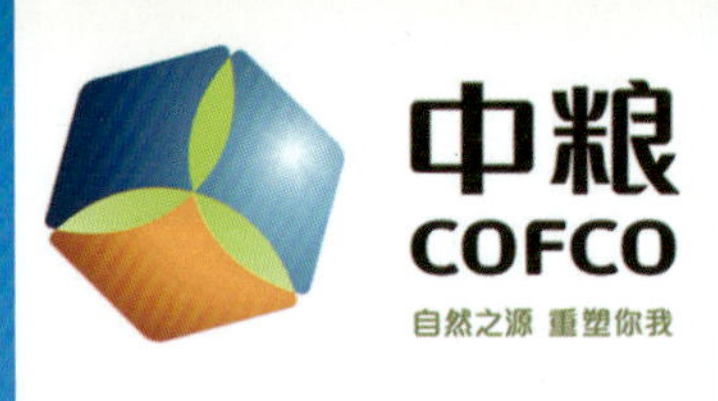

中粮
COFCO
自然之源 重塑你我

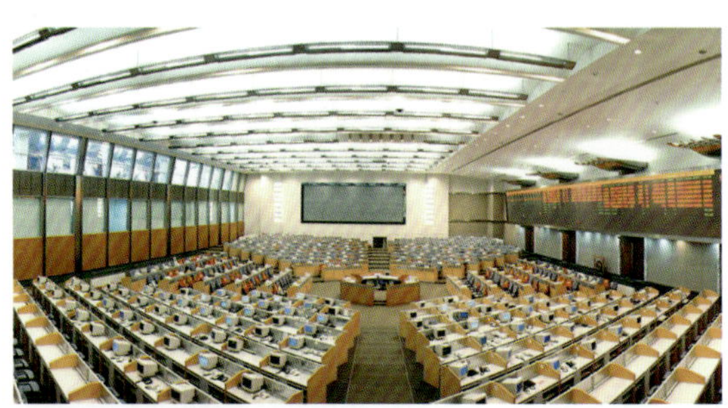

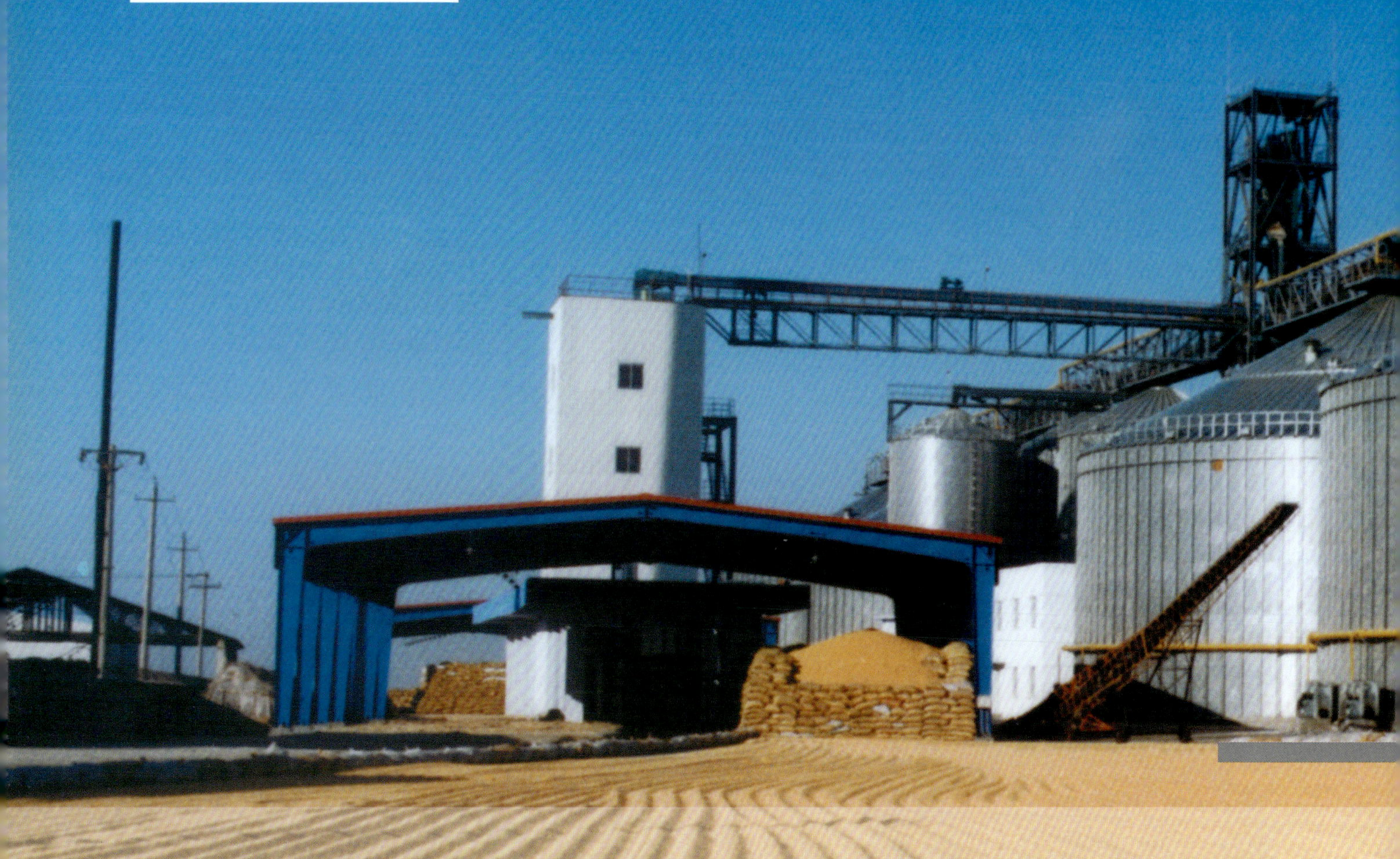

中粮粮油有限公司

COFCO

中粮粮油有限公司是中粮集团直属一级经营企业，是中粮集团专门从事国内外粮油贸易流通、国产油料加工和饲料加工等粮油业务的经营业务群，是中国海关AA类管理企业。

公司由中粮小麦事业部、中粮玉米事业部、中国粮食贸易公司、中国植物油公司、中粮饲料公司、中粮食品原料事业部、期货事业部等7个事业部组成。2011年公司资产总额300多亿元，年粮油经营量2 000多万吨，营业收入500多亿元。

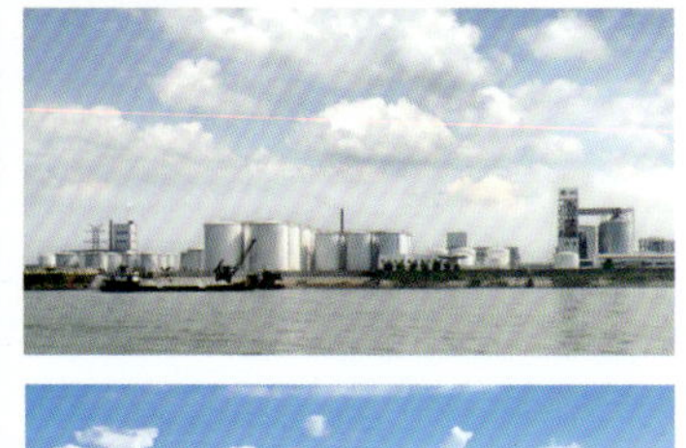

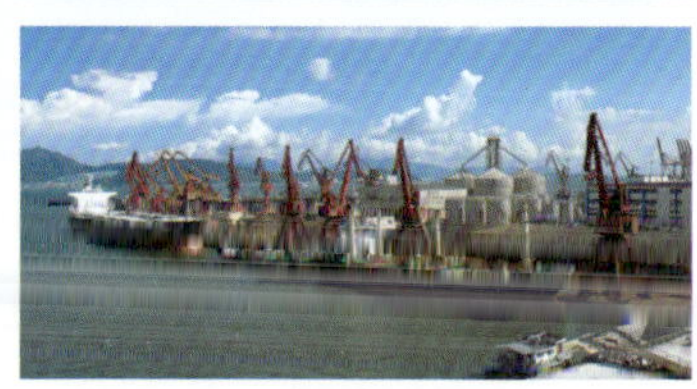

中粮粮油经营范围主要包括农业服务、粮油仓储物流、粮油饲料国际和国内贸易、油脂油料加工、饲料加工、粮油国内外期货等6个领域，经营品种包括小麦、玉米、稻谷、杂粮豆类、油料、食用油脂、饲料原料及产品等。秉承“促进粮油饲料商品流通，提升客户、股东、员工价值”的使命和“成为中国粮食流通行业领导者”的愿景，中粮粮油作为高效连接粮油生产者和粮油、饲料加工企业的桥梁和纽带，为中国农民提供优质的种植和收储服务，为加工企

业提供稳定可靠的原料保障和技术支持；同时，还为消费者提供营养健康的食用油脂，为养殖业提供安全高效的饲料产品及服务。

中粮粮油是经营中国小麦、玉米等大宗农产品进出口业务的主要企业，同时常年经营大豆、豆油、棕榈油、鱼粉、木薯、菜粕、DDGS、饲料添加剂等粮油饲料原料的进口业务，以及杂粮豆等食品原料的出口业务，与美国、加拿大、欧盟、南美、澳大利亚等主要粮、油生产国（地区），以及日本、韩国、东南亚、中东、非洲等主要粮、油消费国（地区）的客户建立了深厚的友谊和良好稳定的合作关系。

2010年中粮粮油进出口总量达700多万吨，金额近30亿美元。

凭借专业的经营团队、一流的管理能力、完善的购销网络，中粮粮油已成为中国粮油流通行业经营规模最大、赢利能力最强的市场化企业，在实现国有资产保值增值的同时，也为维护中国粮油市场稳定、保障国家粮食安全和食品安全发挥着重要作用。

中粮粮油将秉承合作共赢、共同成长的理念，与广大客户和行业同仁一道，为推动行业健康发展和繁荣进步，为增进中国农民和消费者福祉而不懈努力。

法定代表人 栗明

地址：北京市朝阳区朝阳门南大街8号
邮编：100020
网址：www.cofco.com
传真：010-85637622

诚信 拼搏 奉献 创新
兴船报国 创新超越
CSEMC

中化国际招标

诚信、合作、善于学习

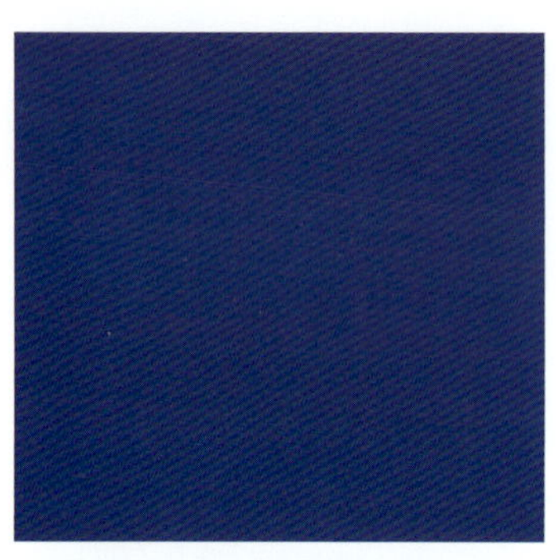

中化国际招标有限责任公司（简称“中化招标”）是中国中化股份有限公司经营国际、国内招标及相关技术和设备进口代理、采购管理、国际商务咨询、工程咨询等业务的专业公司，注册资本3 577万人民币，拥有“国际招标机构甲级资格”、“工程招标代理机构甲级资格”、“中央投资项目招标代理机构甲级资格”、“中华人民共和国政府采购代理机构甲级资格”等资质，是北京海关批准的首批AA类管理企业,已成为行业内最具影响力的服务商之一。

经营范围：经营国际金融组织贷款项下国际招标采购业务；从事利用国外贷款和国内资金采购机电产品的国际招标业务和其他国际招标采购业务；工程、货物、服务项目招、投标代理业务；进出口业务；百货、针纺织品、日用杂品、五金交电、电子计算机及外部设备、工艺美术品、家具、机械电器设备、建筑材料、黑色金属材料、化工产品及材料（不含危险化学品）；轻工材料、石油制品、润滑油、润滑脂、畜产品、饲料的销售；与上述业务相关的咨询服务、展览、广告和技术交流；节能减排相关的技术服务、节能咨询服务；小轿车销售；仓储及物流服务；设备维修服务。

SINOCHEM INTERNATIONAL TENDERING CO.,LTD.

网址：www.sinochemitc.com

有限责任公司

认真、创新、追求卓越

中化招标主要服务于航空航天、铁道交通、石油化工、有色冶金、市政公用、船舶等领域，承担了中国商飞、航天科工、航天科技、中国南车、中国北车、中国船舶、中船重工、中铝集团和东北特钢等企业的国家重点投资项目，近十年，招标和进口代理金额累计逾千亿元人民币。

在从事上述业务的基础上，中化招标还致力于开展EPC（设计–采购–施工）采购咨询和BOT（建造–运营–移交）法人招标咨询及代理业务，大力推进集团化采购全过程管理和工程项目管理、工程项目监管咨询等服务。公司专业化、高质量的服务得到广大客户的高度认可，连续多年入选由行业权威机构组织评选的“十大最受欢迎招标机构”、“最具竞争力招标代理机构”，并于2010年被中国招标投标协会评选为“招标代理机构诚信创优先进单位”，获得了年度“十大最具影响力招标机构”、“中国招标代理机构十大顶级品牌”和“最受业主尊敬的招标机构”等多项荣誉。

超高超大货物运输：泸州港大货拆箱运输

中化国际招标有限责任公司代理四川省境内客户进口一台“曲轴数控车铣加工中心”，该设备的主机尺寸为16.25mX3.71mX5.2m。因内陆运输途中架空建筑限高4.9m,货物需要拆除原木质包装及地盘中心支架把高度降到4.4米后方可运输。拆箱后如何固定设备、使用何种运输工具运输是本次操作的难点。进口合同各方经过数轮艰苦的讨论、精密的论证，终于形成了科学可行的拆箱运输方案。经过1个多月的精心准备，2011年4月12日，各方在泸州码头齐心协力，克服重重困难，文明拆箱、安全起吊、稳固固定、顺利起运。2011年4月20日，拆箱后的设备安全抵达用户现场。

改造后的液压低平板挂车

四川省唯一的一台液压低平板挂车，车板面长度为15m，为三段组合而成，前一段长度6.5m,中间段长度5m，后面段长度4.5m,高度为0.40m。为了运输超大件货物，需要对此挂车进行改造：将整块钢板（厚度为0.04m）焊接固定在运输车板上，再将机床以螺栓固定在钢板上，机床与钢板的连接位置之间以薄钢板（0.02m）进行加固。内陆运输途中架空建筑限高4.9m，拆箱后的裸机净高4.4m,钢板高0.06m,车板高0.4m，共计高度4.86m，可以顺利通过。

中海油田服务股份有限公司

中海油田服务股份有限公司（中海油服, China Oilfield Services Limited 或 COSL）是一家拥有近50年海上作业经验、分别在沪港两地（ 601808.SS、2883.HK ）上市的综合型油田服务全面解决方案供应商，服务涉及石油及天然气勘探、开发、生产三个阶段，具有物探勘察、钻完井、油田技术、船舶服务四大主营业务板块，是中国乃至世界上功能齐全、服务链完整的综合型海上油田服务公司。

公司拥有中国最强大的海上石油服务装备群。截至目前，公司共运营和管理31座钻井平台（包括27座自升式钻井船、4座半潜式钻井船）、2座生活平台、4套模块钻机和6台陆地钻机。另外，公司还拥有和操作中国最大、功能最齐备的近海工作船队，包括75艘各类工作船和3艘油轮，5艘化学品船，9艘地震船，4艘勘察船，以及包括FCT （增强型储层特性测试仪）、FET（地层评价测试仪）、LWD（随钻测井仪）、ERSC（钻井式井壁取芯仪）等众多先进的测井、泥浆、定向井、固井和修井等油田技术服务设备。

作为中国海上最大的油田服务上市公司，本公司既可以为客户提供单一业务的作业服务，也可以为客户提供一体化整装、总承包作业服务。公司的服务区域包括中国海域，并延伸至世界其他地区，如南美、北美、中东、非洲、欧洲、东南亚和澳大利亚。公司员工始终坚持最高的健康、安全、环保标准，并专注于为客户提供一流的优质服务。2010年，公司的DOC （Doucument of Compliance）通过了中华人民共和国海事局的换证审核；ISO9001证书、ISO14001证书、OHSAS18001证书通过了DNV的年度审核，上述证书持续有效。

“在我们必须做得更好”的企业理念下，中海油服竭诚为中外客户提供安全、优质、高效、环保的服务，实现与股东、客户、员工、伙伴共赢，向国际一流油田服务公司迈进。

公司总部地址：北京232信箱

邮编：101149

网址：www.cosl.com.cn

综合型油田服务
全面解决方案供应商

1.中海油田服务股份有限公司办公大楼

2.正在挪威作业的半潜式钻井平台COSLPioneer

3.十二缆深水物探船“海洋石油720”

重大荣誉：

- 2008年入选标准普尔大中华区精选股票组合25支表现最强股票之一
- 2009中国企业社会责任特别大奖
- 中国25家最受尊敬上市公司
- ELLS成像测井系统获得国家科技进步二等奖
- 国内首批海洋高技术产业化基地
- 2011年度市值管理绩效百佳奖

公司领导合影

乐金显示（广州）有限公司

乐金显示（广州）有限公司成立于2006年，是LG Display Co., Ltd(下称乐金显示集团)和创维电视控股有限公司合资成立的专业TFT-LCD供应商。其前身为乐金飞利浦液晶显示（广州）有限公司，于2008年6月正式更名为乐金显示（广州）有限公司。

乐金显示集团（广州）的主营业务为研发、生产、销售液晶显示器件系列产品及数字电视机模组，显示屏材料，并提供相关配套服务。其规划建设成为中国大尺寸液晶模组的生产、研发、售后服务中心基地，并最终形成液晶产业集群。目前乐金显示集团（广州）项目已吸引多家产业链内厂商投资广州，包括创维、瑞仪等国内外知名企业，产业效果初步显现，预计产业集群形成后能产生近千亿元的产值，有效地带动了厂区周边经济的发展，并创造了大量的就业机会。乐金显示集团（广州）立足华南，利用华南优越的区位优势，辐射东南亚及欧美市场。

目前，公司共有37条生产线，月产能达到500万台，累计生产达到1亿台。产品高度总和是珠穆朗玛峰的283倍，周长相当于绕地球1.5圈。公司现在人员总数为5 700左右，年产值实现了60亿美元，不仅解决了大量的就业问题，同时为开发区、广州市的发展作出了贡献。

总经理金麟洙

公司主要生产17～55寸的Monitor用及TV用液晶显示模组，客户均为国际知名IT和TV企业，包括苹果、戴尔、联想、惠普、LG、海尔、创维、康佳、TCL等。

自建厂以来，乐金（显示）广州有限公司多次获得开发区工业增长优秀企业和外贸出口优秀企业称号，并被评选为广东平板显示产业促进会副会长单位。2008 年3月又通过了德国莱茵公司的现场审核，获得ISO14001、OHSAS18001和ISO9001标准认证。2009年2月，ERP项目正式上线运行，大幅提升了公司的管理水平和运营效率。

公司近年来获得的各项荣誉

2010年	被广州开发区评选为10年度外贸出口优秀企业
2010年	被广州开发区评选为10年度工业增长优秀企业
2010年	被广东省评选为10~12年度广东省现代产业500强项目
2011年4月	被中国海关总署授予AA类企业

LG CIN

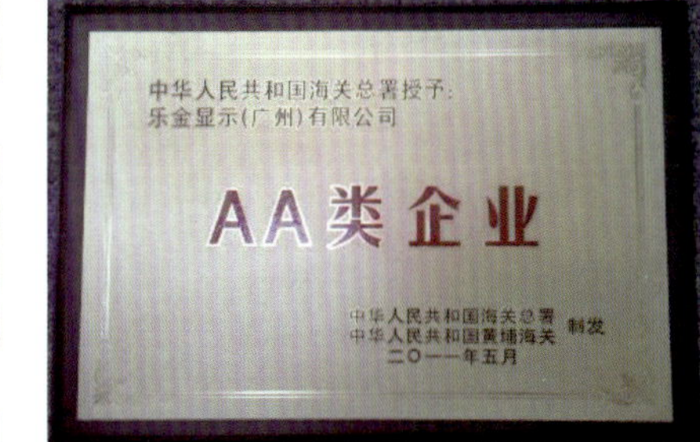

中华人民共和国海关总署授予：
乐金显示(广州)有限公司
AA类企业
中华人民共和国海关总署
中华人民共和国黄埔海关 制发
二〇一一年五月

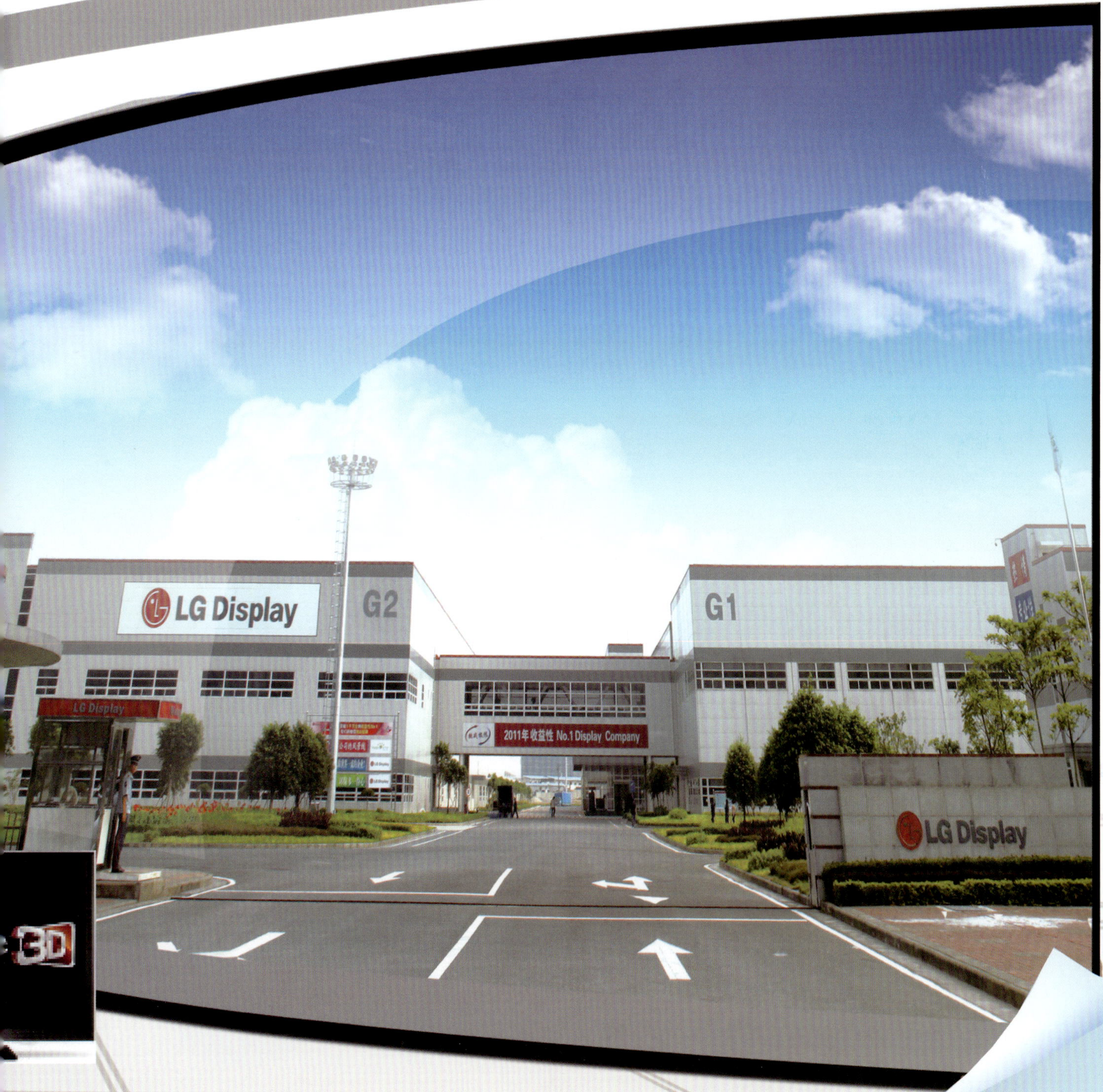
LG Display
G2
G1
2011年收益性 No.1 Display Company
LG Display

HT
工具车
货仓车
水车
轮子

青岛华天车辆有限公司

“诚信者成功 勤劳者获益”是华天不变的企业理念。青岛华天车辆有限公司成立于2000年1月。十多年来，华天以诚信汇聚私有资本，以管理创造效益，以创新促进发展，以质量谋求生存，以人为本竞争未来，历经拼搏，现已发展成为总资产近3亿元，生产和出口各类手推车、工具车、金属制品、塑料制品、橡胶制品、物流器械、园艺工具等为一体的的综合型企业。公司系山东省机械行业出口创汇先进单位、青岛百强企业、胶南市十强企业，连续多年被评为省、市级“重合同、守信用”企业与出口创汇先进单位。2005年荣登“福布斯”中文版“2005年中国潜力100榜”，位列19位，高居山东省榜首。同年，被录入“2005年中国成长企业百强”榜，位列31位。2006年被评为“中国十大行业隐形冠军”。2007年被录入“中国机械工业500强”。2009年被录入“中国机械工业500强”，被评为“青岛市劳动关系和谐企业”、“青岛市AA级诚信企业”、“青岛市优秀外商投资企业”。2010年荣获“中国自主创新百强企业”、“山东省诚信企业”荣誉称号。

总经理 刘智军

华天自始自终奉行“出口龙头战略”，力争打造成为中国工具车出口行业的尖兵。所生产的各种系列的产品全部销售美国、欧洲、日本、东南亚等全球100多个国家与地区。自主品牌“金隼”（Golden Falcon）2009年被评为“山东省著名商标”，在国际同行业中也享有较高的知名度与声誉。多年来，为推动企业的稳定、快速发展，将企业做大、做优、做强，增强市场竞争力，华天不断强化管理，吸收并借鉴国际先进的管理观念，相继实施了“6S现场管理”、“精益生产管理”及“学习型组织创建”等，推动了企业管理的不断升级，不断加大了新产品开发与技术投入力度，引入了国际上比较先进的设备和生产工艺，以人为本，鼓励与促进企业内部创新，成功开发与研制了大量广受市场欢迎的产品。公司已有43种产品获国家级产品技术专利，21种产品通过国际GS产品认证，并先后通过了ISO9001国际质量认证和“CCC”产品认证。

Shiyuanda Electronics

世元达

董事长 金雄

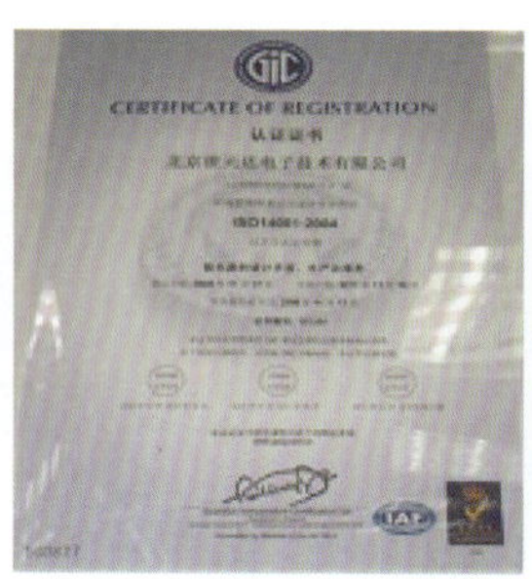

地址：北京市经济技术开发区永昌南路34号 邮编：100176 网址：www.shiyuanda.com.cn

北京世元达电子技术有限公司

北京世元达电子技术有限公司2004年8月31日注册成立于北京经济技术开发区，是一家中韩合资企业，注册资金450万美元，现有员工600人，其中管理及技术人才45人（其中韩籍高管3人），具有博士学位人才2人，本科学位20人，大专学历30人，生产线员工均具有中专及高中学历。

本公司主要是为京东方光电科技有限公司提供背光源模块，月生产能力为 200万片，同时在其他行业从事业务有开发、生产LED灯具、广告用超薄灯箱及零部件等。为把好质量关，创优质企业，公司于2006年通过了ISO 9001国际标准质量体系认证，2008年通过了ISO 14001环境质量体系认证。公司成立7年来，一直致力于在企业内部建立和谐劳动关系。公司于2007年获得北京经济技术开发区和谐劳动关系企业称号，2008获得北京市和谐劳动关系企业称号，2008年获得北京市总工会工人先锋号称号，2009年获得中华全国总工会工人先锋号荣誉称号，2010年获得北京市“三八”红旗集体荣誉称号。公司拥有一批资深的工程师和技术人员,并且拥有一支优秀的管理团队，严格奉行“以人为本，客户至上，科技创新，品质保证”的经营理念，以“追求卓越，诚信为本”为宗旨，竭诚为新老客户提供最优质的服务, 愿与广大客户携手合作,共创背光源行业的光彩世界!

北京科园信海医药经营有限公司

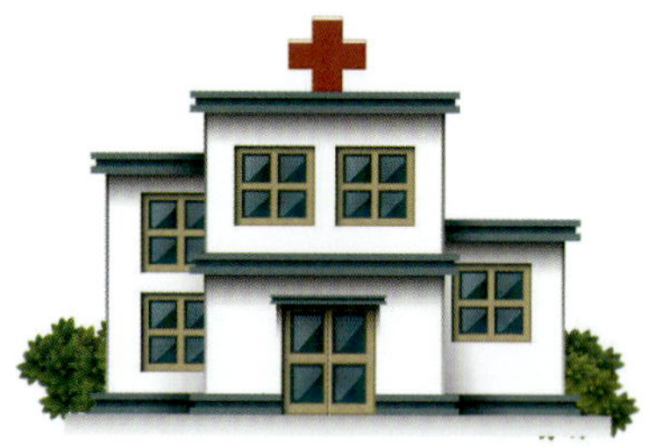

北京科园信海医药经营有限公司成立于1995年，注册资金3亿元人民币，是一家集医院药品销售、跨区域商业分销、疫苗分销、医疗耗材及器械分销、零售及患者服务、进口保税、IT解决方案、第三方物流于一体的大型综合服务性医药经营企业。

公司现有员工580余人，先后与国内外1 600余家知名制药企业建立了长期合作伙伴关系。目前，公司在北京市有近400家医疗机构，在全国有700家二级商业客户、200余家疫苗CDC销售客户和100余家医疗器械的分销合作网络，直配客户1 000余家，经营各类品种6 500余种。2010年实现销售70.31亿元，进出口总额达17.77亿元；2011年上半年实现销售44.88亿元，同比增长44%。在2009全国医药商业企业前20强中，我公司列第18位，利税排名第14位。

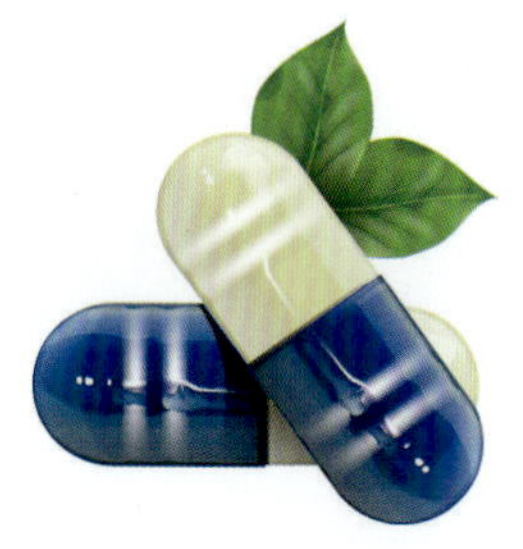

公司先后获得北京市纳税A级企业、北京市地方税务系统纳税千强企业、北京市个人所得税代扣代缴先进单位、北京市质量工作优秀推进企业、北京市和谐劳动关系先进单位、丰台区突出贡献企业、丰台区精神文明单位、中关村科技园丰台园十佳企业、经济发展突出贡献企业、文化创新优秀企业、公益事业先进单位等荣誉称号，为区域经济及社会和谐发展作出应有的贡献。

◀ 董事长 孙长森

▼ 总经理 于锐

地址：北京市丰台区科学城航丰路1号时代财富天地大厦22层 邮编：100071 网址：www.kyxh.com

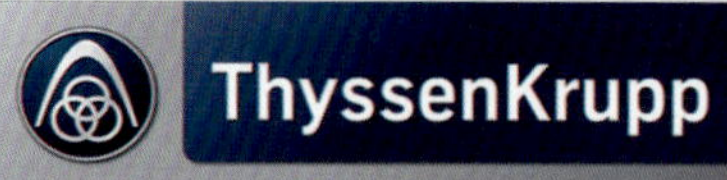

蒂森克虏伯集团

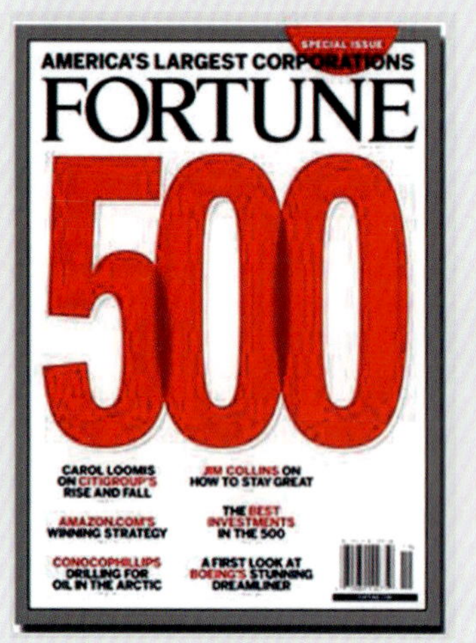

2009/2010财政年度全球销售总额426亿欧元

在2010年度美国《财富》杂志世界500强公司排名中位列第123位

世界上最大的科技技术集团之一，在全世界80多个国家拥有近177 000名员工。

蒂森克虏伯集团业务领域

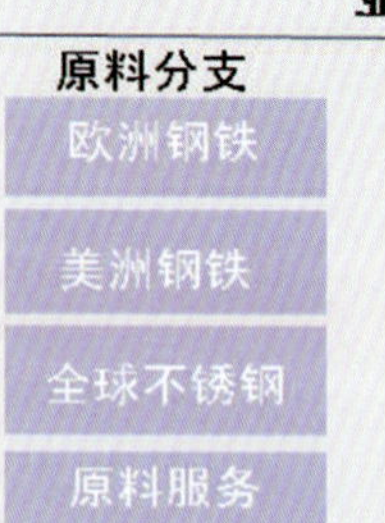

蒂森克虏伯集团整体经营模式

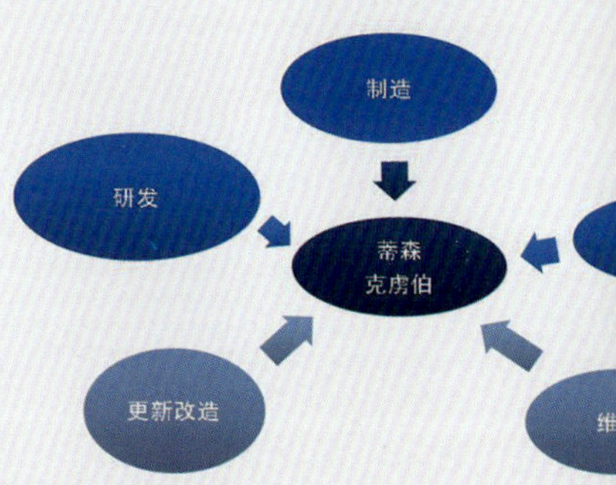

公司电梯的研发以人为本，关注并致力于满足客户对可靠性、安全性、观赏性、经济性和环保节能的要求。以经典的德国技术打造经济节能环保的高品质电梯。

在技术上，采用先进的德国控制及驱动技术，高效的能量反馈变频系统，节能环保的永磁同步无齿轮曳引机，高强度的尼龙反向轮，节能高效的照明系统，以及使用可再生材料制作的对重等，都是公司对可持续发展的高度重视的结晶。

蒂森克虏伯电梯国内经营网络

中国经典项目

环球金融中心，上海

位于上海浦东陆家嘴金融贸易区
与金贸大厦毗邻
建筑物高度：492米
44 台电梯，最大电梯速度：10.0m/s

2008中国奥运乘客运输系统，北京

首都国际机场：16台电梯/10台扶梯，90台人行步道
五棵松文化体育中心：102台电/扶梯
国家会议中心：66台电扶梯
奥运帆船中心：11台电梯/13台扶梯

蒂森克虏伯电梯中山工厂

- 工厂成立于1995年，由德方100% 控股
- 投资股份：蒂森克虏伯电梯股份公司100%

- 总投资：31 680 000 US $
- 注册资金：31 680 000 US $

- 总面积： 36 300 m^2
- 员工：616（截止到2011年11月）
- 产能：8 000台

蒂森克虏伯电梯中山工厂车间和设备

- 美国威德曼54个工位数控转塔冲床

- 德国慕贝尔数控冲床

- 瑞士海默乐三点式折弯机

- 法国JPI折弯机

中山厂的主要设备和工艺装配配套均保持与德国蒂森电梯公司同等的先进水平，并全套引进德国蒂森电梯公司电梯技术和生产工艺。

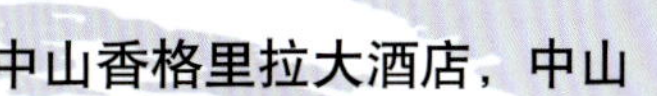

广州白云国际机场，广州

最大载重量：1600kg

60 台电梯、4台扶梯、31台登机桥

中山香格里拉大酒店，中山

中山地区高档五星级酒店

15台电梯(TE-HP51,TE-HP61)

中技国际招标公司

CHINA INTERNATIONAL TENDERING COMPANY

中技国际招标公司成立于1984年，是中国通用技术（集团）股份有限责任公司的全资子公司。作为我国最早承办国际招标采购业务的重要窗口，中技国际招标公司在国家经济发展的不同阶段，承担了多个国家重大投资建设项目的重要设备与技术引进和招标采购工作，已承揽遍布全国31个省、市、自治区，涉及国计民生各领域的项目5 000多个，累计金额超过1 158亿美元，取得了令人瞩目的累累硕果，为我国的经济腾飞和招标事业的发展作出了重要贡献。

中技国际招标公司具有国家最高级别从业经营资质，以及与公司业务发展相关的必备的经营管理资质，能够承办国际金融组织贷款、外国政府贷款与赠款的招标采购、政府采购、国内资金招标、国内现汇采购、工程建设项目招标、服务招标和招标业务咨询，以及项目的规划、设计、监理、法人招标等服务。公司经营业绩连续多年始终位居国内业界前列，被国家相关部门评为“诚信创优5A级先进招标代理机构”，蝉联“中国最具竞争力招标代理机构”、“中国招标代理机构十大顶级品牌”等荣誉称号，打造了中国招投标业界的一流品牌。

诚信、高效、创新、发展是中技国际招标公司的生存之本和发展之源。面对激烈竞争的市场环境，我们将一如继往地肩负起国企责任，顺应国家经济发展和产业结构调整的要求，为国家创造财富，为客户创造价值，恪守行业准则，坚持创新发展，致力于从传统招标代理、采购服务向更深更广的业务领域拓展和延伸，打造知识管理型的综合商务集成能力，为国内外客户提供优质、高效的一流服务，实现互利共赢。

1. 陕西公路项目
2. 泰山抽水蓄能电站项目
3. 北京环保二期吴家村污水处理厂项目
4. 泥水加压平衡盾构机项目
5. 青藏线吊装设备项目
6. 东海千吨级海上巡视船项目
7. 新一代中国高铁动车组项目

地址：北京市丰台区西三环中路90号通用技术大厦9、10、11层　网址：http://www.chinaitc.com.cn

上海新发展进出口贸易实业有限公司

上海新发展进出口贸易实业有限公司是中国进出口企业500强，为客户提供及时、准确、安全的贸易及物流供应链服务。注册资本1 000万元人民币。

经营范围：自营和代理各类商品及技术的进出口业务，国家规定的专营进出口商品和国家禁止进出口等特殊商品除外。经营进料加工和“三来一补”业务，开展对销贸易和转口贸易，承办中外合资、合作业务，商务咨询服务（除经纪），国际货运代理，物流服务及管理（以上涉及许可经营的凭许可证经营）。

重大荣誉：上海浦东新区区文明单位、ISO9001：2008认证、海关AA类管理企业、浦东新区企业社会责任达标企业、A类纳税信用证书、A类财务会计信用等级证书、合同信用等级AA类。

总经理 黄宝华

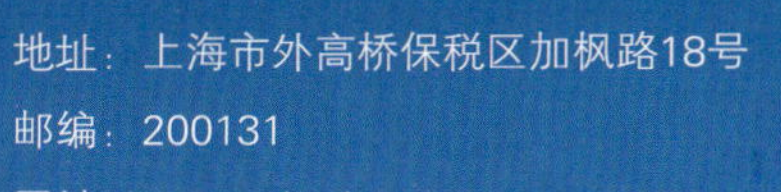

UP

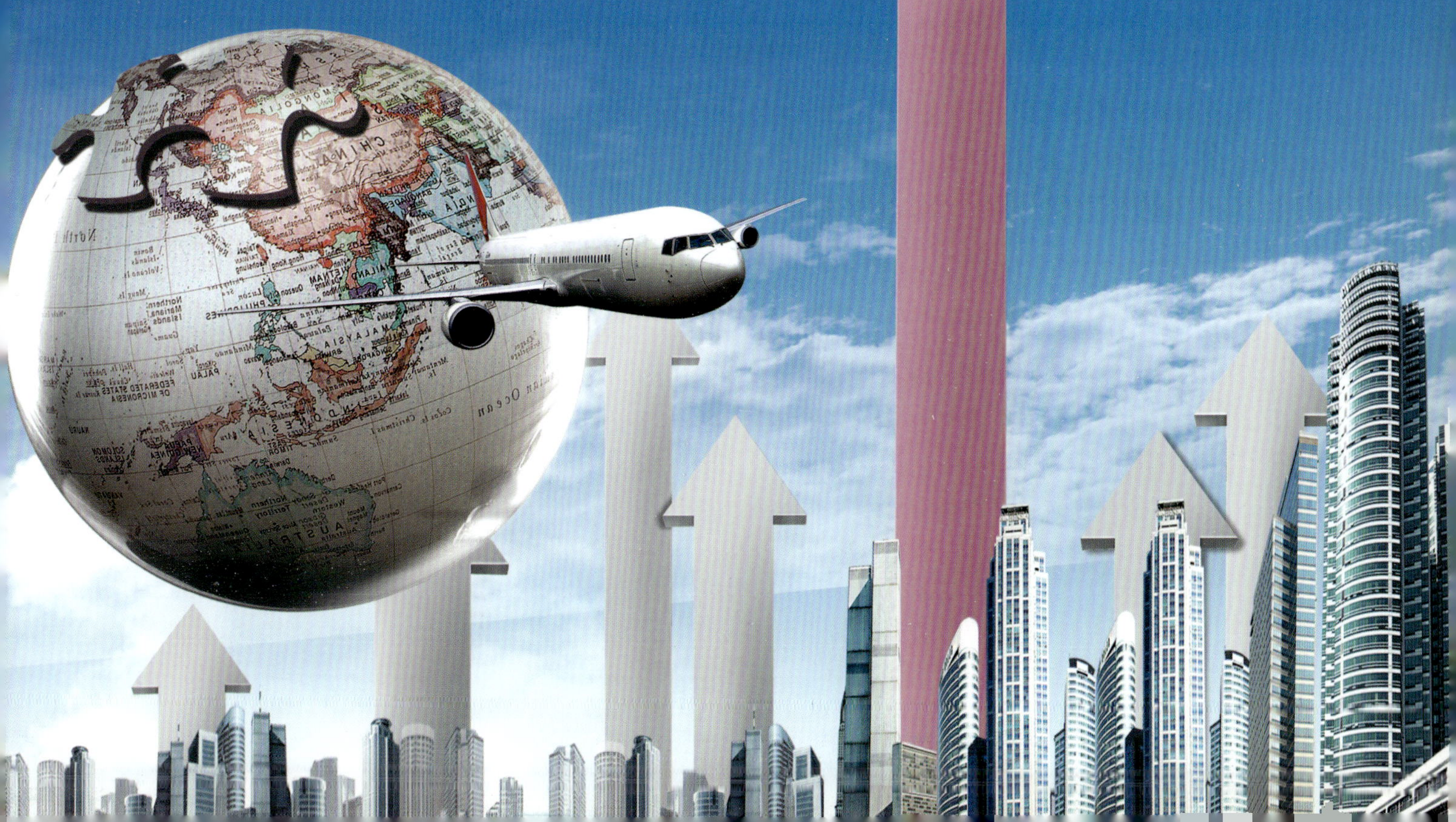

Panasonic
ideas for life

PANASONIC ELECTRIC WORK(BEIJING) CO.,LTD.

北京松下电工有限公司

北京松下电工有限公司创立于1993年1月19日，是由世界一流企业日本松下电工株式会社、松下电工(中国)有限公司在北京经济技术开发区出资兴建的大型现代化企业。注册资本为4 000万美元，公司英文名称缩写为PEWBJ。

PEWBJ作为目前中国最大、最现代化的照明电器生产企业之一，在引进松下电工高科技和科学制造管理经验的同时，以提供“安全、节能、舒适、方便”的高品质产品为己任，以倡导美好的生活方式为旗帜，将Panasonic的制造业梦想带到中国。

2010年公司的进口总额为13 856 552美元，出口总额为19 732 804.61美元，其中海外销售约占整体销售额的30%。公司自创业之时起，各类产品的国内外销售总额逐年递增，各事业部的新商品率始终保持30%的年度增长。PEWBJ设立了6个职能部门和照明、配线、电器、自动门四大事业部及一个中心，并在2004年在上海设立分公司，2010年设立了广州分公司。其中，照明产品分为住宅照明产品（如：花灯、厨房灯、TwinPa系列-LED等）、施设照明产品（如：新型e-Hf高效荧光灯等）和屋外照明产品（如HID照明等）。配线产品主要为开关、插座产品。电器产品包括电子血压计、低频理疗仪、吸入器、按摩器、体组成计五大类产品。自动门产品划分为通用自动门和轨道交通自动门，具体产品如：平开门、旋转门、地铁门、公交门、特殊门等。

公司取得了ISO9001，ISO14001，ISO13485，CCC及CQC等认证证书。同时，公司产品还取得了销售目的国的认证：如日本JET，欧洲CE等认证。2004年11月及2009年11月，北京松下电工有限公司分别取得高新技术企业证书。2008年5月10日，中华人民共和国主席胡锦涛主席等一行视察了松下电器总公司。2010年10月，完成了松下中国国内自动门事业开发人员及经营团队的整体合并，使得北京松下电工有限公司实现了中国国内自动门事业“制造、开发、营业”一体化体系的构建。

公司所有经营活动都充分体现“以人为本”的经营理念，贯彻尊重人、关心人、体贴人的宗旨。誓为全世界消费者奉献高品质的产品与优秀的服务，向所有享受我们产品的消费者倡导一种追求舒适、安全、节能的消费者文化。为了使人们的生活变得丰富多彩，为了创建更先进更美好的社会，实现不断提高富有价值的创意和优质的产品、服务之理想，北京松下电工通过向顾客提供高品质产品，创造自己的未来。

地址：北京经济技术开发区同济北路1号
网址：pewc.panasonic.cn

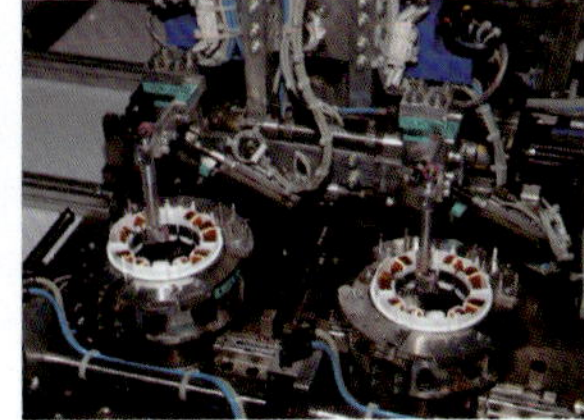

广东松下环境系统有限公司

Panasonic Ecology Systems Guangdong Co.,Ltd.

总经理

广东松下环境系统有限公司，是日本松下电器在华独资的企业之一，成立于1993年9月13日，现任总经理兼法人代表是花村嘉之先生。我司长期以来在人们生活的室内空气环境研究领域，不断钻研积累了世界领先的经验和技术，旨在通过改善室内空气质量（IAQ）贡献于全社会，为世界各地的人们提供健康舒适的生活空间。公司自成立以来，始终秉承遵纪守法，诚实经营的原则，以为企业树立榜样为目标。

公司主要从事Panasonic、KDK品牌的换气扇、抽油烟机、干手机、空气清新机、加湿机、风扇、热交换器组件、风幕机等节能环保系列产品的设计、开发、制造和销售。年生产主要产品能力达400万台,产品85%以上销往世界各地，在东南亚、中远东市场持续保持占有率位居前列，在2010年度销售总额为16亿元人民币，进出口总值为15.4亿元人民币。

公司在品牌建设上，始终贯彻方针："品质是企业存续的生命线。始终树立高品质目标，具备较强的品质意识，为了获得顾客的感动和信赖，果敢地进行挑战。"公司经过多年来的努力，得到中国海关和各级政府部门的认同。在进出口业务方面，1999年获中国海关A类企业评定，2003年成为首批联网监管电子帐册企业，2010年1月获全国海关AA类企业评定，2010年9月获广东省出入境检验检疫局授予的一类企业资格。其他方面的表彰主要包括：2010年在美国获"Energy Star"；2010年"3·15"消费者满意产品认可承诺企业；2008年12月获国家高新企业、广东省节能减排先进集体，10月获广东省清洁生产企业；2007年1月获佛山市环境保护模范企业；2006年12月获佛山市节能先进企业，6月获顺德区环境保护工作优秀单位等。

地址：佛山市顺德高新区（容桂）朝桂南路2号　邮编：528306　网址：pesgd.panasonic.cn

藤崎清一

爱普生技术（深圳）有限公司

爱普生技术（深圳）有限公司是日本精工爱普生株式会社经由其全资子公司爱普生精工（香港）有限公司和爱普生（中国）有限公司在华投资，经深圳市市政府（1984）173号文件批准成立的港资企业。在各级政府领导及有关部门的大力支持和关怀下，公司自1985年1月成立以来不断增加投资，扩大生产规模，现已发展成为注册资本港币43 980万元，总投资额港币126 240万元，员工1万多人，占地面积 64 000 平方米，厂房面积91 700平方米，年产新型宽幅喷墨打印机4万台、投影机160万台的大型外商独资企业。2010年度，公司出口销售总额近12亿美元，是2010年度全国外商投资双优企业，2010年度深圳工业百强企业，深圳市南山区2010年度纳税百强企业。2008年，公司被中国海关评为AA类最高信用等级企业，是深圳商检部门评选出的A类信用企业。目前，公司已发展成为日本精工爱普生集团最大的海外生产基地和高技术、高附加价值产品的主力生产据点。

公司主要生产大幅面（幅宽900mm以上）高分辨率彩色打印设备、精度2 400dpi及以上高分辨率彩色打印机机头、其他打印机、大屏幕彩色投影显示器用光学引擎/光源/投影屏、投影仪、扫描仪、模具、电子产品零部件、上述产品相关零部件及生产设备。

公司秉承如下经营理念：

“客户优先、致力环保、尊重个性、发挥综合能力、力争成为被全世界人们所信赖、与社会共同发展、开放的公司。我们充满自信，为不断的挑战和创新而自豪。”

公司致力于开发、研制和生产高品质的打印机、投影机等产品，为公众提供最为优质的产品售后服务，最为妥善地满足社会公众的需求，履行对社会、对公众所承担的责任。遵纪守法、诚信经营，无论是在进出口业务操作，还是在与供应商、客户合作中，重合同、守信用，自觉遵守各项法律法规，自觉接受政府部门监督。公司坚持质量第一、客户至上，并于2011年再次通过ISO9001：2008质量管理体系认证。

作为同行业的优秀企业，公司始终在“与自然为友，寻求区域共存”的环境理念指导下展开生产经营活动。公司在遵守法律、法规及其他要求的同时还建立了一套完整且行之有效的环境管理标准，并通过定期评审来持续改进公司的生产经营活动，力求做到防止环境污染，不断改善本公司的环境绩效。公司在2009年顺利通过ISO14001的再次环境评审，并得到评审方对公司持续改善环境所作出的努力的高度评价。公司还顺利通过了“2010年度广东省清洁生产认证”。

地址：广东省深圳市南山区第五工业区西侧　邮编：518057　电话：0755-26500888

同方股份有限公司

合志同方 共赢未来

1997年6月25日，清华同方股份有限公司正式成立。

1997年6月27日，清华同方在上海证券交易所鸣锣上市。

2006年5月30日，清华同方股份有限公司更名为“同方股份有限公司”。

以“科技服务社会”为宗旨，同方股份有限公司密切依托清华大学世界一流技术平台，紧紧围绕“技术＋资本”、“合作＋发展”、“品牌化+国际化”的公司战略，大力弘扬“承担、探索、超越，忠诚、责任与价值等同”的企业文化，在信息、能源环境两大产业领域不断探索。

经过十余年发展，同方股份有限公司形成了计算机、数字城市、物联网、半导体照明、数字电视、微电子与射频、知识网络、多媒体、军工、环境科技等十个主干产业为核心的发展格局，孵化培育了泰豪科技等多个优质上市公司。

截至2010年，同方股份有限公司资产超过248亿元，销售收入180亿元，市值近300亿元，“清华同方”品牌价值超过503.55亿元，入选“中国科技100强”、“中国电子信息百强”，还多次被评为“守信企业”。

2007年12月，同方股份有限公司获得由“世界品牌实验室”颁发的社会贡献特别大奖。

2008年11月，同方股份有限公司首度上榜世界品牌500强。

同方人用自己的双手和智慧，探索着一条通往世界一流高科技企业的发展之路。为了构建更加优秀的企业，更加和谐的环境，乃至全人类更加美好的明天，同方不断努力探索。

SHENZHEN KAIFA TECHNOLOGY CO.,LTD.

深圳长城开发科技股份有限公司

公司简介

深圳长城开发科技股份有限公司成立于1985年。1994年，长城开发在深交所挂牌上市（证券简称：长城开发，代码：000021，原股票简称“深科技”），由长城科技股份有限公司控股，是中国电子信息产业集团的核心企业之一。注册资本为 131 927.778 1 万元；2010年长城开发进出口总金额为854 471 566美元。

谭文鋕董事长（前排左三） 宋建华监事会主席（后排左二）
郑国荣总裁、董事（前排左二） 石界福副总裁（前排左一）
司马能党委书记（后排左三） 蔡立雄副总裁（前排左五）
陈朱江副总裁（前排左四）

长城开发致力于自主产品、先进制造和零部件三大业务领域，特别是硬盘磁头、计量系统、支付终端产品、数字家庭产品及LED的研发生产，以及电子产品的先进制造。公司是中国电表行业标准的制定者之一，自主研发的远程控制电表和防窃电电表达到国际领先水平，同时也是税控收款机国家标准主要起草单位，首批获生产企业资质和生产许可证。公司园区是深圳市首批（信息存储）特色工业园，除磁记录产业以外，拥有全球最大的DRAM产品制造基地。

公司在新加坡、美国、澳大利亚、香港设有分支机构或拥有研发团队，到2015年，公司将完成包括深圳、苏州、东莞、惠州四个研发制造基地的建立布局。公司现有员工超过10 000人，建立了集合技术研发、工艺设计、生产控制、采购管理、物流支持等不同服务模块的完整EMS服务链，为全球客户提供高端电子产品研发及制造服务。2011年，公司在MMI全球EMS行业排名中位列第七。

经营范围

开发、生产、经营计算机软、硬件系统及其外部设备、通讯设备、电子仪器仪表及其零部件、元器件、接插件和原材料，生产、经营家用商品电脑及电子玩具（以上生产项目均不含限制项目），金融计算机软件模型的制作和设计、精密模具CAD/CAM技术、节能型自动化机电产品和智能自动化控制系统办公自动化设备、激光仪器、光电产品及金卡系统、光通讯系统和信息网络系统的技术开发和安装工程，商用机器（含税控设备、税控系统）、机顶盒、表计类产品（水表、气表等）、网络多媒体产品的开发、设计、生产、销售及服务，金融终端设备的开发、设计、生产、销售、技术服务、售后服务及系统集成，经营进出口业务（法律、行政法规、国务院决定禁止的项目除外，限制的项目须取得许可后方可经营）。

重大荣誉

首批海关总署AA类企业，国家质检总局A类出口工业品企业，
中国500强企业，深圳工业百强企业前10名，深圳福田区守法纳税大户，
广东省清洁生产企业，深圳第二家“生态工业园”。

地址：中国深圳福田区彩田路7006号　邮编：518035　网址：www.kaifa.cn

北京星宇车科技有限公司成立于2002年10月14日，注册资本2 800万美元，年进出口总额大约1亿美元，是生产专用于北京现代汽车车身零部件的配套企业。公司的经营范围主要是生产汽车零部件及用于制造汽车零部件的精冲模、模具标准件、夹具、精密在线测量仪器，提供设计技术、工程技术的咨询服务，销售自产产品。

法人代表 李命根

北京星宇车科技有限公司

公司生产车间主要包括冲压和组装生产线及模具工厂。

冲压生产线：冲压是汽车车身制造工艺的第一道工序，各种钢材板料通过由数台冲压机组成的冲压线全模具成型，即形成组成汽车车身的冲压件。公司目前有大型冲压生产线9条：分别是1 500吨1条、1 000吨1条、800吨7条，小型冲压生产线7条：分别是300吨1条、250吨3条、200吨1条、110吨2条，其中7条大型冲压生产线实现了自动化。

组装生产线：冲压好的冲压件到组装生产线通过焊接机按各种工位完成合件，最后纳品到北京现代。公司目前共有9条车身组装生产线，即名驭、伊兰特、途胜、领翔、悦动、i30、ix35、瑞纳、索纳塔第8代等车型的车身组装生产线，其总年生产能力在80万台以上。

模具工厂：竣工于2007年1月，主要设计、制造汽车车身零部件的冲压模具。主要设备有龙门五面体加工中心7台、磨床2台、范用设备20台、调试设备10台、3坐标测量仪1台及CAD/CAM机28台。

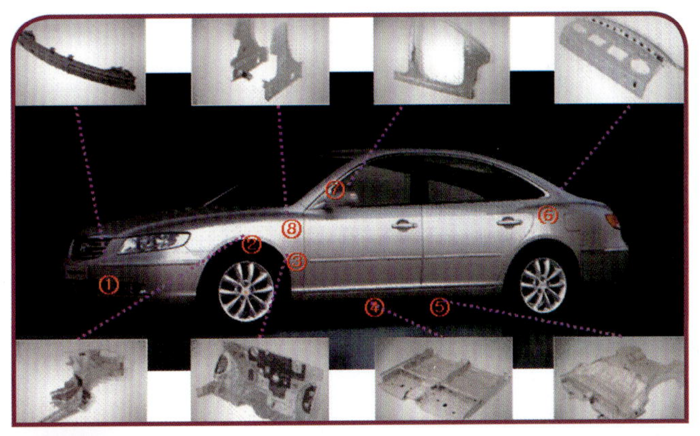

公司荣誉

2004年02月 获2004年配套企业质量鼓励奖
2004年12月 获2004年个人所得税代扣代缴先进企业
2005年06月 获海关A类管理企业
2005年08月 取得TS16949 品质体系认证
2005年12月 获2005年个人所得税代扣代缴先进企业
2006年04月 取得ISO14001 环境体系认证
2007年01月 获纳税信用A级企业
2007年02月 达成北京现代品质 5星
2007年05月 在劳动节荣获韩国总统奖
2008年03月 获北京现代最优秀配套企业
2009年01月 获纳税信用A级企业
2010年04月 获海关AA类管理企业

地址：北京市平谷区兴谷路28号 邮编：101200

上海理光数码设备有限公司

上海理光数码设备有限公司是于2003年10月由著名的世界500强日本株式会社理光在沪投资设立，现由理光（中国）投资有限公司和日本理光集团共同出资组建。公司投资总额9 900万美元，注册资本4 234万美元，以生产新型打印装置、数码办公设备及相关零部件、消耗品、高精度模具的设计、开发、加工等为主。

上海理光数码设备有限公司在产品技术上以“引进、吸收和消化国外最先进的OA技术”为公司的主要目标，围绕这一发展目标，理光制定了具有本公司特色的创新战略，不断加强企业技术创新能力建设。保持每年有一系列满足不同层次顾客需求的新产品，100%为国际先进水平或国内领先水平。在生产上以“安全第一、品质绝对、超低成本”作为基本制造理念，为全世界用户提供优质的高性比产品，满足各个消费层次和功能层次的需求。

理光数码自成立以来一方面注重加强技术队伍建设、扩张吸收更多技术人才为提高整体生产和技术水平，另一方面又加强硬件设施建设。公司相继拥有适合传真机、复印机、多功能机等通讯终端产品及相关的图像与通讯技术方面研发的仪器和设备，同时完善了电路实验室、电气实验室、结构实验室、CAD室、环境实验室等，以保证上海理光在世界传真机、复印机、多功能机市场领域的技术领先地位。此外，公司还引进了日本理光先进的生产管理系统：Sperc21等，极大地提高了管理水准和工作效率。

近年来针对日益增长的中国市场，公司利用专业团队研制开发了适合中国市场环境的彩色打印机并于2010年10月正式量产。2011年，上海理光在新机种的开发和生产上仍然保持着强劲的势头，目前已开发了打印速度更快的多功能一体机，以及投影仪等新产品。

长期以来，上海理光带着地球居民的使命感致力于环境保护。公司在经营活动中引进环境保护意识，将事业活动的环境负担控制在地球再生能力范围以内为最终目标，并落实在日常管理和各项改善活动中。

RICOH

地址：上海浦东金桥出口加工区金港路887号　邮编：201206　电话：021-58549000　传真：021-58995799

上海新联纺进出口有限公司

SHANGHAI NEW UNION TEXTRA IMPORT & EXPORT CO,.LTD.

上海新联纺进出口有限公司成立于1985年2月，是上海纺织控股有限公司下属的国有全资子公司，现有职工250多人，年进出口总额约6亿美元，与世界近100个国家和地区的1 300家采购商、900多家供应商建立并保持着贸易关系。

公司多次荣获上海市政府颁发的出口创汇"贡献奖"、"状元奖"和第一、第二的嘉奖。2000年率先在同类企业中通过了ISO质量管理体系的认证；2003年成为上海出入境检验检疫局首批一类管理企业、纺织品服装快速核放企业；2007年成为上海海关"AA类企业"；2008年作为上海首家外贸企业与上海海关现场业务一处签订了"关企合作协议"；2009年成为上海出入境检验检疫局一类企业、全国首家"信用管理"企业，并一直保持至今。

公司崇尚诚信经营的理念，是中国纺织品进出口商会第一批出口信用AAA类企业、同时也是中国纺织品进出口商会常务理事单位、上海大虹桥服装出口创新基地的副理事长单位、上海进出口商会的副会长单位。2009～2010被评为税务信用等级A类企业；2008～2010年分别荣获"全国纺织工业劳动关系和谐企业"、"全国纺织工业和谐企业"、"全国纺织工业先进集体"。

公司积极探索经营机制的转换，受到了中央部委、上海市政府领导和社会各界人士的广泛关注和关怀。近年来公司加快对外贸易的战略转型，成立了产品研发、设计打样、产品检测的三个中心，形成了进口与出口、自营与代理、内贸与外贸、纺织与非纺、货物贸易与服务贸易并举的新模式。公司的进出口产品也向多元化发展，从纺织产品、家用装饰和床上用品、无纺产品到食品、轻工机械产品和电子产品等。

广州绿北洋皮革制品有限公司

GUANGZHOU MIDORI HOKUYO LEATHER PRODUCTS CO.,LTD.

广州绿北洋皮革制品有限公司是一家中日合资企业，成立于2000年8月，总投资人民币1.76亿元，注册资本人民币9 200万元，由中方广州市花都宏基实业有限公司投资20%，外方日本国绿北洋株式会社投资80%。公司经营范围为牛蓝湿皮和皮革后整饰新技术加工、生产，销售本企业产品。

公司主要产品为汽车内饰用牛皮革制品，包括座椅、方向盘、排档杆、门板等真皮内饰产品。产品主要销往国内和日本、东南亚等国家和地区，产品全部供给丰田、本田、日产、三菱、富士、铃木、马自达等日系汽车的零部件生产商，在日系汽车内饰市场中的占有率达85%。公司以“天然素材科学化”为主题，不断科学研发，使用天然原材料，力求制造出满足市场需求的绿色优质产品。公司不断引进吸收日方的先进管理经验，先后取得了ISO/TS16949:2009质量体系认证、ISO14001:2004环境管理体系认证和 BS OHSAS18001:2007职业安全健康管理体系认证。

公司多次荣获政府表彰：2007年被花都海关授予“诚信企业”；2009年被广东省人民政府列入“2010-2012年度广东省直通车服务重点企业”；“2008年度花都区外商投资企业出口三等奖”；“2009年度花都区外商投资企业出口三等奖”；“2010年花都区十佳工业企业”；“2010年度广州市外来务工人员工作先进集体”；“2011年广东省皮革鞋业百强企业制革十强”。

2011年8月30日，公司被广州海关评为“AA类管理企业”。

地址：广东省广州市花都区新华街华兴工业区华兴南路3号　邮编：510800　电话：020-36850429　传真：020-36850410

SMART GARMENTS
顺 美

北京顺美服装股份有限公司

北京顺美服装股份有限公司（以下简称“顺美公司”）成立于1985年，是北京顺义区农工商总公司与新加坡美都纺织品有限公司共同创办的首都第一家中外合资服装企业。公司主营中高档男装，50%产品出口，公司业务分为国内贸易、国外贸易、团体制装三大领域。此外，顺美公司还提供量体制装和量体裁衣服务项目，以满足知名企业、机构和政府部门的需要。近年来，公司加大国内市场布局和品牌营销力度，成功打造了“顺美”、“ROMA”男装品牌。其中“顺美”商标荣获中国驰名商标、北京市著名商标和北京名牌产品荣誉。

25年来，公司曾屡次获得北京市人民政府、中国外商投资企业协会和服装行业协会分别授予的“优秀外商投资企业”、“北京市十强外商企业”、“外商投资双优企业”、“服装百强企业”等荣誉。公司产品在历次质量部门抽检中被评为“质量检验优等品”和“达标放心品牌”，被授予“北京人喜爱的西服品牌”、“北京市好产品”等荣誉。

1996年，顺美公司率先在北京市服装行业获得ISO9000质量管理体系认证，并于2006年获得中国质量认证中心和国际认证联盟（CQC & IQNET）颁发的“卓越绩效管理组织奖”。2007年1月，公司完成了ISO14001环境管理体系认证；2008年8月，获得法国BV公司颁发的SA8000社会责任管理体系认证证书，2008年9月，顺美通过了北京市检验检疫局的出口商品免验初审；2009年6月荣获国家出口免验企业。

顺美公司4个工厂的西装流水线，是由从日本、德国、美国、意大利等地进口的现代化的生产设备所组成。生产技术骨干全部经过日本专家的培训，每年接受国外著名专家的高新技术指导。

顺美在满足顾客高质量的产品和服务外，还承担了对社会的责任。公司积极参与社会慈善事业，参与各项赈灾救助活动、为贫困地区的社会公益事业伸出援手。1996年，顺美公司为河北省井陉县建立了一所希望小学，目前每年为300名学生提供受教育的机会。此外，顺美公司还参与了多方面社会工作，以提高社会的生活品质和环境。

邮箱：info@smartgarments.com
网址：www.smartgarments.com
传真：010-69423671 81495557
地址：北京市顺义区顺平路505号
邮编：101300
总机：010-69441618

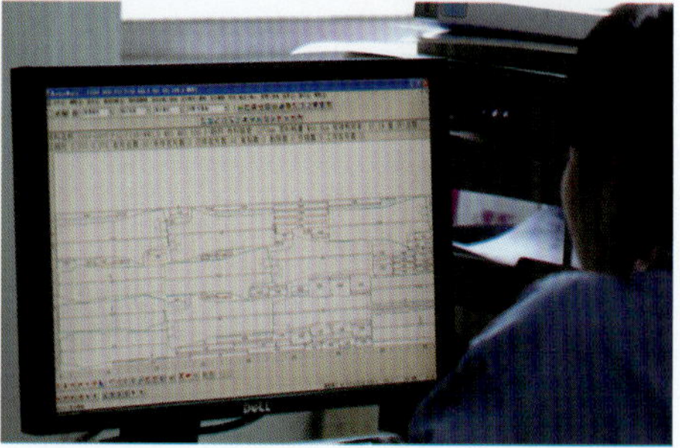

福建集成伞业集团

福建集成伞业集团始创于1994年，集团下辖福建集成伞业有限公司、晋江集成轻工有限公司、晋江冠泰伞业有限公司及厦门同安、泉州永春两个分厂，企业主要坐落于福建晋江永和镇、东石镇。公司占地250亩，建筑面积12万平方米，企业总资产已达6亿元，拥有产自欧美和台湾地区的全套世界一流进口设备近百台，以及其他伞具、配件生产设备千余台。员工3 000多人，其中本科学历以上专业技术人员和管理人员300多名。企业拥有环保塑料胶布制造、塑胶伞、尼龙伞、洋伞、伞骨、注塑、雨衣、丝印、刺绣、伞面印刷、玻纤等11类30余条生产线，产品主要包括各类晴雨伞、环保塑料胶布、雨衣等，其中环保塑胶伞产销量连续多年保持全球第一，该伞以其伞面（塑料胶布）无毒、无味、回收可降解受到海内外消费者的喜爱。

企业不断引进高素质人才，培养了一批专业化的技术骨干和现代化管理团队，使得公司在短短十多年时间内迅速发展成为伞具行业大型企业集团。2008年5月公司被列为福建省雨伞行业龙头企业，当选为第一届福建省轻工业联合会副会长单位；是中国制伞专业委员会常务理事单位。在晋江上千家伞具企业中，2009年被评为“中国品牌之都领军品牌榜”唯一上榜企业。

集成伞业始终坚持“以人为本，科技领先；质量第一，诚信服务”的经营理念，秉承“敬业、和谐、高效、创新”的企业精神，团结拼搏，开拓奋进。公司已通过ISO9001：2008国际质量体系、ISO14001：2004国际环境体系、ISO10012：2003计量检测体系认证。先后荣获“重合同守信用单位”、“AAA级信用企业”、“全国中型工业企业”、“百项名牌产品”、“中国驰名商标”、“福建省名牌产品”、“中国著名品牌”、“质量管理先进企业”等称号。

随着集团不断发展壮大，企业已具备伞具行业从原料生产、零配件制造到伞面印制加工等全套工序的生产能力，年产值可达8亿元以上。公司已被晋江市政府列为“上市后备企业”，正在进行企业上市的前期准备工作，将把集成全力打造成引领行业潮流的一流企业。

中化上海有限公司简介

中化集团是全球500强企业，同时也是中国国有的十大企业之一，2010年销售额300亿美元。主要业务涉及农化、肥料、能源、金融、地产、化工等领域。中化农化事业部门负责中化的作物保护业务，中化上海有限公司是中化农化的海外业务平台，向全球主要的农业国家提供非常优秀的作物保护及植物营养解决方案产品。

中化农化的优势：

- 信用良好的中国国有控股企业
- 拥有丰富的产品线
- 拥有强大的研发能力，迄今已拥有商品化和正在研发的多种专利产品
- 拥有强有力的供应链渠道，总生产能力超过10万吨以上的农化产品制剂及原药生产能力
- 优秀的植物医生和作物营养师经验

• 中化农化的全产业链

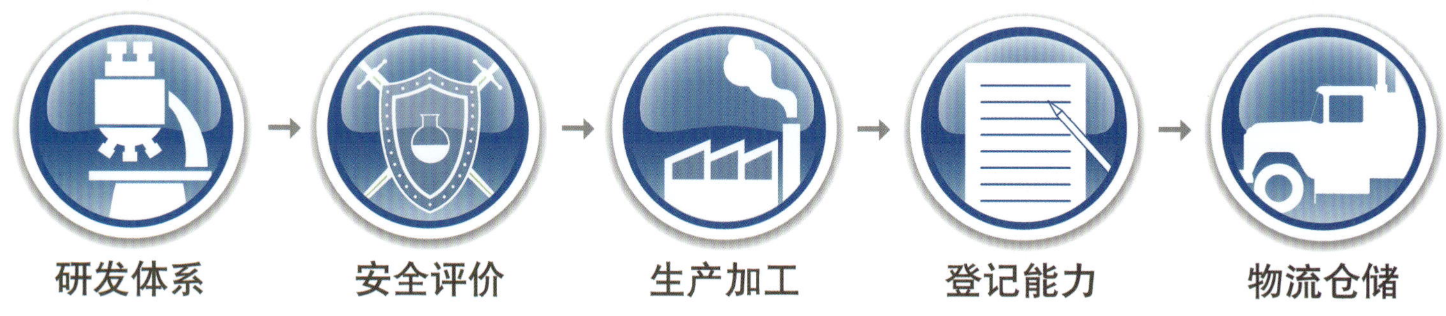

• 我们的愿景

- 成为农业领域的重要合作伙伴
- 为农业生产者提供提升作物产量、品质的解决方案，为农业的发展贡献力量
- 愿意将优秀产品及经验与合作伙伴分享，并向合作伙伴学习宝贵的经验，最终实现双赢，共同成长

中国重汽集团进出口有限公司

中国重汽集团进出口有限公司是中国重汽集团负责国际市场开发的全资子公司，是集团对外贸易骨干企业。中国重汽集团以创建民族品牌和振兴民族汽车工业为己任。2009年7月15日，中国重汽与德国MAN公司签署了战略合作协议，建立了长期的战略合作关系，引进了MAN当代最先进的重卡和柴油机制造技术，双方约定将在“技术提升型”卡车和欧Ⅲ、欧Ⅳ、欧Ⅴ发动机的生产制造、质量控制、销售和售后服务等方面展开合作。预计到2012年，采用MAN技术的SITRAK重卡将投放国内外市场。

中国重汽集团全面实施“国际化、技术领先、产品区域化、高质量低成本”四大战略，立足国内谋求快速发展，面向国际打造“中国重汽SINOTRUK”品牌。通过自主创新，企业核心竞争力不断提高，已成功步入跨越式发展新阶段，被誉为“全球重卡行业增长最快，最具竞争力和成长性的企业”。

中国重汽集团进出口有限公司积极落实集团公司“走出去”战略、“国际化”战略，在全球设立了6个大区部，管理服务东南亚、中东、南部非洲、北部非洲、中亚及俄罗斯、南美洲市场。公司不断培养整车销售、技术服务、配件供应、改装能力，在30个国家设立了办事处；公司不断强化境外销售服务配件三网建设，已在60余个国家发展了100多个经销商，并指导经销商建立配件中心和售后服务网络，在伊朗、摩洛哥、尼日利亚、马来西亚、缅甸建立了KD组装厂。在海关的倾心协助下，中国重汽“SINOTRUK”产品已远销96个国家和地区，基本实现对发展中国家的覆盖。公司2010年出口重卡车超过1.4万辆，位居国内同行业首位，2011年重卡出口将超过2万辆，实现出口创汇5亿美元以上。

中国重汽集团进出口有限公司曾获“济南市出口创汇明星企业”、山东省“外经贸先进企业”、山东省机械工业改革开放30周年“优秀外向型企业”等称号，被国税局授予“纳税信用A级企业”。公司具有国家对外工程承包经营资质和援外物资企业资质。

“站在新起点，实现新突破，创造新业绩”是中国重汽集团进出口有限公司的不懈追求。

金邦達 Goldpac®

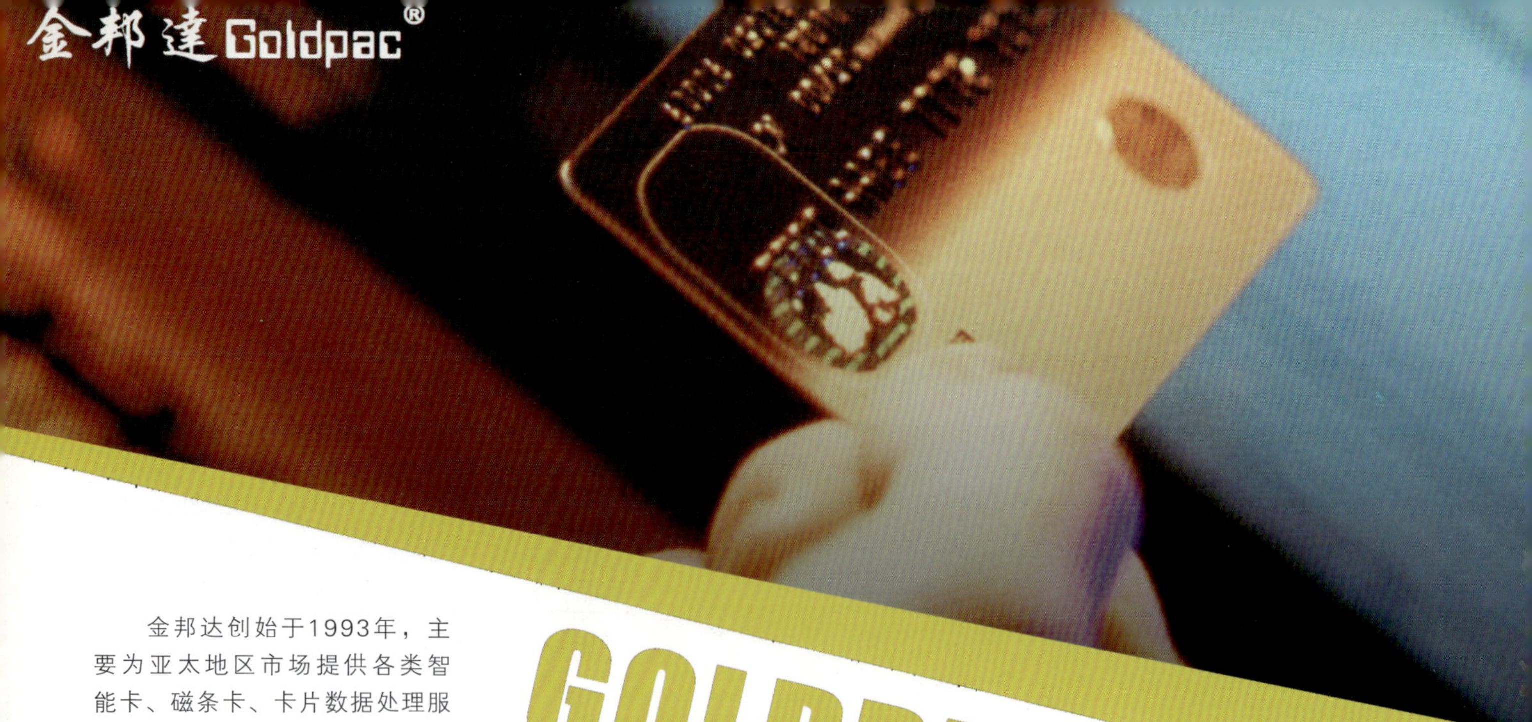

GOLDPAC 2011

金邦达创始于1993年，主要为亚太地区市场提供各类智能卡、磁条卡、卡片数据处理服务、IC卡读写机具、发卡系统、网络安全认证系统及卡片整体服务方案等产品与服务，是同时拥有维萨、万事达、美国运通、JCB、大莱和中国银联认证的卡片制造商及卡片数据处理服务提供商。公司现有员工1 000多人，下设香港、北京、上海3个分公司，沈阳、昆明、成都3个办事处，在珠海设有亚太地区最大的卡片制造基地和银行数据服务中心，并在上海设立与珠海互为备份的银行卡数据处理的发卡中心。截至目前，金邦达累计为市场提供了超过20亿张各类智能卡和磁条卡，是亚太地区最大的卡片及数据服务提供商之一，业务涉及金融、政府、高速公路、公交、社保、、网上银行、电子政务、电子商务、数字电视等诸多领域。

金邦达一直秉承“以最高效有价值的服务助力合作伙伴达成目标”的理念，为200多家国际知名金融机构及40多个大中城市的交通及公共事务提供全面的产品及服务。

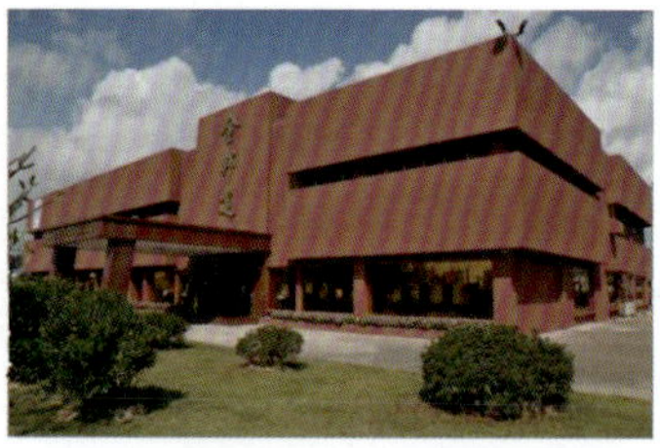

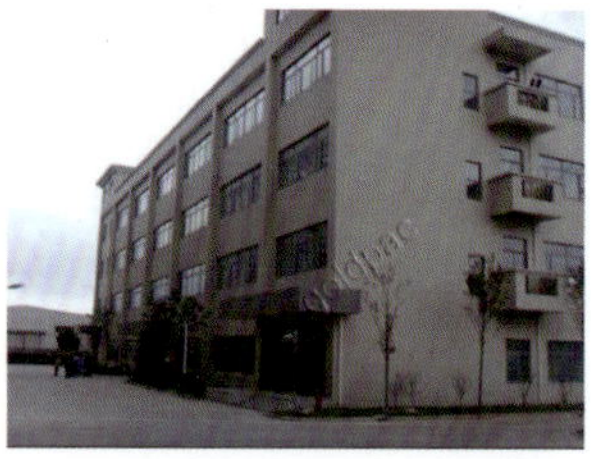

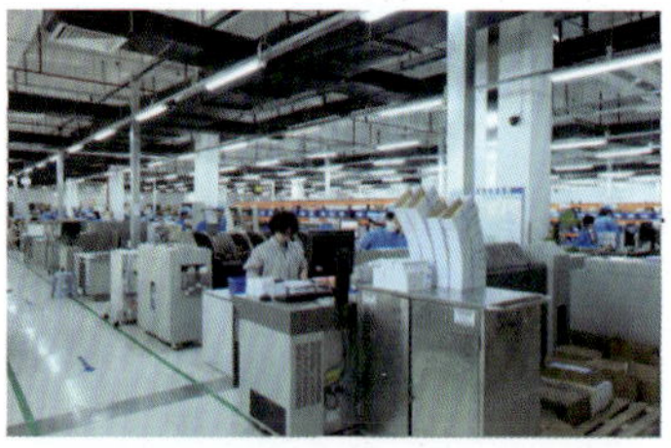

荣誉业绩

- 协助工商银行推出中国市场上第一张金融IC卡
- 协助人社部率先在云南省实施中国第一个社保IC卡项目
- 建立中国第一个银行卡数据处理中心
- 协助中国工商银行建立国内第一个网上银行系统
- 获“十一五计划”国家重点新产品认定
- 为中国市场提供第一张城市市民卡——杭州市民卡
- 中国建设部颁发卡企业“优质服务奖”
- 中国智能卡SMART奖“最受欢迎卡片供应商”
- 中国智能卡十强企业
- 多次荣获国际制卡商协会ICMA卡设计大奖
- 连续11年获得广东省“重合同守信用企业”称号

资质证书

- 中国唯一同时通过中国银联、维萨、万事达、美国运通、JCB、大莱全球六大信用卡组织认证的卡片制造及发卡服务提供商
- 中国国家信息安全产品认证
- 国家保密局颁发的秘密载体复制许可证
- 中国人民银行《金融集成电路（IC）规范》认证
- 国家劳动和社会保障部《社会保障（个人）卡规范》认证
- 国家建设部IC卡资质认证
- 国家集成电路IC卡注册中心认证
- 中国石化《金融集成电路（IC）规范》认证
- 国家高新技术企业
- IS09001:2000质量体系认证
- IS014001:2004环境质量体系认证

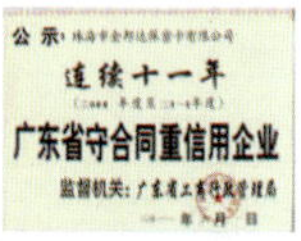

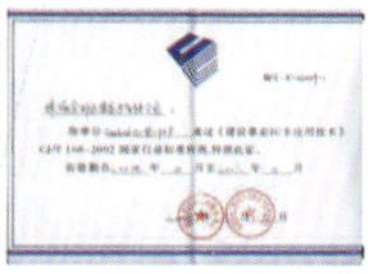

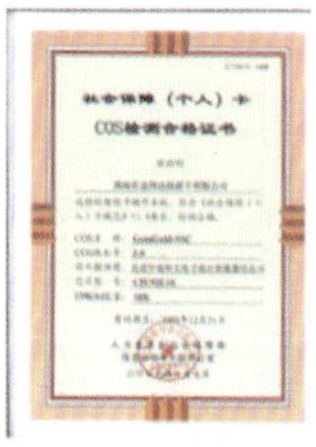

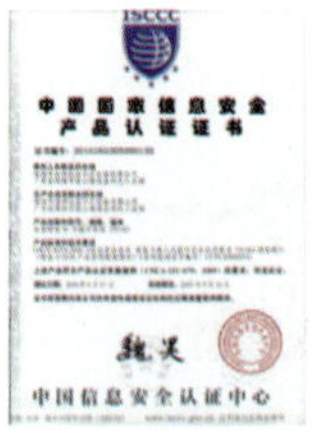

地址：珠海市前山福溪金邦达工业园
邮编：519070
电话：86-756-8660888 8660666
传真：86-756-8660808 8660606
邮箱：goldpac@goldpac.com 网址：www.goldpac.com

Diners Club International® UnionPay 银联 VISA MasterCard JCB AMERICAN EXPRESS

中国珠宝首饰进出口公司

中国珠宝首饰进出口公司隶属中国工艺（集团）公司，注册资本3 235万元，年进出口总额4 133万美元，是国家级专业从事珠宝首饰、贵金属进出口的公司，同时也是国内黄金业务及珠宝首饰加工、批发、零售的大型中央企业。中国珠宝首饰进出口公司在上海、广州设有分支机构，在北京顺义牛栏山拥有珠宝首饰工业园区，其管理体系通过了ISO9001国际质量标准认证及英国UKAS认证。

中国珠宝首饰进出口公司自1985年成立以来，为中国珠宝首饰业的繁荣与发展发挥了重要作用，直至今日，仍然拥有良好的无可比及的资源优势和行业地位。

中国珠宝首饰进出口公司在国际上，是世界珠宝首饰联合会（CIBJO）中代表中国的会员；在国内，是上海钻石交易所股东会员、上海黄金交易所会员，是我国极少数拥有中国人民银行批准的黄金饰品进口经营资质的企业之一，此外，还是中国珠宝玉石首饰行业协会的副会长单位，是中华全国工商业联合会金银珠宝业商会副会长单位，是中国轻工工艺品进出口商会珠宝首饰分会理事长单位，是中国黄金协会理事单位，是中国五矿化工进出口商会理事单位。

中国珠宝首饰进出口公司正在加快发展步伐，在发展进出口业务、关注国外市场的同时，积极开发国内市场，目前“中国珠宝”品牌加盟业务正在如火如荼地进行之中，并且取得了良好的市场反响。“中国珠宝”的品牌战略已经拉开帷幕，相信不久一定会实现新的腾飞！

地址：北京市朝阳门外吉祥里103号中艺大厦五层
邮编：100020
网址：www.sinogem.com.cn

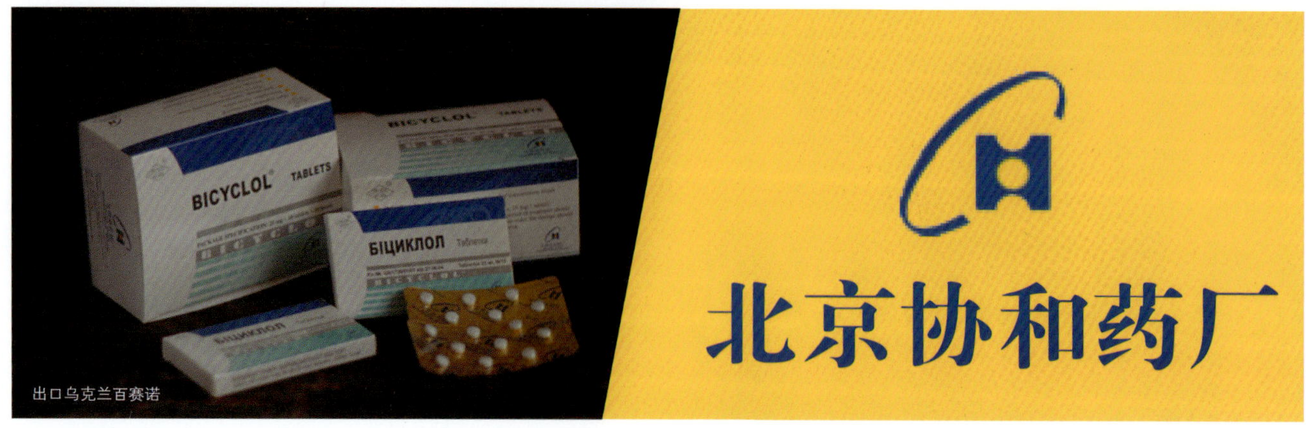

出口乌克兰百赛诺

北京协和药厂创建于1958年，隶属中国医学科学院药物研究所，是一家集研发、生产、营销为一体的现代化制药企业，现有员工400多人，2009年被认定为北京市高新技术企业和中关村高新技术企业，2010年入选中关村国家自主创新示范区“瞪羚计划”首批重点培育企业。

北京协和药厂建有多种化学原料药及片剂、胶囊剂、滴丸剂、软膏剂和小容量注射剂(含抗肿瘤药)等GMP认证生产线，并通过ISO 14001环境管理体系认证和清洁生产审核。

北京协和药厂主要产品包括：以具有12年新药保护期并荣膺国家科技进步奖二等奖的一类化学新药双环醇片(百赛诺)为代表的抗肝炎药系列，以首仿制紫杉醇注射液(紫素)和多西他赛注射液、注射用盐酸吉西他滨为代表的抗肿瘤药系列，以首仿制非洛地平片为代表的心血管疾病用药系列。协和产品除覆盖国内千余家医院，更是凭借品质优势积极进军海外，联苯双酯滴丸和双环醇片陆续登陆埃及、越南、缅甸、韩国、乌克兰、哈萨克斯坦及乌兹别克斯坦等国家。

百赛诺上市十周年研讨会

注册地址：北京市大兴区北京生物工程与医药产业基地天富大街9号102600
工厂地址：北京市大兴区黄村镇兴业北路102600
办公地址：北京市西城区广安门南滨河路25号金工宏洋大厦A603室100055
电话：86 10 63310026
传真：86 10 63310026

20多年来，百时美施贵宝在中国上市30多个优秀的处方药和非处方药，产品涉及心血管及代谢、抗生素、抗乙肝病毒、抗肿瘤药物、HIV/AIDS及非处方药物等六大领域，是多个治疗领域的市场领导者。

中美上海施贵宝制药有限公司

中美上海施贵宝制药有限公司成立于1982年，是百时美施贵宝公司、上海医药集团股份公司和中国医药集团总公司共同投资成立的中国第一家中美合资制药企业。

百时美施贵宝是一家以“研发并提供创新药物，帮助患者战胜严重疾病”为使命的全球性生物制药公司。目前，公司业务遍及60多个国家和地区，拥有20 000多名员工，在癌症、心血管、代谢类疾病、肝炎、艾滋病及传染性疾病等领域享有盛誉。百时美施贵宝在中国拥有百时美施贵宝（中国）投资有限公司、百时美施贵宝（上海）贸易有限公司和中美上海施贵宝制药有限公司。

中国是百时美施贵宝全球研发战略的重要组成部分。2010年，有17个临床试验在中国全面开展。公司计划在今后3年内在中国开展近40项临床试验，并在未来5年内引入6～10个新产品。

中美上海施贵宝在中国制药企业中始终居于领先地位。1985年，中美上海施贵宝正式投入运营，并建立了中国第一支专业医药销售队伍，随后又第一个获得了加拿大、新西兰、美国等国家的质量认可和出口资格。1998年，中美上海施贵宝成为上海市第一家通过国家GMP认证委员会认证的制药企业。在2001年，公司全部生产线和产品都通过了国家GMP认证。此外，中美上海施贵宝还连续多年荣获“国家级高新技术企业”、“全国医药十佳合资企业”、“上海市优秀企业”等荣誉称号，是广受尊敬的合资企业。

研发并提供创新药物
帮助患者战胜严重疾病

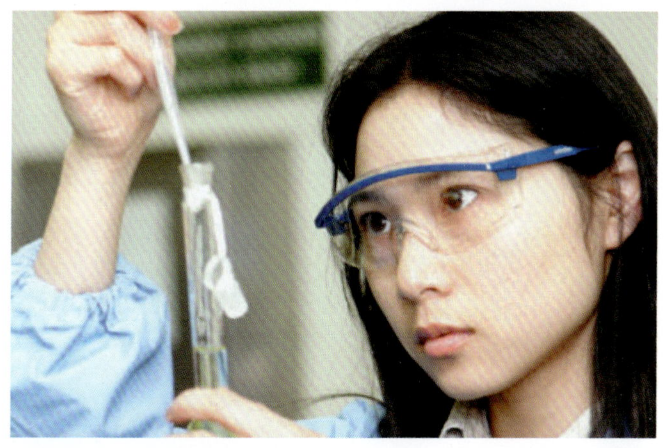

中铁物总进出口有限公司

China Railway Materials Import & Export Co., Ltd.

中铁物总进出口有限公司成立于1977年，注册资本1亿元人民币，为中国铁路物资股份有限公司的全资子公司。中国铁路物资股份有限公司由中国铁路物资总公司整体重组创立，隶属国务院国资委管理，为中央特大型骨干企业、世界500强企业，拟于2012年A股、H股整体上市。

公司业务覆盖资源矿产、铁路产品、基础建设物资供给、机电产品及技术、金融投资等多个领域。2011年实现进出口总额4.37亿美元。铁矿石进口分销、铁路产品进出口贸易、外资贷款路内外工程投标、钢铁焦炭贸易是公司的四大核心主业。

公司拥有商务部批准的铁矿石进口资质和境外工程承包资质，拥有海关总署批准的AA类监管企业资格，拥有铁道部认可的工程类物资投标代理资质，同时，公司还被中国机电产品进出口商会授予首批AAA级信用企业资质。2001年公司通过ISO9000质量体系认证。

公司将本着“专业领先，结盟取胜”的经营理念，携技术、资源、人才之优势，做中外优质产品流通的桥梁；以铁路产业综合服务为核心，以钢铁供应链集成服务为重点，打造具有国际竞争力的一流企业。在未来的合作中，公司愿与各位合作伙伴携手共进，共创美好未来。

地址：北京市西城区宣武门西大街129号金隅大厦5层
邮编：100031
电话：010-51898600
传真：010-51898646
网址：www.sinorails.com

青岛雅福达进出口有限公司

青岛雅福达进出口有限公司是一家民营企业，成立于2005年9月7日，企业类型为有限责任公司，注册资金1 000万元.

公司为综合性对外贸易公司，享有进出口经营权，为海关AA类企业，在工商行政管理局注册登记，具有法人资格。公司自营和代理食品、装饰材料、钢材等进出口业务及内销业务。

公司集内贸和外贸为一体，设计、制单、采购、运输、销售各个环节建立了严格而完整的质量保障体系和风险控制体系，公司通过了ISO9000质量管理体系认证，保证了产品强有力的价格优势和质量优势，也为公司平稳发展提供了有力保障。

地址：青岛市中山路44～60号百盛商务中心2918室
电话：0532-82023575/76/77/78　网址:www.cnartluck.com
传真：0532-82023579　E-mail:artluckint@yahoo.com.cn

山东东方海洋科技股份有限公司

山东东方海洋科技股份有限公司成立于2001年，是山东东方海洋集团有限公司的控股子公司，于2006年11月在深交所上市。公司主要从事海水苗种繁育、养殖、食品加工及保税仓储业务，是一家集海水养殖、冷藏加工、科研推广及国际贸易于一体的国家火炬计划重点高新技术企业、农业产业化国家重点龙头企业、国家级水产良种场、国家海藻工程技术研究中心。目前，公司注册资本24 385万元，净资产12亿元，年进出口总额1.8亿美元。

公司积极推行标准化生产与管理，通过欧盟卫生注册、HACCP认证、ISO9001认证、ISO14001认证、OHSMS18001认证、BRC认证、IFS认证、ETI认证、GMP认证，主要养殖产品均取得无公害产地认定和无公害产品认证。公司先后被认定为首批国家星火计划龙头企业创新中心、首批全国农产品加工企业技术创新中心和国家级企业研究开发中心、中国水产加工贸易25强企业、中国百强食品龙头企业、海关AA企业、中国出入境检验检疫协会诚信企业。

上海善流物流有限公司

SHANGHAI SHANLIU LOGISTICS CO.,LTD.

上海善流物流有限公司是经国家海关总署批准成立的专业报关公司，也是上海报关协会和上海航交所的会员单位，是具有法人地位的、独立的、自负盈亏、自主经营的实体，公司主要承办进出口货物的代理报关、报检、EDI预录入业务，并可为客户提供换单、货物运输、保税仓库等“一条龙”全方位服务，为客户提供快捷、高效、便利、优质的服务是本公司的服务宗旨。

公司在2005年取得“IS09001：2000质量管理体系”认证，2005年被列入上海市价格协会（会员）诚信建设单位，最近几年更是年年获得“上海百优报关企业”称号。2008年被授予“上海A类企业”从业荣誉，2010年获得“上海AA类企业”资质，目前，已经取得上海市报关协会“副会长会员”资格。

公司10年来的创业取得不斐的业绩：公司现有职员 120 人，绝大多数人为大专以上学历，其中近20多人取得报关员专业资格证书，10多人具有 8年以上的报关经验。这支稳定、协力的员工队伍具有坚实的工作基础，熟悉海关的法规、政策、业务程序，又有丰富的通关经验，公司报关员良好的素质和业务技能更赢得了广大客户的信任，进一步拓展了公司的业务，报关、报检及货运代理的业务量均名列前茅，其中有大多是海关A类信得过企业，此外，公司开展“银关通”网上支付的快速通关模式，在各口岸享有盛誉。

在经营过程中，公司始终以客户服务为中心，快捷、高效、便利、优质的服务是善流对客户的承诺。为了在报关行中攀登新的高峰，善流将不懈努力！

瓦里安医疗设备（中国）有限公司

瓦里安医疗设备（中国）有限公司系美国瓦里安公司在华投资建立的生产型公司，主要产品为医用高能射线治疗设备，于2006年斥资3 000万美元在北京建设中国区总部及工厂，并于2007年正式投入使用。公司位于北京市经济技术开发区，总建筑面积超过1.4万平方米，通过几年来的努力，在海关、检验检疫等相关政府部门的引导和帮助下，瓦里安（中国）成为瓦里安系统最重要的生产研发基地，也是公司在美国本土以外最大规模的项目。其设施包括中国区总部、销售、维修、市场等职能部门，用户演示及培训中心，医用直线加速器生产车间和X线产品生产车间。瓦里安站在全球的角度进行市场定位，产品在全球放疗设备市场的占有率已达到60%，是当之无愧的行业执牛耳者。多年以来，作为癌症的克星和生命的伙伴，瓦里安人以拯救生命为己任，用精益求精的技术和诚实正直的职业操守，呵护着癌症患者的身体和心灵。随着公司不断进取的步伐，其必将创造更加辉煌的业绩！

西安西电国际工程有限责任公司

Xi'an Electric Engineering Company Limited

西安西电国际工程有限责任公司（简称“西电国际”）创立于1987年，是中国西电集团控股的国际承包和对外贸易企业，拥有强大的超高压交、直流输配电设备制造背景和大型交钥匙工程承包能力，并有能力提供专业化的国际贸易服务，目前在中国香港、马来西亚、韩国、印度尼西亚、泰国、菲律宾、印度、土耳其、俄罗斯、乌兹别克、埃及、苏丹、埃塞、委内瑞拉等16个国家和地区设有营销办事机构，在中国香港设有子公司，在菲律宾设有分公司。以“XD”为商业标志的产品和技术已出口至世界40余个国家和地区，并已成功进入德国、美国、新加坡、中国香港等发达国家和地区，在东南亚、南亚，乃至中东、中亚和非洲等地区享有盛誉。

作为中国规模最大的输配电工程国际承包商之一，西电国际主业经营高压交、直流输配电成套设备销售，承接变电站、输电线路等交钥匙工程项目，包括勘测设计、土建施工、设备供货、安装调试直至售后服务，并根据顾客需求提供完整的电气解决方案。西电国际海外业务涉及电力系统、电气化铁路、冶金、通讯、建筑等领域。在技术传播、劳务出口、来料来样加工、来件装配、补偿贸易、易货贸易和合资合作项目等方面，西电同样取得了良好的业绩。公司建立了国际贸易运营平台，充分利用知识和渠道方面的条件，竭诚向海内外企业提供快捷和专业的进出口贸易服务。

西电国际建立有完整的“三标一体”管理体系和项目风险管理体系。公司全面贯彻了“服务为本，让顾客满意；以质取胜，创西电品牌”的质量管理方针，以优质的产品和精湛的服务赢得了海内外顾客的信任。

公司为中国机电产品进出口商会副会长单位、中国对外承包工程商会理事单位。多年来，公司进出口贸易额在西安市名列前茅。公司多次荣获西安市外经贸局颁发的“机电产品出口先进单位”，连续多年获得“全国外经贸质量效益型先进企业”称号，被陕西银行同业协会授予“诚信企业”，享受海关AA类待遇，曾荣获陕西经贸委、发改委、财政厅、西安海关、陕西出入境检验检疫局等单位联合颁发的“陕西省出口品牌企业奖”，陕西省人民政府“进出口突出贡献企业奖”，陕西省人民政府颁发的“十一五”期间发展开放型经济先进企业奖，西安高新区管委会授予的“特殊贡献企业奖”等光荣称号。

地址：西安市高新区唐兴路7号 电话：0086-29-88312666 传真：0086-29-88832200
邮箱：xemc@xianelectric.com 网址：www.xianelectric.com

秩父精密产业（深圳）有限公司

CHIFU PRECISION INDUSTRY(SHENZHEN)CO.,LTD

秩父精密产业（深圳）有限公司成立于1993年，主要从事精密五金轴加工和数控车床、数控铣床的开发与生产，产品广泛应用于打印机、复印机、微型马达及高端电子产品。公司拥有先进的生产设备，根据客户的要求加工种类繁多的各种轴类及特殊要求的零件，如滚花、四边、三角、六角形等，所用的材质主要有不锈钢和易切削铁、铜、铝等。加工的材径为1.0～25.0mm，长度可达650mm，精度可达±0.002mm。同时还拥有配备完整的二次加工设备为客户提供磨、铣、镗等工艺要求的加工，保证高品质的产品。

公司从国外引进全套先进的检测器具，如三次元、表面粗糙度、投影仪、真圆度仪等尺寸检查工具，激光射线物质分析仪、硬度仪、拉拔力测试仪等信赖性测试设备，全面确保产品质量，满足各位客户日益不断向上的品质要求。

经营范围：生产、经营机械设备和精密电子电器机械设备的金属零件(涉及许可证管理的按规定办理)，产品100%外销；普通货运。

企业荣誉

- 1998年通过ISO9002认证
- 2003年通过ISO9001认证和ISO14000环境体系认证
- 2006年获得深圳市政府颁发的“高新技术企业”称号
- 2008年被深圳海关评为AA类管理企业
- 2009年取得汽车零部件生产质量管理体系TS16949认证

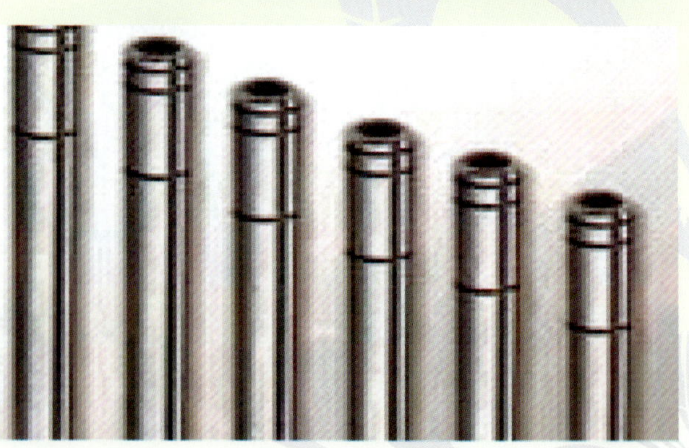

注册地址：广东省深圳市南山区蛇口工业八路华园大厦1-5楼　邮编：518067　网址：http://www.chi-chi-bu.com

北京德尔福万源发动机管理系统有限公司

北京德尔福万源发动机管理系统有限公司是位于北京经济技术开发区内从事汽车发动机电控喷油系统的高新技术企业。

北京德尔福万源发动机管理系统有限公司由德尔福中国投资有限公司（占51%股份）和北京万源工业公司（占49%股份）共同投资，投资总额3 600万美元，注册资本1 600万美元，2010年销售总额23.8亿人民币。公司主要生产汽车发动机电子控制系统及关键零部件，产品和技术属于世界领先水平。公司经过国际权威机构审核，获得QS9000、ISO14001和TS16949认证。

公司将在2012年搬入新厂，产能扩大一倍，预计年销售额在近几年内同比增长40%以上。

供油系统

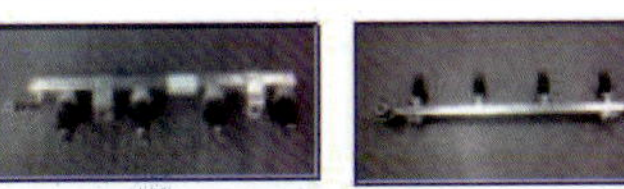

点火线圈

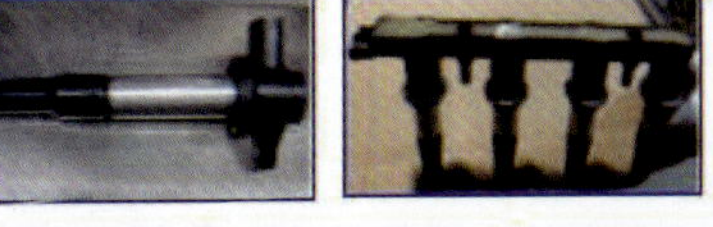

进气控制系统

油泵及支架总成

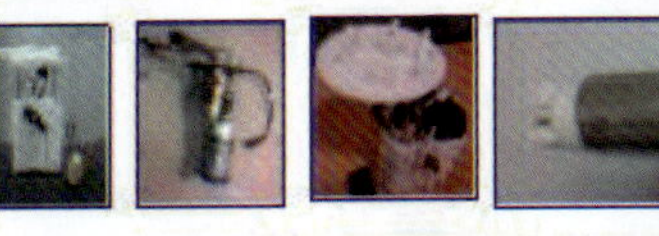

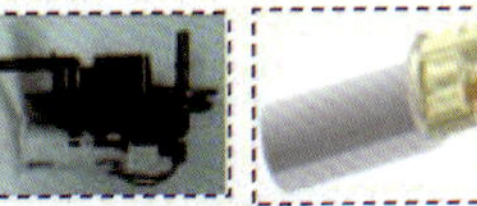

传感器及碳罐电磁阀

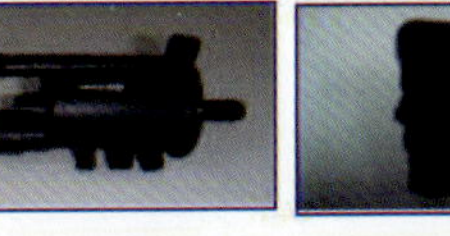
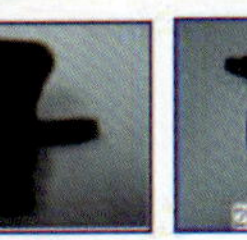
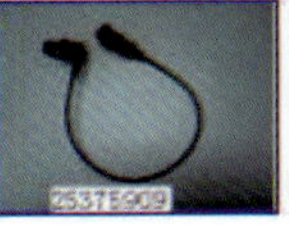

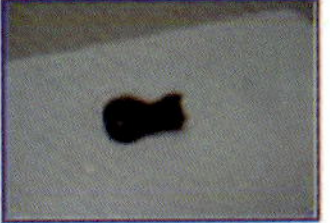

氧传感器

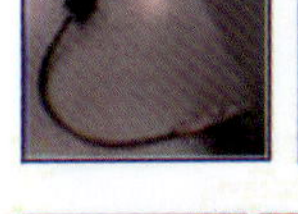
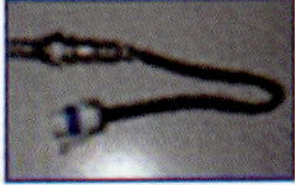

汽车电子产品

电话：（86-10）-58081888　　传真：（86-10）-67883845

高峰创建

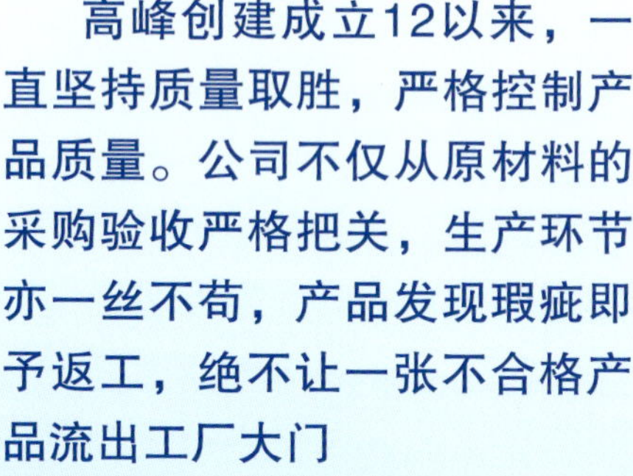

高峰创建成立12以来，一直坚持质量取胜，严格控制产品质量。公司不仅从原材料的采购验收严格把关，生产环节亦一丝不苟，产品发现瑕疵即予返工，绝不让一张不合格产品流出工厂大门

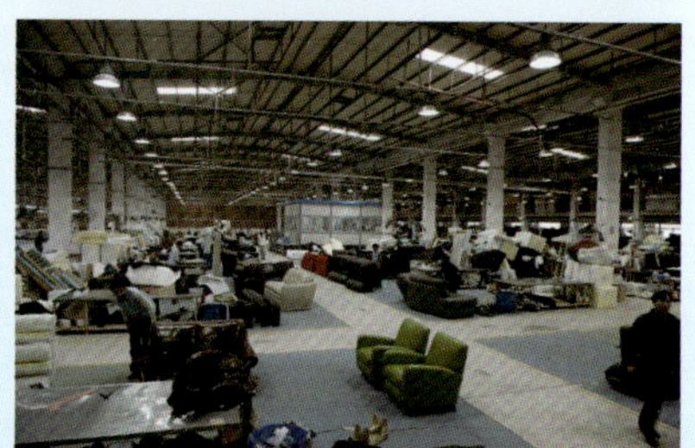

高峰创建家私（深圳）有限公司

高峰创建家私（深圳）有限公司坐落于风景优美的深圳大鹏半岛海岸，成立于2000年2月。公司系外商独资企业，注册资本400万美元，实际投资总额600万美元。目前在厂员工2 600人，工厂面积116 242平方米。

公司主要生产各类中高档真皮沙发，产品主要销往欧、美、澳洲等地。2011年全年进出口金额超2亿美元，年出口沙发数量超过55万张，产品100%外销。

高峰创建成立12以来，一直坚持质量取胜，严格控制产品质量。公司不仅从原材料的采购验收严格把关，生产环节亦一丝不苟，产品发现瑕疵即予返工，绝不让一张不合格产品流出工厂大门。为保证产品质量，公司成立了专门的实验室，采购了大量高端进口检测仪器，同时聘请了多位国外专家，对公司员工进行技术培训与质量监督。

公司自成立以来，一直坚持守法经营，积极纳税，历年来，多次获得海关好评，并获得AA类企业称号。2004年，被深圳海关纳入联网监管企业；2007年，被深圳海关纳入“客户协调员制度企业”。

中国国际图书贸易集团有限公司

中国国际图书贸易集团有限公司（原名中国国际书店、中国国际图书贸易总公司，简称“国图公司”）隶属于中国外文出版发行事业局（中国国际出版集团），成立于1949年12月，是中国第一家图书进出口机构，也是中国最大的专业性书刊进出口公司之一。2010年，国图公司转企后成为集团公司并启用现名称，集团名称为“中贸图书集团”，经营板块包括发行、纸张、印刷、物业。

国图公司始终以外向型、国际化为发展定位，以弘扬中华民族优秀文化、促进中国和世界各国之间的文化交流、扩大书刊和其他文化产品的国际贸易为使命和责任。2011年荣获新闻出版总署颁发的国家新闻出版“走出去”先进单位。目前，国图公司以书刊进出口为核心业务，同时开展缩微制品、音像制品、电子出版物、工艺美术品等文化产品的进出口业务，以及印刷加工、纸张经营、仓储物流、物业经营、物业管理、资本运营、展览及版权交易等业务的多种经营。国图公司以创新为主题，以改革为动力，以发展为目标，业务网络遍及180多个国家和地区，与海外千余家发行机构、书店、出版社及数十万读者保持业务往来，与美国亚马逊公司合作构建“中国书店”国际网络营销新模式，通过瑞购网等电子商务平台的发行手段，打造中盘优势，书刊出口在全国一直居于主导地位，书刊进口规模不断扩大，以书刊发行为主导的核心竞争力不断增强。

国图公司重友谊、守信誉，通过与国内外文化界的真诚往来与合作，架设中外文化交流和友谊的桥梁，让中国更加了解世界，让世界更加了解中国。

地址：北京市海淀区车公庄西路35号　邮箱：cibtc@mail.cibtc.com.cn　jls@mail.cibtc.com.c　电话：0086－10－68412045　传真：0086－10－68412023　网址：www.cibtc.com.cn

RFMD

威讯联合半导体（北京）有限公司

威讯联合半导体（北京）有限公司（简称“威讯北京”）位于北京经济技术开发区同济中路17号，邮编：100176，网址：www.rfmd.com，是由美国RF Micro Devices Co. Ltd（简称RFMD）公司于2001年在中国北京投资兴建的独资公司。美国RFMD公司成立于1991年，创建人William J. Pratt、Powell T. Seymour 和 Jerry D. Neal， 总部设在美国的北卡罗来纳州的格林斯堡，1997年在纳斯达克成功上市，股票代码RFMD，全球员工超过4 000人。威讯北京注册资本3 800万美元，投资总额11 400万美元，现有员工总数约2 000人。

威讯北京的主要经营范围：开发、生产、测试、加工集成电路产品及专用设备、仪器、材料；销售自产产品；自产产品的安装、调试、维护、技术咨询、技术服务。公司主要为手机厂商生产零备件，是功率放大器产品的主要供货商。在RFMD集团内，威讯北京已成为最大的封装测试生产基地，并获得2006/2007/2010年度中国封装测试业年度十大企业、2010年中国对外贸易500强（187位）等称号。

威讯北京拥有倒装封装技术（包括关键电镀工艺技术），电镀工艺的目的是在封装产品的外表面镀一层金属物，金属层可以显著提高RF产品的性能来支持客户的应用与开发。公司拥有自有知识产权的测试设备及相应的编带包装生产技术，使得公司在封装测试技术上处于领先地位。主要的业务范围有两大类：为通讯应用提供设计、生产元器件， 产品涉及手机、有线电视等领域；生产支持GSM、GPRS、TDCDMA、CDMA、WCDMA、WLAN、蓝牙及GPS等一系列无线射频集成电路产品。

威讯北京主要客户基本涵盖全球主要手机制造商及其他无线射频需求者，中国的华为、中兴等公司也是威讯公司的重要客户。

创新发展方式 打造一流国际贸易公司

中海石油化工进出口有限公司

中海石油化工进出口有限公司是中国海洋石油总公司的全资子公司，总部设在北京。

2001年6月15日，进出口公司在国家工商总局注册成立。公司现有员工102人，2011年公司实现贸易量2 528万吨，销售收入达1 335亿元人民币。公司拥有柴油、汽油、航空煤油、蜡油、石脑油、燃料油等国营贸易进口经营权及原油国营贸易进口经营权，并被国家授予“中国外贸企业信用体系指定示范单位”，颁发AA信用等级证书。

公司秉承创新发展方式、打造一流国际石油贸易公司的发展理念，制定未来五年发展规划，在“十二五”末，达到6 800万吨原油贸易能力和1 200万吨成品油贸易能力，建设并拥有500～700万立方米仓储规模，控制200万载重吨位的运输能力。公司未来愿景目标是：以国际化战略思维，瞄准国际国内“两个市场，两种资源”，做强做大贸易规模，提升市场竞争力，塑造中国海油在国内国际市场中的贸易品牌，将公司发展成为在国内外具有较强影响力和竞争力的一流石油贸易公司。

总经理 孙大陆

公司地址：北京市东城区朝阳门北大街2号凯恒大厦B座13层 邮编：100010 传真：010–84521437

诺基亚通信有限公司

从20世纪50年代起，诺基亚就与中国建立了贸易关系。1985年，诺基亚在北京开设了第一家办事处，开始了在华发展。20世纪90年代中期，诺基亚通过在北京和东莞建立合资工厂，实现本地化生产。

2005年，诺基亚整合了在华的合资工厂，成立诺基亚通信有限公司。诺基亚通信有限公司下辖诺基亚北京工厂和东莞工厂，是中国最大的外商投资企业之一、中国移动通信行业最大的制造和出口企业、当地的纳税大户，从2008年起连续三年缴纳企业所得税超过5亿元，更连续三次获得北京市国税、地税局联合颁发的纳税信用A级企业证书。2011年10月，诺基亚北京工厂和诺基亚东莞工厂的累计总产量突破11亿。

■ 生产技术：尖端制造，精益生产

诺基亚工厂拥有全球手机制造业最先进的生产线，配备精密的元器件表面贴装设备、自动的手机部件组装设备和测试系统；建立起完善的网络化管理系统，精益生产在生产领域广泛、深入实施，为灵活、高效的运作提供了坚实的基础。

诺基亚一直将其制造技术视为最关键、最根本的战略优势，并且在规模生产的情况下，诺基亚是全球最富生产效率的手机制造商。

严格的测试系统、科学的品质管理体系、良好的全员品质文化，确保了优良的产品品质和用户体验；不断变革和创新的管理理念，为各类人才的成长提供了广阔空间。

■ 质量：全球一致标准，贯穿产品生命周期

诺基亚中国工厂执行全球一致的质量原则、标准和质量管理体系，其质量意识从产品设计之初就已经存在，贯穿产品的整个生命周期，并充分考虑到在产品生命周期中的环境保护。从1996年开始，公司相继获得国际权威认证机构DNV颁发的ISO9001、ISO14001证书，所有产品通过欧盟的CE和中国的CCC认证，获得相应的CE和CCC证书。

■ 供应链：共同成功，合作共赢

星网工业园就是一个与供应商合作共赢的典范。该园区以诺基亚北京工厂为核心，吸引了国内外近15家主要手机零配件厂商和服务提供商，带动了超过130亿人民币的投资，共同组建完整的产业链，提高沟通和生产效率，实现零库存目标。2007年年底，诺基亚又将研发部门和大中国区总部迁至北京经济技术开发区，与诺基亚北京工厂共同组成了诺基亚中国园。由此，诺基亚和星网合作伙伴一起，形成了世界上最完整的集手机研发、生产、物流配送、零配件供应、营销、服务和地区总部于一身的手机产业链，真正实现了“一条龙”的产业链。截至2010年年底，星网工业园提供了35 000多个就业机会，自2006年开始连续5年年产值超过1 000亿人民币。

■ 进出口业务：享受海关更多优惠政策

诺基亚通信有限公司不仅是海关《企业分类管理措施目录》中的AA类企业，同时也是海关“红名单企业”之一，享受着“绿色通道”等优惠政策。由于这些便利措施简化了企业的通关手续，加快了通关速度，降低了通关成本，给企业带来了实实在在的便捷和效益，增强了企业的竞争力。

中航技国际经贸发展有限公司
AVIC International Trade & Economic Development Ltd.

中航技国际经贸发展有限公司（简称“中航国际经贸公司”），成立于1995年11月2日，是经原中国航空工业总公司、国家工商行政管理总局、国家外经贸部批准设立的国有企业，隶属于中国航空技术国际控股有限公司（简称“中航国际”）。经贸公司成立后，前期主要从事进出口贸易业务。2004年，按照新的发展构想，通过系统内业务整合，逐步形成了以招标业务、网络信息化业务、风电业务和贸易延伸业务为主业的发展格局，业务涵盖招标代理、造价咨询、工程监理、进出口贸易、网络信息化服务、计算机软件开发、风力发电及新能源业务等领域。

“十一五”时期，经贸公司在开拓中前进、在创新中提高、在发展中完善，主营业务成绩斐然：招标业务中标金额突破百亿，成为行业最具影响力十大招标机构之一，“中航招标”品牌影响力不断提升；网信业务高歌猛进，超常发展，进入中关村TOP100成长榜前列，承建并负责运营的世博会中国航空馆主展系统广受赞誉、影响深远；风电业务在经贸公司经过多年耕耘，茁壮成长，在中航国际支持下，2010年投资1亿元人民币设立新能源公司，发展前景十分广阔；贸易延伸业务取得积极进展，为客户和网信业务国际化提供了大量增值服务。

进出口贸易是中航国际经贸公司一项传统业务。自成立以来，公司与许多国家的政府机构建立并保持着密切的联系，与许多国内外客户建立了长期友好的合作伙伴关系，利用招标业务所集聚的良好客户关系及贸易信息资源，为客户进一步提供了国际贸易延伸服务；同时，其进出口业务的影响力也促进了网信业务国际化开拓。周到细致的服务及良好的信誉，使公司的进出口业务遍布中东、非洲、东南亚、北美、南美等国际市场，涉及大宗政府贸易项目、对俄及独联体易货及现汇项目、伊拉克石油换食品项目、自营进出口项目、代理进出口业务等，产品涵盖了各类机器设备及其备件、IT产品、航空材料、轻工产品、建材、高尔夫球车、食品及技术进出口等。

“十二五”时期，是经贸公司实现跨越发展的关键时期。在集团公司“两融、三新、五化、万亿”发展战略和中航国际“超越·领先”战略指引下，经贸公司按照“三业协同、价值集成，打造具有国际影响力的综合商贸平台”的发展构想，致力于建设“中航招标”、“中航网信”知名品牌，力争在“十二五”末期将公司建设成为快速成长的创新型现代服务企业。

CETC International 中电科技国际贸易有限公司

中电科技国际贸易有限公司（电科国际）成立于2002年7月2日，是中国电子科技集团公司的独资子公司，注册资本2.7亿元人民币，是一家经总装备部、国防科工局联合批准从事军工电子贸易的军贸公司。电科国际2011年度进出口总额为56 708.92万美元。

电科国际作为最具实力的电子产品和系统集成供应商之一，面向国际市场提供从电子材料、元器件、部件、设备、整机到电子综合系统等各类产品和服务。主要经营的产品有电子信息高科技产品、系统集成、指挥控制系统、侦察设备、雷达、电子战设备、通信、反恐装备等电子产品；同时，公司经营大型成套设备进出口、各类商品及技术进出口、对外劳务、展览展示、承包境外电子行业工程和境内国际招标工程、对外派遣电子行业劳务人员、对外贸易咨询等业务。

作为中国电子信息领域研发、生产及系统集成的领导者，电科国际秉承“忠于职守、国家利益高于一切”的核心价值观，倡导“一个团队、两个坚持、三个准则、四个运营、五种精神”的大树文化理念，以“打造国际一流的服务型公司”为愿景，凭借雄厚的技术研发与设计创新能力，集产品供应、系统集成、解决方案、售后服务为一体，致力于为国内外客户量身定做各类创造性的、独特的、前瞻性的电子信息系统整体解决方案。

重大荣誉

- 2009年12月16日，为感谢电科国际在帮助斯里兰卡实现领土完整和国家和平进程中作出的努力，斯里兰卡驻华使馆武官受国防部委托向电科国际颁发“感谢”纪念牌
- 2010年获得中国最佳自主创新企业
- 2010年获得全国企业党建文化建设先进单位
- 2010年中央国家机关文明单位
- 2010年获得海关企业管理AA类资质
- 2010年6月6日，电科国际被中国生产力协会评为“2010中国最佳自主创新企业”，闫立金总裁荣膺“2010中国企业最具创新力十大领军人物”称号
- 2010年8月14日，巴基斯坦总统扎尔达里在独立日期间签署授勋法令，授予闫立金总裁“卓越之星”（Star of Excellence）总统勋章，以表彰电科国际及闫立金本人对巴基斯坦在经济发展、国防建设和中巴文化交流等领域作出的突出贡献
- 2010年12月27日，为表彰电科国际在上海世博会“太空家园馆”的建设和运营工作的出色表现，党中央、国务院联合授予其“上海世博会先进集体”荣誉称号

总裁 闫立金

地址：北京市西城区五路通北街5号院电科国际大厦　邮编：100120　网址：www.cetci.com.cn

特邀企业领导名单

（按姓氏笔画排序）

马云昆　王小韵　王启民　王善如　车　轼

方　鸿　孔　军　叶新华　邢贵中　刘智军

刘德冰　闫立金　许兴利　孙大陆　花村嘉之

杨宝林　杨乾坤　李　侠　余　锐　张宇宙

张克强　张建恒　张嵩林　陆　东　陈义恩

陈朱江　陈华述　林景臻　金　雄　金会喆

金麟洙　周永强　孟祥杰　胡　斌　赵　彤

赵　勇　俞贵民　姚一鸣　姚长斌　桂明强

袁京梅　栗　明　夏穗嘉　黄华堂　彭　牧

黎海兵　薛小林　戴照明　魏新民　藤崎清一

前 言

自 2008 年 4 月 1 日《中华人民共和国海关企业分类管理办法》（2008 年 1 月 30 日海关总署令第 170 号公布，2010 年 11 月 15 日海关总署令第 197 号修订后公布）施行以来，以“守法便利、差别管理、动态调整、关企合作、贸易安全”为主要内容的海关企业分类管理制度已逐渐成为海关管理的一项重要制度。AA 类企业作为海关分类管理中守法、资信和安全程度最高的企业，在海关通关管理中享有适用较低查验率、不实行银行保证金台账制度、优先报关、上门查验等一系列的便利措施，是海关大力倡导的企业管理类别。为了适应社会信用体系建设的需要，倡导守法、诚信的理念，并为满足社会各界对 AA 类企业的检索、使用的需要，现编辑出版《中华人民共和国海关 AA 类企业年鉴》。

首版《中华人民共和国海关 AA 类企业年鉴》编写了政策导读篇，向企业介绍海关企业分类管理的发展历程、适用范围、基本原则、设置依据和标准、措施内容等，以及有关领导对广大企业的在线访谈和答疑。制度规定篇收录了与企业分类管理相关的制度规定。企业信息篇收录了全国范围内适用 AA 类管理的 1800 余家进出口货物收发货人和报关企业的基本信息，包括企业名称、海关编码、通讯地址、邮政编码、企业类型、注册日期、注册资本、评定类别时间、报关有效期、所属海关、法定代表人、联系人、经营范围等15项内容，是目前比较全面、翔实和权威的行业工具书，更是国内从事进出口贸易业务的企业寻求诚信合作伙伴、开拓国内外市场的重要指南。该篇在编排上分为进出口货物收发货人和报关企业两个部分，每个部分按照国家行政区划依次排列，便于读者使用和查找。本书资料截至2011年9月30日。

希望本书的出版能够促进AA类企业与广大进出口企业的沟通与交流，获取更多的商业合作机会，能够为社会各界了解和查询相关企业信息提供有益的帮助和便利，并能够为建设社会信用体系，以及为我国对外经济贸易的发展作出积极的贡献。

《中华人民共和国海关AA类企业年鉴》编委会

2011年12月

目录 Contents

总述

根据《中华人民共和国海关企业分类管理办法》，海关设置AA、A、B、C、D五个企业管理类别，对在海关注册登记的进出口货物收发货人、报关企业等有关企业，根据其遵守法律、行政法规、海关规章、相关廉政规定和经营管理状况，以及海关监管、统计记录等情况进行评估、分类。同时，海关总署按照守法便利原则，对适用不同管理类别的企业，制定相应的差别管理措施，其中AA类和A类企业适用相应的通关便利措施，B类企业适用常规管理措施，C类和D类企业适用严密监管措施。

AA类企业是五类企业中信用等级最高的企业，享受海关最优惠的通关便利措施。

AA类进出口货物收发货人企业需要同时满足以下条件：符合A类管理条件，已适用A类管理1年以上；上一年度进出口报关差错率在3%以下；通过海关稽查验证，符合海关管理、企业经营管理和贸易安全的要求；每年报送《企业经营管理状况评估报告》和会计师事务所出具的上一年度审计报告；每半年报送“进出口业务情况表”。

AA类报关企业需要同时符合下列条件：符合A类管理条件，已适用A类管理1年以上；上一年度代理申报的进出口报关单及进出境备案清单总量在2万票（中西部5000票）以上；上一年度进出口报关差错率在3%以下；通过海关稽查验证，符合海关管理、企业经营管理和贸易安全的要求；每年报送《企业经营管理状况评估报告》和会计师事务所出具的上一年度审计报告；每半年报送“报关代理业务情况表”。

AA类企业在享受A类企业通关便利的基础上，享受实施“属地报关、口岸验放”便捷监管模式，海关优先派员到企业结合生产或装卸环节实施查验，优先办理货物申报、查验、放行手续，优先安排在非工作时间和节假日办理预约通关手续，按规定实行银行保证金台账“空转”或不实行银行保证金台账制度，优先办理加工贸易备案、变更、报核等手续，优先办理企业注册登记换证及报关员注册登记手续等一系列通关便利措施。AA类企业还可以享受适用较低查验率、指派专人负责协调解决企业办理海关事务的疑难问题等独有的通关便利措施。

自2008年4月1日《中华人民共和国海关企业分类管理办法》实施以来，海关审批的AA类企业的数量不断增长，AA类企业的进出口总值和报关量也不断提高。据统计，截至2011年年底，全国共有AA类企业2 094家。AA类企业在进出口业务中的地位和作用日益突出。

政策导读篇

ZHENGCE DAODU PIAN

海关企业分类管理制度

海关企业分类管理制度，是海关适应经济发展和现代海关管理制度的需要，引入风险管理机制，推进社会信用体系建设，保障进出口贸易的安全与便利，促进企业诚信守法，合理配置海关管理资源，有效实施海关管理的重要举措。随着经济全球化趋势的深入发展和国家间经济贸易往来的日益扩大，全球贸易安全与便利日益受到国际社会的重视，同时，随着中国对外贸易的快速发展，海关业务量高速增长与管理资源相对缺乏的矛盾日益突出，守法便利已经成为海关促进贸易便利、提高执法水平的必然选择。实施企业分类管理制度，是中国海关管理模式的重要变革，通过对各类企业进行综合评估，以企业守法管理为基础，以验证稽查为手段，建立企业信用档案，对企业实施动态分类，为海关“由企及物”管理理念的实际应用提供了具体的实践。下面主要介绍海关企业分类管理制度的概况，企业管理类别的设定、适用和调整，以及企业分类管理措施的实施等方面的内容。

第一节　企业分类管理制度概述

一、企业分类管理的发展历程

海关企业分类管理制度的建立和实施过程，是从传统的以货物为单元逐步向现代的“由企及物”管理理念转变的过程，也是海关适应对外贸易迅猛发展、不断推动海关业务改革的过程。历经 20 余年的理论探索、制度建立和机制优化，海关企业分类管理体系已初步形成，并仍在不断的充实和完善进程之中。

（一）初步探索阶段

改革开放初期，为了适应经济发展，促进外贸增长，加强监督管理，方便合法进出，海关总署于 1988 年颁布实施了《中华人民共和国海关对信得过企业管理办法》，对“信得过企业”应具备的条件、义务、便利措施、申请程序等，都作了相应的规定。对于“信得过企业”，海关给予快速通关、减少查验等优惠措施。在当时的历史环境下，“信得过企业”的实施，是对企业分类管理的实践摸索，但是从管理理念上看，更多地是立足于对经济发展的支持，并没有比较成熟的理论基础。

在 1994 年的全国海关关长会议上，海关决定改革海关监管模式，全面推行海关稽查制度，加强企业管理，着手研究并逐步建立对进出口货物收发货人及其代理人通关的分类管理制度，研究制定以风险分析为基础的分类通关管理规范，提出海关对进出口的监督管理要建立在企业管理和账册稽核的基础上。这是海关最早提出对企业实行分类管理的思想。企业分类管理是“货物与企业并重”监管模式的具体实践和应用，推动了海关管理思想的变革和监管模式的改革，使长期以来的以货物为单元的传统海关监管模式逐步向以企业为单元的海关监管模式转变。此后，围绕企业分类管理，海关进行了一系列理论上的探索，形成了比较统一的管理思想和理念。

（二）制度初建阶段

1999 年 4 月 2 日，为促进企业守法自律，提高海关监管效率，根据《国务院办公厅转发国家经贸委等部门关于进一步完善加工贸易银行保证金台账制度意见的通知》（国办发〔1999〕35 号），

海关总署会同对外贸易经济合作部、国家经济贸易委员会联合制定了《中华人民共和国海关对企业实施分类管理办法》，并以海关总署第71号令的形式对外公布，自1999年6月1日起实施，原1988年实施的《中华人民共和国海关对信得过企业管理办法》同时予以废止。在当时的企业分类管理制度下，海关根据守法便利的原则，依据企业在进出口活动中的守法程度、报关质量、企业内部管理等综合情况，通过一定的评审程序，将企业分为A、B、C、D四类，并对不同类别的企业实施不同的管理措施。管理措施主要是对不同管理类别的企业采取不同的加工贸易管理模式，即免设保证金台账、保证金台账空转、保证金台账部分实转、保证金台账全部实转、不允许开展加工贸易，但是并没有对报关企业进行分类。这标志着中国海关对企业实施分类管理工作的正式启动，企业分类管理制度的初步建立。

（三）深入推进阶段

2002年初，海关总署在建立现代海关制度第二步发展战略规划中明确提出要实现管理对象从以物为主向物和人并重转变，要建立起企业风险优先于货物风险的运行机制，尽可能地把监管力量前推后移，拓展监管时空。实现管理方法从单一模式向分类管理转变，明确企业管理要继续以完善企业分类管理为重点，对守法企业提供最大限度的通关便利，对信用不良企业予以重点监控。2003年，海关总署大力开展规范企业进出口行为工作。2004年，又实行了进出口企业“红、黑名单”定期公布制度，按照“守法便利、违法惩戒”原则，对“红名单”企业予以优惠的通关便利，对“黑名单”企业则在社会曝光，社会反响强烈，引导企业诚信守法、规范经营效果明显。

这一时期，全国海关积极探索企业守法管理新模式。一些海关积极实践，以风险管理、分类管理为基础，以“有效监管”和“高效运作”有机统一为目标，试行“诚信管理”模式。海关与“诚信企业”签订合作协议，建立关企合作伙伴关系，按照“量体裁衣”要求，为“诚信企业”提供“交单放行、事后审核”、“信任验放”、“提前报关、工厂径放”、“无纸通关”、“区域通关”等通关便利服务，将诚信守法企业从通关瓶颈中解放出来，支持了企业的发展，也缓解了海关通关压力，进一步显示了海关企业分类管理的效果。

（四）统一完善阶段

随着形势的发展，海关业务量高速增长和管理资源相对匮乏的矛盾愈发突出，对原有的企业分类管理制度提出了新的要求。加之各直属海关陆续推出了一系列不同层级、不同地域、不同方式的通关便利措施，影响了全国海关执法的统一性。基于上述原因，2006年，海关总署启动企业分类办法修订程序，并于2008年1月以海关总署第170号令对外公布了新修订的《中华人民共和国海关企业分类管理办法》，自2008年4月1日起正式实施。但就在2008年下半年，由美国次贷危机引发的国际金融危机迅速从局部发展到全球，从发达国家传导到新兴市场国家和发展中国家，从金融领域扩散到实体经济领域。受国际金融危机快速蔓延和世界经济增长明显减速的影响，许多进出口企业遭遇发展瓶颈和生存危机，经营困难，减少通关成本、提高通关效率、促进贸易便利成为企业的迫切要求。同时，保持对外贸易稳定增长、推动企业转型升级、帮助企业应对金融危机，也是海关的份内之职。这些都给海关工作带来挑战。为此，根据2009年5月国务院关于“完善海关企业分类管理办法”要求和2010年全国海关关长会议提出的“完善企业分类管理制度，健全企业信息综合管理系统，规范企业经营行为，引导企业守法自律”的工作部署，海关总署再一次启动了分类办法的修订工作。海关总署会同商务部共同召开了企业座谈会，倾听社会和企业意见，深入了解企业的实际困难和需求，并于2010年6月举行了海关企业分类管理办法修订立法听证会，对企业分类的标准进行了调整，进一步优化和完善企业分类管理制度。再次修订的《中华人民共和国海关企业分类管理办法》于2010年11月15日以海关总署第197号令对外公布，自2011年1月1日起实施。

二、企业分类管理的目的和意义

海关企业分类管理制度，是建设现代海关制度的重要制度安排，是建立海关信用管理体系、推进国家关于社会信用体系建设、推动与“经认证的经营者”（AEO）制度接轨的具体措施。实施企业分类管理，是海关管理理念和管理模式的重大变革，是守法便利原则和信用管理、风险管理在海关的具体实践和应用，对规范企业进出口行为、引导企业守法自律、建立海关与企业的合作伙伴关系、保证贸易安全与便利、改善海关执法环境、合理配置海关管理资源、提高海关管理效能起到了积极作用，取得了明显成效，得到了社会各界的普遍认可。

（一）引导企业守法自律

推进贸易便利化，让守法企业获得最大的通关便利、增强企业竞争力，是海关严密监管、高效运作的重要目标之一，也是海关和广大进出口企业的共同责任。企业分类管理倡导守法便利，海关通过对不同类别企业的差别管理措施，放开多数守法企业，管住少数违法企业。对高类别企业，简化通关手续，加快通关速度，降低通关成本，给企业带来实实在在的便利和效益；对低类别企业，实施严密监管措施，让企业体会到不守法或不诚信行为所带来的代价，从而促进企业守法自律，强化守法意识，主动规范自身的进出口行为，不但改善了海关执法环境，也促进了社会信用体系的建设和发展。

（二）提高海关管理效能

近年来，海关业务量高速增长和管理资源相对缺乏的矛盾，已经成为中国海关的主要矛盾之一。实施以企业分类管理为基础的分类通关，优化监管体系，发挥一线监管、后续管理的综合效能，是实现海关监管资源合理配置的有效途径，是解决海关严密监管与高效运作和日益增长的业务量与有限的管理资源双重矛盾的根本办法。减少对高类别低风险企业的管理资源的投入，把有限的监管力量主要用于对低类别高风险企业的严密监管上，对企业实施有针对性的分类通关管理，有利于优化管理资源的配置，提高通关效率，提升海关管理整体效能。

（三）履行保障进出口贸易安全与便利的国际承诺

2005年6月，世界海关组织（WCO）第105/106次理事会年会通过了《全球贸易安全与便利标准框架》（以下简称《标准框架》）。会上，中国海关签署了实施《标准框架》的意向书。实施《标准框架》对于提升海关地位、提高海关执法能力、保障进出口贸易安全与便利具有重要作用。中国海关认真履行国际承诺，在修订企业分类管理办法中，充分吸收并基本遵循了《标准框架》中经认证的经营者（AEO）制度的认证标准和安全要求，参考欧盟法案中相关的安全要求，并结合中国海关实际情况，转化AEO制度为国内制度，第一次在立法中明确了中国海关对保障进出口贸易安全与便利的要求，规定AA类企业必须通过守法和安全认证。

（四）推进国家社会信用体系建设

社会信用体系建设，是完善我国社会主义市场经济体制的客观需要，是整顿和规范市场经济秩序的治本之策，是现代市场经济的重要制度安排。随着社会主义市场经济的发展，国家高度重视社会信用体系建设，并取得了积极进展。国务院各部门、各级政府也结合实际，制定了社会信用体系建设的实施方案，开展了各具特色的探索。企业分类管理办法的公布和实施，是海关建立信用管理体系的重要内容，也是社会信用体系建设的重要组成部分。

三、企业分类管理的适用范围

（一）进出口货物收发货人

在海关注册登记的进出口货物收发货人，是对外经济贸易活动的主体，是海关管理的主要相对人，同时也是各项管理措施的直接承受者，占用了海关绝大多数的管理资源。因此，是企业分类管理办法的主要适用对象之一。

（二）报关企业

我国的报关企业主要有主营报关服务兼营其他有关业务的企业，如各类报关公司；还有主要经营国际货物运输代理和国际运输工具代理业务同时兼营报关服务的企业，如国际货物运输代理公司、国际运输工具代理公司、国际快递公司、进出口物流公司等。随着报关专业化程度提高，报关企业在报关、通关过程中发挥着越来越大的作用，报关企业的报关行为规范与否，已成为影响通关效率和海关监管资源配置的重要因素。

（三）加工企业

加工企业是指接受经营企业委托，负责对进口料件进行加工或者装配，且具有法人资格的生产企业，以及由经营企业设立的虽不具有法人资格，但实行相对独立核算并已经办理工商营业证（执照）的工厂。按照企业分类管理办法的规定，加工企业按照进出口货物收发货人实施分类管理。

海关除了对上述企业实施分类管理外，对特殊监管区域内企业也按规定进行分类，同时，还作出了“其他企业的分类管理，由海关总署另行规定”的预留性规定，以适应将来形势发展的需要。

四、企业分类管理的基本原则

（一）守法便利原则

“守法便利”是海关实施企业分类管理的核心原则。海关根据企业不同的管理类别，制定了相应的差别管理措施。按照这一原则，其中AA类和A类企业适用相应的通关便利措施，B类企业适用常规管理措施，C类和D类企业适用严密监管措施，即为守法者提供最大的便利，对违法者不仅不给予便利，还将予以从严管控。按照这一原则，海关对B类企业实施的是常规管理措施，对B类以上的企业，类别越高措施越便利；对B类以下的企业，则类别越低措施越严密。

（二）统一性原则

“统一性”是海关实施企业分类管理的刚性要求，按照这一原则，全国海关对企业实行统一的分类评定标准和程序。同时，对“政出多门”的各类管理措施进行梳理，吸收归并了进出口企业“红、黑名单”制度和大型高新技术企业便捷通关制度适用的通关措施，形成了全国统一的《企业分类管理措施目录》。海关总署根据对外贸易发展和海关管理的要求，适时调整企业分类管理措施目录。这一举措统一和规范了全国海关的管理措施，为海关实施以企业分类为基础的分类通关奠定了基础。

（三）关企合作原则

强调海关与商界的合作，加强海关与企业的信息交流与业务联系，建立海关与企业的合作伙伴关系，已经成为各国海关管理的发展趋势，不仅是保障贸易安全与便利重要支柱之一，也是中国海关应对打击走私、反恐、反商业瞒骗等传统和非传统业务的内在需求。为此，企业分类管理办法明确规定：“海关与企业应当加强合作，开展经常性信息交流和业务联系。”

此外，信息公开原则、贸易安全原则、差别管理原则、动态调整原则等，也是企业分类管理制度的重要原则。

五、企业分类管理的权限和职责分工

海关总署负责对企业分类管理工作实施指导、监督，并对各直属海关上报的拟适用 AA 类管理申请进行审核。

直属海关负责审定、调整本关区注册企业适用的管理类别。

注册地海关负责受理企业适用、调整管理类别的申请，收取企业报送的材料，受理企业撤回管理类别调整申请并作出终止审核的决定，送达相关法律文书。

第二节　企业管理类别的设定

一、企业管理类别设置依据

《中华人民共和国海关企业分类管理办法》第三条规定，海关根据企业遵守法律、行政法规、海关规章、相关廉政规定和经营管理状况，以及海关监管、统计记录等，设置企业的管理类别。

守法状况和监管记录主要考察企业的守法状况和进出口行为的规范程度，是企业分类的基础标准。守法状况，包括走私、违规、侵犯知识产权、拖欠海关税款、报关员的守法和记分情况、有关行政管理部门和机构的不良记录等。海关监管记录，包括报关差错，稽查处理，配合海关监管，办理加工贸易备案、核销相关手续情况，以及办理注册登记的换证手续和相关变更手续的及时性、规范性等。

企业经营管理状况则是考察企业执行海关管理要求、内部控制和贸易安全等方面的情况，是企业分类的重要依据。企业经营管理状况，包括财务管理、人员管理、单证管理和企业内控制度等。对于 AA 类、A 类企业还提出了贸易安全方面的要求，与“经认证的经营者”的标准相一致。

（三）海关统计记录是企业类别适用的入门标准。海关统计记录，包括企业进出口业务量、报关单票数等指标的统计数据。

二、企业管理类别设定标准

海关对在海关注册登记的进出口货物收发货人、报关企业分别设置了 AA、A、B、C、D 五个管理类别，其中 AA 类为经海关验证的信用突出企业，A 类为信用良好企业，B 类为信用一般企业，C 类为信用较差企业，D 类为信用很差企业。AA 类企业是中国海关的“经认证的经营者”（AEO）。

（一）进出口货物收发货人管理类别设定标准

1. AA 类企业评定标准。

AA 类进出口货物收发货人应当同时符合下列条件：

（1）符合 A 类管理条件，已适用 A 类管理 1 年以上。

（2）上一年度进出口报关差错率 3% 以下。

（3）通过海关稽查验证，符合海关管理、企业经营管理和贸易安全的要求。

（4）每年报送“企业经营管理状况评估报告”和会计师事务所出具的上一年度审计报告，每半年报送“进出口业务情况表”。

2. A 类企业评定标准。

A类进出口货物收发货人应当同时符合下列条件：

（1）已适用B类管理1年以上。

（2）连续1年无走私罪、走私行为、违反海关监管规定的行为。

（3）连续1年未因进出口侵犯知识产权货物而被海关行政处罚。

（4）连续1年无拖欠应纳税款、应缴罚没款项情事。

（5）上一年度进出口总值50万美元以上。

（6）上一年度进出口报关差错率5%以下。

（7）会计制度完善，业务记录真实、完整。

（8）主动配合海关管理，及时办理各项海关手续，向海关提供的单据、证件真实、齐全、有效。

（9）每年报送"企业经营管理状况评估报告"。

（10）按照规定办理"中华人民共和国海关进出口货物收发货人报关注册登记证书"的换证手续和相关变更手续。

（11）连续1年在商务、人民银行、工商、税务、质检、外汇等行政管理部门无不良记录。

3. B类企业评定标准。

进出口货物收发货人未发生C、D类所列情形并符合下列条件之一的，适用B类管理：

（1）首次注册登记的。

（2）首次注册登记后，管理类别未发生调整的。

（3）AA类企业不符合原管理类别适用条件，并且不符合A类管理类别适用条件的。

（4）A类企业不符合原管理类别适用条件的。

4. C类企业评定标准。

进出口货物收发货人有下列情形之一的，适用C类管理：

（1）有走私行为的。

（2）1年内有3次以上违反海关监管规定行为，且违规次数超过上一年度报关单及进出境备案清单总票数1‰的，或者1年内因违反海关监管规定被处罚款累计总额人民币100万元以上的。

（3）1年内有2次因进出口侵犯知识产权货物而被海关行政处罚的。

（4）拖欠应纳税款、应缴罚没款项人民币50万元以下的。

5. D类企业评定标准。

进出口货物收发货人有下列情形之一的，适用D类管理：

（1）有走私罪的。

（2）1年内有2次以上走私行为的。

（3）1年内有3次以上因进出口侵犯知识产权货物而被海关行政处罚的。

（4）拖欠应纳税款、应缴罚没款项人民币50万元以上的。

（二）报关企业管理类别设定标准

1. AA类企业评定标准。

AA类报关企业应当同时符合下列条件：

（1）符合A类管理条件，已适用A类管理1年以上。

（2）上一年度代理申报的进出口报关单及进出境备案清单总量在2万票（中西部5000票）以上。

（3）上一年度进出口报关差错率3%以下。

（4）通过海关稽查验证，符合海关管理、企业经营管理和贸易安全的要求。

（5）每年报送《企业经营管理状况评估报告》和会计师事务所出具的上一年度审计报告，每半年报送“报关代理业务情况表”。

2. A类企业评定标准。

A类报关企业需要同时符合下列条件：

（1）已适用B类管理1年以上。

（2）企业及所属执业报关员连续1年无走私罪、走私行为、违反海关监管规定的行为。

（3）连续1年代理报关的货物未因侵犯知识产权而被海关没收，或者虽被没收但对该货物的知识产权状况履行了合理审查义务。

（4）连续1年无拖欠应纳税款、应缴罚没款项情事。

（5）上一年度代理申报的进出口报关单及进出境备案清单等总量在3000票以上。

（6）上一年度代理申报的进出口报关差错率在5%以下。

（7）依法建立账簿和营业记录，真实、正确、完整地记录受委托办理报关业务的所有活动。

（8）每年报送“企业经营管理状况评估报告”。

（9）按照规定办理注册登记许可延续及“中华人民共和国海关报关企业报关注册登记证书”的换证手续和相关变更手续。

（10）连续1年在商务、人民银行、工商、税务、质检、外汇、监察等行政管理部门和机构无不良记录。

3. B类企业评定标准。

报关企业未发生C、D类所列情形，并符合下列条件之一的，适用B类管理：

（1）首次注册登记的。

（2）首次注册登记后，管理类别未发生调整的。

（3）AA类企业不符合原管理类别适用条件，并且不符合A类管理类别适用条件的。

（4）A类企业不符合原管理类别适用条件的。

4. C类企业评定标准。

报关企业有下列情形之一的，适用C类管理：

（1）有走私行为的。

（2）1年内有3次以上违反海关监管规定的行为，或者1年内因违反海关监管规定被处罚款累计总额人民币50万元以上的。

（3）1年内代理报关的货物因侵犯知识产权而被海关没收达2次且未尽合理审查义务的。

（4）上一年度代理申报的进出口报关差错率在10%以上的。

（5）拖欠应纳税款、应缴罚没款项人民币50万元以下的。

（6）代理报关的货物涉嫌走私、违反海关监管规定拒不接受或者拒不协助海关进行调查的。

（7）被海关暂停从事报关业务的。

5. D类企业评定标准。

报关企业有下列情形之一的，适用D类管理：

（1）有走私罪的。

（2）1年内有2次以上走私行为的。

（3）1年内代理报关的货物因侵犯知识产权而被海关没收达3次以上且未尽合理审查义务。

（4）拖欠应纳税款、应缴罚没款项人民币50万元以上的。

第三节　企业管理类别的调整

海关实施分类管理所依据的企业的守法状况、经营管理状况和在海关的监管、统计记录等指标都是呈动态性的，并非一成不变，因此，对企业的分类管理也是动态性的。海关根据企业的动态变化情况，及时对企业管理类别进行调整。

一、向上调整类别

企业管理类别的向上调整遵循依申请和逐级上调的原则。企业在适用本管理类别满一年后，认为符合上一级类别的管理标准后，可以向海关提出申请。海关按照规定对企业的管理类别进行调整。

向上调整企业管理类别包括申请适用AA类管理、申请适用A类管理、C类申请调整为B类管理、D类申请调整为C类管理四种情形。

（一）向上调整类别需要提交的材料

申请向上调整类别的企业可以通过注册地海关向直属海关提出管理类别适用、调整申请，并提交相关材料。

1. 适用AA、A类管理申请须提交的材料：

（1）“适用AA（A）类管理申请书”；

（2）“企业经营管理状况评估报告”；

（3）会计师事务所出具的上一年度审计报告（仅申请适用AA类管理的企业提交）；

（4）“适用A类管理决定书”或“企业管理类别调整决定书”复印件（企业在海关注册后未发生管理类别调整的无须提交）；

（5）“报关注册登记证书”复印件。

2. C、D类申请调整为B、C类管理须提交的材料：

（1）“企业管理类别调整申请书”；

（2）“企业管理类别调整决定书”复印件；

（3）“报关注册登记证书”复印件。

（二）向上调整类别的评定程序

1. 企业通过注册地海关向直属海关提出管理类别适用、调整申请，并提交相关材料。

2. 注册地海关收到企业提交的管理类别适用、调整申请后，按照以下要求进行审核：

（1）申请书填写的内容是否准确，签章是否完整；

（2）其他申请材料是否齐全、有效、符合法定形式；

（3）AA类、A类企业报送的“企业经营管理状况评估报告”填写是否完整、规范。

经审核符合申请要求的，注册地海关当场制发“企业分类管理申请受理决定书”一式两份，并加盖海关注册备案专用章，一份送达企业，一份随附存入企业申请材料。经审核不符合申请要求的，注册地海关予以退回，并一次性告知企业需要补正的内容和材料。

3. 对已受理的申请，注册地海关自受理之日起 5 个工作日内，填制“企业分类管理申请材料交接单”，将申请材料和“企业分类管理申请受理决定书”报送直属海关。

4. 直属海关企业管理部门收到企业适用、调整管理类别的申请材料后，填制“调整企业管理类别联系单”，送请相关业务部门提供联系单中列明的信息及证据材料。相关业务部门自收到“调整企业管理类别联系单”之日起 5 个工作日内进行反馈。“相关业务部门”是指法规、关税、监管、加贸及保税监管、统计、稽查、风险、缉私、监察等部门。

5. 对申请适用 AA 类管理类别的，按以下程序审批：

（1）直属海关企业管理部门收到相关业务部门反馈结果后进行初审。

经初审不符合 AA 类企业相关标准的，填制“企业分类管理作业审批表”，报分管关长或者经授权的企业管理部门负责人审批，作出不予适用 AA 类管理的决定，并制发“企业管理类别不予调整决定书”。

经初审符合 AA 类企业相关标准的，填制“海关验证稽查联系单”，随附“企业经营管理状况评估报告”送请企业稽查部门组织实施稽查验证。直属海关企业稽查部门自作出稽查验证结论之日起 3 个工作日内将“海关验证稽查联系单”和“稽查结论”反馈企业管理部门。

（2）直属海关企业管理部门在收到海关稽查验证反馈结果后提出审核意见，并填制“企业分类管理作业审批表”，报分管关长或者经授权的企业管理部门负责人审批。

（3）对拟适用 AA 类管理类别的，直属海关在办法规定时限届满 30 日前行文报海关总署稽查司核准。行文内容包括：企业基本情况，包括企业名称、海关注册编码、注册时间、上一年度进出口值（报关企业为进出口报关单及进出境备案清单总量）等；企业不良记录、报关差错率，以及征求海关相关业务部门和外部部门意见等情况；“海关验证稽查联系单”和“稽查结论”；本关审核意见；其他应当上报的情况和材料。

（4）直属海关在收到海关总署批复后 3 个工作日内，作出适用或者不予适用 AA 类管理的决定，并制发“企业管理类别调整决定书”或者“企业管理类别不予调整决定书”。

6. 对申请适用 A 类、C 类调整为 B 类、D 类调整为 C 类管理类别的，直属海关企业管理部门在收到相关业务部门反馈结果后 3 个工作日内，提出审核意见，填制“企业分类管理作业审批表”，报分管关长或者经授权的企业管理部门负责人审批，并制发“企业管理类别调整决定书”或者“企业管理类别不予调整决定书”。

直属海关作出的“企业管理类别调整决定书”或者“企业管理类别不予调整决定书”应当一式两份，并加盖直属海关关印。

7. 直属海关企业管理部门在决定作出之日起 3 个工作日内对 H2000 系统中的企业管理类别进行维护。

8. 直属海关在作出“企业管理类别调整决定书”或者“企业管理类别不予调整决定书”之日起 3 个工作日内，交由注册地海关送达。

9. 注册地海关在“企业管理类别调整决定书”或者“企业管理类别不予调整决定书”作出之日起 10 个工作日内送达企业，并制作加盖海关注册备案专用章的“送达回证”。

送达程序，参照《中华人民共和国海关办理行政处罚案件程序规定》（海关总署令第 159 号）

的相关规定执行。具体如下：

海关送达行政法律文书，应当直接送交受送达人。受送达人是法人或者其他组织的，应当由法人的法定代表人、其他组织的主要负责人或者该法人、组织负责收件的人签收；受送达人有委托接受送达的代理人的，可以送交代理人签收。受送达人拒绝签收行政法律文书，送达人应当邀请见证人到场，说明情况，在送达回证上注明拒收事由和日期，由送达人、见证人签字或者盖章，把行政法律文书留在受送达人的住所，即视为送达。

直接送达行政法律文书，由受送达人在送达回证上签字或者盖章，并且注明签收日期。送达回证上的签收日期为送达日期。

直接送达行政法律文书有困难的，可以委托其他海关代为送达，或者邮寄送达。委托其他海关代为送达的，应当向受托海关出具委托手续，并且由受托海关向当事人出示。邮寄送达的，应当附有送达回证并且以送达回证上注明的收件日期为送达日期；送达回证没有寄回的，以挂号信回执或者查询复单上注明的收件日期为送达日期。

经采取上述送达方式无法送达的，公告送达。依法予以公告送达的，海关应当将行政法律文书的正本张贴在海关公告栏内。公告送达，自发出公告之日起满60日，视为送达。

（三）向上调整类别的审定

1. 对申请适用AA类、A类管理的企业，直属海关对符合规定的AA类、A类应当符合的全部条件的，作出适用的决定。对申请调整为B类、C类管理的C类、D类企业，直属海关对企业自海关作出类别调整决定之日起满1年未再发生所规定的C类、D类所列情形的，作出调整决定。

2. 对申请适用AA类、A类管理的企业或者申请调整为B类、C类管理的C类、D类企业，直属海关在审核时发现企业有下列情形之一的，对其申请予以退回，并作出不予适用或者不予调整的决定：

（1）申请时不符合规定条件的；

（2）审核期间不符合规定条件的；

（3）审核期间有涉嫌走私或者违反海关监管规定及侵犯知识产权的行为被海关立案侦查或者调查的。

（四）向上调整类别的审批时限

1. 对申请AA类的，直属海关经审查认为不需要进行稽查验证的，自受理之日起1个月内作出不予适用决定；直属海关经审查认为需要进行稽查验证的，在稽查结论作出之日起2个月内作出适用或者不予适用决定。

2. 对申请A类的，直属海关自受理之日起3个月内作出适用或者不予适用决定。

3. 对C类、D类企业申请调整为B类、C类的，直属海关自受理之日起1个月内作出调整或者不予调整的决定。

（五）向上调整类别申请的撤回

1. 对已受理的向上调整类别申请，企业可以在海关作出管理类别适用、调整决定之前向注册地海关提出撤回申请，并提交相关材料：

（1）“企业撤回管理类别调整申请书”；

（2）“企业分类管理申请受理决定书”。

2. 注册地海关企管部门自收到“企业撤回管理类别调整申请书”之日起10个工作日内，填制“企业分类管理作业审批表”，经审批后制发“终止企业管理类别调整审核决定书”一式两份，加盖海关注册备案专用章，一份送达企业，一份海关留存。

3. 注册地海关在收到撤回申请时已将企业申请材料报送直属海关的，即时报告直属海关企业管理部门。已送请企业稽查部门进行稽查验证的，直属海关企业管理部门在收到注册地海关报告后即时以工作联系单将有关情况通报注册地海关企业稽查部门。

二、向下调整类别

与向上调整类别需要经企业申请不同，向下调整类别是由海关根据已发生的事实，对照不同管理类别的评定标准主动进行类别调整。海关在日常监管和后续管理过程中，一经发现企业有符合向下调整类别情形的，立即对管理类别实行动态调整。向下调整类别一般来讲有日常即时下调、年度审核下调、重新审定下调三种情形。

（一）向下调整类别的审批程序

1. 日常即时下调。

直属海关相关业务部门和注册地海关在日常监管过程中发现企业有违法行为、拖欠税款、不配合海关管理、未按规定办理换证手续等需要向下调整类别情形的，要启动日常即时下调程序，填写“调整企业管理类别建议书”，并提供相关证据材料，送交直属海关企业管理部门。直属海关企业管理部门确认或者发现企业有应当向下调整管理类别情形的，自收到“调整企业管理类别建议书”或者发现之日起1个月内，提出审核意见，填制“企业分类管理作业审批表”，报分管关长或者经授权的企业管理部门负责人审批，并制发“企业管理类别调整决定书”。

2. 年度审核下调。

直属海关企业管理部门对企业进出口值、进出口报关单及进出境备案清单总量、报关差错率、外部部门不良记录等以年度时间段进行审核的指标，根据统计部门提供的数据和外部部门反馈的不良记录，在每年3月31日前实施年度集中审核。对年度集中审核不符合标准的企业，直属海关企业管理部门在每年4月30日前，提出审核意见，填制“企业分类管理作业审批表”，报分管关长或者经授权的企业管理部门负责人审批，并制发“企业管理类别调整决定书”。

3. 重新审定下调。

《中华人民共和国海关企业分类管理办法》规定了适用AA类、A类管理的企业有向海关定期报送材料的义务。注册地海关在每年4月30日前，收取：（1）AA类企业报送的上一年度《企业经营管理状况评估报告》和会计师事务所出具的《审计报告》；（2）AA类企业报送的上一年度下半年“进出口业务情况表”或者“报关代理业务情况表”；（3）A类企业报送的上一年度“企业经营管理状况评估报告”。在每年7月31日前，收取AA类企业报送的本年度上半年“进出口业务情况表”或者“报关代理业务情况表”。然后由注册地海关在每年5月15日和8月15日前，填写“定期报送材料交接单”，将收取的相关材料报送直属海关。直属海关企业管理部门在每年5月31日和8月31日前，对未报送材料的企业，提出审核意见，填制“企业分类管理作业审批表”，报分管关长或者经授权的企业管理部门负责人审批，并制发“企业管理类别调整决定书”。

（二）向下调整类别的审定

对企业有下列应当降低类别情形之一的，注册地直属海关根据《中华人民共和国海关企业分类管理办法》规定的AA、A、B、C、D类评定标准，作出调整其管理类别的决定：

（1）AA类、A类企业不符合原管理类别适用条件的；

（2）B类企业有C类、D类管理类别情形之一的；

（2）C类企业有D类管理类别情形之一的。

（三）向下调整类别的审批时限

1. 对日常即时下调情形的，直属海关自收到“调整企业管理类别建议书”或者发现之日起1个月内作出向下调整类别决定。

2. 对年度审核下调情形的，直属海关在每年4月30日前作出向下调整类别决定。

3. 对重新审定下调情形的，直属海关在每年5月31日和8月31日前作出向下调整类别决定。

直属海关企业管理部门在决定作出之日起3个工作日内对H2000系统中的企业管理类别进行维护。

直属海关在作出“企业管理类别调整决定书”之日起3个工作日内，交由注册地海关送达。

注册地海关在“企业管理类别调整决定书”作出之日起10个工作日内送达企业，并制作加盖海关注册备案专用章的“送达回证”。

三、暂停管理措施

海关对企业实行分类管理，属于信用管理的范畴，海关依据企业已经认定的事实和记录来进行分类。但在实践中会出现AA类、A类企业涉嫌违法被立案调查，在未有结论之前，海关无法下调其管理类别的情形。如果在这期间内，AA类、A类企业继续享受通关便利，无疑将会大大增加海关的监管风险。为了避免这种情况的发生，海关建立了对涉嫌走私违法的AA类、A类企业暂停适用其通关便利管理措施的制度。

（一）暂停管理措施的条件

AA类或者A类企业涉嫌走私被立案侦查或者调查的，海关暂停其与管理类别相应的管理措施；暂停期内，按照B类企业的管理措施实施管理。

（二）暂停管理措施的审批程序

1. 对涉嫌走私被立案侦查或者调查的企业，直属海关缉私部门通过书面或者计算机系统等形式，及时将企业名称、海关注册编码和立案日期、立案编号等情况告知直属海关企业管理部门。

2. 对非本关区的AA类、A类立案企业，直属海关企业管理部门在5个工作日内将企业有关情况送交企业注册地直属海关企业管理部门。

对本关区的AA类、A类立案企业，直属海关企业管理部门自收到缉私部门或其他海关的相关材料起3个工作日内，提出暂停企业管理措施审核意见，填制“企业分类管理作业审批表”，报分管关长或者经授权的企业管理部门负责人审批。

3. 直属海关企业管理部门在审批之日起3个工作日内暂停企业相应管理措施。

（三）暂停管理措施的处理

1. 案件审结后，直属海关缉私部门在10个工作日内（构成刑事案件的，在收到生效的人民法院刑事判决书之日起10个工作日内），将案件处理结果反馈企业管理部门。

2. 对人民法院作出无罪判决、人民检察院作出不起诉决定（相对不起诉除外），对撤案、不予行政处罚、警告及罚款额在人民币3万元以下的违反海关监管规定的行政处罚，直属海关企业管理部门自收到案件处理结果之日起3个工作日内恢复企业相应管理措施。

对海关或人民法院作出的其他行政或者刑事处罚，直属海关企业管理部门按照《中华人民共和国海关企业分类管理办法》的规定，重新调整企业适用的管理类别。

四、继续适用类别

企业在经营发展过程中经常会发生因地址搬迁、股权转让、资产重组等原因导致企业在海关的注册登记信息变更的情况，同时，海关注册编码、企业名称的变化将影响企业管理类别的调整，考虑到变更前后的企业往往存在一定的联系，而企业管理类别反映了企业的信用状况，对于变更前后具有承继关系的企业，通过维持企业管理类别的延续性，有利于海关对企业的日常监管和信用管理。

（一）继续适用类别的情形

企业仅名称或者海关注册编码发生变化的，其管理类别可以继续适用；但对于企业因股权变更、股权转让、资产重组等原因需要更名或转制变更注册编码的，海关则需要对企业变化前后的承继关系进行审核，具体问题具体处理。

1. 企业发生存续分立，分立后的存续企业承继分立前企业的主要权利义务或者债权债务关系的，其管理类别适用分立前企业的管理类别，其余的分立企业视为首次注册企业。

2. 企业发生解散分立，分立企业视为首次注册企业。

3. 企业发生吸收合并，合并企业管理类别适用合并后存续企业的管理类别。

4. 企业发生新设合并，合并企业视为首次注册企业。

（二）继续适用类别的审批程序

1. 除B类企业以外，企业有符合继续适用管理类别情形的，注册地海关在企业办理变更手续后，填制“继续适用企业管理类别建议书”，报送直属海关企业管理部门审核。

2. 直属海关企业管理部门在收到“继续适用企业管理类别建议书”之日起1个月内，提出审核意见，填制“企业分类管理作业审批表”，报分管关长或者经授权的企业管理部门负责人审批后，制发“继续适用企业管理类别决定书”。

继续适用AA类管理的，也无须报海关总署核准，直属海关可以直接作出决定。

3. 对海关注册编码发生变化的企业，直属海关企业管理部门在决定作出之日起3个工作日内对H2000系统中的企业管理类别进行维护。

直属海关在作出“继续适用企业管理类别决定书”之日起3个工作日内，交由注册地海关送达。

注册地海关在“继续适用企业管理类别决定书”作出之日起10个工作日内送达企业，并制作加盖海关注册备案专用章的“送达回证”。

（三）特殊情形下的继续适用类别

对企业实施跨关区整体搬迁或者迁入海关特殊监管区域的，海关应当对企业继续适用原管理类别。

第四节　企业分类管理措施

一、企业分类管理措施的内容

配合企业分类管理办法实施，海关总署按照“统一、规范、配套”原则，整合了海关各部门、各业务环节的便利措施，制定了《企业分类管理措施目录》在全国海关范围内统一适用。

现行的《企业分类管理措施目录》规定，对A类企业，海关将实施“属地报关、口岸验放”，优先派员到企业结合生产或装卸环节实施查验，业务现场优先办理货物申报、查验、放行手续，在进口货物起运后抵港前或出口货物运入海关监管场所前提前办理报关手续，优先安排在非工作时间和节假日办理加急通关手续，按规定实行银行保证金台账“空转”或不实行银行保证金台账制度，优先办理加工贸易备案、变更、报核等手续，优先办理报关注册登记手续，优先组织对报关员的报关业务培训和岗位考核等一系列通关便利措施。对AA类企业，除享受A类通关便利措施外，海关还将实行免担保验放，适用较低查验率，指派专人负责协调解决企业办理海关事务的疑难问题等通关便利措施。对B类企业适用常规管理措施，而对C、D类企业，海关则要在审单、查验、核查等通关、加工贸易业务开展和后续管理环节实行严密的监管措施。

二、企业分类管理措施的实施原则

（一）差别管理原则

《企业分类管理措施目录》对不同管理类别的企业给予了相应的差别管理措施，对AA类和A类企业适用通关便利措施，B类企业适用常规管理措施，C类和D类企业适用严密监管措施。

（二）统一适用原则

《企业分类管理措施目录》在全国海关范围内统一适用，各关不能自行制定超越《企业分类管理措施目录》范围的管理措施。

（三）适时调整原则

为了使分类管理措施能够适应国家经济形势变化、企业发展和海关管理的需要，海关总署将根据国家贸易政策和海关管理的要求，对《企业分类管理措施目录》适时进行调整。

（四）各自适用原则

报关企业代理进出口货物收发货人开展报关业务，海关按照报关企业和进出口货物收发货人各自适用的管理类别分别实施相应的管理措施。但因企业的管理类别不同导致应当实施的管理措施抵触的，按以下规定办理：报关企业和进出口货物收发货人均为B类以上管理类别的，按照报关企业的管理类别实施相应的管理措施；报关企业或者进出口货物收发货人为C类或者D类的，按照较低的管理类别实施相应的管理措施。

加工贸易经营企业与承接委托加工的生产企业管理类别不一致的，海关对该加工贸易业务按照较低的管理类别实施相应的管理措施。

特殊监管区域企业在区内开展经营活动时适用区内的政策管理。但当其在区外开展进出口活动时，海关按照其适用的管理类别实施相应的管理措施。

（五）暂停适用原则

为避免涉嫌走私被立案侦查或者调查的AA类、A类企业继续适用通关便利措施给海关造成的海关监管风险，海关暂停其与管理类别相应的管理措施；暂停期内，按照B类企业的管理措施实施管理，海关暂停其适用通关便利管理措施。待案件办结处理后，恢复或重新调整企业适用的管理类别和相应管理措施。

海关总署稽查司司长徐秋跃谈实施企业分类管理，营造守法便利、合作共赢的良好进出口环境

主题：实施企业分类管理，营造守法便利、合作共赢的良好进出口环境

嘉宾：海关总署稽查司司长　徐秋跃

主持：海关总署办公厅副主任　王桦（时任海关总署办公厅新闻办主任）

主持人：各位网友好！我是海关总署办公厅新闻办主任王桦，今天由我来担任此次在线访谈的主持人。今天我们邀请到海关总署稽查司司长徐秋跃，请他来介绍一下海关实施企业分类管理的相关情况，并与广大网友进行交流。

徐：各位网友，大家好！非常高兴在中国海关网站与大家见面。今天，我将就海关“实施企业分类管理，营造守法便利、合作共赢的良好进出口环境”的话题与大家交流和讨论。

主持人：请问徐司长，海关提出企业分类管理的背景是什么？出于何种目的要实行企业分类管理制度呢？

徐：改革开放30年来，中国经济、社会发生了翻天覆地的变化。1978年改革开放至2008年，我国进出口贸易总额由206.4亿美元上升至2.17万亿美元，年均增长17.4%，使我国成为世界第三大贸易国。

中国进出口贸易迅猛发展和全球物流日益频繁，对海关和企业都提出了更高的要求。它要求海关维护公平安全有序的进出口贸易秩序，加快通关速度，提高通关效率，提供贸易便利化措施，并最大限度地降低企业通关成本；要求企业诚信守法经营，规范安全运作。

由此，中国海关面临更加突出的严密监管与贸易便利、业务量日益增长与管理资源相对不足的双重矛盾。同时，国际国内多种因素要求海关既要完成监管、关税、打私、统计等传统职能的传统任务，又要应对知识产权边境保护、反恐、贸易安全等海关非传统职能不断拓展的挑战。

海关必须在履行职责中，应正确把握把关与服务、监管与便利、公平与效率的平衡。基于货物不会自己处置自己，处置货物的主体是人，以企业为监管单元，运用风险和信用管理的理念和手段，以守法便利为核心原则，实施企业分类管理，发挥企业分类在海关管理中的基础作用，就成为海关管理的必然选择。这也与世界海关的发展趋势相契合。

为此，2008年1月30日，海关总署对外公布了《中华人民共和国海关企业分类管理办法》（海关总署第170号令），并于4月1日正式施行。实行企业分类管理，是中国海关适应国家社会信用体系建设需要、顺应国际贸易和国际海关发展潮流、深化中国海关管理、密切海关与企业关系的一项重要制度安排。作为一项基础制度，不仅对海关管理调整产生影响，也对与海关发生业务关系的企业及其切身利益有着重要影响。

主持人：刚才您提到了《中华人民共和国海关企业分类管理办法》（以下简称《海关企业分类管理办法》），我想知道出台这个办法的立法目的是什么?

徐：此办法有三个方面的立法目的。首先，鼓励企业守法自律。实施企业分类及对不同管理类别企业实施相应的差别管理措施，是对企业诚信守法自律、规范安全经营的认可、尊重、鼓励和弘扬，同时也是海关各项通关便利措施和服务承诺的具体落实，守法企业可以得到实实在在的通关便利好处。中国海关明确地告知管理相对人，就是要让守法诚信者获得充分的便利，让违法、失信者切实感受到障碍和不便，进而使之强化守法意识，规范自身的进出口行为。

其次，提高海关管理效能。实施企业分类管理，一是拓展了管理空间、丰富了管理手段，有利于实现海关管理理念由简单处置向和谐共赢转变，优化了海关的执法环境；二是通过简化对高信用类别企业的通关手续，加强对低信用类别企业的控制，可以减少监管资源的无效投入，优化监管资源合理配置，提升海关管理的有效性，提高海关管理总体效能，继而从根本上解决双重矛盾。

最后，保障进出口贸易的安全与便利。充分吸收了世界海关组织（WCO）倡导的《全球贸易安全与便利标准框架》（以下简称《标准框架》）中对贸易安全与便利的要求，特别是在对AA类企业的标准设定方面，基本上遵循了《标准框架》对“经认证的经营者”（AEO）的认证标准和安全要求，将《标准框架》AEO制度转化为国内制度。为履行政府承诺，推动国内企业“走出去”，增强国际竞争力提供有力支持。

主持人：企业分类管理采用什么原则？请您为网民详细介绍一下？

徐：一是守法便利原则。守法便利原则，既包含对守法者将给予便利，也包含对违法者不仅不给予不便利，还将予以惩戒、严控的意思。按照这一原则，海关对B类企业实施的是常规管理措施，对B类以上的企业，类别越高措施越便利，对B类以下的企业，则类别越低措施越严密。

二是统一配套原则。《海关企业分类管理办法》规定：“全国海关实行统一的企业分类标准、程序和管理措施。”这一规定就是要在规章制度层面明确企业分类管理的统一性原则。直接表达两层意思：一是，全国海关的分类管理必须统一到《海关企业分类管理办法》上，原则上各海关不能自搞一套，或变通执行。二是，在总署整个层面上，也不能政出多门，凡是出台以企业分类为基础，实施相应的差别性管理措施的，必须与《海关企业分类管理办法》相对接，从而实现整合便利措施依法有据的目标。配套性是指分类结果和管理措施直接作用于通关，配套实施。

三是动态调整的原则。动态调整是企业分类管理的基本特征。由于企业的守法情况、经营管理状况和业务数据是随时变化的，所以按照设定的类别标准，其管理类别也是经常发生变化的。因此对企业的管理类别必须实施动态调整，以确保公平、公正。从海关管理角度讲，只有实施动态调整才能使企业分类的管理功能充分发挥，进而保证海关管理的有的放矢。主要有三种形式：一是自低类别向高类别调整需要企业向海关申请，海关在规定的时限内（升AA类、A类的分别为6个月、3个月，升C类、B类的分别为1个月）作出决定；二是因发生走私违法等情形，需要自高类别向低类别调整的，海关一经发现即作出类别调整的决定；三是对于一些以年度数据为基础的标准，只有在一个年度结束后，海关才能依既有的统计数据作出类别调整的决定。虽然三种形式的本质特征都是动态调整，但是动态调整只是相对动态，而不是绝对动态。除此，风险管理、贸易安全原则、关企合作原则、信息公开原则、差别管理原则等，也是企业分类管理制度的重要原则。

主持人：有网民问，分类管理适用于哪些企业？徐司长，请您具体解释一下。

徐：具体地说，《海关企业分类管理办法》适用于三类企业：在海关注册登记的进出口货物收发货人，即依法直接进口或者出口货物的中华人民共和国关境内的法人、其他组织或者个人；在海关注册登记的报关企业，是指按照规定经海关准予注册登记，接受进出口货物收发货人的委托，以进出口货物收发货人名义或者以自己的名义，向海关办理代理报关业务，从事报关服务的境内企业法人；在海关登记的加工企业，在具体的分类标准上按照进出口货物收发货人实施。

进出口货物收发货人是对外贸易的主体，是海关管理的主要相对人和各项管理措施的直接承受者，占用了海关绝大多数的监管资源。而随着报关专业化程度提高，部分关区代理报关已达98%以上，报关企业的报关行为规范与否，已成为影响通关效率的重要因素。解决了对进出口货物收发货人和报关企业的分类管理问题，也就解决了海关实施企业分类管理的绝大部分问题。因此，企业分类主要针对进出口货物收发货人和报关企业。同时明确，在海关登记的加工生产企业，按照进出口货物收发货人实施分类。为保障贸易安全，对与对外贸易供应链上的其他有关企业的分类管理，由海关总署另行制定。

主持人：感谢徐司长为我们详细解读海关企业分类管理的相关政策，下面我们来看网友的问题。

网友[小东]：您好，我们是杭州的一家企业，我想知道分类管理究竟分了几类？

徐：《海关企业分类管理办法》按照由高至低的顺序设置了AA、A、B、C、D5个管理类别。其中，AA类为经海关验证的信用突出企业，与AEO相对接；A类为信用良好企业；B类为信用一般企业；C类为信用较差企业；D类为信用很差企业。

网友[上弦月]：您好，我想请问一下海关是按照什么标准给企业进行分类的？是不是有特别的依据呢？请给我们介绍一下吧，谢谢。

徐：5个管理类别按照4个层面标准而设置，对企业实施综合考察。《海关企业分类管理办法》将分类的根据规定为："海关根据企业遵守法律、行政法规、海关规章、相关廉政规定和经营管理状况，以及海关监管、统计记录等，对有关企业进行评估、分类……"

守法状况，包括走私、违规、海关知识产权保护、拖欠海关税款、所属执业报关员的守法和记分情况，以及在相关行政管理机关有无不良记录情况等。企业经营管理状况，包括财务管理、单证管理和企业内控制度等。对于AA类、A类企业，还提出了贸易安全方面的要求，AA类通过验证稽查予以认定。企业经营管理状况主要是考察企业执行海关管理要求、内部控制和贸易安全（AA类、A类）等方面的情况，据此作为企业申请适用相应管理类别的重要依据，并通过验证稽查对AA类管理类别予以认定。海关监管记录，包括报关差错，稽查处理，配合海关监管，办理加工贸易备案和核销相关手续情况，以及办理注册登记的换证手续和相关变更手续的及时性、规范性等。守法状况和海关监管记录，主要是考察企业的进出口行为的规范程度，是企业分类的基础标准。海关统计记录，包括贸易统计和单项统计，企业的进出口值和加工贸易结转量、报关业务量等。

海关统计记录作为企业类别适用的入门标准，主要是以保证企业有正常的可供评估的进出口活动和业务量，合理配置海关管理资源为出发点而设置的，确保分类管理能够更好地服务于海关主要管理对象，切实减轻通关监管的压力。为与国家信用体系相衔接，《海关企业分类管理办法》对AA类、A类企业条件作出了在相关行政管理机关无不良记录的规定。

网友[美人蕉]：我们是广东的企业，海关的宣传报道中经常说要进行关企合作，请问一下到底如何理解关企合作伙伴关系？我们能否理解为类似银行的VIP待遇？

徐：加强海关与企业的合作，建立海关与企业合作伙伴关系，保障贸易安全与便利，目前已经成为国际海关的发展趋势。简单以管理与被管理确定海关与企业的关系，已显然不能适应现代海关管理需要和政府职能转变要求。关企合作既是世界海关组织，《标准框架》大力倡导的做法，也是中国海关管理的内在需求，符合构建社会主义和谐社会的基本要求。为此，中国海关提出了建立海关与企业合作伙伴关系的要求。《海关企业分类管理办法》明确规定："海关与企业应当加强合作，开展经常性信息交流和业务联系"，为今后开展关企合作、建立合作伙伴关系工作设定了法律依据。

对企业实施分类管理，就是建立在海关与企业合作的基础上。根据守法便利原则，对管理规范且愿意与海关合作的高信用企业（AA类、A类），海关给予通关便利；对有走私违规行为或管理不规范的企业，海关在严密监管的同时，通过规范企业进出口行为，帮助企业整改，引导其守法自律，鼓励企业申请高的管理类别，从而获得海关通关便利。从这个意义上讲，加强合作与建立关企合作伙伴关系，有利于双方实现各自的目标和利益，是海关管理理念由简单处置向和谐共赢转变、建立服务型海关的具体体现，为海关管理拓展了新的领域，增加了新的手段。至于具体的合作模式，目前各关已开展了广泛的探索和实践。海关总署将在总结各关经验和做法的基础上进一步深化和规范。

网友[李乐]：您好，我们是天津的一家外贸公司，最近碰到了关于AEO的问题，我们对AEO不太熟悉，请您给我们解释一下究竟什么是AEO制度？

徐：这是一个比较专业的问题。《标准框架》是世界海关组织为保证海关有效履行边境保护、反恐、税收征管和便利贸易等方面的职责而制定的关于保障国际贸易供应链安全和促进贸易便利的一揽子文件。贸易安全是WCO《标准框架》中AEO制度的重要内容。2005年6月，中国海关正式签署了《标准框架》实施意向书。《标准框架》有两大支柱：一是海关与海关的合作，二是海关与商界的合作伙伴关系。而AEO制度是支柱之一 —— 海关与商界的合作伙伴关系的重要内容，是对守法、信用、安全程度较好的企业进行认证、认可，从而给予其切实便利和优惠的制度。

AEO全称为“Authorzied Econimic Operator”，中文翻译为“经认证的经营者”，是指在国际物流中，无论其在供应链中处于何种位置、履行何种职能，经海关或其授予权部门批准为符合世界海关组织制定的或者具有同等效力的供应链安全标准的企业。这些企业包括：生产商、进口商、出口商、报关行、承运人、货代、贸易中间商、港口、机场、码头经营者、综合经营者、仓库、分销商等。《标准框架》对AEO的相关条件和要求提供了指引性的意见，具体包括以下13个方面：1.守法纪录；2.具有符合要求的商业记录管理系统；3.财务保障能力；4.磋商、合作和交流；5.教育、培训和提高安全意识；6.信息交换、存取和保密；7.货物安全；8.运输工具安全；9.经营场所安全；10.人员安全；11.商业伙伴安全；12.危机管理和灾难防御制度；13.衡量、分析和改进制度。同时，《标准框架》也指出：各国海关在建立AEO制度时可以有一些灵活性，可以对作为基础的国际标准进行必要的修改或增加某些内容，最终的目标是要实现一个全球各海关之间相互认可的AEO体系，海关与企业都能从中获取更高的工作效率和竞争力。

网友[秋高气爽]：您好，我想知道AEO中的“贸易安全”指的是什么？在这一点上对企业有什么要求么？

徐：贸易安全是WCO《标准框架》中AEO制度的重要内容，旨在保障国际贸易供应链安全，防止恐怖分子利用国际贸易进行恐怖主义活动，从而促进贸易便利。中国海关在修订《海关企业分类管理办法》时，充分吸收并基本遵循了《标准框架》中AEO制度的认证标准和安全要求，参考欧盟法案中相关的安全要求，并结合中国国情和现代国际贸易生产、配送模式，将AEO制度转化为国内制度，第一次在立法中明确规定了中国海关对企业贸易安全的要求。在企业报送的经营管理状况报告中，要求企业对其在“货物安全、经营场所安全、人员安全、商业伙伴安全和信息安全”等方面的情况先自行检查，对其存在的安全风险进行自我评估，并通过海关验证稽查来确定。另外，对申请高类别企业提出了贸易安全的要求。《海关企业分类管理办法》规定，只有申请AA、A类管理的企业需提交经营管理状况报告，申请AA类管理的企业需通过海关验证稽查来确认其是否符合相关的安全要求。

网友[智强]：您好，我们是一家做进出口的企业，我们看到《海关企业分类管理办法》中有“验证稽查”的说法，我想问一下什么是“验证稽查”？是不是对所有类别企业都适用呢？

徐：验证稽查是《海关企业分类管理办法》确定的一种新的海关稽查方式。验证稽查在工作目标上以验证企业规范经营状况和贸易安全程度、引导促进企业守法经营为重点，旨在通过测试企业内控制度、审查企业进出口活动、评估企业规范经营状况和贸易安全程度来规范企业内部管理，引导企业守法自律，并为企业分类管理提供支持。AA类企业通常是关区主要的进出口企业，其年进出口额、纳税额、报关单量都比较大，且内部管理较为规范。在管理内容上实施“前验后管”：一是海关在经初步审核拟评定AA类管理类别前对企业实施稽查，验证企业是否符合海关相关管理要求，即“前验”；二是在企业通过AA类管理类别评定后，海关对企业实施日常数据监控，并根据风险评估确定是否进行实地稽查，验证企业是否仍符合海关管理要求，是否仍具备AA类管理类别的资格，即“后管”。以企业为单元对相关企业进行事前验证和事后监控，确保企业的进出口活动不会脱离海关的监管。

网友[行者无疆]：请问一下AA类企业究竟是怎样的一类企业，和别的企业有什么不同？

徐：AA类企业是《海关企业分类管理办法》新增加的类别，被视为中国海关的AEO。它主要有以下几个特点：第一，AA类企业是信用最高的企业，是好中之好，须在A类企业基础上产生。第二，必须经过海关验证稽查。海关接受企业申请后，需要对其守法规范性、财务健全性、内控机制、贸易安全等方面进行全面的审核。因此，取得AA类资格是经过相当严格条件的筛选的，这与《标准框架》中AEO的标准和要求是一致的。第三，享受海关最优惠的通关便利。AA类企业除了享受A类企业的通关便利措施外，还享有免担保先放后税（报关企业除外）、专人协调解决办理海关事务的疑难问题、进出口货物适用较低查验率等便利措施。第四，需要定期向海关报送资料。每年向海关提交经营管理状况报告，每半年向海关提交进出口业务情况表（进出口货物收发货人提交）或《报关代理业务情况表》（报关企业提交）。第五，AA类企业是中国海关认可的AEO。由于AA类企业与WCO《标准框架》AEO的认证标准、认证程序等方面相同，所以是中国海关认可的AEO。目前中国海关与欧盟、日本、韩国等国家和地区磋商的AEO互认合作，正是以AA类企业为基础的。

网友[关小小]：您好，我想问一下这个企业分类的评级是不是永久性的啊？会调整吗？如何调整？

徐：如前所述，企业管理类别实行动态调整原则，分为向上调整和向下调整两种。对于企业类别上调的，必须由企业向注册地海关提出申请，按规定提交申请书及相关材料。注册地海关经审核，企业所提交的材料齐全并符合法定形式的，当场制发《企业分类管理申请受理决定书》，然后报直属海关审定。对于不符合形式审核要求的申请，注册地海关予以退回，并一次性告知企业需要补正的内容和材料。对申请AA类的，海关应当自受理之日起6个月内作出适用或者不予适用的决定；对申请A类的，海关应当自受理之日起3个月内作出适用或者不予适用的决定；对于申请C类、D类调整为B类、C类的，海关应当自受理之日起1个月内作出调整或不予调整的决定。

海关发现企业有应当降低管理类别情形的，将按照规定下调其所适用的管理类别并制发“企业类别调整决定书”。经海关决定调整企业管理类别的，自作出决定之日起，海关按照调整后的管理类别对企业实施相应的管理措施，企业注册地海关在决定作出之日起10日内将决定书送达企业。

网友[我爱吃月饼]：您好，请问下成为AA类和A类企业可以享受什么便利措施？请详细介绍一下吧。

徐：对A类企业，海关将实施“属地报关、口岸验放”，优先派员到企业结合生产或装卸环节实施查验，业务现场优先办理货物申报、查验、放行手续，在进口货物起运后抵港前或出口货物运入海关监管场所前办理报关手续，优先安排在非工作时间和节假日办理加急通关手续，按规定实行银行保证金台账“空转”或不实行银行保证金台账制度，优先办理加工贸易备案、变更、报核等手续，优先办理报关注册登记手续，优先组织对报关员的报关业务培训和岗位考核等一系列通关便利措施。对AA类企业，除享受A类通关便利措施外，海关还实行免担保先放后税，指派专人负责协调解决企业办理海关事务的疑难问题，报关单电子数据经电子审核后直接进入现场验放环节办理复核、验放手续，对进出口货物适用较低查验率等通关便利措施。

网友[花卷]：上面说了很多关于AA类和A类企业的事，我想知道如果被列为C类、D类企业，将会受到怎样的对待啊？

徐：C类、D类企业是信用较差的企业，对于这些企业，海关会在审单、查验、核查等通关环节、加工贸易业务开展和后续管理环节实行严密的监管措施。对于从事加工贸易的企业，C类企业将实行保证金台账实转，D类企业将不得再办理新的加工贸易货物备案。

网友[心想事成]：目前中国海关注册登记企业中不同管理类别的企业究竟有多少啊？能否逐个类别介绍一下？谢谢。

徐：自2008年4月1日起实施新的《海关企业分类管理办法》以来，全国海关对所有在海关注册登记的进出口货物收发货人和报关企业以及加工生产企业实施了分类管理。截至2009年7月，全国海关共有AA类企业1230家，A类企业19 068家，B 类企业587 844家，C类企业1080家，D类企业390家。

网友[1234]：您好，我想请问一下中国海关有与其他国家的海关开展AEO互认合作吗？现在都取得了哪些进展呢？

徐：中国海关以AA类企业为基础，与外国海关的AEO开展互认合作取得了实质性进展。一是开展了中欧海关AEO互认（中国海关AA类企业与欧盟海关的AEO互认）合作研讨。2008年，在“中欧安全智能贸易航线试点”项目下与欧盟海关召开了3次AEO专家组会议，完成了中欧海关双方之间的AEO制度的全面比较。2009年上半年，双方又完成了互换人员考察验证稽查的计划，双方计划在2009年下半年完成对双方AEO制度的综合评估，以启动中欧海关AEO互认磋商。二是实施了中美海关在“海关—商界反恐伙伴计划”（C-TPAT）方面的联合认证试点项目。2008年3月与美国海关边境保护局签署了《中美海关联合验证试点声明》，并于2008年进行了两次以C-TPAT为标准的联合验证试点。双方共对18家试点企业进行了实地验证，其中16家企业通过了验证。双方将在总结试点经验的基础上，对验证标准和验证方式进行探讨，以便正式开展合作。三是与日本、韩国和新加坡等国家开展了AEO互认合作的初步接触。2009年，分别与日本、韩国和新加坡等国开展了以AEO互认合作为主要内容的初步接触和研讨，下一步将根据实际情况推进与这些国家的AEO互认合作。

网友[阿文]：现在社会上有一种说法，认为海关对企业分类管理是对的，但是降级的标准太严格了，企业很容易就碰到了高压线，对通关造成诸多不便，成本也会提高。请问如何看待这种说法？

徐：企业分类管理的评定标准经过海关内部和外部广泛征求意见，已充分考虑了目前中国社会的法制环境和信用状况实际，总的来说是宽严适度的。首先，对AA类和A类企业的高标准严要求，是和其享受的便利措施相对应的，体现了权利义务对等的原则，AA类和A类企业能够享受海关给予的众多的便利通关措施。与此相对应，AA类和A类企业1年内不能有走私罪、走私行为或违反海关监管规定的行为，不能有拖欠应纳税款和应缴罚没款项情事以及无侵犯知识产权行为等。AA类企业还需要经过海关验证稽查，符合海关管理、企业经营管理和贸易安全的要求。此外，《海关企业管理分类办法》在设计上要求企业申请才能获得AA类和A类资格。这些都体现了AA类和A类企业的权利义务对等的原则。

其次，C类和D类企业的标准也是宽严相济的。C类收发货人的标准是1年内有3次以上违规行为或1年内3次以上侵犯知识产权行为等情形的，C类报关企业标准主要是1年内有3次以上违规行为或一年代理报关货物因侵犯知识产权而被海关没收3次以上的等情形的。D类企业是犯走私罪或有2次以上走私行为等情形的。企业如果能够做到守法经营、规范管理，一般是可以避免这些情况的发生，也不会被归入C类和D类企业的。

再次，为了体现宽严适度的原则，《海关企业管理分类办法》增加了容错条款，规定警告和罚款额在人民币1万元以下的违反海关监管规定行为，不作为企业分类评定记录。这就将那些因程序性失误、技术性差错而造成的社会危害性不大的非实质性违规排除在企业分类评定记录之外。

综上所述，企业分类管理的标准应该是宽严适度的，如果要申请AA类和A类资格，享受便利的通关措施，就要严格守法和规范经营，提高内部管理水平才能达到相关的标准。只要做到基本的守法经营，就不会被归到C类或D类，而大部分企业是介于AA类、A类和C类、D类之间的B类企业，这类企业享受常规的海关管理措施。从《海关企业分类管理办法》实施1年多来的数据来看，也可以说明分类办法的标准是宽严适度的。如前面提到的，截至2009年7月，全国海关共有AA类企业1 230家，A类企业19 068家，B 类企业587 844家，C类企业1 080家，D类企业390家，分别占企业总数的0.2%、3.13%、96.43%、0.18%和0.06%。从数据上可以看出，B类以上企业占了全部企业总数的99%以上，C类和D类企业只有不到1%。

网友[彩云之南]：在金融危机背景下，海关是否考虑从企业分类管理方面给企业更多的扶持措施？毕竟要帮助企业活下来才是当务之急。

徐：《海关企业管理分类办法》实施1年以来，其所倡导的“守法便利、差别管理、动态调整、关企合作、贸易安全”等原则和管理措施已逐步为企业和社会普遍认可，鼓励企业守法自律、规范管理和促进企业发展的导向和示范作用开始显现。通关便利措施的有效落实，使企业切实感受到了海关的支持和服务，缓解了通关现场压力。高类别企业通关时间缩短，加快了通关速度，通关成本降低，增强了企业的竞争力，有效地支持了企业的发展。企业更加注重守法自律经营，申请高类别企业数量激增，为海关开展信用体系建设，逐步实现以企业为单元的分类通关模式，优化管理资源配置，提高海关管理效能，保障进出口贸易安全与便利，加强AEO国际合作提供了支持。

今年以来，在金融危机的背景之下，海关在企业分类管理方面已经出台并正在考虑采取一些措施，给企业予以扶持。首先，在今年初总署发布的《海关总署关于支持扩大内需促进经济增长的十项措施》中，在企业分类管理方面要求各直属海关提高企业分类管理评定效率，缩短评定时间。其次，考虑到金融危机的影响及企业的实际情况，近期总署将对《海关企业管理分类办法》进行微调，适度调整不作为企业分类管理记录的违规罚款额度等。目前，这项工作已经启动，以适应当前形势。最后要说明一点的是，在金融危机背景之下，用好企业分类管理政策，不仅可以帮助企业增强竞争力，更快地走出困境，还能让企业树立长期发展的观念，做大做强，走得更远。

网友[冰清玉洁]：从“红黑名单”到企业分类管理，是否有本质的区别，还是只是说法上不同？

徐：“红黑名单”和企业分类管理，本质上没有区别，都是为了鼓励企业守法自律，提高海关管理效能，保障进出口贸易的安全与便利。出于整合统一规范的考虑，“红黑名单”制度归并到了分类管理制度中。《海关企业分类管理办法》实施后，原“红黑名单”制度已经废止。原“红黑名单”企业经海关审核后过渡为《海关企业分类管理办法》中的AA类和D类企业。

网友[大耳朵有福]：我有点不明白，请你们不要见笑：为什么企业是由海关管理，不是应该由工商等其他部门吗？海关和他们有什么区别吗？

徐：这是按照政府国家管理职能的分工，工商管的是企业的国内经营活动，海关管的是进出口经营活动。

网友[挥手之间]：请问海关代码年检要带什么资料？各地有差别吗？假设我是在苏南的企业。

徐：海关现在已不实施企业年检了，改为进出口货物收发货人3年换证，报关企业2年许可延续，全国海关统一实施。所带资料与注册登记时的要求是相同的。

网友[华夏银行]：金融危机可以说余波犹在，我算是一个小企业的中层吧，日子过得依然很难。请问海关对我们这些中小企业有扶持的措施吗？谢谢。

徐：海关有多种措施帮助企业应对金融危机，目前来说在企业分类管理方面准备适当放宽企业分类的降级标准。

网友[非诚勿扰]：企业分类管理到底给企业带来了哪些便利？是企业便利了还是海关便利了？

徐：双方受益，合作共赢。你守法，海关就给你通关便利。海关按照守法便利原则更合理地配置管理资源。

网友[我也姓徐]：问一下徐司长，我的本家：稽查稽查，这个名字挺吓人的。对企业进行管理，不听话的企业怎么查啊，能透露一点吗？

徐：本家你好，很高兴回答你的问题。如果企业守法经营，不用有此顾虑。如果发现问题，海关会按照法律规定进行处理。

网友[路人甲]：我是一个打酱油的，路过，凑凑热闹。顺便问一下，这个企业评级几年评一次啊？不会一年一评吧？呵呵。

徐：海关对企业分类是依据企业申请，在规定时限内进行办理的。如企业初次注册即定为B类，申请升级为AA类的办理时限为6个月之内，升级为A类的时限为3个月，升级为C类或B类，均为1个月。企业发现问题需降级的，即时降级。

网友[JJ]：企业的数据是全国联网吗？是不是在浙江的企业“资质”不好，在江苏从事外贸生意，就会受到影响？江苏海关能调到数据吗？

徐：企业的通关数据是全国联网的，企业在任何一个口岸通关，海关都能调取到他的信息数据。

主持人：好，由于时间的关系，今天的在线访谈就到这里了。

徐：感谢大家对我们的关心和支持，期待着下次和大家见面。

主持人：感谢徐司长，感谢各位网友的参与。如果大家有更多的问题，可以和中国海关门户网站联系，我们的网址是：http://www.customs.gov.cn，再见。

企业信息篇

QIYE XINXI PIAN

进出口货物收发货人

企业名称	国信招标集团有限公司			海关编码	1102910087
通讯地址	北京市海淀区首体南路22号楼10层			邮政编码	100080
企业类型	进出口货物收发货人	注册日期	2002.2.6	注册资本	5000万人民币
评定时间	2011.8.29	报关有效期	2014.2.6	所属海关	北京海关
法定代表人	柳泽伟		电话	010-88354433	
日常联系人	李亮		电话	010-88354433	
主营范围	许可经营项目:互联网信息服务。一般经营项目:国内招标与投标服务;国内资金采购;机电产品的国际招标业务;工程管理,投资,商务及其他经济信息咨询;工程及设备安装监理;高新技术项目;实业项目的投资。自营和代理各类商品及技术的进出口业务,但国家限定公司经营或禁止进出口的商品及技术除外。经营进料加工和“三来一补”业务。经营对销贸易和转口贸易,承办国内高新技术成果及产品展览,以及相关业务人员培训。				

企业名称	中国航空技术北京有限公司			海关编码	1105910050
通讯地址	北京经济技术开发区宏达北路16号6号楼			邮政编码	100000
企业类型	进出口货物收发货人	注册日期	1994.5.30	注册资本	30000万人民币
评定时间	2009.11.18	报关有效期	2014.5.30	所属海关	北京海关
法定代表人	刁伟成		电话	010-84971031	
日常联系人	胡中		电话	010-84971031	
主营范围	许可经营项目:无。一般经营项目:货物进出口,代理进出口,技术进出口,投资及投资管理,物业管理,销售建筑材料、汽车配件、金属材料,承包境外机电行业工程和境内国际招标工程,对外派遣实施上述境外工程所需的劳务人员。				

企业名称	瑞钢联集团有限公司			海关编码	1105910279
通讯地址	北京市朝阳门北大街1号北京新保利大厦19层			邮政编码	100000
企业类型	进出口货物收发货人	注册日期	2003.9.17	注册资本	20000万人民币
评定时间	2009.9.16	报关有效期	2014.9.17	所属海关	北京海关
法定代表人	游振武		电话	010-84193866	
日常联系人	杨珂		电话	010-84193866	
主营范围	货物进出口,技术进出口,代理进出口;销售建筑材料、装饰材料、金属材料、生铁、钢材及其压延产品、矿产品、木材、五金交电、机械设备、电器设备、汽车配件、化工产品(不含危险化学品及一类易制毒化学品)、润滑油、润滑脂、百货、焦碳、纸浆;仓储服务;经济信息咨询(不含中介);劳务服务。				

企业名称	北京铜牛进出口有限公司			海关编码	1105910056
通讯地址	北京市朝阳区金台里甲9号（铜牛大厦）4层			邮政编码	100000
企业类型	进出口货物收发货人	注册日期	1993.11.18	注册资本	2000万人民币
评定时间	2009.6.15	报关有效期	2014.11.18	所属海关	北京海关
法定代表人	林士昌		电话	010-65957980	
日常联系人	薛继红		电话	010-65957980	
主营范围	许可经营项目：货运险，仓储货物的财产保险。一般经营范围：自营和代理各类商品及技术的进出口业务，但国家限定公司经营或禁止进出口的商品及技术除外；经营进料加工和“三来一补”业务；经营对销贸易和转口贸易；承办中外合资经营、合作生产；销售日用品、针纺织品、服装、鞋帽、工艺品、玩具、文具用品、体育用品、化工产品（不含危险化学品）。				

企业名称	中航技国际经贸发展有限公司			海关编码	1105919158
通讯地址	北京市朝阳区慧忠路5号B座			邮政编码	100101
企业类型	进出口货物收发货人	注册日期	1996.11.14	注册资本	6000万人民币
评定时间	2011.7.5	报关有效期	2011.11.17	所属海关	北京海关
法定代表人	彭牧		电话	010-51969668	
日常联系人	徐晓东		电话	010-51969668	
主营范围	销售建筑材料、装饰材料、汽车、机电设备、五金交电、化工材料、计算机软硬件及辅助设备、仪器仪表、针纺织品、日用百货；经营或代理除国家组织统一联合经营的16种出口商品及国家实行核定公司经营的12种进口商品以外的其他商品和技术的进出口业务；承办中外合资经营、合作生产、“三来一补”、易货贸易、对销贸易业务；从事对外经济贸易信息咨询服务及技术交流业务，以及国际招标及工程招标代理业务。				

企业名称	中国石油工程建设公司			海关编码	1105930838
通讯地址	北京市西城区六铺炕街6号			邮政编码	100000
企业类型	进出口货物收发货人	注册日期	2002.11.17	注册资本	51359万人民币
评定时间	2008.12.2	报关有效期	2011.11.17	所属海关	北京海关
法定代表人	侯浩杰		电话	010-58192906	
日常联系人	朱桂玲		电话	010-58192083	
主营范围	许可经营项目：对外派遣实施境外工程所需的劳务人员（有效期至2009年12月31日）。一般经营项目：承包本行业国外工程、境内外资工程，进出口业务，建筑工程施工总承包，承包工业设备安装及工艺管道、仪器仪表、钢结构制造安装工程，工程机械、机电产品、化工产品（不含危险化学品）、建筑材料、金属材料、轻工产品、家用电器、日用百货的销售。兼营与主业务有关的咨询服务、信息服务。				

企业名称	中国仪器进出口（集团）公司			海关编码	1108919068
通讯地址	北京市西城区西直门外大街6号			邮政编码	100044
企业类型	进出口货物收发货人	注册日期	1992.11.23	注册资本	15000万人民币
评定时间	2011.7.5	报关有效期	2011.11.23	所属海关	北京海关
法定代表人	安丰收		电话	010-88316008	
日常联系人	徐睿		电话	010-88316008	
主营范围	许可经营项目：医疗器械（二类、三类）的经营（范围见许可证，有效期至2015年04月13日），销售V类放射源（有效期至2012年8月29日），向境外派遣各类劳务人员（不含海员，有效期至2011年08月25日）。一般经营项目：广播电视设备、电子产品、通讯设备、计算机设备、网络设备及软件、安防产品、安保产品、风力及水力发电设备、污水处理设备、垃圾处理设备、太阳能产品的销售，进出口业务，从事对外咨询服务、技术交流、仪器仪表维修、招标代理业务，主办境内外经济技术展览会，设备租赁，家电、日用百货、五金器材、仪器仪表的销售，安防产品的技术服务，信息系统集成，仓储服务。				

企业名称	中粮集团有限公司			海关编码	1101919151
通讯地址	北京市东城区建国门内大街8号中粮广场A座713层			邮政编码	100005
企业类型	进出口货物收发货人	注册日期	1993.12.1	注册资本	31223万人民币
评定时间	2011.7.5	报关有效期	2011.12.1	所属海关	北京海关
法定代表人	宁高宁		电话	010-65223550	
日常联系人	李军		电话	010-65268888	
主营范围	许可经营项目：粮食收购，第二类增殖电信业务中的信息服务业务（不含固定网电话信息服务，有效期至2009年4月22日），（美食与美酒）期刊的出版（有效期至2008年12月31日），境外期货业务（品种范围以许可证为准，有效期至2010年12月31日）。一般经营项目：进出口业务，从事对外咨询服务，广告、展览及技术交流业务，酒店的投资管理，房地产开发经营，物业管理、物业代理，自有房屋出租。				

企业名称	中国出国人员服务总公司			海关编码	1105919061
通讯地址	北京市朝阳区惠新东街4号			邮政编码	100029
企业类型	进出口货物收发货人	注册日期	1992.12.11	注册资本	50000万人民币
评定时间	2009.6.16	报关有效期	2011.12.11	所属海关	北京海关
法定代表人	周宇祥		电话	010-84648829	
日常联系人	延斌		电话	010-84648829	
主营范围	许可经营项目：经营免税外汇商品业务，向境外派遣各类劳务人员（不含海员，有效期至2011年10月24日），自费出国留学中介服务（有效期至2010年3月1日），销售定型包装食品（有效期至2011年4月4日）。一般经营项目：向境外企业、新闻、贸易等组织驻华机构的常驻人员和外商投资企业的外方常驻人员提供自用安家物品，向驻外机构提供生活物资，进出口贸易，化妆品、钢铁、金属材料、机械设备、电子产品、计算机及软件、办公设备、汽车及汽车配件的销售，旅游、商务、出国人员涉外事务的咨询，商务培训，计算机技术服务，会展服务，代办仓储运输手续，房屋租赁，物业管理，家用电器的保修、维修及零配件零售。				

企业名称	中技国际招标公司			海关编码	1108919100
通讯地址	北京市丰台区西四环南路 101 号（园区）			邮政编码	100070
企业类型	进出口货物收发货人	注册日期	1993.12.18	注册资本	3000 万人民币
评定时间	2010.6.30	报关有效期	2011.12.18	所属海关	北京海关
法定代表人	刘德冰		电话	010-63349895	
日常联系人	李生生		电话	010-63349895	
主营范围	办理国际和国内招标业务，从事国内外咨询服务，技术培训及技术交流业务，货物进出口，技术进出口，自营和代理进出口；承担土建工程及有关的重要设备、材料采购招标的代理业务；经营材料加工和“三来一补”业务，经营对销贸易和转口贸易。法律、行政法规、国务院决定禁止的，不得经营；法律、行政法规、国务院决定规定应经许可的，经审批机关批准并经工商行政管理机关登记注册后方可经营；法律、行政法规、国务院决定未规定许可的，自主选择经营项目开展经营活动。				

企业名称	中国神华能源股份有限公司			海关编码	1101919246
通讯地址	北京市东城区安定门西滨河路 22 号			邮政编码	100011
企业类型	进出口货物收发货人	注册日期	2004.12.30	注册资本	1988962 万人民币
评定时间	2010.4.12	报关有效期	2011.12.30	所属海关	北京海关
法定代表人	张喜武		电话	010-58131616	
日常联系人	谢国前		电话	010-58133404	
主营范围	许可经营项目：煤矿开采，煤炭经营。一般经营项目：项目投资，煤炭的洗选、加工，矿产品的开发与经营，专有铁路内部运输，电力生产，开展煤炭、铁路、电力经营的配套服务，船舶的维修，能源与环保技术开发与利用、技术转让、技术咨询、技术服务，进出口业务，化工产品、化工材料、建筑材料、机械设备的销售，物业管理。				

企业名称	中国交通进出口总公司			海关编码	1105919200
通讯地址	北京市朝阳区建国路 118 号招商局大厦 6 层			邮政编码	100022
企业类型	进出口货物收发货人	注册日期	1993.12.1	注册资本	5352 万人民币
评定时间	2009.6.5	报关有效期	2011.2.1	所属海关	北京海关
法定代表人	何玉龙		电话	010-65678866	
日常联系人	张黎		电话	010-65678866	
主营范围	许可经营项目：对外派遣实施境外工程所需的劳务人员（有效期至 2009 年 12 月 31 日）。一般经营项目：进出口业务；对外经济技术交流业务；交通设备的销售、租赁；船舶、汽车等交通运输设备及配件，建筑材料及产品，化工产品及产品，五金材料及产品，筑路、养护设备及沥青，重油，电子产品，通讯设备及材料，印刷设备，轻工、纺织设备，成套机械设备，汽车，日用百货的销售；对外修船业务；招标代理业务。				

企业名称	中国船舶重工国际贸易有限公司			海关编码	1102919020
通讯地址	北京市西城区月坛北小街10号			邮政编码	100861
企业类型	进出口货物收发货人	注册日期	1993.1.18	注册资本	36700万人民币
评定时间	2009.9.16	报关有效期	2014.1.18	所属海关	北京海关
法定代表人	董强		电话	010-88475627	
日常联系人	马鑫		电话	010-59518071	
主营范围	许可经营项目:对外派遣与其实力、规模、业绩相适应的境外工程所需的劳务人员。一般经营项目:军用船舶产品和技术出口,对外军用船舶工程承包;船舶及船用设备、海洋工程及设备的设计、研制、生产、维修、租赁、销售;进出口业务;承包境外海洋石油及相关工程和境内国际招标工程,对外提供工程勘察和设计及相关的咨询服务;承包冶金、石化、建筑、电站、城建、港口工程;水利工程设备的销售;废旧船舶销售;物业管理。				

企业名称	中土畜雪莲股份有限公司			海关编码	1101919177
通讯地址	北京市东城区安定门外大街208号			邮政编码	100011
企业类型	进出口货物收发货人	注册日期	1999.3.18	注册资本	17500万人民币
评定时间	2009.6.16	报关有效期	2014.3.18	所属海关	北京海关
法定代表人	王震		电话	010- 85018231	
日常联系人	李晓枫		电话	010- 85018231	
主营范围	自营和代理除国家组织同意联合经营的出口商品和国家实行核定公司经营的进口商品以外的其他商品及技术的进出口业务,经营进料加工和“三来一补”业务,经营对销贸易和转口贸易,畜产品、化工原料及产品、五金交电、针纺织品、百货、木材、机械电子设备、计算机及办公设备、通讯设备的销售,服装面料技术检测,经济信息咨询,会议服务,承办展览展示活动,计算机软件开发,技术服务。				

企业名称	中国电子进出口总公司			海关编码	1108919050
通讯地址	北京市海淀区复兴路甲23号电子大楼			邮政编码	100036
企业类型	进出口货物收发货人	注册日期	1994.4.6	注册资本	64421.6万人民币
评定时间	2009.6.15	报关有效期	2014.4.6	所属海关	北京海关
法定代表人	陈旭		电话	010-68296190	
日常联系人	闫蓓		电话	010-68296190	
主营范围	许可经营项目:向境外派遣各类劳务人员(不含海员,有效期至2011年10月26日)。一般经营项目:进出口业务;承办对外贸易展览展销;招标代理业务;承包境外机电工程和境内国际招标工程;小轿车销售;与以上业务有关的仓储、包装业务、技术咨询、技术服务;信息服务;汽车零配件的销售;物业管理,房屋设施的维修,承揽室内装修和装修材料的销售;房屋出租;保洁服务及保洁材料销售;家用电器维修;计算机网络系统集成、计算机软件及外部设备的研制、销售;燃料油、重油产品销售。				

<table>
<tr><td>企业名称</td><td colspan="3">中海油中石化联合国际贸易有限责任公司</td><td>海关编码</td><td>1106919249</td></tr>
<tr><td>通讯地址</td><td colspan="3">北京市朝阳门北大街 25 号中国海油大厦 902 室</td><td>邮政编码</td><td>100013</td></tr>
<tr><td>企业类型</td><td>进出口货物收发货人</td><td>注册日期</td><td>2004.4.12</td><td>注册资本</td><td>20000 万人民币</td></tr>
<tr><td>评定时间</td><td>2009.12.25</td><td>报关有效期</td><td>2014.4.12</td><td>所属海关</td><td>北京海关</td></tr>
<tr><td>法定代表人</td><td colspan="2">孙大陆</td><td>电话</td><td colspan="2">010-84522888</td></tr>
<tr><td>日常联系人</td><td colspan="2">王永明</td><td>电话</td><td colspan="2">010-84522888</td></tr>
<tr><td>主营范围</td><td colspan="5">许可经营项目: 经营原油进口业务，经营成品油出口业务。一般经营项目: 货物进出口，技术进出口，代理进出口。</td></tr>
</table>

<table>
<tr><td>企业名称</td><td colspan="3">中国石油物资公司</td><td>海关编码</td><td>1102919123</td></tr>
<tr><td>通讯地址</td><td colspan="3">北京市西城区鼓楼外大街 5 号</td><td>邮政编码</td><td>100029</td></tr>
<tr><td>企业类型</td><td>进出口货物收发货人</td><td>注册日期</td><td>1996.4.12</td><td>注册资本</td><td>123876.5 万人民币</td></tr>
<tr><td>评定时间</td><td>2009.11.18</td><td>报关有效期</td><td>2014.4.12</td><td>所属海关</td><td>北京海关</td></tr>
<tr><td>法定代表人</td><td colspan="2">周永强</td><td>电话</td><td colspan="2">010-62096886</td></tr>
<tr><td>日常联系人</td><td colspan="2">石勇</td><td>电话</td><td colspan="2">010-62096886</td></tr>
<tr><td>主营范围</td><td colspan="5">许可经营项目：压缩气体和液化气体、易燃液体、易燃固体、自燃和遇湿易燃品、有毒品、腐蚀品销售，除新闻、出版、教育、医疗保健、药品、医疗器械以外内容的因特网信息服务。一般经营项目：黑色金属、有色金属、工业废金属、焦炭、炉料、重油、木材、水泥、建材、金刚石、化工产品（危险品除外）、油田专用化学产品、泥浆材料、纸袋纸、橡胶及制品、轮胎、塑料及制品、工业锅炉、拖拉机、电线、电缆、机电设备及其配件、工具、仪器、元器件、通信器材设备的供应、销售，汽车的批发、零售，招标代理，设备和工具的租赁，与主营项目有关的技术咨询、技术服务、信息服务，进出口业务国际货运代理业务，石油专用管材的检测，仓储服务，房屋租赁。</td></tr>
</table>

<table>
<tr><td>企业名称</td><td colspan="3">中国国际石油化工联合有限责任公司</td><td>海关编码</td><td>1105919023</td></tr>
<tr><td>通讯地址</td><td colspan="3">北京市朝阳区朝阳门北大街 22 号 8 层</td><td>邮政编码</td><td>100728</td></tr>
<tr><td>企业类型</td><td>进出口货物收发货人</td><td>注册日期</td><td>1993.5.7</td><td>注册资本</td><td>300000 万人民币</td></tr>
<tr><td>评定时间</td><td>2009.11.18</td><td>报关有效期</td><td>2014.5.7</td><td>所属海关</td><td>北京海关</td></tr>
<tr><td>法定代表人</td><td colspan="2">戴照明</td><td>电话</td><td colspan="2">010-59966526</td></tr>
<tr><td>日常联系人</td><td colspan="2">闫武山</td><td>电话</td><td colspan="2">010-59966528</td></tr>
<tr><td>主营范围</td><td colspan="5">自营和代理各类商品及技术的进出口业务，包括原油、成品油的进出口（其他国家规定的专营进出口商品和国家禁止进出口的特殊商品除外）；经营进料加工和“三来一补”业务；开展对销和转口贸易、境外期货业务。</td></tr>
</table>

企业名称	中纺粮油进出口有限责任公司			海关编码	1101919224
通讯地址	北京市东城区建国门内大街 19 号中纺大厦 9007 室			邮政编码	100005
企业类型	进出口货物收发货人	注册日期	2002.5.13	注册资本	30000 万人民币
评定时间	2011.7.5	报关有效期	2014.5.13	所属海关	北京海关
法定代表人	王进		电话	010-65285007	
日常联系人	虞跃		电话	010-65285100	
主营范围	许可经营项目: 粮食收购。一般经营项目: 进出口业务，建筑材料、装饰材料、轻纺织品、日用百货、五金交电、化工材料（不含危险化学品）、机械设备、工艺美术品的销售，货物仓储，与上述业务相关的咨询服务，饲料及其添加剂的销售，大蒜的收购及销售。				

企业名称	中粮粮油有限公司			海关编码	1105919128
通讯地址	北京市朝阳区朝阳门南大街 8 号 7 层			邮政编码	100005
企业类型	进出口货物收发货人	注册日期	1995.5.17	注册资本	54483 万人民币
评定时间	2011.1.7	报关有效期	2014.5.17	所属海关	北京海关
法定代表人	栗明		电话	010-85019022	
日常联系人	牛燕霞		电话	010-85019022	
主营范围	许可经营项目：粮食收购，销售粮油、定型包装食品、饮料、酒、茶叶（有效期至 2012 年 2 月 24 日）。一般经营项目：进出口业务，饲料、饲料添加剂、针纺织品、机械电器设备、纸张的销售，信息咨询。				

企业名称	中设国际贸易有限责任公司			海关编码	1102919107
通讯地址	北京市西城区广安门外大街 178 号			邮政编码	100055
企业类型	进出口货物收发货人	注册日期	1995.5.26	注册资本	800 万人民币
评定时间	2010.4.22	报关有效期	2014.5.26	所属海关	北京海关
法定代表人	阚呈新		电话	010-63452245	
日常联系人	李晶		电话	010-63452245	
主营范围	许可经营项目：无。一般经营项目：经营和代理经贸部批准的进出口业务；经营易货贸易和转口贸易业务；承办中外合资经营、合作生产和“三来一补”业务；销售机械电器设备，汽车（不含 9 座以下乘用车），金属材料，金属矿石，矿产制品，金属制品，建筑材料，装饰材料，机械电器设备，化工产品，医疗器械，工艺美术品，电子计算机软、硬件及外部设备，百货，针纺织品，重油；专业承包；信息咨询（中介除外），技术开发，技术转让，技术服务。				

<table>
<tr><td>企业名称</td><td colspan="3">中国乡镇企业总公司</td><td>海关编码</td><td>1105919152</td></tr>
<tr><td>通讯地址</td><td colspan="3">北京市朝阳区农展南路 5 号京朝大厦 8 层</td><td>邮政编码</td><td>100026</td></tr>
<tr><td>企业类型</td><td>进出口货物收发货人</td><td>注册日期</td><td>1995.5.30</td><td>注册资本</td><td>5921 万人民币</td></tr>
<tr><td>评定时间</td><td>2009.7.13</td><td>报关有效期</td><td>2014.5.30</td><td>所属海关</td><td>北京海关</td></tr>
<tr><td>法定代表人</td><td colspan="2">史明山</td><td>电话</td><td colspan="2">010-59193829</td></tr>
<tr><td>日常联系人</td><td colspan="2">李红印</td><td>电话</td><td colspan="2">010-59193829</td></tr>
<tr><td>主营范围</td><td colspan="5">许可经营项目：海洋渔业系统内汽油、煤油、柴油的批发（有效期至 2015 年 6 月 21 日），医疗器械的经营（具体项目以许可证为准，有效期至 2015 年 6 月 16 日），农作物种子的进出口（有效期至 2013 年 4 月 1 日），草种经营（有效期至 2015 年 1 月 24 日），批发（非实物方式）预包装食品、散装食品（含水产品，有效期至 2013 年 2 月 28 日）。一般经营项目：钢材、有色金属、轻纺和化工原料及产品、矿产品、建筑材料、木材、机电设备、仪器、五金交电、汽车、摩托车及零配件、饲料及农畜产品、化肥的经营，机电设备招标和招标代理，进出口业务，室内、外装饰装潢，组织园林设计，绿化工程的设计、施工，提供与主营业务有关的咨询服务、信息服务。</td></tr>
</table>

<table>
<tr><td>企业名称</td><td colspan="3">中国兵工物资集团有限公司</td><td>海关编码</td><td>1102919076</td></tr>
<tr><td>通讯地址</td><td colspan="3">北京市海淀区车道沟 10 号院科技 1 号楼</td><td>邮政编码</td><td>100089</td></tr>
<tr><td>企业类型</td><td>进出口货物收发货人</td><td>注册日期</td><td>1994.7.2</td><td>注册资本</td><td>21733.8 万人民币</td></tr>
<tr><td>评定时间</td><td>2009.4.20</td><td>报关有效期</td><td>2014.7.2</td><td>所属海关</td><td>北京海关</td></tr>
<tr><td>法定代表人</td><td colspan="2">白长治</td><td>电话</td><td colspan="2">010-68962928</td></tr>
<tr><td>日常联系人</td><td colspan="2">管巍</td><td>电话</td><td colspan="2">010-68962928</td></tr>
<tr><td>主营范围</td><td colspan="5">许可经营项目：兵工系统内汽油、煤油、柴油批发业务，经营危险化学品（许可范围以许可证为准，有效期至 2012 年 5 月 24 日）。一般经营许可：金属材料、重油、机电产品、成套设备、建筑材料、化工产品（危险化学品除外）、汽车的销售，进出口业务，与上述业务相关的技术咨询、信息服务，五金交电、针纺织品、橡胶制品、塑料制品、电子产品及通信设备、体育用品、服装、百货、皮革及制品、文教用具、纸、纸制品的销售，电子产品的研发、生产及销售，摩托车的维修及租赁。</td></tr>
</table>

企业名称	中国电子器材总公司			海关编码	1108919118
通讯地址	北京市海淀区复兴路 49 号			邮政编码	100036
企业类型	进出口货物收发货人	注册日期	1995.7.6	注册资本	10599.5 万人民币
评定时间	2009.5.22	报关有效期	2014.7.6	所属海关	北京海关
法定代表人	穆国强		电话	010-68207762	
日常联系人	王际红		电话	010-68207762	
主营范围	许可经营项目：医疗器械销售（产品范围以许可证为准，有效期限至 2015 年 7 月 25 日），组办本行业企业出国（境）参、办经济贸易展览会，普通运输（有效期至 2013 年 3 月 16 日）。一般经营项目：电子整机（含无线电通讯机、广播通讯设备）、电子元器件及材料、电子仪器仪表、电子产品（含彩电批发、零售）、计算机及外部设备、空白录像带、电子成套设备的销售和代购、代销；电子系统工程设计、安装；电子产品展览，举办境内对外经济技术展览会；承办展览（销）会广告设计，制作路牌、印刷品、影视广告，代理制作广告的发布业务；进出口业务；家电维修；包装材料、建筑装修材料、机电设备、五金交电、化工产品、针纺织品、日用百货、服装、办公设备、文化用品、照像器材、工艺美术品（金、银饰品除外）的销售；仓储运输；与述业务有关的技术咨询、技术培训、技术服务和信息服务；摄影，扩印，打字；汽车销售；计算机、电子、通信的技术开发和技术转让。				

企业名称	中化国际招标有限责任公司			海关编码	1102919142
通讯地址	北京市西城区复兴门外大街 A2 号中化大厦			邮政编码	100045
企业类型	进出口货物收发货人	注册日期	1997.7.11	注册资本	3577 万人民币
评定时间	2008.12.2	报关有效期	2014.7.11	所属海关	北京海关
法定代表人	信杰		电话	010-88079676	
日常联系人	张英华		电话	010-88079676	
主营范围	许可经营项目：零售预包装食品（有效期至 2014 年 5 月 18 日）。一般经营项目：经营国际金融组织贷款项下国际招标采购业务；从事利用国外贷款和国内资金采购机电产品的国际招标业务和其他国际招标采购业务；工程、货物、服务项目招、投标代理业务；进出口业务；百货、针纺织品、日用杂品、五金交电、电子计算机及外部设备、工艺美术品、家具、机械电器设备、建筑材料、黑色金属材料、化工产品及材料（不含危险化学品）、轻工材料、矿产品、石油制品、润滑油、润滑脂、畜产品、饲料的销售；与上述业务相关的咨询服务、展览、广告和技术交流；小轿车销售；仓储及物流服务；设备维修服务。				

企业名称	联想进出口有限公司			海关编码	1108919156
通讯地址	北京市海淀区北四环西路 9 号北京银谷大厦 311 室			邮政编码	100080
企业类型	进出口货物收发货人	注册日期	1997.7.15	注册资本	1176.471 万人民币
评定时间	2009.2.24	报关有效期	2014.7.15	所属海关	北京海关
法定代表人	许国兵		电话	010-62800299	
日常联系人	刘丽华		电话	010-62800299	
主营范围	许可经营项目：无。一般经营项目：销售电子产品，货物进出口，技术进出口，代理进出口。法律、行政法规、国务院决定和国家外商投资产业政策禁止的，不得经营；法律、行政法规、国务院决定规定应经许可和国家外商投资产业政策限制经营的项目，经审批机关批准并经工商行政管理机关登记注册后方可经营；法律、行政法规、国务院决定未规定许可和国家外商投资产业政策未限制经营的，自主选择经营项目开展经营活动。				

企业名称	中海石油化工进出口有限公司			海关编码	1105919216
通讯地址	北京市海淀区复兴路 49 号			邮政编码	100027
企业类型	进出口货物收发货人	注册日期	2001.7.23	注册资本	63771.3 万人民币
评定时间	2009.12.25	报关有效期	2014.7.23	所属海关	北京海关
法定代表人	孙大陆		电话	010-84250879	
日常联系人	王海明		电话	010-84250879	
主营范围	许可经营项目：成品油（柴油、汽油、航空煤油、蜡油、石脑油、燃料油等）国营贸易进口经营业务。一般经营项目：自营和代理各类商品及技术的进出口业务（国家限定公司经营或禁止进出口的商品及技术除外），经营进料加工和“三来一补”业务，经营对销贸易和转口贸易。				

企业名称	国投中鲁果汁股份有限公司			海关编码	1106319002
通讯地址	北京市丰台区科兴路 7 号 205 室			邮政编码	100070
企业类型	进出口货物收发货人	注册日期	2001.8.15	注册资本	20170 万人民币
评定时间	2010.8.6	报关有效期	2014.8.15	所属海关	北京海关
法定代表人	郝建		电话	010-88009001	
日常联系人	吴楠		电话	010-88009001	
主营范围	许可经营项目：生产浓缩果蔬汁，饮料、农副产品的深加工（限分公司经营）。一般经营项目：农业生物产业项目的投资；经营本企业和成员企业自产产品及技术出口业务，本企业和成员企业生产所需的原辅材料、仪器仪表、机械设备、零配件及技术的进口业务（国家限定公司经营和国家禁止进出口的商品除外）；经营进料加工和“三来一补”业务；办公用房出租，商业用房出租。				

企业名称	中电科技国际贸易有限公司			海关编码	1108319007
通讯地址	北京市西城区五路通北街 5 号院 2 号楼			邮政编码	100089
企业类型	进出口货物收发货人	注册日期	2002.8.15	注册资本	27000 万人民币
评定时间	2010.4.22	报关有效期	2014.8.15	所属海关	北京海关
法定代表人	闫立金		电话	010-82209229	
日常联系人	刘娇		电话	010-82209229	
主营范围	许可经营项目：对外派遣与其实力、规模、业绩相适应的境外工程所需的劳务人员。一般经营项目：进出口业务；招投标业务；承包工程；雷达及配套设备、电子产品、通信器材及设备的研发、生产及销售；汽车（含小轿车），摩托车及零配件，机械设备，计算机及辅助设备，纺织品，服装及日用品，文具，家用电器，五金交电，金属产品，体育用品及器材，建材及化工产品（不含危险化学品），家具及室内装修材料的销售；贸易经济与代理；国内展览展示；对外贸易咨询；技术转让，技术推广，技术咨询，技术服务。				

企业名称	中航技国际工贸有限公司			海关编码	1105919093
通讯地址	北京市朝阳区北辰东路 18 号中航技大厦 6 层			邮政编码	100101
企业类型	进出口货物收发货人	注册日期	1994.8.18	注册资本	9000 万人民币
评定时间	2008.12.2	报关有效期	2014.9.18	所属海关	北京海关
法定代表人	张辉		电话	010-64933352	
日常联系人	程萍		电话	010-64933352	
主营范围	经营本系统所产运输工具、机械设备的出口业务；经营本系统所需运输工具、机械设备的进口业务；接受本系统单位的委托，代理上述进出口业务；经营本系统技术进出口业务；承办中外合资、合作生产业务；承办来料加工、来样加工、来件装配业务；开展补偿贸易业务；经营与原苏联、东欧国家易货贸易业务；从事对外咨询服务、展览、技术交流业务；经贸部批准的其他商品的进出口业务；经营或代理除国家组织统一联合经营的 16 种出口商品和实行核定公司经营的 12 种进口商品以外的其他商品的进出口业务；代理货物运输保险；购销机械电器设备（汽车除外）、五金交电、化工产品（未取得专项许可的项目除外）。				

企业名称	国航进出口有限公司			海关编码	1105919117
通讯地址	北京市顺义区首都机场国航基地 4 号			邮政编码	100621
企业类型	进出口货物收发货人	注册日期	1993.9.24	注册资本	9508.08 万人民币
评定时间	2009.9.6	报关有效期	2014.9.24	所属海关	北京海关
法定代表人	郑保安		电话	010-64599951	
日常联系人	郭凯		电话	010-64599951	
主营范围	自营和代理各类商品及技术的进出口业务，但国家限定公司经营或禁止进出口的商品及技术除外；经营进料加工和“三来一补”业务；经营转口贸易和对销贸易；购销金属材料、五金交电、建筑材料、装饰材料、工艺美术品；技术咨询，技术服务；仓储服务；自有房产的物业管理（出租写字间）；汽车销售（不含小轿车）；飞行器租赁。				

企业名称	中国医药对外贸易公司			海关编码	1108919226
通讯地址	北京市海淀区知春路20号			邮政编码	100088
企业类型	进出口货物收发货人	注册日期	1992.11.17	注册资本	10050万人民币
评定时间	2008.12.2	报关有效期	2014.11.17	所属海关	北京海关
法定代表人	严兵		电话	010-62028788	
日常联系人	惠坤		电话	010-62028788	
主营范围	许可经营项目：医疗器械经营（经营范围以许可证为准，有效期至2015年12月13日），批发（非实物方式）预包装食品（有效期至2013年8月9日），经营保健食品（有效期至2012年1月24日）、危险化学品（经营范围以许可证为准，有效期至2014年1月29日），药品批发（经营范围以许可证为准，有效期至2014年11月29日），对外派遣与公司实力、规模、业绩相适应的境外工程所需劳务人员（有效期至2013年2月23日）。一般经营项目：医药行业对外咨询及技术交流，进出口业务，汽车销售，承包境外医药行业工程和境内国际招标工程，货物仓储，公共保税仓库的投资与管理，房屋租赁，设备租赁。				

企业名称	中国石化国际事业有限公司			海关编码	1105919057
通讯地址	北京市朝阳区朝阳门北大街中国石化大厦5~6层			邮政编码	100101
企业类型	进出口货物收发货人	注册日期	1992.11.26	注册资本	140000万人民币
评定时间	2009.2.24	报关有效期	2014.11.26	所属海关	北京海关
法定代表人	蒋振盈		电话	010-59960606	
日常联系人	柏舟		电话	010-59960606	
主营范围	货物进出口，技术进出口，代理进出口；销售石油及化工产品、机械设备、电气仪表、汽车配件、木材、建筑材料、金属材料、汽车（含小轿车）、化肥；石油化工及其产品的存储、运输（仅限分公司经营）；利用国外贷款和国内资金采购机电产品的国际招标业务和其他国际国内招标业务；技术改造项目设备招标及相关服务；承办国际金融组织贷款项目下的国际招标采购业务；承包境外工程和境内国际招标工程；对外派遣实施上述境外工程所需的劳务人员；承办展览、展示；组织国内企业出国（境）参、办展；境外期货业务；设备租赁；煤炭批发（限分支机构经营）。				

企业名称	中国新时代科技有限公司			海关编码	1101919016
通讯地址	北京市东城区协作胡同 40 号			邮政编码	100007
企业类型	进出口货物收发货人	注册日期	1993.12.28	注册资本	10000 万人民币
评定时间	2009.9.16	报关有效期	2014.12.28	所属海关	北京海关
法定代表人	张连生		电话	010-64082288	
日常联系人	高维华		电话	010-64082288	
主营范围	许可经营项目：医疗器械经营（III 类。医用光学器具、仪器及内窥镜设备，临床检验分析仪器，手术室、急救室、诊疗室设备及器具。II 类。医用电子仪器设备，有效期至 2011 年 9 月 28 日），销售定型包装食品、粮油、干鲜果品（有效期至 2011 年 9 月 24 日）。一般经营项目：进出口业务，机械设备、电子产品、化工原料（危险品除外）、通讯设备及器材、仪器仪表、电子计算机及辅助设备、成套设备、汽车零配件、建筑装饰材料、橡胶及橡胶制品、家用电器、办公设备及用品、照相器材、针纺织品、家具的销售和仓储。				

企业名称	北京松下普天通信设备有限公司			海关编码	1102930048
通讯地址	北京市顺义区天竺空港工业区天柱东路 19 号			邮政编码	101312
企业类型	进出口货物收发货人	注册日期	1992.12.5	注册资本	2494 万美元
评定时间	2009.2.4	报关有效期	2011.12.5	所属海关	北京海关
法定代表人	俞长铭		电话	010-60480000	
日常联系人	董小爱		电话	010-60480000	
主营范围	设计、生产、销售无线电寻呼机、移动电话机和有线电话产品及其零部件产品，自产产品的维修，技术咨询，技术培训，销售自产产品。				

企业名称	北京美姿时装有限公司			海关编码	1111930094
通讯地址	北京顺义县华颖服装厂院内			邮政编码	101300
企业类型	进出口货物收发货人	注册日期	2002.5.22	注册资本	60 万美元
评定时间	2009.6.15	报关有效期	2014.3.7	所属海关	北京海关
法定代表人	李树峰		电话	010-69442989	
日常联系人	张加成		电话	010-52131903	
主营范围	生产各种服装，销售自产产品。				

企业名称	北京索爱普天移动通信有限公司			海关编码	1102930399
通讯地址	北京顺义区天竺空港工业区 A 区天柱西路			邮政编码	101312
企业类型	进出口货物收发货人	注册日期	2002.5.22	注册资本	3000 万美元
评定时间	2008.12.2	报关有效期	2013.1.20	所属海关	北京海关
法定代表人	邢炜		电话	010-64571188	
日常联系人	王迎春		电话	010-64571188	
主营范围	生产、制造蜂窝移动通信系统及产品，包括GMS基地站、手持机，TACS基地站、手持机，蜂窝移动通信系统的电源，移动交换中心及其他系统元件和配套设备；销售该合营公司的产品，并提供该合营公司系统产品的售前、售中、售后服务（包括网络设计等）；从事非配额许可证管理、非专营商品的收购出口业务。				

企业名称	北京松下控制装置有限公司			海关编码	1105930620
通讯地址	北京市朝阳区酒仙桥路 14 号			邮政编码	100016
企业类型	进出口货物收发货人	注册日期	1994.3.7	注册资本	3380 万美元
评定时间	2009.6.15	报关有效期	2014.3.7	所属海关	北京海关
法定代表人	刘会阳		电话	010-64351155-7266	
日常联系人	刘志红		电话	010-64351155-7230	
主营范围	开发、设计、生产控制装置和零部件，机械加工及模具制造，销售自产产品，上述产品的批发，提供相关的服务、技术咨询及售后服务，货物进出口。（涉及配额许可证管理、专项规定管理的商品，按照国家有关规定办理。）				

企业名称	北京远东罗斯蒙特仪表有限公司			海关编码	1101930348
通讯地址	北京市东城区和平里北街 6 号			邮政编码	100013
企业类型	进出口货物收发货人	注册日期	1996.5.7	注册资本	500 万美元
评定时间	2009.6.15	报关有效期	2014.5.7	所属海关	北京海关
法定代表人	斯考特·奥森		电话	010-58652588	
日常联系人	张盼		电话	010-58652588	
主营范围	生产工业用传感器、变送器，传感器用产品，传感器用零配件，变速器用产品，变送器零配件；销售自产产品；代理、批发、零售他人及关联公司生产的工业用传感器、变速器等；提供上述产品的安装、调试、维修、技术咨训、技术培训。				

企业名称	诺基亚通信有限公司			海关编码	1105930838
通讯地址	北京市经济技术开发区东环中路 5 号			邮政编码	100176
企业类型	进出口货物收发货人	注册日期	1995.10.19	注册资本	13820 万美元
评定时间	2008.12.2	报关有效期	2014.10.19	所属海关	北京海关
法定代表人	JAMES LIN		电话	010-87114508	
日常联系人	康瑜		电话	010-87114508	
主营范围	开发、生产、销售移动通信手机和网络基础设施（包括基站、交换设备、固定宽带接入设备、无线接入设备和数字集群系统设备）；为自产产品提供售后服务、技术支持和其他客户服务（包括提供零配件、配套设备、元器件及维修服务）；国内采购商品的批发及零售；进口与合资公司生产的产品同类的商品，进行批发及零售。				

企业名称	中国惠普有限公司			海关编码	1105931437
通讯地址	北京市朝阳区建国路 112 号			邮政编码	100022
企业类型	进出口货物收发货人	注册日期	2010.11.5	注册资本	1000 万美元
评定时间	2011.1.26	报关有效期	2013.11.5	所属海关	北京海关
法定代表人	符标榜		电话	010-65643888	
日常联系人	葛萍		电话	010-65643888	
主营范围	研制开发、生产制造（包括委托加工）包括计算机硬件、软件及其外围设备，相关配套系列产品，以及零部件在内的电子产品及其他惠普产品（外商投资限制类及国家有专项规定的除外）；进口及经营并向国内外客户直接或通过渠道销售上述本企业产品，以及国内外惠普或其他厂商生产的品牌电子产品及其他相关配套产品，经营业务包括对上述产品进口、出口、仓储、批发、零售、佣金代理、维修服务、技术咨询与技术转让（受配额许可证管理或专营商品除外）；惠普及其他品牌电子和其他产品的维修与维护服务，技术咨询与技术转让；计算机系统集成、网络工程设计、施工、布线、设备安装、调试及技术服务；对国内外客户及惠普的关联公司提供公司基础设施、职能部门（如 IT 机房，呼叫，客户服务，打印文传，财务或商务流程运作中心）外包服务，开发和讲授与上述各项产品和服务有关的技术与商务培训课程；经营性租赁业务，包括计算机硬件、软件及外围设备在内的电子产品和其他设备的租赁，以及对租赁物品的残值处理；提供上列租赁物品的技术咨询、支持与维修等相关的服务。				

企业名称	北京 ABB 电气传动系统有限公司			海关编码	1105931251
通讯地址	北京市朝阳区酒仙桥北路甲 10 号 D 区 1 号			邮政编码	100016
企业类型	进出口货物收发货人	注册日期	2004.6.7	注册资本	500 万美元
评定时间	2009.6.16	报关有效期	2014.6.7	所属海关	北京海关
法定代表人	方秦		电话	010-84566688	
日常联系人	李涌峰		电话	010-84566688	
主营范围	生产各类电气传动装置及控制系统工程成套设备的设计、维修、服务及技术培训，销售自产产品。				

<table>
<tr><td>企业名称</td><td colspan="3">松下电工（中国）有限公司</td><td>海关编码</td><td>1105940486</td></tr>
<tr><td>通讯地址</td><td colspan="3">北京市朝阳区建国路 79 号华贸中心 2 号写字楼</td><td>邮政编码</td><td>100025</td></tr>
<tr><td>企业类型</td><td>进出口货物收发货人</td><td>注册日期</td><td>1998.12.4</td><td>注册资本</td><td>4649 万美元</td></tr>
<tr><td>评定时间</td><td>2011.7.5</td><td>报关有效期</td><td>2011.11.27</td><td>所属海关</td><td>北京海关</td></tr>
<tr><td>法定代表人</td><td>山本晃弘</td><td colspan="2">电话</td><td colspan="2">010-59255988</td></tr>
<tr><td>日常联系人</td><td>张来群</td><td colspan="2">电话</td><td colspan="2">010-59255988</td></tr>
<tr><td>主营范围</td><td colspan="5">1. 在住宅建材行业、照明器具行业、配线机器行业、信息装置行业、电气器具行业、控制装置行业及电子材料行业，以及在国家允许外商投资的领域进行直接投资及再投资。2. 受所投资企业董事会的书面委托（经董事会一致通过），公司向所投资企业提供下列内容的服务：协助或代理所投资企业从国内外采购该企业自用的机械设备、办公设备和生产所需的原材料、元器件、零部（配）件；在国内外市场以代理或经销的方式销售所投资企业生产的产品及提供售后服务；为所投资企业提供运输、仓储等综合服务；在外汇管理部门的同意和监督下，协调解决所投资企业之间的外汇平衡；为所投资企业提供产品生产、销售、市场开发，以及企业内部管理等有关的技术支援、员工培训、咨询等服务；协助所投资企业寻求贷款并依据担保法为其提供担保（保证）。3. 公司以代理、经销或设立出口采购机构（包括内部机构）的方式出口境内商品。4. 公司购买所投资企业生产的产品进行系统集成后在国内外销售，如所投资企业生产的产品不能完全满足系统集成的需要，公司在国内外采购系统集成配套产品。5. 在公司所投资公司企业投产前或投资企业新产品投产前，为进行产品市场开发，公司从某出资人及关联公司进口与所投资企业生产产品相关的产品在国内试销。6. 公司为其出资人及关联公司生产的产品提供售后服务。7. 公司在中国境内设立研究开发中心或部门，从事新产品及新技术的研究开发，转让其研究开发成果，并提供相应的技术服务。8. 公司为其所投资企业产品的国内经销商、代理商，以及与公司、其出资人或其关联公司签有技术转让协议的国内公司、企业提供相关的技术培训、技术咨询等。9. 经中国银行业监督管理委员会批准，公司向其投资设立的企业提供财务支持。10. 公司为所投资企业及关联公司提供机器和办公设备的经营性租赁服务，或依法设立经营性租赁公司。11. 依照国家有关规定，参与有对外承包工程经营权的中国企业的境外工程承包。12. 公司为其出资人及其关联公司提供咨询服务。13. 公司承接其关联公司的服务外包业务。14. 商品的批发及相关进口业务：批发住宅建材、家具、照明器具、配线器具、电气器具、信息装置、控制装置、电子材料等产品，佣金代理（拍卖除外），以上商品的进口，库存管理、商品划分、包装、商品策划，以及售后服务等与上述相关的配套业务。</td></tr>
</table>

<table>
<tr><td>企业名称</td><td colspan="3">松下电器（中国）有限公司</td><td>海关编码</td><td>1105940705</td></tr>
<tr><td>通讯地址</td><td colspan="3">北京市朝阳区景华南街 5 号远洋光华中心 C 座</td><td>邮政编码</td><td>100025</td></tr>
<tr><td>企业类型</td><td>进出口货物收发货人</td><td>注册日期</td><td>2003.3.4</td><td>注册资本</td><td>98618.4825 万美元</td></tr>
<tr><td>评定时间</td><td>2011.8.29</td><td>报关有效期</td><td>2014.3.4</td><td>所属海关</td><td>北京海关</td></tr>
<tr><td>法定代表人</td><td colspan="2">城阪俊郎</td><td>电话</td><td colspan="2">010-65626688</td></tr>
<tr><td>日常联系人</td><td colspan="2">崔萌</td><td>电话</td><td colspan="2">010-65626840</td></tr>
<tr><td>主营范围</td><td colspan="5">1. 在中国对电器、电子及其他鼓励和允许类产业进行投资。2. 研究、开发、制造民用和工业用电子电器产品、设备及其零部件、元器件，并在国内外销售本公司生产的产品（上述两项内容待具体产品及项目确定后，按有关法律规定逐项另行报批）。3. 受所投资企业（以下简称企业）董事会的书面委托（经董事会全体成员一致同意），为其提供以下业务：协助或代理其所投资的企业从国内外采购该企业自用的机器、设备和生产所需的原材料、元器件、零部件；在国内外市场以代理或经销的方式销售其所投资企业生产的产品，并提供售后服务；为其所投资企业提供运输、仓储等综合性服务；人才培训、市场开发及咨询服务；协助企业招收、招聘人员；在外汇管理部门的同意和监督下，谋求企业之间的平衡外汇；协助企业寻求贷款及提供担保。4. 为其投资者提供咨询服务，为其关联公司提供与其投资有关的市场信息、投资政策等咨询服务。5. 依照国家有关规定，以代理、经销或设立出口采购机构（包括内部机构）的方式出口境内商品，并可按有关规定办理出口退税。6. 从事新产品及高新技术的研究开发，转让其研究成果，并提供相应的技术服务。7. 为其所投资企业的产品的国内经销商、代理商，以及与投资性公司、其母公司或其关联公司签有技术转让协议的国内公司、企业提供相关的技术培训。8. 购买企业的产品进行系统集成后在国内外销售。如果企业生产的产品不能完全满足系统集成需要，可以在国内外采购系统集成配套产品。9. 进口并在国内销售（不含零售）投资者所属公司集团的母公司及其控股关联企业的产品。10. 经中国银行业监督管理委员会批准，向投资性公司及其所投资企业提供相关财务服务。11. 为其所投资企业提供机器和办公设备的经营性租赁服务，或设立经营性租赁服务，或设立经营性租赁公司。12. 为所进口的产品提供售后服务。13. 进口为企业、投资者所属公司集团的母公司的产品提供维修服务所需的原辅材料及零、配件。14. 承接境内外企业的服务外包业务。15. 根据有关规定，从事物流配送服务。16. 经中国银行业监督管理委员会批准，设立财务公司，向本公司及企业提供相关财务服务。17. 经商务部批准，从事境外工程承包业务和境外投资，设立融资租赁公司并提供相关服务。18. 委托境内其他企业生产、加工本公司或投资者的产品并在国内外销售。19. 从事电子通信设备，仪器仪表，文化、办公设备，以及普通机械专用设备等有关产品（特种商品除外）的批发、佣金代理（拍卖除外）、进出口及其相关配套业务。</td></tr>
</table>

企业名称	电装（中国）投资有限公司			海关编码	1105940715
通讯地址	北京市朝阳区东三环北路5号1幢518室			邮政编码	100004
企业类型	进出口货物收发货人	注册日期	2003.4.14	注册资本	26609.6935万美元
评定时间	2011.7.5	报关有效期	2014.4.14	所属海关	北京海关
法定代表人	山田升		电话	010-65908337	
日常联系人	周方圆		电话	010-65908337	
主营范围	1. 在国家允许外商投资的领域依法进行投资。2. 以代理、经销或设立出口采购机构的方式出口境内商品。3. 购买投资企业生产的产品进行系统集成后在国内外销售。4. 在投资企业投产前或其新产品投产前，为进行产品市场开发，从公司投资者进口并在国内试销与投资企业生产产品相关的公司投资者产品。5. 为投资企业提供机器和办公设备的经营性租赁服务，或依法设立经营性租赁公司。6. 在所投资领域内设立科研开发中心部门，从事新产品及高新技术的研究开发，转让其研究开发成果，并提供相应的技术服务。7. 为投资企业的产品的国内经销商、代理商，以及与公司、公司投资者或其关联公司签有技术转让协议的国内公司、企业提供相关的技术培训。8. 为公司投资者提供咨询服务，为关联公司提供与其投资有关的市场信息、投资政策等咨询服务。9. 为公司投资者生产的产品提供售后服务。10. 受公司所投资企业的书面委托（经董事会一致通过），向所投资企业提供下列服务：协助或代理投资企业从国内外采购其自用机器设备、办公设备，生产所需的原材料、元器件、零部（配）件；在国内外市场以代理方式及（或）经销方式销售投资企业生产的产品并提供售后服务；协助投资企业招聘人员并提供技术培训、市场开发及咨询；为投资企业提供产品生产、销售和市场开发过程中的技术支持、员工培训、企业内部人事管理等服务；协助投资企业寻求贷款及提供担保；在外汇管理部门的同意和监督下，在投资企业之间平衡外汇；为投资企业提供运输、仓储等综合服务。11. 公司在境内销售从母公司进口的产品（不包括零售）。12. 从事母公司及其控股关联公司的产品和同类产品的进口、批发及出口业务，国内采购商品（特种商品除外）的批发及出口业务。				

企业名称	艾默生（北京）仪表有限公司			海关编码	1101940180
通讯地址	北京市东城区和平里北街6号EK楼5层			邮政编码	100013
企业类型	进出口货物收发货人	注册日期	2002.8.7	注册资本	600万美元
评定时间	2009.6.15	报关有效期	2014.8.7	所属海关	北京海关
法定代表人	马克·舒马赫		电话	010-58652666	
日常联系人	张盼		电话	010-58652666	
主营范围	设计、生产、组装控制仪表的生产设备及其配件；自产产品的安装、调试、维修和技术咨询；销售自产产品；代理、批发他人及关联公司生产的工业用传感器、变送器、传感器用品、传感器零配件、变送器用品、变送器零配件产品，并提供以上产品的安装、调试、维修、技术咨询、技术培训（涉及配额许可证管理、专项规定管理的商品，按照国家有关规定办理）。				

企业名称	佳能（中国）有限公司			海关编码	1101940118
通讯地址	北京市东城区金宝街 89 号金宝大厦地下三层			邮政编码	100005
企业类型	进出口货物收发货人	注册日期	1997.11.11	注册资本	5605 万美元
评定时间	2008.12.2	报关有效期	2014.11.11	所属海关	北京海关
法定代表人	小泽秀树		电话	010-85298488	
日常联系人	王辉		电话	010-85298488	
主营范围	1. 在国家允许外商投资的领域依法进行投资。2. 在中国境内设立科研开发中心或部门，从事新产品及高新技术的研究开发，转让其研究开发成果，并提供相应的技术服务。3. 受所投资企业的书面委托（经董事会一致通过），向其所投资企业提供下列服务：协助或代理其所投资的企业从国内外采购该企业自用的机器设备、办公设备和生产所需的原材料、元器件、零部件；在国内外销售其所投资企业生产的产品，并提供售后服务；为其所投资企业提供运输、仓储等综合服务；在外汇管理部门的同意和监督下，在其所投资企业之间平衡外汇；协助其所投资企业招聘人员并提供技术培训、市场开发及咨询；协助其所投资企业寻求贷款及提供担保。4. 为其投资者及其子公司提供咨询服务。5. 以代理、经销或设立出口采购机构（包括内部机构）的方式出口境内商品，并可按有关规定办理出口退税。6. 为其所投资企业的产品的国内经销商、代理商，以及与投资性公司、其母公司或其关联公司签有技术转让协议的国内公司、企业提供相关的技术培训。7. 购买所投资企业生产的产品进行系统集成后在国内外销售，如所投资企业生产的产品不能完全满足系统集成需要，允许其在国内外采购系统集成配套产品。8. 在其所投资企业投产前或其所投资企业新产品投产前，为进行产品市场开发，允许投资性公司从其母公司进口与其所投资企业生产产品相关的母公司产品在国内试销。9. 为其所投资业提供机器和办公设备的经营性租赁服务，或依法设立经营性租赁公司。10. 为其投资者生产的产品提供售后服务。11. 进口并在国内销售投资者及其控股的关联公司的产品。12. 进口为所投资企业、投资者所属公司集团的母公司的产品提供维修服务所需的原辅材料及零、配件。13. 承接境内外企业的服务外包业务。14. 根据有关规定，从事物流配送服务。15. 经中国银行业监督管理委员会批准，设立财务公司，向投资性公司及其所投资企业提供相关资料，从事物流配送服务。16. 经商务部批准，从事国外工程承包业务和境外投资，设立融资租赁公司并提供相关服务。17. 从事货物进出口或技术出口业务。18. 从事商品（特定商品除外）的佣金代理（拍卖除外），以及商品的批发、零售。19. 从事与上述产品相关的技术培训、咨询服务。				

<table>
<tr><td>企业名称</td><td colspan="3">宝马（中国）汽车贸易有限公司</td><td>海关编码</td><td>1105941016</td></tr>
<tr><td>通讯地址</td><td colspan="3">北京东三环北路霞光里 18 号佳程广场 B 座 28 层</td><td>邮政编码</td><td>100027</td></tr>
<tr><td>企业类型</td><td>进出口货物收发货人</td><td>注册日期</td><td>2005.11.23</td><td>注册资本</td><td>2500 万欧元</td></tr>
<tr><td>评定时间</td><td>2009.5.22</td><td>报关有效期</td><td>2014.11.23</td><td>所属海关</td><td>北京海关</td></tr>
<tr><td>法定代表人</td><td colspan="2">史登科</td><td>电话</td><td colspan="2">010-84558000</td></tr>
<tr><td>日常联系人</td><td colspan="2">文锐</td><td>电话</td><td colspan="2">010-84558000</td></tr>
<tr><td>主营范围</td><td colspan="5">作为宝马集团 BMW（宝马）、MINI（迷你）和 ROLIS ROYCE（劳斯莱斯）品牌进口汽车在国内的总经销商，从事 BMW（宝马）、MINI（迷你）和 ROLIS ROVCE（劳斯莱斯）品牌非中国制造的汽车和摩托车及上述品牌原装零部件的进口、销售（不含零售）、市场营销及服务，进口并经营 BMW（宝马）、MINI（迷你）和 ROLLS ROYCE（劳斯莱斯）生活方式用品，其他相关配套业务（存货管理，发送服务，存贮仓储服务，产品促销，营销，包括维修保养在内的售后服务，培训服务，经销商网络管理）及商务咨询服务，销售 BMW（宝马）、MINI（迷你）和 ROLLS ROYCE（劳斯莱斯）品牌二手车，销售并出口中国本地生产的用于 BMW（宝马）、MINI（迷你）、ROLLS ROYCE（劳斯莱斯）品牌汽车的零部件。</td></tr>
</table>

<table>
<tr><td>企业名称</td><td colspan="3">冠捷科技（北京）有限公司</td><td>海关编码</td><td>1105941047</td></tr>
<tr><td>通讯地址</td><td colspan="3">北京市朝阳区酒仙桥路 10 号</td><td>邮政编码</td><td>100016</td></tr>
<tr><td>企业类型</td><td>进出口货物收发货人</td><td>注册日期</td><td>2006.1.10</td><td>注册资本</td><td>32000 万人民币</td></tr>
<tr><td>评定时间</td><td>2008.12.2</td><td>报关有效期</td><td>2012.1.10</td><td>所属海关</td><td>北京海关</td></tr>
<tr><td>法定代表人</td><td colspan="2">宣建生</td><td>电话</td><td colspan="2">010-64326699</td></tr>
<tr><td>日常联系人</td><td colspan="2">常志新</td><td>电话</td><td colspan="2">010-64326699</td></tr>
<tr><td>主营范围</td><td colspan="5">开发、生产、销售彩色显示器、液晶数字电视、等离子数字电视机、显像管数字电视机、投影仪、多媒体产品网络产品，制造电子产品及工模具，塑料加工，销售自产产品，上述产品同类商品的进口批发业务，国内采购商品（特定商品除外）的批发业务，提供相关配套服务。</td></tr>
</table>

<table>
<tr><td>企业名称</td><td colspan="3">北京华阳服装厂</td><td>海关编码</td><td>1116950001</td></tr>
<tr><td>通讯地址</td><td colspan="3">北京市平谷区夏各庄镇夏各庄北街 84 号</td><td>邮政编码</td><td>101213</td></tr>
<tr><td>企业类型</td><td>进出口货物收发货人</td><td>注册日期</td><td>2002.5.22</td><td>注册资本</td><td>1000 万人民币</td></tr>
<tr><td>评定时间</td><td>2009.9.16</td><td>报关有效期</td><td>2012.5.22</td><td>所属海关</td><td>北京海关</td></tr>
<tr><td>法定代表人</td><td colspan="2">见立荣</td><td>电话</td><td colspan="2">010-60913177</td></tr>
<tr><td>日常联系人</td><td colspan="2">屈龙</td><td>电话</td><td colspan="2">010-52793304</td></tr>
<tr><td>主营范围</td><td colspan="5">许可经营项目：销售定型包装食品、散装非直接入口食品（限分支机构经营）。一般经营项目：制造服装，销售服装服饰、日用百货、针纺织品，经营本企业自产产品及相关技术出口业务，经营本企业生产、科研所需原辅材料、机械设备、仪器仪表、零配件等商品相关的进出口业务，承办中外合资经营、合作生产及开展“三来一补”业务。</td></tr>
</table>

企业名称	华展鑫荣国际招标代理（北京）有限公司			海关编码	1101960222
通讯地址	北京市北三环东路 36 号环球贸易中心 B 座 2503			邮政编码	100029
企业类型	进出口货物收发货人	注册日期	2005.8.3	注册资本	2600 万人民币
评定时间	2010.11.17	报关有效期	2014.8.3	所属海关	北京海关
法定代表人	杨瑞		电话	010-59575100	
日常联系人	国琪		电话	010-59575100	
主营范围	许可经营项目：销售医疗器械。一般经营项目：招标代理，国际货运代理，货物进出口，代理进出口，技术进出口，仓储服务，销售重油。				

企业名称	北京大发正大有限公司			海关编码	1111930533
通讯地址	北京市顺义区杨镇地区杜庄村北			邮政编码	101309
企业类型	进出口货物收发货人	注册日期	2006.4.28	注册资本	2868.6085 万美元
评定时间	2009.9.16	报关有效期	2012.4.28	所属海关	北京海关
法定代表人	尹彦勋		电话	010-61458669	
日常联系人	徐亮		电话	010-61458773	
主营范围	饲养父母代种鸡和商品鸡；卵孵化肉鸡及家禽产品；屠宰；加工白条鸡、分割鸡、西装鸡、肉鸡熟食制品，以猪肉、牛肉、羊肉为主要原料的熟食制品及肉类制品；加工和生产饲料、饲料原料、添加剂；提供与上述饲养、加工生产、销售有关的设备开发和技术服务；销售自产产品。				

企业名称	洪进（北京）体育用品有限公司			海关编码	1111940112
通讯地址	北京市顺义区杨镇顺平路沙岭段 95 号			邮政编码	100000
企业类型	进出口货物收发货人	注册日期	2002.5.22	注册资本	1000 万美元
评定时间	2010.4.12	报关有效期	2014.5.22	所属海关	北京海关
法定代表人	洪锡重		电话	010-61443807	
日常联系人	昝晓丽		电话	010-61443807	
主营范围	许可经营范围：生产摩托车头盔、摩托车体育用品、工程塑料。一般经营范围：销售自产产品。				

企业名称	北京村田电子有限公司			海关编码	1111940262
通讯地址	北京市顺义区天竺空港工业区天柱路 11 号			邮政编码	100000
企业类型	进出口货物收发货人	注册日期	2005.12.15	注册资本	3500 万美元
评定时间	2008.12.2	报关有效期	2014.4.15	所属海关	北京海关
法定代表人	山本敬一		电话	010-80486622	
日常联系人	肖斌		电话	010-80486622-3170	
主营范围	片式多层陶瓷电容器及电子部件的开发、生产、批发、进出口及佣金代理（拍卖除外）（涉及配额许可证管理、专项管理规定的商品，按照国家有关规定办理）。				

企业名称	罗森伯格亚太电子有限公司			海关编码	1111940074
通讯地址	北京市顺义区天竺空港工业 B 区安祥路 3 号			邮政编码	100000
企业类型	进出口货物收发货人	注册日期	2002.5.22	注册资本	750 万美元
评定时间	2009.9.16	报关有效期	2014.4.9	所属海关	北京海关
法定代表人	罗汉		电话	010-80481995	
日常联系人	施静双		电话	010-80481995	
主营范围	许可经营项目：生产无线通讯电子配件产品。一般经营项目：研发无线通讯电子配件产品，销售自产产品。				

企业名称	北京现代海斯克钢材有限公司			海关编码	1111940157
通讯地址	北京市顺义区仁和镇顺平西路 9 号			邮政编码	100000
企业类型	进出口货物收发货人	注册日期	2003.5.12	注册资本	1585 万美元
评定时间	2009.7.21	报关有效期	2013.5.12	所属海关	北京海关
法定代表人	朴奉进		电话	010-89401521	
日常联系人	白杨		电话	010-89401532-133	
主营范围	加工冷热轧钢板、钢管，加工、生产新型合金材料，开发、生产汽车零配件，销售自产产品，自产产品的技术咨询，批发钢板、钢管，佣金代理（拍卖除外），钢板、钢管进出口，上述产品的咨询及售后服务。				

企业名称	北京现代汽车有限公司			海关编码	1111930468
通讯地址	北京市顺义区林河工业开发区顺通路 18 号			邮政编码	101300
企业类型	进出口货物收发货人	注册日期	2002.10.17	注册资本	90000 万美元
评定时间	2009.11.18	报关有效期	2014.4.2	所属海关	北京海关
法定代表人	徐和谊		电话	010-89490802	
日常联系人	黄名健		电话	010-89490802	
主营范围	许可经营项目：生产轿车、RV（RECREATION VEHICLE）、卡车整车、发动机及其零部件。一般经营项目：设计、开发和销售轿车、RV（RECREATION VEHICLE）、卡车整车、发动机及其零部件；为合资公司生产并销售的产品提供售后服务；为进行上述业务之目的，合资公司可以在法律允许的范围内从事与其相关的其他业务。				

企业名称	SMC（北京）制造有限公司			海关编码	1111540001
通讯地址	北京市顺义区天竺出口加工区			邮政编码	101312
企业类型	进出口货物收发货人	注册日期	2002.5.22	注册资本	20000 万美元
评定时间	2010.8.6	报关有效期	2014.4.7	所属海关	北京海关
法定代表人	赵彤		电话	010-67876024	
日常联系人	郭连生		电话	010-80411357	
主营范围	开发、制造气动元件与装置及其他辅助元件、工业自动化元件与装置及电子元器件，自产产品的技术咨询、技术服务，销售自产产品。				

企业名称	英资莱尔德无线通信技术（北京）有限公司			海关编码	1113240071
通讯地址	北京经济技术开发区锦绣街 14 号			邮政编码	100176
企业类型	进出口货物收发货人	注册日期	2001.12.17	注册资本	5000 万美元
评定时间	2011.7.5	报关有效期	2014.1.7	所属海关	北京海关
法定代表人	汤姆·柯克伦		电话	010-59333666	
日常联系人	季云飞		电话	010-59333666	
主营范围	开发、生产天线、天线模块及模具、天线制造设备及用于无线电话和数据通信的零部件、手机相机快门组件、手机相机操控组件、手机机械组件（包括翻盖合页、转动组件、滑盖组件），以及生产上述产品所用的制造、装夹具设备；销售自产产品；提供自产产品的安装、调试、维修、技术咨询、技术培训、技术转让。				

企业名称	SMC（中国）有限公司			海关编码	1113240003
通讯地址	北京经济技术开发区兴盛街甲 2 号			邮政编码	100176
企业类型	进出口货物收发货人	注册日期	1995.6.6	注册资本	21000 万美元
评定时间	2008.12.2	报关有效期	2014.6.6	所属海关	北京海关
法定代表人	薄井郁二		电话	010-67876024	
日常联系人	郭连生		电话	010-67882328	
主营范围	生产、加工、研发各种气动元件、装置及辅助元件，低功率电磁控制阀，机电一体化元件及工业自动化装置、元件，各种过滤装置；以上各种产品的售后服务；销售自产产品；从事非配额许可证管理、非专营商品的收购出口业务；普通货运、仓储；进口母公司生产的、与公司产品配套的其他气动元件并在中国国内批发。				

企业名称	北京松下电工有限公司			海关编码	1113240081
通讯地址	北京经济技术开发区同济北路 1 号			邮政编码	100176
企业类型	进出口货物收发货人	注册日期	2002.7.4	注册资本	4000 万美元
评定时间	2009.6.16	报关有效期	2014.7.4	所属海关	北京海关
法定代表人	木村进吾		电话	010-87858423	
日常联系人	费燕		电话	010-87858463	
主营范围	许可经营项目：生产、加工电气机械器具、医疗器具（中国医疗器具产品分类目录第三类产品除外）及零件。一般经营项目：批发电气机械器具、医疗器具（中国医疗器具产品分类目录第三类产品除外）及零件，提供上述产品的安装、调试、维修、技术咨询、技术培训及售后服务。				

企业名称	安迅（北京）金融设备系统有限公司			海关编码	1113240274
通讯地址	北京经济技术开发区宏达北路 22 号			邮政编码	100176
企业类型	进出口货物收发货人	注册日期	2008.5.30	注册资本	3064 万美元
评定时间	2009.11.18	报关有效期	2014.5.30	所属海关	北京海关
法定代表人	张如欣		电话	010-59573896	
日常联系人	曹虹		电话	010-58262215	
主营范围	许可经营项目：无。一般经营项目：开发、生产自动柜员机、自动柜员机亭、支付及零售用自动化设备及其零部件，销售自产产品，自动柜员机、自动柜员机亭、支付及零售用自动化设备、计算机整机、计算机软件及上述设备零部件的批发、佣金代理（拍卖除外）、进出口业务（涉及配额许可证管理，专项规定管理的商品，按照国家有关规定办理），提供自动柜员机、自动柜员机亭、支付及零售自动化设备的商务咨询、技术咨询、技术服务和计算机及网络技术服务。				

企业名称	三洋能源（北京）有限公司			海关编码	1113240044
通讯地址	北京经济技术开发区永昌中路 16 号			邮政编码	100176
企业类型	进出口货物收发货人	注册日期	2000.12.28	注册资本	11206 万美元
评定时间	2011.1.7	报关有效期	2014.5.22	所属海关	北京海关
法定代表人	后藤胜城		电话	010-67873434-200	
日常联系人	谢承宁		电话	010-67873434-200	
主营范围	许可经营项目：生产锂离子电池（包括锂离子聚合物电池）及电池零配件。 一般经营项目：开发锂离子电池（包括锂离子聚合物电池）及电池零配件；销售自产产品；开发二次电池（包括镍镉电池、镍氢电池、锂离子电池、锂离子聚合物电池、锂二次电池）用充电器，充电器模具和零配件，以及二次电池、锂一次电池用模具和零配件；电池、电池材料及零配件、电池制造设备及零件、电池模具的批发、佣金代理（拍卖除外）、进出口业务（涉及配额许可证管理、专项规定管理的商品，按照国家有关规定办理）；提供上述产品的维修、技术咨询、技术服务、技术培训。				

企业名称	北京光宝移动电子电信部件有限公司			海关编码	1113240102
通讯地址	北京经济技术开发区中和街 16 号 10# 厂房 1001~1005 单元			邮政编码	100176
企业类型	进出口货物收发货人	注册日期	2003.5.15	注册资本	1600 万美元
评定时间	2011.4.22	报关有效期	2014.5.15	所属海关	北京海关
法定代表人	萨瑞斯		电话	010-67812000	
日常联系人	李冉		电话	010-67812000	
主营范围	许可经营项目：生产电子、电信、计算机和医疗器械行业用注塑零件、金属冲压件、部件、组装件、塑料件及金属零件用模具和工具，以及上述产品的自动化装配线。一般经营项目：开发、设计电子、电信、计算机和医疗器械行业用注塑零件、金属冲压件、部件、组装件、塑料件及金属零件用模具和工具，以及上述产品的自动化装配线；销售自产产品；自产产品的安装、调试、技术培训、技术咨询服务；提供管理咨询服务（限非专项许可业务）。				

<table>
<tr><td>企业名称</td><td colspan="3">诺基亚（中国）投资有限公司</td><td>海关编码</td><td>1113240265</td></tr>
<tr><td>通讯地址</td><td colspan="3">北京经济技术开发区东环中路 5 号办公楼二层</td><td>邮政编码</td><td>100176</td></tr>
<tr><td>企业类型</td><td>进出口货物收发货人</td><td>注册日期</td><td>2008.2.22</td><td>注册资本</td><td>3000 万美元</td></tr>
<tr><td>评定时间</td><td>2011.1.17</td><td>报关有效期</td><td>2014.2.22</td><td>所属海关</td><td>北京海关</td></tr>
<tr><td>法定代表人</td><td colspan="2">Esko Aho</td><td>电话</td><td colspan="2">010-87118888</td></tr>
<tr><td>日常联系人</td><td colspan="2">吴菁</td><td>电话</td><td colspan="2">010-87118888</td></tr>
<tr><td>主营范围</td><td colspan="5">1. 在通讯、电子工业领域从事投资和（或）再投资。2. 建立科研开发中心或部门，从事与通讯、电子技术和产品有关的研究和开发，转让其研究开发成果并提供相应的技术服务。3. 受所投资企业的书面委托（经董事会一致通过），向其提供下列服务：协助或代理所投资企业从国内外采购或进口该企业自用的机器设备、办公设备，以及生产所需的原材料、组件、零部件和备件；从国内购买并向所投资企业供应该企业自用的机器设备、办公设备，以及生产所需的原材料、组件、零部件和备件；以代理或经销方式在中国境内外销售其所投资企业生产的产品，并为该产品提供应用和销售服务；向所投资企业提供市场开发和相关咨询服务；为所投资企业提供运输、仓储等综合服务；协助所投资企业招聘人员并提供技术培训；协助所投资企业寻求贷款并为其提供担保；在外汇管理部门的同意和监督下，在其所投资企业之间平衡外汇。4. 为其所投资企业的产品的国内经销商、代理商，以及与投资性公司、其母公司签订有技术转让协议的国内公司、企业提供相关的技术培训。5. 购买所投资企业生产的产品进行系统集成后在国内外销售,并在国内外采购系统集成配套产品。6. 从公司进口少量与所投资企业生产产品相同的、相似的非进口配额管理的产品在国内试销。7. 在中国境内收购不涉及出口配额、出口许可证的商品出口。8. 为投资者提供咨询服务。9. 国内采购商品的批发及零售。10. 对进口母公司及其控股的关联公司的产品及其同类的商品进行批发及零售。</td></tr>
</table>

<table>
<tr><td>企业名称</td><td colspan="3">北京通美晶体技术有限公司</td><td>海关编码</td><td>1114940095</td></tr>
<tr><td>通讯地址</td><td colspan="3">北京市通州区工业开发区东二街 4 号</td><td>邮政编码</td><td>101100</td></tr>
<tr><td>企业类型</td><td>进出口货物收发货人</td><td>注册日期</td><td>1999.1.14</td><td>注册资本</td><td>3013 万美元</td></tr>
<tr><td>评定时间</td><td>2009.6.16</td><td>报关有效期</td><td>2014.1.14</td><td>所属海关</td><td>北京海关</td></tr>
<tr><td>法定代表人</td><td colspan="2">莫里斯 · 杨</td><td>电话</td><td colspan="2">010-61562241</td></tr>
<tr><td>日常联系人</td><td colspan="2">纪维</td><td>电话</td><td colspan="2">010-61562241</td></tr>
<tr><td>主营范围</td><td colspan="5">许可经营项目：生产单晶抛光片及相关的半导体材料和超纯元素。一般经营项目：研究、开发单晶抛光片及相关的半导体材料和超纯元素，销售自产产品，从事半导体材料与产品的批发、佣金代理（拍卖除外）、进出口（不涉及国营贸易管理商品，涉及配额、许可证管理商品的，按照国家有关规定办理申请），提供咨询、技术和售后服务。</td></tr>
</table>

企业名称	威讯联合半导体（北京）有限公司			海关编码	1113240064
通讯地址	北京经济技术开发区同济中路 17 号			邮政编码	100176
企业类型	进出口货物收发货人	注册日期	2001.11.1	注册资本	3800 万美元
评定时间	2009.12.9	报关有效期	2012.11.1	所属海关	北京海关
法定代表人	王大卫	电话		010-67879977	
日常联系人	倪海兵	电话		010-67879977	
主营范围	开发、生产、测试、加工集成电路产品及专用设备、仪器、材料，销售自产产品，自产产品的安装、调试、维护、技术咨询、技术服务。				

企业名称	北京京东方光电科技有限公司			海关编码	1113230109
通讯地址	北京经济技术开发区西环中路 8 号			邮政编码	100176
企业类型	进出口货物收发货人	注册日期	2003.8.19	注册资本	64911 万美元
评定时间	2009.9.16	报关有效期	2014.8.19	所属海关	北京海关
法定代表人	陈炎顺	电话		010-67858866	
日常联系人	刘志水	电话		010-67858866	
主营范围	许可经营项目：生产薄膜晶体管液晶显示器件。一般经营项目：技术开发，技术咨询，技术服务；研发、设计薄膜晶体管液晶显示器件；销售自产产品；薄膜晶体管液晶显示器件、液晶显示器、液晶电视及电子显示产品的批发、进出口业务。（涉及配额许可证管理、专项规定管理的商品，按国家有关规定办理。）				

企业名称	北京世元达电子技术有限公司			海关编码	1113230130
通讯地址	北京经济技术开发区永昌南路 34 号			邮政编码	100176
企业类型	进出口货物收发货人	注册日期	2004.12.27	注册资本	450 万美元
评定时间	2011.7.5	报关有效期	2013.12.27	所属海关	北京海关
法定代表人	金雄	电话		010-67855610	
日常联系人	刘添锦	电话		010-67855610	
主营范围	许可经营项目：生产 LED 灯具、背光源、显示器、广告用超薄灯箱及零部件。一般经营项目：开发 LED 灯具、背光源、显示器、广告用超薄灯箱及零部件，销售自产产品，提供技术咨询、技术服务、技术培训。				

企业名称	北京艾科泰国际电子有限公司			海关编码	1113230078
通讯地址	北京经济技术开发区同济中路 10 号			邮政编码	100176
企业类型	进出口货物收发货人	注册日期	2000.9.15	注册资本	3500 万美元
评定时间	2009.12.9	报关有效期	2013.9.15	所属海关	北京海关
法定代表人	赫优尼		电话	010-67880099	
日常联系人	庞静琦		电话	010-67880099	
主营范围	许可经营项目：组装、生产电子组合件及计算机与电子产品，从事相关产品的装配（包括新型电子元器件），卫星通信系统设备制造，移动通信系统（含 GSM、CDMA、DCS1800、PHS、DECT、IMT2000）手机配件及组装，基站设备、交换设备及数字集群系统设备制造，数字电视机、数字卫星电视机顶盒和数字有线电视机顶盒、数字摄录机、数字录放机、数字放声设备制造，高短路由器、千兆比以上网络交换机开发、制造及元器件、配件生产。一般经营项目：开发、设计电子组合件及计算机与电子产品，从事相关产品的装配（包括新型电子元器件）；大中型电子计算机、便携式微型计算机、高档服务器制造；销售自产产品；提供安装、调试、维修、技术服务、技术咨询、技术培训、售后服务。				

企业名称	北京德尔福万源发动机管理系统有限公司			海关编码	1113230073
通讯地址	北京经济技术开发区同济北路 6 号一层			邮政编码	100176
企业类型	进出口货物收发货人	注册日期	2007.12.19	注册资本	1600 万美元
评定时间	2009.6.15	报关有效期	2011.12.19	所属海关	北京海关
法定代表人	白美璋		电话	010-58081602	
日常联系人	李彦辉		电话	010-58081730	
主营范围	许可经营项目：生产汽车发动机电子控制系统及关键零部件。一般经营项目：销售自产产品，提供汽车零部件技术服务、技术咨询。				

企业名称	北京华腾橡塑乳胶制品有限公司			海关编码	1114910083
通讯地址	北京市通州区东光机电一体化产业基地兴光五街 6 号			邮政编码	101100
企业类型	进出口货物收发货人	注册日期	2008.5.12	注册资本	1800 万美元
评定时间	2009.6.16	报关有效期	2014.5.12	所属海关	北京海关
法定代表人	董宝印		电话	010-81501888	
日常联系人	刘桂红		电话	010-81501888	
主营范围	许可经营项目：制造乳胶品及杂品、乳胶制品、再生橡胶、橡胶制品专用设备及模具、建筑材料、塑料制品、汽车配件，加工橡胶专业设备及模具、仪器仪表，货物运输。一般经营项目：修理、安装橡胶专业设备及模具、仪器仪表，销售乳胶制品、橡胶制品及杂品、塑料制品、橡胶乳胶原材料、汽车配件、建筑材料、橡胶专用设备及模具、百货，货物进出口业务。				

企业名称	北京正元创新国际贸易有限公司			海关编码	1108961248
通讯地址	北京市海淀区复兴路 61 号 31 号楼 209 室			邮政编码	100036
企业类型	进出口货物收发货人	注册日期	2006.12.20	注册资本	200 万人民币
评定时间	2011.8.29	报关有效期	2012.12.20	所属海关	北京海关
法定代表人	张丽华		电话		010-68132552
日常联系人	刘宝宏		电话		010-68233882
主营范围	法律、行政法规、国务院决定禁止的，不得经营。法律、行政法规、国务院决规定应经许可的，经审批机关批准并经工商行政管理机关登记注册后方可经营。法律、行政法规、国务院决定未规定许可的，自主选择经营项目，开展经营活动。				

企业名称	北京科园信海医药经营有限公司			海关编码	1106360087
通讯地址	北京市丰台区科学城航丰路 11 号			邮政编码	100071
企业类型	进出口货物收发货人	注册日期	2005.10.19	注册资本	500 万美元
评定时间	2011.4.22	报关有效期	2014.10.19	所属海关	北京海关
法定代表人	孙长森		电话		010-83632608
日常联系人	张琳		电话		010-83632550
主营范围	许可经营项目：货物运输，货物专用运输（冷藏保鲜），批发中成药、化学原料药、化学药制剂、抗生素、生物制品、生化药品、疫苗、体外诊断试剂、第二类精神药品制剂、蛋白同化制剂和胎类激素、医疗器械、包装食品、包装饮料。一般经营项目：批发五金交电、建筑材料、百货，技术开发，技术服务，劳务服务，技术咨询，信息咨询，组织体育交流活动，人员培训，货物进出口，代理进出口，技术进出口。				

企业名称	北京中原合聚经贸有限公司			海关编码	1108960012
通讯地址	北京市海淀区花园路 B3 号南楼 1012 房间			邮政编码	100191
企业类型	进出口货物收发货人	注册日期	2001.12.13	注册资本	150 万美元
评定时间	2010.8.6	报关有效期	2012.12.13	所属海关	北京海关
法定代表人	方之宁		电话		010-62357033
日常联系人	勾立山		电话		010-62355630-152
主营范围	销售计算机软硬件及外围设备、针纺织品、百货、五金交电、化工产品、不含危险化学品及一类易制毒化学品、工艺美术品、金属材料、机械电器设备、化工轻工材料、橡胶制品、塑料制品、建筑材料；技术开发、转让，以及咨询、培训、服务；自营和代理各类商品及技术的进出口业务，但国家限定公司经营或禁止进出口的商品及技术除外，不另附进出口商品目录；经营进料加工和“三来一补”业务，经营对销贸易和转口贸易。法律、法规禁止的，不得经营；应经审批的，未获审批前，不得经营；法律、法规未规定审批的，企业自主选择经营项目，开展经营活动。				

<table>
<tr><td>企业名称</td><td colspan="3">联想（北京）有限公司</td><td>海关编码</td><td>1108340221</td></tr>
<tr><td>通讯地址</td><td colspan="3">北京市海淀区上地信息产业基地创业路 6 号</td><td>邮政编码</td><td>100085</td></tr>
<tr><td>企业类型</td><td>进出口货物收发货人</td><td>注册日期</td><td>1998.8.21</td><td>注册资本</td><td>3500 万美元</td></tr>
<tr><td>评定时间</td><td>2009.2.4</td><td>报关有效期</td><td>2012.8.21</td><td>所属海关</td><td>北京海关</td></tr>
<tr><td>法定代表人</td><td colspan="2">杨元庆</td><td>电话</td><td colspan="2">010-58869242</td></tr>
<tr><td>日常联系人</td><td colspan="2">崔立强</td><td>电话</td><td colspan="2">010-58869242</td></tr>
<tr><td>主营范围</td><td colspan="5">研发、生产、维修、测试电子计算机及其零部件、电子计算机外部设备、软件、信息系统及网络产品、电子信息产品及通讯设备、办公自动化设备、仪器仪表及文化办公用机械、电器印刷设备；委托加工、维修、测试税控收款机，税控器，家用视听设备，打印机、复印机用墨；上述商品、办公家具的批发、零售、佣金代理（拍卖除外）和进出口；自产产品出租；网络系统集成；数据管理服务；客户支援服务；工业产品设计服务；网页设计服务；软件服务；技术开发，技术咨询，技术培训服务；科技交流和推广服务；管理咨询服务；技术进出口。</td></tr>
</table>

<table>
<tr><td>企业名称</td><td colspan="3">首钢日电电子有限公司</td><td>海关编码</td><td>1107930014</td></tr>
<tr><td>通讯地址</td><td colspan="3">北京市石景山区八大处路 45 号</td><td>邮政编码</td><td>100144</td></tr>
<tr><td>企业类型</td><td>进出口货物收发货人</td><td>注册日期</td><td>1997.4.24</td><td>注册资本</td><td>20750 万美元</td></tr>
<tr><td>评定时间</td><td>2008.12.2</td><td>报关有效期</td><td>2012.4.24</td><td>所属海关</td><td>北京海关</td></tr>
<tr><td>法定代表人</td><td colspan="2">强伟</td><td>电话</td><td colspan="2">010-58980808</td></tr>
<tr><td>日常联系人</td><td colspan="2">高志耕</td><td>电话</td><td colspan="2">010-58980808</td></tr>
<tr><td>主营范围</td><td colspan="5">设计、开发、制造集成电路及大规模集成电路产品，从事本公司产品的销售及售后服务业务。</td></tr>
</table>

<table>
<tr><td>企业名称</td><td colspan="3">奥林巴斯（北京）科技有限公司</td><td>海关编码</td><td>1108330630</td></tr>
<tr><td>通讯地址</td><td colspan="3">北京市海淀区北三环西路 25 号</td><td>邮政编码</td><td>100098</td></tr>
<tr><td>企业类型</td><td>进出口货物收发货人</td><td>注册日期</td><td>2001.6.14</td><td>注册资本</td><td>400 万美元</td></tr>
<tr><td>评定时间</td><td>2009.2.4</td><td>报关有效期</td><td>2014.6.14</td><td>所属海关</td><td>北京海关</td></tr>
<tr><td>法定代表人</td><td colspan="2">铃木正孝</td><td>电话</td><td colspan="2">010-82119300</td></tr>
<tr><td>日常联系人</td><td colspan="2">魏向阳</td><td>电话</td><td colspan="2">010-82119300</td></tr>
<tr><td>主营范围</td><td colspan="5">生产数码照相机、高档胶片照相机及零配件，数码录音机、模拟录音机及零配件，微型空白磁带，显微镜，内视镜，大容量光、磁存储器及部件，数码打印机，光电分析仪器及光电器材，精密模具，夹具，数字式麦克风，电脑周边产品，多功能语言学习机，音乐播放器；提供自产产品的维修服务；销售自产产品；机电产品和配件的批发、佣金代理（拍卖除外）及其他配套业务；货物进出口。（不涉及国营贸易管理商品，涉及配额、许可证管理商品的，按国家有关规定办理申请；法律、法规规定需要专项审批的，取得审批前，不得开展经营活动。）</td></tr>
</table>

企业名称	熊猫（北京）国际信息技术有限公司			海关编码	1108910310
通讯地址	北京市曙光花园中路 11 号北京农科大厦 A 座 710 室			邮政编码	100097
企业类型	进出口货物收发货人	注册日期	2004.8.3	注册资本	300 万美元
评定时间	2011.7.5	报关有效期	2014.8.3	所属海关	北京海关
法定代表人	孙苏辉		电话	010-51501658	
日常联系人	吕福君		电话	010-51501658	
主营范围	许可经营项目：无。一般经营项目：技术推广，货物进出口，技术进出口，代理进出口。法律、行政法规、国务院决定禁止的，不得经营；法律、行政法规、国务院决定规定应经许可的，经审批机关批准并经工商行政管理机关登记注册后方可经营；法律、行政法规、国务院决定未规定许可的，自主选择经营项目，开展经营活动。				

企业名称	北大方正物产集团有限公司			海关编码	1108910149
通讯地址	北京市海淀区成府路 298 号方正大厦 501 室			邮政编码	100871
企业类型	进出口货物收发货人	注册日期	2000.3.1	注册资本	3500 万美元
评定时间	2009.6.16	报关有效期	2012.3.1	所属海关	北京海关
法定代表人	卢旸		电话	010-82529890	
日常联系人	翁睿睿		电话	010-82529875	
主营范围	批发易燃液体；经营本企业自产产品及技术的进出口业务；经营本企业生产所需原辅材料、机械设备、仪器仪表及技术的进出口业务；开展对外合作生产业务；出口与本企业自产产品配套的相关或同类的产品（仅限机电产品、生化制品）；自营和代理各类产品及技术的进出口业务，但国家限定公司或禁止进出口的商品及技术除外；经营进料和“三来一补”业务，经营转口贸易和对销贸易；经营进口钢材。法律、行政法规、国务院决定禁止的，不得经营；法律、行政法规、国务院决定规定应经许可的，经审批机关批准并经工商行政管理机关登记注册后方可经营；法律、行政法规、国务院决定未规定许可的，自主选择经营项目，开展经营活动。				

企业名称	北京国信国际贸易有限公司			海关编码	1108310405
通讯地址	北京市海淀区首体南路 22 号国兴大厦 10 层			邮政编码	100044
企业类型	进出口货物收发货人	注册日期	2006.2.15	注册资本	300 万美元
评定时间	2011.7.5	报关有效期	2012.2.15	所属海关	北京海关
法定代表人	刘晔		电话	010-88354433	
日常联系人	段明蕾		电话	010-88354433	
主营范围	工程招标代理；货物进出口，代理进出口，技术进出口；销售定型包装食品、饮料、酒、水果、蔬菜、粮油、茶叶。法律、行政法规、国务院决定禁止的，不得经营；法律、行政法规、国务院决定规定应经许可的，经审批机关批准并经工商行政管理机关登记注册后方可经营；法律、行政法规、国务院决定未规定许可的，自主选择经营项目，开展经营活动。				

<table>
<tr><td>企业名称</td><td colspan="3">北京江河幕墙股份有限公司</td><td>海关编码</td><td>1111960179</td></tr>
<tr><td>通讯地址</td><td colspan="3">北京市顺义区牛汇北五街5号</td><td>邮政编码</td><td>101300</td></tr>
<tr><td>企业类型</td><td>进出口货物收发货人</td><td>注册日期</td><td>2006.6.5</td><td>注册资本</td><td>800万美元</td></tr>
<tr><td>评定时间</td><td>2011.7.5</td><td>报关有效期</td><td>2013.6.8</td><td>所属海关</td><td>北京海关</td></tr>
<tr><td>法定代表人</td><td colspan="2">刘载望</td><td>电话</td><td colspan="2">010-60411166</td></tr>
<tr><td>日常联系人</td><td colspan="2">吴燕南</td><td>电话</td><td colspan="2">010-60411166</td></tr>
<tr><td>主营范围</td><td colspan="5">专业承包建筑幕墙工程设计、建筑装饰设计；制造、销售各类幕墙、门窗、钢结构产品；加工、销售各类玻璃、铝材、石材、钢材、金属五金制品等建筑装饰材料；技术咨询，技术服务；货物进出口，技术进出口；代理进出口；承包境外建筑幕墙工程和境内国际招标工程；上述境外工程所需的设备、材料出口；对外派遣实施上述境外工程所需的劳务人员；技术开发。</td></tr>
</table>

<table>
<tr><td>企业名称</td><td colspan="3">玛氏食品（中国）有限公司</td><td>海关编码</td><td>1115940019</td></tr>
<tr><td>通讯地址</td><td colspan="3">北京市怀柔区雁栖经济开发区</td><td>邮政编码</td><td>101407</td></tr>
<tr><td>企业类型</td><td>进出口货物收发货人</td><td>注册日期</td><td>2002.5.22</td><td>注册资本</td><td>6100万美元</td></tr>
<tr><td>评定时间</td><td>2009.9.16</td><td>报关有效期</td><td>2012.5.22</td><td>所属海关</td><td>北京海关</td></tr>
<tr><td>法定代表人</td><td colspan="2">易瀚博</td><td>电话</td><td colspan="2">010-61667410</td></tr>
<tr><td>日常联系人</td><td colspan="2">杨欣</td><td>电话</td><td colspan="2">010-61667410</td></tr>
<tr><td>主营范围</td><td colspan="5">研制、生产食品、宠物食品和宠物护理产品（须国家专门审批的除外）；开发食品、宠物食品和宠物护理产品（须国家专门审批的除外）；销售自产产品；以批发的方式在国内销售和进出口非自产的食品、宠物食品、宠物护理产品及其他同类产品，但须国家专门审批的除外；技术支持，技术咨询，商务咨询。</td></tr>
</table>

<table>
<tr><td>企业名称</td><td colspan="3">北京赤尾时装有限公司</td><td>海关编码</td><td>1118940014</td></tr>
<tr><td>通讯地址</td><td colspan="3">北京市密云县密云镇大唐庄村</td><td>邮政编码</td><td>101100</td></tr>
<tr><td>企业类型</td><td>进出口货物收发货人</td><td>注册日期</td><td>2002.5.22</td><td>注册资本</td><td>482.5万美元</td></tr>
<tr><td>评定时间</td><td>2009.9.17</td><td>报关有效期</td><td>2012.5.22</td><td>所属海关</td><td>北京海关</td></tr>
<tr><td>法定代表人</td><td colspan="2">赤尾秀树</td><td>电话</td><td colspan="2">010-85802207</td></tr>
<tr><td>日常联系人</td><td colspan="2">车相日</td><td>电话</td><td colspan="2">010-85802207</td></tr>
<tr><td>主营范围</td><td colspan="5">生产服装，销售自产产品。</td></tr>
</table>

企业名称	北京星宇车科技有限公司			海关编码	1116940058
通讯地址	北京市平谷区兴谷路28号			邮政编码	101200
企业类型	进出口货物收发货人	注册日期	2004.5.8	注册资本	2800万美元
评定时间	2010.4.12	报关有效期	2012.5.8	所属海关	北京海关
法定代表人	李命根	电话	010-69958500		
日常联系人	赵星花	电话	010-69958500-294		
主营范围	生产汽车零部件及用于制造汽车零部件的精冲模、模具标准件、夹具、精密在线测量仪器，提供设计技术、工程技术的咨询服务，销售自产产品。				

企业名称	北京泛美服装有限公司			海关编码	1111930462
通讯地址	北京市顺义区平各庄顺通路29号			邮政编码	101300
企业类型	进出口货物收发货人	注册日期	2002.8.20	注册资本	150万美元
评定时间	2009.2.4	报关有效期	2012.8.20	所属海关	北京海关
法定代表人	刘玉凯	电话	010-89497798		
日常联系人	张亚强	电话	010-89497798		
主营范围	生产服装、服饰，销售自产产品。				

企业名称	北京顺美服装股份有限公司			海关编码	1111930045
通讯地址	北京市顺义区顺平路505号			邮政编码	101300
企业类型	进出口货物收发货人	注册日期	2002.5.22	注册资本	1000万美元
评定时间	2009.6.15	报关有效期	2012.5.22	所属海关	北京海关
法定代表人	吴耀新	电话	010-69441618		
日常联系人	王小勇	电话	010-69441618		
主营范围	生产服装、服饰、皮鞋、箱包、领带、毛衣及服装辅料，并在境内外市场销售自产产品。				

企业名称	天津富士达自行车有限公司			海关编码	1210934643
通讯地址	天津市东丽区军粮城道口南			邮政编码	300301
企业类型	进出口货物收发货人	注册日期	1994.9.16	注册资本	1170万美元
评定时间	2008.10.15	报关有效期	2014.9.16	所属海关	天津海关
法定代表人	辛建生	电话	022-84360719		
日常联系人	卢丽虹	电话	022-24365856		
主营范围	生产和销售各类自行车、电动车、汽油机助力车及其零部件、健身运动器材、铁木家具。				

企业名称	天津三美电机有限公司			海关编码	1204340175
通讯地址	天津市新技术产业园区海泰华科大街1号			邮政编码	300160
企业类型	进出口货物收发货人	注册日期	1992.6.3	注册资本	4082.5万美元
评定时间	2008.10.15	报关有效期	2014.6.3	所属海关	天津海关
法定代表人	森部茂		电话	022-24371221	
日常联系人	唐力		电话	022-24371221-202	
主营范围	生产、销售音频调谐器、视频调谐器、调制解调器、电源器件、光盘驱动器、发送接受模块，以及非配额许可证管理、非专营商品的收购出口业务。				

企业名称	中芯国际集成电路制造（天津）有限公司			海关编码	1211940356
通讯地址	天津市西青经济开发区兴华道19号			邮政编码	300381
企业类型	进出口货物收发货人	注册日期	2003.11.12	注册资本	69000万美元
评定时间	2008.10.15	报关有效期	2014.11.13	所属海关	天津海关
法定代表人	江上舟		电话	021-38610000	
日常联系人	于森		电话	022-23700066	
主营范围	半导体（硅片及各类化合物半导体）集成电路芯片制造、针测及测试，与集成电路有关的开发、设计服务，光掩膜制造、测试封装，销售自产产品，提供以上相关的服务；自有房屋租赁。				

企业名称	天津三星电子有限公司			海关编码	1207234240
通讯地址	天津市经济技术开发区第四大街12号			邮政编码	300457
企业类型	进出口货物收发货人	注册日期	1994.3.3	注册资本	15624.5781万美元
评定时间	2008.10.15	报关有效期	2014.3.2	所属海关	天津海关
法定代表人	金圣植		电话	022-66298507	
日常联系人	茹冀燕		电话	022-23961234-6901	
主营范围	激光视盘机、功放、音响、摄像机、数码照相机、液晶显示模组、显示器、监视器、新型平板显示器件、数字和模拟彩色电视机、投影设备、计算机及相关产品和零部件的开发、设计、制造、销售、维修和科技咨询服务，上述及同类产品的进出口及批发、零售（不设店铺），货物进出口，三星电子产品展示。				

企业名称	天津三星光电子有限公司			海关编码	1207234361
通讯地址	天津经济技术开发区洞庭路 133 号			邮政编码	300385
企业类型	进出口货物收发货人	注册日期	1994.5.18	注册资本	2500 万美元
评定时间	2008.10.15	报关有效期	2014.5.6	所属海关	天津海关
法定代表人	辛承列		电话	022-27619068	
日常联系人	王悦		电话	022-27684063	
主营范围	生产、销售照相机、摄像机、视频展示台、监控系统及零配套件，光学仪器，精密电机，并提供售后服务，与上述同类产品的进口及批发业务；SAMSUNG 牌贴片机、涡轮空气压缩机维修服务；从事非配额许可证管理、非专营商品的收购出口业务。				

企业名称	天津富士通天电子有限公司			海关编码	1207235477
通讯地址	天津开发区黄海二街 5 号			邮政编码	300457
企业类型	进出口货物收发货人	注册日期	1996.12.10	注册资本	1372 万美元
评定时间	2008.10.15	报关有效期	2011.12.10	所属海关	天津海关
法定代表人	井上宏幸		电话	022-25328520	
日常联系人	周靖伟		电话	022-25328520	
主营范围	汽车电子产品及相关零部件的制造、加工与销售及相关服务，与上述产品相关的设备、模具、工装模具的制造、销售及服务。（不包括外商投资产业指导目录中限制和禁止类产品的生产与销售。）				

企业名称	天津三星电机有限公司			海关编码	1207235155
通讯地址	天津经济技术开发区洞庭路 133 号			邮政编码	300385
企业类型	进出口货物收发货人	注册日期	1994.2.26	注册资本	9333 万美元
评定时间	2008.10.15	报关有效期	2014.2.12	所属海关	天津海关
法定代表人	李相杓		电话	022-28303333-1000	
日常联系人	孟红		电话	022-28303333-3230	
主营范围	研究、开发、生产、销售新型电子元器件，包括移动通讯、卫星通讯、计算机、办公自动化、数字化视听产品等用贴片元件、计算机光盘驱动器用电机、声表面滤波器、激光二极管、烧结 ND 磁石（瓷缸）、霍尔器件、陶瓷滤波器、电机、调谐器、混合集成电路等关联部品；无线电子价格标签的生产、销售，并提供相关技术服务；国内外采购电子零部件的批发、出口及售后服务。				

<table>
<tr><td>企业名称</td><td colspan="3">三星高新电机（天津）有限公司</td><td>海关编码</td><td>1207235979</td></tr>
<tr><td>通讯地址</td><td colspan="3">天津经济技术开发区微电子工业区微三路 1 号</td><td>邮政编码</td><td>300385</td></tr>
<tr><td>企业类型</td><td>进出口货物收发货人</td><td>注册日期</td><td>2001.3.30</td><td>注册资本</td><td>3242.1 万美元</td></tr>
<tr><td>评定时间</td><td>2008.10.15</td><td>报关有效期</td><td>2014.3.25</td><td>所属海关</td><td>天津海关</td></tr>
<tr><td>法定代表人</td><td colspan="2">李相杓</td><td>电话</td><td colspan="2">022-28303333-1000</td></tr>
<tr><td>日常联系人</td><td colspan="2">张栋</td><td>电话</td><td colspan="2">022-28303333-1317</td></tr>
<tr><td>主营范围</td><td colspan="5">研究、开发、生产、销售新型电子元器件，包括移动通讯、卫星通讯、计算机、办公自动化用贴片元件、电子双层电容器、片式电阻、滤波器、激光半导体、振发器、行输出变压器、高压线圈、铝电解电容器、叠层薄膜电容器和片式铝电解电容、背光单元模组、混合集成电路、计算机光盘驱动器用电机、振子、微型电机等相关联部品，并提供相关技术服务；国内外采购电子零部件的批发、出口及售后服务。</td></tr>
</table>

<table>
<tr><td>企业名称</td><td colspan="3">天津乐金大沽化学有限公司</td><td>海关编码</td><td>1207235349</td></tr>
<tr><td>通讯地址</td><td colspan="3">天津经济技术开发区海晶工业区</td><td>邮政编码</td><td>300455</td></tr>
<tr><td>企业类型</td><td>进出口货物收发货人</td><td>注册日期</td><td>1996.5.16</td><td>注册资本</td><td>4840 万美元</td></tr>
<tr><td>评定时间</td><td>2008.10.15</td><td>报关有效期</td><td>2014.5.16</td><td>所属海关</td><td>天津海关</td></tr>
<tr><td>法定代表人</td><td colspan="2">孙玉东</td><td>电话</td><td colspan="2">022-25386666-230</td></tr>
<tr><td>日常联系人</td><td colspan="2">吴妍</td><td>电话</td><td colspan="2">022-25386666-233</td></tr>
<tr><td>主营范围</td><td colspan="5">生产 PVC 树脂，销售 PVC 树脂并提供相关的技术服务。</td></tr>
</table>

<table>
<tr><td>企业名称</td><td colspan="3">天津三星视界有限公司</td><td>海关编码</td><td>1207235419</td></tr>
<tr><td>通讯地址</td><td colspan="3">天津经济技术开发区</td><td>邮政编码</td><td>301700</td></tr>
<tr><td>企业类型</td><td>进出口货物收发货人</td><td>注册日期</td><td>1996.9.13</td><td>注册资本</td><td>10470 万美元</td></tr>
<tr><td>评定时间</td><td>2008.10.15</td><td>报关有效期</td><td>2014.9.13</td><td>所属海关</td><td>天津海关</td></tr>
<tr><td>法定代表人</td><td colspan="2">李井和</td><td>电话</td><td colspan="2">022-82129971</td></tr>
<tr><td>日常联系人</td><td colspan="2">吴永强</td><td>电话</td><td colspan="2">022-29339313</td></tr>
<tr><td>主营范围</td><td colspan="5">开发、设计、生产彩色显像管、锂离子电池、动力电池、彩色显示管及配套件，从事公司产品的销售和售后服务。</td></tr>
</table>

企业名称	天津阿尔卑斯电子有限公司			海关编码	1207235114
通讯地址	天津经济技术开发区微电子工业区微七路1号			邮政编码	300112
企业类型	进出口货物收发货人	注册日期	1995.9.25	注册资本	1700万美元
评定时间	2008.10.15	报关有效期	2014.9.25	所属海关	天津海关
法定代表人	白井省三	电话	022-65393690		
日常联系人	刘鹏丽	电话	022-83982577-311		
主营范围	生产、加工、销售精密模具、精密电子元器件、液晶显示器，生产、组装计算机输入设备及上述相关产品的零配件，与上述产品相关的生产设备、工器具的生产销售。				

企业名称	普利司通（天津）轮胎有限公司			海关编码	1207235119
通讯地址	天津经济技术开发区洞庭一街2号			邮政编码	300400
企业类型	进出口货物收发货人	注册日期	1995.9.29	注册资本	4901.6万美元
评定时间	2008.10.15	报关有效期	2014.9.29	所属海关	天津海关
法定代表人	木下弘毅	电话	022-26881111		
日常联系人	冯树森	电话	022-26881170		
主营范围	子午线轮胎及相关产品的研究、开发、生产、销售，并提供相关的售后服务、技术咨询服务及仓储服务。				

企业名称	英保达资讯（天津）有限公司			海关编码	1207240105
通讯地址	天津经济技术开发区第九大街51号			邮政编码	300457
企业类型	进出口货物收发货人	注册日期	2002.4.22	注册资本	4800万美元
评定时间	2008.10.15	报关有效期	2014.3.25	所属海关	天津海关
法定代表人	李诗钦	电话	022-62050001-8024		
日常联系人	黄镇	电话	022-62050001-8236		
主营范围	开发、生产、加工、销售数码照相机及关键件，新型电子元器件，便携式微型计算机，IP数据通信系统，宽带接入网通信系统设备和桌面计算机，高档服务器及其相关产品，大容量光、磁盘驱动器，新型平板显示器件，中高分辨率彩色显像管，摄像头及其关键件，屏幕电话机，网关，移动存储硬盘，多媒体播放器，网络摄像机及相关产品，数字电视机，手持式无线电话机用零件，电器扩音机组，数字式手持无线电话机（仅限出口），数字音、视频编解码设备，数字广播电视演播室设备，数字有线电视系统设备，数字音频广播发射设备，计算器，计算机及其相关产品，无线网络通讯设备，喇叭，扬声器及相关影音设备，以及以上各产品的关键件及零部件，并提供相关的技术咨询和售后服务；以上产品及相关原材料的进出口、批发、零售（不设店铺）。				

企业名称	飞思卡尔半导体（中国）有限公司			海关编码	1207240253
通讯地址	天津经济技术开发区第四大街 80 号天大科技园			邮政编码	300457
企业类型	进出口货物收发货人	注册日期	2004.4.16	注册资本	28400 万美元
评定时间	2008.10.15	报关有效期	2014.4.14	所属海关	天津海关
法定代表人	Randy Allen Hyzak		电话	022-85686566	
日常联系人	何琛		电话	022-85686566	
主营范围	设计、开发和制造集成电路芯片；在国内外销售本公司产品；为进行市场测试进口并销售少量其母公司生产的高新技术产品，为本公司产品及进口的飞思卡尔产品提供售后服务；在中国境内采购或代理出口不涉及出口配额、出口许可证管理的商品；直接提供与飞思卡尔业务有关的联络、市场和技术咨询服务，以及为飞思卡尔组织统一的市场推广活动（不包括广告业务），提供管理咨询服务及相关服务；进口公司自产产品同类商品的批发、零售（固定地点）、佣金代理（拍卖除外）业务；国内采购商品（特种商品除外）的批发、零售（固定地点）、佣金代理（拍卖除外）业务；提供相关配套服务。				

企业名称	天津矢崎汽车配件有限公司			海关编码	1207244111
通讯地址	天津经济技术开发区洞庭路 138 号			邮政编码	300457
企业类型	进出口货物收发货人	注册日期	1988.5.16	注册资本	1963.4 万美元
评定时间	2008.10.15	报关有效期	2014.4.19	所属海关	天津海关
法定代表人	冈田弘次		电话	022-25323538-220	
日常联系人	王树敏		电话	022-25325341	
主营范围	汽车札线、汽车仪表、汽车札线部品及其模具的设计、制造、销售、检测和销售后的修理服务（不含国家禁止和限制的项目）。				

企业名称	诺和诺德（中国）制药有限公司			海关编码	1207247106
通讯地址	天津经济技术开发区南海路			邮政编码	300457
企业类型	进出口货物收发货人	注册日期	1995.1.20	注册资本	37480 万美元
评定时间	2008.10.15	报关有效期	2014.1.12	所属海关	天津海关
法定代表人	Jesper Hoiland		电话	022-25322063	
日常联系人	梅丹		电话	022-25322063	
主营范围	经行业主管部门批准后，生产、销售胰岛素及胰岛素笔式释放器，化学类、生物化学类、基因工程药品，包括糖尿病、妇女保健和生长保健药品，并提供售后服务；上述产品说明书、包装物及释放器部件的进出口、批发、零售（不设店铺）；胰岛素及胰岛素笔式释放器，化学类、生物化学类、基因工程药品，包括糖尿病、妇女保健和生长保健药品的市场和技术咨询服务，市场推广活动（不包括广告业务），企业管理咨询及相关服务；在上述领域内研制和开发新产品。				

企业名称	通用半导体（中国）有限公司			海关编码	1207247474
通讯地址	天津经济技术开发区六大街 88 号			邮政编码	300457
企业类型	进出口货物收发货人	注册日期	1995.5.4	注册资本	7080 万美元
评定时间	2008.10.15	报关有效期	2014.9.12	所属海关	天津海关
法定代表人	Tan Cheng Poh @ Christopher Tan	电话	022-25291088		
日常联系人	李培	电话	022-25291088		
主营范围	研制、开发、生产、加工、销售电子元器件及半导体分离元器件及其新产品、新型电子元器件（含片式元器件及电力电子元器件），并从事技术咨询服务及售后服务				

企业名称	西迪斯（天津）电子有限公司			海关编码	1207249625
通讯地址	天津经济技术开发区			邮政编码	300457
企业类型	进出口货物收发货人	注册日期	1999.2.12	注册资本	3270 万美元
评定时间	2008.10.15	报关有效期	2014.1.10	所属海关	天津海关
法定代表人	Vinod M Khilnani	电话	022-65201818		
日常联系人	王寅	电话	022-65201319		
主营范围	研究、设计、开发、制造用于通讯终端和（或）系统产品及其他产品的电子产品和元器件，包括但不限于石英、晶体、陶瓷及振荡器产品；销售公司自产产品并提供售后服务。				

企业名称	天津杰麦多乐器有限公司			海关编码	1215944433
通讯地址	天津市武清县经济开发小区			邮政编码	301700
企业类型	进出口货物收发货人	注册日期	1993.1.12	注册资本	3006.395 万美元
评定时间	2008.10.15	报关有效期	2014.2.1	所属海关	天津海关
法定代表人	李界寿	电话	022-82122742		
日常联系人	王爱华	电话	022-82122742-841		
主营范围	生产并销售乐器，乐器支架及塑料制品配件、管乐器、打击乐器、弦乐器、簧乐器、音响喇叭、音箱、扩音器及其压铸件、鼓皮、鼓框、盒子、电子产品、五金零件、金属零部件、车辆装饰品、不锈钢产品和金属表面的抛光及电镀加工。				

企业名称	丹佛斯（天津）有限公司			海关编码	1215947662
通讯地址	天津市新技术产业园区武清开发区			邮政编码	301700
企业类型	进出口货物收发货人	注册日期	1995.9.28	注册资本	4206.4043 万美元
评定时间	2008.10.15	报关有效期	2014.4.8	所属海关	天津海关
法定代表人	Mogens Terp Paulsen		电话	0045-74882717	
日常联系人	刘海涛		电话	022-82197153	
主营范围	研究、开发、生产、销售阀门、工业控制产品、自动控制产品、传动装置、压缩机及相关产品，以及供热、通风制冷、空调及水控制产品、系统、组件和部件；技术咨询服务，售后服务； 以上商品及相关产品的批发、佣金代理（除拍卖外）、进出口及其他相关业务。				

企业名称	光宝电子（天津）有限公司			海关编码	1215947522
通讯地址	天津市武清县开发区福源道 11 号			邮政编码	301700
企业类型	进出口货物收发货人	注册日期	1995.9.25	注册资本	6650 万美元
评定时间	2008.10.15	报关有效期	2014.9.25	所属海关	天津海关
法定代表人	宋恭源		电话	022-82193000-8601	
日常联系人	李嘉		电话	022-82193000-8601	
主营范围	生产光电、电源供应器、变压器、二极体显示器及其他发光二极体，在国内外销售本企业产品，以及提供售后服务。				

企业名称	天津三星视界移动有限公司			海关编码	1207230012
通讯地址	天津市开发区微电子工业区微四路 25 号			邮政编码	300385
企业类型	进出口货物收发货人	注册日期	2004.8.3	注册资本	1500 万美元
评定时间	2009.1.6	报关有效期	2014.8.3	所属海关	天津海关
法定代表人	孙正玟		电话	022-23808821	
日常联系人	杜延莉		电话	022-23808821	
主营范围	移动通信显示器件、其他电子产品显示器及其相关产品的开发、设计、生产、销售，并提供相关的技术咨询服务；移动通信显示器件及其他电子产品显示器件的相关零配件、半成品、成品的批发和零售（不设店铺）。				

企业名称	大陆汽车系统（天津）有限公司			海关编码	1207240455
通讯地址	天津经济技术开发区渤海路 2 号			邮政编码	300457
企业类型	进出口货物收发货人	注册日期	2006.12.4	注册资本	6000 万美元
评定时间	2009.1.6	报关有效期	2012.11.27	所属海关	天津海关
法定代表人	JAY K.KUNKEL		电话	022-25292255	
日常联系人	侯琳		电话	022-25327415	
主营范围	研究、开发、设计、制造汽车电子、控制单元、车身电子、车载信息处理产品、动力传动总成产品、汽车制动总成产品和电子防抱死制动系统，以及构成汽车产品所需的其他相关设备；在国内外销售［批发、零售和佣金代理（拍卖除外）］本公司制造的产品及其同类商品、委托境内其他企业生产加工的产品及其同类产品；进口同类商品和产品；为上述产品和商品提供维修服务、售后服务和其他相关服务。				

企业名称	富士康（天津）精密工业有限公司			海关编码	1207240343
通讯地址	天津经济技术开发区南海路 207 号			邮政编码	300457
企业类型	进出口货物收发货人	注册日期	2005.6.20	注册资本	5280 万美元
评定时间	2009.1.6	报关有效期	2014.6.20	所属海关	天津海关
法定代表人	熊乃斌		电话	022-59811688	
日常联系人	赵成		电话	022-59811688-32778	
主营范围	开发、生产、加工、销售及维修第三代及后续移动通信系统手机、新型电子元器件、移动通信系统、基站、交换设备数字集群系统设备及其零部件、电子产品测试仪器、数字照相机及关键件，以及以上产品相关的模具，并提供相关的技术咨询与售后服务。				

企业名称	天津摩比斯汽车零部件有限公司			海关编码	1207240276
通讯地址	天津经济技术开发区第九大街 12 号			邮政编码	300457
企业类型	进出口货物收发货人	注册日期	2004.7.14	注册资本	800 万美元
评定时间	2009.1.6	报关有效期	2014.7.8	所属海关	天津海关
法定代表人	韩东仁		电话	022-25291110	
日常联系人	刘晓艳		电话	022-25325670-103	
主营范围	生产、加工、研发、销售汽车电子控制制动防抱死系统、安全气囊及其他汽车电子备件，上述产品及同类商品的批发、零售（不设店铺，不涉及进出口），并提供相关技术咨询及售后服务。				

企业名称	SEW-传动设备（天津）有限公司			海关编码	1207246655
通讯地址	天津经济技术开发区工业区内			邮政编码	300457
企业类型	进出口货物收发货人	注册日期	1994.8.11	注册资本	3350万美元
评定时间	2009.1.6	报关有效期	2014.8.11	所属海关	天津海关
法定代表人	JURGEN D. BLICKLE		电话	022-25322612	
日常联系人	麦天成		电话	022-25322612	
主营范围	生产、制造电动机、减速机、减速器，伺服装置、制动器及其零部件，相关机电配套设备；销售本公司产品并提供相关技术咨询服务。				

企业名称	博爱（中国）膨化芯材有限公司			海关编码	1207249849
通讯地址	天津经济技术开发区第七大街49号			邮政编码	300457
企业类型	进出口货物收发货人	注册日期	1999.11.3	注册资本	2860万美元
评定时间	2009.1.6	报关有效期	2014.11.3	所属海关	天津海关
法定代表人	CARSTEN HELDMANN		电话	022-59889388	
日常联系人	胡世莉		电话	022-59889263	
主营范围	研究、开发、生产主要用于妇女卫生巾用品的吸湿产品、纸尿布用吸水芯材料、高质量的湿润擦拭产品，销售自产产品并提供相关技术咨询服务；非织造布及其加工制品、相关原材料及其相关产品的进出口及批发。				

企业名称	天津富禄通信技术有限公司			海关编码	1215947525
通讯地址	天津市新技术产业园区武清开发区			邮政编码	301700
企业类型	进出口货物收发货人	注册日期	1995.9.26	注册资本	2250万美元
评定时间	2009.1.6	报关有效期	2014.9.27	所属海关	天津海关
法定代表人	金钟圭		电话	0082-032-8100553-510	
日常联系人	张培颖		电话	022-82120845-161	
主营范围	通信技术开发，生产、加工、销售电子报警器、传感器及通讯机器及配件。				

企业名称	伍德沃德（天津）控制器有限公司			海关编码	1213940118
通讯地址	天津市北辰区新技术产业园内红旗路西			邮政编码	300232
企业类型	进出口货物收发货人	注册日期	1997.8.11	注册资本	210万美元
评定时间	2009.3.6	报关有效期	2014.8.11	所属海关	天津海关
法定代表人	THOMAS A. GENDRON		电话	022-26308828	
日常联系人	赵勇		电话	022-26308828-52618	
主营范围	设计、开发、制造、集成、销售控制系统、燃料喷射系统和相关产品及备件，相关咨询和技术服务。				

企业名称	天津一汽丰田汽车有限公司			海关编码	1207235985
通讯地址	天津经济技术开发区内			邮政编码	300457
企业类型	进出口货物收发货人	注册日期	2001.4.12	注册资本	40803 万美元
评定时间	2009.3.6	报关有效期	2014.4.12	所属海关	天津海关
法定代表人	徐建一		电话	022-66230666	
日常联系人	李强		电话	022-66230666-2404	
主营范围	乘用车及其零部件的开发、制造，以及合营公司产品在国内外市场的销售和售后服务；汽车零部件（整车除外）的批发（不设店铺）、佣金代理（拍卖除外）、维修、售后服务及其他相关服务。				

企业名称	天津电装电子有限公司			海关编码	1207240350
通讯地址	天津经济技术开发区洞庭路 166 号			邮政编码	300457
企业类型	进出口货物收发货人	注册日期	1998.3.9	注册资本	4741.4684 万美元
评定时间	2009.3.6	报关有效期	2014.3.4	所属海关	天津海关
法定代表人	白崎慎二		电话	022-25327684	
日常联系人	张振明		电话	022-25327684	
主营范围	汽车用组合仪表、柴油机燃油泵及其他底盘控制系统、车身电子控制系统等汽车电子控制装置、包括电子控制燃油喷射装置在内的汽车发动机控制系统、其他汽车相关电子产品及其构成零部件和附带零部件的生产、销售、进出口、采购、批发、零售（不设店铺）及售后服务，并提供相关技术服务。				

企业名称	PPG 涂料（天津）有限公司			海关编码	1207246796
通讯地址	天津经济技术开发区黄海路 192 号			邮政编码	300457
企业类型	进出口货物收发货人	注册日期	1994.9.13	注册资本	1550 万美元
评定时间	2009.3.6	报关有效期	2014.9.13	所属海关	天津海关
法定代表人	VIKTORAS R. SEKMAKAS		电话	022-25323470	
日常联系人	李晨霞		电话	022-66206116	
主营范围	生产、加工及销售适用于汽车、工业和其他领域的涂料，并从事技术和售后服务，以及与上述产品同类商品的进出口和批发、零售。				

企业名称	浦铁（天津）钢材加工有限公司			海关编码	1207247074
通讯地址	天津经济技术开发区黄海路韩国工业园地第 6 块			邮政编码	300457
企业类型	进出口货物收发货人	注册日期	1995.1.6	注册资本	2170 万美元
评定时间	2009.3.6	报关有效期	2014.1.6	所属海关	天津海关
法定代表人	甘圭植		电话	022-66206835	
日常联系人	张旭		电话	022-25323016	
主营范围	镀锌及耐高腐蚀性铝锌合金板、涂层板的加工，钢材切割加工，销售公司自产产品，并提供相关的技术咨询和服务；上述产品及同类商品的批发、零售（不设店铺）、进出口（上述涉及配额许可证管理、专项规定管理的商品，按照国家有关规定办理）。				

企业名称	天津达祥精密工业有限公司			海关编码	1215940108
通讯地址	天津新技术产业园区武清开发区			邮政编码	301701
企业类型	进出口货物收发货人	注册日期	2003.6.27	注册资本	3800 万美元
评定时间	2009.3.6	报关有效期	2014.4.17	所属海关	天津海关
法定代表人	陈友三		电话	022-82289920	
日常联系人	王珊珊		电话	022-82289920	
主营范围	生产并销售耐热钢材质的涡轮增压器、连体排气管涡轮增压器、轿车用排气管、汽油机用涡轮增压器、蠕墨高硅钼涡轮增压器与排气管、汽车用铸锻毛坯件及涡轮增压器，发动机零部件的制造、加工、装配及销售，相关高新产品的开发与技术咨询服务。				

企业名称	京瓷（天津）商贸有限公司			海关编码	1207236216
通讯地址	天津经济技术开发区翠园别墅 3 号			邮政编码	300200
企业类型	进出口货物收发货人	注册日期	2003.4.11	注册资本	1000 万美元
评定时间	2009.3.19	报关有效期	2014.3.24	所属海关	天津海关
法定代表人	久木寿男		电话	022-23306289	
日常联系人	王鑫		电话	022-28459388-103	
主营范围	通信设备、电子产品、办公用品、光学产品、陶瓷产品、太阳能产品等产品的批发、零售，自营产品的维修及其他配套服务和其他相关咨询服务，组织国内产品出口，自营产品的进出口业务和佣金代理业务（拍卖除外）。其中，涉及特种行业经营的商品和配额、许可证管理的进出口商品，应当按照国家有关规定办理审批手续。				

企业名称	维斯塔斯风力技术（中国）有限公司			海关编码	1207240372
通讯地址	天津开发区西区新兴路9号			邮政编码	300462
企业类型	进出口货物收发货人	注册日期	2005.10.13	注册资本	13364万美元
评定时间	2009.3.19	报关有效期	2014.10.28	所属海关	天津海关
法定代表人	Jens Tommerup		电话	022-59826831	
日常联系人	张静		电话	022-59888735	
主营范围	研究、开发节约能源技术和产品；组装、制造风力发电设备及其零部件，包括叶片、机舱、塔身、控制系统；进出口、批发、零售（不设店铺）和佣金代理（拍卖除外）上述同类产品；提供与安装、维修、维护风力发电设备和风力发电站建设相关的服务，并提供相关售后服务。				

企业名称	雅士佳（天津）汽车零件有限公司			海关编码	1208944012
通讯地址	天津市滨海新区汉沽紫东街88号			邮政编码	300480
企业类型	进出口货物收发货人	注册日期	1992.4.15	注册资本	800万美元
评定时间	2009.3.19	报关有效期	2014.4.17	所属海关	天津海关
法定代表人	W.T. 柏洛璧		电话	022-25694026	
日常联系人	马会娜		电话	022-67161660	
主营范围	生产、加工、销售各类汽车零件及其他机械加工产品，并提供相关技术咨询及服务。（国家有专营专项规定的，按专营专项规定办理。）				

企业名称	天津新兴数字电子有限公司			海关编码	1207246508
通讯地址	天津经济技术开发区第六大街36号			邮政编码	300300
企业类型	进出口货物收发货人	注册日期	1994.6.23	注册资本	1550万美元
评定时间	2009.4.9	报关有效期	2014.6.23	所属海关	天津海关
法定代表人	郑圭亨		电话	022-24983091	
日常联系人	金勇春		电话	022-24983090-220	
主营范围	小型电子产品、模具、相关零配件的生产、销售及技术咨询服务，非本公司生产的相关产品采购出口（许可证、配额产品除外）。				

企业名称	天津磁化电子有限公司			海关编码	1215940240
通讯地址	天津市新技术产业园区武清开发区			邮政编码	301700
企业类型	进出口货物收发货人	注册日期	2009.2.26	注册资本	1280 万美元
评定时间	2009.4.22	报关有效期	2012.2.26	所属海关	天津海关
法定代表人	金相冕	电话	0082-043-2107114		
日常联系人	李阳	电话	022-82124241-126		
主营范围	生产、销售新型电子元器件（含片式元器件）、其他电子产品，提供包装产品相关技术服务，非配额许可证管理商品、非专管商品的收购出口业务。				

企业名称	亚光耐普罗精密注塑（天津）有限公司			海关编码	1207235154
通讯地址	天津经济技术开发区洞庭路 131 号			邮政编码	300221
企业类型	进出口货物收发货人	注册日期	1995.11.10	注册资本	1225.5 万美元
评定时间	2009.5.27	报关有效期	2011.11.10	所属海关	天津海关
法定代表人	JAMES BUONOMO	电话	022-23886000		
日常联系人	许树行	电话	022-23886000-623		
主营范围	设计、生产、销售精密注模塑料产品、注模塑料业务所使用的铸模、相关设备、新型塑料电子元器件，并提供相关服务。				

企业名称	埃克森美孚（天津）石油有限公司			海关编码	1207947260
通讯地址	天津塘沽新港南疆路 2486 号			邮政编码	300452
企业类型	进出口货物收发货人	注册日期	1995.4.21	注册资本	2527.5 万美元
评定时间	2009.5.27	报关有效期	2014.4.21	所属海关	天津海关
法定代表人	张松彬	电话	022-25607201		
日常联系人	祝滨	电话	022-25607201		
主营范围	生产、制造调配润滑油、润滑脂，相关石化产品的加工及上述产品的销售，基础油、润滑油、润滑脂、乳化脂、添加剂和埃克森美孚关联公司产品的批发、进出口、佣金代理（拍卖除外）和技术进口，向公司其他关联企业提供与石化产品有关的技术咨询和仓储服务。				

企业名称	戴纳派克（中国）压实摊铺设备有限公司			海关编码	1215949923
通讯地址	天津新技术产业园区武清开发区泉旺路38号			邮政编码	301700
企业类型	进出口货物收发货人	注册日期	1999.8.26	注册资本	500万美元
评定时间	2009.5.27	报关有效期	2014.2.1	所属海关	天津海关
法定代表人	龚元相		电话	022-82118000	
日常联系人	王炼洁		电话	022-82118000	
主营范围	建筑机械，包括但不限于混凝土设备，破碎机，筛分机，筛网给料机与破碎系统及压路机，摊铺机，轻型压实设备，矿山、矿物处理设备，散状物料输送设备，以及上述设备的零配件的生产、组装、销售和租赁，并提供咨询服务、售后服务；与上述产品相关的工艺、工程设计和安装指导，以及维修、大修服务；上述同类相关产品的进出口、批发、佣金代理（拍卖除外）和其他相关配套业务。				

企业名称	天津津亚电子有限公司			海关编码	1207235610
通讯地址	天津市开发区南海路95号			邮政编码	300457
企业类型	进出口货物收发货人	注册日期	1997.10.29	注册资本	6200万美元
评定时间	2009.6.10	报关有效期	2014.10.29	所属海关	天津海关
法定代表人	贝原邦辉		电话	022-59826188	
日常联系人	张元		电话	022-59826188	
主营范围	开发、生产、销售电子通讯器材，LED（发光二极管）照明设备，电子元器件，机电设备及相关测试仪，注塑产品，模具，机械设备及其零部件，新型平板显示器件，数字电视机，数字音、视频编解码设备，数码相机，多媒体播放器，新型仪表元器件和材料，电子产品控制器及变流器，汽车电子产品，高压输变电数控设备，无汞碱锰电池，动力镍氢电池及充电器，太阳能电池及其相关产品，移动电话，以及与以上相关商品的进出口、批发、零售业务（不设店铺），并提供以上相关项目的咨询服务。				

企业名称	天津鑫山家具有限公司			海关编码	1216940095
通讯地址	天津市静海经济开发区			邮政编码	301600
企业类型	进出口货物收发货人	注册日期	2009.2.11	注册资本	1200万美元
评定时间	2009.6.26	报关有效期	2014.7.4	所属海关	天津海关
法定代表人	白麒麟		电话	022-68689981	
日常联系人	赵锡志		电话	022-68689990	
主营范围	生产、销售金属家具。				

企业名称	天津一汽丰田发动机有限公司			海关编码	1211935455
通讯地址	天津市西青区杨柳青西青道 266 号			邮政编码	300380
企业类型	进出口货物收发货人	注册日期	1996.11.12	注册资本	24801 万美元
评定时间	2009.10.19	报关有效期	2014.11.12	所属海关	天津海关
法定代表人	金毅		电话	022-27025878	
日常联系人	刘颖博		电话	022-27025878	
主营范围	汽车用发动机、铸件和其他零部件及其组件的设计、开发、制造，以及在国内外市场的销售及售后服务。				

企业名称	天津阿尔斯通水电设备有限公司			海关编码	1213935030
通讯地址	天津市北辰区高峰路			邮政编码	300400
企业类型	进出口货物收发货人	注册日期	1995.6.21	注册资本	5418.9344 万美元
评定时间	2009.10.30	报关有效期	2014.6.21	所属海关	天津海关
法定代表人	杨国威		电话	022-26832560	
日常联系人	贾滨		电话	022-26813220	
主营范围	设计、生产、销售水轮发电机组成套设备、辅助设备及其零部件，设计开发相关新产品，承揽其他机械产品的加工，提供相关的技术咨询服务。				

企业名称	天津乐金渤海化学有限公司			海关编码	1207230036
通讯地址	天津经济技术开发区第四大街 59 号 2 栋 2 单元			邮政编码	300457
企业类型	进出口货物收发货人	注册日期	2005.3.30	注册资本	10000 万美元
评定时间	2009.10.30	报关有效期	2014.3.16	所属海关	天津海关
法定代表人	孙玉东		电话	022-59881100	
日常联系人	俞敬贤		电话	022-59881123	
主营范围	开发、生产、制造氯乙烯、二氯乙烷、烧碱、盐酸、氢气、次氯酸钠、蒸汽、水及相关副产品，销售自产产品，仓储及自有厂房租赁，工业用水处理。				

企业名称	天津富奥电装空调有限公司			海关编码	1211936235
通讯地址	天津市西青经济开发区			邮政编码	300385
企业类型	进出口货物收发货人	注册日期	2004.3.30	注册资本	1225 万美元
评定时间	2009.11.24	报关有效期	2014.3.30	所属海关	天津海关
法定代表人	叶凡	电话	0431-84686200		
日常联系人	郦然	电话	022-23889188-243		
主营范围	汽车用空调一体单元（HVAC）的装配、生产，汽车用 A/C 系统的配套组装、销售，上述商品及模具、生产及检验设备、工具的进口、批发及售后服务，试验设备、工具的租赁，提供项目试验服务及相关业务咨询服务。				

企业名称	中粮北海粮油工业（天津）有限公司			海关编码	1207232445
通讯地址	天津经济技术开发区			邮政编码	300454
企业类型	进出口货物收发货人	注册日期	2002.3.11	注册资本	5155.7 万美元
评定时间	2009.11.24	报关有效期	2014.3.7	所属海关	天津海关
法定代表人	吕军	电话	022-66581813		
日常联系人	吴晟泽	电话	022-66581798		
主营范围	生产、加工、销售各类油籽、油料、动植物油脂、植物蛋白、调味品、面粉、麦芽、大米、饲料和大麦等粮油食品及其深加工产品，生产销售各种规格的油脂、粮油食品、饲料和深加工产品的包装材料。（涉及专项审批的，凭许可证经营。）				

企业名称	天津新龙桥工程塑料有限公司			海关编码	1207440540
通讯地址	天津港保税区东方大道 166 号 305 室			邮政编码	300452
企业类型	进出口货物收发货人	注册日期	2004.12.23	注册资本	3500 万美元
评定时间	2010.1.11	报关有效期	2011.12.23	所属海关	天津海关
法定代表人	廖振锋	电话	022-66619017		
日常联系人	宋美娟	电话	022-66619005		
主营范围	生产和销售一般级及工程级聚苯乙烯工程塑料及其制品、加工品，并提供相关技术服务及咨询服务。				

企业名称	天津叶水福物流有限公司			海关编码	1207440202
通讯地址	天津港保税区新港大道 196 号			邮政编码	300461
企业类型	进出口货物收发货人	注册日期	2005.4.15	注册资本	300 万美元
评定时间	2010.1.11	报关有效期	2014.4.15	所属海关	天津海关
法定代表人	叶进强		电话	022-59837777	
日常联系人	闫洪胜		电话	022-59837200	
主营范围	专业物流方案设计及咨询服务；保税货物仓储、装卸、加工、包装、配送、信息处理及相关的物流一体化服务；国际贸易，简单加工，代办保税仓储，以及以上相关的咨询服务；货物联运及代理服务，普通货运。				

企业名称	东方瑞泰（天津）国际物流有限公司			海关编码	1207435992
通讯地址	天津港保税区海滨六路 58 号			邮政编码	300461
企业类型	进出口货物收发货人	注册日期	2004.8.6	注册资本	160 万美元
评定时间	2010.3.3	报关有效期	2014.8.8	所属海关	天津海关
法定代表人	郭越悦		电话	022-25762669-800	
日常联系人	王宪国		电话	022-25762669-802	
主营范围	国际贸易，保税货物仓储，物流配送，简单加工，商品展示，经济技术咨询服务，电子产品及零部件、印刷设备及耗材、保温棉的批发和进出口。				

企业名称	天津三星通信技术有限公司			海关编码	1207235998
通讯地址	天津经济技术开发区微电子小区			邮政编码	300385
企业类型	进出口货物收发货人	注册日期	2001.5.22	注册资本	10400 万美元
评定时间	2010.3.25	报关有效期	2014.4.27	所属海关	天津海关
法定代表人	金赫喆		电话	022-83969600	
日常联系人	王奕		电话	022-83969600	
主营范围	开发、生产、销售移动电话终端、数据通信多媒体产品、接入网络通信系统设备、通讯网新技术设备、宽带综合业务数字网设备、新型电子元器件、电话机、便携式微型计算机；上述产品及相关零部件的批发及进出口（涉及配额许可证管理、专项规定管理的商品，根据国家有关规定办理）；提供相关的技术咨询和服务。				

企业名称	京瓷（天津）太阳能有限公司			海关编码	1207236175
通讯地址	天津市经济开发区相安路 11 号			邮政编码	300457
企业类型	进出口货物收发货人	注册日期	2003.7.15	注册资本	2580 万美元
评定时间	2010.6.17	报关有效期	2014.7.15	所属海关	天津海关
法定代表人	前田辰巳		电话	022-25320951	
日常联系人	张莉均		电话	022-25329173	
主营范围	高科技绿色能源太阳能电池组件、太阳能发电系统及应用商品的设计、开发、制造、销售及相应的安装工程，并提供相关售后服务、技术服务及咨询服务。				

企业名称	天津天狮生物发展有限公司			海关编码	1215930041
通讯地址	天津新技术产业园区武清开发区源泉路 6 号			邮政编码	301700
企业类型	进出口货物收发货人	注册日期	2008.3.17	注册资本	1000 万美元
评定时间	2010.6.17	报关有效期	2014.3.17	所属海关	天津海关
法定代表人	李宝兰		电话	022-82137911	
日常联系人	鲁也末		电话	022-82137157	
主营范围	开发、生产、销售营养保健食品及其他食品、生物工程技术及相关生物制品、肥皂及皂粉、合成洗涤剂、化妆品、仪器仪表，并提供相关技术咨询、服务、培训。				

企业名称	SEW- 工业减速机（天津）有限公司			海关编码	1207240104
通讯地址	天津经济技术开发区第七大街 46 号			邮政编码	300457
企业类型	进出口货物收发货人	注册日期	2002.6.20	注册资本	7656 万美元
评定时间	2010.8.30	报关有效期	2014.6.20	所属海关	天津海关
法定代表人	Jurgen D. Blickle		电话	022-25322612	
日常联系人	于磊		电话	022-25322612-8228	
主营范围	生产、制造、销售电子专用设备、多轴联动的数控系统及伺服装置等相关配套设备、减速机、减速电机及其零部件，并提供相关技术、咨询服务。				

企业名称	丰田通商（天津）有限公司			海关编码	1207448782
通讯地址	天津港保税区海滨八路 171 号			邮政编码	300461
企业类型	进出口货物收发货人	注册日期	2005.2.23	注册资本	200 万美元
评定时间	2010.9.14	报关有效期	2014.2.23	所属海关	天津海关
法定代表人	KONDO TAKAHIRO		电话	022-23317430	
日常联系人	王珺		电话	022-23317430	
主营范围	国际贸易，简单加工，代办保税货物仓储、物流配套服务，汽车技术服务；高科技产品的研制、引进、开发、转让、展示；丰田通商销售的设备的安装工程，设备及其附带器具维修（不含汽车维修）；各种机械设备及其零部件、汽车零部件、电气电子通信设备及其元件器件、各种仪器仪表及测量设备、计算机及计算机软件、通信系统、金属材料、有色金属及其制品、塑料及其制品、化工产品、合成树脂、橡胶制品、针棉织品、纺织原料、纺织制品、服装鞋帽、旅游制品、各种纤维原料及其制品、皮革、纸浆、纸及其制品、五金交电、农用机械、文化用品、建材、贱金属、合成橡胶、工程机械及工厂内专用机动车辆的批发、零售、进出口、佣金代理业务（拍卖除外）；钢材及其制品、贵金属的进口和批发业务，并提供相关咨询服务及售后服务；以下产品限分支机构经营：预包装食品、散装食品、粮食及其制品、肉及肉制品、罐头、水产品及其制品、调味料、豆制品、水果蔬菜类制品、面包改良剂批发兼零售。（以上商品进出口不涉及国营贸易、进出口配额许可证、出口配额招标、出口许可证等商品，其他专项规定管理的商品按照国家有关规定办理。）				

企业名称	天津丰田通商钢业有限公司			海关编码	1207240246
通讯地址	天津经济技术开发区华阳路 15 号			邮政编码	300457
企业类型	进出口货物收发货人	注册日期	2004.3.12	注册资本	2746 万美元
评定时间	2010.10.26	报关有效期	2014.3.7	所属海关	天津海关
法定代表人	村田稔		电话	022-66230050	
日常联系人	赵欣		电话	022-66230050-231	
主营范围	镀锌及耐高腐蚀性铝锌合金板、涂层及彩涂板的生产、加工、销售，钢板切割加工、销售，钢材的进出口、批发和佣金代理（拍卖除外）业务，并提供相关的技术咨询和服务；自有房屋租赁。（以上经营范围涉及行业许可的，凭许可证件在有效期限内经营；国家有专营、专项规定的，按规定办理。）				

企业名称	出光润滑油（中国）有限公司			海关编码	1207240205
通讯地址	天津开发区泰华路 81 号			邮政编码	300457
企业类型	进出口货物收发货人	注册日期	2003.9.30	注册资本	1006 万美元
评定时间	2010.10.26	报关有效期	2014.9.30	所属海关	天津海关
法定代表人	河下一郎	电话		022-25201874	
日常联系人	李梅莹	电话		022-23321671	
主营范围	研究、开发石油添加剂新技术，生产、销售石油添加剂新产品、高性能润滑油；润滑油再生，并提供相关的技术咨询和售后服务；与上述产品同类商品的进出口及国内商品的批发业务、佣金代理（拍卖除外），其他相关配套服务。（涉及配额许可证管理、专项规定管理的商品，按国家有关规定办理。）				

企业名称	天津华铁隆津泰储运有限公司			海关编码	1207434803
通讯地址	天津港保税区新港大道 155 号			邮政编码	300461
企业类型	进出口货物收发货人	注册日期	2004.7.30	注册资本	2000 万美元
评定时间	2010.10.26	报关有效期	2014.7.30	所属海关	天津海关
法定代表人	霍红光	电话		022-25764145	
日常联系人	冯静	电话		022-25763466	
主营范围	承办海运、空运、陆运进出口货物的国际运输代理业务，包括揽货、订舱、仓储、中转、集装箱拼装拆箱、结算运杂费、报关、报验、保险、相关的运输服务及咨询业务；普通货运、货物专用运输（集装箱）。				

企业名称	亚实履带（天津）有限公司			海关编码	1207448798
通讯地址	天津港保税区海滨九路 169 号			邮政编码	300461
企业类型	进出口货物收发货人	注册日期	2004.12.24	注册资本	3447.5 万美元
评定时间	2010.10.26	报关有效期	2011.12.24	所属海关	天津海关
法定代表人	JOHN J.NICHOLS	电话		022-59882136	
日常联系人	杨程建	电话		022-59882260	
主营范围	生产、组装和销售农业、建筑、开矿和工业设备的底盘部件及其他配件，提供相关售后服务和咨询服务，承接加工业务。				

企业名称	天津市浩瑞矿产有限公司			海关编码	1202936258
通讯地址	天津市河东区红星路向阳楼三号路 21 号			邮政编码	300012
企业类型	进出口货物收发货人	注册日期	2008.2.26	注册资本	1170 万美元
评定时间	2010.11.30	报关有效期	2014.2.26	所属海关	天津海关
法定代表人	王志忠		电话	022-23305117	
日常联系人	孙晓琳		电话	022-23305117	
主营范围	矿产品加工配送，焦炭、化工产品、金属材料及制品的生产、销售，相关技术的开发与服务，其他进出口业务。				

企业名称	霍尼韦尔（天津）有限公司			海关编码	1207246309
通讯地址	天津经济技术开发区南海路 156 号			邮政编码	300457
企业类型	进出口货物收发货人	注册日期	2011.4.26	注册资本	1000 万美元
评定时间	2010.12.17	报关有效期	2014.4.26	所属海关	天津海关
法定代表人	Shengpo Wu		电话	022-25320745	
日常联系人	高影		电话	022-25320745	
主营范围	用于楼宇、工业、商业及其他领域的自动控制产品及系统，包括用于楼宇智能自控的消防、安保产品及系统的设计、开发、组装、制造、加工、销售；为上述产品及系统提供培训、技术咨询，以及服务、调试、维护及保养、升级改造、配件及零件加工、配件及配件销售，并为本公司产品及进口的霍尼韦尔产品提供售后服务；提供建筑智能化系统集成、设计、安装，楼宇智能化系统总包施工管理、售后及其他服务。				

企业名称	嘉里粮油（天津）有限公司			海关编码	1207440378
通讯地址	天津港保税区津滨大道 95 号			邮政编码	300461
企业类型	进出口货物收发货人	注册日期	2005.6.9	注册资本	3160 万美元
评定时间	2010.12.17	报关有效期	2014.6.9	所属海关	天津海关
法定代表人	穆彦魁		电话	022-25763250	
日常联系人	王志鹏		电话	022-59853902	
主营范围	生产、加工、精炼及分装各类植物油和各类动植物油脂产品，生产人造黄油、起酥油及各类食品和非食品工业特种油脂（以上不包括许可证管理的品种），生产供食用油及油脂包装用的包装材料，经营各类动植物油脂的仓储业务和保税仓储业务，国际贸易，为集团内企业提供产品的分拨服务，食用植物油油料、油脂、食品及食品添加剂的批发、佣金代理（拍卖除外）、进出口及其他相关配套业务（涉及配额许可证管理、专项规定管理的商品，按国家有关规定办理）。				

企业名称	天津三星泰科光电子有限公司			海关编码	1207230146
通讯地址	天津经济技术开发区微电子工业区微六路 11 号			邮政编码	300457
企业类型	进出口货物收发货人	注册日期	2009.1.19	注册资本	1000 万美元
评定时间	2011.2.22	报关有效期	2012.1.19	所属海关	天津海关
法定代表人	郑淳贤		电话	010-76023350	
日常联系人	王辉		电话	022-23887788-8508	
主营范围	研究、开发、设计、生产、销售手机摄像头、电子元器件及移动通讯、数码照相机及相关零部件、视频展示台、监控系统及零部件、光学仪器、精密电机及相关产品，并提供售后服务；安全技术防范系统的设计、维修、销售、安装，以及同类产品的进出口及批发业务（以上商品进出口不涉及国营贸易、进出口配额许可证、出口配额招标、出口许可证等商品；其他专项规定管理的商品，按照国家有关规定办理）。				

企业名称	卓轮（天津）机械有限公司			海关编码	1207248755
通讯地址	天津经济技术开发区第十一大街 79 号			邮政编码	300457
企业类型	进出口货物收发货人	注册日期	1997.10.28	注册资本	229.0891 万美元
评定时间	2011.3.22	报关有效期	2014.10.28	所属海关	天津海关
法定代表人	汤杉		电话	022-66231855	
日常联系人	魏莉		电话	022-66231860-3624	
主营范围	生产、销售减速机及派生的卷扬机和回转机构，汽车用锻造毛坯件，汽油机、柴油机用涡轮增压器，并提供相关的售后服务。				

企业名称	天津力神电池股份有限公司			海关编码	1204311166
通讯地址	天津新技术产业园区华苑产业区 A17-2,3			邮政编码	300384
企业类型	进出口货物收发货人	注册日期	2000.2.3	注册资本	125000 万人民币
评定时间	2008.10.15	报关有效期	2014.2.22	所属海关	天津海关
法定代表人	郑长波		电话	022-83710366	
日常联系人	周津华		电话	022-83716780	
主营范围	电池、充电器、超级电容器、储能电子元器件的原材料、元器件、半成品、产成品、生产设备、仪器、配套产品的研制、生产和销售，与之相关的技术咨询、转让，工程承揽业务和进出口业务，自有房屋租赁，电子设备、机械设备及电池相关设备的租赁业务，经营进料加工和“三来一补”业务。				

企业名称	海洋石油工程股份有限公司			海关编码	1210919106
通讯地址	天津空港经济区西二道 82 号丽港大厦裙房二层			邮政编码	300451
企业类型	进出口货物收发货人	注册日期	2011.8.18	注册资本	388944 万人民币
评定时间	2008.10.15	报关有效期	2013.7.23	所属海关	天津海关
法定代表人	周学仲		电话	022-66908699	
日常联系人	韩冰		电话	022-66908231	
主营范围	工程总承包；石油天然气（海洋石油工程、石油机械制造与修理工程管道输送工程、油气处理加工工程、油气化工及综合利用工作）及建筑工程的设计；承担各类海洋石油建设工程的施工和其他海洋工程施工；承担各种类型的钢结构、网架工程的制作与安装；压力容器制造；经营本企业自产产品及技术的出口业务；经营本企业生产所需的原辅材料、仪器仪表、机械设备、零配件及技术的进出口业务；经营进料加工和“三来一补”业务；承包境外海洋石油工程和境内国际招标工程；承包上述境外工程的勘测、咨询、设计和监理项目；上述境外工程所需的设备、材料出口；对外派遣实施上述境外工程所需的劳务人员、国内沿海普通货船运输；国际航线普通货物运输。（以上经营范围涉及行业许可的，凭许可证件在有效期内经营；国家有专项专营规定的，按规定办理）。				

企业名称	中海石油（中国）有限公司			海关编码	1207949807
通讯地址	天津市塘沽石油新村			邮政编码	100027
企业类型	进出口货物收发货人	注册日期	1999.11.29	注册资本	2000000 万人民币
评定时间	2008.10.15	报关有效期	2011.11.29	所属海关	天津海关
法定代表人	杨华		电话	010-84521402	
日常联系人	李燕艳		电话	022-25802123	
主营范围	海上石油天然气的勘探、开发、生产、仓储和销售（包括合作油气田外国合同者在境内销售的分成油），与海上石油天然气的勘探、开发和生产相关的科技研究、技术咨询、技术服务和技术转让。				

企业名称	天津中联进出口贸易有限公司			海关编码	1212960015
通讯地址	天津市津南区葛沽镇滨海工业园区			邮政编码	300352
企业类型	进出口货物收发货人	注册日期	2004.4.20	注册资本	28200 万人民币
评定时间	2009.1.6	报关有效期	2014.4.20	所属海关	天津海关
法定代表人	张立华		电话	022-28681999	
日常联系人	柴树满		电话	022-28685771	
主营范围	各类商品及相关技术的进出口业务，钢材、矿石、矿粉、金属制品、化工产品、橡胶制品、塑料制品、机械设备的批发和零售，煤炭、焦碳的批发和零售。				

<table>
<tr><td>企业名称</td><td colspan="3">奥的斯电梯（中国）有限公司</td><td>海关编码</td><td>1207230068</td></tr>
<tr><td>通讯地址</td><td colspan="3">天津经济技术开发区第九大街 71 号</td><td>邮政编码</td><td>300457</td></tr>
<tr><td>企业类型</td><td>进出口货物收发货人</td><td>注册日期</td><td>2006.1.10</td><td>注册资本</td><td>20000 万人民币</td></tr>
<tr><td>评定时间</td><td>2009.3.6</td><td>报关有效期</td><td>2011.12.25</td><td>所属海关</td><td>天津海关</td></tr>
<tr><td>法定代表人</td><td colspan="2">曹立志</td><td>电话</td><td colspan="2">022-28101188</td></tr>
<tr><td>日常联系人</td><td colspan="2">贾佳</td><td>电话</td><td colspan="2">022-28101638</td></tr>
<tr><td>主营范围</td><td colspan="5">研究、开发、设计、生产、加工、集成推广、销售、安装和维修、保养、改造用于各种住宅楼、商用楼、医院、购物中心、展览馆，以及港口、地铁、火车站、机场等建筑和公共场所的货运和客运电梯、自动扶梯、自动人行道、杂物梯及相关传送装置、屏蔽门、动力门，以及以上产品的控制柜、门机及操纵盘等数控系统、交流伺服电机装置、永磁同步电机及用于永磁同步电机的定转子和冲片等新型机电元件缓冲器（含液压缓冲器）及其他相关产品及零部件；从事同类或类似商品的进出口、批发、零售及佣金代理（拍卖除外）。</td></tr>
</table>

<table>
<tr><td>企业名称</td><td colspan="3">天津南华制鞋有限公司</td><td>海关编码</td><td>1207235382</td></tr>
<tr><td>通讯地址</td><td colspan="3">天津经济技术开发区洞庭二街 24 号</td><td>邮政编码</td><td>300140</td></tr>
<tr><td>企业类型</td><td>进出口货物收发货人</td><td>注册日期</td><td>1996.6.21</td><td>注册资本</td><td>3610 万人民币</td></tr>
<tr><td>评定时间</td><td>2009.3.6</td><td>报关有效期</td><td>2014.6.21</td><td>所属海关</td><td>天津海关</td></tr>
<tr><td>法定代表人</td><td colspan="2">吴旭峰</td><td>电话</td><td colspan="2">022-26360375</td></tr>
<tr><td>日常联系人</td><td colspan="2">周庆华</td><td>电话</td><td colspan="2">022-26360375</td></tr>
<tr><td>主营范围</td><td colspan="5">生产、销售各种鞋及制鞋的各种材料、皮革制品和皮革机械、皮革化工产品，相关技术测试（须经行业主管部门批准方可进行）及咨询服务。</td></tr>
</table>

<table>
<tr><td>企业名称</td><td colspan="3">天津津住汽车线束有限公司</td><td>海关编码</td><td>1207234892</td></tr>
<tr><td>通讯地址</td><td colspan="3">天津开发区洞庭路 21 号</td><td>邮政编码</td><td>300112</td></tr>
<tr><td>企业类型</td><td>进出口货物收发货人</td><td>注册日期</td><td>1995.1.31</td><td>注册资本</td><td>7500 万人民币</td></tr>
<tr><td>评定时间</td><td>2009.3.19</td><td>报关有效期</td><td>2014.1.27</td><td>所属海关</td><td>天津海关</td></tr>
<tr><td>法定代表人</td><td colspan="2">西田光南</td><td>电话</td><td colspan="2">022-87912668-149</td></tr>
<tr><td>日常联系人</td><td colspan="2">张世甲</td><td>电话</td><td colspan="2">022-87912668</td></tr>
<tr><td>主营范围</td><td colspan="5">生产、销售汽车线束及其零部件，汽车电子控制系统输入、输出部件；开发研制新型汽车线束产品，并对产品进行售后、维修服务；汽车线束产品及相关材料、设备的进出口、批发、零售（不设店铺）。</td></tr>
</table>

企业名称	天津电装电机有限公司			海关编码	1210940147
通讯地址	天津市东丽经济开发区六经路 3 号			邮政编码	300300
企业类型	进出口货物收发货人	注册日期	1995.12.29	注册资本	13800 万人民币
评定时间	2009.5.27	报关有效期	2011.12.29	所属海关	天津海关
法定代表人	有马浩二		电话	022-58885600-211	
日常联系人	张彬		电话	022-58885600-403	
主营范围	发电机、起动机及传感器在内的汽车电子控制装置及零部件的制造、销售、维修，以及上述产品的进出口、销售、采购及售后服务。				

企业名称	天津世纪五矿贸易有限公司			海关编码	1204311561
通讯地址	天津市华苑产业区海泰火炬创业园 C 座 403 室			邮政编码	300384
企业类型	进出口货物收发货人	注册日期	2003.10.29	注册资本	1200 万人民币
评定时间	2009.11.24	报关有效期	2014.10.29	所属海关	天津海关
法定代表人	董玉柱		电话	022-28248895	
日常联系人	胡克清		电话	022-28242148	
主营范围	金属材料及制品、机械设备、电器设备、化工、矿产品批发兼零售；自营和代理各类商品和技术的进出口，但国家限定公司经营或禁止进出口的商品和技术除外；商业信息咨询、服务；冷冻食品、肉类、水产品批发，预包装食品、酒、食用油、饮料、即食小食品、调味品、干果批发；自由房屋租赁。				

企业名称	天津市南风贸易有限公司			海关编码	1207211529
通讯地址	天津市开发区第二大街 27 号 A 座 404 室			邮政编码	300457
企业类型	进出口货物收发货人	注册日期	2003.7.11	注册资本	503.3 万人民币
评定时间	2009.11.24	报关有效期	2014.7.11	所属海关	天津海关
法定代表人	王耀刚		电话	022-84180682	
日常联系人	孙哲		电话	022-84180683	
主营范围	自营和代理各类商品和技术的进出口，但国家限定公司经营或禁止进出口的商品和技术除外；化肥批发。（国家有专营、专项规定的，按专营专项规定办理。）				

企业名称	天津金轮自行车集团有限公司			海关编码	1215950437
通讯地址	天津市武清县南蔡村镇			邮政编码	301709
企业类型	进出口货物收发货人	注册日期	1999.10.15	注册资本	6970 万人民币
评定时间	2009.11.24	报关有效期	2014.10.11	所属海关	天津海关
法定代表人	杨茂秀	电话		022-29411152	
日常联系人	李珍昆	电话		022-82108000	
主营范围	自行车及其零件、电器元件、制冷设备的制造、加工，喷烤漆加工，劳务服务，商业、各类物资的批发、零售，本企业及其成员企业自产产品及相关技术的出口业务，生产、科研所需的原辅材料、机械设备、仪器仪表、零配件及相关技术的进口业务，经营本企业的进料加工和“三来一补”业务，电动自行车制造，牛、羊养殖，普通货运。				

企业名称	天津国际物流中心			海关编码	1207411541
通讯地址	天津港保税区津滨大道 169 号			邮政编码	300461
企业类型	进出口货物收发货人	注册日期	2003.10.16	注册资本	900 万人民币
评定时间	2010.1.11	报关有效期	2014.10.16	所属海关	天津海关
法定代表人	宫书毅	电话		022-25763561	
日常联系人	王杨	电话		022-25763561	
主营范围	国际贸易及简单加工，物流分拨与配送，保税仓储，国际货物运输代理服务（海、陆、空运）；汽车经营（不含小轿车），机电产品、纺织服装、建材、环保产品、钢材、石化产品（不含成品油）的经营；自营和代理各类商品和技术的进出口，但国家限定公司经营或禁止进出口的商品和技术的除外；房屋租赁；以上相关的咨询服务。（国家有专项、专管规定的，按规定执行。）				

企业名称	天津普林电路股份有限公司			海关编码	1210919099
通讯地址	天津空港物流加工区航海路 53 号			邮政编码	300308
企业类型	进出口货物收发货人	注册日期	2006.1.25	注册资本	24584.9768 万人民币
评定时间	2010.4.27	报关有效期	2013.3.8	所属海关	天津海关
法定代表人	由华东	电话		022-24895666	
日常联系人	时丽艳	电话		022-24895666-2029	
主营范围	生产、销售双面和多层印刷电路板。				

<table>
<tr><td>企业名称</td><td colspan="3">天津燕桥焊接材料有限公司</td><td>海关编码</td><td>1207235271</td></tr>
<tr><td>通讯地址</td><td colspan="3">天津经济技术开发区微山路一号</td><td>邮政编码</td><td>300457</td></tr>
<tr><td>企业类型</td><td>进出口货物收发货人</td><td>注册日期</td><td>1996.2.12</td><td>注册资本</td><td>1000 万人民币</td></tr>
<tr><td>评定时间</td><td>2010.10.26</td><td>报关有效期</td><td>2014.1.27</td><td>所属海关</td><td>天津海关</td></tr>
<tr><td>法定代表人</td><td colspan="2">侯胜昌</td><td>电话</td><td colspan="2">022-24997375</td></tr>
<tr><td>日常联系人</td><td colspan="2">刘明</td><td>电话</td><td colspan="2">022-24993415</td></tr>
<tr><td>主营范围</td><td colspan="5">生产、销售焊条、焊丝、焊粉、水玻璃及相关产品。</td></tr>
</table>

<table>
<tr><td>企业名称</td><td colspan="3">中冀斯巴鲁（天津）汽车销售有限公司</td><td>海关编码</td><td>1207460441</td></tr>
<tr><td>通讯地址</td><td colspan="3">天津港保税区津滨大道 199 号</td><td>邮政编码</td><td>300461</td></tr>
<tr><td>企业类型</td><td>进出口货物收发货人</td><td>注册日期</td><td>2008.4.8</td><td>注册资本</td><td>15000 万人民币</td></tr>
<tr><td>评定时间</td><td>2010.11.30</td><td>报关有效期</td><td>2014.4.8</td><td>所属海关</td><td>天津海关</td></tr>
<tr><td>法定代表人</td><td colspan="2">李金勇</td><td>电话</td><td colspan="2">022-25760016</td></tr>
<tr><td>日常联系人</td><td colspan="2">王宏宇</td><td>电话</td><td colspan="2">022-57633564</td></tr>
<tr><td>主营范围</td><td colspan="5">进口斯巴鲁品牌汽车及汽车零配件的经营，经济贸易咨询服务，货物及技术的进出口，自有房屋租赁（国家法律、法规禁止的除外）。</td></tr>
</table>

<table>
<tr><td>企业名称</td><td colspan="3">天津万泰进出口贸易有限公司</td><td>海关编码</td><td>1202910027</td></tr>
<tr><td>通讯地址</td><td colspan="3">天津市河东区九纬路 103 号</td><td>邮政编码</td><td>300171</td></tr>
<tr><td>企业类型</td><td>进出口货物收发货人</td><td>注册日期</td><td>2002.8.28</td><td>注册资本</td><td>1009.8 万人民币</td></tr>
<tr><td>评定时间</td><td>2011.8.11</td><td>报关有效期</td><td>2014.8.28</td><td>所属海关</td><td>天津海关</td></tr>
<tr><td>法定代表人</td><td colspan="2">于一起</td><td>电话</td><td colspan="2">022-24228888</td></tr>
<tr><td>日常联系人</td><td colspan="2">耿立敏</td><td>电话</td><td colspan="2">022-24228801</td></tr>
<tr><td>主营范围</td><td colspan="5">自营和代理各类商品和技术的进出口，但国家限定公司经营或禁止进出口的商品和技术除外；针纺织品、服装批发；预包装食品、酒、饮料的批发兼零售；商品展览、展示；计算机软件开发及服务；房屋租赁；资产经营与管理；以自有资金对外投资；投资咨询服务。</td></tr>
</table>

企业名称	美克国际家私（天津）制造有限公司			海关编码	1207260792
通讯地址	天津开发区第七大街53号			邮政编码	300457
企业类型	进出口货物收发货人	注册日期	1998.4.7	注册资本	8280万人民币
评定时间	2008.10.15	报关有效期	2014.4.1	所属海关	天津海关
法定代表人	寇卫平		电话	022-59818888	
日常联系人	史瑶		电话	022-59818088	
主营范围	法律、法规、国务院决定禁止的，不得经营；应经审批的，未获批准前不得经营；法律、法规、国务院决定未规定审批的，自主经营。国家有专营、专项规定的，按专营专项规定办理。				

企业名称	天津爱普生有限公司			海关编码	1204932406
通讯地址	天津市南开区红旗路北草坝计算机工业小区			邮政编码	300190
企业类型	进出口货物收发货人	注册日期	1989.6.16	注册资本	275101.478万日元
评定时间	2008.10.15	报关有效期	2014.6.23	所属海关	天津海关
法定代表人	小池清文		电话	022-24461956	
日常联系人	朱斌		电话	022-27616647	
主营范围	生产、销售打印机用打字头及打印机的关键件。				

企业名称	天津雅马哈电子乐器有限公司			海关编码	1207232365
通讯地址	天津经济技术开发洞庭路130号			邮政编码	300457
企业类型	进出口货物收发货人	注册日期	1989.2.20	注册资本	225000万日元
评定时间	2008.10.15	报关有效期	2014.1.27	所属海关	天津海关
法定代表人	饭塚朗		电话	022-59815000-419	
日常联系人	刘莹		电话	022-59815000-186	
主营范围	生产和销售乐器、电子乐器，并提供售后服务。				

<table>
<tr><td>企业名称</td><td colspan="3">天津松下电子部品有限公司</td><td>海关编码</td><td>1207240254</td></tr>
<tr><td>通讯地址</td><td colspan="3">天津经济技术开发区渤海路 26 号</td><td>邮政编码</td><td>300385</td></tr>
<tr><td>企业类型</td><td>进出口货物收发货人</td><td>注册日期</td><td>1995.12.25</td><td>注册资本</td><td>800000 万日元</td></tr>
<tr><td>评定时间</td><td>2008.10.15</td><td>报关有效期</td><td>2012.1.14</td><td>所属海关</td><td>天津海关</td></tr>
<tr><td>法定代表人</td><td colspan="2">小林俊明</td><td>电话</td><td colspan="2">022-83983158</td></tr>
<tr><td>日常联系人</td><td colspan="2">杨长义</td><td>电话</td><td colspan="2">022-83983088</td></tr>
<tr><td>主营范围</td><td colspan="5">电子元器件及其材料的设计、开发、制造、加工、组装、销售，以及相关售后服务、技术服务和咨询；公司自产产品的同类商品、相关产品和材料的批发、佣金代理（拍卖除外）及相关的进出口业务。</td></tr>
</table>

<table>
<tr><td>企业名称</td><td colspan="3">天津大真空有限公司</td><td>海关编码</td><td>1215945628</td></tr>
<tr><td>通讯地址</td><td colspan="3">天津新技术产业园区武清开发区福源道 8 号</td><td>邮政编码</td><td>301700</td></tr>
<tr><td>企业类型</td><td>进出口货物收发货人</td><td>注册日期</td><td>1993.10.7</td><td>注册资本</td><td>497000 万日元</td></tr>
<tr><td>评定时间</td><td>2008.10.15</td><td>报关有效期</td><td>2014.7.7</td><td>所属海关</td><td>天津海关</td></tr>
<tr><td>法定代表人</td><td colspan="2">森本敏喜</td><td>电话</td><td colspan="2">022-60686800-695</td></tr>
<tr><td>日常联系人</td><td colspan="2">于培杰</td><td>电话</td><td colspan="2">022-60686800-695</td></tr>
<tr><td>主营范围</td><td colspan="5">生产、销售水晶制品、陶瓷制品、光学制品、五金、电子产品，以及上述商品和所需原材料、消耗品的批发、零售及进出口。</td></tr>
</table>

<table>
<tr><td>企业名称</td><td colspan="3">中化河北有限公司</td><td>海关编码</td><td>1301915012</td></tr>
<tr><td>通讯地址</td><td colspan="3">河北省石家庄市联盟路 707 号（中化河北大厦）</td><td>邮政编码</td><td>050072</td></tr>
<tr><td>企业类型</td><td>进出口货物收发货人</td><td>注册日期</td><td>1992.11.13</td><td>注册资本</td><td>41900.2687 万人民币</td></tr>
<tr><td>评定时间</td><td>2009.1.13</td><td>报关有效期</td><td>2011.11.13</td><td>所属海关</td><td>石家庄海关</td></tr>
<tr><td>法定代表人</td><td colspan="2">姚学俊</td><td>电话</td><td colspan="2">0311-85028828</td></tr>
<tr><td>日常联系人</td><td colspan="2">冀卫东</td><td>电话</td><td colspan="2">0311-85028848</td></tr>
<tr><td>主营范围</td><td colspan="5">2,3- 二氢 -2,2- 二甲基 -7- 苯并呋喃基 -N- 甲基氨基甲酸酯（含量 >10%）、0,0- 二甲基 -0-（2,2- 二氯）- 乙烯基磷酸酯（含量 >80%）、0,0- 二甲基 -S-［1,2- 二（乙氧基羰基）乙基］二硫代磷酸酯、0,0- 二甲基 -0-（3- 甲基 -4- 硝基苯基）硫代磷酸酯（含量 >10%）、S-［（5- 甲氨基 -2- 氧代 -1,3,4- 噻二唑 -3（2H）- 基）甲基］-0,0- 二甲基二硫代磷酸酯（含量 >40%）、3-［3-（4- 溴联苯 -4- 基）-1,2,3,4- 四氢 -1- 萘基］-4- 羟基香豆素、二氯甲酰基丙烯酸、α - 氰基 - 苯氧基苄基（1R，3R）-3-（2,2- 二溴乙烯基）-2,2- 二甲基环丙烷羧酸酯、五氧化二钒、氟乙酸、2- 巯基乙醇、甲苯 -2,4- 二异氰酸酯、腐蚀品、硫代氯甲酸乙酯、氯乙酸、硫酸、压缩气体及液化气体、氮［液化的］、石油气、石油气［液化的］、氧化剂和有机过氧化物、硝酸镁、硝酸钠、溴酸钾、易燃固体、自燃和遇湿易燃物品：碳化钙、磷化铝、易燃液体、环戊烷、甲酸乙酯、二硫化碳、有毒品、氟化铝、乙二酸二甲酯、氟化钠、二苯基甲烷二异氰酸酯、（许可证有效期至 2013 年 10 月 20 日）；自营和代理各类商品和技术的进出口，但国家限定公司经营或禁止进出口的商品及技术除外；钢材、生铁的批发、零售；进出口咨询服务；自有房屋租赁。</td></tr>
</table>

企业名称	河北省机械设备进出口公司			海关编码	1301915018
通讯地址	河北省石家庄市合作路 71 号			邮政编码	050051
企业类型	进出口货物收发货人	注册日期	1992.12.5	注册资本	1473 万人民币
评定时间	2009.10.30	报关有效期	2011.12.5	所属海关	石家庄海关
法定代表人	任远		电话	0311-88615682	
日常联系人	董保刚		电话	0311-88615685	
主营范围	主营：自营和代理各类商品和技术的进出口业务（国家限定的专营进出口商品和国家禁止进出口的特殊商品除外），经营进料加工和“三来一补”业务，开展对销贸易和转口贸易。兼营：自有房屋租赁，纺织品、土产日杂、五金交电、日用百货、建材、钢材的批发、零售。				

企业名称	河北东明牛皮制革有限公司			海关编码	1301920055
通讯地址	河北省辛集市制革工业区			邮政编码	052360
企业类型	进出口货物收发货人	注册日期	2006.9.12	注册资本	600 万美元
评定时间	2011.9.19	报关有效期	2012.9.12	所属海关	石家庄海关
法定代表人	谢胜虎		电话	0311-83298980	
日常联系人	谢胜虎		电话	0311-83298980	
主营范围	生产皮革、胶原、裘革、革皮服装，销售自产产品。				

企业名称	石家庄鸿鹰塑料制品有限公司			海关编码	1301930673
通讯地址	河北省石家庄市和平路 685 号			邮政编码	050031
企业类型	进出口货物收发货人	注册日期	1998.9.7	注册资本	1000 万人民币
评定时间	2011.2.28	报关有效期	2014.9.7	所属海关	石家庄海关
法定代表人	翟红军		电话	0311-83980230	
日常联系人	郝俊杰		电话	0311-85986003	
主营范围	生产 PVC 手套，销售自产产品，从事非配额许可证管理、非专营商品的收购出口业务。				

<table>
<tr><td>企业名称</td><td colspan="3">河北轻工进出口集团股份有限公司</td><td>海关编码</td><td>1301950037</td></tr>
<tr><td>通讯地址</td><td colspan="3">河北省石家庄市友谊北大街钟久路 26 号</td><td>邮政编码</td><td>050072</td></tr>
<tr><td>企业类型</td><td>进出口货物收发货人</td><td>注册日期</td><td>1999.7.14</td><td>注册资本</td><td>3750 万人民币</td></tr>
<tr><td>评定时间</td><td>2008.11.19</td><td>报关有效期</td><td>2013.12.19</td><td>所属海关</td><td>石家庄海关</td></tr>
<tr><td>法定代表人</td><td colspan="2">孙新强</td><td>电话</td><td colspan="2">0311-87771818</td></tr>
<tr><td>日常联系人</td><td colspan="2">张孟军</td><td>电话</td><td colspan="2">0311-87732016</td></tr>
<tr><td>主营范围</td><td colspan="5">自营和代理各类商品和技术的进出口业务（国家有限制的除外），办公设备的批发、零售，酒类商品的批发（有效期至 2013 年 12 月 31 日），自有房屋租赁，煤炭批发经营（许可证有效期至 2013 年 5 月 22 日）。</td></tr>
</table>

<table>
<tr><td>企业名称</td><td colspan="3">河北明迈特贸易有限公司</td><td>海关编码</td><td>1301960801</td></tr>
<tr><td>通讯地址</td><td colspan="3">河北省石家庄市新华区新华路 351 号</td><td>邮政编码</td><td>050000</td></tr>
<tr><td>企业类型</td><td>进出口货物收发货人</td><td>注册日期</td><td>2004.9.24</td><td>注册资本</td><td>3000 万人民币</td></tr>
<tr><td>评定时间</td><td>2010.12.1</td><td>报关有效期</td><td>2014.9.28</td><td>所属海关</td><td>石家庄海关</td></tr>
<tr><td>法定代表人</td><td colspan="2">扈克标</td><td>电话</td><td colspan="2">0311-85202811</td></tr>
<tr><td>日常联系人</td><td colspan="2">扈克标</td><td>电话</td><td colspan="2">0311-85202701</td></tr>
<tr><td>主营范围</td><td colspan="5">五金、钢材、金属制品、矿产品（国控除外）、机械设备、针纺织品、服装的零售、批发；自营和代理各类商品和技术的进出口，但国家限定公司经营或禁止进出口的商品及技术除外；自有房屋出租（法律、法规规定需专项审批的，在未批准前不得开展经营活动）。</td></tr>
</table>

<table>
<tr><td>企业名称</td><td colspan="3">秦皇岛金海粮油工业有限公司</td><td>海关编码</td><td>1303230493</td></tr>
<tr><td>通讯地址</td><td colspan="3">河北省秦皇岛市海港区海滨路 35 号丙码头</td><td>邮政编码</td><td>066002</td></tr>
<tr><td>企业类型</td><td>进出口货物收发货人</td><td>注册日期</td><td>2000.7.17</td><td>注册资本</td><td>35075 万人民币</td></tr>
<tr><td>评定时间</td><td>2003.12.19</td><td>报关有效期</td><td>2014.7.13</td><td>所属海关</td><td>石家庄海关</td></tr>
<tr><td>法定代表人</td><td colspan="2">邢录珍</td><td>电话</td><td colspan="2">0335-3097186</td></tr>
<tr><td>日常联系人</td><td colspan="2">牛犇</td><td>电话</td><td colspan="2">0335-3097184</td></tr>
<tr><td>主营范围</td><td colspan="5">生产、加工、销售食用植物油（全国工业产品许可证有效期至 2012 年 3 月 26 日）和饲料，大豆深加工、仓储、中转、销售（中华人民共和国农业转基因生物加工许可证有效期至 2012 年 5 月），销售油籽、大豆相关产品包装材料，从事非配额许可证管理、非专营商品的收购出口业务。</td></tr>
</table>

企业名称	唐山钢铁集团有限责任公司			海关编码	1302910004
通讯地址	河北省唐山市路北区滨河路9号			邮政编码	063016
企业类型	进出口货物收发货人	注册日期	1992.12.13	注册资本	514303.25万人民币
评定时间	2008.11.19	报关有效期	2011.12.13	所属海关	石家庄海关
法定代表人	于勇		电话	0315-2702409	
日常联系人	刘勇存 胡宁		电话	0315-2706572 0315-2793372	
主营范围	资产经营，外经外贸，冶金技术开发、咨询、服务，机电修理，建材，托幼，职业技工，教育培训。				

企业名称	定州东方铸造有限公司			海关编码	1306930364
通讯地址	河北省定州市砖路镇砖路村			邮政编码	073007
企业类型	进出口货物收发货人	注册日期	1998.12.25	注册资本	6200万人民币
评定时间	2009.1.13	报关有效期	2012.12.25	所属海关	石家庄海关
法定代表人	陈占营		电话	0312-2633128	
日常联系人	杨聪敏		电话	0312-2690909	
主营范围	生产黑色、有色金属铸件（不含金、银稀有金属），销售本公司产品，从事非配额许可证、非专营商品收购出口业务，并可以参加自产产品的出口配额招标。				

企业名称	巨力索具股份有限公司			海关编码	1306960366
通讯地址	河北省保定市徐水县巨力路			邮政编码	072550
企业类型	进出口货物收发货人	注册日期	2005.1.6	注册资本	96000万人民币
评定时间	2009.1.13	报关有效期	2014.1.6	所属海关	石家庄海关
法定代表人	杨建忠		电话	0312-8608929	
日常联系人	纪小鹤		电话	0312-8608839	
主营范围	钢丝绳、钢丝绳索具、钢丝、钢绞线、化纤类索具、捆绑索具、牵引索具、缆绳、链条、链条索具，冶金吊夹具、吊梁、建筑钢拉杆、抽油杆及其接箍、石油钻杆及其接头、桥梁建筑缆索、锻压类索具，桥式、门式、冶金起重机，抓斗、滑车、滑轮、石油吊环、汽车配件、索具制造设备的生产、销售；金属材料及产品的检测（以认可证书核定为准，限分支机构经营）及检测实验设备研发、制造；预应力工程专业承包（以认可资质证书为准）；钢铁材料、化纤材料、有色金属材料的销售；货物和技术的进出口业务（国家禁止的除外）。				

企业名称	天津铁厂			海关编码	1304910022
通讯地址	河北省涉县			邮政编码	056404
企业类型	进出口货物收发货人	注册日期	1997.6.16	注册资本	217911 万人民币
评定时间	2008.11.19	报关有效期	2014.6.16	所属海关	石家庄海关
法定代表人	吕春风		电话	0310-3973397	
日常联系人	郑长征		电话	0310-3973376	
主营范围	生铁、钢锭、钢坯、钢材、焦炭、炼焦副产品、化肥（硫酸铵）、水渣、铁合金冶炼、球墨铸铁、自产产品及相关技术的出口业务，总图规划、工程测量、工程咨询（按资质限分支经营）、固定电话业务、宽带业务、计算机系统服务、营业收费、内部电信通信业务，以及代办代收电信通信业务、内部闭路电视、计量检斤服务（限分支经营），黑铁泥加工、生产、销售；兼营生产科研所需的原辅材料、机械设备、仪器仪表、零配件及相关技术的进口业务，进料加工和“三来一补”业务，房屋出租，物资储运、运输。				

企业名称	太原钢铁（集团）国际经济贸易有限公司			海关编码	1401910005
通讯地址	山西省太原市尖草坪 2 号			邮政编码	030003
企业类型	进出口货物收发货人	注册日期	1993.1.1	注册资本	50000 万人民币
评定时间	2011.2.28	报关有效期	2013.12.5	所属海关	太原海关
法定代表人	胡玉亭		电话	0432-66931503	
日常联系人	高志刚		电话	0432-64630412	
主营范围	本企业生产所需原辅材料、设备、技术和所产产品相关技术的进出口（以批准的进出口商品目录为准）；出口与本企业自产产品配套的相关或同类的商品（仅限钢铁产品、化工机电、焦炭）；承办本企业中外合资经营、合作生产、来料来样加工及补偿贸易业务；对东欧及原苏联的易货贸易；主营项目的国内批发零售；钢材进口；自营和代理各类商品及技术的进出口业务，但国家限定公司经营或禁止进出口的商品及技术除外；经营进料加工和“三来一补”业务；经营转口贸易和对销贸易；可从事利用国内资金采购机电产品的国际招标业务（凭资质证经营）。				

企业名称	山西太钢不锈钢股份有限公司			海关编码	1401910225
通讯地址	山西省太原市尖草坪街 2 号			邮政编码	030003
企业类型	进出口货物收发货人	注册日期	2005.10.28	注册资本	569624 万人民币
评定时间	2011.9.20	报关有效期	2014.7.21	所属海关	太原海关
法定代表人	李晓波		电话	0351-3017701	
日常联系人	谷传利		电话	0351-3017567	
主营范围	不锈钢及其他钢材、钢坯、钢锭、黑色金属、铁合金、金属制品的生产和销售；钢铁生产所需原辅材料的国内贸易和进出口；批发、零售建材、普通机械及配件、电器机械及器材；技术咨询服务，冶金技术开发、转让，冶金新技术、新产品、新材料的推广；铁矿及伴生矿的生产、销售；化肥生产销售；生产、销售电子产品、仪器、仪表，称重系统、工业自动化工程、工业电视设计、安装、计量、检测；代理通讯业务收费业务；为公司承揽连接至公用通信网的用户通信管道、用户通信线路、综合布线及其配套的设备工程建设业务；工程设计、施工；承包本行业境外工程和境内国际招标及所需的设备、材料和零配件的进出口；对外派遣本行业工程生产及服务的劳务人员。				

企业名称	山西煤炭进出口集团有限公司			海关编码	1401910025
通讯地址	山西省太原市长风街115号			邮政编码	030002
企业类型	进出口货物收发货人	注册日期	1993.12.1	注册资本	69826.7万人民币
评定时间	2008.10.15	报关有效期	2014.8.2	所属海关	太原海关
法定代表人	杜建华		电话	0351-4185381	
日常联系人	卫娟		电话	0351-4645039	
主营范围	许可经营项目：煤炭、焦炭的储运；煤炭批发经营，通过铁路经销焦炭。一般经营项目：煤炭、焦炭及副产品的出口业务，自营和代理除国家组织统一以外的商品和技术进出口业务，开展“三来一补”、进料加工业务，经营对销贸易和转口贸易，投资兴办煤炭、焦炭生产企业，外事咨询服务，房地产开发，批发、零售日用百货、建材。				

企业名称	山西杏花村国际贸易公司			海关编码	1401910002
通讯地址	山西省太原市解放路38号汾酒大厦			邮政编码	030002
企业类型	进出口货物收发货人	注册日期	1992.12.15	注册资本	2000万人民币
评定时间	2008.10.15	报关有效期	2014.9.5	所属海关	太原海关
法定代表人	李卫平		电话	0351-8213385	
日常联系人	陈毅强		电话	0351-8213385	
主营范围	经营本企业产品的出口及生产所需设备、原辅材料的进出口业务，出口与本企业自产产品配套的相关或同类的商品（仅限酒类、五矿机电、食品饮料、轻工、医保、化工产品），自营和代理各类商品及技术的进出口（国家限定公司经营或禁止进出口的商品及技术除外）。				

企业名称	太原重工股份有限公司			海关编码	1401910172
通讯地址	山西省太原高新技术产业开发区万柏林区玉河街53号			邮政编码	030024
企业类型	进出口货物收发货人	注册日期	2002.9.9	注册资本	37217万人民币
评定时间	2009.11.4	报关有效期	2014.9.10	所属海关	太原海关
法定代表人	岳普煜		电话	0351-6361674	
日常联系人	冀秀云		电话	0351-6365141	
主营范围	制造、销售火车轴，冶金、轧钢、锻压、起重、非标设备，加压气化炉，压力容器，工矿配件，油膜轴承，精密锻件，结构件，齿轮及汽车变速箱；机电技术服务；机械设备安装、调试、修理、改造；经营本企业自产产品的出口业务和本企业所需的机械设备、零配件、原辅材料的进口业务（国家限定公司经营或禁止进出口的商品及技术除外）；公路汽车货运、挖掘设备、减速机、钢轮产品的销售；国际货物运输代理业务；钢锭、铸件、热处理件、制模、包装、精铸设备、精铸材料的生产、销售和技术服务；工业炉窑的技术服务；铸、锻件，热处理件和冶炼技术咨询服务；综合技术开发服务；电子计算机应用及软件开发；电气自动化成套设备的设计、制造、安装及销售。				

<table>
<tr><td>企业名称</td><td colspan="3">鸿富晋精密工业（太原）有限公司</td><td>海关编码</td><td>1401240003</td></tr>
<tr><td>通讯地址</td><td colspan="3">山西省太原市经济技术开发区龙飞街1号</td><td>邮政编码</td><td>030006</td></tr>
<tr><td>企业类型</td><td>进出口货物收发货人</td><td>注册日期</td><td>2002.9.26</td><td>注册资本</td><td>41000万美元</td></tr>
<tr><td>评定时间</td><td>2008.10.15</td><td>报关有效期</td><td>2014.8.8</td><td>所属海关</td><td>太原海关</td></tr>
<tr><td>法定代表人</td><td colspan="2">洪志谦</td><td colspan="2">电话</td><td>0351-7198188</td></tr>
<tr><td>日常联系人</td><td colspan="2">杨军</td><td colspan="2">电话</td><td>0351-7198188-28261
13209815680</td></tr>
<tr><td>主营范围</td><td colspan="5">生产新型合金材料、精密模具、新型电子元器件、便携式计算机及上述产品的零配件、新型建筑材料、铝合金建筑型材、建筑门窗及建筑幕墙，汽车、电子相关铝合金零组件，销售本公司产品；生产经营新型环保节能灯具；生产、经营金属显示器外壳、金属汽车零组件；生产、经营及安装金属建筑材料；销售公司自产产品并提供售后服务；生产销售桶装饮用水。</td></tr>
</table>

<table>
<tr><td>企业名称</td><td colspan="3">山西国际进出口有限公司</td><td>海关编码</td><td>1401960131</td></tr>
<tr><td>通讯地址</td><td colspan="3">山西省太原市府西街9号王府商务大厦A座21层G户</td><td>邮政编码</td><td>030002</td></tr>
<tr><td>企业类型</td><td>进出口货物收发货人</td><td>注册日期</td><td>1996.2.14</td><td>注册资本</td><td>500万人民币</td></tr>
<tr><td>评定时间</td><td>2009.2.2</td><td>报关有效期</td><td>2013.5.19</td><td>所属海关</td><td>太原海关</td></tr>
<tr><td>法定代表人</td><td colspan="2">魏伟</td><td colspan="2">电话</td><td>0351-5228653</td></tr>
<tr><td>日常联系人</td><td colspan="2">赵建林</td><td colspan="2">电话</td><td>0351-5228653</td></tr>
<tr><td>主营范围</td><td colspan="5">机械、工农具、化工类及有色黑金属、矿产品、铁合金、仪器仪表、粮油、工艺品、轻工业品、纺织品、服装土畜产品的进出口业务，与承包劳务相关的外经业务，承办中外合资、合作、生产及“三来一补”业务，批发、零售化工产品、建材、金属材料（除贵金属）、五金交电、家电、办公机械、陶瓷用品、装潢材料、服装、汽车配件。</td></tr>
</table>

<table>
<tr><td>企业名称</td><td colspan="3">山西海鑫国际钢铁有限公司</td><td>海关编码</td><td>1412930074</td></tr>
<tr><td>通讯地址</td><td colspan="3">山西省闻喜县东镇</td><td>邮政编码</td><td>043801</td></tr>
<tr><td>企业类型</td><td>进出口货物收发货人</td><td>注册日期</td><td>2000.4.21</td><td>注册资本</td><td>10573.2万美元</td></tr>
<tr><td>评定时间</td><td>2008.10.15</td><td>报关有效期</td><td>2014.4.26</td><td>所属海关</td><td>太原海关</td></tr>
<tr><td>法定代表人</td><td colspan="2">李兆会</td><td colspan="2">电话</td><td>0359-7309000</td></tr>
<tr><td>日常联系人</td><td colspan="2">刘鸿清</td><td colspan="2">电话</td><td>0359-7309621</td></tr>
<tr><td>主营范围</td><td colspan="5">生产和销售生铁、钢及其制品，大宗物料仓储。</td></tr>
</table>

企业名称	鸿富晋精密工业（晋城）有限公司			海关编码	1405930037
通讯地址	山西省晋城经济技术开发区			邮政编码	048000
企业类型	进出口货物收发货人	注册日期	2008.7.17	注册资本	20300 万美元
评定时间	2008.9.17	报关有效期	2014.7.15	所属海关	太原海关
法定代表人	洪志谦		电话	0356-2181888	
日常联系人	王允		电话	0356-2181888	
主营范围	电子零组件的精密模具零组件、自动化机械精密零组件、金属模具零组件等工业用精密模具的开发、设计、生产和销售，模具专业人才培训；开发、生产、销售半导体元器件专用材料，新型电子元器件、电子专用设备，陶瓷原料的标准化精制及精密塑料制品，提供售后服务；数字照相机及关键件开发生产；自动化机器人及其关键零组件；自动化设备（含高档数控机床、模治具设备、光通讯专用设备、影像专用设备）及关键零组件的开发 、设计、 生产、 销售和配套服务。				

企业名称	内蒙古伊利实业集团股份有限公司			海关编码	1501910643
通讯地址	内蒙古自治区呼和浩特市金川开发区金四路 8 号			邮政编码	010031
企业类型	进出口货物收发货人	注册日期	1998.06.12	注册资本	79932.275 万人民币
评定时间	2009.05.31	报关有效期	2012.4.20	所属海关	呼和浩特海关
法定代表人	潘刚		电话	0471-3350013	
日常联系人	矫月		电话	0471-3350070	
主营范围	乳制品制造，食品、饮料加工；农畜产品及饲料加工，牲畜、家禽饲养；经销食品、饮料加工设备，生产、销售包装材料及包装用品、五金工具、化工产品（专营除外）、农副产品、日用百货，本企业产的乳制品、食品、畜禽产品，饮料；汽车货物运输；饮食服务；本企业生产、科研所需的原辅材料、机械设备、仪器仪表及零配件及乳制品及乳品原料的进口；经营本企业自产产品及相关技术的出口业务。				

企业名称	内蒙古中实工程招标咨询有限责任公司			海关编码	1501960115
通讯地址	内蒙古自治区呼市如意开发区中华磁电大厦 1 号楼 409 房间			邮政编码	010010
企业类型	进出口货物收发货人	注册日期	2004.6.4	注册资本	1000 万人民币
评定时间	2009.12.9	报关有效期	2014.6.1	所属海关	呼和浩特海关
法定代表人	罗建民		电话	0471-6203457	
日常联系人	贾继莲		电话	0471-6204228	
主营范围	机械电子设备的成套技术服务、招标（有效期至 2010 年 4 月 16 日）、咨询、培训；设备监理；货物和服务招标、竞争性谈判、询价等采购代理业务，政府采购咨询服务（有效期至 2009 年 5 月 31 日）；自营各类商品和技术的进出口；经营、销售机械电子设备及电子原件、钢材、木材、建筑材料、五金交电、农牧产品、化工产品及原料；机械电子设备、电子元器件的研究、开发、设计，办公用品。				

企业名称	二连浩特宏基贸易有限责任公司			海关编码	1505960088
通讯地址	内蒙古自治区二连浩特市新华大街北龙城花园小区2号楼0251号			邮政编码	011100
企业类型	报关企业	注册日期	2000.9.4	注册资本	300万人民币
评定时间	2009.3.24	报关有效期	2014.9.4	所属海关	呼和浩特海关
法定代表人	杨军		电话	0479-7524846	
日常联系人	贺永胜		电话	0479-7523846	
主营范围	一般贸易；边境小额贸易及代理业务；自营和代理各类商品技术的进出口，但国家限定公司经营或禁止进出口的商品及技术除外；经营进料加工和“三来一补”业务；经营对销贸易和转口贸易；经营金属材料、矿产品、农副产品。				

企业名称	包头华鼎铜业发展有限公司			海关编码	1502930035
通讯地址	内蒙古自治区包头市稀土高新区希望工业园区			邮政编码	014010
企业类型	报关企业	注册日期	2004.11.20	注册资本	3706.956万美元
评定时间	2008.12.18	报关有效期	2014.4.23	所属海关	呼和浩特海关
法定代表人	王贺平		电话	0472-2293818	
日常联系人	张永智		电话	0472-2293899	
主营范围	铜矿冶炼及其附属产品的冶炼，加工和产成品的销售，国内贸易，实业投资，仓储、咨询服务。				

企业名称	内蒙古北方重型汽车股份有限公司			海关编码	1502930002
通讯地址	内蒙古自治区包头市稀土高新技术产业开发区			邮政编码	014033
企业类型	报关企业	注册日期	1993.1.1	注册资本	17000万人民币
评定时间	2010.12.23	报关有效期	2014.4.30	所属海关	呼和浩特海关
法定代表人	陈树清		电话	0472-3331166	
日常联系人	林国君		电话	0472-3331144	
主营范围	生产、销售“特雷克斯”各种不同型号的非公路自卸岛筒运机、装载机、推土机等工程机械及相应的零部件，上述产品的售后服务。				

企业名称	内蒙古鄂尔多斯国际贸易有限公司			海关编码	1512910002
通讯地址	内蒙古自治区东胜市达拉特南路 102 号			邮政编码	017000
企业类型	报关企业	注册日期	1997.12.4	注册资本	4000 万人民币
评定时间	2009.3.24	报关有效期	2014.8.26	所属海关	呼和浩特海关
法定代表人	张国良		电话	0477-8543852	
日常联系人	赵瑞恒		电话	0477-8543852	
主营范围	经营鄂尔多斯集团新生产产品及相关技术的出口业务，经营鄂尔多斯集团生产所需原辅材料、设备、技术的进口业务，经营鄂尔多斯集团中外合资经营、合作生产业务，承办本企业来料加工、来样加工、来件装配业务，开展本企业补偿贸易业务，出口本企业自产产品配套的相关或同类的商品（仅限纺织品），公司自产产品碳化硅和玻化砖的出口，自营和代理各类商品和技术的进出口。				

企业名称	上海通用（沈阳）北盛汽车有限公司			海关编码	2101930017
通讯地址	辽宁省沈阳市大东区北大营街 15 号			邮政编码	110015
企业类型	进出口货物收发货人	注册日期	1992.11.28	注册资本	22700 万美元
评定时间	2009.3.26	报关有效期	2011.11.28	所属海关	沈阳海关
法定代表人	李添泽		电话	024-88345678	
日常联系人	白勇		电话	024-88345756	
主营范围	生产销售汽车及其零部件，并提供售后服务；进口或在国内购买生产设备及汽车零部件；开展与上述经营有关的其他活动。				

企业名称	沈阳华晨金杯汽车有限公司			海关编码	2101930012
通讯地址	辽宁省沈阳市大东区东望街 39 号			邮政编码	110044
企业类型	进出口货物收发货人	注册日期	1993.12.25	注册资本	44416 万美元
评定时间	2010.8.24	报关有效期	2014.12.25	所属海关	沈阳海关
法定代表人	祁玉民		电话	024-31666666	
日常联系人	田鑫		电话	024-31666713	
主营范围	设计制造和销售各种轻型客车、轿车及其零部件（含进口件），并提供售后服务；进口或在国内购买所需的生产设备及轻型客车、轿车零部件；改装各种轻型客车、轿车和开发有关技术咨询服务项目；开展以与上述经营有关的其他经济活动。				

企业名称	华晨宝马汽车有限公司			海关编码	2101933478
通讯地址	辽宁省沈阳市大东区山嘴子路 14 号			邮政编码	110044
企业类型	进出口货物收发货人	注册日期	2003.6.16	注册资本	17400 万美元
评定时间	2010.8.24	报关有效期	2014.6.16	所属海关	沈阳海关
法定代表人	吴小安		电话	024-84556666	
日常联系人	田立华		电话	024-84556455	
主营范围	生产宝马桥车及其发动机、零部件和配件；销售自己生产的产品，并就其产品提供售后服务（包括备件）；自营和代理各类商品和技术的进出口业务（国家限定公司经营或禁止进出口的商品及技术除外）；批发、零售汽车零部件、配件、车上用品及宝马生活方式用品；从事汽车生产销售相关配套业务，包括技术咨询、技术服务、加工服务、存货管理、发送服务、存储仓储服务、产品促销、营销、包括维修保养在内的售后服务、培训服务及经销商网络管理。				

企业名称	锦州中石油国际事业有限公司			海关编码	2107910010
通讯地址	辽宁省锦州市古塔区重庆路 2 段 7 号			邮政编码	121001
企业类型	进出口货物收发货人	注册日期	2002.5.22	注册资本	660 万人民币
评定时间	2009.4.1	报关有效期	2014.5.22	所属海关	沈阳海关
法定代表人	沈定成		电话	010-68041188	
日常联系人	李德利		电话	0416-4154573	
主营范围	自营和代理各类商品和技术的进出口， 但国家限定公司经营或禁止进出口的商品和技术除外；钢材、建筑材料、电子计算机、矿产品、耐火材料、现代办公用品、石油制品（法律法规实行许可经营或限制品种除外）销售； 商业经济与代理；国际货运代理业务；化工产品仓储；易燃液体（除成品油）、毒害品销售。				

企业名称	贝卡尔特－沈阳钢帘线有限公司			海关编码	2101230259
通讯地址	沈阳经济技术开发区昆明湖街四号			邮政编码	110141
企业类型	进出口货物收发货人	注册日期	1998.4.7	注册资本	4800 万美元
评定时间	2010.11.10	报关有效期	2014.4.7	所属海关	沈阳海关
法定代表人	罗龙杰		电话	024-25389301	
日常联系人	宋悦		电话	024-25389402	
主营范围	橡胶加固用钢丝、钢丝帘线的开发、制造、加工、销售，以及技术支持、技术服务；拉丝模加工；盘条、拉丝模、钻石模、零配件、辅助性原材料的进出口、批发、佣金代理（拍卖除外）（涉及配额、许可证管理、专项规定管理的商品，按照国家有关规定办理）。				

企业名称	米其林沈阳轮胎有限公司			海关编码	2101240186
通讯地址	辽宁省沈阳经济技术开发区沈新路 15 号			邮政编码	110141
企业类型	进出口货物收发货人	注册日期	1995.12.26	注册资本	58389.2 万美元
评定时间	2009.4.1	报关有效期	2011.12.26	所属海关	沈阳海关
法定代表人	夏逸夫		电话	024-25819112	
日常联系人	沈喆俊		电话	021-22190527	
主营范围	制造、加工、委托加工、组装、营销、销售和经销轮胎（包括但不限于子午轿车轮胎、轻卡轮胎、卡车和公共汽车轮胎）、轮胎组件、相关的橡胶产品和辅助产品，并就此等产品提供售后服务；翻新子午线卡车和公共汽车轮胎。				

企业名称	沈阳中光电子有限公司			海关编码	2101240008
通讯地址	辽宁省沈阳经济技术开发区四号街 16 号			邮政编码	110141
企业类型	进出口货物收发货人	注册日期	1992.8.22	注册资本	654.6 万美元
评定时间	2009.4.1	报关有效期	2014.5.31	所属海关	沈阳海关
法定代表人	中岛奈荣		电话	024-25395888	
日常联系人	侯杰		电话	024-25395475	
主营范围	半导体元件、事务自动化设备、电子元件及器材的生产与销售。				

企业名称	葫芦岛锌业股份有限公司			海关编码	2114910017
通讯地址	辽宁省葫芦岛市龙港区锌厂路 24 号			邮政编码	125003
企业类型	进出口货物收发货人	注册日期	2001.10.16	注册资本	88109 万人民币
评定时间	2001.10.16	报关有效期	2012.4.30	所属海关	沈阳海关
法定代表人	许健		电话	0429-2101816	
日常联系人	王学民		电话	0429-2102219	
主营范围	锌锭及其制品等。				

企业名称	渤海船舶重工有限责任公司			海关编码	2114910012
通讯地址	辽宁省葫芦岛市龙港区锦葫路 132 号			邮政编码	125004
企业类型	进出口货物收发货人	注册日期	1997.11.27	注册资本	155520 万人民币
评定时间	2010.3.8	报关有效期	2014.5.7	所属海关	沈阳海关
法定代表人	李天宝		电话	0429-2792001	
日常联系人	闫宏亮		电话	0429-2792559	
主营范围	船舶制造等。				

企业名称	中床进出口大连有限公司			海关编码	2102210084
通讯地址	辽宁省大连市中山区解放街 9 号 20 层			邮政编码	116600
企业类型	进出口货物收发货人	注册日期	1999.1.19	注册资本	5000 万人民币
评定时间	2008.10.15	报关有效期	2014.1.22	所属海关	大连海关
法定代表人	刘俐波		电话	0411-82810777	
日常联系人	任玉明		电话	0411-39213959	
主营范围	自营和代理各类商品和技术的进出口，但国家限定公司经营或禁止进出口的商品和技术除外。				

企业名称	大连中石油国际事业有限公司			海关编码	2102911039
通讯地址	大连保税区国际贸易中心 E 座 1401 室			邮政编码	116600
企业类型	进出口货物收发货人	注册日期	1995.12.29	注册资本	14000 万人民币
评定时间	2010.4.19	报关有效期	2011.12.29	所属海关	大连海关
法定代表人	张景福		电话	0411-82643888-103	
日常联系人	白欣鑫		电话	0411-82643888	
主营范围	进出口业务、“三来一补”业务、易货贸易，仓储、公路运输，石化产品、机电仪器产品引进销售及技术服务，粮油、饲料、土蓄产品、建筑材料、五交化商品、百货、液化气的销售，化肥、重油、渣油销售，原油销售业务，LNG 国际贸易（不含仓储及运输）。				

企业名称	辽宁成大股份有限公司			海关编码	2102912020
通讯地址	辽宁省大连市中山区人民路 71 号			邮政编码	116600
企业类型	进出口货物收发货人	注册日期	1995.11.3	注册资本	90049 万人民币
评定时间	2008.10.15	报关有效期	2011.11.3	所属海关	大连海关
法定代表人	尚书志		电话	0411-82512801	
日常联系人	姜煦		电话	0411-82512803	
主营范围	自营和代理各类商品及技术的进出口业务（国家禁止的不得经营，限制的品种办理许可证后方可经营），经营进料加工和“三来一补”业务，开展对销贸易和转口贸易，承包本行业境外工程和境内国际招标工程，上述境外工程所需的设备、材料出口，对外派遣本行业工程、生产及服务行业的劳务人员，农副产品收购（粮食除外），化肥连锁经营，中草药种植，房屋租赁，经营预包装食品（酒类批发）（经营期限至 2011 年 3 月 22 日），仓储服务。				

企业名称	辽宁时代万恒股份有限公司			海关编码	2102912005
通讯地址	辽宁省大连市中山区港湾街 7 号			邮政编码	116600
企业类型	进出口货物收发货人	注册日期	1992.11.15	注册资本	10600 万人民币
评定时间	2008.10.15	报关有效期	2014.11.15	所属海关	大连海关
法定代表人	王忠岩		电话	0411-82798388	
日常联系人	王玲		电话	0411-82798007	
主营范围	自营和代理各类商品及技术的进出口业务（国家规定的专营进出口商品和国家禁止进出口等特殊商品除外），上述商品的研究、设计、开发和内销业务，项目投资及投资项目管理，服装加工生产，仓储服务，写字间出租及物业管理。				

企业名称	大连船舶重工集团有限公司			海关编码	2102913258
通讯地址	辽宁省大连市西岗区沿海街 1 号			邮政编码	116600
企业类型	进出口货物收发货人	注册日期	2006.1.13	注册资本	371814.37 万人民币
评定时间	2008.10.15	报关有效期	2012.1.13	所属海关	大连海关
法定代表人	刘征		电话	0411-84487312	
日常联系人	赵艳		电话	0411-84483539	
主营范围	各种船舶、海洋工程及其配套设备的开发、设计、建造、修理、改装、销售；各类机电设备、压力容器、玻璃钢制品、金属结构件及其配件的设计、制造、安装、销售；钢材、木材的加工、销售；工程项目的科研论证、技术咨询；专利、非专利技术及其他工业产权的转让、许可使用和技术服务；承包境外船舶行业工程及境内国际招标工程；上述境外工程所需设备、材料出口，以及上述境外工程所需劳务人员的对外派遣、输出；对外产业投资和引进技术，经济信息咨询，提供劳务；设备、设施、场地租赁；汽车大修；危险货物运输，普通货运，大件运输，搬运装卸，道路运输，土石方运输。				

企业名称	大化国际经济贸易公司			海关编码	2102913013
通讯地址	辽宁省大连市甘井子区甘欣街 3 号			邮政编码	116600
企业类型	进出口货物收发货人	注册日期	1992.11.15	注册资本	6000 万人民币
评定时间	2008.10.15	报关有效期	2014.11.15	所属海关	大连海关
法定代表人	隗治洪		电话	0411-86671168	
日常联系人	张庆华		电话	0411-86670407	
主营范围	自营和代理各类商品和技术的进出口业务（不另附进出口商品目录），国家规定的专营进出口商品和国家禁止进出口等特殊商品除外；经营进料加工和“三来一补”业务，开展对销贸易和转口贸易；化肥、塑料制品的销售。兼营：对外派遣劳务人员。				

企业名称	大连中远船务工程有限公司			海关编码	2102930618
通讯地址	辽宁省大连市甘井子区大连湾中远路 80 号			邮政编码	116600
企业类型	进出口货物收发货人	注册日期	1993.8.1	注册资本	12788.622 万美元
评定时间	2008.10.15	报关有效期	2014.8.1	所属海关	大连海关
法定代表人	王兴如		电话	0411-39229037	
日常联系人	何燕		电话	0411-87123217	
主营范围	建设港口船坞基地，船舶修理，集装箱修理，拆船，港口装卸、储运，海洋岸外工程设备修理，造船。				

企业名称	大连东芝电视有限公司			海关编码	2102230496
通讯地址	辽宁省大连经济技术开发区鞍山街 8 号			邮政编码	116600
企业类型	进出口货物收发货人	注册日期	1996.11.4	注册资本	9605.65 万美元
评定时间	2008.10.15	报关有效期	2014.11.4	所属海关	大连海关
法定代表人	奈良正人		电话	0411-87624888-1888	
日常联系人	王婷		电话	0411-87624888-1182	
主营范围	从事彩色电视机、DVD 放像 / 录像机、数字照相机、便携式数字音频视频播放机，以及以上产品的组件、软件产品等相关产品的技术开发、产品开发、设计及制造；从事合资公司各种产品的销售及产品售后维修服务；与上述产品同类的商品的批发、零售（不开店铺）；从事非配额许可证管理、非专营商品的收购出口业务；从事东芝品牌的电子电器产品、设备及其产品零部件的批发或佣金代理，以及伴随上述内容所涉及的进出口、售后服务及关连的附属业务（上述中与配额许可证关联及专营规定管理相关的产品，要遵循国家的相关规定。需要行政部门批准的事项以营业执照为准）。				

企业名称	大连西太平洋石油化工有限公司			海关编码	2102230068
通讯地址	辽宁省大连经济技术开发区海青岛			邮政编码	116600
企业类型	进出口货物收发货人	注册日期	1992.11.15	注册资本	25800 万美元
评定时间	2008.10.15	报关有效期	2014.11.15	所属海关	大连海关
法定代表人	于国文		电话	0411-87510012	
日常联系人	郎岩松		电话	0411-87506620	
主营范围	生产、销售石油产品和石油化工产品。				

企业名称	大连华信计算机技术股份有限公司			海关编码	2102330180
通讯地址	辽宁省大连市高新园区七贤岭高新街 6 号			邮政编码	116023
企业类型	进出口货物收发货人	注册日期	2001.10.15	注册资本	15000 万人民币
评定时间	2009.9.25	报关有效期	2014.10.15	所属海关	大连海关
法定代表人	刘军		电话	0411-85996666	
日常联系人	陈淑娟		电话	0411-85995241	
主营范围	计算机、通讯、电子技术的开发、研制及经营，引进计算机、通讯、电子技术开发及咨询服务。				

企业名称	中国华录·松下电子信息有限公司			海关编码	2102931237
通讯地址	辽宁省大连高新技术产业园区七贤岭华路 1 号			邮政编码	116600
企业类型	进出口货物收发货人	注册日期	1994.7.1	注册资本	2400000 万日元
评定时间	2009.2.3	报关有效期	2014.7.4	所属海关	大连海关
法定代表人	陈润生		电话	0411-84790599	
日常联系人	孙志杰		电话	0411-84790599-2313	
主营范围	录像机整机及关键件、光碟产品（VCD 及 CD 播放机、DVD 播放机及刻录机、BD 播放机及刻录机的整机）及关键件（含无线数据传输功能的产品及关键件）、投影机产品及关键件（含无线数据传输功能的产品及关键件）、家庭影院及关键件（含无线数据传输功能的产品及关键件）、上述光碟产品以外的光碟产品的关键件、数字 AV 网络系统领域的其他产品及关键件（含无线数据传输功能的产品及关键件）的设计、开发、生产、销售及售后服务。				

企业名称	TDK 大连电子有限公司			海关编码	2102240069
通讯地址	辽宁省大连市开发区淮河西路 68 号			邮政编码	116600
企业类型	进出口货物收发货人	注册日期	1992.11.15	注册资本	5461.6 万美元
评定时间	2008.10.15	报关有效期	2012.11.15	所属海关	大连海关
法定代表人	和田光平		电话	0411-87314455	
日常联系人	李奕		电话	0411-87314455	
主营范围	铁氧体材料，铁氧体磁心，线圈，滤波器，彩色显示器用偏转线圈，传输变压器，功率放大器用绝缘体，片状陶瓷电容及有机 EL（电子有机冷光显示屏），可录类光盘等电子零部件、元器件的生产和研究开发，以及向国内外企业提供技术服务业务；上述产品及相关产品的批发、零售（不设店铺）、佣金代理（拍卖除外）；货物出口（法律、行政法规禁止的项目除外，法律、行政法规限制的项目取得许可证后方可经营）。				

<table>
<tr><td>企业名称</td><td colspan="3">辉瑞制药有限公司</td><td>海关编码</td><td>2102240799</td></tr>
<tr><td>通讯地址</td><td colspan="3">辽宁省大连经济技术开发区大庆路 22 号</td><td>邮政编码</td><td>116600</td></tr>
<tr><td>企业类型</td><td>进出口货物收发货人</td><td>注册日期</td><td>2009.9.7</td><td>注册资本</td><td>5040 万美元</td></tr>
<tr><td>评定时间</td><td>2009.12.10</td><td>报关有效期</td><td>2012.9.7</td><td>所属海关</td><td>大连海关</td></tr>
<tr><td>法定代表人</td><td colspan="2">吴晓滨</td><td>电话</td><td colspan="2">0411-87615400</td></tr>
<tr><td>日常联系人</td><td colspan="2">邓欣</td><td>电话</td><td colspan="2">0411-88011262</td></tr>
<tr><td>主营范围</td><td colspan="5">生产经营化学药品原料药、制剂药，畜用化学药品原料药、制剂药，农用杀菌剂，植物生长激素，微生物农药原料药及医疗器械；货物进出口、技术进出口（进口商品分销和法律、行政法规禁止的项目除外，法律、行政法规限制的项目取得许可证后方可经营）。</td></tr>
</table>

<table>
<tr><td>企业名称</td><td colspan="3">日本电产（大连）有限公司</td><td>海关编码</td><td>2102240033</td></tr>
<tr><td>通讯地址</td><td colspan="3">辽宁省大连经济技术开发区辽河西二路 1 号</td><td>邮政编码</td><td>116600</td></tr>
<tr><td>企业类型</td><td>进出口货物收发货人</td><td>注册日期</td><td>1992.2.14</td><td>注册资本</td><td>3650 万美元</td></tr>
<tr><td>评定时间</td><td>2008.10.15</td><td>报关有效期</td><td>2014.2.20</td><td>所属海关</td><td>大连海关</td></tr>
<tr><td>法定代表人</td><td colspan="2">泽村贤志</td><td>电话</td><td colspan="2">0411-87310202</td></tr>
<tr><td>日常联系人</td><td colspan="2">刘顺舟</td><td>电话</td><td colspan="2">0411-87310202-310</td></tr>
<tr><td>主营范围</td><td colspan="5">生产小型电机、轴流风机、电源装置及上述产品的零部件和模具的开发、制作，自产产品销售；汽车零部件、配件制造；货物、技术进出口（进口商品分销和法律、行政法规禁止的项目除外，法律、行政法规限制的项目取得许可证后方可经营）。</td></tr>
</table>

<table>
<tr><td>企业名称</td><td colspan="3">大连爱丽思生活用品有限公司</td><td>海关编码</td><td>2102540007</td></tr>
<tr><td>通讯地址</td><td colspan="3">辽宁省大连出口加工区 II A.23</td><td>邮政编码</td><td>116600</td></tr>
<tr><td>企业类型</td><td>进出口货物收发货人</td><td>注册日期</td><td>2001.4.16</td><td>注册资本</td><td>1500 万美元</td></tr>
<tr><td>评定时间</td><td>2010.11.30</td><td>报关有效期</td><td>2014.4.16</td><td>所属海关</td><td>大连海关</td></tr>
<tr><td>法定代表人</td><td colspan="2">大山繁生</td><td>电话</td><td colspan="2">0411-87572999</td></tr>
<tr><td>日常联系人</td><td colspan="2">于海滨</td><td>电话</td><td colspan="2">0411-87572999-3608</td></tr>
<tr><td>主营范围</td><td colspan="5">家具、宠物用品、园林用机械设备、办公设备及其他生活用品加工，商品展示、仓储，本企业物品物流运输， 软件开发。</td></tr>
</table>

企业名称	大连通世泰建材有限公司			海关编码	2102240673
通讯地址	辽宁省大连经济技术开发区东北大街 25 号			邮政编码	116600
企业类型	进出口货物收发货人	注册日期	2001.5.25	注册资本	4350 万美元
评定时间	2008.10.15	报关有效期	2014.5.25	所属海关	大连海关
法定代表人	板桥繁雄		电话	0411-87643871	
日常联系人	王海燕		电话	0411-87643870	
主营范围	生产新型室内外建筑装饰装修材料、产品及配件，建筑门窗、建筑幕墙、建筑用型材（包括铝合金）及配件，室内木制建材（包括地板）及配件，整体浴室、系列厨房及配件，钢质防火门、木质防火门、钢木质防火门及其他材质防火门，外墙材料及产品，安全玻璃，相关设备、相关模具，与上述所有业务有关的材料、产品和配件（法律、行政法规禁止的项目除外，法律、行政法规限制的项目取得许可证后方可经营）；销售自产产品并进行相关产品的技术开发；从事非配额许可证管理、非专营商品的收购出口业务；从事软件技术开发业务，从事室内外建筑装饰装修材料及同类产品的批发、零售业务；产品的机械性能检测和环境检测及后续服务（涉及行政许可的须凭许可证经营）；纸箱（商标标志）印制。				

企业名称	大连爱丽思欧雅玛工贸有限公司			海关编码	2102440164
通讯地址	辽宁省大连保税区工业仓储小区 113.16			邮政编码	116600
企业类型	进出口货物收发货人	注册日期	1996.5.27	注册资本	1500 万美元
评定时间	2010.11.30	报关有效期	2014.5.27	所属海关	大连海关
法定代表人	大山繁生		电话	0411-87572999	
日常联系人	刘铁英		电话	0411-87572999-3606	
主营范围	保税区内国际贸易、转口贸易，加工、仓储，商品展销，软件开发。				

企业名称	斯大精密（大连）有限公司			海关编码	2102240020
通讯地址	大连经济技术开发区黄海街 2 号			邮政编码	116600
企业类型	进出口货物收发货人	注册日期	1995.11.15	注册资本	6788.548 万美元
评定时间	2008.10.15	报关有效期	2014.11.15	所属海关	大连海关
法定代表人	兴津智彦		电话	0411-87611535	
日常联系人	何珩		电话	0411-87611535-3311	
主营范围	制造并销售自产的圆点字模打印机、电子蜂鸣器、精密加工零件、听写机器、数控机床及零部件产品、语音传声器和接收器、传感器、模具产品，以及从事非配额许可证管理、非专营商品的收购出口；注塑成形产品、冲压加工产品、组立加工、电子产品、计算机及其外部设备的零部件加工和制造；通讯器材部件的加工制造，机电一体化设备的零部件加工和制造；自有房屋的出租。				

企业名称	万宝至马达大连有限公司			海关编码	2102240036
通讯地址	辽宁省大连经济技术开发区哈尔滨路 41 号			邮政编码	116600
企业类型	进出口货物收发货人	注册日期	1992.11.15	注册资本	650000 万日元
评定时间	2009.2.3	报关有效期	2014.11.15	所属海关	大连海关
法定代表人	龟井高		电话	0411-87611111	
日常联系人	赵晶		电话	0411-87611111-570	
主营范围	生产、销售微型马达和零配件，以及生产微型马达用的专用设备、模具、工夹具；承接适量的钢板剪切和发泡盒的带料加工；从事公司产品的销售及售后服务；从事非许可证管理、非专营商品的收购出口。				

企业名称	欧姆龙（大连）有限公司			海关编码	2102240036
通讯地址	辽宁省大连经济技术开发区松江路 3 号			邮政编码	116600
企业类型	进出口货物收发货人	注册日期	1991.12.19	注册资本	239340 万日元
评定时间	2009.2.3	报关有效期	2011.12.19	所属海关	大连海关
法定代表人	见置昌弘		电话	0411-87614222	
日常联系人	于善胜		电话	0411-87632316	
主营范围	研究、开发、生产、销售电子血压计、电子体温计、低周波治疗器、印刷配线板，计步器、体脂肪计、按摩器、吸入器等电子类治疗诊察康复类产品，医用电子仪器设备，手术室、急救室、诊疗室设备及器具（涉及 II、III 类医疗器械的，取得许可证后方可生产、经营）；上述及其附属零部件的维修服务、技术服务、技术咨询、技术转让；金属、塑料工具设备的设计、加工、生产、销售（涉及行政许可的须凭许可证经营）；上述商品及同类商品的批发、零售（不设店铺）（涉及配额许可证管理、专项规定管理的商品，应按国家有关规定办理）；货物进出口、技术进出口（不含进口分销，法律、行政法规禁止的项目除外；法律、行政法规限制的项目取得许可证后方可经营）。				

企业名称	柯尼卡美能达精密光学（大连）有限公司			海关编码	2102240103
通讯地址	辽宁省大连经济技术开发区东北二街 20 号			邮政编码	116600
企业类型	进出口货物收发货人	注册日期	1994.7.29	注册资本	330000 万日元
评定时间	2008.10.15	报关有效期	2014.7.29	所属海关	大连海关
法定代表人	增井正弘		电话	0411-87622575	
日常联系人	隋春芳		电话	0411-87622575-4608	
主营范围	光学关联制品及数码相机的制造，上述商品的批发（涉及配额许可证管理、专项规定管理的商品，应按国家有关规定办理）；货物进出口、技术进出口（进口商品分销和法律、行政法规禁止的项目除外，法律、行政法规限制的项目取得许可证后方可经营）。				

企业名称	大连藤洋钢材加工有限公司			海关编码	2102240077
通讯地址	辽宁省大连经济技术开发区东北三街 23 号			邮政编码	116600
企业类型	进出口货物收发货人	注册日期	1993.8.21	注册资本	93504.15 万日元
评定时间	2008.10.15	报关有效期	2014.8.21	所属海关	大连海关
法定代表人	田川正之		电话	0411-87610373	
日常联系人	林海燕		电话	0411-87610373-212	
主营范围	金属制品加工，电子专用设备配件加工，工模具加工，金属制品工模具加工技术服务；钢板（卷材）、硬质合金的国内外采购和国内批发。				

企业名称	东芝大连有限公司			海关编码	2102240054
通讯地址	辽宁省大连经济技术开发区鞍山街 6 号			邮政编码	116600
企业类型	进出口货物收发货人	注册日期	1992.11.15	注册资本	840000 万日元
评定时间	2009.2.3	报关有效期	2014.11.15	所属海关	大连海关
法定代表人	室町正志		电话	0411-87614111	
日常联系人	姜航		电话	0411-87328866-6000	
主营范围	生产电动机、泵，彩色电视机用偏转线圈，印刷线路板组件及录放像机用磁鼓组件，电磁延迟线，声表面波滤波器等电器机械器具及电子零部件、元器件等，医疗器械部件、组件，螺旋扫描 X 射线 CT 装置，采用了可进行数字图像处理的高频变频技术的医用 X 射线装置，以彩色数字为首的超声波诊断仪，全自动免疫检查等生物化学分析装置的生产及销售；从事非配额许可证管理、非专营商品的收购出口业务；电动机设计业务及映像机器设计业务；计算机用高频调谐器，用于数字照相机、数字移动电话、数字式映像机器的实装基板及线路板的生产和销售；制动器电动机的生产和销售；数字音、视频编解码设备的生产及销售（自产产品销售）；医疗器械设计开发业务；电子元器件、电路板的批发（不涉及国营贸易管理商品，涉及配额、许可证管理商品的，按国家有关规定办理申请）				

企业名称	大连阿尔卑斯电子有限公司			海关编码	2102941983
通讯地址	辽宁省大连市金州区汉正路 6 号			邮政编码	116100
企业类型	进出口货物收发货人	注册日期	2008.12.5	注册资本	1836.2 万美元
评定时间	2009.8.19	报关有效期	2011.12.5	所属海关	大连海关
法定代表人	白井省三		电话	0411-87139012	
日常联系人	王君波		电话	0411-87139012	
主营范围	各种系列电位器、电子元器件、车载电子部件及专用设备和模具的生产，以及售后服务、技术服务；技术开发和技术（自有自用）的进出口。				

企业名称	大连今冈船务工程有限公司			海关编码	2102941043
通讯地址	辽宁省大连市旅顺经济技术开发区兴港路16号			邮政编码	116041
企业类型	进出口货物收发货人	注册日期	2003.2.25	注册资本	12240万美元
评定时间	2008.10.15	报关有效期	2014.2.25	所属海关	大连海关
法定代表人	桧垣和幸	电话		0411-82557663	
日常联系人	吴涛	电话		0411-82557663	
主营范围	船舶设计制造及修理，船用舾装件、各种钢结构件和船舶分段制造（不含特种船、高性能船舶的修理、设计与制造，涉及行政许可的须凭许可证经营）；码头和其他港口设施经营及在港区内从事货物装卸、驳运、仓储经营；船舶建造配套设备、港口运输配套设备、大件运搬装置的制造；气体过滤装置的批发；货物、技术进出口（进品商品分销和法律、行政法规禁止的项目除外，法律、行政法规限制的项目取得许可证后方可经营）；汽车驱动桥总成、空气悬架的制造和销售（限自产产品）。				

企业名称	大杨集团有限责任公司			海关编码	2102950037
通讯地址	辽宁省普兰店市杨树房经济开发小区			邮政编码	116214
企业类型	进出口货物收发货人	注册日期	1993.3.23	注册资本	18000万人民币
评定时间	2010.4.19	报关有效期	2014.3.23	所属海关	大连海关
法定代表人	李桂莲	电话		0411-82561888	
日常联系人	滕运顺	电话		0411-82561888-8042	
主营范围	服装制造，机械、化工、电子产品的加工、制造，纺织印染，商业贸易，进出口贸易（以上均在许可范围内），向境外提供劳务（不含海员），因特网信息服务业务。				

企业名称	大连经济技术开发区汇远经贸有限公司			海关编码	2102260031
通讯地址	辽宁省大连经济技术开发区东北大街38号			邮政编码	116600
企业类型	进出口货物收发货人	注册日期	2003.5.29	注册资本	1050万人民币
评定时间	2011.5.26	报关有效期	2014.5.29	所属海关	大连海关
法定代表人	李铁民	电话		0411-87616710	
日常联系人	孙玉	电话		0411-87533096	
主营范围	自营和代理各类商品和技术的进出口，但国家限定公司经营或禁止进出口的商品和技术除外；日用百货、五金交电、汽车配件、电器空调、化工商品（易燃易爆危险品除外）销售；计算机软件研究开发；经济信息咨询（专项审批除外）。				

企业名称	本钢集团国际经济贸易有限公司			海关编码	2105910002
通讯地址	辽宁省本溪市平山区人民路铁路街 25 号			邮政编码	117000
企业类型	进出口货物收发货人	注册日期	1993.1.11	注册资本	10000 万人民币
评定时间	2008.10.15	报关有效期	2013.12.17	所属海关	大连海关
法定代表人	汪澍		电话	0414-2829603	
日常联系人	赫长兴		电话	0414-2824911	
主营范围	货物及技术进出口。				

企业名称	鞍钢集团国际经济贸易公司			海关编码	2103910049
通讯地址	辽宁省鞍山市铁东区南中华路 322 号			邮政编码	114002
企业类型	进出口货物收发货人	注册日期	1992.11.26	注册资本	34612 万人民币
评定时间	2008.10.15	报关有效期	2011.11.26	所属海关	大连海关
法定代表人	张晓刚		电话	0412-6723080	
日常联系人	吕东宁		电话	0412-6324258	
主营范围	自营和代理各类商品及技术的进出口业务，国家规定的专营进出口商品和国家禁止出口等特殊商品除外；经营进料加工和“三来一补”业务；开展直销贸易和转口贸易；承包境外工业民用建筑工程和境内国际招标工程所需设备材料等。				

企业名称	吉林昊宇电气股份有限公司			海关编码	2202960321
通讯地址	吉林省吉林市江南乡裕民村			邮政编码	132013
企业类型	进出口货物收发货人	注册日期	2008.5.8	注册资本	30000 万人民币
评定时间	2011.3.31	报关有效期	2014.5.13	所属海关	长春海关
法定代表人	孙国奎		电话	0432-66931503	
日常联系人	胡秀梅		电话	0432-64630412	
主营范围	生产、制造石油化工、电力企业所需各种管件［压力管道元件仅限 A（1）（3）级钢制无缝管件、B2 级钢制有缝管件］，制造属于电厂辅助设备的高温炉烟管道、声波吹灰器，压力容器制造（仅限 D1 第一类压力容器，D2 第二类低、中压容器）。（特种设备制造许可有效期分别至 2011 年 3 月 9 日、2012 年 1 月 31 日。）				

企业名称	吉林粮食集团进出口有限公司			海关编码	2201910187
通讯地址	吉林省长春市春城大街 1515 号			邮政编码	130062
企业类型	进出口货物收发货人	注册日期	2011.4.20	注册资本	5000 万人民币
评定时间	2011.6.16	报关有效期	2014.4.20	所属海关	长春海关
法定代表人	王海生		电话	0431-88790168	
日常联系人	宋海东		电话	0431-88790168	
主营范围	粮食、油脂、油料、饲料及农副产品的购销，自营吉林省玉米、大米的出口业务，接受委托代理黑龙江省、辽宁省、内蒙古自治区玉米和大米的出口业务，境外期货业务。				

企业名称	吉林省福达集团有限公司			海关编码	2201918010
通讯地址	吉林省长春市朝阳区西民主大街 355 号			邮政编码	130061
企业类型	进出口货物收发货人	注册日期	1995.8.21	注册资本	1008 万人民币
评定时间	2008.12.18	报关有效期	2014.3.14	所属海关	长春海关
法定代表人	程晓东		电话	0431-85082117	
日常联系人	张俊杰		电话	0431-85082117	
主营范围	自营和代理各类商品及技术的进出口业务（不另附进出口商品目录），包括进口钢材，其他国家规定的专营进出口商品和国家禁止进出口等特殊商品除外；经营进料加工和“三来一补”业务；开展对销贸易和转口贸易；钢材、铜、铝、橡胶、服装、五金、针织品批发、零售、代购和代销；煤炭批发、零售；计算机软件开发；商务信息咨询；种植业。				

企业名称	长春长客进出口有限公司			海关编码	2201918080
通讯地址	吉林省长春市绿园区青荫路 5 号			邮政编码	130062
企业类型	进出口货物收发货人	注册日期	1997.1.1	注册资本	2000 万人民币
评定时间	2008.12.18	报关有效期	2014.4.14	所属海关	长春海关
法定代表人	董晓峰		电话	0431-87902022	
日常联系人	张苑		电话	0431-87831656	
主营范围	自营和代理各类商品和技术的进出口，但国家限定公司经营或禁止进出口的商品和技术除外。				

<table>
<tr><td>企业名称</td><td colspan="3">中国第一汽车集团进出口有限公司</td><td>海关编码</td><td>2201918046</td></tr>
<tr><td>通讯地址</td><td colspan="3">吉林省长春市东风大街3025号</td><td>邮政编码</td><td>130011</td></tr>
<tr><td>企业类型</td><td>进出口货物收发货人</td><td>注册日期</td><td>1995.8.16</td><td>注册资本</td><td>120000万人民币</td></tr>
<tr><td>评定时间</td><td>2008.12.18</td><td>报关有效期</td><td>2014.4.19</td><td>所属海关</td><td>长春海关</td></tr>
<tr><td>法定代表人</td><td colspan="2">金毅</td><td>电话</td><td colspan="2">0431-85905435</td></tr>
<tr><td>日常联系人</td><td colspan="2">倪成波</td><td>电话</td><td colspan="2">0431-85736088</td></tr>
<tr><td>主营范围</td><td colspan="5">经营一汽集团所生产的运输工具仪器、仪表等商品和技术出口业务，经营一汽集团所需机械设备、仪器仪表等商品和技术的进口业务，承办集团中外合资、合作、来料、来样、来件装配补偿贸易及易货贸易。</td></tr>
</table>

<table>
<tr><td>企业名称</td><td colspan="3">吉林庆达数码有限公司</td><td>海关编码</td><td>2203930097</td></tr>
<tr><td>通讯地址</td><td colspan="3">吉林省四平市经济开发区大路1680号</td><td>邮政编码</td><td>136001</td></tr>
<tr><td>企业类型</td><td>报关企业</td><td>注册日期</td><td>2005.1.6</td><td>注册资本</td><td>17788万人民币</td></tr>
<tr><td>评定时间</td><td>2010.9.20</td><td>报关有效期</td><td>2013.4.9</td><td>所属海关</td><td>长春海关</td></tr>
<tr><td>法定代表人</td><td colspan="2">杨继泽</td><td>电话</td><td colspan="2">0434-6981118</td></tr>
<tr><td>日常联系人</td><td colspan="2">李丽君</td><td>电话</td><td colspan="2">0434-6180157</td></tr>
<tr><td>主营范围</td><td colspan="5">生产可录类光盘及其包装桶和包装纸箱。</td></tr>
</table>

<table>
<tr><td>企业名称</td><td colspan="3">一汽一大众汽车有限公司</td><td>海关编码</td><td>2201930032</td></tr>
<tr><td>通讯地址</td><td colspan="3">吉林省长春市东风大街</td><td>邮政编码</td><td>130011</td></tr>
<tr><td>企业类型</td><td>进出口货物收发货人</td><td>注册日期</td><td>1993.8.24</td><td>注册资本</td><td>781200万人民币</td></tr>
<tr><td>评定时间</td><td>2008.10.23</td><td>报关有效期</td><td>2014.4.6</td><td>所属海关</td><td>长春海关</td></tr>
<tr><td>法定代表人</td><td colspan="2">徐建一</td><td>电话</td><td colspan="2">0431-85731107</td></tr>
<tr><td>日常联系人</td><td colspan="2">柴胜</td><td>电话</td><td colspan="2">0431-85990931</td></tr>
<tr><td>主营范围</td><td colspan="5">生产销售大众A、B、C、D组系列轿车及用于制造该系列轿车的所有大总成、总成、分总成和零部件，以及上述产品的售后服务。</td></tr>
</table>

<table>
<tr><td>企业名称</td><td colspan="3">嘉吉生化有限公司</td><td>海关编码</td><td>2217940007</td></tr>
<tr><td>通讯地址</td><td colspan="3">吉林省松原市江南工业开发区</td><td>邮政编码</td><td>138000</td></tr>
<tr><td>企业类型</td><td>进出口货物收发货人</td><td>注册日期</td><td>2010.12.23</td><td>注册资本</td><td>159700 万人民币</td></tr>
<tr><td>评定时间</td><td>2011.1.24</td><td>报关有效期</td><td>2013.12.23</td><td>所属海关</td><td>长春海关</td></tr>
<tr><td>法定代表人</td><td colspan="2">Gerrit Hueting</td><td>电话</td><td colspan="2">0438-2779100</td></tr>
<tr><td>日常联系人</td><td colspan="2">佟佰生</td><td>电话</td><td colspan="2">0438-2779222</td></tr>
<tr><td>主营范围</td><td colspan="5">生产玉米加工产品及副产品，从事新产品的研究开发；在国内外市场上销售企业自产产品，并提供相关的售后服务、配套发电［全国工业产品生产许可证（淀粉及淀粉制品）有效期至 2012 年 8 月 8 日，全国工业产品生产许可证（淀粉糖）有效期至 2013 年 11 月 15 日］。</td></tr>
</table>

<table>
<tr><td>企业名称</td><td colspan="3">大陆汽车电子（长春）有限公司</td><td>海关编码</td><td>2201340022</td></tr>
<tr><td>通讯地址</td><td colspan="3">吉林省长春市经济开发区武汉路 1981 号</td><td>邮政编码</td><td>130012</td></tr>
<tr><td>企业类型</td><td>进出口货物收发货人</td><td>注册日期</td><td>1995.5.25</td><td>注册资本</td><td>36306 万人民币</td></tr>
<tr><td>评定时间</td><td>2008.10.23</td><td>报关有效期</td><td>2014.4.7</td><td>所属海关</td><td>长春海关</td></tr>
<tr><td>法定代表人</td><td colspan="2">蒋孔克</td><td>电话</td><td colspan="2">0431-84684600</td></tr>
<tr><td>日常联系人</td><td colspan="2">王素红</td><td>电话</td><td colspan="2">0431-84684237</td></tr>
<tr><td>主营范围</td><td colspan="5">生产、开发汽车电子、电气、机械及电子机械产品部件，家用电子控制部件，汽车电子燃油喷射系统产品。</td></tr>
</table>

<table>
<tr><td>企业名称</td><td colspan="3">通化钢铁集团进出口有限公司</td><td>海关编码</td><td>2205910018</td></tr>
<tr><td>通讯地址</td><td colspan="3">辽宁省通化四浑公路（通化经济开发区冶金产业园区）</td><td>邮政编码</td><td>134003</td></tr>
<tr><td>企业类型</td><td>进出口货物收发货人</td><td>注册日期</td><td>1999.1.28</td><td>注册资本</td><td>22000 万人民币</td></tr>
<tr><td>评定时间</td><td>2008.10.23</td><td>报关有效期</td><td>2012.2.3</td><td>所属海关</td><td>长春海关</td></tr>
<tr><td>法定代表人</td><td colspan="2">孙毅</td><td>电话</td><td colspan="2">0431-88623340</td></tr>
<tr><td>日常联系人</td><td colspan="2">张易书</td><td>电话</td><td colspan="2">0431-88623340</td></tr>
<tr><td>主营范围</td><td colspan="5">自营和代理各类商品及技术的进出口业务（不另附进出口商品目录，国家规定的专营进出口商品和国家禁止进出口等特殊商品除外），经营进料加工和“三来一补”业务，仓储业务。</td></tr>
</table>

企业名称	通化东宝进出口有限公司			海关编码	2205950005
通讯地址	吉林省通化县东宝新村			邮政编码	134123
企业类型	进出口货物收发货人	注册日期	2003.9.18	注册资本	1000 万人民币
评定时间	2008.12.18	报关有效期	2014.4.15	所属海关	长春海关
法定代表人	程建华		电话	0435-5087126	
日常联系人	蒋红		电话	0435-5087567	
主营范围	国内商业（涉及专项审批的按照审批范围经营）；自营和代理各类商品和技术的进出口，但国家限定公司经营或禁止进出口的商品和技术除外。				

企业名称	吉林华微电子股份有限公司			海关编码	2202910064
通讯地址	吉林省吉林市深圳街 99 号			邮政编码	132013
企业类型	进出口货物收发货人	注册日期	2000.12.21	注册资本	52160 万人民币
评定时间	2008.12.18	报关有效期	2014.4.14	所属海关	长春海关
法定代表人	夏增文		电话	0432-4687137	
日常联系人	石运来		电话	0432-4678411	
主营范围	半导体分立器件、集成电路、电力电子产品、汽车电子产品、自动化仪表、电子元件、应用软件的设计、开发、制造与销售，经营本企业自产产品及相关技术的出口业务（国家限定公司经营或禁止出口的商品除外），经营本企业生产、科研所需的原辅材料、机械设备、仪器仪表、零配件及相关技术的进出口业务（国家限定公司经营或禁止进口的商品除外），经营本企业进料加工和“三来一补”业务，氢气、氧气、压缩空气、氮气的生产、销售。				

企业名称	吉林吉恩镍业股份有限公司			海关编码	2202910029
通讯地址	吉林省磐石市红旗岭镇红旗大街 54 号			邮政编码	132311
企业类型	进出口货物收发货人	注册日期	1997.5.8	注册资本	76334.1 万人民币
评定时间	2010.1.11	报关有效期	2014.4.28	所属海关	长春海关
法定代表人	吴术		电话	0432-65610644	
日常联系人	米海祥		电话	0432-65610580	
主营范围	镍、铜、钴、硫冶炼及副产品加工，经营本企业自产产品及相关技术的出口业务，经营本企业生产、科研所需的原辅材料、机械设备、仪器仪表、零配件及相关技术的进口业务，经营本企业的进料加工“三来一补”业务，工业硫酸生产，镍矿开采。				

企业名称	吉林化纤股份有限公司			海关编码	2202910080
通讯地址	吉林省吉林市九站街 516-1 号			邮政编码	132101
企业类型	进出口货物收发货人	注册日期	2003.4.28	注册资本	37825 万人民币
评定时间	2008.12.18	报关有效期	2014.5.17	所属海关	长春海关
法定代表人	王进军		电话	0432-63502350	
日常联系人	王彦刚		电话	0432-63502350	
主营范围	粘胶纤维、合成纤维及其深加工品；机械设备、仪表安装（凭资质证书经营）；工业控制系统组态安装；经营本企业自产产品的出口业务和本企业所需的机械设备、零配件、原辅材料的进出口业务，但国家限定公司经营或禁止进出口的商品及技术除外；进出口贸易（国家限定品种除外）。				

企业名称	吉林炭素进出口公司			海关编码	2202918024
通讯地址	吉林省吉林市哈达湾和平街 9 号			邮政编码	132002
企业类型	进出口货物收发货人	注册日期	1992.12.17	注册资本	5000 万人民币
评定时间	2010.1.11	报关有效期	2014.4.28	所属海关	长春海关
法定代表人	朱国斌		电话	0432-62749078	
日常联系人	李江		电话	0432-62749977	
主营范围	经营本企业自产的电产品、成套设备及同类相关机电产品相关技术的出口业务，经营本企业生产、科研所需的原辅材料、机电设备、仪器仪表、零配件及相关技术的进出口业务，承办“三来一补”业务。				

企业名称	吉林恩智浦半导体有限公司			海关编码	2202330009
通讯地址	吉林省吉林市高新区深圳街 99 号			邮政编码	132013
企业类型	进出口货物收发货人	注册日期	2004.3.8	注册资本	1500 美元
评定时间	2008.12.18	报关有效期	2012.3.2	所属海关	长春海关
法定代表人	韩毅		电话	0432-4601111-9063	
日常联系人	赵颖		电话	0432-4601111-9063	
主营范围	开发、设计、生产及销售半导体产品，并提供相关的售后服务。				

企业名称	吉林晨鸣纸业有限责任公司			海关编码	2202930317
通讯地址	吉林省吉林市昌邑区兴华街林荫路9号			邮政编码	132002
企业类型	进出口货物收发货人	注册日期	2005.9.29	注册资本	150000万人民币
评定时间	2011.3.31	报关有效期	2012.10.10	所属海关	长春海关
法定代表人	张春林		电话	0432-2703955	
日常联系人	范金光		电话	0432-2703123	
主营范围	机制纸、纸板、纸制品、纸浆、造纸机械设备加工和销售，机械设备安装，经营本企业自产产品及技术的进出口业务，经营本企业生产、科研所需的原辅材料、仪器、仪表、机械设备、零配件及技术的进出口业务（国家限定公司经营和国家禁止进出口的商品除外），收购农副产品（不含粮油）。				

企业名称	延吉秀爱食品有限公司			海关编码	2218940014
通讯地址	吉林省延吉市长白山东路1767号			邮政编码	133000
企业类型	进出口货物收发货人	注册日期	2004.8.17	注册资本	665万美元
评定时间	2009.2.1	报关有效期	2012.4.21	所属海关	长春海关
法定代表人	本多秀光		电话	0433-2856575	
日常联系人	朴铁浩		电话	0433-2828778	
主营范围	坚果、干果加工销售，果脯批发、零售。				

企业名称	延边天池工贸有限公司			海关编码	2210961045
通讯地址	吉林省和龙市同心东路73号			邮政编码	133500
企业类型	进出口货物收发货人	注册日期	2004.1.30	注册资本	5000万人民币
评定时间	2009.2.11	报关有效期	2014.4.18	所属海关	长春海关
法定代表人	赵长寿		电话	0433-2500803	
日常联系人	姜红宇		电话	0433-2500804	
主营范围	金属材料（不含贵稀金属）、冶金矿产品、生铁、焦碳、铁精矿粉加工销售、针纺制品、农副产品（不含国家专营项目）、电子产品、普通机械、五金、交电、工艺美术品（不含金银首饰）、日用百货、建筑材料的零售、仓储；自营和代理各类商品和技术的进出口，通过边境小额贸易方式向毗邻国家开展各类商品及技术的进出口业务（国家限制或禁止进出口的商品及技术除外）。				

企业名称	哈药集团股份有限公司			海关编码	2301910035
通讯地址	黑龙江省哈尔滨市南岗区学府路 109 号			邮政编码	150086
企业类型	进出口货物收发货人	注册日期	1993.07.22	注册资本	124200 万人民币
评定时间	2010.01.05	报关有效期	2014.8.15	所属海关	哈尔滨海关
法定代表人	张利君		电话	0451-84856671	
日常联系人	王秀岩		电话	0451-86668433	
主营范围	许可经营项目：按直销经营许可证从事直销。一般经营项目：购销化工原料及产品（不含危险品、剧毒品），按外经贸部核准的范围从事进出口业务。以下仅限分支机构：医疗器械、制药机械制造（国家有专项规定的除外），医药商业及药品制造，纯净水、饮料、淀粉、饲料添加剂、食品、化妆品制造、包装、印刷，生产阿维菌素原药，卫生用品（洗液）的生产、销售，保健食品、日用化学品的生产和销售。				

企业名称	大庆中石油国际事业有限公司			海关编码	2306910022
通讯地址	黑龙江省大庆市高新区火炬新街 40 号			邮政编码	163316
企业类型	进出口货物收发货人	注册日期	2002.11.06	注册资本	1 亿元人民币
评定时间	2008.8.12	报关有效期	2012.11.06	所属海关	哈尔滨海关
法定代表人	吕建池		电话	0459-8178524	
日常联系人	徐泮生		电话	0459-8178555	
主营范围	自营和代理各类商品和技术的进出口，但国家限定公司经营或禁止进出口的商品和技术除外。				

企业名称	哈尔滨安博威飞机工业有限公司			海关编码	2301931300
通讯地址	黑龙江省哈尔滨市哈平路集中区烟台路 1 号			邮政编码	150066
企业类型	进出口货物收发货人	注册日期	2003.4.29	注册资本	2500 万美元
评定时间	2008.10.17	报关有效期	2014.3.29	所属海关	哈尔滨海关
法定代表人	曲景文		电话	0451-53908988	
日常联系人	肖华		电话	0451-53908988-3711	
主营范围	在中国生产 ERJ145 系列飞机，包括 ERJ145 系列飞机零售件和地面支持设备的生产、销售，以及包括大修和维护在内的售后支援。				

企业名称	上海宝钢国际经济贸易有限公司			海关编码	3112915001
通讯地址	上海市浦东新区浦电路370号			邮政编码	200122
企业类型	进出口货物收发货人	注册日期	1993.8.17	注册资本	224887.8553万人民币
评定时间	2009.1.6	报关有效期	2014.1.28	所属海关	上海海关
法定代表人	姚林龙		电话	021-58350000	
日常联系人	邱来恩		电话	021-56114162	
主营范围	自营和代理经外经贸部批准的商品和技术进出口，钢材、废铜、废钢进口，进料加工和“三来一补”业务，对销转口贸易，国外承包工程劳务合作，国际招标，国内商业及物资供销（除专项规定），废钢、煤炭、燃料油批发，水路货运代理，船舶代理，经营化学危险品（限批发），工程招标代理，天然橡胶进口。（上述经营范围涉及许可经营的，凭许可证经营。）				

企业名称	宝山钢铁股份有限公司			海关编码	3112915006
通讯地址	上海市宝山区富锦路885号			邮政编码	201900
企业类型	进出口货物收发货人	注册日期	2001.3.14	注册资本	1751200万人民币
评定时间	2008.10.31	报关有效期	2014.2.18	所属海关	上海海关
法定代表人	何文波		电话	021-58358888	
日常联系人	邱来恩		电话	021-56114162	
主营范围	钢铁冶炼、加工，电力、煤炭、工业气体生产，码头仓储、运输等，与钢铁相关业务的技术开发、技术转让、技术服务和技术管理咨询服务，汽车修理，商品和技术的进出口，有色金属冶炼及压延加工，工业炉窑、化工原料及产品的生产和销售，金属矿石、煤炭、钢铁、非金属矿石装卸港区服务，水路货运代理，水路货物装卸联运，船舶代理，国外承包工程劳务合作，国际招标工程招标代理，国内贸易，对销转口贸易，废钢、煤炭、燃料油、化学危险品批发（限分支机构经营），机动车安检。				

企业名称	上海新格有色金属有限公司			海关编码	3112920015
通讯地址	上海市宝山区富联三路369号			邮政编码	201906
企业类型	进出口货物收发货人	注册日期	1993.2.4	注册资本	5780万美元
评定时间	2008.10.31	报关有效期	2014.1.30	所属海关	上海海关
法定代表人	黄耀滨		电话	021-36041818	
日常联系人	吴敏菁		电话	021-36041818	
主营范围	各种金属废料拆解、分选，铜铝锌合金锭熔炼、制造，铜铝型材的铸造、挤压，销售自产产品，上述同类商品的批发、进出口，提供相关配套服务（涉及非配额许可证管理、专项规定管理的商品，按照国家有关规定办理；涉及许可经营的，凭许可证经营）。				

企业名称	上海中集冷藏箱有限公司			海关编码	3112935072
通讯地址	上海市宝山区罗南镇工业开发区			邮政编码	201908
企业类型	进出口货物收发货人	注册日期	1995.7.17	注册资本	3100 万美元
评定时间	2008.10.31	报关有效期	2014.6.17	所属海关	上海海关
法定代表人	李锐庭		电话	021-56010088	
日常联系人	苏钧		电话	021-56010088	
主营范围	研究、开发、生产冷藏集装箱，冷藏车和保温车的冷藏保温装置，其他特种集装箱及其零部件；销售自产产品；提供有关的技术咨询、维修服务（涉及许可经营的，凭许可证经营）。				

企业名称	上海东圣电子进出口有限公司			海关编码	3112955006
通讯地址	上海市宝山区罗店镇月罗公路 2255 号			邮政编码	201908
企业类型	进出口货物收发货人	注册日期	2000.6.1	注册资本	500 万人民币
评定时间	2010.1.8	报关有效期	2012.6.1	所属海关	上海海关
法定代表人	钱培胜		电话	021-66865928	
日常联系人	王叔平		电话	021-56973886*145	
主营范围	经营和代理各类商品及技术的进出口业务（但国家限定公司经营或禁止进出口的商品及技术除外）。				

企业名称	上海三菱电梯有限公司			海关编码	3111230051
通讯地址	上海市闵行区江川路 811 号			邮政编码	200245
企业类型	进出口货物收发货人	注册日期	1986.12.2	注册资本	15526.9363 万美元
评定时间	2008.10.31	报关有效期	2011.12.1	所属海关	上海海关
法定代表人	范秉勋		电话	021-64303030	
日常联系人	曹铭宇		电话	021-62293030	
主营范围	生产电梯、自动扶梯、自动人行道、大楼自动化管理和安保系统，销售自产产品，提供相应的安装、改造和维修保养，配套销售日本三菱高档电梯相关产品（涉及行政许可的，凭许可证经营）。				

企业名称	中美上海施贵宝制药有限公司			海关编码	3111230053
通讯地址	上海市闵行区剑川路1315号			邮政编码	200240
企业类型	进出口货物收发货人	注册日期	1995.1.12	注册资本	1844万美元
评定时间	2010.7.28	报关有效期	2014.1.16	所属海关	上海海关
法定代表人	杨苏鸣	电话	021-64302740		
日常联系人	寿旺祥	电话	021-64301747		
主营范围	制造药品，在国内外市场销售自产产品，并独立进行经营、推广，进口和出口等业务(涉及许可经营的，凭许可证经营)。				

企业名称	上海虎生电子电器有限公司			海关编码	3111340004
通讯地址	上海市闵行区陈行镇三鲁路4228号			邮政编码	201114
企业类型	进出口货物收发货人	注册日期	2006.11.27	注册资本	835万美元
评定时间	2009.3.5	报关有效期	2012.11.27	所属海关	上海海关
法定代表人	林裕原	电话	021-64290660		
日常联系人	赵丽云 / 陶华美	电话	021-64290660-215		
主营范围	生产小家电用品（产品出口不涉及许可证管理范围）、煤元炉、调整机、料理架、空气清净机、净水器、冰水筒及其配件、卫星接收器的零配件，销售自产产品，从事非配额许可证管理、非专营商品的收购出口业务(涉及许可经营的，凭许可证经营)。				

企业名称	上海米其林回力轮胎有限公司			海关编码	3111240246
通讯地址	上海市闵行区剑川路2915号			邮政编码	200245
企业类型	进出口货物收发货人	注册日期	2001.3.23	注册资本	111320万人民币
评定时间	2010.7.9	报关有效期	2014.3.23	所属海关	上海海关
法定代表人	YVES CHAPOT	电话	021-22190888		
日常联系人	刘真	电话	021-22190466		
主营范围	制造、加工高级子午线轮胎，与轮胎相关的钢丝及其他与轮胎相关的产品，销售自产产品并提供相关服务（涉及许可经营的，凭许可证经营）。				

企业名称	上海东裕物资有限公司			海关编码	3122210351
通讯地址	上海市浦东新区归昌路258号304室			邮政编码	200129
企业类型	进出口货物收发货人	注册日期	1995.11.23	注册资本	1000万人民币
评定时间	2011.7.22	报关有效期	2011.11.23	所属海关	上海海关
法定代表人	田宏		电话	021-50587825	
日常联系人	王琰		电话	021-50587825	
主营范围	市外经贸委批准的进口业务、出口业务，承办“三来一补”业务，仓储（除危险品），国际货运代理，金属材料、化工原料及产品、冶金炉料、五金交电、百货、纺织原料、纺织品、汽车（含轿车）、汽车配件、摩托车经销，经济信息咨询、房地产信息咨询（以上咨询除经纪外），室内装潢。（企业经营涉及行政许可的，凭许可证经营。）				

企业名称	上海外高桥造船有限公司			海关编码	3122210856
通讯地址	上海市浦东新区外高桥洲海路3001号			邮政编码	200137
企业类型	进出口货物收发货人	注册日期	2002.1.9	注册资本	286000万人民币
评定时间	2008.10.31	报关有效期	2014.1.9	所属海关	上海海关
法定代表人	黄永锡		电话	021-368864500	
日常联系人	叶俊炜		电话	021-38864500-8324	
主营范围	船舶、港口机械，起重、运输机械，压力容器，冶金矿山设备，水利电力设备，石油化工设备，钢结构件的设计、制造、修理；海洋工程、建筑桥梁、机电成套工程、船舶相关材料设备的销售；经营本企业自产产品及技术的出口业务，经营本企业生产科研所需的原辅材料、仪器仪表、机械设备、零配件及技术的进口业务，但国家限定公司经营或禁止进出口的商品及技术除外；经营进料加工和“三来一补”业务；以上相关的咨询服务。				

企业名称	上海船厂船舶有限公司			海关编码	3122210464
通讯地址	上海市浦东新区即墨路1号			邮政编码	200120
企业类型	进出口货物收发货人	注册日期	1997.1.16	注册资本	52902.8万人民币
评定时间	2009.2.2	报关有效期	2014.1.16	所属海关	上海海关
法定代表人	惠明		电话	021-65410100	
日常联系人	朱小泉		电话	021-65129641	
主营范围	船舶普通机械钢结构件、空调制冷设备、五金工具、机电配件、起重机械、电子产品、电器设备、通讯器材、木制品的制造、销售及修理；建筑装饰业务，涂装装潢；外经贸部批准的自营进出口业务；开展本企业“三来一补”业务；附设分支机构。（涉及许可经营的，凭许可证经营。）				

企业名称	东方国际创业浦东服装进出口有限公司			海关编码	3122210120
通讯地址	上海市浦东新区东园三村335号1001室			邮政编码	200120
企业类型	进出口货物收发货人	注册日期	1994.1.30	注册资本	1000万人民币
评定时间	2009.9.4	报关有效期	2014.1.30	所属海关	上海海关
法定代表人	瞿元庆		电话	021-58872400	
日常联系人	杨忠芳		电话	021-58872400-8003	
主营范围	经营阿拉伯袍裤和服装纺织品出口、服装服装面料纺织品进口（按1992年4月章程），以及其他三类商品；承办上述进出口代理；经营中外合资、合作、“三来一补”业务；对销贸易；经贸咨询；国内商业批发、零售（除专项规定外）。				

企业名称	上海新发展进出口贸易实业有限公司			海关编码	3122210380
通讯地址	上海市浦东新区张杨路601号6M室			邮政编码	200120
企业类型	进出口货物收发货人	注册日期	1996.2.17	注册资本	1000万人民币
评定时间	2011.1.13	报关有效期	2014.2.17	所属海关	上海海关
法定代表人	蒋琪民		电话	021-50482020	
日常联系人	毕陶桃		电话	021-50484253	
主营范围	自营和代理各类商品及技术的进出口业务，国家规定的专营进出口商品和国家禁止进出口等特殊商品除外；食品销售管理（非实物方式，有效期至2012年8月26日）；百货、服装、皮革制品、办公用品、化妆品、玩具的销售；经营进料加工和“三来一补”业务；开展对销贸易和转口贸易；承办中外合资、合作业务；商务咨询服务（除经纪外），国际货运代理；物流服务及管理。（以上涉及许可经营的，凭许可证经营。）				

企业名称	沪东重机有限公司			海关编码	3122210594
通讯地址	上海市浦东新区浦东大道2851号346幢			邮政编码	200129
企业类型	进出口货物收发货人	注册日期	1999.3.24	注册资本	240000万人民币
评定时间	2010.4.6	报关有效期	2014.3.24	所属海关	上海海关
法定代表人	秦文泉		电话	021-51310000-8215	
日常联系人	张弘		电话	021-51310000-8075	
主营范围	船用柴油机及备配件、铸锻件的设计、制造、销售；电站设备、工程机械成套设备、机电设备的设计、制造、安装、维修，以及相关的技术咨询和技术服务；非标准钢结构制作，从事货物与技术的进出口业务（涉及行政许可的，凭许可证经营）。				

企业名称	上海市轻工业品进出口有限公司			海关编码	3122210408
通讯地址	上海市浦东新区东园三村 335 号 2402 室			邮政编码	200120
企业类型	进出口货物收发货人	注册日期	2000.3.30	注册资本	7800 万人民币
评定时间	2011.7.8	报关有效期	2014.3.30	所属海关	上海海关
法定代表人	张黎明		电话	021-62859900	
日常联系人	朱耀祥		电话	021-62859900*1689	
主营范围	经营和代理轻工业品、服装等商品的进出口业务，承办中外合资、合作生产及“三来一补”业务，从事对外贸易咨询业务、国内商业业务（除国家专项规定外），仓储（除危险品外）。（涉及许可经营的，凭许可证经营。）				

企业名称	上海康健进出口有限公司			海关编码	3122210146
通讯地址	上海市浦东新区张杨路 228 号星星幢 1205 室			邮政编码	200120
企业类型	进出口货物收发货人	注册日期	2004.5.13	注册资本	1000 万人民币
评定时间	2009.1.6	报关有效期	2014.5.13	所属海关	上海海关
法定代表人	陈家豪		电话	021-63410308	
日常联系人	葛晓红		电话	021-63410308	
主营范围	从事货物与技术的进出口业务，自有设备租赁（不得从事金融租赁），医疗器械（范围详见许可证，凭许可证经营）、兽用化学药品及抗生素（凭许可证经营）、危险化学品（范围详见许可证，凭许可证经营）、中成药、化学药制剂、化学原料药、抗生素、生化药品、生物制品（凭许可证经营）、化妆品的销售，预包装食品（不含熟食卤味，冷冻冷藏，凭许可证经营）的批发。（企业经营涉及行政许可的，凭许可证件经营。）				

企业名称	上海海外国际贸易有限公司			海关编码	3122210541
通讯地址	上海市浦东新区浦东大道 1539 号 1101 室 A 座			邮政编码	200135
企业类型	进出口货物收发货人	注册日期	1998.5.14	注册资本	500 万人民币
评定时间	2009.7.6	报关有效期	2014.5.14	所属海关	上海海关
法定代表人	赵云成		电话	021-65950316	
日常联系人	倪志强		电话	021-65950295、65950286	
主营范围	经营和代理除国家组织统一联合经营的出口商品和国家实行核定经营的进口商品以外的商品及技术的进出口业务，经营“三来一补”、进料加工业务，经营对销贸易，转口贸易、外贸咨询，经营国内贸易批发（除专项规定）、零售业务。				

企业名称	上海远洋国际贸易有限公司			海关编码	3122210671
通讯地址	上海市浦东新区航津路658号8楼			邮政编码	200137
企业类型	进出口货物收发货人	注册日期	2000.5.18	注册资本	1000万人民币
评定时间	2009.11.16	报关有效期	2014.5.18	所属海关	上海海关
法定代表人	陈大龙		电话	021-65841188	
日常联系人	沈明珠		电话	021-65841188	
主营范围	经营和代理市外贸委核准的进出口业务，承办中外合资、合作生产业务，开展“三来一补”业务，经营转口贸易和对销贸易，船舶、化工原料及产品（除危险品）、百货、五金交电、建筑装潢材料、机电设备、仪器仪表及配件、针纺织品、金属材料、工艺品、珠宝、金银首饰、钻石的销售，室内装潢。（以上项目涉及许可经营的，凭许可证经营。）				

企业名称	沪东中华造船（集团）有限公司			海关编码	3122210769
通讯地址	上海市浦东新区浦东大道2851号			邮政编码	200129
企业类型	进出口货物收发货人	注册日期	2001.8.7	注册资本	76094.107万人民币
评定时间	2008.10.31	报关有效期	2014.8.7	所属海关	上海海关
法定代表人	孙云飞		电话	021-58712603-6800	
日常联系人	沈尉		电话	021-58713222-2635	
主营范围	军、民用船舶，海洋工程，船用柴油机的设计、制造、服务及修理；160吨及以下桥式起重机，600吨及以下门式起重机，高层建筑钢结构，桥梁及大型钢结构，市政工程建筑，金属结构，网架工程（壹级）的制造、安装及施工；经外经贸部批准的自营进出口业务及进料加工、“三来一补”业务；机械设备设计、制造，工业设备工程安装、修理，一级起重机械安装，船用配件的设计、制造、服务及修理，铸钢件生产；承包与其实力、规模、业绩相适应的国外工程项目，对外派遣实施上述境外工程所需的劳务人员。（企业经营涉及行政许可的，凭许可证件经营。）				

企业名称	上海汉森环宇进出口有限公司			海关编码	3122211321
通讯地址	上海市浦东新区昌里路335号308室			邮政编码	200126
企业类型	进出口货物收发货人	注册日期	2006.12.18	注册资本	3000万人民币
评定时间	2010.4.21	报关有效期	2012.12.18	所属海关	上海海关
法定代表人	尹国华		电话	021-62100959	
日常联系人	林辉		电话	021-62130619	
主营范围	从事货物和技术的进出口业务，手帕、服装服饰、纺织品及原辅料（除棉花收购）、机电设备、五金交电、文体用品、化妆品、化工原料及产品（除危险品）、建筑装潢材料、汽车配件的销售、包装设计，以及以上相关业务的咨询服务（除经纪外）。（涉及许可证经营的，凭许可证经营。）				

企业名称	上海江南长兴造船有限责任公司			海关编码	3122211333
通讯地址	上海市崇明县长兴镇长兴江南大道 2468 号			邮政编码	201913
企业类型	进出口货物收发货人	注册日期	2007.3.21	注册资本	230910.7692 万人民币
评定时间	2010.5.20	报关有效期	2013.3.21	所属海关	上海海关
法定代表人	黄永锡		电话	021-66996000	
日常联系人	陈继红		电话	021-66996000	
主营范围	船舶、船舶设备、港口机械、机械电子设备、冶金矿山设备、水利电力设备、石油化工设备、钢结构、起重机械的销售、设计、制造、改造、安装、维修，以及以上自有设备的租赁；船舶、船用设备、海洋工程项目的投资；从事货物及技术的进出口业务；造船和钢结构专用领域的技术开发、技术转让、技术服务、技术咨询。（企业经营涉及行政许可的，凭许可证件经营。）				

企业名称	上海江南长兴重工有限责任公司			海关编码	3122211335
通讯地址	上海市浦东新区浦东大道 1 号 2203 室			邮政编码	200120
企业类型	进出口货物收发货人	注册日期	2007.5.9	注册资本	242487.6923 万人民币
评定时间	2010.11.22	报关有效期	2013.5.9	所属海关	上海海关
法定代表人	南大庆		电话	021-68861048	
日常联系人	赵珂		电话	021-66991836	
主营范围	钢结构、港口机械、机械电子设备、船舶、船用设备、冶金矿山设备、水利电力设备、石油化工设备的销售、设计、制造、修理，以及以上自有设备的租赁；船舶、海洋工程项目的投资；从事货物及技术的进出口业务；造船和钢结构专业领域内的技术开发、技术转让、技术服务、技术咨询。（涉及许可经营的，凭许可证经营。）				

企业名称	上海海棕榈进出口有限公司			海关编码	3122211136
通讯地址	上海市浦东新区杨高北路 528 号 1D07 室			邮政编码	200120
企业类型	进出口货物收发货人	注册日期	2003.7.15	注册资本	500 万人民币
评定时间	2011.8.26	报关有效期	2014.7.15	所属海关	上海海关
法定代表人	易淑坤		电话	021-58358803-810	
日常联系人	张宏杰		电话	021-58358803-809	
主营范围	自营和代理各类商品和技术的进出口，但国家限定公司经营或禁止进出口的商品和技术除外；汽车配件、金属材料、普通机械、电器机械及器材、五金交电、通信器材、电子产品、化工产品及原料（除危险品）、建筑装潢材料、木材、服装、针纺织品及原料（除棉花收购）、百货的销售、咨询服务；货运代理；仓储服务（除危险品）；食品销售管理（非实物方式，有效期 2012 年 8 月 4 日）；国际货运代理。（企业经营涉及行政许可的，凭许可证件经营。）				

<table>
<tr><td>企业名称</td><td colspan="3">上海巨凤自行车有限公司</td><td>海关编码</td><td>3122230555</td></tr>
<tr><td>通讯地址</td><td colspan="3">上海市浦东新区江东路1998号</td><td>邮政编码</td><td>200137</td></tr>
<tr><td>企业类型</td><td>进出口货物收发货人</td><td>注册日期</td><td>1994.1.4</td><td>注册资本</td><td>1200万美元</td></tr>
<tr><td>评定时间</td><td>2009.1.6</td><td>报关有效期</td><td>2014.1.4</td><td>所属海关</td><td>上海海关</td></tr>
<tr><td>法定代表人</td><td colspan="2">荣强</td><td>电话</td><td colspan="2">021-58648600</td></tr>
<tr><td>日常联系人</td><td colspan="2">肖朝辉</td><td>电话</td><td colspan="2">021-58648600</td></tr>
<tr><td>主营范围</td><td colspan="5">生产中高档自行车、电动自行车及其零部件，销售自产产品。（涉及许可经营的，凭许可证经营。）</td></tr>
</table>

<table>
<tr><td>企业名称</td><td colspan="3">上海皇冠制罐有限公司</td><td>海关编码</td><td>3122230350</td></tr>
<tr><td>通讯地址</td><td colspan="3">上海市浦东新区金桥出口加工区金湘路800号</td><td>邮政编码</td><td>201206</td></tr>
<tr><td>企业类型</td><td>进出口货物收发货人</td><td>注册日期</td><td>1993.1.30</td><td>注册资本</td><td>1400万美元</td></tr>
<tr><td>评定时间</td><td>2011.2.25</td><td>报关有效期</td><td>2014.1.30</td><td>所属海关</td><td>上海海关</td></tr>
<tr><td>法定代表人</td><td colspan="2">虞晓芳</td><td>电话</td><td colspan="2">021-58995108</td></tr>
<tr><td>日常联系人</td><td colspan="2">陈幸</td><td>电话</td><td colspan="2">021-58995108</td></tr>
<tr><td>主营范围</td><td colspan="5">生产、销售自产产品，产品边角料和回收的废罐的出口，印刷普通商标，不含人用药品及烟草制品商标印刷。（涉及许可经营的，凭许可证经营。）</td></tr>
</table>

<table>
<tr><td>企业名称</td><td colspan="3">诺基亚西门子通信（上海）有限公司</td><td>海关编码</td><td>3122230814</td></tr>
<tr><td>通讯地址</td><td colspan="3">上海市浦东新区川桥路777号</td><td>邮政编码</td><td>201206</td></tr>
<tr><td>企业类型</td><td>进出口货物收发货人</td><td>注册日期</td><td>1994.3.28</td><td>注册资本</td><td>10000万欧元</td></tr>
<tr><td>评定时间</td><td>2008.12.5</td><td>报关有效期</td><td>2014.3.28</td><td>所属海关</td><td>上海海关</td></tr>
<tr><td>法定代表人</td><td colspan="2">王强</td><td>电话</td><td colspan="2">021-61011688</td></tr>
<tr><td>日常联系人</td><td colspan="2">蔡志平</td><td>电话</td><td colspan="2">021-61011963</td></tr>
<tr><td>主营范围</td><td colspan="5">生产和销售无线基站设备、移动用户终端设备、公众移动通信系统设备、数字通信产品、数字网络系统设备、无绳电话产品，以及相关的工程设计、施工、安装、开通和维护业务；维修诺基亚和西门子通信移动终端产品、无线基站设备、公众移动通信系统设备、数字通信产品、数字网络系统设备及西门子无绳电话产品；从事非配额许可证管理、非专营商品的收购出口业务，以及各类电器设备（含零配件）及各类电子元器件的国内外销售、批发、进出口、佣金代理（拍卖除外），并提供相关的配套服务。（涉及行政许可的，凭许可证经营。）</td></tr>
</table>

企业名称	上海贝尔股份有限公司			海关编码	3122230089
通讯地址	上海市浦东新区金桥出口加工区宁桥路 388 号			邮政编码	201206
企业类型	进出口货物收发货人	注册日期	1993.3.1	注册资本	575908.9 万人民币
评定时间	2008.10.31	报关有效期	2014.3.1	所属海关	上海海关
法定代表人	袁欣		电话	021-58541240	
日常联系人	顾俊		电话	021-58541240-3229	
主营范围	科研、开发、设计、制造并在国内外销售各类信息网络及交换网络、移动通信网络、数据通信网络、接入网络；各类信息通信终端和光电传输网络管理，以及应用企业和社区信息通信网络系统及超大规模集成电路和其他因特网产品，包括日后问世的各类新一代信息通信网络和相关产品，但不包括海底光缆及空间卫星通信产品；为上述各类产品和网络系统提供科研、开发、销售、工程设计、安装、维护和售后服务等；承包境外机电和境内国际招标工程，上述境外工程所需的设备、材料出口，对外派遣实施上述境外工程所需的遣务人员（涉及许可经营的，凭许可证经营）。				

企业名称	上海乐金广电电子有限公司			海关编码	3122231741
通讯地址	上海市金桥出口加工区云桥路 600 号			邮政编码	201206
企业类型	进出口货物收发货人	注册日期	1996.11.13	注册资本	1357 万美元
评定时间	2008.10.31	报关有效期	2011.11.13	所属海关	上海海关
法定代表人	金尚珉		电话	021-58542752	
日常联系人	施雯艳		电话	021-58545500-3301	
主营范围	生产监控监视设备，卫星公共接收电视前端设备，录像机，激光影碟机，数字照相机，数字音、视频编解码设备，大容量光、磁盘驱动器，数字摄录机，电脑产品及光驱机芯，激光头等音频视频电子产品；销售自产产品；从事非配额许可证管理、非专营商品的收购出口业务（涉及行政许可的，凭许可证经营）。				

企业名称	上海日立家用电器有限公司			海关编码	3122231478
通讯地址	上海市浦东新区金桥出口加工区金湘路 1100 号			邮政编码	200062
企业类型	进出口货物收发货人	注册日期	1995.12.8	注册资本	4867 万美元
评定时间	2009.3.5	报关有效期	2011.12.8	所属海关	上海海关
法定代表人	飯塚慎一		电话	021-51782188	
日常联系人	陈敏		电话	021-51782110	
主营范围	开发、生产空调器、洗衣机、冰箱、其他家用电器、家用电器零部件和电机、相关工具与模具，销售自产产品，与自产产品同类的商品的批发、零售、进出口、佣金代理（拍卖除外），并提供相应售后服务（不涉及国营贸易管理商品，涉及配额、许可证管理商品的，按国家有关规定办理申请；涉及行政许可的，凭许可证经营）。				

企业名称	上海索广映像有限公司			海关编码	3122231594
通讯地址	上海市浦东新区川沙路 3777 号			邮政编码	201201
企业类型	进出口货物收发货人	注册日期	1996.2.5	注册资本	10258 万美元
评定时间	2009.2.2	报关有效期	2014.2.5	所属海关	上海海关
法定代表人	石田佳久		电话	021-58388800	
日常联系人	章国栋		电话	021-38910003	
主营范围	设计、开发、组装、制造家用影视设备、彩色显像管、高分辨率显示器及显示管、视频投影机、广播电视节目制作设备（不含国家限制或禁止类产品及有专项规定的产品）、应用电视设备、电子计算机外部设备、电视会议系统网络摄像设备等产品及相关的零部件；在国内外销售公司产品，并提供售后服务；从事非配额许可证管理、非专营商品的收购出口业务（涉及许可经营的，凭许可证经营）。				

企业名称	上海夏普电器有限公司			海关编码	3122231435
通讯地址	上海市浦东新区金港路 558 号			邮政编码	201206
企业类型	进出口货物收发货人	注册日期	1998.5.14	注册资本	6325.2 万美元
评定时间	2008.12.5	报关有效期	2014.5.14	所属海关	上海海关
法定代表人	邵礼群		电话	021-58341111	
日常联系人	丁珺		电话	021-58341111-3631/3602	
主营范围	空调机器、电冰箱、洗衣机、微波炉、电饭锅、电烤箱、电热水瓶、空气净化器、除湿机、吸尘器等家用电器产品及相关零部件的生产、销售，以及同类商品的批发和进出口业务（涉及行政许可的，凭许可证经营）。				

企业名称	上海通用汽车有限公司			海关编码	3122231784
通讯地址	上海市浦东新区申江路 1500 号			邮政编码	201206
企业类型	进出口货物收发货人	注册日期	1997.6.23	注册资本	108300 万美元
评定时间	2008.10.31	报关有效期	2014.6.23	所属海关	上海海关
法定代表人	李添泽（TIMOTHY EBY LEE）		电话	021-28902890	
日常联系人	吴澄		电话	021-28902890	
主营范围	制造汽车、发动机、变速箱及其零部件，在国内外市场销售本公司及其国内投资企业制造的上述产品及其维修配件，从事上述产品的同类产品（《汽车品牌销售管理实施办法》规定的商品除外）的批发、零售（不开设店铺）、佣金代理（拍卖除外）及进出口代理业务，品牌汽车销售［作为通用汽车公司授权的总经销商，从事别克（BUICK）、雪佛兰（CHEVROLET）、凯迪拉克（CADILLAC）、萨博（SAAB）进口车及其配件的进口，国内批发业务及政府采购，集团客户的零售业务］，从事二手车经销业务，从事非配额许可证管理、非专营商品的收购出口业务，提供上述车辆的租赁和售后服务，与上述业务相关的技术咨询和培训服务（涉及许可经营的，凭许可证经营）。				

企业名称	上海克虏伯不锈钢有限公司			海关编码	3122231855
通讯地址	上海市浦东新区通耀路 21 号			邮政编码	200126
企业类型	进出口货物收发货人	注册日期	1998.8.24	注册资本	42890 万美元
评定时间	2009.1.6	报关有效期	2014.8.24	所属海关	上海海关
法定代表人	楼定波		电话	021-38874881*5212	
日常联系人	张韫		电话	021-38874887*5212	
主营范围	生产不锈钢和不锈钢产品，在国内外市场销售和经销自产产品，并提供相关技术咨询、技术服务和售后服务（涉及许可经营的，凭许可证经营）。				

企业名称	上海纪元微科电子有限公司			海关编码	3122231441
通讯地址	上海市浦东新区郭守敬路 351 号			邮政编码	201203
企业类型	进出口货物收发货人	注册日期	1995.11.1	注册资本	2500 万美元
评定时间	2008.10.31	报关有效期	2014.11.1	所属海关	上海海关
法定代表人	邵礼群		电话	021-50801128	
日常联系人	沈贤竣		电话	021-50801128-618	
主营范围	半导体器件和相关产品的封装、测试，在国内外市场销售公司产品和提供相关服务（涉及许可经营的，凭许可证经营）。				

企业名称	联合汽车电子有限公司			海关编码	3122231545
通讯地址	上海市浦东新区榕桥路 555 号			邮政编码	201206
企业类型	进出口货物收发货人	注册日期	1996.1.10	注册资本	120000 万人民币
评定时间	2009.5.15	报关有效期	2014.1.10	所属海关	上海海关
法定代表人	陈虹		电话	021-61688888	
日常联系人	夏海旭		电话	021-58992288	
主营范围	开发、匹配和生产用于车辆的电子控制系统（汽油发动机管理系统、汽车车身电子和传动控制系统）及其零部件，混合动力汽车和电动汽车的动力系统（包含电力电子、电机、电池组和电池管理系统）及其零部件（不包括电池单元），以及为此所需的生产和维修的设备和工具；销售自产产品；自产产品和同类产品的批发、进出口和佣金代理（拍卖除外）；提供相关市场开发、技术开发、咨询及售后服务等配套服务。（不涉及国营贸易管理商品，涉及配额、许可证管理商品的，按国家有关规定办理申请；涉及许可经营的，凭许可证经营。）				

企业名称	上海振华重工（集团）股份有限公司			海关编码	3122231355
通讯地址	上海市浦东新区浦东南路 3470 号			邮政编码	200125
企业类型	进出口货物收发货人	注册日期	1996.6.17	注册资本	337714.968 万人民币
评定时间	2008.10.31	报关有效期	2014.6.17	所属海关	上海海关
法定代表人	周纪昌		电话	021-82016655	
日常联系人	龚晓亮		电话	021-51382704	
主营范围	设计、建造和安装大型港口装卸系统和设备，海上重型装备，工程机械，工程船舶和大型金属结构件及部件、配件；船舶修理；自产起重机租赁业务；销售公司自产产品；可用整机运输专用船从事国际海运；钢结构工程专业承包。（涉及许可经营的，凭许可证经营。）				

企业名称	上海理光数码设备有限公司			海关编码	3122232165
通讯地址	上海市浦东新区金桥出口加工区金港路 887 号			邮政编码	201206
企业类型	进出口货物收发货人	注册日期	2003.11.19	注册资本	2454 万美元
评定时间	2009.4.2	报关有效期	2011.11.19	所属海关	上海海关
法定代表人	伊藤隆茂		电话	021-58991422	
日常联系人	王海燕		电话	021-58549000*2216	
主营范围	新型打印装置、数码办公设备及相关零部件、消耗品的生产加工，精冲模、精密型腔模、模具标准的设计、制造，销售自产产品，提供相关的技术支持、技术咨询及配套计算机网络的系统集成服务，提供售后服务。（产品涉及许可经营的，凭许可证经营。）				

企业名称	上海松下等离子显示器有限公司			海关编码	3122232003
通讯地址	上海市浦东新区金穗路 1398 号			邮政编码	201206
企业类型	进出口货物收发货人	注册日期	2001.1.20	注册资本	16500 万美元
评定时间	2010.8.16	报关有效期	2014.1.20	所属海关	上海海关
法定代表人	黄峰		电话	021-24122651	
日常联系人	黄健平		电话	021-38712211	
主营范围	PDP 屏、模块及各种应用 PDP 的显示器、彩色电视机等相关产品及其零部件的开发、生产，销售自产产品，并提供售后服务。（涉及许可经营的，凭许可证经营。）				

企业名称	日月光半导体（上海）股份有限公司			海关编码	3122232467
通讯地址	上海市张江高科技园区 A6-2 地块。			邮政编码	201203
企业类型	进出口货物收发货人	注册日期	2002.12.3	注册资本	100537.682 万人民币
评定时间	2010.4.21	报关有效期	2011.12.3	所属海关	上海海关
法定代表人	张虔生	电话	021-50805888		
日常联系人	郭佳杰	电话	021-50805888-52383		
主营范围	研究、开发、生产和销售发光二极体、印刷电路板及光电子器材（包含其他电视摄影机）等新型电子元器件，销售自产产品，半导体原材料及半导体生产设备的批发、佣金代理（拍卖除外）和进出口，并提供其他相关配套服务。（涉及行政许可的，凭许可证经营。）				

企业名称	环旭电子股份有限公司			海关编码	3122232468
通讯地址	上海市张江高科技园区张东路 1558 号			邮政编码	201203
企业类型	进出口货物收发货人	注册日期	2003.3.3	注册资本	90492.3801 万人民币
评定时间	2009.1.19	报关有效期	2014.3.3	所属海关	上海海关
法定代表人	张洪本	电话	021-58966996		
日常联系人	黄添一	电话	021-58966996-83230		
主营范围	提供电子产品设计、制造服务（DMS），设计、生产、加工新型电子元器件，计算机高性能主机板，无线网络通信元器件，移动通信产品及模块、零配件，维修以上产品，销售自产产品，并提供相关的技术咨询服务；电子产品、通讯产品及相关零配件的批发和进出口，并提供相关配套服务。（涉及行政许可的，凭许可证经营。）				

企业名称	上海兰生大宇有限公司			海关编码	3122238800
通讯地址	上海市峨山路 613 号 11 幢 B525 室			邮政编码	200021
企业类型	进出口货物收发货人	注册日期	1997.8.25	注册资本	10000 万人民币
评定时间	2009.3.5	报关有效期	2014.8.25	所属海关	上海海关
法定代表人	汤建华	电话	021-63190088		
日常联系人	章伟芳	电话	021-63190088		
主营范围	自营和代理除国家统一经营的出口商品和核定经营的进口商品以外的商品及技术进出口业务（含转口贸易），经营进料加工和“三来一补”业务；外汇平衡下，经营进口商品国内批发，出口商品按不超过年出口额 5% 的比例转国内批发。（涉及许可经营的，凭许可证经营。）				

企业名称	三井高科技（上海）有限公司			海关编码	3122240292
通讯地址	上海市浦东新区金桥出口加工区新金桥路 2001 号			邮政编码	201206
企业类型	进出口货物收发货人	注册日期	1996.7.4	注册资本	3000 万美元
评定时间	2009.2.2	报关有效期	2014.7.4	所属海关	上海海关
法定代表人	藤嶋省二		电话	021-58996160	
日常联系人	胡清蓉		电话	021-58996160	
主营范围	生产高精密金属模具、集成电路引线框架、各类控制电动机金属芯、电子元器件、精密平面磨床，销售自产产品，从事母公司、母公司下属子公司及关联公司所生产的上述产品及与上述产品相关的零部件、附属品的进出口及批发业务，并提供相关技术服务和售后服务。（涉及行政许可的，凭许可证经营。）				

企业名称	柯达电子（上海）有限公司			海关编码	3122240216
通讯地址	上海市浦东新区金桥出口加工区川桥路 1510 号			邮政编码	201206
企业类型	进出口货物收发货人	注册日期	1995.11.21	注册资本	2920 万美元
评定时间	2009.1.6	报关有效期	2011.11.21	所属海关	上海海关
法定代表人	STEPHEN GREEN		电话	021-58841818	
日常联系人	李岚		电话	021-50321010	
主营范围	生产一次性传统式和数字式照相机及部件，民用及专业照相器材、影像设备、冲印设备和相关电子产品，医用影像设备产品；销售自产产品，并提供自产产品的维修和技术服务；从事新产品和新技术的研发和引进；现有产品的维护和改进；研发成果的转让，并提供技术咨询服务。（涉及许可经营的，凭许可证经营。）				

企业名称	泰克科技（中国）有限公司			海关编码	3122240951
通讯地址	上海浦东新区新金桥出口加工区川桥路 1227 号			邮政编码	201206
企业类型	进出口货物收发货人	注册日期	2001.11.23	注册资本	1200 万美元
评定时间	2009.3.5	报关有效期	2011.11.23	所属海关	上海海关
法定代表人	朱铁军		电话	021-68735807	
日常联系人	杨志宏		电话	021-68735807	
主营范围	软件的设计、开发，电子产品及零部件的设计、开发、生产（包括电子光学仪器、通讯仪器、视频测试仪器和测量设备、计算机硬件、芯片），销售自产产品，并提供相关的技术咨询和技术服务（包括校准，维修服务）；上述同类商品的批发、进出口、佣金代理（拍卖除外），并提供相关的配套服务。（不涉及国营贸易管理商品，涉及配额、许可证管理商品的，按国家有关规定办理申请；涉及行政许可的，凭许可证经营。）				

<table>
<tr><td>企业名称</td><td colspan="3">上海宏力半导体制造有限公司</td><td>海关编码</td><td>3122240784</td></tr>
<tr><td>通讯地址</td><td colspan="3">上海市浦东新区张江高科技园区</td><td>邮政编码</td><td>201203</td></tr>
<tr><td>企业类型</td><td>进出口货物收发货人</td><td>注册日期</td><td>2000.12.20</td><td>注册资本</td><td>90000 万美元</td></tr>
<tr><td>评定时间</td><td>2008.10.31</td><td>报关有效期</td><td>2011.12.20</td><td>所属海关</td><td>上海海关</td></tr>
<tr><td>法定代表人</td><td colspan="2">傅文彪</td><td>电话</td><td colspan="2">021-50808888</td></tr>
<tr><td>日常联系人</td><td colspan="2">陈丽嘉</td><td>电话</td><td colspan="2">021-50808888-85007</td></tr>
<tr><td>主营范围</td><td colspan="5">与集成电路有关的硅片制造、针测、包装及测试，与集成电路有关的开发、设计，光掩膜制作、制造、测试、封装等全系列服务，销售自产产品。（涉及许可经营的，凭许可证经营。）</td></tr>
</table>

<table>
<tr><td>企业名称</td><td colspan="3">日月光封装测试（上海）有限公司</td><td>海关编码</td><td>3122240775</td></tr>
<tr><td>通讯地址</td><td colspan="3">上海市浦东新区张江高科技园区郭守敬路 669 号 6 楼</td><td>邮政编码</td><td>201203</td></tr>
<tr><td>企业类型</td><td>进出口货物收发货人</td><td>注册日期</td><td>2001.2.21</td><td>注册资本</td><td>20358 万美元</td></tr>
<tr><td>评定时间</td><td>2010.12.24</td><td>报关有效期</td><td>2012.1.25</td><td>所属海关</td><td>上海海关</td></tr>
<tr><td>法定代表人</td><td colspan="2">张洪本</td><td>电话</td><td colspan="2">021-50801060</td></tr>
<tr><td>日常联系人</td><td colspan="2">李娜</td><td>电话</td><td colspan="2">021-50801060-2565</td></tr>
<tr><td>主营范围</td><td colspan="5">半导体（硅片及化合物半导体）集成电路元器件的晶圆针测、测试及封装，封装、测试的设备及软硬件设计开发，电脑软硬件设计，可靠性测试，生产光电子器件等新型电子元器件，销售自产产品及提供相关的技术服务及咨询，半导体原材料的批发、佣金代理（拍卖除外）和进出口，并提供其他相关配套服务。（不涉及国营贸易管理商品，涉及配额、许可证管理商品的，按国家有关规定办理申请。）</td></tr>
</table>

<table>
<tr><td>企业名称</td><td colspan="3">上海惠普有限公司</td><td>海关编码</td><td>3122240460</td></tr>
<tr><td>通讯地址</td><td colspan="3">上海市浦东新区金桥出口加工区 T22 地块</td><td>邮政编码</td><td>201206</td></tr>
<tr><td>企业类型</td><td>进出口货物收发货人</td><td>注册日期</td><td>1998.7.20</td><td>注册资本</td><td>2600 万美元</td></tr>
<tr><td>评定时间</td><td>2008.10.31</td><td>报关有效期</td><td>2013.8.3</td><td>所属海关</td><td>上海海关</td></tr>
<tr><td>法定代表人</td><td colspan="2">符标榜</td><td>电话</td><td colspan="2">021-65643888</td></tr>
<tr><td>日常联系人</td><td colspan="2">秦春</td><td>电话</td><td colspan="2">021-28982818</td></tr>
<tr><td>主营范围</td><td colspan="5">研制、加工、组装、生产（包括委托加工）计算机产品，移动通信终端及相关配套系列产品，电子信息产品，可视电话会议设备及相关配套系列产品，外围设备及零配件；研发、测试、制作计算机软件；与移动通信终端技术、可视电话会议设备技术相关的软件进口及经营；向国内外用户直接或通过渠道销售上述本企业产品及国内外惠普或其他厂商生产的包括上述产品在内的品牌电子产品，以及其他相关配套产品，经营业务包括对上述产品的进口、仓储、批发、通过互联网方式销售（含零售）、佣金代理（拍卖除外）、维修服务、技术咨询与技术转让（配额许可证管理或专营商品除外）；惠普及其他品牌电子及其他产品（包括移动通信终端产品，可视电话会议设备及相关配套系列产品）的维修与维护服务；技术咨询与技术转让（详见营业执照）。</td></tr>
</table>

企业名称	中芯国际集成电路制造（上海）有限公司			海关编码	3122240755
通讯地址	上海市张江高科技园区张江路 18 号			邮政编码	201203
企业类型	进出口货物收发货人	注册日期	2001.1.21	注册资本	174000 万美元
评定时间	2008.10.31	报关有效期	2014.1.21	所属海关	上海海关
法定代表人	江上舟		电话	021-38610000	
日常联系人	魏洁		电话	021-38610000-18591	
主营范围	半导体硅片及各类化合物半导体集成电路芯片制造、针测及测试，与集成电路有关的开发、设计、服务、技术服务，光掩膜制造、测试、封装，销售自产产品。（涉及许可经营的，凭许可证经营。）				

企业名称	远纺工业（上海）有限公司			海关编码	3122240336
通讯地址	上海市浦东新区东方路 800 号宝安大厦 33 楼			邮政编码	200122
企业类型	进出口货物收发货人	注册日期	1997.1.30	注册资本	24280 万美元
评定时间	2008.10.31	报关有效期	2014.1.31	所属海关	上海海关
法定代表人	张立德		电话	021-68751888	
日常联系人	吴博洋		电话	021-68751888	
主营范围	制造、加工聚脂切片、涤纶棉、涤纶丝及配套的后加工产品，并销售公司自产产品；从事与自产产品同类商品及上下游产品（危险化学品除外）乙二醇精对苯二甲酸间苯二甲酸的批发、佣金代理（拍卖除外）；上述商品和技术的进出口，并提供技术咨询服务和售后服务。（涉及许可证管理的，凭许可证经营。）				

企业名称	欧姆龙（上海）有限公司			海关编码	3122240133
通讯地址	上海市浦东新区金桥出口加工区金吉路 789 号			邮政编码	201206
企业类型	进出口货物收发货人	注册日期	1994.9.23	注册资本	6950 万美元
评定时间	2009.2.2	报关有效期	2014.9.23	所属海关	上海海关
法定代表人	土居公司		电话	021-50509988	
日常联系人	黄虹敏		电话	021-50509988-7836	
主营范围	新型仪表元器件和材料、新型电子元器件、控制系统及用于以上各项产品的生产设备的研究、开发，生产及销售自产产品；上述产品同类商品及相关零配件、控制系统用软件的批发、进出口、佣金代理（拍卖除外），并提供系统集成服务，自产产品及欧姆龙集团产品的相关技术咨询、维修服务和售后服务及其他配套业务；在上海浦东新区金桥出口加工区金吉路 789 号内从事自有生产用房出租。（涉及行政许可的，凭许可证经营。）				

<table>
<tr><td>企业名称</td><td colspan="3">巴斯夫应用化工有限公司</td><td>海关编码</td><td>3122240631</td></tr>
<tr><td>通讯地址</td><td colspan="3">上海市浦东新区江心沙路 300 号</td><td>邮政编码</td><td>200137</td></tr>
<tr><td>企业类型</td><td>进出口货物收发货人</td><td>注册日期</td><td>2000.5.19</td><td>注册资本</td><td>141600 万人民币</td></tr>
<tr><td>评定时间</td><td>2008.10.31</td><td>报关有效期</td><td>2014.5.19</td><td>所属海关</td><td>上海海关</td></tr>
<tr><td>法定代表人</td><td colspan="2">关志华</td><td>电话</td><td colspan="2">021-23203002</td></tr>
<tr><td>日常联系人</td><td colspan="2">陈杰</td><td>电话</td><td colspan="2">021-38655234</td></tr>
<tr><td>主营范围</td><td colspan="5">生产有机颜料、染料、纺织和皮革助剂、耐火液压助剂、丙稀酸分散体和丙烯酸共聚物、金属络合物染料、树脂产品、工程塑料及工艺催化剂，销售自产产品；向毗邻的巴斯夫关联公司提供公用工程、基础设施的富余能力服务（包括蒸气和铜炉给水），以及相关技术服务；在中国境内设立科研开发中心或部门，从事新产品及高新技术的研究开发，转让其研究开发成果，并提供相应的技术服务。（涉及许可经营的，凭许可证经营。）</td></tr>
</table>

<table>
<tr><td>企业名称</td><td colspan="3">嘉里特种油脂（上海）有限公司</td><td>海关编码</td><td>3122241336</td></tr>
<tr><td>通讯地址</td><td colspan="3">上海市浦东新区高东工业区高东路 118 号 C 区</td><td>邮政编码</td><td>200137</td></tr>
<tr><td>企业类型</td><td>进出口货物收发货人</td><td>注册日期</td><td>2003.3.18</td><td>注册资本</td><td>800 万美元</td></tr>
<tr><td>评定时间</td><td>2009.11.16</td><td>报关有效期</td><td>2013.9.13</td><td>所属海关</td><td>上海海关</td></tr>
<tr><td>法定代表人</td><td colspan="2">李福官</td><td>电话</td><td colspan="2">021-58487988</td></tr>
<tr><td>日常联系人</td><td colspan="2">张筠亭</td><td>电话</td><td colspan="2">021-58487988</td></tr>
<tr><td>主营范围</td><td colspan="5">开发、生产食品添加剂（氢化油、人造奶油、起酥油）、销售自产产品，提供相关的技术和售后服务；功能食品开发，粮油、食品相关技术的研发（涉及行政许可的，凭许可证经营）。</td></tr>
</table>

<table>
<tr><td>企业名称</td><td colspan="3">泰瑞达（上海）有限公司</td><td>海关编码</td><td>3122241025</td></tr>
<tr><td>通讯地址</td><td colspan="3">上海市浦东新区桂桥路 1201 号 52 地块 10 栋</td><td>邮政编码</td><td>201206</td></tr>
<tr><td>企业类型</td><td>进出口货物收发货人</td><td>注册日期</td><td>2002.3.19</td><td>注册资本</td><td>570 万美元</td></tr>
<tr><td>评定时间</td><td>2008.10.31</td><td>报关有效期</td><td>2014.3.19</td><td>所属海关</td><td>上海海关</td></tr>
<tr><td>法定代表人</td><td colspan="2">MICHAEL ALLEN BRADLEY</td><td>电话</td><td colspan="2">021-38424668</td></tr>
<tr><td>日常联系人</td><td colspan="2">沈彦闻</td><td>电话</td><td colspan="2">021-38424668-639</td></tr>
<tr><td>主营范围</td><td colspan="5">设计、开发、生产仪用接插件、移动通信系统交换设备、检测仪器与设备及相关软件，销售自产产品，提供本集团产品的维修、售后服务和技术咨询，非自产上述产品及其同类商品的批发、佣金代理（拍卖除外）和进出口业务，提供相关技术服务和售后服务，检测仪器与设备的租赁。（涉及行政许可的，凭许可证经营。）</td></tr>
</table>

企业名称	格科微电子（上海）有限公司			海关编码	3122241620
通讯地址	上海市张江高科技园区集成电路产业区张东路1388号第20幢			邮政编码	201203
企业类型	进出口货物收发货人	注册日期	2004.4.2	注册资本	180万美元
评定时间	2011.5.27	报关有效期	2014.4.2	所属海关	上海海关
法定代表人	赵立新		电话	021-58968526	
日常联系人	李晓萍		电话	021-51083755-8107	
主营范围	集成电路及相关电子产品的设计、研发、测试，销售自产产品，并提供相关咨询服务。（涉及许可经营的，凭许可证经营。）				

企业名称	巴斯夫（中国）有限公司			海关编码	3122241734
通讯地址	上海市浦东新区江心沙路300号			邮政编码	200127
企业类型	进出口货物收发货人	注册日期	2004.7.23	注册资本	14000万美元
评定时间	2010.10.9	报关有效期	2014.7.23	所属海关	上海海关
法定代表人	关志华		电话	021-23203002	
日常联系人	陈杰		电话	021-23203002	
主营范围	在化学工业及相关工业进行投资或再投资；如受巴斯夫投资企业书面委托，经董事会一致通过，向其提供相关服务（具体内容详见批准证书）；在中国境内收购不涉及出口配额、出口许可证管理的商品出口；向公司投资者、巴斯夫附属公司提供有偿的顾问和协调服务；向非关联方提供与经营活动相关的环保、健康和安全领域内的咨询服务和业务支持；为巴斯夫投资企业的产品的国内经销商、代理商，以及与公司、投资者或其关联公司签有技术转让协议的国内公司、企业提供相关技术培训；在巴斯夫投资企业投产前或新产品投产前，为进行产品市场开发，进口相关产品在国内试销，委托境内其他企业生产、加工其产品或投资者产品并在国内外销售；在中国境内设立科研开发中心或部门，从事新产品及高新技术的研究开发，转让其研究开发成果，并提供相应的技术服务；为其所投资企业提供机器和办公设备的经营性租赁服务（内容详见营业执照）。				

企业名称	奇华顿日用香精香料（上海）有限公司			海关编码	3122241490
通讯地址	上海市浦东新区张江高科技园区李时珍路298号			邮政编码	201203
企业类型	进出口货物收发货人	注册日期	2003.10.15	注册资本	775万美元
评定时间	2011.1.13	报关有效期	2014.10.15	所属海关	上海海关
法定代表人	HELGE HEINRICH STOBBE		电话	021-28931200	
日常联系人	徐丽莉		电话	021-28931293	
主营范围	生产日用香精和食用香精化合物，生产香水类产品，销售自产产品，与上述产品同类商品（特定商品除外）的批发、佣金代理（拍卖除外）和进出口业务，以及相关辅助咨询服务、技术咨询服务、技术研究开发及自有技术成果的转让。（涉及行政许可的，凭许可证经营）				

企业名称	上海华虹 NEC 电子有限公司			海关编码	3122242350
通讯地址	上海市浦东新区川桥路 1188 号			邮政编码	201206
企业类型	进出口货物收发货人	注册日期	2006.3.1	注册资本	89408 万美元
评定时间	2008.10.31	报关有效期	2012.3.1	所属海关	上海海关
法定代表人	傅文彪		电话	021-38829909	
日常联系人	吴国宇		电话	021-38829909-3226	
主营范围	设计、开发、制造（硅片加工）、销售大规模集成电路产品，提供相关技术支持，以及其他相关业务。（涉及许可经营的，凭许可证经营。）				

企业名称	通用电气药业（上海）有限公司			海关编码	3122242391
通讯地址	上海市浦东新区张江高科技园区牛顿路 1 号			邮政编码	201203
企业类型	进出口货物收发货人	注册日期	2006.3.22	注册资本	3215 万美元
评定时间	2009.11.16	报关有效期	2012.3.22	所属海关	上海海关
法定代表人	李庆		电话	021-38954500-2511	
日常联系人	徐文锦		电话	021-38954500	
主营范围	生产非离子型造影剂、离子型造影剂、药品制剂和营养补充剂，销售自产产品。（涉及许可经营的，凭许可证经营。）				

企业名称	巴斯夫聚氨酯特种产品（中国）有限公司			海关编码	3122242087
通讯地址	上海市浦东新区江心沙路 300 号			邮政编码	200137
企业类型	进出口货物收发货人	注册日期	2005.7.26	注册资本	27290 万人民币
评定时间	2011.5.27	报关有效期	2012.1.19	所属海关	上海海关
法定代表人	HYOUNG SOON MOON		电话	021-38655517	
日常联系人	陈杰		电话	021-38655517	
主营范围	工程塑料、合成材料、聚氨酯及其生产原料和聚氨酯橡胶产品的研发、生产；销售自产产品和转让自研成果，并提供相关的技术应用和咨询服务；从事与上述产品同类的商品（特定商品包括成品油除外）的进出口、批发、佣金代理（拍卖除外）及其他相关配套业务。（不涉及国营贸易管理商品，涉及配额、许可证、危险化学品经营的，需按国家有关规定取得相应许可证后开展经营业务；涉及行政许可的，凭许可证经营。）				

企业名称	上海京瓷电子有限公司			海关编码	3122242197
通讯地址	上海浦东新区金桥出口加工区新金桥路 2077 号			邮政编码	201206
企业类型	进出口货物收发货人	注册日期	2005.10.26	注册资本	1732060 万日元
评定时间	2009.7.6	报关有效期	2014.10.26	所属海关	上海海关
法定代表人	久芳彻夫		电话	021-58997777	
日常联系人	费景春		电话	021-58997777	
主营范围	生产新型电子元器件、半导体、元器件专用材料，以及其专用的辅助工具、模具等；销售自产产品，并提供相关技术及咨询服务。（涉及行政许可的，凭许可证经营。）				

企业名称	宜家（中国）投资有限公司			海关编码	3122243315
通讯地址	上海市浦东新区沪南路 2038 号 2 楼 200 室			邮政编码	201619
企业类型	进出口货物收发货人	注册日期	2007.11.20	注册资本	15942 万美元
评定时间	2011.2.10	报关有效期	2013.11.20	所属海关	上海海关
法定代表人	IAN DUFFY		电话	021-24124999	
日常联系人	胡宗贤		电话	021-37610258-8359	
主营范围	1. 在国家法律鼓励和允许外商投资范围内进行投资。2. 受本公司所投资企业的书面委托（经董事会一致通过），向所投资企业提供下列服务：协助或代理本公司所投资企业从国内外采购该企业自用的机器设备、办公设备和生产所需的原材料、元器件、零部件，在国内外销售本公司所投资企业生产的产品，并提供售后服务；在外汇管理部门的同意和监督下，在其所投资企业之间平衡外汇；为本公司所投资企业提供产品生产、销售和市场开发过程中的技术支持、员工培训、企业内部人事管理等服务；协助本公司所投资企业寻求贷款并为其提供担保。3. 在中国境内设立科研开发中心或部门，从事新产品及高新技术的研究开发，转让其研究开发成果，并提供相应的技术服务。4. 为投资方及其关联公司提供咨询服务。5. 承接投资方和关联公司的服务外包业务。6. 从事家具、家居用品、器具、玩具、绿色植物、食品、饮料酒类、大型家用电器、设备包装及相关材料，以及任何上述产品的零部件和原材料的批发、进出口及售后服务。（涉及配额许可证等国家专项规定管理的，按规定办理；涉及行政许可的，凭许可证经营。）				

企业名称	上海怡亚通供应链有限公司			海关编码	3122265600
通讯地址	上海市浦东新区金桥出口加工区金滇路200号101室			邮政编码	200120
企业类型	进出口货物收发货人	注册日期	2006.5.24	注册资本	20000万人民币
评定时间	2010.10.9	报关有效期	2012.5.24	所属海关	上海海关
法定代表人	周国辉	电话		021-38834548	
日常联系人	钱晨清	电话		021-38834548	
主营范围	从事货物与技术的进出口业务，燃料油（不含化学危险品）、计算机及配件、机电产品、仪表仪器、通信设备及相关产品、电子元器件、钢材、建材、五金工具、化工原料（除危险品）、百货、橡塑制品、汽车零配件、医疗器械（一类）的销售，以及上述有关业务的咨询服务（除经纪外）。（涉及许可经营的，凭许可证经营。）				

企业名称	上海合冠供应链有限公司			海关编码	3122266210
通讯地址	上海市浦东新区牡丹路60号514-515室			邮政编码	201204
企业类型	进出口货物收发货人	注册日期	2007.4.19	注册资本	5000万人民币
评定时间	2010.4.6	报关有效期	2013.4.19	所属海关	上海海关
法定代表人	黄壮勉	电话		021-39155000	
日常联系人	杨晨宏	电话		021-39155000	
主营范围	从事货物和技术的进出口业务，计算机及配件、机电产品、仪器仪表、通信设备及相关产品、电子元器件、钢材、矿产品（除专项审批）、汽车零部件、五金工具、化工原料及产品（除危险化学品、监控化学品、烟花爆竹、民用爆炸物品、易制毒化学品外）、百货、橡塑制品、纺织原料及产品（除棉花收购）、鞋帽、工艺品、家用电器、家具及其他木制品的销售，仓储（除危险品）、物流服务及以上相关业务的咨询服务，食品销售管理（非实物方式，凭许可证经营），珠宝首饰的销售，国际货运代理。（企业经营涉及行政许可的，凭许可证件经营。）				

企业名称	江南造船（集团）有限责任公司			海关编码	3103915011
通讯地址	上海市高雄路2号			邮政编码	200011
企业类型	进出口货物收发货人	注册日期	1997.1.7	注册资本	144179.8658万人民币
评定时间	2009.2.2	报关有效期	2012.2.11	所属海关	上海海关
法定代表人	陈小津	电话		021-63151818	
日常联系人	何可人	电话		021-53017799	
主营范围	军工产品、船舶修造，各类机电设备、相关技术与劳务及经贸部批准的自营进出口业务（按章程），压力容器、起重机械、钢结构制造。				

企业名称	中国烟草上海进出口有限责任公司			海关编码	3101915092
通讯地址	上海市延安东路 500 号			邮政编码	200001
企业类型	进出口货物收发货人	注册日期	2000.2.28	注册资本	5845.809 万人民币
评定时间	2009.1.6	报关有效期	2014.2.28	所属海关	上海海关
法定代表人	吴菊民	电话		021-61667007	
日常联系人	徐铮烈	电话		021-61667007	
主营范围	烟草及其制品，烟草行业专用物资、专用机械及配套物资进出口；从事货物及技术的进出口业务；企业投资及资产管理；仓储；自有房屋租赁；物业管理；承包国内外烟厂工程建设项目；技术服务；熏蒸；国内贸易（除专项规定外）。				

企业名称	上海汽车进出口有限公司			海关编码	3103915005
通讯地址	上海市威海路 489 号 7–8 层			邮政编码	200041
企业类型	进出口货物收发货人	注册日期	1997.5.8	注册资本	30000 万人民币
评定时间	2011.3.10	报关有效期	2014.5.8	所属海关	上海海关
法定代表人	叶永明	电话		021-22011888	
日常联系人	黄荣	电话		021-28936916	
主营范围	自营和代理除国家组织统一联合经营的出口商品和国家实行核定公司经营的进口商品以外的商品及技术进出口业务，钢材进口，船舶进口；经营“三来一补”业务、对销贸易、转口贸易，机械用润滑油、木材，经贸咨询服务，国内贸易（除专项规定），汽车（含小轿车），食品销售管理（非实物方式），酒。（企业经营涉及行政许可的，凭许可证件经营。）				

企业名称	上海三电贝洱汽车空调有限公司			海关编码	3103935031
通讯地址	上海市马当路 347 号			邮政编码	200025
企业类型	进出口货物收发货人	注册日期	1993.1.1	注册资本	2984 万美元
评定时间	2009.5.15	报关有效期	2014.1.1	所属海关	上海海关
法定代表人	胡茂元	电话		021-22011888	
日常联系人	李新宁	电话		021-63843220	
主营范围	开发、生产汽车空调系统、发动机冷却系统、压缩机、蒸发箱、冷凝器、储液器、散热器、暖风机、软管油冷器、中冷器等总成及零部件，销售自产产品并提供维修服务。				

企业名称	上海联吉合纤有限公司			海关编码	3117910016
通讯地址	上海市星火开发区明城路 195 号			邮政编码	201419
企业类型	进出口货物收发货人	注册日期	1996.7.9	注册资本	38952.85 万人民币
评定时间	2011.1.13	报关有效期	2013.7.9	所属海关	上海海关
法定代表人	成建国		电话	021–57505480	
日常联系人	胡克麒		电话	021–57505480	
主营范围	生产和销售聚酯切片和聚酯短纤维，从事货物及技术的进出口业务。（企业经营涉及行政许可的，凭许可证件经营。）				

企业名称	上海通用电气广电有限公司			海关编码	3117930401
通讯地址	上海市奉贤区奉浦工业区奉浦大道 111 号			邮政编码	201400
企业类型	进出口货物收发货人	注册日期	1999.11.25	注册资本	2750 万美元
评定时间	2009.11.25	报关有效期	2011.11.25	所属海关	上海海关
法定代表人	陈炜		电话	021–67101860	
日常联系人	支明		电话	021–67101860	
主营范围	生产电气控制设备及节能变压器，销售公司自产产品。（涉及许可经营的，凭许可证经营。）				

企业名称	先锋高科技（上海）有限公司			海关编码	3117940120
通讯地址	上海市工业综合开发区奉浦北路 1 号			邮政编码	201401
企业类型	进出口货物收发货人	注册日期	2000.12.29	注册资本	4000 万美元
评定时间	2008.10.31	报关有效期	2011.12.29	所属海关	上海海关
法定代表人	森谷浩一		电话	021–67104188	
日常联系人	周晓洵		电话	021–67104188	
主营范围	生产大容量数字式光盘存储器产品和车用多功能 DVD 产品及相关零部件，销售自产产品，从事高级数字化电子产品及生产技术的研究和开发，并提供相关技术支持及售后服务；从事非配额许可证管理非专营商品的收购出口业务与上述产品同类商品的进出口、批发、佣金代理（拍卖除外），提供相关配套业务。（不涉及国营贸易管理商品，涉及配额许可证管理的商品，按照国家有关规定办理申请；涉及许可经营的，凭许可证经营。）				

企业名称	氰特表面技术（上海）有限公司			海关编码	3117940173
通讯地址	上海市奉贤区庄行镇姚新路 251-301 号			邮政编码	201415
企业类型	进出口货物收发货人	注册日期	1998.5.19	注册资本	4500 万美元
评定时间	2010.4.6	报关有效期	2014.5.19	所属海关	上海海关
法定代表人	邱尤敏	电话	021-57466585		
日常联系人	方捷	电话	021-57466585		
主营范围	生产高性能涂料和各种涂料用树脂和添加剂，各种配方树脂，聚合物添加剂，表面活性剂，冶金和选矿用化学品，乳液用单体及聚合物、中间体及稳定剂，磷化氢及其衍生物，异氰酸酯类产品，聚氨酯类产品，丙烯腈和丙烯酰胺类产品，黏合剂和压敏胶，高级工程材料（包括复合材料和预浸料）；销售自产产品，以及上述产品同类产品（特定商品除外）的进出口、批发和佣金代理（拍卖除外）业务。（涉及行政许可经营的，凭许可证经营。）				

企业名称	上海闵行国际物流中心有限公司			海关编码	3111915028
通讯地址	上海市闵行区莘庄工业区金都路 3688 号			邮政编码	201108
企业类型	进出口货物收发货人	注册日期	2005.8.24	注册资本	7000 万人民币
评定时间	2010.12.24	报关有效期	2014.8.24	所属海关	上海海关
法定代表人	朱光权	电话	021-34305180		
日常联系人	俞爱群	电话	021-34305180		
主营范围	仓储经营，物业管理，搬运装卸服务，货物包装服务，货运代理及相关咨询服务、商务咨询（咨询类项目除经纪），电子产品、五金交电、家用电器、化工产品（除危险品）的销售，从事货物及技术的进出口业务。				

企业名称	上海明芳汽车零件有限公司			海关编码	3111930179
通讯地址	上海市闵行区七莘路 1357 号			邮政编码	201100
企业类型	进出口货物收发货人	注册日期	1995.11.23	注册资本	1650 万美元
评定时间	2009.3.5	报关有效期	2011.11.23	所属海关	上海海关
法定代表人	陆建新	电话	021-64921394		
日常联系人	朱玮	电话	021-34153875		
主营范围	生产各类汽车座椅零件、其他汽车零件及五金零件、家电配件、模具，销售自产产品。				

<table>
<tr><td>企业名称</td><td colspan="3">上海索广电子有限公司</td><td>海关编码</td><td>3111930403</td></tr>
<tr><td>通讯地址</td><td colspan="3">上海市闵行区剑川路 930 号</td><td>邮政编码</td><td>200240</td></tr>
<tr><td>企业类型</td><td>进出口货物收发货人</td><td>注册日期</td><td>1996.5.31</td><td>注册资本</td><td>1600 万美元</td></tr>
<tr><td>评定时间</td><td>2008.12.5</td><td>报关有效期</td><td>2013.5.16</td><td>所属海关</td><td>上海海关</td></tr>
<tr><td>法定代表人</td><td colspan="2">今村昌志</td><td colspan="2">电话</td><td>021-64359600</td></tr>
<tr><td>日常联系人</td><td colspan="2">翟超</td><td colspan="2">电话</td><td>021-64359600</td></tr>
<tr><td>主营范围</td><td colspan="5">生产摄像录像一体机，激光视盘机，数码相机，数字录放机和其他音频、视频电子产品，通讯产品，电脑产品及其生产设备与零组件；销售自产产品和相关零组件；提供索尼相关产品的维修技术服务；从事非配额许可证管理、非专营商品的收购出口业务。</td></tr>
</table>

<table>
<tr><td>企业名称</td><td colspan="3">三菱电机上海机电电梯有限公司</td><td>海关编码</td><td>3111935120</td></tr>
<tr><td>通讯地址</td><td colspan="3">上海市闵行区中春路 1211 号</td><td>邮政编码</td><td>201109</td></tr>
<tr><td>企业类型</td><td>进出口货物收发货人</td><td>注册日期</td><td>2002.8.22</td><td>注册资本</td><td>5300 万美元</td></tr>
<tr><td>评定时间</td><td>2010.11.22</td><td>报关有效期</td><td>2014.8.22</td><td>所属海关</td><td>上海海关</td></tr>
<tr><td>法定代表人</td><td colspan="2">范秉勋</td><td colspan="2">电话</td><td>021-34093030</td></tr>
<tr><td>日常联系人</td><td colspan="2">顾建平</td><td colspan="2">电话</td><td>021-34093030</td></tr>
<tr><td>主营范围</td><td colspan="5">电梯和大楼管理系统及其零部件的制造及销售，电梯、自动扶梯、自动人行道及大楼管理系统相关产品及零部件的销售，提供有关上述所有设备的非标工程设计、安装、改造、质量管理、维修保养等服务（涉及许可经营的，凭许可证经营），以及上述所有设备相关的应用开发、要素技术开发（包括软件开发）等受托的开发。</td></tr>
</table>

<table>
<tr><td>企业名称</td><td colspan="3">上海氯碱化工股份有限公司</td><td>海关编码</td><td>3111935015</td></tr>
<tr><td>通讯地址</td><td colspan="3">上海市闵行区龙吴路 4747、4800 号</td><td>邮政编码</td><td>200241</td></tr>
<tr><td>企业类型</td><td>进出口货物收发货人</td><td>注册日期</td><td>1993.1.1</td><td>注册资本</td><td>115639.9976 万人民币</td></tr>
<tr><td>评定时间</td><td>2010.5.20</td><td>报关有效期</td><td>2014.1.1</td><td>所属海关</td><td>上海海关</td></tr>
<tr><td>法定代表人</td><td colspan="2">李军</td><td colspan="2">电话</td><td>021-64340000</td></tr>
<tr><td>日常联系人</td><td colspan="2">吴浩峰</td><td colspan="2">电话</td><td>021-58874273</td></tr>
<tr><td>主营范围</td><td colspan="5">生产烧碱、氯、氟和聚氯乙烯系统化工原料及加工产品、化工机械设备、生产用化学品、原辅材料、包装材料、货物运输，销售自产产品及自产产品的同类商品，与自产产品同类的商品的进出口、批发、佣金代理（不含拍卖），并提供相关配套服务。（以上经营范围涉及配额许可证管理、危险化学品管理及专项规定管理的商品，按照国家有关规定办理；涉及许可经营的，凭许可证经营。）</td></tr>
</table>

企业名称	巴斯夫上海涂料有限公司			海关编码	3111935047
通讯地址	上海市颛桥镇光华路 521 号			邮政编码	201108
企业类型	进出口货物收发货人	注册日期	1996.1.10	注册资本	6060 万人民币
评定时间	2009.3.27	报关有效期	2014.1.10	所属海关	上海海关
法定代表人	PETER ALEXANDER FISCHER		电话	021-64895250	
日常联系人	史肖峰		电话	021-64895250	
主营范围	生产 OEM 汽车涂料、汽车零部件涂料和摩托车涂料产品，销售自产产品并提供技术和咨询服务，从事上述产品同类商品的进出口、批发、佣金代理（拍卖除外）及其他配套服务。				

企业名称	奥特斯（中国）有限公司			海关编码	3111945022
通讯地址	上海市金都路 5000 号			邮政编码	201108
企业类型	进出口货物收发货人	注册日期	2001.6.4	注册资本	13689.3 万欧元
评定时间	2008.12.5	报关有效期	2014.6.4	所属海关	上海海关
法定代表人	ANDREAS MARTIN GERSTENMAYER		电话	021-24080000	
日常联系人	李丽琼		电话	021-24080000	
主营范围	生产印刷电路板及其他高密度微积体电子组件，其中包括高密度互联机线路板、超微孔线路板、高效能线路板、多层线路板、超薄线路板、柔韧线路板、有机芯片载体 SC 平台高密度双层线路板、高效能内层零件嵌入线路板、其他高密度微积体电子组件；销售自产产品并提供相关售后服务，包括技术咨询、技术支持、维修及维护。				

企业名称	上海安普泰科电子有限公司			海关编码	3104330048
通讯地址	上海市漕河泾新兴技术开发区桂平路 668 号			邮政编码	200233
企业类型	进出口货物收发货人	注册日期	1992.3.31	注册资本	1950 万美元
评定时间	2008.10.31	报关有效期	2014.4.28	所属海关	上海海关
法定代表人	于志亮		电话	021-24071069	
日常联系人	高健		电话	021-24071069	
主营范围	生产、制造电子、电气、光电和无线元件连接器及互连系统（以及相关产品），并制造高精度冲压模具、塑料铸模、螺旋机器零件、备用工具零部件和应用工夹具（及相关的机器和产品）及董事会不时决定的其他产品（需经审批部门批准）；在国际和国内市场上销售自产产品，并为自制产品提供服务；研究、开发国际和国内市场需要的各类电子元器件及专用工具和设备。（涉及许可经营的，凭许可证经营。）				

企业名称	上海先进半导体制造股份有限公司			海关编码	3104330051
通讯地址	上海市虹漕路 385 号			邮政编码	200233
企业类型	进出口货物收发货人	注册日期	1995.8.11	注册资本	153422.7 万人民币
评定时间	2008.10.31	报关有效期	2014.3.9	所属海关	上海海关
法定代表人	陈建明		电话	021-64851900	
日常联系人	王庆军		电话	021-64851900-5603	
主营范围	集成电路和半导体芯片的制造、针测、封装、测试及相关服务，与集成电路有关的开发、设计服务、技术服务与咨询，光掩膜制造，在国内外销售公司产品，以及就公司产品提供售后服务。（涉及许可经营的，凭许可证经营。）				

企业名称	英华达（上海）电子有限公司			海关编码	3104340043
通讯地址	上海市桂箐路 7 号			邮政编码	200233
企业类型	进出口货物收发货人	注册日期	2002.7.8	注册资本	3540 万美元
评定时间	2008.12.5	报关有效期	2014.4.8	所属海关	上海海关
法定代表人	张景嵩		电话	021-54315593	
日常联系人	朱小溪		电话	021-54315593	
主营范围	开发、设计和生产计算机、计算器、电子字典与记忆卡片、电子笔记本、电子翻译机、电子资料库、电话机、答录机、无线通讯产品、计算机服务器、数字照相机、数字放声设备、移动通信系统（含 GSM/TD-SCDMA 制式手机）等及相关产品（包括其零部件），提供电子技术开发及技术服务，从事非配额许可证管理商品、非专营商品的收购出口业务。				

企业名称	上海浦歌电子有限公司			海关编码	3104360021
通讯地址	上海市田州路 99 号 11 号楼 5 楼			邮政编码	200233
企业类型	进出口货物收发货人	注册日期	2006.11.24	注册资本	500 万人民币
评定时间	2009.11.16	报关有效期	2012.11.24	所属海关	上海海关
法定代表人	顾新惠		电话	021-64856621	
日常联系人	徐锦妮		电话	021-54451098	
主营范围	电子产品、半导体元器件、液晶屏及液晶模块、通信产品、计算机软硬件的生产和销售，计算机专业领域内的技术开发、技术服务、技术咨询，从事货物进出口与技术进出口业务。（涉及行政许可的，凭许可证经营。）				

企业名称	上海先锋电声器材有限公司			海关编码	3114920058
通讯地址	上海市嘉定区江桥镇星华公路642号			邮政编码	201812
企业类型	进出口货物收发货人	注册日期	1995.7.17	注册资本	6770万美元
评定时间	2008.10.31	报关有效期	2014.6.3	所属海关	上海海关
法定代表人	泽田嘉夫	电话		021-69133300	
日常联系人	潘雷	电话		021-69133300	
主营范围	生产数字录放机，数字放声设备，电子专用设备、五金冲压件、注塑件，工业自动化设备及相关零配件、工模具；销售自产产品并提供售后服务；上述产品同类商品的批发、进出口、佣金代理（拍卖除外），并提供相关配套服务。（涉及许可经营的，凭许可证经营。）				

企业名称	中涂化工（上海）有限公司			海关编码	3114930102
通讯地址	上海市嘉定区嘉松北路4677号			邮政编码	201814
企业类型	进出口货物收发货人	注册日期	1993.1.6	注册资本	5800万美元
评定时间	2008.10.31	报关有效期	2013.11.25	所属海关	上海海关
法定代表人	长谷川博	电话		021-52357799	
日常联系人	柴勇	电话		021-59501636	
主营范围	研发、生产高性能涂料及稀释剂和溶剂；转让研发成果；销售自产产品并提供售后服务；经营以上各项产品和同类产品的批发、进出口、佣金代理（不含拍卖）及其他配套服务，并提供售后服务。（涉及许可证经营的，凭许可证经营。）				

企业名称	德尔福派克电气系统有限公司			海关编码	3114930401
通讯地址	上海市嘉定区安亭镇园国路60号			邮政编码	201814
企业类型	进出口货物收发货人	注册日期	1995.9.5	注册资本	4536万美元
评定时间	2011.1.13	报关有效期	2014.7.22	所属海关	上海海关
法定代表人	艾博彬	电话		021-59563300	
日常联系人	彭梅	电话		021-39585038	
主营范围	设计、生产、开发和销售汽车线束系统、连接器系统、电缆系统和其他汽车相关零部件，并提供与产品相关的工程技术和售后服务；从事非配额许可证管理和非专营商品收购的出口业务；自产产品的同类商品的批发、进出口。（涉及许可经营的，凭许可证经营。）				

企业名称	上海科世达—华阳汽车电器有限公司			海关编码	3114930344
通讯地址	上海市嘉定区安亭镇园高路 77 号			邮政编码	201814
企业类型	进出口货物收发货人	注册日期	1995.5.9	注册资本	4177.51 万欧元
评定时间	2011.3.10	报关有效期	2014.4.27	所属海关	上海海关
法定代表人	H.KOSTAL		电话	021-59570077	
日常联系人	姚洁		电话	021-59570077	
主营范围	生产汽车电子设备系统，销售本公司自产产品及提供售后服务，收购非配额、非专营商品出口（涉及行政许可的，凭许可证经营）。				

企业名称	上海采埃孚变速器有限公司			海关编码	3114930692
通讯地址	上海市嘉定工业区叶城路 488 号			邮政编码	201822
企业类型	进出口货物收发货人	注册日期	2004.10.14	注册资本	1659 万欧元
评定时间	2010.4.21	报关有效期	2014.10.11	所属海关	上海海关
法定代表人	杨春保		电话	021-59165858-3000	
日常联系人	徐建明		电话	021-69529636	
主营范围	乘用轿车自动变速箱和相关产品及其零部件的生产、组装、测试，销售本公司自产产品。（涉及许可经营的，凭许可证经营。）				

企业名称	凤凰光学（上海）有限公司			海关编码	3114930670
通讯地址	上海市嘉定区胜辛北路 2199 号			邮政编码	201807
企业类型	进出口货物收发货人	注册日期	2004.4.22	注册资本	12500 万人民币
评定时间	2010.11.22	报关有效期	2014.2.21	所属海关	上海海关
法定代表人	缪建新		电话	021-59966888	
日常联系人	王敏		电话	021-59966888	
主营范围	开发、生产数字照相机及关键件、数字投影仪镜头及关键件、手机照相模组及关键件、光电开关、光电子器件、激光打印及扫描仪等电脑外围设备，精密注塑件、模具设计与制作，销售自产产品。（涉及行政许可的，凭许可证经营。）				

企业名称	上海大众汽车有限公司			海关编码	3114935024
通讯地址	上海市嘉定区安亭镇洛浦路63号			邮政编码	201805
企业类型	进出口货物收发货人	注册日期	1993.1.2	注册资本	1060000万人民币
评定时间	2008.10.31	报关有效期	2013.11.5	所属海关	上海海关
法定代表人	胡茂元		电话	021-22010601	
日常联系人	李兵		电话	021-69564600	
主营范围	开发、制造和销售汽车及其零部件、配件、附件，并提供售后服务；出口汽车及其零部件、附件和冲压模具；进口汽车零部件、配件等。（涉及许可经营的，凭许可证经营。）				

企业名称	上海惠亚电子有限公司			海关编码	3114940381
通讯地址	上海市嘉定区南翔镇西开发区惠亚8号			邮政编码	201802
企业类型	进出口货物收发货人	注册日期	2000.11.16	注册资本	1500万美元
评定时间	2009.4.2	报关有效期	2011.11.6	所属海关	上海海关
法定代表人	卫博达		电话	021-69179000	
日常联系人	孙利华		电话	021-69172145	
主营范围	生产电子产品。				

企业名称	乔山健康科技（上海）有限公司			海关编码	3114940390
通讯地址	上海市嘉定区马陆园区希望路535号			邮政编码	201801
企业类型	进出口货物收发货人	注册日期	2000.12.19	注册资本	3050万美元
评定时间	2008.10.31	报关有效期	2011.12.2	所属海关	上海海关
法定代表人	罗崑泉		电话	021-59101515	
日常联系人	赵海华		电话	021-59101515-110	
主营范围	生产健身器材、医疗康复器材及相关配件，健身器材、医疗康复器材专用模具；销售本企业自产产品；与上述产品的同类商品（特定商品除外）的进出口、批发、零售（限北京分公司）、佣金代理（拍卖除外）及相关配套业务，提供相关技术咨询服务。（涉及行政许可的，凭许可证经营。）				

<table>
<tr><td>企业名称</td><td colspan="3">富士通将军（上海）有限公司</td><td>海关编码</td><td>3114940094</td></tr>
<tr><td>通讯地址</td><td colspan="3">上海市嘉定区回城南路 1720 号</td><td>邮政编码</td><td>201821</td></tr>
<tr><td>企业类型</td><td>进出口货物收发货人</td><td>注册日期</td><td>1994.12.30</td><td>注册资本</td><td>7600 万美元</td></tr>
<tr><td>评定时间</td><td>2008.10.31</td><td>报关有效期</td><td>2011.12.30</td><td>所属海关</td><td>上海海关</td></tr>
<tr><td>法定代表人</td><td colspan="2">小宅俊行</td><td>电话</td><td colspan="2">021-59161476</td></tr>
<tr><td>日常联系人</td><td colspan="2">刘骏</td><td>电话</td><td colspan="2">021-59161476-259</td></tr>
<tr><td>主营范围</td><td colspan="5">生产各类空调器（机）产品及其配套零部件，销售自产产品，从事空调器（机）产品及其相关制造技术的开发、研究，从事非配额许可证管理、非专营商品的收购出口业务。（涉及许可证经营的，凭许可证经营。）</td></tr>
</table>

<table>
<tr><td>企业名称</td><td colspan="3">萨帕铝热传输（上海）有限公司</td><td>海关编码</td><td>3114940770</td></tr>
<tr><td>通讯地址</td><td colspan="3">上海市嘉定区娄塘镇嘉唐公路 1111 号</td><td>邮政编码</td><td>201807</td></tr>
<tr><td>企业类型</td><td>进出口货物收发货人</td><td>注册日期</td><td>2003.3.13</td><td>注册资本</td><td>5584 万美元</td></tr>
<tr><td>评定时间</td><td>2009.1.6</td><td>报关有效期</td><td>2014.1.31</td><td>所属海关</td><td>上海海关</td></tr>
<tr><td>法定代表人</td><td colspan="2">迈克·莫诺</td><td>电话</td><td colspan="2">021-59541111-3390</td></tr>
<tr><td>日常联系人</td><td colspan="2">孙旭霞</td><td>电话</td><td colspan="2">021-59541111</td></tr>
<tr><td>主营范围</td><td colspan="5">生产汽车垫交换器用复合和非复合铝合金垫传输带材，以及利用本厂边角料生产其他铝合金材料产品；销售自产产品。（涉及许可经营的，凭许可证经营。）</td></tr>
</table>

<table>
<tr><td>企业名称</td><td colspan="3">伟创力电子科技（上海）有限公司</td><td>海关编码</td><td>3114940584</td></tr>
<tr><td>通讯地址</td><td colspan="3">上海市嘉定工业区马陆镇永盛路 77 号 2 幢</td><td>邮政编码</td><td>201801</td></tr>
<tr><td>企业类型</td><td>进出口货物收发货人</td><td>注册日期</td><td>2002.3.15</td><td>注册资本</td><td>3000 万美元</td></tr>
<tr><td>评定时间</td><td>2011.2.22</td><td>报关有效期</td><td>2014.2.15</td><td>所属海关</td><td>上海海关</td></tr>
<tr><td>法定代表人</td><td colspan="2">MANNY MARIMUTHU</td><td>电话</td><td colspan="2">021-39158000</td></tr>
<tr><td>日常联系人</td><td colspan="2">王海蓉</td><td>电话</td><td colspan="2">021-39158291</td></tr>
<tr><td>主营范围</td><td colspan="5">生产新型打印装置，新型电子原器件和数字音、视频编解码设备，移动通信系统基站；交换设备及数字集群系统设备制造；高端路由器、千兆比以上网络交换机制造；宽带接入网通信系统设备制造；IP 数据通信系统制造；电子专用设备、测试仪器制造；销售本公司自产产品并提供相关电子产品的维修及售后服务；货物及技术进出口（不含分销）。</td></tr>
</table>

企业名称	安捷伦科技（上海）有限公司			海关编码	3122430534
通讯地址	上海市外高桥保税区英伦路 412 号			邮政编码	200131
企业类型	进出口货物收发货人	注册日期	2001.3.12	注册资本	1576.5 万美元
评定时间	2009.7.6	报关有效期	2014.3.15	所属海关	上海海关
法定代表人	MICHAEL RAYMOND MC MULLEN		电话	021-50644658	
日常联系人	柯俊圣		电话	021-50644658	
主营范围	研究、开发、生产化学分析仪器、自动测试仪器、通信测试设备及生命科学产品、研究、开发、制作软件产品，销售自产产品，从事国际贸易，货物及技术进出口（不含分销及国家禁止项目），仓储（除危险品）和分销服务，提供技术支持、维修及其他相关配套业务（涉及许可经营的，凭许可证经营）。				

企业名称	上海虹日国际电子有限公司			海关编码	3122430440
通讯地址	上海市外高桥保税区富特东三路 76 号 32 号厂房 3 层东部位			邮政编码	200131
企业类型	进出口货物收发货人	注册日期	1997.8.1	注册资本	500 万美元
评定时间	2009.2.2	报关有效期	2014.8.1	所属海关	上海海关
法定代表人	顾晓春		电话	021-58206022	
日常联系人	孙雍		电话	021-50481295-208	
主营范围	区内以电子产品、半导体产品、塑料制品及其零部件为主的仓储分拨业务及商业性简单加工，与各类电子产品、半导体产品、塑料制品及其零部件有关的国际贸易，转口贸易及贸易咨询和相关技术咨询服务，保税区企业间的贸易，区内贸易及非保税区有外贸经营权的中国企业间的贸易，电子产品、半导体产品、塑料制品及其零部件批发、佣金代理（拍卖除外）及其他相关配套业务，上述产品及技术的进出口业务。（涉及配额许可证管理、专项规定管理的商品，按照国家有关规定办理；涉及许可经营的，凭许可证经营。）				

企业名称	惠普信息技术研发（上海）有限公司			海关编码	3122440669
通讯地址	上海市外高桥保税区加枫路 20 号			邮政编码	200131
企业类型	进出口货物收发货人	注册日期	1995.12.26	注册资本	4500 万美元
评定时间	2008.10.31	报关有效期	2011.12.26	所属海关	上海海关
法定代表人	RICHARD SCOTT SEYMOUR		电话	021-28938888	
日常联系人	方卫红		电话	021-28938758	
主营范围	从事信息技术、打印和影像及其他有关领域的软硬件产品（含配套产品，外围设备及零部件，软件及其他电子信息类产品）、材料、工艺、全球市场和技术等的研究、开发、试验，新产品试生产，研究成果的转让和许可及前述相关的技术合作、技术咨询和技术服务，研究，开发、测试全球市场研究等业务管理中心，为惠普产品（包括母公司和关联公司）提供集成、安装（不含涉及资质的安装）、调试、应用、维护、咨询、技术解决方案等技术服务。（涉及许可经营的，凭许可证经营。）				

<table>
<tr><td>企业名称</td><td colspan="3">三井物产（上海）贸易有限公司</td><td>海关编码</td><td>3122440448</td></tr>
<tr><td>通讯地址</td><td colspan="3">上海市外高桥保税区外高桥大厦 615 室</td><td>邮政编码</td><td>200131</td></tr>
<tr><td>企业类型</td><td>进出口货物收发货人</td><td>注册日期</td><td>1994.4.8</td><td>注册资本</td><td>500 万美元</td></tr>
<tr><td>评定时间</td><td>2011.1.17</td><td>报关有效期</td><td>2013.2.1</td><td>所属海关</td><td>上海海关</td></tr>
<tr><td>法定代表人</td><td colspan="2">金森健</td><td>电话</td><td colspan="2">021-38500888</td></tr>
<tr><td>日常联系人</td><td colspan="2">叶妍青</td><td>电话</td><td colspan="2">021-38500393</td></tr>
<tr><td>主营范围</td><td colspan="5">保税区内国际贸易，转口贸易，与保税区企业进行贸易业务，保税区内企业贸易的代理业务，区内商业性简单加工；下列商品的批发、进出口、佣金代理（拍卖除外）、委托加工及相关配套业务：建材，化工产品和合成树脂，食品添加剂，橡胶，矿产品，贱金属（含钢铁）及其制品，机器，机械设备，电气，运输设备（汽车除外），五金交电，计算机软件，电子产品及其零部件、附件，粮油食品（大米除外），酒类，饮料，乳制品（含婴幼儿配方乳粉）水产，饲料，饲料原料，饲料添加剂，土畜产品，农畜产品，光学、计量、检验、医疗仪器及设备及其零部件、附件，精密仪器，乐器，文化用品，纺织，服装，日用品，化妆品，木炭，纤维，纸制品；公司经营所涉及产品的安装及售后服务；各种咨询业务；汽车出口（筹）。（不涉及国营贸易管理商品，涉及配额、许可证管理商品的，按国家有关规定办理申请；涉及许可经营的，凭许可证经营。）</td></tr>
</table>

<table>
<tr><td>企业名称</td><td colspan="3">明尼苏达矿业制造（上海）国际贸易有限公司</td><td>海关编码</td><td>3122441352</td></tr>
<tr><td>通讯地址</td><td colspan="3">上海市外高桥保税区英伦路 858 号</td><td>邮政编码</td><td>200131</td></tr>
<tr><td>企业类型</td><td>进出口货物收发货人</td><td>注册日期</td><td>1998.1.13</td><td>注册资本</td><td>70 万美元</td></tr>
<tr><td>评定时间</td><td>2009.11.16</td><td>报关有效期</td><td>2014.1.13</td><td>所属海关</td><td>上海海关</td></tr>
<tr><td>法定代表人</td><td colspan="2">余俊雄</td><td>电话</td><td colspan="2">021-62753535</td></tr>
<tr><td>日常联系人</td><td colspan="2">陈黎</td><td>电话</td><td colspan="2">021-50483535</td></tr>
<tr><td>主营范围</td><td colspan="5">保税区内从事以 3M 公司产品（包括医疗器械产品，精密投影镜头产品）为主的物流、仓储分拨业务及相关产品和设备的维修、售后服务、技术检测；国际贸易，转口贸易，保税区企业间的贸易，区内贸易代理及贸易咨询，保税区内商业性简单加工，保税区内咨询及培训服务；化工产品（特种化学品除外）、塑胶制品（天然橡胶除外）、纺织制品（棉花除外）、石料制品、贱金属制品、电气设备及其零部件、光学产品、医疗器械设备及其零部件、过滤产品的批发、佣金代理（拍卖除外）、进出口及其他相关配套业务。（不涉及国营贸易管理商品，涉及配额、许可证管理、专项规定管理的商品，按照国家有关规定办理，涉及许可经营的，凭许可证经营。）</td></tr>
</table>

企业名称	上海近铁国际物流有限公司			海关编码	3122441782
通讯地址	上海市外高桥保税区澳尼路 588 号 67 号厂房			邮政编码	200131
企业类型	进出口货物收发货人	注册日期	1999.2.8	注册资本	140 万美元
评定时间	2010.10.9	报关有效期	2014.2.20	所属海关	上海海关
法定代表人	稻村寿通		电话	021-62084088	
日常联系人	刘林林		电话	021-50481616-841	
主营范围	保税区内以电子产品为主的仓储（除危险品）业务，商业性简单加工及相关产品的售后服务；保税区内国际贸易，转口贸易，保税区企业间的贸易；保税区内贸易代理及贸易咨询服务；货物运输保险兼业代理；道路普通货物运输，道路货物专用运输（冷藏保鲜，集装箱）；承办海运、空运进出口货物的国际运输代理业务，包括：揽货，订舱，仓储（除危险品），中转，集装箱拼装拆箱，结算运杂费，报关，报验，保险，相关的短途运输服务及咨询业务。（涉及许可经营的，凭许可证经营。）				

企业名称	上海国际商业机器工程技术有限公司			海关编码	3122441071
通讯地址	上海市外高桥保税区港澳路 389 号			邮政编码	200131
企业类型	进出口货物收发货人	注册日期	1997.4.1	注册资本	500 万美元
评定时间	2009.2.2	报关有效期	2014.3.5	所属海关	上海海关
法定代表人	戴泽棠		电话	021-60924816	
日常联系人	郭荣		电话	021-28997242	
主营范围	生产销售以 IBM 公司为主的信息技术产品，以 IBM 公司产品为主的仓储分拨业务，商业简单加工及产品展示，国际贸易，转口贸易，保税区企业间的贸易及区内贸易代理，与非保税区拥有外贸进出口权的企业进行直接贸易，信息系统、计算机系列和相关产品的维修、售后服务及相关技术服务，信息技术开发及系统集成、重建和备授服务，提供计算机信息系统、网络系统的开发、设计、安装、运维管理及其他相关服务，提供计算机数据处理和制表服务及计算机实时服务和计算机分时服务，投资咨询、管理信息和技术咨询及市场策划、贸易咨询和保税区内的物流服务，提供半导体、集成电路、软硬件系统相关的技术咨询与技术设计服务，建筑智能化项目施工。（涉及建筑业资质要求的，需在取得相应资质后开展经营业务；涉及许可经营的，凭许可证经营。）				

<table>
<tr><td>企业名称</td><td colspan="3">惠普贸易（上海）有限公司</td><td>海关编码</td><td>3122441811</td></tr>
<tr><td>通讯地址</td><td colspan="3">上海市外高桥保税区加枫路 20 号一层</td><td>邮政编码</td><td>200131</td></tr>
<tr><td>企业类型</td><td>进出口货物收发货人</td><td>注册日期</td><td>1999.3.10</td><td>注册资本</td><td>320 万美元</td></tr>
<tr><td>评定时间</td><td>2008.10.31</td><td>报关有效期</td><td>2014.3.10</td><td>所属海关</td><td>上海海关</td></tr>
<tr><td>法定代表人</td><td colspan="2">符标榜</td><td>电话</td><td colspan="2">021-28938888</td></tr>
<tr><td>日常联系人</td><td colspan="2">方卫红</td><td>电话</td><td colspan="2">021-28938758</td></tr>
<tr><td>主营范围</td><td colspan="5">从事计算机设备，打印设备和影像设备及相关零部件，以及软件产品的批发、佣金代理（拍卖除外）、进出口及其他相关配套业务；以前述产品和其他电子及信息技术类产品为主的区内仓储分拨业务，产品维修及售后服务；国际贸易，转口贸易，保税区企业间贸易及贸易代理；区内商业性简单加工；贸易及技术咨询服务，技术开发及系统集成服务。（涉及配额许可证管理、专项规定管理的商品按照国家有关规定办理；涉及许可经营的，凭许可证经营。）</td></tr>
</table>

<table>
<tr><td>企业名称</td><td colspan="3">德尔福（上海）动力推进系统有限公司</td><td>海关编码</td><td>3122441076</td></tr>
<tr><td>通讯地址</td><td colspan="3">上海市外高桥保税区希雅路 150 号</td><td>邮政编码</td><td>200131</td></tr>
<tr><td>企业类型</td><td>进出口货物收发货人</td><td>注册日期</td><td>1997.4.3</td><td>注册资本</td><td>1600 万美元</td></tr>
<tr><td>评定时间</td><td>2011.5.27</td><td>报关有效期</td><td>2014.4.3</td><td>所属海关</td><td>上海海关</td></tr>
<tr><td>法定代表人</td><td colspan="2">BRADLEY MAGGART</td><td>电话</td><td colspan="2">021-50460940</td></tr>
<tr><td>日常联系人</td><td colspan="2">王郁</td><td>电话</td><td colspan="2">021-50460940</td></tr>
<tr><td>主营范围</td><td colspan="5">设计、生产汽车，摩托车转向和底盘系统，发动机零部件，电子控制燃油喷射系统，后续处理系统，安全带和车身系统及有关零部件；销售自产产品及德尔福集团内的公司生产的产品；上述产品及同类产品的批发、进出口、佣金代理（拍卖除外）及相关配套业务；提供技术工程服务和售后服务；从事上海外高桥保税区内仓储（除危险品），贸易代理和贸易咨询服务，相关产品的分拨，国际贸易，转口贸易，保税区内商业性简单加工；从事保税区内自置房产的经营业务。（不涉及国营贸易管理商品，涉及配额、许可证管理商品的，按国家有关规定办理申请；涉及许可经营的，凭许可证经营。）</td></tr>
</table>

<table>
<tr><td>企业名称</td><td colspan="3">上海莫仕连接器有限公司</td><td>海关编码</td><td>3122441621</td></tr>
<tr><td>通讯地址</td><td colspan="3">上海市外高桥保税区英伦路 889 号</td><td>邮政编码</td><td>200131</td></tr>
<tr><td>企业类型</td><td>进出口货物收发货人</td><td>注册日期</td><td>1998.2.24</td><td>注册资本</td><td>3900 万美元</td></tr>
<tr><td>评定时间</td><td>2010.12.24</td><td>报关有效期</td><td>2014.7.24</td><td>所属海关</td><td>上海海关</td></tr>
<tr><td>法定代表人</td><td colspan="2">WISDOM LIN</td><td>电话</td><td colspan="2">021-50480889</td></tr>
<tr><td>日常联系人</td><td colspan="2">殷丽</td><td>电话</td><td colspan="2">021-50480889-6628</td></tr>
<tr><td>主营范围</td><td colspan="5">电子连接器及其相关产品的设计、开发、生产制造和销售，相关产品的技术咨询及售后服务；国际贸易，区内贸易及区内贸易代理，通过国内有进出口经营权的企业代理与非保税区企业从事贸易业务，区内仓储及商业性简单加工；贸易咨询服务。（涉及许可经营的，凭许可证经营。）</td></tr>
</table>

企业名称	奥林巴斯贸易（上海）有限公司			海关编码	3122441895
通讯地址	上海市外高桥保税区泰谷路 185 号			邮政编码	200131
企业类型	进出口货物收发货人	注册日期	1999.7.5	注册资本	100 万美元
评定时间	2009.1.6	报关有效期	2014.8.31	所属海关	上海海关
法定代表人	铃木正孝		电话	021-58667171	
日常联系人	金晃		电话	021-58667171	
主营范围	保税区内以精密和光学仪器产品及零部件、医疗器械及零部件为主的仓储、分拨业务，以及维修、展示、促销、技术培训、售后服务；国际贸易，转口贸易，保税区企业间的贸易及贸易代理，保税区内商业性简单加工；医疗器械及其零部件（限许可证许可范围），精密和光学仪器产品及零部件，影像产品及零部件，化学产品（限许可证经营，易制毒化学品、特殊化学品除外）的批发、进出口、佣金代理（拍卖除外），并提供相关配套业务；医疗器械经营性租赁（限许可证许可范围）。（不涉及国营贸易管理商品，涉及配额许可证管理、专项规定管理的商品，按照国家有关规定办理；涉及许可经营的，凭许可证经营。）				

企业名称	沙伯基础创新塑料（上海）有限公司			海关编码	3122442019
通讯地址	上海市外高桥保税区 F-10 地块			邮政编码	200131
企业类型	进出口货物收发货人	注册日期	1999.12.16	注册资本	2696 万美元
评定时间	2010.10.9	报关有效期	2011.12.16	所属海关	上海海关
法定代表人	尹泽生		电话	021-38659095	
日常联系人	宓继来		电话	021-50460000-4023	
主营范围	热塑性工程塑料产品、塑料合金、板材、薄膜和其他相关产品的研制、开发、生产（含委托加工）、销售，并提供售后服务、咨询；与上述产品同类商品（特定商品除外）的进出口、批发、佣金代理（拍卖除外），并提供相关附属服务；保税仓储及技术许可转让，国际贸易，转口贸易，保税区企业间的贸易及贸易代理，区内商业性简单加工，区内商务咨询。（涉及配额许可证管理、专项规定管理的商品，按照国家有关规定办理；涉及许可经营的，凭许可证经营。）				

企业名称	安靠封装测试（上海）有限公司			海关编码	3122442400
通讯地址	上海市外高桥保税区英伦路 111 号			邮政编码	200131
企业类型	进出口货物收发货人	注册日期	2001.3.27	注册资本	12500 万美元
评定时间	2009.2.2	报关有效期	2013.9.7	所属海关	上海海关
法定代表人	JOANNE SOLOMON		电话	021-50644590	
日常联系人	陈杰		电话	021-50644590	
主营范围	集成电路产品的封装、测试、加工业务，销售自产产品；区内以集成电路产品为主的仓储、分拨业务，以及相关产品的售后服务、咨询、技术维修及研发；区内商业性简单加工及商品展示；国际贸易，转口贸易，保税区企业间的贸易及区内贸易代理；通过国内有进出口经营权的企业代理与非保税区企业从事贸易业务。（涉及许可经营的，凭许可证经营。）				

<table>
<tr><td>企业名称</td><td colspan="3">上海杰世腾连接器有限公司</td><td>海关编码</td><td>3122442045</td></tr>
<tr><td>通讯地址</td><td colspan="3">上海市外高桥保税区富特南路 55 号</td><td>邮政编码</td><td>200131</td></tr>
<tr><td>企业类型</td><td>进出口货物收发货人</td><td>注册日期</td><td>2000.1.24</td><td>注册资本</td><td>5800 万美元</td></tr>
<tr><td>评定时间</td><td>2009.3.27</td><td>报关有效期</td><td>2014.1.31</td><td>所属海关</td><td>上海海关</td></tr>
<tr><td>法定代表人</td><td colspan="2">吉村正雄</td><td>电话</td><td colspan="2">021-50481976</td></tr>
<tr><td>日常联系人</td><td colspan="2">方自力</td><td>电话</td><td colspan="2">021-50481976</td></tr>
<tr><td>主营范围</td><td colspan="5">连接器、冲压件、注塑件、电子电器部件、连接器制造设备工具（精密模具、组装机器、检测机器仪器等）及其零部件的加工制造、研究开发，销售自产产品；上述产品和技术的国际贸易、转口贸易及贸易咨询服务；上述产品和技术的批发、佣金代理（拍卖除外）、进出口及其他相关配套业务；上述产品的区内仓储、展示、技术培训及售后服务；区内受让地块内房产经营业务。（涉及许可经营的，凭许可证经营。）</td></tr>
</table>

<table>
<tr><td>企业名称</td><td colspan="3">日通国际物流（上海）有限公司</td><td>海关编码</td><td>3122442880</td></tr>
<tr><td>通讯地址</td><td colspan="3">上海市外高桥保税区德堡路 11 号第一层</td><td>邮政编码</td><td>200131</td></tr>
<tr><td>企业类型</td><td>进出口货物收发货人</td><td>注册日期</td><td>2002.3.1</td><td>注册资本</td><td>81 万美元</td></tr>
<tr><td>评定时间</td><td>2010.10.9</td><td>报关有效期</td><td>2014.3.1</td><td>所属海关</td><td>上海海关</td></tr>
<tr><td>法定代表人</td><td colspan="2">和田贵志</td><td>电话</td><td colspan="2">021-50483301</td></tr>
<tr><td>日常联系人</td><td colspan="2">马丽萍</td><td>电话</td><td colspan="2">021-50483301</td></tr>
<tr><td>主营范围</td><td colspan="5">承办海运、陆运、空运进出口货物，国际展品，私人物品及过境货物的国际货物运输代理业务，包括揽货、订舱、托运、仓储、中转、集装箱拼装拆箱、结算运杂费、报关、报验、报检、保险、相关的短途运输服务及运输咨询业务，道路普通货运；保税区内仓储物流，货物运输业务及相关咨询服务；保税区内国际贸易，保税区内转口贸易，保税区内企业间的贸易及区内贸易代理；通过国内有进出口经营权的企业代理与非保税区企业从事贸易业务；保税区物流及贸易咨询业务；保税区内商业性简单加工；保税区内商品展示。（涉及许可经营的，凭许可证经营。）</td></tr>
</table>

<table>
<tr><td>企业名称</td><td colspan="3">东电半导体设备（上海）有限公司</td><td>海关编码</td><td>3122442920</td></tr>
<tr><td>通讯地址</td><td colspan="3">上海外高桥保税区荷丹路 126 号第一层全部位</td><td>邮政编码</td><td>200131</td></tr>
<tr><td>企业类型</td><td>进出口货物收发货人</td><td>注册日期</td><td>2002.3.25</td><td>注册资本</td><td>500 万美元</td></tr>
<tr><td>评定时间</td><td>2011.8.26</td><td>报关有效期</td><td>2014.3.25</td><td>所属海关</td><td>上海海关</td></tr>
<tr><td>法定代表人</td><td colspan="2">小野里充</td><td>电话</td><td colspan="2">021-38954800</td></tr>
<tr><td>日常联系人</td><td colspan="2">吴涛强</td><td>电话</td><td colspan="2">021-38954800</td></tr>
<tr><td>主营范围</td><td colspan="5">以半导体制造装置，LCD 制造装置及相关零部件，耗材为主的保税区内的仓储，分拨业务及相关产品的简单商业性加工，技术咨询及售后服务；国际贸易，转口贸易，保税区企业间的贸易及区内贸易代理；通过与国内有进出口经营权的企业签订贸易代理合同可与非保税区企业从事贸易业务。（涉及许可经营的，凭许可证经营。）</td></tr>
</table>

企业名称	瑞表企业管理（上海）有限公司			海关编码	3122442135
通讯地址	上海市外高桥保税区富特北路 399 号			邮政编码	200131
企业类型	进出口货物收发货人	注册日期	2000.5.29	注册资本	200 万美元
评定时间	2010.11.22	报关有效期	2014.5.29	所属海关	上海海关
法定代表人	GEORGES NICOLAS HAYEK		电话	+41 32 343 6602	
日常联系人	陈为		电话	021-24145144	
主营范围	受母公司及其所投资企业委托，为其提供下列服务：投资经营决策服务，市场营销服务，财务管理服务，信息技术支持、技术开发服务，员工培训与管理服务；钟表及其零部件、品牌相关纪念品、珠宝首饰（毛钻、裸钻除外）、工艺品（文物除外）、化妆品、香水、办公用品、皮具、服装、配饰、箱包、鞋帽、运动用品、食品、饮料（含酒精饮料）、日用杂货、电子电器、半导体器件、模具及通讯产品的进出口、批发、零售、佣金代理（拍卖除外），并提供相关配套业务；商务咨询，技术支持和售后服务（以上商品进出口不涉及国营贸易、进出口配额许可证、出口配额招标、出口许可证等专项管理的商品）；提供和体育赛事有关的计时、计分及数据处理的技术支持服务；在保税区内以上述产品为主的仓储（危险品除外）和分拨业务及售后维修服务和技术支持，保税区内国际贸易，转口贸易，保税区企业间的贸易及贸易代理。（涉及许可经营的，凭许可证经营。）				

企业名称	魏德米勒电联接国际贸易（上海）有限公司			海关编码	3122442487
通讯地址	上海市外高桥保税区韩城路 101 号 63 号			邮政编码	200131
企业类型	进出口货物收发货人	注册日期	2001.6.6	注册资本	398 万美元
评定时间	2011.5.27	报关有效期	2014.6.6	所属海关	上海海关
法定代表人	VOLPERT BRIEL		电话	0049-5231141108	
日常联系人	翁颖		电话	021-50463008	
主营范围	区内以电联接器件及相关产品为主的仓储和分拨；区内提供电联接器元件及相关产品的维修、售后服务和技术支持；国际贸易，转口贸易，保税区企业间的贸易及区内贸易代理；通过国内有进出口经营权的企业代理与非保税区企业从事贸易业务；区内商业性简单加工及商务咨询服务。（涉及许可经营的，凭许可证经营。）				

<table>
<tr><td>企业名称</td><td colspan="3">沃尔沃配件（上海）有限公司</td><td>海关编码</td><td>3122442524</td></tr>
<tr><td>通讯地址</td><td colspan="3">上海市外高桥保税区冰克路 777 号第一层 A 部位</td><td>邮政编码</td><td>200131</td></tr>
<tr><td>企业类型</td><td>进出口货物收发货人</td><td>注册日期</td><td>2001.6.29</td><td>注册资本</td><td>300 万美元</td></tr>
<tr><td>评定时间</td><td>2010.12.24</td><td>报关有效期</td><td>2014.6.29</td><td>所属海关</td><td>上海海关</td></tr>
<tr><td>法定代表人</td><td colspan="2">LARS-AKE JAVERT</td><td>电话</td><td colspan="2">021-58699900-0</td></tr>
<tr><td>日常联系人</td><td colspan="2">沈军</td><td>电话</td><td colspan="2">021-58699900</td></tr>
<tr><td>主营范围</td><td colspan="5">汽车零部件、建筑机械及引擎产品的零部件，车用及建筑机械用润滑油、油漆，以及相关配套产品的批发、佣金代理（拍卖除外）和相关配套服务；商品和技术的进出口业务；区内以汽车零部件，建筑机械和引擎产品的零部件为主的仓储、分拨业务和相关的技术咨询、培训、维修及售后服务；国际贸易，转口贸易，保税区企业间的贸易及贸易代理，区内商业性简单加工及商务咨询服务。（涉及配额许可证管理，专项规定管理的商品，按照国家有关规定办理；涉及许可经营的，凭许可证经营。）</td></tr>
</table>

<table>
<tr><td>企业名称</td><td colspan="3">帝人化成复合塑料（上海）有限公司</td><td>海关编码</td><td>3122443293</td></tr>
<tr><td>通讯地址</td><td colspan="3">上海市外高桥保税区华京路 310 号</td><td>邮政编码</td><td>200131</td></tr>
<tr><td>企业类型</td><td>进出口货物收发货人</td><td>注册日期</td><td>2002.9.13</td><td>注册资本</td><td>1780 万美元</td></tr>
<tr><td>评定时间</td><td>2009.3.27</td><td>报关有效期</td><td>2014.8.16</td><td>所属海关</td><td>上海海关</td></tr>
<tr><td>法定代表人</td><td colspan="2">酒井和幸</td><td>电话</td><td colspan="2">81-3-3506-4707</td></tr>
<tr><td>日常联系人</td><td colspan="2">冯艳红</td><td>电话</td><td colspan="2">021-50460560</td></tr>
<tr><td>主营范围</td><td colspan="5">保税区内树脂和树脂制品及化学品的生产、加工和销售，上述产品同类商品的批发、进出口、佣金代理（拍卖除外）、技术咨询、售后服务，以及其他相关配套业务（危险品、特种化学品、易制毒产品除外）（涉及配额许可证管理、专项规定管理的商品按照国家有关规定办理）；相关产品的技术咨询服务；保税区内仓储业务和商品展示，国际贸易，转口贸易，保税区企业间的贸易及贸易代理（涉及许可经营的，凭许可证经营）。</td></tr>
</table>

<table>
<tr><td>企业名称</td><td colspan="3">爱博斯迪科化学（上海）有限公司</td><td>海关编码</td><td>3122444407</td></tr>
<tr><td>通讯地址</td><td colspan="3">上海市外高桥保税区美桂南路 332 号</td><td>邮政编码</td><td>200131</td></tr>
<tr><td>企业类型</td><td>进出口货物收发货人</td><td>注册日期</td><td>2004.1.19</td><td>注册资本</td><td>500 万美元</td></tr>
<tr><td>评定时间</td><td>2011.4.12</td><td>报关有效期</td><td>2014.1.21</td><td>所属海关</td><td>上海海关</td></tr>
<tr><td>法定代表人</td><td colspan="2">吴兵</td><td>电话</td><td colspan="2">021-38984800-2118</td></tr>
<tr><td>日常联系人</td><td colspan="2">洪远</td><td>电话</td><td colspan="2">021-38984800-2101</td></tr>
<tr><td>主营范围</td><td colspan="5">保税区内研发生产电子用高科技化学产品（黏合剂、封装材料、涂料），上述同类化工产品（除危险品、特种化学品及易制毒产品外）及配套机械设备的批发业务、佣金代理（不含拍卖）、进出口业务，以及相关配套业务（涉及配额许可证管理、专项规定管理的商品，按照国家有关规定办理）；国际贸易，转口贸易，保税区内企业间的贸易及区内贸易代理，保税区内商业性简单加工，保税区内商务咨询服务，保税区内仓储业务（涉及许可经营的，凭许可证经营）。</td></tr>
</table>

企业名称	联想（上海）电子科技有限公司			海关编码	3122446359
通讯地址	上海市外高桥保税区芬菊路 199 号 68 号厂房			邮政编码	200131
企业类型	进出口货物收发货人	注册日期	2007.3.15	注册资本	300 万美元
评定时间	2010.5.20	报关有效期	2013.3.15	所属海关	上海海关
法定代表人	杨元庆		电话	010-58868888	
日常联系人	赵颖臻		电话	021-50504500	
主营范围	研发、生产计算机硬件、软件系统及配套零部件、网络产品、多媒体产品、电子信息产品及通讯产品（掌上电脑、个人信息助理）、办公自动化设备（打印机、扫描机、传真机、投影仪）、数码相机（不涉及内销标贴），销售自产产品，上述产品的同类商品的批发、进出口、佣金代理（拍卖除外）及相关配套业务，计算机应用系统的安装和维修，提供相关的技术咨询、技术服务和技术转让，保税区内以电子产品为主的仓储、分拨业务（除危险品）及相关产品的维修、测试、售后服务，商业性简单加工，国际贸易，转口贸易及贸易咨询。（不涉及国营贸易管理商品，涉及配额许可证管理、专项规定管理的商品，按照国家有关规定办理；涉及许可经营的，凭许可证经营。）				

企业名称	上海怡世翔物流有限公司			海关编码	3122460171
通讯地址	上海市外高桥保税区德堡路 379 号 60 号楼			邮政编码	200131
企业类型	进出口货物收发货人	注册日期	2003.7.10	注册资本	100 万人民币
评定时间	2011.8.26	报关有效期	2014.3.26	所属海关	上海海关
法定代表人	刘鸿静		电话	021-58680186	
日常联系人	陈证		电话	021-50482322	
主营范围	保税区内物流业务；从事货物及技术的进出口业务；转口贸易，保税区内企业间的贸易及代理；从事机械、电子、电脑及通讯器材产品领域内的“四技”服务；保税区内商业性简单加工及商务咨询服务（除经纪）；附设分支机构。（涉及许可经营的，凭许可证经营。）				

企业名称	上海恩诺物流有限公司			海关编码	3122460170
通讯地址	上海市外高桥保税区日阪路 301 号底层 3 室			邮政编码	200131
企业类型	进出口货物收发货人	注册日期	2003.7.10	注册资本	1000 万人民币
评定时间	2010.12.24	报关有效期	2014.7.10	所属海关	上海海关
法定代表人	韩春		电话	021-35013360	
日常联系人	王伟		电话	021-35013360	
主营范围	国际海上货物运输代理服务，航空国际货物运输代理服务，国际公路货物运输代理服务；保税区内仓储、运输业务；从事货物及技术的进出口业务；转口贸易，保税区内企业间的贸易及代理，保税区内商业性简单加工及商务咨询服务（除经纪外），医疗器械（详见许可证）。（企业经营涉及行政许可的，凭许可证件经营。）				

企业名称	上海凤凰进出口有限公司			海关编码	3110915032
通讯地址	上海市高阳路 168 号			邮政编码	200080
企业类型	进出口货物收发货人	注册日期	1998.2.20	注册资本	2900 万人民币
评定时间	2010.12.24	报关有效期	2014.2.18	所属海关	上海海关
法定代表人	王朝阳		电话	021-31351918	
日常联系人	钱玉娟		电话	021-31351913	
主营范围	自营和代理各类商品及技术的进出口业务（不另附进出口商品目录），但国家限定公司经营和国家禁止进出口的商品及技术除外；经营进料加工和“三来一补”业务，开展对销贸易和转口贸易。（凡涉及许可经营的，凭许可证经营。）				

企业名称	上海尼赛拉传感器有限公司			海关编码	3109935066
通讯地址	上海市汶水东路 888 号 1 号楼			邮政编码	200434
企业类型	进出口货物收发货人	注册日期	1993.1.2	注册资本	14780.8 万人民币
评定时间	2009.2.2	报关有效期	2014.1.2	所属海关	上海海关
法定代表人	郭英		电话	021-65928888	
日常联系人	戴宏杰		电话	021-65928235	
主营范围	开发和生产传感器、滤光片、电子磁性器件及有关产品，安全防范等系统的设计和安装工程，与上述业务有关的技术开发、转让和服务，销售自产产品。（涉及许可经营的，凭许可证经营。）				

企业名称	中国金山联合贸易有限责任公司			海关编码	3119915001
通讯地址	上海市金山区金一东路 1 号金山宾馆南 8 楼			邮政编码	200540
企业类型	进出口货物收发货人	注册日期	1993.1.2	注册资本	2500 万人民币
评定时间	2009.4.7	报关有效期	2013.12.31	所属海关	上海海关
法定代表人	戎光道		电话	021-57941941	
日常联系人	李伟力		电话	021-52376599	
主营范围	从事货物进出口及技术进出口业务，化工原料及产品（危险品详见许可证）。（涉及行政许可的，凭许可证经营。）				

企业名称	巴斯夫护理化学品（上海）有限公司			海关编码	3119920047
通讯地址	上海市金山卫镇板桥西路 2449 号			邮政编码	201512
企业类型	进出口货物收发货人	注册日期	2001.7.2	注册资本	5830 万美元
评定时间	2011.1.13	报关有效期	2014.7.9	所属海关	上海海关
法定代表人	郑大庆		电话	021-54644666	
日常联系人	沈兰兰		电话	021-61563808	
主营范围	生产、销售天然或合成油脂化学品和聚合物，以及它们的衍生物、混合物和深加工产品，并提供有关部门服务；与上述产品同类的商品（成品油除外）、食品［限批发非实物方式预包装食品（含冷冻冷藏，不含熟食卤味）］，以及食品添加剂的批发、佣金代理（拍卖除外）、进出口及其他相关配套服务。（涉及行政许可的，凭许可证经营。）				

企业名称	上海亨井联接件有限公司			海关编码	3119940070
通讯地址	上海市金山区亭林镇亭卫公路 9655 号			邮政编码	201505
企业类型	进出口货物收发货人	注册日期	1999.12.15	注册资本	900 万美元
评定时间	2008.10.31	报关有效期	2011.12.15	所属海关	上海海关
法定代表人	张颖		电话	021-57231575	
日常联系人	杨缨		电话	021-57231575	
主营范围	生产通讯线、电脑线、联接器件、接插件、室内外天线及其零配件、游乐器主机及摇杆、电脑键盘、转换器、数据处理器、鼠标、手机天线、充电器和改性塑胶粒及塑胶外壳、读卡机、指纹辨别器，生产网络卡、PC 卡、USB 卡、低功率无线局线网路卡、数据机、调试解调机、桥接器、电脑周边设备、销售公司自产产品，从事非配额许可证管理、非专营商品的收购出口业务。（涉及行政许可的，凭许可证经营。）				

企业名称	上海向隆电子科技有限公司			海关编码	3119940095
通讯地址	上海市金山区山阳镇亭卫公路 1468 号			邮政编码	201508
企业类型	进出口货物收发货人	注册日期	2002.5.9	注册资本	2000 万美元
评定时间	2009.2.2	报关有效期	2014.3.11	所属海关	上海海关
法定代表人	李满祥		电话	021-57241712	
日常联系人	胡美玲		电话	021-57241289	
主营范围	生产钢模制品、计算机周边设备、键盘、电子接插件及配套的塑料制品，销售自产产品。（涉及许可经营的，凭许可证经营。）				

企业名称	上海意力速电子工业有限公司			海关编码	3118920031
通讯地址	上海市松江区荣乐东路 2388 号			邮政编码	201600
企业类型	进出口货物收发货人	注册日期	1993.6.30	注册资本	3230 万美元
评定时间	2008.10.31	报关有效期	2014.1.11	所属海关	上海海关
法定代表人	筱森公彰		电话	021-57742968	
日常联系人	沈连萍		电话	021-57742968	
主营范围	生产电子仪器连接器及其配套附件，从事非配额许可证管理、非专营商品的收购出口业务，销售自产产品。（涉及许可经营的，凭许可证经营。）				

企业名称	上海东洋电装有限公司			海关编码	3118920016
通讯地址	上海市松江区荣乐东路 1988 号			邮政编码	201613
企业类型	进出口货物收发货人	注册日期	1995.11.10	注册资本	2385 万美元
评定时间	2008.10.31	报关有效期	2014.9.30	所属海关	上海海关
法定代表人	小出洁		电话	021-57741332	
日常联系人	黄晓峰		电话	021-57741332	
主营范围	生产、销售摩托车及汽车零部件、通用接配线及其开关、精冲模、精密型腔模、模具标准件产品；自产产品及同类商品的进出口业务、分销、佣金代理（拍卖除外），并提供相关配套业务（涉及配额许可证管理、专项规定管理、质检、安检管理的，按照国家有关规定办理）；汽车、摩托车技术研究设计开发中心。（涉及许可经营的，凭许可证经营。）				

企业名称	上海比亚迪有限公司			海关编码	3118930433
通讯地址	上海市松江工业区 1129 号地块			邮政编码	201611
企业类型	进出口货物收发货人	注册日期	2002.10.9	注册资本	6350 万美元
评定时间	2010.6.23	报关有效期	2014.6.20	所属海关	上海海关
法定代表人	王传福		电话	021-57778888	
日常联系人	陈慧		电话	021-57778888	
主营范围	生产锂离子电池及其零部件和部件、新型平板显示器件、新型电子元器件及相关零配件，汽车饰件模具设计、制造，手机整机及零部件设计、研发与技术转让，有色金属复合材料、新型合金材料生产及深加工，太阳能电池组件制造，销售公司自产产品。（涉及配额、许可证、专项规定、质检、安检等管理要求的，需按照国家有关规定取得相应许可证后开展经营业务；涉及行政许可的，凭许可证经营。）				

企业名称	上海纳博特斯克液压有限公司			海关编码	3118935038
通讯地址	上海市松江区荣乐东路905号			邮政编码	201613
企业类型	进出口货物收发货人	注册日期	1996.8.13	注册资本	1450万美元
评定时间	2011.4.12	报关有效期	2014.8.5	所属海关	上海海关
法定代表人	葛志伟		电话	021-58995378	
日常联系人	郁冬		电话	021-57741831*430	
主营范围	液压装置、减速装置及其部件的设计、制造，销售自产产品，并提供相关服务。（涉及许可经营的，凭许可证经营。）				

企业名称	上海美维电子有限公司			海关编码	3118940172
通讯地址	上海市松江工业区联华路东侧松开Ⅱ-29号地块			邮政编码	201600
企业类型	进出口货物收发货人	注册日期	1995.12.15	注册资本	6750万美元
评定时间	2008.10.31	报关有效期	2011.12.11	所属海关	上海海关
法定代表人	唐庆年		电话	021-37747201	
日常联系人	何青山		电话	021-37747373	
主营范围	研发、生产各类新型电子元器件，销售自产产品（涉及行政许可的，凭许可证经营）。				

企业名称	上海旭福电子有限公司			海关编码	3118940200
通讯地址	上海市松江区洞泾镇工业开发区振业路6号			邮政编码	201619
企业类型	进出口货物收发货人	注册日期	1993.2.1	注册资本	2600万美元
评定时间	2009.7.6	报关有效期	2012.2.11	所属海关	上海海关
法定代表人	宋恭源		电话	021-57671670	
日常联系人	张斌		电话	021-57671670-213	
主营范围	生产新型电子元器件（片式元器件、电力电子器件），晶片、晶粒等半导体专用材料零部件；来料加工晶片、晶粒等半导体专用材料零部件；销售自产产品和零部件。（涉及许可经营的，凭许可证经营。）				

企业名称	箭牌糖类（上海）有限公司			海关编码	3118940618
通讯地址	上海市松江工业区松胜路 888 号			邮政编码	201613
企业类型	进出口货物收发货人	注册日期	2001.9.14	注册资本	4600 万美元
评定时间	2010.5.20	报关有效期	2014.7.14	所属海关	上海海关
法定代表人	ELLEN O'DONNELL KOLLAR		电话	021-37738302	
日常联系人	江骏		电话	021-37738382	
主营范围	糖类等农作物优质高产新品种新技术的开发，生产食品添加剂、糖果及巧克力，销售自产产品。（涉及行政许可的，凭许可证经营。）				

企业名称	台积电（中国）有限公司			海关编码	3118940992
通讯地址	上海市松江区文翔路 4000 号			邮政编码	201616
企业类型	进出口货物收发货人	注册日期	2003.8.28	注册资本	37100 万美元
评定时间	2009.1.6	报关有效期	2014.8.18	所属海关	上海海关
法定代表人	曾繁城		电话	021-57768000-2328	
日常联系人	曾繁城		电话	021-57768000-2328	
主营范围	线宽 0.35 微米及以下大规模集成电路生产，以及光掩膜的制造、针测、封装、测试及其相关服务；与集成电路有关的开发、设计服务、技术服务与咨询；销售公司自产产品，并提供技术售后服务。（涉及许可经营的，凭许可证经营。）				

企业名称	大同利美特（上海）有限公司			海关编码	3118940772
通讯地址	上海市松江方塔北路 618 号			邮政编码	201613
企业类型	进出口货物收发货人	注册日期	1994.8.3	注册资本	5608 万美元
评定时间	2009.11.16	报关有效期	2014.9.27	所属海关	上海海关
法定代表人	田口正幸		电话	021-57740088	
日常联系人	俞志贤		电话	021-57740088	
主营范围	设计、生产（含织染和后整理加工）高级毛纺织品、针织品、服装和服饰，销售自产产品，与上述产品同类商品的进出口、批发、零售、佣金代理（拍卖除外），并提供相关配套服务。（不涉及国营贸易管理商品，涉及配额、许可证管理商品的，按国家有关规定输申请；涉及许可经营的，凭许可证经营。）				

企业名称	柯尼卡美能达光学仪器（上海）有限公司			海关编码	3118941519
通讯地址	上海市松江工业区美能达路368号			邮政编码	201600
企业类型	进出口货物收发货人	注册日期	2006.10.8	注册资本	1494.5万美元
评定时间	2008.10.31	报关有效期	2012.9.8	所属海关	上海海关
法定代表人	绫城啓次		电话	021-57741620	
日常联系人	卫红方		电话	021-57741620-520	
主营范围	生产和加工数码照相机关键件及其相关光学产品、大屏幕彩色投影显示器用光学引擎、新型电子元器件、光电子器件、高密度数字光盘机用关键件，销售自产产品，提供相关技术服务。（涉及行政许可的，凭许可证经营。）				

企业名称	上海建伍电子有限公司			海关编码	3118941019
通讯地址	上海市松江区荣乐东路2160号			邮政编码	201613
企业类型	进出口货物收发货人	注册日期	2003.10.16	注册资本	1350万美元
评定时间	2009.1.6	报关有效期	2014.8.18	所属海关	上海海关
法定代表人	佐藤一祥		电话	021-57741800	
日常联系人	周怡		电话	021-57742496	
主营范围	制造音响设备及器材、映视设备及器材、打印设备、导航产品、通信器材产品、防爆对讲机及其相关的零部件，从事非配额许可证管理、非专营商品的收购出口业务，销售公司自产产品并提供售后服务。（涉及许可经营的，凭许可证经营。）				

企业名称	上海保隆工贸有限公司			海关编码	3118961069
通讯地址	上海市松江区洞泾镇茂盛路71号			邮政编码	201619
企业类型	进出口货物收发货人	注册日期	2007.4.28	注册资本	300万人民币
评定时间	2010.6.23	报关有效期	2013.3.3	所属海关	上海海关
法定代表人	张祖秋		电话	021-57690000	
日常联系人	代小壮		电话	021-57690026	
主营范围	销售汽配、机电产品、电子元件、化工原料及产品（除危险品外）、机械化设备及配件、五金交电、网络设备、金属材料、建材、工艺品（除金银外），机械设备安装（除特种设备外），仓储（除危险品外），从事货物及技术的进出口业务。（上述经营范围涉及行政许可的，凭许可证经营。）				

企业名称	上海晨兴希姆通电子科技有限公司			海关编码	3120930591
通讯地址	上海市青浦工业园区胜利路 888 号			邮政编码	201700
企业类型	进出口货物收发货人	注册日期	2009.3.24	注册资本	20000 万人民币
评定时间	2011.9.26	报关有效期	2012.3.24	所属海关	上海海关
法定代表人	唐融融		电话	021-32523300	
日常联系人	俞晓凤		电话	021-69212092	
主营范围	设计和生产液晶显示模块等新型平板显示器件、数字音视频编解码设备，设计、开发移动通信产品，开发、生产相关软件产品，销售自产产品，提供相关技术服务和售后服务。				

企业名称	上海奂鑫电子有限公司			海关编码	3120940153
通讯地址	上海市青浦区华新镇北青公路 4469 号			邮政编码	201705
企业类型	进出口货物收发货人	注册日期	1999.3.30	注册资本	720 万美元
评定时间	2009.2.2	报关有效期	2014.3.30	所属海关	上海海关
法定代表人	徐鸿钧		电话	021-59770666	
日常联系人	吴莲英		电话	021-59770666	
主营范围	生产电子零配件，塑料制品，不涉及出口许可证管理范围的铜线，铜箔丝，电线，电缆，电话线，塑胶粒，电话插头，插座，连接器，计算器，手提电脑包及其他箱包；便携式计算机产品的加工及配套组装；销售公司自产产品；从事非配额许可证管理、非专营商品的收购出口业务。（涉及行政许可的，凭许可证经营。）				

企业名称	上海英济电子塑胶有限公司			海关编码	3120940212
通讯地址	上海市青浦工业园区新业路 885 号			邮政编码	201700
企业类型	进出口货物收发货人	注册日期	1994.4.23	注册资本	1550 万美元
评定时间	2010.7.28	报关有效期	2014.4.23	所属海关	上海海关
法定代表人	徐文麟		电话	021-69211111	
日常联系人	周承欢		电话	021-69211111	
主营范围	生产电脑、电子、电器用塑胶零组件，精密模具，工具，夹具，光盘驱动器，电脑鼠标器、扫描器、摇杆器及相关电脑周边产品；电子线路板的加工；销售公司自产产品。（涉及行政许可的，凭许可证经营。）				

企业名称	上海服良时装有限公司			海关编码	3120940040
通讯地址	上海市青浦区重固镇北青公路 9478 号			邮政编码	201707
企业类型	进出口货物收发货人	注册日期	1994.6.14	注册资本	285 万美元
评定时间	2010.5.20	报关有效期	2014.6.14	所属海关	上海海关
法定代表人	铃木史良		电话	021-59703186	
日常联系人	汪继文		电话	021-59703186	
主营范围	生产各类服装、服饰，承接服装、服饰及其辅料的仓储业务，销售公司自产产品，从事非配额许可证管理、非专营商品的收购出口业务。（涉及许可经营的，凭许可证经营。）				

企业名称	星科金朋（上海）有限公司			海关编码	3120940048
通讯地址	上海市青浦区徐泾镇华徐路 188 号			邮政编码	201702
企业类型	进出口货物收发货人	注册日期	1994.7.18	注册资本	26910 万美元
评定时间	2009.3.5	报关有效期	2014.7.18	所属海关	上海海关
法定代表人	LEE YIK CHOONG		电话	021-59765858	
日常联系人	徐莺		电话	021-59765858-2152	
主营范围	生产以半导体元器件为主的电子元器件，并提供相关技术服务；销售自产产品。（涉及许可经营的，凭许可证经营。）				

企业名称	上海美蓓亚精密机电有限公司			海关编码	3120940017
通讯地址	上海市青浦区金泽镇沪青平公路 8313 号			邮政编码	201721
企业类型	进出口货物收发货人	注册日期	2001.12.11	注册资本	23906 万美元
评定时间	2008.10.31	报关有效期	2014.12.11	所属海关	上海海关
法定代表人	藤泽进		电话	021-59293680	
日常联系人	常艳		电话	021-59293680	
主营范围	生产、加工、检测和维修精密轴承，精密机械零部件，微电机，计测仪器，橡胶加工制品，电子仪表等机电产品及部件，新型平板显示器及部件；销售自产产品；提供售后服务、技术服务；维修非自产上述相关产品；从事非配额许可证管理、非专营商品的收购出口业务；上述同类产品及零部件的批发业务。（涉及许可经营的，凭许可证经营。）				

企业名称	上海金发科技发展有限公司			海关编码	3120965305
通讯地址	上海市青浦区朱家角镇工业园区康园路 88 号			邮政编码	201714
企业类型	进出口货物收发货人	注册日期	2004.7.15	注册资本	37000 万人民币
评定时间	2010.1.8	报关有效期	2012.10.9	所属海关	上海海关
法定代表人	梁荣朗		电话	021-69835766	
日常联系人	张培基		电话	021-69835679	
主营范围	塑料、化工产品、日用机械、金属制品新材料、新产品的开发研究、技术服务、技术转让；塑料、日用机械、金属制品新材料、新产品的加工和销售；黏合剂、高分子材料及其助剂的销售；经营本企业自产产品的出口业务和本企业所需的机械设备、零配件、原辅材料的进口业务（不另附进出口商品目录），但国家限定公司经营或禁止进出口的商品及技术除外。（涉及许可经营的，凭许可证经营。）				

企业名称	上海开联制衣厂有限公司			海关编码	3116920072
通讯地址	上海市浦东新区新场镇新坦瓦公路 348 号			邮政编码	201314
企业类型	进出口货物收发货人	注册日期	1993.1.1	注册资本	553.6 万美元
评定时间	2008.12.5	报关有效期	2013.12.1	所属海关	上海海关
法定代表人	胡兆康		电话	021-68151682	
日常联系人	唐志国		电话	021-68151682	
主营范围	生产高、中档服装，以及户外运动服饰、手套、脚套、帽子、睡袋、包装袋；销售自产产品；上述产品同类商品的批发、佣金代理（拍卖除外）、进出口，并提供配套服务。（不涉及国营贸易管理，涉及配额、许可证管理商品的，按国家有关规定办理申请；涉及许可经营的，凭许可证经营。）				

企业名称	上海延锋江森座椅有限公司			海关编码	3116930331
通讯地址	上海市浦东新区康桥工业区康安路 669 号			邮政编码	201315
企业类型	进出口货物收发货人	注册日期	2001.10.15	注册资本	2477.07 万美元
评定时间	2008.10.31	报关有效期	2014.9.22	所属海关	上海海关
法定代表人	马振刚		电话	021-68079111	
日常联系人	田茵		电话	021-68079110	
主营范围	设计、开发、生产汽车座椅、顶篷、遮阳板、顶饰系统，以及以上产品的部件，并提供以上产品的技术工程服务；从事非配额许可证管理、非专营商品的收购出口业务；销售自产产品。（涉及许可经营的，凭许可证经营。）				

企业名称	上海施耐德配电电器有限公司			海关编码	3116935030
通讯地址	上海市浦东新区康桥工业开发区康桥路833号			邮政编码	201315
企业类型	进出口货物收发货人	注册日期	1996.1.3	注册资本	1100万美元
评定时间	2009.3.27	报关有效期	2013.12.29	所属海关	上海海关
法定代表人	范晓莉		电话	021-52397070	
日常联系人	张激武		电话	021-58122222-327	
主营范围	生产低压空气断路器、低压盘柜（包括半成品及零配件），销售自产产品。（涉及许可经营的，凭许可证经营。）				

企业名称	上海纳铁福传动轴有限公司			海关编码	3116935021
通讯地址	上海市浦东新区康桥路950号			邮政编码	201315
企业类型	进出口货物收发货人	注册日期	1993.1.2	注册资本	8924.9万欧元
评定时间	2009.3.27	报关有效期	2013.12.23	所属海关	上海海关
法定代表人	沈建华		电话	021-58121690	
日常联系人	周震宇		电话	021-58121690	
主营范围	生产各种车用等速万向节、等速传动轴、万向节、传动轴及其他传动系列产品，以及锻件和零部件；销售自产产品；并提供产品的国内售后服务。（涉及许可经营的，凭许可证经营。）				

企业名称	昌硕科技（上海）有限公司			海关编码	3116940310
通讯地址	上海市浦东新区康桥工业区沪南路2502号			邮政编码	201315
企业类型	进出口货物收发货人	注册日期	2005.6.22	注册资本	30800万美元
评定时间	2009.3.5	报关有效期	2013.4.19	所属海关	上海海关
法定代表人	张天宝		电话	021-38113768	
日常联系人	周玉撰		电话	021-38113768-51088	
主营范围	卫星通信系统设备制造，卫星导航定位接收设备及关键零部件制造；研究、生产、组装手机，第三代和后续移动通信手机、基站、核心网设备及网络检测设备，大、中型电子计算机，便携式微型电子计算机，高档服务器，大容量光、磁盘驱动器及其部件，新型打印设备（激光、喷墨打印机）、数字电视、数字音视频编码设备及其相关零部件，车载电子技术及装置（包含汽车信息系统和导航系统），网络通信设备，高端路由器，新型电子元器件，数字照相机及关键件；销售自产产品，提供售后服务及相关技术服务，以及以上产品及其相关零部件的批发、佣金代理（拍卖除外）；相关产品的维修、物流服务及相关信息技术服务；工业设计、产品设计（外观设计、结构设计、电路设计及平面设计等）、展览（示）设计；进出口业务，并提供相关的配套业务。（涉及行政许可的，凭许可证经营。）				

企业名称	上海宏和电子材料有限公司			海关编码	3116940471
通讯地址	上海市浦东新区康桥工业区沪南公路 2502 号 306 室			邮政编码	201315
企业类型	进出口货物收发货人	注册日期	2001.10.15	注册资本	6400 万美元
评定时间	2009.1.6	报关有效期	2014.8.16	所属海关	上海海关
法定代表人	谢坤洲		电话	021-38299688-5001	
日常联系人	陈秀华		电话	021-38299688-6804	
主营范围	生产电子级玻璃纤维布，销售自产产品。（涉及许可经营的，凭许可证经营。）				

企业名称	安特金属成形（上海）有限公司			海关编码	3116940283
通讯地址	上海市南汇工业园区宣黄公路 819 号			邮政编码	201300
企业类型	进出口货物收发货人	注册日期	2004.10.25	注册资本	3000 万美元
评定时间	2009.9.4	报关有效期	2014.9.22	所属海关	上海海关
法定代表人	HO KHEONG CHUN		电话	0065-62640033	
日常联系人	顾燕萍		电话	021-38286688	
主营范围	设计、生产汽车用驱动桥总成、变速器、滤清器（三滤）、等速万向节、减震器、专用高强度紧固件和汽车零件及汽车模具（含冲模、注塑模、模压模）、夹具（焊接夹具、检验夹具等），数字音、视频编解码设备，数字有线电视系统设备，高档服务器及相关零配件，电子电器设备的相关零配件（侧板、框架、支架、底盖等），并提供相关售后服务;上述产品及同类产品的批发、进出口、佣金代理(拍卖除外)。(涉及配额许可证管理、专项规定管理的商品，按照国家有关规定办理;涉及行政许可的，凭许可证经营。)				

企业名称	威旭半导体（上海）有限公司			海关编码	3108945028
通讯地址	上海市江场西路 501 号			邮政编码	200436
企业类型	进出口货物收发货人	注册日期	2006.4.4	注册资本	3819 万美元
评定时间	2009.2.2	报关有效期	2012.4.4	所属海关	上海海关
法定代表人	罗继宗		电话	021-56030910	
日常联系人	阎峰		电话	021-56030910-6126	
主营范围	主要从事研制、开发、生产新型电子元器件，销售自产产品并提供售后服务。				

<table>
<tr><td>企业名称</td><td colspan="3">迅达（中国）电梯有限公司</td><td>海关编码</td><td>3108945012</td></tr>
<tr><td>通讯地址</td><td colspan="3">上海市汶水路40号</td><td>邮政编码</td><td>200072</td></tr>
<tr><td>企业类型</td><td>进出口货物收发货人</td><td>注册日期</td><td>2003.8.14</td><td>注册资本</td><td>56460.1796万人民币</td></tr>
<tr><td>评定时间</td><td>2008.10.31</td><td>报关有效期</td><td>2014.8.14</td><td>所属海关</td><td>上海海关</td></tr>
<tr><td>法定代表人</td><td colspan="2">郑瑞恒</td><td colspan="2">电话</td><td>021-56650991</td></tr>
<tr><td>日常联系人</td><td colspan="2">朱荣强</td><td colspan="2">电话</td><td>021-56650991</td></tr>
<tr><td>主营范围</td><td colspan="5">生产、开发、安装、保养、维修和改造电梯、自动扶梯、自动人行道及其辅助设备和零部件，设计新产品和开发相关技术，销售迅达牌的上述产品。（涉及许可证的，凭许可证经营。）</td></tr>
</table>

<table>
<tr><td>企业名称</td><td colspan="3">中化上海有限公司</td><td>海关编码</td><td>3105915023</td></tr>
<tr><td>通讯地址</td><td colspan="3">上海河南南路33号17层~19层</td><td>邮政编码</td><td>200002</td></tr>
<tr><td>企业类型</td><td>进出口货物收发货人</td><td>注册日期</td><td>1993.1.2</td><td>注册资本</td><td>34481.129万人民币</td></tr>
<tr><td>评定时间</td><td>2009.3.5</td><td>报关有效期</td><td>2014.1.2</td><td>所属海关</td><td>上海海关</td></tr>
<tr><td>法定代表人</td><td colspan="2">胡汉春</td><td colspan="2">电话</td><td>021-63289888</td></tr>
<tr><td>日常联系人</td><td colspan="2">刘忠诚</td><td colspan="2">电话</td><td>021-63289888</td></tr>
<tr><td>主营范围</td><td colspan="5">从事货物及技术的进出口业务，物业管理，农药经营，金属材料、汽车（含轿车）及零配件进口经营权，燃料油、原粮、成品粮、油料、油脂及其副产品、煤炭批发经营，化工原料及产品，仓储（限分公司经营）。（企业经营涉及行政许可的，凭许可证件经营。）</td></tr>
</table>

<table>
<tr><td>企业名称</td><td colspan="3">上海新联纺进出口有限公司</td><td>海关编码</td><td>3105915011</td></tr>
<tr><td>通讯地址</td><td colspan="3">上海市愚园路1341号</td><td>邮政编码</td><td>200050</td></tr>
<tr><td>企业类型</td><td>进出口货物收发货人</td><td>注册日期</td><td>1985.2.26</td><td>注册资本</td><td>10000万人民币</td></tr>
<tr><td>评定时间</td><td>2009.7.6</td><td>报关有效期</td><td>2014.2.26</td><td>所属海关</td><td>上海海关</td></tr>
<tr><td>法定代表人</td><td colspan="2">黄勤</td><td colspan="2">电话</td><td>021-62511532</td></tr>
<tr><td>日常联系人</td><td colspan="2">刘强</td><td colspan="2">电话</td><td>021-62511525</td></tr>
<tr><td>主营范围</td><td colspan="5">市外经贸委批准的进出口业务（按章程），实业投资，房地产开发，经营国内贸易（除专项规定），信息咨询。</td></tr>
</table>

企业名称	东方国际创业股份有限公司			海关编码	3105915026
通讯地址	上海市浦东新区向城路 58 号二层 A 座			邮政编码	200336
企业类型	进出口货物收发货人	注册日期	1999.3.24	注册资本	32000 万人民币
评定时间	2009.9.4	报关有效期	2014.3.24	所属海关	上海海关
法定代表人	蔡鸿生		电话	021-62789999	
日常联系人	张路		电话	021-62789999-3606	
主营范围	自营和代理除国家统一组织或核定经营的进出口商品以外的商品和技术进出口业务，经营“三来一补”和进料加工业务，生物、医药、化工产品的开发、生产、销售，国际货代、转口贸易等。				

企业名称	上海东方航空食品有限公司			海关编码	3105935066
通讯地址	上海市虹桥路 2550 号			邮政编码	200335
企业类型	进出口货物收发货人	注册日期	1993.1.2	注册资本	2960 万美元
评定时间	2009.1.6	报关有效期	2014.1.2	所属海关	上海海关
法定代表人	陈海鞠		电话	021-51133660	
日常联系人	张业		电话	021-68331134	
主营范围	为中国民航及外航公司提供餐食、饮料和劳务；接受国内城市的订单，提供餐食、饮料制作和餐食原料服务。				

企业名称	上海新康电子有限公司			海关编码	3105935042
通讯地址	上海市长宁路 865 号			邮政编码	200050
企业类型	进出口货物收发货人	注册日期	1993.9.21	注册资本	5310 万美元
评定时间	2008.10.31	报关有效期	2014.9.21	所属海关	上海海关
法定代表人	费利克斯·赞德曼		电话	021-59926999	
日常联系人	李宏芩		电话	021-59926999	
主营范围	生产表面安装的功率电子器件和其他器件，销售自产产品。				

企业名称	蝶理（中国）商业有限公司			海关编码	3105940313
通讯地址	上海市延安西路2201号上海国际贸易中心1201室			邮政编码	200336
企业类型	进出口货物收发货人	注册日期	2005.9.7	注册资本	700万美元
评定时间	2011.8.26	报关有效期	2014.9.7	所属海关	上海海关
法定代表人	井上邦久		电话	021-62756678	
日常联系人	张伟伟		电话	021-62190096	
主营范围	纺织原料及制品，化工品，机械设备和化工制造设备及成套设备，太阳电池，矿产品（铁矿石除外），塑料及其制品，橡胶及其制品（天然橡胶除外），木及木制品，木炭（详见营业执照）。				

企业名称	上海松下半导体有限公司			海关编码	3104935168
通讯地址	上海市漕溪路258弄25号			邮政编码	200233
企业类型	进出口货物收发货人	注册日期	1995.4.20	注册资本	872932.1205万日元
评定时间	2008.10.31	报关有效期	2014.4.20	所属海关	上海海关
法定代表人	邵礼群		电话	021-64821608	
日常联系人	车欣		电话	021-64821608	
主营范围	生产民用半导体，销售自产产品。（涉及许可经营的，凭许可证经营。）				

企业名称	达丰（上海）电脑有限公司			海关编码	3118540002
通讯地址	上海市松江出口加工区三庄路58弄2号			邮政编码	201613
企业类型	进出口货物收发货人	注册日期	2000.12.7	注册资本	12005万美元
评定时间	2010.7.28	报关有效期	2011.12.7	所属海关	上海海关
法定代表人	黄健堂		电话	021-37818168	
日常联系人	陈耀振		电话	021-37818168	
主营范围	生产主机板、微型计算机、高档服务器、掌上电脑、新型平板显示器，液晶电视、接入网通信系统设备、移动通信系统手机，以及以上产品之相关半成品和零部件；销售本公司自产产品；从事非配额许可管理、非专营商品的收购出口业务；相关精密仪器和设备维修、售后服务；电子产品的生产技术、品质保证、产品开发，以及应用功能的研究、开发及中试（包括与国内科研院所合作开发）；转让自研成果，与本公司研发成果技术转让有关的技术咨询、技术服务，商业性检测；上述产品的进出口业务、批发业务、佣金代理（除拍卖外）及相关其他配套业务；相关信息处理服务和有关资讯业务。（涉及许可经营的，凭许可证经营。）				

企业名称	达功（上海）电脑有限公司			海关编码	3118540001
通讯地址	上海市松江出口加工区三庄路 68 号			邮政编码	201613
企业类型	进出口货物收发货人	注册日期	2000.12.25	注册资本	12810 万美元
评定时间	2010.7.28	报关有效期	2011.12.25	所属海关	上海海关
法定代表人	黄健堂	电话		021-37818168	
日常联系人	陈耀振	电话		021-37818168	
主营范围	生产主机板、微型计算机、高档服务器、掌上电脑、新型平板显示器、液晶电视、接入网通信系统设备、移动通信系统手机、网络电话（产品全部代工）、数字摄录机、数字录放机、数字照相机、数字音视频编解码设备、数字多媒体存储播放设备（MP3/4）、收音机、电子专用设备、测试仪器及以上产品相关的半成品和零部件；销售公司自产产品，并为自有产品及集团内企业产品提供维修测试服务；电子产品的生产技术、品质保证、产品开发，以及应用功能的研究、开发和中试（包括与国内科研院所合作研发）；转让自研成果，与本公司研发成果技术转让有关的技术咨询、技术服务；商业性检测；相关精密仪器和设备的维修、售后服务；上述产品的进出口、批发业务、佣金代理（拍卖除外）及相关的其他配套业务；相关信息处理服务和有关咨询业务。（涉及行政许可的，凭许可证经营。）				

企业名称	国琏电子（上海）有限公司			海关编码	3118540091
通讯地址	上海市松江区宝益路 28 号			邮政编码	201613
企业类型	进出口货物收发货人	注册日期	2007.2.2	注册资本	2000 万美元
评定时间	2010.7.28	报关有效期	2013.1.25	所属海关	上海海关
法定代表人	黄干	电话		021-61206688-21001	
日常联系人	张东北	电话		021- 61206688-21303	
主营范围	研发、生产、加工新型电子元器件［片式电子元器件（信号滤波器）、电力电子器件（数位/宽频调制解调器，逆变器，直流转直流电源供应器，交流转直流电源供应器），光电子器件、敏感元器件及传感器生产（光纤数字收发模块，光收发转换器，光发射模块用光次组件，光接收模块用光次组件，光发射/接收模块用光次组件，光电集线器）、功率放大器、低杂讯放大器、无线传输模块］，数字音、视频编解码设备［STB机顶盒，用户端媒体接入网关（IAD，MTA）］，10 千兆比/秒以上光同步系列传输设备（SDH 光通讯模块设备，多业务功能传送平台），宽带接入网通信系统设备［有线网络卡及模块，无线网络卡模块，无线蓝牙模块，无线网络接入器（AP）］，异步转移模式（ATM）及 IP 数据通信系统［ATM 及 IP 数据交换器，各类路由器（IP，xDSL，CM），防火墙，局端接入数位用户回路系统，局端接入媒体网关设备］，以及上述产品的零部件和相关软件的开发；对以上产品的维修和商业性检测；销售公司自产产品，并提供上述同类商品的批发、进出口、佣金代理（拍卖除外），以及相关的配套服务和技术咨询。（涉及许可经营的，凭许可证经营。）				

企业名称	达人（上海）电脑有限公司			海关编码	3118540011
通讯地址	上海市松江出口加工区茸江路68号A、B、C栋			邮政编码	201613
企业类型	进出口货物收发货人	注册日期	2001.3.16	注册资本	990万美元
评定时间	2010.7.28	报关有效期	2014.3.16	所属海关	上海海关
法定代表人	黄健堂		电话	021-37818168	
日常联系人	陈耀振		电话	021-37818168	
主营范围	生产主机板、微型计算机、高档服务器、掌上电脑、新型平板显示器、液晶电视、接入网通信系统设备、网络电话（产品全部代工）、电话手机、卫星导航定位接收设备、收音机、数字摄录机、数字录放机、数字照相机、数字音视频编解码设备、数码多媒体存储播放设备（MP3/4）、信息识别处理终端系统及以上产品的半成品和相关产品；销售公司自产产品；售后服务；电子产品的生产技术、品质保证、产品开发及应用功能的研究、开发和中试（包括与国内科研院所合作研发）；转让自研成果，与本公司研发成果技术转让有关的技术咨询、技术服务、商业性检测；上述产品的进出口业务、批发业务、佣金代理（拍卖除外）及相关的其他配套业务；相关信息处理和有关咨询业务。				

企业名称	友达光电（上海）有限公司			海关编码	3118540054
通讯地址	上海市松江出口加工区三庄路58弄3号			邮政编码	201613
企业类型	进出口货物收发货人	注册日期	2003.6.5	注册资本	10800万美元
评定时间	2011.5.27	报关有效期	2014.6.5	所属海关	上海海关
法定代表人	陈来助		电话	0512-62588800	
日常联系人	杨勇		电话	021-37818800	
主营范围	液晶显示屏等新型显示器件和以上产品的相关零部件的制造及相关产品的组装；相关精密仪器和设备的维修，并提供技术及售后服务；销售公司自产产品。（涉及许可的，凭许可证经营。）				

企业名称	达伟（上海）物流仓储有限公司			海关编码	3118540084
通讯地址	上海市松江出口加工区三庄路58弄9号			邮政编码	201613
企业类型	进出口货物收发货人	注册日期	2006.7.6	注册资本	950万美元
评定时间	2010.7.28	报关有效期	2014.7.6	所属海关	上海海关
法定代表人	黄健堂		电话	021-37818168	
日常联系人	陈耀振		电话	021-37818168	
主营范围	提供仓储服务；承办海运、陆运、空运进出口货物，国际展品、私人物品及过境货物的国际运输代理业务，包括揽货、托运、订舱、仓储、中转、集装箱拆箱、结算运杂费、报关、报检、报验、保险、相关的短途运输服务及运输咨询业务；国内货物的运输代理业务；普通货物装卸、产品整理、分拣包装及流通加工；电子、通信设备及其半成品和零部件的维修服务、进出口业务、批发业务、佣金代理（拍卖除外），以及与保税物流相关的其他配套业务；相关信息处理服务和有关咨询服务。（涉及配额许可证管理、专项规定管理的商品，按照国家有关规定办理。）				

<table>
<tr><td>企业名称</td><td colspan="3">国基电子（上海）有限公司</td><td>海关编码</td><td>3118540055</td></tr>
<tr><td>通讯地址</td><td colspan="3">上海市松江工业区南乐路 1925 号</td><td>邮政编码</td><td>201613</td></tr>
<tr><td>企业类型</td><td>进出口货物收发货人</td><td>注册日期</td><td>2003.7.25</td><td>注册资本</td><td>7340 万美元</td></tr>
<tr><td>评定时间</td><td>2010.7.28</td><td>报关有效期</td><td>2014.7.25</td><td>所属海关</td><td>上海海关</td></tr>
<tr><td>法定代表人</td><td colspan="2">黄干</td><td>电话</td><td colspan="2">021-61206688-21001</td></tr>
<tr><td>日常联系人</td><td colspan="2">张东北</td><td>电话</td><td colspan="2">021-6120668-21303</td></tr>
<tr><td>主营范围</td><td colspan="5">研发、生产、加工新型电子元器件[片式电子元器件(信号滤波器)、电力电子器件(数位/宽频调制解调器，逆变器，直流转直流源供应器，交流转直流电源供应器），光电子器件，敏感元器件及传感器生产（光纤数字收发模块，光收发转换器光发射模块用光次组件，光接收模块用光次组件，光发射/接收模块用电次组件，激光器筒形封装，光接收筒形封装，光电集线器)，功率放大器，低噪声放大器，无线传输模块]，数字音、视频编解码设备[STB 机顶盒，用户端接入媒体网关(IAD，MTA)，视讯电话，语音分线器]，网络通信系统设备，异步转移模式（ATM）及 IP 数据通信系统，网络交换机，路由器，数字微波同步系列传达输设备，光同步、光交叉系列传输连接设备，笔记本电脑外壳及模块，液晶显示器外壳及模块，手机外壳及模块，电脑散热装置及模块，精密模具及模具标准件，线缆、连接器、电子零件，以及上述产品的零配件生产和相关软件的开发；销售公司自产产品，并提供售后技术咨询服务；精密仪器、设备的维修与售后服务。（涉及行政许可的，凭许可证经营。）</td></tr>
</table>

<table>
<tr><td>企业名称</td><td colspan="3">上海基森仓储有限公司</td><td>海关编码</td><td>3118560096</td></tr>
<tr><td>通讯地址</td><td colspan="3">上海市松江区茸华北路 268 号</td><td>邮政编码</td><td>201610</td></tr>
<tr><td>企业类型</td><td>进出口货物收发货人</td><td>注册日期</td><td>2007.10.26</td><td>注册资本</td><td>2750 万人民币</td></tr>
<tr><td>评定时间</td><td>2011.5.27</td><td>报关有效期</td><td>2013.10.26</td><td>所属海关</td><td>上海海关</td></tr>
<tr><td>法定代表人</td><td colspan="2">张绮</td><td>电话</td><td colspan="2">021-67748193</td></tr>
<tr><td>日常联系人</td><td colspan="2">杨婷婷</td><td>电话</td><td colspan="2">021-67748193</td></tr>
<tr><td>主营范围</td><td colspan="5">仓储及自有房屋的租赁，货物运输代理，从事货物及技术的进出口业务，电子产品、电脑软件的技术开发，企业管理咨询（除经纪外）。（上述经营范围涉及行政许可的，凭许可证经营。）</td></tr>
</table>

<table>
<tr><td>企业名称</td><td colspan="3">赫科玛电缆（上海）有限公司</td><td>海关编码</td><td>3117540005</td></tr>
<tr><td>通讯地址</td><td colspan="3">上海市闵行区出口加工区 1-2 号地块</td><td>邮政编码</td><td>201401</td></tr>
<tr><td>企业类型</td><td>进出口货物收发货人</td><td>注册日期</td><td>2006.1.25</td><td>注册资本</td><td>370 万美元</td></tr>
<tr><td>评定时间</td><td>2011.8.26</td><td>报关有效期</td><td>2012.1.25</td><td>所属海关</td><td>上海海关</td></tr>
<tr><td>法定代表人</td><td colspan="2">ESA VEIJALAINEN</td><td>电话</td><td colspan="2">021-33655333</td></tr>
<tr><td>日常联系人</td><td colspan="2">刘雪慧</td><td>电话</td><td colspan="2">021-33655333</td></tr>
<tr><td>主营范围</td><td colspan="5">开发、设计、组装、制造、生产电子光纤电缆及相关的电缆产品；销售自产产品，并提供售后服务；上述同类产品及其相关原材料、附件、机器设备、半成品的进出口、批发、佣金代理（拍卖除外）。（涉及行政许可的，凭许可证经营。）</td></tr>
</table>

企业名称	英业达科技有限公司			海关编码	3111540003
通讯地址	上海漕河泾出口加工区浦星路 789 号			邮政编码	201114
企业类型	进出口货物收发货人	注册日期	2004.6.22	注册资本	5000 万美元
评定时间	2010.12.24	报关有效期	2011.6.22	所属海关	上海海关
法定代表人	李诗钦		电话	021-64298888	
日常联系人	陆莉娜		电话	021-64298888-5311	
主营范围	设计开发并生产大中型电子计算机、便携式微型计算机、高档服务器、新型电子元器件、数字电视机数字音视频编译码设备数字有线电视系统设备销售自产产品提供产品售后服务（涉及许可经营的凭许可证经营）。				

企业名称	英顺达科技有限公司			海关编码	3111540001
通讯地址	上海闵行区浦星路 699 号			邮政编码	201114
企业类型	进出口货物收发货人	注册日期	2004.2.9	注册资本	5000 万美元
评定时间	2010.12.24	报关有效期	2014.2.4	所属海关	上海海关
法定代表人	李诗钦		电话	021-64298888	
日常联系人	黄强		电话	021-64298888	
主营范围	设计开发并生产中大型电子计算机、携带式微型计算机、微机计算机、高档服务器、新型电子元器件、数字电视机、移动通信设备（即交换设备），数字音、视频编解码设备、数字有线电视系统设备、游戏机及上述产品之零部件与模块、销售自产产品，提供产品售后服务（涉及许可经营的凭许可证经营）。				

企业名称	英华达（上海）科技有限公司			海关编码	3111540002
通讯地址	上海漕河泾出口加工区浦星路 789 号			邮政编码	201114
企业类型	进出口货物收发货人	注册日期	2004.4.1	注册资本	7700 万美元
评定时间	2011.1.17	报关有效期	2014.4.1	所属海关	上海海关
法定代表人	张景嵩		电话	021-54336899	
日常联系人	朱小溪		电话	021-54315593	
主营范围	开发设计并生产计算机、计算器、无线通讯产品（网络通讯产品）及零部件制造，数字照相机，数字放声设备（多媒体录放装置）及零部件制造，移动通讯设备及零部件制造，电话机、录音机、个人数字助理（PDA）及其相关零部件、车载无线电导航设备及零部件制造、有线与无线刷卡系统设备制造及零部件、数字多媒体影音设备及零部件制造、提供电子技术开发及技术服务，销售自产产品，保税物流，自产产品维修，商业性检测（涉及行政许可的凭许可证经营）。				

企业名称	英源达科技有限公司			海关编码	3111540004
通讯地址	上海漕河泾出口加工区浦星路 789 号			邮政编码	201114
企业类型	进出口货物收发货人	注册日期	2005.5.8	注册资本	5000 万美元
评定时间	2010.12.24	报关有效期	2014.5.8	所属海关	上海海关
法定代表人	李诗钦		电话	021-64298888	
日常联系人	黄强		电话	021-64298888	
主营范围	设计开发并生产中大型电子计算机、携带式微型计算机、高档服务器、新型电子元器件、移动通讯终端设备、车载及手持导航设备及零部件（100% 外销）、数字电视机、数字音、视频编译码设备、数字有线电视系统设备、数码照相机、监视器、（数字）摄录设备、感应读卡器、数字对讲设备及上述产品之零部件及模块，销售自产产品，提供产品之技术咨询及售后服务（涉及行政许可的凭许可证经营）。				

企业名称	上海赛科石油化工有限责任公司			海关编码	3119938001
通讯地址	上海市化学工业区 A1、A2、A3、B1 地块			邮政编码	201507
企业类型	进出口货物收发货人	注册日期	2005.7.11	注册资本	90144.0964 万美元
评定时间	2011.2.10	报关有效期	2014.7.11	所属海关	上海海关
法定代表人	王治卿		电话	021-37990088	
日常联系人	王敏		电话	021-37990088-2949	
主营范围	生产乙烯、聚乙烯、苯乙烯、聚苯乙烯、丙烯、丙烯腈、聚丙烯、丁二烯、芳烃及副产品，销售上述产品并提供售后服务及相关的技术咨询，从事聚合物应用开发，并向供应商和加工商提供附属公用工程服务（涉及许可经营的凭许可证经营）。				

企业名称	璐彩特国际（中国）化工有限公司			海关编码	3119948001
通讯地址	上海市漕泾上海化学工业园 区 A1-1 地块			邮政编码	201507
企业类型	进出口货物收发货人	注册日期	2003.12.3	注册资本	3860 万美元
评定时间	2011.2.10	报关有效期	2011.11.28	所属海关	上海海关
法定代表人	刘锡金		电话	886-932852301	
日常联系人	陈燕		电话	021-64268899-259	
主营范围	生产、销售甲基丙烯酸甲酯单体。当公司甲基丙烯酸甲酯单体装置生产有问题时，销售公司生产的富余的丙酮氢醇；当公司生产原料氢氰酸供应不足时，进口丙酮氢醇作为公司生产甲基丙烯酸甲酯单体的原料（涉及许可经营的凭许可证经营）。				

企业名称	拜耳材料科技（中国）有限公司			海关编码	3119948009
通讯地址	上海化学工业区目华路 82 号			邮政编码	201507
企业类型	进出口货物收发货人	注册日期	2005.8.16	注册资本	123167.5868 万美元
评定时间	2011.1.28	报关有效期	2014.8.16	所属海关	上海海关
法定代表人	PATRICK THOMAS		电话	021-61468282	
日常联系人	聂清		电话	021-61468282	
主营范围	开发并生产聚碳酸酯、双酚 A。碳酸二苯酯及聚碳酸酯与其他聚合物的掺混料，MDI、TDI、PET、PET 组合料，改性 MDI 及相关的中间产品，涂料及粘合剂及其副产品，销售自产产品，生产氯并销售自产的富余氯，从事上述产品、其他化学产品及化学加工设备的进出口。批发、佣金代理（拍卖除外），提供相关技术服务和售后服务，以及提供公用设施和基础设施服务（如水，蒸汽服务等），提供咨询服务，从事与所有上述化学产品有关的新产品及技术的研究开发（涉及许可经营的凭许可证经营）。				

企业名称	益海（连云港）粮油工业有限公司			海关编码	3207230165
通讯地址	江苏省连云港经济技术开发区			邮政编码	222046
企业类型	进出口货物收发货人	注册日期	2000.11.23	注册资本	43762 万人民币
评定时间	2008.10.15	报关有效期	2012.11.13	所属海关	南京海关
法定代表人	孙立家		电话	0518-2383374	
日常联系人	李庆和		电话	0518-2380742	
主营范围	大豆制品及副产品的生产。				

企业名称	江苏理士电池有限公司			海关编码	3208940029
通讯地址	江苏省金湖县工业园区			邮政编码	211600
企业类型	进出口货物收发货人	注册日期	2003.3.13	注册资本	3424.521 万美元
评定时间	2009.2.17	报关有效期	2012.3.6	所属海关	南京海关
法定代表人	董李		电话	0517-86986608	
日常联系人	尹勇君		电话	0517-86986305	
主营范围	铅酸免维护蓄电池、镍氢电池、锂电池、镍镉电池、充电器、控制器及相关的注塑、模具、汽车配件、电动车及其配件、机电设备及配件、应急灯生产，销售本公司产品（经营范围中涉及国家专项审批规定的需办理审批后方可经营）。				

企业名称	扬州大洋造船有限公司			海关编码	3210932393
通讯地址	江苏省扬州市李典镇新坝沈王村			邮政编码	225006
企业类型	进出口货物收发货人	注册日期	2004.1.17	注册资本	5280 万美元
评定时间	2009.3.2	报关有效期	2014.1.17	所属海关	南京海关
法定代表人	梁小雷		电话	0514-89789176	
日常联系人	刘艳		电话	0514-89789176	
主营范围	船舶产品及配件，钢结构及配件的制造、修理、加工，拆船加工，建筑材料、五金、交电、玻璃钢制品的生产，销售本公司自产产品，以及科技信息咨询服务。				

企业名称	扬州英谛车材实业有限公司			海关编码	3210941589
通讯地址	江苏省扬州市宝塔南路 5 号			邮政编码	225006
企业类型	进出口货物收发货人	注册日期	2000.12.12	注册资本	1765 万美元
评定时间	2008.12.24	报关有效期	2011.12.12	所属海关	南京海关
法定代表人	翁文钟		电话	0514-87812768	
日常联系人	杨洁		电话	0514-87812768	
主营范围	生产车用中冷器、空调器，以及汽车配件、热气配件，销售本公司生产的产品。				

企业名称	创利皮革（扬州）有限公司			海关编码	3210941641
通讯地址	江苏省扬州市开发区金山东路 111 号			邮政编码	225131
企业类型	进出口货物收发货人	注册日期	2001.11.14	注册资本	1200 万美元
评定时间	2010.1.11	报关有效期	2011.11.14	所属海关	南京海关
法定代表人	潘用达		电话	0514-87526222	
日常联系人	朱敏政		电话	0514-87526627	
主营范围	生产加工皮革及制成品，销售本公司自产产品。				

企业名称	可瑞尔科技（扬州）有限公司			海关编码	3210941682
通讯地址	江苏省扬州市开发区兴扬路 28 号			邮政编码	225009
企业类型	进出口货物收发货人	注册日期	2002.04.24	注册资本	500 万美元
评定时间	2009.4.2	报关有效期	2014.04.24	所属海关	南京海关
法定代表人	张廖泉		电话	0514-87961819	
日常联系人	罗红妍		电话	0514-87961819	
主营范围	研发制造传感器、衡器及其延伸产品，销售本公司自产产品。				

企业名称	扬州同利冷藏设备有限公司			海关编码	3210942285
通讯地址	江苏省扬州市经济开发区施桥镇马桥段东侧			邮政编码	225102
企业类型	进出口货物收发货人	注册日期	2006.4.24	注册资本	100 万美元
评定时间	2009.3.2	报关有效期	2012.4.24	所属海关	南京海关
法定代表人	秦钢		电话	0514-87582195	
日常联系人	李唯		电话	0514-87585354	
主营范围	生产各类冷藏、专用集装箱及活动房屋及其配件等，销售本公司自产产品及为客户提供维修、改造等售后服务。				

企业名称	金东纸业（江苏）股份有限公司			海关编码	3211931356
通讯地址	江苏省镇江大港兴港东路 8 号			邮政编码	212132
企业类型	进出口货物收发货人	注册日期	1997.6.10	注册资本	1253153 万人民币
评定时间	2008.12.24	报关有效期	2014.6.10	所属海关	南京海关
法定代表人	黄志源		电话	0511-8998888	
日常联系人	马志明		电话	0511-8996009	
主营范围	许可经营项目：道路货物运输、招待所住宿服务。一般经营项目：生产加工各类纸浆、纸张、纸板、纸制品、化工产品（危险化学品除外）、机械设备及相关产品，按林纸一体化建设的化学机械木浆，并销售上述自产产品、制浆造纸设备、制浆及造纸化工产品、粉煤灰综合利用及其成品，并销售上述自产产品，提供售后服务及技术咨询服务。还包括：货物装卸；水电汽生产供应；环保代处理服务；粉煤灰之综合利用及其制成品销售；浆、纸、纸制品及原辅材料检验服务；自有厂房和设施设备的租赁；工业观光服务。				

企业名称	江苏领先电子有限公司			海关编码	3211946115
通讯地址	江苏省镇江市丹徒区谷阳镇张巷村			邮政编码	212143
企业类型	进出口货物收发货人	注册日期	2003.1.9	注册资本	862.5 万美元
评定时间	2011.5.13	报关有效期	2014.1.9	所属海关	南京海关
法定代表人	林弘育		电话	0511-84565918	
日常联系人	宾松翠		电话	0511-84565086	
主营范围	生产变压器、整流器、充电器、电话语音系统、线材、塑胶制品、电源供应器、电子式安定器、LED 灯驱动器、照明灯具、LED 光源及其他电子产品，销售本公司生产的产品。				

企业名称	新浦化学（泰兴）有限公司			海关编码	3212941199
通讯地址	江苏省泰兴市经济开发区			邮政编码	225404
企业类型	进出口货物收发货人	注册日期	1995.12.30	注册资本	17550 万美元
评定时间	2008.10.15	报关有效期	2013.4.5	所属海关	南京海关
法定代表人	曾宪相		电话	0523-7672400	
日常联系人	张学龙		电话	0523-7672120	
主营范围	危险化学品的生产［氯化苯、硝基苯、苯胺、盐酸、离子膜烧碱、液氯、对硝基氯化苯、邻硝基氯化苯、氢气（压缩）、氯乙烯，二氯乙烷，次氯酸钠溶液（含有效氯> 5%）、苯乙烯］，销售公司自产产品，危险化学品批发［苯、乙烯（液化的）、硫酸］；自备热电厂，码头经营（以上商品及出口不涉及国营贸易、进出口配额许可证、出口配额招标、出口许可证等专项管理的商品）。				

企业名称	江苏中丹化工进出口有限公司			海关编码	3212950511
通讯地址	江苏省泰州市泰兴市七圩镇港口			邮政编码	225453
企业类型	进出口货物收发货人	注册日期	2002.1.11	注册资本	560 万人民币
评定时间	2009.7.28	报关有效期	2012.12.21	所属海关	南京海关
法定代表人	张家庆		电话	0523-7483288	
日常联系人	孙敏		电话	0523-7483340	
主营范围	化工产品批发（不含监控化学品，其中涉及危险化学品经营项目的，按危险化学品经营许可证所列范围经营），化工设备、机电及零部件批发和零售。自营和代理各类商品及技术的进出口业务（国家限定公司经营或禁止进出口的商品和技术除外）、经营进料加工和“三来一补”业务，经营对销贸易和转口贸易。				

企业名称	夏普办公设备（常熟）有限公司			海关编码	3214940017
通讯地址	江苏省常熟市沿江经济开发区黄河路			邮政编码	215500
企业类型	进出口货物收发货人	注册日期	1993.12.7	注册资本	3440 万美元
评定时间	2009.4.2	报关有效期	2012.5.31	所属海关	南京海关
法定代表人	伊藤惠造		电话	0512-52856037	
日常联系人	陈荣		电话	0512-52844650	
主营范围	研究、开发，设计并生产复印机、打印机、传真机、便携式微型计算机、电子收款机、POS 系统终端、新型平板显示器等办公设备和线路板组件，上述产品的有关零部件（含墨粉、载体、感光鼓等耗材）、相关软件的技术开发，提供售后维修服务和技术咨询服务，以及上述商品（含零部件、选购件、耗材）的批发、佣金代理（拍卖除外）、进出口业务（上述涉及配额、许可证管理及专项管理的商品，根据国家有关规定办理）。				

企业名称	芬欧汇川（中国）有限公司			海关编码	3214940051
通讯地址	江苏省常熟市沿江经济开发区			邮政编码	215536
企业类型	进出口货物收发货人	注册日期	1995.12.21	注册资本	64151 万美元
评定时间	2008.10.15	报关有效期	2012.5.31	所属海关	南京海关
法定代表人	PERTTI		电话	021-62881919	
日常联系人	龚越纯		电话	0512-52295110	
主营范围	一般经营项目：生产、加工、销售各类纸品和纸板及其他纸类产品，本企业的蒸汽、电力供应，自用物资和自产产品的装卸、运输，从事各类纸品、纸板及其他纸类产品，胶合板、锯材、木材加工产品及木塑复合材料制成品的进出口及批发业务（不涉及国营贸易管理商品，涉及配额、许可证管理的，按国家有关规定办理申请），以服务外包方式从事集团公司内关联企业的财务、税务、人力资源管理、法律咨询、产品的研究与开发、系统应用管理和维护、信息技术支持管理、市场开发，以及与生产相关的原材料、机器设备及零部件的采购等服务。				

企业名称	常熟华新特殊钢有限公司			海关编码	3214940089
通讯地址	江苏省常熟市海虞镇			邮政编码	215519
企业类型	进出口货物收发货人	注册日期	1998.9.28	注册资本	5700 万美元
评定时间	2008.11.11	报关有效期	2012.5.31	所属海关	南京海关
法定代表人	邹若齐		电话	0512-52102600	
日常联系人	吴月芳		电话	0512-52102518	
主营范围	从事特殊钢管、棒、线材、不锈钢丝绳、高档建筑五金件、水暖器材及相关管道零件产品的开发和生产。				

企业名称	烨辉（中国）科技材料有限公司			海关编码	3214940158
通讯地址	江苏省常熟市经济开发区沿江工业区烨辉路 1 号			邮政编码	215513
企业类型	进出口货物收发货人	注册日期	2002.6.26	注册资本	13000 万美元
评定时间	2008.11.11	报关有效期	2012.5.31	所属海关	南京海关
法定代表人	吴林茂		电话	0512-52298888	
日常联系人	曹爱华		电话	0512-52298597	
主营范围	生产新型建筑墙体及装饰装修材料用酸洗涂油卷板、冷轧卷板、镀锌卷板、彩涂卷板及其他相关制品，销售本公司生产产品，从事与本公司生产同类商品（热轧卷板）的批发及进出口业务（国家有专项规定的办理审批手续后经营）。				

企业名称	常熟三爱富中昊化工新材料有限公司			海关编码	3214950071
通讯地址	江苏省常熟经济开发区氟化学工业园			邮政编码	215522
企业类型	进出口货物收发货人	注册日期	2002.6.24	注册资本	10000万人民币
评定时间	2008.11.11	报关有效期	2012.5.31	所属海关	南京海关
法定代表人	周云鹤		电话	0512-52322175	
日常联系人	钱继红		电话	0512-52322022	
主营范围	许可经营项目：危险化学品生产，按安全生产许可证经营。一般经营项目：含氟精细化工的技术开发、技术转让、技术服务、技术咨询；氟利昂气瓶检测；改性聚四氟乙烯抗滴落剂（AD541）及配套PTFE（聚四氟乙烯分散乳液）销售。从事货物及技术进出口业务，但国家限定公司经营或禁止进出口的商品及技术除外。				

企业名称	江苏澳洋顺昌股份有限公司			海关编码	3215930527
通讯地址	江苏省张家港欧洲工业园			邮政编码	215618
企业类型	进出口货物收发货人	注册日期	2002.11.8	注册资本	36480万人民币
评定时间	2008.10.15	报关有效期	2011.11.8	所属海关	南京海关
法定代表人	沈学如		电话	0512-58598503	
日常联系人	王亚虎		电话	0512-58598503	
主营范围	从事冷轧钢板的涂层生产及涂层板、镀锌板、铝合金板等金属材料的加工，电子元器件专用材料开发、生产，提供原材料供给方案的技术服务及货物仓储服务，供应链管理技术开发、技术转让和与之相关的技术咨询及技术服务等；供应链管理软件开发；销售、仓储、配送自产产品。				

企业名称	张家港市易华塑料有限公司			海关编码	3215950209
通讯地址	江苏省张家港市杨舍镇工业开发区			邮政编码	215600
企业类型	进出口货物收发货人	注册日期	1999.12.21	注册资本	308万人民币
评定时间	2010.2.9	报关有效期	2011.12.21	所属海关	南京海关
法定代表人	孙永华		电话	0520-8689818	
日常联系人	张静雯		电话	0520-8673958	
主营范围	加工塑料地砖、贴墙板、离型纸、塑料片材生产和回收，并出口本企业自产的塑料地砖、贴墙板、离型纸、人造革、塑料片材等塑料制品。进口本企业生产和科研所需的原辅材料、机械设备、仪器仪表、零配件及塑料管材。				

企业名称	苏州华苏塑料有限公司			海关编码	3226930678
通讯地址	江苏省太仓港港口开发区石化区（浏家港）华苏路1号			邮政编码	215433
企业类型	进出口货物收发货人	注册日期	2007.1.5	注册资本	3800万美元
评定时间	2008.11.11	报关有效期	2013.1.5	所属海关	南京海关
法定代表人	Wayne Morse		电话	0512-53647290	
日常联系人	沈海英		电话	0512-53645089	
主营范围	生产氯乙烯为原料的聚氯乙烯树脂和塑料制品及相关产品，并在国内外市场上销售上述产品。				

企业名称	仕达利恩（南京）光电有限公司			海关编码	3201943055
通讯地址	南京经济技术开发区恒飞路31号			邮政编码	201202
企业类型	进出口货物收发货人	注册日期	2003.2.20	注册资本	1000万美元
评定时间	2010.4.16	报关有效期	2012.2.20	所属海关	南京海关
法定代表人	YOON JANG HAN		电话	025-85804862	
日常联系人	吴海勇		电话	025-85804862-8036	
主营范围	许可经营项目：无。一般经营项目：研发、生产TFT-LCD背光模组（B/L模块），加工精冲模、精密型腔模、模具及标准件，以及TFT-LCD用各类高精密金属元器件、零组件、TFT-LCD用背光灯（LAMP）组装；销售自产产品，并提供相关服务。				

企业名称	博西华电器（江苏）有限公司			海关编码	3201948022
通讯地址	江苏省南京经济技术开发区尧新大道208号			邮政编码	210038
企业类型	进出口货物收发货人	注册日期	2004.12.3	注册资本	6300万美元
评定时间	2010.11.30	报关有效期	2011.12.3	所属海关	南京海关
法定代表人	Thomas Koch		电话	025-85439988	
日常联系人	陈惠敏		电话	025-85439988-2400	
主营范围	开发、生产并销售家用电器和燃气用具，如灶具（电气/燃气）、烤箱（电气/燃气）、微波炉、蒸汽炉、炊具（电气/燃气）、加温器、消毒柜、抽油烟机、吸尘器、熨斗、电水壶、吐司机、咖啡壶、搅拌器、食品加工器、热水器、洗衣机、干衣机、洗衣干衣机；开发、生产并销售家用电器的电动发动机，以及上述所有产品各自的部件、备件及原器件；为上述产品提供售后服务；研究和开发家用电器产品，并提供相关技术咨询和技术转让；从事上述同类产品及其部件、备件及元器件的进出口、批发及佣金代理业务。				

企业名称	无锡阿尔卑斯电子有限公司			海关编码	3202340006
通讯地址	江苏省无锡新加坡工业园行创四路 5 号			邮政编码	214028
企业类型	进出口货物收发货人	注册日期	1995.2.17	注册资本	2500 万美元
评定时间	2010.12.16	报关有效期	2014.1.7	所属海关	南京海关
法定代表人	白井省三		电话	0510-85281211	
日常联系人	朱东煜		电话	0510-88088100-316、317	
主营范围	设计加工并生产各类电子开关、电脑硬盘驱动器磁阴抗磁头、软盘驱动器磁头及其他电子元器件（不含限制类产品），以及模具设计。				

企业名称	敦南微电子（无锡）有限公司			海关编码	3202540011
通讯地址	江苏省无锡出口加工区 J7、J8 号地块			邮政编码	214028
企业类型	进出口货物收发货人	注册日期	2004.11.1	注册资本	3000 万美元
评定时间	2010.12.16	报关有效期	2011.11.1	所属海关	南京海关
法定代表人	宋恭源		电话	0510-85316900	
日常联系人	孙秀平		电话	0510-85316900-5225	
主营范围	新型电子元器件、半导体分立器件、半导体集成电路晶片、半导体集成电路的设计和生产及封装，计算机辅助测试及其技术服务。				

企业名称	常州宝菱重工机械有限公司			海关编码	3204930676
通讯地址	江苏省常州市高新技术产业开发区			邮政编码	213022
企业类型	进出口货物收发货人	注册日期	1995.12.28	注册资本	7300 万美元
评定时间	2010.11.30	报关有效期	2012.3.13	所属海关	南京海关
法定代表人	智西巍		电话	021-56604945	
日常联系人	杭蕾		电话	0519-83258678	
主营范围	冶金设备，含薄板板坯连铸机及其备品备件的研发设计、制造及销售。				

企业名称	常州昌瑞汽车部品制造有限公司			海关编码	3204932023
通讯地址	江苏省常州钟楼经济开发区香樟路两段			邮政编码	213000
企业类型	进出口货物收发货人	注册日期	2004.7.28	注册资本	800 万美元
评定时间	2010.11.30	报关有效期	2014.5.10	所属海关	南京海关
法定代表人	张文昌		电话	0519-8885659	
日常联系人	许俊杰		电话	0519-83903568	
主营范围	汽车安全气囊、坐椅坐套、汽车装饰布及其他汽车部品的生产，落料再生粒子的生产（限分支机构生产），销售自产产品。无许可经营项目。				

企业名称	江苏沙钢国际贸易有限公司			海关编码	3215950214
通讯地址	江苏省锦丰镇沙钢大厦5楼			邮政编码	215600
企业类型	进出口货物收发货人	注册日期	2002.9.2	注册资本	100000万人民币
评定时间	2010.4.16	报关有效期	2014.9.3	所属海关	南京海关
法定代表人	沈文明		电话	0512-58568872	
日常联系人	黄英		电话	0512-58568263	
主营范围	自营和代理各类商品和技术的进出口（但国家限定公司经营或禁止进出口的商品和技术除外）预包装食品批发与零售。				

企业名称	长富不锈钢中心（苏州）有限公司			海关编码	3226930506
通讯地址	江苏省太仓经济开发区广州东路7号			邮政编码	215400
企业类型	进出口货物收发货人	注册日期	1995.12.19	注册资本	1800万美元
评定时间	2011.2.10	报关有效期	2011.12.19	所属海关	南京海关
法定代表人	森谷英之		电话	0081-33281629	
日常联系人	田村正之		电话	0512-53590800	
主营范围	加工各种钢材及有色金属（铜板、铝板），销售公司自产产品，从事本公司生产的同类商品的批发、进出口业务（不涉及国营贸易管理商品，涉及配额、许可证管理商品的，按国家有关规定办理申请）；金属材料信息咨询。				

企业名称	特灵空调系统（中国）有限公司			海关编码	3226940495
通讯地址	江苏省太仓市苏州东路88号			邮政编码	215400
企业类型	进出口货物收发货人	注册日期	2002.5.13	注册资本	5908.537万美元
评定时间	2011.2.10	报关有效期	2014.5.13	所属海关	南京海关
法定代表人	戈伟奇		电话	021-53599566	
日常联系人	吕慧		电话	0512-53597540	
主营范围	研究、开发，设计并产生生产采暖、通风、大型中央空调产品，中小型商用及家用空调产品，空调控制及楼宇自动化控制产品及相关零部件，加工销售空调产品及相关零部件；从事上述产品，以及食品和水产品的贮藏、保鲜、运输设备，运输用发电机组，冷藏、冷却、冷冻设备，冷藏展示陈列设备，制热设备，空气调节设备，节能设备，相关制冷和控制系统及相关产品的批发、零售、佣金代理（拍卖除外）及进出口业务；提供检测、调试、工程、安装、培训、咨询、维修等售后服务和相关技术服务。				

<table>
<tr><td>企业名称</td><td colspan="3">太仓阿尔派电子有限公司</td><td>海关编码</td><td>3226940559</td></tr>
<tr><td>通讯地址</td><td colspan="3">江苏省太仓经济开发区广州西路 1 号</td><td>邮政编码</td><td>215400</td></tr>
<tr><td>企业类型</td><td>进出口货物收发货人</td><td>注册日期</td><td>2002.10.16</td><td>注册资本</td><td>2500 万美元</td></tr>
<tr><td>评定时间</td><td>2011.2.10</td><td>报关有效期</td><td>2014.10.16</td><td>所属海关</td><td>南京海关</td></tr>
<tr><td>法定代表人</td><td colspan="2">水野直树</td><td>电话</td><td colspan="2">0512-53688111</td></tr>
<tr><td>日常联系人</td><td colspan="2">张莉</td><td>电话</td><td colspan="2">0512-53568111-119</td></tr>
<tr><td>主营范围</td><td colspan="5">汽车电子设备系统，汽车通讯设备及汽车导航系统产品及相关产品和零部件的组装、加工、生产，销售公司自产产品，并提供产品售后技术服务。从事本企业生产的同类商品的进出口、批发业务（不涉及国营贸易管理商品，涉及配额、许可证管理商品的，按国家有关规定办理申请）。</td></tr>
</table>

<table>
<tr><td>企业名称</td><td colspan="3">江苏申久化纤有限公司</td><td>海关编码</td><td>3226950033</td></tr>
<tr><td>通讯地址</td><td colspan="3">江苏省太仓市鹿河镇新明村</td><td>邮政编码</td><td>215428</td></tr>
<tr><td>企业类型</td><td>进出口货物收发货人</td><td>注册日期</td><td>2003.5.29</td><td>注册资本</td><td>25000 万人民币</td></tr>
<tr><td>评定时间</td><td>2011.2.10</td><td>报关有效期</td><td>2014.4.30</td><td>所属海关</td><td>南京海关</td></tr>
<tr><td>法定代表人</td><td colspan="2">沈彭斐</td><td>电话</td><td colspan="2">0512-53825738</td></tr>
<tr><td>日常联系人</td><td colspan="2">吴新征</td><td>电话</td><td colspan="2">0512-53823971</td></tr>
<tr><td>主营范围</td><td colspan="5">生产加工并销售化纤丝、聚酯切片及弹力丝织物，进口本企业所需原辅材料、机械设备、仪器仪表、零配件及相关技术。</td></tr>
</table>

<table>
<tr><td>企业名称</td><td colspan="3">南京爱立信熊猫通信有限公司</td><td>海关编码</td><td>3201331654</td></tr>
<tr><td>通讯地址</td><td colspan="3">江苏省南京高新开发区 15 幢 716 室</td><td>邮政编码</td><td>211100</td></tr>
<tr><td>企业类型</td><td>进出口货物收发货人</td><td>注册日期</td><td>1993.12.30</td><td>注册资本</td><td>2090 万美元</td></tr>
<tr><td>评定时间</td><td>2008.12.23</td><td>报关有效期</td><td>2011.12.30</td><td>所属海关</td><td>南京海关</td></tr>
<tr><td>法定代表人</td><td colspan="2">MATS H OLSSON</td><td>电话</td><td colspan="2">025-52101188</td></tr>
<tr><td>日常联系人</td><td colspan="2">赵锐</td><td>电话</td><td colspan="2">025-52101188</td></tr>
<tr><td>主营范围</td><td colspan="5">制造、安装、销售蜂房移动电话产品及通信系统设备及其附件，并提供售后服务；承包境外机电工程和境内国际招标工程；上述境外工程所需的设备、材料出口；对外派遣实施上述境外工程所需的劳务人员；维修境内外爱立信移动通信系统产品。</td></tr>
</table>

企业名称	中化江苏有限公司			海关编码	3201919017
通讯地址	江苏省南京市白下区龙蟠中路216号金城大厦21/22楼			邮政编码	210005
企业类型	进出口货物收发货人	注册日期	2004.3.19	注册资本	10221.8576万人民币
评定时间	2008.12.23	报关有效期	2014.3.20	所属海关	南京海关
法定代表人	董建华		电话	025-86890999	
日常联系人	王欣		电话	025-86890847	
主营范围	许可经营项目：危险化学品的批发（按危险化学品经营许可证经营）。一般经营项目：自营和代理各类商品及技术的进出口业务，国内贸易，化工医药技术开发、转让及咨询。				

企业名称	南京LG新港显示有限公司			海关编码	3201932598
通讯地址	江苏省南京经济技术开发区尧新大道346号			邮政编码	210038
企业类型	进出口货物收发货人	注册日期	1998.2.19	注册资本	2392万美元
评定时间	2009.4.2	报关有效期	2014.2.20	所属海关	南京海关
法定代表人	梁正培		电话	025-85575565	
日常联系人	谭云峰		电话	025-85575570-8069	
主营范围	许可经营项目：无。一般经营项目：设计、生产各种显示器及显示器零部件，各种平板数字电视机及平板数字电视机零部件，并提供相关服务，销售自产产品。公司自产产品的同类电视机、显示器零部件、模具、夹具等商品的进出口及批发业务（不涉及国营贸易管理商品，涉及配额许可证管理、专项规定的按照有关规定办理）。				

企业名称	南京瀚宇彩欣科技有限责任公司			海关编码	3201932844
通讯地址	江苏省南京经济技术开发区恒飞路18号			邮政编码	210038
企业类型	进出口货物收发货人	注册日期	2002.1.30	注册资本	6400万美元
评定时间	2009.6.10	报关有效期	2012.1.30	所属海关	南京海关
法定代表人	焦佑麒		电话	025-85803888	
日常联系人	王莉萍		电话	025-85803888-2816	
主营范围	许可经营项目：无。一般经营项目：研发、生产TFT-LCD模组、TFT-LCD显示器、TFT-LCD电视、背光板等相关应用产品及其零组件，销售自产产品，并提供上述产品及零组件之维修等相关服务。				

企业名称	统宝光电（南京）有限公司			海关编码	3201942929
通讯地址	江苏省南京江宁经济技术开发区佛城西路 93 号			邮政编码	211100
企业类型	进出口货物收发货人	注册日期	2001.10.23	注册资本	12000 万美元
评定时间	2008.8.20	报关有效期	2014.10.23	所属海关	南京海关
法定代表人	Andreas Pertrus Lambert Krebbers	电话	025-51181688		
日常联系人	庄朝枝	电话	025-51181688-85130		
主营范围	生产低温多晶硅薄膜电晶体液晶显示器（LTPS TFT LCD），扭曲向外型液晶体显示器（TN/STN LCD）及其他新型显示器件，并销售自产产品并提供售后维修服务。				

企业名称	喜星电子（南京）有限公司			海关编码	3201943060
通讯地址	江苏省南京经济技术开发区兴友路 30 号			邮政编码	210046
企业类型	进出口货物收发货人	注册日期	2003.3.3	注册资本	3400 万美元
评定时间	2009.4.2	报关有效期	2014.3.4	所属海关	南京海关
法定代表人	柳哲坤	电话	025-85804300		
日常联系人	柳哲坤	电话	025-85804300		
主营范围	许可经营项目：无。一般经营项目：研发并生产 TFT-LCD 背光模组、背光零组件，小型 TFT-LCD 模组，销售自产产品，并提供相关服务。				

企业名称	无锡夏普电子元器件有限公司			海关编码	3202330019
通讯地址	江苏省无锡市国家高新技术产业开发区 54 号地块			邮政编码	214028
企业类型	进出口货物收发货人	注册日期	1995.1.14	注册资本	3150 万美元
评定时间	2009.11.10	报关有效期	2014.1.14	所属海关	南京海关
法定代表人	菅野信行	电话	0510-85215290		
日常联系人	贾梅	电话	0510-85215290-5207		
主营范围	开发生产加工液晶显示装置及其配套零部件，用于有线电视、卫星电视接收机、液晶电视、计算机的高科技调谐器及一般电子调谐器，射频调制器，激光拾音器及其配套零部件，高性能电源，高频信号分配器，电子部品的贴片，新型电子元器件、数字照相机关键件、卫星导航定位接收设备及关键部件、发光二极管照明器具（限分公司经营）。				

企业名称	江苏世纪天虹纺织有限公司			海关编码	3203940060
通讯地址	江苏省徐州睢宁县府前西街 33 号			邮政编码	221011
企业类型	进出口货物收发货人	注册日期	2000.8.23	注册资本	1020 万美元
评定时间	2009.4.2	报关有效期	2014.5.3	所属海关	南京海关
法定代表人	汤道平		电话	0510-8332635	
日常联系人	路友荣		电话	0516-88332625	
主营范围	生产纱、坯布、印染布、针织服装，销售自产产品，收购加工经营棉花。				

企业名称	常州天合光能有限公司			海关编码	3204945156
通讯地址	江苏省常州市新北区电子产业天合路 2 号			邮政编码	213031
企业类型	进出口货物收发货人	注册日期	2007.4.2	注册资本	42000 万美元
评定时间	2010.1.11	报关有效期	2013.3.17	所属海关	南京海关
法定代表人	高纪凡		电话	0519-85176808	
日常联系人	张洪波		电话	0519-85176733	
主营范围	许可经营项目：太阳能光伏电站设备的制造、太阳能光伏电站设备及系统装置安装；多晶铸锭、单晶硅棒、硅片、太阳能电池片、光伏组件的制造；太阳能、光能技术开发；销售自产产品；从事多晶硅、机械设备、太阳能光伏电站设备及系统集成装置的进出口和国内批发业务（不涉及国营贸易管理商品，涉及配额、许可证管理商品的，按国家有关规定办理申请）。从事太阳能电站的建设和经营（取得相关资质后方可开展经营）。无一般经营项目。				

企业名称	江苏盛虹化纤有限公司			海关编码	3225930568
通讯地址	江苏省苏州吴江市盛泽纺织科技示范园			邮政编码	215228
企业类型	进出口货物收发货人	注册日期	2003.2.13	注册资本	27450 万美元
评定时间	2010.1.11	报关有效期	2011.11.30	所属海关	南京海关
法定代表人	缪汉根		电话	0512-63578060	
日常联系人	尉云燕		电话	0512-63578060	
主营范围	许可经营项目：危险化学品批发（限第 3 类第 2 项：甲醇；第 3 类第 3 项：对二甲苯、混合二苯、苯乙稀；第 8 类第 1 项：醋酸）（不得储存，按许可证范围经营）。一般经营项目：生产差别化化学纤维，从事机器设备的批发、佣金代理（拍卖除外）及进出口业务。				

企业名称	江苏恒力化纤有限公司			海关编码	3225930565
通讯地址	江苏省吴江市南麻镇			邮政编码	215226
企业类型	进出口货物收发货人	注册日期	2002.12.19	注册资本	21500 万美元
评定时间	2010.1.11	报关有效期	2012.7.15	所属海关	南京海关
法定代表人	陈建华		电话	0512-63837944	
日常联系人	张利萍		电话	0512-63837944	
主营范围	生产纤维用聚酯和差别化化学纤维，销售本公司自产产品。				

企业名称	华映视讯（吴江）有限公司			海关编码	3225930735
通讯地址	江苏省吴江经济开发区同里分区江兴东路 88 号			邮政编码	215217
企业类型	进出口货物收发货人	注册日期	2010.2.26	注册资本	12000 万美元
评定时间	2010.4.26	报关有效期	2013.2.26	所属海关	南京海关
法定代表人	许翼材		电话	0512-63406789	
日常联系人	姚旭飞		电话	0512-63406789	
主营范围	许可经营项目：无。一般经营项目：平板显示器、笔记本电脑、液晶电视及液晶显示屏模组制造、维修与销售，从事非配额许可证管理、非专营商品的收购出口业务，提供管理与技术咨询服务。				

企业名称	亚旭电子科技（江苏）有限公司			海关编码	3225940246
通讯地址	江苏省吴江市经济开发区交通路 1388 号			邮政编码	215200
企业类型	进出口货物收发货人	注册日期	2001.9.26	注册资本	6000 万美元
评定时间	2008.12.1	报关有效期	2012.4.7	所属海关	南京海关
法定代表人	林成贵		电话	0512-63487188	
日常联系人	王婵		电话	0512-63487188	
主营范围	数字录放机制造，数字放声设备制造，数字音、视频编解码设备，数字有线电视系统设备制造，便携式微型计算机制造，大容量光、磁盘驱动器及其部件开发与制造；软件产品开发与生产，高密度数字光盘机用关键件开发与生产，10 千兆比 / 秒以上光同步系列传输设备制造，宽带接入网通系统设备制造，异步转移模式（ATM）及 IP 数据通信系统设备制造，高端路由器，千兆比以上网络交换机开发与制造，移动通信系统（含 GSM、CDMA、DCS1800、DECT、IMT2000 等）手机，其站、交换设备及数字集群系统设备制造，自产产品之修理修配，对外贸易经营业务（无进出口商品分销业务）。				

企业名称	高创（苏州）电子有限公司			海关编码	3225940073
通讯地址	江苏省吴江市松陵镇			邮政编码	215200
企业类型	进出口货物收发货人	注册日期	1998.10.6	注册资本	1770 万美元
评定时间	2008.11.11	报关有效期	2012.4.10	所属海关	南京海关
法定代表人	陈修乾		电话	0512-63456336	
日常联系人	陈伟芳		电话	0512-63456336	
主营范围	许可经营项目：无。一般经营项目：新型显示器（平板显示器），可兼容数字电视，液晶显示高档微型计算机、大屏幕液晶投影电视机等新型通迅电子产品及上述各类产品的之类零组件的生产，本公司自产产品的销售。从事非配额许可证管理，非专营商品的收够出口业务，并可参加自产产品的出口配额招标。				

企业名称	大同电子科技（江苏）有限公司			海关编码	3225940113
通讯地址	江苏省吴江经济开发区运东分区（松陵）			邮政编码	215200
企业类型	进出口货物收发货人	注册日期	2000.1.27	注册资本	2540 万美元
评定时间	2008.12.24	报关有效期	2012.4.21	所属海关	南京海关
法定代表人	程凌云		电话	0512-63401328	
日常联系人	姚晶晶		电话	0512-63401328	
主营范围	许可经营项目：无。一般经营项目：生产与销售新型显示器（平板显示器）、可兼容数字电视、桌上电脑、笔记型电脑、平面显示板、主基板、高压包、家用电器及上述产品之 CKD、SKD 组件，数字音 / 视频编译码设备（语言学习机、DVD 播放器、MP3）和其他新型资讯通信电子产品及相关软件，从事非配额许可证管理，非专营商品的收购出口业务。				

企业名称	瑞仪光电（苏州）有限公司			海关编码	3225940314
通讯地址	江苏省吴江经济开发区江兴东路 1621 号			邮政编码	215200
企业类型	进出口货物收发货人	注册日期	2002.5.22	注册资本	9300 万美元
评定时间	2010.2.9	报关有效期	2012.7.2	所属海关	南京海关
法定代表人	王本钦		电话	0512-63400666	
日常联系人	沈娟		电话	0512-63400666	
主营范围	许可经营项目：无。一般经营项目：新型电子元器件（光电子器件）、TFT-LCD 平板显示屏及显示屏材料（导光板、背光模组、真空成型盒、塑胶框、膜片），光学零组件的研发、生产，本公司自产产品的销售并提供相关售后维修服务。从事与本公司生产产品同类商品的批发及进出品业务（不涉及国营贸易管理商品，涉及配额、许可证管理商品的，按国家有关规定办理申请）。				

企业名称	泰金宝电子（苏州）有限公司			海关编码	3225940371
通讯地址	江苏省吴江市经济开发			邮政编码	215200
企业类型	进出口货物收发货人	注册日期	2002.11.25	注册资本	2718 万美元
评定时间	2008.11.11	报关有效期	2012.7.5	所属海关	南京海关
法定代表人	许胜雄		电话	0512–63407000	
日常联系人	李宗伟		电话	0512–63407000	
主营范围	许可经营项目：无。一般经营项目：电源供应器、移动外接式硬盘、新型打印装置、新型平板显示器件、数字照相机、数字录放机、便捷式微型计算机、宽带接入网通信系统设备、移动通信系统（含 GSM、CDMA、DCS1800、PHS、DECT、1MT2000）手机、基站、交换设备及数字集群系统设备、数字电视机、新型电子元器件、大容量光磁盘驱动器及其部件及上述产品之 CKD（零件组成半成品）、SKD 组件（以零件方式成套散件）的研发并生产。本公司自产产品的销售，技术进出口、货物进出口。				

企业名称	泰金宝光电（苏州）有限公司			海关编码	3225940518
通讯地址	江苏省吴江经济开发区			邮政编码	215200
企业类型	进出口货物收发货人	注册日期	2004.1.12	注册资本	4130 万美元
评定时间	2008.11.11	报关有效期	2012.7.5	所属海关	南京海关
法定代表人	沈轼荣		电话	0512–63407000	
日常联系人	李宗伟		电话	0512–63407000	
主营范围	许可经营项目：无。一般经营项目:LED 灯、新型平板显示器件、数字照相机、数字电视机、数字录放机、便携式微型计算机、宽带接入网通信系统设备、新型电子元器件、大容量光磁盘驱动器及其部件及上述产品之 CKD（零件组成半成品），SKD 组件（以零件方式成套散件）的生产。同类商品的收购出口业务。本公司自产产品的销售。				

企业名称	中达电子（江苏）有限公司			海关编码	3225940109
通讯地址	江苏省吴江市松陵镇			邮政编码	215228
企业类型	进出口货物收发货人	注册日期	2000.1.13	注册资本	4000 万美元
评定时间	2008.11.11	报关有效期	2012.7.14	所属海关	南京海关
法定代表人	郑崇华		电话	0512–63406008	
日常联系人	刘冬连		电话	0512–63406008	
主营范围	生产电子专用设备、测试仪器、工模具，销售本公司自产产品。从事本公司同类产品的批发及进出口业务。				

<table>
<tr><td>企业名称</td><td colspan="3">昆山飞力仓储服务有限公司</td><td>海关编码</td><td>3223630001</td></tr>
<tr><td>通讯地址</td><td colspan="3">江苏省昆山综合保税区</td><td>邮政编码</td><td>215300</td></tr>
<tr><td>企业类型</td><td>进出口货物收发货人</td><td>注册日期</td><td>2001.12.18</td><td>注册资本</td><td>122.83 万美元</td></tr>
<tr><td>评定时间</td><td>2011.6.14</td><td>报关有效期</td><td>2014.1.17</td><td>所属海关</td><td>南京海关</td></tr>
<tr><td>法定代表人</td><td colspan="2">吴有毅</td><td>电话</td><td colspan="2">0512-57352888</td></tr>
<tr><td>日常联系人</td><td colspan="2">徐金芳</td><td>电话</td><td colspan="2">0512-57352888</td></tr>
<tr><td>主营范围</td><td colspan="5">承办海运、陆运、空运、进出口货物的国际运输代理业务。包括：揽运、托运、订舱、仓储、中转、物流分拨、集装箱拼装拆箱、结算运杂费、报关、报检、保险，相关的短途运输服务及运输咨询业务、快速业务（国际间快速业务及信件和其他具有信件性质的物品除外），监管运输、保税商品简单加工、转口贸易、保税企业间贸易及进出口贸易，物流信息咨询。</td></tr>
</table>

<table>
<tr><td>企业名称</td><td colspan="3">江苏新宁现代物流股份有限公司</td><td>海关编码</td><td>3223930513</td></tr>
<tr><td>通讯地址</td><td colspan="3">江苏省昆山市张浦镇阳光西路 760 号</td><td>邮政编码</td><td>215300</td></tr>
<tr><td>企业类型</td><td>进出口货物收发货人</td><td>注册日期</td><td>1997.2.24</td><td>注册资本</td><td>9000 万人民币</td></tr>
<tr><td>评定时间</td><td>2010.11.30</td><td>报关有效期</td><td>2014.4.29</td><td>所属海关</td><td>南京海关</td></tr>
<tr><td>法定代表人</td><td colspan="2">王雅军</td><td>电话</td><td colspan="2">0512-57427308</td></tr>
<tr><td>日常联系人</td><td colspan="2">曹建东</td><td>电话</td><td colspan="2">0512-57427308</td></tr>
<tr><td>主营范围</td><td colspan="5">进出口货物的仓储、集装箱堆存及有关配套业务，保税仓库内货物的代理报关、报检、运输代理业务，库内货物的分级、分装、挑选、贴商标、制标签、整理等，供应链管理技术转让、技术开发和与之相关的技术咨询、技术服务业务等（涉及许可证的凭许可证生产经营）。</td></tr>
</table>

<table>
<tr><td>企业名称</td><td colspan="3">昆山新宁物流有限公司</td><td>海关编码</td><td>3223660006</td></tr>
<tr><td>通讯地址</td><td colspan="3">江苏省昆山综合保税区中央大道 99 号 4 号仓 B 单元</td><td>邮政编码</td><td>215300</td></tr>
<tr><td>企业类型</td><td>进出口货物收发货人</td><td>注册日期</td><td>2007.9.3</td><td>注册资本</td><td>6000 万人民币</td></tr>
<tr><td>评定时间</td><td>2010.11.30</td><td>报关有效期</td><td>2013.9.3</td><td>所属海关</td><td>南京海关</td></tr>
<tr><td>法定代表人</td><td colspan="2">王雅军</td><td>电话</td><td colspan="2">0512-57427308</td></tr>
<tr><td>日常联系人</td><td colspan="2">曹建东</td><td>电话</td><td colspan="2">0512-57427308</td></tr>
<tr><td>主营范围</td><td colspan="5">许可经营项目：道路普通货运。一般经营项目：承办海运、陆运、空运进出口货物的国际运输代理业务。包括：揽货、托运、订舱、仓储、中转、分拨、集装箱拼装拆箱、结算运杂费、报关报检、保险，相关的短途运输服务及配套服务，货物及技术的进出口业务，物品快递服务。</td></tr>
</table>

企业名称	昆山中辰矽晶有限公司			海关编码	3223940667
通讯地址	江苏省昆山开发区高科技工业园汉浦路 303 号			邮政编码	215300
企业类型	进出口货物收发货人	注册日期	1999.9.7	注册资本	2500 万美元
评定时间	2011.6.14	报关有效期	2014.1.17	所属海关	南京海关
法定代表人	姚宕梁	电话		0512-7793609	
日常联系人	叶金英	电话		0512-57770431	
主营范围	生产加工硅晶圆、硅晶粒等硅晶产品及微热电子技术产品，高级整流器、变阻器、热电子元件等产品，销售自产产品。				

企业名称	东阳精密机器（昆山）有限公司			海关编码	3223942337
通讯地址	江苏省昆山市经济技术开发区高鼎路 188 号			邮政编码	215300
企业类型	进出口货物收发货人	注册日期	2005.1.26	注册资本	2500 万美元
评定时间	2009.7.28	报关有效期	2014.3.28	所属海关	南京海关
法定代表人	岛仓武	电话		0512-57721885	
日常联系人	加藤英次	电话		0512-57721885	
主营范围	设计、开发、生产高档建筑五金件（数字照相机金属外壳）、精冲模、模具标准件，销售自产产品及进行组装并提供售后服务（涉及许可证的凭许可证生产经营）。				

企业名称	连展科技电子（昆山）有限公司			海关编码	3223941719
通讯地址	江苏省昆山市张浦镇花园路东侧			邮政编码	215300
企业类型	进出口货物收发货人	注册日期	2003.4.30	注册资本	1640 万美元
评定时间	2010.2.9	报关有效期	2014.6.24	所属海关	南京海关
法定代表人	林肇聪	电话		0512-57446168	
日常联系人	顾冰	电话		0512-57446168	
主营范围	设计、开发、生产高档建筑五金件（数字照相机金属外壳）、精冲模、模具标准件，销售自产产品及进行组装并提供售后服务（涉及许可证的凭许可证生产经营）。				

企业名称	富港电子（昆山）有限公司			海关编码	3223941375
通讯地址	江苏省昆山市锦溪镇正崴西路 6 号			邮政编码	215300
企业类型	进出口货物收发货人	注册日期	2002.5.9	注册资本	2700 万美元
评定时间	2005.3.17	报关有效期	2014.5.5	所属海关	南京海关
法定代表人	林坤煌		电话	0512-57235288	
日常联系人	刘恭甫		电话	0512-57235288	
主营范围	生产手机、笔记本电脑用动力镍氢、锂离子等高新技术绿色电池，智能型传感器等新型电子元器件制造，液晶显示屏等 TFT-LCD 平板显示屏及显示屏材料制造，塑胶成型模具等非金属模具制造，CDMA 等第三代及后续移动通信系统手机开发制造，汽车空调电子传感器等电子控制系统输入部件制造，无限传输蓝牙等数字微波同步系列传输设备，仪用接插件等新型仪表元器件，硬盘等大容量光、磁盘驱动器及其部件开发与制造。销售自产产品。				

企业名称	万福阁家具（昆山）有限公司			海关编码	3223941286
通讯地址	江苏省昆山经济技术开发区太湖南路 8 号			邮政编码	215300
企业类型	进出口货物收发货人	注册日期	2002.2.9	注册资本	1200 万美元
评定时间	2009.7.28	报关有效期	2014.3.7	所属海关	南京海关
法定代表人	TODD WANEK		电话	0512-86168008	
日常联系人	黄春梅		电话	0512-86168008	
主营范围	设计、开发，生产和加工（使用供应材料和进口材料，包括但不限于织物、皮革、木材、玻璃、金属和石材）各种家具、家具相关产品、部件、聚氨酯泡沫、金属制品及配件，以及各种室内装潢面料、装饰材料和家居产品和部件；提供上述产品的技术支持和售后服务；并销售自产产品；从事与本企业生产同类产品及相关产品的商业批发，零售，佣金代理（拍卖除外）和进出口业务，并提供配套服务；提供仓储服务（不含运输）。				

企业名称	富士康（昆山）电脑接插件有限公司			海关编码	3223940025
通讯地址	江苏省昆山市北门路 999 号			邮政编码	215300
企业类型	进出口货物收发货人	注册日期	1998.5.20	注册资本	4460 万美元
评定时间	2008.12.22	报关有效期	2014.6.3	所属海关	南京海关
法定代表人	李文贵		电话	0512-7790998	
日常联系人	管金明		电话	0512-57790998-62675	
主营范围	研制生产并加工用于电脑及电脑周边设备、服务器、手机及网络通讯设备，音像、影视设备等，以及汽车电气系统的新型机电组件、光电子器件等新型电子元器件，游戏机配套用接插件（不含整机），仪用接插件等新型仪表元器件，精冲模、精密型腔模、模具标准件及其上述产品零配件，线缆及线缆组件，塑胶粒及其再生处理，太阳能光伏电池零组件。以下产品限分公司生产：节庆用饰品、装饰灯及其零配件。销售自产产品。				

企业名称	研华科技（中国）有限公司			海关编码	3223940878
通讯地址	江苏省昆山开发区汉浦路600号			邮政编码	215300
企业类型	进出口货物收发货人	注册日期	2000.11.28	注册资本	4165万美元
评定时间	2005.3.7	报关有效期	2014.3.19	所属海关	南京海关
法定代表人	刘克振		电话	0512-57775666	
日常联系人	金华		电话	0512-57775666	
主营范围	研发设计和制造大中型电子计算机、商业用电子计算机及其周边设备，小型专用工业电子计算机及其周边设备、零组件，敏感元器件及传感器，计算机辅助系统（CAD、CAT、CAM、CAE），电子信息、通信系统网络技术，各类平板显示器及显示屏，工业控制及自动化软件，以及以上产品的安装、调试和售后服务。销售自产产品。对上述产品及同类产品提供全球性维修服务，经营进出口业务（不含分销业务）。				

企业名称	沪士电子股份有限公司			海关编码	3223930612
通讯地址	江苏省昆山市黑龙江北路55号			邮政编码	215300
企业类型	进出口货物收发货人	注册日期	2003.4.4	注册资本	83043.6391万人民币
评定时间	2008.11.28	报关有效期	2014.3.27	所属海关	南京海关
法定代表人	吴礼淦		电话	0512-57368888	
日常联系人	李明贵		电话	0512-57356888	
主营范围	生产单双面及多层电路板、电路板组装产品，电子设备使用的连接线和连接器等产品，以及同类和相关产品的批发、进出口业务。公司产品售后维修及技术服务。				

企业名称	牧田（昆山）有限公司			海关编码	3223640011
通讯地址	江苏省昆山综合保税区楠梓路			邮政编码	215300
企业类型	进出口货物收发货人	注册日期	2000.11.6	注册资本	2500万美元
评定时间	2011.6.14	报关有效期	2014.1.17	所属海关	南京海关
法定代表人	金子哲久		电话	0512-57707710-8141	
日常联系人	高姗		电话	0512-57707710-8141	
主营范围	生产电动工具、气动工具、木工机械、引擎及其零部件，生产农业机具、引擎工具、吸尘器、高压清洗器、抽水机、小型柴油发电机、各类电动自行车，以及与电动工具、气动工具、引擎工具相关的生产设备，销售自产产品并提供售后服务，从事进出口业务（不含分销业务）。				

企业名称	牧田（中国）有限公司			海关编码	3223940152
通讯地址	江苏省昆山市开发区黄浦江路 288 号			邮政编码	215300
企业类型	进出口货物收发货人	注册日期	1994.2.1	注册资本	8000 万美元
评定时间	2009.5.11	报关有效期	2014.3.31	所属海关	南京海关
法定代表人	金子哲久		电话	0512–57707710–8141	
日常联系人	高姗		电话	0512–57707710–8141	
主营范围	生产电动工具、气动工具、引擎工具及其零部件，生产农业机具、吸尘器、高压清洗器、抽水机、小型柴油发电机、各类电动自行车，以及与电动工具、气动工具、引擎工具相关的生产设备。销售自产产品，提供相关售后服务；对上述产品及其相关的产品和附属品进行开发、试验，并可开展非配额许可证管理、非专营商品的收购出口业务。从事与本企业生产产品的同类商品的商业批发及相关批发及相关进出口业务，并提供相关技术服务。				

企业名称	仁宝电脑工业（中国）有限公司			海关编码	3223940317
通讯地址	江苏省昆山市开发区同丰东路			邮政编码	215300
企业类型	进出口货物收发货人	注册日期	1996.10.10	注册资本	3700 万美元
评定时间	2008.7.15	报关有效期	2014.5.16	所属海关	南京海关
法定代表人	许胜雄		电话	0512–57713333	
日常联系人	周晓刚		电话	0512–57713333–23412	
主营范围	生产影像监视器、液晶监视器、笔记本电脑、塑胶外壳及相关零部件，销售公司自产产品并提供售后服务。				

企业名称	四海电子（昆山）有限公司			海关编码	3223940155
通讯地址	江苏省昆山市经济技术开发区青阳路 312 号			邮政编码	215300
企业类型	进出口货物收发货人	注册日期	1994.6.15	注册资本	3600 万美元
评定时间	2008.11.7	报关有效期	2014.8.12	所属海关	南京海关
法定代表人	PAK KEUNG CHAN		电话	0512–57714449	
日常联系人	李纯颖		电话	0512–57714449	
主营范围	许可经营项目：二类 6821 医用电子仪器设备、6831 医用 X 射线附属设备及部件，销售自产产品。一般经营项目：制造商业自动化设备的部件和产品；制造加工电脑主机板及电脑系统产品及部件、印刷电路板组合、新型电子元器件和光电器件、计算机应用系统、数字电缆机顶盒，后板、系统集成和电线、电缆的组装和装配，安全警报系统产品及部件、汽车电子零件组件，从事与本企业生产的同类商品批发及进出口业务，开发其他相关软件，销售自产产品，并为公司生产的产品和类似的产品提供修理和售后服务。				

<table>
<tr><td>企业名称</td><td colspan="3">利乐包装（昆山）有限公司</td><td>海关编码</td><td>3223940158</td></tr>
<tr><td>通讯地址</td><td colspan="3">江苏省昆山市开发区顺帆路西侧</td><td>邮政编码</td><td>215300</td></tr>
<tr><td>企业类型</td><td>进出口货物收发货人</td><td>注册日期</td><td>1994.4.20</td><td>注册资本</td><td>4510 万美元</td></tr>
<tr><td>评定时间</td><td>2008.11.28</td><td>报关有效期</td><td>2014.4.22</td><td>所属海关</td><td>南京海关</td></tr>
<tr><td>法定代表人</td><td colspan="2">李赫逊</td><td>电话</td><td colspan="2">0512-57717725</td></tr>
<tr><td>日常联系人</td><td colspan="2">梁静</td><td>电话</td><td colspan="2">0512-57717725</td></tr>
<tr><td>主营范围</td><td colspan="5">生产销售包装材料及制品，承印商标，生产、组装。销售、维修、安装及经营性租赁利乐饮料和乳制品加工及包装设备，并提供技术培训。从事与本企业生产同类产品及相关零部件的商业批发和进出口业务，提供相关的售后服务和配套业务，包括维修保养等技术服务和技术支持。</td></tr>
</table>

<table>
<tr><td>企业名称</td><td colspan="3">微盟电子（昆山）有限公司</td><td>海关编码</td><td>3223941302</td></tr>
<tr><td>通讯地址</td><td colspan="3">江苏省昆山开发区前进东路 88 号</td><td>邮政编码</td><td>215300</td></tr>
<tr><td>企业类型</td><td>进出口货物收发货人</td><td>注册日期</td><td>2002.3.7</td><td>注册资本</td><td>5100 万美元</td></tr>
<tr><td>评定时间</td><td>2008.8.4</td><td>报关有效期</td><td>2014.4.16</td><td>所属海关</td><td>南京海关</td></tr>
<tr><td>法定代表人</td><td colspan="2">黄金请</td><td>电话</td><td colspan="2">0512-57718888</td></tr>
<tr><td>日常联系人</td><td colspan="2">廖彩薇</td><td>电话</td><td colspan="2">0512-57718888-1091</td></tr>
<tr><td>主营范围</td><td colspan="5">生产研发大中小型各类服务器，光电产品，笔记本电脑、电脑主机板、显示卡、电脑、掌上型电脑、机顶盒、电脑游戏机、各种软件及各类电脑相关零配件，通讯产品及各种介面卡，电视卡、电视盒，大容量光、磁盘驱动器及其部件，数字录放机、数字放声设备，便携式多媒体录放机、多功能 MP3 播放机、优盘、便携式 DVD 播放机，网络电视、网络闸道器，销售自产产品并提供相关技术咨询，网络工程及售后服务。</td></tr>
</table>

<table>
<tr><td>企业名称</td><td colspan="3">毅嘉电子（苏州）有限公司</td><td>海关编码</td><td>3205341430</td></tr>
<tr><td>通讯地址</td><td colspan="3">江苏省苏州新区金山路 118 号</td><td>邮政编码</td><td>215011</td></tr>
<tr><td>企业类型</td><td>进出口货物收发货人</td><td>注册日期</td><td>2001.12.25</td><td>注册资本</td><td>5950 万美元</td></tr>
<tr><td>评定时间</td><td>2009.6.10</td><td>报关有效期</td><td>2012.4.30</td><td>所属海关</td><td>南京海关</td></tr>
<tr><td>法定代表人</td><td colspan="2">黄丽玲</td><td>电话</td><td colspan="2">0512-68082626</td></tr>
<tr><td>日常联系人</td><td colspan="2">陈岷铨</td><td>电话</td><td colspan="2">0512-68082626-21101</td></tr>
<tr><td>主营范围</td><td colspan="5">研发，生产新型仪表和通讯用柔性线路板，控制面板等新型仪表元器件和材料，精密模具及相关产品。销售自产产品，并提供相关技术和售后服务。</td></tr>
</table>

企业名称	苏州日本电波工业有限公司			海关编码	3205341038
通讯地址	江苏省苏州新区竹园路 20 号			邮政编码	215011
企业类型	进出口货物收发货人	注册日期	1994.2.23	注册资本	4720 万美元
评定时间	2009.7.28	报关有效期	2012.6.8	所属海关	南京海关
法定代表人	竹内宽		电话	0512-68252355	
日常联系人	钱慧		电话	0512-68058271	
主营范围	生产、设计、销售水晶片，水晶振子，各种电子机器及人造水晶，水溶性结晶、融液水晶等系列产品。以上产品的同类商品的采购、批发及销售业务。				

企业名称	苏州富士胶片映像机器有限公司			海关编码	3205341090
通讯地址	江苏省苏州新区长江路 138 号			邮政编码	215011
企业类型	进出口货物收发货人	注册日期	1995.10.6	注册资本	8950 万美元
评定时间	2009.7.28	报关有效期	2012.6.8	所属海关	南京海关
法定代表人	通口武		电话	0512-68251188	
日常联系人	倪佳		电话	0512-68251188-352	
主营范围	生产以一次性成像照相机、电子照相机为主的各种照相机，各种电子映像及其元器件，一次性快速成像胶片及其关联材料，一类 6824 医用激光仪器设备，以及 6831 医用 X 射线附属设备及部品，销售自产产品并提供产品售后服务。				

企业名称	国巨电子（中国）有限公司			海关编码	3205341121
通讯地址	江苏省苏州新区竹园路 10 号			邮政编码	215011
企业类型	进出口货物收发货人	注册日期	1996.3.20	注册资本	19297.7 万美元
评定时间	2010.12.16	报关有效期	2012.6.16	所属海关	南京海关
法定代表人	颜荣昆		电话	0512-68255568	
日常联系人	王育红		电话	0512-68255568-2401	
主营范围	研究、开发、生产贴片式电阻器，积体陶瓷电容器、电感器，以及其他贴片式被动电子元器件等新型电子元器件及相关产品，销售自产产品并提供相关技术和售后服务。				

<table>
<tr><td>企业名称</td><td colspan="3">苏州佳世达光电有限公司</td><td>海关编码</td><td>3205341310</td></tr>
<tr><td>通讯地址</td><td colspan="3">江苏省苏州新区珠江路 169 号</td><td>邮政编码</td><td>215011</td></tr>
<tr><td>企业类型</td><td>进出口货物收发货人</td><td>注册日期</td><td>2000.8.15</td><td>注册资本</td><td>1246 万美元</td></tr>
<tr><td>评定时间</td><td>2008.12.1</td><td>报关有效期</td><td>2013.6.3</td><td>所属海关</td><td>南京海关</td></tr>
<tr><td>法定代表人</td><td colspan="2">吴学先</td><td>电话</td><td colspan="2">0512–66658800–1570</td></tr>
<tr><td>日常联系人</td><td colspan="2">石晶</td><td>电话</td><td colspan="2">0512–66658800–1184</td></tr>
<tr><td>主营范围</td><td colspan="5">研发并生产各类光电器件、新型打印装置、数码相机、光盘刻录机、DVD 光驱等光驱产品，数码投影仪、数字电视机、新型平板显示器件、无线通讯终端产品、电子阅读器、多媒体路由器及相关产品，数字化视频光盘播放机等数字视频信号录制、重放设备，塑胶产品、MP3 播放器。</td></tr>
</table>

<table>
<tr><td>企业名称</td><td colspan="3">索尼凯美高电子（苏州）有限公司</td><td>海关编码</td><td>3205341045</td></tr>
<tr><td>通讯地址</td><td colspan="3">江苏省苏州市新区竹园路</td><td>邮政编码</td><td>215011</td></tr>
<tr><td>企业类型</td><td>进出口货物收发货人</td><td>注册日期</td><td>1994.4.1</td><td>注册资本</td><td>3815 万美元</td></tr>
<tr><td>评定时间</td><td>2008.12.1</td><td>报关有效期</td><td>2013.11.25</td><td>所属海关</td><td>南京海关</td></tr>
<tr><td>法定代表人</td><td colspan="2">濑隆</td><td>电话</td><td colspan="2">0512–68252005</td></tr>
<tr><td>日常联系人</td><td colspan="2">金国峰</td><td>电话</td><td colspan="2">0512–68252005–241</td></tr>
<tr><td>主营范围</td><td colspan="5">生产销售柔性印刷线路板，以及相关的电子电气元器件、触摸屏等新型平板显示器件。</td></tr>
</table>

<table>
<tr><td>企业名称</td><td colspan="3">索尼移动显示器（苏州）有限公司</td><td>海关编码</td><td>3205341119</td></tr>
<tr><td>通讯地址</td><td colspan="3">江苏省苏州市新区金枫路 168 号</td><td>邮政编码</td><td>215011</td></tr>
<tr><td>企业类型</td><td>进出口货物收发货人</td><td>注册日期</td><td>1996.2.17</td><td>注册资本</td><td>12600 万美元</td></tr>
<tr><td>评定时间</td><td>2008.10.15</td><td>报关有效期</td><td>2013.12.21</td><td>所属海关</td><td>南京海关</td></tr>
<tr><td>法定代表人</td><td colspan="2">有贺修二</td><td>电话</td><td colspan="2">0512–68257002</td></tr>
<tr><td>日常联系人</td><td colspan="2">罗玮</td><td>电话</td><td colspan="2">0512–68257002–217</td></tr>
<tr><td>主营范围</td><td colspan="5">开发、设计、生产液晶显示器及半导体等电子应用机械类产品和相关零部件。</td></tr>
</table>

企业名称	苏州佳世达电通有限公司			海关编码	3205341024
通讯地址	江苏省苏州新区珠江路 169 号			邮政编码	215011
企业类型	进出口货物收发货人	注册日期	1993.7.12	注册资本	7400 万美元
评定时间	2008.12.24	报关有效期	2014.1.10	所属海关	南京海关
法定代表人	吴清模	电话	0512-66658800		
日常联系人	吴效先	电话	0512-66658800-1570		
主营范围	研发生产液晶显示器、等离子显示器、电脑及周边产品，大容量光、磁盘驱动器及其部件，移动通信终端产品（含 GSM、CDMA）、数字电视机				

企业名称	苏州板硝子电子有限公司			海关编码	3205341085
通讯地址	江苏省苏州新区珠江路 106 号			邮政编码	215011
企业类型	进出口货物收发货人	注册日期	1995.9.7	注册资本	502200 万日元
评定时间	2008.12.1	报关有效期	2014.8.12	所属海关	南京海关
法定代表人	藤卷和彦	电话	0512-68259171		
日常联系人	顾玲	电话	0512-68091255		
主营范围	生产销售平面镶嵌液晶显示板用基板玻璃、办公仪器用玻璃板、办公机器及通讯用光学系列微型特种玻璃材料。研发、生产高强度玻璃线束等高性能无机非金属复合材料及其制品。				

企业名称	三洋能源（苏州）有限公司			海关编码	3205932765
通讯地址	江苏省苏州市吴中区胥口镇			邮政编码	215164
企业类型	进出口货物收发货人	注册日期	2000.11.3	注册资本	4250 万美元
评定时间	2008.12.24	报关有效期	2012.6.3	所属海关	南京海关
法定代表人	中堀真介	电话	0512-66210838		
日常联系人	俞峻峰	电话	0512-66212812		
主营范围	镍镉电池、镍氢电池、动力镍氢电池、锂离子电池等，上述电池的电池组及使用这些电池的电动剃刀，手提电灯等各种电器、充电器，以及零部件的开发、制造、销售、维修等业务及进出口业务。				

<table>
<tr><td>企业名称</td><td colspan="3">迎新科技（中国）有限公司</td><td>海关编码</td><td>3205942375</td></tr>
<tr><td>通讯地址</td><td colspan="3">江苏省苏州吴中区角直镇经济开发区</td><td>邮政编码</td><td>215127</td></tr>
<tr><td>企业类型</td><td>进出口货物收发货人</td><td>注册日期</td><td>2001.9.17</td><td>注册资本</td><td>2950 万美元</td></tr>
<tr><td>评定时间</td><td>2009.7.28</td><td>报关有效期</td><td>2012.8.18</td><td>所属海关</td><td>南京海关</td></tr>
<tr><td>法定代表人</td><td colspan="2">赖文贤</td><td>电话</td><td colspan="2">0512-65045666</td></tr>
<tr><td>日常联系人</td><td colspan="2">顾美霞</td><td>电话</td><td colspan="2">0512-65045666-6161</td></tr>
<tr><td>主营范围</td><td colspan="5">研发生产销售新型电子元器件（含片式元器件）及电力电子元器件；电子专用设备、仪器、工模具制造，精冲模、精密型腔模、模具标准件、非金属制品模具。</td></tr>
</table>

<table>
<tr><td>企业名称</td><td colspan="3">远东服装（苏州）有限公司</td><td>海关编码</td><td>3205942151</td></tr>
<tr><td>通讯地址</td><td colspan="3">苏州吴中经济开发区天灵路 88 号</td><td>邮政编码</td><td>215128</td></tr>
<tr><td>企业类型</td><td>进出口货物收发货人</td><td>注册日期</td><td>1996.11.28</td><td>注册资本</td><td>2600 万美元</td></tr>
<tr><td>评定时间</td><td>2009.5.11</td><td>报关有效期</td><td>2013.1.18</td><td>所属海关</td><td>南京海关</td></tr>
<tr><td>法定代表人</td><td colspan="2">胡正隆</td><td>电话</td><td colspan="2">0512-65621888</td></tr>
<tr><td>日常联系人</td><td colspan="2">陈雁</td><td>电话</td><td colspan="2">0512-65951888-1331</td></tr>
<tr><td>主营范围</td><td colspan="5">生产销售各类针织服装、梭织服装、寝饰用品和服饰配件，从事自产产品、织物面料、织染原料及同类产品的批发及进出口业务，从事日用百货、电讯器材、数码产品、箱包袋类、陶瓷玻璃器皿的批发业务。</td></tr>
</table>

<table>
<tr><td>企业名称</td><td colspan="3">苏州住电装有限公司</td><td>海关编码</td><td>3205942582</td></tr>
<tr><td>通讯地址</td><td colspan="3">江苏省苏州相城区黄埭镇潘阳工业园</td><td>邮政编码</td><td>215132</td></tr>
<tr><td>企业类型</td><td>进出口货物收发货人</td><td>注册日期</td><td>2002.8.2</td><td>注册资本</td><td>4275 万美元</td></tr>
<tr><td>评定时间</td><td>2008.11.11</td><td>报关有效期</td><td>2013.7.5</td><td>所属海关</td><td>南京海关</td></tr>
<tr><td>法定代表人</td><td colspan="2">佐藤守</td><td>电话</td><td colspan="2">0512-68090680</td></tr>
<tr><td>日常联系人</td><td colspan="2">王少伟</td><td>电话</td><td colspan="2">0512-65718111-224</td></tr>
<tr><td>主营范围</td><td colspan="5">新型仪表元器件和材料、新型机电元件、汽车电子设备系统的制造和销售。</td></tr>
</table>

企业名称	南通中远船务工程有限公司			海关编码	3206930028
通讯地址	江苏省南通市中远路 1 号			邮政编码	2206005
企业类型	进出口货物收发货人	注册日期	1993.8.25	注册资本	12323 万美元
评定时间	2010.12.16	报关有效期	2012.2.13	所属海关	南京海关
法定代表人	王宇航	电话		0411-39229999	
日常联系人	陈鑫培	电话		0513-85056460	
主营范围	修理各类中外船舶、海洋工程装备，建造销售各类船舶、海洋工程装备、港口及起重机械（国家限制的除外），对外提供船舶及海洋工程装备的技术转让、设计和咨询服务，生产销售陆用、船用金属结构件、船舶配件及相关配套服务，承包境外机电工程境内国际招标工程，上述境外工程所需的设备、材料出口，对外派遣实施上述境外工程所需的人员，仓储。				

企业名称	南通醋酸纤维有限公司			海关编码	3206930060
通讯地址	江苏省南通市钟秀东路 27 号			邮政编码	226008
企业类型	进出口货物收发货人	注册日期	1999.8.1	注册资本	21020 万美元
评定时间	2009.1.22	报关有效期	2012.3.26	所属海关	南京海关
法定代表人	刘敬如	电话		0513-83560512	
日常联系人	陆炜	电话		0513-83560512-2702	
主营范围	纤维制品的销售生产。				

企业名称	南通中集罐式储运设备制造有限公司			海关编码	3206930450
通讯地址	江苏省南通市城港路 159 号			邮政编码	226003
企业类型	进出口货物收发货人	注册日期	2003.8.28	注册资本	2500 万美元
评定时间	2009.6.10	报关有效期	2012.4.28	所属海关	南京海关
法定代表人	赵庆生	电话		0513-85068888	
日常联系人	陆冬梅	电话		0513-85066160	
主营范围	设计、开发、生产和销售石化产品等介质的移动及固定储运设备及部件，并提供相关设备的维修、保养、销售、翻新和服务。				

企业名称	南通中远川崎船舶工程有限公司			海关编码	3206930353
通讯地址	江苏省南通市临江路 117 号			邮政编码	226005
企业类型	进出口货物收发货人	注册日期	1999.1.18	注册资本	146220 万人民币
评定时间	2009.5.11	报关有效期	2012.2.26	所属海关	南京海关
法定代表人	神林伸光		电话	0513-85168572	
日常联系人	张永平		电话	0513-85168300	
主营范围	建造、销售、检修各种船舶，境外机电工程和境内国际招标工程，境外承包工程所需的设备、材料出口，对外派遣境外工程所需的劳务人员和其他相关业务。				

企业名称	南通海星电子有限公司			海关编码	3206932260
通讯地址	江苏省南通市通州区平潮镇通扬南路 518 号			邮政编码	226361
企业类型	进出口货物收发货人	注册日期	1998.3.13	注册资本	2000 万人民币
评定时间	2008.11.11	报关有效期	2012.3.6	所属海关	南京海关
法定代表人	严季新		电话	0513-86726100	
日常联系人	金文慧		电话	0513-86726116	
主营范围	生产销售电极箔（化成箔、腐蚀箔）、电极箔生产设备及备件。				

企业名称	南亚塑胶工业（南通）有限公司			海关编码	3206940061
通讯地址	江苏省南通市通京大道 101 号			邮政编码	226008
企业类型	进出口货物收发货人	注册日期	1996.3.25	注册资本	3020 万美元
评定时间	2009.4.2	报关有效期	2012.4.3	所属海关	南京海关
法定代表人	吴钦仁		电话	008862-27122211	
日常联系人	胡福升		电话	0513-89100101	
主营范围	塑胶制品等的生产销售。				

企业名称	南通中新毛纺印染有限公司			海关编码	3206962009
通讯地址	江苏省南通市通州区先锋镇			邮政编码	226316
企业类型	进出口货物收发货人	注册日期	2002.1.25	注册资本	3600 万人民币
评定时间	2009.4.2	报关有效期	2012.5.14	所属海关	南通海关
法定代表人	朱卫强		电话	0513-86676288	
日常联系人	于海		电话	0513-80165819	
主营范围	毛纺制品的生产销售等。				

企业名称	江苏润邦重工股份有限公司			海关编码	3206230175
通讯地址	江苏省南通市经济技术开发区振兴西路 9 号			邮政编码	226010
企业类型	进出口货物收发货人	注册日期	2004.5.14	注册资本	36000 万人民币
评定时间	2008.10.15	报关有效期	2012.4.8	所属海关	南通海关
法定代表人	吴建		电话	0513-85328000	
日常联系人	肖锋		电话	0513-85328000	
主营范围	生产销售并安装重型钢结构、船舶机械及其设备、工程钢结构、智能型立体停车系统，以及售后服务与技术指导。				

企业名称	嘉吉粮油（南通）有限公司			海关编码	3206240166
通讯地址	江苏省南通经济技术开发区同兴路 1 号			邮政编码	226009
企业类型	进出口货物收发货人	注册日期	2006.1.11	注册资本	7320 万美元
评定时间	2010.1.11	报关有效期	2010.1.11	所属海关	南京海关
法定代表人	陈立新		电话	0513-85966708	
日常联系人	马桂萍		电话	0513-85966061	
主营范围	生产、加工、销售植物油及单一饲料（豆粕）。一般经营项目：加工、销售大豆等油料作物及其副产品，生产、销售高性能淀粉涂料，以及为此所要原料的国内外采购，提供与上述产品有关的市场及技术咨询服务，粮食、植物油的仓储服务。				

企业名称	苏州三星电子液晶显示器有限公司			海关编码	3205240476
通讯地址	江苏省苏州工业园区方洲路 318 号			邮政编码	215123
企业类型	进出口货物收发货人	注册日期	2002.12.13	注册资本	19000 万美元
评定时间	2008.10.15	报关有效期	2011.12.12	所属海关	南京海关
法定代表人	KANG WOAN MO		电话	0512-62530188	
日常联系人	陈春阳		电话	0512-62530188-8650	
主营范围	设计、生产、加工液晶显示器及其相关产品，销售本公司产品并提供售后服务（凡涉及国家专项规定的，取得专项许可手许后经营）。				

企业名称	和舰科技（苏州）有限公司			海关编码	3205240306
通讯地址	江苏省苏州工业园区星华街 333 号			邮政编码	215025
企业类型	进出口货物收发货人	注册日期	2001.12.13	注册资本	38000 万美元
评定时间	2008.11.11	报关有效期	2011.12.13	所属海关	南京海关
法定代表人	徐建华		电话	0512-65931299	
日常联系人	陈美美		电话	0512-65931299-12180	
主营范围	研究、开发、设计、制造以下产品：集成电路；各种半导体零组件，包括混合电路（HYBRID CIRCUIT）、集成电路（IC）卡及电路模块；微处理器、外围支持之零组件及系统产品，包括密着型影像传感器（CIS）、液晶显示器（LCD），半导体记忆体记忆零组件及其系统产品；太阳能电池及其相关之系统模组与产品；集成电路测试与包装；光罩制作。在国内外销售本公司的产品并提供相关服务，以及相关半导体工程设计咨询、工程管理咨询、经营管理咨询及相关配套服务。				

企业名称	瑞萨半导体（苏州）有限公司			海关编码	3205240038
通讯地址	江苏省苏州工业园区金鸡湖路 176 号			邮政编码	215021
企业类型	进出口货物收发货人	注册日期	1995.12.22	注册资本	4322.5855 万美元
评定时间	2008.10.15	报关有效期	2011.12.22	所属海关	南京海关
法定代表人	山田充		电话	0512-67626056	
日常联系人	钱寒冰		电话	0512-67626056-2107	
主营范围	一般经营项目：开发、设计、制造半导体及相关产品并销售其产品，以及提供售后服务。				

企业名称	安德鲁电信器材（中国）有限公司			海关编码	3205240042
通讯地址	江苏省苏州工业园区苏虹西路 68 号			邮政编码	215021
企业类型	进出口货物收发货人	注册日期	1995.12.25	注册资本	3434 万美元
评定时间	2008.12.24	报关有效期	2011.12.25	所属海关	南京海关
法定代表人	MICHAEL DAVID COPPIN		电话	0512-67610069	
日常联系人	戴志红		电话	0512-67635370	
主营范围	研究、开发、测试、装配、加工、生产波导管，射屏电缆、连接器及其附件，通讯、天气、空中交通管制天线及附件，功放器、滤波器及相关产品，手机附件及其他在中国不受禁止的相关产品，并提供安装和其他售后服务。从事非配额许可证管理商品、非专管商品的收购出口业务。				

企业名称	三星电子（苏州）半导体有限公司			海关编码	3205240009
通讯地址	江苏省苏州工业园区金鸡湖路 15 号			邮政编码	215021
企业类型	进出口货物收发货人	注册日期	1995.1.20	注册资本	27000 万美元
评定时间	2009.5.11	报关有效期	2014.1.20	所属海关	南京海关
法定代表人	kyoung jin lee		电话	0512-67611121	
日常联系人	万蓉		电话	0512-67611121	
主营范围	一般经营项目：生产半导体产品，销售本公司所生产的产品。				

企业名称	威刚科技（苏州）有限公司			海关编码	3205240636
通讯地址	江苏省苏州工业园区新发路 28 号			邮政编码	215021
企业类型	进出口货物收发货人	注册日期	2004.2.17	注册资本	4000 万美元
评定时间	2009.5.11	报关有效期	2014.2.17	所属海关	南京海关
法定代表人	王根旺		电话	0512-65930886	
日常联系人	郭燕霞		电话	0512-65930886-28225	
主营范围	内存模块及闪存记忆体，计算机外设产品，灯具及 LED 节能照明装置的研发、生产、组装、测试、维修，销售本公司所生产的产品并提供相关服务。从事本公司生产产品的同类商品及电子元器件，包装物的批发、佣金代理（拍卖除外），进出口及相关配套业务。自有多余厂房出租。				

企业名称	伟创力电子技术（苏州）有限公司			海关编码	3205240081
通讯地址	江苏省苏州工业园区苏茜路 9 号			邮政编码	215021
企业类型	进出口货物收发货人	注册日期	1996.3.29	注册资本	33521.59 万美元
评定时间	2011.5.13	报关有效期	2014.3.29	所属海关	南京海关
法定代表人	MANNY MARIMUTHU		电话	0512-67612300	
日常联系人	杨卫兴		电话	0512-67612300-3208	
主营范围	制造印刷电路板组件及系统集成产品，并销售其产品；承接国内外客户印刷电路板及其他电子组件的加工装配；从事数字移动终端产品及整机的加工与组装；从事非配额许可证管理商品，非专营商品的收购出口业务；提供计算机、通信设备、精密仪器及元件的维修，以及维护、技术咨询、技术服务。				

企业名称	金红叶纸业集团有限公司			海关编码	3205240068
通讯地址	江苏省苏州工业园区金胜路 1 号			邮政编码	215021
企业类型	进出口货物收发货人	注册日期	1996.3.29	注册资本	54965 万美元
评定时间	2009.11.10	报关有效期	2014.3.29	所属海关	南京海关
法定代表人	黄志源		电话	0512-62831730	
日常联系人	朱建军		电话	0512-62831730	
主营范围	一般经营项目：生产各种涂布白卡纸、卷筒卫生纸、餐巾纸、面巾纸、手巾纸、婴儿尿布纸、卫生巾、湿巾纸、短衬裤等纸制品及相关产品，并销售其产品。出租本公司自有多余标准厂房（出租对象仅限于与本公司生产经营直接关联的或集团内部的企业），经营本公司生产产品的同类商品、纸浆、办公用纸、文具用品、日化用品、小家电、日杂用品的批发及进出口，以及佣金代理（拍卖除外）及相关业务。				

企业名称	超威半导体技术（中国）有限公司			海关编码	3205240681
通讯地址	江苏省苏州工业园区苏桐路 88 号			邮政编码	215021
企业类型	进出口货物收发货人	注册日期	2004.4.29	注册资本	13338 万美元
评定时间	2008.10.15	报关有效期	2014.4.29	所属海关	南京海关
法定代表人	DEVINDER KUMAR		电话	0512-62528383	
日常联系人	陆蕊		电话	0512-62528383-37636	
主营范围	一般经营项目：生产集成电路和电子元件，销售本公司所生产的产品并提供有关的售后服务及相关服务，以及为相关产品提供技术服务。自有多余厂房出租。				

企业名称	苏州智能泰克有限公司			海关编码	3205240371
通讯地址	江苏省苏州工业园区扬东路 180 号			邮政编码	215021
企业类型	进出口货物收发货人	注册日期	2002.6.17	注册资本	470 万美元
评定时间	2009.6.10	报关有效期	2014.6.17	所属海关	南京海关
法定代表人	藤森知雄		电话	0512-62745855	
日常联系人	陆宗萍		电话	0512-62745855-609	
主营范围	一般经营项目：开发并生产数码相机、液晶投影仪、视频展示台及其他光学设备及部品，销售本公司所生产的产品并提供售后服务。以上领域的非本公司生产同类产品的批发及进出口业务。				

企业名称	友达光电（苏州）有限公司			海关编码	3205240272
通讯地址	江苏省苏州工业园区苏虹中路 398 号			邮政编码	215021
企业类型	进出口货物收发货人	注册日期	2001.8.7	注册资本	24000 万美元
评定时间	2008.12.1	报关有效期	2014.8.7	所属海关	南京海关
法定代表人	彭双浪		电话	0512-62588800	
日常联系人	季敏豪		电话	0512-62588800	
主营范围	一般经营项目：液晶显示屏等新型显示器件制造及相关产品的组装，生产制造液晶显示器、液晶电视，以上产品相关零组件的组装，提供相关技术及售后服务、维修，并销售本企业所生产的产品。自有多余厂房出租（出租对象仅限于与本公司生产经营直接关联的或集团内部的企业）。				

企业名称	力成科技（苏州）有限公司			海关编码	3205240020
通讯地址	江苏省苏州工业园区星海街 33 号			邮政编码	215021
企业类型	进出口货物收发货人	注册日期	1995.9.25	注册资本	7200 万美元
评定时间	2008.11.11	报关有效期	2014.9.25	所属海关	南京海关
法定代表人	吉红斌		电话	0512-62523333	
日常联系人	许佳新		电话	0512-62523333-36289	
主营范围	一般经营项目：组装、测试集成电路和电子器件，销售所生产的产品并提供相关服务。				

企业名称	日立显示器件（苏州）有限公司			海关编码	3205240219
通讯地址	苏州工业园区金鸡湖路 162 号			邮政编码	215021
企业类型	进出口货物收发货人	注册日期	2000.9.28	注册资本	4500 万美元
评定时间	2009.5.11	报关有效期	2014.9.27	所属海关	南京海关
法定代表人	黑川一成		电话	0512-67610111	
日常联系人	高红侠		电话	0512-67610111-510	
主营范围	显示器件产品及设备、治工具类产品的设计，制造及销售本公司所生产的产品并提供售后服务及其他相关服务。从事以上领域本公司同类商品的批发、进出口业务。				

<table>
<tr><td>企业名称</td><td colspan="3">联建（中国）科技有限公司</td><td>海关编码</td><td>3205240177</td></tr>
<tr><td>通讯地址</td><td colspan="3">江苏省苏州工业园区苏虹西路 99 号</td><td>邮政编码</td><td>215021</td></tr>
<tr><td>企业类型</td><td>进出口货物收发货人</td><td>注册日期</td><td>1999.12.2</td><td>注册资本</td><td>12300 万美元</td></tr>
<tr><td>评定时间</td><td>2008.10.15</td><td>报关有效期</td><td>2014.12.2</td><td>所属海关</td><td>南京海关</td></tr>
<tr><td>法定代表人</td><td colspan="2">黄显雄</td><td>电话</td><td colspan="2">0512-62868178</td></tr>
<tr><td>日常联系人</td><td colspan="2">江奇铭</td><td>电话</td><td colspan="2">0512-62568178-63740</td></tr>
<tr><td>主营范围</td><td colspan="5">研发设计并制造新型平板显示器及其相关电子零组件、五金配件及相关产品。销售本公司产品并提供维修及相关服务，从事非配额许可证管理商品、非专管商品的收购出口业务，从事与本公司同类商品的批发、佣金代理及进出口业务。</td></tr>
</table>

<table>
<tr><td>企业名称</td><td colspan="3">中船澄西船舶修造有限公司</td><td>海关编码</td><td>3216910620</td></tr>
<tr><td>通讯地址</td><td colspan="3">江苏省江阴市临港新城衡山路 1 号</td><td>邮政编码</td><td>214431</td></tr>
<tr><td>企业类型</td><td>进出口货物收发货人</td><td>注册日期</td><td>1997.3.12</td><td>注册资本</td><td>76000 万人民币</td></tr>
<tr><td>评定时间</td><td>2008.11.11</td><td>报关有效期</td><td>2012.2.16</td><td>所属海关</td><td>江阴海关</td></tr>
<tr><td>法定代表人</td><td colspan="2">胡金根</td><td>电话</td><td colspan="2">0510-81668888</td></tr>
<tr><td>日常联系人</td><td colspan="2">吉宏飞</td><td>电话</td><td colspan="2">0510-86117585</td></tr>
<tr><td>主营范围</td><td colspan="5">船舶修造、拆解，船舶拆解物资的回收，海洋工程装备制造、修理，钢结构工程的施工，钢结构的制造、修理，起重机械、机电设备制造及其他加工业务，高空作业车、工程车辆、机电设备的修理，拆船物资的销售，船舶工程技术的开发、培训、咨询服务，船舶工程的设计。</td></tr>
</table>

<table>
<tr><td>企业名称</td><td colspan="3">法尔胜集团进出口有限公司</td><td>海关编码</td><td>3216910619</td></tr>
<tr><td>通讯地址</td><td colspan="3">江苏省江阴市通江北路 203 号</td><td>邮政编码</td><td>214431</td></tr>
<tr><td>企业类型</td><td>进出口货物收发货人</td><td>注册日期</td><td>1997.3.12</td><td>注册资本</td><td>10000 万人民币</td></tr>
<tr><td>评定时间</td><td>2009.6.10</td><td>报关有效期</td><td>2014.7.18</td><td>所属海关</td><td>江阴海关</td></tr>
<tr><td>法定代表人</td><td colspan="2">刘翔</td><td>电话</td><td colspan="2">0510-86118782</td></tr>
<tr><td>日常联系人</td><td colspan="2">陈桂军</td><td>电话</td><td colspan="2">0510-86118826</td></tr>
<tr><td>主营范围</td><td colspan="5">经营进出口贸易。</td></tr>
</table>

企业名称	江苏兴业塑化股份有限公司			海关编码	3216930843
通讯地址	江苏省江阴市周庄镇三房巷村			邮政编码	214431
企业类型	进出口货物收发货人	注册日期	2000.1.6	注册资本	2.1 亿人民币
评定时间	2008.12.24	报关有效期	2014.5.6	所属海关	江阴海关
法定代表人	薛纪良		电话	0510-86229995	
日常联系人	张妮		电话	0510-86229995	
主营范围	生产 PBT、PET 树脂及其制品，销售本公司产品。				

企业名称	帝斯曼工程塑料（江苏）有限公司			海关编码	3216940904
通讯地址	江苏省江阴市经济开发区蟠龙山路 18 号			邮政编码	214431
企业类型	进出口货物收发货人	注册日期	2000.10.31	注册资本	3900 万美元
评定时间	2008.10.15	报关有效期	2012.10.28	所属海关	江阴海关
法定代表人	Jayant V Dhobley		电话	0510-86198201	
日常联系人	曹红珍		电话	0510-86198256	
主营范围	生产工程塑料，并提供相关的技术服务和应用开发支持。				

企业名称	江阴福汇纺织有限公司			海关编码	3216941138
通讯地址	江苏省江阴经济开发区			邮政编码	214431
企业类型	进出口货物收发货人	注册日期	2002.6.27	注册资本	10200 万美元
评定时间	2009.7.28	报关有效期	2014.4.30	所属海关	江阴海关
法定代表人	夏松芳		电话	0510-86406888	
日常联系人	柳康成		电话	0510-86404888	
主营范围	从事高档针织面料的织染及后整理加工，针织服装的生产，从事与公司自产产品同类的纺织品及服装的批发、零售。				

企业名称	江苏扬子江船厂有限公司			海关编码	3216942419
通讯地址	江苏省江阴市鲥鱼港路 38 号			邮政编码	214431
企业类型	进出口货物收发货人	注册日期	2006.10.11	注册资本	9100 万人民币
评定时间	2008.12.1	报关有效期	2012.9.1	所属海关	江阴海关
法定代表人	任元林		电话	0510-86858909	
日常联系人	王懿		电话	0510-86858909	
主营范围	从事 5.5 万吨以下船舶的制造、修理和拆解，大型钢结构及起重机械、带式输送机械产品的制造和加工，生产氧气、氮气及其他工业气体，销售自产产品并提供相应的技术咨询及售后服务。				

企业名称	江苏阳光股份有限公司			海关编码	3216950057
通讯地址	江苏省江阴市新桥镇马嘶桥			邮政编码	214431
企业类型	进出口货物收发货人	注册日期	1999.12.8	注册资本	178334 万人民币
评定时间	2008.12.24	报关有效期	2012.12.9	所属海关	江阴海关
法定代表人	陈丽芬		电话	0510-6121888	
日常联系人	朱宏		电话	0510-6121888	
主营范围	生产销售毛纺织品。				

企业名称	江阴市红柳被单厂有限公司			海关编码	3216950600
通讯地址	江苏省江阴市花东路 15 号			邮政编码	214431
企业类型	进出口货物收发货人	注册日期	1996.1.2	注册资本	6500 万人民币
评定时间	2009.5.11	报关有效期	2014.2.18	所属海关	江阴海关
法定代表人	黄建钧		电话	0510-86282002	
日常联系人	朱缨璇		电话	0510-86282561	
主营范围	床上用品和装饰布的染色，印花制造、加工，被单布、装饰布、纯棉坯布、涤棉坯布的销售，发电、供气（仅供本公司内部使用），自营和代理各类商品及技术的进出口业务，但国家限定企业经营或禁止进出口的商品和技术除外。				

企业名称	江阴市金桥化工有限公司			海关编码	3216961209
通讯地址	江苏华东石化物资交易市场（江苏省江阴市林港新城夏港街道滨江西路 2 号 1 号楼 201 室）			邮政编码	214431
企业类型	进出口货物收发货人	注册日期	2002.12.10	注册资本	5000 万人民币
评定时间	2008.12.24	报关有效期	2014.4.20	所属海关	江阴海关
法定代表人	孙芳		电话	0510-86409676	
日常联系人	翁晓燕		电话	0510-86409676	
主营范围	金属材料、五金工具、纺织面料、机械设备、建筑材料、仪器仪表、化工原料（危险品仅限危险化学品经营许可证核定的范围）的销售，自营和代理各类商品和技术的进出口，但国家限定或禁止进出口的商品和技术除外。				

企业名称	江苏省华贸进出口有限公司			海关编码	3216961991
通讯地址	江苏省江阴临港新城申港镇镇澄路 1298 号			邮政编码	214431
企业类型	进出口货物收发货人	注册日期	2005.8.17	注册资本	8000 万人民币
评定时间	2008.12.1	报关有效期	2014.8.5	所属海关	江阴海关
法定代表人	汤国华		电话	0510-86876991	
日常联系人	徐建国		电话	0510-68876991	
主营范围	自营和代理各类商品及技术的进出口，但国家限定公司经营或禁止进出口的商品和技术除外；机械设备、五金交电、电子产品、针织品、纺织品、服装、建材、化工产品（不含危险品），金属及金属矿的销售。				

企业名称	浙江省电力物资供应公司			海关编码	3301910277
通讯地址	浙江省杭州市凤起路 378 号			邮政编码	310003
企业类型	进出口货物收发货人	注册日期	2008.3.5	注册资本	5413.93 万人民币
评定时间	2009.12.31	报关有效期	2014.1.30	所属海关	杭州海关
法定代表人	章士钧		电话	0571-51214836	
日常联系人	徐建斌		电话	0571-51214911	
主营范围	金属材料、建筑材料、机电设备及配件、木材，电力生产建设所需主（辅）机成套设备的投标、招标。房产租赁、仓储业务，经营进出口业务（范围详见外经贸批文）。				

企业名称	浙江中大技术进口有限公司			海关编码	3301910218
通讯地址	浙江省杭州市西湖大道 58 号华顺大厦 15 楼			邮政编码	310009
企业类型	进出口货物收发货人	注册日期	1999.5.17	注册资本	2000 万人民币
评定时间	2011.3.9	报关有效期	2014.4.19	所属海关	杭州海关
法定代表人	韩企胜		电话	0571-87826828	
日常联系人	徐恒杰		电话	0571-87824962	
主营范围	经营进出口业务，机械设备、电子设备、化工产品（不含危险品）、轻纺织品、金属材料、木材、纸浆、仪器仪表、土畜产品、工艺品、百货、汽车（含小轿车）、摩托车、汽车配件、医疗器械的销售，实业投资开发。				

企业名称	国际香料香精（杭州）有限公司			海关编码	3301930918
通讯地址	浙江省杭州市建德市洋溪街道国香路 88 号			邮政编码	311600
企业类型	进出口货物收发货人	注册日期	1994.2.7	注册资本	3242.2222 万美元
评定时间	2009.3.10	报关有效期	2013.12.7	所属海关	杭州海关
法定代表人	ROBERTUS JOHANNES MARIA EDELMAN		电话	0571 -64743488	
日常联系人	盖昊		电话	0571- 64797377	
主营范围	生产经营香料、香精、香水等产品（包括一类易制毒化学品，具体详见许可证）。				

企业名称	杭州海康威视数字技术股份有限公司			海关编码	3301330039
通讯地址	浙江省杭州市西湖区马塍路 36 号			邮政编码	310012
企业类型	进出口货物收发货人	注册日期	2008.2.20	注册资本	50000 万人民币
评定时间	2011.5.27	报关有效期	2014.1.18	所属海关	杭州海关
法定代表人	陈宗年		电话	0571- 88075998	
日常联系人	梅勇		电话	0571-87006022	
主营范围	电子产品的研发生产和销售自产产品，提供技术服务、电子设备安装、电子工程及智能系统工程的设计、施工及维护（国家禁止和限制的项目除外）。				

企业名称	杭芝机电有限公司			海关编码	3301930139
通讯地址	浙江省杭州市教工路 27 号			邮政编码	310012
企业类型	进出口货物收发货人	注册日期	1992.12.6	注册资本	70000 万日元
评定时间	200.3.10	报关有效期	2014.10.8	所属海关	杭州海关
法定代表人	涉谷徹		电话	0571-88072428	
日常联系人	宋慧萍		电话	0571-88072428-1296	
主营范围	信息、通信系统、电子元器件、强电设备、家用电器、办公设备等电子机械产品及所使用的材料、零部件、工夹模具、设备、车用空调风扇马达的制造，第二类医用 X 射线附属设备及附件的制造（X 射线影像增强器、旋转阳极 X 射线管，有效期至 2013 年 6 月 5 日），计算机软件开发，管理咨询服务，从事非配额许可证管理，非专营商品的收购出口业务，凡设及中华人民共和国进出口管理商品及限制外商投资项目，须另行按规定办理审批手续。				

企业名称	浙江物产国际贸易有限公司			海关编码	3301932199
通讯地址	浙江省杭州市凯旋路 445 号			邮政编码	310020
企业类型	进出口货物收发货人	注册日期	2010.11.17	注册资本	48328.75 万人民币
评定时间	2010.12.17	报关有效期	2013.11.17	所属海关	杭州海关
法定代表人	袁仁军		电话	0571-87051191	
日常联系人	刘双桅		电话	0571-87051191	
主营范围	矿产品、建材、化工产品（不含危险品和易制毒化学品）、矿物油（不含成品油）、汽车的批发和佣金代理（拍卖除外）及进出口业务，废旧金属制品的回收（涉及配额、许可证等专项规定的国家有关规定办理）。				

企业名称	UT 斯达康通讯有限公司			海关编码	3301340036
通讯地址	浙江省杭州市滨江区六和路 368 号			邮政编码	310012
企业类型	进出口货物收发货人	注册日期	2002.5.14	注册资本	9800 万美元
评定时间	2009.3.10	报关有效期	2014.3.11	所属海关	杭州海关
法定代表人	YANYA SHENG		电话	0571-81920000	
日常联系人	万仲亮		电话	0571-81929252	
主营范围	设计、开发、配套、生产、销售、安装高科技通讯设备软件及硬件，包括：电信综合数字接入网系统（含无线接入网和有险接入），无线移动通讯终端设备（包括 GSM，CDMA 手机），光传输设备，智能网系统，个人通讯及多媒体，数据和信息网络及其他通讯系统光传输设备（国家限制和禁止的项目除外）。提供本公司产品的维护。				

企业名称	杭州华三通信技术有限公司			海关编码	3301340066
通讯地址	浙江省杭州市高新技术产业开发区之江科技工业园六和路 310 号			邮政编码	310053
企业类型	进出口货物收发货人	注册日期	2003.11.12	注册资本	8000 万美元
评定时间	2009.3.10	报关有效期	2014.8.26	所属海关	杭州海关
法定代表人	MATTHEW GERALD GREENLY		电话	010-65643888	
日常联系人	李萍		电话	0571-86762347	
主营范围	软件开发生产：高端路由器、中低端路由器、千兆比以上网络交换机、百兆以太网交换机、宽带接入网通信系统设备（xDSL 数字用户线路、CABLE 有线电缆、FTTH 光纤到户和多媒体视讯接入设备）、IP 数据通信系统设备（IP 网络防火墙等安全设备、IP 网关等媒体通信设备）、网关、网管系统及配套设备的研究开发，以及生产和销售。提供相关的技术咨询和售后服务。				

企业名称	温州市冠盛汽车零部件集团股份有限公司			海关编码	3303930586
通讯地址	浙江省温州市瓯海高新技术产业园区高翔路 1 号			邮政编码	325006
企业类型	进出口货物收发货人	注册日期	2006.2.14	注册资本	12000 万人民币
评定时间	2010.8.16	报关有效期	2014.2.14	所属海关	杭州海关
法定代表人	周家儒		电话	0577-86291680	
日常联系人	林奇帼		电话	0577-86291831	
主营范围	制造销售汽车零配件、石化设备配件、摩托车零配件。				

企业名称	金帝集团有限公司			海关编码	3303260263
通讯地址	浙江省温州经济技术开发区滨海二道 1288 号			邮政编码	325025
企业类型	进出口货物收发货人	注册日期	2009.12.01	注册资本	7158 万人民币
评定时间	2010.02.26	报关有效期	2012.12.01	所属海关	杭州海关
法定代表人	诸建勇		电话	0577-56999999-77991	
日常联系人	方红雪		电话	0577-56999999-77166	
主营范围	生产销售皮鞋、皮革制品、鞋材、服装，服饰，销售日用百货、五金电器。产品研发、设计、咨询业务，本企业及成员企业货物销售；货物进出口、技术进出口。				

企业名称	巨一集团有限公司			海关编码	3303960018
通讯地址	浙江省温州市中国鞋都产业园区			邮政编码	325007
企业类型	进出口货物收发货人	注册日期	1999.03.23	注册资本	10500 万人民币
评定时间	2009.3.24	报关有效期	2014.03.23	所属海关	杭州海关
法定代表人	李爱莲		电话	0577-88338339	
日常联系人	王晓鸥		电话	0577-88035656	
主营范围	鞋、皮革制品、塑料制品、汽摩配件的制造、销售，化妆品、建筑材料、金属材料、日用百货、工艺品、帽、箱包、手表、服装、服装饰品、针纺织品、家用电器、化工原料（不含危险化学品）的销售，对房地产业、采矿业的投资，自有房屋出租；经济信息咨询（不含证券、期货咨询）服务，货物进出口、技术进出口（上述经营范围不含国家法律法规规定禁止、限制和许可经营的项目）。				

企业名称	温州帝邦鞋业有限公司			海关编码	3303930333
通讯地址	浙江省温州双屿中国鞋都产业园区帝邦工业园			邮政编码	325007
企业类型	进出口货物收发货人	注册日期	1999.05.24	注册资本	274.7 万美元
评定时间	2010.04.23	报关有效期	2014.05.24	所属海关	杭州海关
法定代表人	谢仁兴		电话	0577-88756666	
日常联系人	陈欢乐		电话	0577-88756662	
主营范围	生产销售皮鞋及皮革制品。				

企业名称	浙江正泰电器股份有限公司			海关编码	3303960670
通讯地址	浙江省乐清市北白象镇正泰工业园区正泰路 1 号			邮政编码	325603
企业类型	进出口货物收发货人	注册日期	2003.10.28	注册资本	100000 万人民币
评定时间	2010.04.22	报关有效期	2014.10.28	所属海关	杭州海关
法定代表人	南存辉		电话	0577-62777777	
日常联系人	李红涛		电话	0577-62877777-8415	
主营范围	低压电器及元器件、切割及焊接设备、电子元器件、电源类产品、电力金具、电力整流器的研发，以及设计、制造、加工、安装、调试、销售及相关技术服务，经营进出口业务（国家法律法规禁止和限制的除外）。				

企业名称	东艺鞋业有限公司			海关编码	3303963224
通讯地址	浙江省温州市鹿城区双屿前陈鞋都一期 24 号			邮政编码	325007
企业类型	进出口货物收发货人	注册日期	2008.03.08	注册资本	8000 万人民币
评定时间	2009.09.15	报关有效期	2014.03.18	所属海关	杭州海关
法定代表人	陈国荣		电话	0577-88072222	
日常联系人	李银月		电话	0577-88050113	
主营范围	生产销售皮鞋、皮鞋半成品（鞋包、大底、中底、鞋扣、鞋带及零配件）、皮具、皮革制品，以及非配额许可证管理、非专营商品的收购出口业务及仓储业务。货物进出口（国家法律、行政法规禁止的除外；国家法律、行政法规限制的项目取得许可证后方可经营）。				

企业名称	台州宝利特鞋业有限公司			海关编码	3311930436
通讯地址	浙江省温岭市泽国镇牧屿欧风路			邮政编码	317523
企业类型	进出口货物收发货人	注册日期	1995.12.15	注册资本	458 万美元
评定时间	2008.11.26	报关有效期	2014.3.2	所属海关	杭州海关
法定代表人	陈华根		电话	0576-86472528	
日常联系人	李章敏		电话	0576-86472510	
主营范围	生产销售鞋、鞋零配件。				

企业名称	浙江清源水暖洁具有限公司			海关编码	3311932101
通讯地址	浙江省玉环县机电工业园区			邮政编码	317600
企业类型	进出口货物收发货人	注册日期	2003.12.15	注册资本	288 万美元
评定时间	2009.7.2	报关有效期	2014.7.12	所属海关	杭州海关
法定代表人	蒋连法		电话	0576-87242899	
日常联系人	陈慧卿		电话	0576-87242877	
主营范围	生产销售水暖洁具、五金塑料制品。				

企业名称	浙江苏泊尔股份有限公司			海关编码	3311937511
通讯地址	浙江省玉环县大麦屿经济开发区			邮政编码	317604
企业类型	进出口货物收发货人	注册日期	2009.9.21	注册资本	57725.2 万人民币
评定时间	2009.11.23	报关有效期	2012.9.21	所属海关	杭州海关
法定代表人	苏显泽		电话	0576-86770858	
日常联系人	游银柳		电话	0576-87337276	
主营范围	厨房用具、不锈钢制品、日用五金、小型家电及炊具的制造，以及销售和技术开发，经营进出口业务（范围详见“中华人民共和国进出口企业资格证书”），电器安装及维修服务。				

企业名称	浙江九洲药业股份有限公司			海关编码	3311950273
通讯地址	浙江省台州市椒江外沙路 99 号			邮政编码	318000
企业类型	进出口货物收发货人	注册日期	1994.2.25	注册资本	7420 万人民币
评定时间	2008.11.26	报关有效期	2014.3.7	所属海关	杭州海关
法定代表人	花轩德		电话	0576-88827501	
日常联系人	许肖红		电话	0576-88827057	
主营范围	化学原料药、电子设备、化工机械的制造加工，腋菌清的生产、销售（非药品），化工原料（不含化学危险品）、机械设备、仪器仪表零配件、普通机械、钢材、建材、五金交电、轻纺原料、百货的销售，化工产品研究、技术信息咨询。经营进出口业务（详见外经贸部批文）。				

企业名称	浙江利欧股份有限公司			海关编码	3311961208
通讯地址	浙江省温岭市滨海镇利欧路 1 号			邮政编码	317503
企业类型	进出口货物收发货人	注册日期	2001.10.12	注册资本	30112 万人民币
评定时间	2011.2.23	报关有效期	2014.8.3	所属海关	杭州海关
法定代表人	王相荣		电话	0576-89988888	
日常联系人	周海丽		电话	0576-89986343	
主营范围	许可经营项目：无。一般经营项目：园林机械、水泵、电机、汽油机、机械设备、环保设备、模具、五金工具及相关配件的生产和销售，进出口经营业务（上述经营范围不含国家法律法规规定禁止、限制和许可经营的项目）。				

企业名称	浙江永强集团股份有限公司			海关编码	3311965033
通讯地址	浙江临海市前江南路 1 号			邮政编码	317004
企业类型	进出口货物收发货人	注册日期	2007.9.7	注册资本	24000 万人民币
评定时间	2011.3.9	报关有效期	2013.8.6	所属海关	杭州海关
法定代表人	谢建勇		电话	0576-85956001	
日常联系人	洪井上		电话	0576-85956902	
主营范围	户外用品及家具、遮阳用品、工艺品、金属铁制品的制造和销售，经营进出口业务（国家法律法规禁止、限制的除外），投资管理。				

企业名称	浙江爱仕达电器股份有限公司			海关编码	3311965159
通讯地址	浙江省温岭市经济开发区科技路2号			邮政编码	317500
企业类型	进出口货物收发货人	注册日期	2007.11.2	注册资本	24000万人民币
评定时间	2008.11.26	报关有效期	2013.9.19	所属海关	杭州海关
法定代表人	陈合林		电话	0576-86199001	
日常联系人	陈慧		电话	0576-86199026	
主营范围	许可经营项目：无。一般经营项目：炊具及配件、餐具及配件制造，销售；日用电器、玻璃制品、金属模具、非金属模具的设计和制造；金属复合材料、化工产品（不含危险化学品，易制毒化学品及监控化学品）的销售；货物进出口、技术进出口（上述经营范围不含国家法律法规规定禁止、限制和许可经营的项目）。				

企业名称	浙江大东南包装股份有限公司			海关编码	3322964351
通讯地址	浙江省诸暨城西工业区千禧路5号			邮政编码	311800
企业类型	进出口货物收发货人	注册日期	2003.01.24	注册资本	60351万人民币
评定时间	2011.04.13	报关有效期	2014.01.04	所属海关	杭州海关
法定代表人	黄飞刚		电话	0575-87380002	
日常联系人	傅城		电话	0575-87211535	
主营范围	塑料薄膜、塑料包装制品、服装、纺织品的生产和销售，经营进出口业务。				

企业名称	浙江海亮股份有限公司			海关编码	3322934285
通讯地址	浙江省诸暨市店口镇工业区			邮政编码	311814
企业类型	进出口货物收发货人	注册日期	2004.01.19	注册资本	40010万人民币
评定时间	2005.04.25	报关有效期	2014.01.10	所属海关	杭州海关
法定代表人	冯亚丽		电话	0575-87063777	
日常联系人	章海平		电话	0575-87069981	
主营范围	铜管、铜板带、铜箔及其他铜制品的制造和加工。				

企业名称	浙江美邦纺织有限公司			海关编码	3322934443
通讯地址	浙江省诸暨市陶朱街道兴业五路 8 号			邮政编码	311800
企业类型	进出口货物收发货人	注册日期	2003.10.15	注册资本	5656 万美元
评定时间	2009.11.09	报关有效期	2014.07.05	所属海关	杭州海关
法定代表人	陈立峰		电话	0575-88699592	
日常联系人	陈黎燕		电话	0575-88699592	
主营范围	生产和销售高档提花针织面料、无缝针织内衣及其他针织品。				

企业名称	浙江古纤道新材料股份有限公司			海关编码	3306931691
通讯地址	浙江省绍兴袍江工业区越东路 2 号			邮政编码	312071
企业类型	进出口货物收发货人	注册日期	2004.03.05	注册资本	6838.91 万美元
评定时间	2006.04.14	报关有效期	2014.02.21	所属海关	杭州海关
法定代表人	施建强		电话	0575-88137600	
日常联系人	濮兴炎		电话	0575-88138173	
主营范围	生产销售：改性聚酯切片、涤纶工业丝及其他涤纶制品，聚酯切片原辅材料、有色金属（除贵金属、铁）、矿产（除铁矿石）、橡胶原料及制品、化工原料及制品（除化学危险品）、建筑装潢材料（除化学危险品）的批发和佣金代理（拍卖除外）及其进出口业务。上述商品进出口不涉及国营贸易、进出口配额许可证、出口配额招标、出口许可证等专项管理的商品。				

企业名称	浙江绍兴三圆石化有限公司			海关编码	3306932221
通讯地址	浙江省绍兴袍江工业区越秀路			邮政编码	312075
企业类型	进出口货物收发货人	注册日期	2005.08.25	注册资本	2610 万美元
评定时间	2010.12.20	报关有效期	2014.07.26	所属海关	杭州海关
法定代表人	钟建明		电话	0575-88138268	
日常联系人	吴水刚		电话	0575-88138173	
主营范围	生产销售多功能改性聚丙烯原料及农膜。				

企业名称	浙江万丰摩轮有限公司			海关编码	3306937148
通讯地址	浙江省新昌县高新技术产业园区			邮政编码	312500
企业类型	进出口货物收发货人	注册日期	2008.9.11	注册资本	13800 万人民币
评定时间	2010.3.30	报关有效期	2014.8.30	所属海关	杭州海关
法定代表人	张锡康	电话		0575-86298990	
日常联系人	张建国	电话		0575-86295926	
主营范围	生产、销售摩托车铝合金车轮及相关零部件的开发和售后服务。				

企业名称	浙江远东新聚酯有限公司			海关编码	3306953706
通讯地址	浙江省绍兴县滨海工业区			邮政编码	312072
企业类型	进出口货物收发货人	注册日期	2000.11.15	注册资本	13800 万人民币
评定时间	2003.1.6	报关有效期	2014.10.19	所属海关	杭州海关
法定代表人	周吉元	电话		0575-85625398	
日常联系人	赵亮	电话		0575-85621535	
主营范围	生产化纤原料、纺织品，经营本企业自产产品及技术的出口服务，经营本企业生产所需的原辅材料、仪器仪表、机械设备、零配件及技术的进口业务，经营进料加工和“三来一补”业务，农作物种植、水产养殖，代理货物进出口。				

企业名称	升华集团德清华源颜料有限公司			海关编码	3305930416
通讯地址	浙江省德清县钟管镇山水渡			邮政编码	313220
企业类型	进出口货物收发货人	注册日期	1996.1.23	注册资本	450 万美元
评定时间	2009.10.23	报关有效期	2014.1.25	所属海关	杭州海关
法定代表人	竺增林	电话		0572-8400999	
日常联系人	许春芳	电话			
主营范围	生产氧化铁颜料、涂料（除化学危险品），非配额许可证管理、非专营商品的收购出口业务，余热发电（涉及许可证或专项审批的凭证或审批后经营）。				

企业名称	浙江德清华丝纺织有限公司			海关编码	3305930579
通讯地址	浙江省德清县德清武康凯喜雅工业园 2 号			邮政编码	313200
企业类型	进出口货物收发货人	注册日期	2002.2.5	注册资本	240 万美元
评定时间	2009.11.16	报关有效期	2013.12.3	所属海关	杭州海关
法定代表人	凌人才		电话	0572-8085278	
日常联系人	许晓红		电话	0572-8080243	
主营范围	生产和销售服装及纺织品。				

企业名称	浙江泰普森休闲用品有限公司			海关编码	3305930946
通讯地址	浙江省德清县武康镇北湖东街 860 号			邮政编码	313200
企业类型	进出口货物收发货人	注册日期	2008.2.22	注册资本	1200 万美元
评定时间	2009.10.23	报关有效期	2014.2.22	所属海关	杭州海关
法定代表人	杨宝庆		电话	0571-28906101	
日常联系人	黄盈		电话	0571-28887288	
主营范围	轻金属家具、钓鱼用品、箱包、体育用品、鞋帽、服装及相关塑料制品的生产加工及销售。（涉及许可经营的凭许可经营）。				

企业名称	浙江恒林椅业股份有限公司			海关编码	3305960042
通讯地址	浙江省递铺镇阳光工业园三区			邮政编码	313300
企业类型	进出口货物收发货人	注册日期	2001.11.1	注册资本	6000 万人民币
评定时间	2009.11.16	报关有效期	2014.7.20	所属海关	杭州海关
法定代表人	王江林		电话	0572-5227368	
日常联系人	钱玉兰		电话	0572-5227561	
主营范围	钢塑制品、转椅配件，办公家具、竹木制品的制造及销售。汽车货运。经营本企业自产产品及技术的出口业务，经营本企业生产、科研究所需的原辅材料，机械设备，仪器仪表，零配件及技术的进口业务（国家限定公司经营和国家禁止进出口的商品及技术除外），经营进料加工和“三来一补”业务。				

企业名称	浙江中新毛纺织有限公司			海关编码	3305960070
通讯地址	浙江省湖州市织里镇大港路 888 号			邮政编码	313008
企业类型	进出口货物收发货人	注册日期	2002.5.30	注册资本	5168 万人民币
评定时间	2010.8.20	报关有效期	2014.5.30	所属海关	杭州海关
法定代表人	邱淦新		电话	0572-3186888	
日常联系人	陈洁		电话	0572-3187328	
主营范围	羊（毛、绒）收购，洗毛、梳绒、制条、防缩、丝光、染色、纺纱，羊毛制品、羊绒制品、针织服装制造加工、批发零售，自营和代理各类商品及技术的进出口业务（涉及行政许可凭行政许可证件经营）。				

企业名称	浙江美欣达印染集团股份有限公司			海关编码	3305960498
通讯地址	浙江省湖州市美欣达路 588 号			邮政编码	313000
企业类型	进出口货物收发货人	注册日期	2005.4.13	注册资本	8112 万人民币
评定时间	2008.12.1	报关有效期	2014.4.1	所属海关	杭州海关
法定代表人	芮勇		电话	0572-2678888-252	
日常联系人	张鹤		电话	0572-2678888-693	
主营范围	经营进出口业务，各类纺织品，服装的印染、制造、加工、销售，房屋租赁。				

企业名称	浙江升华拜克生物股份有限公司			海关编码	3305961430
通讯地址	浙江省德清县钟管工业区			邮政编码	313220
企业类型	进出口货物收发货人	注册日期	2009.4.16	注册资本	40554.9248 万人民币
评定时间	2009.4.27	报关有效期	2012.4.16	所属海关	杭州海关
法定代表人	张文骏		电话	0572-8400308	
日常联系人	曾新		电话	0572-8402869	
主营范围	马杜霉素、阿维菌素、伊维菌素、迪克拉苏、盐霉素兽药、农药原料药及制品，相关饲料添加剂的生产、销售，锆系列产品、亚磷酸二甲酯、盐酸、氯甲烷、亚磷酸的生产及销售（仅限下属锆谷分公司生产销售），兽药生产（范围详见《中华人民共和国兽药生产许可证》，有效期至 2011 年 3 月 8 日），肥料生产、热电联供（均凭有关许可证经营）。出口本企业自产的医药及化工产品，进口本企业生产及科研所需的原辅材料、机械设备、仪器仪表及零配件（凭外经贸部批准文件）。				

企业名称	浙江景兴板纸有限公司			海关编码	3304931490
通讯地址	浙江省平湖市曹桥街道九里亭			邮政编码	314214
企业类型	进出口货物收发货人	注册日期	2009.7.14	注册资本	4450 万美元
评定时间	2010.12.28	报关有效期	2013.3.23	所属海关	杭州海关
法定代表人	朱在龙		电话	0573-85966256	
日常联系人	章爱其		电话	0573-85960318	
主营范围	高档纸、纸板（绿色环保再生纸、特种纸及其他纸品）、纸制品及造纸原料的制造及销售。				

企业名称	斯比泰电子（嘉兴）有限公司			海关编码	3304940379
通讯地址	浙江省嘉兴经济开发区和平路标准厂房 3 号厂房			邮政编码	314001
企业类型	进出口货物收发货人	注册日期	2003.1.6	注册资本	1310 万美元
评定时间	2010.1.4	报关有效期	2013.11.4	所属海关	杭州海关
法定代表人	宗政叶		电话	0573-82224999	
日常联系人	周伟来		电话	0573-82220259	
主营范围	新型电力电子器件（低功率稳压电源、移动通信系统手机和交换设备的控制板卡）的开发与制造，大容量、磁盘驱动器部件开发与制造，数字照相机及关键件（控制电器）开发与生产；计算机辅助工程（CAE）系统及其他计算机应用系统制造（个人电子助理、电子收款终端、掌上电脑、工业控制器）（不涉及配额及许可证管理）。				

企业名称	日本电产科宝电子（浙江）有限公司			海关编码	3304940386
通讯地址	浙江省平湖经济开发区繁荣路 519 号			邮政编码	314200
企业类型	进出口货物收发货人	注册日期	2003.1.27	注册资本	1720 万美元
评定时间	2010.12.28	报关有效期	2014.1.5	所属海关	杭州海关
法定代表人	金野成		电话	0573-85097018	
日常联系人	俞燕		电话	0573-85097010	
主营范围	设计生产及销售控制用旋转电机、电路零件、合金制控制器、压力传感器及零部件。				

企业名称	韩泰轮胎有限公司			海关编码	3304940069
通讯地址	浙江省嘉兴经济开发区东方路			邮政编码	
企业类型	进出口货物收发货人	注册日期	1996.3.21	注册资本	18453.9 万美元
评定时间	2011.4.7	报关有效期	2014.3.25	所属海关	杭州海关
法定代表人	李炳振	电话	0573-82161100		
日常联系人	沈黄华	电话	0573-82161370		
主营范围	载重汽车和公共汽车、轻型载重汽车、轿车、工程车、农业车辆和其他车辆用子午线轮胎及内胎的生产，在国内外销售公司自产产品并提供售后服务。				

企业名称	帝人聚碳酸酯有限公司			海关编码	3304940442
通讯地址	浙江省嘉兴市乍浦经济开发区雅山西路 888 号			邮政编码	314201
企业类型	进出口货物收发货人	注册日期	2013.7.1	注册资本	9000 万美元
评定时间	2009.5.5	报关有效期	2014.5.25	所属海关	杭州海关
法定代表人	酒井和幸	电话	0573-85583321		
日常联系人	应东明	电话	0573-85583025		
主营范围	聚碳酸酯树脂及其他树脂，塑料制品、化学品的生产销售（不含化学危险品和易制毒品）。				

企业名称	恒诺微电子（嘉兴）有限公司			海关编码	3304940628
通讯地址	浙江省嘉兴市秀洲区新塍镇工业园			邮政编码	314015
企业类型	进出口货物收发货人	注册日期	2004.7.19	注册资本	4000 万美元
评定时间	2011.1.13	报关有效期	2014.6.15	所属海关	杭州海关
法定代表人	理查德·大卫·韩	电话	0573-83528000		
日常联系人	裘丽琴	电话	0573-83528000		
主营范围	片式元器件、混合集成电路、光电子器件、新型机电元件的开发生产和销售，半导体封装、微电子组装及相关的光机电产品的生产和销售。				

<table>
<tr><td>企业名称</td><td colspan="3">浙江嘉欣丝绸股份有限公司</td><td>海关编码</td><td>3304950113</td></tr>
<tr><td>通讯地址</td><td colspan="3">浙江省嘉兴市中山东路 88 号</td><td>邮政编码</td><td>314000</td></tr>
<tr><td>企业类型</td><td>进出口货物收发货人</td><td>注册日期</td><td>2010.2.27</td><td>注册资本</td><td>17355 万人民币</td></tr>
<tr><td>评定时间</td><td>2010.12.28</td><td>报关有效期</td><td>2014.2.26</td><td>所属海关</td><td>杭州海关</td></tr>
<tr><td>法定代表人</td><td colspan="2">周国建</td><td>电话</td><td colspan="2">0573-82737803</td></tr>
<tr><td>日常联系人</td><td colspan="2">周欣莹</td><td>电话</td><td colspan="2">0573-82737803</td></tr>
<tr><td>主营范围</td><td colspan="5">许可经营项目：无。一般经营项目：经营茧（不含生茧收购）、丝、绸制品；制丝、纺织品的织造、印染；服装、金属小五金、铝制品的生产及销售；纺织机械及配件、纺织品、丝绸制品、办公用品、皮革制品、工艺品（除金银饰品）、染化料、印染助剂、玩具、劳保用品、日用百货、农副产品（不含食品）的销售；仓储服务；技术咨询服务；企业营销策划服务，旅游服务（不含旅行社）展览展销；受委托代收付水、电、蒸汽、排污费用；房屋及设备租赁；经营进出口业务（国家法律法规禁止、限制的除外）（上述经营范围不含国家法律法规规定禁止、限制和许可经营的项目）。</td></tr>
</table>

<table>
<tr><td>企业名称</td><td colspan="3">浙江景兴纸业股份有限公司</td><td>海关编码</td><td>3304961221</td></tr>
<tr><td>通讯地址</td><td colspan="3">浙江省平湖市曹桥街道</td><td>邮政编码</td><td>314214</td></tr>
<tr><td>企业类型</td><td>进出口货物收发货人</td><td>注册日期</td><td>2006.8.14</td><td>注册资本</td><td>39200 万人民币</td></tr>
<tr><td>评定时间</td><td>2011.1.30</td><td>报关有效期</td><td>2012.7.28</td><td>所属海关</td><td>杭州海关</td></tr>
<tr><td>法定代表人</td><td colspan="2">朱在龙</td><td>电话</td><td colspan="2">0573-85966256</td></tr>
<tr><td>日常联系人</td><td colspan="2">章爱其</td><td>电话</td><td colspan="2">0573-85960318</td></tr>
<tr><td>主营范围</td><td colspan="5">绿色环保再生纸、特种纸及其他纸品，以及纸制品、造纸原料的制造和销售。</td></tr>
</table>

<table>
<tr><td>企业名称</td><td colspan="3">乐金（杭州）记录媒体有限公司</td><td>海关编码</td><td>3301230096</td></tr>
<tr><td>通讯地址</td><td colspan="3">浙江省杭州经济技术开发区 23 号大街 9 号</td><td>邮政编码</td><td>310018</td></tr>
<tr><td>企业类型</td><td>进出口货物收发货人</td><td>注册日期</td><td>2004.3.24</td><td>注册资本</td><td>1200 万美元</td></tr>
<tr><td>评定时间</td><td>2002.1.1</td><td>报关有效期</td><td>2014.1.29</td><td>所属海关</td><td>杭州海关</td></tr>
<tr><td>法定代表人</td><td colspan="2">宋小春</td><td>电话</td><td colspan="2">0571-86729128</td></tr>
<tr><td>日常联系人</td><td colspan="2">李秀稳</td><td>电话</td><td colspan="2">0571-86729118-1026</td></tr>
<tr><td>主营范围</td><td colspan="5">研究并生产空白录像带，可移动存储器、IT 附属类产品（包括键盘、鼠标、音箱、耳机、耳麦及 MP3）、显示器原材料（增光扩散膜）、太阳能电池片电极浆料、水处理膜、闪存卡（安全数码卡）、数字多媒体播放器、PDP Panel 电极浆料、3D 眼镜；销售本公司生产的产品，从事电池隔膜，以及与以上产品同类的商品及相关零部件和附件的批发及进出口业务，提供相关的售后服务。</td></tr>
</table>

企业名称	诺基亚西门子通信（杭州）有限公司			海关编码	3301230022
通讯地址	浙江省杭州经济技术开发区高科技工业园区一号大街			邮政编码	310018
企业类型	进出口货物收发货人	注册日期	1996.4.16	注册资本	4800 万美元
评定时间	2002.1.28	报关有效期	2014.3.11	所属海关	杭州海关
法定代表人	张泽熙		电话	0571-86912888	
日常联系人	王建美		电话	0571-86912888	
主营范围	从事 GSM、CDMA 系统的开发及生产，数字移动电话用户机产品的研发、前工序制造，销售产品及提供相关的售后服务，从事非配额许可证管理、非专营商品的收购出口业务，从事国内外采购的通信、电子产品及相关零部件的批发业务，提供相关服务。				

企业名称	杭州东信移动电话有限公司			海关编码	3301230021
通讯地址	浙江省开发区高新科技工业园区一号大街 21 号			邮政编码	310018
企业类型	进出口货物收发货人	注册日期	1996.3.27	注册资本	2200 万美元
评定时间	2002.1.28	报关有效期	2014.3.11	所属海关	杭州海关
法定代表人	张泽熙		电话	0571-86912888	
日常联系人	王建美		电话	0571-86912888	
主营范围	数字移动电话用户机产品后序的生产制造，并负责对合资公司生产的移动电话用户机产品的销售和市场开发。制造、加工电子类产品并提供相关服务，经营进出口业务（国家禁止和限制的项目除外），从事国内外采购的通信。电子产品及相关零部件的批发业务，提供相关服务。				

企业名称	杭州松下家用电器有限公司			海关编码	3301230121
通讯地址	浙江省杭州经济技术开发区松下杭州业园（松乔路 6 号）			邮政编码	310018
企业类型	进出口货物收发货人	注册日期	2006.4.29	注册资本	300000 万日元
评定时间	2002.1.28	报关有效期	2012.4.29	所属海关	杭州海关
法定代表人	秦吉强		电话	0571-88265350	
日常联系人	张琪		电话	0571-81632872	
主营范围	生产销售洗衣机、干衣机和洗碗机（生产场地另设）及其部件，与上述产品同类商品（特定商品除外）的采购、批发及进出口业务，经营进出口业务（不含进口商品分销业务）。				

企业名称	中国水产舟山海洋渔业公司			海关编码	3309913129
通讯地址	浙江省舟山市普陀区平阳浦			邮政编码	316101
企业类型	进出口货物收发货人	注册日期	2003.2.14	注册资本	29100 万人民币
评定时间	2011.8.15	报关有效期	2013.12.15	所属海关	杭州海关
法定代表人	吴高潮		电话	0580-8139222	
日常联系人	方致远		电话	0580-8139323	
主营范围	渔业捕捞、水产品加工及收购和销售，水产养殖、渔轮鱼机修造、绳网加工，本公司自产的食品（含水产品及其制品），饲料的出口和生产所需的机械设备、船舶、渔网渔具的进口业务。承办“三来一补”业务、渔需物资、海上运输、救生筏检修。电子仪器配件，承包境外工程和境内国际招标工程，上述境外工程所需设备材料出口，对外派遣实施上述工程所需的劳务人员。				

企业名称	浙江贝克曼服饰股份有限公司			海关编码	3318930125
通讯地址	浙江省义乌市大陈特色工业小区			邮政编码	322011
企业类型	进出口货物收发货人	注册日期	2003.10.10	注册资本	6000 万人民币
评定时间	2010.1.11	报关有效期	2014.10.10	所属海关	杭州海关
法定代表人	李兴林		电话	0579-85999049	
日常联系人	蒋永文		电话	0579-85997398	
主营范围	服装生产、销售及染色（坯布）（凡涉及许可证和专项审批的凭证件经营）。				

企业名称	华鸿控股集团有限公司			海关编码	3318950010
通讯地址	浙江省义乌市佛堂镇义南工业园区大士路 1 号			邮政编码	322000
企业类型	进出口货物收发货人	注册日期	2000.6.13	注册资本	5000 万人民币
评定时间	2011.3.15	报关有效期	2014.6.13	所属海关	杭州海关
法定代表人	龚品忠		电话	0579-89983111	
日常联系人	王爱香		电话	0579-89983112	
主营范围	工艺品（不含电镀）加工和销售，文具用品、纸制包装用品加工和销售，货物进出口、技术进出口（法律、行政法规禁止的项目除外，法律、行政法规限定的项目取得许可证后方可经营），钟表加工和销售，包装装潢印刷。2004 年 6 月 13 日增加镜框、像框、画框及线条与配件加工销售，2004 年 12 月 24 日增加服装、玩具、饰品（不含电镀）袜子（不含染色定型）、针织内衣、通用机械制造销售，实业投资（凡涉及许可证或专项审批的凭相关有效证件经营）。				

企业名称	浙江纳爱斯化工股份有限公司			海关编码	3310950022
通讯地址	浙江省丽水市上水南 3 号			邮政编码	323000
企业类型	进出口货物收发货人	注册日期	2000.9.5	注册资本	3000 万人民币
评定时间	209.11.16	报关有效期	2014.9.5	所属海关	杭州海关
法定代表人	庄启传		电话	0578-2179983	
日常联系人	吕彤		电话	0578-2264941	
主营范围	日用化工、洗涤用品、化妆品、包装用品的制造和销售，化工原料（不含危险品）销售。				

企业名称	浙江通天星集团股份有限公司			海关编码	3308950006
通讯地址	浙江省衢州市荷花一路 39 号			邮政编码	324000
企业类型	进出口货物收发货人	注册日期	1999.4.29	注册资本	12652 万人民币
评定时间	2011.4.13	报关有效期	2014.4.29	所属海关	杭州海关
法定代表人	郑继行		电话	0570-3089588	
日常联系人	汪晓萍		电话	0570-3089710	
主营范围	皮革及制品、包装箱、造纸材料、机械及配件、化工（不含危险品）、建筑材料的生产和销售。包装材料、印刷。				

企业名称	浙江恒逸聚合物有限公司			海关编码	3316950077
通讯地址	浙江省萧山区衙前镇优胜村			邮政编码	311209
企业类型	进出口货物收发货人	注册日期	2001.3.13	注册资本	25000 万人民币
评定时间	2009.3.23	报关有效期	2014.3.13	所属海关	杭州海关
法定代表人	方贤水		电话	0571-82797888	
日常联系人	胡巧娟		电话	0571-82759905	
主营范围	生产加工和销售聚酯切片、POY 丝、化纤原料、纺织面料、服装，经营本企业自产产品及技术的出口业务，经营本企业所需的原辅材料、仪器仪表、机械设备、零配件及技术的进口业务（国家限定公司经营和国家禁止进出口的商品及技术除外），经营进料加工和“三来一补”业务。				

企业名称	杭州日月电子有限公司			海关编码	3301937006
通讯地址	浙江省富阳市鹿山街道日月大道 2 号			邮政编码	311407
企业类型	进出口货物收发货人	注册日期	2000.1.18	注册资本	345 万美元
评定时间	2009.3.20	报关有效期	2014.1.6	所属海关	杭州海关
法定代表人	汪丁成		电话	0571–63160188	
日常联系人	华正贵		电话	0571–63322309	
主营范围	组装、加工微型电机。				

企业名称	杭州科宝电子有限公司			海关编码	3301937073
通讯地址	浙江省富阳市鹿山街道工业园区日月大道 2 号			邮政编码	311407
企业类型	进出口货物收发货人	注册日期	2002.12.5	注册资本	100 万美元
评定时间	2009.3.20	报关有效期	2014.11.1	所属海关	杭州海关
法定代表人	汪丁成		电话	0571–63160188	
日常联系人	王致燕		电话	0571–63322289	
主营范围	电子元器件的生产。				

企业名称	杭州益利素勒精线有限公司			海关编码	3301949105
通讯地址	浙江省杭州市余杭区瓶窑镇小岭头			邮政编码	311115
企业类型	进出口货物收发货人	注册日期	2004.6.4	注册资本	4000 万美元
评定时间	2007.1.22	报关有效期	2014.5.16	所属海关	杭州海关
法定代表人	Bernt Gramann		电话	0571–88520788	
日常联系人	胡丽娟		电话	0571–88520788	
主营范围	生产精细和超精细漆包线，开发高新科技电气和电子部件，并提供售后技术服务。精细和超精细漆包线批发及其进出口业务，经营进出口业务（不含除精细和超精细漆包线以外的进口商品分销）。				

企业名称	杭州杰丰服装有限公司			海关编码	3301959005
通讯地址	杭州市余杭区临平城南			邮政编码	311100
企业类型	进出口货物收发货人	注册日期	1998.7.3	注册资本	1550 万人民币
评定时间	2010.4.8	报关有效期	2012.4.10	所属海关	杭州海关
法定代表人	高礼根		电话	0571-86156539	
日常联系人	葛林芳		电话	0571-86156539	
主营范围	服装、服饰、床上用品的生产。出口本企业自产的服装（国家组织统一联合经营的16种出口商品除外），进口本企业生产和科研所需的原辅材料、机械设备、仪器仪表及零配件（国家实行核定公司经营的14种进口商品除外）。含下属分公司经营范围。				

企业名称	慈溪宏一电子有限公司			海关编码	3320930259
通讯地址	慈溪市观海卫镇工业园东区三海路 12 号			邮政编码	315314
企业类型	进出口货物收发货人	注册日期	1994.4.26	注册资本	1328 万美元
评定时间	2008.11.7	报关有效期	2014.8.7	所属海关	宁波海关
法定代表人	沈国强		电话	0574-63668268	
日常联系人	孙文俊		电话	0574-63668956	
主营范围	电子元件、电器配件、塑料制品、金属制品、家用电器、电线、电源插头、插座、定时器（限家庭用）、微电机及其他电机、灯具制造、批发，自营和代理各类商品和技术的进出口，但国家限定经营或禁止进出口的商品和技术除外，光电子器件研究、开发、制造、销售，五金工具、塑料原料、铜材料批发。普通货物仓储。				

企业名称	宁波金轮进出口有限公司			海关编码	3320950001
通讯地址	浙江省慈溪市宗汉街道庙山村漾山村（金轮开发区）			邮政编码	315301
企业类型	进出口货物收发货人	注册日期	1993.11.25	注册资本	3000 万人民币
评定时间	2008.11.7	报关有效期	2014.11.4	所属海关	宁波海关
法定代表人	陆汉振		电话	0574-63219128	
日常联系人	胡金媛		电话	0574-63218968	
主营范围	自营和代理各类商品和技术的进出口（除国家限定公司经营或禁止进出口的商品和技术外）。				

企业名称	贝发集团股份有限公司			海关编码	3302932169
通讯地址	浙江省宁波市北仑区江南东路 298 号			邮政编码	315801
企业类型	进出口货物收发货人	注册日期	2008.4.9	注册资本	12000 万人民币
评定时间	2009.2.16	报关有效期	2014.3.11	所属海关	宁波海关
法定代表人	邱智铭		电话	0574-86182128	
日常联系人	王金良		电话	0574-86186007	
主营范围	文教办公用品、体育用品、玩具、工艺美术品、鞋帽、五金工具、塑料制品、日用金属制品、包装制品制造、批发灯具、服装、洗浴用品、家具、家居用品、汽车配件、家电、园林工具、办公设备、塑料粒子、有色金属的批发（以上商品进出口不涉及国营贸易、进出口配额许可证、出口配额招标，出口许可证等专项管理的商品）。				

企业名称	宁波高林银箭机电有限公司			海关编码	3302240364
通讯地址	浙江省宁波北仑龙潭山路 16 号			邮政编码	315806
企业类型	进出口货物收发货人	注册日期	2005.7.5	注册资本	3650 万美元
评定时间	2010.1.21	报关有效期	2014.5.9	所属海关	宁波海关
法定代表人	陈文斌		电话	0574-86115888	
日常联系人	周文伟		电话	0574-86115888	
主营范围	高技术含量的特种工业用缝纫机的生产，高技术含量的工业缝纫机马达及相关零配件的生产。缝纫机及缝纫机马达、桌板、脚架和相关零配件的批发，自营和代理各种商品和技术的进出口业务，但国家限定和禁止的除外。				

企业名称	宁波亚洲浆纸业有限公司			海关编码	3302230156
通讯地址	浙江省宁波经济技术开发区青峙工业区			邮政编码	315803
企业类型	进出口货物收发货人	注册日期	2003.2.27	注册资本	47592 万人民币
评定时间	2011.1.10	报关有效期	2014.1.5	所属海关	宁波海关
法定代表人	黄志源		电话	0574-87464811	
日常联系人	葛伟明		电话	0574-87464811	
主营范围	纸及纸板（含纸制品）制造、加工，自产产品销售。纸张、纸板及纸制品的批发。				

企业名称	宁波申洲针织有限公司			海关编码	3302240203
通讯地址	浙江省宁波经济技术开发区大港工业城			邮政编码	315800
企业类型	进出口货物收发货人	注册日期	2002.10.29	注册资本	11600 万美元
评定时间	2009.11.3	报关有效期	2014.10.11	所属海关	宁波海关
法定代表人	马建荣	电话	0574-86981001		
日常联系人	王伟	电话	0574-86980154		
主营范围	高档织物面料（针织品、梭织品）的织染及后整理加工，服装、家用纺织品、鞋、帽的制造加工等。				

企业名称	宁波萌恒工贸有限公司			海关编码	3302962031
通讯地址	浙江省宁波市北仑横河路 22 号 5 幢 611			邮政编码	315010
企业类型	进出口货物收发货人	注册日期	2002.5.30	注册资本	5280 万人民币
评定时间	2009.3.6	报关有效期	2014.4.15	所属海关	宁波海关
法定代表人	王春华	电话	0574-87198000		
日常联系人	毛春波	电话	0574-87198000		
主营范围	自营和代理各类商品和技术的进出口业务（国家限定和禁止的除外）。				

企业名称	宁波新力包装材料有限公司			海关编码	3302240158
通讯地址	浙江省宁波市北仑区笠山路 23 号			邮政编码	315803
企业类型	进出口货物收发货人	注册日期	2002.1.30	注册资本	438 万美元
评定时间	2010.12.17	报关有效期	2014.1.10	所属海关	宁波海关
法定代表人	林子建	电话	0574-86224995		
日常联系人	乐玲芬	电话	0574-86224995		
主营范围	包装材料、包装用品等制造。				

企业名称	浙江太平洋化学有限公司			海关编码	3302246044
通讯地址	浙江省宁波市北仑区			邮政编码	315800
企业类型	进出口货物收发货人	注册日期	1998.4.21	注册资本	5209 万美元
评定时间	2009.12.8	报关有效期	2014.4.11	所属海关	宁波海关
法定代表人	PETER SYKES	电话	0574-86177483		
日常联系人	屈翔	电话	0574-86177483		
主营范围	生产聚醚、反渗透膜元件，销售自产产品，对销售的产品提供售后服务、技术服务及相关的咨询服务。				

企业名称	宁波新桥化工有限公司			海关编码	3302240082
通讯地址	浙江省宁波市北仑区金鸡山路 98 号			邮政编码	315803
企业类型	进出口货物收发货人	注册日期	1996.3.21	注册资本	1650 万美元
评定时间	2009.3.6	报关有效期	2014.3.15	所属海关	宁波海关
法定代表人	廖振铎	电话		0574-86222201	
日常联系人	阮世胆	电话		0574-86222211	
主营范围	工程塑料（可发性聚苯乙烯与通用级聚苯乙烯及其制品）的生产、加工，呋喃树脂制造，加工及咨询服务，自营货物的运输。				

企业名称	宁波远东进出口有限公司			海关编码	3302210007
通讯地址	浙江省宁波市老实巷 70 号 6 楼			邮政编码	315010
企业类型	进出口货物收发货人	注册日期	1994.4.22	注册资本	1300 万人民币
评定时间	2010.1.21	报关有效期	2014.3.30	所属海关	宁波海关
法定代表人	蒋云云	电话		0574-87292726	
日常联系人	陶强	电话		0574-87296418	
主营范围	经营和代理除国家组织统一联合经营的 16 种出口商品及国家实行核定公司经营的 12 种进口商品以外的其他商品和技术的进出口业务，承办中外合资经营合作生产“三来一补”对销贸易及转口贸易业务。				

企业名称	宁波格莱特休闲用品有限公司			海关编码	3312940419
通讯地址	浙江省余姚市黄家埠镇回龙村			邮政编码	315466
企业类型	进出口货物收发货人	注册日期	2008.3.19	注册资本	9800 万人民币
评定时间	2011.10.21	报关有效期	2014.2.16	所属海关	宁波海关
法定代表人	王华军	电话		0574-62010068	
日常联系人	陈维维	电话		0574-62010846	
主营范围	户外休闲家具、休闲凉篷、室内休闲家具、塑料工艺品、五金制品、家用电器的制造和加工。自营和代理各类货物和技术的进出口，无进口商品分销业务。				

企业名称	宁波舜宇光电信息有限公司			海关编码	3312930510
通讯地址	浙江省余姚市舜宇路 66–68 号			邮政编码	315400
企业类型	进出口货物收发货人	注册日期	2005.12.20	注册资本	883.16 万美金
评定时间	2010.8.5	报关有效期	2014.08.07	所属海关	宁波海关
法定代表人	王文鉴		电话	0574–62538088	
日常联系人	顾燕萍		电话	0574–62530824	
主营范围	光电信息技术的研究、开发、应用，手机模组、集成电路、光电信息产品的制造和加工。自营和代理各类商品和技术的进出口，但国家限定经营和禁止进出口的商品和技术除外，无进口商品分销业务。				

企业名称	浙江舜宇光学有限公司			海关编码	3312940338
通讯地址	浙江省余姚市舜宇路 66–68 号			邮政编码	315400
企业类型	进出口货物收发货人	注册日期	2006.8.11	注册资本	13500 万人民币
评定时间	2010.8.5	报关有效期	2012.8.4	所属海关	宁波海关
法定代表人	王文鉴		电话	0574–62538088	
日常联系人	毛亮亮		电话	0574–62530023	
主营范围	光学元器件、光电信息产品的制造和加工。自营和代理各类商品和技术的进出口，但国家限定经营或禁止进出口的商品和技术除外，无进口商品分销业务。				

企业名称	宁波西摩电器进出口有限公司			海关编码	3312950033
通讯地址	浙江省余姚市新建北路 737–1 号			邮政编码	315400
企业类型	进出口货物收发货人	注册日期	1999.9.20	注册资本	500 万人民币
评定时间	2008.11.7	报关有效期	2012.9.9	所属海关	宁波海关
法定代表人	董越君		电话	0574–62829628	
日常联系人	吴丽敏		电话	0574–62829620	
主营范围	自营和代理各类商品和技术的进出口业务，国家规定的专营进出口商品和国家禁止进出口等特殊商品除外。				

企业名称	宁波富达进出口有限公司			海关编码	3312950026
通讯地址	浙江省余姚市朗霞街道余姚工业园区纬三路128号			邮政编码	315400
企业类型	进出口货物收发货人	注册日期	1998.11.06	注册资本	500万人民币
评定时间	2008.11.7	报关有效期	2014.03.13	所属海关	宁波海关
法定代表人	马其明		电话	62827826	
日常联系人	魏益萍		电话	62837122	
主营范围	一般经营项目：自营和代理各类商品及技术的进出口业务（国家实行专营或禁止进出口等商品除外），经营进料加工和“三来一补”业务，开展对销贸易和转口贸易。				

企业名称	浙江华鑫化纤有限公司			海关编码	3312940253
通讯地址	浙江省余姚市余姚工业园区迎霞北路118号			邮政编码	315490
企业类型	进出口货物收发货人	注册日期	2005.3.3	注册资本	2350万美元
评定时间	2008.11.7	报关有效期	2012.8.4	所属海关	宁波海关
法定代表人	张静智		电话	0574-62288888	
日常联系人	汪丹　胡孝东		电话	0574-62268603	
主营范围	纤维/非纤维用聚酯及聚酯切片、涤纶纤维、化纤原料的制造。				

企业名称	宁波世茂铜业股份有限公司			海关编码	3312961062
通讯地址	浙江省余姚市阳明西路700号万基国贸大厦19楼			邮政编码	315400
企业类型	进出口货物收发货人	注册日期	2007.12.21	注册资本	11200万人民币
评定时间	2011.1.5	报关有效期	2013.11.30	所属海关	宁波海关
法定代表人	李象高		电话	13705840710	
日常联系人	李雅君		电话	13857499695	
主营范围	一般经营项目：铜冶炼、紫铜丝、电线、电缆、接插件、铜棒、铜板、电机、电磁线的制造、加工。自营和代理货物和技术的进出口，但国家限定经营或禁止进出口的货物和技术除外。				

企业名称	宁波阿尔卑斯电子有限公司			海关编码	3302941324
通讯地址	浙江省宁波市镇海区蛟川街道金元路 299 号			邮政编码	315221
企业类型	进出口货物收发货人	注册日期	2008.11.3	注册资本	2306.5893 万美元
评定时间	2010.4.7	报关有效期	2014.114	所属海关	宁波海关
法定代表人	白井省三		电话	010-64107411	
日常联系人	吴晓东		电话	0574-86599700-331	
主营范围	音响用磁头，VTR 用磁头，摄像机用磁头和磁鼓，轻触开关等新型电子元器件（敏感元器件，片式元器件）和硬盘驱动器、硬盘磁头等大容量光、磁盘驱动器及其部件，以及其他电器、电子器件和零部件（国家限制类除外）的设计生产及销售。				

企业名称	宁波宁兴液化储运有限公司			海关编码	3302931200
通讯地址	浙江省宁波市镇海区城关镇招宝山路 1 号			邮政编码	315200
企业类型	进出口货物收发货人	注册日期	2001.8.28	注册资本	100 万美元
评定时间	2010.1.19	报关有效期	2014.8.4	所属海关	宁波海关
法定代表人	黄建		电话	0574-87287288	
日常联系人	童体蓓		电话	0574-27694910	
主营范围	港口液体化工仓储、液体化工产品装卸及搬运，液体化工产品信息服务。				

企业名称	宁波新翔液体化工仓储有限公司			海关编码	3302931003
通讯地址	浙江省宁波市镇海区后大街 338 号			邮政编码	315200
企业类型	进出口货物收发货人	注册日期	2002.12.26	注册资本	700 万人民币
评定时间	2010.1.19	报关有效期	2011.12.26	所属海关	宁波海关
法定代表人	庄日青		电话	0574 -27695880	
日常联系人	张德功		电话	0574-27695091	
主营范围	许可经营项目：在镇海港区内从事二甲苯、正丁醇、异丁醇、异丙醇、正丙醇、甲醇、乙醇、乙二腈的储存。一般经营项目：液体化工产品的装卸，液体化工产品（除危险化学品）的储存。				

企业名称	宁波宁翔液化储运码头有限公司			海关编码	3302931085
通讯地址	浙江省宁波市镇海区后大街338号			邮政编码	315200
企业类型	进出口货物收发货人	注册日期	1993.12.27	注册资本	1225万人民币
评定时间	2010.1.19	报关有效期	2011.12.27	所属海关	宁波海关
法定代表人	庄日青		电话	0574-27695388	
日常联系人	张德功		电话	0574-27695091	
主营范围	许可经营项目：码头和其他港口设施经营，在港区内从事货物装卸经营，甲苯、二甲苯、正丁醇、异丁醇、正丙醇、甲醇、二乙醇胺、液碱、混丙醇、乙醇、二甲基甲酰胺、冰醋酸、醋酸肝、醋酸乙烯、丙醋酸丁脂、甲基丙烯酸甲脂、醋酸丁脂、醋酸正丙脂、甲基异丁甲基酮、乙二腈、苯酚、苯胺的储存。一般经营项目：普通液体化工产品的储存。				

企业名称	宁波如意股份有限公司			海关编码	3302934186
通讯地址	浙江省宁海县城关桃源北路656号			邮政编码	315600
企业类型	进出口货物收发货人	注册日期	2005.6.16	注册资本	5000万人民币
评定时间	2010.4.9	报关有效期	2014.9.8	所属海关	宁波海关
法定代表人	储吉旺		电话	0574-65552001	
日常联系人	叶国云		电话	0574-65552013	
主营范围	拉紧器、手动液压搬运车、撬棍、锁扣、风动工具、平台车、电动车、电瓶车的制造和加工。销售自产产品。				

企业名称	重机（宁波）精密机械有限公司			海关编码	3302943162
通讯地址	浙江省鄞州区姜山镇茅山工业小区			邮政编码	315193
企业类型	进出口货物收发货人	注册日期	2001.8.29	注册资本	516.2026万人民币
评定时间	2011.9.16	报关有效期	2014.8.29	所属海关	宁波海关
法定代表人	山冈修二		电话	0574-88467346	
日常联系人	林彩玉		电话	0574-88467346	
主营范围	高技术含量的特种工业缝纫机制造，精密机械及其零部件的制造、加工。				

企业名称	宁波名古屋工业有限公司			海关编码	3302933365
通讯地址	浙江省鄞县塘溪镇黄岭			邮政编码	315142
企业类型	进出口货物收发货人	注册日期	2001.6.29	注册资本	120 万人民币
评定时间	2011.9.16	报关有效期	2014.6.29	所属海关	宁波海关
法定代表人	董阿能		电话	0574-88311111	
日常联系人	王旭峰		电话	0574-88316111	
主营范围	金属制品、五金零件的制造和加工。				

企业名称	爱伊美集团有限公司			海关编码	3321910005
通讯地址	浙江省奉化市南山北路 9 号			邮政编码	315503
企业类型	进出口货物收发货人	注册日期	1995.5.5	注册资本	8000 万人民币
评定时间	2011.9.16	报关有效期	2014.5.5	所属海关	宁波海关
法定代表人	付志存		电话	0574-88914888	
日常联系人	张志敏		电话	0574-88316111	
主营范围	自营和代理各类商品和技术的进出口，除国家限定或禁止经营的商品和技术外；服装制造、加工、批发、零售。				

企业名称	宁波中华纸业有限公司			海关编码	3302930111
通讯地址	浙江省宁波市海曙区段塘镇丁家街 108 号			邮政编码	315011
企业类型	进出口货物收发货人	注册日期	1993.2.16	注册资本	184881.3400 万人民币
评定时间	2011.9.16	报关有效期	2014.1.30	所属海关	宁波海关
法定代表人	黄志源		电话	0574-87458001	
日常联系人	王锋雷		电话	0574-87458625	
主营范围	设计、制造，加工和销售各类纸张、纸板、纸制品，有关机械产品的生产（限制类产品除外）及公司自用原辅材料的运输。				

企业名称	中化宁波（集团）有限公司			海关编码	3302910017
通讯地址	浙江省海曙区江厦街 21 号			邮政编码	315000
企业类型	进出口货物收发货人	注册日期	1987.1.31	注册资本	20000 万人民币
评定时间	2011.1.10	报关有效期	2014.1.31	所属海关	宁波海关
法定代表人	杜克平		电话	010-59568069	
日常联系人	陆蒋		电话	0574-87260145	
主营范围	自营和代理货物和技术的进出口，但国家限定经营或禁止进出口的货物和技术除外。				

企业名称	宁波华翔进出口有限公司			海关编码	3302915006
通讯地址	浙江省象山县西周镇镇安路			邮政编码	315722
企业类型	进出口货物收发货人	注册日期	2000.1.28	注册资本	500 万人民币
评定时间	2011.8.26	报关有效期	2014.1.10	所属海关	宁波海关
法定代表人	郑才玉		电话	0574-87496699	
日常联系人	黄琛琛		电话	0574-87495558	
主营范围	一般经营项目为自营和代理各类货物和技术的进出口，但国家限定公司经营或禁止进出口的货物和技术除外。机械设备租赁。				

企业名称	芜湖新联造船有限公司			海关编码	3402910053
通讯地址	安徽省芜湖市长江中路 49 号			邮政编码	241001
企业类型	进出口货物收发货人	注册日期	2004.12.22	注册资本	20000 万人民币
评定时间	2010.12.30	报关有效期	2013.12.22	所属海关	合肥海关
法定代表人	尹同跃		电话	0553-3935388	
日常联系人	肖军		电话	0553-3935375	
主营范围	造、修船，海洋工程、成套设备、机电产品、机械制造、船舶钢结构工程，各类商品和技术的进出口，但国家限定公司经营或禁止进出口的商品和技术除外。				

企业名称	安徽华茂进出口有限责任公司			海关编码	3408910023
通讯地址	安徽省安庆市纺织南路 80 号			邮政编码	246018
企业类型	进出口货物收发货人	注册日期	1999.3.31	注册资本	2000 万人民币
评定时间	2009.9.15	报关有效期	2012.4.30	所属海关	合肥海关
法定代表人	王卫国		电话	0556-5510810	
日常联系人	许海粟		电话	0556-5919809	
主营范围	自营和代理各类商品及技术的进出口业务（不另附进出口商品目录），国家规定的专营进出口商品和国家禁止进出口等特殊商品除外。经营进料加工和“三来一补”业务，开展对销贸易和转口贸易。				

企业名称	安徽鸿润（集团）股份有限公司			海关编码	3408950002
通讯地址	安徽省桐城经济开发区兴源东路 18 号			邮政编码	231400
企业类型	进出口货物收发货人	注册日期	1997.9.22	注册资本	7062 万人民币
评定时间	2011.2.23	报关有效期	2012.4.30	所属海关	合肥海关
法定代表人	夏吉国		电话	0556-6120598	
日常联系人	赵凤珍		电话	0556-6568015	
主营范围	羽绒制品、皮革制品、服装、塑料制品、纺织品、针织品、机械、电子产品（不含地面卫星接收和发射产品）、玻璃纤维的生产和销售，棉花收购、日用百货的销售。经营本企业自产产品的出口业务和本企业所需的机械设备、零配件、原辅材料的进口业务，但国家限定公司及经营或禁止进出口的商品及技术除外。				

企业名称	安徽山鹰纸业股份有限公司			海关编码	3405910015
通讯地址	安徽省马鞍山市勤俭路 3 号			邮政编码	243021
企业类型	进出口货物收发货人	注册日期	1998.4.8	注册资本	42664 万人民币
评定时间	2009.9.15	报关有效期	2014.4.8	所属海关	合肥海关
法定代表人	王德贤		电话	0555-2810496	
日常联系人	刘晓斌		电话	0555-2826327	
主营范围	纸、纸板、纸箱制造，本企业生产产品出口及本企业生产和科研所需的原辅材料、机械设备、仪器仪表、零配件进口。				

企业名称	黄山永新股份有限公司			海关编码	3409930002
通讯地址	安徽省黄山市徽州区徽州东路 188 号			邮政编码	245061
企业类型	进出口货物收发货人	注册日期	1993.1.4	注册资本	13920 万人民币
评定时间	2011.2.23	报关有效期	2012.3.31	所属海关	合肥海关
法定代表人	江继忠		电话	0559-3511131	
日常联系人	苏醒		电话	0559-3518181	
主营范围	经营本企业自产产品及技术的出口业务和本企业所需的机械设备、零配件、原辅材料及技术的业务，但国家限定公司经营或禁止进出口的商品及技术除外。其他非泡沫塑料的板、片、膜、箔及扁条等的生产和销售。				

企业名称	安徽恒远化工有限公司			海关编码	3409960021
通讯地址	安徽省黄山市徽州区			邮政编码	245061
企业类型	进出口货物收发货人	注册日期	2003.8.18	注册资本	1200 万人民币
评定时间	2010.8.19	报关有效期	2014.3.17	所属海关	合肥海关
法定代表人	程振朔		电话	0559-3516666	
日常联系人	江小和		电话	0559-3515800	
主营范围	经营本企业自产产品及技术的出口业务和本企业所需的机械设备、零配件、原辅材料及技术的业务，但国家限定公司经营或禁止进出口的商品及技术除外。初级形状的聚酯制品的生产和销售。				

企业名称	铜陵有色金属集团控股有限公司			海关编码	3407910002
通讯地址	安徽省铜陵市长江西路			邮政编码	244000
企业类型	进出口货物收发货人	注册日期	1998.7.13	注册资本	165862.5 万人民币
评定时间	2008.11.28	报关有效期	2012.7.13	所属海关	合肥海关
法定代表人	韦江宏		电话	0562-2832211	
日常联系人	谢宏图		电话	0562-5860913	
主营范围	经营本企业自产产品（铜产品除外）及相关技术的出口业务，经营本企业生产、科研所需的原辅材料、机械设备、仪器仪表、零配件及相关技术的进口业务，承办中外合资经营、合作生产及开展“三来一补”业务。				

企业名称	金隆铜业有限公司			海关编码	3407930068
通讯地址	安徽省铜陵市金山路			邮政编码	244021
企业类型	进出口货物收发货人	注册日期	1995.8.11	注册资本	80203.8 万人民币
评定时间	2008.11.28	报关有效期	2014.8.11	所属海关	合肥海关
法定代表人	杨军		电话	0562-2834350	
日常联系人	张坤		电话	0562-3868055	
主营范围	生产经营铜系列产品及冶炼副产品（黄金和白银的销售须按国家有关规定办理）。				

企业名称	安徽铜冠有色金属（池州）有限责任公司			海关编码	3416910029
通讯地址	安徽省池州市清风西路139号			邮政编码	247000
企业类型	进出口货物收发货人	注册日期	2007.7.31	注册资本	30000万人民币
评定时间	2011.1.30	报关有效期	2013.7.31	所属海关	合肥海关
法定代表人	梁克明		电话	0566-2038400	
日常联系人	张坤		电话	0566-2037867	
主营范围	铜、铅、锌、钼等有色金属采选，有色金属冶炼，选矿产品加工，化工产品（不含化学危险品）制造、加工，硫酸、氧气生产及销售（凭危险化学品生产许可证经营），经营本企业自产产品及相关技术进口、出口业务。				

企业名称	安徽天彩丝绸有限公司			海关编码	3401910239
通讯地址	安徽省合肥市包河区金寨路118号			邮政编码	230022
企业类型	进出口货物收发货人	注册日期	2007.4.10	注册资本	600万人民币
评定时间	2010.3.8	报关有效期	2013.3.30	所属海关	合肥海关
法定代表人	江涛		电话	0551-3643072	
日常联系人	张清		电话	0551-3623152	
主营范围	纸、纸板、纸箱制造，本企业生产产品出口及本企业生产和科研所需的原辅材料、机械设备、仪器仪表、零配件进口。				

企业名称	安徽应流机电股份有限公司			海关编码	3401230021
通讯地址	安徽省合肥经济技术开发区民营科技经济园齐云路26号			邮政编码	230601
企业类型	进出口货物收发货人	注册日期	2011.3.25	注册资本	万人民币
评定时间	2011.4.20	报关有效期	2014.3.25	所属海关	合肥海关
法定代表人	杜应流		电话	0551-3821999	
日常联系人	杜敏		电话	0551-7118633	
主营范围	通用设备、工程机械设备、交通运输设备零部件制造，以及销售与技术开发。				

企业名称	日立建机（中国）有限公司			海关编码	3401940235
通讯地址	安徽省合肥南郊新城8号			邮政编码	231202
企业类型	进出口货物收发货人	注册日期	1998.12.10	注册资本	80000万人民币
评定时间	2008.11.28	报关有效期	2012.4.28	所属海关	合肥海关
法定代表人	坂井澈		电话	0551-3811060	
日常联系人	汪玲		电话	0551-3813937	
主营范围	挖掘机的生产和销售。				

企业名称	安徽轻工国际贸易股份有限公司			海关编码	3401950065
通讯地址	安徽省合肥市蜀山区梅山路 19 号			邮政编码	230022
企业类型	进出口货物收发货人	注册日期	2004.12.16	注册资本	2000 万人民币
评定时间	2009.1.15	报关有效期	2012.12.16	所属海关	合肥海关
法定代表人	柳夕良	电话	0551-2828030		
日常联系人	孟进平	电话	0551-2299266		
主营范围	许可经营项目：危险化学品、医疗器械销售。一般经营项目：自营和代理轻工、机电、纺织服装(国家法律法规禁止的除外)等各类商品和技术的进出口；工艺品、针纺织品、服装鞋帽、粮油制品、百货、五金交电、化工产品(不含危险品)、土畜产品、汽车(不含小轿车)及零配件销售。仓储、运输(为本企业)、包装服务。				

企业名称	安徽工艺贸易进出口有限公司			海关编码	3401960032
通讯地址	安徽省合肥市阜南路 168 号			邮政编码	230061
企业类型	进出口货物收发货人	注册日期	2002.3.22	注册资本	800 万人民币
评定时间	2008.11.28	报关有效期	2014.1.14	所属海关	合肥海关
法定代表人	薛颖	电话	0551-2839399		
日常联系人	陈勇	电话	0551-2819140		
主营范围	自营和代理各类商品和技术的进出口，但国家限定公司经营或禁止进出口的商品和技术除外，房屋租赁，百货、服装销售。				

企业名称	福建华映显示科技有限公司			海关编码	3501233682
通讯地址	福建省福州马尾科技园区 77 号地			邮政编码	350015
企业类型	进出口货物收发货人	注册日期	2010.3.25	注册资本	3000 万美元
评定时间	2010.4.13	报关有效期	2013.3.25	所属海关	福州海关
法定代表人	唐远生	电话	0591-83971357		
日常联系人	王光炉	电话	0591-83971357		
主营范围	从事新型平扳显示器件、液晶显示屏、模组及零部件的研发，以及设计、生产、销售和售后服务。				

<table>
<tr><td>企业名称</td><td colspan="3">闽侯闽兴编织品有限公司</td><td>海关编码</td><td>3501930139</td></tr>
<tr><td>通讯地址</td><td colspan="3">福建省闽侯县白沙镇仙山边 56 号</td><td>邮政编码</td><td>350000</td></tr>
<tr><td>企业类型</td><td>进出口货物收发货人</td><td>注册日期</td><td>1990.4.12</td><td>注册资本</td><td>1877 万美元</td></tr>
<tr><td>评定时间</td><td>2009.5.18</td><td>报关有效期</td><td>2014.4.12</td><td>所属海关</td><td>福州海关</td></tr>
<tr><td>法定代表人</td><td colspan="2">林水俤</td><td>电话</td><td colspan="2">0591- 87118197</td></tr>
<tr><td>日常联系人</td><td colspan="2">何霄清</td><td>电话</td><td colspan="2">0591-87118205</td></tr>
<tr><td>主营范围</td><td colspan="5">生产草、竹、柳、藤、芒、木、铁、玻璃等工艺制品，圣诞礼品、铁家具、木家具、铁木结构家具及包装纸箱。从事非配额许可证管理，非专营商品的收购出口业务并参加自产产品的出口配额招标。</td></tr>
</table>

<table>
<tr><td>企业名称</td><td colspan="3">福建源光电装有限公司</td><td>海关编码</td><td>3501931699</td></tr>
<tr><td>通讯地址</td><td colspan="3">福建省福州市仓山区白湖亭仓山科技园 2 区 4 号</td><td>邮政编码</td><td>350000</td></tr>
<tr><td>企业类型</td><td>进出口货物收发货人</td><td>注册日期</td><td>1993.9.14</td><td>注册资本</td><td>560 万美元</td></tr>
<tr><td>评定时间</td><td>2009.5.18</td><td>报关有效期</td><td>2014.9.14</td><td>所属海关</td><td>福州海关</td></tr>
<tr><td>法定代表人</td><td colspan="2">洪专才</td><td>电话</td><td colspan="2">0591-83432949</td></tr>
<tr><td>日常联系人</td><td colspan="2">江美兰</td><td>电话</td><td colspan="2">0591-83449234</td></tr>
<tr><td>主营范围</td><td colspan="5">生产电子装置制造（汽车发动机控制系统，车身电子控制系统等系列）及汽车组合线束，塑胶配件等零部件制造。</td></tr>
</table>

<table>
<tr><td>企业名称</td><td colspan="3">福建嘉达纺织股份有限公司</td><td>海关编码</td><td>3501932924</td></tr>
<tr><td>通讯地址</td><td colspan="3">福建省福州市福飞南路 198 号</td><td>邮政编码</td><td>350000</td></tr>
<tr><td>企业类型</td><td>进出口货物收发货人</td><td>注册日期</td><td>2001.11.18</td><td>注册资本</td><td>15004 万人民币</td></tr>
<tr><td>评定时间</td><td>2009.5.18</td><td>报关有效期</td><td>2014.10.18</td><td>所属海关</td><td>福州海关</td></tr>
<tr><td>法定代表人</td><td colspan="2">徐嘉伟</td><td>电话</td><td colspan="2">0591-87720678</td></tr>
<tr><td>日常联系人</td><td colspan="2">陈祈慧</td><td>电话</td><td colspan="2">0591-87718915</td></tr>
<tr><td>主营范围</td><td colspan="5">研制开发和生产各种适用民用及工业用的棉、化纤等各类纯纺及混纺纱线，高档织物面料、高仿真化纤面料、工业用特种纺织品，销售自产产品。</td></tr>
</table>

企业名称	福州华映视讯有限公司			海关编码	3501233421
通讯地址	福建省福州马尾科技园区兴业路 1 号			邮政编码	350015
企业类型	进出口货物收发货人	注册日期	2004.3.8	注册资本	520 万美元
评定时间	2009.11.17	报关有效期	2014.3.3	所属海关	福州海关
法定代表人	许翼材		电话	0591-83971357	
日常联系人	张清红		电话	0591-88022790	
主营范围	平板显示产品及相关零部件的开发、设计生产及售后服务。				

企业名称	福建爱普生有限公司			海关编码	3501233302
通讯地址	福建省马尾快安标准厂房 A1.2			邮政编码	350015
企业类型	进出口货物收发货人	注册日期	1998.8.22	注册资本	700 万美元
评定时间	2011.6.1	报关有效期	2014.8.22	所属海关	福州海关
法定代表人	小池清文		电话	0591 -83973030	
日常联系人	孙庭津		电话	0591- 83973030-653	
主营范围	研究、开发及生产喷墨打印机，各种新型打印机及其他信息处理设备、配件，销售自产产品，提供售后的维修、技术服务。				

企业名称	福建省金纶高纤股份有限公司			海关编码	3501936511
通讯地址	福建省长乐市滨海工业区			邮政编码	350000
企业类型	进出口货物收发货人	注册日期	2004.7.2	注册资本	58000 万人民币
评定时间	2009.11.17	报关有效期	2014.7.2	所属海关	福州海关
法定代表人	郑宝佑		电话	0591- 28763299	
日常联系人	张培芳		电话	0591-28763338	
主营范围	日产 1200 吨大容量熔体直纺差别化化学纤维等高新技术化纤生产。				

企业名称	福建日立工机有限公司			海关编码	3501940164
通讯地址	福建省福州市福兴投资区湖塘			邮政编码	350001
企业类型	进出口货物收发货人	注册日期	1992.12.18	注册资本	2250 万美元
评定时间	2010.12.21	报关有效期	2011.12.18	所属海关	福州海关
法定代表人	宫田幸治		电话	0591-83628429	
日常联系人	吴慧玲		电话	0591-83628429	
主营范围	生产各种电动工具、气动工具、引擎工具、食品机械、吸尘器、空压机、电子计算机用打印机、离心机、真空泵，并销售维修自行生产的产品，从事非配额许可证管理，非专营商品的收购出口业务。				

<table>
<tr><td>企业名称</td><td colspan="3">福建顺大运动用品有限公司</td><td>海关编码</td><td>3501940176</td></tr>
<tr><td>通讯地址</td><td colspan="3">福建省福州市鼓山乡福兴投资区</td><td>邮政编码</td><td>350000</td></tr>
<tr><td>企业类型</td><td>进出口货物收发货人</td><td>注册日期</td><td>1991.8.7</td><td>注册资本</td><td>2600 万美元</td></tr>
<tr><td>评定时间</td><td>2009.5.18</td><td>报关有效期</td><td>2014.8.7</td><td>所属海关</td><td>福州海关</td></tr>
<tr><td>法定代表人</td><td colspan="2">梅林建二</td><td>电话</td><td colspan="2">0591 -83621791</td></tr>
<tr><td>日常联系人</td><td colspan="2">张瑜</td><td>电话</td><td colspan="2">28326888-608850</td></tr>
<tr><td>主营范围</td><td colspan="5">生产运动鞋材。</td></tr>
</table>

<table>
<tr><td>企业名称</td><td colspan="3">福州高意通讯有限公司</td><td>海关编码</td><td>3501942568</td></tr>
<tr><td>通讯地址</td><td colspan="3">福建省福州市晋安区福兴大道 39 号</td><td>邮政编码</td><td>350000</td></tr>
<tr><td>企业类型</td><td>进出口货物收发货人</td><td>注册日期</td><td>2001.7.16</td><td>注册资本</td><td>850 万美元</td></tr>
<tr><td>评定时间</td><td>2010.1.5</td><td>报关有效期</td><td>2014.7.16</td><td>所属海关</td><td>福州海关</td></tr>
<tr><td>法定代表人</td><td colspan="2">Vincent D. Mattera</td><td>电话</td><td colspan="2">0591-83548156</td></tr>
<tr><td>日常联系人</td><td colspan="2">李传宾</td><td>电话</td><td colspan="2">0591-83548156</td></tr>
<tr><td>主营范围</td><td colspan="5">研制、开发，生产并加工光电子器件、宽带接入网通信系统设备、半导体元器件专用材料。</td></tr>
</table>

<table>
<tr><td>企业名称</td><td colspan="3">日本电产三协（福州）有限公司</td><td>海关编码</td><td>3501949737</td></tr>
<tr><td>通讯地址</td><td colspan="3">福建省福州市仓山区盖山投资区 32 米规划路东南侧</td><td>邮政编码</td><td>350000</td></tr>
<tr><td>企业类型</td><td>进出口货物收发货人</td><td>注册日期</td><td>1995.12.1</td><td>注册资本</td><td>2170 万美元</td></tr>
<tr><td>评定时间</td><td>2009.5.18</td><td>报关有效期</td><td>2014.12.1</td><td>所属海关</td><td>福州海关</td></tr>
<tr><td>法定代表人</td><td colspan="2">今井荣治</td><td>电话</td><td colspan="2">0591-83447400-882</td></tr>
<tr><td>日常联系人</td><td colspan="2">翁艳清</td><td>电话</td><td colspan="2">0591-83447400-882</td></tr>
<tr><td>主营范围</td><td colspan="5">DVD 光头 CDR 光头等激光读取头、定时器、磁头、磁卡读数组件及编码器、代用货币读数组件及编码器、音乐铃、电子音乐元件、调速器等产品，零部件等新型电子元器件以及相关数字音、视频编解码设备、新型机电元件、光电子器件的生产。</td></tr>
</table>

企业名称	华映光电股份有限公司			海关编码	3501233375
通讯地址	福建省福州马尾科技园区兴业路 1 号			邮政编码	350015
企业类型	进出口货物收发货人	注册日期	2002.3.20	注册资本	232552.6 万人民币
评定时间	2009.5.18	报关有效期	2014.2.28	所属海关	福州海关
法定代表人	林盛昌		电话	0591-88022719	
日常联系人	李丹		电话	0591-88022719	
主营范围	开发设计并生产单色显像管、单色显示管、彩色显示管、彩色显像管、电子枪、管面涂布材料、平板显示产品及其相关零部件、平板显示产品及相关零部件的批发。				

企业名称	福建富的乐运动用品有限公司			海关编码	3501949682
通讯地址	福建省福州市鼓山镇福兴投资区福兴路			邮政编码	350000
企业类型	进出口货物收发货人	注册日期	1995.12.22	注册资本	600 万美元
评定时间	2009.5.18	报关有效期	2011.12.25	所属海关	福州海关
法定代表人	苏清禄		电话	0591-83622728	
日常联系人	陈晓梅		电话	0591-83622766	
主营范围	生产各种高尔夫球鞋运动鞋、鞋面、鞋材及鞋类系列产品及各种手套产品，高尔夫球具用品。				

企业名称	福建正盛日用品有限公司			海关编码	3501949514
通讯地址	福建省福州市仓山区盖山投资区高南路 1 号			邮政编码	350000
企业类型	进出口货物收发货人	注册日期	1996.8.14	注册资本	1010 万美元
评定时间	2009.5.18	报关有效期	2014.8.14	所属海关	福州海关
法定代表人	郑世飞		电话	0591-83466372	
日常联系人	郭海东		电话	0591-83412181	
主营范围	生产钢木家具、日用工艺品（产品 100% 外销，出口不含许可证品种）。				

企业名称	福建省福维尔进出口有限公司			海关编码	3501966640
通讯地址	福建省福州市鼓楼区五四路国际大厦 8-9 层			邮政编码	350001
企业类型	进出口货物收发货人	注册日期	2004.4.21	注册资本	5220 万美元
评定时间	2011.6.1	报关有效期	2014.4.21	所属海关	福州海关
法定代表人	张英		电话	0591-87810258	
日常联系人	杨桦		电话	0591-87810258	
主营范围	自营和代理各类商品和技术的进出口，但国家限定公司经营或禁止进出口的商品及技术除外。				

企业名称	福建省新世纪经贸发展有限公司			海关编码	3501966111
通讯地址	福建省福州市鼓楼区古田路中美大厦 7 层			邮政编码	350000
企业类型	进出口货物收发货人	注册日期	2002.8.1	注册资本	8030 万人民币
评定时间	2009.5.18	报关有效期	2014.8.1	所属海关	福州海关
法定代表人	王莺官		电话	0591- 87111672	
日常联系人	林漩		电话	0591-83339080	
主营范围	批发预包装食品，批发散装食品（有效期限 2013 年 4 月 26 日），以及五金交电产品、日用百货、化工产品（不含危险品）、普通机械、建筑装饰材料、纺织产品、电子产品、饲料的批发、仓储服务，对外贸易。				

企业名称	东北理光（福州）印刷设备有限公司			海关编码	3501243361
通讯地址	福建省福州开发区快安延伸区工业园标准厂房 C 座 3 层			邮政编码	350015
企业类型	进出口货物收发货人	注册日期	2001.11.28	注册资本	500 万美元
评定时间	2009.11.17	报关有效期	2014.11.28	所属海关	福州海关
法定代表人	小关和宏		电话	0591-83978138	
日常联系人	孙梅英		电话	0591-83976276	
主营范围	生产及销售电子印刷机用油墨、影印版电子印刷机、印刷机配件、复印机及其配件、打印机及其配件，以及相应的售后服务。				

企业名称	福建省船舶工业集团公司			海关编码	3501912733
通讯地址	福建省福州市群众路 27 号			邮政编码	350001
企业类型	进出口货物收发货人	注册日期	1992.12.24	注册资本	37287 万人民币
评定时间	2009.5.18	报关有效期	2011.12.24	所属海关	福州海关
法定代表人	冯志农		电话	0591-83357332	
日常联系人	陆小清		电话	0591-83345291	
主营范围	自营和代理各类商品及技术的进出口业务，国家限定公司经营或禁止进出口的商品和技术除外，经营进料加工和“三来一补”业务，开展对销贸易和转口贸易，对造船、修船、拆船、钢结构件业的投资与管理。船舶及其辅机、电子产品及通信设备、工业生产资料、建筑材料、五金、交电、化工、百货的批发及零售。				

企业名称	福建省长乐市对外贸易公司			海关编码	3501912518
通讯地址	福建省长乐市吴航镇资圣路 57 号 1 幢 2 层			邮政编码	350200
企业类型	进出口货物收发货人	注册日期	1995.2.15	注册资本	689 万人民币
评定时间	2010.3.1	报关有效期	2014.2.15	所属海关	福州海关
法定代表人	郑超		电话	0591–28922179	
日常联系人	张春明		电话	0591–28922179	
主营范围	进出口机械设备、仪器仪表、化工产品、纺织品、轻工业品、服装、医药保健品及食品、出口土畜产品和非金属矿产品、工艺品，承办来料加工、来样加工、来件装配业务。				

企业名称	中铝瑞闽铝板带有限公司			海关编码	3501213610
通讯地址	福建省福州市经济技术开发区 13 号小区			邮政编码	350015
企业类型	进出口货物收发货人	注册日期	2007.11.1	注册资本	136049.4 万人民币
评定时间	2009.5.18	报关有效期	2013.11.3	所属海关	福州海关
法定代表人	丁海燕		电话	0591–83688585	
日常联系人	林莉		电话	0591–88028137	
主营范围	生产铝、镁及其合金加工产品，对外贸易。				

企业名称	国投京闽（福建）工贸有限公司			海关编码	3501916143
通讯地址	福建省福州市湖头街 89 号双安城 10 号楼 1 层			邮政编码	350000
企业类型	进出口货物收发货人	注册日期	2002.9.2	注册资本	3000 万人民币
评定时间	2009.5.18	报关有效期	2014.9.2	所属海关	福州海关
法定代表人	李振林		电话	0591–83757758	
日常联系人	李玉华，王虎		电话	0591–83757758	
主营范围	自营和代理各类商品和技术的进出口，但国家限定公司经营和禁止进口的商品和技术除外。经营进料加工和“三来一补”业务，经营对销贸易和转口贸易。				

企业名称	福建万丰鞋业有限公司			海关编码	3501930220
通讯地址	福建省闽侯县青口镇			邮政编码	350000
企业类型	进出口货物收发货人	注册日期	1989.12.1	注册资本	1295 万美元
评定时间	2009.5.18	报关有效期	2011.12.1	所属海关	福州海关
法定代表人	PETER NICKERSON		电话	0591 –22762432	
日常联系人	李水仙		电话	0591–22785005	
主营范围	生产各种鞋类，鞋类半成品，鞋类配件；生产各种运动服装、帽子、袜子、包、袋；生产各种运动保护用品及配套产品；鞋材加工；货物、技术进出口（不含境内分销）等。				

企业名称	福建三丰鞋业有限公司			海关编码	3501930403
通讯地址	福建省福州市仓山区城门镇城门街399号			邮政编码	350000
企业类型	进出口货物收发货人	注册日期	1992.12.2	注册资本	1500万美元
评定时间	2009.5.18	报关有效期	2011.12.2	所属海关	福州海关
法定代表人	Peter Nickerson	电话	0591-83497668		
日常联系人	张惠华	电话	0591-83497668		
主营范围	生产各种鞋类，鞋类半成品，鞋类配件；生产各种运动服装，帽子、袜子、包、袋；生产各种运动保护用品及配套产品；鞋材加工；货物，技术进出口（不含进口分销）业务。				

企业名称	福建华冠光电有限公司			海关编码	3501934742
通讯地址	福建省福清市元宏路			邮政编码	350301
企业类型	进出口货物收发货人	注册日期	2005.9.9	注册资本	2250万美元
评定时间	2010.2.20	报关有效期	2013.3.25	所属海关	福州海关
法定代表人	吴炳昌	电话	0591-28388888		
日常联系人	张舒	电话	0591-38751087		
主营范围	从事新型平板显示器件、液晶显示产品，模组及产品零部件的开发、设计、生产和售后服务。				

企业名称	福耀玻璃工业集团股份有限公司			海关编码	3501934016
通讯地址	福建省福清市福耀工业村			邮政编码	350301
企业类型	进出口货物收发货人	注册日期	1994.6.2	注册资本	200298.6332万人民币
评定时间	2008.10.14	报关有效期	2014.6.21	所属海关	福州海关
法定代表人	曹德旺	电话	0591-85383777		
日常联系人	林虹	电话	0591-85363366		
主营范围	生产汽车玻璃、装饰玻璃，其他它工业技术玻璃及玻璃安装、售后服务；开发和生产经营特种优质浮法玻璃，包括超薄玻璃、薄玻璃、透明玻璃、着色彩色玻璃，并统一协调管理集团内各成员公司的经营活动和代购代销成员公司的原辅材料和产品；协助所属企业招聘人员、提供技术培训及咨询等有关业务；生产玻璃塑胶包边总成，塑料、橡胶制品；包装木料加工。国家禁止外商投资的行业除外，国家限制外商投资的行业或有特殊规定的，须依法履行相关程序。				

企业名称	冠捷电子（福建）有限公司			海关编码	3501944032
通讯地址	福建省福清市宏路上郑			邮政编码	350300
企业类型	进出口货物收发货人	注册日期	1993.11.29	注册资本	4000 万美元
评定时间	2008.9.22	报关有效期	2011.11.29	所属海关	福州海关
法定代表人	林文镜	电话	0591–85285555		
日常联系人	龚凉红	电话	0591–85285555		
主营范围	生产电脑及其周边设备、数字程控交换机、电视卫星接收机、传真机、平板液晶显示器、纯屏显示器、塑胶外壳等、新型电子元器件（片式元器件、电力电子器件、新型机电元件），销售自产产品，电子产品的维修服务。				

企业名称	睿鸿光电科技（福建）有限公司			海关编码	3501944833
通讯地址	福建省福清市融侨经济技术开发区			邮政编码	350300
企业类型	进出口货物收发货人	注册日期	2007.4.3	注册资本	1500 万美元
评定时间	2011.6.1	报关有效期	2013.4.3	所属海关	福州海关
法定代表人	陈志铭	电话	0591–85537191		
日常联系人	叶贤华	电话	0591–85361336		
主营范围	从事新型平板显示器件、液晶显示产品、模组及零部件、LED 能源和太阳能源（含照明灯具）技术、汽车零配件及其周边零配件的开发，以及设计、生产，销售自产产品。				

企业名称	福建捷联电子有限公司			海关编码	3501944583
通讯地址	福建省福清市融侨经济技术开发区			邮政编码	350301
企业类型	进出口货物收发货人	注册日期	2002.6.14	注册资本	4500 万美元
评定时间	2008.9.22	报关有效期	2014.6.14	所属海关	福州海关
法定代表人	宣建生	电话	85285555		
日常联系人	陈妍	电话	85285555		
主营范围	生产和销售电脑及其周边设备、新型平板显示器件（液晶显示屏、液晶显示器、等离子显示器）、数字电视机（液晶电视、等离子电视、视频投影机）、显像管显示器、监视器，其他显示产品及其半成品、套件、零配件等，电子产品的维修业务。				

企业名称	南方铝业（中国）有限公司			海关编码	3501944092
通讯地址	福建省福清市融侨经济技术开发区			邮政编码	350301
企业类型	进出口货物收发货人	注册日期	1992.7.9	注册资本	4113.8 万美元
评定时间	2008.10.14	报关有效期	2014.7.9	所属海关	福州海关
法定代表人	林文光		电话	0591-85375071	
日常联系人	张崇辉		电话	0591-85380393	
主营范围	生产散热器用复合铝箔、其他复合铝箔、中高压阴极电容铝箔、PS 铝合金板、蒙皮铝合金板等有色金属复合材料、新型合金材料。				

企业名称	明达工业（福建）有限公司			海关编码	3501944029
通讯地址	福建省福清宏路上郑融侨工业区			邮政编码	350301
企业类型	进出口货物收发货人	注册日期	1990.10.1	注册资本	4580 万美元
评定时间	2008.10.14	报关有效期	2014.10.1	所属海关	福州海关
法定代表人	徐天培		电话	0591-85380111	
日常联系人	黄玲		电话	0591-86953369	
主营范围	生产塑料制品、合成橡胶、工业橡胶及塑料合金，其他金属制品、有机化学产品、合成材料、合成纤给、纺织、纸制品、废旧塑料消解，以及利用档织物面料的织染色以后整理加工。				

企业名称	福建康宏股份有限公司			海关编码	3501964598
通讯地址	福建省福清市元洪工业区			邮政编码	350314
企业类型	进出口货物收发货人	注册日期	2002.11.12	注册资本	10000 万人民币
评定时间	2011.6.1	报关有效期	2014.11.12	所属海关	福州海关
法定代表人	王志强		电话	0591-85587362	
日常联系人	曾丽红		电话	0591-85587362	
主营范围	生产加工豆粕、食用油。				

企业名称	福建省南纸股份有限公司			海关编码	3507918865
通讯地址	福建省福建南平滨江北路 177 号			邮政编码	353000
企业类型	进出口货物收发货人	注册日期	1999.6.23	注册资本	72141.996 万人民币
评定时间	2009.5.18	报关有效期	2014.5.30	所属海关	福州海关
法定代表人	黄金镖		电话	0591-7553133	
日常联系人	曾阳春		电话	0599-8808436	
主营范围	新闻纸，纸、纸制品，纸浆，林产化工产品（不含危险化学品），电器机械及器材的制造、销售。工业生产资料（不含 9 座以下乘用车），化工（不含危险化学品）产品，建筑材料的批发、零售、代购、代销，人才培训，技术咨询，轻工技术服务，对外贸易，林木种子种植，树苗种植，林木种植，木材采购、销售，造纸营林技术咨询服务。				

企业名称	福建南平南孚电池有限公司			海关编码	3507938064
通讯地址	福建省南平市工业路 109 号			邮政编码	353000
企业类型	进出口货物收发货人	注册日期	1988.10.10	注册资本	3997 万美元
评定时间	2009.5.18	报关有效期	2014.2.20	所属海关	福州海关
法定代表人	MARK S.Bertolami		电话	0599-8735632	
日常联系人	张弓		电话	0599-8710289	
主营范围	生产、销售各类电池及电器具。				

企业名称	福建宁德核电有限公司			海关编码	3508964328
通讯地址	福建省福鼎市江滨北路 266 号（核电大厦）			邮政编码	352100
企业类型	进出口货物收发货人	注册日期	2007.6.13	注册资本	420000 万人民币
评定时间	2011.3.23	报关有效期	2013.6.13	所属海关	福州海关
法定代表人	胡文泉		电话	0593-5656000	
日常联系人	郭毅		电话	0593-5652360	
主营范围	核电站投资、建设与经营，发电。				

<table>
<tr><td>企业名称</td><td colspan="3">泰格工业集团有限公司</td><td>海关编码</td><td>3508964104</td></tr>
<tr><td>通讯地址</td><td colspan="3">福建省福安市阳头工业南路42号</td><td>邮政编码</td><td>355000</td></tr>
<tr><td>企业类型</td><td>进出口货物收发货人</td><td>注册日期</td><td>2004.8.18</td><td>注册资本</td><td>23168万人民币</td></tr>
<tr><td>评定时间</td><td>2009.5.18</td><td>报关有效期</td><td>2014.8.18</td><td>所属海关</td><td>福州海关</td></tr>
<tr><td>法定代表人</td><td colspan="2">黄华堂</td><td>电话</td><td colspan="2">0593-6319555</td></tr>
<tr><td>日常联系人</td><td colspan="2">沈秀芳</td><td>电话</td><td colspan="2">0593-6319555</td></tr>
<tr><td>主营范围</td><td colspan="5">对制造业、房地产业、建筑业、金融业、住宿与餐饮业、旅游业、租赁和商务服务业、批发和零售业的投资，仓储（不含危险品），酒店管理，纺织服装、鞋帽、体育用品、汽车（不含小轿车）、汽车零配件、五金、电子产品、化工产品（不含危险化学品、不含易制毒化学品）、金属材料、建材、日用百货、橡胶制品的销售，货物或技术的进出口业务（国家禁止或限制进出口的货物技术除外）。</td></tr>
</table>

<table>
<tr><td>企业名称</td><td colspan="3">福建三明市外贸发展有限公司</td><td>海关编码</td><td>3504967846</td></tr>
<tr><td>通讯地址</td><td colspan="3">福建省三明市梅列区丁香新村49幢7楼</td><td>邮政编码</td><td>365000</td></tr>
<tr><td>企业类型</td><td>进出口货物收发货人</td><td>注册日期</td><td>2004.10.22</td><td>注册资本</td><td>516万人民币</td></tr>
<tr><td>评定时间</td><td>2009.11.17</td><td>报关有效期</td><td>2014.10.22</td><td>所属海关</td><td>福州海关</td></tr>
<tr><td>法定代表人</td><td colspan="2">叶德俊</td><td>电话</td><td colspan="2">0598-8271666</td></tr>
<tr><td>日常联系人</td><td colspan="2">洪旺来</td><td>电话</td><td colspan="2">0598-8224527</td></tr>
<tr><td>主营范围</td><td colspan="5">自营或代理商品和技术的进出口贸易（国家限定公司经营或禁止进出口的商品和技术除外），销售汽车（除小轿车）及汽车配件、汽车美容（以上项目国家有专项规定的从其规定）。</td></tr>
</table>

<table>
<tr><td>企业名称</td><td colspan="3">福建省青山纸业股份有限公司</td><td>海关编码</td><td>3504917578</td></tr>
<tr><td>通讯地址</td><td colspan="3">福建省福州市鼓楼区五一北路171号新都会花园广场16层</td><td>邮政编码</td><td>350005</td></tr>
<tr><td>企业类型</td><td>进出口货物收发货人</td><td>注册日期</td><td>1997.8.7</td><td>注册资本</td><td>16184.16万人民币</td></tr>
<tr><td>评定时间</td><td>2009.5.18</td><td>报关有效期</td><td>2014.8.7</td><td>所属海关</td><td>福州海关</td></tr>
<tr><td>法定代表人</td><td colspan="2">刘天金</td><td>电话</td><td colspan="2">0598-5658618</td></tr>
<tr><td>日常联系人</td><td colspan="2">梁明富</td><td>电话</td><td colspan="2">0598-5658858</td></tr>
<tr><td>主营范围</td><td colspan="5">纸浆，纸和纸制品生产销售，工业生产资料、百货、日用杂货、建筑材料、木材及产品的销售。对外贸易，轻工技术咨询，技术服务。</td></tr>
</table>

企业名称	福建荔丰鞋业开发有限公司			海关编码	3503936073
通讯地址	莆田市涵江区梧塘镇沁溪北街888号			邮政编码	351119
企业类型	进出口货物收发货人	注册日期	1992.12.2	注册资本	1500万美元
评定时间	2008.9.16	报关有效期	2011.12.2	所属海关	福州海关
法定代表人	Peter Nickerson		电话	0594-3991998	
日常联系人	黄郁坤		电话	0594-3991998	
主营范围	生产各种鞋类、鞋类半成品、鞋类配件，各种运动服装、帽子、袜子、包、袋，各种运动保护用品及配套产品，鞋材加工，货物、技术进出口业务。				

企业名称	福建协丰鞋业有限公司			海关编码	3503936001
通讯地址	福建省莆田市荔城区西天尾镇洞湖口			邮政编码	351131
企业类型	进出口货物收发货人	注册日期	1992.12.2	注册资本	1500万美元
评定时间	2008.9.16	报关有效期	2011.12.2	所属海关	福州海关
法定代表人	Peter Nickerson		电话	0594-2894210	
日常联系人	吴细霞		电话	0594-2894210	
主营范围	生产各种鞋类、半成品、鞋类配件，运动服装、帽子、袜子、包、袋。运动保护用品及配套产品、鞋材加工、网板制作，货物、技术进出口业务。				

企业名称	福建省安特半导体有限公司			海关编码	3503947037
通讯地址	福建省莆田市涵江区赤港华侨经济开发区			邮政编码	351117
企业类型	进出口货物收发货人	注册日期	2002.6.12	注册资本	1200万美元
评定时间	2008.9.17	报关有效期	2014.6.12	所属海关	福州海关
法定代表人	NG HON KEE		电话	0594-3791649	
日常联系人	陈建雄		电话	0594-3791649	
主营范围	生产集成电路，IC卡。				

企业名称	福建佳通轮胎有限公司			海关编码	3503937200
通讯地址	福建省莆田市秀屿区笏石红埔工业区			邮政编码	351146
企业类型	进出口货物收发货人	注册日期	2005.6.27	注册资本	10670万美元
评定时间	2008.9.17	报关有效期	2014.6.27	所属海关	福州海关
法定代表人	李怀靖		电话	0594-5898268	
日常联系人	陈振源		电话	0594-5898385	
主营范围	生产斜交轮胎、子午线系列轮胎、汽车内胎、摩托车内外胎、自行车内外胎、人力车内外胎及相关橡胶制品，销售自产产品。				

企业名称	莆田新果鞋业有限公司			海关编码	3503936005
通讯地址	福建省莆田市涵江区梧塘镇			邮政编码	351119
企业类型	进出口货物收发货人	注册日期	1988.8.8	注册资本	2470 万人民币
评定时间	2008.9.17	报关有效期	2014.8.8	所属海关	福州海关
法定代表人	吴庆喜		电话	0594-3991179	
日常联系人	吴建新		电话	0594-3991178	
主营范围	生产各类男女轻便鞋、运动鞋。				

企业名称	福建鼎盛五金制品有限公司			海关编码	3503947119
通讯地址	福建省莆田市涵江区江口镇锦江路			邮政编码	351115
企业类型	进出口货物收发货人	注册日期	2004.4.19	注册资本	7500 万港币
评定时间	2008.9.17	报关有效期	2014.4.19	所属海关	福州海关
法定代表人	王伟樑		电话	0594-3688800	
日常联系人	陈海峰		电话	0594-3683306	
主营范围	生产及研发精冲模、模具标准件、金属容器及其技术咨询服务。				

企业名称	厦门国贸船舶进出口有限公司			海关编码	3502110687
通讯地址	福建省厦门市思明区湖滨南路 388 号国贸大厦 14 层 B 室之一			邮政编码	361004
企业类型	进出口货物收发货人	注册日期	2001.9.10	注册资本	2000 万人民币
评定时间	2009.2.4	报关有效期	2014.9.10	所属海关	厦门海关
法定代表人	高少镛		电话	0592-5898610	
日常联系人	陈茂旺		电话	0595-87809330	
主营范围	自营和代理除国家组织统一联合经营的出口商品和国家实行核定公司经营的进口商品除外的其他商品及技术的进出口业务，加工贸易、对销贸易、转口贸易业务。承办船舶信息咨询服务。				

企业名称	长春化工（漳州）有限公司			海关编码	3506941065
通讯地址	福建省漳州龙池开发区			邮政编码	363105
企业类型	进出口货物收发货人	注册日期	2004.12.28	注册资本	6600 万美元
评定时间	2009.1.19	报关有效期	2011.12.28	所属海关	厦门海关
法定代表人	郑正		电话	0596-6269085-101	
日常联系人	康勇泉		电话	0596-6269085-101	
主营范围	从事工程塑料及塑料合金、印刷电路用覆铜板、聚对苯二甲酸丁二醇酯（PBT）的生产加工（不含危化品），从事上述产品、半成品及同类产品的批发。承揽本公司经营范围内“三来一补”业务（以上商品进出口不涉及国营贸易、进出口配额许可、出口配额招标、出口许可证等专项管理的商品）（以上经营范围涉及审批许可项目的，只允许在审批许可的范围和有效期限内从事生产经营活动）。				

企业名称	菲莉集团（福建）有限公司			海关编码	3505941171
通讯地址	福建省晋江市池店镇工业区			邮政编码	362212
企业类型	进出口货物收发货人	注册日期	2005.2.5	注册资本	10000 万港币
评定时间	2009.2.4	报关有效期	2014.2.5	所属海关	厦门海关
法定代表人	杨建辉		电话	0595-85985888	
日常联系人	庄丽婷		电话	0595-85925822	
主营范围	生产各种家具、厨具及配件、寝具用品及服装鞋帽、协调成员企业的经营活动，代购代销成员企业的原辅材料。				

企业名称	福建百宏聚纤科技实业有限公司			海关编码	3505944486
通讯地址	福建省晋江市龙湖镇枫林工业区			邮政编码	362241
企业类型	进出口货物收发货人	注册日期	2004.9.16	注册资本	39999 万美元
评定时间	2010.2.9	报关有效期	2014.9.16	所属海关	厦门海关
法定代表人	施天佑		电话	0595-85229999	
日常联系人	王金瑜		电话	0595-85027991	
主营范围	生产差别化化学纤维。				

企业名称	福建集成伞业有限公司			海关编码	3505944589
通讯地址	福建省晋江市永和镇工业园区			邮政编码	362271
企业类型	进出口货物收发货人	注册日期	2006.7.24	注册资本	6000 万港币
评定时间	2010.2.9	报关有效期	2012.7.24	所属海关	厦门海关
法定代表人	陈德铭		电话	0595-88071660	
日常联系人	陈秀美		电话	0595-88071660	
主营范围	生产晴雨伞、雨具、聚酰亚胺保鲜膜、EVA 环保农用薄膜、PVC 塑料胶布、胶片和塑料文具制品。				

企业名称	福建联合石油化工有限公司			海关编码	3505932209
通讯地址	福建省泉州市泉港区福建联合石化有限公司			邮政编码	362800
企业类型	进出口货物收发货人	注册日期	2007.4.20	注册资本	1280600 万人民币
评定时间	2010.2.9	报关有效期	2013.3.25	所属海关	厦门海关
法定代表人	陆东		电话	0595-87799290	
日常联系人	南桦		电话	0595-87799045	
主营范围	汽油、煤油、液化石油气、石脑油（溶剂油）、丙烯、甲基叔丁基醚、硫磺、液氨、氧气、氮气的生产和加工（安全生产许可证有效期至 2011 年 12 月 23 日），在企业内销售本企业生产的产品（不含成品油零售业务）；非危化品的石油、石化产品的生产加工及销售；进出口并在国内批发汽油、煤油、柴油，进出口并在国内批发和零售液化石油气、非危化品的石油、石化产品；柴油、硫磺、燃料油生产（安全生产许可证有效期至 2008 年 12 月 30 日），在企业内销售本企业生产的产品（不含成品油批发、零售业务）；非危化品的石油、石化产品的生产加工及销售；进出口并在国内批发和零售非危化品的石油、石化产品（国家另有规定的，从其规定）。从事与合营公司相关的研究开发、工程服务和向客户提供技术服务。				

企业名称	福建泉州南星大理石有限公司			海关编码	3505935259
通讯地址	福建省福建南安市水头镇海都新区			邮政编码	362342
企业类型	进出口货物收发货人	注册日期	2001.4.24	注册资本	10000 万人民币
评定时间	2009.3.24	报关有效期	2014.4.24	所属海关	厦门海关
法定代表人	蔡金星		电话	0595-86986308	
日常联系人	李密玲		电话	0595-86988579	
主营范围	生产石板材和石雕工艺品及荒料石（不含寿山石）				

企业名称	福建省东山县海魁水产集团有限公司			海关编码	3506948140
通讯地址	福建省东山经济技术开发区			邮政编码	363400
企业类型	进出口货物收发货人	注册日期	2008.5.4	注册资本	5063.5 万人民币
评定时间	2009.8.25	报关有效期	2014.4.29	所属海关	厦门海关
法定代表人	陈振魁		电话	0596-5887609	
日常联系人	高皑冰		电话	0596-5887609	
主营范围	水产品（不含河豚鱼）、果蔬、罐头等相关产品的生产和加工（涉及审批许可项目的，只允许在审批许可的范围和有效期限内开展生产经营）。				

企业名称	福建省华菲皮革制品有限公司			海关编码	3505941149
通讯地址	福建省泉州市丰泽区北峰工业区丰盈路 28 号			邮政编码	362000
企业类型	进出口货物收发货人	注册日期	2004.9.24	注册资本	65 万美元
评定时间	2011.6.27	报关有效期	2012.6.1	所属海关	厦门海关
法定代表人	吴丽明		电话	0595-22883850	
日常联系人	魏雅珊		电话	0595-22883850	
主营范围	生产鞋、手套、包袋及服装。				

企业名称	福建省晋江市进出口有限公司			海关编码	3505963012
通讯地址	福建省晋江市青阳镇崇德路中银大厦 16 层			邮政编码	362200
企业类型	进出口货物收发货人	注册日期	2003.6.11	注册资本	5000 万人民币
评定时间	2008.12.26	报关有效期	2014.4.2	所属海关	厦门海关
法定代表人	黄胜伟		电话	0595-85692643	
日常联系人	洪家银		电话	0595-85639070	
主营范围	自营和代理除国家组织统一联合经营的出口商品和国家实行核定公司经营的进口商品以外的其他商品及技术的进出口业务，经营进料加工和“三来一补”业务，经营对销贸易和转口贸易；仓储（不含危险品）。批发甲苯二异氰酸酯、二氯甲烷、甲苯苯乙烯、多次甲基多本基异氰酸酯、辛酸亚锡、氟里昂、二苯基甲烷二异氰酸酯、鞋用胶水，危险货物运输（3 类），危险货物运输（6 类 1 项）。				

<table>
<tr><td>企业名称</td><td colspan="3">福建省闽发铝业股份有限公司</td><td>海关编码</td><td>3505965001</td></tr>
<tr><td>通讯地址</td><td colspan="3">福建省南安市南美综合开发区</td><td>邮政编码</td><td>362300</td></tr>
<tr><td>企业类型</td><td>进出口货物收发货人</td><td>注册日期</td><td>2000.1.26</td><td>注册资本</td><td>12880 万人民币</td></tr>
<tr><td>评定时间</td><td>2011.2.12</td><td>报关有效期</td><td>2014.1.28</td><td>所属海关</td><td>厦门海关</td></tr>
<tr><td>法定代表人</td><td colspan="2">黄天火</td><td>电话</td><td colspan="2">0595-86279728</td></tr>
<tr><td>日常联系人</td><td colspan="2">陈锋</td><td>电话</td><td colspan="2">0595-86279728</td></tr>
<tr><td>主营范围</td><td colspan="5">铝制品、五金制品及模具，幕墙、门窗设计，以及制作、安装。镁合金制品的加工、销售，经营本企业和本企业成员企业自产产品及相关技术的出口业务，经营本企业和本企业成员企业生产及科研所需的原辅材料、机械设备、仪器仪表、零配件及相关技术的进口业务，经营本企业的进料加工和“三来一补”业务。房地产开发，旅游业投资。</td></tr>
</table>

<table>
<tr><td>企业名称</td><td colspan="3">福建省石狮市通达电器有限公司</td><td>海关编码</td><td>3511940164</td></tr>
<tr><td>通讯地址</td><td colspan="3">福建省石狮市蚶江石湖路通达工业园</td><td>邮政编码</td><td>362700</td></tr>
<tr><td>企业类型</td><td>进出口货物收发货人</td><td>注册日期</td><td>1993.2.12</td><td>注册资本</td><td>12000 万港币</td></tr>
<tr><td>评定时间</td><td>2010.10.27</td><td>报关有效期</td><td>2014.2.12</td><td>所属海关</td><td>厦门海关</td></tr>
<tr><td>法定代表人</td><td colspan="2">王亚南</td><td>电话</td><td colspan="2">0595-88686188</td></tr>
<tr><td>日常联系人</td><td colspan="2">王经育</td><td>电话</td><td colspan="2">0595-88686158</td></tr>
<tr><td>主营范围</td><td colspan="5">生产各种混合集成电路、光电子器件、新型机电元件，小家电、电器装饰件。</td></tr>
</table>

<table>
<tr><td>企业名称</td><td colspan="3">福建省永春县对外贸易公司</td><td>海关编码</td><td>3505919001</td></tr>
<tr><td>通讯地址</td><td colspan="3">福建省永春桃城镇桃城路 2 号</td><td>邮政编码</td><td>362600</td></tr>
<tr><td>企业类型</td><td>进出口货物收发货人</td><td>注册日期</td><td>1996.10.7</td><td>注册资本</td><td>529 万人民币</td></tr>
<tr><td>评定时间</td><td>2009.12.22</td><td>报关有效期</td><td>2014.4.13</td><td>所属海关</td><td>厦门海关</td></tr>
<tr><td>法定代表人</td><td colspan="2">林建新</td><td>电话</td><td colspan="2">0595-23882224</td></tr>
<tr><td>日常联系人</td><td colspan="2">颜秀敏</td><td>电话</td><td colspan="2">0595-23882611</td></tr>
<tr><td>主营范围</td><td colspan="5">自营和代理国家允许的商品及技术的进出口业务承办中外合资经营、合作生产业务，开展“三来一补”业务。</td></tr>
</table>

企业名称	福建省漳州市对外贸易公司			海关编码	3506910002
通讯地址	福建省漳州市新华北路 32 号外贸大厦			邮政编码	363000
企业类型	进出口货物收发货人	注册日期	1989.11.6	注册资本	4133.1 万人民币
评定时间	2009.1.19	报关有效期	2014.11.6	所属海关	厦门海关
法定代表人	蔡浩革		电话	0596–2922394	
日常联系人	蔡浩革		电话	0596–2943837	
主营范围	自营和代理各类商品及技术的进出口业务（国家规定的专营进出口商品和国家禁止进出口等特殊商品除外），经营进料加工和“三来一补”业务，开展对销贸易和转口贸易，以及仓储、房屋出租。				

企业名称	福建同发食品集团有限公司			海关编码	3502161403
通讯地址	福建省厦门市思明区塔埔东路 166 号 20 层 2001 单元			邮政编码	361003
企业类型	进出口货物收发货人	注册日期	2011.11.1	注册资本	5000 万人民币
评定时间	2011.11.1	报关有效期	2011.11.1	所属海关	厦门海关
法定代表人	江永康		电话	0592–2135588	
日常联系人	王振敏		电话	0592–2135588	
主营范围	经营预包装食品（有效期至 2013 年 7 月 30 日），批发果露酒（有效期至 2011 年 4 月 10 日），批发纺织品、日用百货、五金交电、化工材料（不含危险化学品及监控化学品）、建筑材料、汽车零配件、纸张、工艺品、服装鞋帽，经营各类商品和技术的进出口（不另附进出口商品目录），但国家限定公司经营或禁止进出口的商品和技术除外。				

企业名称	高时（厦门）石业有限公司			海关编码	3502948477
通讯地址	福建省厦门市同安区大同街道朝元路 999 号			邮政编码	361100
企业类型	进出口货物收发货人	注册日期	2011.11.1	注册资本	3000 万美元
评定时间	2011.11.1	报关有效期	2011.11.1	所属海关	厦门海关
法定代表人	高忠麟		电话	0592–7223836	
日常联系人	刘叔飞		电话	0592–7229728	
主营范围	生产加工各种石材产品，各种石材的批发和进出口。				

企业名称	恒安（中国）卫生用品有限公司			海关编码	3505933871
通讯地址	福建省晋江市五里工业园区			邮政编码	362261
企业类型	进出口货物收发货人	注册日期	2006.11.7	注册资本	1200 万美元
评定时间	2010.2.9	报关有效期	2012.10.14	所属海关	厦门海关
法定代表人	施文博		电话	0595-85708888	
日常联系人	庄丽云		电话	0595- 85708762	
主营范围	生产高档纸、高档纸尿片、高档纸尿裤等妇幼卫生用品系列产品。				

企业名称	华阳电业有限公司			海关编码	3506941136
通讯地址	福建省漳州龙海港尾镇后石村			邮政编码	363105
企业类型	进出口货物收发货人	注册日期	1996.6.15	注册资本	79500 万美元
评定时间	2008.12.26	报关有效期	2014.6.15	所属海关	厦门海关
法定代表人	王瑞季		电话	0596-6891295	
日常联系人	沈文生		电话	0596-6891297	
主营范围	漳州后石电厂的建设和营运。				

企业名称	环球石材（福建）有限公司			海关编码	3505935276
通讯地址	福建省南安市水头镇福山二期项目区			邮政编码	362342
企业类型	进出口货物收发货人	注册日期	2008.6.20	注册资本	2000 万美元
评定时间	2011.9.6	报关有效期	2014.6.18	所属海关	厦门海关
法定代表人	张秀英		电话	0595-26907818	
日常联系人	于建中		电话	0595-26907818	
主营范围	生产加工轻质高强多功能墙体材料、高档保饰装修材料，以及建筑装饰石材、石板及工艺云石。				

企业名称	金冠（龙海）塑料包装有限公司			海关编码	3506961185
通讯地址	福建省漳州龙池开发区			邮政编码	363107
企业类型	进出口货物收发货人	注册日期	2010.12.6	注册资本	1408 万人民币
评定时间	2010.12.13	报关有效期	2013.12.6	所属海关	厦门海关
法定代表人	傅丽芬		电话	0596-6796001	
日常联系人	傅丽芬		电话	0596-6766198	
主营范围	生产各类塑料包装制品、包装装潢印刷品（不含出版物印刷）、纸制品包装（不含国家限制品种）（涉及审批许可项目的，只允许在审批许可的范围和有效期限内从事生产经营），包装装璜印刷品、其他印刷品。				

企业名称	晋江市锦福化纤聚合有限公司			海关编码	3505944385
通讯地址	福建省晋江市英林镇锦江工业区			邮政编码	362256
企业类型	进出口货物收发货人	注册日期	2002.10.21	注册资本	5888 万美元
评定时间	2010.2.9	报关有效期	2012.10.21	所属海关	厦门海关
法定代表人	洪天排	电话	0595-85416999		
日常联系人	张佳雄	电话	0595-85416999		
主营范围	生产差别化纤维，服装、针织布、复合超细旦纤维、化纤布及化纤前期精细加工（不含漂染及出口配额许可证管理品种）。				

企业名称	来福太（厦门）塑胶制品有限公司			海关编码	3502945250
通讯地址	福建省厦门市海沧区东孚镇山边路 568 号			邮政编码	361022
企业类型	进出口货物收发货人	注册日期	2011.11.1	注册资本	2240 万美元
评定时间	201111.1	报关有效期	2011.11.1	所属海关	厦门海关
法定代表人	BARRY MOWER	电话	0592-6366800		
日常联系人	卢佳杰	电话	0592-6366858		
主营范围	生产加工塑胶、金属制品和模具及相关产品和研究及开发。				

企业名称	利胜电光源（厦门）有限公司			海关编码	3502340016
通讯地址	福建省厦门火炬高技术开发区马垄路 2 号			邮政编码	361004
企业类型	进出口货物收发货人	注册日期	2011.11.1	注册资本	5226.4 万美元
评定时间	2011.11.1	报关有效期	2011.11.1	所属海关	厦门海关
法定代表人	胡安华	电话	0592-5757105		
日常联系人	黄萍	电话	0592-5757178		
主营范围	开发及生产电子节能灯及相配套的灯管、塑料、五金制品、电子变压器、电子镇流器，灯具等其他产品，制造水处理控制设备、油污处理设备，设计和制造各类塑胶、五金模具，电光源产品的测试及相关的技术咨询，经营日常用品的进出口（不涉及国营贸易管理的商品，涉及配额、许可证管理商品的，按国家有关规定办理申请）。				

企业名称	联想移动通信科技有限公司			海关编码	3502130817
通讯地址	福建省厦门火炬高新区信息光电园岐山北二路 999 号			邮政编码	361009
企业类型	进出口货物收发货人	注册日期	2011.11.1	注册资本	18750 万人民币
评定时间	2011.11.1	报关有效期	2011.11.1	所属海关	厦门海关
法定代表人	杨元庆		电话	010-58868808	
日常联系人	林永吉		电话	0592-2166863	
主营范围	开发、生产和销售移动通信产品和电子信息产品，移动通信技术引进、技术合作、技术转让，与上述各项相关的技术服务、技术咨询。				

企业名称	明达实业（厦门）有限公司			海关编码	3502947010
通讯地址	福建省厦门海沧区翁角路 858 号			邮政编码	361022
企业类型	进出口货物收发货人	注册日期	2011.11.1	注册资本	9156 万美元
评定时间	2011.11.1	报关有效期	2011.11.1	所属海关	厦门海关
法定代表人	徐天培		电话	0592-6512222-3803	
日常联系人	李义雄		电话	0592-6512222-6166	
主营范围	生产塑料制品、橡胶制品、其他金属制品、电气机械及器材、有机化学产品、合成材料、合成纤维、纺织、纸制品，包装装潢印刷（待取得相关许可证后方能经营）。上述自产产品的回收、分拣、监测、维修再利用，明达实业工业园的开发建设与配套服务。化学原料及化学品的生产（不含危险化学品和监控化学品），非金属矿物制品的生产，专用设备制造，电子及高技术绿色电池的生产。				

企业名称	南靖万利达科技有限公司			海关编码	3506932029
通讯地址	福建省万利达（南靖）工业园			邮政编码	363601
企业类型	进出口货物收发货人	注册日期	2003.4.18	注册资本	11600 万人民币
评定时间	2009.11.13	报关有效期	2014.4.18	所属海关	厦门海关
法定代表人	吴凯庭		电话	0596-7653999	
日常联系人	郑林琴		电话	0596-7653687	
主营范围	生产新型电子元器件、电视机、数字电视机及其相关配件、高清晰度电视机、数字影音设备、音响、摄像机、数字相机、计算机及辅助设备、显示器、信息网络设备、卫星通信系统设备、卫星导航定位接收设备及关键部件，数字移动通信设备、数字多媒体广播接收机、平板数字电视接收机、卫星导航应用服务系统终端设备，移动电话机（含第三代及后续移动通信系统手机）及配件。在本公司经营范围内承接“三来一补”业务，镍、铬、电解铜等商品的批发业务（不含贵金属、不含卫星电视接收机及关键件生产，涉及专项许可从其规定）。				

<table>
<tr><td>企业名称</td><td colspan="3">泉州福海粮油工业有限公司</td><td>海关编码</td><td>3505942192</td></tr>
<tr><td>通讯地址</td><td colspan="3">福建省泉州市泉港区南埔镇沙格村沙格码头</td><td>邮政编码</td><td>362114</td></tr>
<tr><td>企业类型</td><td>进出口货物收发货人</td><td>注册日期</td><td>2002.4.2</td><td>注册资本</td><td>1700 万美元</td></tr>
<tr><td>评定时间</td><td>2009.2.4</td><td>报关有效期</td><td>2014.4.1</td><td>所属海关</td><td>厦门海关</td></tr>
<tr><td>法定代表人</td><td colspan="2">穆彦魁</td><td>电话</td><td colspan="2">0595-87098001</td></tr>
<tr><td>日常联系人</td><td colspan="2">蔡梅英</td><td>电话</td><td colspan="2">0595-87098079</td></tr>
<tr><td>主营范围</td><td colspan="5">食用植物油及饲料用大豆粕的生产及其配套的包装材料的相关业务，粮食及其相关产品的深加工及生产配套的包装材料的相关业务（未取得前置审批项目的批准、证件，不得从事该项目的生产经营。产品 10% 外销）。</td></tr>
</table>

<table>
<tr><td>企业名称</td><td colspan="3">泉州高时物流有限公司</td><td>海关编码</td><td>3505945329</td></tr>
<tr><td>通讯地址</td><td colspan="3">福建省南安市水头镇滨海工业基地 2 号地块</td><td>邮政编码</td><td>362342</td></tr>
<tr><td>企业类型</td><td>进出口货物收发货人</td><td>注册日期</td><td>2007.8.3</td><td>注册资本</td><td>1500 万美元</td></tr>
<tr><td>评定时间</td><td>2011.9.6</td><td>报关有效期</td><td>2013.7.13</td><td>所属海关</td><td>厦门海关</td></tr>
<tr><td>法定代表人</td><td colspan="2">高忠麟</td><td>电话</td><td colspan="2">0595-86007222</td></tr>
<tr><td>日常联系人</td><td colspan="2">高巍</td><td>电话</td><td colspan="2">0595-86005122</td></tr>
<tr><td>主营范围</td><td colspan="5">从事石材等一般商品货物的仓储、装卸、加工、包装、配送及相关信息处理服务和有关咨询业务（不含禁止类、限制类品种），国内货代业务，货物、技术进出口（不含进口分销）业务（凡涉及经营许可证经营的，未取得前置审批项目的批准文件证件，不得从事该项目的生产经营）。</td></tr>
</table>

<table>
<tr><td>企业名称</td><td colspan="3">泉州红瑞兴纺织有限公司</td><td>海关编码</td><td>3505941132</td></tr>
<tr><td>通讯地址</td><td colspan="3">福建省泉州经济技术开发区</td><td>邮政编码</td><td>362000</td></tr>
<tr><td>企业类型</td><td>进出口货物收发货人</td><td>注册日期</td><td>2004.6.17</td><td>注册资本</td><td>300 万美元</td></tr>
<tr><td>评定时间</td><td>2010.2.9</td><td>报关有效期</td><td>2014.6.17</td><td>所属海关</td><td>厦门海关</td></tr>
<tr><td>法定代表人</td><td colspan="2">庄碧双</td><td>电话</td><td colspan="2">0595-85677778</td></tr>
<tr><td>日常联系人</td><td colspan="2">刘小燕</td><td>电话</td><td colspan="2">0595-28860082</td></tr>
<tr><td>主营范围</td><td colspan="5">生产针织布、服装（不含漂染及出口配额许可证管理品种）。</td></tr>
</table>

企业名称	泉州市恒鑫国际进出口有限公司			海关编码	3505960063
通讯地址	福建省泉州市丰泽区丰泽街东方银座 7 幢 1101 室			邮政编码	362000
企业类型	进出口货物收发货人	注册日期	2004.3.17	注册资本	800 万人民币
评定时间	2011.8.24	报关有效期	2013.3.17	所属海关	厦门海关
法定代表人	施养解	电话	0595-22353886		
日常联系人	施众人	电话	0595-22353886		
主营范围	自营和代理各类商品和技术的进出口，但国家限定公司经营或禁止进出口的商品和技术除外。				

企业名称	泉州市丽达针织制衣有限公司			海关编码	3505960011
通讯地址	福建省泉州市清蒙科技工业区（4-4）号			邮政编码	362005
企业类型	进出口货物收发货人	注册日期	2002.7.8	注册资本	500 万人民币
评定时间	2011.6.27	报关有效期	2014.7.8	所属海关	厦门海关
法定代表人	陈鼎静	电话	0595-2461888		
日常联系人	吴小花	电话	0595-2461888		
主营范围	制造、加工、销售服装和针纺织，经营本企业自产产品及技术的出口业务，经营本企业生产所需的原辅材料、仪器、仪表、机械设备、零配件及技术的进口业务，经营进料加工和“三来一补”业务。				

企业名称	瑞声达听力技术（中国）有限公司			海关编码	3502340027
通讯地址	福建省厦门火炬高技术产业开发区创新路 15 号			邮政编码	361006
企业类型	进出口货物收发货人	注册日期	1996.9.28	注册资本	3400 万人民币
评定时间	2011.2.12	报关有效期	2014.9.28	所属海关	厦门海关
法定代表人	LARS KARE VIKSMOEN	电话	0592-5607188		
日常联系人	杨萍	电话	0592-5607178		
主营范围	生产组装并研究开发各型助听器及其零部件、头戴耳机、听力测试仪及以上产品的批发和进出口（国家禁止经营的商品除外），产品售后服务、回收和利用、技术咨询服务。				

企业名称	厦门TDK有限公司			海关编码	3502946073
通讯地址	福建省厦门市集美区集南路321-339号			邮政编码	361021
企业类型	进出口货物收发货人	注册日期	1994.8.4	注册资本	9481.9万美元
评定时间	2009.11.2	报关有效期	2014.9.6	所属海关	厦门海关
法定代表人	坂本典正		电话	0592-6150333-20	
日常联系人	林立兴		电话	0592-6150333-170	
主营范围	加工和生产新型电子元器件、组件、配件，设立研发中心，从事电子材料、元器件、组件、配件的研究开发业务及向国外企业提供技术服务业务。从事上述产品及其他TDK品牌产品，以及相关的配套系列产品的销售和服务。从事非配额许可证管理、非专营商品的收购出口业务。				

企业名称	厦门钢宇工业有限公司			海关编码	3502947102
通讯地址	福建省厦门市海沧区东孚镇东孚工业区			邮政编码	361027
企业类型	进出口货物收发货人	注册日期	2003.9.24	注册资本	3000万美元
评定时间	2008.12.26	报关有效期	2014.7.15	所属海关	厦门海关
法定代表人	李明宗		电话	0592-6311888	
日常联系人	林燕玲		电话	0592-6311888	
主营范围	生产加工各种运动健身器材、室内外家俱、老人电动车、液晶电视及其零配件，钢铁管、钢铁板、塑料米和模具及各种运动健身器材的批发。				

企业名称	厦门国贸船舶进出口有限公司			海关编码	3502110687
通讯地址	福建省厦门市湖滨南路388号国贸大厦14层B室之一			邮政编码	361004
企业类型	进出口货物收发货人	注册日期	2001.9.10	注册资本	2000万人民币
评定时间	2009.2.4	报关有效期	2014.9.10	所属海关	厦门海关
法定代表人	高少镛		电话	0592-5898610	
日常联系人	陈茂旺		电话	0595-87809330	
主营范围	自营和代理除国家组织统一联合经营的出口商品和国家实行核定公司经营的进口商品除外的其他商品及技术的进出口业务，加工贸易、对销贸易、转口贸易业务。承办船舶信息咨询服务。				

企业名称	厦门合力成进出口有限公司			海关编码	3502160119
通讯地址	福建省厦门市湖里区湖里大道兴湖商务大厦 6A1-1			邮政编码	361006
企业类型	进出口货物收发货人	注册日期	1999.9.30	注册资本	5000 万人民币
评定时间	2011.2.15	报关有效期	2014.9.30	所属海关	厦门海关
法定代表人	姚国庆		电话	0592-6030333	
日常联系人	黄友景		电话	0592-5696079	
主营范围	经营各类商品和技术的进出口（不另附进出口商品目录），但国家限定公司经营的进出口商品和技术除外。批发和零售国家允许经营的矿产品、化工材料（不含危险化学品、监控化学品）、金属材料、建筑材料、机械电子设备、工艺美术品（不含金银首饰），收购农副产品（不含粮食和种子），批发零售进口果露酒（有效期至 2012 年 4 月 10 日），批发预包装食品（有效期至 2014 年 7 月 4 日）。				

企业名称	厦门华侨电子股份有限公司			海关编码	3502130534
通讯地址	福建省厦门市湖里大道 22 号			邮政编码	361006
企业类型	进出口货物收发货人	注册日期	1995.7.4	注册资本	37082 万人民币
评定时间	2009.2.4	报关有效期	2014.7.4	所属海关	厦门海关
法定代表人	王炎元		电话	0592-5687205	
日常联系人	徐莲英		电话	0592-5687205	
主营范围	生产制造以下产品：视听设备。包括彩色电视机、交互式电视机、高清晰度电视机、音响（含收音、录放音设备）、激光视听（VCD、DVD 等）；通信设备。包括电话机、无绳电话机、可视电话机、全球通等移动手持机及通信系统工程；计算机及外设，彩色监视器，多媒体计算机；五金、注塑、模具、变压器、电路板等基础配套部件。公司自产产品的维修及销售服务，经营各类商品和技术的进出口（不另附进出口商品目录），但国家限定公司经营或禁止进出口的商品及技术除外。信息家电产品、技术开发及转让、技术咨询和技术服务，计算机软件开发、应用，税控机、税控打印、税控找印机、税控器、银税一体机的开发生产，以及销售、服务。				

企业名称	厦门市海德信进出口有限公司			海关编码	3502160435
通讯地址	福建省厦门市思明区金榜路 101 号 301 室			邮政编码	361004
企业类型	进出口货物收发货人	注册日期	2001.9.25	注册资本	500 万人民币
评定时间	2009.1.19	报关有效期	2014.9.25	所属海关	厦门海关
法定代表人	赵庆涛		电话	0592-5822119	
日常联系人	林仙花		电话	0592-5822096	
主营范围	批发零售纺织品、工艺品、机械电子设备、服装、鞋帽、建筑材料、汽车配件、摩托车配件，国家政策允许经营的矿产品、化工材料（不含化学危险品）、金属材料、五金交电、百货，收购农画、副产品（不含粮食和种子）。自营和代理除国家组织统一联合经营的出口商品和国家实行核定公司经营的进口商品除外的其他商品及技术的进出口业务，加工贸易、对销贸易、转口贸易业务。				

企业名称	厦门松下电子信息有限公司			海关编码	3502340009
通讯地址	福建省厦门火炬高新区火炬园火炬路 15 号			邮政编码	361006
企业类型	进出口货物收发货人	注册日期	1994.9.28	注册资本	1450 万美元
评定时间	2008.12.26	报关有效期	2014.9.28	所属海关	厦门海关
法定代表人	北尾一朗		电话	0592-5702600	
日常联系人	冈上均		电话	0592-6037811	
主营范围	从事各种音响、映像商品和相关商品及其零部件的生产，以及以上同类商品批发、进出口及佣金代理（除拍卖），并提供相关配套业务（如涉及配额、许可证管理及专项管理的商品按国家有关规定办理）。				

企业名称	厦门太古飞机工程有限公司			海关编码	3502130364
通讯地址	福建省厦门高崎国际机场东侧埭辽路 20 号			邮政编码	361006
企业类型	进出口货物收发货人	注册日期	1993.8.3	注册资本	4150 万美元
评定时间	2011.8.24	报关有效期	2014.8.3	所属海关	厦门海关
法定代表人	邓健荣		电话	0592-5737608	
日常联系人	王金明		电话	0592-5737157	
主营范围	飞机及飞机部件的维修、改装、拆分及检测，飞机零部件的生产、制造、组装，飞机机队及零部件的管理，航空工程服务，航空维修人员的培训，航空维修相关软件的开发及销售，各类飞机零部件及相关航材的进出口、批发、零售，仓储经营服务，从事其他与民用航空工业有关的或有助此等业务发展的各种经营活动。				

企业名称	厦门通士达照明有限公司			海关编码	3502938156
通讯地址	福建省厦门市同安区美溪道 676 号			邮政编码	361100
企业类型	进出口货物收发货人	注册日期	2000.6.1	注册资本	37040 万人民币
评定时间	2010.2.9	报关有效期	2014.5.6	所属海关	厦门海关
法定代表人	黄福顺		电话	0592-7263666	
日常联系人	林国平		电话	0592-7263603	
主营范围	开发、研究和生产节能光源产品，照明设备的设计和制造，含汞废旧灯管的回收和处理，相关技术咨询服务。				

企业名称	厦门厦工国际贸易有限公司			海关编码	3502110757
通讯地址	福建省厦门市思明区厦禾路 668 号海翼大厦 21 层			邮政编码	361004
企业类型	进出口货物收发货人	注册日期	2006.11.28	注册资本	6100 万人民币
评定时间	2010.2.9	报关有效期	2012.11.28	所属海关	厦门海关
法定代表人	林娜		电话	0592-2058125	
日常联系人	庄灵		电话	0592-5822382	
主营范围	批发零售（不含商场零售）工程机械及其零配件、金属材料、汽车零配件、五金交电、建筑材料、化工材料（不含须经前置许可的化学品），经营各类商品和技术的进出口（不另附进出口商品目录），但国家限定公司经营或禁止进出口的商品及技术除外。				

企业名称	厦门厦顺铝箔有限公司			海关编码	3502140978
通讯地址	福建省厦门市湖里兴隆路 65-67 号			邮政编码	361006
企业类型	进出口货物收发货人	注册日期	1996.3.13	注册资本	16675 万美元
评定时间	2008.12.26	报关有效期	2014.3.13	所属海关	厦门海关
法定代表人	陈成秀		电话	0592-6518388	
日常联系人	李爱凤		电话	0592-6518388-2213	
主营范围	生产加工有色金属复合材料、新型高精度合金材料（含板、带材），生产加工食品、医药用高精度超薄铝箔及电容器、散热器用铝箔。				

企业名称	厦门新技术集成有限公司			海关编码	3502130336
通讯地址	福建省湖里区枋湖工业区枋湖西路 139 号			邮政编码	361009
企业类型	进出口货物收发货人	注册日期	1993.6.8	注册资本	800 万美元
评定时间	2008.12.26	报关有效期	2014.6.8	所属海关	厦门海关
法定代表人	李基天		电话	0592-5773666	
日常联系人	梁莉花		电话	0595-5774572	
主营范围	家具、家居类用品，办公类家具和庭院家具及相关配件，室内建材和装饰类制品，户外休闲用品的生产，经营及相关产品的售后服务及其相关产品的研究与开发。从事各类商品和技术的进出口，但国家限定进出口的商品和技术除外（不含分销业务）。				

企业名称	厦门正新实业有限公司			海关编码	3502947093
通讯地址	福建省厦门海沧新阳街道新顺路 15 号			邮政编码	361026
企业类型	进出口货物收发货人	注册日期	2004.6.28	注册资本	4500 万美元
评定时间	2010.4.20	报关有效期	2014.4.20	所属海关	厦门海关
法定代表人	陈秀雄		电话	0592- 6211606	
日常联系人	洪丽旋		电话	0592- 6211606-527	
主营范围	生产轮胎内外胎、人力车内外胎、子午线轮胎，再生胶、胶料、胶带等橡胶制品，以及橡胶机械、模具和相关配件的加工制造。				

企业名称	厦门中禾实业有限公司			海关编码	3502968098
通讯地址	福建省同安区城南工业园区			邮政编码	361100
企业类型	进出口货物收发货人	注册日期	2003.7.29	注册资本	18000 万人民币
评定时间	2010.2.9	报关有效期	2014.7.29	所属海关	厦门海关
法定代表人	陈跃钳		电话	0592-7579998	
日常联系人	池新晖		电话	0592-7579989	
主营范围	生产食用植物油（半精炼、全精炼）（有效期限至 2012 年 9 月 15 日），豆粕销售，大豆的收购、销售，房地产开发与经营及管理，物业服务。承接土石方工程(不含开采)，经营各类商品和技术（不另附进出口商品目录）的进出口业务，以及经营本企业自产产品及技术的出口业务和本企业所需的机械设备、零配件、原辅材料及技术的进口业务（不另附进出口商品目录），但国家限定公司经营或禁止进出口的商品及技术除外(以上经营范围涉及许可经营项目的，应在取得有关部门的许可后方可经营)。				

企业名称	翔鹭石化股份有限公司			海关编码	3502937032
通讯地址	福建省厦门海沧区南海路 1180 号			邮政编码	361026
企业类型	进出口货物收发货人	注册日期	2001.3.12	注册资本	334000 万人民币
评定时间	2008.12.26	报关有效期	2011.11.14	所属海关	厦门海关
法定代表人	王江明		电话	0592-6808200	
日常联系人	李金萍		电话	0592-6808225	
主营范围	精对苯二甲酸（PTA）、工业甲醇（ME）、醋酸甲醇（MA）的生产、加工和销售；精对苯二甲酸（PTA）、对二甲苯（PX）、醋酸（Acetic Acid）、醋酸异丁酯（IBA）的进出口及批发。从事仓储业务。				

<table>
<tr><td>企业名称</td><td colspan="3">信华食品（漳州）有限公司</td><td>海关编码</td><td>3506940195</td></tr>
<tr><td>通讯地址</td><td colspan="3">福建省漳州市金峰工业区前山小区</td><td>邮政编码</td><td>363000</td></tr>
<tr><td>企业类型</td><td>进出口货物收发货人</td><td>注册日期</td><td>1995.12.27</td><td>注册资本</td><td>800 万美元</td></tr>
<tr><td>评定时间</td><td>2008.12.26</td><td>报关有效期</td><td>2014.3.26</td><td>所属海关</td><td>厦门海关</td></tr>
<tr><td>法定代表人</td><td colspan="2">杨进光</td><td>电话</td><td colspan="2">0596- 2568888</td></tr>
<tr><td>日常联系人</td><td colspan="2">谢明贞</td><td>电话</td><td colspan="2">0596- 2568888</td></tr>
<tr><td>主营范围</td><td colspan="5">加工食品、农副产品、家禽（出口不涉及配额许可证管理品种）。</td></tr>
</table>

<table>
<tr><td>企业名称</td><td colspan="3">叶水福物流（厦门）有限公司</td><td>海关编码</td><td>3502141665</td></tr>
<tr><td>通讯地址</td><td colspan="3">厦门市火炬高新区信息光电园围里路 2 号盛业楼</td><td>邮政编码</td><td>361011</td></tr>
<tr><td>企业类型</td><td>进出口货物收发货人</td><td>注册日期</td><td>2004.4.7</td><td>注册资本</td><td>60 万美元</td></tr>
<tr><td>评定时间</td><td>2009.3.24</td><td>报关有效期</td><td>2014.4.7</td><td>所属海关</td><td>厦门海关</td></tr>
<tr><td>法定代表人</td><td colspan="2">叶进国</td><td>电话</td><td colspan="2">0592-5738006</td></tr>
<tr><td>日常联系人</td><td colspan="2">万峙波</td><td>电话</td><td colspan="2">0592-5623395</td></tr>
<tr><td>主营范围</td><td colspan="5">从事仓储服务，物流供应链方案设计及系统配置，电子产品的进出口，批发电子产品和化工产品（不含危险品和监控产品），道路普通货运（有效期限 2010 年 2 月 2 日至 2022 年 2 月 1 日）。</td></tr>
</table>

<table>
<tr><td>企业名称</td><td colspan="3">友达光电（厦门）有限公司</td><td>海关编码</td><td>3502949290</td></tr>
<tr><td>通讯地址</td><td colspan="3">厦门火炬高新区（翔安）产业区翔安北路 1689 号</td><td>邮政编码</td><td>361102</td></tr>
<tr><td>企业类型</td><td>进出口货物收发货人</td><td>注册日期</td><td>2006.3.31</td><td>注册资本</td><td>18000 万美元</td></tr>
<tr><td>评定时间</td><td>2012.3.31</td><td>报关有效期</td><td>2009.10.28</td><td>所属海关</td><td>厦门海关</td></tr>
<tr><td>法定代表人</td><td colspan="2">彭双浪</td><td>电话</td><td colspan="2">0592- 7888800-1166</td></tr>
<tr><td>日常联系人</td><td colspan="2">盛燕萍</td><td>电话</td><td colspan="2">0592- 7888800-1511</td></tr>
<tr><td>主营范围</td><td colspan="5">从事液晶显示屏、液晶显示器、液晶电视等新型显示器件，以及光电周边产品与相关零部件的生产、加工及组装，触控显示器、触控系统、触控组件、触控屏幕、触控技术、应用软件、硬件、触控相关周边配件的研发和生产，提供相关技术及售后服务（含非本企业所生产的同类产品的维修），并从事上述同类产品的销售。</td></tr>
</table>

企业名称	漳州灿坤实业有限公司			海关编码	3506930217
通讯地址	福建省漳州龙池开发区灿坤工业园			邮政编码	361006
企业类型	进出口货物收发货人	注册日期	2002.8.6	注册资本	16000 万美元
评定时间	2009.3.24	报关有效期	2014.8.6	所属海关	厦门海关
法定代表人	简德荣		电话	0596- 6699055	
日常联系人	王志春		电话	0596- 6699691	
主营范围	开发生产家电产品、新型电子元器件（电力电子器件、敏感元器件及传感器）、轻工产品、现代化办公用品，通讯器材、数码产品、房车车厢、健身器材、医疗器械（不含B超器械）（不含前置审批许可项目），游艺设备（不含特种设备），电子乐器，各种灯具及照明装置等机电产品。设计制造与上述产品相关的模具，加工制造有色金属复合材料，新型合金材料，销售本公司自产产品及半成品，承揽本公司经营范围内的进料加工，“三来一补”业务（不包括国家限制及禁止类和进出口配额许可证管理品种）。咖啡、米团、面团等食品的批发，各类家电产品的批发、售后服务及技术服务（商品进出口不涉及国营贸易、进出口配额许可证、出口配额指针、出口许可证等专项管理的商品）。				

企业名称	漳州市陈字贸易有限公司			海关编码	3506960038
通讯地址	福建省漳州市胜利东路御泰大厦 28A			邮政编码	363000
企业类型	进出口货物收发货人	注册日期	2003.10.27	注册资本	900 万人民币
评定时间	2009.8.25	报关有效期	2014.1.27	所属海关	厦门海关
法定代表人	陈俊兴		电话	0596- 2936406	
日常联系人	蔡惠兰		电话	0596- 2936416	
主营范围	自营和代理各类商品和技术的进出口业务。				

企业名称	中国新兴厦门进出口公司			海关编码	3502110146
通讯地址	福建省厦门市思明区湖滨北路振兴大厦 11 楼			邮政编码	361012
企业类型	进出口货物收发货人	注册日期	1987.7.25	注册资本	1758 万人民币
评定时间	2009.2.4	报关有效期	2014.7.25	所属海关	厦门海关
法定代表人	洪思发		电话	0592-5086562	
日常联系人	叶炳师		电话	0592-5086562	
主营范围	主营：自营和代理除国家组织统一联合经营的出口商品和国家实行核定公司经营的进口商品除外的其他商品及技术的进出口业务（不另附进出口商品目录）；开展“三来一补”业务、进料加工业务；经营对销贸易和转口贸易（以上经营范围涉及许可经营项目的，应在取得相关部门的许可后方可经营）。兼营：批发和零售纺织品、百货、矿产品、金属材料、五金交电化工（不含化学危险物品）、机械电子设备；水产品及农副产品收购（不含粮食）。				

企业名称	江西省地质矿产开发总公司			海关编码	3601910987
通讯地址	江西省南昌市站前路56号			邮政编码	330002
企业类型	进出口货物收发货人	注册日期	2004.3.19	注册资本	854.7万人民币
评定时间	2010.2.9	报关有效期	2014.6.10	所属海关	南昌海关
法定代表人	黄小海		电话	0791-86114262	
日常联系人	何惠琴		电话	0791-86114262	
主营范围	矿产品及制品、企业自产竹木及其制品，地毯、箱包、矿山机械设备，不受配额许可证限制的其他三类商品的出口，本企业生产科研所需的原辅材料、机械设备、仪器仪表零配件的进口（国家实行核定公司经营的14种除外）。				

企业名称	江西蓝海国际贸易有限公司			海关编码	3601911008
通讯地址	江西省南昌市阳明路310号			邮政编码	330008
企业类型	进出口货物收发货人	注册日期	1994.7.12	注册资本	10000万人民币
评定时间	2009.11.27	报关有效期	2014.7.12	所属海关	南昌海关
法定代表人	罗小平		电话	0791-86895253	
日常联系人	郭莹		电话	0791-86894979	
主营范围	国内贸易、进出口贸易（实行国营贸易管理国务的进出口业务除外），租赁，音像制品的批发，国内版图书、电子出版物批发兼零售，图书、只读光盘及交互光盘的进口业务，印刷设备的安装、调试及修理，技术服务及咨询，会展服务，设备维修，电子计算机技术服务，腐蚀品批发（许可证有效期至2014年8月25日）。				

企业名称	江西江铃进出口有限责任公司			海关编码	3601932694
通讯地址	江西省南昌市迎宾中大道三一九号			邮政编码	330001
企业类型	进出口货物收发货人	注册日期	2008.8.26	注册资本	2352.93万人民币
评定时间	2008.10.27	报关有效期	2014.8.26	所属海关	南昌海关
法定代表人	夏英杰		电话	0791-86738769	
日常联系人	胡著斌		电话	0791-86738769	
主营范围	经营和代理各类商品及技术的进出口业务，经营对销贸易和转口贸易，商品物流，包装。				

企业名称	泰丰轮胎（江西）有限公司			海关编码	3601941319
通讯地址	江西省南昌市青山湖区上海路639号			邮政编码	330029
企业类型	进出口货物收发货人	注册日期	1997.1.8	注册资本	6700万美元
评定时间	2008.10.27	报关有效期	2014.1.8	所属海关	南昌海关
法定代表人	马绍进		电话	0791-88310138-1001	
日常联系人	刘玉兰		电话	0791-88310138-3140	
主营范围	生产各种轮胎及橡胶制品（斜胶轮胎除外），销售自产产品，批发各种非自产轮胎（含斜胶胎）及橡胶制品，批发与轮胎生产相关的原物料（天然橡胶除外）、机器设备、零配件，以及上述所有商品的进出口销售（以上项目国家有专项规定的除外）。				

企业名称	捷德（中国）信息科技有限公司			海关编码	3601942416
通讯地址	江西省南昌市高新技术开发区火炬大街			邮政编码	330029
企业类型	进出口货物收发货人	注册日期	2006.11.22	注册资本	1141.6万美元
评定时间	2008.10.27	报关有效期	2012.11.22	所属海关	南昌海关
法定代表人	ROLAND SAVOI		电话	0791-88101108	
日常联系人	王燕		电话	0791-88101108	
主营范围	设计、研发、制造、市场营销及销售各类卡，卡系统和系统组件，以及相关装置、器械、材料和技术，提供相关服务等。				

企业名称	江西昌河铃木汽车有限责任公司			海关编码	3602930068
通讯地址	江西省景德镇市新厂东路206号			邮政编码	333002
企业类型	进出口货物收发货人	注册日期	1995.4.5	注册资本	31180万美元
评定时间	2008.10.27	报关有效期	2014.4.5	所属海关	南昌海关
法定代表人	邹文超		电话	0798-8462031	
日常联系人	李文晖		电话	0798-6442019	
主营范围	开发生产系列轿车、系列微型汽车、汽车发动机及其零部件，向国内外市场销售并提供必要的售后服务。				

企业名称	巨石集团九江有限公司			海关编码	3604910057
通讯地址	江西省九江市前进东路 450 号			邮政编码	332005
企业类型	进出口货物收发货人	注册日期	2003.1.21	注册资本	50600 万人民币
评定时间	2008.10.27	报关有效期	2012.1.21	所属海关	南昌海关
法定代表人	杨国明		电话	0792-8181128	
日常联系人	黄声朋		电话	0792-8252006	
主营范围	玻璃纤维、复合材料、工程塑料及制品、玻璃纤维的化工原料、玻璃纤维设备及配件的生产和销售。				

企业名称	瀚森科技（江西）有限公司			海关编码	3604540003
通讯地址	江西省九江出口加工区内			邮政编码	332000
企业类型	进出口货物收发货人	注册日期	2007.11.21	注册资本	600.02 万美元
评定时间	2010.9.20	报关有效期	2013.11.3	所属海关	南昌海关
法定代表人	黄旭锋		电话	0792-8799080	
日常联系人	王炎忠		电话	0792-8798930	
主营范围	生产经营 GPS（卫星导航定位接收设备）、车充、手机、PDA 产品、MP4、塑胶制品、蓝牙及相关产品，家电产品、光电半导体、发光二极管、照明及相关产品、GPS 跟踪器研发制造和销售，以及以上项目的检测和维修。				

企业名称	赛得利（江西）化纤有限公司			海关编码	3604940107
通讯地址	江西省九江市姑塘镇			邮政编码	332017
企业类型	进出口货物收发货人	注册日期	2002.8.29	注册资本	11359.7 万美元
评定时间	2010.9.20	报关有效期	2014.8.29	所属海关	南昌海关
法定代表人	AUG HUI TIONG EUGENE		电话	0792-8920825	
日常联系人	张建江		电话	0792-8920825	
主营范围	以差别化化学纤维为主的化纤生产，并销售自产产品。				

企业名称	红板（江西）有限公司			海关编码	3610940287
通讯地址	江西省井冈山经济开发区			邮政编码	343100
企业类型	进出口货物收发货人	注册日期	2007.8.6	注册资本	37396.96 万港币
评定时间	2010.11.30	报关有效期	2013.8.6	所属海关	南昌海关
法定代表人	叶森然		电话	0796-8403665	
日常联系人	文伟峰		电话	0796-8403665	
主营范围	新型电子元器件的生产销售。				

企业名称	友利电电子（江西）有限公司			海关编码	3610940218
通讯地址	江西省吉安市吉州区工业园			邮政编码	343000
企业类型	进出口货物收发货人	注册日期	2002.7.8	注册资本	800 万美元
评定时间	2008.12.3	报关有效期	2014.7.2	所属海关	南昌海关
法定代表人	小林一郎		电话	0796-8226632	
日常联系人	皮延平		电话	0796-8251676	
主营范围	生产加工及销售有线及无线通讯半成品及产成品、普通及液晶电视机、车载显示器及道路电子收费机。				

企业名称	江西井冈山盛泰通讯技术有限责任公司			海关编码	3610960333
通讯地址	江西省吉安市高新技术产业开发区			邮政编码	343100
企业类型	进出口货物收发货人	注册日期	2006.11.28	注册资本	20000 万人民币
评定时间	2010.9.20	报关有效期	2012.11.28	所属海关	南昌海关
法定代表人	蔡镇滨		电话	0796-8404199	
日常联系人	罗丽平		电话	0796-8404315	
主营范围	电子和通讯产品及软件的设计、开发、生产及销售，进出口业务。				

企业名称	江西铜业股份有限公司			海关编码	3606930073
通讯地址	江西省贵溪市冶金大道 15 号			邮政编码	335424
企业类型	进出口货物收发货人	注册日期	1997.7.9	注册资本	302283.3727 万人民币
评定时间	2008.10.27	报关有效期	2014.6.24	所属海关	南昌海关
法定代表人	李贻煌		电话	0701-3777070	
日常联系人	曾立民		电话	0701-3777274	
主营范围	有色金属矿、稀贵金属、非金属矿，有色金属及相关副产品的冶炼、压延加工与深加工。自产产品的售后服务、相关的咨询服务和业务。				

<table>
<tr><td>企业名称</td><td colspan="3">江西新钢进出口有限责任公司</td><td>海关编码</td><td>3605910070</td></tr>
<tr><td>通讯地址</td><td colspan="3">江西省新余市冶金路 2 号</td><td>邮政编码</td><td>338001</td></tr>
<tr><td>企业类型</td><td>进出口货物收发货人</td><td>注册日期</td><td>2002.9.13</td><td>注册资本</td><td>3000 万人民币</td></tr>
<tr><td>评定时间</td><td>2008.10.27</td><td>报关有效期</td><td>2014.9.13</td><td>所属海关</td><td>南昌海关</td></tr>
<tr><td>法定代表人</td><td colspan="2">刘传伟</td><td>电话</td><td colspan="2">0790-6291029</td></tr>
<tr><td>日常联系人</td><td colspan="2">毕力</td><td>电话</td><td colspan="2">0790-6294346</td></tr>
<tr><td>主营范围</td><td colspan="5">自营和代理各类商品和技术的进出口，但国家限定公司经营或禁止进出口的商品和技术除外，矿产品、金属材料、建筑材料、化工产品（不含化学危险品）、百货、土特产品、水产品、五金交电、冶金炉料购销、技术咨询。</td></tr>
</table>

<table>
<tr><td>企业名称</td><td colspan="3">新余远东纺织有限公司</td><td>海关编码</td><td>3605960073</td></tr>
<tr><td>通讯地址</td><td colspan="3">江西省新余市劳动北路</td><td>邮政编码</td><td>338003</td></tr>
<tr><td>企业类型</td><td>进出口货物收发货人</td><td>注册日期</td><td>2008.8.22</td><td>注册资本</td><td>12600 万人民币</td></tr>
<tr><td>评定时间</td><td>2010.5.27</td><td>报关有效期</td><td>2014.8.23</td><td>所属海关</td><td>南昌海关</td></tr>
<tr><td>法定代表人</td><td colspan="2">蔡长春</td><td>电话</td><td colspan="2">0790-6497699</td></tr>
<tr><td>日常联系人</td><td colspan="2">章腾香</td><td>电话</td><td colspan="2">0790-6491815</td></tr>
<tr><td>主营范围</td><td colspan="5">纺织品生产经营。经营本企业自产产品及技术的出口业务，本企业生产所需要的原辅材料、仪器仪表、机械设备、零配件及技术的进口业务，经营来料加工和“三来一补”业务、代理纺织品及原辅料进出口业务（国家有专项规定除外）。</td></tr>
</table>

<table>
<tr><td>企业名称</td><td colspan="3">江西凤凰光学进出口有限公司</td><td>海关编码</td><td>3609910153</td></tr>
<tr><td>通讯地址</td><td colspan="3">江西省上饶市光学路 1 号</td><td>邮政编码</td><td>334000</td></tr>
<tr><td>企业类型</td><td>进出口货物收发货人</td><td>注册日期</td><td>2000.4.28</td><td>注册资本</td><td>600 万人民币</td></tr>
<tr><td>评定时间</td><td>2008.10.27</td><td>报关有效期</td><td>2014.4.28</td><td>所属海关</td><td>南昌海关</td></tr>
<tr><td>法定代表人</td><td colspan="2">肖锋</td><td>电话</td><td colspan="2">0793-8260533</td></tr>
<tr><td>日常联系人</td><td colspan="2">毛大华</td><td>电话</td><td colspan="2">0793-8260341</td></tr>
<tr><td>主营范围</td><td colspan="5">自营和代理各类商品和技术的进出口，但国家限定公司经营或禁止进出口的商品和技术除外。</td></tr>
</table>

企业名称	浪潮集团有限公司			海关编码	3701910803
通讯地址	山东省济南历下区山大路224号			邮政编码	250014
企业类型	进出口货物收发货人	注册日期	1993.3.11	注册资本	41060.93万人民币
评定时间	2010.2.9	报关有效期	2014.5.10	所属海关	青岛海关
法定代表人	孙丕恕		电话	0531-85106183	
日常联系人	辛潇		电话	0531-85106170	
主营范围	前置许可经营项目：无。一般经营项目：计算机及软件、电子及通信设备（不含无线电发射设备）的生产销售；许可证范围内的进出口业务；电器机械、五金交电销售；计算机应用、出租及计算机人员培训服务；智能化工程设计、施工（凭资质证书经营）；集成电路，半导体发光材料、管芯器件及照明应用产品的设计，以及开发、生产、销售、安装施工。				

企业名称	济南圣泉集团股份有限公司			海关编码	3701910849
通讯地址	山东省章丘市刁镇工业经济开发区			邮政编码	250200
企业类型	进出口货物收发货人	注册日期	1995.4.7	注册资本	6437.21万人民币
评定时间	2009.8.13	报关有效期	2014.3.11	所属海关	青岛海关
法定代表人	唐一林		电话	0531-83512188	
日常联系人	冯磊		电话	0531-83501230	
主营范围	前置许可经营项目：呋喃树脂、固化剂、铸造用涂料、糠醛、糠醇生产（有效期至2011年11月30日）；登记证范围内的有机肥料生产（有效期2014年9月）；发电业务（有效期至2027年6月27日）。一般经营业务：聚氨酯、酚醛树脂、醋酸钠、清洗剂、防水剂、泡沫陶瓷过滤器、发热保温冒口套的生产、销售，以及技术服务及成果转让。备案范围的进出口业务。				

企业名称	济南轻骑摩托车股份有限公司			海关编码	3701911247
通讯地址	山东省济南市历下区和平路34号			邮政编码	250014
企业类型	进出口货物收发货人	注册日期	2001.5.18	注册资本	97181万人民币
评定时间	2008.12.3	报关有效期	2014.5.5	所属海关	青岛海关
法定代表人	余国华		电话	0531-86599722	
日常联系人	王培培		电话	0531-86599722	
主营范围	许可经营项目：无。一般经营项目：摩托车及零配件的设计、开发、生产、销售；摩托车技术咨询、服务、引进、转让；房屋租赁；许可范围内的自营进出口业务。				

企业名称	济南钢铁股份有限公司			海关编码	3701911327
通讯地址	山东省济南市历城区工业北路 21 号			邮政编码	250101
企业类型	进出口货物收发货人	注册日期	2002.5.28	注册资本	312048 万人民币
评定时间	2008.12.4	报关有效期	2014.4.26	所属海关	青岛海关
法定代表人	蔡漳平		电话	0531-88865987	
日常联系人	闫秋梅		电话	0531-88866123	
主营范围	前置许可经营项目：许可证批准范围内的危险化学品生产、销售（禁止储存，有效期至 2014 年 1 月 24 日），煤气供应（有效期至 2014 年 6 月 5 日）。一般经营项目：钢铁冶炼、加工、钢材、水渣生产及销售，以及自营进出口业务；钢铁冶炼技术咨询服务；铁矿石及类似矿石销售。				

企业名称	山东省冶金设计院股份有限公司			海关编码	3701911863
通讯地址	山东省济南市高新开发区舜华路 1969 号			邮政编码	250014
企业类型	进出口货物收发货人	注册日期	2004.12.28	注册资本	34500 万人民币
评定时间	2011.5.17	报关有效期	2013.7.7	所属海关	青岛海关
法定代表人	姚朝胜		电话	0531-89703818	
日常联系人	满莹		电话	0531-89703818	
主营范围	许可经营项目：批准范围内的对外经济合作业务。一般经营项目：工程勘察设计、工程总承包、工程监理、技术咨询、技术服务、环境影响评价（以上凭资质经营）。				

企业名称	济南玫德铸造有限公司			海关编码	3701930425
通讯地址	山东省济南市平阴县南门路 3 号			邮政编码	250400
企业类型	进出口货物收发货人	注册日期	1997.8.22	注册资本	24320 万人民币
评定时间	2008.12.4	报关有效期	2014.4.18	所属海关	青岛海关
法定代表人	孔祥存		电话	0531-87885001	
日常联系人	陆书一		电话	0531-87896707	
主营范围	制造玛钢管件、球铁钩槽管件、钢管接头接管、灰铸铁管件、铜管件、阀门、阀体、空调配件，以及各种材质的管路连接件、铸件、机械配件，螺栓螺母、橡胶圈，研制和开发高档五金制品及其相关的高技术性产品及配件。房屋租赁（涉及许可证管理的项目凭许可证经营）。				

企业名称	山东松下电子信息有限公司			海关编码	3701932489
通讯地址	山东省济南市高新技术开发区新泺大街312号			邮政编码	250014
企业类型	进出口货物收发货人	注册日期	1995.12.6	注册资本	2500万美元
评定时间	2008.12.3	报关有效期	2013.11.3	所属海关	青岛海关
法定代表人	吉田守		电话	0531-88872686	
日常联系人	牛健壮		电话	0531-88872047	
主营范围	彩色电视机、各种映像设备及电子产品和部件的研究开发，以及制造、售后服务。与上述公司产品同类及配套的非自产产品的批发、进出口和相关服务，销售本公司生产的产品。				

企业名称	山东太古飞机工程有限公司			海关编码	3701933013
通讯地址	山东省济南市历城区遥墙镇机场园内			邮政编码	250107
企业类型	进出口货物收发货人	注册日期	1999.1.25	注册资本	20000万人民币
评定时间	2008.12.3	报关有效期	2013.12.3	所属海关	青岛海关
法定代表人	张幸福		电话	0531-85698999	
日常联系人	姜海波		电话	0531-58802906	
主营范围	民用飞机及部件（除整台发动机、螺旋桨以外的航空器部件）的维修、改造、检测，飞机附件与零部件的加工、制造，飞机维修工具、设备、器材的设计、加工、制作，飞机工程管理软件的开发，自制产品、软件的销售，航空地面勤务（不含前置许可管理的项目），民用航空器机型培训，飞机机队及零部件的管理服务，航空工程服务，计量服务，仓储经营服务。				

企业名称	山东冠世针织有限公司			海关编码	3701943485
通讯地址	山东省章丘市明水经济开发区东风工业园			邮政编码	250200
企业类型	进出口货物收发货人	注册日期	2006.1.20	注册资本	1244万美元
评定时间	2010.2.9	报关有效期	2012.1.8	所属海关	青岛海关
法定代表人	金井博芳		电话	0531-83328782	
日常联系人	庄向文		电话	0531-83328782	
主营范围	设计、生产针织服装及辅料，销售本公司生产的产品，进出口业务（不含进口商品分销业务，国家禁止的项目除外）。				

<table>
<tr><td>企业名称</td><td colspan="3">中国重汽集团进出口有限公司</td><td>海关编码</td><td>3701943608</td></tr>
<tr><td>通讯地址</td><td colspan="3">山东省济南市天桥区无影山中路 53 号</td><td>邮政编码</td><td>250031</td></tr>
<tr><td>企业类型</td><td>进出口货物收发货人</td><td>注册日期</td><td>2008.6.10</td><td>注册资本</td><td>55500 万人民币</td></tr>
<tr><td>评定时间</td><td>2008.12.12</td><td>报关有效期</td><td>2014.6.2</td><td>所属海关</td><td>青岛海关</td></tr>
<tr><td>法定代表人</td><td colspan="2">刘培民</td><td>电话</td><td colspan="2">0531-85582828</td></tr>
<tr><td>日常联系人</td><td colspan="2">黄玉国</td><td>电话</td><td colspan="2">0531-85582828</td></tr>
<tr><td>主营范围</td><td colspan="5">批准范围内的进出口业务，汽车及配件、电子机械设备、日用百货、五金交电、计算机及配件、装饰材料、计算机软件、建筑材料的批发（以上涉及配额许可证管理、专项管理的商品按照国家有关规定办理）。</td></tr>
</table>

<table>
<tr><td>企业名称</td><td colspan="3">山东力诺进出口贸易有限公司</td><td>海关编码</td><td>3701961389</td></tr>
<tr><td>通讯地址</td><td colspan="3">山东省济南市历城区经十东路 8168 号</td><td>邮政编码</td><td>250103</td></tr>
<tr><td>企业类型</td><td>进出口货物收发货人</td><td>注册日期</td><td>2002.11.15</td><td>注册资本</td><td>1500 万人民币</td></tr>
<tr><td>评定时间</td><td>2009.8.13</td><td>报关有效期</td><td>2014.3.9</td><td>所属海关</td><td>青岛海关</td></tr>
<tr><td>法定代表人</td><td colspan="2">申英明</td><td>电话</td><td colspan="2">0531-88729288</td></tr>
<tr><td>日常联系人</td><td colspan="2">冯懿</td><td>电话</td><td colspan="2">0531-88729288</td></tr>
<tr><td>主营范围</td><td colspan="5">自营和代理各类商品及技术的进出口业务（国家限定公司经营或禁止进出口的商品及技术除外），玻璃制品、太阳能光伏系列产品的生产、加工、销售，批发和零售建筑材料、五金工具、日用杂品、针纺织品、服装、木材（有效期至 2011 年 6 月 13 日）、家具、钢材、硼酸、硼砂，聚乙烯塑料袋，工艺品，机械设备、仪器仪表、太阳能系列产品，机械零配件销售及服务。</td></tr>
</table>

<table>
<tr><td>企业名称</td><td colspan="3">海洋石油工程（青岛）有限公司</td><td>海关编码</td><td>3702219980</td></tr>
<tr><td>通讯地址</td><td colspan="3">山东省青岛经济技术开发区连江路 492 号</td><td>邮政编码</td><td>266520</td></tr>
<tr><td>企业类型</td><td>进出口货物收发货人</td><td>注册日期</td><td>2006.12.1</td><td>注册资本</td><td>300000 万人民币</td></tr>
<tr><td>评定时间</td><td>2011.3.9</td><td>报关有效期</td><td>2012.11.3</td><td>所属海关</td><td>青岛海关</td></tr>
<tr><td>法定代表人</td><td colspan="2">史佑</td><td>电话</td><td colspan="2">0532-86758208</td></tr>
<tr><td>日常联系人</td><td colspan="2">李挺</td><td>电话</td><td colspan="2">0532-86758120</td></tr>
<tr><td>主营范围</td><td colspan="5">包括：海洋油气开发工程及配套工程的建设与安装，石油工业工程建筑；石油天然气工程设计，舾装，油气处理工程建设及修缮；钢结构工程建设与安装；卷管，阳极铸造；NDT 检验业务；海上构筑物安装；海洋工程、建筑工程、基础工程检测及监测、安全评估，设计维修；水上结构、管线检修；水下检测及潜水工程服务；货物进出口、技术进出口（法律、行政法规禁止的项目除外，法律、行政法规限制的项目取得许可后方可经营）；承包境外海洋石油工程和境内国际招标工程；承包上述境外工程的勘测、咨询、设计和监理项目；上述境外工程所需的设备，材料出口；对外派实施上述境外工程所需的劳务人员，国内沿海普通货船运输、特种起重设备制造（以上范围筹建，筹建期不得开展经营活动）。船舶制造（不含渔业船舶及国家专项审批的船舶）。</td></tr>
</table>

企业名称	青岛北海船舶重工有限责任公司			海关编码	3702219981
通讯地址	山东省青岛市经济技术开发区漓江东路369号			邮政编码	266520
企业类型	进出口货物收发货人	注册日期	2006.1.12	注册资本	182073万人民币
评定时间	2009.2.1	报关有效期	2012.1.12	所属海关	青岛海关
法定代表人	陈堉		电话	0532-86756127	
日常联系人	郭文亮		电话	0532-86756166	
主营范围	包括船舶制造、船舶修理、玻璃钢艇制造、玻璃钢制品制造、船用甲板机械制造与安装、非标准机械设备制造、海上平台制造与修理、金属结构桥架、罐制造、机械加工、技术服务及售后服务，进出口业务，起重、运输、国际集装箱运输服务，起重设备，船舶油污水、垃圾回收、油舱清洗作业，工业三废综合利用，仪器仪表检测修理，无损检测，增压器维修服务，防腐热喷涂加工。				

企业名称	青岛浦项不锈钢有限公司			海关编码	3702239624
通讯地址	山东省青岛经济技术开发区昆仑山北路200号			邮政编码	266555
企业类型	进出口货物收发货人	注册日期	2002.12.17	注册资本	8990万美元
评定时间	2008.12.4	报关有效期	2014.8.25	所属海关	青岛海关
法定代表人	吴昌宽		电话	0532-86837031	
日常联系人	张志磊		电话	0532-86837043	
主营范围	冷轧不锈钢薄板产品生产和销售。				

企业名称	青岛南涯电子有限公司			海关编码	3702240067
通讯地址	山东省青岛胶南市灵山卫镇灵海北路109号			邮政编码	266427
企业类型	进出口货物收发货人	注册日期	1992.1.5	注册资本	1868万美元
评定时间	2009.8.13	报关有效期	2013.12.7	所属海关	青岛海关
法定代表人	申承秀		电话	0532-83183600-200	
日常联系人	薛彩虹		电话	0532-83183600	
主营范围	生产销售电子元器件。				

企业名称	青岛豪雅光电子有限公司			海关编码	3702249552
通讯地址	山东省青岛经济技术开发区松花江路 66 号			邮政编码	266555
企业类型	进出口货物收发货人	注册日期	2001.12.21	注册资本	961 万美元
评定时间	2008.12.4	报关有效期	2012.11.3	所属海关	青岛海关
法定代表人	安俊日		电话	0532-86760998	
日常联系人	陈红旗		电话	0532-86760996	
主营范围	生产玻璃盖片，液晶投影机用防尘玻璃，CCD 用色彩补正玻璃、光纤通信用零部件等高科技电子产品和零部件（以上范围须经许可经营的，须凭许可证经营）。				

企业名称	台玻青岛玻璃有限公司			海关编码	3702249823
通讯地址	山东省青岛经济技术开发区红石崖办事处大殷村东			邮政编码	266432
企业类型	进出口货物收发货人	注册日期	2010.7.1	注册资本	6780 万美元
评定时间	2010.7.9	报关有效期	2013.7.1	所属海关	青岛海关
法定代表人	林伯实		电话	0532-83161177	
日常联系人	管强池		电话	0532-83161177	
主营范围	生产浮法玻璃及深加工产品。				

企业名称	青岛澳柯玛进出口有限公司			海关编码	3702259521
通讯地址	山东省青岛经济技术开发区前湾港路 315 号			邮政编码	266500
企业类型	进出口货物收发货人	注册日期	2001.5.14	注册资本	15000 万人民币
评定时间	2008.12.4	报关有效期	2014.4.19	所属海关	青岛海关
法定代表人	唐兴运		电话	0532-88961717	
日常联系人	陈波		电话	0532-88962906	
主营范围	一般经营项目：货物进出口、技术进出口及国际贸易经纪服务。				

企业名称	青岛经济技术开发区海尔电器产业有限公司			海关编码	3702259769
通讯地址	山东省青岛经济技术开发区海尔工业园			邮政编码	266555
企业类型	进出口货物收发货人	注册日期	2006.5.9	注册资本	1000 万人民币
评定时间	2009.2.1	报关有效期	2012.5.11	所属海关	青岛海关
法定代表人	杨绵绵		电话	0532-88938999	
日常联系人	周岩		电话	0532-88938999	
主营范围	家用电器制造、销售，仓储服务，货物进出口，技术进出口及国际贸易经纪服务。				

企业名称	赛轮股份有限公司			海关编码	3702269632
通讯地址	山东省青岛经济技术开发区江山中路西侧			邮政编码	266555
企业类型	进出口货物收发货人	注册日期	2003.1.17	注册资本	20000 万人民币
评定时间	2009.2.1	报关有效期	2013.12.29	所属海关	青岛海关
法定代表人	杜玉岱		电话	0532-84022985	
日常联系人	李中兴		电话	0532-84022985	
主营范围	轮胎、橡胶制品、机械设备、模具、化工产品的研发，以及生产、销售、安装及相关服务，轮胎的研发生产技术软件开发及相关技术的开发、销售及相关服务，货物进出口、技术进出口及相关服务。				

企业名称	青岛怡坤物流有限公司			海关编码	3702450831
通讯地址	山东省青岛保税区吉隆坡路 11 号			邮政编码	266555
企业类型	进出口货物收发货人	注册日期	1998.3.16	注册资本	360 万人民币
评定时间	2010.4.23	报关有效期	2014.2.21	所属海关	青岛海关
法定代表人	崔强		电话	0532-86767257	
日常联系人	孙伟		电话	0532-86767257	
主营范围	保税区内：国际贸易，转口贸易、区内企业之间及贸易项下加工整理，仓储服务及相关业务代理、装卸服务、货运代理服务（国际规定需专项审批的项目除外），烟叶及附产品的国际分拨和保税仓储。				

企业名称	青岛尚世通物流有限公司			海关编码	3702461833
通讯地址	山东省青岛保税区北京路 45 号东侧 1、2 号仓库附房			邮政编码	266555
企业类型	进出口货物收发货人	注册日期	2003.10.29	注册资本	550 万人民币
评定时间	2010.4.23	报关有效期	2014.6.30	所属海关	青岛海关
法定代表人	陈文杰		电话	0532-86959535	
日常联系人	孟召军		电话	0532-86959535	
主营范围	一般经营项目：代理报关、报检，国际、国内货运代理及相关业务咨询服务，物流分拨（不含运输）、仓储，国际贸易、转口贸易、区内企业之间贸易及贸易项下加工整理。自营和代理各类商品和技术进出口。				

企业名称	双星集团有限责任公司			海关编码	3702910078
通讯地址	山东省青岛市贵州路 5 号			邮政编码	266002
企业类型	进出口货物收发货人	注册日期	1995.2.10	注册资本	10000 万人民币
评定时间	2008.12.3	报关有效期	2014.2.21	所属海关	青岛海关
法定代表人	汪海		电话	0532-82680099	
日常联系人	韩功政		电话	0532-82687082	
主营范围	经营本企业自产产品及技术的出口业务和本企业所需的机械设备、零配件、原辅材料及技术的进出口业务，但国家限定公司经营或禁止进出口的商品及技术除外。				

企业名称	青岛海信进出口有限公司			海关编码	3702910079
通讯地址	山东省青岛市经济技术开发区团结路 18 号			邮政编码	266071
企业类型	进出口货物收发货人	注册日期	1995.6.5	注册资本	1000 万人民币
评定时间	2008.12.4	报关有效期	2014.5.25	所属海关	青岛海关
法定代表人	林澜		电话	0532-83878888	
日常联系人	谢同胜		电话	0532-83878888	
主营范围	经营和代理各类商品及技术的进出口业务，但国家限定公司经营或禁止进出口的商品及技术除外，承办中外合资、合作生产业务，承办“三来一补”务。				

企业名称	青岛海尔国际贸易有限公司			海关编码	3702910086
通讯地址	山东省青岛市高科园海尔路海尔园内			邮政编码	266101
企业类型	进出口货物收发货人	注册日期	1998.7.1	注册资本	2000 万人民币
评定时间	2008.12.4	报关有效期	2014.5.24	所属海关	青岛海关
法定代表人	武克松		电话	0532-88938023	
日常联系人	刘守义		电话	0532-88938023	
主营范围	自营和代理各类商品和技术的进出口，但国家限定公司经营或禁止进出口的商品和技术除外。				

企业名称	青岛益佳土畜产进出口有限公司			海关编码	3702910102
通讯地址	山东省青岛市市南区香港中路 6 号 A-11			邮政编码	266071
企业类型	进出口货物收发货人	注册日期	1993.12.7	注册资本	500 万人民币
评定时间	2009.2.1	报关有效期	2014.11.13	所属海关	青岛海关
法定代表人	滕惠丽		电话	0532-85918518	
日常联系人	刘英		电话	0532-85918509	
主营范围	自营和代理各类商品及技术的进出口业务，但国家限定公司或禁止进出口的商品及技术除外（不另附进出口商品目录），经营进料加工和“三来一补”业务，经营对销贸易和转口贸易。				

企业名称	青岛凤凰印染有限公司			海关编码	3702911249
通讯地址	山东省青岛市李沧区永平路 4 号			邮政编码	266041
企业类型	进出口货物收发货人	注册日期	1993.5.14	注册资本	526 万人民币
评定时间	2008.12.4	报关有效期	2014.5.17	所属海关	青岛海关
法定代表人	戴守华		电话	0532-84661327	
日常联系人	李港		电话	0532-84661327	
主营范围	本企业自产产品及相关技术的出口业务，本厂生产和科研所需的原辅材料、机械设备、仪器仪表、零部件及相关技术的进出口业务，开展“三来一补”业务。				

企业名称	青岛钢铁进出口公司			海关编码	3702912756
通讯地址	山东省青岛市市南区汇泉路 17 号东海大厦公寓 15 层			邮政编码	266071
企业类型	进出口货物收发货人	注册日期	1994.7.29	注册资本	500 万人民币
评定时间	2008.12.4	报关有效期	2014.4.25	所属海关	青岛海关
法定代表人	姜功		电话	0532-83887870	
日常联系人	刘秉慧		电话	0532-83887875	
主营范围	煤炭批发经营业务。自营和代理各类商品即技术的进出口业务，但国家限定公司经营或禁止进出口的商品及技术除外，经营进料加工和“三来一补”业务，经营对销贸易和转口贸易。				

企业名称	山东中地进出口有限公司			海关编码	3702914148
通讯地址	山东省青岛市崂山区创业大厦			邮政编码	266071
企业类型	进出口货物收发货人	注册日期	1997.9.23	注册资本	1000 万人民币
评定时间	2009.2.1	报关有效期	2014.8.24	所属海关	青岛海关
法定代表人	孙传生		电话	0532-82669199	
日常联系人	王学业		电话	0532-82669087	
主营范围	自营和代理除国家组织统一联合经营的 16 种出口商品和国家实行核定公司经营的 11 种进口商品以外的其他商品和技术的进出口业务，承办中外合资经营，合作生产业务，开展“三来一补”业务。				

企业名称	青岛海湾集团进出口有限公司			海关编码	3702914323
通讯地址	山东省青岛市南区香港中路 20 号黄金广场北楼 1519 室			邮政编码	266002
企业类型	进出口货物收发货人	注册日期	1998.5.14	注册资本	300 万人民币
评定时间	2008.12.4	报关有效期	2014.5.17	所属海关	青岛海关
法定代表人	邢建坪		电话	0532-85022568	
日常联系人	李洪		电话	0532-85022558	
主营范围	进出口业务（按外经贸部核定的商品目录经营），汽油、柴油、润滑油、化工原料（不含危险品）、五金、建筑材料、油漆。				

企业名称	山东省东方国际贸易股份有限公司			海关编码	3702914403
通讯地址	山东省青岛市市南区太平路 51 号			邮政编码	266002
企业类型	进出口货物收发货人	注册日期	1998.9.7	注册资本	5000 万人民币
评定时间	2009.2.1	报关有效期	2014.2.21	所属海关	青岛海关
法定代表人	刘新姿		电话	0532-82971811	
日常联系人	李浩		电话	0532-82971902	
主营范围	自营和代理除国家组织统一联合经营的出口商品和国家实行核定公司经营的进口商品以外的其他商品及技术的进出口业务（不另附进出口商品目录），经营进料加工和“三来一补”业务，开展对销贸易和转口贸易。				

企业名称	山东锦茂进出口有限公司			海关编码	3702914523
通讯地址	山东省青岛市市南区香港中路89号			邮政编码	266071
企业类型	进出口货物收发货人	注册日期	1999.4.6	注册资本	1500万人民币
评定时间	2009.2.1	报关有效期	2014.1.28	所属海关	青岛海关
法定代表人	张健		电话	0532-83090659	
日常联系人	李涧		电话	0532-83090659	
主营范围	针纺织品、服装、机电产品、建筑材料、工艺美术品、农副产品、矿产品、化工产品的批发、零售，仓储服务，批准范围内的商品及技术进出口业务，进料加工和“三来一补”业务，网络信息服务，针纺织品、服装、工艺美术品（不含金银首饰）的加工。				

企业名称	海信集团有限公司			海关编码	3702914705
通讯地址	山东省青岛市市南区东海西路17号			邮政编码	266071
企业类型	进出口货物收发货人	注册日期	1999.12.9	注册资本	15617万人民币
评定时间	2008.12.4	报关有效期	2012.1.23	所属海关	青岛海关
法定代表人	周厚健		电话	0532-83878888	
日常联系人	李皖玉		电话	0532-83878888	
主营范围	国有资产委托营运，电视机、影碟机、音响、广播电视设备、空调器、电子计算机、电话、通讯产品、网络产品，电子产品的制造、销售及软件开发。销售及服务，技术开发，咨询。自营进出口业务，对外经济技术合作业务，产权交易自营、经纪、信息服务。				

企业名称	新华锦集团山东锦丰纺织有限公司			海关编码	3702914969
通讯地址	山东省青岛市太平路51号			邮政编码	266001
企业类型	进出口货物收发货人	注册日期	2000.9.6	注册资本	1000万人民币
评定时间	2009.2.1	报关有效期	2014.3.21	所属海关	青岛海关
法定代表人	刘鹏飞		电话	0532-66062788	
日常联系人	邢玉平		电话	0532-66062788	
主营范围	纺织品、针棉织品、服装、纺织原料（不含专营）化工产品（不含化学危险品）、建筑材料、工艺美术品（不含金饰品）的批发和零售，仓储（不含化学危险品），针织纺织品、服装、工艺美术品（不含金银首饰）的加工，批准范围内的自营和代理产品及技术的进出口业务，进料加工和“三来一补”业务，对销贸易和转口贸易。				

企业名称	青岛新兴东方进出口有限责任公司			海关编码	3702915395
通讯地址	山东省青岛市香港中路18号（福泰广场B座17层）			邮政编码	266071
企业类型	进出口货物收发货人	注册日期	2001.9.27	注册资本	5000万人民币
评定时间	2009.2.1	报关有效期	2014.9.5	所属海关	青岛海关
法定代表人	刘为鑫		电话	0532-85733007	
日常联系人	张莹		电话	0532-85733007	
主营范围	自营和代理各类商品及技术的进出口业务，但国家限定公司经营或禁止进出口的商品及技术除外。经营进料加工和“三来一补”业务，经营对销贸易和转口贸易。				

企业名称	新华锦集团山东海锦国际贸易有限公司			海关编码	3702916868
通讯地址	山东省青岛市香港中路20号黄金广场北楼九层			邮政编码	266071
企业类型	进出口货物收发货人	注册日期	2003.10.13	注册资本	500万人民币
评定时间	2009.2.1	报关有效期	2014.8.17	所属海关	青岛海关
法定代表人	邱文立		电话	0532-85021130	
日常联系人	逄渤		电话	0532-85021359	
主营范围	自营和代理各类商品和技术的进出口，但国家限定公司经营或禁止进出口的商品和技术除外。				

企业名称	南车青岛四方机车车辆股份有限公司			海关编码	3702918007
通讯地址	山东省青岛市城阳区锦宏东路88号			邮政编码	266111
企业类型	进出口货物收发货人	注册日期	2006.7.28	注册资本	310371万人民币
评定时间	2008.12.4	报关有效期	2012.7.28	所属海关	青岛海关
法定代表人	江靖		电话	0532-87801818	
日常联系人	叶云红		电话	0532-87805723	
主营范围	铁路机车、客车、城市轨道交通设备的设计，以及制造、修理、销售和租赁，铁路机车、客车、城市轨道交通设备配件的制造与销售，机车车辆技术服务，机械加工、铆焊加工、铸造件销售、热处理、计量检定测试、理化检验测验、销售测量设备，经营本企业进出口业务和本企业所需机械设备、零配件、原辅材料的进出口业务。				

企业名称	青岛啤酒股份有限公司			海关编码	3702930083
通讯地址	山东省青岛市登州路 56 号			邮政编码	266023
企业类型	进出口货物收发货人	注册日期	1993.11.25	注册资本	130822 万人民币
评定时间	2008.12.4	报关有效期	2011.11.26	所属海关	青岛海关
法定代表人	李桂荣		电话	0532-85711119	
日常联系人	彭勇		电话	0532-85711119	
主营范围	啤酒制造、啤酒技术研究，自营进出口业务，开发转让、咨询服务。				

企业名称	青岛隆源水产品有限公司			海关编码	3702930547
通讯地址	山东省青岛市城阳区城阳街道城阳村			邮政编码	266109
企业类型	进出口货物收发货人	注册日期	1992.11.1	注册资本	612 万人民币
评定时间	2008.12.4	报关有效期	2014.4.11	所属海关	青岛海关
法定代表人	刘卫卫		电话	0532-87909908	
日常联系人	袁宪成		电话	0532-87909908	
主营范围	加工冷冻预制水产品（卫生许可证有效期至 2011 年 8 月 16 日），食品冷藏。自由房屋租赁，货物进出口（不含进口商品分销），产品 100% 外销。				

企业名称	海克斯康测量技术（青岛）有限公司			海关编码	3702932066
通讯地址	山东省青岛市高科技工业园株州路 188 号			邮政编码	266045
企业类型	进出口货物收发货人	注册日期	1993.11.12	注册资本	940 万美元
评定时间	2010.7.29	报关有效期	2014.9.7	所属海关	青岛海关
法定代表人	诺伯特 · 汉克		电话	0532-88702188	
日常联系人	王庶		电话	0532-88702188	
主营范围	生产销售并开发和引进坐标测量机、测量仪器、相关产品及各种配件，并提供相关应用培训、技术服务、升级改造服务、咨询服务及测量设备有关的其他服务。批发及进出口坐标测量机、测量仪器、相关产品及各种配件。				

企业名称	亨斯迈纺织染化（青岛）有限公司			海关编码	3702933222
通讯地址	山东省青岛市四方区兴隆路 86 号			邮政编码	266031
企业类型	进出口货物收发货人	注册日期	1995.9.19	注册资本	2500 万美元
评定时间	2009.2.1	报关有效期	2014.7.28	所属海关	青岛海关
法定代表人	BARTHOLOMEW GRIFFIN		电话	0532-83757701	
日常联系人	李赢男		电话	0532-83757701	
主营范围	生产和销售纺织染料、中间体和助剂，提供与纺织染料相关的技术支持和咨询服务。				

企业名称	青岛朗讯科技通讯设备有限公司			海关编码	3702933375
通讯地址	山东省青岛高科技工业园株洲路 159 号			邮政编码	266101
企业类型	进出口货物收发货人	注册日期	1995.11.29	注册资本	3300 万美元
评定时间	2008.12.4	报关有效期	2014.10.26	所属海关	青岛海关
法定代表人	范建军		电话	0532-88702000	
日常联系人	李朝利		电话	0532-88702000	
主营范围	研究、开发、生产、工程设计、装配、安装。5ESS-2000 型数字交换系统及数字程控交换机的其他相关通讯产品。				

企业名称	青岛金王应用化学股份有限公司			海关编码	3702934025
通讯地址	山东省青岛即墨市环保产业园			邮政编码	266071
企业类型	进出口货物收发货人	注册日期	1997.3.3	注册资本	4734.07 万美元
评定时间	2008.12.4	报关有效期	2014.1.17	所属海关	青岛海关
法定代表人	陈索斌		电话	0532-85718989	
日常联系人	魏翠丽		电话	0532-85718989	
主营范围	新型聚合物基质复合体烛光材料及其制品的开发、生产、销售，以及相关的技术合作、技术咨询服务。生产和销售玻璃制品、工艺品、聚合蜡、合成蜡、液体蜡、石蜡、蜡油、人造蜡及相关制品、家具及饰品、洗发护发及沐浴用品、美容护肤化妆品系列、家庭清洁用品及合成香料等。				

<table>
<tr><td>企业名称</td><td colspan="3">青岛凤凰东翔印染有限公司</td><td>海关编码</td><td>3702936986</td></tr>
<tr><td>通讯地址</td><td colspan="3">山东省青岛莱西市水集工业园</td><td>邮政编码</td><td>286600</td></tr>
<tr><td>企业类型</td><td>进出口货物收发货人</td><td>注册日期</td><td>2003.11.4</td><td>注册资本</td><td>1032 万美元</td></tr>
<tr><td>评定时间</td><td>2009.2.1</td><td>报关有效期</td><td>2014.10.23</td><td>所属海关</td><td>青岛海关</td></tr>
<tr><td>法定代表人</td><td colspan="2">戴守华</td><td>电话</td><td colspan="2">0532-84661327</td></tr>
<tr><td>日常联系人</td><td colspan="2">刘海滨</td><td>电话</td><td colspan="2">0532-84661327</td></tr>
<tr><td>主营范围</td><td colspan="5">生产印染布、服装、缝纫制品和深加工产品（产品 100%外销，以上范围需经许可证经营的，须凭许可证经营）。</td></tr>
</table>

<table>
<tr><td>企业名称</td><td colspan="3">青岛乐金浪潮数字通信有限公司</td><td>海关编码</td><td>3702938019</td></tr>
<tr><td>通讯地址</td><td colspan="3">山东省青岛市城阳区丹山工业园</td><td>邮政编码</td><td>266107</td></tr>
<tr><td>企业类型</td><td>进出口货物收发货人</td><td>注册日期</td><td>2003.8.7</td><td>注册资本</td><td>1500 万美元</td></tr>
<tr><td>评定时间</td><td>2008.12.4</td><td>报关有效期</td><td>2014.6.21</td><td>所属海关</td><td>青岛海关</td></tr>
<tr><td>法定代表人</td><td colspan="2">辛卫华</td><td>电话</td><td colspan="2">0532-86689890</td></tr>
<tr><td>日常联系人</td><td colspan="2">朴美花</td><td>电话</td><td colspan="2">0532-86689890</td></tr>
<tr><td>主营范围</td><td colspan="5">无线通信设备（不含卫星接收设备）、数字信息终端及其他相关产品的研发生产，销售和售后服务，以及与本企业产品同类的产品及相关零部件、附件的批发业务及进出口业务。</td></tr>
</table>

<table>
<tr><td>企业名称</td><td colspan="3">青岛迦南美地家居用品有限公司</td><td>海关编码</td><td>3702938111</td></tr>
<tr><td>通讯地址</td><td colspan="3">山东省青岛市城阳区青大工业园（棘洪滩街道）</td><td>邮政编码</td><td>266001</td></tr>
<tr><td>企业类型</td><td>进出口货物收发货人</td><td>注册日期</td><td>2005.7.13</td><td>注册资本</td><td>32 万美元</td></tr>
<tr><td>评定时间</td><td>2010.7.29</td><td>报关有效期</td><td>2014.3.14</td><td>所属海关</td><td>青岛海关</td></tr>
<tr><td>法定代表人</td><td colspan="2">任健</td><td>电话</td><td colspan="2">0532-82885953</td></tr>
<tr><td>日常联系人</td><td colspan="2">王志磊</td><td>电话</td><td colspan="2">0532-82885953</td></tr>
<tr><td>主营范围</td><td colspan="5">制造加工纺织品、床上用品和绗缝用品，货物进出口（不含进口商品分销业务），纺织产品的后整理加工业务。经济信息咨询业务（不含法律咨询、社会调查、市场调查、资信调查和评级服务）。</td></tr>
</table>

<table>
<tr><td>企业名称</td><td colspan="3">青岛中集集装箱制造有限公司</td><td>海关编码</td><td>3702939407</td></tr>
<tr><td>通讯地址</td><td colspan="3">山东省青岛经济技术开发区黄河东路 1 号</td><td>邮政编码</td><td>266300</td></tr>
<tr><td>企业类型</td><td>进出口货物收发货人</td><td>注册日期</td><td>1999.2.11</td><td>注册资本</td><td>2784 万美元</td></tr>
<tr><td>评定时间</td><td>2008.12.3</td><td>报关有效期</td><td>2013.12.16</td><td>所属海关</td><td>青岛海关</td></tr>
<tr><td>法定代表人</td><td colspan="2">吴发沛</td><td>电话</td><td colspan="2">0532-86935968</td></tr>
<tr><td>日常联系人</td><td colspan="2">褚强</td><td>电话</td><td colspan="2">0532-86935967</td></tr>
<tr><td>主营范围</td><td colspan="5">设计制造各种尺寸的国际标准集装箱及配件和相应服务。产品 100% 外销。</td></tr>
</table>

<table>
<tr><td>企业名称</td><td colspan="3">凯欧弼（青岛）医用器材有限公司</td><td>海关编码</td><td>3702939417</td></tr>
<tr><td>通讯地址</td><td colspan="3">山东省胶南市珠峰街 71 号</td><td>邮政编码</td><td>266400</td></tr>
<tr><td>企业类型</td><td>进出口货物收发货人</td><td>注册日期</td><td>1999.3.25</td><td>注册资本</td><td>800 万美元</td></tr>
<tr><td>评定时间</td><td>2008.12.4</td><td>报关有效期</td><td>2014.4.18</td><td>所属海关</td><td>青岛海关</td></tr>
<tr><td>法定代表人</td><td colspan="2">FeliX Fremerey</td><td>电话</td><td colspan="2">0532-86185817</td></tr>
<tr><td>日常联系人</td><td colspan="2">崔晓丽</td><td>电话</td><td colspan="2">0532-86185817</td></tr>
<tr><td>主营范围</td><td colspan="5">医用卫生、保健材料和敷料的开发，以及生产、销售和咨询服务（医疗器械生产许可证有效期至 2015 年 6 月 8 日）。</td></tr>
</table>

<table>
<tr><td>企业名称</td><td colspan="3">青岛华天车辆有限公司</td><td>海关编码</td><td>3702939468</td></tr>
<tr><td>通讯地址</td><td colspan="3">山东省胶南市隐珠镇工业园</td><td>邮政编码</td><td>266431</td></tr>
<tr><td>企业类型</td><td>进出口货物收发货人</td><td>注册日期</td><td>2000.1.13</td><td>注册资本</td><td>320 万美元</td></tr>
<tr><td>评定时间</td><td>2009.2.1</td><td>报关有效期</td><td>2011.11.26</td><td>所属海关</td><td>青岛海关</td></tr>
<tr><td>法定代表人</td><td colspan="2">刘桂平</td><td>电话</td><td colspan="2">0532-83191257</td></tr>
<tr><td>日常联系人</td><td colspan="2">尹鑫</td><td>电话</td><td colspan="2">0532-83195789</td></tr>
<tr><td>主营范围</td><td colspan="5">生产手推车系列产品，包括金属制品塑料制品橡胶制品木制品及包装制品机械制造。</td></tr>
</table>

企业名称	青岛三洋水产有限公司			海关编码	3702940024
通讯地址	山东省青岛开发区秦皇岛路 9 号			邮政编码	266500
企业类型	进出口货物收发货人	注册日期	1994.10.12	注册资本	600 万美元
评定时间	2009.2.1	报关有效期	2013.7.19	所属海关	青岛海关
法定代表人	王泰盛		电话	0532-83827838	
日常联系人	黄娟		电话	0532-86865148	
主营范围	生产加工蔬菜制品、预制水产品、木制鱼加工（允许收购水产品、蔬菜类产品出口，不含出口配额许可证管理产品）。				

企业名称	青岛大星电子有限公司			海关编码	3702940164
通讯地址	山东省青岛市李沧区 308 国道 775 号			邮政编码	266100
企业类型	进出口货物收发货人	注册日期	1993.11.29	注册资本	800 万美元
评定时间	2009.2.1	报关有效期	2014.7.28	所属海关	青岛海关
法定代表人	田斗星		电话	0532-87684221	
日常联系人	姚群		电话	0532-87684221	
主营范围	生产电子产品及配套注塑产品模具、注塑件喷涂制品加工。				

企业名称	青岛星电电子有限公司			海关编码	3702940541
通讯地址	山东省青岛市李沧区重庆中路 946 号			邮政编码	266043
企业类型	进出口货物收发货人	注册日期	1994.10.24	注册资本	860 万美元
评定时间	2008.12.3	报关有效期	2014.10.14	所属海关	青岛海关
法定代表人	古桥健士		电话	0532-84817830	
日常联系人	长谷川真司		电话	0532-84817830	
主营范围	生产开关、插座、耳机喇叭、键盘、电子游戏机、电动机、液晶、手提电话、天线及电子、电器产品零部件、新型电子元器件（含片式元器件），以及电力电子元器件、遥控器生产。				

企业名称	青岛耐克森轮胎有限公司			海关编码	3702940696
通讯地址	山东省青岛莱西市姜山镇驻地			邮政编码	266603
企业类型	进出口货物收发货人	注册日期	2006.2.20	注册资本	6665 万美元
评定时间	2011.9.28	报关有效期	2012.2.24	所属海关	青岛海关
法定代表人	姜丙中		电话	0532–82471220	
日常联系人	崔在镇		电话	0532–82471231	
主营范围	生产半钢丝轿车用子午轮胎及关联橡胶产品（产品 30% 外销，以上范围应经许可经营的，须凭许可证经营）。				

企业名称	青岛大农服装有限公司			海关编码	3702943229
通讯地址	山东省青岛市城阳区上马街道			邮政编码	266112
企业类型	进出口货物收发货人	注册日期	1995.9.5	注册资本	2148 万美元
评定时间	2008.12.4	报关有效期	2014.8.31	所属海关	青岛海关
法定代表人	朴桂成		电话	0532–87811701	
日常联系人	王晓倩		电话	0532–87811921	
主营范围	生产化纤及其他纤维的纺纱、针织、染色、寝装、服装和皮革产品，货物进出口（不含进口商品分销业务）。				

企业名称	青岛泰光制鞋有限公司			海关编码	3702943387
通讯地址	山东省青岛莱西市李权庄镇工业园内			邮政编码	266071
企业类型	进出口货物收发货人	注册日期	1995.12.5	注册资本	2300 万美元
评定时间	2010.2.9	报关有效期	2011.12.3	所属海关	青岛海关
法定代表人	孙一在		电话	0532–86491140	
日常联系人	周志坚		电话	0532–86491140	
主营范围	生产旅游鞋及制作自用生产设备和模具。产品 100% 外销。				

企业名称	青岛永昌因特皮革有限公司			海关编码	3702945213
通讯地址	山东省青岛市莱西市沽河工业园			邮政编码	266600
企业类型	进出口货物收发货人	注册日期	2001.4.26	注册资本	2000 万美元
评定时间	2009.2.1	报关有效期	2014.4.8	所属海关	青岛海关
法定代表人	宋东铉	电话		0532-88452657	
日常联系人	李芊	电话		0532-88452657	
主营范围	猪、牛、羊蓝湿皮革新技术加工及皮革后整饰新技术加工，生产加工皮革及皮革制品（产品 70%外销）。				

企业名称	青岛成信马达有限公司			海关编码	3702945757
通讯地址	山东省青岛市李沧区郑庄工业园			邮政编码	266100
企业类型	进出口货物收发货人	注册日期	2002.5.29	注册资本	550 万美元
评定时间	2008.12.4	报关有效期	2014.4.15	所属海关	青岛海关
法定代表人	裴星佑	电话		0532-87605885	
日常联系人	于莉莉	电话		0532-87605885	
主营范围	从事高新技术、高效节能精密电机、自动驱动系统及相关新型机电元件的生产及销售；货物进出口业务（不含进口分销）。				

企业名称	乐星电子科技（青岛）有限公司			海关编码	3702947173
通讯地址	山东省青岛市城阳区夏庄街道正阳路南侧			邮政编码	266108
企业类型	进出口货物收发货人	注册日期	2007.2.6	注册资本	579.25 万美元
评定时间	2011.3.9	报关有效期	2013.2.8	所属海关	青岛海关
法定代表人	赵昊济	电话		0532-80962200	
日常联系人	袁艳艳	电话		0532-80962228	
主营范围	生产电子电气及光纤设备的连接器和内部连接设备电源转换及注塑冲压继电器存储的控制系统，组合部件和系统及相关的应用工具和设备。提供日常维护和售前售后服务，开发和研制新品种（产品 60% 外销）。				

企业名称	青岛迪世亚制钢有限公司			海关编码	3702947787
通讯地址	山东省青岛城阳区流亭街道双元路			邮政编码	266108
企业类型	进出口货物收发货人	注册日期	2011.2.9	注册资本	1300 万美元
评定时间	2011.3.9	报关有效期	2014.2.9	所属海关	青岛海关
法定代表人	洪厦宗	电话	0532-87716901		
日常联系人	王伟环	电话	0532-87716901		
主营范围	制造新型合金材料及相关产品的压延加工，碳纤维及其高新技术化纤制造（产品 70% 外销），批发合金材料、碳纤维、化纤材料及相关产品。				

企业名称	青岛世门皮革有限公司			海关编码	3702947837
通讯地址	山东省青岛市城阳区刺洪滩街道双元路西侧			邮政编码	266106
企业类型	进出口货物收发货人	注册日期	2005.4.8	注册资本	1075.8 万美元
评定时间	2011.3.9	报关有效期	2014.3.25	所属海关	青岛海关
法定代表人	潘英雨	电话	0532-87908115		
日常联系人	赵长星	电话	0532-87908115		
主营范围	制造高档真皮女式包，皮革新技术后整理加工（产品 100% 外销）。				

企业名称	太平洋恩利食品有限公司			海关编码	3702947934
通讯地址	山东省青岛市城阳区红岛街道垂丰路 1 号			邮政编码	266108
企业类型	进出口货物收发货人	注册日期	2005.7.29	注册资本	11700 万美元
评定时间	2010.5.27	报关有效期	2014.7.29	所属海关	青岛海关
法定代表人	郑风英	电话	0532-83818888		
日常联系人	孙玉红	电话	0532-83818888		
主营范围	生产加工预制冷冻水产品及其制品（食品卫生许可证有效期至 2013 年 3 月 18 日）。海产品开发，包括空罐、饲料、包装物制造。上述产品的进出口、批发业务，委托加工业务，货物仓储。				

企业名称	青岛安普泰科电子有限公司			海关编码	3702948006
通讯地址	山东省青岛市城阳区环海经济技术开发区			邮政编码	266108
企业类型	进出口货物收发货人	注册日期	1996.3.30	注册资本	3500 万美元
评定时间	2008.12.4	报关有效期	2014.3.25	所属海关	青岛海关
法定代表人	石国辉		电话	0532-87717434	
日常联系人	张顺		电话	0532-87717434	
主营范围	生产电子、电气及光纤设备的连接器和内部连接装置及电源转换，注塑、冲压、继电器、存储和控制系统，组合部件和系统（及有关设备），以及相关的应用工具和设备（及相应的装置），电镀的生产和加工业务。提供日常维护和售前售后服务；开发和研制新品种，产品内外销售（限销售本公司产品）。				

企业名称	青岛图南工艺品有限公司			海关编码	3702948083
通讯地址	山东省青岛市城阳区夏庄街道华仙路中段			邮政编码	266109
企业类型	进出口货物收发货人	注册日期	2011.7.5	注册资本	532 万美元
评定时间	2008.12.4	报关有效期	2014.7.5	所属海关	青岛海关
法定代表人	金英坤		电话	0532-89225353	
日常联系人	王晓明		电话	0532-89225353	
主营范围	生产、加工金属人造首饰。产品 70% 外销。				

企业名称	青岛富元电子有限公司			海关编码	3702948100
通讯地址	山东省青岛市城阳区惜福镇街道正阳东路东端			邮政编码	266109
企业类型	进出口货物收发货人	注册日期	1997.10.8	注册资本	500 万美元
评定时间	2008.12.4	报关有效期	2014.10.9	所属海关	青岛海关
法定代表人	朴吉吉柱		电话	0532-66739801	
日常联系人	王宏伟		电话	0532-66739820	
主营范围	生产数字摄录机、耳机、麦克风、键盘、手机与照相机的零部件及相关电子零部件产品和制作模具。				

<table>
<tr><td>企业名称</td><td colspan="3">青岛马士基集装箱工业有限公司</td><td>海关编码</td><td>3702948186</td></tr>
<tr><td>通讯地址</td><td colspan="3">山东省青岛市城阳区流亭镇苇山村二路</td><td>邮政编码</td><td>266108</td></tr>
<tr><td>企业类型</td><td>进出口货物收发货人</td><td>注册日期</td><td>1998.12.22</td><td>注册资本</td><td>3380 万美元</td></tr>
<tr><td>评定时间</td><td>200.12.4</td><td>报关有效期</td><td>2014.6.7</td><td>所属海关</td><td>青岛海关</td></tr>
<tr><td>法定代表人</td><td colspan="2">PETER KROGH NYMAND</td><td>电话</td><td colspan="2">0532-87725410</td></tr>
<tr><td>日常联系人</td><td colspan="2">孙晓静</td><td>电话</td><td colspan="2">0532-87726745</td></tr>
<tr><td>主营范围</td><td colspan="5">制造干箱集装箱、冷冻集装箱、特制集装箱及其他集装箱，以及冷机、冷机配件及相关设备，集装箱、运输设备配件、附件，集装箱及冷机的维修、装配和改造业务，相关技术开发、技术服务和售后服务，销售自产产品。</td></tr>
</table>

<table>
<tr><td>企业名称</td><td colspan="3">青岛维德思服装有限公司</td><td>海关编码</td><td>3702948303</td></tr>
<tr><td>通讯地址</td><td colspan="3">山东省青岛市城阳区流亭工业园</td><td>邮政编码</td><td>266108</td></tr>
<tr><td>企业类型</td><td>进出口货物收发货人</td><td>注册日期</td><td>2011.3.28</td><td>注册资本</td><td>235.412 万美元</td></tr>
<tr><td>评定时间</td><td>2008.12.4</td><td>报关有效期</td><td>2014.3.28</td><td>所属海关</td><td>青岛海关</td></tr>
<tr><td>法定代表人</td><td colspan="2">金炳元</td><td>电话</td><td colspan="2">0532-87717434</td></tr>
<tr><td>日常联系人</td><td colspan="2">金永哲</td><td>电话</td><td colspan="2">0532-87717434</td></tr>
<tr><td>主营范围</td><td colspan="5">生产加工衬衣、裤子及休闲服（产品 70% 外销）。</td></tr>
</table>

<table>
<tr><td>企业名称</td><td colspan="3">青岛协成光学有限公司</td><td>海关编码</td><td>3702948316</td></tr>
<tr><td>通讯地址</td><td colspan="3">山东省青岛市城阳区流亭工业园</td><td>邮政编码</td><td>266108</td></tr>
<tr><td>企业类型</td><td>进出口货物收发货人</td><td>注册日期</td><td>2000.4.29</td><td>注册资本</td><td>600 万美元</td></tr>
<tr><td>评定时间</td><td>2008.12.4</td><td>报关有效期</td><td>2014.4.22</td><td>所属海关</td><td>青岛海关</td></tr>
<tr><td>法定代表人</td><td colspan="2">赵显佑</td><td>电话</td><td colspan="2">0532-87719953</td></tr>
<tr><td>日常联系人</td><td colspan="2">王宏伟</td><td>电话</td><td colspan="2">0532-87719953</td></tr>
<tr><td>主营范围</td><td colspan="5">新型电子元器件（含片式元器件）及电力电子元器件的生产，产品 70% 外销。</td></tr>
</table>

企业名称	青岛裕洋通信设备有限公司			海关编码	3702948440
通讯地址	山东省青岛市城阳区国际空港工业区			邮政编码	266108
企业类型	进出口货物收发货人	注册日期	2003.6.6	注册资本	300万美元
评定时间	2008.12.3	报关有效期	2014.6.7	所属海关	青岛海关
法定代表人	赵昭彦		电话	0532-87710631	
日常联系人	李凌飞		电话	0532-87710632	
主营范围	生产混合集成电路、通信设备、电子元器件、手机显示屏、不间断电源、LED照明灯及显示屏（产品70%外销）。				

企业名称	浦铁（青岛）钢材加工有限公司			海关编码	3702948939
通讯地址	山东省青岛市城阳区丹山工业园			邮政编码	266107
企业类型	进出口货物收发货人	注册日期	2002.11.29	注册资本	912万美元
评定时间	2011.3.9	报关有效期	2011.11.29	所属海关	青岛海关
法定代表人	文洪国		电话	0532-89656031	
日常联系人	李超		电话	0532-89656031	
主营范围	从事与本企业加工生产同类产品的商品批发业务，加工生产热轧不锈钢板、冷轧不锈钢板、冷轧板、热轧板、锡钢片、线材、管材、镀铝板、热镀锌板、电镀锌板、镀铝锌板、彩涂板、镀锌及耐高腐蚀性铝锌合金板、涂层板金属材料，销售产品并提供经济咨询服务。产品30%外销。				

企业名称	青岛新东洋计电有限公司			海关编码	3702949722
通讯地址	山东省青岛胶南市海滨工业园			邮政编码	266400
企业类型	进出口货物收发货人	注册日期	2003.8.21	注册资本	500万美元
评定时间	2008.12.3	报关有效期	2014.8.19	所属海关	青岛海关
法定代表人	宋昌洙		电话	0532-85137962	
日常联系人	魏玉梅		电话	0532-85137962	
主营范围	混合集成电路、电子电力器件、新型机电元件，燃料电池生产。				

企业名称	青岛喜盈门进出口有限公司			海关编码	3702952793
通讯地址	山东省青岛市城阳区绣城路 177 号			邮政编码	266109
企业类型	进出口货物收发货人	注册日期	1992.11.2	注册资本	3000 万人民币
评定时间	2008.12.4	报关有效期	2014.9.5	所属海关	青岛海关
法定代表人	崔莲莲		电话	0532-85729439	
日常联系人	徐金霞		电话	0532-85770900	
主营范围	货物进出口、批发、零售的项目有：有色金属（不含贵金属）、钢材、五金交电、家用电器、建筑材料、洗涤用品、针棉织品、日用百货、燃料油、润滑油、油脂、化工产品（不含危险化学品）、棉花、棉纱，以及货物仓储（不含危险品）。				

企业名称	海尔集团电器产业有限公司			海关编码	3702954522
通讯地址	山东省青岛市高科园海尔路海尔工业园中心大楼四楼			邮政编码	266101
企业类型	进出口货物收发货人	注册日期	1999.4.5	注册资本	10000 万人民币
评定时间	2008.12.4	报关有效期	2014.3.30	所属海关	青岛海关
法定代表人	杨绵绵		电话	0532-88939999	
日常联系人	张秀玉		电话	0532-88939797	
主营范围	家用电器销售，经营进出口业务（按外经贸部核准的进出口商品目录）。				

企业名称	青岛雅福达进出口有限公司			海关编码	3702962320
通讯地址	山东省青岛市市南区中山路 44-60 号 2918 室			邮政编码	266071
企业类型	进出口货物收发货人	注册日期	2005.9.23	注册资本	1000 万人民币
评定时间	2011.9.28	报关有效期	2014.3.22	所属海关	青岛海关
法定代表人	程瓒		电话	0532-82023575	
日常联系人	尹玉涛		电话	0532-82023575	
主营范围	货物进出口和技术进出口（法律行政法规禁止的项目除外，法律行政法规限制的项目取得许可后方可经营）。批发纸浆、建材、纺织品、服装鞋帽、日用品、办公用品，装饰材料、电线电缆、五金、化工产品、电子产品、金属制品、矿产品、钢材、工艺品（以上范围需经许可经营的，须凭许可证经营）。饲料、水果。				

企业名称	新华锦集团山东海川工艺发制品有限公司			海关编码	3702962686
通讯地址	山东省青岛市南京路66号中天恒商务大厦8-9楼			邮政编码	266071
企业类型	进出口货物收发货人	注册日期	2006.1.23	注册资本	1300万人民币
评定时间	2010.2.9	报关有效期	2011.12.9	所属海关	青岛海关
法定代表人	柳鹏飞		电话	0532-85023533	
日常联系人	官建萍		电话	0532-85023533	
主营范围	发制品、草柳苇制品的加工销售，自营和代理许可范围内的各类商品及技术的进出口业务，纺织品、工艺美术品、日用百货、机电产品、家具、服装的销售，商品信息咨询、劳务服务、物业管理。				

企业名称	中铝（山东）国际贸易有限公司			海关编码	3703312031
通讯地址	山东省淄博市张店区南定镇五公里路1号			邮政编码	255086
企业类型	进出口货物收发货人	注册日期	2001.7.26	注册资本	1000万人民币
评定时间	2008.12.3	报关有效期	2014.7.26	所属海关	青岛海关
法定代表人	李东光		电话	0533-2945202	
日常联系人	杨淑军		电话	0533-2945202	
主营范围	自营和代理各类商品及技术的进出口业务（国家限定公司经营或禁止进出口商品及技术除外），经营进料加工和“三来一补”业务，开展对销贸易和转口贸易。				

企业名称	山东省药用玻璃股份有限公司			海关编码	3703911710
通讯地址	山东省淄博市沂源县城埠下路			邮政编码	256100
企业类型	进出口货物收发货人	注册日期	1998.8.6	注册资本	25738万人民币
评定时间	2011.9.28	报关有效期	2014.8.6	所属海关	青岛海关
法定代表人	柴文		电话	0533-3242312	
日常联系人	唐乃强		电话	0533-3243561	
主营范围	前置许可经营项目：药品包装材料和容器注册证范围内的药品包装材料和容器的生产、销售（凭注册证书经营），许可证范围内医疗器械生产、销售（有效期至2014年6月29日），成品油零售（有效期至2010年7月4日），包装装潢印刷品印刷（有效期至2014年3月31日）。一般经营项目：日用玻璃制品的生产、销售，纸箱加工、销售，玻璃生产专用设备的制造、销售，翻砂铸造，汽车货运，批准范围的进出口业务。				

<table>
<tr><td>企业名称</td><td colspan="3">鲁泰纺织股份有限公司</td><td>海关编码</td><td>3703930116</td></tr>
<tr><td>通讯地址</td><td colspan="3">山东省淄博市高新技术开发区铭波路 11 号</td><td>邮政编码</td><td>255086</td></tr>
<tr><td>企业类型</td><td>进出口货物收发货人</td><td>注册日期</td><td>1990.5.10</td><td>注册资本</td><td>99486 万人民币</td></tr>
<tr><td>评定时间</td><td>2008.12.4</td><td>报关有效期</td><td>2014.5.10</td><td>所属海关</td><td>青岛海关</td></tr>
<tr><td>法定代表人</td><td colspan="2">刘石祯</td><td>电话</td><td colspan="2">0533-5188888</td></tr>
<tr><td>日常联系人</td><td colspan="2">张兰</td><td>电话</td><td colspan="2">0533-3586656</td></tr>
<tr><td>主营范围</td><td colspan="5">生产棉纱、色织布、衬衣、服装饰品、保健内衣、纺织品及配套产品，在国内外市场销售本公司自产产品，进行售后服务。经营非配额许可证管理、非专营商品的收购出口，从事酒店、宾馆、餐饮服务经营（以上经营范围需审批或许可经营的，凭审批手续或许可证经营）。</td></tr>
</table>

<table>
<tr><td>企业名称</td><td colspan="3">山东宏信化工股份有限公司</td><td>海关编码</td><td>3703951602</td></tr>
<tr><td>通讯地址</td><td colspan="3">山东省淄博市周村区新建西路 10 号</td><td>邮政编码</td><td>255300</td></tr>
<tr><td>企业类型</td><td>进出口货物收发货人</td><td>注册日期</td><td>1997.2.17</td><td>注册资本</td><td>21800 万人民币</td></tr>
<tr><td>评定时间</td><td>2008.12.3</td><td>报关有效期</td><td>2014.2.17</td><td>所属海关</td><td>青岛海关</td></tr>
<tr><td>法定代表人</td><td colspan="2">王怀业</td><td>电话</td><td colspan="2">0533-6239886</td></tr>
<tr><td>日常联系人</td><td colspan="2">赵衍峰</td><td>电话</td><td colspan="2">0533-6239885</td></tr>
<tr><td>主营范围</td><td colspan="5">生产邻苯二甲酸酐、顺丁烯二酸酐、邻苯二甲酸二（异）丁酯、邻苯二甲酸二辛（壬）酯、不饱和聚酯树脂（以上项目安全生产许可证有效期至 2011 年 1 月 20 日，监控化学品许可证有效期至 2011 年 5 月 15 日），销售邻二甲苯、正丁醇、异丁醇、苯、苯乙烯（以上 5 项允许储存，危险化学品经营许可证有效期至 2012 年 1 月 18 日），销售本公司生产的产品。</td></tr>
</table>

<table>
<tr><td>企业名称</td><td colspan="3">淄博大桓九宝恩皮革集团有限公司</td><td>海关编码</td><td>3703931913</td></tr>
<tr><td>通讯地址</td><td colspan="3">山东省淄博市桓台县索镇张北路 186 号</td><td>邮政编码</td><td>256400</td></tr>
<tr><td>企业类型</td><td>进出口货物收发货人</td><td>注册日期</td><td>2000.8.29</td><td>注册资本</td><td>5000 万人民币</td></tr>
<tr><td>评定时间</td><td>2008.12.3</td><td>报关有效期</td><td>2014.8.29</td><td>所属海关</td><td>青岛海关</td></tr>
<tr><td>法定代表人</td><td colspan="2">周国祥</td><td>电话</td><td colspan="2">0533-8161343</td></tr>
<tr><td>日常联系人</td><td colspan="2">李建芳</td><td>电话</td><td colspan="2">0533-8409703</td></tr>
<tr><td>主营范围</td><td colspan="5">生产销售皮革及皮革制品；皮革及皮革制品，与皮革及皮革制品生产相关的原材料、包装材料、机械设备和备品备件，明胶、明胶制品及其副产品，与明胶、明胶制品及其副产品生产相关的原材料、包装材料、机械设备和备品备件的批发销售及进出口业务。</td></tr>
</table>

企业名称	淄博鑫利金属制品有限公司			海关编码	3703932020
通讯地址	山东省淄博市临淄区凤凰镇			邮政编码	255418
企业类型	进出口货物收发货人	注册日期	2001.6.20	注册资本	3260 万人民币
评定时间	2009.2.1	报关有效期	2014.6.20	所属海关	青岛海关
法定代表人	路林		电话	0533-7680056	
日常联系人	路建辉		电话	0533-7680788	
主营范围	生产金属管路配件，销售本公司生产的产品。				

企业名称	山东蓝帆塑胶股份有限公司			海关编码	3703932376
通讯地址	山东省淄博市临淄区齐鲁化学工业区清田路 21 号			邮政编码	255411
企业类型	进出口货物收发货人	注册日期	2003.3.20	注册资本	8000 万人民币
评定时间	2011.9.28	报关有效期	2013.3.20	所属海关	青岛海关
法定代表人	李振平		电话	0533-7523863	
日常联系人	孙蓓蓓		电话	0533-7488136	
主营范围	生产加工 PVC 手套及其他塑料制品、粒料，销售本公司生产的产品。丁腈手套、乳胶手套、纸浆模塑制品、一类医疗器械产品的批发业务（不涉及国营贸易管理商品，涉及配额、许可证及专项规定管理的商品，按国家有关规定办理）。				

企业名称	鲁丰织染有限公司			海关编码	3703932818
通讯地址	山东省淄博市淄川区黄家铺镇胶王路北			邮政编码	255100
企业类型	进出口货物收发货人	注册日期	2004.8.2	注册资本	70616 万人民币
评定时间	2010.2.9	报关有效期	2014.8.2	所属海关	青岛海关
法定代表人	刘石祯		电话	0533-5188888	
日常联系人	张兰		电话	0533-3586657	
主营范围	纺织印染产品生产、销售，纱线、服装服饰产品批发。				

企业名称	淄博宝恩家私有限公司			海关编码	3703942223
通讯地址	山东省淄博市桓台县 205 国道东甘家路段			邮政编码	256400
企业类型	进出口货物收发货人	注册日期	2002.7.8	注册资本	85 万美元
评定时间	2008.12.3	报关有效期	2014.7.8	所属海关	青岛海关
法定代表人	周国祥		电话	0533-8181841	
日常联系人	杨秀莉		电话	0533-8409704	
主营范围	生产加工真皮沙发、沙发套、座椅套、皮汽车座垫、皮衣、皮裤、皮手套，销售本公司生产的产品。进出口业务（不含分销）。				

企业名称	淄博兰雁集团有限责任公司			海关编码	3703951198
通讯地址	山东省淄博市周村区东门路 161 号			邮政编码	255300
企业类型	进出口货物收发货人	注册日期	2005.12.28	注册资本	19600 万人民币
评定时间	2008.12.3	报关有效期	2014.12.28	所属海关	青岛海关
法定代表人	盛文中		电话	0533-6428190	
日常联系人	刘玉萍		电话	0533-6428191	
主营范围	纺纱、色织布、印染布、无纺布、针织品、巾被、床上用品、服装、服饰、鞋帽、纺织机械及配件、服装设备及配件生产和销售，皮棉、纸塑制品、包装制品销售，设计、制作、发布、代理国内各类广告业务，货物进出口（法律行政法规禁止经营的项目除外，法律行政法规限制经营的项目要取得许可后经营）。				

企业名称	山东宏信化工股份有限公司			海关编码	3703951602
通讯地址	山东省淄博市周村区新建西路 10 号			邮政编码	255300
企业类型	进出口货物收发货人	注册日期	1997.2.17	注册资本	21800 万人民币
评定时间	2011.8.29	报关有效期	2014.2.17	所属海关	青岛海关
法定代表人	周祖俊		电话	0533-6239886	
日常联系人	赵衍峰		电话	0533-6239886	
主营范围	生产邻苯二甲酸酐、邻苯二甲酸二（异）丁酯、邻苯二甲酸二辛（壬）酯、苯甲酸、对苯二甲酸二辛酯、810 酯、顺丁稀二酸水溶液、反丁烯二酸、不饱和聚酯树脂、顺丁烯二酸酐、PVC 手套（限分支机构）；生产、销售邻二甲苯、正丁醇、异丁醇、苯、苯乙烯（以上 5 项允许储存，危险化学品经营许可证有效期至 2012 年 1 月 18 日），销售。一般经营项目：货物进出口。				

企业名称	山东博汇纸业股份有限公司			海关编码	3703951859
通讯地址	山东省淄博市桓台县马桥镇工业路北首			邮政编码	256405
企业类型	进出口货物收发货人	注册日期	2000.4.24	注册资本	50457 万人民币
评定时间	2008.12.3	报关有效期	2014.4.24	所属海关	青岛海关
法定代表人	杨振兴	电话	0533-8535020		
日常联系人	田召刚	电话	0533-8534412		
主营范围	胶印纸、书写纸、包装纸、纸板、造纸木浆的生产和销售，批准范围内的自营进出口业务及“三来一补”业务。				

企业名称	山东东岳化工有限公司			海关编码	3703961655
通讯地址	山东省淄博市桓台县唐山镇			邮政编码	256401
企业类型	进出口货物收发货人	注册日期	1997.10.15	注册资本	34000 万人民币
评定时间	2010.6.9	报关有效期	2012.11.11	所属海关	青岛海关
法定代表人	庞峰	电话	0533-8220867		
日常联系人	张艳	电话	0533-8220867		
主营范围	氯二氟甲烷、二氟甲烷（R32）、氟化氰（无水）、氟化氢铵、二氯乙烷、1，1-二氟乙烷（R1152a）、二氟氯乙烷（R142b）、三氟乙烷（R143a）、1，1，1，2-四氟乙烷（R134a）、氢氟酸、氟硅酸、盐酸、硫酸、绿冷制冷剂系列产品、聚氯乙烯（PVC、非危化品）的生产和销售（安全生产许可证有效期至 2011 年 1 月 20 日）。				

企业名称	南金兆集团有限公司			海关编码	3703962367
通讯地址	山东省淄博市临淄区凤凰镇南金村			邮政编码	255419
企业类型	进出口货物收发货人	注册日期	2003.3.5	注册资本	50000 万人民币
评定时间	2008.12.4	报关有效期	2014.3.5	所属海关	青岛海关
法定代表人	段连文	电话	0533-7602123		
日常联系人	曹蕾	电话	0533-7602123		
主营范围	矿山机械及配件、劳保护品、焦炭销售，货物进出口（法律行政法规禁止经营的项目除外，法律行政法规限制经营的项目要取得许可证后经营）。磁铁石选矿、球团烧结、生铁冶炼、炉前铸造、炼钢、自备发电（以上 6 项仅限控股子公司经营）。				

企业名称	枣庄华润纸业有限公司			海关编码	3704940005
通讯地址	山东省枣庄市山亭区富川路 93 号			邮政编码	277200
企业类型	进出口货物收发货人	注册日期	1999.2.24	注册资本	4496 万美元
评定时间	2008.12.3	报关有效期	2014.1.18	所属海关	青岛海关
法定代表人	张辉		电话	0632-8861993	
日常联系人	王伟		电话	0632-8861993	
主营范围	石膏板护面纸、白牛卡纸、工业用变性淀粉的生产和销售。				

企业名称	山东海之杰纺织有限公司			海关编码	3704940028
通讯地址	山东省枣庄经济开发区西昌路 6 号			邮政编码	277100
企业类型	进出口货物收发货人	注册日期	2006.12.19	注册资本	747.4 万美元
评定时间	2008.12.3	报关有效期	2012.12.21	所属海关	青岛海关
法定代表人	阿齐兰		电话	0632-3687529	
日常联系人	臧家乐		电话	0632-3686519	
主营范围	纺织品、服装、纺织面料的生产销售。				

企业名称	山东华泰纸业股份有限公司			海关编码	3705952012
通讯地址	山东省东营市广饶县大王镇			邮政编码	257335
企业类型	进出口货物收发货人	注册日期	1999.4.19	注册资本	64864 万人民币
评定时间	2008.12.3	报关有效期	2014.4.25	所属海关	青岛海关
法定代表人	李建华		电话	0546-7798703	
日常联系人	付军良		电话	0546-7798703	
主营范围	造纸、纸制品及纸料加工，热电、化工产品（不含化学危险品）及机械制造和销售，纸浆的生产、销售，批准范围内的本企业自产产品及相关技术的进出口业务。				

企业名称	山东恒丰橡塑有限公司			海关编码	3705952054
通讯地址	山东省东营市广饶县大王镇李桥西			邮政编码	257335
企业类型	进出口货物收发货人	注册日期	2000.12.14	注册资本	22000 万人民币
评定时间	2008.12.3	报关有效期	2011.12.15	所属海关	青岛海关
法定代表人	李圣法	电话	0546-6893626		
日常联系人	李云霞	电话	0546-6893626		
主营范围	经营本企业自产产品及技术的出口业务（国家统一联合经营的商品除外），经营本企业生产和科研所需的原辅材料、仪器仪表、机械设备、零配件及技术的进口业务，经营本企业的进料加工和“三来一补”业务。全刚子午胎。				

企业名称	山东万达宝通轮胎有限公司			海关编码	3705962357
通讯地址	山东省东营市永莘路 68 号			邮政编码	257506
企业类型	进出口货物收发货人	注册日期	2004.11.19	注册资本	30000 万人民币
评定时间	2008.12.3	报关有效期	2011.11.20	所属海关	青岛海关
法定代表人	巴玉剑	电话	0546-2072858		
日常联系人	刘玲玲	电话	0546-2072858		
主营范围	汽车轮胎、工程轮胎、农用轮胎的生产销售。				

企业名称	烟台泰和新材料股份有限公司			海关编码	3706218905
通讯地址	山东省烟台经济技术开发区黑龙江路 10 号			邮政编码	264006
企业类型	进出口货物收发货人	注册日期	1998.12.3	注册资本	39156 万人民币
评定时间	2008.12.3	报关有效期	2011.12.4	所属海关	青岛海关
法定代表人	孙茂健	电话	0535-6371291		
日常联系人	张军岩	电话	0535-6382822		
主营范围	氨纶、芳纶系列产品的制造、销售，纺织品、日用百货、金属材料、建筑材料、化工产品的批发、零售，备案范围的进出口业务。				

企业名称	浪潮乐金数字移动通信有限公司			海关编码	3706237905
通讯地址	山东省烟台经济开发区长江路 228 号			邮政编码	264006
企业类型	进出口货物收发货人	注册日期	2002.2.21	注册资本	3000 万美元
评定时间	2008.12.4	报关有效期	2014.5.13	所属海关	青岛海关
法定代表人	辛卫华		电话	0535-6118780	
日常联系人	李杰		电话	0535-6118780	
主营范围	CDMA（码分多址）移动电话、GSM 移动电话、移动信息终端技术及其他相关产品的研发，以及生产、销售和售后服务				

企业名称	上海通用东岳汽车有限公司			海关编码	3706237977
通讯地址	山东省烟台经济技术开发区长江路 118 号			邮政编码	264006
企业类型	进出口货物收发货人	注册日期	2003.2.20	注册资本	167800 万人民币
评定时间	2008.12.3	报关有效期	2013.6.17	所属海关	青岛海关
法定代表人	李添泽		电话	0535-6966666	
日常联系人	姜巨鑫		电话	0535-6966773	
主营范围	制造汽车、发动机、变速箱及其零部件，以及在国内和国际市场上销售上述产品、相关配件，并提供售后服务。				

企业名称	烟台正海电子网板股份有限公司			海关编码	3706239899
通讯地址	山东省烟台开发区珠江路 21 号			邮政编码	264006
企业类型	进出口货物收发货人	注册日期	1995.10.26	注册资本	25000 万人民币
评定时间	2008.12.4	报关有效期	2014.10.25	所属海关	青岛海关
法定代表人	秘波海		电话	0535-6378866	
日常联系人	张黎		电话	0535-6378866-6109	
主营范围	生产销售彩色显像管用荫罩、显示管用荫罩及相关电子产品，提供售后技术服务。				

企业名称	上海通用东岳动力总成有限公司			海关编码	3706239956
通讯地址	山东省烟台市经济技术开发区长江路116号			邮政编码	264006
企业类型	进出口货物收发货人	注册日期	1997.1.15	注册资本	349578万人民币
评定时间	2010.5.27	报关有效期	2013.6.17	所属海关	青岛海关
法定代表人	李添泽		电话	0535-6966666	
日常联系人	姜巨鑫		电话	0535-6966773	
主营范围	设计、开发、组装、生产汽车发动机和变速箱及零部件，在国内外市场销售上述产品并提供相关售后服务。				

企业名称	乐金电子部品（烟台）有限公司			海关编码	3706247019
通讯地址	山东省烟台经济技术开发区B-22小区			邮政编码	264006
企业类型	进出口货物收发货人	注册日期	2004.9.7	注册资本	4340万美元
评定时间	2008.12.4	报关有效期	2014.8.26	所属海关	青岛海关
法定代表人	郑龙善		电话	0535-2167030	
日常联系人	辛静		电话	0535-3976280	
主营范围	研发生产并销售本公司液晶显示器件、数码摄像模块、翻盖组件、微型马达、新型电子元器件，并从事电子产品、器件和元件的批发和进出口业务。				

企业名称	大宇造船海洋（山东）有限公司			海关编码	3706247056
通讯地址	山东省烟台经济技术开发区			邮政编码	264006
企业类型	进出口货物收发货人	注册日期	2005.11.2	注册资本	7990万美元
评定时间	2010.4.23	报关有效期	2014.9.26	所属海关	青岛海关
法定代表人	南相兑		电话	0535-3082200	
日常联系人	王棣		电话	0535-3083201	
主营范围	研究开发并生产船舶用船段和有关产品，石油钻采专用设备设计、制作、安装和施工（国家有专项规定的除外），其他与之相关的业务。销售公司自产产品。				

企业名称	宏华胜精密电子（烟台）有限公司			海关编码	3706247068
通讯地址	山东省烟台经济技术开发区长沙街18号			邮政编码	264006
企业类型	进出口货物收发货人	注册日期	2006.3.20	注册资本	8580万美元
评定时间	2008.12.4	报关有效期	2012.2.19	所属海关	青岛海关
法定代表人	陈玉元		电话	0535-2168888	
日常联系人	李强		电话	0535-2168888-79588	
主营范围	研究开发并生产大中型电子计算器、便携式计算器、新型电子元器件、新型仪表元器件、电子专用设备、精冲模、模具标准件、柔性线路板及上述产品的零配件，并销售公司自产产品。				

企业名称	烟台共同食品企业有限公司			海关编码	3706247470
通讯地址	山东省烟台经济技术开发区嘉陵江路89号			邮政编码	264006
企业类型	进出口货物收发货人	注册日期	2003.12.10	注册资本	171万美元
评定时间	2008.12.3	报关有效期	2014.2.22	所属海关	青岛海关
法定代表人	张苏健		电话	0535-6118106	
日常联系人	宋梅雪		电话	0535-6118106	
主营范围	加工鱼类、贝类、虾蟹类、藻类水产品、果菜食品（以上限外销）、速冻食品，销售公司自产产品。				

企业名称	斗山工程机械（中国）有限公司			海关编码	3706249871
通讯地址	山东省烟台经济技术开发区五指山路28号			邮政编码	264006
企业类型	进出口货物收发货人	注册日期	1994.10.3	注册资本	2522万美元
评定时间	2008.12.4	报关有效期	2014.9.23	所属海关	青岛海关
法定代表人	丁海益		电话	0535-6399005	
日常联系人	李培江		电话	0535-6399103	
主营范围	生产液压式挖掘机和叉车、水泥泵车、发电机组、柴油发动机、起重机、空气压缩机、工程机械零部件、精密机床、加工中心，销售公司自产产品并提供售后服务，从事工程机械、发电机组、精密机床、加工中心、柴油发动机及其相关零部件的进出口，以及批发、佣金代理和售后服务（国家有特殊规定的商品除外）。				

企业名称	鸿富泰精密电子（烟台）有限公司			海关编码	3706538911
通讯地址	山东省烟台经济技术开发区嘉兴路 8 号			邮政编码	264006
企业类型	进出口货物收发货人	注册日期	2009.5.14	注册资本	14800 万美元
评定时间	2009.8.25	报关有效期	2012.5.14	所属海关	青岛海关
法定代表人	林逸松		电话	0535-3820000	
日常联系人	李强		电话	0535-3820000	
主营范围	生产大中型电子计算器、便携式计算器、新型电子元器件、新型仪表元器件、电子专用设备、精冲模、模具标准件、数据通信多媒体系统、游戏机、大容量光（磁）盘内存、光盘驱动器、数字录放机、DVD 播放器、便携式 DVD 播放机、数字照相机、复印机及上述产品的零配件，并从事上述公司非自产产品（游戏机除外）的进出口、批发及相关配套业务（不含专营、专控、专卖商品及限制项目）。				

企业名称	鸿富锦精密电子（烟台）有限公司			海关编码	3706548892
通讯地址	山东省烟台开发区出口加工区 B 区			邮政编码	264006
企业类型	进出口货物收发货人	注册日期	2007.4.10	注册资本	5100 万美元
评定时间	2011.3.9	报关有效期	2013.4.12	所属海关	青岛海关
法定代表人	林瑞祥		电话	0535-3820000	
日常联系人	李强		电话	0535-3820000	
主营范围	开发生产大中型电子计算器、便携式计算器、新型电子元器件、新型仪表元器件、电子专用设备、精冲模具、模具标准件及上述产品的零部件，并销售上述公司自产产品。开发生产并经营新型游戏机、大容量光（磁）盘存储器、光盘驱动器、数字录放机、DVD 播放器、便携式 DVD 播放机、数字照相机及上述产品的零配件，其中新型游戏机 100% 出口。计算机、便携式计算机、服务器、游戏机、光电器材、数据及语言交换机、路由器、通讯及网络用相关卡板、移动电话、液晶显示器、便携式 DVD 播放机、数字相机、投影机、大容量光（磁）盘存储器、光盘驱动器、数字录放机、多功能音乐播放等相关电子产品（及其零组件和配件包）的检测维修，以及简单加工包装及售后增值服务。				

企业名称	烟台万华聚氨酯股份有限公司			海关编码	3706918476
通讯地址	山东省烟台市幸福南路 7 号			邮政编码	264002
企业类型	进出口货物收发货人	注册日期	2000.7.10	注册资本	166333 万人民币
评定时间	2008.12.3	报关有效期	2014.3.25	所属海关	青岛海关
法定代表人	丁建生		电话	0535-6698309	
日常联系人	陈玉玲		电话	0535-3388002	
主营范围	聚氨酯及助剂，异氰酸酯剂衍生产品的开发、生产、销售。技术服务，人员培训。批准范围内的自营进出口业务，许可范围内铁路专用线经营。				

企业名称	烟台绮丽集团有限公司			海关编码	3706919758
通讯地址	山东省烟台市芝罘区朝阳街 80 号			邮政编码	264001
企业类型	进出口货物收发货人	注册日期	1996.9.28	注册资本	6000 万人民币
评定时间	2008.12.3	报关有效期	2014.6.30	所属海关	青岛海关
法定代表人	李春芳		电话	0535-6607888	
日常联系人	宇志忠		电话	0535-6607979	
主营范围	服装、纺织品、抽纱制品、水产品、轻工产品、化工产品（不含化学危险品）、文体用品、五金、土畜产品、建材的批发和零售，仓储服务，租赁经营业务，许可范围内的进出口业务、服装生产。				

企业名称	烟台鹏晖铜业有限公司			海关编码	3706917513
通讯地址	山东省烟台市芝罘区化工路			邮政编码	264002
企业类型	进出口货物收发货人	注册日期	1996.4.9	注册资本	22900 万人民币
评定时间	2008.12.3	报关有效期	2011.12.24	所属海关	青岛海关
法定代表人	孙林权		电话	0535-6530579	
日常联系人	鹿鹏		电话	0535-6862961	
主营范围	生产销售电解铜等有色金属和硫酸铜、硫酸、粗硫酸镍、工业用氧、充装工业用氧。从事铜、铝、锌、镍、锡、碲、铂、钯、铋、硒及其制品和矿产品，以及硫酸、硫酸铜、硫酸镍、硫酸锌、硫酸铝、硫酸铅、二氧化硒的批发及进出口业务，相关技术的进出口业务（上述涉及配额许可证管理、专项规定管理的商品按国家有关规定办理）。				

企业名称	山东金宝电子股份有限公司			海关编码	3706931655
通讯地址	山东省招远温泉路 128 号			邮政编码	265400
企业类型	进出口货物收发货人	注册日期	1993.12.30	注册资本	32280 万人民币
评定时间	2008.12.3	报关有效期	2014.12.6	所属海关	青岛海关
法定代表人	王茂瑞		电话	0535-8113176	
日常联系人	孙永军		电话	0535-8116277	
主营范围	生产和销售铜箔、覆铜板、印刷电路板、绝缘板及相关电子材料产品。				

企业名称	山东玲珑轮胎股份有限公司			海关编码	3706931794
通讯地址	山东省招远市金龙路 777 号			邮政编码	265400
企业类型	进出口货物收发货人	注册日期	1994.9.10	注册资本	100000 万人民币
评定时间	2008.12.3	报关有效期	2014.5.13	所属海关	青岛海关
法定代表人	王锋	电话		0535-8215990	
日常联系人	马良	电话		0535-8246980	
主营范围	生产销售轮胎、橡胶制品。				

企业名称	贺利氏（招远）贵金属材料有限公司			海关编码	3706931897
通讯地址	山东省招远市玲珑路 238 号			邮政编码	265400
企业类型	进出口货物收发货人	注册日期	1995.9.25	注册资本	12609 万人民币
评定时间	2008.12.4	报关有效期	2013.2.23	所属海关	青岛海关
法定代表人	Nordholm Behrens	电话		0535-8158799	
日常联系人	康杰	电话		0535-8158799	
主营范围	生产和销售键合丝、溅射靶材、蒸发材料、焊粉 。				

企业名称	蓬莱汇洋食品有限公司			海关编码	3706936060
通讯地址	山东省蓬莱市外向型加工区			邮政编码	265607
企业类型	进出口货物收发货人	注册日期	2001.10.22	注册资本	1310 万美元
评定时间	2008.12.4	报关有效期	2014.10.25	所属海关	青岛海关
法定代表人	王轰	电话		0535-5605609	
日常联系人	张淑丽	电话		0535-5989696	
主营范围	生产加工销售各种水果、蔬菜、肉制品、水产品及面点食品。				

企业名称	山东圣豪家纺有限公司			海关编码	3706936102
通讯地址	山东省蓬莱市西城临港工业区			邮政编码	265601
企业类型	进出口货物收发货人	注册日期	2003.6.12	注册资本	350 万美元
评定时间	2008.12.3	报关有效期	2014.4.7	所属海关	青岛海关
法定代表人	姜乃刚		电话	0535-3351999	
日常联系人	姜玉彬		电话	0535-3352000	
主营范围	生产销售家用纺织品、床上用品、毛纺织品、毛毯、纺纱（不增加新的生产规模），染线和相关原辅料及其附属包装制品（不含国家纺织品配额管理的商品），并销售公司上述所列自产产品。				

企业名称	益海（烟台）粮油工业有限公司			海关编码	3706938599
通讯地址	山东省烟台市港湾大道 100 号			邮政编码	264000
企业类型	进出口货物收发货人	注册日期	2001.2.9	注册资本	27020 万人民币
评定时间	2008.12.3	报关有效期	2013.12.22	所属海关	青岛海关
法定代表人	郭孔丰		电话	0535-6505321	
日常联系人	王明辉		电话	0535-6505321	
主营范围	从事各类油子、食用植物油、粮食及其相关 产品的深加工及仓储（不含国家许可证管理的商品），并销售公司上述自产产品（许可证有效期至 2011 年 7 月 12 日），上述产品有关的塑料包装制品的生产，大米、面粉和食用油产品的批发（国内采购，不含进出口业务）。				

企业名称	烟台北方安德利果汁股份有限公司			海关编码	3706939699
通讯地址	山东省烟台市牟平经济开发区安德利大街 18 号			邮政编码	264100
企业类型	进出口货物收发货人	注册日期	1996.5.7	注册资本	42655 万人民币
评定时间	2008.12.3	报关有效期	2013.12.24	所属海关	青岛海关
法定代表人	王安		电话	0535-4218988	
日常联系人	郝岩涛		电话	0535-4218988	
主营范围	生产销售各种原浆果汁、果蔬汁、果品、果干、蔬菜，铁制包装品、生活饮用水的加工销售，果渣的综合利用。				

企业名称	烟台汇城电子有限公司			海关编码	3706947367
通讯地址	山东省烟台市芝罘区荣尧街 8 号			邮政编码	264000
企业类型	进出口货物收发货人	注册日期	2003.6.18	注册资本	155.6 万美元
评定时间	2008.12.3	报关有效期	2012.5.4	所属海关	青岛海关
法定代表人	高秀好	电话	0535-2110388		
日常联系人	李军	电话	0535-2110390		
主营范围	从事手机耳机及手机相关部件的生产，并销售公司上述所列自产产品。				

企业名称	烟台矢崎汽车配件有限公司			海关编码	3706948630
通讯地址	山东省烟台市福山高新技术产业区永达街西首			邮政编码	265500
企业类型	进出口货物收发货人	注册日期	2001.3.30	注册资本	1540 万美元
评定时间	2008.12.3	报关有效期	2013.11.4	所属海关	青岛海关
法定代表人	小川环	电话	0535-6329901-120		
日常联系人	李春	电话	0535-6329901		
主营范围	汽车札线、汽车仪表、汽车札线部品及其模具的设计，以及制造、销售、检测和销售后的修理服务（不含国家禁止和限制的项目）。				

企业名称	烟台铁姆肯有限公司			海关编码	3706949649
通讯地址	山东省烟台市芝罘区青年路 7 号			邮政编码	264000
企业类型	进出口货物收发货人	注册日期	2001.6.1	注册资本	2798.28 万美元
评定时间	2008.12.3	报关有效期	2012.2.13	所属海关	青岛海关
法定代表人	冯世龙	电话	0535-6242411		
日常联系人	邵文臻	电话	0535-6242411-6286		
主营范围	从事滚动轴承及其零部件、配件和轴承工装、模具及其零部件、配件的设计，以及制造、装配、内外销及相关的技术服务。				

企业名称	山东环日集团有限公司			海关编码	3706955056
通讯地址	山东省莱州市土山镇			邮政编码	261413
企业类型	进出口货物收发货人	注册日期	1999.3.25	注册资本	5500 万人民币
评定时间	2008.12.3	报关有效期	2014.3.21	所属海关	青岛海关
法定代表人	潘书昌		电话	0535-2331030	
日常联系人	潘书磊		电话	0535-2331056	
主营范围	制造加工科研钢材、铜材、刹车盘、家具、家电、餐饮服务、橡胶制品、钢瓶、阀门、轮胎、电机，经营本企业自产机电产品、橡胶产品、五金产品、化工产品、成套设备及相关技术的出口业务。本企业生产科研所需的原辅材料、机械设备、仪器仪表、零配件的进口业务。				

企业名称	烟台北方家用纺织品有限公司			海关编码	3706960464
通讯地址	山东省烟台市福山区汇福街 137 号			邮政编码	265500
企业类型	进出口货物收发货人	注册日期	2002.8.5	注册资本	1200 万人民币
评定时间	2008.12.3	报关有效期	2014.1.4	所属海关	青岛海关
法定代表人	张剑波		电话	0535-6330754	
日常联系人	赵宏		电话	0535-6307641	
主营范围	针纺织品、机械设备零配件及技术的进出口业务（国家实行和定公司经营的进口商品除外），经营本企业的进料加工和“三来一补”业务。				

企业信息篇

企业名称	烟台华科食品有限公司			海关编码	3706968081
通讯地址	山东省芝罘区环海路 29 号			邮政编码	264000
企业类型	进出口货物收发货人	注册日期	2002.12.18	注册资本	500 万人民币
评定时间	2008.12.3	报关有效期	2014.10.18	所属海关	青岛海关
法定代表人	韩明侍		电话	0535-6815864	
日常联系人	刘鹏		电话	0535-6816330	
主营范围	水产品、肉及肉制品、蔬菜制品、面试制品的加工，以及批发与零售。冷藏仓储，普通机械、家具、金属材料、化工产品的批发零售，商品及技术的进出口，本企业生产科研所需的原辅料、机械设备、仪器仪表及零配件的进出口。				

<table>
<tr><td>企业名称</td><td colspan="3">山东东方海洋科技股份有限公司</td><td>海关编码</td><td>3706968894</td></tr>
<tr><td>通讯地址</td><td colspan="3">山东省烟台市莱山区澳柯玛大街 18 号</td><td>邮政编码</td><td>264003</td></tr>
<tr><td>企业类型</td><td>进出口货物收发货人</td><td>注册日期</td><td>2002.2.6</td><td>注册资本</td><td>24385 万人民币</td></tr>
<tr><td>评定时间</td><td>2008.12.3</td><td>报关有效期</td><td>2013.10.26</td><td>所属海关</td><td>青岛海关</td></tr>
<tr><td>法定代表人</td><td colspan="2">车轼</td><td>电话</td><td colspan="2">0535-6729999</td></tr>
<tr><td>日常联系人</td><td colspan="2">王明梅</td><td>电话</td><td colspan="2">0535-6729188</td></tr>
<tr><td>主营范围</td><td colspan="5">前置许可经营项目：海水动植物养殖、育种、育苗。一般经营项目：水产新技术、新成果的研究、推广应用；水产技术培训、咨询服务；水产品、果品、粮油制品、蔬菜、肉禽蛋冷藏，以及储存、加工、收购、销售。经营本企业自产产品及技术的出口业务，经营本企业生产科研所需的原辅料、仪器仪表、机械设备、零配件及技术的进口业务（国家限定公司经营和国家禁止进出口的商品及技术除外），经营进料加工和“三来一补”业务。海上、航空、陆路国际货运代理业务，货运代理、信息配载、仓储理货，登记证书范围内保税货物的仓储业务，自建房屋租赁经营业务。</td></tr>
</table>

<table>
<tr><td>企业名称</td><td colspan="3">山东海龙进出口有限责任公司</td><td>海关编码</td><td>3707911315</td></tr>
<tr><td>通讯地址</td><td colspan="3">山东省寒亭区潍县北路 518 号</td><td>邮政编码</td><td>261100</td></tr>
<tr><td>企业类型</td><td>进出口货物收发货人</td><td>注册日期</td><td>1995.11.3</td><td>注册资本</td><td>6000 万人民币</td></tr>
<tr><td>评定时间</td><td>2008.12.3</td><td>报关有效期</td><td>2014.2.11</td><td>所属海关</td><td>青岛海关</td></tr>
<tr><td>法定代表人</td><td colspan="2">刘福荣</td><td>电话</td><td colspan="2">0536-2275245</td></tr>
<tr><td>日常联系人</td><td colspan="2">王光兰</td><td>电话</td><td colspan="2">0536-2275245</td></tr>
<tr><td>主营范围</td><td colspan="5">前置许可经营项目：无。一般经营项目：自营和代理各类商品及技术的进出口业务（不另附进出口商品目录），国家规定的专营进出口商品和国家禁止进出口等特殊商品除外。经营进料加工和“三来一补”业务，开展对销贸易和转口贸易，销售粘胶纤维、帘帆布、针织服装。</td></tr>
</table>

<table>
<tr><td>企业名称</td><td colspan="3">山东潍柴进出口有限公司</td><td>海关编码</td><td>3707911616</td></tr>
<tr><td>通讯地址</td><td colspan="3">山东省潍坊高新开发区福寿东街 197 号甲</td><td>邮政编码</td><td>261041</td></tr>
<tr><td>企业类型</td><td>进出口货物收发货人</td><td>注册日期</td><td>2004.6.18</td><td>注册资本</td><td>2000 万人民币</td></tr>
<tr><td>评定时间</td><td>2011.5.27</td><td>报关有效期</td><td>2014.5.9</td><td>所属海关</td><td>青岛海关</td></tr>
<tr><td>法定代表人</td><td colspan="2">江奎</td><td>电话</td><td colspan="2">0536-8582001</td></tr>
<tr><td>日常联系人</td><td colspan="2">崔长征</td><td>电话</td><td colspan="2">0536-8582099</td></tr>
<tr><td>主营范围</td><td colspan="5">前置许可经营项目：承包与其实力、规模、业绩相适应的国外工程项目；对外派遣实施上述境外工程所需的劳务人员（凭有效对外承包工程资格证书经营）。一般经营项目：自营和代理各类商品及技术的进出口业务，但国家限定公司或禁止进出口的商品及技术除外（不另附进出口商品目录）。经营进料加工和“三来一补”业务，经营转口贸易和对销贸易（以上范围不含法律法规和国家规定的禁止项目，其他依法需要取得许可方可经营的项目，凭相关许可经营）。</td></tr>
</table>

企业名称	潍坊韩一皮革服装有限公司			海关编码	3707930982
通讯地址	山东省潍坊市坊子区六马路 66 号			邮政编码	261200
企业类型	进出口货物收发货人	注册日期	1994.9.3	注册资本	26 万美元
评定时间	2008.12.3	报关有效期	2013.12.20	所属海关	青岛海关
法定代表人	刘山云		电话	0536-7661260	
日常联系人	宋洪涛		电话	0536-7661260	
主营范围	服装加工销售。				

企业名称	潍坊亚星化学股份有限公司			海关编码	3707931395
通讯地址	山东省潍坊市奎文区鸢飞路 899 号			邮政编码	261031
企业类型	进出口货物收发货人	注册日期		注册资本	31559 万人民币
评定时间	2008.12.3	报关有效期		所属海关	青岛海关
法定代表人	曹希波		电话	0536-8591026	
日常联系人	谷晓东		电话	0536-8663409	
主营范围	生产经营烧碱、聚氯乙烯、氯化聚乙烯、液氯、ADC 发泡剂、漂液、非药品易制毒化学品盐酸等化工产品及其延伸加工产品，技术开发、服务及转让，生产经营热力、灰渣制品等。				

企业名称	寿光富康制药有限公司			海关编码	3707931658
通讯地址	山东省寿光经济技术开发区			邮政编码	262700
企业类型	进出口货物收发货人	注册日期	1997.7.18	注册资本	140 万美元
评定时间	2008.12.3	报关有效期	2014.5.16	所属海关	青岛海关
法定代表人	杨维国		电话	0536-5101708	
日常联系人	宋燕		电话	0536-5107696	
主营范围	生产甲氧苄啶、消毒剂、2-苯胺基-3-甲基-6-二丁氨基荧烷、磺胺甲唑、奥美拉唑、盐酸二甲双胍，销售本公司生产的产品。				

<table>
<tr><td>企业名称</td><td colspan="3">山东晨鸣纸业集团股份有限公司</td><td>海关编码</td><td>3707931689</td></tr>
<tr><td>通讯地址</td><td colspan="3">山东省寿光市圣城街 595 号</td><td>邮政编码</td><td>262700</td></tr>
<tr><td>企业类型</td><td>进出口货物收发货人</td><td>注册日期</td><td>1997.10.21</td><td>注册资本</td><td>206204 万人民币</td></tr>
<tr><td>评定时间</td><td>2008.12.3</td><td>报关有效期</td><td>2014.10.24</td><td>所属海关</td><td>青岛海关</td></tr>
<tr><td>法定代表人</td><td colspan="2">陈洪国</td><td>电话</td><td colspan="2">0536-5280000</td></tr>
<tr><td>日常联系人</td><td colspan="2">孙晓娥</td><td>电话</td><td colspan="2">0536-2156775</td></tr>
<tr><td>主营范围</td><td colspan="5">机制纸、纸板等纸品和造纸原料、造纸机械的生产加工销售。国家禁止外商投资的行业除外，国家限制外商投资的行业或有特殊规定的，须依法履行相关程序。</td></tr>
</table>

<table>
<tr><td>企业名称</td><td colspan="3">新旭电子（潍坊）有限公司</td><td>海关编码</td><td>3707941390</td></tr>
<tr><td>通讯地址</td><td colspan="3">潍坊市坊子区凤凰大街 6 号</td><td>邮政编码</td><td>261206</td></tr>
<tr><td>企业类型</td><td>进出口货物收发货人</td><td>注册日期</td><td>1995.12.26</td><td>注册资本</td><td>221 万美元</td></tr>
<tr><td>评定时间</td><td>2008.12.3</td><td>报关有效期</td><td>2011.12.11</td><td>所属海关</td><td>青岛海关</td></tr>
<tr><td>法定代表人</td><td colspan="2">菅野高延</td><td>电话</td><td colspan="2">0536-7652111</td></tr>
<tr><td>日常联系人</td><td colspan="2">衣明娟</td><td>电话</td><td colspan="2">0536-7652111</td></tr>
<tr><td>主营范围</td><td colspan="5">电线、磁片、耳机、话筒、电线连器、电子部件的生产 加工，销售本公司产品，进出口业务 。</td></tr>
</table>

<table>
<tr><td>企业名称</td><td colspan="3">孚日集团股份有限公司</td><td>海关编码</td><td>3707952349</td></tr>
<tr><td>通讯地址</td><td colspan="3">山东省潍坊高密市孚日街 1 号</td><td>邮政编码</td><td>261500</td></tr>
<tr><td>企业类型</td><td>进出口货物收发货人</td><td>注册日期</td><td>2002.4.4</td><td>注册资本</td><td>93848 万人民币</td></tr>
<tr><td>评定时间</td><td>2008.10.20</td><td>报关有效期</td><td>2014.3.9</td><td>所属海关</td><td>青岛海关</td></tr>
<tr><td>法定代表人</td><td colspan="2">孙日贵</td><td>电话</td><td colspan="2">13864691000</td></tr>
<tr><td>日常联系人</td><td colspan="2">单秋娟</td><td>电话</td><td colspan="2">13864691000</td></tr>
<tr><td>主营范围</td><td colspan="5">生产销售毛巾系列产品、纺织品、针织品、床上用品、服装、工艺品，经营本企业自产产品及技术的出口业务，经营本企业生产科研所需的原辅材料、仪器仪表、机械设备、零配件及技术的进口业务（国家限定公司经营和国家禁止进出口的商品及技术除外），经营进料加工和“三来一补”业务。</td></tr>
</table>

企业名称	山东佰宜纺织有限公司			海关编码	3707962764
通讯地址	山东省潍坊高新区玉清东街 15789 号（海关大楼 12 层）			邮政编码	261061
企业类型	进出口货物收发货人	注册日期	2003.7.31	注册资本	2000 万人民币
评定时间	2010.2.9	报关有效期	2014.6.21	所属海关	青岛海关
法定代表人	范凤鸾		电话	0536-8585286	
日常联系人	潘春红		电话	0536-8585286	
主营范围	销售针纺织品、日用百货、土产杂品、畜产品、服装鞋帽、轻工机械、建筑材料、五金交电、纸张、工艺品、浓缩饲料、配合饲料（以上不含法律法规规定的前置审批和限制经营项目）。自营各类商品和技术的进出口，但国家限定公司经营或禁止进出口的商品和技术除外。				

企业名称	济宁如意印染有限公司			海关编码	3708910080
通讯地址	山东省济宁太白楼西路			邮政编码	272021
企业类型	进出口货物收发货人	注册日期	1994.7.18	注册资本	5862 万人民币
评定时间	2008.12.4	报关有效期	2014.10.17	所属海关	青岛海关
法定代表人	孙利明		电话	0537-2273099	
日常联系人	荣维华		电话	0537-3209881	
主营范围	棉布及化纤布印染、印染布、服装、染化料及助剂（不含危险品）、染整机械、印染技术、微机软件的生产销售及开发，棉制品、化纤制品的制造，纺织原料、纺织制品的销售。				

企业名称	山东山推工程机械进出口有限公司			海关编码	3708913007
通讯地址	山东省济宁市高新区 327 国道 58 号			邮政编码	272023
企业类型	进出口货物收发货人	注册日期	1999.6.25	注册资本	20000 万人民币
评定时间	2008.12.3	报关有效期	2014.1.12	所属海关	青岛海关
法定代表人	李殿和		电话	0537-2909607	
日常联系人	高萍萍		电话	0537-2909285	
主营范围	自营和代理各类商品及技术的进出口业务（国家规定专营进出口商品和国家禁止进出口特殊商品除外），五金及工矿产品、金属材料（不含稀有金属）、电子产品、工程机械及配件、专用作业车及汽车底盘改装车的销售，工程机械维修、租赁。承办“三来一补” 业务，开展对销贸易和转口贸易。承办展览展示服务。				

企业名称	山东济宁如意毛纺织股份有限公司			海关编码	3708913040
通讯地址	山东省济宁市高新区如意工业园			邮政编码	272149
企业类型	进出口货物收发货人	注册日期	2001.5.15	注册资本	16000 万人民币
评定时间	2008.12.3	报关有效期	2014.8.15	所属海关	青岛海关
法定代表人	邱亚夫	电话	0537-2311818		
日常联系人	黄翔	电话	0537-7973343		
主营范围	生产、销售纺织品、服装、纺织机械及配件、纺织原料及辅料等相关产品，备案范围进出口业务。				

企业名称	小松山推工程机械有限公司			海关编码	3708930446
通讯地址	山东省济宁市吴泰闸东路 69 号			邮政编码	272123
企业类型	进出口货物收发货人	注册日期	1995.8.25	注册资本	2100 万美元
评定时间	2008.12.3	报关有效期	2014.8.25	所属海关	青岛海关
法定代表人	王子光	电话	0537-2363081		
日常联系人	田朔	电话	0537-2363521		
主营范围	生产、销售液压挖掘机等工程机械及零部件（含装配车载通信终端），并提供生产产品的售后服务；工程机械及零部件的收购出口业务。（涉及许可经营的，凭许可证经营。）				

企业名称	泗水金益纸业有限公司			海关编码	3708930552
通讯地址	山东省泗水县金庄镇			邮政编码	273201
企业类型	进出口货物收发货人	注册日期	1995.12.29	注册资本	840 万美元
评定时间	2008.12.3	报关有效期	2013.4.11	所属海关	青岛海关
法定代表人	孔凡岗	电话	0537-4036809		
日常联系人	杨兴国	电话	0537-4036894		
主营范围	生产经营无碳复写 CF 原纸、文化用纸。				

<table>
<tr><td>企业名称</td><td colspan="3">太阳纸业有限公司</td><td>海关编码</td><td>3708931895</td></tr>
<tr><td>通讯地址</td><td colspan="3">山东省兖州市西关大街 66 号</td><td>邮政编码</td><td>272100</td></tr>
<tr><td>企业类型</td><td>进出口货物收发货人</td><td>注册日期</td><td>1993.11.12</td><td>注册资本</td><td>1358.8 万美元</td></tr>
<tr><td>评定时间</td><td>2008.12.3</td><td>报关有效期</td><td>2014.8.8</td><td>所属海关</td><td>青岛海关</td></tr>
<tr><td>法定代表人</td><td colspan="2">李洪信</td><td>电话</td><td colspan="2">0537-3412388</td></tr>
<tr><td>日常联系人</td><td colspan="2">来佑伟</td><td>电话</td><td colspan="2">0537-3658708</td></tr>
<tr><td>主营范围</td><td colspan="5">生产、销售涂布白卡纸及纸板系列产品。</td></tr>
</table>

<table>
<tr><td>企业名称</td><td colspan="3">兖州天章纸业有限公司</td><td>海关编码</td><td>3708933050</td></tr>
<tr><td>通讯地址</td><td colspan="3">山东省兖州市西关大街 66 号</td><td>邮政编码</td><td>272100</td></tr>
<tr><td>企业类型</td><td>进出口货物收发货人</td><td>注册日期</td><td>2001.9.24</td><td>注册资本</td><td>9146 万美元</td></tr>
<tr><td>评定时间</td><td>2008.12.3</td><td>报关有效期</td><td>2014.7.1</td><td>所属海关</td><td>青岛海关</td></tr>
<tr><td>法定代表人</td><td colspan="2">李洪信</td><td>电话</td><td colspan="2">0537-3412388</td></tr>
<tr><td>日常联系人</td><td colspan="2">来佑伟</td><td>电话</td><td colspan="2">0537-3658708</td></tr>
<tr><td>主营范围</td><td colspan="5">生产、销售白卡纸、烟卡纸等包装用纸及纸板，双面胶版纸、彩色打印纸、低定量涂布纸、铜版纸等高档信息用纸。</td></tr>
</table>

<table>
<tr><td>企业名称</td><td colspan="3">山东凯赛生物科技材料有限公司</td><td>海关编码</td><td>3708933052</td></tr>
<tr><td>通讯地址</td><td colspan="3">山东省济宁市高新技术开发区 327 国道南外环路东</td><td>邮政编码</td><td>272073</td></tr>
<tr><td>企业类型</td><td>进出口货物收发货人</td><td>注册日期</td><td>2001.10.11</td><td>注册资本</td><td>30000 万人民币</td></tr>
<tr><td>评定时间</td><td>2008.12.3</td><td>报关有效期</td><td>2014.10.17</td><td>所属海关</td><td>青岛海关</td></tr>
<tr><td>法定代表人</td><td colspan="2">杜宜军</td><td>电话</td><td colspan="2">0537-2080023</td></tr>
<tr><td>日常联系人</td><td colspan="2">张通</td><td>电话</td><td colspan="2">0537-2080023</td></tr>
<tr><td>主营范围</td><td colspan="5">开发、生产生物技术产品（不含药品、食品、食品添加剂、饲料、饲料添加剂等实行许可证管理的产品），销售自产产品，生物技术的研究、开发。（涉及许可经营的，凭许可证经营。）</td></tr>
</table>

<table>
<tr><td>企业名称</td><td colspan="3">山东彩桥驾驶室有限公司</td><td>海关编码</td><td>3708933075</td></tr>
<tr><td>通讯地址</td><td colspan="3">山东省济宁市高新技术产业开发区</td><td>邮政编码</td><td>272023</td></tr>
<tr><td>企业类型</td><td>进出口货物收发货人</td><td>注册日期</td><td>2003.1.30</td><td>注册资本</td><td>3550 万人民币</td></tr>
<tr><td>评定时间</td><td>2009.8.13</td><td>报关有效期</td><td>2014.1.14</td><td>所属海关</td><td>青岛海关</td></tr>
<tr><td>法定代表人</td><td colspan="2">梶谷铁朗</td><td>电话</td><td colspan="2">0537-2986006</td></tr>
<tr><td>日常联系人</td><td colspan="2">李剑</td><td>电话</td><td colspan="2">0537-2986006</td></tr>
<tr><td>主营范围</td><td colspan="5">生产挖掘机、推土机、压路机等工程机械的驾驶室、地板架总成和板金件喷涂，销售本公司产品。（需许可经营的持许可证明经营。）</td></tr>
</table>

<table>
<tr><td>企业名称</td><td colspan="3">山东赛瓦特动力设备有限公司</td><td>海关编码</td><td>3708933123</td></tr>
<tr><td>通讯地址</td><td colspan="3">山东省济宁市高新区黄屯镇</td><td>邮政编码</td><td>272041</td></tr>
<tr><td>企业类型</td><td>进出口货物收发货人</td><td>注册日期</td><td>2006.4.25</td><td>注册资本</td><td>3000 万港币</td></tr>
<tr><td>评定时间</td><td>2010.5.27</td><td>报关有效期</td><td>2012.3.13</td><td>所属海关</td><td>青岛海关</td></tr>
<tr><td>法定代表人</td><td colspan="2">杜维</td><td>电话</td><td colspan="2">0755-2817538</td></tr>
<tr><td>日常联系人</td><td colspan="2">吉明建</td><td>电话</td><td colspan="2">0537-2780750</td></tr>
<tr><td>主营范围</td><td colspan="5">生产发动机组及配套设备（不含机动车发动机），销售本公司产品及提供相关技术服务。（需许可经营的持许可证明经营。）</td></tr>
</table>

<table>
<tr><td>企业名称</td><td colspan="3">倍耐力轮胎有限公司</td><td>海关编码</td><td>3708936029</td></tr>
<tr><td>通讯地址</td><td colspan="3">山东省兖州市华勤工业园</td><td>邮政编码</td><td>272100</td></tr>
<tr><td>企业类型</td><td>进出口货物收发货人</td><td>注册日期</td><td>2005.7.15</td><td>注册资本</td><td>15200 万美元</td></tr>
<tr><td>评定时间</td><td>2008.12.4</td><td>报关有效期</td><td>2012.11.12</td><td>所属海关</td><td>青岛海关</td></tr>
<tr><td>法定代表人</td><td colspan="2">牛宜顺</td><td>电话</td><td colspan="2">0537-3653319</td></tr>
<tr><td>日常联系人</td><td colspan="2">徐倩</td><td>电话</td><td colspan="2">0537-3898266</td></tr>
<tr><td>主营范围</td><td colspan="5">生产、销售全钢子午线轮胎、钢丝帘线及相关产品，非自产子午线轮胎的批发，佣金代理（拍卖除外），进出口和其他相关配套业务。</td></tr>
</table>

<table>
<tr><td>企业名称</td><td colspan="3">兖州中天纸业有限公司</td><td>海关编码</td><td>3708936066</td></tr>
<tr><td>通讯地址</td><td colspan="3">山东省兖州市西关大街 66 号</td><td>邮政编码</td><td>272100</td></tr>
<tr><td>企业类型</td><td>进出口货物收发货人</td><td>注册日期</td><td>2006.5.26</td><td>注册资本</td><td>5985 万美元</td></tr>
<tr><td>评定时间</td><td>2010.2.9</td><td>报关有效期</td><td>2014.5.11</td><td>所属海关</td><td>青岛海关</td></tr>
<tr><td>法定代表人</td><td colspan="2">李洪信</td><td>电话</td><td colspan="2">0537-3658888</td></tr>
<tr><td>日常联系人</td><td colspan="2">来佑伟</td><td>电话</td><td colspan="2">0537-3658708</td></tr>
<tr><td>主营范围</td><td colspan="5">生产、销售激光打印纸等纸和纸制品。</td></tr>
</table>

<table>
<tr><td>企业名称</td><td colspan="3">万国纸业太阳白卡纸有限公司</td><td>海关编码</td><td>3708936068</td></tr>
<tr><td>通讯地址</td><td colspan="3">山东省兖州市西关大街 66 号</td><td>邮政编码</td><td>272100</td></tr>
<tr><td>企业类型</td><td>进出口货物收发货人</td><td>注册日期</td><td>2006.9.22</td><td>注册资本</td><td>32280 万人民币</td></tr>
<tr><td>评定时间</td><td>2010.2.9</td><td>报关有效期</td><td>2013.10.27</td><td>所属海关</td><td>青岛海关</td></tr>
<tr><td>法定代表人</td><td colspan="2">李洪信</td><td>电话</td><td colspan="2">0537-3658888</td></tr>
<tr><td>日常联系人</td><td colspan="2">姜莉</td><td>电话</td><td colspan="2">0537-3898981</td></tr>
<tr><td>主营范围</td><td colspan="5">包装纸板和纸产品的制造、销售、营销、分销和研发，原材料、设备及其他与经营有关材料的采购，造纸生产设施的运营、管理与咨询（商务与技术）服务，一般贸易及进出口贸易。</td></tr>
</table>

<table>
<tr><td>企业名称</td><td colspan="3">山东泰山轮胎有限公司</td><td>海关编码</td><td>3709912101</td></tr>
<tr><td>通讯地址</td><td colspan="3">山东省肥城市泰西大街 001 号</td><td>邮政编码</td><td>271600</td></tr>
<tr><td>企业类型</td><td>进出口货物收发货人</td><td>注册日期</td><td>1995.3.31</td><td>注册资本</td><td>5000 万人民币</td></tr>
<tr><td>评定时间</td><td>2008.12.3</td><td>报关有效期</td><td>2014.4.21</td><td>所属海关</td><td>青岛海关</td></tr>
<tr><td>法定代表人</td><td colspan="2">翟远新</td><td>电话</td><td colspan="2">0538-3269699</td></tr>
<tr><td>日常联系人</td><td colspan="2">刘宾宾</td><td>电话</td><td colspan="2">0538-3269464</td></tr>
<tr><td>主营范围</td><td colspan="5">生产、销售汽车轮胎、农业轮胎、工程机械轮胎、橡胶制品、轮胎汽门咀，机械加工，销售橡胶、炭黑、促进剂、防老剂、金属材料（有色金属除外）、建材、汽车（小轿车除外）、废旧物资（废旧金属除外），轮胎及原材料进出口业务。</td></tr>
</table>

企业名称	山东岱银纺织集团股份有限公司			海关编码	3709912202
通讯地址	山东省泰安市泰山区东岳大街 12 号			邮政编码	271000
企业类型	进出口货物收发货人	注册日期	1994.6.28	注册资本	11390 万人民币
评定时间	2008.12.3	报关有效期	2013.9.20	所属海关	青岛海关
法定代表人	赵焕臣	电话		0538-6117569	
日常联系人	沈洁	电话		0538-6997780	
主营范围	前置许可经营项目：普通货运（有效期至 2015 年 2 月 20 日）。一般经营项目：纺织品、服装、纺织机械配件的制造、销售，许可范围内的进出口业务。				

企业名称	泰山玻璃纤维有限公司			海关编码	3709912376
通讯地址	山东省泰安市经济开发区			邮政编码	271000
企业类型	进出口货物收发货人	注册日期	2001.4.23	注册资本	193471 万人民币
评定时间	2008.12.3	报关有效期	2012.5.12	所属海关	青岛海关
法定代表人	唐志尧	电话		0538-6622018	
日常联系人	刘磊	电话		0538-6626807	
主营范围	前置许可经营项目：氧气、氮气、液氧、液氮、液氩的生产、销售（有效期至 2013 年 2 月 24 日），但国家限定公司经营和国家禁止进出口的商品及技术除外；普通货运（有效期至 2012 年 1 月 31 日）。一般经营项目：无碱玻璃纤维及制品的制造、销售，进出口业务，金属制品、铝合金制品加工及销售，机械设备制造、加工、销售及维修。				

企业名称	山东石横特钢集团有限公司			海关编码	3709952616
通讯地址	山东省泰安肥城市石横镇			邮政编码	271612
企业类型	进出口货物收发货人	注册日期	2004.1.13	注册资本	100000 万人民币
评定时间	2011.5.27	报关有效期	2012.8.6	所属海关	青岛海关
法定代表人	张武宗	电话		0538-3692514	
日常联系人	王兆磊	电话		0538-3692261	
主营范围	炼钢，钢压延加工，钢材销售；炼铁，对工业的投资（不含金融及国家控制类），进出口资格证书范围内的进出口业务；安全生产许可证批准范围内的氧气、氩气、氮气生产，餐饮服务；煤炭批发（凭许可证经营）。（以上涉及许可的，凭各类许可生产经营。）				

<table>
<tr><td>企业名称</td><td colspan="3">三星电子（山东）数码打印机有限公司</td><td>海关编码</td><td>3710330259</td></tr>
<tr><td>通讯地址</td><td colspan="3">山东省威海市高技术产业开发区三星路</td><td>邮政编码</td><td>264200</td></tr>
<tr><td>企业类型</td><td>进出口货物收发货人</td><td>注册日期</td><td>1993.6.16</td><td>注册资本</td><td>3079 万美元</td></tr>
<tr><td>评定时间</td><td>2008.12.3</td><td>报关有效期</td><td>2014.1.26</td><td>所属海关</td><td>青岛海关</td></tr>
<tr><td>法定代表人</td><td colspan="2">金大汉</td><td>电话</td><td colspan="2">0631-5626868</td></tr>
<tr><td>日常联系人</td><td colspan="2">于萧宾</td><td>电话</td><td colspan="2">0631-5626868</td></tr>
<tr><td>主营范围</td><td colspan="5">生产、销售传真机、打印机及通信电子产品，从事非本公司生产的上述产品的批发、佣金代理（拍卖除外）及相关进出口业务。</td></tr>
</table>

<table>
<tr><td>企业名称</td><td colspan="3">山东华菱电子有限公司</td><td>海关编码</td><td>3710330866</td></tr>
<tr><td>通讯地址</td><td colspan="3">山东省威海市高技术产业开发区火炬路</td><td>邮政编码</td><td>264209</td></tr>
<tr><td>企业类型</td><td>进出口货物收发货人</td><td>注册日期</td><td>1995.12.13</td><td>注册资本</td><td>1600 万美元</td></tr>
<tr><td>评定时间</td><td>2008.12.3</td><td>报关有效期</td><td>2011.12.11</td><td>所属海关</td><td>青岛海关</td></tr>
<tr><td>法定代表人</td><td colspan="2">门洪强</td><td>电话</td><td colspan="2">0631-5698009</td></tr>
<tr><td>日常联系人</td><td colspan="2">林向荣</td><td>电话</td><td colspan="2">0631-5698009</td></tr>
<tr><td>主营范围</td><td colspan="5">开发、设计、制造热敏打印头、接触式图像传感器及配套电子零部件等产品，从事本公司产品的销售和售后服务及新产品的研究开发。</td></tr>
</table>

<table>
<tr><td>企业名称</td><td colspan="3">威海光威集团有限责任公司</td><td>海关编码</td><td>3710350838</td></tr>
<tr><td>通讯地址</td><td colspan="3">山东省威海市世昌大道 265 号</td><td>邮政编码</td><td>264200</td></tr>
<tr><td>企业类型</td><td>进出口货物收发货人</td><td>注册日期</td><td>1995.10.18</td><td>注册资本</td><td>13000 万人民币</td></tr>
<tr><td>评定时间</td><td>2008.12.3</td><td>报关有效期</td><td>2014.10.9</td><td>所属海关</td><td>青岛海关</td></tr>
<tr><td>法定代表人</td><td colspan="2">陈亮</td><td>电话</td><td colspan="2">0631-5298617</td></tr>
<tr><td>日常联系人</td><td colspan="2">宫娟</td><td>电话</td><td colspan="2">0631-5298617</td></tr>
<tr><td>主营范围</td><td colspan="5">生产、销售渔具系列产品及相关设备，销售体育用品、化工材料（化学危险品除外）、碳纤维复合材料及系列产品、机电产品、木材、土特产品（不含国家专控品种），金属表面处理，经国家对外贸易经济合作部批准范围内的进出口业务。</td></tr>
</table>

企业名称	山东环球渔具股份有限公司			海关编码	3710910235
通讯地址	山东省威海市世昌大道 292 号			邮政编码	264200
企业类型	进出口货物收发货人	注册日期	1993.5.31	注册资本	4400 万人民币
评定时间	2008.12.3	报关有效期	2014.3.10	所属海关	青岛海关
法定代表人	周新良		电话	0631-3656038	
日常联系人	郝志强		电话	0631-3656103	
主营范围	渔具及配套产品、生产设备、化纤及塑料、玻璃刚制品、碳纤维制品、纺织品的制造、销售、咨询、服务，建筑材料、金属材料、木材、五金交电化工（不含易燃易爆危险品）、塑料原料、机械电子设备的批发、零售，房屋租赁业务，批准范围内的进出口业务。				

企业名称	威海纺织集团进出口有限责任公司			海关编码	3710910366
通讯地址	山东省威海市解放路 7 号			邮政编码	264200
企业类型	进出口货物收发货人	注册日期	1993.9.22	注册资本	5000 万人民币
评定时间	2010.2.9	报关有效期	2014.8.10	所属海关	青岛海关
法定代表人	朱立华		电话	0631-5220654	
日常联系人	李颖		电话	0631-5189562	
主营范围	备案范围内的货物和技术的进出口，承包境外机电工程和境内国际招标工程，上述境外工程所需设备、材料出口，对外派遣实施上述工程所需的劳务人员，纺织品及原料、布匹、针纺织品、服装、鞋帽、床上用品、化工品、船舶、机械、设备、钢板、铁矿石、铜（含废铜）的销售。				

企业名称	威海市联桥国际合作集团有限公司			海关编码	3710911210
通讯地址	山东省威海市高技术产业开发区吉林路 106-2 号			邮政编码	264200
企业类型	进出口货物收发货人	注册日期	1999.2.10	注册资本	3000 万人民币
评定时间	2009.2.1	报关有效期	2014.1.11	所属海关	青岛海关
法定代表人	慕鎔键		电话	0631-5689321	
日常联系人	刘珊		电话	0631-5685059	
主营范围	向境外派遣各类劳务人员（不含海员），承包与其实力、规模、业绩相适应的国外工程项目，对外派遣实施上述境外工程所需的劳务人员，备案范围内货物和技术进出口，凭资质从事房地产开发与经营，通用机械制造。（法律、行政法规和国务院决定禁止经营的项目除外，法律、行政法规和国务院决定限制经营的项目取得许可证件后经营。）				

<table>
<tr><td>企业名称</td><td colspan="3">三角轮胎股份有限公司</td><td>海关编码</td><td>3710911216</td></tr>
<tr><td>通讯地址</td><td colspan="3">山东省威海市青岛中路 56 号</td><td>邮政编码</td><td>264200</td></tr>
<tr><td>企业类型</td><td>进出口货物收发货人</td><td>注册日期</td><td>1999.3.17</td><td>注册资本</td><td>60000 万人民币</td></tr>
<tr><td>评定时间</td><td>2008.12.3</td><td>报关有效期</td><td>2014.2.25</td><td>所属海关</td><td>青岛海关</td></tr>
<tr><td>法定代表人</td><td colspan="2">丁玉华</td><td>电话</td><td colspan="2">0631-5322767</td></tr>
<tr><td>日常联系人</td><td colspan="2">林小彬</td><td>电话</td><td colspan="2">0631-5315631</td></tr>
<tr><td>主营范围</td><td colspan="5">轮胎、橡胶制品、橡胶机械及仪器仪表、化工产品（不含化学危险品）、尼龙帘线、钢丝帘线轮胎原辅材料的研制、生产、销售及技术服务，备案范围内进出口业务，化工工程设计、安装（须凭资质证书经营），机械设备及房屋租赁、仓储（不含化学危险品）、装卸及物流服务，企业管理咨询服务，再生物资回收与批发（不含危险废物及需经许可的项目）。</td></tr>
</table>

<table>
<tr><td>企业名称</td><td colspan="3">山东鲁菱果汁有限公司</td><td>海关编码</td><td>3710930049</td></tr>
<tr><td>通讯地址</td><td colspan="3">山东省乳山市胜利街 168 号</td><td>邮政编码</td><td>264500</td></tr>
<tr><td>企业类型</td><td>进出口货物收发货人</td><td>注册日期</td><td>1993.2.23</td><td>注册资本</td><td>1178 万美元</td></tr>
<tr><td>评定时间</td><td>2008.12.3</td><td>报关有效期</td><td>2014.2.28</td><td>所属海关</td><td>青岛海关</td></tr>
<tr><td>法定代表人</td><td colspan="2">郝建</td><td>电话</td><td colspan="2">0631-6624346</td></tr>
<tr><td>日常联系人</td><td colspan="2">姜洪秋</td><td>电话</td><td colspan="2">0631-6628958</td></tr>
<tr><td>主营范围</td><td colspan="5">生产、销售各种浓缩果汁（食品卫生许可证有效期至 2011 年 10 月 14 日）。</td></tr>
</table>

<table>
<tr><td>企业名称</td><td colspan="3">乳山华宏水产有限公司</td><td>海关编码</td><td>3710930268</td></tr>
<tr><td>通讯地址</td><td colspan="3">山东省乳山市区滨河街 64 号</td><td>邮政编码</td><td>264500</td></tr>
<tr><td>企业类型</td><td>进出口货物收发货人</td><td>注册日期</td><td>1993.6.28</td><td>注册资本</td><td>140 万美元</td></tr>
<tr><td>评定时间</td><td>2008.12.3</td><td>报关有效期</td><td>2014.6.8</td><td>所属海关</td><td>青岛海关</td></tr>
<tr><td>法定代表人</td><td colspan="2">于会同</td><td>电话</td><td colspan="2">0631-6622806</td></tr>
<tr><td>日常联系人</td><td colspan="2">于海</td><td>电话</td><td colspan="2">0631-6622806</td></tr>
<tr><td>主营范围</td><td colspan="5">生产、加工预制水产品，调理食品。</td></tr>
</table>

企业名称	威海威东日综合食品有限公司			海关编码	3710930501
通讯地址	山东省威海市经济技术开发区			邮政编码	264205
企业类型	进出口货物收发货人	注册日期	1993.12.28	注册资本	800 万美元
评定时间	2008.12.3	报关有效期	2011.12.3	所属海关	青岛海关
法定代表人	藤井孝行		电话	0631-5925718	
日常联系人	丛美媛		电话	0631-5966132	
主营范围	海产品、蔬菜及食品的综合加工与销售。				

企业名称	威海大宇电子有限公司			海关编码	3710930807
通讯地址	山东省威海市经济技术开发区香港路 26 号			邮政编码	264200
企业类型	进出口货物收发货人	注册日期	1995.7.3	注册资本	400 万美元
评定时间	2008.12.3	报关有效期	2014.6.8	所属海关	青岛海关
法定代表人	田晓东		电话	0631-5986385	
日常联系人	马呈娟		电话	0631-5986385-258	
主营范围	生产彩色显示器、计算机整机、彩色电视机及相关电子零部件，销售本企业产品并提供售后服务。				

企业名称	豪顿华工程有限公司			海关编码	3710930850
通讯地址	山东省威海市经济技术开发区老集村			邮政编码	264205
企业类型	进出口货物收发货人	注册日期	1995.12.5	注册资本	1200 万美元
评定时间	2010.5.27	报关有效期	2011.11.13	所属海关	青岛海关
法定代表人	罗伯特·科列兰德		电话	0631-5927212	
日常联系人	王淑莲		电话	0631-5969957	
主营范围	风机、空气预热器及配套部件的设计、生产和销售，并提供售后维修服务。				

企业名称	威海星地电子有限公司			海关编码	3710930950
通讯地址	山东省威海市高技术产业开发区火炬路 5 号			邮政编码	264209
企业类型	进出口货物收发货人	注册日期	1996.4.16	注册资本	454 万美元
评定时间	2008.12.3	报关有效期	2013.12.31	所属海关	青岛海关
法定代表人	宋军利		电话	0631-5690375	
日常联系人	梁英丽		电话	0631-5690375	
主营范围	生产、销售各种连接线及激光喷墨打印机、传真机装置及配套线路板装配。				

企业名称	威海富电电子部品有限公司			海关编码	3710940655
通讯地址	山东省威海市环翠区温泉镇			邮政编码	264206
企业类型	进出口货物收发货人	注册日期	1994.6.22	注册资本	985 万美元
评定时间	2008.12.3	报关有效期	2014.6.17	所属海关	青岛海关
法定代表人	李硕淳		电话	0631-5366807	
日常联系人	何波		电话	0631-5366807	
主营范围	生产手机用扬声器、受话器、耳机、麦克风、片式电子元器件、敏感元器件、频率控制元件、混合集成电路，生产线圈、变压器、蜂音器及其配套原材料，销售本公司产品。（涉及许可证或国家专项规定的，需凭许可证经营或按专项规定经营。）				

企业名称	山东东鑫电子有限公司			海关编码	3710942519
通讯地址	山东省威海市蓬莱路 296 号			邮政编码	264203
企业类型	进出口货物收发货人	注册日期	2004.8.3	注册资本	1900 万美元
评定时间	2008.12.3	报关有效期	2014.7.19	所属海关	青岛海关
法定代表人	徐鸿钧		电话	0631-5780666	
日常联系人	刘娜		电话	0631-5780666	
主营范围	激光打印机、喷墨打印机、计算机、传真机、扫描仪、电脑、笔记本电脑、液晶电视外壳及成品等相关零部件生产和注塑、冲压模具开发制作，塑胶粒、婴儿车制作，安全座椅制作，汽机车配件、手提包、箱包制造及铜线、电线、电缆、电源线、电话线、电脑连接线、电话插头、插座、连接器制作及销售业务。				

企业名称	中煤能源山东有限公司			海关编码	3711910109
通讯地址	山东省日照市天津路 135 号			邮政编码	276826
企业类型	进出口货物收发货人	注册日期	1999.7.26	注册资本	1000 万人民币
评定时间	2008.12.3	报关有效期	2014.5.14	所属海关	青岛海关
法定代表人	万祖安		电话	0633-8396166	
日常联系人	王春娟		电话	0633-8396101	
主营范围	煤炭批发（有效期至 2013 年 12 月 31 日），易燃液体（成品油除外）、有毒品（剧毒品除外）、压缩气体及液化气体、易燃固体、自燃和遇湿易燃物品批发（无储存）（危险化学品经营许可证有效期至 2014 年 1 月 23 日），房屋租赁，机电设备（不含汽车）、焦炭、煤炭制品、矿产品、化工产品（不含化学危险品、监控化学品及国家专营、专控经营产品）销售，普通货物和技术进出口， 但国家限定公司经营或禁止进出口的商品和技术除外。（以上范围需经许可的，凭有效许可证经营。）				

企业名称	日照日荣水产食品有限公司			海关编码	3711930018
通讯地址	山东省日照市富阳路			邮政编码	276826
企业类型	进出口货物收发货人	注册日期	1993.2.25	注册资本	120 万人民币
评定时间	2008.12.3	报关有效期	2014.2.15	所属海关	青岛海关
法定代表人	刘兆怀		电话	0633-3387586	
日常联系人	韦庆满		电话	0633-8331651	
主营范围	初级水产品、蔬菜制品的加工、销售。（经营范围需经许可的，凭有效许可证经营。）				

企业名称	山东亚太森博浆纸有限公司			海关编码	3711930732
通讯地址	山东省日照市开发区北京路			邮政编码	276826
企业类型	进出口货物收发货人	注册日期	2000.5.22	注册资本	464365 万人民币
评定时间	2008.12.3	报关有效期	2014.5.26	所属海关	青岛海关
法定代表人	黄春雨		电话	0633-3361111	
日常联系人	费捷		电话	0633-3361256	
主营范围	生产浆、纸、纸板和相关产品，销售自产产品。造林、码头和其他港口设施经营。在港区内从事货物装卸、驳运、仓储经营，船舶港口服务业务经营。提供相关的技术咨询、技术培训和技术转让。（以上范围涉及许可经营的，凭有效许可证开展经营活动。）				

企业名称	日照荣兴食品有限公司			海关编码	3711931050
通讯地址	山东省日照市山东路中段北侧			邮政编码	276800
企业类型	进出口货物收发货人	注册日期	2004.2.2	注册资本	1006 万人民币
评定时间	2008.12.3	报关有效期	2014.2.12	所属海关	青岛海关
法定代表人	吕元萌		电话	0633-8331651	
日常联系人	韦庆满		电话	0633-8331651	
主营范围	水产品、肉类食品、蔬菜制品、食品调料的加工、销售。（凭有效食品卫生许可证开展经营活动。）				

企业名称	日照佳食食品有限公司			海关编码	3711931435
通讯地址	山东省日照市昭阳北路西侧（市高科园内）			邮政编码	276800
企业类型	进出口货物收发货人	注册日期	2005.8.25	注册资本	2400 万人民币
评定时间	2009.11.23	报关有效期	2014.8.25	所属海关	青岛海关
法定代表人	村上贞夫		电话	0633-8829011	
日常联系人	李涛		电话	0633-8829097	
主营范围	初级食用水产品、初级食用农产品的加工、销售，普通商品的进出口（不含进口分销业务）。（以上范围需经许可的，凭有效许可证经营。）				

企业名称	日照佳苑食品有限公司			海关编码	3711931711
通讯地址	山东省日照市成都路西海口路北			邮政编码	276826
企业类型	进出口货物收发货人	注册日期	2006.11.8	注册资本	375 万美元
评定时间	2011.5.17	报关有效期	2012.11.10	所属海关	青岛海关
法定代表人	申照华		电话	0633-8805268	
日常联系人	孙明燕		电话	0633-8328201	
主营范围	生产、加工、销售水产品、蔬菜、水果、调理食品、罐头（卫生许可证有效期限至 2010 年 10 月 18 日，凭有效许可证开展经营活动），蔬菜种植，普通商品进出口（不含进口商品的分销业务）。				

企业名称	日照昌华海产食品有限公司			海关编码	3711941200
通讯地址	山东省日照市岚山安东卫街道办驻地			邮政编码	276807
企业类型	进出口货物收发货人	注册日期	1994.4.26	注册资本	1150万美元
评定时间	2008.12.3	报关有效期	2013.9.1	所属海关	青岛海关
法定代表人	张爱华	电话	0633-2682969		
日常联系人	庞志红	电话	0633-2682969		
主营范围	海产品、肉制品的加工、销售，速冻面食的代理销售（卫生许可证有效期至2011年7月22日），食用植物油及相关产品、土畜产品（食品除外）的采购及批发，淀粉（预包装）（食品流通许可证有效期至2012年12月21日）、塑料、金属（铁、铜）、化工产品（不含危险化学品及监控化学品）的进出口和批发业务，大豆的进口和批发业务。（以上不涉及国营贸易管理商品，涉及配额、许可证管理的商品，按照国家有关规定办理。以上范围需许可的，凭有效许可证经营。）				

企业名称	山东华龙纺织有限公司			海关编码	3711960807
通讯地址	山东省五莲县城解放路156号			邮政编码	262300
企业类型	进出口货物收发货人	注册日期	2003.1.28	注册资本	2580万人民币
评定时间	2009.2.1	报关有效期	2014.1.14	所属海关	青岛海关
法定代表人	丁宏利	电话	0633-5323986		
日常联系人	杨乐英	电话	0633-5323986		
主营范围	纺纱、织布，针织品、服装的生产、销售，棉花的收购加工，本企业自产的纱、布、针织品、服装及相关技术的出口业务，本企业所需的原辅材料、机械设备、仪器仪表、零配件及相关技术的进口业务（国家限定公司经营或禁止进出口的商品及技术除外），房屋租赁业务（需许可的凭有效许可证生产经营）。				

企业名称	莒县华洋塑料制品有限公司			海关编码	3711960860
通讯地址	山东省莒县刘官庄镇驻地			邮政编码	276512
企业类型	进出口货物收发货人	注册日期	2002.5.22	注册资本	1060万人民币
评定时间	2009.11.23	报关有效期	2014.6.3	所属海关	青岛海关
法定代表人	刘贵方	电话	0633-6781086		
日常联系人	方晓燕	电话	0633-6787869		
主营范围	包装装潢印刷品印刷（印刷经营许可证有效期至2014年3月31日），包装袋及橡塑制品、塑料原料（不含化学危险品）销售，经营本企业自产产品及技术的出口业务，经营本企业生产、科研所需的原辅材料、仪器仪表、机械设备、零配件及技术的进口业务（国家限定公司经营和国家禁止进出口的商品及技术除外，涉及许可经营的凭有效许可证经营）。				

企业名称	山东万宝贸易有限公司			海关编码	3711960988
通讯地址	山东省日照市天津路 51 号			邮政编码	276826
企业类型	进出口货物收发货人	注册日期	2004.1.21	注册资本	5030 万人民币
评定时间	2009.2.1	报关有效期	2014.1.24	所属海关	青岛海关
法定代表人	辛为华		电话	0633-3888678	
日常联系人	曹雨		电话	0633-3888678	
主营范围	自营和代理各类商品和技术的进出口，但国家限定公司经营或禁止进出口的商品和技术除外。				

企业名称	日照中瑞物产有限公司			海关编码	3711960996
通讯地址	山东省日照市日照南路 48 号（物资局院内办公楼三楼）			邮政编码	276800
企业类型	进出口货物收发货人	注册日期	2003.10.9	注册资本	7023 万人民币
评定时间	2009.2.1	报关有效期	2014.10.9	所属海关	青岛海关
法定代表人	高华忠		电话	0633-2216773	
日常联系人	李业伍		电话	0633-2216773	
主营范围	土畜产品、日用杂品、水产品、钢材、陶瓷、蔬菜、仪表仪器、机电产品（小轿车除外）、化工产品（危险化学品除外）销售，普通货物和技术的进出口，但国家限定公司经营或禁止进出口的商品和技术除外。（以上范围需经许可的，凭有效许可证经营。）				

企业名称	日照美佳科苑食品有限公司			海关编码	3711961301
通讯地址	山东省日照市滨州路以北、枣庄路以西			邮政编码	276826
企业类型	进出口货物收发货人	注册日期	2005.1.28	注册资本	1200 万人民币
评定时间	2009.11.23	报关有效期	2014.1.13	所属海关	青岛海关
法定代表人	申照华		电话	0633-8805693	
日常联系人	孙明燕		电话	0633-8328201	
主营范围	水产品、蔬菜、水果、调理食品、面食、油炸食品加工、销售（凭有效许可证开展经营），五金交电、日用百货、建材、化工产品（上两项不含专营、专控及危险化学品）、机电产品（汽车除外）的销售，普通货物和技术进出口，但国家限定公司经营或禁止进出口的商品和技术除外。（以上范围需许可的，凭有效许可证经营。）				

企业名称	日照美加水产食品有限公司			海关编码	3711962229
通讯地址	山东省日照市海滨一路 119 号			邮政编码	276826
企业类型	进出口货物收发货人	注册日期	2009.4.8	注册资本	400 万人民币
评定时间	2009.4.20	报关有效期	2012.4.8	所属海关	青岛海关
法定代表人	申照华		电话	0633–8328201	
日常联系人	孙明燕		电话	0633–8328201	
主营范围	加工、销售水产品、蔬菜、面食制品（凭有效许可证经营，有效期至 2012 年 6 月 2 日）。				

企业名称	山东滨州亚光毛巾有限公司			海关编码	3712912252
通讯地址	山东省滨州市滨城区滨北镇梧桐六路 89 号			邮政编码	256651
企业类型	进出口货物收发货人	注册日期	2002.7.26	注册资本	11072 万人民币
评定时间	2008.12.3	报关有效期	2014.7.20	所属海关	青岛海关
法定代表人	王延平		电话	0543–3512399	
日常联系人	张明明		电话	0543–3512399	
主营范围	前置经营许可项目：棉花加工、销售（有效期截至 2015 年 8 月 31 日）。一般经营项目：经营本企业生产的毛巾及毛巾类制品、棉纺织品、化纤制品、服装及技术的出口业务，经营本企业生产、科研所需要的原材料、仪器、仪表、机械设备、零配件及技术进口业务（国家限定公司经营和国家禁止进出口的商品及技术除外）。				

企业名称	愉悦家纺有限公司			海关编码	3712912643
通讯地址	山东省滨州市滨城区小营镇龙腾二路 1 号			邮政编码	256617
企业类型	进出口货物收发货人	注册日期	2004.3.8	注册资本	10000 万人民币
评定时间	2008.12.3	报关有效期	2014.2.17	所属海关	青岛海关
法定代表人	刘曰兴		电话	0543–3610112	
日常联系人	朱凯		电话	0543–3617667	
主营范围	织造、染整、经编、针织、服装、家纺用品、化工产品（危险化学品除外）、染料、印染助剂、装饰材料、包装材料的生产、加工、销售，新产品的技术开发、技术服务及技术转让。（以上项目需经审批许可生产经营的，凭批准审定的范围经营。）				

企业名称	阳信长威电子有限公司			海关编码	3712940362
通讯地址	山东省滨州市阳信县河流镇			邮政编码	251807
企业类型	进出口货物收发货人	注册日期	1993.11.23	注册资本	2500 万美元
评定时间	2008.12.3	报关有效期	2012.5.5	所属海关	青岛海关
法定代表人	王秀亭	电话		0543-8691092	
日常联系人	刘俊霞	电话		0543-8691089	
主营范围	制造、销售半导体元件、条码打印机、条码打印纸。				

企业名称	魏桥纺织股份有限公司			海关编码	3712951672
通讯地址	山东省邹平县魏桥镇齐东路 34 号			邮政编码	256212
企业类型	进出口货物收发货人	注册日期	1998.1.23	注册资本	119438 万人民币
评定时间	2008.12.3	报关有效期	2014.2.14	所属海关	青岛海关
法定代表人	张红霞	电话		0543-4161171	
日常联系人	赵星	电话		0543-4161160	
主营范围	棉纺、织布、印染、针织品、服装的生产、加工、销售，批准范围内的自营进出口业务，棉花收购、加工与销售。				

企业名称	山东瑞普生化有限公司			海关编码	3713910102
通讯地址	山东省齐河县城晨鸣西路			邮政编码	251100
企业类型	进出口货物收发货人	注册日期	2002.4.17	注册资本	12000 万人民币
评定时间	2009.11.23	报关有效期	2014.1.18	所属海关	青岛海关
法定代表人	王咏梅	电话		0534-2159799	
日常联系人	张冬冬	电话		0534-2159797	
主营范围	生产化工产品和食品添加剂（工业产品生产许可证有效期至 2011 年 8 月 6 日），销售工业用氯化钠、烧碱、氯气、纸张、纸浆（安全生产许可证有效期至 2011 年 3 月 7 日，危险化学品生产许可证有效期至 2010 年 12 月 16 日），经营本企业生产、科研所需的原辅材料、仪器仪表、机械设备、零配件及技术的进出口业务（国家限定公司经营和国家禁止进出口的商品及技术除外），经营来料加工和“三来一补”业务。				

企业名称	山东金麒麟集团有限公司			海关编码	3713911118
通讯地址	山东省乐陵市枣城北大街 84 号			邮政编码	253600
企业类型	进出口货物收发货人	注册日期	2000.4.12	注册资本	11514 万人民币
评定时间	2008.12.3	报关有效期	2014.3.11	所属海关	青岛海关
法定代表人	孙忠义		电话	0534-2119878	
日常联系人	杨光		电话	0534-2119702	
主营范围	汽车、摩托车零部件的生产和经营，汽车、摩托车零部件生产所需原材料、零配件的经营与维修，出口各种汽车、摩托车、工程机械用刹车片及其汽车、摩托车零部件等产品，进口本公司生产、科研所需的原辅材料、机械设备、仪器、仪表、零部件及相关技术，货物及技术进出口业务。（国家法律、法规禁止的项目除外，需凭许可证经营的，凭许可证生产经营。）				

企业名称	山东华鲁恒升化工股份有限公司			海关编码	3713911194
通讯地址	山东省德州市天衢西路 24 号			邮政编码	253024
企业类型	进出口货物收发货人	注册日期	2000.10.17	注册资本	63575 万人民币
评定时间	2009.2.1	报关有效期	2014.5.5	所属海关	青岛海关
法定代表人	程广辉		电话	0534-2465031	
日常联系人	王红斌		电话	0534-2465118	
主营范围	化学肥料及安全生产许可证批准范围内的化工产品（有效期至 2011 年 6 月 18 日）的生产、销售，许可证范围发电业务（有效期至 2029 年 8 月 16 日），许可证范围供热业务（有效期至 2012 年 8 月九日）。一般经营项目：备案范围内的进出口业务，协议并网供电业务，技术推广服务。				

企业名称	山东福田药业有限公司			海关编码	3713930892
通讯地址	山东省德州市禹城市南环路 666 号			邮政编码	251200
企业类型	进出口货物收发货人	注册日期	2008.5.26	注册资本	2770.67 万美元
评定时间	2009.2.1	报关有效期	2014.5.27	所属海关	青岛海关
法定代表人	王星云		电话	0534-7266351	
日常联系人	孙书超		电话	0534-7266351	
主营范围	开发、生产木糖、木糖醇及其相关衍生产品，生产氢气，收购原材料所需农副产品（不含粮食、棉花、鲜茧），销售公司自产产品。				

企业名称	德州元济纺织有限公司			海关编码	3713940317
通讯地址	山东省德州市顺河西路16号			邮政编码	253002
企业类型	进出口货物收发货人	注册日期	2004.3.29	注册资本	2797.05万美元
评定时间	2008.12.4	报关有效期	2014.2.17	所属海关	青岛海关
法定代表人	徐元豪	电话		0534-2421749	
日常联系人	王志英	电话		0534-2421749	
主营范围	原棉化纤纺纱、织布、染整、成衣及相关产品的生产、加工、销售。				

企业名称	山东莱钢永锋钢铁有限公司			海关编码	3713960314
通讯地址	山东省齐河经济开发区			邮政编码	251100
企业类型	进出口货物收发货人	注册日期	2004.3.31	注册资本	83103万人民币
评定时间	2010.2.9	报关有效期	2012.8.25	所属海关	青岛海关
法定代表人	刘锋	电话		0531-82910909	
日常联系人	薛清华	电话		0531-82910909	
主营范围	配套炼铁炼钢系统工程，钢压延加工，对工业项目投资（不含金融、期货、证券），建材、钢材、木材、机电设备（不含小轿车）销售，五金配件、型钢、板带钢、炼钢炼铁副产品的生产、销售，经营本企业自产产品及技术的出口业务和本企业所需的机械设备、零配件、原辅材料及技术的进出口业务（国家限定公司经营或禁止进出口的商品及技术除外），动力供应，技术合作。				

企业名称	中冶纸业银河有限公司			海关编码	3714914025
通讯地址	山东省临清市西门里街			邮政编码	252600
企业类型	进出口货物收发货人	注册日期	2000.7.18	注册资本	65439万人民币
评定时间	2008.12.3	报关有效期	2014.6.13	所属海关	青岛海关
法定代表人	李树俭	电话		0635-2433812	
日常联系人	李长青	电话		0635-2437949	
主营范围	生产、销售机制纸、纸制品，按进出口企业资格证书核准的经营范围从事进出口业务。				

企业名称	时风巨兴轮胎有限责任公司			海关编码	3714914203
通讯地址	山东省高唐县汇鑫路1号			邮政编码	252800
企业类型	进出口货物收发货人	注册日期	2004.8.24	注册资本	5000万人民币
评定时间	2008.12.3	报关有效期	2013.9.26	所属海关	青岛海关
法定代表人	刘成勇		电话	0635-3993996	
日常联系人	李冰		电话	0635-3683508	
主营范围	制造、销售农用车轮胎、轻卡汽车轮胎、汽车子午线轮胎，经营本企业自产产品及技术的出口业务，经营本企业生产、科研所需的原辅材料、仪器仪表、机械设备、零配件及技术的进口业务（国家限定公司经营和国家禁止进出口的商品及技术除外）。				

企业名称	茌平信发华宇氧化铝有限公司			海关编码	3714934317
通讯地址	山东省茌平县城西七公里			邮政编码	252100
企业类型	进出口货物收发货人	注册日期	2005.12.19	注册资本	2975万美元
评定时间	2009.2.1	报关有效期	2011.12.17	所属海关	青岛海关
法定代表人	张学信		电话	0635-4713888	
日常联系人	张树振		电话	0635-2986026	
主营范围	氧化铝生产与经营。				

企业名称	临清三和纺织集团有限公司			海关编码	3714964048
通讯地址	山东省临清市大桥街1050号			邮政编码	252600
企业类型	进出口货物收发货人	注册日期	2001.8.6	注册资本	16000万人民币
评定时间	2008.12.4	报关有效期	2011.12.19	所属海关	青岛海关
法定代表人	宛秋生		电话	0635-2341578	
日常联系人	张欣		电话	0635-2431316	
主营范围	纺纱、染纱、织布、印染布、巾被的生产、加工、销售，经营本企业自产产品及技术的出口业务（国家统一联合经营的商品除外），经营本企业生产、科研所需的原辅材料、仪器仪表、机械设备、零配件及技术的进出口业务（国家实行核定公司经营的进口商品除外），经营本企业的进料加工和“三来一补”业务。				

企业名称	临沂蓝玫瑰华星钻石首饰有限公司			海关编码	3715931305
通讯地址	山东省沂水县城南环路 168 号			邮政编码	276400
企业类型	进出口货物收发货人	注册日期	1998.2.23	注册资本	120.5 万美元
评定时间	2008.12.4	报关有效期	2014.3.10	所属海关	青岛海关
法定代表人	刘玉增		电话	0539-2232765	
日常联系人	李云		电话	0539-2232765	
主营范围	加工销售钻石。				

企业名称	临沂澳美纺织有限公司			海关编码	3715931995
通讯地址	山东省临沂市河东区工业园			邮政编码	276000
企业类型	进出口货物收发货人	注册日期	2003.8.22	注册资本	9200 万人民币
评定时间	2008.12.4	报关有效期	2014.7.8	所属海关	青岛海关
法定代表人	李英让		电话	0539-8076606	
日常联系人	李希庆		电话	0539-8076262	
主营范围	生产混纺纱、涤棉纱、棉布、涤棉、棉纱布、麻棉纱布、人棉、漂染、灯芯绒、针织品、抽纱制品、床上用品、服装，销售自产产品。				

企业名称	山东新港企业集团有限公司			海关编码	3715932354
通讯地址	山东省临沂市兰山区南坊镇			邮政编码	276037
企业类型	进出口货物收发货人	注册日期	2008.6.2	注册资本	5800 万人民币
评定时间	2010.5.27	报关有效期	2014.4.1	所属海关	青岛海关
法定代表人	姜开凤		电话	0539-2951018	
日常联系人	周慧		电话	0539-2950898	
主营范围	生产胶合板、贴面板、木业制品、树脂胶，销售自产产品。				

企业名称	临沂三禾永佳动力有限公司			海关编码	3715942043
通讯地址	山东省临沂市兰山区兰山街道俄黄路北段			邮政编码	276012
企业类型	进出口货物收发货人	注册日期	2003.11.4	注册资本	14437万人民币
评定时间	2011.9.28	报关有效期	2011.11.6	所属海关	青岛海关
法定代表人	陈煜林		电话	0539-8531949	
日常联系人	徐静		电话	0539-8531957	
主营范围	喷杆式喷雾机和风送式喷雾喷粉机等农林机械、植保机械、汽油机及配件的生产及销售，红土镍矿石、矿粉、矿渣的进口及销售，塑料原料、锌合金、铝合金的销售及进出口业务。（国家限制类项目及国营贸易管理商品除外，涉及配额、许可证管理商品或行业有关规定的，按国家有关规定办理。）				

企业名称	山东三维油脂集团股份有限公司			海关编码	3715961479
通讯地址	山东省临沂市兰山区半程镇			邮政编码	276036
企业类型	进出口货物收发货人	注册日期	2000.6.14	注册资本	6000万人民币
评定时间	2010.4.23	报关有效期	2014.3.4	所属海关	青岛海关
法定代表人	张增运		电话	0539-7166596	
日常联系人	毛存丽		电话	0539-7166596	
主营范围	豆柏生产，花生、大豆的加工销售，许可证范围内的进出口业务，生产、加工食用植物油。				

企业名称	山东华盛农业药械有限责任公司			海关编码	3715961535
通讯地址	山东省临沂市高新区中天路1号			邮政编码	276000
企业类型	进出口货物收发货人	注册日期	2001.2.16	注册资本	5036万人民币
评定时间	2008.12.3	报关有效期	2014.3.16	所属海关	青岛海关
法定代表人	陈秀明		电话	0539-8488602	
日常联系人	王亮		电话	0539-8488977	
主营范围	机械化农业及园艺机具、建筑工程用机械、营林及木竹采伐机械、发电机及发电机组、汽油机的设计、研发、生产、销售，上述产品零部件的生产、销售，批准范围内的自营进出口业务。				

企业名称	山东佳美食品工业有限公司			海关编码	3716940252
通讯地址	山东省菏泽市沙土镇			邮政编码	274000
企业类型	进出口货物收发货人	注册日期	1994.12.28	注册资本	3000 万美元
评定时间	2008.12.3	报关有效期	2011.12.26	所属海关	青岛海关
法定代表人	游昭明	电话		0530-5770185	
日常联系人	王方起	电话		0530-5770185	
主营范围	生产经营果蔬制品、发酵酒类及果酒、饮料制品、罐头制品、冷冻保鲜制品、咖啡制品、茶提取物制品、预包装食品（果葡糖浆、麦芽糖浆、果糖、葡萄糖、白砂糖、绵白糖）。				

企业名称	山东尚舜化工有限公司			海关编码	3716940294
通讯地址	山东省单县经济技术开发区			邮政编码	274300
企业类型	进出口货物收发货人	注册日期	2007.4.17	注册资本	35000 万人民币
评定时间	2008.12.3	报关有效期	2013.4.14	所属海关	青岛海关
法定代表人	徐承秋	电话		0530-4681625	
日常联系人	陈春美	电话		0530-4686360	
主营范围	化工产品的制造、销售（许可证管理商品凭许可证生产经营）。				

企业名称	巨野县佳农果蔬有限公司			海关编码	3716961374
通讯地址	山东省巨野县城金山路西鸿鹏路北			邮政编码	274900
企业类型	进出口货物收发货人	注册日期	2002.1.29	注册资本	6100 万人民币
评定时间	2011.9.28	报关有效期	2013.11.11	所属海关	青岛海关
法定代表人	刘自杰	电话		0530-8552932	
日常联系人	解红芹	电话		0530-8253016	
主营范围	果蔬加工、仪器仪表、机械设备的进出口业务，但国家限定公司经营的和国家禁止进出口的商品除外。				

企业名称	山东隆基机械股份有限公司			海关编码	3718931753
通讯地址	山东省龙口市外向型经济开发区			邮政编码	265700
企业类型	进出口货物收发货人	注册日期	1994.6.30	注册资本	12000 万人民币
评定时间	2011.5.17	报关有效期	2014.5.12	所属海关	青岛海关
法定代表人	张海燕		电话	0535-8836928	
日常联系人	孙殿峰		电话	0535-8846227	
主营范围	生产、销售盘式制动器总成、制动毂、制动盘、轮毂、刹车片、刹车蹄片、锻件、铸件及木具、塑料、纸盒包装制品。				

企业名称	龙口市泛林水泥有限公司			海关编码	3718931850
通讯地址	山东省龙口市诸由观镇			邮政编码	265705
企业类型	进出口货物收发货人	注册日期	1995.3.24	注册资本	10156 万人民币
评定时间	2008.12.4	报关有效期	2014.3.23	所属海关	青岛海关
法定代表人	张培良		电话	0535-8561147	
日常联系人	周广仁		电话	0535-8561336	
主营范围	生产销售各种高标号水泥。				

企业名称	龙口新龙食油有限公司			海关编码	3718941815
通讯地址	山东省龙口市开发区新港路 39 号			邮政编码	265700
企业类型	进出口货物收发货人	注册日期	2008.11.11	注册资本	2000 万美元
评定时间	2008.12.5	报关有效期	2014.10.28	所属海关	青岛海关
法定代表人	马汉斯·阿斯拉尼		电话	0535-8857263	
日常联系人	宋绪成		电话	0535-8857861	
主营范围	生产加工初榨油，食用油及其附属产品，经营大豆进出口业务（不含进口商品分销业务），销售公司自产产品。				

企业名称	龙口海盟机械有限公司			海关编码	3718942086
通讯地址	山东省龙口市黄山海盟工业园			邮政编码	265716
企业类型	进出口货物收发货人	注册日期	2008.8.13	注册资本	902.05 万美元
评定时间	2008.12.4	报关有效期	2014.7.28	所属海关	青岛海关
法定代表人	欧洛克·海伦·弗朗西丝		电话	0535-8887000	
日常联系人	孙亚娉		电话	0535-8887005	
主营范围	生产、销售制动盘、制动毂、盘式制动器总成及其他车用制动系统部件。				

企业名称	龙口市东海贸易有限公司			海关编码	3718952298
通讯地址	山东省龙口市东江镇南山村			邮政编码	265718
企业类型	进出口货物收发货人	注册日期	2001.11.5	注册资本	500 万人民币
评定时间	2009.2.1	报关有效期	2014.7.8	所属海关	青岛海关
法定代表人	王艳丽		电话	0535-8666526	
日常联系人	李会		电话	0535-8616156	
主营范围	销售纺织品、服装、家具、建材、化工产品（不含化学危险品）、娱乐用品、五金、家电通讯器材（不含移动电话）、仪器、仪表、日用百货、文体用品，自营和代理各类商品及技术的进出口业务（国家限定公司经营或禁止进出口的商品及技术除外），经营进料加工和“三来一补”业务，经营对销贸易和转口贸易，仓储（不含危险品）。				

企业名称	道恩集团有限公司			海关编码	3718962162
通讯地址	山东省龙口市开发区东首			邮政编码	265700
企业类型	进出口货物收发货人	注册日期	1999.3.31	注册资本	10600 万人民币
评定时间	2011.3.9	报关有效期	2012.10.10	所属海关	青岛海关
法定代表人	于晓宁		电话	0535-8861111	
日常联系人	刘元祥		电话	0535-8867968	
主营范围	前置许可经营项目：苯酚（危险化学品经营许可证有效期至2010年7月29日）、煤炭（煤炭经营资格证有效期至 2010 年 12 月 29 ）销售。一般经营项目：日化工产品（不含化学危险品）、塑料、染料、橡胶原料及其制品、机电设备、仪器仪表、五金、矿产（不含国家专控品）、土木建筑材料、服装、纺织品、模具、钢材、铝型材、工艺礼品、石油焦、工业用水销售，模具设计、生产、销售，塑料制品的开发、生产、销售，自营和代理各类商品和技术的进出口（国家限定公司经营或禁止进出口的商品和技术除外），成品油零售（限公司加油站）（需经许可经营的，凭许可证经营），仓储（不含危险品）。				

<table>
<tr><td>企业名称</td><td colspan="3">莱芜钢铁股份有限公司</td><td>海关编码</td><td>3720912426</td></tr>
<tr><td>通讯地址</td><td colspan="3">山东省莱芜市钢城区新兴路 21 号</td><td>邮政编码</td><td>271104</td></tr>
<tr><td>企业类型</td><td>进出口货物收发货人</td><td>注册日期</td><td>2002.3.20</td><td>注册资本</td><td>92227 万人民币</td></tr>
<tr><td>评定时间</td><td>2008.12.4</td><td>报关有效期</td><td>2014.4.14</td><td>所属海关</td><td>青岛海关</td></tr>
<tr><td>法定代表人</td><td colspan="2">陈启祥</td><td>电话</td><td colspan="2">0634-6822100</td></tr>
<tr><td>日常联系人</td><td colspan="2">刘奉霞</td><td>电话</td><td colspan="2">0634-6894311</td></tr>
<tr><td>主营范围</td><td colspan="5">生铁、钢锭、钢坯、钢材、大锻件、焦炭、水渣、炼焦化产品及炼钢副产品的生产、销售，发电（有效期至 2028 年 8 月 24 日），供热（凭资质证书经营），资格证书范围内经营进出口业务。</td></tr>
</table>

<table>
<tr><td>企业名称</td><td colspan="3">山东泰山钢铁集团有限公司</td><td>海关编码</td><td>3720952816</td></tr>
<tr><td>通讯地址</td><td colspan="3">山东省莱芜市新甫路 1 号</td><td>邮政编码</td><td>271100</td></tr>
<tr><td>企业类型</td><td>进出口货物收发货人</td><td>注册日期</td><td>2005.3.21</td><td>注册资本</td><td>5540 万人民币</td></tr>
<tr><td>评定时间</td><td>2010.4.23</td><td>报关有效期</td><td>2014.5.4</td><td>所属海关</td><td>青岛海关</td></tr>
<tr><td>法定代表人</td><td colspan="2">王守东</td><td>电话</td><td colspan="2">0634-6119431</td></tr>
<tr><td>日常联系人</td><td colspan="2">刘学信</td><td>电话</td><td colspan="2">0634-6118159</td></tr>
<tr><td>主营范围</td><td colspan="5">生铁、钢坯、钢材、水泥、铸造产品、焦炭及煤化工产品、电、氧气、液氧、氩气、液氩、氮气的生产、销售，新材料研制与开发，餐饮、文化娱乐、汽车货运（限分公司经营），经营本企业自产产品及技术的出口业务（国家统一联合经营的商品除外），本企业生产、科研所需的原辅材料、仪器仪表、机械设备、零配件及技术的进口业务（国家实行核定公司经营的进口商品除外），本企业的进料加工和“三来一补”业务。</td></tr>
</table>

<table>
<tr><td>企业名称</td><td colspan="3">青岛中集冷藏箱制造有限公司</td><td>海关编码</td><td>3722939011</td></tr>
<tr><td>通讯地址</td><td colspan="3">山东省胶州市经济技术开发区东外环路 12 号</td><td>邮政编码</td><td>266300</td></tr>
<tr><td>企业类型</td><td>进出口货物收发货人</td><td>注册日期</td><td>1999.4.28</td><td>注册资本</td><td>3906 万美元</td></tr>
<tr><td>评定时间</td><td>2008.12.3</td><td>报关有效期</td><td>2014.4.22</td><td>所属海关</td><td>青岛海关</td></tr>
<tr><td>法定代表人</td><td colspan="2">李锐庭</td><td>电话</td><td colspan="2">0532-82279978</td></tr>
<tr><td>日常联系人</td><td colspan="2">高墩正</td><td>电话</td><td colspan="2">0532-82279978</td></tr>
<tr><td>主营范围</td><td colspan="5">生产冷藏箱及其配件，并提供相关技术和服务（产品 100% 出口）。</td></tr>
</table>

企业名称	青岛中集特种冷藏设备有限公司			海关编码	3722939944
通讯地址	山东省胶州市经济技术开发区东环路 12 号			邮政编码	266300
企业类型	进出口货物收发货人	注册日期	2004.8.16	注册资本	1150 万美元
评定时间	2008.12.3	报关有效期	2014.4.22	所属海关	青岛海关
法定代表人	李锐庭		电话	0532-81121196	
日常联系人	高敦正		电话	0532-81121196	
主营范围	生产各种冷藏箱、保温箱、铝质集装箱和厢式半挂车及其配件，并提供售后维修和服务。				

企业名称	青岛福生食品有限公司			海关编码	3722942939
通讯地址	山东省胶州市兰州东路台湾工业园			邮政编码	266300
企业类型	进出口货物收发货人	注册日期	1994.12.27	注册资本	13850 万人民币
评定时间	2009.2.1	报关有效期	2011.12.8	所属海关	青岛海关
法定代表人	钟玉华		电话	0532-88266001	
日常联系人	付春		电话	13589237958	
主营范围	生产冷冻及保鲜蔬菜、冷冻水产品、合成食品、干燥食品、罐头及罐装食品、调味品、保鲜蔬菜、保鲜水产品、面食品、调理食品（不含出口许可证管理食品）。				

企业名称	尼得科电机（青岛）有限公司			海关编码	3722949194
通讯地址	山东省胶州市经济技术开发区兰州东路 688 号			邮政编码	266300
企业类型	进出口货物收发货人	注册日期	2001.6.26	注册资本	1160 万美元
评定时间	2008.12.4	报关有效期	2014.6.13	所属海关	青岛海关
法定代表人	Patrick Kevin Murphy		电话	0532-87273331	
日常联系人	姜华		电话	0532-87273331-6257	
主营范围	从事高新技术产品，如高效节能电机、驱动器、控制器、自动驱动系统等工业重大技术设备的研究、开发、生产及相关的售后服务和技术服务，以上产品及相关产品和配套产品的进口批发和收购出口业务（涉及许可证的凭许可证经营）。				

企业名称	阿法拉伐（青岛）工业有限公司			海关编码	3722949424
通讯地址	山东省胶州市广州北路 86 号			邮政编码	266300
企业类型	进出口货物收发货人	注册日期	2008.9.28	注册资本	5000 万人民币
评定时间	2009.2.17	报关有效期	2014.8.22	所属海关	青岛海关
法定代表人	Jan Vestergaard Olsen		电话	0532-82296603	
日常联系人	潘强		电话	0532-82296497	
主营范围	船用辅助锅炉的全套设备、热交换器、压力容器（按取得的许可证范围经营）和相关设备及零配件的设计、生产、销售（限本公司产品）及服务。（以上范围需经许可经营的，凭许可证经营。）				

企业名称	希努尔男装股份有限公司			海关编码	3723938888
通讯地址	山东省诸城市东环路 58 号			邮政编码	262200
企业类型	进出口货物收发货人	注册日期	2008.10.8	注册资本	20000 万人民币
评定时间	2011.7.4	报关有效期	2014.9.29	所属海关	青岛海关
法定代表人	王桂波		电话	0536-6327882	
日常联系人	高惠娟		电话	0536-6325212	
主营范围	高中档西服、衬衣及服饰的制造，本公司制造产品的销售，面、辅料的物理测试和理化检测，本公司商品的周转及服务。（上述范围不含国家限制、淘汰和禁止事项，涉及许可经营的，按许可证核定的经营范围及国家有关规定执行。）				

企业名称	诸城市服装针织进出口有限责任公司			海关编码	3723951263
通讯地址	山东省诸城市广场路 16 号			邮政编码	262200
企业类型	进出口货物收发货人	注册日期	1995.6.15	注册资本	5000 万人民币
评定时间	2008.12.3	报关有效期	2014.6.15	所属海关	青岛海关
法定代表人	周勇		电话	0536-6215723	
日常联系人	管清明		电话	0536-6215723	
主营范围	加工、销售针织服装，经营进出口业务。				

企业名称	烟台龙大食品有限公司			海关编码	3724930209
通讯地址	山东省莱阳市龙旺庄镇庙后			邮政编码	265231
企业类型	进出口货物收发货人	注册日期	1997.4.16	注册资本	280 万美元
评定时间	2008.12.3	报关有效期	2013.12.16	所属海关	青岛海关
法定代表人	宫学斌		电话	0535-7718686	
日常联系人	于志涛		电话	0535-7717088	
主营范围	生产、销售各种果品、蔬菜及制品，冷冻鲜活水产品，罐头食品，粮油制品（涉及配额许可证管理、专项管理的，按国家有关规定办理）。				

企业名称	山东腾达不锈钢制品有限公司			海关编码	3725940009
通讯地址	山东省滕州市经济开发区益康大道东侧			邮政编码	277500
企业类型	进出口货物收发货人	注册日期	2006.2.6	注册资本	9057 万港币
评定时间	2008.12.3	报关有效期	2014.7.1	所属海关	青岛海关
法定代表人	陈正德		电话	13361119228	
日常联系人	孔胜男		电话	0632-5677966	
主营范围	不锈钢制品、不锈钢材料、新型合金特种材料、标准件、汽车配件、模具、金属成型机床、机床零部件、不锈钢压延设备的制造、加工、销售（涉及许可的，凭许可证经营）。				

企业名称	文登信亚机电有限公司			海关编码	3726941108
通讯地址	山东省文登市深圳路 1-2 号			邮政编码	264400
企业类型	进出口货物收发货人	注册日期	1997.11.7	注册资本	480 万美元
评定时间	2009.2.1	报关有效期	2014.10.27	所属海关	青岛海关
法定代表人	申尊秀		电话	0631-8088680	
日常联系人	赛向伟		电话	0631-8088680	
主营范围	生产、销售汽车连接器及各种插头、插座、电动机及喇叭零部件。				

企业名称	文登市森鹿制革有限公司			海关编码	3726951000
通讯地址	山东省文登市米山路 173 号			邮政编码	264400
企业类型	进出口货物收发货人	注册日期	1996.11.15	注册资本	1890 万人民币
评定时间	2008.12.3	报关有效期	2014.10.27	所属海关	青岛海关
法定代表人	张锦卫	电话	0631-8251667		
日常联系人	徐平	电话	0631-8259223		
主营范围	各种服装革、革制品进出口业务。				

企业名称	文登市芸祥绣品有限公司			海关编码	3726951424
通讯地址	山东省文登市昆嵛北路 92 号			邮政编码	264400
企业类型	进出口货物收发货人	注册日期	2000.8.24	注册资本	518 万人民币
评定时间	2008.12.3	报关有效期	2014.7.29	所属海关	青岛海关
法定代表人	王忠胜	电话	0631-8355298		
日常联系人	孙同林	电话	0631-8080561		
主营范围	抽纱、刺绣工艺品、服装、绗缝制品、毛衫制造，纺织品、针织品、家具制造及销售，布料、包装箱、喷胶棉、化纤制品、纸箱、塑料袋加工及销售，出口本企业自产的工艺品、抽纱品、家用纺织品及服装服饰品，进口本企业生产、科研所需的原辅材料、机械设备、仪器仪表及零配件。（需经许可经营的，凭许可证经营。）				

企业名称	黄海造船有限公司			海关编码	3727910597
通讯地址	山东省荣成市石岛黄海中路 18 号			邮政编码	264309
企业类型	进出口货物收发货人	注册日期	1997.10.29	注册资本	50000 万人民币
评定时间	2008.12.4	报关有效期	2014.11.6	所属海关	青岛海关
法定代表人	张灿刚	电话	0631-7377051		
日常联系人	宋大伟	电话	0631-7373009		
主营范围	设计和制造各种船舶，设计和修造各种船用机械、渔业机械、钢结构件，经营进出口业务（国家禁限除外），批发、零售钢材、木材、五金交电、船舶备件，房屋出租。以下限分公司经营：各种船舶、船舶分段、船舶仓口盖、船舶舾装件、钢结构件制造，木材加工及销售，木制品和家具的制造与销售及船舶内装的设计、制造及安装销售，餐饮、住宿，经销日用百货、饮料、烟，内科医疗。				

企业名称	荣成泰祥食品股份有限公司			海关编码	3727930471
通讯地址	山东省荣成市石岛镇渔岛路 218 号			邮政编码	264309
企业类型	进出口货物收发货人	注册日期	1994.11.11	注册资本	7500 万人民币
评定时间	2008.12.3	报关有效期	2014.8.27	所属海关	青岛海关
法定代表人	于建洋		电话	0631-7368888	
日常联系人	车明键		电话	0631-7519666	
主营范围	菜类、肉类、鱼类、面类食品的加工与销售（食品卫生许可证有效期至 2013 年 5 月 25 日）。				

企业名称	固铂成山（山东）轮胎有限公司			海关编码	3727931248
通讯地址	山东省荣成市南山北路 98 号			邮政编码	264300
企业类型	进出口货物收发货人	注册日期	2006.1.12	注册资本	7680 万美元
评定时间	2008.12.4	报关有效期	2014.8.25	所属海关	青岛海关
法定代表人	Allen Tsaur		电话	0631-7518820	
日常联系人	马永华		电话	0631-7523222	
主营范围	设计、开发、生产和销售载重子午胎、普通结构轮胎、半钢子午线客车轮胎和半钢子午线轻型卡车轮胎及相关产品，为上述产品提供技术支持和服务。（涉及需审批、许可经营的，凭有效许可证件经营。）				

企业名称	荣成伽耶船业有限公司			海关编码	3727941059
通讯地址	山东省荣成市俚岛镇驻地			邮政编码	264317
企业类型	进出口货物收发货人	注册日期	2004.5.12	注册资本	2980 万美元
评定时间	2008.12.3	报关有效期	2014.2.14	所属海关	青岛海关
法定代表人	闵庚焕		电话	0631-7737130	
日常联系人	徐薇		电话	0631-7737130	
主营范围	船舶、船舶部件及钢结构的设计、制造、销售（不包括特种船和高性能船）及船舶检修。				

企业名称	三星重工业（荣成）有限公司			海关编码	3727941279
通讯地址	山东省荣成市俚岛镇草岛寨			邮政编码	264317
企业类型	进出口货物收发货人	注册日期	2006.5.23	注册资本	14730万美元
评定时间	2010.4.23	报关有效期	2012.2.18	所属海关	青岛海关
法定代表人	朴柱元		电话	0631-7737000	
日常联系人	孙永富		电话	0631-7737000	
主营范围	制造船体分段和相关产品（含钢制结构物），研发中心（自动化水平、焊接技术、涂装技术、舾装技术及其他相关领域开发），船舶用材料加工及其产品配送，制造工作水深大于600米的浮式钻井系统及海上石油钻采相关设备。				

企业名称	青岛贵华针织有限公司			海关编码	3728931789
通讯地址	山东省青岛即墨市贵华路7号			邮政编码	266200
企业类型	进出口货物收发货人	注册日期	1993.10.18	注册资本	1057万美元
评定时间	2008.12.4	报关有效期	2014.10.17	所属海关	青岛海关
法定代表人	宫成安		电话	0532-88513718	
日常联系人	宋显俊		电话	0532-88513718	
主营范围	生产缝制品及针织面料。				

企业名称	青岛三湖制鞋有限公司			海关编码	3728941164
通讯地址	山东省青岛即墨市兰村镇府前街4号			邮政编码	266232
企业类型	进出口货物收发货人	注册日期	1993.3.18	注册资本	2117万美元
评定时间	2008.12.4	报关有效期	2014.2.14	所属海关	青岛海关
法定代表人	朴渊九		电话	0532-82590101	
日常联系人	张桂金		电话	0532-82591640	
主营范围	生产、销售鞋帮、鞋底、鞋附件及成品鞋和鞋模具。				

<table>
<tr><td>企业名称</td><td colspan="3">青岛亚是加食品有限公司</td><td>海关编码</td><td>3728941305</td></tr>
<tr><td>通讯地址</td><td colspan="3">山东省青岛即墨市烟青路 300 号</td><td>邮政编码</td><td>266200</td></tr>
<tr><td>企业类型</td><td>进出口货物收发货人</td><td>注册日期</td><td>2008.9.5</td><td>注册资本</td><td>573 万美元</td></tr>
<tr><td>评定时间</td><td>2008.12.12</td><td>报关有效期</td><td>2014.8.9</td><td>所属海关</td><td>青岛海关</td></tr>
<tr><td>法定代表人</td><td colspan="2">香川雅司</td><td>电话</td><td colspan="2">0532-88531937</td></tr>
<tr><td>日常联系人</td><td colspan="2">江敦亮</td><td>电话</td><td colspan="2">0532-85550208</td></tr>
<tr><td>主营范围</td><td colspan="5">生产加工蔬菜、预制水产品、熟制水产品、预制肉制品、熟制肉制品、面制品、米制品、蛋制品及冷冻冷藏，允许收购出口食品包装用纸箱、塑料制品及食品加工调理机械(不含出口配额、许可证管理产品，卫生许可证有效期到 2011 年 6 月 13 日。（以上范围需经许可经营的，凭许可证经营。）</td></tr>
</table>

<table>
<tr><td>企业名称</td><td colspan="3">青岛永元体育用品有限公司</td><td>海关编码</td><td>3728945185</td></tr>
<tr><td>通讯地址</td><td colspan="3">山东省青岛即墨市崂山一路 97 号</td><td>邮政编码</td><td>266200</td></tr>
<tr><td>企业类型</td><td>进出口货物收发货人</td><td>注册日期</td><td>2001.4.4</td><td>注册资本</td><td>2500 万美元</td></tr>
<tr><td>评定时间</td><td>2008.12.3</td><td>报关有效期</td><td>2014.2.11</td><td>所属海关</td><td>青岛海关</td></tr>
<tr><td>法定代表人</td><td colspan="2">成耆鹤</td><td>电话</td><td colspan="2">0532-88504500</td></tr>
<tr><td>日常联系人</td><td colspan="2">艾春影</td><td>电话</td><td colspan="2">0532-88504173</td></tr>
<tr><td>主营范围</td><td colspan="5">生产、销售、经营、加工运动服、鞋帽、手套、包等体育用品。</td></tr>
</table>

<table>
<tr><td>企业名称</td><td colspan="3">青岛高丽钢线有限公司</td><td>海关编码</td><td>3728945388</td></tr>
<tr><td>通讯地址</td><td colspan="3">山东省青岛即墨市青威路北城西四路西</td><td>邮政编码</td><td>266200</td></tr>
<tr><td>企业类型</td><td>进出口货物收发货人</td><td>注册日期</td><td>2001.11.29</td><td>注册资本</td><td>4300 万美元</td></tr>
<tr><td>评定时间</td><td>2008.12.4</td><td>报关有效期</td><td>2014.10.13</td><td>所属海关</td><td>青岛海关</td></tr>
<tr><td>法定代表人</td><td colspan="2">韩相德</td><td>电话</td><td colspan="2">0532-88590118</td></tr>
<tr><td>日常联系人</td><td colspan="2">辛明彬</td><td>电话</td><td colspan="2">0532-87569252</td></tr>
<tr><td>主营范围</td><td colspan="5">生产、销售子午线轮胎用钢丝帘线等特种钢丝新材料。</td></tr>
</table>

企业名称	创新科技（山东青岛）有限公司			海关编码	3728945917
通讯地址	山东省青岛即墨市省级高新技术产业开发区创新 1 路 1 号			邮政编码	266216
企业类型	进出口货物收发货人	注册日期	2002.8.26	注册资本	1460 万美元
评定时间	2008.12.4	报关有效期	2014.3.8	所属海关	青岛海关
法定代表人	刘镇鹏		电话	0532-84560333	
日常联系人	矫学群		电话	0532-84560333	
主营范围	设计、开发、生产电子计算机周边、电子通讯、数字多媒体产品及设备，货物进出口。				

企业名称	青岛即发进出口有限公司			海关编码	3728954209
通讯地址	山东省青岛即墨市城北三路 4 号			邮政编码	266221
企业类型	进出口货物收发货人	注册日期	1997.12.16	注册资本	1000 万人民币
评定时间	2008.12.4	报关有效期	2011.12.15	所属海关	青岛海关
法定代表人	陈玉兰		电话	0532-85918210	
日常联系人	周学宗		电话	0532-85918213	
主营范围	经营和代理各类商品和技术的进出口业务，但国家限定公司经营或禁止进出口的商品和技术除外。				

企业名称	青岛三莹电子有限公司			海关编码	3729943006
通讯地址	山东省平度外向型工业加工区			邮政编码	266700
企业类型	进出口货物收发货人	注册日期	1995.3.9	注册资本	4820 万美元
评定时间	2008.12.4	报关有效期	2014.2.21	所属海关	青岛海关
法定代表人	边东俊		电话	0532-88382040	
日常联系人	胡晗		电话	0532-85700180	
主营范围	生产加工新型电子元器件及其专用材料和电子专用设备，产品 50% 外销。				

企业名称	青岛华天车辆有限公司			海关编码	3752969668
通讯地址	山东省青岛胶南市隐珠镇工业园			邮政编码	266431
企业类型	进出口货物收发货人	注册日期	2011.5.26	注册资本	2360 万人民币
评定时间	2011.7.4	报关有效期	2014.5.26	所属海关	青岛海关
法定代表人	刘桂平		电话	0532–83196518	
日常联系人	刘珂君		电话	0532–83196518	
主营范围	生产手推车系列产品（包括金属制品、塑料制品、橡胶制品、木制品及包装制品），机械制造，货物进出口。（以上范围需经许可经营的，凭许可证经营。）				

企业名称	河南省中原内配股份有限公司			海关编码	4108910005
通讯地址	河南省孟州市韩愈大街 146 号			邮政编码	454750
企业类型	进出口货物收发货人	注册日期	1994.1.10	注册资本	9251 万人民币
评定时间	2011.5.27	报关有效期	2014.1.10	所属海关	郑州海关
法定代表人	薛德龙		电话	0391–8190221	
日常联系人	赵飞		电话	0391–8199299	
主营范围	经营本企业自产产品及技术的进出口业务，经营本企业生产、科研所需的原辅材料、机械设备、仪器仪表、零配件及相关技术的进口业务，经营本企业的进料加工和“三来一补”业务。				

企业名称	河南粮油食品进出口集团有限责任公司			海关编码	4101910013
通讯地址	河南省郑州市经七路 23 号			邮政编码	450002
企业类型	进出口货物收发货人	注册日期	1993.1.11	注册资本	10000 万人民币
评定时间	2008.11.19	报关有效期	2014.1.11	所属海关	郑州海关
法定代表人	司胜利		电话	0371–63617888	
日常联系人	姚清波		电话	0371–63616998	
主营范围	自营和代理各类商品及技术的进出口业务［国家限定公司经营或禁止进出口的商品及技术除外（不另附进出口商品目录），国家规定的专营进出口商品和国家禁止进出口等特殊商品除外］，经营进料加工和“三来一补”业务，经营对销贸易和转口贸易。				

<table>
<tr><td>企业名称</td><td colspan="3">舞阳钢铁有限责任公司</td><td>海关编码</td><td>4104910010</td></tr>
<tr><td>通讯地址</td><td colspan="3">河南省舞阳市湖滨大道西段</td><td>邮政编码</td><td>462500</td></tr>
<tr><td>企业类型</td><td>进出口货物收发货人</td><td>注册日期</td><td>1996.4.4</td><td>注册资本</td><td>233477 万人民币</td></tr>
<tr><td>评定时间</td><td>2008.11.19</td><td>报关有效期</td><td>2014.4.4</td><td>所属海关</td><td>郑州海关</td></tr>
<tr><td>法定代表人</td><td colspan="2">杨成文</td><td>电话</td><td colspan="2">0375-8111139</td></tr>
<tr><td>日常联系人</td><td colspan="2">王玲华</td><td>电话</td><td colspan="2">0375-8111887</td></tr>
<tr><td>主营范围</td><td colspan="5">黑色金属冶炼及压延加工，冶金炉料，工程建筑等。</td></tr>
</table>

<table>
<tr><td>企业名称</td><td colspan="3">新乡化纤股份有限公司</td><td>海关编码</td><td>4107910045</td></tr>
<tr><td>通讯地址</td><td colspan="3">河南省新乡市凤泉区锦园路</td><td>邮政编码</td><td>453011</td></tr>
<tr><td>企业类型</td><td>进出口货物收发货人</td><td>注册日期</td><td>2000.4.6</td><td>注册资本</td><td>63786 万人民币</td></tr>
<tr><td>评定时间</td><td>2011.2.22</td><td>报关有效期</td><td>2014.4.6</td><td>所属海关</td><td>郑州海关</td></tr>
<tr><td>法定代表人</td><td colspan="2">陈玉林</td><td>电话</td><td colspan="2">0373-3978888</td></tr>
<tr><td>日常联系人</td><td colspan="2">陈纪章</td><td>电话</td><td colspan="2">0373-3978941</td></tr>
<tr><td>主营范围</td><td colspan="5">经营本企业自产产品及相关技术的进出口业务，经营本企业生产、科研所需的原辅材料、机械设备、仪器仪表、零配件及相关技术的进口业务，经营本企业的进料加工和“三来一补”业务，粘胶纤维、合成纤维销售，纱、线、纺织品的制造、染整等深加工和销售，花岗岩板材加工、销售，副产品元明粉的销售。（以上涉及国家专项规定的，凭有关证书经营。）</td></tr>
</table>

<table>
<tr><td>企业名称</td><td colspan="3">河南豫光金铅股份有限公司</td><td>海关编码</td><td>4120910015</td></tr>
<tr><td>通讯地址</td><td colspan="3">河南省济源市荆梁南街 1 号</td><td>邮政编码</td><td>454650</td></tr>
<tr><td>企业类型</td><td>进出口货物收发货人</td><td>注册日期</td><td>2001.1.15</td><td>注册资本</td><td>29525 万人民币</td></tr>
<tr><td>评定时间</td><td>2008.12.22</td><td>报关有效期</td><td>2014.5.16</td><td>所属海关</td><td>郑州海关</td></tr>
<tr><td>法定代表人</td><td colspan="2">杨安国</td><td>电话</td><td colspan="2">0391-6665991</td></tr>
<tr><td>日常联系人</td><td colspan="2">刘建明</td><td>电话</td><td colspan="2">0391-6665808</td></tr>
<tr><td>主营范围</td><td colspan="5">有色金属冶炼及经营（国家有专项审批的除外），化工原料（不含化学危险品及易燃易爆品）销售，贵金属冶炼（以上范围按国家有关规定），经营本企业自产产品的进出口业务，经营本企业生产、科研所需的原辅材料、机械设备、仪器仪表及零配件的进口业务，商品及技术的进出口业务，从事境外期货套期保值业务，硫酸、氧（压缩的）、氮（压缩的）、氧（液化的）、氩（液化的）生产、销售（凭许可证经营）。</td></tr>
</table>

<table>
<tr><td>企业名称</td><td colspan="3">风神轮胎股份有限公司</td><td>海关编码</td><td>4108910001</td></tr>
<tr><td>通讯地址</td><td colspan="3">河南省焦作市焦东南路 5 号</td><td>邮政编码</td><td>454003</td></tr>
<tr><td>企业类型</td><td>进出口货物收发货人</td><td>注册日期</td><td>1993.5.13</td><td>注册资本</td><td>37494 万人民币</td></tr>
<tr><td>评定时间</td><td>2008.11.19</td><td>报关有效期</td><td>2014.5.18</td><td>所属海关</td><td>郑州海关</td></tr>
<tr><td>法定代表人</td><td colspan="2">曹朝阳</td><td>电话</td><td colspan="2">0391-3999298</td></tr>
<tr><td>日常联系人</td><td colspan="2">胡博</td><td>电话</td><td colspan="2">0391-3999100</td></tr>
<tr><td>主营范围</td><td colspan="5">经营本企业生产的轮胎及相关技术的出口业务，经营本企业生产所需原辅材料、机械设备、零配件、仪器仪表及相关业务的进口业务，轮胎生产、销售。</td></tr>
</table>

<table>
<tr><td>企业名称</td><td colspan="3">河南中孚实业股份有限公司</td><td>海关编码</td><td>4101910125</td></tr>
<tr><td>通讯地址</td><td colspan="3">河南省巩义市新华路 31 号</td><td>邮政编码</td><td>451250</td></tr>
<tr><td>企业类型</td><td>进出口货物收发货人</td><td>注册日期</td><td>1997.7.4</td><td>注册资本</td><td>65725 万人民币</td></tr>
<tr><td>评定时间</td><td>2008.11.19</td><td>报关有效期</td><td>2014.7.4</td><td>所属海关</td><td>郑州海关</td></tr>
<tr><td>法定代表人</td><td colspan="2">贺怀钦</td><td>电话</td><td colspan="2">0371-64569099</td></tr>
<tr><td>日常联系人</td><td colspan="2">张宴瑞</td><td>电话</td><td colspan="2">0371-64569117</td></tr>
<tr><td>主营范围</td><td colspan="5">电解铝、铝材、碳素的生产、销售，城市集中供热，经营本企业自产产品及相关技术的出口业务，经营本企业生产、科研所需的原辅材料、机械设备、仪器仪表、零配件及相关技术的进口业务，经营本企业的进料加工和“三来一补”业务。（以上涉及专项许可的项目，凭许可证和有关批准文件经营。）</td></tr>
</table>

<table>
<tr><td>企业名称</td><td colspan="3">河南济源钢铁（集团）有限公司</td><td>海关编码</td><td>4120910008</td></tr>
<tr><td>通讯地址</td><td colspan="3">河南省济源市虎岭产业集聚区</td><td>邮政编码</td><td>454650</td></tr>
<tr><td>企业类型</td><td>进出口货物收发货人</td><td>注册日期</td><td>2000.7.18</td><td>注册资本</td><td>35000 万人民币</td></tr>
<tr><td>评定时间</td><td>2009.12.1</td><td>报关有效期</td><td>2014.7.18</td><td>所属海关</td><td>郑州海关</td></tr>
<tr><td>法定代表人</td><td colspan="2">李玉田</td><td>电话</td><td colspan="2">0391-6688001</td></tr>
<tr><td>日常联系人</td><td colspan="2">岳鸿伟</td><td>电话</td><td colspan="2">0391-6688164</td></tr>
<tr><td>主营范围</td><td colspan="5">经营本企业自产产品及相关技术的出口业务，但国家限定公司经营或禁止进出口的商品及技术除外（不另附进出口商品目录）。</td></tr>
</table>

企业名称	河南平高东芝高压开关有限公司			海关编码	4104930131
通讯地址	河南省平顶山市建设路东段			邮政编码	467000
企业类型	进出口货物收发货人	注册日期	2000.12.21	注册资本	2500万美元
评定时间	2010.4.15	报关有效期	2011.12.21	所属海关	郑州海关
法定代表人	庞庆平		电话	0375-3988811	
日常联系人	孙景平		电话	0375-3988836	
主营范围	从事各种单体罐式SF6断路器及复合式气体绝缘开关及SF6封闭组合电器的设计、装配、试验，销售自产产品及零部件。				

企业名称	河南新飞电器有限公司			海关编码	4107930203
通讯地址	河南省沂新乡市北干道370号			邮政编码	453002
企业类型	进出口货物收发货人	注册日期	1996.4.10	注册资本	66863万人民币
评定时间	2009.11.6	报关有效期	2014.4.10	所属海关	郑州海关
法定代表人	阮健平		电话	0373-3371111	
日常联系人	卫春玲		电话	0373-3371684	
主营范围	电冰箱、电冰柜等系列电器产品的制造、销售，空调器、洗衣机、小家电等系列电器产品的委托制造和销售。				

企业名称	许昌希瑞斯工艺发制品有限公司			海关编码	4110930114
通讯地址	河南省许昌市管庄村			邮政编码	461000
企业类型	进出口货物收发货人	注册日期	1998.6.1	注册资本	315万人民币
评定时间	2010.10.15	报关有效期	2014.6.1	所属海关	郑州海关
法定代表人	牛俊茂		电话	0374-4367055	
日常联系人	王应民		电话	0374-4367055	
主营范围	生产工艺发制品及半成品，销售自产产品。				

企业名称	河南瑞美真发股份有限公司			海关编码	4110930120
通讯地址	河南省许昌市许由路 69 号			邮政编码	461000
企业类型	进出口货物收发货人	注册日期	1999.8.2	注册资本	7500 万人民币
评定时间	2011.9.29	报关有效期	2014.8.2	所属海关	郑州海关
法定代表人	张曦鹤		电话	0374-8561858	
日常联系人	胡蓓		电话	0374-8561858	
主营范围	生产、销售各种人发、化纤发制品。				

企业名称	河南新飞家电有限公司			海关编码	4107930136
通讯地址	河南省新乡市开发区风华路 16 号街坊			邮政编码	453002
企业类型	进出口货物收发货人	注册日期	1994.9.22	注册资本	9900 万人民币
评定时间	2009.11.6	报关有效期	2014.9.22	所属海关	郑州海关
法定代表人	阮健平		电话	0373-3371111	
日常联系人	卫春玲		电话	0373-3371684	
主营范围	电冰箱、电冰柜、空调器、洗衣机、小家电等系列产品的制造与销售（涉及行政许可项目的凭许可证经营）。				

企业名称	河南豫光锌业有限公司			海关编码	4120930087
通讯地址	河南省济源市莲东村北			邮政编码	454650
企业类型	进出口货物收发货人	注册日期	2004.11.10	注册资本	10000 万人民币
评定时间	2008.12.22	报关有效期	2014.11.5	所属海关	郑州海关
法定代表人	李长军		电话	0391-6665808	
日常联系人	刘建明		电话	0391-6665808	
主营范围	锌冶炼及副产品硫酸、海绵镉、锌合金综合利用。				

企业名称	郑州日产汽车有限公司			海关编码	4101931172
通讯地址	河南省郑州市经济技术开发区航海东路陇海东路1405号			邮政编码	450016
企业类型	进出口货物收发货人	注册日期	1997.7.10	注册资本	129000万人民币
评定时间	2008.12.22	报关有效期	2014.6.6	所属海关	郑州海关
法定代表人	朱福寿		电话	0371-66033930	
日常联系人	杨红霞		电话	0371-66033612	
主营范围	生产日产皮卡车、EQ1060轻型载货汽车及其变型车、改装车，产品销售、维修、配件销售和技术服务。				

企业名称	焦作隆丰皮草企业有限公司			海关编码	4108940244
通讯地址	河南省孟州市西工业区5号			邮政编码	454751
企业类型	进出口货物收发货人	注册日期	2008.6.24	注册资本	35000万人民币
评定时间	2010.8.25	报关有效期	2014.6.24	所属海关	郑州海关
法定代表人	王和平		电话	0391-8511111	
日常联系人	许东峰		电话	0391-8518867	
主营范围	生产、销售裘皮革制品。				

企业名称	河南瑞贝卡发制品股份有限公司			海关编码	4110950016
通讯地址	河南省许昌县瑞贝卡大道666号			邮政编码	461100
企业类型	进出口货物收发货人	注册日期	2000.2.16	注册资本	78610万人民币
评定时间	2010.1.21	报关有效期	2014.2.16	所属海关	郑州海关
法定代表人	郑有全		电话	0374-5136999	
日常联系人	李静		电话	0374-5136597	
主营范围	生产、销售发制品系列产品及技术服务，经营本企业自产产品及技术的出口业务，经营本企业生产、科研所需的原辅材料、机械设备、仪器仪表、零配件及相关技术的进口业务，经营本企业的进料加工和“三来一补”业务。				

企业名称	许昌冰洋实业有限公司			海关编码	4110950074
通讯地址	河南省许昌市经济技术开发区			邮政编码	461000
企业类型	进出口货物收发货人	注册日期	2003.3.31	注册资本	4015 万人民币
评定时间	2010.10.28	报关有效期	2014.4.1	所属海关	郑州海关
法定代表人	白振杰		电话	0374-3188999	
日常联系人	刘莹		电话	0374-3181111	
主营范围	经营本企业自产产品及技术的出口业务和本企业所需的机械设备、零配件、原辅材料及技术的进口业务，但国家限定公司经营或禁止进出口的商品及技术除外。				

企业名称	多氟多化工股份有限公司			海关编码	4108950107
通讯地址	河南省焦作市中站区焦克路南侧			邮政编码	454191
企业类型	进出口货物收发货人	注册日期	2001.5.29	注册资本	13910 万人民币
评定时间	2011.8.26	报关有效期	2014.5.29	所属海关	郑州海关
法定代表人	李世江		电话	0391-2802245	
日常联系人	侯中建		电话	0391-2956980	
主营范围	无机盐、无机酸、助剂、合金材料及制品的生产，自营进出口业务。				

企业名称	河南平高电气股份有限公司			海关编码	4104950054
通讯地址	河南省平顶山市南环东路 22 号			邮政编码	467001
企业类型	进出口货物收发货人	注册日期	2004.6.4	注册资本	81896 万人民币
评定时间	2010.10.28	报关有效期	2014.6.4	所属海关	郑州海关
法定代表人	魏光林		电话	0375-3804009	
日常联系人	张顺利		电话	0375-3804101	
主营范围	制造、销售高压开关设备、控制设备及其配件（按国家有关规定），咨询服务（国家专项规定的除外），经营本企业自产产品及相关技术的出口业务（国家限定公司经营或禁止进出口的商品及技术除外）。				

企业名称	河南省国贸招标有限公司			海关编码	4101950566
通讯地址	河南省郑州市文化路 115 号			邮政编码	450003
企业类型	进出口货物收发货人	注册日期	2003.8.1	注册资本	1051 万人民币
评定时间	2009.11.27	报关有效期	2014.8.4	所属海关	郑州海关
法定代表人	高洪敏		电话	0371-69131992	
日常联系人	张晓程		电话	0371-69131997	
主营范围	招标代理、工程设计、项目管理、造价咨询、工程监理、科技信息服务、国际进出口贸易、国内贸易。				

企业名称	河南中旭国际招标有限公司			海关编码	4101950587
通讯地址	河南省郑州市金水区经三路 66 号 1 号楼 1703 号			邮政编码	450008
企业类型	进出口货物收发货人	注册日期	2003.9.4	注册资本	1001 万人民币
评定时间	2011.9.29	报关有效期	2014.9.4	所属海关	郑州海关
法定代表人	李核		电话	0371-65862087	
日常联系人	靳肖肖		电话	0371-65861987	
主营范围	自营和代理各类商品及技术的进出口，但国家限定公司经营或禁止进出口的商品及技术除外。				

企业名称	许昌恒源发制品股份有限公司			海关编码	4110960303
通讯地址	河南省许昌市经济技术开发区			邮政编码	461000
企业类型	进出口货物收发货人	注册日期	2009.2.4	注册资本	10200 万美元
评定时间	2009.4.20	报关有效期	2012.2.4	所属海关	郑州海关
法定代表人	赵见栓		电话	0374-8316989	
日常联系人	曾云梅		电话	0374-8582101	
主营范围	人发制品、假发制品及其他附属产品的生产、销售，自营本企业自产产品的出口业务，自营本企业生产、加工、科研所需的机械设备、零配件、发制品原辅材料的进口业务，经营本企业的进料加工和“三来一补”贸易业务，各类发制品原辅材料的国内营销。（以上范围凭备案文件经营。）				

企业名称	河南君元发业有限公司			海关编码	4110960250
通讯地址	河南省许昌市魏都区民营科技园区发制品小区			邮政编码	461000
企业类型	进出口货物收发货人	注册日期	2008.1.9	注册资本	1200 万人民币
评定时间	2011.7.22	报关有效期	2014.1.9	所属海关	郑州海关
法定代表人	张军照		电话	0374-8389911	
日常联系人	陈遂晨		电话	0374-8386777	
主营范围	发制品及系列产品的生产、销售和技术服务，经营本企业自产产品及相关技术的出口业务（凭备案文件经营）。				

企业名称	河南阳光国际贸易有限公司			海关编码	4101961059
通讯地址	河南省郑州市经七路 23 号			邮政编码	450002
企业类型	进出口货物收发货人	注册日期	2004.12.24	注册资本	1000 万人民币
评定时间	2011.2.22	报关有效期	2011.12.24	所属海关	郑州海关
法定代表人	郭文胜		电话	0371-63617727	
日常联系人	李素云		电话	0371-63617729	
主营范围	自营和代理各类商品及技术进出口业务（国家规定的专营进出口商品和国家禁止进出口商品除外），对销、转口贸易，销售农副产品（国家专控商品除外）、饲料、畜牧产品。				

企业名称	中信重工机械股份有限公司			海关编码	4103910620
通讯地址	河南省洛阳市涧西区建设路 206 号			邮政编码	471039
企业类型	进出口货物收发货人	注册日期	2008.2.25	注册资本	205500 万人民币
评定时间	2011.2.22	报关有效期	2014.1.21	所属海关	郑州海关
法定代表人	任沁新		电话	0379-64088888	
日常联系人	吴小东		电话	0379-64088648	
主营范围	重型成套机械设备及零部件、铸锻件的设计、制造、销售，承包境外与出口自产设备相关的工程和境内国际招标工程，承包境外机械工程的勘测、咨询、设计和监理上述境外工程所需的设备、材料出口，从事货物和技术进出口业务（国家法律、法规规定应经审批许可经营或禁止进出口的货物和技术除外），对外派遣实施上述境外工程所需的劳务人员。（以上项目国家有专项规定的除外。）				

企业名称	河南豫港龙泉铝业有限公司			海关编码	4103920304
通讯地址	河南省伊川县水寨镇			邮政编码	471316
企业类型	进出口货物收发货人	注册日期	2002.1.24	注册资本	63000 万人民币
评定时间	2010.10.28	报关有效期	2014.2.22	所属海关	郑州海关
法定代表人	吴君芝	电话	0379-68311602		
日常联系人	范卫国	电话	0379-68316152		
主营范围	生产合金铝、电解铝产品，销售自产产品。				

企业名称	南阳防爆集团股份有限公司			海关编码	4116910022
通讯地址	河南省南阳市仲景北路 22 号			邮政编码	473008
企业类型	进出口货物收发货人	注册日期	1996.11.4	注册资本	33000 万人民币
评定时间	2009.2.16	报关有效期	2011.11.4	所属海关	郑州海关
法定代表人	魏华钧	电话	0377-63259201		
日常联系人	宋淑军	电话	0377-63258349		
主营范围	防爆电机、普通电机、核级电机、防爆发电机、汽轮发电机、电动发电机、风力发电机、防爆风机、普通风机、防爆电器及其配套产品研发、制造、销售、修理、技术咨询、服务、成套机电设备安装（上述项目涉及许可项目的凭有效许可证经营，未获审批前不得经营），从事货物和技术进出口业务（国家法律、法规规定应经审批方可经营或禁止进出口的货物和技术除外）。				

企业名称	乐凯华光印刷科技有限公司			海关编码	4116910038
通讯地址	河南省南阳车站南路 718 号			邮政编码	473003
企业类型	进出口货物收发货人	注册日期	1997.10.23	注册资本	6000 万人民币
评定时间	2011.2.23	报关有效期	2013.6.3	所属海关	郑州海关
法定代表人	滕方迁	电话	0377-63862868		
日常联系人	张义谦	电话	0377-63863160		
主营范围	经营本企业自产产品及技术的出口业务，代理出口将本企业自行研制开发的技术转让给其他企业所生产的产品，承办中外合资经营、合作生产及开展“三来一补”业务，经营本企业生产、科研所需要的原辅材料、机械设备、仪器仪表、备品备件、零配件及技术的进口业务。				

企业名称	南阳木兰花家纺股份有限公司			海关编码	4116910009
通讯地址	河南省南阳市伏牛路南段（生态工业园）			邮政编码	473006
企业类型	进出口货物收发货人	注册日期	1994.1.18	注册资本	1092 万人民币
评定时间	2008.11.19	报关有效期	2013.12.13	所属海关	郑州海关
法定代表人	李晓阳		电话	0377-67011020	
日常联系人	胡英展		电话	0377-63125868	
主营范围	生产、销售家用纺织品、纯棉布、化纤布、各类巾被系列产品，从事货物和技术进出口业务（国家法律、法规规定应经审批方可经营或禁止进出口的货物和技术除外）。				

企业名称	河南天冠企业集团有限公司			海关编码	4116910048
通讯地址	河南省南阳市建设东路 16 号			邮政编码	473000
企业类型	进出口货物收发货人	注册日期	1993.2.2	注册资本	17424 万人民币
评定时间	2010.3.2	报关有效期	2014.2.24	所属海关	郑州海关
法定代表人	张晓阳		电话	0377-63026688	
日常联系人	万清建		电话	0377-63036808	
主营范围	销售化工产品（不含易燃易爆危险品），经营本企业和本企业成员企业自产产品及相关技术的出口业务，经营本企业和本企业成员企业生产、科研所需的原辅材料、机械设备、仪器仪表、零配件及相关技术的进口业务，经营本企业的进料加工和“三来一补”业务。				

企业名称	安钢集团信阳钢铁有限责任公司			海关编码	4117910020
通讯地址	河南省信阳市明港镇新民路 34 号			邮政编码	464194
企业类型	进出口货物收发货人	注册日期	2000.3.27	注册资本	21067 万人民币
评定时间	2010.3.2	报关有效期	2014.3.27	所属海关	郑州海关
法定代表人	何殿洲		电话	0376-8672458	
日常联系人	王涛		电话	0376-8672582	
主营范围	生铁、钢坯、钢材、水泥、水渣、铁合金、机加工产品的生产和经营，汽车及运输、汽车配件及修理、住宿等三项分支机构经营，冶金器械维修，技术开发、咨询及培训，电子产品，经营本企业自产产品及相关技术的出口业务，经营本企业生产、科研所需的原辅材料、机械设备、仪器仪表、零配件及相关技术的进口业务（国家限定公司经营和国家禁止进出口的商品及技术除外），经营本企业的进料加工和“三来一补”业务，氧气、氮气回收（涉及许可证项目凭证经营）。				

企业名称	南阳二机石油装备（集团）有限公司			海关编码	4116930338
通讯地址	河南省南阳市中州西路 869 号			邮政编码	473006
企业类型	进出口货物收发货人	注册日期	2008.6.3	注册资本	13569 万人民币
评定时间	2011.5.10	报关有效期	2014.6.2	所属海关	郑州海关
法定代表人	杨汉立		电话	0377-63577218	
日常联系人	宋刚		电话	0377-63577397	
主营范围	石油钻采设备及配件、通用设备及配件的生产和销售，专业车辆改装、石油机械修理，自产设备及相关技术的出口，生产、科研所需原材料、设备、配件及技术的进出口业务，电缆金属矿产品检验，住宿、餐饮（仅供分支机构使用）。				

企业名称	利达光电股份有限公司			海关编码	4116930190
通讯地址	河南省南阳市工业南路 508 号			邮政编码	473003
企业类型	进出口货物收发货人	注册日期	1995.7.7	注册资本	19924 万人民币
评定时间	2008.11.19	报关有效期	2014.7.7	所属海关	郑州海关
法定代表人	张守启		电话	0377-63865508	
日常联系人	张培建		电话	0377-63865135	
主营范围	光学零件、光学薄膜、光敏电阻、光学镜头、光学引擎、光学辅料、光电仪器及相关产品的研发、生产、销售和售后服务。				

企业名称	南阳汉冶特钢有限公司			海关编码	4116950187
通讯地址	河南省南阳市西峡县回车镇古庄河村			邮政编码	474500
企业类型	进出口货物收发货人	注册日期	2005.2.1	注册资本	60000 万人民币
评定时间	2011.5.27	报关有效期	2012.2.1	所属海关	郑州海关
法定代表人	朱书成		电话	0377-69688202	
日常联系人	张柯		电话	0377-60108518	
主营范围	黑色金属冶炼，钢铁加工，制造、销售、自营和代理各类商品及技术的进出口业务，但国家限定经营或禁止进出口的商品及技术除外（不另附商品进出口目录）。				

企业名称	中国石化集团中原石油勘探局			海关编码	4109910002
通讯地址	河南省濮阳市中原路			邮政编码	457001
企业类型	进出口货物收发货人	注册日期	1996.1.4	注册资本	50000 万美元
评定时间	2008.11.19	报关有效期	2014.3.9	所属海关	郑州海关
法定代表人	孔凡群		电话	0393-4823311	
日常联系人	许文茂		电话	0393-4821054	
主营范围	主营石油天然气及矿藏的勘探、开发、加工、综合利用和产品销售，石油物资和化工产品的制造、加工、销售，技术服务，客货运输，自产、境外工程所需品及技术出口，原辅材料、机械设备、仪器仪表、零配件及技术进口，承办“三来一补”，兼营承包境内外国际招标工程，对外派遣劳务，海外举办企业，住宿、餐饮、星级酒店配套服务（限分支机构）。				

企业名称	安钢集团国际贸易有限责任公司			海关编码	4105910087
通讯地址	河南省安阳市铁西区			邮政编码	455004
企业类型	进出口货物收发货人	注册日期	2001.11.23	注册资本	2000 万人民币
评定时间	2010.7.16	报关有效期	2011.12.17	所属海关	郑州海关
法定代表人	赵文忠		电话	0372-3122218	
日常联系人	魏晓亮		电话	0372-3122546	
主营范围	铁矿产品、冶金产品（法律、法规规定需专项审批的除外）、机械设备、电子仪器、仪表、汽车配件、五金交电、废旧金属回收，自营和代理各类商品及技术进出口的业务（国家限定公司经营或禁止进出口的商品及技术除外），经营进料加工和“三来一补”业务、对销贸易和转口贸易、煤炭（凭有效证书经营）。				

企业名称	安阳钢铁股份有限公司			海关编码	4105910142
通讯地址	河南省安阳市殷都区梅元庄			邮政编码	455004
企业类型	进出口货物收发货人	注册日期	2003.8.26	注册资本	134549 万人民币
评定时间	2010.7.16	报关有效期	2011.12.17	所属海关	郑州海关
法定代表人	王子亮		电话	0372-3121628	
日常联系人	魏晓亮		电话	0372-3120237	
主营范围	生产和经营冶金产品、副产品、钢铁延伸产品、无缝钢管、薄中板、冶金产品的原材料、化工产品（不含易燃易爆危险品），高速线材的销售，冶金技术开发、协作、咨询，实业投资（国家专项规定的除外），轧钢、炼钢、炼铁、烧结矿石球团，经营本企业自产产品的出口业务和本企业所需的机械设备、零配件、原辅材料的进口业务（国家限定公司经营或禁止进出口的商品及技术除外）。（以上涉及专项许可的项目，凭许可证和有关批准文件经营。）				

企业名称	河南凯瑞数码股份有限公司			海关编码	4105930164
通讯地址	河南省安阳市高新技术产业开发区海河大道			邮政编码	455000
企业类型	进出口货物收发货人	注册日期	2011.4.2	注册资本	36620 万人民币
评定时间	2011.5.25	报关有效期	2014.4.2	所属海关	郑州海关
法定代表人	刘惠森		电话	0372-2595989	
日常联系人	唐德智		电话	0372-2595989	
主营范围	生产可录类光盘。				

企业名称	安阳市豫北金铅有限责任公司			海关编码	4105950063
通讯地址	河南省安阳市宝莲寺镇南田村			邮政编码	455131
企业类型	进出口货物收发货人	注册日期	2001.3.29	注册资本	3000 万人民币
评定时间	2008.11.19	报关有效期	2012.6.22	所属海关	郑州海关
法定代表人	唐成河		电话	0372-2748563	
日常联系人	张爱恒		电话	0372-2748563	
主营范围	回收处理旧铅蓄电池（凭有效许可证经营），生产、销售电解铅及其他附属产品，出口本企业自产的电解铅，进口科研所需的原辅材料、机械设备（凭进出口企业资格证书，未取得许可证前不得经营），销售黄金、白银。				

企业名称	濮阳濮耐高温材料（集团）股份有限公司			海关编码	4109950063
通讯地址	河南省濮阳县西环路中段			邮政编码	457100
企业类型	进出口货物收发货人	注册日期	2002.4.29	注册资本	56189 万人民币
评定时间	2011.2.23	报关有效期	2012.8.30	所属海关	郑州海关
法定代表人	刘百宽		电话	0393-8776666-21006	
日常联系人	辛小花		电话	0393-8776666-21638	
主营范围	生产、销售耐火材料原料和制品、功能陶瓷材料、高温结构材料、水泥及建筑材料、冶金炉料及其他冶金配套产品、功能耐材机构和配套施工机械设备，技术转让、设计安装、施工技术服务及出口业务，进口本企业生产、科研所需的原材料、机械设备、仪器仪表及零配件（国家实行核定的进口商品除外），经营来料加工和“三来一补”业务。				

企业名称	河南神火集团有限公司			海关编码	4113910018
通讯地址	河南省商丘市永城市新城区光明路			邮政编码	476600
企业类型	进出口货物收发货人	注册日期	1999.3.23	注册资本	112575 万人民币
评定时间	2010.10.28	报关有效期	2014.3.23	所属海关	郑州海关
法定代表人	李崇		电话	0370-5113726	
日常联系人	张海珍		电话	0370-2710676	
主营范围	法律、法规禁止的，不得经营；法律、法规规定经审批的，未获批准前不得经营；未规定审批的，自主选择经营项目，开展经营活动。				

企业名称	益海（周口）粮油工业有限公司			海关编码	4114930174
通讯地址	河南省周口市工农路南段 20 号			邮政编码	466000
企业类型	进出口货物收发货人	注册日期	2000.10.26	注册资本	6800 万人民币
评定时间	2009.9.9	报关有效期	2011.10.24	所属海关	郑州海关
法定代表人	牛余新		电话	0394-8221857	
日常联系人	刘波		电话	0394-8373781	
主营范围	生产、销售粮油加工制品及其包装物品，新技术开发应用，面粉、大米和食用油产品的批发（国家有专项规定的按规定办理）。				

企业名称	漯河双汇进出口贸易有限责任公司			海关编码	4111930217
通讯地址	河南省漯河市召陵区双汇路 1 号			邮政编码	462000
企业类型	进出口货物收发货人	注册日期	2008.10.24	注册资本	837 万人民币
评定时间	2009.9.9	报关有效期	2014.9.16	所属海关	郑州海关
法定代表人	游牧		电话	0395-2676511	
日常联系人	盛夏捷		电话	0395-2676511	
主营范围	农产品、肉及肉制品（许可证有效期至 2010 年 5 月 14 日）、轻工业品、纺织品、非金属矿产品（不含煤炭等涉及专项行政审批产品）、化工产品（不含危险化学品、易制毒化学品及监控类化学品）、土畜干鲜产品、纸制品及木材制品、橡胶制品、包装制品、工艺品、机械设备、仪器仪表贸易业务，仓储，货物和技术进出口业务（国家限定公司经营或禁止进出口的货物和技术除外）。				

企业名称	特变电工衡阳变压器有限公司			海关编码	4304911061
通讯地址	湖南省衡阳市白沙洲			邮政编码	421007
企业类型	进出口货物收发货人	注册日期	2000.4.11	注册资本	143860 万人民币
评定时间	2010.12.13	报关有效期	2014.4.11	所属海关	长沙海关
法定代表人	李建华	电话		024-25698070	
日常联系人	胡芳	电话		0734-8498461	
主营范围	变压器、电抗器、互感器和中央空调的设计、制造、销售及安装维修服务，电力电子产品、高低压电器、机电产品、环保设备、橡胶制品的生产、销售，电力设备安装，饮食服务，公司内物业管理及维修服务，百货销售，园林绿化设计、施工，出口木质包装热处理。				

企业名称	湖南维胜科技电路板有限公司			海关编码	4301330027
通讯地址	湖南省长沙市经济技术开发东二路 10 号			邮政编码	410100
企业类型	进出口货物收发货人	注册日期	1994.1.4	注册资本	1700 万美元
评定时间	2009.2.27	报关有效期	2013.12.18	所属海关	长沙海关
法定代表人	莊世忠	电话		0731-82879960	
日常联系人	陆怡君	电话		0731-82879960	
主营范围	生产、销售自产的双面及多层印刷线路板、电子器件、印刷版设备和其他机电产品，电路板装配。				

企业名称	湖南维胜科技有限公司			海关编码	4301931755
通讯地址	湖南省长沙市经济技术开发区东二路 10 号			邮政编码	410100
企业类型	进出口货物收发货人	注册日期	2003.11.7	注册资本	500 万美元
评定时间	2009.2.27	报关有效期	2011.11.15	所属海关	长沙海关
法定代表人	冯所林	电话		0731-2870888	
日常联系人	王芬莉	电话		0731-2870888	
主营范围	生产扰性电路板，装配扰性板，自销与此相关的组装电子产品及上述产品。				

企业名称	湖南裳海迪瑞特制革服装有限公司			海关编码	4301931672
通讯地址	湖南省长沙市经济技术开发区四区四栋			邮政编码	400100
企业类型	进出口货物收发货人	注册日期	1999.3.25	注册资本	1000 万人民币
评定时间	2009.3.26	报关有效期	2014.3.25	所属海关	长沙海关
法定代表人	周建坤		电话	0731-86202191	
日常联系人	康柳		电话	0731-86202191	
主营范围	生产服装、皮革、皮革制品及产品自销。				

企业名称	湖南泰嘉新材料科技股份有限公司			海关编码	4301931839
通讯地址	湖南省台商投资区（望城）泰嘉路 68 号			邮政编码	410200
企业类型	进出口货物收发货人	注册日期	2005.6.30	注册资本	10000 万人民币
评定时间	2010.5.24	报关有效期	2014.6.30	所属海关	长沙海关
法定代表人	方鸿		电话	0731-88051648	
日常联系人	杨强林		电话	0731-88051648	
主营范围	双金属复合材料及其锯切产品的生产，锯床等机电一体化产品的研制、开发与生产，产品自销及进出口业务（不含进出口分销业务，涉及行政许可证经营的，凭许可证经营）。				

企业名称	蓝思科技股份有限公司			海关编码	4301931899
通讯地址	湖南省浏阳生物医药园蓝思科技园			邮政编码	410300
企业类型	进出口货物收发货人	注册日期	2008.11.7	注册资本	60000 万人民币
评定时间	2011.8.30	报关有效期	2014.11.7	所属海关	长沙海关
法定代表人	周群飞		电话	0731-83282488	
日常联系人	任雪华		电话	0731-83282488	
主营范围	研发、生产与销售光学镜片、玻璃制品、金属配件、TFT-LCD、PDP、OLED、FED 平板显示屏、3D 显示屏及显示屏材料制造、触控开关面板及模组。				

<table>
<tr><td>企业名称</td><td colspan="3">博世汽车部件（长沙）有限公司</td><td>海关编码</td><td>4301940511</td></tr>
<tr><td>通讯地址</td><td colspan="3">湖南省长沙市经济技术开发区漓湘中路 26 号</td><td>邮政编码</td><td>410100</td></tr>
<tr><td>企业类型</td><td>进出口货物收发货人</td><td>注册日期</td><td>2004.12.29</td><td>注册资本</td><td>6950 万美元</td></tr>
<tr><td>评定时间</td><td>2009.8.11</td><td>报关有效期</td><td>2011.12.29</td><td>所属海关</td><td>长沙海关</td></tr>
<tr><td>法定代表人</td><td colspan="2">Jose Mauro Mendes Pelosi</td><td>电话</td><td colspan="2">00497223822030</td></tr>
<tr><td>日常联系人</td><td colspan="2">舒采刚</td><td>电话</td><td colspan="2">0731-82929266</td></tr>
<tr><td>主营范围</td><td colspan="5">汽车部件、汽车电子设备系统的生产、研发、应用、销售，用于生产汽车部件及用于生产轻工、电动、包装、建筑、流体机械零部件的专用机器设备的生产、销售并提供相关的咨询和服务，以批发、零售方式在国内销售，进口和出口非自产的汽车部件、汽车电子设备系统，用于生产汽车部件及用于生产轻工、电动、包装、建筑、流体机械零部件的专用机器设备及同类产品并提供相关配套服务。</td></tr>
</table>

<table>
<tr><td>企业名称</td><td colspan="3">三一重工股份有限公司</td><td>海关编码</td><td>4301960006</td></tr>
<tr><td>通讯地址</td><td colspan="3">湖南省长沙市经济技术开发区</td><td>邮政编码</td><td>410100</td></tr>
<tr><td>企业类型</td><td>进出口货物收发货人</td><td>注册日期</td><td>1998.11.23</td><td>注册资本</td><td>241070 万人民币</td></tr>
<tr><td>评定时间</td><td>2008.10.20</td><td>报关有效期</td><td>2011.11.23</td><td>所属海关</td><td>长沙海关</td></tr>
<tr><td>法定代表人</td><td colspan="2">梁稳根</td><td>电话</td><td colspan="2">0731-4031888</td></tr>
<tr><td>日常联系人</td><td colspan="2">袁春燕</td><td>电话</td><td colspan="2">0731-4031596</td></tr>
<tr><td>主营范围</td><td colspan="5">建筑工程机械、起重机械、停车库、通用设备及机电设备的生产、销售与维修（其中特种设备制造需凭本企业行政许可），金属制品、橡胶制品及电子产品、钢丝增强液压橡胶软管和软管组合件的生产、销售，客车（不含小轿车）和改装车的制造与销售（凭审批机关许可文件经营），五金及法律法规允许的矿产品、金属材料的销售，提供建筑工程机械租赁服务，经营商品和技术的进出口业务（国家法律、法规禁止和限制的除外）。</td></tr>
</table>

<table>
<tr><td>企业名称</td><td colspan="3">湖南朝日五内衣有限公司</td><td>海关编码</td><td>4301940390</td></tr>
<tr><td>通讯地址</td><td colspan="3">湖南省长沙市雨花区环保科技园正大路 48 号</td><td>邮政编码</td><td>410116</td></tr>
<tr><td>企业类型</td><td>进出口货物收发货人</td><td>注册日期</td><td>1999.10.15</td><td>注册资本</td><td>375 万美元</td></tr>
<tr><td>评定时间</td><td>2009.3.26</td><td>报关有效期</td><td>2014.10.15</td><td>所属海关</td><td>长沙海关</td></tr>
<tr><td>法定代表人</td><td colspan="2">朝比奈延弘</td><td>电话</td><td colspan="2">0731-5597607</td></tr>
<tr><td>日常联系人</td><td colspan="2">楚琳</td><td>电话</td><td colspan="2">0731-5586250</td></tr>
<tr><td>主营范围</td><td colspan="5">生产各式针织内衣、服装、工艺品、玩偶、玩偶服饰及政策允许的工艺品，自销上述产品。</td></tr>
</table>

企业名称	湖南省茶业有限公司			海关编码	4301960551
通讯地址	湖南省长沙市隆平高科技园内			邮政编码	410002
企业类型	进出口货物收发货人	注册日期	1999.3.18	注册资本	3897 万人民币
评定时间	2010.5.24	报关有效期	2014.3.18	所属海关	长沙海关
法定代表人	周重旺		电话	0731-82222271	
日常联系人	丁年华		电话	0731-85818286	
主营范围	绿茶、红茶、花茶、黑茶、乌龙茶、袋泡茶等茶叶生产、销售（分装）（有效期至2014年4月19日），预包装食品批发兼零售（有效期至2014年3月21日），国家法律、法规允许的农副产品、轻工业品、机电产品、建筑装饰材料、五金、交电、百货、化工产品（不含危险品及监控化学品）销售，经营进出口业务（国家限制和禁止的除外）。				

企业名称	远大空调设备有限公司			海关编码	4301960173
通讯地址	湖南省长沙市远大城			邮政编码	410138
企业类型	进出口货物收发货人	注册日期	2003.4.8	注册资本	20000 万人民币
评定时间	2009.8.11	报关有效期	2014.4.8	所属海关	长沙海关
法定代表人	张跃		电话	0731-84086688	
日常联系人	熊丽娟		电话	0731-84086447	
主营范围	直燃溴化锂冷温水机、溴冷机与溴化锂制冷系统相配套的产品、能源设备的研究、开发、生产和销售及相关的技术服务，机械设备及器材、建筑材料、卫生洁具、电子计算机、电气机械及器材的研究、开发、生产和销售，自营经批准的进出口业务，中央空调系统设计，机电设备的安装、调试和运行管理服务，空气净化机、新风机、中央空调及末端、家用空调、户式空调、带空气检测功能的移动手机及相关产品的研发、生产、销售、服务。（需许可证的产品凭许可证经营。）				

企业名称	湖南中联国际贸易有限责任公司			海关编码	4301960183
通讯地址	湖南省长沙市银盆南路 307 号			邮政编码	410013
企业类型	进出口货物收发货人	注册日期	2003.6.12	注册资本	450 万人民币
评定时间	2008.10.20	报关有效期	2014.6.12	所属海关	长沙海关
法定代表人	陈培亮		电话	0731-88948300	
日常联系人	曾靓琳		电话	0731-88948300	
主营范围	销售机械、电子设备、五金、交电、化工（不含危险品及监控化学品）、针纺织品、办公用品、建筑装饰材料、仪器仪表及法律法规允许的金属材料、矿产品、农副产品，经营商品和技术的进出口业务（国家法律、法规禁止和限制的除外）。				

企业名称	株洲硬质合金进出口有限责任公司			海关编码	4302910028
通讯地址	湖南省株洲市茨菇塘			邮政编码	412000
企业类型	进出口货物收发货人	注册日期	1988.1.1	注册资本	3000 万人民币
评定时间	2008.12.23	报关有效期	2014.1.1	所属海关	长沙海关
法定代表人	吴国根		电话	0731-28261442	
日常联系人	廖芳		电话	0731-28261977	
主营范围	自理和代理除国家禁止进出口的商品以外的其他各类商品的进出口贸易，承办合资合作和“三来一补”业务，经营对销贸易、转口贸易和技术贸易。				

企业名称	湖南株冶火炬金属进出口有限公司			海关编码	4302913006
通讯地址	湖南省株洲市石峰区清水塘			邮政编码	412004
企业类型	进出口货物收发货人	注册日期	2001.7.24	注册资本	8000 万人民币
评定时间	2008.12.23	报关有效期	2014.6.24	所属海关	长沙海关
法定代表人	王毅		电话	0731-28391753	
日常联系人	张建伟		电话	0731-28391215	
主营范围	自营和代理各类商品及技术的进出口业务，进料加工和“三来一补”业务，对销贸易和转口贸易。				

企业名称	威胜集团有限公司			海关编码	4301340495
通讯地址	湖南省长沙市高新技术开发区桐梓坡西路 468 号			邮政编码	410205
企业类型	进出口货物收发货人	注册日期	2000.5.25	注册资本	45000 万人民币
评定时间	2009.5.27	报关有效期	2014.5.25	所属海关	长沙海关
法定代表人	吉为		电话	0731-88619888	
日常联系人	蔡冰		电话	0731-88619888	
主营范围	研究、开发、生产电子远传电表、水表、燃气表及其集抄系统，销售上述产品，计算机软件的开发、生产及产品自销，节能环保产品的研究、开发、生产、销售和推广应用，机电设备的安装及工程服务，投资咨询与服务。				

企业名称	镇泰（广州）实业有限公司			海关编码	4401947137
通讯地址	广东省广州从化市城郊新开村			邮政编码	510920
企业类型	进出口货物收发货人	注册日期	2004.7.15	注册资本	4560 万美元
评定时间	2008.12.19	报关有效期	2014.7.15	所属海关	广州海关
法定代表人	黄铁城	电话	020-37996666		
日常联系人	李丽谊	电话	020-37996666		
主营范围	生产、加工塑料、金属制品、各类玩具及礼品、玩具模具、电子制品（国家限制的产品除外）、轻工塑料家用制品、旅游及儿童用品、家用电力器具、机械器具、机电产品及仪器、包装装潢印刷品印刷，销售本企业产品。（法律、法规禁止经营的不得经营，专项规定管理的行业按国家有关规定办理申请。）				

企业名称	从化东麟钻石有限公司			海关编码	4401947152
通讯地址	广东省广州从化市鳌头镇棋杆塘贝村府前路 5 号			邮政编码	510935
企业类型	进出口货物收发货人	注册日期	2005.3.31	注册资本	1230.57 万美元
评定时间	2009.5.12	报关有效期	2014.3.31	所属海关	广州海关
法定代表人	邝华启	电话	020-87861148		
日常联系人	欧阳伟如	电话	020-87861148		
主营范围	生产、加工、销售自产的钻石。				

企业名称	广州天马集团天马摩托车有限公司			海关编码	4401967029
通讯地址	广东省广州从化市从樟路 3 号			邮政编码	510925
企业类型	进出口货物收发货人	注册日期	2004.9.17	注册资本	8000 万人民币
评定时间	2009.5.12	报关有效期	2014.9.17	所属海关	广州海关
法定代表人	刘维嘉	电话	020-87982688		
日常联系人	张丽君	电话	020-87986245		
主营范围	制造、加工、销售摩托车及其配件、助力车，经营本企业自产产品及相关技术的出口业务，经营本企业生产、科研所需的原辅材料、机械设备、仪器仪表、零配件及相关技术的进口业务（国家限定公司经营和国家禁止进出口商品及技术除外），经营本企业的进料加工和“三来一补”业务。				

企业名称	广州万宝集团冰箱有限公司			海关编码	4401917018
通讯地址	广东省广州从化市鳌头镇旗杆长腰岭106国道旁边			邮政编码	510935
企业类型	进出口货物收发货人	注册日期	2009.4.17	注册资本	9000万人民币
评定时间	2010.5.6	报关有效期	2012.4.17	所属海关	广州海关
法定代表人	巨小平		电话	020-84364026	
日常联系人	王继杰		电话	020-84364026	
主营范围	设计、制造、加工家用电器及零配件，销售家用电器，电器产品的技术开发、技术改造、技术服务，货物进出口和技术进出口（国家法律、法规禁止的不得经营，应经专项审批的，未获得审批前不得经营）。				

企业名称	明秀钻石厂（广州）有限公司			海关编码	4423940082
通讯地址	广东省广州市番禺区莲花山保税区灵兴工业区			邮政编码	511447
企业类型	进出口货物收发货人	注册日期	1992.12.28	注册资本	1100万港元
评定时间	2008.10.31	报关有效期	2011.12.28	所属海关	广州海关
法定代表人	陈圣泽		电话	020-84862362	
日常联系人	邓结		电话	020-84862362	
主营范围	生产、加工、销售钻石、玉器、宝石、腊模首饰工艺品、金属首饰工艺品。				

企业名称	广州市番禺创信鞋业有限公司			海关编码	4423940105
通讯地址	广东省广州市番禺区榄核镇九比村九榄公路			邮政编码	511480
企业类型	进出口货物收发货人	注册日期	1993.5.19	注册资本	4280万美元
评定时间	2008.10.31	报关有效期	2013.5.19	所属海关	广州海关
法定代表人	吴振昌		电话	020-34931988	
日常联系人	林昌杰		电话	020-84933788	
主营范围	生产、销售各类鞋、鞋材、鞋类模具产品，鞋材的保税储存业务，从事非配额许可证管理、非专营商品鞋类产品、鞋材、服装、包装及装饰材料、塑料、五金制品、化工品的收购出口业务。				

企业名称	喜利番禺钻石首饰有限公司			海关编码	4423940243
通讯地址	广东省广州市番禺区大岗镇东流工业区			邮政编码	511470
企业类型	进出口货物收发货人	注册日期	1994.6.17	注册资本	150 万美元
评定时间	2008.10.31	报关有效期	2014.6.17	所属海关	广州海关
法定代表人	姚文雄	电话		020-84931772	
日常联系人	林国峰	电话		020-84931772	
主营范围	加工天然钻石制品、钻石机器设备、工具、金银首饰及钟表，销售本企业产品。				

企业名称	镇泰（中国）工业有限公司			海关编码	4423940446
通讯地址	广东省广州市番禺区榄核镇良地埠工业区蔡新路			邮政编码	511480
企业类型	进出口货物收发货人	注册日期	1996.10.4	注册资本	4266 万美元
评定时间	2008.10.31	报关有效期	2014.10.4	所属海关	广州海关
法定代表人	黄铁城	电话		020-39303930	
日常联系人	梁赞豪	电话		020-39303666	
主营范围	生产、加工各类玩具、玩具配件、玩具模具、电路板、干式电池制品、轻工塑料家用制品、电子制品、玩具及家用金属制品、五金制品、氧气面罩和按摩器及其配件，销售本企业产品。（涉及配额许可证管理、专项规定管理的商品按国家有关规定办理。）				

企业名称	奥林巴斯（广州）工业有限公司			海关编码	4423941305
通讯地址	广东省广州市番禺区市桥迎宾路 200~214 号 1 楼部分 2、3 楼			邮政编码	511400
企业类型	进出口货物收发货人	注册日期	2004.2.6	注册资本	500 万美元
评定时间	2008.10.31	报关有效期	2014.2.6	所属海关	广州海关
法定代表人	冲村元卫	电话		020-84878978-267	
日常联系人	全汝霞	电话		020-84878978-220	
主营范围	开发、设计、制造数码照相机及其零配件及相关附属产品，数码照相机存储器、周边产品及其零配件，数字摄、录、放机及其零配件，集成电路板，数码打印机及其消耗品，可交换镜头及其附属品，胶片照相机及零配件，声音录、放机及零配件，大容量存储器及零配件，显微镜，医疗器械，光电分析仪器及光电器材，精密模夹具；提供自产产品的维修服务，在国内、国外市场自行销售自产产品。				

企业名称	松下电工·万宝电器（广州）有限公司			海关编码	4423930273
通讯地址	广东省广州市经济技术开发区东江大道			邮政编码	511495
企业类型	进出口货物收发货人	注册日期	1994.5.9	注册资本	3450 万美元
评定时间	2009.1.6	报关有效期	2014.5.9	所属海关	广州海关
法定代表人	周千定		电话	020-84773188	
日常联系人	司徒雄		电话	020-84770333	
主营范围	设计、开发并生产美容、美发、保健、健身、日用轻便电器具及相关系列产品和零部件，销售本公司产品，提供售后服务。在中国生产和进口的美容、美发、保健、健身、日用轻便电器用具及相关系列产品和零部件的批发业务，并提供维修、技术咨询及售后服务等相关配套业务。非配额许可证管理商品、非专营商品的收购出口业务（涉证项目除外）。				

企业名称	广州番禺巨大汽车音响设备有限公司			海关编码	4423930518
通讯地址	广东省广州市大石街石北工业大道巨大德威工业园			邮政编码	511430
企业类型	进出口货物收发货人	注册日期	1999.3.16	注册资本	4161 万港元
评定时间	2009.1.6	报关有效期	2014.2.4	所属海关	广州海关
法定代表人	黄俊候		电话	020-84782859	
日常联系人	陈锡军		电话	020-22900528-506	
主营范围	研发、生产、加工液晶电视、显示器、汽车音响、VCD 机、DVD 机、家庭影院及各类配套电子产品，销售本企业产品。				

企业名称	广州松下空调有限公司			海关编码	4423930528
通讯地址	广东省广州市经济技术开发区东江大道			邮政编码	511495
企业类型	进出口货物收发货人	注册日期	2001.12.29	注册资本	4190 万美元
评定时间	2009.1.6	报关有效期	2011.12.29	所属海关	广州海关
法定代表人	周千定		电话	020-89010088	
日常联系人	马继芳		电话	020-84778123-3322	
主营范围	设计、开发、加工、生产各种空调器及空调器相关应用产品和压缩机以外的有关零部件（以下总称“产品”），销售本公司产品并提供售后服务，上述产品的同类产品的进出口及批发业务，非配额许可证管理、非专营商品的收购出口。				

企业名称	广州市番禺利得鞋业有限公司			海关编码	4423940414
通讯地址	广东省广州市番禺区南村镇里仁洞村银坑岗			邮政编码	511442
企业类型	报关企业	注册日期	1992.12.11	注册资本	1402 万美元
评定时间	2009.1.6	报关有效期	2011.12.11	所属海关	广州海关
法定代表人	张健治		电话	020-8476788	
日常联系人	朱庆云		电话	020-84767888-265	
主营范围	生产鞋类产品、鞋材，销售本企业产品。				

企业名称	松下·万宝（广州）压缩机有限公司			海关编码	4423930234
通讯地址	广东省广州市经济技术开发区东江大道			邮政编码	511495
企业类型	进出口货物收发货人	注册日期	1993.11.22	注册资本	11384 万美元
评定时间	2009.1.12	报关有效期	2011.11.22	所属海关	广州海关
法定代表人	周千定		电话	020-84778123	
日常联系人	刘海英		电话	020-84778123	
主营范围	生产、销售房间空调器压缩机、汽车空调压缩机、洗衣机干衣及除湿用压缩机及零部件，销售本公司产品并提供产品售后服务，从事上述自产产品同类商品的佣金代理（拍卖除外）业务（涉及配额许可证管理、专项规定管理的商品应按国家有关规定办理）。				

企业名称	番禺珠江钢管有限公司			海关编码	4423940640
通讯地址	广东省广州市番禺区清河路			邮政编码	511450
企业类型	进出口货物收发货人	注册日期	1993.6.7	注册资本	100000 万港元
评定时间	2009.11.20	报关有效期	2014.6.7	所属海关	广州海关
法定代表人	陈昌		电话	020-84558888	
日常联系人	梁秋明		电话	020-84558888	
主营范围	生产高频直缝焊管、埋弧焊管、石油钢管、石油管件、石油套管、防腐涂层钢管、冷弯型钢等钢材深加工产品，制造用于生产钢管、管件及防腐处理的成套设备，本企业产品销售、安装、施工，钢管、钢材批发及进出口，承接焊管、型钢等产品加工。（法律、法规禁止经营的不得经营，涉及配额、许可证管理、专项规定管理的商品按国家有关规定办理申请。）				

企业名称	广州市捷进制衣厂有限公司			海关编码	4423920121
通讯地址	广东省广州市番禺区市桥街禺山西路363号			邮政编码	511490
企业类型	进出口货物收发货人	注册日期	1990.8.1	注册资本	720万美元
评定时间	2010.1.28	报关有效期	2014.8.1	所属海关	广州海关
法定代表人	陈享利		电话	020-84873338	
日常联系人	林奇达		电话	020-84873338	
主营范围	生产、加工、销售各类纺织制品、服装及辅料、附件，销售本企业产品。				

企业名称	广州日宝钢材制品有限公司			海关编码	4423930275
通讯地址	广东省广州市经济技术开发区东江大道			邮政编码	511495
企业类型	进出口货物收发货人	注册日期	1994.5.12	注册资本	1550万美元
评定时间	2010.12.1	报关有效期	2014.5.12	所属海关	广州海关
法定代表人	周千定		电话	020-84773188	
日常联系人	陈塬		电话	020-84770268-117	
主营范围	生产、加工和销售各种钢材产品、有色金属产品及相关产品。				

企业名称	广州市中德电控有限公司			海关编码	4423920414
通讯地址	广东省广州市番禺区东环街桥兴路易兴工业村			邮政编码	511400
企业类型	进出口货物收发货人	注册日期	1994.2.22	注册资本	388万美元
评定时间	2010.12.7	报关有效期	2014.2.22	所属海关	广州海关
法定代表人	Claus Friedrich Regitz		电话	020-84876119	
日常联系人	符莉莉		电话	020-84876119	
主营范围	生产电子镇控制器及能源供应设备、线圈变压器、电子变压器、照明仪器及其他照明科技电子主品，销售本企业产品。				

<table>
<tr><td>企业名称</td><td colspan="3">广州市番禺粤新造船有限公司</td><td>海关编码</td><td>4423960018</td></tr>
<tr><td>通讯地址</td><td colspan="3">广东省广州市番禺区潭洲镇马前村</td><td>邮政编码</td><td>511468</td></tr>
<tr><td>企业类型</td><td>进出口货物收发货人</td><td>注册日期</td><td>2002.4.23</td><td>注册资本</td><td>18500 万人民币</td></tr>
<tr><td>评定时间</td><td>2010.12.21</td><td>报关有效期</td><td>2014.4.23</td><td>所属海关</td><td>广州海关</td></tr>
<tr><td>法定代表人</td><td colspan="2">谭伟波</td><td>电话</td><td colspan="2">020-34933322</td></tr>
<tr><td>日常联系人</td><td colspan="2">朱秀芬</td><td>电话</td><td colspan="2">020-3493322</td></tr>
<tr><td>主营范围</td><td colspan="5">建造船舶（船长 60 米及以下钢质渔业船舶），修理船舶（在“渔业船舶建造修理工厂认可证书”有效期内从事经营），批发和零售贸易（国家专营、专控商品除外），技术进出口、货物进出口。</td></tr>
</table>

<table>
<tr><td>企业名称</td><td colspan="3">广州汽车集团乘用车有限公司</td><td>海关编码</td><td>4423910045</td></tr>
<tr><td>通讯地址</td><td colspan="3">广东省广州市番禺区化龙镇金山大道东路 633 号</td><td>邮政编码</td><td>511434</td></tr>
<tr><td>企业类型</td><td>进出口货物收发货人</td><td>注册日期</td><td>2008.11.3</td><td>注册资本</td><td>180000 万人民币</td></tr>
<tr><td>评定时间</td><td>2011.8.1</td><td>报关有效期</td><td>2012.1.5</td><td>所属海关</td><td>广州海关</td></tr>
<tr><td>法定代表人</td><td colspan="2">曾庆洪</td><td>电话</td><td colspan="2">020-83151203</td></tr>
<tr><td>日常联系人</td><td colspan="2">鄢周娟</td><td>电话</td><td colspan="2">020-39206964</td></tr>
<tr><td>主营范围</td><td colspan="5">生产、销售自主品牌的轿车、其他类乘用车和发动机，汽车工程技术开发、转让、咨询，货物进出口、技术进出口（法律、行政法规禁止的项目除外，法律、行政法规规定必须经审批的项目，经审批后方可经营）。</td></tr>
</table>

<table>
<tr><td>企业名称</td><td colspan="3">利乐华新（佛山）包装有限公司</td><td>海关编码</td><td>4406930488</td></tr>
<tr><td>通讯地址</td><td colspan="3">广东省佛山市禅城区港口路 13 号</td><td>邮政编码</td><td>528000</td></tr>
<tr><td>企业类型</td><td>进出口货物收发货人</td><td>注册日期</td><td>1995.1.13</td><td>注册资本</td><td>6700 万美元</td></tr>
<tr><td>评定时间</td><td>2008.10.31</td><td>报关有效期</td><td>2014.1.13</td><td>所属海关</td><td>广州海关</td></tr>
<tr><td>法定代表人</td><td colspan="2">李赫逊</td><td>电话</td><td colspan="2">0757-83301626</td></tr>
<tr><td>日常联系人</td><td colspan="2">罗泽宽</td><td>电话</td><td colspan="2">0757-83831626</td></tr>
<tr><td>主营范围</td><td colspan="5">生产、经营利乐包装材料及制品，包装装潢印刷品印刷，从事利乐饮料和乳制品的加工和包装设备的经营性租赁业务，从事利乐饮料和乳制品的加工和包装设备及相关零部件的进出口、批发业务，并提供相关设备的安装、维修业务。</td></tr>
</table>

企业名称	汤姆森广东显示器件有限公司			海关编码	4406930536
通讯地址	广东省佛山市季华六路 24 号			邮政编码	528000
企业类型	进出口货物收发货人	注册日期	1996.1.10	注册资本	21240 万美元
评定时间	2008.10.31	报关有效期	2014.1.10	所属海关	广州海关
法定代表人	HARISH SOOD		电话	0757-22908688	
日常联系人	李林		电话	0757-83984442	
主营范围	制造、销售彩色显像管及彩色显像管、显示器件的零配件。				

企业名称	佛山电器照明股份有限公司			海关编码	4406930590
通讯地址	广东省佛山市禅城区汾江北路 64 号			邮政编码	528000
企业类型	进出口货物收发货人	注册日期	1998.10.27	注册资本	97856 万人民币
评定时间	2008.10.31	报关有效期	2013.10.27	所属海关	广州海关
法定代表人	钟信才		电话	0757-82966028	
日常联系人	聂炎镜		电话	0757-82966080	
主营范围	研发、生产电光源产品、电光源设备、电光源配套器件、电光源原材料、灯具及配件、电工材料、机动车配件，在国内外市场上销售上述产品，有关的工程咨询服务。				

企业名称	腾龙光学（佛山）有限公司			海关编码	4406940061
通讯地址	广东省佛山市城西工业开发区朗宝西路			邮政编码	528000
企业类型	进出口货物收发货人	注册日期	1997.10.28	注册资本	2500 万美元
评定时间	2008.10.31	报关有效期	2014.10.28	所属海关	广州海关
法定代表人	小野守男		电话	0757-82982222	
日常联系人	郭飞婵		电话	0757-82980622	
主营范围	照相机、摄像机、数码照相机、监视照相机用镜头及各种精密光学仪器用镜头、CCTV 闭路电视监测器、各种精密光学镜头零配件、镜头零件加工治工具及模具、数字高亮度液晶投影机光电动力装置、数码照相机交换镜头、CCTV 照相机用镜头、数码投影机用镜头、数码摄像机用镜头、手提电话用数码镜头、电脑用数码镜头、车载安全用光学镜头组件、高精度模具、各种数码光学镜头用电子元件，以及上述产品的售后维修服务。在公司内部设立模具研发中心，从事模具的研究和开发。从事镜头产品及其相关组件、包装材料的批发、零售及进出口业务。				

企业名称	欧司朗（中国）照明有限公司			海关编码	4406940120
通讯地址	广东省佛山市工业北路 1 号			邮政编码	528000
企业类型	进出口货物收发货人	注册日期	2002.5.22	注册资本	3988 万欧元
评定时间	2008.10.31	报关有效期	2014.5.22	所属海关	广州海关
法定代表人	FRANCIS MICHAEL PISCITELLI		电话	0757-86483001	
日常联系人	管晓平		电话	0757-86483038	
主营范围	生产、加工、开发、销售电光源产品、各类灯具、相关控制器件和附属配件。提供公司产品的安装、维修、售后服务，组织相关的业务培训和咨询服务。从事上述同类商品的批发、佣金代理（拍卖除外）、进出口业务及相关的贸易咨询服务（不设店铺经营，涉限、涉证产品除外）。向关联公司（包括海外）提供会计、财务管理等相关服务。生产、销售电光源生产设备（限制项目需凭相关许可证经营）。				

企业名称	佛山华国光学器材有限公司			海关编码	4406940256
通讯地址	广东省佛山市禅城区张槎长虹东路 3 号			邮政编码	528000
企业类型	进出口货物收发货人	注册日期	2007.12.18	注册资本	4840 万美元
评定时间	2008.10.31	报关有效期	2013.12.18	所属海关	广州海关
法定代表人	陈庆棋		电话	0757-82960266	
日常联系人	丁泽彬		电话	0757-82965953	
主营范围	生产光学器材透镜及投影机，经营生产数字照相机关键件（高精度光学镜片），产品内外销售。				

企业名称	佛山市国星光电股份有限公司			海关编码	4406960717
通讯地址	广东省佛山市禅城区华宝南路 18 号			邮政编码	528000
企业类型	进出口货物收发货人	注册日期	2007.10.24	注册资本	21500 万人民币
评定时间	2008.10.31	报关有效期	2013.10.24	所属海关	广州海关
法定代表人	王垚浩		电话	0757-83985484	
日常联系人	宋良明		电话	0757-83985377	
主营范围	制造、销售光电半导体器件、光电显示器件、LED 显示屏、交通信号灯、光电半导体照明灯具灯饰、半导体集成电路、光电模组、电子调谐器、其他电子部件、组件，承接光电显示工程等。				

企业名称	佛山市亿达胶粘制品有限公司			海关编码	4406930359
通讯地址	广东省佛山市五峰四路尾大江工业区			邮政编码	528000
企业类型	进出口货物收发货人	注册日期	1993.9.10	注册资本	1412.55 万美元
评定时间	2010.1.28	报关有效期	2013.9.10	所属海关	广州海关
法定代表人	归行白		电话	0757–82210051	
日常联系人	黄皑莹		电话	0757–82210082	
主营范围	生产经营各种胶粘制品、胶粘材料、聚合、涂布及加工生产相关产品和提供有关的技术性服务。				

企业名称	宗申·比亚乔佛山摩托车企业有限公司			海关编码	4406930451
通讯地址	广东省佛山市禅城区振兴路			邮政编码	528000
企业类型	进出口货物收发货人	注册日期	1995.2.9	注册资本	2980 万美元
评定时间	2011.1.10	报关有效期	2014.2.9	所属海关	广州海关
法定代表人	左宗申		电话	0757–82308288	
日常联系人	吴健伟		电话	0757–82309515	
主营范围	生产经营摩托车、踏板车、助动车和电动自行车整车、发动机和零配件及其售后服务，从事非自产的摩托车、踏板车和助动车整车、发动机和零配件的进出口、批发、佣金代理和零售业务，以及相关产品的售后服务。				

企业名称	广东溢达纺织有限公司			海关编码	4406944069
通讯地址	广东省佛山市高明区荷城街道沿江路 12 号			邮政编码	528500
企业类型	进出口货物收发货人	注册日期	2000.9.13	注册资本	24300 万美元
评定时间	2008.10.31	报关有效期	2014.9.13	所属海关	广州海关
法定代表人	车克焘		电话	0757–88881000	
日常联系人	麦志伟		电话	0757–88823588–2926	
主营范围	生产和销售原纱、色纱、花灰纱、坯布、染色布、针织布、色织布、服装、服饰、床上用品、布包、毛巾、手帕、窗帘、各种制衣辅料、印花、塑料制品、包装材料，从事上述产品及金银制品、珠宝首饰、陶瓷制品、家具、工艺品、香水、化妆品、文具、笔等文化用品（不含图书、报纸、期刊、音像制品）、日用百货、玩具的批发、零售、进出口及相关配套业务（不涉及国营贸易管理商品，涉及配额、许可证管理商品的，按国家相关规定办理申请），包装装潢印刷品印刷（凭有效许可证经营），发电，供热（气），供水。				

企业名称	中国南航集团进出口贸易有限公司			海关编码	4401913358
通讯地址	广东省广州市机场路 272 号			邮政编码	510405
企业类型	进出口货物收发货人	注册日期	1993.9.25	注册资本	1500 万人民币
评定时间	2008.10.31	报关有效期	2014.9.25	所属海关	广州海关
法定代表人	曾子祥		电话	020-86130218	
日常联系人	刘庆晖		电话	020-86138616	
主营范围	航材设备及零配件寄售，出口民用航空器、飞机发动机及零配件、机载设备、地面航空保障设备及零配件、特种工、夹具、仪器仪表、橡胶制品，进口（国家规定一类商品除外）生产所需原辅材料、机械设备、零配件，代理进出口报关业务，提供劳务服务，代理机电产品招标业务，投资项目咨询、策划，销售百货、针纺织品、五金、交电、化工（易燃易爆品、化学危险品除外）、电脑及配件、仪器仪表、建筑材料、工艺美术品（除金银制品）、日用杂货（除烟花爆竹）、粮油、副食品、农副产品，航空技术咨询，货物仓储、中转，机械租赁，房屋租赁。（国家专营、专控商品或项目除外。）				

企业名称	华南蓝天航空油料有限公司			海关编码	4401934202
通讯地址	广东省广州市白云国际机场内航空加油站			邮政编码	510405
企业类型	进出口货物收发货人	注册日期	1998.10.07	注册资本	9613 万人民币
评定时间	2009.1.15	报关有效期	2012.1.30	所属海关	广州海关
法定代表人	周如成		电话	010-598890328	
日常联系人	黄瑞冰		电话	020-86120888-455	
主营范围	建设中南地区（包括广州、汕头、湛江、梅县、桂林、北海、南宁、柳州、梧州、长沙、张家界、常德、武汉、宜昌、恩施和郑州）在用和新建机场的油品储存、运输和供应设施，经营上述机场所需航油、清洗剂和各类机场地面车辆和机具所使用的油品的采购、储存、运输、销售和加注业务及与以上主营业务有关的技术咨询和技术服务。				

企业名称	广州市国光电子科技有限公司			海关编码	4401938280
通讯地址	广州市花都区新华街镜湖大道 8 号			邮政编码	510800
企业类型	进出口货物收发货人	注册日期	2003．9．17	注册资本	9200 万人民币
评定时间	2009.1.15	报关有效期	2013．3．11	所属海关	广州海关
法定代表人	郝旭明		电话	020-28609988	
日常联系人	黄伟成		电话	020-28609144	
主营范围	设计、生产、加工汽车电子设备系统、数字摄录机、数字录放机、数字放声设备、数字电视节目存储系统设备、MPEG 码流记录设备、新型电子元器件、扬声器及其他高档电声器件、工程塑料及塑料合金，销售本企业产品。				

企业名称	国光电器股份有限公司			海关编码	4401938306
通讯地址	广东省广州市花都区新华街镜湖大道 8 号			邮政编码	510800
企业类型	进出口货物收发货人	注册日期	2006.9.13	注册资本	27793 万人民币
评定时间	2009.1.15	报关有效期	2012.9.13	所属海关	广州海关
法定代表人	周海昌		电话	020-28609168	
日常联系人	黄伟成		电话	020-28609687	
主营范围	生产、销售电子元件、电声器件和音响设备、音箱，相关工程服务和售后服务，从事非配额许可证管理、非专营商品的收购出口。				

企业名称	广州今仙电机有限公司			海关编码	4401948296
通讯地址	广东省广州市花都区花山镇华侨科技工业园			邮政编码	510880
企业类型	进出口货物收发货人	注册日期	2002.1.11	注册资本	935 万美元
评定时间	2009.1.15	报关有效期	2014.1.11	所属海关	广州海关
法定代表人	渡边和彦		电话	020-86948778-201	
日常联系人	王日志		电话	020-86948778-232	
主营范围	开发、生产、加工汽车关键零部件，汽车的模具、夹具、铸锻毛坯件，车身电子控制系统，销售本企业产品，提供上述产品的维修及技术咨询服务。（法律、法规禁止的不得经营，涉及许可经营项目的凭许可证经营。）				

企业名称	广州宏昌胶粘带厂			海关编码	4401948608
通讯地址	广东省广州市花都区新华镇 107 国道华海工业区			邮政编码	510800
企业类型	进出口货物收发货人	注册日期	2006.7.6	注册资本	618 万美元
评定时间	2009.1.15	报关有效期	2012.7.6	所属海关	广州海关
法定代表人	冯广森		电话	020-86867028	
日常联系人	张小雅		电话	020-86867028-3618	
主营范围	生产、加工文具用品、BOPP 等粘贴性胶粘带、压敏胶粘剂及相关化工产品，并销售本企业产品。				

企业名称	广州永大不锈钢有限公司			海关编码	4401948557
通讯地址	广东省广州市花都区花山镇小布村			邮政编码	510880
企业类型	进出口货物收发货人	注册日期	2005.10.14	注册资本	2999 万美元
评定时间	2009.11.23	报关有效期	2014.7.4	所属海关	广州海关
法定代表人	曹坤莲		电话	020-86847851	
日常联系人	周文瑜		电话	020-86847851	
主营范围	生产、加工新型建筑材料、高档环保型装饰装修材料、有色金属复合材料、新型合金材料、高档建筑五金件、水暖器材及五金件，并销售本企业产品。				

企业名称	广州市东风南方实业有限责任公司			海关编码	4401918028
通讯地址	广东省广州市花都区风神大道 8 号			邮政编码	510800
企业类型	进出口货物收发货人	注册日期	2009.12.9	注册资本	3000 万人民币
评定时间	2009.12.18	报关有效期	2012.12.9	所属海关	广州海关
法定代表人	陈昊		电话	020-86869065	
日常联系人	赵鑫		电话	020-86869065	
主营范围	自有房地产的出租、转让与管理，货物包装、仓储，物流信息咨询，货物进出口（法律、行政法规禁止的除外，法律、行政法规限制的须取得许可后方可经营），批发和零售贸易（国家专营、专控商品除外）。				

企业名称	广州市大阳摩托车有限公司			海关编码	4401918007
通讯地址	广东省广州市花都区永发大道 12 号			邮政编码	510800
企业类型	进出口货物收发货人	注册日期	2001.5.16	注册资本	5000 万人民币
评定时间	2010.12.1	报关有效期	2014.5.16	所属海关	广州海关
法定代表人	远勤山		电话	020-86965499	
日常联系人	骆帼仪		电话	020-86965400	
主营范围	生产、销售摩托车及其零配件（含摩托车发动机）、电动及人力自行车、三轮车及其配件、汽车零配件（不含发动机）。				

企业名称	广州绿北洋皮革制品有限公司			海关编码	4401938256
通讯地址	广东省广州市花都区新华镇华兴工业区			邮政编码	510800
企业类型	进出口货物收发货人	注册日期	2000.10.13	注册资本	9200 万人民币
评定时间	2011.9.14	报关有效期	2014.10.13	所属海关	广州海关
法定代表人	李飚		电话	020-36850429	
日常联系人	尹玉娥		电话	020-36856238	
主营范围	牛蓝湿皮和皮革后整饰新技术加工，生产、销售本企业产品。				

企业名称	佛山市南海港利达光学制品有限公司			海关编码	4428940069
通讯地址	广东省佛山市南海区里水镇得胜村			邮政编码	528244
企业类型	进出口货物收发货人	注册日期	1993.9.13	注册资本	416 万美元
评定时间	2008.10.31	报关有效期	2014.9.13	所属海关	广州海关
法定代表人	郭彦淳		电话	00852-23896363	
日常联系人	李小霞		电话	0757-85667878	
主营范围	生产经营照相机、望远镜、塑料制品及照相机、望远镜的零部件、配套件，手提电话的零配件和电子游戏机的零配件，产品全部外销。生产、加工、销售数字照相机及关键件，产品内外销售。生产经营电光源制品及其零部件，投影机及其零部件，产品全部外销。				

企业名称	佛山市南海美泰精密压铸有限公司			海关编码	4428920192
通讯地址	广东省佛山市南海区狮山镇官窑镇永安东路			邮政编码	528237
企业类型	进出口货物收发货人	注册日期	1998.12.22	注册资本	1270 万美元
评定时间	2009.1.6	报关有效期	2013.11.6	所属海关	广州海关
法定代表人	ARUN KUMAR KOCHAR		电话	0757-85888999	
日常联系人	林婉仪		电话	0757-85898513	
主营范围	生产经营合金玩具车、塑料合金产品及其他玩具产品，产品全部外销。				

企业名称	佛山市南海兆福皮革制品有限公司			海关编码	4428930090
通讯地址	广东省佛山市南海区里水镇旗峰工业区			邮政编码	528244
企业类型	进出口货物收发货人	注册日期	1992.12.30	注册资本	950 万美元
评定时间	2009.1.6	报关有效期	2011.12.30	所属海关	广州海关
法定代表人	刘旭		电话	0757-85666318	
日常联系人	宋芳芳		电话	0757-85150755	
主营范围	生产经营箱包、包袋、皮鞋、皮衣等皮制品及成品皮深加工。				

企业名称	广东伊立浦电器股份有限公司			海关编码	4428930951
通讯地址	广东省佛山市南海区松岗松夏工业园工业大道西			邮政编码	528234
企业类型	进出口货物收发货人	注册日期	2006.9.27	注册资本	15600 万人民币
评定时间	2009.1.6	报关有效期	2012.9.27	所属海关	广州海关
法定代表人	简伟文		电话	0757-88374889	
日常联系人	叶丽芬		电话	0757-88374639	
主营范围	生产经营电饭煲、电开水器等家用小电器、模具及金属模压制品、商用厨房电器及设备、商用厨房电器及设备，产品内外销售。				

企业名称	佛山市南海金履鞋业有限公司			海关编码	4428940036
通讯地址	广东省佛山市南海区里水镇旗峰工业区			邮政编码	528244
企业类型	进出口货物收发货人	注册日期	1992.12.30	注册资本	1900 万美元
评定时间	2009.1.6	报关有效期	2011.12.30	所属海关	广州海关
法定代表人	刘旭		电话	0757-85666318	
日常联系人	谷淑莺		电话	0757-85666318	
主营范围	鞋类加工制造，产品内外销售。				

企业名称	广东志高空调有限公司			海关编码	4428940781
通讯地址	广东省佛山市南海区里水镇胜利工业区			邮政编码	528244
企业类型	进出口货物收发货人	注册日期	2006.9.8	注册资本	99614 万人民币
评定时间	2009.1.6	报关有效期	2012.9.8	所属海关	广州海关
法定代表人	李兴浩		电话	0757-85660293	
日常联系人	林海青		电话	0757-85660293	
主营范围	制造、加工、销售家用空调、冷柜、冰箱、电磁炉、微波炉、电炒锅、电压力锅、电饭煲（锅）、洗衣机、电风扇（国内销售）、烟机、消毒柜、太阳能热水器、碟机、豆浆机、榨汁机、多功能搅拌机、电热水壶、电暖器、暖风机、浴霸、电热水器、饮水机、电开水瓶、电开水桶、净水器等家用电器，音像设备、商用空调、燃气热水器、燃气灶具、电子计算机、除湿机、冷冻冷藏设备、制冰机、风幕机、空气源热泵热水器、太阳能复合动力空调机组、五金及塑料模具、塑胶制品、自动售货机、电缆切割机及上述产品的零配件，提供上述产品的售后服务。上述产品除电风扇全部内销外，其他产品内外销售。				

企业名称	佛山市南海翔宇鞋业有限公司			海关编码	4428940862
通讯地址	广东省佛山市南海区平洲林岳			邮政编码	528251
企业类型	进出口货物收发货人	注册日期	1991.8.20	注册资本	471 万美元
评定时间	2009.1.6	报关有效期	2013.5.14	所属海关	广州海关
法定代表人	郑荣禧	电话	0757–86706146		
日常联系人	柯丽真	电话	0757–86706578		
主营范围	生产各类冷粘鞋及其半成品，产品内外销售。				

企业名称	佛山市南海中美玩具厂			海关编码	4428950044
通讯地址	广东省佛山市南海区官窑镇凤源西路			邮政编码	528237
企业类型	进出口货物收发货人	注册日期	2002.4.19	注册资本	466 万人民币
评定时间	2009.1.6	报关有效期	2014.4.19	所属海关	广州海关
法定代表人	李贤佳	电话	0757–85881823		
日常联系人	周永生	电话	0757–85890048		
主营范围	玩具公仔，经营本企业自产产品及技术的出口业务，经营本企业生产所需的原辅材料、仪器仪表、机械设备、零配件及技术的进口业务（国家限定公司经营和国家禁止进出口的商品除外），不单列贸易方式。				

企业名称	广东昭信平洲电子有限公司			海关编码	4428960704
通讯地址	广东省佛山市南海区平洲南港大街 3 号			邮政编码	528215
企业类型	进出口货物收发货人	注册日期	1981.3.3	注册资本	8000 万人民币
评定时间	2009.1.6	报关有效期	2013.9.3	所属海关	广州海关
法定代表人	郭艳芬	电话	0757–86777899		
日常联系人	李健仪	电话	0757–86777899–821		
主营范围	研发、制造、销售电子产品（移动终端除外）、电子产品塑胶包装材料、税控收款机，并提供售后服务；计算机软件开发、计算机软件系统集成；货物进出口、技术进出口（法律、行政法规禁止的项目不得经营，法律、行政法规限制的项目须取得许可后方可经营）。				

企业名称	佛山市南海福和玩具有限公司			海关编码	4428920172
通讯地址	广东省佛山市南海区盐步河西			邮政编码	528247
企业类型	进出口货物收发货人	注册日期	1995.12.20	注册资本	7000 万港币
评定时间	2009.1.6	报关有效期	2011.12.20	所属海关	广州海关
法定代表人	林键锋		电话	0757 85775547	
日常联系人	潘永钊		电话	0757-85761736	
主营范围	生产经营各类塑料玩具、注塑模具、压注模具、节日礼品、日用塑料制品、注塑电子产品，产品内外销售。				

企业名称	南海奇美电子有限公司			海关编码	4428940765
通讯地址	广东省佛山市南海区南海科技工业园兴业北路			邮政编码	528237
企业类型	进出口货物收发货人	注册日期	2006.7.6	注册资本	16000 万美元
评定时间	2009.11.20	报关有效期	2012.7.6	所属海关	广州海关
法定代表人	罗镇华		电话	0757-88798888	
日常联系人	彭芳		电话	0757-88790370	
主营范围	新型平板显示器件及其零配件、数字电视机及其零配件、新型电子元器件的加工和制造，销售公司自产产品并提供同类产品的维修服务。				

企业名称	爱信精机（佛山）车身零部件有限公司			海关编码	4428940574
通讯地址	广东省佛山市南海高新产业园小塘园区三环西路 A 区 5 号			邮政编码	528222
企业类型	进出口货物收发货人	注册日期	2005.1.11	注册资本	2147.5 万美元
评定时间	2010.5.4	报关有效期	2013.1.11	所属海关	广州海关
法定代表人	川田武司		电话	0757-86650323	
日常联系人	张小莲		电话	0757-86650323	
主营范围	开发、制造、销售汽车电控天窗和其他汽车电子装置及有关汽车配件、电子控制系统的输入（传感器和采样系统）输出（执行器）部件、汽车座椅马达及其零配件并提供产品的售后服务（不含维修），产品内外销售。				

企业名称	佛山市南海区昭信进出口有限公司			海关编码	4428950039
通讯地址	广东省佛山市南海区平洲南港大道昭信广场七楼			邮政编码	528251
企业类型	进出口货物收发货人	注册日期	2001.11.16	注册资本	500万人民币
评定时间	2010.5.4	报关有效期	2011.11.16	所属海关	广州海关
法定代表人	梁伟强		电话	0757-86772611	
日常联系人	李大力		电话	0757-86772611	
主营范围	自营和代理各类商品及技术的进出口业务，但国家限定公司经营或禁止进出口的商品及技术除外（不另附进出口商品目录），经营进料加工和“三来一补”业务，经营对销贸易和转口贸易。				

企业名称	本田汽车零部件制造有限公司			海关编码	4428940694
通讯地址	广东省佛山市南海区南海经济开发区本田路1号			邮政编码	528200
企业类型	进出口货物收发货人	注册日期	2005.10.25	注册资本	20000万美元
评定时间	2010.10.15	报关有效期	2014.10.25	所属海关	广州海关
法定代表人	SEIJI KURAISHI		电话	0757-81198888-114	
日常联系人	杨书青		电话	0757-81198888-114	
主营范围	生产、销售汽车自动变速箱、手动变速箱及其零配件、汽车发动机关键零配件等汽车关键零部件，提供上述产品的售后服务，产品内外销售。				

企业名称	东芝家用电器制造（南海）有限公司			海关编码	4428940928
通讯地址	广东省佛山市南海区狮山松岗松夏工业园科技西路			邮政编码	528234
企业类型	进出口货物收发货人	注册日期	2005.5.8	注册资本	2648.3万美元
评定时间	2010.11.16	报关有效期	2014.6.5	所属海关	广州海关
法定代表人	安武浩一		电话	0757-85212218	
日常联系人	简志灿		电话	0757-85212237	
主营范围	家用电器节约能源开发技术及节能电冰箱、洗衣机及其零部件、附件的开发、生产、进出口及自产产品的销售、售后服务。冰柜、葡萄酒储藏柜、洗涤干燥机、衣物干燥机、电饭煲、IH电磁炉等厨房电器、吸尘器、空调、空气清新机、除湿机、加湿器等卫生电器及小家电的开发。上述产品的模具、夹具的开发、制造、进出口、销售。从事电冰箱、冰柜、葡萄酒储藏柜、洗衣机、洗涤干燥机、衣物干燥机、电饭煲、IH电磁炉等厨房电器、吸尘器、空调、空气清新机、除湿机、加湿器等卫生电器及小家电的批发、售后服务及进出口及相关配套业务（不涉及国营贸易管理商品，涉及配额、许可证管理商品的，按国家有关规定办理申请）。产品内外销售。				

企业名称	南海南新无纺布有限公司			海关编码	4428930579
通讯地址	广东省佛山市南海区桂城海八路			邮政编码	528200
企业类型	进出口货物收发货人	注册日期	1995.10.16	注册资本	1200 万美元
评定时间	2011.1.25	报关有效期	2014.10.16	所属海关	广州海关
法定代表人	DENNIS EDWARD NORMAN		电话	0757-86265196	
日常联系人	卢月英		电话	0757-86254800	
主营范围	生产、加工、销售无纺布及其制品。				

企业名称	广州汽车丰田发动机有限公司			海关编码	4423935012
通讯地址	广东省广州市南沙区市南大道 6 号			邮政编码	511455
企业类型	进出口货物收发货人	注册日期	2004.3.31	注册资本	24072 万美元
评定时间	2008.10.31	报关有效期	2013.3.10	所属海关	广州海关
法定代表人	佐佐木昭		电话	020-39396590	
日常联系人	何健超		电话	020-39396590	
主营范围	汽车用发动机及汽车用发动机零部件的制造及销售，提供有关该类发动机及发动机零部件的售后服务。				

企业名称	粤海（番禺）石油化工储运开发有限公司			海关编码	4423935016
通讯地址	广东省广州市南沙区黄阁镇粤海路 1 号			邮政编码	511455
企业类型	进出口货物收发货人	注册日期	1992.10.20	注册资本	22000 万人民币
评定时间	2009.1.6	报关有效期	2013.10.20	所属海关	广州海关
法定代表人	张雷		电话	020-66603088	
日常联系人	胡小婷		电话	020-66603067	
主营范围	码头装卸（按危险货物港口作业认可证（穗）港字第 0013 号认可范围经营），保税仓储（具体项目按海关编号（南）关库字第 04 号登记证范围经营），成品油仓储（具体项目按油仓储证书第 C44026 号范围经营），化工品仓储（具体项目按穗安监危化储存备字〔2010〕0001 号），物流仓储中心化工品仓储（具体按穗安监危化储存备字 [2011]0059 号经营），提供码头服务，船用油料、淡水、油污水处理及相应配套服务（具体项目按中华人民共和国港口经营许可证（粤穗）港经证（0024）号）。（经营范围涉及法律、法规禁止经营的不得经营，涉及许可证经营的凭许可证经营。）				

企业名称	广州南沙经济技术开发区胜得电路版有限公司			海关编码	4423945009
通讯地址	广东省广州南沙经济技术开发区广生路1号			邮政编码	511458
企业类型	进出口货物收发货人	注册日期	2001.9.25	注册资本	21715人民币
评定时间	2009.1.6	报关有效期	2013.9.25	所属海关	广州海关
法定代表人	吕俊宏		电话	020-84988880	
日常联系人	周建敏		电话	020-84988880-352	
主营范围	设计、生产、加工印刷线路板、新型电子元器件（高密度互连积层板、刚挠印刷电路板、频率控制与选择元件）、印刷线路板半成品及电子集成块线路板，集成电路板涉及的相关电子管产品及半成品、成品的组装，自产三废物料的处理，销售本公司产品（经营范围涉及法律、法规禁止经营的不得经营，涉及许可证经营的凭许可经营）。				

企业名称	广州丰田汽车有限公司			海关编码	4423935001
通讯地址	广东省广州市南沙区黄阁镇市南大道8号			邮政编码	511455
企业类型	进出口货物收发货人	注册日期	2004.10.27	注册资本	39956万美元
评定时间	2009.1.12	报关有效期	2013.10.27	所属海关	广州海关
法定代表人	袁仲荣		电话	020-39398888	
日常联系人	何宁		电话	020-39399862	
主营范围	乘用车及其零部件的开发和制造，自产产品在国内外市场的营销、销售及售后服务，对经销商及汽车修理厂等经营的各种指导、咨询及培训服务的提供（未取得消防验收合格不得开展经营活动，涉证项目凭许可证经营）。				

企业名称	广州中船龙穴造船有限公司			海关编码	4423910038
通讯地址	广东省广州市南沙区珠江管理区西路68号首层			邮政编码	511462
企业类型	进出口货物收发货人	注册日期	2006.12.14	注册资本	272000万人民币
评定时间	2011.8.30	报关有效期	2012.12.14	所属海关	广州海关
法定代表人	余宝山		电话	020-36663333	
日常联系人	何建勇		电话	020-36663705	
主营范围	船舶、电气机械、普通机械、钢结构件技术设计、制造、修理，批发、零售贸易（国家专营专控商品除外），货物进出口和技术进出口（国家限定公司经营的项目除外）。				

企业名称	万邦（清新）鞋业有限公司			海关编码	4418943049
通讯地址	广东省清远市清新县太平镇工业区			邮政编码	511853
企业类型	进出口货物收发货人	注册日期	2001.7.12	注册资本	3000万美元
评定时间	2008.10.31	报关有效期	2014.6.20	所属海关	广州海关
法定代表人	陈进镛	电话		0763-5772688	
日常联系人	曾志玲	电话		0763-5772688	
主营范围	生产、加工、销售各类鞋类产品、鞋类半成品、鞋材及配套包装类产品（不含印刷工序）。				

企业名称	佛冈建滔实业有限公司			海关编码	4418944001
通讯地址	广东省清远市佛冈县石角镇			邮政编码	511600
企业类型	进出口货物收发货人	注册日期	1994.3.3	注册资本	87810万人民币
评定时间	2008.10.31	报关有效期	2014.2.25	所属海关	广州海关
法定代表人	林家宝	电话		0763-4286288	
日常联系人	林泽良	电话		0763-4286288	
主营范围	生产、销售上胶敷铜箔及其系列产品。				

企业名称	清远市广硕鞋业有限公司			海关编码	4418933047
通讯地址	广东省清远市清新县太和工业区			邮政编码	511800
企业类型	进出口货物收发货人	注册日期	2001.12.21	注册资本	2500万美元
评定时间	2009.1.15	报关有效期	2011.12.21	所属海关	广州海关
法定代表人	张荣梧	电话		0763-6865888	
日常联系人	黄学伟	电话		0763-6865888	
主营范围	生产、销售运动鞋、鞋材料及运动用品（护具、护垫、护套、毛巾、护齿）。				

企业名称	清远大中塑胶制品有限公司			海关编码	4418943031
通讯地址	广东省清远市清新县太和四号区			邮政编码	511800
企业类型	进出口货物收发货人	注册日期	1998.9.7	注册资本	16500万港币
评定时间	2009.1.15	报关有效期	2014.8.29	所属海关	广州海关
法定代表人	郑松立	电话		0763-5851888	
日常联系人	彭家锋	电话		0763-5851322	
主营范围	生产经营铝合金百叶窗帘、塑料百叶窗帘、布窗帘、木窗帘、木制装饰杆及其他塑料工业制品木制配件，生产包装材料（涉及珍贵树种原木加工的产品除外），从事非配额许可证管理、非专营商品的收购出口业务。				

企业名称	约克广州空调冷冻设备有限公司			海关编码	4418944029
通讯地址	广东省清远市佛冈县龙山镇学田			邮政编码	511540
企业类型	进出口货物收发货人	注册日期	1995.11.21	注册资本	400 万美元
评定时间	2009.11.20	报关有效期	2011.11.21	所属海关	广州海关
法定代表人	林坚		电话	0763-4681111	
日常联系人	陈玲艳		电话	0763-4688819	
主营范围	从事各类供热供冷、通风及冷冻设备的设计制造、销售和售后服务，并提供相关的项目设计、施工、安装、测试及维修服务，以及从事有关上述各项任何必需或附属的其他活动。				

企业名称	新玛基（清远）实业有限公司			海关编码	4418942051
通讯地址	广东省清远市清城区龙塘镇 S253 线旁长丰工业区			邮政编码	511540
企业类型	进出口货物收发货人	注册日期	2005.4.20	注册资本	2000 万美元
评定时间	2010.6.30	报关有效期	2014.4.8	所属海关	广州海关
法定代表人	周月琴		电话	0763-3692088	
日常联系人	陈志豪		电话	0763-3692088	
主营范围	生产、加工、销售各类家用电力器具及配件、印刷线路板、电源线。				

企业名称	清远先导稀有材料有限公司			海关编码	4418943089
通讯地址	广东省清远市清新县禾云工业区			邮政编码	511875
企业类型	进出口货物收发货人	注册日期	2003.7.29	注册资本	656 万美元
评定时间	2010.11.19	报关有效期	2014.6.22	所属海关	广州海关
法定代表人	朱世明		电话	0763-5673838	
日常联系人	吴依芹		电话	0763-5674498	
主营范围	研发、生产、销售硒、碲、镉、铋、锑、钴、镓、铟、砷、铅、锡、铜、金、银、铂、钯、铑、铱、锇、钌稀有金属、贵金属、高纯金属及其化合物、工艺品、器件、零件、高纯电子材料、饲料添加剂。				

<table>
<tr><td>企业名称</td><td colspan="3">广东先导稀有材料股份有限公司</td><td>海关编码</td><td>4418933060</td></tr>
<tr><td>通讯地址</td><td colspan="3">广东省清远市清新县禾云工业区（鱼坝公路旁）</td><td>邮政编码</td><td>511875</td></tr>
<tr><td>企业类型</td><td>进出口货物收发货人</td><td>注册日期</td><td>2003.7.29</td><td>注册资本</td><td>35000 万人民币</td></tr>
<tr><td>评定时间</td><td>2011.7.26</td><td>报关有效期</td><td>2014.6.22</td><td>所属海关</td><td>广州海关</td></tr>
<tr><td>法定代表人</td><td colspan="2">朱世会</td><td>电话</td><td colspan="2">0763-5672883</td></tr>
<tr><td>日常联系人</td><td colspan="2">刘光海</td><td>电话</td><td colspan="2">0763-5672883</td></tr>
<tr><td>主营范围</td><td colspan="5">研发、生产、销售硒、碲、镉、铋、锑、钴、镓、铟、砷、铅、锡、铜、金、银、铂、钯、铑、铱、锇、钌稀有金属、贵金属、高纯金属及其化合物、工艺品、器件、零件、高纯电子材料、饲料添加剂（限制类按国家有关规定办理）。</td></tr>
</table>

<table>
<tr><td>企业名称</td><td colspan="3">广东韶钢松山股份有限公司</td><td>海关编码</td><td>4402914005</td></tr>
<tr><td>通讯地址</td><td colspan="3">广东省韶关市曲江区马坝镇</td><td>邮政编码</td><td>512123</td></tr>
<tr><td>企业类型</td><td>进出口货物收发货人</td><td>注册日期</td><td>2003.11.6</td><td>注册资本</td><td>166952 万人民币</td></tr>
<tr><td>评定时间</td><td>2009.2.1</td><td>报关有效期</td><td>2014.11.6</td><td>所属海关</td><td>广州海关</td></tr>
<tr><td>法定代表人</td><td colspan="2">余子权</td><td>电话</td><td colspan="2">0751-8786115</td></tr>
<tr><td>日常联系人</td><td colspan="2">林小平</td><td>电话</td><td colspan="2">0751-8786115</td></tr>
<tr><td>主营范围</td><td colspan="5">制造、加工、销售钢铁冶金产品、金属制品、焦炭、煤化工产品、技术开发、转让、引进与咨询服务。经营本企业自产产品及技术的出口业务和本企业所需的机械设备、零配件、原辅材料及技术的进口业务，但国家限定公司经营或禁止进出口的商品及技术除外。进口废钢、废铜、废铝、废纸、废塑料。</td></tr>
</table>

<table>
<tr><td>企业名称</td><td colspan="3">广东惠而浦家电制品有限公司</td><td>海关编码</td><td>4422920479</td></tr>
<tr><td>通讯地址</td><td colspan="3">广东省佛山市顺德区北窖镇工业大道 2 号</td><td>邮政编码</td><td>528311</td></tr>
<tr><td>企业类型</td><td>进出口货物收发货人</td><td>注册日期</td><td>1995.7.21</td><td>注册资本</td><td>2398 万美元</td></tr>
<tr><td>评定时间</td><td>2008.10.31</td><td>报关有效期</td><td>2014.7.21</td><td>所属海关</td><td>广州海关</td></tr>
<tr><td>法定代表人</td><td colspan="2">何泽绵</td><td>电话</td><td colspan="2">0757-28666168</td></tr>
<tr><td>日常联系人</td><td colspan="2">刘龙华</td><td>电话</td><td colspan="2">0757-28666168-235</td></tr>
<tr><td>主营范围</td><td colspan="5">研究、开发、生产微波炉和微波制品、多士炉、暖气机、电咖啡壶、电茶壶、多用途煮食炉、喷射烤炉、超声波制湿机、电炉、电烫斗、灯饰、热水器、电饭锅、滤水器、空调机、电磁炉、抽油烟机、各式家用电器零部件、五金模具、塑料模具及其配件（不含废旧塑料）。</td></tr>
</table>

企业名称	广东星浦钢材加工有限公司			海关编码	4422930933
通讯地址	广东省佛山市顺德区北滘镇经济工业区			邮政编码	528311
企业类型	进出口货物收发货人	注册日期	1997.10.24	注册资本	1098.5 万美元
评定时间	2008.10.31	报关有效期	2014.10.24	所属海关	广州海关
法定代表人	金仁焕	电话	0757-26330425		
日常联系人	卢晓霞	电话	0757-26330418		
主营范围	钢材的高精度开料深加工和销售；从事冷扎板、电镀锌板、镀铝锌板、镀铝板、矽钢板、不锈钢、酸洗板的批发和进出口业务。				

企业名称	佛山市顺德区格兰仕微波炉电器有限公司			海关编码	4422931059
通讯地址	广东省顺德区容桂街道容桂大道南 25 号			邮政编码	528305
企业类型	进出口货物收发货人	注册日期	2002.4.15	注册资本	380 万美元
评定时间	2008.10.31	报关有效期	2014.4.15	所属海关	广州海关
法定代表人	梁昭贤	电话	0757-28886926		
日常联系人	何赞和	电话	0757-23612857		
主营范围	生产经营家用电器、磁控管、电路板、微动开关、五金配件、塑胶配件（不含废旧塑料）、塑料器皿（不含废旧塑料），从事模具出口业务，以上产品的安装维修及售后服务。				

企业名称	广东泰科电子有限公司			海关编码	4422940131
通讯地址	广东省佛山市顺德区容桂街道容里工业区容奇大道东			邮政编码	528306
企业类型	进出口货物收发货人	注册日期	1995.12.28	注册资本	2050 万美元
评定时间	2008.10.31	报关有效期	2011.12.28	所属海关	广州海关
法定代表人	姚志卫	电话	0757-28381368		
日常联系人	徐贵金	电话	0757-28381368-1393		
主营范围	生产经营电子、电气及光纤设备的连接器和内部连接装置、组合部件和系统（和有关装备）及相关的应用工具和设备（和相应的装置），非配额许可证管理、非专营商品的收购出口业务，印制电子和电器元件用标签（限于自用），并为其产品提供维修和售后服务，包装装潢印刷品印刷。				

<table>
<tr><td>企业名称</td><td colspan="3">佛山市顺德区汉达精密电子科技有限公司</td><td>海关编码</td><td>4422940136</td></tr>
<tr><td>通讯地址</td><td colspan="3">广东省佛山市顺德区伦教街道熹涌伦兴中路 1 号</td><td>邮政编码</td><td>528308</td></tr>
<tr><td>企业类型</td><td>进出口货物收发货人</td><td>注册日期</td><td>1995.12.30</td><td>注册资本</td><td>5680 万美元</td></tr>
<tr><td>评定时间</td><td>2008.10.31</td><td>报关有效期</td><td>2011.12.30</td><td>所属海关</td><td>广州海关</td></tr>
<tr><td>法定代表人</td><td colspan="2">黄明汉</td><td>电话</td><td colspan="2">0757-27727168-8809</td></tr>
<tr><td>日常联系人</td><td colspan="2">李素英</td><td>电话</td><td colspan="2">0757-27753168</td></tr>
<tr><td>主营范围</td><td colspan="5">生产经营计算机机箱及其零部件、便携式液晶显示器、汽车及电子类精密冲模具、精密注塑模具、模具精密零配件、模具组件、金属注塑、金属压铸、塑料件、冲压件、模具加工、模具设计、模具维修服务、钢板裁切、耐温绝缘零件、精密冲压模具、精密冲压连接器及插座、精密模具标准组件、铝镁合金面板基座，研发、设计、制造、加工、安装塑料件，塑料件的表面处理，真空离子溅镀设备及其精密治具，并提供售后服务，数字照相机及关键件，数字电视机及零件，大屏幕彩色投影显示器用光学引擎、光源、投影屏、高清晰度投影管等关键件，废旧塑料的消解和再利用，新型电子元器件，新型平板显示器件，中高分辨率彩色显像管、显示管及玻壳，精冲模，精密型腔模，模具标准件，非金属制品模具设计、制造，汽车、摩托车模具、夹具设计、制造，精密橡胶制品。</td></tr>
</table>

<table>
<tr><td>企业名称</td><td colspan="3">佛山市顺德区锡山家具有限公司</td><td>海关编码</td><td>4422940206</td></tr>
<tr><td>通讯地址</td><td colspan="3">广东省佛山市顺德区北滘居委会工业园港前北路 25 号</td><td>邮政编码</td><td>528311</td></tr>
<tr><td>企业类型</td><td>进出口货物收发货人</td><td>注册日期</td><td>1998.8.6</td><td>注册资本</td><td>2222.89 万美元</td></tr>
<tr><td>评定时间</td><td>2008.10.31</td><td>报关有效期</td><td>2014.8.6</td><td>所属海关</td><td>广州海关</td></tr>
<tr><td>法定代表人</td><td colspan="2">王晓玉</td><td>电话</td><td colspan="2">0757-26654949</td></tr>
<tr><td>日常联系人</td><td colspan="2">彭庆华</td><td>电话</td><td colspan="2">0757-26322661</td></tr>
<tr><td>主营范围</td><td colspan="5">生产室外金属家具。</td></tr>
</table>

<table>
<tr><td>企业名称</td><td colspan="3">广东顺安达太平货柜有限公司</td><td>海关编码</td><td>4422940333</td></tr>
<tr><td>通讯地址</td><td colspan="3">广东省佛山市顺德区勒流镇黄连居委会勒连东路 8 号</td><td>邮政编码</td><td>528322</td></tr>
<tr><td>企业类型</td><td>进出口货物收发货人</td><td>注册日期</td><td>2001.05.17</td><td>注册资本</td><td>1790 万美元</td></tr>
<tr><td>评定时间</td><td>2008.10.31</td><td>报关有效期</td><td>2014.05.17</td><td>所属海关</td><td>广州海关</td></tr>
<tr><td>法定代表人</td><td colspan="2">薛肇恩</td><td>电话</td><td colspan="2">0757-25330156</td></tr>
<tr><td>日常联系人</td><td colspan="2">洪燕芬</td><td>电话</td><td colspan="2">0757-25330155</td></tr>
<tr><td>主营范围</td><td colspan="5">生产经营集装箱、通用特种箱系列产品、工程车厢、垃圾车厢、房屋箱。</td></tr>
</table>

企业名称	佛山市顺德区顺达电脑厂有限公司			海关编码	4422940848
通讯地址	广东省佛山市顺德区伦教街道顺达路一号			邮政编码	528308
企业类型	进出口货物收发货人	注册日期	2006.11.1	注册资本	70939 万港元
评定时间	2008.10.31	报关有效期	2012.12.29	所属海关	广州海关
法定代表人	何继武	电话	0757-27753168		
日常联系人	梁文宗	电话	0757-27753168-3700		
主营范围	生产经营电脑主机、母板、介面卡、显示器、电源供应器、键盘、相关金属冲压件、母板维修服务、冲压模具、压铸模具、线材组件、连接器、电池组、测试治具、钢板裁切、小型变压器、液晶平面显示器、无线数据传输功能卡、数据通讯多媒体系统（掌上型电脑）、多功能大容量伺服器、系统传输并多媒体系统装置（笔记型电脑）、木制品、多媒体网络数字电视机、数字音视频编解码设备、多媒体网络数字录放机、塑胶件（不含废旧塑料）、塑胶模具，制造存储设备、IP 数据通信系统，开发制造高端路由器、千兆比以上网络交换机、超宽带（UWB）通信设备、车载电子技术（汽车信息系统和导航系统）、自动变速箱、电子制动力分配系统 EBD、电子气门系统装置、电子油门，制造数字放声设备和数字影院制作、编辑、播放设备。				

企业名称	佛山市美的家用电器有限公司			海关编码	4422950001
通讯地址	广东省佛山市顺德区北滘镇蓬莱路工业区			邮政编码	528311
企业类型	进出口货物收发货人	注册日期	1988.5.20	注册资本	20000 万人民币
评定时间	2008.10.31	报关有效期	2014.5.20	所属海关	广州海关
法定代表人	袁利群	电话	0757-26333663		
日常联系人	罗勇光	电话	0757-26339037		
主营范围	自营和代理各类商品及技术的进出口业务，经营加工和“三来一补”业务，经营对销贸易和转口贸易。				

企业名称	广东新宝电器股份有限公司			海关编码	4422930877
通讯地址	广东省佛山市顺德区勒流镇政和南路			邮政编码	528322
企业类型	进出口货物收发货人	注册日期	1995.12.11	注册资本	36600 万人民币
评定时间	2009.1.15	报关有效期	2011.12.11	所属海关	广州海关
法定代表人	郭建刚	电话	0757-25333888		
日常联系人	卓志勇	电话	0757-25333800		
主营范围	生产经营电蒸汽熨斗、搅拌机、咖啡壶、开水器、面包机等家用电器产品及模具、电机、电路板等电器产品散件、零配件、塑料制品，生产经营工程塑料、精密压铸件，从事产品设计、模具设计、嵌入式软件设计、认证测试等服务。				

企业名称	佛山市顺德区富日交通机械有限公司			海关编码	4422931055
通讯地址	广东省佛山市顺德区勒流镇黄连工业区港口路 1 号			邮政编码	528323
企业类型	进出口货物收发货人	注册日期	2002.4.3	注册资本	550 万美元
评定时间	2009.1.15	报关有效期	2012.4.3	所属海关	广州海关
法人姓名	吴志强		电话	0757 25662001	
日常联系人	梁玉菘		电话	0757-25666010	
主营范围	生产经营半挂式环保垃圾车、半挂牵引车、半挂车油缸、拖头车鞍座、卡车悬挂、汽车卡车及半挂车车轴总成、盘式制动器总成、汽车及半挂车零部件、金属制品（经营范围不含汽车整车或汽车发动机的生产经营）。				

企业名称	佛山市顺德区安爱工业有限公司			海关编码	4422940106
通讯地址	广东省佛山市顺德区勒流镇连杜工业区			邮政编码	528300
企业类型	进出口货物收发货人	注册日期	1995.1.16	注册资本	705 万美元
评定时间	2009.1.15	报关有效期	2014.1.16	所属海关	广州海关
法人姓名	黄淳义		电话	0757-25634271	
日常联系人	卢耀松		电话	0757-25634271	
主营范围	生产经营自行车零件、轮椅、拐杖、四轮车、马桶椅、摩托车车手及其配件、碳纤维制品、新型合金材料。				

企业名称	佛山市顺德区华日钢材制品有限公司			海关编码	4422940224
通讯地址	广东省佛山市顺德区北滘镇工业园港前北路 17 号			邮政编码	528300
企业类型	进出口货物收发货人	注册日期	1998.11.10	注册资本	836 万美元
评定时间	2009.1.15	报关有效期	2014.11.10	所属海关	广州海关
法人姓名	瓜生義孝		电话	0757-29991529	
日常联系人	罗永锋		电话	0757-29991552	
主营范围	钢板的横切、纵切、切断、冲压及金属有关产品的生产及销售，包括钢材制品在内的由其他经济单位所拥有产品的仓储。				

企业名称	佛山市顺德区速连自行车配件有限公司			海关编码	4422940306
通讯地址	广东省佛山市顺德区伦教街道北海工业区			邮政编码	528308
企业类型	进出口货物收发货人	注册日期	2000.11.20	注册资本	43.51 万美元
评定时间	2009.1.15	报关有效期	2014.11.20	所属海关	广州海关
法人姓名	STANLEY R.DAY		电话	0757-27738506	
日常联系人	赖桂梅		电话	0757-27738506-313	
主营范围	生产经营自行车变速器及其他零配件，从事自行车零配件的批发、进出口业务。				

企业名称	广东威灵电机制造有限公司			海关编码	4422940671
通讯地址	广东省佛山市顺德区北滘镇工业园十五、十六、十七区			邮政编码	528311
企业类型	进出口货物收发货人	注册日期	2005.3.21	注册资本	4881 万美元
评定时间	2009.1.15	报关有效期	2014.3.21	所属海关	广州海关
法人姓名	蔡其武		电话	0757-23604666	
日常联系人	甘露明		电话	0757-26339718	
主营范围	生产经营塑封电机、铁壳电机、风轮、风机罩壳。				

企业名称	海信容声（广东）冰箱有限公司			海关编码	4422930864
通讯地址	广东省佛山市顺德区容桂容港路 8 号			邮政编码	528303
企业类型	进出口货物收发货人	注册日期	1995.12.25	注册资本	2680 万美元
评定时间	2009.2.1	报关有效期	2011.12.25	所属海关	广州海关
法人姓名	周小天		电话	0757-28361176	
日常联系人	黎睿超		电话	0757-28362943	
主营范围	生产经营电冰箱及其零配件。				

企业名称	佛山市顺德区联合电子有限公司			海关编码	4422941032
通讯地址	广东省佛山市顺德区容桂街道桂新东路 4 号			邮政编码	528305
企业类型	进出口货物收发货人	注册日期	2009.12.21	注册资本	2160 万港元
评定时间	2009.12.28	报关有效期	2012.12.21	所属海关	广州海关
法人姓名	冯伟兴		电话	0757-28396194	
日常联系人	梁洁容		电话	0757-28378750	
主营范围	生产经营线路板、电线插头、开关、变压器、电源板及其他电子电器零部件、组装件、电子产品、移动电话、电视机、数码相框、显示器、电脑。				

企业名称	广东松下环境系统有限公司			海关编码	4422940483
通讯地址	广东省佛山市顺德高新区（容桂）朝桂南路 2 号			邮政编码	528306
企业类型	进出口货物收发货人	注册日期	2003.6.23	注册资本	2588 万美元
评定时间	2010.2.8	报关有效期	2014.6.23	所属海关	广州海关
法人姓名	花村嘉之		电话	0757-28396842	
日常联系人	何庆添		电话	0757-28373218	
主营范围	生产经营换气扇、抽油烟机、送风机等家用电器产品及其部件材料的设计开发、制造、销售（仅限于自产产品）、售后服务、安装工程、系统咨询。				

企业名称	佛山市威灵洗涤电机制造有限公司			海关编码	4422930954
通讯地址	广东省佛山市顺德区北滘镇北滘居委会工业园港前路 21 号			邮政编码	528311
企业类型	进出口货物收发货人	注册日期	1998.9.29	注册资本	640 万美元
评定时间	2010.12.1	报关有效期	2014.9.29	所属海关	广州海关
法人姓名	蔡其武		电话	0757-26333649	
日常联系人	罗勇光		电话	0757-26339037	
主营范围	生产销售整流子电机及其他分马力电机。				

企业名称	广东冠盛塑胶有限公司			海关编码	4422931048
通讯地址	广东省佛山市顺德区乐从镇良村工业区			邮政编码	528315
企业类型	进出口货物收发货人	注册日期	2002.2.9	注册资本	500 万美元
评定时间	2011.2.22	报关有效期	2014.2.9	所属海关	广州海关
法人姓名	刘锦柱		电话	0757-28911178	
日常联系人	王芬		电话	0757-28783608	
主营范围	生产经营塑料薄膜（不含废旧塑料）、人造革。				

企业名称	佛山市顺德区保利达电器有限公司			海关编码	4422940070
通讯地址	广东省佛山市顺德区伦教街道鸡洲村			邮政编码	528308
企业类型	进出口货物收发货人	注册日期	1993.12.23	注册资本	808 万美元
评定时间	2011.8.19	报关有效期	2011.12.23	所属海关	广州海关
法人姓名	李智良		电话	0757-27839573	
日常联系人	林敏仪		电话	0757-27839573	
主营范围	生产经营微型变压器、配电器、小型日用家电制品、手机电池及其零配件、电子电器配件、防盗监控系统、照明电器，产品全部外销。				

企业名称	政星塑料制品河源有限公司			海关编码	4416940010
通讯地址	广东省河源市明珠科技工业园河源大道			邮政编码	517000
企业类型	进出口货物收发货人	注册日期	2002.12.6	注册资本	1650 万美元
评定时间	2009.1.6	报关有效期	2011.12.6	所属海关	广州海关
法人姓名	吴进龙		电话	0762-3837121	
日常联系人	胡贤荣		电话	0762-3837121	
主营范围	生产塑胶日用品、塑胶玩具、塑胶调味用具、家庭日用品、木器制品、金属制品、纺织制品，产品全部外销。				

企业名称	河源华嘉时装有限公司			海关编码	4416940026
通讯地址	广东省河源市华嘉工业区			邮政编码	517000
企业类型	进出口货物收发货人	注册日期	1995.12.10	注册资本	520 万美元
评定时间	2009.1.6	报关有效期	2011.12.10	所属海关	广州海关
法人姓名	庄成光		电话	0762-3210128	
日常联系人	许仁宇		电话	0762-3210128	
主营范围	各种成衣生产及销售，产品内外销售。				

企业名称	西可通信技术设备（河源）有限公司			海关编码	4416940182
通讯地址	广东省河源市高新技术开发区			邮政编码	517000
企业类型	进出口货物收发货人	注册日期	2004.12.8	注册资本	4900 万美元
评定时间	2009.1.6	报关有效期	2014.12.8	所属海关	广州海关
法人姓名	何宁宁		电话	0762-3601001	
日常联系人	林育强		电话	0762-3601093	
主营范围	生产、研发和销售自产的手机、移动通信设备、通信终端、数字数码电子设备、便携式微型计算机、精密工模具、新型电子元器件、第三代移动通信系统手机等产品及相关零部件、配套产品，产品 30% 外销。				

企业名称	精电（河源）显示技术有限公司			海关编码	4416940189
通讯地址	广东省河源市河源大道南 128 号			邮政编码	517000
企业类型	进出口货物收发货人	注册日期	2005.3.10	注册资本	48900 万港币
评定时间	2009.1.6	报关有效期	2014.3.10	所属海关	广州海关
法人姓名	蔡东豪		电话	0762-3683318	
日常联系人	杨振英		电话	0762-3370070	
主营范围	生产、销售平面显示片、显示模块及其他电子产品，产品内外销售。				

企业名称	龙川兴莱鞋业有限公司			海关编码	4416945001
通讯地址	广东省龙川县新城开发区 5 号小区			邮政编码	517000
企业类型	进出口货物收发货人	注册日期	2001.6.5	注册资本	22000 万港币
评定时间	2009.1.6	报关有效期	2014.6.5	所属海关	广州海关
法人姓名	赵明静	电话		0762-6803036	
日常联系人	聂敏	电话		0762-6803036	
主营范围	制造、加工、经销各种鞋及鞋材，在国内外销售产品。				

企业名称	宝嘉怡升制衣厂（河源）有限公司			海关编码	4416940117
通讯地址	广东省河源市河源大道 380-388 号			邮政编码	517000
企业类型	进出口货物收发货人	注册日期	2002.1.22	注册资本	12000 万港币
评定时间	2009.11.24	报关有效期	2014.1.22	所属海关	广州海关
法人姓名	李国栋	电话		0762-3375698	
日常联系人	陈华	电话		0762-3375698	
主营范围	生产和销售各类针梭织服装、高纺真化纤及高档织物面料的印染及整理加工，在国内外销售产品。				

企业名称	广州市万宝冰箱有限公司			海关编码	4401913508
通讯地址	广东省广州市海珠区江燕路 268 号			邮政编码	510280
企业类型	进出口货物收发货人	注册日期	1999.5.26	注册资本	2100 万人民币
评定时间	2008.10.31	报关有效期	2014.5.26	所属海关	广州海关
法人姓名	陈达源	电话		020-84362148	
日常联系人	王继杰	电话		020-84362148	
主营范围	制造家用电器及零部件，销售家用电器，电器产品技术开发、技术改造、技术服务，货物进出口、技术进出口（法律、行政法规禁止的项目除外，法律、行政法规限制的项目须取得许可证后方可经营），开展本企业的进料加工和“三来一补”业务（凡国家专营、专控商品或项目除外）。				

企业名称	广州奥的斯电梯有限公司			海关编码	4401933657
通讯地址	广东省广州市白云区北郊夏茅			邮政编码	510425
企业类型	进出口货物收发货人	注册日期	1993.2.1	注册资本	1200 万美元
评定时间	2008.10.31	报关有效期	2014.2.1	所属海关	广州海关
法人姓名	戈伟奇	电话		020-28101080	
日常联系人	罗海军	电话		020-28271201	
主营范围	制造、加工、销售、安装、改造、维修电梯、自动扶梯、自动人行道、屏蔽门及其零部件，以上产品的设计、技术咨询和售后服务，以上产品同类商品的批发、进出口、佣金代理（拍卖除外）业务（涉及配额许可证经营、专项规定管理的商品按照国家有关规定办理）。				

企业名称	广州广船国际股份有限公司			海关编码	4401933983
通讯地址	广东省广州市荔湾区芳村大道南 40 号			邮政编码	510382
企业类型	进出口货物收发货人	注册日期	1995.2.28	注册资本	49467.8 万人民币
评定时间	2008.10.31	报关有效期	2014.2.28	所属海关	广州海关
法人姓名	李柱石	电话		020-81891712	
日常联系人	叶春泽	电话		020-81891712	
主营范围	设计、加工、安装、销售船舶及其辅机、集装箱、金属结构及其构件、压力容器、普通机械、铸锻件通用零部件、玻璃钢制品、线路、管道、工具、家具，机械设备、船舶修理，拆船，勘察设计，自有技术转让服务，室内装饰，自产集装箱、船舶、设备的经营性租赁。				

企业名称	广州精工电子有限公司			海关编码	4401943628
通讯地址	广东省广州市海珠区新港东路 2437 号海珠区科技园内			邮政编码	510335
企业类型	进出口货物收发货人	注册日期	2002.2.28	注册资本	500 万美元
评定时间	2008.10.31	报关有效期	2012.4.4	所属海关	广州海关
法人姓名	田中洋	电话		020-34093388	
日常联系人	黎国梁	电话		020-34093388	
主营范围	生产、加工新型液晶显示器、各类钟表及其零配件、表芯、电子调音器、电子零件、电子产品，销售本企业产品。				

企业名称	广州钢铁股份有限公司			海关编码	4401933182
通讯地址	广东省广州市荔湾区白鹤洞			邮政编码	510381
企业类型	进出口货物收发货人	注册日期	2008.8.20	注册资本	76240 万人民币
评定时间	2008.11.28	报关有效期	2014.8.20	所属海关	广州海关
法人姓名	张若生		电话	020-81897707	
日常联系人	刘素芳		电话	020-81897747	
主营范围	生产、加工、销售冶金产品、焦炭化工产品、各种气体、炉料和有关原材料、机械设备、备件、生产工具、公司产品的深加工产品，以及有关技术咨询服务，并经营汽车运输。				

企业名称	广州添利电子科技有限公司			海关编码	4401923777
通讯地址	广东省广州市萝岗区九佛西路 888 号			邮政编码	510555
企业类型	进出口货物收发货人	注册日期	1993.4.10	注册资本	7000 万美元
评定时间	2009.1.6	报关有效期	2014.4.21	所属海关	广州海关
法人姓名	DANIEL J.WEBER		电话	020-87490623	
日常联系人	郭根福		电话	020-87490174	
主营范围	生产、加工多功能电路板、新型电子元器件、新型仪表元器件和材料、电子专用设备、测试仪器、工模具，销售本企业产品。从事多功能电路板的进出口及批发业务（涉及配额许可证管理、专项规定管理的商品按国家有关规定办理）。				

企业名称	金发科技股份有限公司			海关编码	4401363002
通讯地址	广东省广州市高新技术产业开发区科学城科丰路 33 号			邮政编码	510663
企业类型	进出口货物收发货人	注册日期	2002.1.4	注册资本	139650 万人民币
评定时间	2009.1.6	报关有效期	2014.1.4	所属海关	广州海关
法人姓名	袁志敏		电话	020-87037868	
日常联系人	王建军		电话	020-87036830	
主营范围	塑料、化工产品、日用机械、金属制品新材料、新产品的开发、研究、加工、制造、技术服务、技术转让，废旧塑料的回收利用，房地产开发和经营，物业管理，利用自有资金投资，批发和零售贸易（国家专营、专控商品除外），自营进出口业务（按穗外经贸 [1999]227 号批复的范围经营）。（国家专营、专控商品或项目除外。）				

企业名称	广州轻出集团鞋帽箱包进出口有限公司			海关编码	4401913026
通讯地址	广东省广州市越秀区长堤路 87 号 10 楼			邮政编码	510120
企业类型	进出口货物收发货人	注册日期	1992.12.23	注册资本	1000 万人民币
评定时间	2009.1.15	报关有效期	2011.12.23	所属海关	广州海关
法人姓名	杨其标		电话	020-83370216	
日常联系人	蒋露薇		电话	020-83324203	
主营范围	轻工产品、纺织品、工艺品、五金矿产、土畜产、化工机械、粮油食品、医药保健食品及上述产品的原辅材料的进出口、代理进口、转口贸易，经营上述各类进出口商品的国内调拨、加工、批发、零售、收购，承办中外合资经营、合作生产业务，承办“三来一补”业务，仓储服务。（国家专营、专控商品或项目除外。）				

企业名称	广州轻出集团百货进出口有限公司			海关编码	4401913017
通讯地址	广东省广州市越秀区长堤路 87 号			邮政编码	51012
企业类型	进出口货物收发货人	注册日期	1993.11.1	注册资本	1000 万人民币
评定时间	2009.5.12	报关有效期	2014.11.1	所属海关	广州海关
法人姓名	朱璞真		电话	020-83320910	
日常联系人	何昌鑑		电话	020-83373900	
主营范围	轻工产品、纺织品、工艺品、五金矿产、土产、畜产、化工机械、粮油食品、医药保健品及上述产品的原辅材料的进出口、代理进口、转口贸易，经营上述各类进出口商品的国内调拨、加工、收购、批发、零售，承办中外合资经营、合作生产业务，承办来料加工、来样加工、来料装配业务，开展补偿贸易业务。（国家专营、专控商品或项目除外。）				

企业名称	广州轻出集团鑫诺进出口有限公司			海关编码	4401913018
通讯地址	广东省广州市越秀区长堤路 87 号			邮政编码	510120
企业类型	进出口货物收发货人	注册日期	2008.9.2	注册资本	890 万人民币
评定时间	2009.5.12	报关有效期	2014.9.2	所属海关	广州海关
法人姓名	陈镇周		电话	020-83337522	
日常联系人	钟夏		电话	020-83194768	
主营范围	轻工产品、纺织品、工艺品、五金矿产、土畜产、化工机械、粮油食品、医药保健品及上述产品原辅材料的进出口、代理进口，转口贸易，经营上述各类进出口商品的国内调拨、加工、批发、收购、零售，承办中外合资经营、合作生产业务，“三来一补”业务，运输、仓储及保税业务，包装装潢，旅游服务。（国家专营、专控商品或项目除外。）				

企业名称	广州轻出集团有限公司			海关编码	4401913174
通讯地址	广东省广州市长堤大马路 87 号			邮政编码	510120
企业类型	进出口货物收发货人	注册日期	1998.3.3	注册资本	10000 万人民币
评定时间	2009.5.12	报关有效期	2014.3.3	所属海关	广州海关
法人姓名	卢业干		电话	020-83337522	
日常联系人	朱展鹏		电话	020-83340192	
主营范围	轻工业品、工艺品、家电设备、光电产品、纺织服装、五金矿产、化工产品、机械设备、粮油食品、工农具、运输工具、医药保健品、土畜产品(具体见穗外经贸进[1997]173 号)代理进口、转口贸易；经营上述进出口商品的国内调拨、加工、收购、批发、零售；承办中外合资经营、合作生产业务，承办来料加工、来料装配业务；开展补偿贸易业务，运输、仓储及保税业务，包装装潢业务，旅游服务；场地出租（限长堤大马路 87 号 7~12 楼、限越秀区长堤大马路 87 号 1~6 层）。（凡国家专营、专控商品或项目除外。）				

企业名称	广州汽车集团商贸有限公司			海关编码	4401913555
通讯地址	广东省广州市越秀区永泰路 54 号金晖楼首层			邮政编码	510095
企业类型	进出口货物收发货人	注册日期	2000.11.7	注册资本	61100 万人民币
评定时间	2009.5.12	报关有效期	2014.11.7	所属海关	广州海关
法人姓名	蒋平		电话	020-83585498	
日常联系人	梁文聪		电话	020-83587438	
主营范围	经营本企业自产的汽车、摩托车、改装车、自行车、车辆零部件及技术的出口业务，经营本企业生产所需的原辅材料、仪器仪表、机械设备、零配件及技术的进口业务（国家限定公司经营和国家禁止进出口的商品及技术除外），经营进料加工和“三来一补”业务，钢材进口经营，批发和零售贸易（国家专营专控商品除外），技术咨询服务，销售汽车（含小轿车），汽车租赁、汽车展览服务，普通货运，货物包装、仓储，加工、销售汽车零配件及售后服务（仓储、加工由分支机构经营），回收、筛选金属边角料、包装材料。（凡国家专营、专控商品或项目除外。）				

企业名称	广州摩恩水暖器材有限公司			海关编码	4401934022
通讯地址	广东省广州市天河区沙河上元岗			邮政编码	510507
企业类型	进出口货物收发货人	注册日期	1995.7.17	注册资本	609.8 万美元
评定时间	2009.5.12	报关有效期	2014.6.27	所属海关	广州海关
法人姓名	关玉东		电话	020–87157100	
日常联系人	李进		电话	020–87157143	
主营范围	生产水龙头、厨具、锁具、洁具等装潢五金配件，销售本企业产品，采购国内非配额许可证产品出口。				

企业名称	广州镇达玩具有限公司			海关编码	4401944570
通讯地址	广东省广州市白云区嘉禾街鹤龙一路			邮政编码	510440
企业类型	进出口货物收发货人	注册日期	2009.5.19	注册资本	1100 万美元
评定时间	2009.6.3	报关有效期	2012.5.19	所属海关	广州海关
法人姓名	黄铁城		电话	00852–26800268	
日常联系人	李丽谊		电话	020–86085638	
主营范围	生产、加工各类玩具及礼品、塑料、金属制品、儿童用品、旅游用品、文体用品、袋、玩具模具、日用纺织品、服装、电路板、轻工塑料家用制品及电子制品（国家限制的产品除外），销售本企业产品。				

企业名称	广州无线电集团有限公司			海关编码	4401913298
通讯地址	广东省广州市天河区黄埔大道西平云路 163 号			邮政编码	510656
企业类型	进出口货物收发货人	注册日期	1993.1.12	注册资本	55000 万人民币
评定时间	2010.1.18	报关有效期	2014.1.12	所属海关	广州海关
法人姓名	赵友永		电话	020–38699902	
日常联系人	夏勇		电话	020–38699880	
主营范围	经营授权管理的国有资产。出口本企业的产品。进出口本企业生产所需的设备及原辅材料。制造、加工通信设备、视频产品、音响设备、电工器材、无线电导航设备、电子测量仪器、电子玩具、电子防盗设备、计算机及配件、金属结构件、金属切削工具、模具、塑料制品。电子产品、通信产品、通信设备、机床设备、仪器仪表、机电产品及其配套工程的设计、安装、维修、技术咨询及技术服务。电子产品、计算机软硬件及零配件的制造、研究、开发、设计、销售及技术服务。批发和零售贸易（国家专营专控商品除外）。房地产开发。房屋租赁、货物进出口、技术进出口（法律、行政法规禁止的项目除外，法律、行政法规限制的项目须取得许可证后方可经营）。				

企业名称	日立电梯（中国）有限公司			海关编码	4401934059
通讯地址	广东省广州市天河区天河北路 233 号中信广场办公大楼 62 层			邮政编码	510613
企业类型	进出口货物收发货人	注册日期	1995.12.4	注册资本	6488 万美元
评定时间	2010.1.18	报关有效期	2011.12.11	所属海关	广州海关
法人姓名	池村敏郎		电话	020-38066596	
日常联系人	廖彩明		电话	020-38793271/38793274	
主营范围	研发、设计、制造、销售、安装、维修、保养、改造电梯、自动扶梯、自动人行道、杂物梯、立体停车场、建筑智能化系统工程、其他升降机及其零部件、零配件，以及上述产品与事业的技术培训、咨询服务，进口日立牌相关产品及相关零部件的批发、佣金代理（拍卖除外）及售后服务（涉及许可经营项目的凭许可证经营，“特种设备制造许可证（电梯）”有效期限至 2008 年 6 月 15 日，“特种设备安装改造维修许可证（电梯）”有效期限至 2009 年 11 月 3 日）。				

企业名称	广州荣诚鞋业有限公司			海关编码	4401944235
通讯地址	广东省广州市白云区石井镇石沙公路 300 号			邮政编码	510430
企业类型	进出口货物收发货人	注册日期	2007.8.23	注册资本	500 万美元
评定时间	2010.1.18	报关有效期	2013.8.23	所属海关	广州海关
法人姓名	张荣梧		电话	020-36416460	
日常联系人	陈玉霞		电话	020-36416460	
主营范围	生产、销售、加工各种鞋类、鞋类半成品及有关制品。				

企业名称	广东迪美进出口贸易有限公司			海关编码	4401964608
通讯地址	广东省广州市越秀区建设六马路 33 号 2305 房			邮政编码	510060
企业类型	进出口货物收发货人	注册日期	2005.2.5	注册资本	500 万人民币
评定时间	2010.12.1	报关有效期	2014.2.5	所属海关	广州海关
法人姓名	王若莘		电话	020-83633819	
日常联系人	梁泽文		电话	020-83633819-806	
主营范围	国内贸易（法律、法规禁止或限制的商品除外），钟表的维修服务及有关的商品信息咨询服务，货物进出口、技术进出口（法律、行政法规禁止的项目除外，法律、行政法规限制的项目须取得许可后方可经营）。				

<table>
<tr><td>企业名称</td><td colspan="3">广州市合诚化学有限公司</td><td>海关编码</td><td>4401963140</td></tr>
<tr><td>通讯地址</td><td colspan="3">广东省广州市体育东路羊城国际商贸中心西塔801~805</td><td>邮政编码</td><td>510620</td></tr>
<tr><td>企业类型</td><td>进出口货物收发货人</td><td>注册日期</td><td>2002.7.1</td><td>注册资本</td><td>2900 万人民币</td></tr>
<tr><td>评定时间</td><td>2010.12.24</td><td>报关有效期</td><td>2014.7.1</td><td>所属海关</td><td>广州海关</td></tr>
<tr><td>法人姓名</td><td colspan="2">蒋文真</td><td>电话</td><td colspan="2">020-38870996</td></tr>
<tr><td>日常联系人</td><td colspan="2">王大联</td><td>电话</td><td colspan="2">020-38870989-316</td></tr>
<tr><td>主营范围</td><td colspan="5">批发(无储存设施)甲醇、六甲基二硅醚、醇酸树酯、正硅酸乙酯、三聚氰胺甲醛树脂、聚氨脂树脂、硅钢片树脂、苯代三聚氰胺甲醛树脂、聚氨基甲酸酯树脂、氨基树脂、潮气固化型聚氨基甲酸脂、三聚氰胺树脂、不饱和聚酯树脂、不干性醇酸树酯(以二甲苯、200# 溶剂油等为溶剂的)、丁酸改性酚醛树脂、干性醇酸树酯(以二甲苯、乙酸丁酯、200# 溶剂油等为熔剂的)、甲醇改性三羟甲基三聚氰胺甲醛树脂、无油醇酸树脂、氟硅酸镁、甲(基)磺酸(剧毒品、成品油、液化石油气除外,有效期至 2013 年 9 月 13 日),批发和零售贸易(国家专营、专控商品除外),化工产品开发、研制,自营和代理各类商品及技术的进出口业务(不另附进出口的商品和技术除外),经营进料加工和“三来一补”业务,经营对销贸易和转口贸易,生产塑料原料(另设分公司经营)。</td></tr>
</table>

<table>
<tr><td>企业名称</td><td colspan="3">中国航空技术广州有限公司</td><td>海关编码</td><td>4401913200</td></tr>
<tr><td>通讯地址</td><td colspan="3">广东省广州市琶洲大道东 1 号保利国际广场南塔 3 楼</td><td>邮政编码</td><td>510308</td></tr>
<tr><td>企业类型</td><td>进出口货物收发货人</td><td>注册日期</td><td>1993.1.26</td><td>注册资本</td><td>30000 万人民币</td></tr>
<tr><td>评定时间</td><td>2011.1.10</td><td>报关有效期</td><td>2014.2.19</td><td>所属海关</td><td>广州海关</td></tr>
<tr><td>法人姓名</td><td colspan="2">杨方</td><td>电话</td><td colspan="2">020-87669271</td></tr>
<tr><td>日常联系人</td><td colspan="2">梁碧华</td><td>电话</td><td colspan="2">020-89899809</td></tr>
<tr><td>主营范围</td><td colspan="5">自营和代理各类商品及技术的进出口业务(国家规定的专营进出口商品和国家禁止进出口等特殊商品除外),经营进料加工和“三来一补”业务,开发对销贸易和转口贸易,煤炭批发(有效期至 2013 年 8 月 21 日),销售医疗器械(具体按本公司有效许可证书经营,有效期至 2014 年 4 月 20 日),医疗器械租赁。</td></tr>
</table>

企业名称	广东省土产进出口（集团）公司			海关编码	4401913155
通讯地址	广东省广州市海珠区江南大道中108号			邮政编码	510240
企业类型	进出口货物收发货人	注册日期	2008.12.26	注册资本	17026万人民币
评定时间	2011.1.25	报关有效期	2011.12.26	所属海关	广州海关
法人姓名	邓秋华		电话	020-84411531	
日常联系人	邵江南		电话	020-84412572	
主营范围	土产品、粮油、纺织品、轻工业品、工艺品等商品的出口和粮食、钢材、木材等商品的进口（具体商品按经贸部[92]第A19514号文和粤经贸进字[92]196号文经营），开展补偿贸易和转口贸易，农副产品（不含许可经营项目）收购，装卸搬运，煤炭批发和零售（有效期至2009年5月12日），零售化肥，批发危险化学品（无储存设施，具体经营项目按许可证经营，有效期至2011年8月24日）。				

企业名称	广州市虎头电池集团有限公司			海关编码	4401913550
通讯地址	广东省广州市天河区黄埔大道中568号			邮政编码	510655
企业类型	进出口货物收发货人	注册日期	2000.9.19	注册资本	15063万人民币
评定时间	2011. 1 .25	报关有效期	2012.4.30	所属海关	广州海关
法人姓名	胡守斌		电话	020-85575759	
日常联系人	陈少红		电话	020-85578657	
主营范围	研制、生产电池、机械设备、日用百货、家用电器、文体用品、计算机软件，批发和零售贸易（国家专营、专控商品除外），货物进出口、技术进出口（法律、行政法规禁止的项目除外，法律、行政法规限制的项目须取得许可证后方可经营），经营来料加工和“三来一补”业务（经营范围涉及法律、行政法规禁止经营的不得经营，涉及许可经营的未获许可前不得经营）。				

企业名称	广州市佳祺实业有限公司			海关编码	4401964271
通讯地址	广东省广州市海珠区洪德路2-6号1908室			邮政编码	510235
企业类型	进出口货物收发货人	注册日期	2004.10.15	注册资本	238万人民币
评定时间	2011.1.25	报关有效期	2014.10.15	所属海关	广州海关
法人姓名	何方		电话	020-34252791	
日常联系人	何方		电话	020-34252791	
主营范围	批发和零售贸易（法律、法规、国务院决定禁止经营的及需审批的项目除外），货物进出口（法律、行政法规禁止的项目除外，法律、行政法规限制的项目须取得许可后方可经营），代办货物运输手续，加工、制造服装（加工制造仅限分支机构经营）。				

<table>
<tr><td>企业名称</td><td colspan="3">本田贸易（中国）有限公司</td><td>海关编码</td><td>4401944046</td></tr>
<tr><td>通讯地址</td><td colspan="3">广东省广州市环市东路403号广州国际电子大厦1902B</td><td>邮政编码</td><td>510095</td></tr>
<tr><td>企业类型</td><td>进出口货物收发货人</td><td>注册日期</td><td>2006.6.8</td><td>注册资本</td><td>600万美元</td></tr>
<tr><td>评定时间</td><td>2011.2.10</td><td>报关有效期</td><td>2012.6.8</td><td>所属海关</td><td>广州海关</td></tr>
<tr><td>法人姓名</td><td colspan="2">松本正</td><td>电话</td><td colspan="2">020-87322399</td></tr>
<tr><td>日常联系人</td><td colspan="2">姚元才</td><td>电话</td><td colspan="2">020-87322399-127</td></tr>
<tr><td>主营范围</td><td colspan="5">机动车零部件、机械机器和附带工装设备及零配件、钢材、化工原料、铝及其他有色金属、机动车生产所需的贵金属及其合成物、树脂原材料及着色料（国家禁止类除外）的进出口及批发（以上商品进出口不涉及国营贸易、进出口配额许可证、出口配额招标、出口许可证等专项管理的商品），设备、模具和工业器械及其相关零配件的租赁，技术进出口及转让（国家禁止类除外），报关报验、保险等进出口业务的代理和订舱、托运、仓储、包装、运输代理等服务及运输费用结算等其他相关国际货物代理业务（国际快递除外），佣金代理（拍卖除外），其他相关配套服务。（法律、法规禁止经营的不得经营，涉及许可经营的凭许可证经营。）</td></tr>
</table>

<table>
<tr><td>企业名称</td><td colspan="3">广东省金属材料公司</td><td>海关编码</td><td>4401913528</td></tr>
<tr><td>通讯地址</td><td colspan="3">广东省广州市越秀区广仁路四号</td><td>邮政编码</td><td>510030</td></tr>
<tr><td>企业类型</td><td>进出口货物收发货人</td><td>注册日期</td><td>2000.2.29</td><td>注册资本</td><td>7738万人民币</td></tr>
<tr><td>评定时间</td><td>2011.2.22</td><td>报关有效期</td><td>2014.3.10</td><td>所属海关</td><td>广州海关</td></tr>
<tr><td>法人姓名</td><td colspan="2">王锐浩</td><td>电话</td><td colspan="2">020-32387626</td></tr>
<tr><td>日常联系人</td><td colspan="2">谢丽芳</td><td>电话</td><td colspan="2">020-32387629</td></tr>
<tr><td>主营范围</td><td colspan="5">主营矿产品、炉料、铂、金属材料、日用杂货，机械配件、金属件的加工，货物进出口、技术进出口（法律、行政法规禁止的项目除外，法律、行政法规限制的项目须取得许可后方可经营）。兼营建筑材料、普通机械、电器机械及器材、五金、交电、化工产品（不含危险化学品）、石油制品（不含成品油、燃料油）、百货、交通运输设备（不含小轿车），进口钢材的验收，场地租赁，仓储，装卸，普通货运（下属分支机构经营）。</td></tr>
</table>

<table>
<tr><td>企业名称</td><td colspan="3">国义招标股份有限公司</td><td>海关编码</td><td>4401913892</td></tr>
<tr><td>通讯地址</td><td colspan="3">广东省广州市东风东路726号16楼</td><td>邮政编码</td><td>510080</td></tr>
<tr><td>企业类型</td><td>进出口货物收发货人</td><td>注册日期</td><td>2008.1.31</td><td>注册资本</td><td>5860万人民币</td></tr>
<tr><td>评定时间</td><td>2011.2.28</td><td>报关有效期</td><td>2014.1.31</td><td>所属海关</td><td>广州海关</td></tr>
<tr><td>法人姓名</td><td colspan="2">曹一平</td><td>电话</td><td colspan="2">020-37658268</td></tr>
<tr><td>日常联系人</td><td colspan="2">张天</td><td>电话</td><td colspan="2">020-37658363</td></tr>
<tr><td>主营范围</td><td colspan="5">经营机电产品国际招标业务，工程招标代理业务，政府采购业务及各种货物和服务类招标代理业务，境外机电工程和境内国际招标工程，上述境外工程所需设备、材料出口，对外派遣实施上述境外工程所需劳务人员，货物进出口、技术进出口，销售燃料油。（法律、行政法规禁止的项目除外，法律、行政法规限制的项目须取得许可后方可经营。）</td></tr>
</table>

企业名称	广州交易会经济发展有限公司			海关编码	4401913644
通讯地址	广东省广州市流花路 117 号交易大楼 7 楼			邮政编码	510014
企业类型	进出口货物收发货人	注册日期	2002.6.18	注册资本	500 万人民币
评定时间	2011.3.25	报关有效期	2014.6.18	所属海关	广州海关
法人姓名	梁士华		电话	020-26081901	
日常联系人	刘杰英		电话	020-26081905	
主营范围	自营和代理各类商品和技术的进出口（国家限制或禁止进出口的商品和技术除外），批发和零售贸易（国家专营、专控商品除外），冲印、照相，代办仓储、运输手续，承办展览，室内装饰及设计，销售汽车（含小轿车）。（凡国家专营、专控商品或项目除外。）				

企业名称	广州轻出集团文体用品进出口有限公司			海关编码	4401913022
通讯地址	广东省广州市越秀区长堤 87 号			邮政编码	510120
企业类型	进出口货物收发货人	注册日期	1992.12.28	注册资本	250 万人民币
评定时间	2011.8.3	报关有效期	2011.12.28	所属海关	广州海关
法人姓名	黎文婷		电话	020-83337855	
日常联系人	戴渝林		电话	020-83337522-8807	
主营范围	轻工产品、纺织品、工艺品、五金矿产、土畜产、化工机械、粮油食品、医药保健品及上述产品原辅材料的进出口及代理进出口，转口贸易，经营上述进出口商品的国内调拨、加工、收购、批发、零售，承办中外合资经营、合作生产和“三来一补”业务，运输、仓储及保税业务。（凡国家专营、专控商品或项目除外。）				

企业名称	新兴县先丰不锈钢制品有限公司			海关编码	4429923003
通讯地址	广东省云浮市新兴县广兴大道东凌丰工业园			邮政编码	527400
企业类型	进出口货物收发货人	注册日期	2006.6.5	注册资本	1185 万美元
评定时间	2009.1.15	报关有效期	2013.1.29	所属海关	广州海关
法人姓名	叶灿雄		电话	0766-2956666	
日常联系人	李耀庆		电话	0766-2956632	
主营范围	生产、销售不锈钢制品及五金制品，生产性废旧金属回收、加工及销售。（法律、行政法规禁止的除外，法律、行政法规限制的项目须取得许可后方可经营。）				

企业名称	新兴县欧亚不锈钢制品有限公司			海关编码	4429943015
通讯地址	广东省云浮市新兴县新城镇陇塘工业开发区			邮政编码	527400
企业类型	进出口货物收发货人	注册日期	2006.6.21	注册资本	2380 万美元
评定时间	2009.1.15	报关有效期	2012.6.21	所属海关	广州海关
法人姓名	菲利蒲		电话	0766–2925928	
日常联系人	廖敬伟		电话	0766–2925818	
主营范围	生产、销售不锈钢制品、铝制品和不锈钢压力锅、配套日用陶瓷、玻璃制品、电木制品、塑料制品、纸箱、不锈钢配件。				

企业名称	广东风华高新科技股份有限公司			海关编码	4412910049
通讯地址	广东省肇庆市风华路 18 号风华电子工业城			邮政编码	526020
企业类型	进出口货物收发货人	注册日期	1999.9.2	注册资本	67096 万人民币
评定时间	2008.10.31	报关有效期	2014.9.2	所属海关	广州海关
法人姓名	钟金松		电话	0758–2865148	
日常联系人	胡耀晃		电话	0758–2865533	
主营范围	研究、开发、生产、销售各类型新科技新型电子元器件、集成电路、电子材料、电子专用设备仪器及计算机网络设备，高新技术转让、咨询服务，经营本企业自产机电产品，成套设备及相关技术的出口和生产、科研所需原辅材料、机械设备、仪器仪表、备品备件、零配件及技术的进口（按粤外经贸进字 [1999]381 号文经营），经营国内贸易（法律、行政法规、国务院决定禁止的，不得经营；法律、行政法规、国务院决定未规定许可的，自主选择经营项目开展经营活动），房地产开发、经营。				

企业名称	美亚（肇庆）金属制品有限公司			海关编码	4412940386
通讯地址	广东省肇庆市端州一路			邮政编码	526060
企业类型	进出口货物收发货人	注册日期	2002.3.25	注册资本	4310 万美元
评定时间	2008.10.31	报关有效期	2014.4.30	所属海关	广州海关
法人姓名	伍建明		电话	0758–2770011	
日常联系人	伦爱群		电话	0758–2770031	
主营范围	生产经营各类不锈钢器皿及其配件、铝制品、电器产品、塑料电木、玻璃制品及其包装制品（不含印刷）、厨房用具、卫浴五金制品、家纺床上用品、家居摆设工艺品、陶瓷器具。				

企业名称	高要市中杰鞋业有限公司			海关编码	4412946146
通讯地址	广东省高要市南岸镇城西工业区			邮政编码	526100
企业类型	进出口货物收发货人	注册日期	1998.4.30	注册资本	2000 万美元
评定时间	2008.10.31	报关有效期	2014.4.30	所属海关	广州海关
法人姓名	何荣宗		电话	0758-8363168	
日常联系人	宁宾		电话	0758-8363183	
主营范围	生产和销售自产的各类旅游鞋、运动鞋、休闲鞋及皮鞋和各种鞋的鞋面、半成品，产品 90%外销。				

企业名称	四会金宝利橡胶鞋厂有限公司			海关编码	4412948106
通讯地址	广东省四会市城中区三棵榕			邮政编码	526200
企业类型	进出口货物收发货人	注册日期	2002.2.25	注册资本	4841 万美元
评定时间	2008.10.31	报关有效期	2012.2.25	所属海关	广州海关
法人姓名	谢甫生		电话	0758-3367025	
日常联系人	乡建祥		电话	0758-3367129	
主营范围	生产各类高档皮鞋、运动鞋及其他鞋类产品，生产皮革、鞋底、鞋用材料及开发制鞋新材料产品，产品 100% 外销。				

企业名称	东莞百音电子有限公司			海关编码	4419941159
通讯地址	广东省东莞市南城区白马村振兴工业园			邮政编码	511705
企业类型	进出口货物收发货人	注册日期	1998.6.23	注册资本	572 万美元
评定时间	2010.1.7	报关有效期	2014.6.23	所属海关	黄埔海关
法人姓名	林博美		电话	0769-22984320	
日常联系人	游建新		电话	0769-22984320-318	
主营范围	生产和销售扬声器、音箱及其零配件，提供音响相关电子产品功能的咨询业务。				

企业名称	东莞超信金属有限公司			海关编码	4419932574
通讯地址	广东省东莞市寮步镇华南工业城			邮政编码	523405
企业类型	进出口货物收发货人	注册日期	2003.12.24	注册资本	800 万港币
评定时间	2008.12.5	报关有效期	2011.12.24	所属海关	黄埔海关
法人姓名	吴松柏		电话	0769-83320898	
日常联系人	叶振波		电话	0769-83320898-208	
主营范围	生产和销售铁制家具、木制家具。				

企业名称	东莞朝阳家俱有限公司			海关编码	4419941211
通讯地址	广东省东莞市黄江镇星光管理区			邮政编码	523769
企业类型	进出口货物收发货人	注册日期	1998.10.13	注册资本	5300 万港币
评定时间	2011.8.15	报关有效期	2014.10.13	所属海关	黄埔海关
法人姓名	蔡尚志		电话	0769-83621515	
日常联系人	凌锦珊		电话	0769-83621519	
主营范围	生产和销售家具，产品全部外销（涉及许可证的项目，须领证后才能经营）。				

企业名称	大量（东莞）五金制品有限公司			海关编码	4419942139
通讯地址	广东省东莞市大朗镇洋乌村			邮政编码	523788
企业类型	进出口货物收发货人	注册日期	2001.11.6	注册资本	268 万美元
评定时间	2009.1.8	报关有效期	2014.1.	所属海关	黄埔海关
法人姓名	张民亭		电话	0769-83110970	
日常联系人	张民亭		电话	0769-83110970	
主营范围	生产和销售黑铁丝、五金件（涉证除外，生产过程中含酸洗工序），产品内、外销比例按批文执行（涉及许可证的项目，须领证后才能经营）。				

企业名称	广东省东莞市东联进出口有限公司			海关编码	4419960012
通讯地址	广东省东莞市莞城城区工业大厦三楼路 5 号			邮政编码	523072
企业类型	进出口货物收发货人	注册日期	1994.8.2	注册资本	800 万人民币
评定时间	2008.12.5	报关有效期	2012.11.10	所属海关	黄埔海关
法人姓名	胡灿林		电话	0769 -22419288	
日常联系人	罗日全		电话	0769 -22419295	
主营范围	经营和代理各类商品及技术的进出口（国家限定公司经营或禁止进出口的商品及技术除外，凭进出口企业资格证书经营），进出口业务信息咨询，仓储（另设分支机构），国内商业（国家专营、专控项目除外），智能卡与办公设备的开发与销售，代理出入境检验检疫报检业务（凭有效资质证书经营）。				

企业名称	东莞市东糖集团有限公司			海关编码	4419960653
通讯地址	广东省东莞市东城区主山莞樟路 8 号			邮政编码	523120
企业类型	进出口货物收发货人	注册日期	2005.3.25	注册资本	51813 万人民币
评定时间	2008.12.5	报关有效期	2012.3.25	所属海关	黄埔海关
法人姓名	陈尧燊		电话	0769-22613928	
日常联系人	宁波那		电话	0769-22613928	
主营范围	制造糖、酵母、机制纸、磁性器件，火力发电，国内商业，物资供销业（除国家专营、专卖），经营和代理各类商品及技术的进出口（国家限定公司经营或禁止进出口的商品及技术除外，凭有效许可证、资格证经营），废纸收购（限自用）。				

企业名称	东莞市海华五金矿产进出口有限公司			海关编码	4419960056
通讯地址	广东省东莞市莞城运河东一路 192 号			邮政编码	523002
企业类型	进出口货物收发货人	注册日期	2002.12.2	注册资本	1000 万人民币
评定时间	2008.12.5	报关有效期	2012.4.30	所属海关	黄埔海关
法人姓名	刘建钧		电话	0769 -22243170	
日常联系人	林园		电话	0769 -22343170	
主营范围	销售五金交电、日用百货、金属、非金属矿产及其制品（国家专营、专卖、专控产品除外）、建筑材料，实业投资，自营和代理各类商品和技术的进出口（国家限定公司经营或禁止进出口的商品和技术除外）。				

企业名称	东莞华新电线电缆有限公司			海关编码	4419941460
通讯地址	广东省东莞市大朗镇西牛陂工业区			邮政编码	523770
企业类型	进出口货物收发货人	注册日期	2000.1.26	注册资本	600 万美元
评定时间	2008.10.31	报关有效期	2014.1.20	所属海关	黄埔海关
法人姓名	焦佑慧		电话	0769-83195252	
日常联系人	邓聪		电话	0769-83195252	
主营范围	生产和销售裸铜杆、裸铜线（涉及许可证除外），产品内、外销比例按批文规定执行。				

企业名称	东莞石龙京瓷光学有限公司			海关编码	4419932330
通讯地址	广东省东莞市石龙镇新城区京瓷路 8 号			邮政编码	523326
企业类型	进出口货物收发货人	注册日期	1995.8.27	注册资本	47220.2 万港币
评定时间	2008.12.5	报关有效期	2012.4.30	所属海关	黄埔海关
法人姓名	久芳彻夫		电话	0769-86119586	
日常联系人	李建华		电话	0769-86119586	
主营范围	开发、生产和销售照相机、镜头、闪光灯及其零部件（照相机自产零部件达整机价值 40% 以上）、数码照相机及关键件、无机非金属材料及制品（特种陶瓷：高性能陶瓷工具、高性能复合材料、人工晶体、高性能切削工具）、新型电子元器件（敏感元器件、热敏记录头、光电子器件、发光二极管记录头、混合集成电路、LED、TPH 彩色打印机机头的驱动电路）、新型平板显示器件（液晶显示器）、无机非金属材料及制品（特种陶瓷：高性能民用品）、TFT-LCD 平板显示屏、显示屏材料（背光源和驱动器）、精度 2400dbi 及以上高分辨率彩色打印机机头、打印机零部件并提供相关的售后服务，生产和销售静电容量式触摸屏。				

企业名称	京瓷美达办公设备（东莞）有限公司			海关编码	4419932518
通讯地址	东莞市石龙镇新城区方正东路 3 号			邮政编码	523326
企业类型	进出口货物收发货人	注册日期	2001.12.30	注册资本	5670 万美元
评定时间	2008.12.5	报关有效期	2012.12.30	所属海关	黄埔海关
法人姓名	驹口克已		电话	0769- 86112525	
日常联系人	袁树标		电话	0769- 86112525	
主营范围	数码复印机、激光打印机等办公设备及相关零部件等的生产、销售及相关的业务，从事数码复印机、激光打印机等办公设备及其相关零部件的批发、进出口业务（不设店铺经营，涉及配额许可证管理、专项规定管理的业务按国家有关规定办理）。				

企业名称	陆逊梯卡华宏（东莞）眼镜有限公司			海关编码	4419942802
通讯地址	广东省东莞市高步镇欧邓村			邮政编码	523270
企业类型	进出口货物收发货人	注册日期	2001.12.30	注册资本	2850 万美元
评定时间	2009.12.7	报关有效期	2014.9.28	所属海关	黄埔海关
法人姓名	路易吉·弗兰卡维拉		电话	0769-88876411	
日常联系人	萧永仗		电话	0769-88870241	
主营范围	生产和销售眼镜及其零配件，内设配套电镀车间；眼镜制造设备、模具，并提供相关售后服务；提供眼镜包装服务（不含印刷工序），为关联企业提供商务服务、仓储服务及物流协助服务。				

企业名称	东莞市南信实业发展有限公司			海关编码	4419910037
通讯地址	广东省东莞市南城区周溪工业区众利路 84 号			邮政编码	523077
企业类型	进出口货物收发货人	注册日期	2002.3.27	注册资本	10000 万人民币
评定时间	2008.12.5	报关有效期	2012.3.27	所属海关	黄埔海关
法人姓名	黎德明		电话	0769-22401082	
日常联系人	黄秀璋		电话	0769-22986626	
主营范围	销售通信设备、电器机械及器材、汽车零配件、电子元器件、建筑材料、塑料制品、玩具，销售黑色金属、有色金属（国家有专项规定的除外）、仪器仪表，通信设备租赁，通信技术服务，经营和代理各类商品及技术的进出口业务，但国家限定公司经营或禁止进出口的商品及技术除外（不另附进出口商品目录），经营进料加工和“三来一补”业务，经营对销贸易和转口贸易，经营东莞南信备料保税仓，仓储服务。				

企业名称	东莞三星电机有限公司			海关编码	4419940012
通讯地址	广东省东莞市寮步镇横坑村			邮政编码	523413
企业类型	进出口货物收发货人	注册日期	1993.8.16	注册资本	6610 万美元
评定时间	2010.12.27	报关有效期	2014.8.16	所属海关	黄埔海关
法人姓名	金洛铉		电话	0769-83305000-1111	
日常联系人	廖新岳		电话	0769-83305000	
主营范围	生产和销售新型电子元器件（片式元器件：多层瓷质电容；混合集成电路：光电集成电路；电力电子器件：交直流电源转换器、等离子电视显示屏专用稳压电源板；光电子器件；激光扫描单元、激光唱头、移动电话摄像头镜头；新型机电元件：硬盘驱动器马达组件、激光打印机马达、彩色合成用马达、多边激光扫描镜、聚焦促动器、微型齿轮马达、多向自控旋转马达组件、多向传感手轮组件、柔性线路插件）和大容量光、磁盘驱动器及部件（含激光头反光镜片、大容量光盘刻录机、大容量光盘刻录机机芯、卡读写器）、精冲模和精密型腔模、开关型电源、注塑件、五金冲压件（涉及许可证产品除外）、移动电话充电器、光盘驱动器马达、散热风扇马达、电源供应器、稳压整流组件、变压器、光鼠标，大容量光、磁盘驱动器及其部件，硬盘底架，TFT-LCD 显示屏材料（多路高压逆变电源板）公司自产产品的同类商品的进口及其批发业务，国内采购商品（特种商品除外）的批发业务，并提供相关配套服务。				

企业名称	东莞生益电子有限公司			海关编码	4419930486
通讯地址	广东省东莞市东城区（同沙）科技工业园区			邮政编码	523000
企业类型	进出口货物收发货人	注册日期	1985.8.2	注册资本	8942 万美元
评定时间	2010.12.27	报关有效期	2012.8.2	所属海关	黄埔海关
法人姓名	唐庆年	电话		0769-22272074	
日常联系人	黎展亮	电话		0769-23153771	
主营范围	生产和销售新型电子元器件（新型机电元件：多层印刷电路板），从事非配额许可证，非专营商品的收购及出口业务，道路普通货运（凭许可证经营）。				

企业名称	台达电子电源（东莞）有限公司			海关编码	4419941273
通讯地址	广东省东莞市石碣镇新城区			邮政编码	523308
企业类型	进出口货物收发货人	注册日期	2001.12.30	注册资本	4210 万美元
评定时间	2010.5.14	报关有效期	2014.1.26	所属海关	黄埔海关
法人姓名	柯子兴	电话		0769- 86639008	
日常联系人	刘柱康	电话		0769- 86639008	
主营范围	生产和销售电子专用设备（包括电源供应器、电源转换器、线圈）、直流电源转换器及其半成品、电源供应器半成品、电源转接器半成品、交流供应器、电源供应器铁壳、节约能源开发技术（电子式镇流器）、自动化机器设备、家用电器、线盘、高精度数字电压表、电流表（显示量程七位半以上）。				

企业名称	东莞铁和金属制品有限公司			海关编码	4419940725
通讯地址	广东省东莞市南城区周溪隆溪工业区			邮政编码	523077
企业类型	进出口货物收发货人	注册日期	1995.9.12	注册资本	1000 万美元
评定时间	2008.10.31	报关有效期	2014.9.12	所属海关	黄埔海关
法人姓名	鹤见吉晴	电话		0769-22401299	
日常联系人	吉泽荣一	电话		0769-22477543	
主营范围	生产和销售剪切、冲压复印机、打印机、微型电脑、电源箱、马达等的金属零配件、外壳及钢件等（涉及许可证的项目，须领证后才能经营）。				

企业名称	先锋高科技（东莞）有限公司			海关编码	4419941682
通讯地址	广东省东莞市寮步镇广东百业工业城			邮政编码	523000
企业类型	进出口货物收发货人	注册日期	2000.11.23	注册资本	3600 万美元
评定时间	2009.9.23	报关有效期	2011.11.23	所属海关	黄埔海关
法人姓名	中根伸芳		电话	0769- 83261505	
日常联系人	许小兵		电话	0769- 83289071	
主营范围	生产和销售光、磁盘驱动器及其部件（包括大容量 DVD 光碟机、DVD 刻录机、DVD 光碟机光学读写头、DVD 刻录机光学读写头、其他精密光电器件），数字录放机，数字音、视频编解码设备（蓝光 DVD 数字录放机、蓝光 DVD 数字播放机），高密度数字光盘机用关键件（蓝光光学读写头、蓝光机芯），功放音箱一体机，从事与自产产品同类商品的生产管理咨询服务，自产产品售后服务。				

企业名称	东莞友华电子有限公司			海关编码	4419940472
通讯地址	广东省东莞市寮步镇富竹山村			邮政编码	523406
企业类型	进出口货物收发货人	注册日期	1994.6.11	注册资本	1030 万美元
评定时间	2009.1.8	报关有效期	2014.6.11	所属海关	黄埔海关
法人姓名	松本信行		电话	0769- 83326171	
日常联系人	庚建庆		电话	0769- 83326171	
主营范围	生产和销售天线及配套件、汽车用中继导线及配套件、电子元件及配件、新型电子元器件（新型机电元件：精密电子接插件）、电子元器件检测用工件夹具，从事天线及配套件（涉及卫星电视广播地面接收设施及其关键件等限制类产品除外）、汽车用中继导线及配套件、电子元件及配件、新型电子元器件的批发及进出口业务（不设店铺，以上商品进出口不涉及国营贸易、进出口配额许可证、出口配额招标、出口许可证等专项管理的商品）。				

企业名称	东莞东骏电器有限公司			海关编码	4419932217
通讯地址	广东省东莞市南城区周溪村			邮政编码	523077
企业类型	进出口货物收发货人	注册日期	1995.11.14	注册资本	6088 万人民币
评定时间	2008.12.5	报关有效期	2014.11.14	所属海关	黄埔海关
法人姓名	欧润平		电话	0769-2215983	
日常联系人	欧润平		电话	0769- 2215983	
主营范围	生产和销售变压器、变压器铁芯、变压器铁片、卷钢分条、电机铁芯（涉证及涉限除外）。				

<table>
<tr><td>企业名称</td><td colspan="3">泓凯电子科技（东莞）有限公司</td><td>海关编码</td><td>4419942004</td></tr>
<tr><td>通讯地址</td><td colspan="3">广东省东莞市黄江镇鸡啼岗村</td><td>邮政编码</td><td>523757</td></tr>
<tr><td>企业类型</td><td>进出口货物收发货人</td><td>注册日期</td><td>2001.7.30</td><td>注册资本</td><td>1230 万美元</td></tr>
<tr><td>评定时间</td><td>2009.6.1</td><td>报关有效期</td><td>2014.7.30</td><td>所属海关</td><td>黄埔海关</td></tr>
<tr><td>法人姓名</td><td colspan="2">张灿能</td><td>电话</td><td colspan="2">0769- 83365942</td></tr>
<tr><td>日常联系人</td><td colspan="2">姚慧</td><td>电话</td><td colspan="2">0769- 83365942</td></tr>
<tr><td>主营范围</td><td colspan="5">生产和销售微型电脑及其周边设备，电子制品及配件，仪表仪器，五金塑胶制品（上述产品涉及出口许可证或限制类除外，生产过程不得含有酸洗、电镀等污染工序），功能性主机板及网路卡，五金塑胶模具。</td></tr>
</table>

<table>
<tr><td>企业名称</td><td colspan="3">东莞加玮华电子有限公司</td><td>海关编码</td><td>4419944772</td></tr>
<tr><td>通讯地址</td><td colspan="3">广东省东莞市东城区樟村</td><td>邮政编码</td><td>523109</td></tr>
<tr><td>企业类型</td><td>进出口货物收发货人</td><td>注册日期</td><td>2005.6.22</td><td>注册资本</td><td>5200 万港币</td></tr>
<tr><td>评定时间</td><td>2009.1.8</td><td>报关有效期</td><td>2014.6.22</td><td>所属海关</td><td>黄埔海关</td></tr>
<tr><td>法人姓名</td><td colspan="2">蔡镇雄</td><td>电话</td><td colspan="2">0769-22257470</td></tr>
<tr><td>日常联系人</td><td colspan="2">卢泽民</td><td>电话</td><td colspan="2">0769-22257470</td></tr>
<tr><td>主营范围</td><td colspan="5">生产和销售电子线路板、对讲机、音响、电脑零配件、传呼机、耳机、麦克风、音箱、电子玩具、电子防盗器、灯火开关遥控器、延迟器、电源控制器、交直流电转换器，产品内、外销比例按批文执行。</td></tr>
</table>

<table>
<tr><td>企业名称</td><td colspan="3">金霸王（中国）有限公司</td><td>海关编码</td><td>4419943862</td></tr>
<tr><td>通讯地址</td><td colspan="3">广东省东莞市南城区宏图高新技术开发区</td><td>邮政编码</td><td>523080</td></tr>
<tr><td>企业类型</td><td>进出口货物收发货人</td><td>注册日期</td><td>2004.3.12</td><td>注册资本</td><td>3141.2 万美元</td></tr>
<tr><td>评定时间</td><td>2009.1.24</td><td>报关有效期</td><td>2014.3.12</td><td>所属海关</td><td>黄埔海关</td></tr>
<tr><td>法人姓名</td><td colspan="2">施文圣</td><td>电话</td><td colspan="2">0769- 2403615</td></tr>
<tr><td>日常联系人</td><td colspan="2">温会东</td><td>电话</td><td colspan="2">0769- 2403615</td></tr>
<tr><td>主营范围</td><td colspan="5">生产和销售无汞碱锰电池，锂离子电池等高技术绿色电池和相关的软件开发，无汞碱锰电池、锂电池、充电电池等绿色电池及配套的充电器、电筒的批发及进出口业务（涉及配额许可证管理、专项规定管理的商品按国家有关规定办理）。</td></tr>
</table>

企业名称	东莞润丰金属塑胶有限公司			海关编码	4419932421
通讯地址	广东省东莞市寮步镇华南工业城			邮政编码	523400
企业类型	进出口货物收发货人	注册日期	1998.3.17	注册资本	10000 万人民币
评定时间	2008.12.5	报关有效期	2013.3.17	所属海关	黄埔海关
法人姓名	张颖懿		电话	0769-83320898	
日常联系人	陈柱森		电话	0769-83320898	
主营范围	生产和销售高级五金塑胶组合件（包括自动化办公室组件、电脑桌椅、电视音响架、家私床组件、厨房、餐厅、卫浴组件、花园工具用品组件、烤肉用品组件、运动器材组件、商品展示架组件）、五金制品的电镀加工工序、木制家具，产品内、外销比例按批文执行。				

企业名称	广东生益科技股份有限公司			海关编码	4419930133
通讯地址	广东省东莞市松山湖科技产业园区北部工业园工业西路 5 号			邮政编码	523039
企业类型	进出口货物收发货人	注册日期	1994.8.2	注册资本	109462.9 万人民币
评定时间	2009.8.10	报关有效期	2012.4.30	所属海关	黄埔海关
法人姓名	李锦		电话	0769-2271828	
日常联系人	罗惠珍		电话	0769-2271828	
主营范围	生产和销售覆铜板和粘结片、印刷线路板、陶瓷电子原件、液晶产品、电子级玻璃布、环氧树脂、铜箔、电子用挠性材料、显示材料、封装材料、绝缘材料，自有房屋出租，从事非配额许可证管理、非专营商品的收购出口业务。				

企业名称	东莞超霸电池有限公司			海关编码	4419940798
通讯地址	广东省东莞市塘厦镇宏业工业区			邮政编码	523710
企业类型	进出口货物收发货人	注册日期	1993.12.19	注册资本	10900 万港币
评定时间	2009.10.30	报关有效期	2014.12.19	所属海关	黄埔海关
法人姓名	许永新		电话	0769-87910216	
日常联系人	黎金峦		电话	0769-87910215-151	
主营范围	生产和销售碱性电池、充电电池、镍氢电极片，产品内、外销比例按批文执行（涉及许可证的项目，须领证后才能经营）。				

<table>
<tr><td>企业名称</td><td colspan="3">东莞立德电子有限公司</td><td>海关编码</td><td>4419940946</td></tr>
<tr><td>通讯地址</td><td colspan="3">广东省东莞市塘厦第一工业区</td><td>邮政编码</td><td>523712</td></tr>
<tr><td>企业类型</td><td>进出口货物收发货人</td><td>注册日期</td><td>1995.11.13</td><td>注册资本</td><td>8050 万港币</td></tr>
<tr><td>评定时间</td><td>2008.10.31</td><td>报关有效期</td><td>2011.12.30</td><td>所属海关</td><td>黄埔海关</td></tr>
<tr><td>法人姓名</td><td colspan="2">林碧珍</td><td>电话</td><td colspan="2">0769-87727748</td></tr>
<tr><td>日常联系人</td><td colspan="2">周金年</td><td>电话</td><td colspan="2">0769-87937106</td></tr>
<tr><td>主营范围</td><td colspan="5">生产和销售变压器、整流器、充电器、电源供应器、半导体、元器件专用材料（多层线路板）、新型电子元器件（电力电子器件：电子式安定器、不间断电源）、锂离子电池、数字放声设备（激光唱机）、宽带接入网通信系统设备（网路卡）、交换设备（交换机）、高端路由器（路由器）、数字音视频编解码设备、电子专用设备（电源供应器、电磁锁）、照明灯具，设立研发机构，研究开发照明灯具。</td></tr>
</table>

<table>
<tr><td>企业名称</td><td colspan="3">联业制衣（东莞）有限公司</td><td>海关编码</td><td>4419940346</td></tr>
<tr><td>通讯地址</td><td colspan="3">广东省东莞市清溪镇渔樑围村</td><td>邮政编码</td><td>523645</td></tr>
<tr><td>企业类型</td><td>进出口货物收发货人</td><td>注册日期</td><td>1994.1.10</td><td>注册资本</td><td>37622 万港币</td></tr>
<tr><td>评定时间</td><td>2011.5.11</td><td>报关有效期</td><td>2014.1.10</td><td>所属海关</td><td>黄埔海关</td></tr>
<tr><td>法人姓名</td><td colspan="2">朱德雄</td><td>电话</td><td colspan="2">0769-87738280</td></tr>
<tr><td>日常联系人</td><td colspan="2">李炯尧</td><td>电话</td><td colspan="2">0769-87738282</td></tr>
<tr><td>主营范围</td><td colspan="5">生产和销售针、梳织服装，经营服装半制成品加工（含洗水工序），从事针、梭织服装和服装半成品的批发、进出口业务（不设店铺，不涉及国营贸易管理商品，涉及配额、许可证管理商品的，按国家相关规定办理申请）。</td></tr>
</table>

<table>
<tr><td>企业名称</td><td colspan="3">东莞永成电器制品厂有限公司</td><td>海关编码</td><td>4419940373</td></tr>
<tr><td>通讯地址</td><td colspan="3">广东省东莞市清溪银星工业区</td><td>邮政编码</td><td>523656</td></tr>
<tr><td>企业类型</td><td>进出口货物收发货人</td><td>注册日期</td><td>1994.1.25</td><td>注册资本</td><td>32190.8 万港币</td></tr>
<tr><td>评定时间</td><td>2009.12.7</td><td>报关有效期</td><td>2014.1.25</td><td>所属海关</td><td>黄埔海关</td></tr>
<tr><td>法人姓名</td><td colspan="2">沈广河</td><td>电话</td><td colspan="2">0769-87738870</td></tr>
<tr><td>日常联系人</td><td colspan="2">黄志芳</td><td>电话</td><td colspan="2">0769-87738870</td></tr>
<tr><td>主营范围</td><td colspan="5">生产和销售美容器、家庭用具、小型马达、数字电视机、小型家用电器。</td></tr>
</table>

企业名称	东莞欣鼎五金塑胶制品有限公司			海关编码	4419940682
通讯地址	广东省东莞市清溪镇大埔工业区			邮政编码	511746
企业类型	进出口货物收发货人	注册日期	1995.5.18	注册资本	28973 万港币
评定时间	2009.3.24	报关有效期	2014.5.18	所属海关	黄埔海关
法人姓名	曾春荣		电话	0769-87338888	
日常联系人	温展宏		电话	0769-87338888	
主营范围	生产和销售家具、太阳伞、沙滩桌椅、配件、高档建筑五金件、水暖器材及五金件、塑胶小泳池、车篷、帐篷、商场用展示架及秘书椅，从事道路普通货运、道路货物专用运输（集装箱）。				

企业名称	东莞璋泰五金制品有限公司			海关编码	4419940242
通讯地址	广东省东莞市清溪镇新金山工业区			邮政编码	511746
企业类型	进出口货物收发货人	注册日期	1993.7.27	注册资本	21382 万港币
评定时间	2008.10.31	报关有效期	2014.7.27	所属海关	黄埔海关
法人姓名	赵金和		电话	0769-87734183	
日常联系人	谭太术		电话	0769-87734183	
主营范围	生产和销售家具、自行车、婴儿车、雨伞、运动器材等配套焊管件、维修工具及五金配件，加工裁剪冷热轧铁件、镀锌铁件、矽钢片，从事自产产品及相关原材料的批发及进出口业务（不设店铺，不涉及国营贸易管理商品，涉及配额、许可证管理商品的，按国家有关规定办理）。				

企业名称	明门（中国）幼童用品有限公司			海关编码	4419940124
通讯地址	广东省东莞市清溪镇银湖工业区			邮政编码	523648
企业类型	进出口货物收发货人	注册日期	1993.2.17	注册资本	10100 万美元
评定时间	2010.12.27	报关有效期	2013.1.15	所属海关	黄埔海关
法人姓名	郑钦明		电话	0769-87733251	
日常联系人	李茂和		电话	0769-87733251	
主营范围	生产和销售婴儿手推车及其配件、婴儿围栏及其配件、学步车、餐椅、婴儿摇椅、座椅、棉被、背袋、各种玩具及零配件、五金塑料日用品、健身收腹机、拉力器、多功能健身器、跑步机、成人推车、轮椅及零配件、拐杖、病床及零配件、精冲模、精密型腔模、模具标准件。承接婴儿汽车安全座椅、婴儿手推车、婴儿用品及上述产品零配件的检测外包服务（不出具检验证书，涉限除外），并提供相关的咨询服务。设立研发机构，研究和开发婴孩车及零配件、婴儿坐具及床上用品、婴儿玩具及零配件、婴儿日用品、健身器材、成人推车、轮椅、拐杖、病床及零配件、精冲模、精密型腔模、模具标准件等产品。				

企业名称	东莞翊凯电器制品有限公司			海关编码	4419940909
通讯地址	广东省东莞市清溪镇青皇工业区			邮政编码	511746
企业类型	进出口货物收发货人	注册日期	1996.3.26	注册资本	1006 万美元
评定时间	2011.5.11	报关有效期	2014.3.26	所属海关	黄埔海关
法人姓名	陈東学		电话	0769-86812999	
日常联系人	陈文通		电话	0769-86812999	
主营范围	生产和销售电脑机箱外壳、电源供应器、鼠标、键盘、显示器、音箱、纸箱、麦克风、耳机、散热器、不间断电源供应器、模具、微型电脑处理机、电脑主机板、电脑周边设备、五金、塑胶配件（涉证除外）、电子元器件（涉证、涉限产品除外）、扬声器、电源线，产品内、外销比例按批文执行（涉及许可证的项目，须领后才能经营）。				

企业名称	瑞丰木业（东莞）有限公司			海关编码	4419941428
通讯地址	广东省东莞市清溪镇大利管理区			邮政编码	523648
企业类型	进出口货物收发货人	注册日期	1998.7.20	注册资本	23500 万港币
评定时间	2011.8.15	报关有效期	2014.7.20	所属海关	黄埔海关
法人姓名	梁厚镇		电话	0769-86810723	
日常联系人	陈雄辉		电话	0769-86810723	
主营范围	生产和销售各种家具（涉证除外），从事道路普通货运（凭许可证经营）。				

企业名称	实盈电子（东莞）有限公司			海关编码	4419941210
通讯地址	广东省东莞市清溪镇三中金龙工业区			邮政编码	523651
企业类型	进出口货物收发货人	注册日期	1998.8.25	注册资本	53668 万港币
评定时间	2010.1.7	报关有效期	2014.8.25	所属海关	黄埔海关
法人姓名	黄凰洲		电话	0769-87318688	
日常联系人	江健志		电话	0769-87318688	
主营范围	生产和销售精冲模、精密型腔模、模具标准件，新型电子元器件（新型机电元件：含微处理器承座连接器及其关键件、精密移动电话连接器及其关键件），电子专用设备。从事精冲模、精密腔模、模具标准件，新型电子元器件，电子专用设备的批发及进出口业务（不设店铺经营，涉及配额许可证管理、专项规定管理的商品按国家有关规定办理）。				

企业名称	康舒电子（东莞）有限公司			海关编码	4419941220
通讯地址	广东省东莞市塘厦镇宏业工业区			邮政编码	523710
企业类型	进出口货物收发货人	注册日期	1998.9.15	注册资本	5400 万美元
评定时间	2009.9.23	报关有效期	2014.9.15	所属海关	黄埔海关
法人姓名	高青山		电话	0769-87915950	
日常联系人	杨莉		电话	0769-87915950-36962	
主营范围	生产和销售通讯电子产品、小电器、LED 路灯（涉及许可证及国家限制类产品除外）。				

企业名称	东莞首富电子有限公司			海关编码	4419942707
通讯地址	广东省东莞市樟木头镇东深大道银洋工业城			邮政编码	523620
企业类型	进出口货物收发货人	注册日期	2002.8.29	注册资本	5014.4 万港币
评定时间	2009.1.8	报关有效期	2014.8.29	所属海关	黄埔海关
法人姓名	吴声甫		电话	0769-87710688	
日常联系人	梁文悦		电话	0769-87794499	
主营范围	生产和销售电力电子器件（涉限、涉证者除外）。				

企业名称	东莞东英电子工业有限公司			海关编码	4419943326
通讯地址	广东省东莞市清溪镇三中村金龙工业区清凤大道			邮政编码	523651
企业类型	进出口货物收发货人	注册日期	2003.5.30	注册资本	6300 万港币
评定时间	2009.12.7	报关有效期	2014.5.30	所属海关	黄埔海关
法人姓名	藤原繁树		电话	0769-87328201	
日常联系人	靳仁军		电话	0769-87328201	
主营范围	生产和销售数字录放机，大容量光、磁盘驱动器及其部件，电子测试仪器（包括 CD、DVD 检查测定器），复印机、打印机部件，银行自动柜员机部件，电子门锁部件，模具，音乐用电子产品及配件，录音器，遥控器，小家电及其配件，游戏机，游戏机配件，灯具及配件，并承接电池组装业务。				

企业名称	东莞汉平家具有限公司			海关编码	4419943830
通讯地址	广东省东莞市清溪镇三中金龙工业区			邮政编码	523660
企业类型	进出口货物收发货人	注册日期	2004.2.26	注册资本	600 万美元
评定时间	2010.4.26	报关有效期	2014.2.26	所属海关	黄埔海关
法人姓名	刘珍财		电话	0769-86814555	
日常联系人	余金莲		电话	0769-86814555	
主营范围	生产和销售家具。				

企业名称	东莞励发制衣有限公司			海关编码	4469947018
通讯地址	广东省东莞市厚街镇三屯村			邮政编码	523900
企业类型	进出口货物收发货人	注册日期	2011.6.13	注册资本	2200 万港币
评定时间	2011.9.7	报关有效期	2011.12.13	所属海关	黄埔海关
法人姓名	黎兆强		电话	0769-85822668	
日常联系人	董建平		电话	0769-85822668	
主营范围	筹办针、梳织服装项目（筹办期不得经营）。				

企业名称	东莞南栅利高文具制品厂有限公司			海关编码	4419947276
通讯地址	广东省东莞市虎门镇南栅第一工业区			邮政编码	523932
企业类型	进出口货物收发货人	注册日期	1998.5.22	注册资本	4640 万港币
评定时间	2010.4.26	报关有效期	2014.4.5	所属海关	黄埔海关
法人姓名	杜振安		电话	0769-85561686	
日常联系人	王启光		电话	0769-85561686	
主营范围	生产和销售五金、塑胶文具配件，产品内、外销比例按批文执行（涉及许可证的项目，须领证后才能经营）。				

企业名称	中名（东莞）电子有限公司			海关编码	4419947072
通讯地址	广东省东莞市虎门镇大宁村			邮政编码	523930
企业类型	进出口货物收发货人	注册日期	1994.6.6	注册资本	14000 万港币
评定时间	2009.1.8	报关有效期	2014.6.6	所属海关	黄埔海关
法人姓名	杨志雄		电话	0769-85551612	
日常联系人	刘文元		电话	0769-85551612	
主营范围	生产和销售家用小电器（涉证除外）、电器零配件、电脑零配件、音频线、塑料制品、海棉制品。设立研发机构，研究和开发家用小电器。				

企业名称	东莞虎门南栅国际文具制造有限公司			海关编码	4419948205
通讯地址	广东省东莞市虎门镇南栅第一工业区			邮政编码	523932
企业类型	进出口货物收发货人	注册日期	2005.1.7	注册资本	11500 港币
评定时间	2008.12.5	报关有效期	2014.1.7	所属海关	黄埔海关
法人姓名	杜振安		电话	0769-85561686	
日常联系人	王启光		电话	0769-85561686	
主营范围	生产和销售文具及其零配件、五金零配件（不得含印刷工序）、文具夹制造设备。				

企业名称	东莞栢能电子科技有限公司			海关编码	4419949397
通讯地址	广东省东莞市厚街镇三屯村			邮政编码	523900
企业类型	进出口货物收发货人	注册日期	2009.7.16	注册资本	2160 美元
评定时间	2009.9.11	报关有效期	2012.7.16	所属海关	黄埔海关
法人姓名	王锡豪		电话	0769-82722236	
日常联系人	刘耀明		电话	0769-82722236	
主营范围	生产和销售电脑及电脑周边设备、电子零部件、微型计算机、计算机处理板卡、电话机，并提供自产产品的相关配套及咨询服务。承接来料加工相关业务。设立研发机构，研究开发微型计算机、卫星导航定位接收器。				

企业名称	东莞创机电业制品有限公司			海关编码	4419948174
通讯地址	广东省东莞市厚街镇工业城创科路			邮政编码	523960
企业类型	进出口货物收发货人	注册日期	2004.11.23	注册资本	1900 万美元
评定时间	2009.12.7	报关有效期	2014.11.23	所属海关	黄埔海关
法人姓名	邓联泰		电话	0769-82728888	
日常联系人	王春林		电话	0769-82722236	
主营范围	生产和销售电动装修及建筑工具、地板及地毯电动清洁工具、户外电动及内燃机推动的园艺工具、太阳能户外灯、刀具制品、手提电筒、电池组合、电子测量仪器、搅拌机、吸尘机、碎纸机及以上产品配件、园林机械、小家电（上述产品涉限或涉证者除外），并提供产品售后服务及为关联企业提供管理服务（涉限除外）。				

企业名称	广州环球自行车工业有限公司			海关编码	4401230001
通讯地址	广东省广州市经济技术开发区谈水三街 1 号			邮政编码	510730
企业类型	进出口货物收发货人	注册日期	1990.4.17	注册资本	540 万美元
评定时间	2008.10.1	报关有效期	2014.4.17	所属海关	黄埔海关
法人姓名	林庆熙		电话	020-82211970	
日常联系人	于少兵		电话	020-82213412	
主营范围	生产自行车整车、电动自行车、液化气助力车及其车架和零配件系列产品及相似工艺的金属家具、健身器械等，承接中国境外的来料加工、来料装配，来图装配等业务，从事非配额许可证管理、非专营商品的收购出口业务，销售本公司产品。（涉证项目除外。）				

企业名称	广州珠江钢铁有限责任公司			海关编码	4401230161
通讯地址	广东省广州市经济技术开发区西基路 9 号			邮政编码	510730
企业类型	进出口货物收发货人	注册日期	1993.12.13	注册资本	16663 万美元
评定时间	2008.10.31	报关有效期	2011.12.13	所属海关	黄埔海关
法人姓名	孔宪鸣		电话	020-82210055	
日常联系人	刘冀		电话	020-82228509	
主营范围	研制、开发、生产、加工与销售冶金产品、原材料、机械设备、机械零部件、生产工具及其深加工产品，并提供技术咨询。仓储（易燃易爆品及危险化学品除外）、装卸及有关的售后服务。				

企业名称	广州太平洋马口铁有限公司			海关编码	4401230182
通讯地址	广东省广州市经济技术开发区友谊路 102 号			邮政编码	510730
企业类型	进出口货物收发货人	注册日期	1995.5.4	注册资本	3600 万美元
评定时间	2008.10.31	报关有效期	2014.5.4	所属海关	黄埔海关
法人姓名	岛田芳明		电话	020-82220306	
日常联系人	张培文		电话	020-82220309	
主营范围	制造、加工马口铁及其他钢板材的剪切、加工，销售本公司产品，并提供有关本产品的技术服务。				

企业名称	施耐德（广州）母线有限公司			海关编码	4401230227
通讯地址	广东省广州市经济技术开发区东区骏业路 85 号			邮政编码	510530
企业类型	进出口货物收发货人	注册日期	1996.11.13	注册资本	730 万美元
评定时间	2010.4.26	报关有效期	2012.3.3	所属海关	黄埔海关
法人姓名	PATRICK JEAN GAONACH		电话	020-28202828	
日常联系人	彭志杨		电话	020-28202754	
主营范围	制造、装配配电母线槽、插入式配电盘、小型配电箱、配电盘、配电屏等配电设备及其零部件，销售本公司产品并提供相关的售后服务，上述产品同类商品的批发、进出口、佣金代理（拍卖除外）及提供配套服务（不涉及国营贸易管理商品，涉及配额、许可证管理商品的，按国家有关规定办理申请）。				

企业名称	广州昭和汽车零部件有限公司			海关编码	4401230233
通讯地址	广东省广州市经济技术开发区东区宏明路 6 号			邮政编码	510760
企业类型	进出口货物收发货人	注册日期	1995.2.13	注册资本	6516 万美元
评定时间	2010.1.6	报关有效期	2012.2.13	所属海关	黄埔海关
法人姓名	平井健之（HIRAI KENSHI）		电话	020-82230289	
日常联系人	梁克永		电话	020-82268289-288	
主营范围	生产汽车与摩托车减震器、汽车转向器及其零部件，销售本公司产品，从事上述同类产品、汽车和摩托车零部件的各类型材、润滑油、设备及设备配件的批发和进出口业务（不设店铺经营，不涉及国营贸易管理产品，涉及配额、许可证管理商品的，按国家有关规定办理申请），提供售后服务。				

企业名称	广州美亚股份有限公司			海关编码	4401230282
通讯地址	广东省广州市经济技术开发区永和经济管理区永和大道 38 号			邮政编码	511356
企业类型	进出口货物收发货人	注册日期	1996.7.23	注册资本	20000 万人民币
评定时间	2008.10.31	报关有效期	2012.7.23	所属海关	黄埔海关
法人姓名	罗汉		电话	020-32221688	
日常联系人	王慧云		电话	020-32221688	
主营范围	研究开发应用软件，加工制造钢管、钢板及其他金属制品，室内水电安装，销售本公司产品，从事钢管、钢板及其他金属制品、有色金属及其制品、汽车零部件、建筑材料的进出口、批发和佣金代理（拍卖除外）业务（不设店铺经营，不涉及国营贸易管理商品，涉及配额、许可证管理商品的，按国家有关规定办理申请），技术进出口，提供相关技术咨询服务、售后服务和咨询服务。				

企业名称	国际香料（中国）有限公司			海关编码	4401240015
通讯地址	广东省广州市经济技术开发区金华二街 9 号			邮政编码	510730
企业类型	进出口货物收发货人	注册日期	1993.4.28	注册资本	8962 万美元
评定时间	2008.12.5	报关有效期	2014.4.28	所属海关	黄埔海关
法人姓名	Eduardo III Dagondon Alejandrino		电话	020 -82219838	
日常联系人	周爽		电话	020-82228469	
主营范围	生产、加工食品添加剂（液体香精、乳化香精、粉末香精，全国工业产品生产许可证有效期至 2016 年 4 月 6 日）、天然香料、合成香料、单离香料、各种芳香化学物和香精（日用）、调味料（固态，全国工业产品生产许可证有效期至 2012 年 10 月 26 日），销售本公司产品，进行新产品的研究和开发，进行新技术的研究、开发、许可使用及转让，与公司自产及研发产品同类商品的采购、批发、佣金代理（拍卖除外）、进出口，提供企业经营、管理及技术的咨询服务，自有物业出租（不设店铺经营，不涉及国营贸易管理商品，涉及配额、许可证管理商品的，按国家有关规定办理申请）。				

<table>
<tr><td>企业名称</td><td colspan="3">箭牌糖果（中国）有限公司</td><td>海关编码</td><td>4401240018</td></tr>
<tr><td>通讯地址</td><td colspan="3">广东省广州市经济技术开发区友谊路 111 号</td><td>邮政编码</td><td>510730</td></tr>
<tr><td>企业类型</td><td>进出口货物收发货人</td><td>注册日期</td><td>1991.4.18</td><td>注册资本</td><td>6149 万美元</td></tr>
<tr><td>评定时间</td><td>2008.12.5</td><td>报关有效期</td><td>2014.4.18</td><td>所属海关</td><td>黄埔海关</td></tr>
<tr><td>法人姓名</td><td colspan="2">Ellen O'Donnell Kollar</td><td>电话</td><td colspan="2">020-82218816
001-312-6442121</td></tr>
<tr><td>日常联系人</td><td colspan="2">霍荣樟</td><td>电话</td><td colspan="2">020-82088187</td></tr>
<tr><td>主营范围</td><td colspan="5">加工生产糖果制品（糖果），推广和销售本公司产品，提供与糖果生产、推广或销售相关的技术、咨询和服务，自有设备租赁，研究开发与公司产品同类的相关产品，从事与公司产品同类商品的批发、进出口业务、佣金代理(拍卖除外)及其配套业务(涉及配额许可证管理、专项规定管理的产品按国家有关规定办理）。</td></tr>
</table>

<table>
<tr><td>企业名称</td><td colspan="3">高露洁棕榄（中国）有限公司</td><td>海关编码</td><td>4401240067</td></tr>
<tr><td>通讯地址</td><td colspan="3">广东省广州市经济技术开发区青年路 338 号</td><td>邮政编码</td><td>510730</td></tr>
<tr><td>企业类型</td><td>进出口货物收发货人</td><td>注册日期</td><td>1996.5.4</td><td>注册资本</td><td>4500 万美元</td></tr>
<tr><td>评定时间</td><td>2008.10.31</td><td>报关有效期</td><td>2013.5.4</td><td>所属海关</td><td>黄埔海关</td></tr>
<tr><td>法人姓名</td><td colspan="2">CHESTER P.W.FONG</td><td>电话</td><td colspan="2">020-87551991</td></tr>
<tr><td>日常联系人</td><td colspan="2">陈春明</td><td>电话</td><td colspan="2">020-82214468-239</td></tr>
<tr><td>主营范围</td><td colspan="5">研发、生产、加工牙膏、口腔清洁用品、家庭清洁用品、织物保护产品、个人护理产品、宠物食品、宠物护理产品及有关原材料、包装材料和生产加工上述促销配套产品，委托加工、销售高露洁棕榄公司在中国的其他投资项目生产的产品及国内企业生产加工的高露洁棕榄公司的商标的产品，在国内收购出口非配额许可证商品，以及上述同类产品的批发、佣金代理（拍卖除外）、进出口及相关配套服务（不设店铺经营，涉及配额许可证管理、专项规定管理的商品按国家有关规定办理），提供仓储（易燃易爆、危险化学品除外）、管理咨询的相关服务，经营印刷包装装潢印刷品（印刷经营许可证有效期至 2009 年 12 月 31 日止），医疗器械产品的批发、佣金代理（拍卖除外）、进出口业务及相关配套服务（按医疗器械经营企业许可证许可范围经营，许可证有效期至 2013 年 10 月 14 日，不设店铺经营，涉及行业许可管理的按国家规定办理。以上商品进出口不涉及国营贸易、进出口配额许可证、出口配额招标、出口许可证等专项管理的商品）。</td></tr>
</table>

<table>
<tr><td>企业名称</td><td colspan="3">捷普电子（广州）有限公司</td><td>海关编码</td><td>4401240197</td></tr>
<tr><td>通讯地址</td><td colspan="3">广东省广州市经济技术开发区 东区 骏成路 128 号</td><td>邮政编码</td><td>510730</td></tr>
<tr><td>企业类型</td><td>进出口货物收发货人</td><td>注册日期</td><td>2001.9.25</td><td>注册资本</td><td>8290.1 万美元</td></tr>
<tr><td>评定时间</td><td>2010.4.26</td><td>报关有效期</td><td>2014.9.25</td><td>所属海关</td><td>黄埔海关</td></tr>
<tr><td>法人姓名</td><td colspan="2">FORBES I.J.ALEXANDER</td><td>电话</td><td colspan="2">020-82135000 020-82266308</td></tr>
<tr><td>日常联系人</td><td colspan="2">刘红</td><td>电话</td><td colspan="2">020-82266308</td></tr>
<tr><td>主营范围</td><td colspan="5">大中型电子计算机、数字磁带录放机、计算机辅助设计（三维 CAD）、辅助测试（CAT）、辅助制造（CAM）、辅助工程（CAE）系统及其他计算机应用系统制造，新型打印装置开发、制造、生产，组装新型电子元器件及电力电子元器件，光电器件、敏感元器件及传感器、电子专用设备、医用成像设备（高场强超导型磁共振 MRI、CT 、X 线计算机断层、B 超等）关键部件的制造（涉及行政许可项目除外），销售本公司产品，精密仪器设备的维修和售后服务，研发、生产精冲模、精密腔模、模具标准件（出口不含涉证产品），从事公司生产产品同类商品及相关产品的批发、佣金代理（拍卖除外）、进出口业务及相关的配套业务（涉及配额许可证管理、专项规定管理的商品按国家有关规定办理）。</td></tr>
</table>

<table>
<tr><td>企业名称</td><td colspan="3">广州宝洁有限公司</td><td>海关编码</td><td>4401240199</td></tr>
<tr><td>通讯地址</td><td colspan="3">广东省广州市经济技术开发区滨河路 1 号</td><td>邮政编码</td><td>510730</td></tr>
<tr><td>企业类型</td><td>进出口货物收发货人</td><td>注册日期</td><td>1988.9.1</td><td>注册资本</td><td>58091.5 万美元</td></tr>
<tr><td>评定时间</td><td>2010.1.6</td><td>报关有效期</td><td>2012.9.1</td><td>所属海关</td><td>黄埔海关</td></tr>
<tr><td>法人姓名</td><td colspan="2">施文圣（SHANNAN STEVENSON）</td><td>电话</td><td colspan="2">020-85186688</td></tr>
<tr><td>日常联系人</td><td colspan="2">陈戈夫</td><td>电话</td><td colspan="2">020-85183190</td></tr>
<tr><td>主营范围</td><td colspan="5">生产、加工液体洗衣用品，纤维柔顺剂，餐具清洁用品和洗涤用品，个人清洁用品，香皂、沐浴液和洗发、护发、染发、烫发用品，护肤用品，化妆品，一次性婴儿尿片，成人失禁尿片，妇女卫生用品（包括卫生棉条），卫生纸，纸巾，护儿湿巾，牙刷、牙膏、漱口水和其他口腔保健用品及其他牙科专业产品（专业口腔护理中心、口腔冲洗器），食品和饮料，刀片、保安刀片、刀架、剃须泡沫和其他剃须产品，个人护理用品（古龙水、刮胡泡、刮胡啫哩、须后润肤露、女用花香啫哩等），小家电（咖啡壶、咖啡豆研磨机、电烫斗、榨橙汁机、卷发器、直发器、热水壶、吹发器、耳温计、血压计、剃毛器等），电池，文具及各类相关原料和包装物料。销售、分销公司产品，从事上述产品及相关产品的进出口、分销和批发业务（佣金代理、拍卖除外），相关的商务咨询及售后服务。</td></tr>
</table>

企业名称	三菱电机（广州）压缩机有限公司			海关编码	4401240268
通讯地址	广东省广州市经济技术开发区东江大道 102 号			邮政编码	510730
企业类型	进出口货物收发货人	注册日期	1995.5.2	注册资本	8822 万美元
评定时间	2008.10.17	报关有效期	2014.5.2	所属海关	黄埔海关
法人姓名	铃木聪		电话	020–82223030	
日常联系人	彭华		电话	020–82223030–3320	
主营范围	开发、设计、制造空调用压缩机产品及其关联产品，销售自产产品，从事空调用压缩机产品及其零部件的进出口、批发和佣金代理（拍卖除外）业务（不涉及国营贸易管理商品，涉及配额、许可证管理商品的，按国家有关规定办理申请）。				

企业名称	联众（广州）不锈钢有限公司			海关编码	4401240271
通讯地址	广东省广州市经济技术开发区东区联广路 1 号			邮政编码	510760
企业类型	进出口货物收发货人	注册日期	2008.7.1	注册资本	27771.8 万美元
评定时间	2008.10.31	报关有效期	2014.7.1	所属海关	黄埔海关
法人姓名	李必贤		电话	020–32108888–8210	
日常联系人	李宇		电话	020–32108260	
主营范围	不锈钢冶炼，生产、加工冷、热轧不锈钢卷板及系列产品及提供技术与售后服务。（连续冷扎生产车间可从事生产经营活动，其他项目属筹建，筹建期间不得从事经营活动。）				

企业名称	广州斗原钢铁有限公司			海关编码	4401240284
通讯地址	广东省广州市经济技术开发区东区骏业路 158 号			邮政编码	510530
企业类型	进出口货物收发货人	注册日期	2003.11.25	注册资本	3000 万美元
评定时间	2009.10.30	报关有效期	2013.11.25	所属海关	黄埔海关
法人姓名	KIM KYUNG CHAN		电话	020–32067991	
日常联系人	刘世杰		电话	020–32067920	
主营范围	生产、加工系列金属板材，销售本公司产品并提供售后服务，从事上述产品及同类产品的进出口、批发零售和佣金代理（拍卖除外）业务（不设店铺经营，涉及配额许可证管理、专项规定管理的商品按国家有关规定管理）。				

企业名称	安利（中国）日用品有限公司			海关编码	4401240502
通讯地址	广东省广州市经济技术开发区北围工业区一区			邮政编码	510730
企业类型	进出口货物收发货人	注册日期	2008.6.4	注册资本	12610 万美元
评定时间	2008.10.31	报关有效期	2014.6.4	所属海关	黄埔海关
法人姓名	黄德荫		电话	020-85198198	
日常联系人	黄艺　张秋婷		电话	020-85119827	
主营范围	开发、生产、销售家庭清洁用品、（含空气净化器）个人护理及化妆品、保健食品、特殊营养食品维生素和矿物质营养补充食品、蛋白饮料和功能食品（前述四项未取得前置许可文件不得经营），厨房用具（含厨用净水器）及辅助产品等安利系列产品，研究开发新产品，提供与产品及销售相关的服务，提供本公司和介绍本公司产品的刊物（不含前置许可项目）。以直销方式销售本企业生产的保健食品、化妆品、保洁用品（含空气净化器、乐新浴室浓缩清洁剂）、母公司生产的小型厨具（含不锈钢软丝刷、中式不锈钢炒锅及厨房多用剪），具体按商资批（2006）2250 号“直销经营许可证”经营，具体产品名单以商务部直销行业管理信息系统网站公布的为准。（法律、法规禁止经营的不得经营，涉及许可经营的凭许可证经营。）					

企业名称	广州北方机电发展有限公司			海关编码	4401260141
通讯地址	广东省广州市经济技术开发区青年路沙湾二 13、15 号 602A 室			邮政编码	510730
企业类型	进出口货物收发货人	注册日期	2005.1.28	注册资本	1800 万人民币
评定时间	2010.12.27	报关有效期	2013.1.28	所属海关	黄埔海关
法人姓名	蔡文初		电话	020-37619618	
日常联系人	吴岗平		电话	020-37619706	
主营范围	货物进出口、技术进出口（法律、行政法规禁止的项目除外，法律、法规限制的项目须取得许可证后方可经营），销售光学、电子、机械产品，光学、电子新材料及新产品的研究、开发及技术咨询。					

<table>
<tr><td>企业名称</td><td colspan="3">乐金显示（广州）有限公司</td><td>海关编码</td><td>4401340038</td></tr>
<tr><td>通讯地址</td><td colspan="3">广东省广州市高新技术产业开发区科学城开泰大道59号</td><td>邮政编码</td><td>510663</td></tr>
<tr><td>企业类型</td><td>进出口货物收发货人</td><td>注册日期</td><td>2006.8.2</td><td>注册资本</td><td>24282 万美元</td></tr>
<tr><td>评定时间</td><td>2011.5.11</td><td>报关有效期</td><td>2012.8.2</td><td>所属海关</td><td>黄埔海关</td></tr>
<tr><td>法人姓名</td><td colspan="2">KIM JONG SIK</td><td>电话</td><td colspan="2">020-32123038</td></tr>
<tr><td>日常联系人</td><td colspan="2">文学</td><td>电话</td><td colspan="2">020-32123038</td></tr>
<tr><td>主营范围</td><td colspan="5">研究、开发、生产新型平板显示器件系列产品及数字电视机、显示屏材料，销售本公司产品并提供相关技术及售后服务，从事相关产品的批发、进出口、佣金代理（拍卖除外）和维修服务（涉及许可证管理、专项规定管理的商品按国家有关规定办理），提供配套服务，自有工业厂房出租（法律、行政法规禁止的不得经营，凭有效许可证件、批准文件经营）。</td></tr>
</table>

<table>
<tr><td>企业名称</td><td colspan="3">广茂科技（广州）有限公司</td><td>海关编码</td><td>4401440179</td></tr>
<tr><td>通讯地址</td><td colspan="3">广东省广州市保税区保盈大道 6 号</td><td>邮政编码</td><td>510730</td></tr>
<tr><td>企业类型</td><td>进出口货物收发货人</td><td>注册日期</td><td>2003.5.6</td><td>注册资本</td><td>1000 万美元</td></tr>
<tr><td>评定时间</td><td>2010.12.27</td><td>报关有效期</td><td>2012.5.6</td><td>所属海关</td><td>黄埔海关</td></tr>
<tr><td>法人姓名</td><td colspan="2">王继贤</td><td>电话</td><td colspan="2">020-82219590</td></tr>
<tr><td>日常联系人</td><td colspan="2">陈其仁</td><td>电话</td><td colspan="2">020-82211168-8850</td></tr>
<tr><td>主营范围</td><td colspan="5">生产、加工电子产品及电脑主机、主机板、周边配件、零组件及电脑软件，销售本公司产品并提供售后服务，在保税区内从事国际贸易、保税仓储业务（涉证项目凭许可证经营）。</td></tr>
</table>

<table>
<tr><td>企业名称</td><td colspan="3">广东尼康照相机有限公司</td><td>海关编码</td><td>4419937414</td></tr>
<tr><td>通讯地址</td><td colspan="3">广东省东莞市长安镇霄边第二工业区</td><td>邮政编码</td><td>523849</td></tr>
<tr><td>企业类型</td><td>进出口货物收发货人</td><td>注册日期</td><td>1996.5.27</td><td>注册资本</td><td>300 万美元</td></tr>
<tr><td>评定时间</td><td>2008.12.5</td><td>报关有效期</td><td>2014.5.27</td><td>所属海关</td><td>黄埔海关</td></tr>
<tr><td>法人姓名</td><td colspan="2">安达三代一</td><td>电话</td><td colspan="2">0769-85535435</td></tr>
<tr><td>日常联系人</td><td colspan="2">陈利</td><td>电话</td><td colspan="2">0769-85535435</td></tr>
<tr><td>主营范围</td><td colspan="5">生产、销售照相机、镜头、附属品及其零件。</td></tr>
</table>

<table>
<tr><td>企业名称</td><td colspan="3">东莞乡源木器业有限公司</td><td>海关编码</td><td>4419940751</td></tr>
<tr><td>通讯地址</td><td colspan="3">广东省东莞市大岭山镇连平村</td><td>邮政编码</td><td>523808</td></tr>
<tr><td>企业类型</td><td>进出口货物收发货人</td><td>注册日期</td><td>1995.2.14</td><td>注册资本</td><td>4202 万港币</td></tr>
<tr><td>评定时间</td><td>2008.12.5</td><td>报关有效期</td><td>2014.2.19</td><td>所属海关</td><td>黄埔海关</td></tr>
<tr><td>法人姓名</td><td colspan="2">欧秋中</td><td>电话</td><td colspan="2">0769-83355145</td></tr>
<tr><td>日常联系人</td><td colspan="2">侯占举</td><td>电话</td><td colspan="2">0769-83355145</td></tr>
<tr><td>主营范围</td><td colspan="5">生产和销售贴面板、木薄片、木器制品，产品内、外销比例按批文执行。</td></tr>
</table>

<table>
<tr><td>企业名称</td><td colspan="3">东莞台升家具有限公司</td><td>海关编码</td><td>4419940754</td></tr>
<tr><td>通讯地址</td><td colspan="3">广东省东莞市大岭山镇金桔村</td><td>邮政编码</td><td>523830</td></tr>
<tr><td>企业类型</td><td>进出口货物收发货人</td><td>注册日期</td><td>1995.10.19</td><td>注册资本</td><td>49734 万港币</td></tr>
<tr><td>评定时间</td><td>2008.12.5</td><td>报关有效期</td><td>2014.10.19</td><td>所属海关</td><td>黄埔海关</td></tr>
<tr><td>法人姓名</td><td colspan="2">郭山辉</td><td>电话</td><td colspan="2">0769-83352715</td></tr>
<tr><td>日常联系人</td><td colspan="2">李客坤</td><td>电话</td><td colspan="2">0769-83352715</td></tr>
<tr><td>主营范围</td><td colspan="5">生产和销售家具、木制品，产品全部外销（涉及许可证的项目，须领证后才能经营）。</td></tr>
</table>

<table>
<tr><td>企业名称</td><td colspan="3">东莞信泰光学有限公司</td><td>海关编码</td><td>4419940132</td></tr>
<tr><td>通讯地址</td><td colspan="3">广东省东莞市长安镇霄边村</td><td>邮政编码</td><td>523849</td></tr>
<tr><td>企业类型</td><td>进出口货物收发货人</td><td>注册日期</td><td>1993.2.28</td><td>注册资本</td><td>1660 万美元</td></tr>
<tr><td>评定时间</td><td>2009.1.8</td><td>报关有效期</td><td>2014.2.28</td><td>所属海关</td><td>黄埔海关</td></tr>
<tr><td>法人姓名</td><td colspan="2">赖以仁</td><td>电话</td><td colspan="2">0769-85535435</td></tr>
<tr><td>日常联系人</td><td colspan="2">李俊梅</td><td>电话</td><td colspan="2">0769-85535435</td></tr>
<tr><td>主营范围</td><td colspan="5">生产和销售光学产品及零部件，包括光学塑胶零件、光学用皮革（或人造革）袋套、光学镜片、精密光学电子零件、照相机、望远镜、瞄准器、摄影机零配件（不含机芯）、闪光灯、显微镜及零配件、数字照相机及关键件、非金属制品模具、精冲模、精密型腔模、模具标准件、电子专用设备、测试仪器、工模具（电子专用模具）、新型打印装置（激光、喷墨打印机）、600 万像素以上高性能数字单镜头反光照相机。</td></tr>
</table>

企业名称	东莞谦华五金厂有限公司			海关编码	4419947071
通讯地址	广东省东莞市长安镇霄边管理区			邮政编码	523851
企业类型	进出口货物收发货人	注册日期	1994.7.22	注册资本	7200 万港币
评定时间	2008.12.5	报关有效期	2013.7.25	所属海关	黄埔海关
法人姓名	尹虹	电话		0769-85539156	
日常联系人	吴松林	电话		0769-85539156	
主营范围	生产和销售五金装饰品，产品全部外销（涉及许可证的项目，须领证后才能经营）。				

企业名称	东莞精熙光机有限公司			海关编码	4419947166
通讯地址	广东省东莞市长安镇霄边第二工业区			邮政编码	523849
企业类型	进出口货物收发货人	注册日期	1996.1.10	注册资本	2068 万美元
评定时间	2009.12.7	报关有效期	2014.1.7	所属海关	黄埔海关
法人姓名	永井三知夫	电话		0769-85312190	
日常联系人	罗锦	电话		0769-85312190	
主营范围	生产和销售小型马达之精密金属及塑胶零配件、照相机塑胶外壳、光学仪器保护套、照相机、复印机主要零配件、传真机、扫描仪、呼叫器、读取头、硬碟机、导线加工、模具、电子门锁、照相机铝合金外壳、数字照相机、数字照相机关键件、非金属制品模具、精冲模、精密型腔模、模具标准件、五金零配件、塑胶零配件、电子产品保护套、箱包制品、数字电视信号接收器（不具备接收卫星信号功能）。				

企业名称	东莞广通事务机有限公司			海关编码	4419947165
通讯地址	广东省东莞市长安镇霄边管理区			邮政编码	523849
企业类型	进出口货物收发货人	注册日期	1996.1.10	注册资本	1110 万美元
评定时间	2009.8.10	报关有效期	2014.1.10	所属海关	黄埔海关
法人姓名	永井三知夫	电话		0769-85312190	
日常联系人	陈利	电话		0769-85312190	
主营范围	生产和销售扫描器及镭射印表机，复印机，传真机，扫描器，电脑，通信器，照相机，影像设备的零部件（涉证或限制类除外，生产以上产品不含电镀、酸洗、蚀刻等污染工序），新型电子元器件（敏感元器件及传感器），数字照相机关键件（电子回路基板）。（涉及许可证的项目，须领证后才能经营。）				

企业名称	先锋信泰（东莞）光学有限公司			海关编码	4419947445
通讯地址	广东省东莞市长安镇霄边第二工业区			邮政编码	523849
企业类型	进出口货物收发货人	注册日期	2000.8.29	注册资本	1000 万美元
评定时间	2009.1.8	报关有效期	2014.8.29	所属海关	黄埔海关
法人姓名	赖以仁	电话		0769-85535435	
日常联系人	陈利	电话		0769-85535435	
主营范围	生产和销售 DVD 光碟机，DVD 读写头，精密光电器件，其他精密光学零组件，大容量光、磁盘驱动器及其部件（包括 DVD 刻录机、DVD 刻录机光学读写头）。				

企业名称	乐依文半导体（东莞）有限公司			海关编码	4419948268
通讯地址	广东省东莞市长安镇振安路振安科技工业园			邮政编码	523850
企业类型	进出口货物收发货人	注册日期	2005.5.19	注册资本	6532 万美元
评定时间	2008.10.31	报关有效期	2014.5.19	所属海关	黄埔海关
法人姓名	李永松	电话		0769-85428811	
日常联系人	蔡汉光	电话		0769-85428811	
主营范围	生产和销售半导体（含半导体的设计、封装和测试），线宽 0.18 微米及以下大规模数字集成电路，0.8 微米及以下模拟、数模集成电路及 BGA、PGA、CSP、MCM 等先进封装与测试。设计集成电路，并提供相关的技术开发、技术转让和咨询服务。				

企业名称	金宝电子（中国）有限公司			海关编码	4419947331
通讯地址	广东省东莞市长安镇沙头管理区			邮政编码	523866
企业类型	进出口货物收发货人	注册日期	1999.1.22	注册资本	8552 万美元
评定时间	2011.5.16	报关有效期	2014.1.17	所属海关	黄埔海关
法人姓名	许胜雄	电话		0769-85321555	
日常联系人	杨张勇	电话		0769-85321555	
主营范围	生产和销售计算器、翻译机、微型电脑主机板、缆线数据机、传真机、印表机、微型电脑、携带型电脑、音乐随身听、影像电话、室内无绳电话、卫星定位器、数码相机、电脑周边设备、录音笔、秒表、计步器、音乐录放机、影音播放器、数字录放机、数字摄录机、移动通信系统（含 GSM、CDMA、DCS1800、PHS、DECT、IMT2000 等）手机、新型电子元器件（敏感元器件及传感器、频率控制与选择元件）、新型打印装置（含激光、喷墨打印机）、数字照相机、便携式微型计算机、游戏卡（内容必须符合国家有关规定）、游戏机（不得含赌博成分）、打印装置零配件、收音机、手机、电子琴、无线宽带上网接入器、电子钱包、机顶盒（卫星电视解码器除外）、手提式电视机、手表、数码相框、音响产品、监控系统设备、网络接入设备、半导体生产测试设备、电子玩具、液晶电视机、电子元器件。				

企业名称	东莞嘉财电业制造厂			海关编码	44199B1898
通讯地址	广东省东莞市大岭山镇矮岭冚村			邮政编码	523817
企业类型	进出口货物收发货人	注册日期	1992.4.13	注册资本	4600万港币
评定时间	2009.10.30	报关有效期	2015.4.9	所属海关	黄埔海关
法人姓名	刘增生	电话		0769-83355075	
日常联系人	刘增生	电话		0769-83355075	
主营范围	加工、生产、研发电子产品、数字卫星电视接收机，加工假发。（涉及许可证的项目，须领证后才能经营。）				

企业名称	东莞利通电器二厂			海关编码	44199BS387
通讯地址	广东省东莞市长安镇上角村振安路上角段1号			邮政编码	523878
企业类型	进出口货物收发货人	注册日期	1996.10.1	注册资本	87万美元
评定时间	2009.9.23	报关有效期	2012.1.20	所属海关	黄埔海关
法人姓名	罗日全	电话		0769-86070888	
日常联系人	黎惠燕	电话		0769-86070888	
主营范围	加工电源供应器（涉及许可证的项目，须领证后才能经营）。				

企业名称	东莞百汇塑胶五金厂			海关编码	44199B1915
通讯地址	广东省东莞市大岭山镇机械工业区			邮政编码	523817
企业类型	进出口货物收发货人	注册日期	1999.10.1	注册资本	960万港币
评定时间	2009.6.1	报关有效期	2015.12.11	所属海关	黄埔海关
法人姓名	尤景涛	电话		0769-85632600	
日常联系人	尤景涛	电话		0769-85632600	
主营范围	加工塑胶模具、五金模具、片状绝缘体、各类电器产品及其塑胶和五金配件、通讯器材、玩具、电子琴、电脑及其塑胶和五金配件及其周边设备，以及上述产品的零配件及组装。（涉及许可证的项目，须领证后才能经营。）				

企业名称	北陆电气（广东）有限公司			海关编码	4419949930
通讯地址	广东省东莞市东坑镇角社村			邮政编码	523000
企业类型	进出口货物收发货人	注册日期	2011.5.10	注册资本	650 万美元
评定时间	2011.8.15	报关有效期	2012.2.10	所属海关	黄埔海关
法人姓名	津田信治		电话	0769-83381868	
日常联系人	中山孝之		电话	0769-83381868	
主营范围	筹办各种电子元器件、电子零部件项目，并提供相关售后服务。（涉及许可证的项目，须领证后才经营，筹办期不得经营。）				

企业名称	东莞常平九江水日精科技电子五金塑胶厂			海关编码	44199B3905
通讯地址	广东省东莞市常平九江水村（龙华路）			邮政编码	523588
企业类型	进出口货物收发货人	注册日期	1995.12.14	注册资本	824 万港币
评定时间	2010.2.21	报关有效期	2015.12.8	所属海关	黄埔海关
法人姓名	黎权志		电话	0769-83394930	
日常联系人	黎权志		电话	0769-83394930	
主营范围	加工电子电器用五金塑胶配件。				

企业名称	富港电子（东莞）有限公司			海关编码	4419941319
通讯地址	广东省东莞市东坑镇工业大道			邮政编码	523455
企业类型	进出口货物收发货人	注册日期	1995.5.10	注册资本	54000 万港币
评定时间	2010.2.21	报关有效期	2014.5.10	所属海关	黄埔海关
法人姓名	卜庆藩		电话	0769-83382255	
日常联系人	卢柱雄		电话	0769-83382255	
主营范围	生产和销售电子通讯零件、电线、电脑连接线、接插件、充电器组件及其塑胶五金配件、新型平板显示器件、软件产品开发（记忆卡）、无汞碱锰电池、动力镍氢电池、锂离子电池、DVD 刻录器、手机用零配件、网络记录器、游戏机及零配件（不含赌博成份）、数码摄录机及零配件、鼠标及零配件、变压器、电源供应器及零配件、耳机、蓝牙产品及零配件、摄像头及零配件、吸塑罩、读卡器及零配件、存储卡、录像机及零配件、专业用多媒体伺服器及零配件。				

企业名称	东莞航天电子有限公司			海关编码	4419940170
通讯地址	广东省东莞市常平镇土塘国际工业大道1号			邮政编码	523581
企业类型	进出口货物收发货人	注册日期	1993.4.9	注册资本	21630万港币
评定时间	2011.3.3	报关有效期	2014.4.9	所属海关	黄埔海关
法人姓名	小林兼男		电话	0769-83392291	
日常联系人	胡润明		电话	0769-21653501	
主营范围	生产和销售电子连接器、电端子、传真机半成品、电话机充电器及日用小电器配件、移动通信系统（含GSM、CDMA、DCS1800、DECT、IMT2000等）手机、新型打印装置（多功能喷墨打印机）、电话机、计算机周边产品、通讯产品制造专用设备、基板自动搬送设备、自动化、半自动化功能检查机，以及上述产品的零配件。从事线路板贴片、插件加工、数码显示装置、第三代及后续移动通信系统手机业务。以承接服务外包的方式从事软件开发等信息技术和业务流程外包服务。从事公司自产产品、同类商品的批发及进出口业务（不设店铺经营，涉及配额许可证管理、专项规定管理的商品按国家有关规定办理）。从事自有厂房的出租。				

企业名称	东莞安美时电子有限公司			海关编码	4419940897
通讯地址	广东省东莞市常平镇麦元村工业区一街2号			邮政编码	523576
企业类型	进出口货物收发货人	注册日期	1996.3.12	注册资本	7114万美元
评定时间	2010.5.14	报关有效期	2014.3.12	所属海关	黄埔海关
法人姓名	叶克裕		电话	0769-83394581	
日常联系人	何锦文		电话	0769-83394581	
主营范围	生产、销售和装配日用五金电子制品（不得含污染工序）、数据通讯多媒体系统设备（先进数据型多媒体卡）、网络通讯系统设备（电子讯号接驳系统）、宽带接入网通信系统设备、电子专用设备（包括电源供应器、电源转接器、高中频放大器）、新型打印装置（包括激光、喷墨打印机及功能控制板）、移动通信系统基站（包括基站设备及功能控制板）、大中型电子计算机、便携式微型计算机、高档服务器（含关键件）、大容量光、磁盘驱动器及其部件、新型电子元器件（混合集成电路：电子储存器）、移动通信系统（含GSM、CDMA、DCS1800、PHS、DECT、IMT2000等）手机（含关键件），0.35微米及以下大规模集成电路（含测试）及大中型电子计算机、便携式微型计算机、高档服务器（含关键件）等产品的维修服务，产品内、外销比例按批文执行。（涉及许可证的项目，须领证后才能经营。）				

企业名称	亿丰（东莞）制帘有限公司			海关编码	4419941670
通讯地址	广东省东莞市常平镇土塘村			邮政编码	523581
企业类型	进出口货物收发货人	注册日期	2000.11.28	注册资本	12000 万港币
评定时间	2010.5.14	报关有效期	2014.11.28	所属海关	黄埔海关
法人姓名	许碧珠		电话	0769-83988300	
日常联系人	黄炳寿		电话	0769-83988300	
主营范围	生产和销售木制百叶窗、塑胶百叶窗、门框型百叶窗、窗帘配件、建筑用押条、室内装潢边条（生产过程不得含有电镀等污染工序），产品全部外销。（涉及许可证的项目，须领证后才能经营。）				

企业名称	东莞德利信电子有限公司			海关编码	4419941482
通讯地址	广东省东莞市常平镇陈屋贝村			邮政编码	523582
企业类型	进出口货物收发货人	注册日期	2000.3.30	注册资本	8170.8 万港币
评定时间	2010.5.14	报关有效期	2014.3.30	所属海关	黄埔海关
法人姓名	榎本吉美		电话	0769-83395111	
日常联系人	李永耀		电话	0769-83395111	
主营范围	生产和销售各种机芯产品（包括收录机机芯、激光唱机机芯、录像机机芯），计算机驱动器配件，各类汽车音响组合机，数字放声设备，动画图片电脑设计及填色，提供上述经营项目的售后服务及技术咨询服务。设立研发机构，研究开发电子产品。生产和销售汽车音响机芯产品组合配件。从事设备租赁业务，电子产品及其零配件、包装材料、化工原料（不含危险化学品、不含仓储）的批发、进出口业务（不涉及国营贸易管理商品，涉及配额、许可证管理商品的，按国家有关规定办理申请）。生产和销售变流器、稳压电源（包括手机充电器）及其配件。				

企业名称	东莞顶锋金属制品有限公司			海关编码	4419940872
通讯地址	广东省东莞市常平镇陈屋贝大岭头			邮政编码	523582
企业类型	进出口货物收发货人	注册日期	1995.11.29	注册资本	3875.06 万港币
评定时间	2008.10.17	报关有效期	2014.11.29	所属海关	黄埔海关
法人姓名	宫城圭一郎		电话	0769-83394631	
日常联系人	木岛育人		电话	0769-83394631	
主营范围	精密加工各种钢制品，精密剪切各种金属钢板及非钢金属件，批发各种钢制品、金属制品、金属钢板及非钢金属件（涉限及涉证者除外，不设店铺）。				

企业名称	大东骏通（东莞）电子有限公司			海关编码	4419940400
通讯地址	广东省东莞市常平镇土塘村			邮政编码	523581
企业类型	进出口货物收发货人	注册日期	1994.2.23	注册资本	32000 万港币
评定时间	2010.2.21	报关有效期	2014.2.23	所属海关	黄埔海关
法人姓名	李泰夏		电话	0769-83392736	
日常联系人	申幸锡		电话	0769-83395179	
主营范围	生产和销售组合音响、电子钟、耳筒机、收录机、收音机、伴唱机（含卡拉 OK）、录像机、录音机芯（唱机机芯）、镭射唱盘、塑胶配件、塑胶制品、电子零配件、耳机、遥控器、数字录放机、热升华数码相片打印机、充电式电源组件、电源供给器、电源转换器和充电器、数码相框及零部件、数字放声设备，自有厂房出租。				

企业名称	东莞晶苑毛织制衣有限公司			海关编码	4419945486
通讯地址	广东省东莞市常平镇司马村			邮政编码	523570
企业类型	进出口货物收发货人	注册日期	2006.8.31	注册资本	16400 万港币
评定时间	2008.10.17	报关有效期	2012.8.31	所属海关	黄埔海关
法人姓名	罗乐风		电话	0769-83982212	
日常联系人	尹锦泉		电话	0769-83982212	
主营范围	生产和销售毛衣、针织服装、袋类制品、针梳织制品（含印花工序）。外销产品不得使用第三国（或地区）的产地标签或中性包装转口到与中国签订双边纺织品协定的国家。				

企业名称	长青林电子（东莞）有限公司			海关编码	4419941276
通讯地址	广东省东莞市桥头镇			邮政编码	511738
企业类型	进出口货物收发货人	注册日期	1998.12.18	注册资本	210 万美元
评定时间	2010.9.29	报关有效期	2011.12.18	所属海关	黄埔海关
法人姓名	林铅廷		电话	0769-83340851	
日常联系人	游志祥		电话	0769-83340851	
主营范围	生产电源线、电线、电缆、电脑周边配线、计时器、电源供应器、电源控制器、灯饰（酸洗及电镀工序除外）、塑胶组件、连接器，产品全部外销。（涉及许可证的项目，须领证后才能经营。）				

企业名称	兆丰（东莞）制帘有限公司			海关编码	4419943918
通讯地址	广东省东莞市企石镇松园工业区			邮政编码	523500
企业类型	进出口货物收发货人	注册日期	2004.4.2	注册资本	37161 万港币
评定时间	2010.9.29	报关有效期	2014.4.2	所属海关	黄埔海关
法人姓名	许碧珠		电话	0769- 86716666	
日常联系人	黄炳寿		电话	0769- 86716666	
主营范围	生产和销售百叶窗、罗马帘、布帘、窗帘零配件、建筑用饰条、木窗帘配件、相框、镜框、卷帘、浴帘、桌巾、床单、各式百叶门。				

企业名称	东莞沙田丽海纺织印染有限公司			海关编码	4419927140
通讯地址	广东省东莞市沙田镇环保工业城			邮政编码	523999
企业类型	进出口货物收发货人	注册日期	1996.12.02	注册资本	30750 万港元
评定时间	2009.10.30	报关有效期	2014.12.02	所属海关	黄埔海关
法人姓名	夏松芳		电话	0769-88866583	
日常联系人	蔡禹奇		电话	0769-88866583	
主营范围	高档织物面料的织染及整理加工（含高档色织布、高档染整布、高档染整印花布）。				

企业名称	东莞井上五金橡塑有限公司			海关编码	4419947186
通讯地址	广东省东莞市沙田镇齐沙村			邮政编码	523997
企业类型	进出口货物收发货人	注册日期	1996.1.16	注册资本	10504 万港币
评定时间	2009.1.24	报关有效期	2014.1.16	所属海关	黄埔海关
法人姓名	村川尚则		电话	0769-88691591	
日常联系人	谢细东		电话	0769-88691591	
主营范围	生产和销售印刷机、拷贝机、传真机用滚轮、气门嘴、工业用橡胶板、手推车轮（配套电镀车间）、办公文仪设备零部件、工业用五金橡塑胶材料制品、橡塑胶发泡和贴合材料制品，从事道路普通货运业务（凭许可证经营）。				

<table>
<tr><td>企业名称</td><td colspan="3">富加宜连接器（东莞）有限公司</td><td>海关编码</td><td>4419947462</td></tr>
<tr><td>通讯地址</td><td colspan="3">广东省东莞市沙田镇齐沙村南围</td><td>邮政编码</td><td>523993</td></tr>
<tr><td>企业类型</td><td>进出口货物收发货人</td><td>注册日期</td><td>2000.9.1</td><td>注册资本</td><td>2180 万美元</td></tr>
<tr><td>评定时间</td><td>2011.5.11</td><td>报关有效期</td><td>2014.9.1</td><td>所属海关</td><td>黄埔海关</td></tr>
<tr><td>法人姓名</td><td colspan="2">杜杰克</td><td>电话</td><td colspan="2">0769-88682108</td></tr>
<tr><td>日常联系人</td><td colspan="2">沈剑东</td><td>电话</td><td colspan="2">0769-88682108</td></tr>
<tr><td>主营范围</td><td colspan="5">开发、生产和销售新型电子元器件（新型机电元件：含微处理器承座连接器、精密移动电话连接器、高新科技技术产品连接器、金属端子、塑胶本体，涉证、涉限产品除外）及提供售后服务，并配套电镀工序。设立研发机构，从事新型电子元器件的研究开发及相关技术咨询服务。从事连接器、新型电子元器件（新型机电元件：含微处理器承座连接器、精密移动电话连接器、高新科技技术产品连接器、金属端子、塑胶本体，涉证、涉限产品除外）、上述产品零配件的批发、佣金代理（拍卖除外）、进出口业务及相关配套服务，并提供售后服务（不设店铺经营，涉及配额许可证管理、专项规定管理的商品，按国家有关规定办理）。</td></tr>
</table>

<table>
<tr><td>企业名称</td><td colspan="3">东莞市同舟化工有限公司</td><td>海关编码</td><td>4419967010</td></tr>
<tr><td>通讯地址</td><td colspan="3">广东省东莞市沙田镇先锋管理区办公大楼</td><td>邮政编码</td><td>523006</td></tr>
<tr><td>企业类型</td><td>进出口货物收发货人</td><td>注册日期</td><td>2002.11.6</td><td>注册资本</td><td>15600 万人民币</td></tr>
<tr><td>评定时间</td><td>2009.10.30</td><td>报关有效期</td><td>2014.11.6</td><td>所属海关</td><td>黄埔海关</td></tr>
<tr><td>法人姓名</td><td colspan="2">谢文勇</td><td>电话</td><td colspan="2">0769-22365555</td></tr>
<tr><td>日常联系人</td><td colspan="2">林燊</td><td>电话</td><td colspan="2">0769-22365555</td></tr>
<tr><td>主营范围</td><td colspan="5">销售机械设备、五金矿产（国家专项专控除外）、建筑材料、轻工产品、重油、罐装润滑油，货物进出口、技术进出口（法律、行政法规禁止的项目除外，法律、行政法规限制的项目取得许可后方可经营），批发（不设储存）化工原料及产品（按粤东安经（乙）字【2003】000045 号危险化学品经营许可证核定的范围经营，凭有效许可证经营）。</td></tr>
</table>

<table>
<tr><td>企业名称</td><td colspan="3">东莞玖龙纸业有限公司</td><td>海关编码</td><td>4419939135</td></tr>
<tr><td>通讯地址</td><td colspan="3">广东省东莞市麻涌镇新沙港工业区</td><td>邮政编码</td><td>523147</td></tr>
<tr><td>企业类型</td><td>进出口货物收发货人</td><td>注册日期</td><td>2008.1.9</td><td>注册资本</td><td>23802.4 万美元</td></tr>
<tr><td>评定时间</td><td>2008.10.23</td><td>报关有效期</td><td>2014.1.9</td><td>所属海关</td><td>黄埔海关</td></tr>
<tr><td>法人姓名</td><td colspan="2">张茵</td><td>电话</td><td colspan="2">0769-88234888</td></tr>
<tr><td>日常联系人</td><td colspan="2">陈俊柚</td><td>电话</td><td colspan="2">0769-882348888</td></tr>
<tr><td>主营范围</td><td colspan="5">生产和销售高档纸和纸板（新闻纸除外），在境内组织收购所需废纸作原料自用。</td></tr>
</table>

企业名称	五羊—本田摩托（广州）有限公司			海关编码	4401931339
通讯地址	广东省增城市新塘镇永和新新六路 1 号			邮政编码	511356
企业类型	进出口货物收发货人	注册日期	2006.4.18	注册资本	4900 万美元
评定时间	2008.12.19	报关有效期	2012.4.18	所属海关	黄埔海关
法人姓名	李少	电话	32989805		
日常联系人	胡沛桃	电话	32989598		
主营范围	生产摩托车及其零部件，销售本企业产品。				

企业名称	广州南大地纺织服装有限公司			海关编码	4401921464
通讯地址	广东省增城市沙埔镇工业开发区			邮政编码	511340
企业类型	进出口货物收发货人	注册日期	1999.8.2	注册资本	1178 万美元
评定时间	2009.7.19	报关有效期	2014.8.2	所属海关	黄埔海关
法人姓名	吴毅强	电话	13500223338		
日常联系人	吴旭坚	电话	13609090968		
主营范围	生产各色织布、服装辅料、各式服装，销售本企业产品。				

企业名称	广州电装有限公司			海关编码	4401931326
通讯地址	广东省增城市永和镇汽车工业配件城			邮政编码	511356
企业类型	进出口货物收发货人	注册日期	2003.9.22	注册资本	2302 万美元
评定时间	2011.9.13	报关有效期	2014.9.22	所属海关	黄埔海关
法人姓名	鹿村秋男	电话	020-82981198		
日常联系人	麦四妹	电话	13724037912		
主营范围	组装加工生产汽车空调、电动风扇、冷凝器总成、铝散热总成。				

企业名称	广州富盈金属制品有限公司			海关编码	4401941055
通讯地址	广东省增城市石滩镇郑田村			邮政编码	511375
企业类型	进出口货物收发货人	注册日期	1993.6.30	注册资本	3700 万美元
评定时间	2009.7.19	报关有效期	2014.6.30	所属海关	黄埔海关
法人姓名	黄金火	电话	020-82925353		
日常联系人	黄铜	电话	020-82922155		
主营范围	生产家具、建筑五金配件、塑胶五金制品，销售本企业产品。				

企业名称	荣阳铝业（中国）有限公司			海关编码	4401941467
通讯地址	广东省增城市荔城镇西郊			邮政编码	511300
企业类型	进出口货物收发货人	注册日期	2006.4.28	注册资本	1688 万美元
评定时间	2009.7.19	报关有效期	2014.5.3	所属海关	黄埔海关
法人姓名	潘孟潮		电话	020–82633588	
日常联系人	黄振华		电话	020–82651501	
主营范围	生产加工各种铝合金及铝合金型材模具、五金配金，销售本企业产品。				

企业名称	广州辉腾纺织有限公司			海关编码	4401941325
通讯地址	广东省增城市石滩镇岗贝村			邮政编码	511330
企业类型	进出口货物收发货人	注册日期	2003.1.20	注册资本	7800 万港币
评定时间	2008.12.19	报关有效期	2014.1.20	所属海关	黄埔海关
法人姓名	顾扬		电话	13560276228	
日常联系人	单广志		电话	13602223342	
主营范围	生产色纱、针织服装。				

企业名称	中国长城计算机深圳股份有限公司			海关编码	4403310907
通讯地址	深圳市粤海街道科技园长城计算机大厦			邮政编码	518057
企业类型	进出口货物收发货人	注册日期	1997.11.28	注册资本	132359 万人民币
评定时间	2009.11.5	报关有效期	2011.11.27	所属海关	深圳海关
法人姓名	杜和平		电话	0755–26639997	
日常联系人	郝忠红		电话	0755–26639997	
主营范围	电子计算机硬件、软件系统及网络系统、电子产品、液晶电视、等离子电视、电话机的技术开发、生产、销售及售后服务，并提供相关的技术和咨询服务，投资兴办实业，国内商业，物资供销业，自营进出口业务，经营自行开发的软件及电子出版物，零售各类软件及电子出版物，房屋、设备及固定资产租赁，物业管理及相关服务业务。				

企业名称	深圳市飞马国际供应链股份有限公司			海关编码	4403110308
通讯地址	深圳市深南大道 7008 号阳光高尔夫大厦 26 楼			邮政编码	518094
企业类型	进出口货物收发货人	注册日期	2004.8.19	注册资本	30600 万人民币
评定时间	2010.1.4	报关有效期	2011.12.31	所属海关	深圳海关
法人姓名	黄固喜		电话	0755-33356333	
日常联系人	李佳纪		电话	0755-33356333-8058	
主营范围	国内商业，物资供销业（不含专营、专控、专卖商品）等。				

企业名称	深圳市八达物流股份有限公司			海关编码	4403110020
通讯地址	深圳市罗湖区南湖街道东门南路 1036 号			邮政编码	518001
企业类型	进出口货物收发货人	注册日期	1995.10.5	注册资本	1000 万人民币
评定时间	2010.2.21	报关有效期	2011.12.31	所属海关	深圳海关
法人姓名	吕丰堂		电话	0755-82223777	
日常联系人	林燕		电话	0755-82223777	
主营范围	经营进出口业务，五金交电、电子产品、通信产品、纺织品、服装、化工（不含易燃易爆危险品）、汽车（不含小轿车）的销售，农产品的技术研究、购销，钢材、建材、纸制品、铁矿砂、塑料的购销及其他国内商业，物资供销业（不含专营、专控、专卖商品），投资兴办实业（具体项目另行申报），资产受托管理（不含限制项目），机电、电子产品的安装（不含限制项目），信息咨询（不含限制项目），国际货运代理，网络技术开发，普通货运（凭运输许可证经营），代理报关、代理报检，木材经营（柚木、松木、梨木），多媒体、灯光照明、音响及影视设备、舞台设备租赁，并提供相关技术服务，洛宝多系列葡萄酒批发（酒类批发许可证有效期至 2012 年 3 月 31 日），煤炭批发（“煤炭经营资格证”有效期至 2013 年 10 月 13 日），初级农产品购销，预包装食品（不含复热预包装食品）批发（“食品流通许可证”有效期至 2013 年 5 月 23 日）。				

企业名称	深圳科捷物流有限公司			海关编码	4403110086
通讯地址	深圳市滨河大道北 5022 号联合广场 A 座 40 楼			邮政编码	518026
企业类型	进出口货物收发货人	注册日期	2006.9.22	注册资本	500 万人民币
评定时间	2011.3.15	报关有效期	2012.9.22	所属海关	深圳海关
法人姓名	帅勇		电话	0755-82858740	
日常联系人	冬妍		电话	0755-82858740	
主营范围	道路普通货运，代办仓储，物流信息系统的技术开发，物流信息咨询，国内贸易（不含专营、专控、专卖商品），兴办实业，经营进出口业务。				

企业名称	深圳开发磁记录股份有限公司			海关编码	4403110329
通讯地址	深圳市福田区华富街道办彩田路7006号			邮政编码	518035
企业类型	进出口货物收发货人	注册日期	2010.3.16	注册资本	25136万人民币
评定时间	2010.7.22	报关有效期	2013.3.16	所属海关	深圳海关
法人姓名	司马能		电话	0755-83032201	
日常联系人	张辉明		电话	0755-83032226	
主营范围	开发、生产、销售盘基片（不含限制项目），经营进出口业务（法律、行政法规、国务院决定禁止的项目除外，限制的项目须取得许可后方可经营）。				

企业名称	深圳长城开发科技股份有限公司			海关编码	4403110340
通讯地址	深圳市福田区华富街道办彩田路7006号			邮政编码	518031
企业类型	进出口货物收发货人	注册日期	2010.12.17	注册资本	131927万人民币
评定时间	2011.2.17	报关有效期	2013.12.17	所属海关	深圳海关
法人姓名	谭文鋕		电话	0755-83032123	
日常联系人	欧阳剑军		电话	0755-83032156	
主营范围	开发、生产、经营计算机软、硬件系统及其外部设备，通讯设备，电子仪器仪表及其零部件，元器件，接插件和原材料。生产、经营家用商品电脑及电子玩具（以上生产项目均不含限制项目）。金融计算机软件模型的制作和设计。精密模具CAD/CAM技术，节能型自动化机电产品和智能自动化控制系统办公自动化设备，激光仪器，光电产品及金卡系统，光通讯系统和信息网络系统的技术开发和安装工程。商用机器（含税控设备，税控系统），机顶盒，表计类产品（水表、气表等），网络多媒体产品的开发、设计、生产、销售及服务。金融终端设备的开发、设计、生产、销售及服务。技术服务，售后服务及系统集成。经营进出口业务（法律、行政法规、国务院决定禁止的项目除外，限制的项目须取得许可后方可经营）。				

企业名称	中建投商贸有限公司			海关编码	4403110222
通讯地址	深圳市人民南路国际贸易中心大厦B区14楼西			邮政编码	518023
企业类型	进出口货物收发货人	注册日期	2004.4.14	注册资本	5000万人民币
评定时间	2009.6.19	报关有效期	2014.4.14	所属海关	深圳海关
法人姓名	陈咏新		电话	0755-82211800	
日常联系人	罗慧华		电话	0755-82210884	
主营范围	经营进出口业务，煤炭批发经营，计算机软、硬件及网络产品的设计，技术开发与销售，电子计算机外部设备的销售及其他国内商业，物资供销业，工业品外观设计，包装设计，信息咨询，物业管理业务。				

企业名称	中国电子器材深圳有限公司			海关编码	4403110461
通讯地址	深圳市福田区香蜜湖街道侨香路裕和大厦 8 楼			邮政编码	518040
企业类型	进出口货物收发货人	注册日期	1996.4.17	注册资本	3630 万人民币
评定时间	2009.1.4	报关有效期	2014.4.17	所属海关	深圳海关
法人姓名	牛文光		电话	0755-82531616	
日常联系人	郭智荣		电话	0755-82531683	
主营范围	经营家用电器、电子元件、电子器材、照明电器、电子计算机及配件、电工器材、雷达，兴办实业（具体项目另行申报），国内商业，物资供销业（不含专营、专控、专卖商品），进出口业务（需取得相关资格许可证后方可经营）。				

企业名称	深圳市中兴康讯电子有限公司			海关编码	4403111152
通讯地址	深圳市盐田区梅沙街道办大梅沙 1 号厂房			邮政编码	518057
企业类型	进出口货物收发货人	注册日期	1998.11.23	注册资本	5000 万人民币
评定时间	2008.12.19	报关有效期	2011.11.23	所属海关	深圳海关
法人姓名	张太峰		电话	0755-26770000	
日常联系人	张蕾		电话	0755-26770410	
主营范围	电子产品及其配件，集成电路产品的设计、生产、销售，进出口贸易业务，兴办实业，国内商业，物资供销业，进出口业务。				

企业名称	深圳市九立商贸有限公司			海关编码	4403111803
通讯地址	深圳市沿河南路 2011 号惠州大厦 918~922 室			邮政编码	518002
企业类型	进出口货物收发货人	注册日期	2001.12.13	注册资本	2000 万人民币
评定时间	2008.12.19	报关有效期	2011.12.13	所属海关	深圳海关
法人姓名	邹浩		电话	0755-82228999	
日常联系人	吴乃平		电话	0755-82228999	
主营范围	普通机械、仪器仪表、化工原料、纺织品、百货、文化用品、矿产品、五金产品、电子产品、通讯及网络产品、计算机及外围设备的购销及其他国内商业，物资供销业（不含专营、专控、专卖商品），经营进出口业务（具体按深贸进准字第 [2001]2027 号资格证书办），国际货运代理（不含限制项目），普通货运（道路运输经营许可证有效期至 2013 年 6 月 30 日），搬运装卸（法律、行政法规、国务院决定需要审批的，需取得相关批准文件方可经营）。				

企业名称	深圳市大族激光科技股份有限公司			海关编码	4403111600
通讯地址	深圳市南山区南山街道办深南大道 9988 号			邮政编码	518052
企业类型	进出口货物收发货人	注册日期	2011.5.27	注册资本	69626.44 万人民币
评定时间	2010.7.5	报关有效期	2014.5.27	所属海关	深圳海关
法人姓名	高云峰		电话	0755-86161000	
日常联系人	寻环		电话	0755-86161122	
主营范围	激光及相关产品，机电一体化设备的技术开发、生产、销售，生产激光雕刻机、激光器及相关元件（不含限制项目），国内商业，物资供销业（不含专营、专控、专卖商品），兴办实业（具体项目另行申报），进出口业务（具体按深贸进准字第[2001]0176号文办），普通货运（《道路运输经营许可证》有效期至 2014 年 12 月 29 日），物业管理，自有物业租赁，机械设备租赁及维修维护。				

企业名称	深圳市福瑞祥电子有限公司			海关编码	4403911870
通讯地址	深圳市松白路东侧九洲工业园 2 号楼 4 楼			邮政编码	518102
企业类型	进出口货物收发货人	注册日期	2002.4.8	注册资本	2300 万人民币
评定时间	2009.11.5	报关有效期	2012.4.8	所属海关	深圳海关
法人姓名	廖建明		电话	0755-29976306	
日常联系人	周雪梅		电话	0755-29976306-8015	
主营范围	研发、制造及销售移动通讯及终端设备，平板电视，数字电视接收机，便携式数码产品，开关电源，塑料零件，计算机及外部设备，广播电视接收设备及器材，应用电视设备，工业自动控制系统装置，家用音响设备，电子元件及组件，照明设备，数码相机及器材，GPS 产品，家用影视设备；进出口业务。				

企业名称	中兴通讯股份有限公司			海关编码	4403111049
通讯地址	深圳市南山区中兴通讯大厦			邮政编码	518057
企业类型	进出口货物收发货人	注册日期	1998.6.5	注册资本	286673 万人民币
评定时间	2008.12.19	报关有效期	2014.6.5	所属海关	深圳海关
法人姓名	侯为贵		电话	0755-26770000	
日常联系人	张蕾		电话	0755-26770410	
主营范围	兴办实业，国内商业，物资供销业，进出口业务。				

企业名称	深圳航天广宇工业（集团）公司			海关编码	4403111365
通讯地址	深圳市深南大道 4019 号航天大厦 B 座 5 楼			邮政编码	518048
企业类型	进出口货物收发货人	注册日期	2000.6.26	注册资本	1795 万人民币
评定时间	2010.3.29	报关有效期	2014.6.26	所属海关	深圳海关
法人姓名	谢伟良		电话	0755-88266003	
日常联系人	张晨刚		电话	0755-88266293	
主营范围	航天技术产品，机械，电器产品，仪器仪表，电子产品，塑料制品，化工制品，起重运输产品，五金家具，建筑材料，磁性材料，粉末冶金，国产汽车，仓储，进出口业务。				

企业名称	深圳市国电物流有限公司			海关编码	4403418513
通讯地址	深圳市福田区保税区国电科技现代物流中心 1 栋			邮政编码	518038
企业类型	进出口货物收发货人	注册日期	2005.8.1	注册资本	16065 万人民币
评定时间	2009.8.28	报关有效期	2014.8.1	所属海关	深圳海关
法人姓名	杨文华		电话	0755-83592829	
日常联系人	易智慧		电话	0755-83592829	
主营范围	在保税区经营国际贸易、转口贸易、仓储及相关业务，搬运装卸，道路集装箱运输，道路普通货物运输（均不含危险物品），从事货物、技术进出口业务，国内贸易（法律、行政法规、国务院决定规定在登记前须经批准的项目除外），投资兴办实业（具体项目另行申报），海上、航空、公路国际货运代理，酒类及其他非酒精饮料的批发和零售（凭“食品流通许可证”编号 SP4403001010147704，有效期至 2013 年 12 月 5 日），会务策划，展览展示策划，信息咨询（不含证券、保险、基金、金融业务、人才中介服务及其他限制项目）。				

企业名称	深圳市深国际华南物流有限公司			海关编码	4403918021
通讯地址	深圳市宝安区民治街道办龙华民康路 1 号			邮政编码	518131
企业类型	进出口货物收发货人	注册日期	2004.9.16	注册资本	24000 万人民币
评定时间	2011.1.26	报关有效期	2014.9.16	所属海关	深圳海关
法人姓名	钟珊群		电话	0755-29838999	
日常联系人	韦敏		电话	0755-29838883	
主营范围	仓储，公路货代，铁路货代，集装箱堆存、维修，物流信息咨询（危险品除外），国际货运代理业务（具体按深交业字（2003）92 号文及许可证 MOFTEC19666 内容执行），进出口业务，代理报检业务（凭许可证在有效期内经营），普通货运，货物专用运输（集装箱），集装箱中转站（含港外堆场）（“道路运输经营许可证”有效期至 2015 年 9 月 30 日）。				

企业名称	深圳中外运物流有限公司			海关编码	4403119989
通讯地址	深圳市罗湖区笋岗街道办梨园路 102 号外运仓库			邮政编码	518023
企业类型	进出口货物收发货人	注册日期	2006.1.17	注册资本	3000 万人民币
评定时间	2009.6.19	报关有效期	2012.1.27	所属海关	深圳海关
法人姓名	李华		电话	0755-88816388	
日常联系人	周子政		电话	0755-88816399	
主营范围	国际货运代理，仓储，进出口业务，国际快递业务，道路集装运输，道路普通货物运输。				

企业名称	中技深圳矿产资源公司			海关编码	4403119015
通讯地址	深圳市南山区海岸大厦西座 2901、2902、2913			邮政编码	518054
企业类型	进出口货物收发货人	注册日期	1991.1.12	注册资本	2000 万人民币
评定时间	2009.6.19	报关有效期	2013.1.12	所属海关	深圳海关
法人姓名	苏东		电话	0755-82090987	
日常联系人	樊丽华		电话	0755-82090987	
主营范围	经营矿、合金、化工（不含易燃、易爆危险化学品）的购销及进出口业务，技术进出口，机械设备、仪器仪表等商品的进出口（具体商品按经贸部 [92] 外经贸管体审证字第 B48225 号文经营），开展补偿贸易、对销贸易和转口贸易业务，承办技术和成套设备的寄售和维修服务业务，经营或代理除国家组织统一联合经营的 16 种出口商品出口及国家实行核定公司经营的 12 种进口商品以外其他商品的进口，批发丙酮（31025）、甲醇（32058）、乙醇（无水）（32061）、2- 丙醇（32064）、二甲苯异构体混合物（33535）、硫酸（81007）、盐酸（81013）、正磷酸（81501）、氢氧化钾（82002）、甲醛溶液（83012）（危险化学品经营许可证有效期至 2011 年 8 月 28 日）。				

企业名称	深圳先进微电子科技有限公司			海关编码	4403121204
通讯地址	深圳市盐田区沙头角梧桐路 36 区			邮政编码	518081
企业类型	进出口货物收发货人	注册日期	1994.10.20	注册资本	71830 万港币
评定时间	2009.3.24	报关有效期	2012.10.20	所属海关	深圳海关
法人姓名	周全		电话	0755-83963000	
日常联系人	雷国辉		电话	0755-25550216	
主营范围	生产经营电子专用设备、半导体专用材料、电子专用工模具、新型电子元器件，从事货物、技术进出口业务（不含分销，国家专营、专控商品）。				

企业名称	深圳开发微电子有限公司			海关编码	4403130064
通讯地址	深圳市福田区华富街道办彩田路 1#			邮政编码	518035
企业类型	进出口货物收发货人	注册日期	2004.2.20	注册资本	2000 万美元
评定时间	2009.3.24	报关有效期	2013.12.10	所属海关	深圳海关
法人姓名	陈朱江		电话	0755-83032123	
日常联系人	丁沛湘		电话	0755-83032046	
主营范围	开发、生产、经营计算机软、硬件系统及其外部设备，新型仪表及新型电子元器件、零部件、接插件和原材料，精密仪器及在线测量仪器，家用商品电脑及电子玩具，节能型自动化机电产品和智能控制系统。				

企业名称	广东核电合营有限公司			海关编码	4403130628
通讯地址	深圳市福田区上步中路科技大厦 15 层			邮政编码	518031
企业类型	进出口货物收发货人	注册日期	1985.1.24	注册资本	40000 万美元
评定时间	2008.12.19	报关有效期	2014.1.24	所属海关	深圳海关
法人姓名	高立刚		电话	0755-83699055	
日常联系人	李维真		电话	0755-83699055	
主营范围	建设及经营 2 台 90 万千瓦组核电站，并向广东和香港售电。				

企业名称	康佳集团股份有限公司			海关编码	4403130843
通讯地址	深圳市南山区沙河街道华侨城			邮政编码	518053
企业类型	进出口货物收发货人	注册日期	1980.12.13	注册资本	120397 万人民币
评定时间	2008.12.19	报关有效期	2011.12.31	所属海关	深圳海关
法人姓名	侯松容		电话	0755-26608866	
日常联系人	邓建光		电话	0755-26608866-6152	
主营范围	生产经营电视机，收录机，音响，CD 机，录像机，空调机，电话机图文传真机，传呼机等。				

<table>
<tr><td>企业名称</td><td colspan="3">深圳创维-RGB电子有限公司</td><td>海关编码</td><td>4403131697</td></tr>
<tr><td>通讯地址</td><td colspan="3">深圳市南山区创维大厦A座13~16楼</td><td>邮政编码</td><td>518057</td></tr>
<tr><td>企业类型</td><td>进出口货物收发货人</td><td>注册日期</td><td>2008.3.10</td><td>注册资本</td><td>40000万人民币</td></tr>
<tr><td>评定时间</td><td>2009.5.12</td><td>报关有效期</td><td>2014.3.10</td><td>所属海关</td><td>深圳海关</td></tr>
<tr><td>法人姓名</td><td colspan="2">张学斌</td><td>电话</td><td colspan="2">0755-26010001</td></tr>
<tr><td>日常联系人</td><td colspan="2">郭玲霞</td><td>电话</td><td colspan="2">0755-26010086</td></tr>
<tr><td>主营范围</td><td colspan="5">生产经营彩色电视机，监视器，显示器，视听器材，通讯器件，声光电子玩具，与彩色电视机配套的接插件，注塑件，包装材料，五金配件及新型电子元器件，可兼容数字电视，高清晰度电视（HDTV），数字磁带录放机，接入网通信系统设备，标清晰度电视（SDTV），投影机，新型显示器件（液晶显示、等离子显示、平板显示），高性能微型电子计算机，综合业务数字网络（ISDN）系统及设备，数字音视频广播系统及产品，氮化镓，砷化镓新型半导体，光电子专用材料及元器件，集成电路新技术及设备。从事信息网络技术，微电子技术，软件开发业务，一般商品的收购出口业务（不含配额许可证管理及专营商品）。从事物业管理和南山区科技园创维大厦停车场机动车停放服务。在本市设立一家非法人分支机构，生产经营移动通信系统手机。增加：家用电器产品的批发、进出口及相关配套业务（涉及配额许可证管理、专项规定管理的商品按国家有关规定办理），技术咨询，技术服务。增加：自有物业租赁，房地产经纪。增加：以旧换新电器电子产品的销售。</td></tr>
</table>

<table>
<tr><td>企业名称</td><td colspan="3">深圳国威电子有限公司</td><td>海关编码</td><td>4403132788</td></tr>
<tr><td>通讯地址</td><td colspan="3">深圳市罗湖区罗沙路莲塘开发公司业务楼一楼</td><td>邮政编码</td><td>518004</td></tr>
<tr><td>企业类型</td><td>进出口货物收发货人</td><td>注册日期</td><td>1991.8.26</td><td>注册资本</td><td>11776万人民币</td></tr>
<tr><td>评定时间</td><td>2009.3.24</td><td>报关有效期</td><td>2014.8.26</td><td>所属海关</td><td>深圳海关</td></tr>
<tr><td>法人姓名</td><td colspan="2">梁锡光</td><td>电话</td><td colspan="2">0755-25736666</td></tr>
<tr><td>日常联系人</td><td colspan="2">王忠明</td><td>电话</td><td colspan="2">0755-25736710</td></tr>
<tr><td>主营范围</td><td colspan="5">加工、生产各种电话机。增营：生产经营数字式中文显示、数字显示寻呼机、家用电源变压器，产品100%外销；生产经营GSM移动通信手机，产品60%外销；生产经营笔记本电脑，产品100%外销。</td></tr>
</table>

<table>
<tr><td>企业名称</td><td colspan="3">深圳华安液化石油气有限公司</td><td>海关编码</td><td>4403134914</td></tr>
<tr><td>通讯地址</td><td colspan="3">深圳市罗湖区信兴广场地王商业中心27楼</td><td>邮政编码</td><td>518008</td></tr>
<tr><td>企业类型</td><td>进出口货物收发货人</td><td>注册日期</td><td>1995.8.14</td><td>注册资本</td><td>2971万美元</td></tr>
<tr><td>评定时间</td><td>2009.11.11</td><td>报关有效期</td><td>2014.8.14</td><td>所属海关</td><td>深圳海关</td></tr>
<tr><td>法人姓名</td><td colspan="2">李勇坚</td><td>电话</td><td colspan="2">0755-83478989</td></tr>
<tr><td>日常联系人</td><td colspan="2">戴志伟</td><td>电话</td><td colspan="2">0755-89779741</td></tr>
<tr><td>主营范围</td><td colspan="5">建设液化石油气基地，专用码头及相关的配套设备等。</td></tr>
</table>

<table>
<tr><td>企业名称</td><td colspan="3">深圳三星视界有限公司</td><td>海关编码</td><td>4403135350</td></tr>
<tr><td>通讯地址</td><td colspan="3">深圳市福田区华富街道皇岗北路广场地王商业中心 27 楼 05 单元</td><td>邮政编码</td><td>518026</td></tr>
<tr><td>企业类型</td><td>进出口货物收发货人</td><td>注册日期</td><td>1996.7.16</td><td>注册资本</td><td>15121 万美元</td></tr>
<tr><td>评定时间</td><td>2009.3.24</td><td>报关有效期</td><td>2011.7.16</td><td>所属海关</td><td>深圳海关</td></tr>
<tr><td>法人姓名</td><td colspan="2">卞在泰（BYUN JAETAE）</td><td>电话</td><td colspan="2">0755-83357000-3114</td></tr>
<tr><td>日常联系人</td><td colspan="2">陈国辉</td><td>电话</td><td colspan="2">0755-83357000-3114</td></tr>
<tr><td>主营范围</td><td colspan="5">生产和销售彩色显像管，彩色显示管，液晶显示器，真空荧光管，监示器，等离子显示屏和相关零配件。</td></tr>
</table>

<table>
<tr><td>企业名称</td><td colspan="3">深圳桑菲消费通信有限公司</td><td>海关编码</td><td>4403135500</td></tr>
<tr><td>通讯地址</td><td colspan="3">深圳市南山区科技工业园桑达工业大厦</td><td>邮政编码</td><td>518057</td></tr>
<tr><td>企业类型</td><td>进出口货物收发货人</td><td>注册日期</td><td>1996.10.25</td><td>注册资本</td><td>6300 万美元</td></tr>
<tr><td>评定时间</td><td>2008.12.19</td><td>报关有效期</td><td>2012.10.25</td><td>所属海关</td><td>深圳海关</td></tr>
<tr><td>法人姓名</td><td colspan="2">张永平</td><td>电话</td><td colspan="2">0755-26636330</td></tr>
<tr><td>日常联系人</td><td colspan="2">邱红丽</td><td>电话</td><td colspan="2">0755-86138412</td></tr>
<tr><td>主营范围</td><td colspan="5">生产经营寻呼机、有绳电话、无绳电话、蜂窝式移动电话、电话答录机及其附件、软件、元器件，以及技术咨询服务。从事数字视听产品的开发、生产和销售。消费通信终端和数字视听产品的元器件产品、零配件的批发、进出口及相关配套业务。生产经营照明器具及其附件、照明器具及其附件的元器件产品、零配件的批发、进出口及相关配套业务。</td></tr>
</table>

<table>
<tr><td>企业名称</td><td colspan="3">深圳海量存储设备有限公司</td><td>海关编码</td><td>4403335224</td></tr>
<tr><td>通讯地址</td><td colspan="3">深圳市南山区科技园科发路 3 号长城电脑大厦</td><td>邮政编码</td><td>518057</td></tr>
<tr><td>企业类型</td><td>进出口货物收发货人</td><td>注册日期</td><td>1995.12.25</td><td>注册资本</td><td>6000 万美元</td></tr>
<tr><td>评定时间</td><td>2008.12.19</td><td>报关有效期</td><td>2013.12.25</td><td>所属海关</td><td>深圳海关</td></tr>
<tr><td>法人姓名</td><td colspan="2">谭文鋕</td><td>电话</td><td colspan="2">0755-26633866</td></tr>
<tr><td>日常联系人</td><td colspan="2">梁瑞芬</td><td>电话</td><td colspan="2">0755-26633866-2213</td></tr>
<tr><td>主营范围</td><td colspan="5">开发、设计、制造磁阻磁头，销售本公司产品，提供相关技术服务，货物、技术进出口。</td></tr>
</table>

企业名称	深圳易拓科技有限公司			海关编码	4403136995
通讯地址	深圳市福田区华富街道彩田路 7006 工业区			邮政编码	518035
企业类型	进出口货物收发货人	注册日期	2001.9.6	注册资本	2660 万美元
评定时间	2008.12.19	报关有效期	2014.9.6	所属海关	深圳海关
法人姓名	吕良追		电话	0755-83346668-8826	
日常联系人	胡赞勋		电话	0755-83346668	
主营范围	研究、开发、生产、销售大容量磁盘存储设备，磁盘存储设备维修及其产品售后技术服务。研究、设计、开发、生产经营电源逆变器及其产品售后技术服务。				

企业名称	深圳三星科健移动通信技术有限公司			海关编码	4403137095
通讯地址	深圳市南山区高新北区松坪街 2 号三星科健园			邮政编码	518057
企业类型	进出口货物收发货人	注册日期	2002.3.11	注册资本	2000 万美元
评定时间	2008.12.19	报关有效期	2014.3.11	所属海关	深圳海关
法人姓名	郝建学		电话	0755-26990888-2104	
日常联系人	李镇洪		电话	0755-26990888-1530	
主营范围	研究、开发、生产 CDMA 手机产品，销售自产产品并提供售后技术服务，进行 3G 终端产品技术的研发。增加：从事手机及其零配件的批发、进出口及相关配套业务。				

企业名称	晶辉科技（深圳有限公司）			海关编码	4403137876
通讯地址	深圳市南山区西丽塘朗同富裕工业城 9 号			邮政编码	518055
企业类型	进出口货物收发货人	注册日期	2011.4.6	注册资本	250 万美元
评定时间	2011.7.15	报关有效期	2014.4.6	所属海关	深圳海关
法人姓名	GEORGE MOHAN ZHANG		电话	0755-86021285	
日常联系人	胡辰辉		电话	0755-86021285	
主营范围	研发、设计、生产经营数字化家用电器的专业芯片、数字化线路板、数字化烤箱、智能控制多士炉、数字仪表（凭深南环批 [2007]51197 号环保批复生产），提供产品售后服务，从事货物、技术进出口业务（不含分销，国家专营、专控商品）。				

<table>
<tr><td>企业名称</td><td colspan="3">环胜电子（深圳）有限公司</td><td>海关编码</td><td>4403137880</td></tr>
<tr><td>通讯地址</td><td colspan="3">深圳市南山区北区环旭电子园</td><td>邮政编码</td><td>518057</td></tr>
<tr><td>企业类型</td><td>进出口货物收发货人</td><td>注册日期</td><td>2011.4.21</td><td>注册资本</td><td>6700 万美元</td></tr>
<tr><td>评定时间</td><td>2011.6.29</td><td>报关有效期</td><td>2014.4.21</td><td>所属海关</td><td>深圳海关</td></tr>
<tr><td>法人姓名</td><td colspan="2">张洪本</td><td>电话</td><td colspan="2">0755-26991000</td></tr>
<tr><td>日常联系人</td><td colspan="2">柯海英</td><td>电话</td><td colspan="2">0755-26991000</td></tr>
<tr><td>主营范围</td><td colspan="5">生产经营新型电子元器件，无线网络通信卡，数据通信多媒体系统设备，计算机辅助应用系统，电子计算机，主机板及其他相关电脑周边设备，通讯和工业控制产品，相关产品的产品设计。生产经营汽车电子设备系统，便携式微型计算机，数字音、视频编解码设备，机顶盒（不含卫星电视接收机及关键件），数字有线电视系统设备，数字照相机，数字摄录机，新型打印装置，电子测试仪器。图形、图像识别和处理系统，垃圾处理及垃圾综合利用等专用设备制造（凭深南环批 [2009]52662 号）。从事非配额许可证管理，非专营商品的收购出口业务。从事电子类产品，通讯产品及相关零配件的批发、进出口及相关配套业务（涉及配额许可证管理，专项规定管理的商品按照国家有关规定办理）。</td></tr>
</table>

<table>
<tr><td>企业名称</td><td colspan="3">深圳志勤储运有限公司</td><td>海关编码</td><td>4403437720</td></tr>
<tr><td>通讯地址</td><td colspan="3">深圳市福田保税区腾飞工业大厦 A 栋第四楼</td><td>邮政编码</td><td>518005</td></tr>
<tr><td>企业类型</td><td>进出口货物收发货人</td><td>注册日期</td><td>2000.10.17</td><td>注册资本</td><td>500 万人民币</td></tr>
<tr><td>评定时间</td><td>2011.1.26</td><td>报关有效期</td><td>2013.8.25</td><td>所属海关</td><td>深圳海关</td></tr>
<tr><td>法人姓名</td><td colspan="2">李勤</td><td>电话</td><td colspan="2">0755-83594044</td></tr>
<tr><td>日常联系人</td><td colspan="2">方昉</td><td>电话</td><td colspan="2">0755-83595197</td></tr>
<tr><td>主营范围</td><td colspan="5">在保税区从事仓储、运输、商业性简单加工，国际贸易，转口贸易及相关咨询服务。</td></tr>
</table>

<table>
<tr><td>企业名称</td><td colspan="3">深圳能健恒商贸发展有限公司</td><td>海关编码</td><td>4403437721</td></tr>
<tr><td>通讯地址</td><td colspan="3">深圳市福田区市花路 32 号 204 室</td><td>邮政编码</td><td>518038</td></tr>
<tr><td>企业类型</td><td>进出口货物收发货人</td><td>注册日期</td><td>2008.11.3</td><td>注册资本</td><td>8800 万人民币</td></tr>
<tr><td>评定时间</td><td>2008.12.19</td><td>报关有效期</td><td>2014.11.3</td><td>所属海关</td><td>深圳海关</td></tr>
<tr><td>法人姓名</td><td colspan="2">马敬东</td><td>电话</td><td colspan="2">0755-83592620</td></tr>
<tr><td>日常联系人</td><td colspan="2">吴英</td><td>电话</td><td colspan="2">0755-83597435</td></tr>
<tr><td>主营范围</td><td colspan="5">仓储及相关服务，投资咨询服务，转口贸易，国际贸易，物流配送，科技开发，保税区内商业性简单加工，货物运输、货物装卸和货物搬运业务及相关货物包装业务，塑料制品、橡胶制品、木制品、纺织品、五金制品、电子产品、纸制品的批发、进出口及相关配套服务（涉及配额许可证管理，专项规定管理的商品按国家有关规定办理）。</td></tr>
</table>

企业名称	新世纪标志（深圳）有限公司			海关编码	4403140287
通讯地址	深圳市南山区油天安工业区一号			邮政编码	518002
企业类型	进出口货物收发货人	注册日期	1992.5.31	注册资本	1060 万港币
评定时间	2009.3.24	报关有效期	2014.5.31	所属海关	深圳海关
法人姓名	徐政军		电话	0755-86063706	
日常联系人	管敏燕		电话	0755-86063706	
主营范围	生产、加工、经营集装箱标志、交通标志、海运标志。				

企业名称	爱普生技术（深圳）有限公司			海关编码	4403140428
通讯地址	深圳市南山区西丽街道办第五工业区西侧			邮政编码	518057
企业类型	进出口货物收发货人	注册日期	1995.9.28	注册资本	43980 万港币
评定时间	2008.12.19	报关有效期	2014.9.28	所属海关	深圳海关
法人姓名	藤崎清一		电话	0755-26500888	
日常联系人	于华根		电话	0755-26500610	
主营范围	大幅面（幅宽 900 毫米以上）高分辨率彩色打印设备、精度 2400dpi 及以上高分辨率彩色打印机机头、其他打印机、扫描仪、手表、液晶显示器、模具、相关零部件及生产设备的设计、开发、生产、技术服务（产品 100% 外销），大屏幕彩色投影显示器用光学引擎、光源、投影屏、投影仪、相关生产设备、电子产品零部件的设计、开发、生产经营、技术服务，电子产品、模具及相关零配件的批发、佣金代理（拍卖除外）、进出口及相关配套业务，以承接服务外包方式从事系统应用管理和维护、信息技术支持管理、财务结算、人力资源服务、软件开发、数据处理等信息技术和业务流程外包服务，企业管理咨询。				

企业名称	蛇口南顺面粉有限公司			海关编码	4403140461
通讯地址	深圳南山区五湾街道办蛇口港湾大道南康路 1 号			邮政编码	518067
企业类型	进出口货物收发货人	注册日期	1995.11.27	注册资本	2750 万美元
评定时间	2009.11.5	报关有效期	2011.11.27	所属海关	深圳海关
法人姓名	梁伟峰		电话	0755-26681092	
日常联系人	倪海琳		电话	0755-26681092-218	
主营范围	生产加工面粉和副产品、预拌粉及自用包装物等辅助产品，销售自产产品并提供相关服务，产品 60% 外销。从事粮食收购，小麦的批发及相关配套业务（涉及配额许可证管理、专项规定管理的商品按国家有关规定办理）。货物专用运输（罐式）（道路运输经营许可证有效期至 2014 年 12 月 31 日）。在广州、北京、上海、南京、杭州、福州、成都、武汉、东莞设立分支机构，在北京、上海、中山市设立办事机构。				

<table>
<tr><td>企业名称</td><td colspan="3">杜邦中国集团有限公司</td><td>海关编码</td><td>4403140109</td></tr>
<tr><td>通讯地址</td><td colspan="3">深圳市福田区沙头街道办车公庙工业区第 5 小区</td><td>邮政编码</td><td>518048</td></tr>
<tr><td>企业类型</td><td>进出口货物收发货人</td><td>注册日期</td><td>1989.3.21</td><td>注册资本</td><td>10000 万美元</td></tr>
<tr><td>评定时间</td><td>2009.3.3</td><td>报关有效期</td><td>2012.3.21</td><td>所属海关</td><td>深圳海关</td></tr>
<tr><td>法人姓名</td><td colspan="2">苏孝世</td><td>电话</td><td colspan="2">021-38622888</td></tr>
<tr><td>日常联系人</td><td colspan="2">肖丽菊</td><td>电话</td><td colspan="2">021-38622888</td></tr>
<tr><td>主营范围</td><td colspan="5">投资设立独资、合资、合作经营企业，生产化学及特种产品，石油及煤炭化工产品，兽药产品，通过所投资企业生产化学及特种产品、石油及煤炭化工产品、农化产品、农作物种子、纺织、营养和健康产品、医疗设备、电子和通讯产品、安全和防护产品、兽药产品（杜邦产品）。经杜邦所投资企业（杜邦企业）书面委托，向杜邦企业提供下列服务：协助或代理从国内外采购机器设备，办公设备和生产所需的原材料、元器件、零部件；在外汇管理部门的同意和监督下，在杜邦企业之间平衡外汇；协助招聘人员并提供所需的培训，市场开发及咨询；协助寻求贷款及提供担保；经批准，向杜邦企业提供财务支持。从事农化产品、纺织、营养和健康产品、电子和通讯产品、安全和防护产品、兽药产品及机器设备及其零配件、相关原材料的批发、佣金代理、进出口（不含国营贸易管理商品，涉及配额，许可证管理及其他专项规定管理的商品按国家有关规定办理）。经外汇管理机关批准，行使财务中心或者资金管理中心职能，对境内外关联公司的外汇资金进行集中管理，在境内银行开立离岸账户，集中管理境外关联公司外汇资金和境内关联公司经外汇管理机关批准用于境外放款的外汇资金。向杜邦企业提供运输、仓储、物流配送等综合服务。为杜邦企业的产品的国内经销商、代理商及与投资性公司、其母公司签有技术转让协议的国内公司、企业提供相关的技术培训。设立科研开发中心或部门，从事新产品及高新技术的研究开发，转让其研究开发结果，并提供相应的技术服务。在国内购买不涉及出口配额、出口许可证管理的商品出口。在杜邦企业投产前或新产品投产前，经批准，从其关联公司进口与该企业生产产品相同或相似的非进口配额管理产品在国内试销。在国内销售（不含零售）本公司进口的投资者及其关联公司产品。经营性租赁和融资租赁业务。承接境内外企业的服务外包业务。委托境内其他企业生产、加工产品并在国内国外销售。为其投资者提供咨询服务，为其关联公司提供与其投资有关的市场信息、投资政策等咨询服务。</td></tr>
</table>

企业名称	长营电器（深圳）有限公司			海关编码	4403940017
通讯地址	深圳市宝安区西乡街道办固戍开发区			邮政编码	518102
企业类型	进出口货物收发货人	注册日期	2011.3.15	注册资本	6043 万美元
评定时间	2009.8.28	报关有效期	2014.3.15	所属海关	深圳海关
法人姓名	林裕原		电话	0755-33881818	
日常联系人	陈燕清		电话	0755-33881818	
主营范围	生产经营日用电器、保温器具、健康器材、运动器材、塑胶制品、电木制品、铝制品、模具加工、燃气器具、厨房设备、阀类、五金零配件、五金制品、灯饰制品、装饰制品（公司生产的产品 100% 外销），从事非配额许可证管理、非专营商品的收购出口业务。				

企业名称	三洋半导体（蛇口）有限公司			海关编码	4403140385
通讯地址	深圳市南山区华建工业大厦 6 号楼 409B 房			邮政编码	518067
企业类型	进出口货物收发货人	注册日期	1995.5.28	注册资本	2140 万美元
评定时间	2008.12.19	报关有效期	2014.5.28	所属海关	深圳海关
法人姓名	村井成行		电话	0755-26817041	
日常联系人	叶碧绿		电话	0755-26817048	
主营范围	生产与销售半导体产品及与此相关的全部零部件（产品 100% 外销），从事半导体产品及相关零部件的研究开发（由分支机构生产经营）。				

企业名称	理光（深圳）工业发展有限公司			海关编码	4403140658
通讯地址	深圳市福田华富街道办皇岗北路莲花彩电工业区			邮政编码	518026
企业类型	进出口货物收发货人	注册日期	1996.7.8	注册资本	3500 万美元
评定时间	2008.12.19	报关有效期	2014.7.8	所属海关	深圳海关
法人姓名	大门一永		电话	0755 -83360885	
日常联系人	袁俊华		电话	0755-83227003	
主营范围	设计、生产复印机、传真机、打印机、轻型印刷机及其零部件（包括碳粉），产品 80% 外销、20% 内销。设计、生产经营数码复印机，产品 100% 外销。从事非配额许可证管理、非专营商品的收购出口业务，从事货物、技术进出口（不含分销、国家专营、专控商品）。				

企业名称	深圳新昌塑胶用品有限公司			海关编码	4403040827
通讯地址	深圳市南山区西丽镇珠光村			邮政编码	518055
企业类型	进出口货物收发货人	注册日期	2008.10.16	注册资本	750 万人民币
评定时间	2009.3.3	报关有效期	2012.11.20	所属海关	深圳海关
法人姓名	汤应潮		电话	0755-86321500	
日常联系人	周为兴		电话	0755-86321500	
主营范围	生产经营高档家庭塑胶用品。				

企业名称	群康科技（深圳）有限公司			海关编码	4403941121
通讯地址	深圳市宝安区富士康科技工业园 E 区 4 栋 1 层			邮政编码	518109
企业类型	进出口货物收发货人	注册日期	2004.7.15	注册资本	16400 万美元
评定时间	2009.5.21	报关有效期	2011.7.15	所属海关	深圳海关
法人姓名	赵政辉		电话	0755-28128988-71448	
日常联系人	肖红		电话	0755-28128988-71448	
主营范围	从事新型平板显示器件、新型电子元器件、半导体和元器件专用材料、液晶电视机、便携式微型计算机、精密模具及零件、数位相框等数字音、视频解码设备及零部件的开发、生产经营并提供售后服务，上述产品的同类商品的进出口、批发业务及相关配套服务，从事非配额许可证管理、非专营商品的收购进出口业务，开发、生产经营节能灯具、智能手机、GPS 等行动网络产品及零部件，生产精密模具及零件、数位相框等数字音视频解码设备及零部件、节能灯具、智能手机、GPS 等行动网络产品及零部件的生产厂另设。				

企业名称	深圳艺洋首饰工业有限公司			海关编码	4403041268
通讯地址	深圳市南山区西丽留仙洞工业区第 1 号厂房			邮政编码	518052
企业类型	进出口货物收发货人	注册日期	2009.9.9	注册资本	625 万美元
评定时间	2009.10.23	报关有效期	2012.9.9	所属海关	深圳海关
法人姓名	冼为焯		电话	0755-26611485	
日常联系人	冼为焯		电话	0755-26611485	
主营范围	生产经营各类金银珠宝首饰，金银器皿，工艺品，纪念品，珠宝工艺手表（不含国家限制项目）。				

企业名称	世成电子（深圳）有限公司			海关编码	4403042176
通讯地址	深圳市宝安区南太路 2 号世成工业园			邮政编码	518126
企业类型	进出口货物收发货人	注册日期	2011.8.31	注册资本	55580 万人民币
评定时间	2011.9.26	报关有效期	2014.8.31	所属海关	深圳海关
法人姓名	顾明均		电话	0755-33886666	
日常联系人	邱承龙		电话	0755-27494293	
主营范围	生产经营电子计算器，电子游戏机，液晶体显示套件，智能卡，智能卡阅读器，电子计算机，各种显示板产品，运动数据处理器，数字摄像头，数字相机，激光收发模块类产品，射频模块，柔性印刷电路板，并销售公司自产产品。生产液晶显示片，液晶显示器，液晶显示模块，液晶显示板，新型平板显示器件，微型集成电路板（限分公司经营）。生产经营蓝牙耳机，多媒体麦克风，数码笔类产品，微型扫描器类产品，无线耳机，手机用音箱，蓝牙接口，机顶盒，台式扩音机，便携式多媒体硬盘摄像播放机系列产品。生产和销售多媒体适配器系列产品，无线网络收音机，车辆防碰撞安全预警装置，三维立体眼镜。货物及技术进出口（法律、行政法规、国务院决定禁止的项目除外，限制的项目须取得许可后方可经营）。				

企业名称	富顶精密组件（深圳）有限公司			海关编码	4403943122
通讯地址	深圳市宝安区宝源科技园 B 区厂房			邮政编码	518128
企业类型	进出口货物收发货人	注册日期	1995.12.7	注册资本	4800 万美元
评定时间	2010.2.21	报关有效期	2014.12.7	所属海关	深圳海关
法人姓名	赖清河		电话	0755-28129588	
日常联系人	肖红		电话	0755-28129588-73331	
主营范围	生产经营各类插头和插座、塑胶制品、模具及其零部件、电信通讯接插件、电脑用接插件、仪表设备、新型电子元器件（不含限制项目），产品 70% 外销。增加：开发、生产手机相关零配件、各类配电开关。				

企业名称	富葵精密组件（深圳）有限公司			海关编码	4403944821
通讯地址	深圳市宝安区富士康科技园厂房 1 栋至 3 栋			邮政编码	518109
企业类型	进出口货物收发货人	注册日期	1999.5.21	注册资本	14105 万美元
评定时间	2008.12.19	报关有效期	2014.5.21	所属海关	深圳海关
法人姓名	陈存涌		电话	0755-28129588	
日常联系人	肖红		电话	0755-28129588-73331	
主营范围	生产经营新型电子元器件、精密模具及其零件、软件电线及线缆（上述项目仅限福永分厂生产，执照另办），生产经营精密仪器及其零件、各类印刷电路板、电子信息产品板卡，从事电子信息产品及其板卡的批发、进出口及相关配套业务（不涉及国营贸易管理商品，涉及配额、许可证管理及其他专项规定管理的商品，按国家有关规定办理申请）。				

企业名称	富柏工业（深圳）有限公司			海关编码	4403944481
通讯地址	深圳市宝安区新安镇黄田草围第二工业区			邮政编码	518128
企业类型	进出口货物收发货人	注册日期	1998.8.12	注册资本	1415 万美元
评定时间	2009.6.19	报关有效期	2014.8.12	所属海关	深圳海关
法人姓名	林逸松		电话	0755-27509966	
日常联系人	肖红		电话	0755-28129588-73331	
主营范围	生产经营新型电子元器件及各类印刷电路板、电子计算机零配件、电脑机箱、电脑游戏机及相关电脑基板、冲压五金、成型塑胶零配件、新型显示器件，制造计算机辅助设计、辅助测试、辅助制造及其他计算机应用系统（产品 80% 外销），开发、生产经营大容量光、磁盘驱动器及其部件、DVD、CD 唯读光驱、刻录机光驱成品及相关零组件、DVD 播放器、便携式 DVD 播放机成品及相关零组件、高密度数字光盘机用关键件并提供自产产品售后服务，制造镍氢电池、锂离子电池的电池模块，从事上述产品的同类商品的批发、进出口及相关配套业务（不涉及国营贸易管理商品，涉及配额、许可证管理及其他专项规定管理的商品，按国家有关规定办理申请）。				

企业名称	富准精密工业（深圳）有限公司			海关编码	4403944587
通讯地址	深圳市宝安区富士康龙华科技园 K1 区			邮政编码	518109
企业类型	进出口货物收发货人	注册日期	1998.10.8	注册资本	1950 万美元
评定时间	2008.12.19	报关有效期	2014.10.8	所属海关	深圳海关
法人姓名	李学坤		电话	0755-28129188	
日常联系人	肖红		电话	0755-28129588-73331	
主营范围	生产经营新型电子元器件，用于新型电子、电器及通讯产品的散热元器件、五金塑料零附件，用于绝缘、散热、胶贴、电子屏蔽、缓冲、保护的新型电子元器件专用材料，汽车用散热片，影音设备及相关零配件，马达及相关零配件，电子及工业用铝型材，新型环保节能灯具，建筑装饰用铝型材和铝合金门窗及玻璃幕墙（详见营业执照）。				

企业名称	冲电气实业（深圳）有限公司			海关编码	4403145859
通讯地址	深圳市南山区西丽街道办松白公路百旺信工业区			邮政编码	518055
企业类型	进出口货物收发货人	注册日期	2001.7.16	注册资本	4750 万港币
评定时间	2009.3.24	报关有效期	2014.7.5	所属海关	深圳海关
法人姓名	中野善之		电话	0755-33086111-6001	
日常联系人	朱玉政		电话	0755-33086111-6001	
主营范围	生产经营计算机应用系统及零部件，存取款柜员机及零部件等（详见营业执照）。				

企业名称	恩斯迈电子（深圳）有限公司			海关编码	4403945502
通讯地址	深圳市宝安区龙马资讯科技工业园			邮政编码	518108
企业类型	进出口货物收发货人	注册日期	2000.12.27	注册资本	5180万美元
评定时间	2008.12.19	报关有效期	2011.12.27	所属海关	深圳海关
法人姓名	游贤能		电话	0755-28101899-1115	
日常联系人	黄志鹏		电话	0755- 28101899-1115	
主营范围	电脑主板、周边卡、新型电子元器件、微型计算机系统、接入网通讯系统设备、大容量光盘驱动器及其机芯组、便携式笔记型电脑、高档服务器、USB移动碟、数字录放机、无线网络高端路由器及其部件、数字照相机、LCD显示器、网络电话机、网关器、便携式数字放声设备、便携式数字摄录机、机顶盒、计算机游戏机、卫星导航定位接收设备及关键部件制造（GPS）、自动吸尘器及关键零组件、手机及手机相关配件、其他电子产品及相关零部件（不含国家限制和禁止生产的产品）的开发、生产、批发、佣金代理（不含拍卖）、进出口及相关配套业务（涉及配额许可证管理，专项规定管理的商品按国家有关规定办理）。				

企业名称	联能科技（深圳）有限公司			海关编码	4403945553
通讯地址	深圳市宝安区沙井街道创新路沙一环保工业城			邮政编码	518104
企业类型	进出口货物收发货人	注册日期	2001.2.2	注册资本	10300万美元
评定时间	2008.12.19	报关有效期	2014.2.2	所属海关	深圳海关
法人姓名	陈冠富		电话	13823564710	
日常联系人	陈冠富		电话	13823564710	
主营范围	设计、制造、加工和销售计算机、通信、超大规模集成电路封装等所需精密线路板、柔性线路板等。增加：提供相应的安装、调试、维修、技术咨询及技术服务。增加：从事与自产产品同类商品的批发、进出口及相关配套业务（涉及配额许可证管理，专项规定管理的商品按国家有关规定办理）。				

企业名称	南海油脂工业（赤湾）有限公司			海关编码	4403146757
通讯地址	深圳市南山区招商街道办蛇口赤湾			邮政编码	518068
企业类型	进出口货物收发货人	注册日期	2002.8.6	注册资本	7100万港币
评定时间	2008.12.19	报关有效期	2014.8.6	所属海关	深圳海关
法人姓名	牛余新		电话	0755-61622701	
日常联系人	吴卫东		电话	0755-26860306	
主营范围	生产、加工、精炼及分装各类植物油和各类动植物油脂产品等（详见营业执照）。				

<table>
<tr><td>企业名称</td><td colspan="3">创维多媒体（深圳）有限公司</td><td>海关编码</td><td>4403146151</td></tr>
<tr><td>通讯地址</td><td colspan="3">深圳市南山区创维大厦 A 座 1501 室</td><td>邮政编码</td><td>518011</td></tr>
<tr><td>企业类型</td><td>进出口货物收发货人</td><td>注册日期</td><td>2001.12.11</td><td>注册资本</td><td>550 万美元</td></tr>
<tr><td>评定时间</td><td>2008.12.19</td><td>报关有效期</td><td>2011.12.11</td><td>所属海关</td><td>深圳海关</td></tr>
<tr><td>法人姓名</td><td colspan="2">杨东文</td><td>电话</td><td colspan="2">0755-27100253</td></tr>
<tr><td>日常联系人</td><td colspan="2">郭玲霞</td><td>电话</td><td colspan="2">0755-27100253</td></tr>
<tr><td>主营范围</td><td colspan="5">研究开发、生产经营视盘机、音响、复读机、彩电（彩电 100% 外销）。增加：生产经营与彩色电视机配套的接插件、注塑件、包装材料、五金配件及新型电子元器件。增加：生产经营数字电视机。</td></tr>
</table>

<table>
<tr><td>企业名称</td><td colspan="3">秩父精密产业（深圳）有限公司</td><td>海关编码</td><td>4403146492</td></tr>
<tr><td>通讯地址</td><td colspan="3">深圳市南山区工业八路 60 号华园大厦 1~5 楼</td><td>邮政编码</td><td>518067</td></tr>
<tr><td>企业类型</td><td>进出口货物收发货人</td><td>注册日期</td><td>2002.5.24</td><td>注册资本</td><td>880 万美元</td></tr>
<tr><td>评定时间</td><td>2009.3.3</td><td>报关有效期</td><td>2014.5.24</td><td>所属海关</td><td>深圳海关</td></tr>
<tr><td>法人姓名</td><td colspan="2">黑泽章二</td><td>电话</td><td colspan="2">0755-26815430</td></tr>
<tr><td>日常联系人</td><td colspan="2">吴水红</td><td>电话</td><td colspan="2">0755-26815430</td></tr>
<tr><td>主营范围</td><td colspan="5">生产经营机械设备和精密电子电器机械设备的金属零件（涉及许可证管理的按规定办理，产品 100% 外销），普通货运。</td></tr>
</table>

<table>
<tr><td>企业名称</td><td colspan="3">嘉实多（深圳）有限公司</td><td>海关编码</td><td>4403146806</td></tr>
<tr><td>通讯地址</td><td colspan="3">深圳市南山区南山街道办妈湾大道 120 号</td><td>邮政编码</td><td>518054</td></tr>
<tr><td>企业类型</td><td>进出口货物收发货人</td><td>注册日期</td><td>2002.8.21</td><td>注册资本</td><td>2060 万美元</td></tr>
<tr><td>评定时间</td><td>2008.12.19</td><td>报关有效期</td><td>2014.8.21</td><td>所属海关</td><td>深圳海关</td></tr>
<tr><td>法人姓名</td><td colspan="2">陈岱立</td><td>电话</td><td colspan="2">021-38605680</td></tr>
<tr><td>日常联系人</td><td colspan="2">华中彦</td><td>电话</td><td colspan="2">021-38605680</td></tr>
<tr><td>主营范围</td><td colspan="5">生产经营润滑油、润滑脂和其他相关产品，从事相关研发活动及提供技术服务，润滑油、润滑脂及用于润滑油、润滑脂生产的基础油、添加剂、包装材料的进出口、批发、委托加工并提供配套服务（涉及配额、许可证和国家专项管理规定的，按国家有关规定另行报批）。</td></tr>
</table>

企业名称	艾默生网络能源有限公司			海关编码	4403146169
通讯地址	深圳市南山区科技园科发路1号			邮政编码	518060
企业类型	进出口货物收发货人	注册日期	2004.9.15	注册资本	77748万人民币
评定时间	2010.11.12	报关有效期	2014.9.15	所属海关	深圳海关
法人姓名	STEPHEN HEN ILIANG		电话	0755-86010808	
日常联系人	姚程		电话	0755-81450384	
主营范围	设计、研究、开发、推广、生产和销售电力电子产品、自动切换开关及监控通迅系统、精密设备环境控制系统及配件、电焊机。（详见营业执照。）				

企业名称	近铁国际物流（深圳）有限公司			海关编码	4403447565
通讯地址	深圳市福田区红柳道51-5号			邮政编码	518038
企业类型	进出口货物收发货人	注册日期	1994.11.22	注册资本	3200万港币
评定时间	2009.1.4	报关有效期	2012.11.22	所属海关	深圳海关
法人姓名	须原孝司（SUHARA TAKASHI）		电话	0755-83598777-633	
日常联系人	姚建章		电话	0755-83598777-222	
主营范围	福田保税区与国际间货物运输，保税区内取得土地使用权地块的单项房地产开发，保税区内仓储及相关服务，简单商业加工服务，国际贸易，提供货运咨询服务，提供检测服务，在东莞市设立办事处。增加：提供装卸及搬运服务，道路普通货运（不含危险物品），从事塑料、橡胶及制品、服装鞋帽、手提包、衣箱、家居用品、办公用品、玩具、机械器具、电气设备、光学、照相仪器及设备、精密仪器及零附件的批发、进出口及相关配套业务（上述涉及专项规定管理的商品按国家有规定办理），承办海运、陆运、空运进出口货物、私人物品及过境货物的国际运输代理业务，包括揽货、托运、订舱、仓储中转、集装箱拼装拆箱、结算运杂费、报关、报验、保险、相关的短途运输服务及运输咨询业务、国际多式联运、集运（含集装箱拼箱），道路货物专用运输（集装箱，不含危险化学品）。				

企业名称	日通国际物流（深圳）有限公司			海关编码	4403447551
通讯地址	深圳市福田区福田街道办福田保税区B105-36			邮政编码	518038
企业类型	进出口货物收发货人	注册日期	1994.11.7	注册资本	7000万港币
评定时间	2008.12.19	报关有效期	2014.11.7	所属海关	深圳海关
法人姓名	和田贵志		电话	0755-83590001	
日常联系人	梁国业		电话	0755-83590001-221	
主营范围	保税区内仓储业务，商品的包装、分装、分级、加工、整理等商业性简单加工，集装箱的临时存放及运输等。（详见营业执照。）				

企业名称	信泰光学（深圳）有限公司			海关编码	4403947439
通讯地址	深圳市宝安区公明镇李松蓢工业区期尾工业园			邮政编码	518106
企业类型	进出口货物收发货人	注册日期	2002.11.28	注册资本	3800 万美元
评定时间	2010.1.4	报关有效期	2011.11.28	所属海关	深圳海关
法人姓名	赖以仁		电话	0755-27165959	
日常联系人	詹颖隽		电话	0755-27165959	
主营范围	生产光学玻璃镜片、塑胶镜片、光学镜头、数码相机、显微镜、望远镜、瞄准器、激光测距仪、复印机自动送纸机、扫瞄器、列印机、传感器、DVD 光碟机、DVD 读写头、印刷机及相关零配件、塑胶件、冲压件、马达、皮革套袋、电子回路基板加工。增加：生产经营非金属制品模具、精冲模、精密型腔模、模具标准件、电子专用设备、测试仪器、工模具、光电子器件、工具、夹具、投影机，生产和销售数字照相机关键件。				

企业名称	卡西欧电子（深圳）有限公司			海关编码	4403447594
通讯地址	深圳市福田区福保街道福田保税区市花路 20 号			邮政编码	518038
企业类型	进出口货物收发货人	注册日期	1997.1.23	注册资本	598.14 万美元
评定时间	2009.11.11	报关有效期	2014.1.23	所属海关	深圳海关
法人姓名	大埜修		电话	0081-03-5334-4111	
日常联系人	魏静波		电话	0755-83590620	
主营范围	手表、时钟、电子计算器、计算机、文字处理机、电子乐器、电子收银机、液晶电视、通信电子产品等电子机器产品及各项产品相关的部件的开发、设计、生产、委托加工，国际贸易、转口贸易及相关的咨询服务，仓储业务，保税区内运输，上述同类产品的成品及部件的批发、进出口业务（涉及配额许可证管理，专项规定管理的商品按国家有关规定办理），保税区内运输，道路集装箱运输，道路普通货运（均不含危险品）。				

企业名称	日立环球存储科技（深圳）有限公司			海关编码	4403447663
通讯地址	深圳市福田区福田保税区蓝花道 7 号			邮政编码	518038
企业类型	进出口货物收发货人	注册日期	1998.2.23	注册资本	11500 万美元
评定时间	2011.1.25	报关有效期	2014.2.23	所属海关	深圳海关
法人姓名	张士清		电话	0755–83595000	
日常联系人	张天瑶		电话	0755–83595000	
主营范围	制造和销售信息存储、显示产品，包括但不仅限于磁阻磁头、巨组磁阻磁头（MR、GMR），MR、GMR 磁头平衡环组件（HGA），MR、GMR 磁头堆栈组件（HSA），磁头驱动器组件（TAA）和平面液晶显示器及其他信息技术产品、装置、元器件，包括经由有关主管部门批准后委托福田保税区以外的实体从事部分加工业务。进行有关产品的内销和外销。与保税区内实体及保税区内的贸易代理商从事贸易业务，与保税区以外具有进出口经营权的实体直接进行贸易。就有关产品提供维修，售后服务及有关技术服务。从事信息技术行业的开发和研究工作。为从事上述经营范围内的业务而采购，进行零部件和元器件并提供仓储。向其他 HITACHIGST 的实体及其合资企业提供服务。内销比例可达 100%。				

企业名称	优仪半导体设备（深圳）有限公司			海关编码	4403147688
通讯地址	深圳市南山区长城科技科研生产基地 1 号			邮政编码	518057
企业类型	进出口货物收发货人	注册日期	2003.3.4	注册资本	1000 万美元
评定时间	2008.12.19	报关有效期	2014.3.4	所属海关	深圳海关
法人姓名	THOMAS OLIVER MCGIMPSEY		电话	0755–26728187	
日常联系人	胡志宏		电话	0755–26728187	
主营范围	开发、生产经营电子、半导体专用设备、测试仪器、精密在线测量仪器。				

企业名称	深圳中宇元一数码科技有限公司			海关编码	4403147824
通讯地址	深圳市南山区航天微电机大厦科研楼 2 楼			邮政编码	518057
企业类型	进出口货物收发货人	注册日期	2003.4.21	注册资本	2000 万美元
评定时间	2008.12.19	报关有效期	2014.4.21	所属海关	深圳海关
法人姓名	章南耕		电话	0755–26980809	
日常联系人	李职荣		电话	0755–26980809	
主营范围	研发、生产、销售数字音、视频编解码播放机、数码读写器，计算机软件的开发，研发、生产经营手机、卫星定位导航接收机、数字多媒体接收机、电脑及网络终端产品，研发相关的软件，销售自主开发的软件，提供以上相关产品的设计及技术咨询服务。				

企业名称	索尼电子（深圳）有限公司			海关编码	4403447830
通讯地址	深圳市福田区深福保科技工业园 A 栋			邮政编码	518038
企业类型	进出口货物收发货人	注册日期	2008.7.31	注册资本	150 万美元
评定时间	2008.12.19	报关有效期	2014.7.31	所属海关	深圳海关
法人姓名	羽嶋仁	电话	0755-83597887		
日常联系人	徐龙	电话	0755-82853189		
主营范围	在保税区内经营国际贸易、转口贸易、区内贸易，电子产品的生产、批发、佣金代理、商品展示及技术开发、技术服务，从事上述货物及相关技术的进出口，采购商品内部品质检测及关联企业技术规范标准的内部业务培训，在保税区内经营仓储物流业务，在保税区内经营集装箱装箱、拆箱、拼箱业务和分拨业务，提供国际科技、经济、商业信息咨询。				

企业名称	麦迪实电子科技（深圳）有限公司			海关编码	4403447853
通讯地址	深圳市福田保税区市花路生物工程大厦 A 栋			邮政编码	518038
企业类型	进出口货物收发货人	注册日期	2002.11.27	注册资本	65 万美元
评定时间	2010.3.29	报关有效期	2014.11.27	所属海关	深圳海关
法人姓名	韩宏元	电话	0755-83599112		
日常联系人	徐平阳	电话	0755-83599307		
主营范围	生产经营与计算机软件相关的软件、电脑连接线、其他电脑周边产品及计算机零部件，集成电路的加工，路由器的加工，移动电话 SIM 卡、硬盘、U 盘的生产（不含国家限制类、禁止类项目），生产经营新型电子元器件，生产经营数码相机、移动电话、打印机、投影仪等产品的零配件，包装以上产品并提供相关技术咨询。				

企业名称	腾邦仓储（深圳）有限公司			海关编码	4403448265
通讯地址	深圳市福田区桃花路腾邦物流大楼 2 楼			邮政编码	518038
企业类型	进出口货物收发货人	注册日期	2006.3.6	注册资本	230 万港币
评定时间	2009.8.24	报关有效期	2012.3.6	所属海关	深圳海关
法人姓名	钟百胜	电话	0755-83485999-3333		
日常联系人	刘洋均	电话	0755-83594999		
主营范围	在保税区内从事仓储、商业性简单加工、展示及相关配套服务，国际贸易，转口贸易，从事货物、技术进出口（不含分销，国家专营、专控商品）。				

企业名称	中菲物流（深圳）有限公司			海关编码	4403448309
通讯地址	深圳市福田区福田保税区福田街道桃花路			邮政编码	518038
企业类型	进出口货物收发货人	注册日期	2006.10.16	注册资本	285万港币
评定时间	2010.11.12	报关有效期	2012.10.16	所属海关	深圳海关
法人姓名	林天送		电话	0755-82393156	
日常联系人	王占东		电话	0755-82393156	
主营范围	在保税区内从事电子类产品、工业制成品及原材料、零配件等物品的仓储及商业性简单加工，区内贸易，转口贸易，国际贸易，贸易咨询。承办陆运进出口货物及过境货物的国际运输代理业务，包括揽货、仓储中转、报关、报验、保险、相关短途运输服务及运输咨询业务。从事国内货运代理业务。从事电子产品、计算机及周边硬件的批发、佣金代理（不含拍卖）、进出口及相关配套业务（不涉及国营贸易管理商品，涉及配额、许可证管理及其他专项规定管理的商品，按国家有关规定办理申请）。				

企业名称	深圳南顺油脂有限公司			海关编码	4403148831
通讯地址	深圳市南山区五湾街道办蛇口港湾大道南康路			邮政编码	518067
企业类型	进出口货物收发货人	注册日期	2005.9.8	注册资本	1200万美元
评定时间	2009.3.24	报关有效期	2014.9.8	所属海关	深圳海关
法人姓名	梁伟峰		电话	0755-26681092-218	
日常联系人	倪海琳		电话	0755-26681092-218	
主营范围	生产、加工、销售各类食用植物油脂和副产品(涉及国家现行出口许可证的商品除外)，经营仓储业务(不得经营易燃易爆等危险品的仓储业务)，从事植物油、调味品的批发、进出口及相关配套业务（不含国营贸易管理商品，涉及配额许可证管理及其他专项规定管理的商品按国家有关规定办理)，货物专用运输(罐式)(具体凭深环批[2010]101954号批复经营，食品流通许可证有效期至2013年8月13日，道路运输经营许可证有效期至2014年5月24日)，在北京、上海、武汉、成都、南京、杭州、广州(番禺)、汕头设立分支机构。				

企业名称	欧威尔空调（中国）有限公司			海关编码	4403948374
通讯地址	深圳市龙岗区坂田街道办五和南路2号			邮政编码	518129
企业类型	进出口货物收发货人	注册日期	2003.10.15	注册资本	2950万美元
评定时间	2008.12.19	报关有效期	2014.10.15	所属海关	深圳海关
法人姓名	CHOONG AH KEOH		电话	0755-89534001	
日常联系人	李海波		电话	0755-89534001	
主营范围	开发、生产经营空调机，提供上述产品的售后服务，提供与空调产品相关的测试服务，从事空调及其零配件、家电产品的批发、进出口及其相关配套业务，在北京市、上海市、广州市、成都市设立分支机构。				

企业名称	沛顿科技（深圳）有限公司			海关编码	4403148919
通讯地址	深圳市福田区华富街道办彩田路 1 号			邮政编码	518000
企业类型	进出口货物收发货人	注册日期	2005.11.21	注册资本	3000 万美元
评定时间	2009.11.5	报关有效期	2014.11.21	所属海关	深圳海关
法人姓名	王之		电话	0755-83160012	
日常联系人	吴刚		电话	0755-83160012-8523	
主营范围	开发、生产、经营半导体、元器件专用材料，线宽 0.35 微米以下超大规模集成电路，新型电子元器件，新型仪表元器件。				

企业名称	深圳市宇阳科技发展有限公司			海关编码	4403149582
通讯地址	深圳市南山区宇阳大楼			邮政编码	518049
企业类型	进出口货物收发货人	注册日期	2006.11.6	注册资本	35000 万人民币
评定时间	2009.3.24	报关有效期	2012.11.6	所属海关	深圳海关
法人姓名	陈伟荣		电话	0755-86252188	
日常联系人	朱艺红		电话	0755-86252188	
主营范围	无线通讯产品、电子产品、电子元器件、电脑软硬件、多层片式陶瓷电容的技术开发、批发、进出口及相关配套业务，生产经营多层片式陶瓷电容、手机（凭深南环批 [2010]53029 号经营）。				

企业名称	深圳市商贸通供应链管理有限公司			海关编码	4403149719
通讯地址	深圳市罗湖区嘉里中心 2309-11			邮政编码	518001
企业类型	进出口货物收发货人	注册日期	2006.12.21	注册资本	6500 万人民币
评定时间	2009.8.28	报关有效期	2012.12.21	所属海关	深圳海关
法人姓名	张经平		电话	0755-82361222	
日常联系人	陈克敏		电话	0755-82361229	
主营范围	机电产品、电子产品、二类和三类医疗器械产品（具体产品见“医疗器械经营企业许可证”粤 B9302 有效期至 2014 年 12 月 15 日）、化学品（危险化学品有效期至 2012 年 6 月 1 日）、纺织品的批发、进出口及相关配套业务（不涉及国营贸易管理商品，涉及配额许可证管理及其他专项规定管理的商品按国家有关规定办理），供应链管理咨询，国内货运代理。				

企业名称	华为技术有限公司			海关编码	4403950010
通讯地址	深圳市龙岗区坂田街道办坂田华为总部办公楼			邮政编码	518129
企业类型	进出口货物收发货人	注册日期	2008.4.11	注册资本	3930813 万人民币
评定时间	2009.5.12	报关有效期	2014.4.11	所属海关	深圳海关
法人姓名	孙亚芳		电话	0755-28780808	
日常联系人	黄艳		电话	0755-28785167	
主营范围	开发、生产、销售程控交换机、传输设备、数据通信设备、宽带多媒体设备、电源、无线通信设备、微电子产品、系统集成工程、计算机及配套设备、终端设备及相关的设备及维修、技术咨询服务，进出口业务（按深贸管审证字第 621 号文规定办理），国内商业，物资供销业（不含专营、专控、专卖商品），经营对外经济技术合作业务（具体按中华人民共和国对外贸易经济合作部[1998]外经贸政审函第 326 号文规定办理），房屋租赁（持许可证经营）。				

企业名称	深圳市富森供应链管理有限公司			海关编码	4403160542
通讯地址	深圳市福田区沙头街道泰然工贸园 201 栋			邮政编码	518048
企业类型	进出口货物收发货人	注册日期	2002.5.15	注册资本	1200 万人民币
评定时间	2009.3.24	报关有效期	2014.5.15	所属海关	深圳海关
法人姓名	赵蜜		电话	0755-83573616	
日常联系人	徐莉		电话	0755-83573612	
主营范围	供应链管理及其相关配套服务，经营进出口业务，信息咨询，兴办实业，电子产品购销，国内贸易，普通货运。				

企业名称	深圳成霖实业有限公司			海关编码	4453961500
通讯地址	深圳市宝安区福永街道桥头社区福山工业区			邮政编码	518103
企业类型	进出口货物收发货人	注册日期	2010.1.13	注册资本	16158 万人民币
评定时间	2010.11.18	报关有效期	2013.1.13	所属海关	深圳海关
法人姓名	颜国基		电话	0755-33882222	
日常联系人	苏玉娇		电话	0755-33882222	
主营范围	生产经营卫生瓷生产线及其配套的五金件、塑料件、精冲模、精密型腔模、模具标准件、有色金属复合材料、新型合金材料，产品 50% 外销。生产经营高档建筑五金件。水暖器材及五金件开发、生产、货物及技术进出口。				

企业名称	深圳市方鼎科技发展有限公司			海关编码	4403161962
通讯地址	深圳市福田区东南荣超经贸中心 4201A、4202			邮政编码	518003
企业类型	进出口货物收发货人	注册日期	2001.6.19	注册资本	1000 万人民币
评定时间	2008.12.19	报关有效期	2013.6.19	所属海关	深圳海关
法人姓名	武小兵		电话	0755-82132466	
日常联系人	李运华		电话	0755-82786806	
主营范围	兴办实业，电子产品的技术开发，日用百货、化工产品、家私、机电产品、建筑材料、冷气设备的购销，经营进出口业务，信息咨询，软件开发。				

企业名称	深圳市年富实业发展有限公司			海关编码	4403161326
通讯地址	深圳市福田区香蜜湖街道深南大道 7028 号			邮政编码	518048
企业类型	进出口货物收发货人	注册日期	2001.3.15	注册资本	14500 万人民币
评定时间	2008.12.19	报关有效期	2013.8.11	所属海关	深圳海关
法人姓名	李文国		电话	0755-82730606	
日常联系人	文琴		电话	0755-82736965	
主营范围	投资兴办实业，有色金属原材料及制品、金属矿产品、燃料油、机电产品、太阳能转换材料、晶硅薄膜、太阳能电池、消防设备、饲料原料及饲料、初级农产品、大豆、橡胶制品、电子产品、计算机软硬件、纺织品、服装、工艺品、电器的销售及其他国内贸易，经营进出口业务，货运代理，供应链管理及相关配套服务。				

企业名称	深圳市中创实业发展有限公司			海关编码	4403161732
通讯地址	深圳市富丽华大酒店 25 楼			邮政编码	518001
企业类型	进出口货物收发货人	注册日期	2008.5.13	注册资本	2300 万人民币
评定时间	2010.1.4	报关有效期	2014.4.20	所属海关	深圳海关
法人姓名	黄志昂		电话	0755-25801388	
日常联系人	黄志昂		电话	0755-25801388	
主营范围	兴办实业（具体项目另行申报），国内商业，物资供销业（不含专营、专控、专卖商品），货物及技术进出口（法律、行政法规禁止的项目除外，限制的项目须取得许可后方可经营）。				

企业名称	深圳市实益达科技股份有限公司			海关编码	4403161811
通讯地址	深圳市南山区清华信息港研发综合楼 3 楼 310 室			邮政编码	518053
企业类型	进出口货物收发货人	注册日期	2001.5.23	注册资本	31215.6 万人民币
评定时间	2009.3.24	报关有效期	2014.5.23	所属海关	深圳海关
法人姓名	陈亚妹		电话	0755-86001058	
日常联系人	钟坤平		电话	0755-86001058	
主营范围	兴办实业（具体项目另行申报），电子产品的生产（由分支机构生产），国内商业，物资供销业（不含专营、专控、专卖商品及限制项目），经营进出口业务（法律、行政法规、国务院决定禁止的项目除外，限制的项目须取得许可后方可经营）。				

企业名称	深圳市联洲技术有限公司			海关编码	4403061874
通讯地址	深圳市南山区粤海街道深南路科技园工业厂房			邮政编码	518000
企业类型	进出口货物收发货人	注册日期	2005.8.1	注册资本	23000 万人民币
评定时间	2010.11.12	报关有效期	2014.8.1	所属海关	深圳海关
法人姓名	赵建军		电话	0755-26500160	
日常联系人	罗霞		电话	0755-26525902	
主营范围	网络设备、电子产品、通信产品、电子元器件软硬件技术开发、技术咨询及购销，其他国内商业，物资供销业（不含专营、专控、专卖商品），进出口业务。				

企业名称	深圳市同洲电子股份有限公司			海关编码	4403161064
通讯地址	深圳市南山区西丽街道办高新区北区			邮政编码	518057
企业类型	进出口货物收发货人	注册日期	1999.8.17	注册资本	34147 万人民币
评定时间	2010.5.26	报关有效期	2014.8.17	所属海关	深圳海关
法人姓名	袁明		电话	0755-26990000-8300	
日常联系人	张粤		电话	0755-26990000-8300	
主营范围	投资兴办实业（具体项目另行申报），电子产品、计算机软、硬件及其应用网络产品、自动化控制设备、无线移动电子信息产品、汽车电子产品、电子元器件、数字电视机顶盒等产品的生产经营（生产项目营业执照另发），通信设备的购销（不含专营、专控、专卖商品），进出口业务，卫星电视接收天线、高频头、模拟/数字卫星电视机的研发和生产（执照另发），移动通讯终端的生产经营（生产项目营业执照另行办理）。				

企业名称	深圳市希科普科技发展有限公司			海关编码	4403161200
通讯地址	深圳市宝安区沙井镇蚝四西部工业区			邮政编码	518104
企业类型	进出口货物收发货人	注册日期	2000.11.16	注册资本	1000 万人民币
评定时间	2009.3.3	报关有效期	2014.11.16	所属海关	深圳海关
法人姓名	刘军		电话	0755-27413643	
日常联系人	夏英姿		电话	0755-27413643	
主营范围	高新技术开发，兴办实业，国内商业，物资供销业，自营进出口业务，开发、生产、销售彩色电视机、彩色显示器、液晶显示器、彩显管、电子产品。				

企业名称	深圳市协勤实业有限公司			海关编码	4403162860
通讯地址	深圳市南山区粤海街道科技园琼宇路 5 号			邮政编码	518031
企业类型	进出口货物收发货人	注册日期	2002.1.18	注册资本	625 万人民币
评定时间	2008.12.19	报关有效期	2011.12.12	所属海关	深圳海关
法人姓名	李德海		电话	0755-26612106	
日常联系人	周渝		电话	0755-26612106	
主营范围	兴办实业（具体项目另行申报），国内商业，物资供销业（不含专营、专控、专卖商品），经营进出口业务（具体按深贸进准字第［2001］2243 号资格证书办理），计算机软件的技术开发（不含限制项目）。				

企业名称	深圳市东方嘉盛供应链股份有限公司			海关编码	4403162147
通讯地址	深圳市福田区福田街道办福田保税区红棉路			邮政编码	518002
企业类型	进出口货物收发货人	注册日期	2001.7.31	注册资本	10000 万人民币
评定时间	2008.12.19	报关有效期	2013.7.31	所属海关	深圳海关
法人姓名	孙卫平		电话	0755-25331166	
日常联系人	田卉		电话	0755-25331166	
主营范围	国内贸易（不含专营、专控、专卖商品），国际货运代理，经营进出口业务（法律、行政法规、国务院决定禁止的项目除外，限制的项目须取得许可后方可经营），货物专用运输（集装箱）、普通货运（以上凭粤交运管许可深字 440304152904 号道路运输经营许可证经营，有效期至 2012 年 6 月 30 日），兴办实业（具体项目另行申报），家畜冷冻制品的销售。				

企业名称	深圳市路迪斯达供应链管理有限公司			海关编码	4403162807
通讯地址	深圳市福田区福田路深圳国际文化大厦			邮政编码	518031
企业类型	进出口货物收发货人	注册日期	2008.1.10	注册资本	2000 万人民币
评定时间	2010.7.5	报关有效期	2014.1.10	所属海关	深圳海关
法人姓名	姜天仲		电话	0755-83663347	
日常联系人	余洁琳		电话	0755-83663134	
主营范围	供应链的管理，电脑、电子、通讯产品、机电产品的购销（以上均不含专营、专控、专卖商品及其他限制项目），经营进出口业务（法律、行政法规、国务院决定禁止的项目除外，限制的项目须取得许可后方可经营），国内货运代理，国际货运代理，国内水路货运代理（水路运输服务许可证：深 SF0208，深圳市交通局深交许 [2009]347 号，有效期至 2014 年 4 月 9 日），烟台奥威酒业公司葡萄酒及蒸馏酒批发（食品卫生许可证：粤卫食证字［2009］第 0301B09866，有效期至 2013 年 3 月 24 日；广东省酒类批发许可证：粤经贸酒批字第 13355668 号，有效期至 2012 年 3 月 31 日），预包装食品的批发（凭“食品流通许可证”SP4403001010030664 号经营，有效期至 2013 年 1 月 4 日）。				

企业名称	深圳市华富洋供应链有限公司			海关编码	4403162850
通讯地址	深圳市福田区沙东南金润大厦 402			邮政编码	518031
企业类型	进出口货物收发货人	注册日期	2002.1.21	注册资本	1000 万人民币
评定时间	2008.12.19	报关有效期	2014.1.21	所属海关	深圳海关
法人姓名	冯苏军		电话	0755-82128822	
日常联系人	冯苏军		电话	0755-82128822	
主营范围	供应链管理，电子产品的购销及其他国内贸易（不含专营、专控、专卖商品），经营进出口业务（法律、行政法规、国务院决定禁止的项目除外，限制的项目须取得许可后方可经营），普通货运（凭粤交运管许可深字 440304149306 号道路运输经营许可证经营，有效期至 2011 年 12 月 31 日）。				

<table>
<tr><td>企业名称</td><td colspan="3">深圳市华成峰实业有限公司</td><td>海关编码</td><td>4403162535</td></tr>
<tr><td>通讯地址</td><td colspan="3">深圳市南山区粤海街道高新中一道 2 号</td><td>邮政编码</td><td>518057</td></tr>
<tr><td>企业类型</td><td>进出口货物收发货人</td><td>注册日期</td><td>2001.11.2</td><td>注册资本</td><td>4000 万人民币</td></tr>
<tr><td>评定时间</td><td>2008.12.19</td><td>报关有效期</td><td>2014.11.2</td><td>所属海关</td><td>深圳海关</td></tr>
<tr><td>法人姓名</td><td colspan="2">李小勇</td><td colspan="2">电话</td><td>0755-26031320</td></tr>
<tr><td>日常联系人</td><td colspan="2">苏军文</td><td colspan="2">电话</td><td>0755-26031311</td></tr>
<tr><td>主营范围</td><td colspan="5">兴办实业(具体项目另行申报),国内商业,物资供销业(不含专营、专控、专卖商品),经营进出口业务(按深贸进准字第 [2001]863 号文执行),计算机系统集成及计算机产品、计算机通信工程的技术开发设计、销售及技术服务,生产 IBM P 系列服务器。</td></tr>
</table>

<table>
<tr><td>企业名称</td><td colspan="3">深圳市康隆科技发展有限公司</td><td>海关编码</td><td>4403163949</td></tr>
<tr><td>通讯地址</td><td colspan="3">深圳市福田区华富街道办华富路航都大厦 17F</td><td>邮政编码</td><td>518041</td></tr>
<tr><td>企业类型</td><td>进出口货物收发货人</td><td>注册日期</td><td>2003.2.21</td><td>注册资本</td><td>15000 万人民币</td></tr>
<tr><td>评定时间</td><td>2009.1.4</td><td>报关有效期</td><td>2012.2.21</td><td>所属海关</td><td>深圳海关</td></tr>
<tr><td>法人姓名</td><td colspan="2">王超杰</td><td colspan="2">电话</td><td>0755-83793963</td></tr>
<tr><td>日常联系人</td><td colspan="2">傅萍</td><td colspan="2">电话</td><td>0755-83793940</td></tr>
<tr><td>主营范围</td><td colspan="5">无线电通讯设备的销售及其他国内商业,物资供销业,兴办实业,经营进出口业务,电脑配件、手提电脑电池及充电器的技术开发和销售。</td></tr>
</table>

<table>
<tr><td>企业名称</td><td colspan="3">深圳市越海全球物流有限公司</td><td>海关编码</td><td>4403163802</td></tr>
<tr><td>通讯地址</td><td colspan="3">深圳市福田区福田街道福华一路 88 号</td><td>邮政编码</td><td>518000</td></tr>
<tr><td>企业类型</td><td>进出口货物收发货人</td><td>注册日期</td><td>2003.1.15</td><td>注册资本</td><td>5000 万人民币</td></tr>
<tr><td>评定时间</td><td>2010.5.26</td><td>报关有效期</td><td>2014.1.15</td><td>所属海关</td><td>深圳海关</td></tr>
<tr><td>法人姓名</td><td colspan="2">张泉</td><td colspan="2">电话</td><td>0755-82031000</td></tr>
<tr><td>日常联系人</td><td colspan="2">古超凡</td><td colspan="2">电话</td><td>0755-82031000</td></tr>
<tr><td>主营范围</td><td colspan="5">普通货运,货物专用运输(集装箱)(凭粤交运管许可深字 440300059437 号经营,有效期至 2014 年 9 月 30 日),仓储、装卸(不含危险品,仓储所在地址执照另办),国内贸易(不含专营、专控、专卖商品),货物进出口、技术进出口(法律、行政法规禁止的项目除外,法律、行政法规限制的项目须取得许可后方可经营),国际、国内货运代理,信息咨询(不含限制项目和人才中介服务)。</td></tr>
</table>

企业名称	深圳市信利康供应链管理有限公司			海关编码	4403164920
通讯地址	深圳市福田区沙头街道办深南中路6011号NEO（A座）36楼A单元			邮政编码	518031
企业类型	进出口货物收发货人	注册日期	2003.12.24	注册资本	5500万人民币
评定时间	2008.12.19	报关有效期	2011.12.24	所属海关	深圳海关
法人姓名	陈少青		电话	0755-83683288-1008	
日常联系人	王爱华		电话	0755-83683288-1148	
主营范围	供应链管理服务，国内贸易（法律、行政法规、国务院决定规定在登记前须经批准的项目除外），兴办实业（具体项目另行申报），经营进出口业务（法律、行政法规、国务院决定禁止的项目除外，限制的项目须取得许可后方可经营），普通货运。				

企业名称	深圳市永丰源实业有限公司			海关编码	4403964547
通讯地址	深圳市宝安区观澜镇环观南路永丰源工业区2栋			邮政编码	518001
企业类型	进出口货物收发货人	注册日期	1998.6.1	注册资本	3008万人民币
评定时间	2011.9.1	报关有效期	2012.6.1	所属海关	深圳海关
法人姓名	刘权辉		电话	0755-29808999	
日常联系人	谢镇周		电话	0755-29808999	
主营范围	国内商业，物资供销业（不含专营、专控、专卖商品），经营进出口业务（按深贸管审证字第1037号文办理），兴办实业。				

企业名称	深圳市嘉信达进出口有限公司			海关编码	4403164341
通讯地址	深圳市福田区福田街道办福田南路皇城广场			邮政编码	518001
企业类型	进出口货物收发货人	注册日期	2003.4.29	注册资本	300万人民币
评定时间	2011.7.8	报关有效期	2013.4.21	所属海关	深圳海关
法人姓名	蒲梁锋		电话	0755-83333800	
日常联系人	蒲广全		电话	0755-83333800	
主营范围	兴办实业，国内商业，物资供销业，进出口业务等。				

企业名称	深圳市伟禄科技股份有限公司			海关编码	4403064025
通讯地址	深圳市福田区梅林街道办梅华路105号			邮政编码	518048
企业类型	进出口货物收发货人	注册日期	2005.1.26	注册资本	5000万人民币
评定时间	2011.1.26	报关有效期	2014.1.26	所属海关	深圳海关
法人姓名	林晓辉		电话	0755-88263888	
日常联系人	彭治军		电话	0755-88263005	
主营范围	国内商业，物资供销业，电子产品、DVD、VCD、电视机、电视机周边设备、电脑显示器、电脑周边设备、多媒体影音设备的技术开发、销售，桌面通讯终端系统的技术开发，无线设备、手持通讯终端、嵌入式操作系统、通讯应用软件、计算机系统集成、手机配件的技术开发及相应的技术咨询，销售自行开发的产品，货物进出口、技术进出口。（详见营业执照。）				

企业名称	深圳市普路通供应链管理股份有限公司			海关编码	4403065167
通讯地址	深圳市福田区福田街道办卓越大厦2003-2006			邮政编码	518000
企业类型	进出口货物收发货人	注册日期	2006.1.6	注册资本	5550万人民币
评定时间	2009.8.24	报关有效期	2012.1.6	所属海关	深圳海关
法人姓名	陈书智		电话	0755-88264843	
日常联系人	景艳文		电话	0755-88264843	
主营范围	供应链的管理，兴办实业，信息咨询，国内贸易，经营进出口业务（“医疗器械经营企业许可证”有效期至2013年2月14日，“道路运输许可证”有效期至2012年9月30日，“食品流通许可证”有效期至2013年2月22日，“广东省酒类批发许可证”有效期至2013年3月31日）。				

企业名称	深圳市朗华供应链服务有限公司			海关编码	4403065686
通讯地址	深圳市福田区金田路荣超经贸中心2009			邮政编码	518033
企业类型	进出口货物收发货人	注册日期	2006.2.21	注册资本	1000万人民币
评定时间	2011.3.15	报关有效期	2012.2.21	所属海关	深圳海关
法人姓名	张春华		电话	0755-82789555	
日常联系人	邱宇杰		电话	0755-82788539	
主营范围	国产汽车（不含小轿车）、摩托车及配件、电子产品、电子元器件、计算机软硬件、纺织品、服装、工艺品、机电产品、化工产品的购销及其他国内商业，物资供销业（以上不含专营、专控、专卖商品），货物进出口，技术进出口。				

企业名称	深圳市瑞隆实业发展有限公司			海关编码	4403165745
通讯地址	深圳市罗湖区南湖街道办人民南路天安国际大厦C座1105室			邮政编码	518001
企业类型	进出口货物收发货人	注册日期	2003.9.5	注册资本	1500万人民币
评定时间	2009.1.4	报关有效期	2012.2.22	所属海关	深圳海关
法人姓名	马兴乔		电话	0755-82182033	
日常联系人	周崇斌		电话	0755-82190636	
主营范围	兴办实业，国内商业，物资供销业，进出口业务。				

企业名称	深圳市海柏力高进出口有限公司			海关编码	4403165687
通讯地址	深圳市福田区现代商务大厦1508			邮政编码	518030
企业类型	进出口货物收发货人	注册日期	2003.8.27	注册资本	2400万人民币
评定时间	2010.2.21	报关有效期	2014.8.27	所属海关	深圳海关
法人姓名	何伟森		电话	0755-82998633	
日常联系人	何伟森		电话	0755-82998633	
主营范围	经营进出口业务（法律、行政法规、国务院决定规定禁止的项目除外，限制的项目须取得许可后方可经营），兴办实业（具体项目另行申报），通讯设备、电子产品的技术开发、产品购销及其他国内贸易（不含限制项目和专营、专控、专卖商品），预包装食品的批发（不含复热包装食品，含酒精饮料，凭“食品流通许可证”SP4403001010072367经营，有效期至2013年5月23日），普通货运（凭粤交运管许可字440301156882号“道路运输许可证”经营，有效期至2013年6月30日）。				

企业名称	深圳市中信太和通讯设备有限公司			海关编码	4403066406
通讯地址	深圳市南山区西丽留仙洞工业区1号			邮政编码	518067
企业类型	进出口货物收发货人	注册日期	2006.4.13	注册资本	6000万人民币
评定时间	2009.8.28	报关有效期	2012.4.13	所属海关	深圳海关
法人姓名	张瑞辉		电话	0755-26987361	
日常联系人	黄毅艺		电话	0755-26987361	
主营范围	通讯产品、MP4播放器、数字机顶盒台式电脑、笔记本电脑、输配电及控制设备的研发、加工生产与销售（凭深南环批[2010]50240号生产），其他国内商业，物资供销业，通讯产品，信息电子产品的销售及维修(以上不含专营、专控、专卖商品及限制项目)，经营进出口业务（法律、行政法规、国务院决定禁止的项目除外，限制的项目须取得许可后方可经营）。				

<table>
<tr><td>企业名称</td><td colspan="3">深圳市怡亚通供应链股份有限公司</td><td>海关编码</td><td>4453066866</td></tr>
<tr><td>通讯地址</td><td colspan="3">深圳市深南中路 3039 号国际文化大厦 2701B</td><td>邮政编码</td><td>518031</td></tr>
<tr><td>企业类型</td><td>进出口货物收发货人</td><td>注册日期</td><td>2011.2.18</td><td>注册资本</td><td>83412.6241 万人民币</td></tr>
<tr><td>评定时间</td><td>2011.4.26</td><td>报关有效期</td><td>2014.2.18</td><td>所属海关</td><td>深圳海关</td></tr>
<tr><td>法人姓名</td><td colspan="2">周国辉</td><td>电话</td><td colspan="2">0755-88393198</td></tr>
<tr><td>日常联系人</td><td colspan="2">王利明</td><td>电话</td><td colspan="2">0755-88393198</td></tr>
<tr><td>主营范围</td><td colspan="5">国内商业（不含限制项目），预包装食品（不含复热预包装食品），乳制品（含婴幼儿配方乳粉），批发（非实物方式），计算机软件开发，企业管理咨询，经营进出口业务，供应链管理及相关配套服务。（“医疗器械经营企业许可证”许可期限至 2015 年 6 月 6 日，“医疗器械经营企业许可证”有效期至 2015 年 1 月 27 日，“食品卫生许可证”有效期至 2012 年 6 月 18 日，“危险化学品经营许可证”有效期至 2011 年 8 月 28 日，“酒类批发许可证”有效期至 2012 年 3 月 31 日，“煤炭经营资格证”有效期至 2012 年 12 月 6 日，“非药品类易制毒化学品经营备案证明”有效期至 2011 年 8 月 28 日。）</td></tr>
</table>

<table>
<tr><td>企业名称</td><td colspan="3">深圳市万华供应链股份有限公司</td><td>海关编码</td><td>4453166160</td></tr>
<tr><td>通讯地址</td><td colspan="3">深圳市福田区现代商务大厦第 1 栋 2904</td><td>邮政编码</td><td>518026</td></tr>
<tr><td>企业类型</td><td>进出口货物收发货人</td><td>注册日期</td><td>2008.7.25</td><td>注册资本</td><td>8800 万人民币</td></tr>
<tr><td>评定时间</td><td>2011.7.8</td><td>报关有效期</td><td>2014.7.25</td><td>所属海关</td><td>深圳海关</td></tr>
<tr><td>法人姓名</td><td colspan="2">许俊洪</td><td>电话</td><td colspan="2">0755-82782800</td></tr>
<tr><td>日常联系人</td><td colspan="2">吴丽华</td><td>电话</td><td colspan="2">0755-82782806</td></tr>
<tr><td>主营范围</td><td colspan="5">物资供应，国内一类医疗器械的购销及其他国内商业（不含专营、专控、专卖商品），经营进出口业务（法律、行政法规、国务院决定禁止的项目除外，限制的项目须取得许可后方可经营），企业管理咨询（不含人才中介服务及其他限制项目），普通货运（凭道路运输许可证，粤交运管许可深字 440301157112 号经营，有效期至 2013 年 6 月 30 日）。</td></tr>
</table>

<table>
<tr><td>企业名称</td><td colspan="3">深圳市旗丰供应链服务有限公司</td><td>海关编码</td><td>4403467739</td></tr>
<tr><td>通讯地址</td><td colspan="3">深圳市福田区福田保税区鑫瑞科大楼 3 层</td><td>邮政编码</td><td>518048</td></tr>
<tr><td>企业类型</td><td>进出口货物收发货人</td><td>注册日期</td><td>2010.8.26</td><td>注册资本</td><td>3200 万人民币</td></tr>
<tr><td>评定时间</td><td>2010.11.18</td><td>报关有效期</td><td>2013.8.26</td><td>所属海关</td><td>深圳海关</td></tr>
<tr><td>法人姓名</td><td colspan="2">陈小辉</td><td>电话</td><td colspan="2">0755-82823222</td></tr>
<tr><td>日常联系人</td><td colspan="2">崔鑫</td><td>电话</td><td colspan="2">0755-82823222</td></tr>
<tr><td>主营范围</td><td colspan="5">国产汽车（不含小轿车），摩托车及零配件的购销，电子产品的技术开发与购销，计算机软硬件、纺织品、服装、工艺品、机电产品、化工产品（不含危险品）的购销及其他国内商业，物资供销业务（不含专营、专控、专卖商品），经营进出口业务，国际货运代理。</td></tr>
</table>

企业名称	深圳市卓翼科技股份有限公司			海关编码	4403167655
通讯地址	深圳市南山区西丽平山民企科技工业园 5 栋			邮政编码	518055
企业类型	进出口货物收发货人	注册日期	2004.5.20	注册资本	20000 万人民币
评定时间	2011.4.13	报关有效期	2014.5.20	所属海关	深圳海关
法人姓名	田昱		电话	0755-26986767	
日常联系人	王琴蓉		电话	0755-26986741	
主营范围	计算机周边板卡、数码产品、通讯网络设备的技术开发与销售，组装生产调制解调器、MP3 播放器，国内商业，物资供销业，电子产品的购销等进出口业务。				

企业名称	深圳市比亚迪电子部品件有限公司			海关编码	4403968573
通讯地址	深圳市龙岗区比亚迪工业园 A1 厂房 1 楼			邮政编码	518119
企业类型	进出口货物收发货人	注册日期	2005.5.13	注册资本	40000 万人民币
评定时间	2009.6.19	报关有效期	2014.5.13	所属海关	深圳海关
法人姓名	王传福		电话	0755-89888888	
日常联系人	朱婧婧		电话	0755-89888888	
主营范围	镍氢、镍镉电池及其他电池、五金制品、仪器仪表、柔性线路板的生产、销售（不含限制项目），货物及技术进出口（法律、行政法规、国务院决定规定禁止的项目除外，限制的项目须取得许可后方可经营），抽油烟机、燃气灶、消毒碗柜、洗衣机、洗碗机产品的研发、销售，液晶电视、DVD、音响的生产、研发及销售；电解制水机的生产（限比亚迪三期 A11 厂房 4 楼）。				

企业名称	深圳市志美实业有限公司			海关编码	4403168696
通讯地址	深圳市福田区锦峰大厦写字楼 8B			邮政编码	518031
企业类型	进出口货物收发货人	注册日期	2004.9.2	注册资本	1200 万人民币
评定时间	2009.8.28	报关有效期	2014.9.2	所属海关	深圳海关
法人姓名	张霖		电话	0755-88356088	
日常联系人	李保旺		电话	0755-88356088	
主营范围	兴办实业（具体项目另行申报），国内商业，物资供销业（不含专营、专控、专卖商品），电子产品的技术开发，计算机软硬件的技术开发，信息咨询（以上不含限制项目），进出口业务（凭资格证书经营），普通货运（凭道路运输经营许可证经营），仓储服务，第二类增值电信业务中的信息服务业务（不含固定网电话信息服务和互联网信息服务，凭 B2-20090077 号增值电信业务经营许可证经营，有效期至 2014 年 5 月 15 日）。				

企业名称	深圳市东方嘉盈实业有限公司			海关编码	4403169233
通讯地址	深圳市罗湖区莲塘鹏基工业区 713 栋二楼东			邮政编码	518004
企业类型	进出口货物收发货人	注册日期	2004.10.8	注册资本	1200 万人民币
评定时间	2011.4.13	报关有效期	2014.9.9	所属海关	深圳海关
法人姓名	叶容根		电话	0755-25195118	
日常联系人	刘静		电话	0755-25195118	
主营范围	兴办实业（具体项目另行申报），金属材料的购销及其他国内商业，物资供销业（不含专营、专控、专卖商品），进出口业务（取得进出口许可证方可经营）。				

企业名称	深圳江记纸品有限公司			海关编码	4403920699
通讯地址	深圳市宝安区沙井镇岗头工业区第 14 幢			邮政编码	518104
企业类型	进出口货物收发货人	注册日期	1993.3.12	注册资本	2500 万港币
评定时间	2009.3.24	报关有效期	2014.3.12	所属海关	深圳海关
法人姓名	吴永培		电话	0755-27233588	
日常联系人	杨长洲		电话	0755-27233588	
主营范围	生产各类纸箱板、彩盒及承接柯式印刷业务，产品 80% 外销（到行业主管部门办理有关手续后，才能开展印刷业务）。				

企业名称	深圳宝菱同利有限公司			海关编码	4403920203
通讯地址	深圳市宝安区新城 25 区			邮政编码	518133
企业类型	进出口货物收发货人	注册日期	1988.12.31	注册资本	1543 万美元
评定时间	2009.3.24	报关有效期	2011.12.31	所属海关	深圳海关
法人姓名	张雪松		电话	0755-27856456	
日常联系人	梁如霜		电话	0755-27857110	
主营范围	加工、销售镀锌卷板、冷轧卷板、矽钢片卷板、不绣钢卷板、马口铁卷板、合金钢卷板、热轧卷板、铜板、铜卷板、铝板、铝卷板、镍合金板、镍合金卷板。				

企业名称	深圳东洋旺和实业有限公司			海关编码	4403921230
通讯地址	深圳市宝安区沙井镇和二鸿奔工业区			邮政编码	518104
企业类型	进出口货物收发货人	注册日期	1994.12.28	注册资本	1500万美元
评定时间	2009.3.24	报关有效期	2011.12.28	所属海关	深圳海关
法人姓名	田泽昌树		电话	0755-27224643	
日常联系人	戴丽君		电话	0755-27224639	
主营范围	生产经营精密继电器、小型机电制品的零部件及精密模具，电镀加工、热处理，产品70%外销。增加：从事非配额许可证管理、非专营商品的收购出口业务。				

企业名称	深圳宝兴电线电缆制造有限公司			海关编码	4403931053
通讯地址	深圳市宝安区沙井街道办沙井路步涌同富裕工业园			邮政编码	518101
企业类型	进出口货物收发货人	注册日期	1996.10.23	注册资本	1641.5万美元
评定时间	2009.3.24	报关有效期	2014.10.23	所属海关	深圳海关
法人姓名	吴育能		电话	0755-27759591	
日常联系人	席晓山		电话	0755-27759591	
主营范围	生产经营各种规格的铜芯塑料电线、全塑电缆、控制电缆、编织线、镀锡线、裸铜线，产品100%外销。增加：软光缆、光交叉连接设备及相关器材的研究、开发和生产经营。				

企业名称	深圳中信协调货运有限公司			海关编码	4403934194
通讯地址	深圳市宝安区中信工业园一号楼第一层			邮政编码	518103
企业类型	进出口货物收发货人	注册日期	1994.4.6	注册资本	2000万港币
评定时间	2009.8.28	报关有效期	2014.4.6	所属海关	深圳海关
法人姓名	吴震亚		电话	0755-23453390	
日常联系人	邓晓洁		电话	0755-23453390	
主营范围	从事货物储存、包装业务，在上海市设立分支机构。				

企业名称	深圳成霖洁具股份有限公司			海关编码	4403936997
通讯地址	深圳市宝安区福永街道桥头社区桥塘大道			邮政编码	518110
企业类型	进出口货物收发货人	注册日期	2001.9.11	注册资本	45366 万人民币
评定时间	2009.8.24	报关有效期	2014.9.11	所属海关	深圳海关
法人姓名	颜国基		电话	0755-33882222	
日常联系人	黄丽明		电话	0755-33882222-1931	
主营范围	生产水龙头、卫浴洁具及其配件、精冲模、精密型腔模、模具标准件，销售自产产品，从事非配额许可证管理、非专营商品的收购出口业务。				

企业名称	鸿兴印刷（中国）有限公司			海关编码	4403940812
通讯地址	深圳市宝安区福永镇怀德工业村			邮政编码	518103
企业类型	进出口货物收发货人	注册日期	1992.12.2	注册资本	56600 万港币
评定时间	2009.3.3	报关有效期	2011.12.2	所属海关	深圳海关
法人姓名	任泽明		电话	0755-27392288	
日常联系人	黄惠光		电话	0755-27392288	
主营范围	生产经营纸质彩色印刷品及纸箱，产品 80% 外销、20% 内销。增加：从事非配额许可证管理、非专营商品的收购出口业务。				

企业名称	景旺电子（深圳）有限公司			海关编码	4403940401
通讯地址	深圳市宝安区西乡镇铁岗村水库路 166 号			邮政编码	518102
企业类型	进出口货物收发货人	注册日期	2004.1.19	注册资本	6500 万港币
评定时间	2009.8.24	报关有效期	2013.1.19	所属海关	深圳海关
法人姓名	沈继堂		电话	0755-27697228	
日常联系人	王化沾		电话	0755-27697228	
主营范围	生产经营印刷电路板、柔性线路板及其他电子电器产品（国家限制产品除外），在武汉设立办事处，产品 80% 外销，在宝安区九围鹤洲路安乐工业园分厂生产经营模具。				

企业名称	美律电子（深圳）有限公司			海关编码	4403940402
通讯地址	深圳市宝安区大浪街道美宝路 50 号			邮政编码	518109
企业类型	进出口货物收发货人	注册日期	1989.4.18	注册资本	5844 万港币
评定时间	2009.8.24	报关有效期	2014.4.18	所属海关	深圳海关
法人姓名	赖文针		电话	0755-28121888	
日常联系人	甘雳		电话	0755-28121888	
主营范围	生产电话受话器、麦克风、喇叭、防盗器、报警器、电磁炉、电子发射器、电子接收器、马克笔管、烘被机、三用电表、安全扣、湿度计、温度计、花园灯、酸碱度计、窗户起动器、耳机、泡茶咖啡两用壶，在上海市设立办事处，生产经营断路器、噪音计、延时器、免持听筒、充电器、车充器、皮套、电池、固定座、风速计、温湿度计记录器、压力计、转速计、蓝牙耳机、蓝牙车载喇叭、可携式扬声器组合、蓝牙主板。增加：生产经营车载免提器用控制器（只限二分厂生产）、蓝牙车载免提装置（只限二分厂生产）、车载适配连接器（只限二分厂生产）、蓝牙免提装置（只限二分厂生产）。				

企业名称	桂盟链条（深圳）有限公司			海关编码	4403940062
通讯地址	深圳市宝安区龙华街道第四工业区人民路口			邮政编码	518109
企业类型	进出口货物收发货人	注册日期	1990.8.16	注册资本	15900 万港币
评定时间	2009.8.24	报关有效期	2014.8.16	所属海关	深圳海关
法人姓名	吴盈进		电话	0755-27700111	
日常联系人	吴盈进		电话	0755-27700111	
主营范围	生产经营自行车链条，机车链条，传动输送链条及超薄型链条，自行车配件。增加：从事摩托车技术研究开发及其零配件研究、生产（不含国家限制项目），产品 100% 外销。增加：生产经营链条机械设备相关模具，链条配件加工（不含出品许可证管理商品），增营产品 70% 外销。增加：生产经营链条机械设备，增营产品 70% 外销。增加：从事非配额许可证管理，非专营商品的收购出口业务。增加：生产经营汽车链条及汽车零配件。在合法取得土地使用权范围内从事房地产开发经营业务。自行车零配件生产设备的维修、保养服务（仅限于上门服务）。				

企业名称	雅达电子有限公司			海关编码	4403940407
通讯地址	深圳市宝安区艾默生工业园雅达第一幢厂房			邮政编码	518101
企业类型	进出口货物收发货人	注册日期	1988.11.7	注册资本	28350 万港币
评定时间	2008.12.19	报关有效期	2014.11.7	所属海关	深圳海关
法人姓名	胡卓山		电话	0755-27813450	
日常联系人	蔡钢生		电话	0755-29616118	
主营范围	生产经营高频开关电源等电源供应器（含充电器、转换器等）及相关控制系统和配置及组装，从事高频开关电源等电源供应器、磁性元件、高频元件、调幅器、调谐器、电子线路板及其配件等同类商品的批发、零售、进出口及相关配套业务（涉及配额许可证管理、专项规定管理的商品按照国家有关规定办理）。				

企业名称	杰比电器（深圳）有限公司			海关编码	4403940414
通讯地址	深圳市光明新区公明办事处红星社区工业区 5 栋			邮政编码	518106
企业类型	进出口货物收发货人	注册日期	1992.12.2	注册资本	780 万美元
评定时间	2009.3.3	报关有效期	2011.12.2	所属海关	深圳海关
法人姓名	李文庆		电话	0755-27164520	
日常联系人	刘红亮		电话	0755-27164520	
主营范围	生产经营电熨斗系列产品、风扇电机、厨用电器、吸尘器、水果干燥机、封口机（厨用电器 100% 外销，其他产品 95% 外销）。				

企业名称	艾默生机械设备（深圳）有限公司			海关编码	4403940774
通讯地址	深圳市宝安区 68 区留仙一路宝恒工业园二期			邮政编码	518101
企业类型	进出口货物收发货人	注册日期	1993.3.9	注册资本	400 万美元
评定时间	2010.5.26	报关有效期	2012.10.27	所属海关	深圳海关
法人姓名	马悦华		电话	0755-29746805	
日常联系人	罗锦宏		电话	0755-29746805	
主营范围	生产经营各类电子、机械设备、石油勘探开发新型仪器设备，设计、研发和测试高精密阀门流量控制器。				

企业名称	惠胜塑胶（深圳）有限公司			海关编码	4403940036
通讯地址	深圳市宝安区民主九九工业城 E 区 2 号			邮政编码	518104
企业类型	进出口货物收发货人	注册日期	2003.10.30	注册资本	240 万美元
评定时间	2009.3.3	报关有效期	2013.10.9	所属海关	深圳海关
法人姓名	何钧衔		电话	0755-33867988	
日常联系人	何香英		电话	0755-33867988	
主营范围	生产经营塑胶粒（经消防安全检查合格后，方可开业）。				

企业名称	瑞德电子（深圳）有限公司			海关编码	4403940050
通讯地址	深圳市宝安区县城三十三区			邮政编码	518101
企业类型	进出口货物收发货人	注册日期	1992.4.16	注册资本	210 万美元
评定时间	2008.12.19	报关有效期	2014.4.16	所属海关	深圳海关
法人姓名	艾力·永嘉诺		电话	0755-29631599	
日常联系人	黄玉芬		电话	0755-29631599-826	
主营范围	生产经营电脑象棋、智力游戏机、钟表产品（不含许可证管理的产品），产品 80% 外销。增加：生产经营电脑周边设备及配件、塑胶产品、音频放大器、小家电、室内无线电话和耳机、视像电话。增加：生产经营移动电话（国家限制项目除外），增营产品 100% 外销。				

企业名称	亚泰影像器材（深圳）有限公司			海关编码	4403940722
通讯地址	深圳市宝安区公明镇李松蓢工业区期尾工业园第 3 栋第 3 层			邮政编码	518106
企业类型	进出口货物收发货人	注册日期	2004.4.26	注册资本	1000 万美元
评定时间	2009.3.24	报关有效期	2014.4.26	所属海关	深圳海关
法人姓名	赖以仁		电话	0755-27165959	
日常联系人	詹颖隽		电话	0755-27165959	
主营范围	生产经营影像产品零配件、新型电子元器件及相关零配件。				

<table>
<tr><td>企业名称</td><td colspan="3">艾美特电器（深圳）有限公司</td><td>海关编码</td><td>4403940075</td></tr>
<tr><td>通讯地址</td><td colspan="3">深圳市宝安区石岩街道办黄峰岭工业区</td><td>邮政编码</td><td>518108</td></tr>
<tr><td>企业类型</td><td>进出口货物收发货人</td><td>注册日期</td><td>1991.5.11</td><td>注册资本</td><td>2375 万美元</td></tr>
<tr><td>评定时间</td><td>2008.12.19</td><td>报关有效期</td><td>2014.5.11</td><td>所属海关</td><td>深圳海关</td></tr>
<tr><td>法人姓名</td><td colspan="2">郑立平</td><td>电话</td><td colspan="2">0755-27642591</td></tr>
<tr><td>日常联系人</td><td colspan="2">李静莲</td><td>电话</td><td colspan="2">0755-27642591</td></tr>
<tr><td>主营范围</td><td colspan="5">生产家用风扇、排风扇、果汁、电熨斗、三明治机、食物处理机、吸尘器、暖风机及其零配件、空气滤清器、捕蚊灯、烘被机、电热水壶、电火锅、电暖器、烤箱、电磁炉、加湿器、电热毯、各类模具、塑胶五金制品、运动器材、干手机、喷泉泵，产品 50% 外销。在西安、杭州、济南、武汉、北京、广州、成都、沈阳、南京设立办事机构，在上海设立分公司。增加：生产电吹风机、电热烤面包机、电热咖啡壶、电工器材、燃气灶、抽油烟机、瞬间加热壶、浮灯、清洗耳恭听枪、冷暖储存柜、小型除湿机、冰凉扇（不含出口许可证管理商品）、紫外线杀菌灯、电饭煲、电饭锅、电压力锅、电蒸锅、豆浆机、集成吊顶、灯、浴霸、干衣机、智能马桶、车载冰箱、足浴机、挂烫机、烘碟机、足暖器及其批发、进出口及相关配套业务（不涉及国营贸易管理商品，涉及配额、许可证管理及其他专项规定管理的商品，按国家有关规定办理申请）。道路普通货运。</td></tr>
</table>

<table>
<tr><td>企业名称</td><td colspan="3">星光印刷（深圳）有限公司</td><td>海关编码</td><td>4403940584</td></tr>
<tr><td>通讯地址</td><td colspan="3">深圳市宝安区西乡街道第二工业区</td><td>邮政编码</td><td>518126</td></tr>
<tr><td>企业类型</td><td>进出口货物收发货人</td><td>注册日期</td><td>1992.7.13</td><td>注册资本</td><td>800 万美元</td></tr>
<tr><td>评定时间</td><td>2009.8.24</td><td>报关有效期</td><td>2014.7.13</td><td>所属海关</td><td>深圳海关</td></tr>
<tr><td>法人姓名</td><td colspan="2">林光如</td><td>电话</td><td colspan="2">0852-27260325</td></tr>
<tr><td>日常联系人</td><td colspan="2">吕键传</td><td>电话</td><td colspan="2">0755-27496111</td></tr>
<tr><td>主营范围</td><td colspan="5">生产经营彩色印刷品、彩色包装品、纸箱、纸盒、纸类文具、手提纸袋，产品 85% 外销。在上海市设立分支机构，在北京、广州、武汉设立办事机构。增加：生产经营纸制干式电池制品及纸制玩具。</td></tr>
</table>

企业名称	永勤玩具实业（深圳）有限公司			海关编码	4403941258
通讯地址	深圳市宝安区观澜镇观光路与泗黎路交汇处			邮政编码	518110
企业类型	进出口货物收发货人	注册日期	2004.8.6	注册资本	3350 万港币
评定时间	2009.3.3	报关有效期	2014.8.6	所属海关	深圳海关
法人姓名	陈永麟		电话	0755-28026000	
日常联系人	戴小平		电话	0755-28026000	
主营范围	生产经营塑料玩具、塑料五金玩具、塑料电子玩具、毛绒玩具、各类灯饰、日用五金塑料制品和器具、小型家用电器及配件、电脑及其周边配件，产品 100% 外销。在宝安区观澜镇大布巷村设立非法人分支机构，经营范围同上。增加：生产经营文具及体育用品、照明器具、电子元器件、光学仪器及眼镜、数码相机、数码音频及视频产品、手机配件背光模组、办公用品（不含许可证管理商品），增营产品 100% 外销。				

企业名称	凤冠电机（深圳）有限公司			海关编码	4403941468
通讯地址	深圳市宝安区宝城 28 区上合甲岸村委厂房			邮政编码	518101
企业类型	进出口货物收发货人	注册日期	1993.8.9	注册资本	4000 万港币
评定时间	2009.3.24	报关有效期	2014.8.9	所属海关	深圳海关
法人姓名	卓森福		电话	0755-27816566	
日常联系人	郑涛强		电话	0755-27815936	
主营范围	生产经营各类变压器、整流器、充电器、安定器（不得从事线路板生产）、家用小电器，产品 100% 外销。增加：生产经营开关电源、电源供应器，增营产品 100% 外销。				

企业名称	东芝泰格信息系统（深圳）有限公司			海关编码	4403941169
通讯地址	深圳市宝安区福永镇大洋开发区 16 区			邮政编码	518103
企业类型	进出口货物收发货人	注册日期	1995.12.12	注册资本	2015.8 万美元
评定时间	2008.12.19	报关有效期	2011.12.12	所属海关	深圳海关
法人姓名	二木一平（IPPEI FUTAK）		电话	0755-27311901	
日常联系人	符献		电话	0755-27311901	
主营范围	生产经营光电器件、新型打印装置、传真装置及相关零配件、自动数据处理设备及相关软件、装有光学系统的或接触式的感光复印调和及热敏复印设备及相关软件产品、有线电话、电报设备、有线数字通信设备、影像投影仪（电影用除外）、照片（电影除外）放大机及缩片机、具有独立功能的电气设备及装置、电子收银机、销售设备系统及相关软件产品、电子磅及其他办公用机器等商业、办公设备、电子产品及相关产品之耗材零部件（国家禁止、限制及有专项规定的产品除外）。生产经营复印机及其耗材零部件、射频识别设备、无线通信设备，上述产品及相关软件的开发、设计。从事上述产品及其同类产品的批发、进出口、佣金代理（不含拍卖）及相关配套业务（以上商品进出口不涉及国营贸易、进出口配额许可证、出口配额招标、出口许可证等专项管理的商品，涉及其他专项规定管理的商品按国家有关规定办理）。				

企业名称	友利电电子（深圳）有限公司			海关编码	4403941003
通讯地址	深圳市宝安区福永镇塘尾			邮政编码	518103
企业类型	进出口货物收发货人	注册日期	2011.2.24	注册资本	4670 万美元
评定时间	2008.12.19	报关有效期	2014.2.24	所属海关	深圳海关
法人姓名	龟田稔		电话	0755-27315349	
日常联系人	梁洁		电话	0755-27315249	
主营范围	生产经营各类无线电通讯产品（无绳电话机 90% 外销、其他产品 100% 外销）、电子元器件（不含现行许可证管理产品）、普通有绳电话机、对讲机，其中除晶体 90% 外销外，其他电子元器件 100% 外销。家用塑料封口机和读卡机、车速测试仪、计算机软件开发和销售，计算机网络设计及相关技术服务。增加：生产经营 IP 电话及周边设备、普通电视机、液晶电视机、DVD 播放机、数码照相机、MP3 播放机，增营产品 100% 外销。增加：物料检测及货物、技术进出口业务（不含分销及专营专控商品）。增加：从事各类无绳电话、有绳电话、IP 电话、对讲机、扫描仪、电视接收器及其他通讯产品与技术的研究与开发，计算机网络软件的开发，销售自行开发的产品并提供相关的技术服务。增加：生产经营车载卫星导航仪。				

企业名称	骏业塑胶（深圳）有限公司			海关编码	4403941587
通讯地址	深圳市宝安区石岩镇塘头村骏业工业园			邮政编码	518102
企业类型	进出口货物收发货人	注册日期	1993.5.17	注册资本	1200 万美元
评定时间	2009.8.24	报关有效期	2014.5.17	所属海关	深圳海关
法人姓名	姚晓晗		电话	0755-27637668-138	
日常联系人	翁焕贵		电话	0755-27637668-501	
主营范围	生产经营塑料制品（包括医疗用具）、日用品、塑料吹膜机、聚乙烯再生胶粒（不含现行各项许可证管理的产品）。增加：塑料制品、日用品，塑料吹膜机 80% 外销，其余产品 100% 外销。增加：从事非配额许可证管理、非专营商品的收购出口业务。				

企业名称	富盈裕塑胶制品（深圳）有限公司			海关编码	4403942619
通讯地址	深圳市宝安区上星第三工业区上星路 55 号			邮政编码	518125
企业类型	进出口货物收发货人	注册日期	1994.9.10	注册资本	2000 万港币
评定时间	2009.3.3	报关有效期	2012.5.22	所属海关	深圳海关
法人姓名	曾志成		电话	0755-27291826	
日常联系人	曾善祥		电话	0755-27291826	
主营范围	生产塑胶冲凉帽、旅行牙刷套装、抹鞋布、纸箱、鞋刷等浴室用品及旅行日用品，生产经营宠物用品、工具袋及工具套装，从事货物与技术的进出口业务（不含分销，国家专营、专控商品）。				

企业名称	宏利宝钢铁加工（深圳）有限公司			海关编码	4403942762
通讯地址	深圳市宝安区公明街道楼村绘猫路 32 号			邮政编码	518106
企业类型	进出口货物收发货人	注册日期	1994.1.17	注册资本	1400 万港币
评定时间	2009.3.24	报关有效期	2014.1.17	所属海关	深圳海关
法人姓名	甘炳超		电话	0755-27115981	
日常联系人	李超美		电话	0755-27115981	
主营范围	加工、生产经营综合性钢板、钢材的半成品和制成品。				

企业名称	再兴电子（深圳）有限公司			海关编码	4403942707
通讯地址	深圳市宝安区松岗镇洋涌河大道中段			邮政编码	518105
企业类型	进出口货物收发货人	注册日期	1995.3.1	注册资本	8800 万港币
评定时间	2009.8.24	报关有效期	2014.3.1	所属海关	深圳海关
法人姓名	洪毅弘		电话	0755-29932128	
日常联系人	郑计传		电话	0755-29932128	
主营范围	生产经营高智能电子礼品（不含限制项目），产品 100% 外销。增加：生产玩具装饰品、电子线路板插件、电子五金配件，产品 100% 外销。增加：生产经营塑胶件，增营产品 100% 外销。				

企业名称	永钢五金制品（深圳）有限公司			海关编码	4403942379
通讯地址	深圳市宝安区沙井镇沙头茭塘工业区 1、2 幢			邮政编码	518104
企业类型	进出口货物收发货人	注册日期	1994.7.6	注册资本	8000 万港币
评定时间	2009.3.24	报关有效期	2014.7.6	所属海关	深圳海关
法人姓名	苏智圣		电话	0755-27235005	
日常联系人	艾斌		电话	0755-27235005	
主营范围	生产、加工变压器、马达使用的电磁钢片，销售自产产品（产品 100% 外销）。				

企业名称	联电电器实业（深圳）有限公司			海关编码	4403942197
通讯地址	深圳市宝安区锦绣路沙塘北方永发科技园 C 栋			邮政编码	518125
企业类型	进出口货物收发货人	注册日期	1995.11.30	注册资本	210 万美元
评定时间	2010.3.29	报关有效期	2011.11.30	所属海关	深圳海关
法人姓名	曾蕊芳		电话	0755–88877788	
日常联系人	陈洁琦		电话	0755–88877788	
主营范围	生产加工各种电线、电缆、电脑连接线（含插头、插座）。增加：普通货运（道路运输经营许可证有效期至 2012 年 9 月 30 日）。				

企业名称	利宝嘉电业（深圳）有限公司			海关编码	4403942088
通讯地址	深圳市宝安区观澜街道竹园工业区			邮政编码	518106
企业类型	进出口货物收发货人	注册日期	1994.3.8	注册资本	2000 万美元
评定时间	2009.8.28	报关有效期	2014.3.8	所属海关	深圳海关
法人姓名	吴健南		电话	0755–27985154	
日常联系人	陈巨涛		电话	0755–27985154	
主营范围	生产电子接插件（含镀铜、镀镍）。销售自产产品，产品 100% 外销。增加：生产经营塑胶制品、五金制品、塑胶五金制品及电动机零配件，增营产品 100% 外销。增加：生产经营仪用接插件，增营产品 100% 外销。增加：生产经营精密冲压模、精密注塑模（型腔模）、精密导柱、模具零配件。增加：普通货运（道路运输经营许可证有效期至 2012 年 12 月 31 日）。				

企业名称	东丽塑料（深圳）有限公司			海关编码	4403942885
通讯地址	深圳市宝安区南环路西荚塘工业区 1 栋			邮政编码	518104
企业类型	进出口货物收发货人	注册日期	1995.10.30	注册资本	1354 万美元
评定时间	2009.8.24	报关有效期	2014.10.30	所属海关	深圳海关
法人姓名	山脇良庸		电话	0755–27235000	
日常联系人	史福英		电话	0755–27235000	
主营范围	生产经营各种塑料的高性能混合料和着色料及其成型制品（不含限制项目及污染工序），产品 70% 外销。增加：生产经营工程塑料。				

企业名称	元大金属实业（深圳）有限公司			海关编码	4403943373
通讯地址	深圳市光明新区公明镇上村围头第一工业区 1 栋			邮政编码	518106
企业类型	进出口货物收发货人	注册日期	1997.6.10	注册资本	5500 万港币
评定时间	2009.3.3	报关有效期	2014.6.10	所属海关	深圳海关
法人姓名	蔡水德		电话	0755-27152458	
日常联系人	张敏		电话	0755-27152458	
主营范围	生产经营自行车零配件、机动车零配件(非主要部件)、保健器材、新型轻质建筑材料、电子金属零配件、五金制品、铝合金成型加工(不含限制项目),产品 100% 外销。增加:生产经营塑胶制品，增营产品 100% 外销。增加：电动滑板车、电动老人代步车、电动童车、电动贩卖车、电动载物车、各类运动器材、各类复合材料，增营产品 100% 外销。				

企业名称	肯发精密仪器（深圳）有限公司			海关编码	4403943050
通讯地址	深圳市宝安区 71 区新政房地产一栋			邮政编码	518101
企业类型	进出口货物收发货人	注册日期	1997.12.25	注册资本	2600 万美元
评定时间	2009.8.24	报关有效期	2011.12.25	所属海关	深圳海关
法人姓名	郭承恩		电话	0755-33680688-118	
日常联系人	郑江敏		电话	0755-33680688-115	
主营范围	生产经营精密金属元器件及配件（不含限制项目），产品 100% 外销。开发、生产经营大容量磁盘驱动器及其部件。增加：工模具制造。增加：汽车关键零部件制造。				

企业名称	欧达可电子（深圳）有限公司			海关编码	4403943009
通讯地址	深圳市宝安区沙井工业公司第二工业区 A3 栋			邮政编码	518104
企业类型	进出口货物收发货人	注册日期	1995.8.30	注册资本	1200 万美元
评定时间	2009.3.3	报关有效期	2014.8.30	所属海关	深圳海关
法人姓名	富田周敬		电话	0755-29875222	
日常联系人	胡慧敏		电话	0755-29875222	
主营范围	生产经营电源开关、电子回路开关、电子感应器、光感应器、集成线路块（IC）、II 类 6821 医用电子仪器设备（医疗器械生产生产企业许可证有效期至 2016 年 2 月 27 日）、电子记忆块等电子零配件及电子产品组装（不含限制项目）、模具、电力电子器件、新型机电元件、新型仪用开关。增加：从事上述同类产品及连接器、五金制品、塑胶制品的设计开发、批发、进出口、佣金代理（不含拍卖）及相关配套业务（涉及配额许可证管理、专项规定管理的商品按国家有关规定办理）。				

企业名称	建辉塑胶电子实业（深圳）有限公司			海关编码	4403944543
通讯地址	深圳市宝安区观澜镇四黎路 127 号			邮政编码	518110
企业类型	进出口货物收发货人	注册日期	2002.1.7	注册资本	10000 万港币
评定时间	2009.8.24	报关有效期	2014.1.7	所属海关	深圳海关
法人姓名	汪韶辉		电话	0755-28016627	
日常联系人	赖学荣		电话	0755-28016627	
主营范围	生产经营电子玩具、塑胶玩具、塑胶电子五金玩具、游戏机、塑胶制品、五金制品、塑胶五金制品、塑胶五金包装容器、塑胶五金模具、塑胶电子制品、线路板插件、收录放机及零件、电气音响及视觉装置、变压器及传感、报警仪器系列产品、控制器及其配件、检测器及其配件、低压电器及其配件，其中电子玩具、塑胶玩具 70% 外销，其他产品 100% 外销。				

企业名称	海日升电器制品（深圳）有限公司			海关编码	4403944010
通讯地址	深圳市宝安区罗田社区第三工业区日升路 8 号			邮政编码	518118
企业类型	进出口货物收发货人	注册日期	1997.12.24	注册资本	7000 万港币
评定时间	2009.3.24	报关有效期	2014.12.24	所属海关	深圳海关
法人姓名	沈凌韬		电话	0755-27063336	
日常联系人	谭雁玲		电话	0755-27063336	
主营范围	生产经营各类灯具。增加：生产经营家用小电器、健身器械（均不含出口许可证管理商品）。增加：生产经营汽车用小电器、电源组、小电动工具（均不含出口许可证管理商品）。增加：生产经营各类充电器、变压器、不间断供电电源、各类注塑塑胶件、各类五金配件、各类电子产品散热用轴流风扇。				

企业名称	奇利田高尔夫用品（深圳）有限公司			海关编码	4403944657
通讯地址	深圳市宝安区石岩镇罗租村黄峰岭工业区			邮政编码	518108
企业类型	进出口货物收发货人	注册日期	1998.12.8	注册资本	2000 万美元
评定时间	2009.8.28	报关有效期	2011.12.8	所属海关	深圳海关
法人姓名	李孔文		电话	0755-27643313	
日常联系人	张智雄		电话	0755-27643313	
主营范围	加工、生产经营高尔夫球杆头、高尔夫球杆、高尔夫球具，产品 100% 外销。				

企业名称	赛尔康技术（深圳）有限公司			海关编码	4403944061
通讯地址	深圳市宝安区沙井镇芙蓉美沙二工业区			邮政编码	518125
企业类型	进出口货物收发货人	注册日期	2008.1.24	注册资本	250 万美元
评定时间	2010.1.4	报关有效期	2014.1.24	所属海关	深圳海关
法人姓名	PEKKA KYYRIAINEN		电话	0755-27255111	
日常联系人	何坤明		电话	0755-27255111	
主营范围	生产经营变压器及其配件，照明电器，连接器，各种电源。增加：照明电器、连接器 100% 外销。增加：生产经营充电器。				

企业名称	德之杰科技（深圳）有限公司			海关编码	4403945606
通讯地址	深圳市宝安区德爱电子（深圳）有限公司 2 号			邮政编码	518131
企业类型	进出口货物收发货人	注册日期	2001.3.15	注册资本	4000 万港币
评定时间	2009.3.24	报关有效期	2014.3.15	所属海关	深圳海关
法人姓名	于自强		电话	0755-28192386	
日常联系人	陈连德		电话	0755-28190886	
主营范围	生产经营数码照相机、读卡机、鼠标器，其中鼠标器 100% 外销。增加：生产经营数码摄像机。增加：生产经营数码照相机配件和数码摄像机配件。增加：生产经营各种投影机、投影机零配件、模具、SMT 贴片、塑胶制品。				

企业名称	相模电机（深圳）有限公司			海关编码	4403945246
通讯地址	深圳市宝安区观澜镇竹园工业区 1~7 栋			邮政编码	518110
企业类型	进出口货物收发货人	注册日期	2000.6.15	注册资本	6000 万港币
评定时间	2009.8.28	报关有效期	2014.6.15	所属海关	深圳海关
法人姓名	胜野清一		电话	0755-27985309	
日常联系人	赖惠玲		电话	0755-27985309	
主营范围	设计制造新型电子元器件、微型电子接插件、传感器、中周变压器、各式线圈、收音机天线，产品 70% 外销。增加：上海、天津、深圳福田设立办事处。增加：从事非配额许可证管理、非专营商品的收购出口业务。增加：设计制造塑胶制品、五金制品。				

企业名称	稳健实业（深圳）有限公司			海关编码	4403945362
通讯地址	深圳市宝安区龙华街道布龙公路旁稳健工业园			邮政编码	518131
企业类型	进出口货物收发货人	注册日期	2000.9.14	注册资本	19200 万港币
评定时间	2009.8.24	报关有效期	2014.9.14	所属海关	深圳海关
法人姓名	李建全		电话	0755–28138888	
日常联系人	王翠翠		电话	0755–28138888	
主营范围	生产经营卫生材料、敷料及制品、医用服装、纺织品、无纺布制品及成型包装（上述产品 100% 外销，不含国家出口许可证管理商品）和相关产品一次性消耗品及成型包装，以上产品及棉花的批发、佣金代理（拍卖除外）、进出口和其他相关配套业务（涉及配额许可证管理、专项规定管理的商品按国家有关规定办理），灭菌技术服务（须取得相关资质方可经营，按有关规定办理申请）。				

企业名称	伟创力电源（深圳）有限公司			海关编码	4403945401
通讯地址	深圳市宝安区西乡镇航城工业区			邮政编码	518102
企业类型	进出口货物收发货人	注册日期	2000.10.23	注册资本	3900 万港币
评定时间	2010.1.7	报关有效期	2014.10.23	所属海关	深圳海关
法人姓名	MANNY MARIMUTHU		电话	0755–29599999	
日常联系人	何振豪		电话	0755–29599999	
主营范围	加工、生产经营新型电子元器件、电子元器件及其配件，包括电源变换器、电源充电器、开关式电源供应器、输出导线及用于多媒体、网络、数据、信息设备的电子元器件，以及各产品的售后技术服务（取得消防安全检查合格后，方可使用或者开业）。在上海市设立分支机构。增加：从事经济信息咨询、企业管理咨询。				

企业名称	三箭和众鼎电子（深圳）有限公司			海关编码	4403945454
通讯地址	深圳市宝安区方大田洋工业区 13 小区			邮政编码	518105
企业类型	进出口货物收发货人	注册日期	2000.11.17	注册资本	7832 万港币
评定时间	2009.8.24	报关有效期	2014.11.17	所属海关	深圳海关
法人姓名	高瑞三		电话	0755–27089978	
日常联系人	陈妙娟		电话	0755–27089978	
主营范围	生产经营塑料合金产品，产品 70% 外销。增加：设计、生产经营非金属制品模具，企业管理咨询，生产经营手机及其零配件、各种手机按键、新型仪表元器件。				

企业名称	嘉隆科技（深圳）有限公司			海关编码	4403945530
通讯地址	深圳市宝安区福永镇同富裕工业区			邮政编码	518103
企业类型	进出口货物收发货人	注册日期	2008.1.14	注册资本	1765 万美元
评定时间	2009.8.24	报关有效期	2014.1.14	所属海关	深圳海关
法人姓名	林雪华		电话	0755-27335666	
日常联系人	陈聘		电话	0755-27335666	
主营范围	生产经营变压器、电感器、电源供应器、线路板、电话线路检仪器、可视电话、网络电话、光纤通讯设备用元件，产品 100% 外销。增加：生产经营电力电子器件，电子专用设备，测试仪器制造，宽带接入网通信系统设备制造。增加：生产经营计算机及配件，可移动磁盘及 MP3 播放器，便携式 DVD 播放器，数字照相机及关键件，数字有线电视系统设备，读码器。增加：生产经营平板显示器及其关键部件，高清晰度数字电视机，平板电视与新型投影电视装置，GPS 卫星导航仪及定位系统。生产经营数字收音设备，移动通信系统手机，照明电子节能产品及关键部件。				

企业名称	安费诺凯杰科技（深圳）有限公司			海关编码	4403945040
通讯地址	深圳市宝安区塘尾工业区 DM2 栋			邮政编码	518106
企业类型	进出口货物收发货人	注册日期	2008.1.23	注册资本	690 万美元
评定时间	2010.1.4	报关有效期	2014.1.23	所属海关	深圳海关
法人姓名	RICHARD ADAM NORWITT		电话	0755-27177843	
日常联系人	李晨		电话	0755-27177829	
主营范围	生产经营新型电子元器件，产品 70% 外销。增加：生产经营射频连接器零件（环保批复深光环批 [2009]200423 号有效期至 2012 年 7 月 26 日）。				

企业名称	旭荣电子（深圳）有限公司			海关编码	4403945065
通讯地址	深圳市宝安区沙井街道南环路 539 号			邮政编码	518125
企业类型	进出口货物收发货人	注册日期	2000.2.1	注册资本	280 万美元
评定时间	2009.3.24	报关有效期	2014.2.1	所属海关	深圳海关
法人姓名	宋恭源		电话	0755-61521111	
日常联系人	张桂略		电话	0755-61521111	
主营范围	生产经营各式芯轴及橡胶制品、塑胶制品、滚轮组件、橡塑料模具、激光器，产品 50% 外销（取得消防安全检查合格后，方可使用）。				

<table>
<tr><td>企业名称</td><td colspan="3">确信爱法金属（深圳）有限公司</td><td>海关编码</td><td>4403945562</td></tr>
<tr><td>通讯地址</td><td colspan="3">深圳市宝安区松岗街道塘下涌社区</td><td>邮政编码</td><td>518105</td></tr>
<tr><td>企业类型</td><td>进出口货物收发货人</td><td>注册日期</td><td>2001.2.12</td><td>注册资本</td><td>1111 万美元</td></tr>
<tr><td>评定时间</td><td>2009.8.24</td><td>报关有效期</td><td>2014.2.12</td><td>所属海关</td><td>深圳海关</td></tr>
<tr><td>法人姓名</td><td colspan="2">冼伟铨</td><td>电话</td><td colspan="2">0755-27051100</td></tr>
<tr><td>日常联系人</td><td colspan="2">许家权</td><td>电话</td><td colspan="2">0755-27051100</td></tr>
<tr><td>主营范围</td><td colspan="5">加工、生产经营有色金属复合材料（锡条、锡铅合金条、锡铅合金丝、锡丝、锡型材、锡铅合金型材及其他锡铅合金材料），电子工业用精细化工产品及激光切割不锈钢移印模板。增加：生产经营锡膏。增加：线路板涂敷、电子零件涂敷。增加：生产经营锡粉、锡铅合金粉及其他锡合金粉，产品 100% 内销。增加：锡膏、锡粉、锡条及其相关制品、快干助焊剂、分散液的批发、进出口（涉及配额许可证管理、专项规定管理的商品按国家有关规定办理）。增加：普通货运（“道路运输经营许可证”有效期至 2012 年 12 月 31 日）。增加：生产经营铋粉、铋合金粉。增加：生产经营快干助焊剂。</td></tr>
</table>

<table>
<tr><td>企业名称</td><td colspan="3">伟创力科技（深圳）有限公司</td><td>海关编码</td><td>4403945183</td></tr>
<tr><td>通讯地址</td><td colspan="3">深圳市宝安区朱坳第二工业区 C11 厂房 1~5 层</td><td>邮政编码</td><td>518126</td></tr>
<tr><td>企业类型</td><td>进出口货物收发货人</td><td>注册日期</td><td>2000.4.28</td><td>注册资本</td><td>1210 万美元</td></tr>
<tr><td>评定时间</td><td>2008.12.19</td><td>报关有效期</td><td>2014.4.28</td><td>所属海关</td><td>深圳海关</td></tr>
<tr><td>法人姓名</td><td colspan="2">马万行</td><td>电话</td><td colspan="2">0755-24899813</td></tr>
<tr><td>日常联系人</td><td colspan="2">徐丽霞　孔宪华</td><td>电话</td><td colspan="2">0755-24899813</td></tr>
<tr><td>主营范围</td><td colspan="5">生产经营无绳电话机及相关配套产品，传真机，血糖测试器（产品 100% 外销），PCBA 线路板（不设腐蚀工序），计算机功能卡和接口卡，鼠标器（产品 50% 外销）。生产经营掌上电脑，移动电话手机及充电器，数字磁带录放机，其中移动电话手机 100% 外销，掌上电脑 100% 内销，其他产品 50% 外销。生产经营键盘式电子乐器，液晶电视机，条形码打印机，数字照相机，生产经营数字相机用存储卡，汽车用电子配件。生产经营 CD 播放机，电子道路收费器，从事电子及通讯设备的研究，设计和开发。增营产品 100% 外销。生产经营投影仪。生产经营 ETS 手机。生产经营多功能游戏机，产品 100% 外销。从事公司自产产品的同类商品（游戏机类产品除外）的进口及其批发业务，国内采购商品（特种商品除外）的批发业务，并提供相关配套服务。生产经营数字视听产品。生产经营血糖控制仪、假牙清洗器、遥控器，产品 100% 外销。生产经营电脑硬盘、移动存储器，产品 100% 外销。生产经营无线高清数据收发器，产品 100% 外销。生产经营胰岛素泵、医疗用零配件，产品 100% 外销。生产电子镇痛贴、激光脱毛器、激光脱毛器手柄、皮肤色素感应器，产品 100% 外销。生产经营去瘢机电子线路板组件、无线网络连接器，产品 100% 外销。生产经营负压创伤治疗仪用气泵，产品 100% 外销。</td></tr>
</table>

企业名称	亚力山卓家私（深圳）有限公司			海关编码	4403945184
通讯地址	深圳市宝安区松岗镇燕川村			邮政编码	518105
企业类型	进出口货物收发货人	注册日期	2000.4.30	注册资本	2500 万美元
评定时间	2009.8.24	报关有效期	2014.4.30	所属海关	深圳海关
法人姓名	萧金聪		电话	0755-27059666	
日常联系人	陈荣文		电话	0755-27053583	
主营范围	生产经营家私及其配件。				

企业名称	耀川电子（深圳）有限公司			海关编码	4403945285
通讯地址	深圳市宝安区福永街道塘尾耀川工业区 1~4 栋			邮政编码	518102
企业类型	进出口货物收发货人	注册日期	2000.7.11	注册资本	420 万美元
评定时间	2009.3.24	报关有效期	2014.7.11	所属海关	深圳海关
法人姓名	王秋容		电话	0755-29607047	
日常联系人	叶书文		电话	0755-27496959	
主营范围	生产、加工及销售缝衣机、吸尘器、一般小家电及其零配件，产品 50% 外销。增加：生产经营塑胶模具，产品 50% 外销。增加：生产经营微型马达，增营产品 100% 外销。增加：货物及技术进出口（不含分销及国家专营、专控商品）。				

企业名称	乐利精密工业（深圳）有限公司			海关编码	4403945307
通讯地址	深圳市宝安区福永镇新和村同富裕工业区			邮政编码	518103
企业类型	进出口货物收发货人	注册日期	2000.8.1	注册资本	2800 万美元
评定时间	2009.8.24	报关有效期	2014.8.1	所属海关	深圳海关
法人姓名	袁永栋		电话	0755-27915066	
日常联系人	史小平		电话	0755-27915066	
主营范围	生产经营各类电子电器连接线缆、插头插座、塑胶制品、精密模具，产品 70% 外销。增加：生产经营绝缘等级为 F、H 级的耐高温绝缘材料和绝缘成型件、新型仪表元器件和材料。增加：生产经营冲压零组件、塑胶粒、电话机、游戏机零组件。增加：生产经营收款机、音频放大器、电气扩音机组、耳机组、电机、电气设备及其零件、混合集成电路测试机主机板、电路的开关、保护或连接的电器装置、新型电子元器件。提供技术咨询服务。生产经营卫星导航定位接收设备及其关键部件、医用成像设备（高场强超导型磁共振 MRI、CT、X 线计算机断层、B 超等）关键部件。				

<table>
<tr><td>企业名称</td><td colspan="3">莱尔德电子材料（深圳）有限公司</td><td>海关编码</td><td>4403945402</td></tr>
<tr><td>通讯地址</td><td colspan="3">深圳市宝安区福永街道办和平社区福园一路德金工业园一区</td><td>邮政编码</td><td>518105</td></tr>
<tr><td>企业类型</td><td>进出口货物收发货人</td><td>注册日期</td><td>2000.10.23</td><td>注册资本</td><td>1436 万美元</td></tr>
<tr><td>评定时间</td><td>2009.8.24</td><td>报关有效期</td><td>2014.10.23</td><td>所属海关</td><td>深圳海关</td></tr>
<tr><td>法人姓名</td><td colspan="2">MARTIN LEE RAPP</td><td>电话</td><td colspan="2">0755-27141166</td></tr>
<tr><td>日常联系人</td><td colspan="2">蔡倩</td><td>电话</td><td colspan="2">0755-27141166</td></tr>
<tr><td>主营范围</td><td colspan="5">设计、开发、生产经营新型电子元器件、半导体制冷片、半导体制冷器、半导体空调机、工模具和生产用夹具，新型电子元器件、半导体制冷片、半导体制冷器、半导体空调机、工模具和生产用夹具的批发、进出口及相关配套业务（涉及配额许可证管理、专项规定管理的商品按国家有关规定办理）。</td></tr>
</table>

<table>
<tr><td>企业名称</td><td colspan="3">现代怡景五金制品（深圳）有限公司</td><td>海关编码</td><td>4403046061</td></tr>
<tr><td>通讯地址</td><td colspan="3">深圳市宝安区怀德翠岗工业园二区第 21 幢</td><td>邮政编码</td><td>518103</td></tr>
<tr><td>企业类型</td><td>进出口货物收发货人</td><td>注册日期</td><td>2011.3.3</td><td>注册资本</td><td>2000 万港币</td></tr>
<tr><td>评定时间</td><td>2011.5.5</td><td>报关有效期</td><td>2014.3.3</td><td>所属海关</td><td>深圳海关</td></tr>
<tr><td>法人姓名</td><td colspan="2">曾广富</td><td>电话</td><td colspan="2">0755-27392872-228</td></tr>
<tr><td>日常联系人</td><td colspan="2">邹小玲</td><td>电话</td><td colspan="2">0755-27392872-389</td></tr>
<tr><td>主营范围</td><td colspan="5">生产经营五金配件，冲压件，五金模具，五金件，胶片。</td></tr>
</table>

<table>
<tr><td>企业名称</td><td colspan="3">捷和工业电机（深圳）有限公司</td><td>海关编码</td><td>4403046106</td></tr>
<tr><td>通讯地址</td><td colspan="3">深圳市宝安区沙井坐岗大坐工业区环镇路 8 号</td><td>邮政编码</td><td>518104</td></tr>
<tr><td>企业类型</td><td>进出口货物收发货人</td><td>注册日期</td><td>2011.4.1</td><td>注册资本</td><td>4000 万港币</td></tr>
<tr><td>评定时间</td><td>2011.5.25</td><td>报关有效期</td><td>2014.4.1</td><td>所属海关</td><td>深圳海关</td></tr>
<tr><td>法人姓名</td><td colspan="2">曾展南</td><td>电话</td><td colspan="2">0755-27565111</td></tr>
<tr><td>日常联系人</td><td colspan="2">曾展南</td><td>电话</td><td colspan="2">0755-27565000</td></tr>
<tr><td>主营范围</td><td colspan="5">生产经营工业电机及附件，电动工具，磨地机及附件配件，电动车及附件，齿轮箱，电源控制器及附件，电动绞盘机及附件，地毯维护器及附件，液体泵及空气泵及其附件，鼓风机及附件，洗涤机及附件，洗地车及附件，高尔夫球车及附件，电动轮椅车及附件，地面清扫机，抽风机，电动残疾人车外壳和电动轮椅车外壳，遥控电动伞，食物垃圾处理器，电动窗帘机；货物及技术进出口（不含分销，国家专营、专控商品）。</td></tr>
</table>

企业名称	深圳恒都塑胶五金有限公司			海关编码	4403046246
通讯地址	深圳市宝安区石岩街道上屋村西边岭北环路 7 栋			邮政编码	518108
企业类型	进出口货物收发货人	注册日期	2011.6.20	注册资本	4000 万港币
评定时间	2011.7.15	报关有效期	2014.6.20	所属海关	深圳海关
法人姓名	周经传		电话	0755-27620222	
日常联系人	邓绍斌		电话	0755-27620222	
主营范围	生产经营塑胶五金配件，电线，电源线，插头，铜丝。				

企业名称	华忆科技（深圳）有限公司			海关编码	4403946786
通讯地址	深圳市兴业西路金美威工业园厂房 2 栋			邮政编码	518053
企业类型	进出口货物收发货人	注册日期	2002.8.14	注册资本	19390 万港币
评定时间	2008.12.19	报关有效期	2014.8.14	所属海关	深圳海关
法人姓名	彭君平		电话	0755-27581088	
日常联系人	罗万华		电话	0755-27581088	
主营范围	研发、生产液晶显示器及游戏机系列配套件、DVD、音响、彩色电视机（含液晶电视机）、录放像机、放像机及以上产品相关的配套组合体，销售自产产品。				

企业名称	亿和精密金属制品（深圳）有限公司			海关编码	4403946053
通讯地址	深圳市宝安区石岩镇塘兴路亿和科技工业园			邮政编码	518051
企业类型	进出口货物收发货人	注册日期	2001.10.30	注册资本	22188 万港币
评定时间	2009.3.24	报关有效期	2014.10.30	所属海关	深圳海关
法人姓名	胡晓峰		电话	0755-27629999	
日常联系人	陈小玲		电话	0755-27629999	
主营范围	生产经营精密模具、精密五金制品，产品 100% 外销。增加：生产经营汽车及摩托车模具、夹具、高档建筑五金件、水暖器材及五金件、精冲模、精密型腔模、模具标准件、塑料制品。增加：道路普通货物运输。				

<table>
<tr><td>企业名称</td><td colspan="3">万机仪器（中国）有限公司</td><td>海关编码</td><td>4403946205</td></tr>
<tr><td>通讯地址</td><td colspan="3">深圳市西乡街道办鹤洲开发区鸿荣源鸿翔工业园</td><td>邮政编码</td><td>518133</td></tr>
<tr><td>企业类型</td><td>进出口货物收发货人</td><td>注册日期</td><td>2002.1.4</td><td>注册资本</td><td>610 万美元</td></tr>
<tr><td>评定时间</td><td>2008.12.19</td><td>报关有效期</td><td>2014.1.4</td><td>所属海关</td><td>深圳海关</td></tr>
<tr><td>法人姓名</td><td colspan="2">GERALD G.COLELLA</td><td>电话</td><td colspan="2">0755-88216888</td></tr>
<tr><td>日常联系人</td><td colspan="2">张浩</td><td>电话</td><td colspan="2">0755-88216653</td></tr>
<tr><td>主营范围</td><td colspan="5">主要从事研究、开发、生产、加工、销售在半导体制造和类似工业制造过程中用以测量、控制和分析气体的高新技术精密仪器、组件、子系统和产生活性气体的产品，电子专用设备、仪器、各类电源供应器、电源测量仪器及电子元器件和相关产品的维修，售后服务和技术服务。</td></tr>
</table>

<table>
<tr><td>企业名称</td><td colspan="3">光隆音响（深圳）有限公司</td><td>海关编码</td><td>4403046135</td></tr>
<tr><td>通讯地址</td><td colspan="3">深圳市宝安区福永街道新和远东工业区 19 号</td><td>邮政编码</td><td>518103</td></tr>
<tr><td>企业类型</td><td>进出口货物收发货人</td><td>注册日期</td><td>2011.4.20</td><td>注册资本</td><td>211 万美元</td></tr>
<tr><td>评定时间</td><td>2011.9.19</td><td>报关有效期</td><td>2014.4.20</td><td>所属海关</td><td>深圳海关</td></tr>
<tr><td>法人姓名</td><td colspan="2">张文山</td><td>电话</td><td colspan="2">0755-27302517</td></tr>
<tr><td>日常联系人</td><td colspan="2">朱洪波</td><td>电话</td><td colspan="2">0755-27302517</td></tr>
<tr><td>主营范围</td><td colspan="5">生产经营音箱、组合柜，货物及技术进出口（不含分销，国家专营、专控商品）。</td></tr>
</table>

<table>
<tr><td>企业名称</td><td colspan="3">三洋马达科技（深圳）有限公司</td><td>海关编码</td><td>4403046151</td></tr>
<tr><td>通讯地址</td><td colspan="3">深圳市宝安区西部工业区 A 栋、B 栋、C 栋</td><td>邮政编码</td><td>518104</td></tr>
<tr><td>企业类型</td><td>进出口货物收发货人</td><td>注册日期</td><td>2011.4.28</td><td>注册资本</td><td>1000 万美元</td></tr>
<tr><td>评定时间</td><td>2011.6.17</td><td>报关有效期</td><td>2014.4.28</td><td>所属海关</td><td>深圳海关</td></tr>
<tr><td>法人姓名</td><td colspan="2">池内俊郎</td><td>电话</td><td colspan="2">0755-27234250</td></tr>
<tr><td>日常联系人</td><td colspan="2">詹秀容</td><td>电话</td><td colspan="2">0755-27234250-258</td></tr>
<tr><td>主营范围</td><td colspan="5">加工、生产经营马达及配件，五金冲压零部件，电子产品及配件。</td></tr>
</table>

<table>
<tr><td>企业名称</td><td colspan="3">爱普生精工（深圳）有限公司</td><td>海关编码</td><td>4403046214</td></tr>
<tr><td>通讯地址</td><td colspan="3">深圳市宝安区福永街道大洋开发区十二区</td><td>邮政编码</td><td>518103</td></tr>
<tr><td>企业类型</td><td>进出口货物收发货人</td><td>注册日期</td><td>2011.6.8</td><td>注册资本</td><td>2500 万美元</td></tr>
<tr><td>评定时间</td><td>2011.7.11</td><td>报关有效期</td><td>2014.6.8</td><td>所属海关</td><td>深圳海关</td></tr>
<tr><td>法人姓名</td><td colspan="2">滝澤光良</td><td>电话</td><td colspan="2">0755-27310120</td></tr>
<tr><td>日常联系人</td><td colspan="2">许云娜</td><td>电话</td><td colspan="2">0755-27310120</td></tr>
<tr><td>主营范围</td><td colspan="5">生产经营手表文字板、手表表芯、表芯配件、手表完成品，光学部件及生产设备的设计、开发、技术服务，货物及技术进出口（不含进口分销）。</td></tr>
</table>

<table>
<tr><td>企业名称</td><td colspan="3">科铨塑胶（深圳）有限公司</td><td>海关编码</td><td>4403946687</td></tr>
<tr><td>通讯地址</td><td colspan="3">深圳市万利塑胶（深圳）有限公司厂房 1~4 幢</td><td>邮政编码</td><td>518110</td></tr>
<tr><td>企业类型</td><td>进出口货物收发货人</td><td>注册日期</td><td>2002.7.18</td><td>注册资本</td><td>200 万美元</td></tr>
<tr><td>评定时间</td><td>2009.8.24</td><td>报关有效期</td><td>2014.7.18</td><td>所属海关</td><td>深圳海关</td></tr>
<tr><td>法人姓名</td><td colspan="2">李宗德</td><td>电话</td><td colspan="2">0755-28014341</td></tr>
<tr><td>日常联系人</td><td colspan="2">王颖</td><td>电话</td><td colspan="2">0755-28017381</td></tr>
<tr><td>主营范围</td><td colspan="5">生产经营 PVC 粒料、各种改性塑胶母粒，产品 80% 外销（取得消防安全检查合格后方可开业）。增加：生产经营 PVC 管材、PVC 异型材、PVC 制品、PVC 塑胶桨、塑胶玩具、塑胶制品、五金制品。增加：普通货运（仅用于自货自运，不从事公共运输服务，有效期至 2012 年 9 月 30 日）。</td></tr>
</table>

<table>
<tr><td>企业名称</td><td colspan="3">深圳斯坦雷电气有限公司</td><td>海关编码</td><td>4403946710</td></tr>
<tr><td>通讯地址</td><td colspan="3">深圳市宝安区长富路 46 号</td><td>邮政编码</td><td>518104</td></tr>
<tr><td>企业类型</td><td>进出口货物收发货人</td><td>注册日期</td><td>2008.7.29</td><td>注册资本</td><td>250 万美元</td></tr>
<tr><td>评定时间</td><td>2010.2.21</td><td>报关有效期</td><td>2014.7.29</td><td>所属海关</td><td>深圳海关</td></tr>
<tr><td>法人姓名</td><td colspan="2">田边徹</td><td>电话</td><td colspan="2">0755-81495006</td></tr>
<tr><td>日常联系人</td><td colspan="2">陈伟荣</td><td>电话</td><td colspan="2">0755-81495006</td></tr>
<tr><td>主营范围</td><td colspan="5">生产经营电子元件、汽车用电子零件及汽车用照明灯具部件，提供自产产品售后服务，以及研究开发新产品。增加：生产经营液晶显示模块、发光二极管、传感器、冷阴极管、微型灯泡、复印机操作面板、打印机操作面板、传真机操作面板、闪光灯、塑胶制品、金属制品、交通灯照明组件、路灯照明组件、室外广告照明组件、汽车操作面板，提供自产产品的售后服务。</td></tr>
</table>

<table>
<tr><td>企业名称</td><td colspan="3">贸杰家庭用品（深圳）有限公司</td><td>海关编码</td><td>4403946838</td></tr>
<tr><td>通讯地址</td><td colspan="3">深圳市光明新区塘尾第三工业区第 1、2 栋</td><td>邮政编码</td><td>518101</td></tr>
<tr><td>企业类型</td><td>进出口货物收发货人</td><td>注册日期</td><td>2002.8.27</td><td>注册资本</td><td>555 万美元</td></tr>
<tr><td>评定时间</td><td>2009.3.3</td><td>报关有效期</td><td>2014.8.27</td><td>所属海关</td><td>深圳海关</td></tr>
<tr><td>法人姓名</td><td colspan="2">彭世裕</td><td>电话</td><td colspan="2">0755-27159881</td></tr>
<tr><td>日常联系人</td><td colspan="2">麦浩辉</td><td>电话</td><td colspan="2">0755-27159881</td></tr>
<tr><td>主营范围</td><td colspan="5">生产经营窗帘、浴帘、台布、餐垫、塑料衣柜、围巾、不织布、胶袋，产品 100% 外销。</td></tr>
</table>

<table>
<tr><td>企业名称</td><td colspan="3">富士胶片光电（深圳）有限公司</td><td>海关编码</td><td>4403946042</td></tr>
<tr><td>通讯地址</td><td colspan="3">深圳市宝安区福山工业区</td><td>邮政编码</td><td>518103</td></tr>
<tr><td>企业类型</td><td>进出口货物收发货人</td><td>注册日期</td><td>2001.10.24</td><td>注册资本</td><td>1078 万美元</td></tr>
<tr><td>评定时间</td><td>2008.12.19</td><td>报关有效期</td><td>2014.10.24</td><td>所属海关</td><td>深圳海关</td></tr>
<tr><td>法人姓名</td><td colspan="2">松木繁和</td><td>电话</td><td colspan="2">0755-27309129</td></tr>
<tr><td>日常联系人</td><td colspan="2">李斌</td><td>电话</td><td colspan="2">0755-27309129</td></tr>
<tr><td>主营范围</td><td colspan="5">研发、生产、经营激光打印机、投影仪、扫描仪、数码照相机、摄像机、复印机、光学测量仪、照相冲印设备、摄像镜头组件、光学镜头、光学引擎及以上产品的相关组件、零部件，研发、生产、经营敏感元器件、传感器、光电子器件、新型机电元件、数字摄录机、大屏幕彩色投影显示器用光学引擎及关键件，上述产品的检测、维修、技术服务、批发、进出口及相关配套业务。（不涉及国营贸易管理商品，涉及配额、许可证管理及其他专项规定管理的商品，按国家有关规定办理申请。）</td></tr>
</table>

<table>
<tr><td>企业名称</td><td colspan="3">阿诺德磁材（深圳）有限公司</td><td>海关编码</td><td>4403946079</td></tr>
<tr><td>通讯地址</td><td colspan="3">深圳市光明新区大洋一路 13 号</td><td>邮政编码</td><td>518103</td></tr>
<tr><td>企业类型</td><td>进出口货物收发货人</td><td>注册日期</td><td>2001.11.9</td><td>注册资本</td><td>450 万美元</td></tr>
<tr><td>评定时间</td><td>2009.8.24</td><td>报关有效期</td><td>2014.11.9</td><td>所属海关</td><td>深圳海关</td></tr>
<tr><td>法人姓名</td><td colspan="2">陈立新</td><td>电话</td><td colspan="2">0755-81729700</td></tr>
<tr><td>日常联系人</td><td colspan="2">张桂香</td><td>电话</td><td colspan="2">0755-81729700</td></tr>
<tr><td>主营范围</td><td colspan="5">开发、生产经营高性能磁性新材料（磁粉芯、粘结永磁件、磁性零部件）。增加：生产经营工程打印机、复印机关键组件，货币兑换机感应部件，用于汽车、电机、仪表工业的磁性零部件。增加：货物及技术进出口（不含分销及国家专营、专控商品）。</td></tr>
</table>

企业名称	理光越岭美（深圳）科技有限公司			海关编码	4403948737
通讯地址	深圳市宝安区理光工业园第一栋			邮政编码	518000
企业类型	进出口货物收发货人	注册日期	2005.2.2	注册资本	320 万美元
评定时间	2009.3.24	报关有效期	2014.2.2	所属海关	深圳海关
法人姓名	小板桥新造（SHINZO KOITABASHI）	电话	0755–27331925		
日常联系人	谢孔仕	电话	0755–88213888–6060		
主营范围	从事研究、设计、生产经营复印机、新型打印装置、扫描仪、多功能复合机等办公自动化设备及相关零部件，钟表、微电脑煤气表、电子水表、报警装置、新型仪表元器件及材料、精密加工零件及上述产品的控制系统、电子专用设备、夹具、模具、模具标准件及软件的国内外销售及售后服务、技术支持。				

企业名称	华为终端有限公司			海关编码	4403930090
通讯地址	深圳市龙岗区坂田华为基地 B 区 2 号楼			邮政编码	518129
企业类型	进出口货物收发货人	注册日期	2004.7.30	注册资本	76363 万人民币
评定时间	2009.11.5	报关有效期	2013.12.24	所属海关	深圳海关
法人姓名	郭平	电话	0755–28780808		
日常联系人	周俊	电话	0755–36822488		
主营范围	开发、生产、销售通信电子产品及配套产品，并提供技术咨询和售后服务。进出口业务（不含分销）。				

企业名称	深圳中集专用车有限公司			海关编码	4403930073
通讯地址	深圳市坪山新区坪山锦龙大道 1 号			邮政编码	518118
企业类型	进出口货物收发货人	注册日期	2004.6.28	注册资本	20000 万人民币
评定时间	2009.3.24	报关有效期	2014.5.27	所属海关	深圳海关
法人姓名	李贵平	电话	13823784814		
日常联系人	陈国忻	电话	13902978622		
主营范围	开发、生产销售各种高技术、高性能的专用车、改装车、特种车、半挂车系列（上述产品须经国家主管部门发布公告后方可生产）及其零部件，公路、港口新型机械设备，集装箱、折叠箱、特种集装箱，一般机械产品及其金属结构，产品售后技术服务。				

企业名称	深圳南方中集东部物流装备制造有限公司			海关编码	4403937525
通讯地址	深圳市坪山新区坪山街道办坪山锦龙大道 3 号			邮政编码	518000
企业类型	进出口货物收发货人	注册日期	2005.4.30	注册资本	1660 万美元
评定时间	2008.12.19	报关有效期	2014.4.30	所属海关	深圳海关
法人姓名	吴发沛		电话	0755-26691131	
日常联系人	黄奕波		电话	0755-26691131	
主营范围	制造、修理集装箱，加工制造各类相关机械零部件、结构件和设备（产品 70% 外销、30% 内销），公路、港口新型特种机械设备设计与制造，集装箱堆存业务(不含危险品）。				

企业名称	比亚迪股份有限公司			海关编码	4403937368
通讯地址	深圳市龙岗区葵涌镇延安路			邮政编码	518119
企业类型	进出口货物收发货人	注册日期	2003.5.8	注册资本	235410 万人民币
评定时间	2008.12.19	报关有效期	2014.3.29	所属海关	深圳海关
法人姓名	王传福		电话	0755-84218888	
日常联系人	李慧		电话	0755-84218888	
主营范围	锂离子电池及其他电池、充电器、电子产品、仪器仪表、柔性线路板、五金制品、液晶显示器、手机零配件、模具、塑胶制品及其相关附件的生产、销售，货物及技术进出口（不含进口分销），道路普通货运（“道路运输经营许可证”有效期至 2012 年 9 月 30 日）。				

企业名称	世界塑胶餐垫（宝安）有限公司			海关编码	4403940327
通讯地址	深圳市龙岗区坪山镇宝山工业一区 16 栋幢			邮政编码	518118
企业类型	进出口货物收发货人	注册日期	1989.1.1	注册资本	36000 万港币
评定时间	2009.6.19	报关有效期	2014.4.27	所属海关	深圳海关
法人姓名	李达兴		电话	0755-24275626	
日常联系人	蓝金全		电话	0755-24275626	
主营范围	生产加工胶及各类餐垫、杯垫、餐巾、餐巾圈、洗碟布、挂历、厨房隔热手套、垫、围裙、胶台布、胶浴帘、喷胶棉、PVC 胶布，生产经营彩盒、纸袋等纸包装品，生产、加工、销售绣花毛巾、印花毛巾、印花辘等产品，产品 80% 外销。从事非配额许可证管理、非专营商品的收购出口。增加：生产、加工销售 PE 胶袋、PP 胶袋、PVC 胶袋。				

企业名称	福群电子（深圳）有限公司			海关编码	4403940186
通讯地址	深圳市龙岗区坂田街道布龙路663号1~2层			邮政编码	518129
企业类型	进出口货物收发货人	注册日期	1991.9.29	注册资本	64734万港币
评定时间	2009.8.28	报关有效期	2014.9.29	所属海关	深圳海关
法人姓名	沈乃奇	电话	0755-28774488		
日常联系人	李强	电话	0755-28774488		
主营范围	生产经营线圈、线圈半制成品、线圈五金配件、注塑、吸塑制品及电池装配，产品100%外销。增加：生产经营五金配件及制品，增营产品100%外销。增加：生产经营大容量磁盘驱动器部件，产品100%外销。增加：加工、生产经营光电子器件。增加：加工、生产经营新型机电元件。从事货物及技术进出口（不含分销）。				

企业名称	立信染整机械（深圳）有限公司			海关编码	4403940323
通讯地址	深圳市龙岗区布吉镇丹竹头村			邮政编码	518114
企业类型	进出口货物收发货人	注册日期	1991.3.14	注册资本	2250万美元
评定时间	2008.12.19	报关有效期	2014.3.9	所属海关	深圳海关
法人姓名	方寿林	电话	0755-84736288		
日常联系人	卢琳	电话	0755-84736288		
主营范围	生产经营纺织品染整机械及其配件，铸造配件、不锈钢管和不锈钢板材表面加工（许可证管理和配额限制的产品除外），销售立信染整机械集团在中国投资设厂的染整机械系列产品及其自产产品的技术咨询服务。增加：承接染整机械及零配件的加工。增加：生产经营各类新型纺织机械成套设备及零配件，从事货物及技术进出口（不含分销及国家专营、专控商品）。				

企业名称	美利达自行车（中国）有限公司			海关编码	4403940375
通讯地址	深圳市龙岗区布吉镇上水径村			邮政编码	518112
企业类型	进出口货物收发货人	注册日期	1990.7.12	注册资本	1228万美元
评定时间	2011.5.24	报关有效期	2014.5.31	所属海关	深圳海关
法人姓名	曾崧柱	电话	0755-28522410		
日常联系人	周厚兵	电话	0755-28522410		
主营范围	生产经营自行车及零件。增加：生产经营运动器材。增加：生产经营电动自行车及其零件。从事上述商品的批发、进出口及相关配套业务（不涉及国营贸易管理商品，涉及配额、许可证管理及其他专项规定管理的商品，按国家有关规定办理申请）。在北京、上海、石家庄、郑州、沈阳、成都、济南、福州、长沙设立分支机构。增加设立：西安、昆明、南京、武汉分支机构。增加设立：太原、南昌、杭州、南宁分支机构。增加：天津分支机构。				

<table>
<tr><td>企业名称</td><td colspan="3">力嘉包装（深圳）有限公司</td><td>海关编码</td><td>4403941521</td></tr>
<tr><td>通讯地址</td><td colspan="3">深圳市龙岗区横岗街道力嘉路 98 号</td><td>邮政编码</td><td>518115</td></tr>
<tr><td>企业类型</td><td>进出口货物收发货人</td><td>注册日期</td><td>1993.9.9</td><td>注册资本</td><td>15290 万港币</td></tr>
<tr><td>评定时间</td><td>2008.12.19</td><td>报关有效期</td><td>2013.8.18</td><td>所属海关</td><td>深圳海关</td></tr>
<tr><td>法人姓名</td><td colspan="2">马伟武</td><td>电话</td><td colspan="2">0755-8868161</td></tr>
<tr><td>日常联系人</td><td colspan="2">马松锦</td><td>电话</td><td colspan="2">0755-8868161</td></tr>
<tr><td>主营范围</td><td colspan="5">生产经营彩盒、彩咭、纸制品、纸箱、纸板、纸托等产品，产品 90% 外销。增加：生产经营各式相簿，增营产品 90% 外销。增加：从事各类玩具、文具、绘画册纸包装业务。境外商品包装全部外销。</td></tr>
</table>

<table>
<tr><td>企业名称</td><td colspan="3">华得电子（深圳）有限公司</td><td>海关编码</td><td>4403941378</td></tr>
<tr><td>通讯地址</td><td colspan="3">深圳市龙岗区中心城龙平西路 160 号</td><td>邮政编码</td><td>518116</td></tr>
<tr><td>企业类型</td><td>进出口货物收发货人</td><td>注册日期</td><td>2002.5.16</td><td>注册资本</td><td>1500 万美元</td></tr>
<tr><td>评定时间</td><td>2009.1.4</td><td>报关有效期</td><td>2013.4.6</td><td>所属海关</td><td>深圳海关</td></tr>
<tr><td>法人姓名</td><td colspan="2">LI MING FANG</td><td>电话</td><td colspan="2">0755-61292888</td></tr>
<tr><td>日常联系人</td><td colspan="2">刘美玲</td><td>电话</td><td colspan="2">0755-61292888</td></tr>
<tr><td>主营范围</td><td colspan="5">生产加工经营各种语音合成技术的小型家用电子产品，产品中钟表、计算器、收音机、录音机 100%外销，其他产品 70%外销。生产经营音箱。增加：生产经营家庭影影音设备、电子防盗器、DVD 机半成品。增加：生产经营 MP3 机、CD 机，生产经营数字电视机，增营产品 10%外销。</td></tr>
</table>

<table>
<tr><td>企业名称</td><td colspan="3">太平洋电线电缆（深圳）有限公司</td><td>海关编码</td><td>4403943222</td></tr>
<tr><td>通讯地址</td><td colspan="3">深圳市龙岗区宝龙工业城锦龙四路 9 号</td><td>邮政编码</td><td>518116</td></tr>
<tr><td>企业类型</td><td>进出口货物收发货人</td><td>注册日期</td><td>1995.12.25</td><td>注册资本</td><td>1660 万美元</td></tr>
<tr><td>评定时间</td><td>2008.12.19</td><td>报关有效期</td><td>2014.4.14</td><td>所属海关</td><td>深圳海关</td></tr>
<tr><td>法人姓名</td><td colspan="2">田永洲</td><td>电话</td><td colspan="2">0755-89669195</td></tr>
<tr><td>日常联系人</td><td colspan="2">邹少清</td><td>电话</td><td colspan="2">0755-89669195</td></tr>
<tr><td>主营范围</td><td colspan="5">生产经营各类线缆产品（包括漆包线、电子线、电力电缆、通信电缆）及其相关附件，从事各类线缆技术设计、工程规划及技术咨询服务，产品 60%外销。</td></tr>
</table>

企业名称	中磊石材（深圳）有限公司			海关编码	4403944629
通讯地址	深圳市龙岗区布吉镇坂田正坑水库口			邮政编码	518129
企业类型	进出口货物收发货人	注册日期	2003.4.1	注册资本	4000 万港币
评定时间	2011.9.1	报关有效期	2014.3.2	所属海关	深圳海关
法人姓名	张卫文		电话	0755-82877880	
日常联系人	李莹		电话	0755-28778896	
主营范围	生产经营新型建筑材料及高档环保装饰装修材料，建筑材料、装饰装修材料的批发、佣金代理（不含拍卖）、进出口及相关配套业务（不涉及国营贸易管理商品，涉及配额、许可证管理及其他专项规定管理的商品，按国家有关规定办理申请）。				

企业名称	立信门富士纺织机械（深圳）有限公司			海关编码	4403945421
通讯地址	深圳市龙岗区布吉镇丹竹头村工业区 17~19 号			邮政编码	518114
企业类型	进出口货物收发货人	注册日期	2000.11.1	注册资本	4350 万港币
评定时间	2009.11.5	报关有效期	2014.10.8	所属海关	深圳海关
法人姓名	云维庸		电话	0755-84736174	
日常联系人	杨玉娥		电话	0755-84736174	
主营范围	生产经营各类新型纺织机械设备及有关零配件，产品 70%外销。增加：纺织机械设备及零配件的批发、进出口及相关配套业务（涉及配额许可证管理、专项规定管理的商品按国家有关规定办理）。				

企业名称	连展科技（深圳）有限公司			海关编码	4403945595
通讯地址	深圳市坪山新区兰景中路 2 号			邮政编码	518118
企业类型	进出口货物收发货人	注册日期	2001.3.13	注册资本	1760 万美元
评定时间	2009.8.28	报关有效期	2014.3.4	所属海关	深圳海关
法人姓名	林肇聪		电话	0755-89939999	
日常联系人	赵萍果		电话	0755-89939999-8328	
主营范围	开发、生产经营用于电脑、电子、通讯产品的连接器、元器件、配套件、五金件、塑胶元器件、锂离子电池块、新型电子元器件、光电器件、无线局域网络卡、访问节点桥接器、设备用电线、天线、塑料模具和冲压模具，从事上述同类产品的批发、进出口及相关配套业务。增加：开发、生产经营仪用接插件、发光二极管、有机发光二极管、半导体零组件、风力发电设备。				

企业名称	信义汽车玻璃（深圳）有限公司			海关编码	4403945832
通讯地址	深圳市龙岗区横岗镇 228 工业区信义路			邮政编码	518115
企业类型	进出口货物收发货人	注册日期	2009.5.31	注册资本	35380 万人民币
评定时间	2009.7.30	报关有效期	2012.5.31	所属海关	深圳海关
法人姓名	李贤义		电话	0755-28631333	
日常联系人	刘苑芬		电话	0755-28631333	
主营范围	生产经营进口汽车专用玻璃产品，并研究发展新产品，产品 60% 外销。增加：生产建筑玻璃（不含现行许可证管理的产品），产品 80% 外销。增加：生产经营玻璃制造设备、玻璃金属家具系列产品，产品 80% 外销。增加：玻璃金属门窗制品、橡胶配件制品，增营产品 80% 外销。在罗湖区贝丽南路 3 号楼底层北端及南山区南油路 2240 号设立非法人分支机构，销售公司自产产品。增加：生产、加工压延玻璃，增营产品 80% 外销。增加：生产加工包装金属料、玻璃深加工模具、丝网、磨轮、玻璃设备零配件、包装木料。增加：生产经营无机非金属制品、特种玻璃（太阳热反射特种玻璃、防弹特种玻璃、汽车专用特种玻璃、环保自洁特种玻璃）。增加：普通货运、货物专用运输（集装箱）。				

企业名称	天基电气（深圳）有限公司			海关编码	4403946188
通讯地址	深圳市龙岗区龙岗街道新生莱茵路 30 号			邮政编码	518116
企业类型	进出口货物收发货人	注册日期	2001.12.26	注册资本	15000 万港币
评定时间	2010.9.8	报关有效期	2014.11.19	所属海关	深圳海关
法人姓名	叶平东		电话	0755-84889999	
日常联系人	刘志伟		电话	0755-84889999	
主营范围	加工、生产各种电开关、电插座、电插头、接线头、铁面开关、排苏、钉仔合、空气开关、漏电开关、漏电开关箱、节能灯、照明灯盘，塑胶模具、胶木模具、五金冲压模具的设计与制造，上述产品的批发、佣金代理（不含拍卖）、进出口及相关配套业务（不涉及国营贸易管理商品，涉及配额、许可证管理及其他专项规定管理的商品，按国家有关规定办理申请）。				

企业名称	赐昱鞋业（深圳）有限公司			海关编码	4403946493
通讯地址	深圳市龙岗区爱联村嶂背工业区			邮政编码	518172
企业类型	进出口货物收发货人	注册日期	2002.5.27	注册资本	5500 万美元
评定时间	2008.12.19	报关有效期	2014.3.16	所属海关	深圳海关
法人姓名	苏启声		电话	0755-28966869	
日常联系人	成美芳		电话	0755-28966869	
主营范围	生产经营鞋类制品，产品 100%外销。				

企业名称	中万印刷（深圳）有限公司			海关编码	4403946300
通讯地址	深圳市龙岗区横岗街道红棉四路 25 号 1 栋			邮政编码	518115
企业类型	进出口货物收发货人	注册日期	2011.2.11	注册资本	6000 万人民币
评定时间	2011.3.25	报关有效期	2014.2.11	所属海关	深圳海关
法人姓名	林三明		电话	0755-28672512	
日常联系人	陈月媚		电话	0755-28672512	
主营范围	从事包装装潢印刷品印刷（“印刷经营许可证”有效期限至 2013 年 12 月 31 日）。				

企业名称	耀邦织造（深圳）有限公司			海关编码	4403948801
通讯地址	深圳市龙岗区坑梓镇中兴路中兴工业区			邮政编码	518122
企业类型	进出口货物收发货人	注册日期	2005.3.7	注册资本	6300 万港币
评定时间	2010.1.4	报关有效期	2014.3.28	所属海关	深圳海关
法人姓名	陈文龙		电话	0755-84871668	
日常联系人	卢勇		电话	0755-84871668	
主营范围	从事高档织物面料的织造及后整理加工。货物及技术进出口。增加：加工服装半成品及服装整烫业务，各类纱线整理加工。				

企业名称	深圳市比克电池有限公司			海关编码	4403948907
通讯地址	深圳市龙岗区葵涌镇振达工业区第 10 栋			邮政编码	518119
企业类型	进出口货物收发货人	注册日期	2005.4.22	注册资本	8260 万美元
评定时间	2009.11.11	报关有效期	2014.5.5	所属海关	深圳海关
法人姓名	李向前		电话	0755-89770088	
日常联系人	邢淑霞		电话	0755-89770088	
主营范围	生产锂离子电池。新型电池技术开发。增加：从事货物、技术进出口（不含分销，国家专营、专控商品）。增加：普通货运（“道路运输经营许可证”有效期至 2011 年 12 月 31 日）。				

企业名称	兄弟高科技（深圳）有限公司			海关编码	4403949821
通讯地址	深圳市龙岗区布吉南岭黄金园工业第六号区			邮政编码	518124
企业类型	进出口货物收发货人	注册日期	2006.5.29	注册资本	1500 万美元
评定时间	2008.12.19	报关有效期	2012.5.5	所属海关	深圳海关
法人姓名	石川博	电话		0755-28709987	
日常联系人	钟耀华	电话		0755-28709987	
主营范围	从事新型激光打印机、喷墨打印机、其他打印机、精密多功能机、传真机及其相关半成品和零部件的研发、生产和销售，并提供售后技术服务及维修、检测及包装服务，以及上述产品相关软件的研发、设计和销售。				

企业名称	TCL 集团股份有限公司			海关编码	4413912062
通讯地址	广东省惠州市惠城区仲恺高新技术开发区 19 号			邮政编码	516001
企业类型	进出口货物收发货人	注册日期	1999.8.30	注册资本	258633 万人民币
评定时间	2008.12.19	报关有效期	2014.8.30	所属海关	深圳海关
法人姓名	李东生	电话		0752-2288338	
日常联系人	潘红梅	电话		0752-2376225	
主营范围	经营本企业及成员企业自产产品及相关技术的出口业务，生产科研所需原辅材料、机械设备、仪器仪表、零配件等商品及相关技术的进口业务及出口与本企业自产产品配套的相关或同类的商品（仅限机电产品）（具体按粤外经贸进字 [1999]233 号、[2000]074 号文经营）。研究、开发、生产、销售电子产品及通讯设备，五金、交电、VCD、DVD 视盘机、家庭影院系统、电子计算机及配件、电池、普通机械。提供电子计算机技术服务、货运仓储和影视器材维修。				

企业名称	惠州市大亚湾华德石化有限公司			海关编码	4413930137
通讯地址	广东省惠州市大亚湾经济技术开发区			邮政编码	516081
企业类型	进出口货物收发货人	注册日期	2009.3.3	注册资本	9375.82 万美元
评定时间	2008.12.19	报关有效期	2011.10.7	所属海关	深圳海关
法人姓名	冯建平	电话		0752-5599502	
日常联系人	张楼会	电话		0752-5599528	
主营范围	经营原油储存、输运，重油及成品油的中转、储存、供应和技术咨询服务，以及生产经营相关的石化产品、化工原材料和建筑材料，附设油库、加油站、液化气站和油保税仓库。				

企业名称	乐金电子（惠州）有限公司			海关编码	4413332001
通讯地址	广东省惠州市仲恺高新技术产业开发惠风四路42号			邮政编码	516006
企业类型	进出口货物收发货人	注册日期	2008.12.2	注册资本	2250万美元
评定时间	2008.12.19	报关有效期	2011.12.2	所属海关	深圳海关
法人姓名	许明九		电话	0752-2613753	
日常联系人	江李才		电话	0752-2613753	
主营范围	制造各式收音、音响设备、CD、VCD、DVD、CD-ROM、CD-RW、DVD-ROM、手提电脑光驱（CD-ROM、CD-RW、DVD-ROM）的影音设备及其相关零件，其中80%外销，20%内销[增资新增手提电脑光驱（CD-ROM、CD-RW、DVD-ROM）100%外销]。生产和销售DVD-RW、便携式卫星导航器。经营电子产品零配件及产成品的批发、进出口业务及相关配套业务（不设店铺，不涉及国营贸易管理商品，涉及配额、许可证管理商品的，按国家有关规定办理申请）。生产和销售网络连接存储器等电子产品，其中90%外销，10%内销。				

企业名称	惠州三星电子有限公司			海关编码	4413932551
通讯地址	广东省惠州市惠城区陈江镇			邮政编码	516229
企业类型	进出口货物收发货人	注册日期	1993.5.1	注册资本	7989.9万美元
评定时间	2008.12.19	报关有效期	2014.5.1	所属海关	深圳海关
法人姓名	李丙植		电话	0752-3166259	
日常联系人	江昌添		电话	0752-3166259	
主营范围	生产镭射影音系列产品（CD、LD、VCD、DVD等组合产品和单一产品）、镭射机芯产品、数字式录放机（DAT、MD、录音笔、MP3、MP4）、显示器（CDT、LCD）、彩色电视机、移动通信系统手机、第三代后续移动通信系统手机、移动通信网络设备、移动互联网设备（有音视频播放功能）（MID）、便携式数字自动数据处理设备（Table PC）及上述产品的销售和售后服务。产品在国内外市场销售。经营上述产品相关零部件的批发和进出口业务（不设店铺，不涉及国营贸易管理商品，涉及配额、许可证管理商品的，按国家有关规定办理申请）。				

企业名称	信华精机有限公司			海关编码	4413932020
通讯地址	广东省惠州市仲恺高新技术开发区惠风西二路 26 号			邮政编码	516001
企业类型	进出口货物收发货人	注册日期	1986.7.17	注册资本	1950 万美元
评定时间	2008.12.19	报关有效期	2014.6.20	所属海关	深圳海关
法人姓名	寺田明彦		电话	0752-2061816	
日常联系人	朱文龙		电话	0752-2061816	
主营范围	设计、制造与销售：CD/DVD 机芯及伺服解码板等汽车娱乐系统的关键零部件及整机方案、汽车电子装置（车身电子控制系统）和关键零部件及整机方案、VCD、DVD 等影视音响产品、GPS 导航模块、嵌入式软件、无线通讯及数字广播产品用模块、电源管理系统、电子书及其他消费类产品、监控与安防产品、特种灯、UV 镜及其他光学元器件、光学组件、光学仪器、工厂自动化设备及工装夹具、可编程序控制器。制造与销售：激光头、移动通讯系统交换设备、网络路由器、网络连接器、手机、电话等通信产品和各类线路板组件、打印机及其组件、电子游戏机及其激光模组组件。上述产品在国内外市场销售。				

企业名称	惠信精密部件有限公司			海关编码	4413932012
通讯地址	广东省惠州市仲恺高新技术开发区惠风东二路 40 号			邮政编码	516001
企业类型	进出口货物收发货人	注册日期	2010.3.9	注册资本	137591 万日元
评定时间	2009.1.13	报关有效期	2013.3.9	所属海关	深圳海关
法人姓名	大塚照夫		电话	0752-2261652	
日常联系人	廖志群		电话	0752-2387203	
主营范围	制造机芯、模具及其他电子、电器产品的金属塑胶零部件、小型风力发电机。其中，小型风力发电机 100% 外销，其余产品 55% 外销，45% 内销（增资新增产量 100 外销）。生产大容量光、磁盘驱动器及其关键件、高密度数字光盘机用关键零件，并在国内外市场销售。				

企业名称	惠阳亚伦塑胶电器实业有限公司			海关编码	4413940022
通讯地址	广东省惠州市惠阳区沥林镇			邮政编码	516235
企业类型	进出口货物收发货人	注册日期	1996.1.22	注册资本	7000 万港币
评定时间	2009.3.24	报关有效期	2014.1.22	所属海关	深圳海关
法人姓名	张丽珍		电话	0752-3853388	
日常联系人	何家星		电话	0752-3853903	
主营范围	生产塑胶制品、家用电动电热器具、电动电热理发器具、电护理器具按摩器具和玩具。				

企业名称	惠阳中建电讯制品有限公司			海关编码	4413940295
通讯地址	广东省惠州市惠阳区太阳城			邮政编码	516213
企业类型	进出口货物收发货人	注册日期	1999.4.15	注册资本	12000 万港币
评定时间	2008.12.19	报关有效期	2014.4.15	所属海关	深圳海关
法人姓名	郑玉清		电话	0752-3500138	
日常联系人	袁辉璋		电话	0752-3500138	
主营范围	经营传真机、电话机、儿童玩具及用品、宽带接入网通信系统设备、移动通信系统、移动电话、多媒体播放器、对讲机、塑胶配件、电话配件、音响、电器产品、开关电源器（AC/DC 换能器、充电器）、线性电源（变压器、线圈）及新型平板显示器、显示管的设计、开发和生产制造及上述产品的塑胶、电子、五金配件（电镀除外）。产品 100% 外销。				

企业名称	雅美工业（惠阳）有限公司			海关编码	4413940360
通讯地址	广东省惠州市惠阳区沥林镇沥林村			邮政编码	516235
企业类型	进出口货物收发货人	注册日期	1992.10.15	注册资本	7500 万港币
评定时间	2009.3.24	报关有效期	2014.9.23	所属海关	深圳海关
法人姓名	张丽珍		电话	0752-3853388	
日常联系人	何家星		电话	0752-3853388-393	
主营范围	制造玩具（包括塑胶玩具、塑胶电动玩具、塑胶电子玩具），塑胶制品，家用电动器具，家用电热器具，电热、电动理发器具，按摩器具，贱金属制品等。产品 100% 外销。				

企业名称	惠阳源高电器有限公司			海关编码	4413940150
通讯地址	广东省惠州市惠城区陈江镇青春管理区			邮政编码	516229
企业类型	进出口货物收发货人	注册日期	1994.2.1	注册资本	1370 万美元
评定时间	2009.1.13	报关有效期	2012.2.1	所属海关	深圳海关
法人姓名	陈春惠		电话	0752-3892551	
日常联系人	黄顺娣		电话	0752-3892551	
主营范围	生产销售各种高级吊扇，灯饰，电热水瓶，家用电动器具及其零配件，不锈钢餐具、器皿及其他小五金等制成品及半成品，农业灌溉用新型抽水泵及其零配件，艺术桌扇、艺术立扇、旋转扇等成品、半成品及其零配件。产品 100% 外销。				

企业名称	惠州大亚湾汇利日用制品有限公司			海关编码	4413940915
通讯地址	广东省惠州市大亚湾经济技术开发区黄鱼涌汇利工业城			邮政编码	516081
企业类型	进出口货物收发货人	注册日期	2009.3.18	注册资本	2000 万美元
评定时间	2009.4.21	报关有效期	2012.3.18	所属海关	深圳海关
法人姓名	钟锦明		电话	0752-5565881	
日常联系人	陈巧云		电话	0752-5565881	
主营范围	生产和销售高级塑胶、纸品；包装装潢印刷品印刷（凭印刷经营许可证经营）。产品在国内外市场销售。				

企业名称	惠州大亚湾光弘科技电子有限公司			海关编码	4413940740
通讯地址	惠州市大亚湾经济技术开发区			邮政编码	516083
企业类型	进出口货物收发货人	注册日期	2006.9.25	注册资本	3000 万美元
评定时间	2009.1.13	报关有效期	2012.9.25	所属海关	深圳海关
法人姓名	唐建兴		电话	0752-5108688	
日常联系人	谢革		电话	0752-5108688	
主营范围	生产经营 CD 机芯、CD 唱机、光学读盘、继电器、有线电话机、无绳电话机、高频头、数字录放机、宠物保护接收器、激光头及其配件、多媒体播放器、数码音乐播放器、线路板组件、打印机及其配件和移动通信系统手机及交换设备和汽车车身电子控制系统。制造第三代及后续移动通信系统手机及其配件。产品 100% 外销。				

企业名称	敏华家具制造（惠州）有限公司			海关编码	4413940675
通讯地址	广东省惠州市大亚湾经济技术开发区西区龙山一路 68 号			邮政编码	516081
企业类型	进出口货物收发货人	注册日期	2005.5.23	注册资本	8200 万美元
评定时间	2009.8.24	报关有效期	2014.5.5	所属海关	深圳海关
法人姓名	黄敏利		电话	0752-5206555	
日常联系人	雷祖成		电话	0752-5206555	
主营范围	生产和销售高档家具（含板式家具）、沙发、海绵、床垫、床具、床上用品。承办国际货物运输代理（订舱、缮制有关单证、交付运费、结算及交付杂费）和无船承运业务（凭资格登记证经营）。从事家具、家居饰品，装修材料商品的批发、零售，进出口业务及其相关配套业务（不设零售店铺，涉及配额、许可证管理、专项规定管理的商品，按国家有关规定办理）。产品在国内外市场销售。				

企业名称	惠阳国威运动器材有限公司			海关编码	4413940005
通讯地址	广东省惠州市惠城区沥林镇			邮政编码	516035
企业类型	进出口货物收发货人	注册日期	1992.6.9	注册资本	2250万美元
评定时间	2008.12.19	报关有效期	2014.5.24	所属海关	深圳海关
法人姓名	李明宗		电话	0752-3869888	
日常联系人	曲银敏		电话	0752-3869888	
主营范围	生产和销售各类运动器材、烧烤炉具、电动玩具、电器电子零件及五金塑胶配件（不含电镀）。产品100%外销。				

企业名称	大统营科技（惠州）有限公司			海关编码	4413941122
通讯地址	广东省惠州市惠东县白花镇			邮政编码	516300
企业类型	进出口货物收发货人	注册日期	2004.4.21	注册资本	5000万美元
评定时间	2009.3.24	报关有效期	2014.4.21	所属海关	深圳海关
法人姓名	林裕原		电话	0752-8202188	
日常联系人	徐爱花		电话	0752-8202188	
主营范围	生产电子专用设备、工模具、高档建筑五金件、水暖器材及五金件、日用家庭电器、不锈钢厨具、健身器材及日用塑胶五金（电镀除外）等产品。产品100%外销。				

企业名称	惠州宏利五金塑胶制品厂有限公司			海关编码	4413942041
通讯地址	广东省惠州市惠城区惠环街道办事处平南工业区49号小区			邮政编码	516006
企业类型	进出口货物收发货人	注册日期	2008.11.21	注册资本	13065万港币
评定时间	2008.12.19	报关有效期	2011.11.21	所属海关	深圳海关
法人姓名	陈岳涛		电话	0752-2600161	
日常联系人	林映雪		电话	0752-2612865	
主营范围	生产和销售不锈钢、塑胶制品，并从事本公司自产产品同类商品和各种家用电器、厨具、餐具、清洁洗刷用品、卫浴用品、灯饰、家用纺织品、玻璃、陶瓷、金属工艺品、干花卉、人造花卉的批发和进出口业务（不设店铺，不含电镀工序，涉及配额、许可证管理、专项规定管理的商品，按国家有关规定办理）。产品在国内外市场销售。				

企业名称	TCL 王牌电器（惠州）有限公司			海关编码	4413342007
通讯地址	广东省惠州市仲恺高新技术开发区 19 号小区			邮政编码	516001
企业类型	进出口货物收发货人	注册日期	1997.12.15	注册资本	50000 万港币
评定时间	2008.12.19	报关有效期	2011.12.15	所属海关	深圳海关
法人姓名	梁铁民		电话	13502899966	
日常联系人	蔡日强		电话	13802871508	
主营范围	研究、开发、生产、销售数字（数码）电子类产品，通迅设备（包括 VCD、DVD 视盘机，模拟、数字、及背投影彩色电视机，机顶盒、家庭影院系统、电子计算机及配件、家庭电器、空调制品、监视器）及相关配套的注塑零部件（涉及国家限制类及出口许可证管理产品除外）。出口 TCL 集团股份有限公司及成员企业自产产品配套的相关或同类商品。				

企业名称	隆发鞋业（惠州）有限公司			海关编码	4413942595
通讯地址	广东省惠州市博罗县龙溪镇龙庭工业区			邮政编码	516123
企业类型	进出口货物收发货人	注册日期	2005.12.2	注册资本	6000 万美元
评定时间	2010.11.3	报关有效期	2011.12.2	所属海关	深圳海关
法人姓名	苏启声		电话	0752-6298333-185	
日常联系人	成美芳		电话	0752-6298361	
主营范围	生产销售：各款鞋类及鞋半成品、鞋配件等。产品在国内外市场销售。				

企业名称	惠州时代电池有限公司			海关编码	4413942507
通讯地址	广东省惠州市惠城区古塘坳工业区			邮政编码	516001
企业类型	进出口货物收发货人	注册日期	2003.12.8	注册资本	940 万美元
评定时间	2009.3.24	报关有效期	2011.12.8	所属海关	深圳海关
法人姓名	许永新		电话	0752-2382388	
日常联系人	陈娟		电话	0752-2382388	
主营范围	设计、制造和销售无汞碱锰电池、镍氢电池、锂离子电池及各类型电池和上述电池之组合电池及零配件等产品。产品在国内外市场销售。				

企业名称	索尼精密部件（惠州）有限公司			海关编码	4413942192
通讯地址	广东省惠州市仲恺高新技术开发区惠台工业园区三横路18号			邮政编码	516001
企业类型	进出口货物收发货人	注册日期	1995.11.20	注册资本	7935万美元
评定时间	2008.12.19	报关有效期	2013.11.20	所属海关	深圳海关
法人姓名	矢永雅治		电话	0752-2606333	
日常联系人	池泽伟		电话	0752-2606333	
主营范围	设计、制造和销售无汞碱锰电池、镍氢电池、锂离子电池及各类型电池和上述电池之组合电池及零配件等产品。产品在国内外市场销售。				

企业名称	惠州震雄铜导体有限公司			海关编码	4413942600
通讯地址	广东省惠州市仲恺高新技术开发区陈江街道办大欣工业区第五区			邮政编码	516008
企业类型	进出口货物收发货人	注册日期	2006.1.4	注册资本	1000万美元
评定时间	2009.1.13	报关有效期	2014.1.4	所属海关	深圳海关
法人姓名	陈小毅		电话	0752-3175088-888	
日常联系人	邓新活		电话	0752-3175088-895	
主营范围	生产销售电子、电器、电脑、汽车等专用铜导线、漆包线。产品在国内外市场销售。				

企业名称	晶惠工业（惠州）有限公司			海关编码	4413942401
通讯地址	广东省惠州市惠城区江北61号区（汝湖虾村）			邮政编码	516021
企业类型	进出口货物收发货人	注册日期	2002.5.8	注册资本	1730万美元
评定时间	2010.2.21	报关有效期	2014.5.8	所属海关	深圳海关
法人姓名	罗乐风		电话	0752-2811028-3268	
日常联系人	梁建娣		电话	0752-2811028-3268	
主营范围	生产棉、毛、针梭织服装及辅料产品。采用计算机集成制造系统的服装生产。产品在国内外市场销售。				

企业名称	华通电脑（惠州）有限公司			海关编码	4413942214
通讯地址	广东省惠州市博罗县湖镇镇			邮政编码	516139
企业类型	进出口货物收发货人	注册日期	1996.6.14	注册资本	11500 万美元
评定时间	2008.12.19	报关有效期	2014.5.16	所属海关	深圳海关
法人姓名	刘腾凌	电话	0752-6301111		
日常联系人	徐丽莉	电话	0752-6301111-4131		
主营范围	设计、制造、加工和销售线宽 0.25 微米及以下大规模集成电路封装用精密线路板、大中型电子计算机、卫星通信系统、数据通信多媒体系统、接入网通信系统等设备用精密线路板、柔性线路板、半导体封装及其专用材料。产品 50% 外销。50% 内销。				

企业名称	惠州 TCL 移动通信有限公司			海关编码	4413342022
通讯地址	广东省惠州市仲恺高新区惠风四路 70 号			邮政编码	516006
企业类型	进出口货物收发货人	注册日期	2004.10.15	注册资本	14960 万美元
评定时间	2009.8.24	报关有效期	2014.9.14	所属海关	深圳海关
法人姓名	廖旭东	电话	0752-2611888-6743		
日常联系人	刘华	电话	0752- 0752-2611637		
主营范围	开发、制造、销售移动通信数字终端设备、电子计算机、平板电脑、家庭网关、机顶盒、调制解调器、电话设备等产品及与各产品的相关附件及其他关联产品，并提供相关服务；开发、销售软件产品并提供相关服务；从事本公司生产产品的同类商品的批发、进出口、佣金代理（拍卖除外）及相关业务（不设店铺，不涉及国营贸易管理商品，涉及配额、许可证管理商品的，按国家有关规定办理申请）。				

企业名称	惠州市大亚湾华德石化有限公司			海关编码	4413947031
通讯地址	广东省惠州市大亚湾经济技术开发区			邮政编码	516081
企业类型	进出口货物收发货人	注册日期	2011.7.7	注册资本	9375.82 万美元
评定时间	2008.12.18	报关有效期	2014.7.7	所属海关	深圳海关
法人姓名	冯建平	电话	0752-5599502		
日常联系人	侯拥得	电话	0752-5599502		
主营范围	经营原油储存、输运，重油及成品油的中转、储存、供应和技术咨询服务，以及生产经营相关的石化产品、化工原材料和建筑材料，附设油库、加油站、液化气站和原油保税仓库。				

企业名称	广东省中山丝绸进出口集团有限公司			海关编码	4420910019
通讯地址	广东省中山市石岐悦来南路28号			邮政编码	528400
企业类型	进出口货物收发货人	注册日期	1992.11.25	注册资本	1500万人民币
评定时间	2011.2.22	报关有效期	2014.11.25	所属海关	拱北海关
法人姓名	关天计		电话	0760-88802138	
日常联系人	何苑巩		电话	0760-88801792	
主营范围	生产加工丝绸、纺织品及其制品；自营和代理各类商品及技术的进出口业务；经营进料加工和“三来一补”业务；开展对销贸易和转口贸易。				

企业名称	广东长虹电子有限公司			海关编码	4420913850
通讯地址	广东省中山市南头镇兴业北路1号			邮政编码	528427
企业类型	进出口货物收发货人	注册日期	2003.11.21	注册资本	50000万人民币
评定时间	2008.10.8	报关有效期	2011.11.21	所属海关	拱北海关
法人姓名	邬江		电话	0760-23138999	
日常联系人	何蛟		电话	0760-23138989	
主营范围	生产销售：视频产品、视听产品、电池产品、计算机网络产品、激光读写系列产品、数码相机、摄录一体机、机械产品、计算机产品、通讯设备、厨房电器、小家电、电冰箱、洗衣机和空调器。				

企业名称	中山市华锋制锁有限公司			海关编码	4420913850
通讯地址	广东省中山市小榄镇永宁工业大道南			邮政编码	528415
企业类型	进出口货物收发货人	注册日期	1996.12.31	注册资本	448万美元
评定时间	2008.9.19	报关有效期	2011.12.31	所属海关	拱北海关
法人姓名	何文烈		电话	0760-23324021	
日常联系人	余惠蝉		电话	0760-22278263	
主营范围	生产和销售各种门锁产品和五金制品。				

企业名称	中山联合鸿兴造纸有限公司			海关编码	4420930156
通讯地址	广东省中山市沙溪镇105国道中山三桥侧			邮政编码	528400
企业类型	进出口货物收发货人	注册日期	1995.6.15	注册资本	5366万美元
评定时间	2008.9.19	报关有效期	2014.6.15	所属海关	拱北海关
法人姓名	小泽善孝		电话	0760-87311894	
日常联系人	黄小晶		电话	0760-87188209	
主营范围	生产和销售各种纸类、纸板、纸制品及相关业务。				

企业名称	史丹利（中山）五金有限公司			海关编码	4420931668
通讯地址	广东省中山市小榄镇福兴村民安北路248号			邮政编码	528415
企业类型	进出口货物收发货人	注册日期	1997.8.19	注册资本	1912万美元
评定时间	2008.11.5	报关有效期	2014.8.19	所属海关	拱北海关
法人姓名	Gregory John Gluchowski Jr		电话	0760-22281701	
日常联系人	张仿玉		电话	0760-22239043	
主营范围	生产和销售五金制品、门窗制品、锁具制品及其配件，家具配件。				

企业名称	TCL空调器（中山）有限公司			海关编码	4420932419
通讯地址	广东省中山市南头镇南头大道			邮政编码	528427
企业类型	进出口货物收发货人	注册日期	2002.5.10	注册资本	4984万美元
评定时间	2008.10.8	报关有效期	2014.5.10	所属海关	拱北海关
法人姓名	李书彬		电话	0760-87821666	
日常联系人	吴朝佳		电话	0760-87821535	
主营范围	生产和销售变频、模糊、智能分体式空调器、移动式空调、调湿装置和静音窗式空调器及其零配件、商用空调、特种空调系列、热泵热水机组、电热水器、太阳能热水器及相关产品。				

企业名称	威斯达电器（中山）制造有限公司			海关编码	4420932447
通讯地址	广东省中山市五桂山镇长命水村			邮政编码	528458
企业类型	进出口货物收发货人	注册日期	2002.6.12	注册资本	1100 万美元
评定时间	2010.7.26	报关有效期	2014.6.12	所属海关	拱北海关
法人姓名	李良平		电话	0760-23378889	
日常联系人	叶利雄		电话	0760-23378889	
主营范围	生产电热水煲、室外烤炉、多士炉、全自动家用面包机、烤箱、烧烤器、电炸锅、冰淇淋机、咖啡壶、汽车清洁机、电动割草机、电饭煲、搅拌器、电煎锅等家用电器产品，数字音、视频编解码设备，宽带接入网通讯系统设备和移动通信系统设备等电子产品。				

企业名称	格兰仕（中山）家用电器有限公司			海关编码	4420932808
通讯地址	广东省中山市黄圃镇兴圃大道东			邮政编码	528429
企业类型	进出口货物收发货人	注册日期	2005.2.22	注册资本	60000 万人民币
评定时间	2010.12.2	报关有效期	2014.2.22	所属海关	拱北海关
法人姓名	梁庆德		电话	0760-23306866	
日常联系人	霍首元		电话	0760-23306876	
主营范围	生产和销售家用电器、商用空调、五金电器配件、塑料配件。				

企业名称	广东奥马电器股份有限公司			海关编码	4420932585
通讯地址	广东省中山市南头镇升辉北工业区			邮政编码	528427
企业类型	进出口货物收发货人	注册日期	2003.3.21	注册资本	12400 万人民币
评定时间	2009.10.16	报关有效期	2014.3.21	所属海关	拱北海关
法人姓名	蔡拾贰		电话	0760-23136888	
日常联系人	万金发		电话	0760-23136886	
主营范围	生产和销售各类家用电器、小家电产品、厨卫用具。				

<table>
<tr><td>企业名称</td><td colspan="3">中山詠盟皮件有限公司</td><td>海关编码</td><td>4420940018</td></tr>
<tr><td>通讯地址</td><td colspan="3">广东省中山市板芙镇板芙中路 9 号</td><td>邮政编码</td><td>528459</td></tr>
<tr><td>企业类型</td><td>进出口货物收发货人</td><td>注册日期</td><td>1990.8.6</td><td>注册资本</td><td>10680 万港币</td></tr>
<tr><td>评定时间</td><td>2008.8.26</td><td>报关有效期</td><td>2013.8.5</td><td>所属海关</td><td>拱北海关</td></tr>
<tr><td>法人姓名</td><td colspan="2">陈秋香</td><td>电话</td><td colspan="2">0760-86502015</td></tr>
<tr><td>日常联系人</td><td colspan="2">郑健男</td><td>电话</td><td colspan="2">0760-86502015</td></tr>
<tr><td>主营范围</td><td colspan="5">生产和销售各种皮带、皮夹、旅行袋、手袋、皮箱、棉织皮带、皮饰品，并进行皮料加工。</td></tr>
</table>

<table>
<tr><td>企业名称</td><td colspan="3">中山崇高玩具制品厂有限公司</td><td>海关编码</td><td>4420940028</td></tr>
<tr><td>通讯地址</td><td colspan="3">广东省中山市港口镇沙港中路 31 号</td><td>邮政编码</td><td>528447</td></tr>
<tr><td>企业类型</td><td>进出口货物收发货人</td><td>注册日期</td><td>1991.9.20</td><td>注册资本</td><td>12380 万港币</td></tr>
<tr><td>评定时间</td><td>2009.1.13</td><td>报关有效期</td><td>2013.9.20</td><td>所属海关</td><td>拱北海关</td></tr>
<tr><td>法人姓名</td><td colspan="2">张欣</td><td>电话</td><td colspan="2">0760-88436345</td></tr>
<tr><td>日常联系人</td><td colspan="2">秦素描</td><td>电话</td><td colspan="2">0760-88436000</td></tr>
<tr><td>主营范围</td><td colspan="5">生产经营布绒玩具、塑料玩具、合金塑料玩具、电子玩具、小家电产品。</td></tr>
</table>

<table>
<tr><td>企业名称</td><td colspan="3">中山侨光纺织有限公司</td><td>海关编码</td><td>4420940171</td></tr>
<tr><td>通讯地址</td><td colspan="3">广东省中山市南朗镇第三工业区</td><td>邮政编码</td><td>528451</td></tr>
<tr><td>企业类型</td><td>进出口货物收发货人</td><td>注册日期</td><td>1994.1.13</td><td>注册资本</td><td>31803 万港币</td></tr>
<tr><td>评定时间</td><td>2008.11.26</td><td>报关有效期</td><td>2013.11.24</td><td>所属海关</td><td>拱北海关</td></tr>
<tr><td>法人姓名</td><td colspan="2">王世民</td><td>电话</td><td colspan="2">0760-85523181</td></tr>
<tr><td>日常联系人</td><td colspan="2">周双园</td><td>电话</td><td colspan="2">0760-85523181</td></tr>
<tr><td>主营范围</td><td colspan="5">生产各种毛纱、毛衫、针织服装。</td></tr>
</table>

企业名称	中山庆琏金属制品有限公司			海关编码	4420940205
通讯地址	广东省中山市坦洲镇第三工业区			邮政编码	528467
企业类型	进出口货物收发货人	注册日期	1994.3.26	注册资本	16600 万港币
评定时间	2009.2.12	报关有效期	2014.3.26	所属海关	拱北海关
法人姓名	王光达		电话	0760-86653777	
日常联系人	梁卫明		电话	0760-86653777	
主营范围	生产各种不锈钢剪刀、刀具制品、各种日用五金制品、园艺工具、烤肉用具。				

企业名称	中山正亚电业有限公司			海关编码	4420940275
通讯地址	广东省中山市三乡镇白石工业区			邮政编码	528463
企业类型	进出口货物收发货人	注册日期	1995.4.29	注册资本	1938 万港币
评定时间	2009.8.26	报关有效期	2014.4.29	所属海关	拱北海关
法人姓名	刘金城		电话	0760-86681761	
日常联系人	祝生贵		电话	0760-86681761	
主营范围	生产装饰灯泡及灯串产品。				

企业名称	中山立辉金属制品有限公司			海关编码	4420940280
通讯地址	广东省中山市五桂山镇龙塘管理区			邮政编码	528458
企业类型	进出口货物收发货人	注册日期	1995.8.28	注册资本	5886 万港币
评定时间	2009.11.3	报关有效期	2014.8.28	所属海关	拱北海关
法人姓名	林志远		电话	0760-23378138	
日常联系人	林汉彬		电话	0760-23378138	
主营范围	生产餐桌、餐椅、厨房、卫浴等家用钢铁器具及其相关制品，金属线材制品。				

<table>
<tr><td>企业名称</td><td colspan="3">中山通佳鞋业有限公司</td><td>海关编码</td><td>4420940084</td></tr>
<tr><td>通讯地址</td><td colspan="3">广东省中山市南朗镇第二工业区</td><td>邮政编码</td><td>528451</td></tr>
<tr><td>企业类型</td><td>进出口货物收发货人</td><td>注册日期</td><td>1992.11.19</td><td>注册资本</td><td>1710 万美元</td></tr>
<tr><td>评定时间</td><td>2009.11.3</td><td>报关有效期</td><td>2013.7.24</td><td>所属海关</td><td>拱北海关</td></tr>
<tr><td>法人姓名</td><td colspan="2">童家隆</td><td>电话</td><td colspan="2">0760-85214682</td></tr>
<tr><td>日常联系人</td><td colspan="2">许志诚</td><td>电话</td><td colspan="2">0760-85217911</td></tr>
<tr><td>主营范围</td><td colspan="5">生产经营各种真皮及人造革的皮鞋、运动鞋及拖、凉鞋产品，鞋类半成品和鞋类鞋材，各种真皮及人造革的汽车座套、沙发座套及相关皮革制品。</td></tr>
</table>

<table>
<tr><td>企业名称</td><td colspan="3">中山市展新塑料制品有限公司</td><td>海关编码</td><td>4420940005</td></tr>
<tr><td>通讯地址</td><td colspan="3">广东省中山市火炬开发区展兴路 8 号</td><td>邮政编码</td><td>528436</td></tr>
<tr><td>企业类型</td><td>进出口货物收发货人</td><td>注册日期</td><td>1993.1.1</td><td>注册资本</td><td>712 万美元</td></tr>
<tr><td>评定时间</td><td>2008.9.19</td><td>报关有效期</td><td>2014.1.1</td><td>所属海关</td><td>拱北海关</td></tr>
<tr><td>法人姓名</td><td colspan="2">巫新财</td><td>电话</td><td colspan="2">0760-85319655</td></tr>
<tr><td>日常联系人</td><td colspan="2">胡毓星</td><td>电话</td><td colspan="2">0760-85319655</td></tr>
<tr><td>主营范围</td><td colspan="5">生产经营充气塑料制品、硬质塑料制品、雨衣、雨伞、运动袋及塑料运动器材产品，植绒及绒毛产品、各种电动充气泵。</td></tr>
</table>

<table>
<tr><td>企业名称</td><td colspan="3">中山杰士美电子有限公司</td><td>海关编码</td><td>4420940097</td></tr>
<tr><td>通讯地址</td><td colspan="3">广东省中山市坦州镇第一工业区</td><td>邮政编码</td><td>528467</td></tr>
<tr><td>企业类型</td><td>进出口货物收发货人</td><td>注册日期</td><td>1993.2.10</td><td>注册资本</td><td>2000 万美元</td></tr>
<tr><td>评定时间</td><td>2009.10.16</td><td>报关有效期</td><td>2014.2.10</td><td>所属海关</td><td>拱北海关</td></tr>
<tr><td>法人姓名</td><td colspan="2">吴幸柔</td><td>电话</td><td colspan="2">0760-86658681</td></tr>
<tr><td>日常联系人</td><td colspan="2">谢辉</td><td>电话</td><td colspan="2">0760-86658681</td></tr>
<tr><td>主营范围</td><td colspan="5">生产和销售各种电视机天线和电视共用系统组件、各种连接线和电子同轴线、分配器、接插头、防盗报警器材产品、有线电视器材、信号选择开关、无线传输遥控系统组件、电脑周边设备、摄像信号传输监控器、数字音 / 视频编解码设备、数字摄录机、数字有线电视系统设备、监控摄像系统组件。</td></tr>
</table>

企业名称	中山伟立纺织品有限公司			海关编码	4420940260
通讯地址	广东省中山市三乡镇第二工业区			邮政编码	528463
企业类型	进出口货物收发货人	注册日期	1995.3.7	注册资本	2180 万美元
评定时间	2008.10.8	报关有效期	2014.3.7	所属海关	拱北海关
法人姓名	王台光		电话	0760-86682368	
日常联系人	李国辉		电话	0760-86682368	
主营范围	生产经营运动帽、休闲帽、针织及梭织服装。				

企业名称	日星电气（中山）有限公司			海关编码	4420940187
通讯地址	广东省中山市坦洲镇第一工业区			邮政编码	528467
企业类型	进出口货物收发货人	注册日期	1994.3.19	注册资本	2500 万美元
评定时间	2008.8.26	报关有效期	2014.3.19	所属海关	拱北海关
法人姓名	河野胜男		电话	0760-86553481	
日常联系人	邵海青		电话	0760-86553481	
主营范围	生产经营各种特殊橡胶类滚子、树脂类滚子、滚子组装件、耐热电线、电线组装件、纤维绝缘套管、硅橡胶套管、硅橡胶垫圈、同轴电线及器件、光纤电缆及器件、电热线、电热加工件、精密板金加工件、金属轴芯加工件、光源发生器。				

企业名称	福懋兴业（中山）有限公司			海关编码	4420940198
通讯地址	广东省中山市神湾镇神溪村			邮政编码	528462
企业类型	进出口货物收发货人	注册日期	1994.4.19	注册资本	4640 万美元
评定时间	2010.1.6	报关有效期	2014.4.19	所属海关	拱北海关
法人姓名	王文渊		电话	0760-86608061	
日常联系人	陈锡谦		电话	0760-86608061	
主营范围	生产和销售锦纶与涤纶的坯布、色布、印花布、过胶布、色织布及捻丝加工纱等。织染及后整理加工高仿真化纤及高档织物面料。				

企业名称	威华鞋业（中山）有限公司			海关编码	4420940026
通讯地址	广东省中山市坦洲镇第一工业区			邮政编码	528467
企业类型	进出口货物收发货人	注册日期	1991.8.15	注册资本	888 万美元
评定时间	2009.2.12	报关有效期	2014.8.15	所属海关	拱北海关
法人姓名	梁万富		电话	0760-86652666	
日常联系人	何日洪		电话	0760-86652666	
主营范围	生产经营各款皮鞋、各种鞋材及配件。				

企业名称	中山市立达金属制品有限公司			海关编码	4420941225
通讯地址	广东省中山市五桂山镇龙塘管理区			邮政编码	528403
企业类型	进出口货物收发货人	注册日期	1998.8.19	注册资本	9590 万港币
评定时间	2010.3.2	报关有效期	2014.6.9	所属海关	拱北海关
法人姓名	Anders Jan Berggren		电话	0760-23378168	
日常联系人	王建和		电话	0760-23378168	
主营范围	生产和销售各种规格的散热风扇保护网、平面网架、搅拌器配件等金属制品，烤肉架、炸鸡篮、蒸架及铁丝网产品，烤漆铁架、铁笼、铁篮、伸展架等金属制品，超市购物手推车，商业用烤箱及配件，运动器材及配件、专用切削机、工业用工具箱等金属制品，塑料制品及配件、家具及配件。				

企业名称	中山品高电子材料有限公司			海关编码	4420941885
通讯地址	广东省中山市火炬开发区张家边炬业路 6 号			邮政编码	528437
企业类型	进出口货物收发货人	注册日期	2000.6.28	注册资本	2280 万港币
评定时间	2009.11.3	报关有效期	2014.6.28	所属海关	拱北海关
法人姓名	李镜琨		电话	0760-85592828	
日常联系人	涂传位		电话	0760-85592828	
主营范围	生产电子、半导体器件引线框架及接插件电镀。				

企业名称	国碁电子（中山）有限公司			海关编码	4420941305
通讯地址	广东省中山市火炬开发区建业东路 9 号			邮政编码	528437
企业类型	进出口货物收发货人	注册日期	1998.11.27	注册资本	5120 万美元
评定时间	2008.11.26	报关有效期	2014.11.27	所属海关	拱北海关
法人姓名	徐文一		电话	0760-23381357	
日常联系人	李春丽		电话	0760-88177853	
主营范围	生产和销售新型电子元器件（混合集成电路、敏感元器件及传感器、光通信器件）；光通信测量仪表、速率 10Gb/s 及以上光收发器；数字音、视频编解码设备，数字有线电视系统设备；存储卡；无线网卡；网络电话转换器；金属氧化物半导体集成电路减薄、切割、减薄及切割；集成电路测试、金属氧化物半导体集成电路测试；MCM 先进封装与测试；发光效率 50LM/W 以上高亮度发光二极管，LED 照明灯；LED 电子看板。				

企业名称	协昱电子科技（中山）有限公司			海关编码	4420941329
通讯地址	广东省中山市火炬开发区内			邮政编码	528437
企业类型	进出口货物收发货人	注册日期	1999.1.5	注册资本	1244.5 万美元
评定时间	2010.3.2	报关有效期	2014.1.5	所属海关	拱北海关
法人姓名	林昆成		电话	0760-23382255	
日常联系人	周珍珠		电话	0760-23382255	
主营范围	生产经营新型电子元器件（含超细同轴线、光线组立、平板显示器到主机板信号连接线组、电脑内连接线组）产品。				

企业名称	台达化工（中山）有限公司			海关编码	4420941501
通讯地址	广东省中山市火炬开发区沿江东二路 1 号			邮政编码	528437
企业类型	进出口货物收发货人	注册日期	1999.8.9	注册资本	3125 万美元
评定时间	2010.12.2	报关有效期	2014.8.9	所属海关	拱北海关
法人姓名	应保罗		电话	0760-85316689	
日常联系人	涂娟		电话	0760-23382485	
主营范围	生产和销售聚苯乙烯（PS）、丙烯腈－丁二烯－苯乙烯共聚合物（ABS）等苯乙烯系列聚合物，聚苯乙烯珠体（可发性的）。				

企业名称	中山市隆成日用制品有限公司			海关编码	4420941536
通讯地址	广东省中山市东升镇葵兴大道28号			邮政编码	528414
企业类型	进出口货物收发货人	注册日期	1999.10.7	注册资本	4693.99万美元
评定时间	2009.5.31	报关有效期	2014.10.7	所属海关	拱北海关
法人姓名	黄英源		电话	0760-23372945	
日常联系人	李育平		电话	0760-23372945	
主营范围	生产经营提袋，童车、童床及婴儿寝(用)具，玩具、儿童塑料用具及配件，电动玩具车，金属家居用品、办公台（椅），金属及塑料文体用品，健身器材，汽车顶篮，家用小家电，塑胶制清洁用具，塑胶餐盒，园艺工具车，园艺水管，打气筒，露营设备，助步车，纺织用品。				

企业名称	曼秀雷敦（中国）药业有限公司			海关编码	4420941405
通讯地址	广东省中山市三乡镇第二工业区			邮政编码	528463
企业类型	进出口货物收发货人	注册日期	1999.4.12	注册资本	15380万人民币
评定时间	2011.7.26	报关有效期	2014.4.12	所属海关	拱北海关
法人姓名	伍懿聪		电话	0760-86685596	
日常联系人	梁若菲		电话	0760-86685596	
主营范围	研究、开发、生产和销售薄荷膏、护唇用品、假牙垫、婴儿尿疹膏、止痛膏等护肤品及保健用品。				

企业名称	中山金鹰皇制衣厂有限公司			海关编码	4420942675
通讯地址	广东省中山市沙溪镇下朗工业大道			邮政编码	528471
企业类型	进出口货物收发货人	注册日期	2001.8.14	注册资本	4800万港币
评定时间	2008.8.26	报关有效期	2014.8.14	所属海关	拱北海关
法人姓名	王少帅		电话	0760-87328623	
日常联系人	黄少德		电话	0760-87328623	
主营范围	生产和销售针织、梳织服装。				

企业名称	中山皇冠皮件有限公司			海关编码	4420942392
通讯地址	广东省中山市三乡镇第二工业区			邮政编码	528463
企业类型	进出口货物收发货人	注册日期	2001.4.16	注册资本	893 万美元
评定时间	2008.11.26	报关有效期	2012.11.17	所属海关	拱北海关
法人姓名	江枝田		电话	0760-86383756	
日常联系人	梁美好		电话	0760-86683756	
主营范围	生产各款塑料手提箱及旅行箱包产品，各款布面手提箱及布面旅行箱、包。				

企业名称	中山国泰染整有限公司			海关编码	4420942364
通讯地址	广东省中山市三角镇高平化工区			邮政编码	528445
企业类型	进出口货物收发货人	注册日期	2001.3.29	注册资本	4178 万美元
评定时间	2009.1.22	报关有效期	2014.3.29	所属海关	拱北海关
法人姓名	蔡国强		电话	0760-85403888	
日常联系人	乔成良		电话	0760-85403888	
主营范围	生产和经营经过丝光、染色、漂白、印花、织造、整理、经编等工艺处理的针织布、梳织布、经编布、染纱产品。				

企业名称	中山住胶精密橡胶有限公司			海关编码	4420942500
通讯地址	广东省中山市火炬高技术产业开发区火炬大道 21 号			邮政编码	528437
企业类型	进出口货物收发货人	注册日期	2001.5.31	注册资本	500 万美元
评定时间	2009.12.15	报关有效期	2014.5.31	所属海关	拱北海关
法人姓名	福本隆洋		电话	0760-85314773	
日常联系人	樱冈城		电话	0760-85332083	
主营范围	生产激光打印机等用的精密橡胶部件及其相关组件。				

<table>
<tr><td>企业名称</td><td colspan="3">建碁科技（中山）有限公司</td><td>海关编码</td><td>4420942536</td></tr>
<tr><td>通讯地址</td><td colspan="3">广东省中山市中山火炬高技术产业开发区敬业路</td><td>邮政编码</td><td>528437</td></tr>
<tr><td>企业类型</td><td>进出口货物收发货人</td><td>注册日期</td><td>2001.6.19</td><td>注册资本</td><td>1000 万美元</td></tr>
<tr><td>评定时间</td><td>2008.11.26</td><td>报关有效期</td><td>2014.6.19</td><td>所属海关</td><td>拱北海关</td></tr>
<tr><td>法人姓名</td><td colspan="2">蔡温喜</td><td>电话</td><td colspan="2">0760-88581666</td></tr>
<tr><td>日常联系人</td><td colspan="2">许辉业</td><td>电话</td><td colspan="2">0760-88581666</td></tr>
<tr><td>主营范围</td><td colspan="5">生产和销售台式电脑、笔记本电脑、掌上电脑等微型电脑整机，主机板、介面卡等微电脑产品及其零配件，光驱、DVD-ROM、CD-RW 及其零配件，电脑用的无线网络周边设备、数据传输网络通讯设备、视讯传输设备，DVD-RW 及其零配件，新型平板显示器和数字电视机。</td></tr>
</table>

<table>
<tr><td>企业名称</td><td colspan="3">佳能（中山）办公设备有限公司</td><td>海关编码</td><td>4420942694</td></tr>
<tr><td>通讯地址</td><td colspan="3">广东省中山市中山火炬高技术产业开发区集中新建区</td><td>邮政编码</td><td>528437</td></tr>
<tr><td>企业类型</td><td>进出口货物收发货人</td><td>注册日期</td><td>2001.8.23</td><td>注册资本</td><td>580 万美元</td></tr>
<tr><td>评定时间</td><td>2008.8.26</td><td>报关有效期</td><td>2014.8.23</td><td>所属海关</td><td>拱北海关</td></tr>
<tr><td>法人姓名</td><td colspan="2">三桥康夫</td><td>电话</td><td colspan="2">0760-85332888</td></tr>
<tr><td>日常联系人</td><td colspan="2">高张繁</td><td>电话</td><td colspan="2">0760-85332888</td></tr>
<tr><td>主营范围</td><td colspan="5">生产和销售激光打印机、多功能机及其相关半成品、零部件、组件以及附属品及上述产品相关的机械加工工具。</td></tr>
</table>

<table>
<tr><td>企业名称</td><td colspan="3">好来化工（中山）有限公司</td><td>海关编码</td><td>4420942722</td></tr>
<tr><td>通讯地址</td><td colspan="3">广东省中山市西区沙朗第三工业区</td><td>邮政编码</td><td>528411</td></tr>
<tr><td>企业类型</td><td>进出口货物收发货人</td><td>注册日期</td><td>2001.9.10</td><td>注册资本</td><td>2500 万美元</td></tr>
<tr><td>评定时间</td><td>2008.11.5</td><td>报关有效期</td><td>2014.9.10</td><td>所属海关</td><td>拱北海关</td></tr>
<tr><td>法人姓名</td><td colspan="2">严挹芬</td><td>电话</td><td colspan="2">0760-88551339</td></tr>
<tr><td>日常联系人</td><td colspan="2">袁国俊</td><td>电话</td><td colspan="2">0760-88551339</td></tr>
<tr><td>主营范围</td><td colspan="5">生产和销售牙膏、牙刷、口腔清洁护理用品、家庭清洁用品、织物清洁保护用品、个人清洁护理用品、塑料和铝塑复合制品、日用化工用植物提取物（添加剂）及相关原材料（香料、香精油）、包装材料和生产加工上述配套产品。</td></tr>
</table>

企业名称	豪利士电线装配（中山）有限公司			海关编码	4420942095
通讯地址	广东省中山市火炬开发区兴达街 2 号			邮政编码	528437
企业类型	进出口货物收发货人	注册日期	2000.11.7	注册资本	200 万美元
评定时间	2010.3.1	报关有效期	2014.11.7	所属海关	拱北海关
法人姓名	罗传明		电话	0760-85314358	
日常联系人	刘俊		电话	0760-85314358	
主营范围	生产电源线、电缆线、航空专用电缆及电线、通讯线、电源线接插件、电缆线接插件、航空专用电缆接插件及相关的零部件。				

企业名称	中山福溢家具有限公司			海关编码	4420943407
通讯地址	广东省中山市板芙镇工业区			邮政编码	528459
企业类型	进出口货物收发货人	注册日期	2002.6.18	注册资本	11200 万港币
评定时间	2008.8.26	报关有效期	2014.6.18	所属海关	拱北海关
法人姓名	李友智		电话	0760-86503629	
日常联系人	冯炳彩		电话	0760-86511536	
主营范围	生产经营各种家具、金属家具。				

企业名称	小原光学（中山）有限公司			海关编码	4420943789
通讯地址	广东省中山市坦洲镇第三工业区			邮政编码	528467
企业类型	进出口货物收发货人	注册日期	2002.12.25	注册资本	500 万美元
评定时间	2010.1.6	报关有效期	2011.12.25	所属海关	拱北海关
法人姓名	齐藤弘和		电话	0760-86281118	
日常联系人	任立祥		电话	0760-86281116	
主营范围	生产经营各类光学仪器镜片半成品。				

<table>
<tr><td>企业名称</td><td colspan="3">中山盈亮健康科技有限公司</td><td>海关编码</td><td>4420943095</td></tr>
<tr><td>通讯地址</td><td colspan="3">中山市火炬开发区世纪大道与健康路交界东南侧</td><td>邮政编码</td><td>528400</td></tr>
<tr><td>企业类型</td><td>进出口货物收发货人</td><td>注册日期</td><td>2002.2.26</td><td>注册资本</td><td>600 万美元</td></tr>
<tr><td>评定时间</td><td>2011.6.7</td><td>报关有效期</td><td>2014.2.26</td><td>所属海关</td><td>拱北海关</td></tr>
<tr><td>法人姓名</td><td colspan="2">陈志亮</td><td>电话</td><td colspan="2">0760-88165258</td></tr>
<tr><td>日常联系人</td><td colspan="2">肖和平</td><td>电话</td><td colspan="2">0760-88165258</td></tr>
<tr><td>主营范围</td><td colspan="5">生产和销售运动健身器、运动健身器配件、五金制品、五金模具、塑胶制品、运动健身器材电子元器件、平板显示器。</td></tr>
</table>

<table>
<tr><td>企业名称</td><td colspan="3">中山市庆谊金属制品企业有限公司</td><td>海关编码</td><td>4420943122</td></tr>
<tr><td>通讯地址</td><td colspan="3">广东省中山市神湾镇定溪村</td><td>邮政编码</td><td>528462</td></tr>
<tr><td>企业类型</td><td>进出口货物收发货人</td><td>注册日期</td><td>2002.3.8</td><td>注册资本</td><td>883.96 万美元</td></tr>
<tr><td>评定时间</td><td>2008.11.5</td><td>报关有效期</td><td>2014.3.8</td><td>所属海关</td><td>拱北海关</td></tr>
<tr><td>法人姓名</td><td colspan="2">林明泉</td><td>电话</td><td colspan="2">0760-86609888</td></tr>
<tr><td>日常联系人</td><td colspan="2">吴金莲</td><td>电话</td><td colspan="2">0760-86609888</td></tr>
<tr><td>主营范围</td><td colspan="5">生产和销售各种铁板与钢板、铁带与钢带、铁管与钢管、园艺工具、园林工具、家具及其零配件、五金制品、五金工具设备及其零配件、充电器、木工机械、塑胶制品。</td></tr>
</table>

<table>
<tr><td>企业名称</td><td colspan="3">中山开益禧半导体有限公司</td><td>海关编码</td><td>4420943508</td></tr>
<tr><td>通讯地址</td><td colspan="3">广东省中山市南朗镇工业区</td><td>邮政编码</td><td>528451</td></tr>
<tr><td>企业类型</td><td>进出口货物收发货人</td><td>注册日期</td><td>2002.8.1</td><td>注册资本</td><td>2080 万美元</td></tr>
<tr><td>评定时间</td><td>2011.1.17</td><td>报关有效期</td><td>2014.8.1</td><td>所属海关</td><td>拱北海关</td></tr>
<tr><td>法人姓名</td><td colspan="2">郭正昭</td><td>电话</td><td colspan="2">0760-85219000</td></tr>
<tr><td>日常联系人</td><td colspan="2">谭冬梅</td><td>电话</td><td colspan="2">0760-85219000</td></tr>
<tr><td>主营范围</td><td colspan="5">生产和销售新型电子元器件（片式元器件、敏感元器件及传感器、频率控制与选择元件、混合集成电路、电力电子器件、光电子器件、新型机电元件）及半导体、元器件专用材料。</td></tr>
</table>

企业名称	诺而达铜管（中山）有限公司			海关编码	4420944894
通讯地址	广东省中山市黄圃镇兴圃大道			邮政编码	528429
企业类型	进出口货物收发货人	注册日期	1995.3.23	注册资本	3920.8667 万美元
评定时间	2009.11.3	报关有效期	2014.3.23	所属海关	拱北海关
法人姓名	RONALD BEAL		电话	0760-23222277	
日常联系人	黄治康		电话	0760-23210021	
主营范围	设计、开发、生产和销售有色金属复合材料、新型合金材料，并就相关产品提供售后及相关咨询服务。				

企业名称	中山伟强科技有限公司			海关编码	4420944710
通讯地址	中山市三乡镇白石工业区			邮政编码	528463
企业类型	进出口货物收发货人	注册日期	2004.9.28	注册资本	1930 万美元
评定时间	2008.11.26	报关有效期	2014.9.28	所属海关	拱北海关
法人姓名	王台光		电话	0760-23803998	
日常联系人	李国辉		电话	0760-23803998	
主营范围	生产和销售新型敏感元器件及传感器（热导元器件、热导管）、半导体、元器件专用材料（集成电路封装球）、LED 照明产品、锡膏、锡球、胶态贵金属、导电胶、铜粉。				

企业名称	蒂森电梯有限公司			海关编码	4420944304
通讯地址	广东省中山市南区城南五路龙环地段			邮政编码	528455
企业类型	进出口货物收发货人	注册日期	2003.10.20	注册资本	3168 万美元
评定时间	2008.11.5	报关有效期	2014.10.20	所属海关	拱北海关
法人姓名	彼得·沃克		电话	0760-88890728	
日常联系人	何宇佳		电话	0760-88890728	
主营范围	生产、销售、研发各类电梯（包含残疾人无障碍电梯、乘客电梯、载货电梯、客货两用电梯、杂物梯）、自动扶梯、自动人行步道及其零部件。				

企业名称	中山友利玩具城有限公司			海关编码	4420945688
通讯地址	广东省中山市张家边大环工业区			邮政编码	528400
企业类型	进出口货物收发货人	注册日期	1999.2.8	注册资本	4320 万港币
评定时间	2009.12.15	报关有效期	2013.3.1	所属海关	拱北海关
法人姓名	夏良忠		电话	0760-23696888	
日常联系人	郑一文		电话	0760-23696888	
主营范围	生产和销售玩具、注塑模具、MP3 多媒体播放机、玩具线路板组件、塑料制品及塑料半成品。				

企业名称	中山永发纸业有限公司			海关编码	4420945468
通讯地址	广东省中山市黄圃镇中山糖厂内			邮政编码	528429
企业类型	进出口货物收发货人	注册日期	2008.2.3	注册资本	8150 万港币
评定时间	2011.10.18	报关有效期	2014.2.3	所属海关	拱北海关
法人姓名	胡正		电话	0760-23973108	
日常联系人	陈威		电话	0760-23973108	
主营范围	生产和销售纸、纸板及其他纸制品。				

企业名称	中山嘉财船井电机有限公司			海关编码	4420945738
通讯地址	广东省中山市火炬开发区沿江东一路 25 号			邮政编码	528437
企业类型	进出口货物收发货人	注册日期	1994.5.4	注册资本	1200 万美元
评定时间	2008.11.5	报关有效期	2012.7.29	所属海关	拱北海关
法人姓名	船井秀彦		电话	0760-85332549	
日常联系人	黄晓雯		电话	0760-85332549	
主营范围	生产和销售微型电机、打印机、液晶电视机、数码相机、数码摄像机及其相关零配件、平板电脑。				

企业名称	中山中合鞋业有限公司			海关编码	4420945413
通讯地址	广东省中山市小榄镇埒东管理区			邮政编码	528416
企业类型	进出口货物收发货人	注册日期	2007.9.12	注册资本	580 万美元
评定时间	2008.8.26	报关有效期	2013.9.12	所属海关	拱北海关
法人姓名	林戊坤		电话	0760-23675888	
日常联系人	刘品佳		电话	0760-23675888	
主营范围	生产和销售冷粘鞋和运动鞋、鞋面、鞋底、皮鞋、鞋面配件、鞋底配件、拖鞋、凉鞋。				

企业名称	中山中粤马口铁工业有限公司			海关编码	4420945505
通讯地址	广东省中山火炬开发区沿江东一路 25 号			邮政编码	528437
企业类型	进出口货物收发货人	注册日期	1989.6.22	注册资本	7425.28 万美元
评定时间	2008.9.19	报关有效期	2014.6.22	所属海关	拱北海关
法人姓名	谭云标		电话	0760-85596487	
日常联系人	楚琴		电话	0760-85596487	
主营范围	生产和销售镀锡薄钢板、镀铬薄钢板及其深加工产品，涂料铁、印花铁、马口铁基板。				

企业名称	中山市威禾电器制造有限公司			海关编码	4420945637
通讯地址	广东省中山市西区沙朗高科技开发区			邮政编码	528411
企业类型	进出口货物收发货人	注册日期	2001.10.10	注册资本	500 万人民币
评定时间	2008.9.19	报关有效期	2012.8.11	所属海关	拱北海关
法人姓名	李蔚球		电话	0760-87885757	
日常联系人	周艳红		电话	0760-87885757	
主营范围	生产和销售电风扇、暖风机、灯饰、电子产品、潜水泵、电机。				

企业名称	中山市土产进出口有限公司			海关编码	4420950832
通讯地址	广东省中山市东区恒信街2号之八			邮政编码	528400
企业类型	进出口货物收发货人	注册日期	2001.11.9	注册资本	300万人民币
评定时间	2008.11.26	报关有效期	2014.11.9	所属海关	拱北海关
法人姓名	李正和		电话	0760-88232979	
日常联系人	何红梅		电话	0760-88232980	
主营范围	自营和代理商品、技术的进出口商品；经营进料加工和“三来一补”业务；经营对销贸易和转口贸易；收购土产品。				

企业名称	中山市三乡对外加工装配服务公司			海关编码	4420950002
通讯地址	广东省中山市三乡镇墟镇			邮政编码	528463
企业类型	进出口货物收发货人	注册日期	1992.11.24	注册资本	200万人民币
评定时间	2009.11.3	报关有效期	2014.11.24	所属海关	拱北海关
法人姓名	何津清		电话	0760-86683023	
日常联系人	何津清		电话	0760-86683023	
主营范围	承接来料加工装配和补偿贸易业务；经营货物、技术进出口业务。				

企业名称	中山市中山港对外加工装配服务公司			海关编码	4420950007
通讯地址	广东省中山市火炬开发区康乐大道经贸大厦二楼202室			邮政编码	528437
企业类型	进出口货物收发货人	注册日期	1992.12.19	注册资本	60万人民币
评定时间	2010.3.19	报关有效期	2011.12.19	所属海关	拱北海关
法人姓名	陈剑科		电话	0760-85311425	
日常联系人	陈剑科		电话	0760-85311425	
主营范围	承接来料加工装配和补偿贸易业务；经营货物进出口、技术进出口。				

企业名称	中山市小榄对外加工装配服务公司			海关编码	4420950004
通讯地址	广东省中山市小榄镇新华中路3号8楼			邮政编码	528415
企业类型	进出口货物收发货人	注册日期	1992.12.24	注册资本	10万人民币
评定时间	2009.6.15	报关有效期	2011.12.24	所属海关	拱北海关
法人姓名	麦荣坚		电话	0760-22118913	
日常联系人	李霞君		电话	0760-22118912	
主营范围	承接来料加工装配和补偿贸易业务；经营货物、技术进出口业务。				

企业名称	中山市对外加工装配服务公司			海关编码	4420950009
通讯地址	广东省中山市中山二路57号			邮政编码	528400
企业类型	进出口货物收发货人	注册日期	1993.1.1	注册资本	500万人民币
评定时间	2008.11.26	报关有效期	2014.1.1	所属海关	拱北海关
法人姓名	何哲		电话	0760-88846767	
日常联系人	傅子英		电话	0760-88846767	
主营范围	承接来料加工装配和补偿贸易业务；经营货物进出口、技术进出口业务。				

企业名称	中山市粤粮经贸进出口有限公司			海关编码	4420950700
通讯地址	广东省中山市石岐区悦来南路20号			邮政编码	528400
企业类型	进出口货物收发货人	注册日期	2001.3.20	注册资本	1000万人民币
评定时间	2009.8.26	报关有效期	2014.3.20	所属海关	拱北海关
法人姓名	梁国新		电话	0760-88920183	
日常联系人	汤燕妮		电话	0760-88806394	
主营范围	自营和代理各类商品及技术的进出口业务；经营进料加工和“三来一补”业务；经营对销和转口贸易。				

企业名称	中山市新惠景企业发展有限公司			海关编码	4420950969
通讯地址	广东省中山市南头镇南头大道西 67 号三楼 309 室			邮政编码	528400
企业类型	进出口货物收发货人	注册日期	2004.5.20	注册资本	100 万人民币
评定时间	2008.11.5	报关有效期	2014.5.20	所属海关	拱北海关
法人姓名	林庆生		电话	0760-88813681	
日常联系人	林庆生		电话	0760-88813681	
主营范围	自营和代理各类商品及技术的进出口业务；销售包装食品、饮料、日用百货、五金交电、装饰材料、纺织服装产品、家用电器、毛绒羽绒及其制品、皮革制品、裘皮制品、文体用品、仪器仪表、陶瓷工艺品、鞋类、塑料制品、饲料、农副产品。				

企业名称	中山市东升进出口贸易有限公司			海关编码	4420950977
通讯地址	广东省中山市东升镇迎宾路			邮政编码	528414
企业类型	进出口货物收发货人	注册日期	2005.6.21	注册资本	100 万人民币
评定时间	2009.6.15	报关有效期	2014.6.21	所属海关	拱北海关
法人姓名	何毅强		电话	0760-22823889	
日常联系人	何毅强		电话	0760-22823889	
主营范围	经营和代理各类商品及技术的进出口业务；销售日用百货、家用电器、机电产品、化工产品、纺织品；提供商品流通信息咨询服务；承办来料加工装配和补偿贸易项目。				

企业名称	中山市新达进出口有限公司			海关编码	4420950638
通讯地址	广东省中山市石岐区南安路 23 号前座			邮政编码	528400
企业类型	进出口货物收发货人	注册日期	2000.7.10	注册资本	500 万人民币
评定时间	2008.11.5	报关有效期	2014.7.10	所属海关	拱北海关
法人姓名	黄志忠		电话	0760-88804337	
日常联系人	何卫燕		电话	0760-88804337	
主营范围	自营和代理各类商品及技术的进出口业务；经营进料加工和“三来一补”；经营对销和转口贸易。				

企业名称	中山市光裕进出口有限公司			海关编码	4420950641
通讯地址	广东省中山市东区松苑新村金龙横街 26 号铺位之 1			邮政编码	528403
企业类型	进出口货物收发货人	注册日期	2000.7.12	注册资本	300 万人民币
评定时间	2009.10.16	报关有效期	2014.7.12	所属海关	拱北海关
法人姓名	谢绍刚		电话	0760-88881848	
日常联系人	林美碧		电话	0760-88881848	
主营范围	自营和代理各类商品及技术的进出口业务；收购农副产品；销售粮油制品、食油；建筑材料、五金、交电、化工、日用杂品、智能化防盗产品、计算机系统集成、办公自动化产品。				

企业名称	广东省中山水产进出口有限公司			海关编码	4420950824
通讯地址	广东省中山市西区祥和街 11 号三楼			邮政编码	528401
企业类型	进出口货物收发货人	注册日期	2001.10.9	注册资本	200 万人民币
评定时间	2010.1.6	报关有效期	2014.10.9	所属海关	拱北海关
法人姓名	卢锦明		电话	0760-88630642	
日常联系人	李月琴		电话	0760-88616826	
主营范围	自营和代理各类商品及技术的进出口业务；经营进料加工和“三来一补”业务；开展对销和转口贸易；销售农副产品、百货、文教体育用品、食品、五金交电、机电产品、化工原料、美术工艺品；收购农副产品、水产品。				

企业名称	中山大洋电机股份有限公司			海关编码	4420960691
通讯地址	广东省中山市西区沙朗第三工业区			邮政编码	528411
企业类型	进出口货物收发货人	注册日期	2002.2.1	注册资本	42840 万人民币
评定时间	2009.2.12	报关有效期	2014.2.1	所属海关	拱北海关
法人姓名	鲁楚平		电话	0760-88661357	
日常联系人	石红善		电话	0760-88555375	
主营范围	加工、制造：微电机、家用电器、运动及健身器械、电动工具、机动车零配件、电子产品、控制电器。				

企业名称	中山市中经进出口有限公司			海关编码	4420960723
通讯地址	广东省中山市东区花园新村富丽街 17 号			邮政编码	528403
企业类型	进出口货物收发货人	注册日期	2002.3.8	注册资本	600 万人民币
评定时间	2009.1.23	报关有效期	2014.3.8	所属海关	拱北海关
法人姓名	孙寿仪		电话	0760-88331016	
日常联系人	张海明		电话	0760-88223129	
主营范围	经营和代理各类商品及技术的进出口业务；经营进料加工和“三来一补”业务；经营对销和转口贸易。				

企业名称	中山市港联华凯电器制品有限公司			海关编码	4420960914
通讯地址	广东省中山市民众镇浪网科技工业城			邮政编码	528400
企业类型	进出口货物收发货人	注册日期	2002.7.18	注册资本	500 万人民币
评定时间	2008.11.26	报关有效期	2014.7.18	所属海关	拱北海关
法人姓名	卢志强		电话	0760-85600816	
日常联系人	周东霞		电话	0760-85602979	
主营范围	加工、销售：灯饰、吊扇及配件。				

企业名称	中山市中粮外贸发展有限公司			海关编码	4420960199
通讯地址	广东省中山市石岐中山二路 36 号			邮政编码	528400
企业类型	进出口货物收发货人	注册日期	2000.9.12	注册资本	500 万人民币
评定时间	2010.1.6	报关有效期	2014.9.12	所属海关	拱北海关
法人姓名	高振武		电话	0760-88801082	
日常联系人	容婉华		电话	0760-88800514	
主营范围	自营和代理各类商品及技术的进出口业务；经营进料加工和“三来一补”；经营对销和转口贸易；销售食品、农副产品、百货、家用电器、电子产品、纺织品、建筑材料、普通机械、五金制品、汽车摩托车零配件。				

企业名称	中山市盈丰进出口有限公司			海关编码	4420960529
通讯地址	广东省中山市东区中山四路顺景花园第 86 幢三楼			邮政编码	528400
企业类型	进出口货物收发货人	注册日期	2001.11.1	注册资本	500 万人民币
评定时间	2008.8.28	报关有效期	2014.11.1	所属海关	拱北海关
法人姓名	林庆辉		电话	0760-88313823	
日常联系人	王古焕		电话	0760-88263631	
主营范围	自营和代理各类商品及技术的进出口业务；经营进料加工和“三来一补”业务；经营对销贸易和转口贸易；销售百货、五金交电、日用杂品、农副土特产品、副食品、食品；收购农副土特产品。				

企业名称	中山市汇盈进出口有限公司			海关编码	4420960564
通讯地址	广东省中山市石岐区中山二路方基冲大街 3 号			邮政编码	528400
企业类型	进出口货物收发货人	注册日期	2001.11.14	注册资本	500 万人民币
评定时间	2011.1.26	报关有效期	2014.11.14	所属海关	拱北海关
法人姓名	邓健明		电话	0760-88803285	
日常联系人	梁惠卿		电话	0760-88803285	
主营范围	经营和代理各类商品及技术的进出口业务；销售家用电器、电子元件、电子器件、五金制品、灯饰、建筑材料、塑料原料及制品、化工原料、鞋类、木材及木制品、普通机械设备、京果杂货、土畜产品。				

企业名称	中山市正好贸易有限公司			海关编码	4420961519
通讯地址	广东省中山市天健电子工业有限公司南 500 米福源路侧			邮政编码	528447
企业类型	进出口货物收发货人	注册日期	2003.6.20	注册资本	1000 万人民币
评定时间	2011.3.21	报关有效期	2014.6.20	所属海关	拱北海关
法人姓名	郭子强		电话	0760-88223229	
日常联系人	许建维		电话	0760-88223316	
主营范围	批发零售预包装食品、乳制品、农产品、建筑材料、日用百货、家用电器、酒类；经营货物、技术进出口业务。				

企业名称	中山市天博商贸有限公司			海关编码	4420962134
通讯地址	广东省中山市石岐区民生路 100 号 SP203			邮政编码	528400
企业类型	进出口货物收发货人	注册日期	2004.2.24	注册资本	300 万人民币
评定时间	2011.9.9	报关有效期	2014.2.24	所属海关	拱北海关
法人姓名	梁昭铭		电话	0760-88801178	
日常联系人	许华志		电话	0760-88873388	
主营范围	自营和代理各类商品和技术的进出口；销售：建筑材料、机电产品、家用电器、电子产品、五金工具、纺织品、日用百货、工艺品、土特产品。				

企业名称	广东省中山食品水产进出口集团有限公司			海关编码	4420963162
通讯地址	广东省中山市东区华苑大街 113 号			邮政编码	528403
企业类型	进出口货物收发货人	注册日期	1992.10.27	注册资本	2188 万人民币
评定时间	2010.3.19	报关有效期	2012.8.6	所属海关	拱北海关
法人姓名	何荣洪		电话	0760-88310882	
日常联系人	陈秀容		电话	0760-88310882	
主营范围	自营和代理各类商品及技术的进出口业务；开展补偿贸易、易货贸易、寄售贸易。				

企业名称	中国电子进出口珠海有限公司			海关编码	4404110206
通讯地址	广东省珠海市吉大九洲大道中 1082 号中电大厦 6 层			邮政编码	519015
企业类型	进出口货物收发货人	注册日期	1992.12.8	注册资本	2590 万人民币
评定时间	2009.4.8	报关有效期	2011.12.8	所属海关	拱北海关
法人姓名	张晖辉		电话	0756-3266888	
日常联系人	兰艳丽		电话	0756-3266823	
主营范围	自营和代理各类商品及技术的进出口业务；开展补偿贸易、转口贸易、易货贸易、对销贸易业务和租赁项下的进出口业务；承办对外贸易展览展销业务。				

企业名称	珠海市煤气有限公司			海关编码	4404164671
通讯地址	广东省珠海市香洲沿河东路 103 号			邮政编码	519000
企业类型	进出口货物收发货人	注册日期	1992.12.30	注册资本	1800 万人民币
评定时间	2010.1.6	报关有效期	2011.12.30	所属海关	拱北海关
法人姓名	郎钧霆	电话	0756-2130215		
日常联系人	高萱凯	电话	0756-2130215		
主营范围	批发、零售液化石油气、钢瓶、燃气用具、燃气设备。				

企业名称	中国五金矿产进出口珠海公司			海关编码	4404110185
通讯地址	广东省珠海市拱北发展大厦 1502 室			邮政编码	519020
企业类型	进出口货物收发货人	注册日期	1993.1.15	注册资本	6000 万人民币
评定时间	2008.9.19	报关有效期	2014.1.15	所属海关	拱北海关
法人姓名	刘卫东	电话	0756-3260122		
日常联系人	黄振海	电话	0756-3260132		
主营范围	主营黑色金属、有色金属等商品的进出口业务。				

企业名称	珠海格力电器股份有限公司			海关编码	4404110634
通讯地址	广东省珠海市前山金鸡西路			邮政编码	519070
企业类型	进出口货物收发货人	注册日期	1994.6.29	注册资本	281788.875 万人民币
评定时间	2008.9.19	报关有效期	2014.6.29	所属海关	拱北海关
法人姓名	朱江洪	电话	0756-8668124		
日常联系人	徐丽霞	电话	0756-8614883		
主营范围	生产和销售各类空调产品。				

企业名称	珠海京楚石油技术开发有限公司			海关编码	4404112903
通讯地址	广东省珠海市吉大海滨南路 47 号光大国际贸易中心 3003 室			邮政编码	519015
企业类型	进出口货物收发货人	注册日期	2001.6.21	注册资本	320 万人民币
评定时间	2011.9.22	报关有效期	2014.6.21	所属海关	拱北海关
法人姓名	吴坚		电话	0756-3326612	
日常联系人	陈国荣		电话	0756-3326612	
主营范围	批发、零售自动变速箱、柴油发动机及配件、液压气动元件、石油钻采设备及配件、建筑材料；油田新产品新技术推广应用、石油钻采设备的安装、维修及技术服务。				

企业名称	珠海新明珠电子有限公司			海关编码	4404121279
通讯地址	珠海市唐家湾镇港湾大道金星路			邮政编码	519020
企业类型	进出口货物收发货人	注册日期	2002.3.25	注册资本	900 万美元
评定时间	2008.11.5	报关有效期	2014.3.25	所属海关	拱北海关
法人姓名	ZOLTAN PETER SZABO		电话	0756-3399348	
日常联系人	李小旋		电话	0756-3399333	
主营范围	生产、加工、销售汽车业用的步进电动机、指针、IC 及有关配件、机械产品及机械产品的零部件、移动通信用的部件、电池和配件；微电子产品、手表、表芯和其他计时系统、石英体、工具及手表部件和配件。				

企业名称	珠海经济特区红塔仁恒纸业有限公司			海关编码	4404130596
通讯地址	广东省珠海市前山工业区			邮政编码	519070
企业类型	进出口货物收发货人	注册日期	1993.9.22	注册资本	24360.9909 万美元
评定时间	2008.10.8	报关有效期	2014.9.22	所属海关	拱北海关
法人姓名	童来明		电话	0756-8666888	
日常联系人	钟国胜		电话	0756-8666870	
主营范围	生产和销售自产的高档包装纸板。				

企业名称	珠海联邦制药股份有限公司			海关编码	4404132937
通讯地址	广东省珠海市国家高新技术产业开发区三灶科技工业园			邮政编码	519000
企业类型	进出口货物收发货人	注册日期	1999.9.17	注册资本	86249.6 万人民币
评定时间	2009.11.3	报关有效期	2014.9.17	所属海关	拱北海关
法人姓名	蔡金乐		电话	0756–7766777	
日常联系人	陈军		电话	0756–3366974	
主营范围	研究开发、生产经营化学原料药及制剂、抗生素原料药及制剂、中药制剂、生物制品原料药及制剂、生化制品原料药及制剂、医药化工原料、药用包装材料；经营三类注射穿刺器械、医用高分子材料及制品［一次性使用输液（血）器（针）类］；生产经营保健食品（片剂）。				

企业名称	珠海兄弟工业有限公司			海关编码	4404140234
通讯地址	广东省珠海市拱北港昌路 254 号			邮政编码	519000
企业类型	进出口货物收发货人	注册日期	1991.12.18	注册资本	700 万美元
评定时间	2010.10.25	报关有效期	2011.12.18	所属海关	拱北海关
法人姓名	粂内弘幸		电话	0756–8610224	
日常联系人	张祥生		电话	0756–8610224	
主营范围	生产和销售缝纫机、缝纫机半成品及零件、绣花机、绣花机线盒、绣花机半成品及零件、新型打印装置标签机、标签带、半成品及零件、打印机、打印机半成品及零件、通信设备、通信设备半成品及零件。设计、开发、生产、销售绣花软件产品、绣花卡、绣花软件半成品及零件、打印机软件产品、打印机软件半产品及零件、通信设备软件产品、通信设备软件半成品及零件。				

企业名称	珠海松下马达有限公司			海关编码	4404140302
通讯地址	广东省珠海市南屏科技工业园屏东 3 路 3 号			邮政编码	519000
企业类型	进出口货物收发货人	注册日期	1993.5.31	注册资本	4835 万美元
评定时间	2008.11.26	报关有效期	2013.5.28	所属海关	拱北海关
法人姓名	大冢昭德		电话	0756–2263111	
日常联系人	聂方明		电话	0756–2263111	
主营范围	研究开发、设计、生产和销售自产的新型机电元件、精密轴承、三轴以上联动的数控系统及伺服装置、上述产品的零部件、半成品、精冲模、模具标准件以及技术服务和售后服务。				

企业名称	博世（珠海）安保系统有限公司			海关编码	4404940331
通讯地址	广东省珠海市金湾区三灶镇青湾工业区机场北路20号			邮政编码	519041
企业类型	进出口货物收发货人	注册日期	2003.11.6	注册资本	2100万美元
评定时间	2008.11.26	报关有效期	2013.10.25	所属海关	拱北海关
法人姓名	GEORGE ERIC BEHLKE		电话	0756-7633888	
日常联系人	王耿		电话	0756-7633278	
主营范围	从事研究、开发、设计、加工、生产及销售自产的防火探测系统、门禁系统、闭路监视系统等安保系统、数字放声系统等通信设备和电子诊断设备，以及上述产品相关配件和组件。				

企业名称	松下能源（珠海）有限公司			海关编码	4404140530
通讯地址	广东省珠海市南屏科技工业园屏工一路5号			邮政编码	519070
企业类型	进出口货物收发货人	注册日期	1996.1.2	注册资本	1043.2万美元
评定时间	2009.8.7	报关有效期	2014.1.3	所属海关	拱北海关
法人姓名	小黑祐秀		电话	0756-8695078	
日常联系人	侯丽荣		电话	0756-8695078	
主营范围	生产和销售自产的各种碱性蓄电池、锂离子蓄电池、锂一次电池及其零部件、充电器及其零部件、各种电池的器具及其零部件，并提供有关使用一次或二次电池器具的咨询服务。				

企业名称	仓纺（珠海）纺织有限公司			海关编码	4404140251
通讯地址	广东省珠海市前山金鸡路308号			邮政编码	519070
企业类型	进出口货物收发货人	注册日期	1992.2.20	注册资本	1200万美元
评定时间	2008.9.19	报关有效期	2014.2.20	所属海关	拱北海关
法人姓名	KENSHI KAWANO		电话	0756-8615061	
日常联系人	杨震国		电话	0756-8615061	
主营范围	生产、染色加工、后整理加工及销售自产的牛仔布、机织布、纱线的染色加工产品、布匹的后整理加工产品、服装等纺织产品。				

企业名称	珠海积家机械工业有限公司			海关编码	4404140270
通讯地址	广东省珠海市前山金鸡路			邮政编码	519070
企业类型	进出口货物收发货人	注册日期	1993.3.5	注册资本	1270 万美元
评定时间	2008.8.26	报关有效期	2014.3.5	所属海关	拱北海关
法人姓名	冈本浩		电话	0756-8610576	
日常联系人	松尾修		电话	0756-8610576	
主营范围	设计、生产和销售自产的各式缝纫机及其零件、金属粉末制作的各种民用机械设备零件。				

企业名称	珠海藤仓电装有限公司			海关编码	4404140309
通讯地址	广东省珠海市吉大石花西路 161 号			邮政编码	519015
企业类型	进出口货物收发货人	注册日期	1991.7.20	注册资本	1200 万美元
评定时间	2008.11.5	报关有效期	2014.7.20	所属海关	拱北海关
法人姓名	菅生正人		电话	0756-3331111	
日常联系人	卢品明		电话	0756-3372406	
主营范围	生产和销售自产的汽车电子设备系统（汽车线束及相关配套零部件、各种电子配线、汽车线束和电子配线生产用检测用具等）、各种电子专用设备，并提供上述产品的相关技术服务。				

企业名称	心华制衣发展（珠海）有限公司			海关编码	4404140037
通讯地址	广东省珠海市前山镇上冲工业区心华路			邮政编码	519070
企业类型	进出口货物收发货人	注册日期	1989.9.9	注册资本	200 万美元
评定时间	2008.9.19	报关有效期	2014.9.9	所属海关	拱北海关
法人姓名	魏崇贤		电话	0756-8616438	
日常联系人	刘淑芬		电话	0756-8616434	
主营范围	生产和销售自产的各类服装、饰品和织物。				

企业名称	珠海经济特区美星制鞋有限公司			海关编码	4404140021
通讯地址	广东省珠海市前山明珠南路 3047 号及翠珠 4 街 1 号			邮政编码	519070
企业类型	进出口货物收发货人	注册日期	1992.12.1	注册资本	4300 万美元
评定时间	2008.11.5	报关有效期	2014.11.10	所属海关	拱北海关
法人姓名	陈敏雄		电话	0756-8610198	
日常联系人	罗亚		电话	0756-8610198	
主营范围	生产销售自产的皮、塑料、布制的凉鞋、密鞋、鞋面、鞋材等产品。				

企业名称	珠海科德电子有限公司			海关编码	4404141498
通讯地址	广东省珠海市平沙镇德祥路 9 号			邮政编码	519060
企业类型	进出口货物收发货人	注册日期	1999.8.3	注册资本	6254 万港币
评定时间	2008.8.26	报关有效期	2014.8.3	所属海关	拱北海关
法人姓名	THOMAS JOSEF GERHARD PATZELT		电话	0756-7726684	
日常联系人	黄启梅		电话	0756-7726482	
主营范围	生产和销售自产的各种有源、无源电子元器件及组件、照明电子产品及照明系统。				

企业名称	珠海宝刚休闲器材有限公司			海关编码	4404141448
通讯地址	广东省珠海市唐家湾镇金鼎宁堂工业区金峰西路 15 号			邮政编码	519085
企业类型	进出口货物收发货人	注册日期	1999.6.3	注册资本	1000 万美元
评定时间	2008.9.19	报关有效期	2014.6.3	所属海关	拱北海关
法人姓名	陈财利		电话	0756-3387710	
日常联系人	阎晓晖		电话	0756-3387710	
主营范围	生产和销售自产的瓦斯烤肉器材、室内运动器材、厨房小家电产品、五金制品及其半成品。				

企业名称	松下系统网络科技（珠海）有限公司			海关编码	4404142901
通讯地址	广东省珠海市南屏科技园			邮政编码	519060
企业类型	进出口货物收发货人	注册日期	2001.12.4	注册资本	3500 万美元
评定时间	2008.11.26	报关有效期	2011.12.4	所属海关	拱北海关
法人姓名	志村浩		电话	0756-8681000	
日常联系人	戴燕敏		电话	0756-8681000	
主营范围	生产、销售激光打印机、彩色打印机、其他打印机、电子邮件终端器、新型打印装置多功能机、宽带接入网通信系统设备、新型平板显示器、光碟驱动器、电话机、楼宇对讲机、电话交换机、家庭网关、CPU 冷却风扇马达，以及上述产品的零部件并提供售后服务。				

企业名称	炬力集成电路设计有限公司			海关编码	4404143266
通讯地址	广东省珠海市唐家湾镇哈工大路 1 号 -15-A101			邮政编码	519085
企业类型	进出口货物收发货人	注册日期	2002.4.25	注册资本	9268.6 万美元
评定时间	2008.11.5	报关有效期	2014.4.25	所属海关	拱北海关
法人姓名	陈宣文		电话	0756-3392353	
日常联系人	陆敏燕		电话	0756-3392353	
主营范围	生产和销售自产各种集成电路、通信系统产品、计算机周边系统产品、消费性电子系统产品、计算机多媒体系统产品及自动化机电整合系统产品。并有研发、设计、制造、封装、测试、销售及技术服务等。				

企业名称	珠海市国泉贸易有限公司			海关编码	4404144815
通讯地址	广东省珠海市香洲凤凰南路 1130 号马可波罗大厦七楼 710 室			邮政编码	519000
企业类型	进出口货物收发货人	注册日期	2005.3.1	注册资本	1200 万港币
评定时间	2009.11.3	报关有效期	2013.10.18	所属海关	拱北海关
法人姓名	徐丽		电话	0756-2161145	
日常联系人	何宇恒		电话	0756-2161242	
主营范围	批发、零售日用百货、服装、鞋帽、眼镜、玩具、文体用品、针纺织品、五金、交电、工艺美术品。				

<table>
<tr><td>企业名称</td><td colspan="3">珠海经济特区飞利浦家庭电器有限公司</td><td>海关编码</td><td>4404144743</td></tr>
<tr><td>通讯地址</td><td colspan="3">广东省珠海市三灶镇琴石工业区</td><td>邮政编码</td><td>519040</td></tr>
<tr><td>企业类型</td><td>进出口货物收发货人</td><td>注册日期</td><td>2006.12.7</td><td>注册资本</td><td>836.447 万美元</td></tr>
<tr><td>评定时间</td><td>2008.11.5</td><td>报关有效期</td><td>2012.12.7</td><td>所属海关</td><td>拱北海关</td></tr>
<tr><td>法人姓名</td><td colspan="2">JUSTIN LEE BENNETT</td><td>电话</td><td colspan="2">0756-7516101</td></tr>
<tr><td>日常联系人</td><td colspan="2">曹庆云</td><td>电话</td><td colspan="2">0756-7616322</td></tr>
<tr><td>主营范围</td><td colspan="5">研发和生产家用电器、个人护理和健康护理等产品；从事上述产品的销售和服务，提供相应的测试、技术及服务。</td></tr>
</table>

<table>
<tr><td>企业名称</td><td colspan="3">珠海市金邦达保密卡有限公司</td><td>海关编码</td><td>4404144624</td></tr>
<tr><td>通讯地址</td><td colspan="3">广东省珠海市前山福溪金邦达大厦</td><td>邮政编码</td><td>519070</td></tr>
<tr><td>企业类型</td><td>进出口货物收发货人</td><td>注册日期</td><td>2005.7.25</td><td>注册资本</td><td>600 万美元</td></tr>
<tr><td>评定时间</td><td>2011.9.22</td><td>报关有效期</td><td>2014.7.25</td><td>所属海关</td><td>拱北海关</td></tr>
<tr><td>法人姓名</td><td colspan="2">SUZANNE TONG-LI</td><td>电话</td><td colspan="2">0756-8660888</td></tr>
<tr><td>日常联系人</td><td colspan="2">苏臻</td><td>电话</td><td colspan="2">0756-8660697</td></tr>
<tr><td>主营范围</td><td colspan="5">销售发卡机、计算机终端及其辅助设备；提供机械维护维修业务；提供系统软件的开发设计、系统集成以及相关售后服务。</td></tr>
</table>

<table>
<tr><td>企业名称</td><td colspan="3">中艺华海进出口有限公司</td><td>海关编码</td><td>4404150345</td></tr>
<tr><td>通讯地址</td><td colspan="3">广东省珠海市吉大海滨南路光大国际贸易中心 21 层 12 号</td><td>邮政编码</td><td>519015</td></tr>
<tr><td>企业类型</td><td>进出口货物收发货人</td><td>注册日期</td><td>1995.9.5</td><td>注册资本</td><td>10000 万人民币</td></tr>
<tr><td>评定时间</td><td>2008.10.8</td><td>报关有效期</td><td>2014.9.5</td><td>所属海关</td><td>拱北海关</td></tr>
<tr><td>法人姓名</td><td colspan="2">金华</td><td>电话</td><td colspan="2">0756 -3326897</td></tr>
<tr><td>日常联系人</td><td colspan="2">缪红</td><td>电话</td><td colspan="2">0756 -3326897</td></tr>
<tr><td>主营范围</td><td colspan="5">自营和代理各类商品及技术的进出口业务；经营进料加工和“三来一补”业务；开展对销和转口贸易；经营原油、燃料油、羊毛、胶合板的进口业务；提供对外派遣工程生产及服务行业的劳务人员（不含海员）；提供对外经济贸易咨询服务及技术交流业务；在国内销售上述进出口商品；批发汽油、煤油、柴油、危险化学品、煤炭；销售原油。</td></tr>
</table>

企业名称	珠海港达供应链管理有限公司			海关编码	4404151047
通讯地址	广东省珠海市南屏科技工业园屏东五路10号			邮政编码	519060
企业类型	进出口货物收发货人	注册日期	2007.10.19	注册资本	900万人民币
评定时间	2011.3.21	报关有效期	2013.3.21	所属海关	拱北海关
法人姓名	钟清泉		电话	0756-8682935	
日常联系人	李立言		电话	0756-8682935	
主营范围	提供普通货运、搬运装卸、配载、运输信息咨询、仓储服务、货运代理、国际货物运输代理、货运险兼业代理；通过互联网批发、零售建材、装饰材料、普通机械、电气机械、化工原料及产品（不含危险化学品及易制毒化学品）、工艺美术品、陶瓷制品、电子产品、矿产品（不含贵金属矿）、纺织品、金属材料（不含贵金属）、日用杂品、皮革制品、木制品、卫浴设备；提供商业的批发、零售业务（不含许可经营项目）。				

企业名称	广东德豪润达电气股份有限公司			海关编码	4404160224
通讯地址	广东省珠海市香洲区唐家湾镇金凤路1号			邮政编码	519060
企业类型	进出口货物收发货人	注册日期	2000.12.14	注册资本	32320万人民币
评定时间	2008.12.5	报关有效期	2011.12.14	所属海关	拱北海关
法人姓名	王冬雷		电话	0756-3390888	
日常联系人	杨春艳		电话	0756-3390855	
主营范围	开发、生产家用电器、电机、电子、轻工产品、电动器具、自动按摩设备、健身器械、烤炉、厨房用具、发光二级管、发射接收管、数码管、半导体LED照明、半导体LED装饰灯、太阳能LED照明、LED显示屏系列、现代办公用品、通讯设备及其零配件；开发、生产上述产品相关的控制器及软件，设计制造与上述产品相关的模具；提供上述产品的技术咨询服务；销售本公司生产的产品并进行售后服务；开展LED芯片的进出口贸易。				

企业名称	珠海实友化工有限公司			海关编码	4404160324
通讯地址	广东省珠海市吉大水湾路368号南油大酒店玻璃楼3楼			邮政编码	519015
企业类型	进出口货物收发货人	注册日期	2001.5.18	注册资本	5000万人民币
评定时间	2008.11.26	报关有效期	2014.5.18	所属海关	拱北海关
法人姓名	王青运		电话	0756-3226806	
日常联系人	刘恒坤		电话	0756-3226754	
主营范围	批发危险化学品、汽油、煤油、柴油、燃料油；批发、零售建筑材料、五金交电、石油制品（不含成品油）、机械设备及配件。				

企业名称	珠海市东光电子有限公司			海关编码	4404940167
通讯地址	广东省珠海市斗门区乾务镇荔山村			邮政编码	519175
企业类型	进出口货物收发货人	注册日期	1996.2.15	注册资本	8527 万港币
评定时间	2010.4.2	报关有效期	2014.2.15	所属海关	拱北海关
法人姓名	荻野裕司		电话	0756－5572236	
日常联系人	初希杰		电话	0756－5572236	
主营范围	开发、生产和销售自产的各种新型电子元器件（频率控制与选择元器件）及元器件专用材料。				

企业名称	爱普科斯电阻电容（珠海）有限公司			海关编码	4404940130
通讯地址	广东省珠海市红旗镇南翔路红旗正光贸易有限公司大楼			邮政编码	519090
企业类型	进出口货物收发货人	注册日期	1995.5.15	注册资本	1420 万美元
评定时间	2008.11.26	报关有效期	2014.5.15	所属海关	拱北海关
法人姓名	JURGEN THOMAS		电话	0756-6828808	
日常联系人	苏爱明		电话	0756-6828838	
主营范围	生产和销售自产的电子元器件、线圈、线路板。				

企业名称	显利（珠海）造船有限公司			海关编码	4404941454
通讯地址	广东省珠海市斗门区斗门港路 1 号			邮政编码	519185
企业类型	进出口货物收发货人	注册日期	1999.6.10	注册资本	5000 万港币
评定时间	2008.8.26	报关有效期	2014.6.10	所属海关	拱北海关
法人姓名	罗衍莹		电话	0756－5513688	
日常联系人	梁桥娟		电话	0756－5513698	
主营范围	修造特种船、高性能船只及各类型船只，加工及制造金属制品、玻璃钢制品、船舶配套产品及船只内部家具。				

企业名称	珠海市以钻钻石打磨有限公司			海关编码	4404943763
通讯地址	广东省珠海市平沙镇沙美工业区汉青路			邮政编码	519055
企业类型	进出口货物收发货人	注册日期	2002.12.4	注册资本	2500 万港币
评定时间	2008.11.5	报关有效期	2011.12.4	所属海关	拱北海关
法人姓名	曾华强		电话	0756-7267665	
日常联系人	范剑玲		电话	0756-7267666	
主营范围	提供钻石锯切、打磨、深加工及镶嵌业务。				

企业名称	珠海市骏威制衣有限公司			海关编码	4404943758
通讯地址	广东省珠海高新技术产业开发区白蕉科技工业园新科二路			邮政编码	519125
企业类型	进出口货物收发货人	注册日期	2002.12.2	注册资本	850 万美元
评定时间	2008.11.26	报关有效期	2014.12.2	所属海关	拱北海关
法人姓名	张国荣		电话	0756-5236888	
日常联系人	陆庆生		电话	0756-5236888	
主营范围	生产和销售自产的针织、梭织成衣、毛衫等服装制品及上述产品的绣花、印花。				

企业名称	技股份有限公司			海关编码	4404962633
通讯地址	广东省珠海市斗门区新青科技工业园			邮政编码	519180
企业类型	进出口货物收发货人	注册日期	2007.10.23	注册资本	20000 万人民币
评定时间	2009.1.22	报关有效期	2013.10.23	所属海关	拱北海关
法人姓名	寿伟春		电话	0756-5551333	
日常联系人	何海英		电话	0756-5110826	
主营范围	生产、销售、研发光纤光缆、电线、电缆及附件、铝塑复合管；提供光纤光缆、电缆、电线生产项目的策划及技术咨询。				

企业名称	珠海鼎立包装制品有限公司			海关编码	4404164416
通讯地址	广东省珠海市金湾区红旗镇红旗路22号			邮政编码	519090
企业类型	进出口货物收发货人	注册日期	2006.6.12	注册资本	12557.63 万人民币
评定时间	2009.1.22	报关有效期	2012.6.12	所属海关	拱北海关
法人姓名	王伟樑		电话	0756-7792888	
日常联系人	李志毅		电话	0756-7792888	
主营范围	生产和销售自产的易拉盖、PET 容器；承接包装装潢印刷品印刷业务；从事盛装食品饮料用铝制和铁制包装容器及各种易拉盖、未经涂层的铝制和铁制卷、片料、食品饮料用塑料瓶盖的批发业务。				

企业名称	珠海碧辟化工有限公司			海关编码	4404131701
通讯地址	广东省珠海市临港工业区大平湾			邮政编码	519020
企业类型	进出口货物收发货人	注册日期	1998.2.16	注册资本	27700 万美元
评定时间	2008.11.5	报关有效期	2014.2.16	所属海关	拱北海关
法人姓名	严宗正		电话	0756-7269888	
日常联系人	潘颖		电话	0756-7269888	
主营范围	生产精对苯二甲酸（简称 PTA），并在国内外市场销售本公司自产产品。				

企业名称	珠海恒基达鑫国际化工仓储股份有限公司			海关编码	4404932193
通讯地址	广东省珠海市高栏港经济区南迳湾			邮政编码	519050
企业类型	进出口货物收发货人	注册日期	2001.6.8	注册资本	12000 万人民币
评定时间	2010.1.6	报关有效期	2014.6.8	所属海关	拱北海关
法人姓名	王青运		电话	0756-3226614	
日常联系人	叶怀梅		电话	0756-3226364	
主营范围	建设与经营液体化工产品的码头、仓储，汽油、煤油、柴油和植物油产品的仓储及公共保税仓库。				

企业名称	珠海龙华石油化工有限公司			海关编码	4404943739
通讯地址	广东省珠海市高栏港环岛西路			邮政编码	519050
企业类型	进出口货物收发货人	注册日期	2002.11.22	注册资本	5350 万美元
评定时间	2009.12.5	报关有效期	2014.11.22	所属海关	拱北海关
法人姓名	SUPACHAI WEERABORWORNPONG		电话	0756-2639167	
日常联系人	邓阳洲		电话	0756-2639129	
主营范围	生产液化石油气，并进行相关经营活动，液化石油气仓储及相关服务。				

企业名称	长兴化学材料（珠海）有限公司			海关编码	4404944303
通讯地址	广东省珠海临港工业区高栏石化区碧阳路			邮政编码	519050
企业类型	进出口货物收发货人	注册日期	2003.10.17	注册资本	1944.1 万美元
评定时间	2011.1.17	报关有效期	2014.10.17	所属海关	拱北海关
法人姓名	萧慈飞		电话	0756-3985888	
日常联系人	谢敏		电话	0756-3985888	
主营范围	生产和销售自产的高性能涂料材料及其加工制品；提供化学材料及其加工制品的批发、零售及进出口业务。				

企业名称	珠海保税区摩天宇航空发动机维修有限公司			海关编码	4404432154
通讯地址	中国广东省珠海保税区			邮政编码	519030
企业类型	进出口货物收发货人	注册日期	2001.4.24	注册资本	6310 万美元
评定时间	2008.11.5	报关有效期	2014.4.24	所属海关	拱北海关
法人姓名	袁新安		电话	0756-8687806	
日常联系人	梁江		电话	0756-8687806	
主营范围	开展民用飞机发动机的修理、翻修、维护及各种辅助服务，并提供工程支持、安装和拆卸飞机发动机的技术支持，以及为修理、翻修和维护服务而提供的飞机发动机和部件的租赁。				

企业名称	比迪特自动化科技（珠海保税区）有限公司			海关编码	4404444472
通讯地址	广东省珠海保税区第 51 号奇泰进出口有限公司厂房第一层			邮政编码	519030
企业类型	进出口货物收发货人	注册日期	2005.12.16	注册资本	100 万美元
评定时间	2010.1.6	报关有效期	2011.12.16	所属海关	拱北海关
法人姓名	FRIEDHELM STEINHILBER		电话	0756-6119388	
日常联系人	吴欣		电话	0756-6119388	
主营范围	设计、开发、加工、生产、销售自产的新式高速大容量数据存储系统、高端电脑打印机及复印机的纸张处理系统、其他专业办公设备所使用的附件；开发、集成、销售自产的计算机数据存储系统软件。				

企业名称	珠海泰科电子有限公司			海关编码	4404444465
通讯地址	广东省珠海保税区 5 号地恒利工业园 10A-10B# 厂房			邮政编码	519030
企业类型	进出口货物收发货人	注册日期	2005.8.24	注册资本	120 万美元
评定时间	2010.3.2	报关有效期	2014.8.24	所属海关	拱北海关
法人姓名	姚志卫		电话	0756-3888688	
日常联系人	梁文辉		电话	0756-3888649	
主营范围	生产和销售自产的新型电子元器件：电子、电气及光纤设备的连接器、内部连接装置、组合部件、系统和（有关设备），以及相关的应用工具和设备（相应装置）。				

企业名称	珠海经济特区裕元工业有限公司			海关编码	44041B1432
通讯地址	广东省珠海市前山翠景工业区明珠南路 2001 号			邮政编码	519070
企业类型	进出口货物收发货人	注册日期	1992.11.30	注册资本	30 万人民币
评定时间	2008.12.5	报关有效期	2013.1.8	所属海关	拱北海关
法人姓名	钟桂喜		电话	0756-8619524	
日常联系人	付泽刚		电话	0756-8619524	
主营范围	制造皮鞋、布鞋、塑料鞋。兼营：来料加工业务。				

企业名称	中山市纸箱总厂有限公司			海关编码	44209A0096
通讯地址	广东省中山市石岐区岐关西路 45 号			邮政编码	528400
企业类型	进出口货物收发货人	注册日期	2003.1.3	注册资本	1000 万人民币
评定时间	2008.9.19	报关有效期	2015.12.28	所属海关	拱北海关
法人姓名	程岳剑		电话	0760-88805357	
日常联系人	张锐强		电话	0760-88865350	
主营范围	加工、制造纸箱、纸板、纸盒、电子产品及元器件、玩具，经营纸类印刷业务（不含商标、标志印刷），电子产品元器件维修。				

企业名称	中山市宝元制造厂			海关编码	44209B1170
通讯地址	广东省中山市三乡镇第一工业区第一厂区			邮政编码	528463
企业类型	进出口货物收发货人	注册日期	1991.12.12	注册资本	5 万人民币
评定时间	2008.11.5	报关有效期	2021.8.31	所属海关	拱北海关
法人姓名	骆志行		电话	0760-86690434	
日常联系人	巫柏承		电话	0760-86680755	
主营范围	制造运动鞋、轻便鞋。				

企业名称	揭东钻宝科技电子有限公司			海关编码	4424942177
通讯地址	广东省揭东经济开发试验区绿色工业园内			邮政编码	522000
企业类型	进出口货物收发货人	注册日期	2002.9.25	注册资本	13000 万港币
评定时间	2008.12.1	报关有效期	2014.9.25	所属海关	汕头海关
法人姓名	黄全		电话	0663-3278119	
日常联系人	林楷峰		电话	0663-3278119	
主营范围	生产高频数码接收器、通信光纤网络接插件、电子元器件、音像接插件、电子游戏机配件、五金配件及电子专用设备、模具；开展卫星电视接收设施加工贸易。				

<table>
<tr><td>企业名称</td><td colspan="3">普宁市丽达纺织有限公司</td><td>海关编码</td><td>4424944668</td></tr>
<tr><td>通讯地址</td><td colspan="3">广东省普宁市科技工业园</td><td>邮政编码</td><td>515343</td></tr>
<tr><td>企业类型</td><td>进出口货物收发货人</td><td>注册日期</td><td>2002.9.29</td><td>注册资本</td><td>3660 万美元</td></tr>
<tr><td>评定时间</td><td>2008.9.16</td><td>报关有效期</td><td>2014.9.29</td><td>所属海关</td><td>汕头海关</td></tr>
<tr><td>法人姓名</td><td colspan="2">江达可</td><td>电话</td><td colspan="2">00852-27987998</td></tr>
<tr><td>日常联系人</td><td colspan="2">陈健伟</td><td>电话</td><td colspan="2">0663-2920238</td></tr>
<tr><td>主营范围</td><td colspan="5">生产印染布、服装，产品 100% 外销。生产高档织物面料及后整理加工，产品 40% 内销，60% 外销。</td></tr>
</table>

<table>
<tr><td>企业名称</td><td colspan="3">汕头市华翔塑胶有限公司</td><td>海关编码</td><td>4405942107</td></tr>
<tr><td>通讯地址</td><td colspan="3">广东省汕头市澄海区溪南镇埭头工业区</td><td>邮政编码</td><td>575832</td></tr>
<tr><td>企业类型</td><td>进出口货物收发货人</td><td>注册日期</td><td>1994.12.25</td><td>注册资本</td><td>1000 万美元</td></tr>
<tr><td>评定时间</td><td>2008.9.16</td><td>报关有效期</td><td>2011.12.25</td><td>所属海关</td><td>汕头海关</td></tr>
<tr><td>法人姓名</td><td colspan="2">陈培麟</td><td>电话</td><td colspan="2">0754-5755790</td></tr>
<tr><td>日常联系人</td><td colspan="2">许绍良</td><td>电话</td><td colspan="2">0754-5757338</td></tr>
<tr><td>主营范围</td><td colspan="5">生产经营 PVC 硬质片材、软质薄胶和聚酯环保片材和其他塑料片材；从事非配额许可证管理、非专营商品的收购出口业务；参加自产产品的出口配额招标。（经营范围中凡涉专项规定的，持有效专批证件方可经营）</td></tr>
</table>

<table>
<tr><td>企业名称</td><td colspan="3">广东群兴玩具股份有限公司</td><td>海关编码</td><td>4405962030</td></tr>
<tr><td>通讯地址</td><td colspan="3">广东省汕头市澄海区莱芜经济开发试验区莱美工业区</td><td>邮政编码</td><td>515800</td></tr>
<tr><td>企业类型</td><td>进出口货物收发货人</td><td>注册日期</td><td>2002.11.7</td><td>注册资本</td><td>13380 万人民币</td></tr>
<tr><td>评定时间</td><td>2009.8.7</td><td>报关有效期</td><td>2011.11.7</td><td>所属海关</td><td>汕头海关</td></tr>
<tr><td>法人姓名</td><td colspan="2">林伟章</td><td>电话</td><td colspan="2">0754-5505187</td></tr>
<tr><td>日常联系人</td><td colspan="2">黄仕昭</td><td>电话</td><td colspan="2">0754-5505187</td></tr>
<tr><td>主营范围</td><td colspan="5">生产、加工、销售玩具、塑料制品、五金制品；设计、开发、制作动漫软件；生产童车、手推车、婴儿床、学步车、三轮车、婴儿车、行李车、自行车、电动车、摇篮车、摇椅、儿童摇床；回收、加工废旧塑料；经营货物、技术进出口业务（法律、行政法规禁止的项目除外；法律、行政法规限制的项目须取得许可后方可经营）。</td></tr>
</table>

企业名称	华南矢崎（汕头）汽车配件有限公司			海关编码	4405944018
通讯地址	广东省汕头市濠江区滨海街道上头居委海缆路上段			邮政编码	515098
企业类型	进出口货物收发货人	注册日期	2001.7.10	注册资本	620 万美元
评定时间	2008.12.1	报关有效期	2013.7.10	所属海关	汕头海关
法人姓名	县忍		电话	0754-87882122	
日常联系人	林再辉		电话	0754-87882122	
主营范围	生产汽车、家用电器、通讯用各种电线组件和光纤组件及配套产品。				

企业名称	广东柯士达国际物流有限公司			海关编码	4405164077
通讯地址	广东省汕头市濠江区广达大道西侧柯士达 A 幢 101			邮政编码	515071
企业类型	进出口货物收发货人	注册日期	2010.10.29	注册资本	3010 万人民币
评定时间	2010.10.27	报关有效期	2013.10.29	所属海关	汕头海关
法人姓名	柯创明		电话	0754-87812345	
日常联系人	郑凯东		电话	0754-87812345	
主营范围	经营国内贸易（凡涉及专项许可项目须持有效批准证件方可经营）；提供仓储服务（道路运输经营证有效期至 2014 年 9 月 20 日）；经营货物、技术进出口业务（法律、行政法规禁止的项目除外；法律、行政法规限制的项目须取得许可后方可经营）。				

企业名称	汕头超声印制板公司			海关编码	4405130116
通讯地址	广东省汕头市东厦北路			邮政编码	515041
企业类型	进出口货物收发货人	注册日期	1985.3.21	注册资本	2250 万美元
评定时间	2008.9.16	报关有效期	2014.3.21	所属海关	汕头海关
法人姓名	莫少山		电话	0754-88245666	
日常联系人	莫少山		电话	0754-88192282	
主营范围	经营双面及多层印制板。				

企业名称	汕头超声显示器（二厂）有限公司			海关编码	4405130358
通讯地址	广东省汕头市龙湖区万吉工业区内 70 号 A。B 小区			邮政编码	515041
企业类型	进出口货物收发货人	注册日期	2003.9.1	注册资本	1640 万美元
评定时间	2011.2.23	报关有效期	2014.9.1	所属海关	汕头海关
法人姓名	李大淳		电话	0754-88245666	
日常联系人	刘世聪		电话	0754-88245666	
主营范围	生产及销售各类液晶显示器及模块、触摸屏产品、各类平板显示器及模块 [TFT-LCD、PDP、OLED、FED（含 SED 等）]，制造平板显示器、显示屏材料，经营出口产品及进口原辅材料。（不涉及国家配额和许可证管理品种）				

企业名称	汕头超声印制板（二厂）有限公司			海关编码	4405130349
通讯地址	广东省汕头市龙湖区万吉工业区			邮政编码	515041
企业类型	进出口货物收发货人	注册日期	2001.9.12	注册资本	4852 万美元
评定时间	2008.9.16	报关有效期	2014.9.12	所属海关	汕头海关
法人姓名	莫少山		电话	0754-88192282	
日常联系人	莫少山		电话	0754-88245666	
主营范围	生产经营高密度印制线路板。				

企业名称	汕头经济特区东京元件有限公司			海关编码	4405132019
通讯地址	广东省汕头市华山路 36 号龙湖工业区八幢底层西侧			邮政编码	515041
企业类型	进出口货物收发货人	注册日期	1988.2.13	注册资本	6030 万港币
评定时间	2009.2.12	报关有效期	2011.12.13	所属海关	汕头海关
法人姓名	笹川隆志		电话	0754-88261286	
日常联系人	刘幼玲		电话	0754-88261188	
主营范围	制造各类变压器及电子产品的元配件。				

企业名称	汕头拉飞逸时装有限公司			海关编码	4405140434
通讯地址	广东省汕头高新区科技中路9号			邮政编码	515041
企业类型	进出口货物收发货人	注册日期	2002.4.22	注册资本	700万美元
评定时间	2008.9.16	报关有效期	2014.4.22	所属海关	汕头海关
法人姓名	萧纯仁		电话	0754-88160581	
日常联系人	许锦藩		电话	0754-88160581	
主营范围	织造高档织物面料；设计、加工、生产服装服饰、纺织品、针织品、床上用品、家居布品、皮革制品及箱包制品。				

企业名称	汕头经济特区华建电子有限公司			海关编码	4405142170
通讯地址	广东省汕头市龙湖区龙新工业区龙新五街三号			邮政编码	515041
企业类型	进出口货物收发货人	注册日期	1991.4.1	注册资本	10383.5万港币
评定时间	2008.9.16	报关有效期	2014.4.1	所属海关	汕头海关
法人姓名	赖来屏		电话	0754-88269140	
日常联系人	邱柳波		电话	0754-88160141	
主营范围	生产加工中频变压器及其他变压器、线圈、调谐器、滤波器、线圈模组、电源供应器、电感器、升压模组、片式电感及无线网络卡，并提供售后服务；经营货物和技术进出口业务（不含境内分销，指定贸易产品凭许可证经营）。				

企业名称	潮州市中天城鞋业有限公司			海关编码	4421930083
通讯地址	生产加工潮州经济开发试验区北片工业区D-5-9-2小区			邮政编码	521000
企业类型	进出口货物收发货人	注册日期	1999.12.17	注册资本	564.18万美元
评定时间	2009.2.24	报关有效期	2011.12.17	所属海关	汕头海关
法人姓名	黄汉文		电话	0768-2800425	
日常联系人	郑丽蓉		电话	0768-2800425	
主营范围	设计、生产和销售各式鞋类及塑料制品、无机非金属材料及制品、非金属制品模具、包装材料及制品（不含印刷业）。				

<table>
<tr><td>企业名称</td><td colspan="3">广东长城集团股份有限公司</td><td>海关编码</td><td>4421950008</td></tr>
<tr><td>通讯地址</td><td colspan="3">广东省潮州市枫溪区蔡陇大道</td><td>邮政编码</td><td>521000</td></tr>
<tr><td>企业类型</td><td>进出口货物收发货人</td><td>注册日期</td><td>1997.7.30</td><td>注册资本</td><td>10000 万人民币</td></tr>
<tr><td>评定时间</td><td>2009.8.7</td><td>报关有效期</td><td>2014.7.30</td><td>所属海关</td><td>汕头海关</td></tr>
<tr><td>法人姓名</td><td colspan="2">蔡廷祥</td><td>电话</td><td colspan="2">0768-2932222</td></tr>
<tr><td>日常联系人</td><td colspan="2">许俊福</td><td>电话</td><td colspan="2">0768-2932222</td></tr>
<tr><td>主营范围</td><td colspan="5">生产、销售工艺陶瓷、骨质瓷、抗菌镁质瓷及其他各类陶瓷，电子产品、包装制品，及陶瓷相关配套的藤、竹、木、铁、布、革、树脂、聚酯、橡胶、玻璃、五金、塑料、不锈钢制品；销售机械设备、五金交电、化工产品、家具。</td></tr>
</table>

<table>
<tr><td>企业名称</td><td colspan="3">广东省粤东磁电有限公司</td><td>海关编码</td><td>4405961255</td></tr>
<tr><td>通讯地址</td><td colspan="3">广东省汕头市潮阳区广汕公路和平路段</td><td>邮政编码</td><td>515154</td></tr>
<tr><td>企业类型</td><td>进出口货物收发货人</td><td>注册日期</td><td>2006.1.12</td><td>注册资本</td><td>10000 万人民币</td></tr>
<tr><td>评定时间</td><td>2009.8.11</td><td>报关有效期</td><td>2012.1.12</td><td>所属海关</td><td>汕头海关</td></tr>
<tr><td>法人姓名</td><td colspan="2">马振宣</td><td>电话</td><td colspan="2">0754-82255168</td></tr>
<tr><td>日常联系人</td><td colspan="2">黄创福</td><td>电话</td><td colspan="2">0754-82255168</td></tr>
<tr><td>主营范围</td><td colspan="5">经营货物、技术进出口（法律、行政法规禁止的项目除外，法律、行政法规限制的项目须取得许可后方可经营）；从事可录类光盘生产。其中 3 条（4 头）可录类光盘生产技术改造为 3 条（4 头）只读类光盘复制生产线，可复制生产只读类光盘（复制经营许可证有效期至 2015 年 4 月 30 日）；生产、销售塑料玩具；加工利用国内废旧塑料（危险废弃物除外）；销售塑料制品及原料、五金交电、电子产品、电话通信设备、磁带布及配件。（凡涉及专项许可项目须持有效批准证件经营）</td></tr>
</table>

<table>
<tr><td>企业名称</td><td colspan="3">汕头市杰隆文具有限公司</td><td>海关编码</td><td>4405961539</td></tr>
<tr><td>通讯地址</td><td colspan="3">广东省汕头市潮南区峡山镇广发工业区 5 栋</td><td>邮政编码</td><td>515144</td></tr>
<tr><td>企业类型</td><td>进出口货物收发货人</td><td>注册日期</td><td>2010.10.27</td><td>注册资本</td><td>854.63 万人民币</td></tr>
<tr><td>评定时间</td><td>2009.8.11</td><td>报关有效期</td><td>2013.10.27</td><td>所属海关</td><td>汕头海关</td></tr>
<tr><td>法人姓名</td><td colspan="2">许木营</td><td>电话</td><td colspan="2">0754-87766007</td></tr>
<tr><td>日常联系人</td><td colspan="2">陈丰明</td><td>电话</td><td colspan="2">0754-87766007</td></tr>
<tr><td>主营范围</td><td colspan="5">生产、加工、销售文具用品。经营货物、技术进出口业务（法律、行政法规禁止的项目除外；法律、行政法规限制的项目须取得许可后方可经营）。</td></tr>
</table>

企业名称	汕尾万盛针织时装有限公司			海关编码	4415940030
通讯地址	广东省汕尾市腾飞路中段			邮政编码	516600
企业类型	进出口货物收发货人	注册日期	2005.5.11	注册资本	10927 万港币
评定时间	2008.12.1	报关有效期	2014.4.13	所属海关	汕头海关
法人姓名	张静		电话	0660-3391555	
日常联系人	陈昌洲		电话	0660-3390302	
主营范围	生产并销售珠绣针织品、毛织品服装；提供高档织物面料的织染及后整理加工。				

企业名称	信利半导体有限公司			海关编码	4415940010
通讯地址	广东省汕尾市区东冲路北段工业区			邮政编码	516600
企业类型	进出口货物收发货人	注册日期	2000.8.3	注册资本	49830 万美元
评定时间	2008.9.16	报关有效期	2014.7.20	所属海关	汕头海关
法人姓名	林伟华		电话	0660-3367888	
日常联系人	何田生		电话	0660-3380097	
主营范围	生产经营液晶显示模块、液晶显示器、有机电光二极管显示器（OLED）显示模块等半导体产品。				

企业名称	汕尾德昌电子有限公司			海关编码	4415941006
通讯地址	广东省汕尾市城区红草镇步边工业区			邮政编码	516600
企业类型	进出口货物收发货人	注册日期	1995.5.8	注册资本	38000 万港币
评定时间	2008.9.16	报关有效期	2014.4.21	所属海关	汕头海关
法人姓名	许子民		电话	0660-3374499	
日常联系人	黄镇光		电话	0660-3373221	
主营范围	生产电子二极管、三极管、电子集成块、五金制品、塑料制品；产品 70% 外销、30% 内销。				

企业名称	海丰县海崇畜牧发展有限公司			海关编码	4415932014
通讯地址	广东省海丰县圆墩乡桔岭山左侧广汕公路北面			邮政编码	516471
企业类型	进出口货物收发货人	注册日期	2004.9.16	注册资本	5000 万港币
评定时间	2011.2.23	报关有效期	2014.9.16	所属海关	汕头海关
法人姓名	蔡妈辉		电话	0660-6710000	
日常联系人	戴慧甄		电话	0660-6711501	
主营范围	饲养、屠宰生猪；销售鲜肉及肉制品；加工销售冰鲜、冰冻猪肉及猪、牛肉等副食品；种植果树、蔬菜。				

企业名称	BPW（梅州）车轴有限公司			海关编码	4414932029
通讯地址	广东省梅州市梅县城东谢田			邮政编码	514743
企业类型	进出口货物收发货人	注册日期	1996.1.22	注册资本	13200 万人民币
评定时间	2011.9.15	报关有效期	2014.1.22	所属海关	汕头海关
法人姓名	克里斯坚．彼得．苛兹		电话	49-226278150	
日常联系人	江讯		电话	0753-2653362	
主营范围	生产经营车轴、车轴关联部件、调整臂、制动器总成等汽车零部件；研究开发新产品。				

企业名称	北方工业湛江发展有限公司			海关编码	4408911095
通讯地址	广东省湛江市霞山区海昌北横路 1 号			邮政编码	524005
企业类型	进出口货物收发货人	注册日期	2004.7.30	注册资本	1000 万人民币
评定时间	2009.6.15	报关有效期	2014.8.1	所属海关	湛江海关
法人姓名	邱多根		电话	0759-2636198	
日常联系人	范德恒		电话	0759-2636095	
主营范围	销售机械设备、汽车（除轿车）、摩托车、自行车及其零配件、仪器仪表；经营商品的进出口贸易、转口贸易、钢材进口业务（法律行政法规禁止的项目除外；法律行政法规限制的项目取得许可证后方可经营）；提供仓储业务；收购农副产品（除烟叶、蚕茧、粮食、棉花）；开展贸易代理。				

企业名称	湛江中湛纺织有限公司			海关编码	4408921127
通讯地址	广东省湛江椹川大道北站口			邮政编码	524044
企业类型	进出口货物收发货人	注册日期	1993.12.13	注册资本	1338 万美元
评定时间	2008.12.4	报关有效期	2014.12.13	所属海关	湛江海关
法人姓名	翁荣基		电话	0759-3338921	
日常联系人	郑海燕		电话	0759-3338921	
主营范围	生产销售棉纱及其他纺织用纤维、纺织品、针织品、布、服装及其他缝纫品；从事本公司自产产品同类商品及纺织相关的原材料、辅料、专用设备和配件、电器机械及器材的批发、进出口业务（涉及配额许可证或国家专项管理规定的，须按国家规定另行报批并凭证经营）。				

企业名称	中国石化湛江东兴石油化工有限公司			海关编码	4408921012
通讯地址	广东省湛江市霞山湖光路 15 号			邮政编码	524012
企业类型	进出口货物收发货人	注册日期	1992.12.24	注册资本	1700 万美元
评定时间	2008.12.4	报关有效期	2011.12.24	所属海关	湛江海关
法人姓名	吴惜伟		电话	0759-2606626	
日常联系人	李观福		电话	0759-2606626	
主营范围	经营石油提炼加工、石化产品开发；销售本公司生产的产品；提供原材料、产品运输等配套服务。				

企业名称	亚洲海产（湛江）有限公司			海关编码	4408231099
通讯地址	广东省湛江市经济技术开发区永平南路			邮政编码	524022
企业类型	进出口货物收发货人	注册日期	2002.12.2	注册资本	800 万美元
评定时间	2009.6.15	报关有效期	2014.12.2	所属海关	湛江海关
法人姓名	王长超		电话	0759-3388879	
日常联系人	焦倩		电话	0759 3388879	
主营范围	研究、开发、养殖、收购、精加工、冷冻和销售水产品。				

企业名称	湛江国联水产开发股份有限公司			海关编码	4408231094
通讯地址	广东省湛江开发区平乐工业区永平南路			邮政编码	524022
企业类型	进出口货物收发货人	注册日期	2001.8.21	注册资本	32000 万人民币
评定时间	2008.12.4	报关有效期	2014.8.21	所属海关	湛江海关
法人姓名	李忠		电话	0759-3389738	
日常联系人	李红英		电话	0759-3389738	
主营范围	引进、繁育、养殖及销售水产种苗；繁育水产种苗所需的饲料（海蛎、鱿鱼、海虫、丰年虫、绿茵藻、沙虫）、原木的收购（原木收购有效期至 2012 年 12 月 30 日）；研究、开发、养殖、收购、冷冻、加工、销售水产品；速冻水产品、速冻食品 [速冻面米食品（熟制品）]（有效期至 2013 年 12 月 26 日）。（不含外商投资产业指导目录中禁止外商投资的产业。法律、行政法规禁止的项目不得经营，法律、行政法规限制的项目须取得许可后方可经营）				

企业名称	廉江一品木业有限公司			海关编码	4408933010
通讯地址	广东省廉江市安铺镇安镇路			邮政编码	524444
企业类型	进出口货物收发货人	注册日期	2007.3.27	注册资本	247.05 万美元
评定时间	2009.6.15	报关有效期	2013.3.27	所属海关	湛江海关
法人姓名	袁超		电话	0759-6847188	
日常联系人	陈李芳		电话	0759-3133960	
主营范围	生产竹、木、藤制工艺品及木制家具，销售本公司生产的产品；收购原木、原竹、原藤（限自用）。				

企业名称	湛江大中纺织有限公司			海关编码	4408241031
通讯地址	广东省湛江市人民大道龙潮工业区			邮政编码	524022
企业类型	进出口货物收发货人	注册日期	2002.9.16	注册资本	16720 万港币
评定时间	2009.6.15	报关有效期	2014.9.16	所属海关	湛江海关
法人姓名	翁荣基		电话	0759-3338921	
日常联系人	郑海燕		电话	0759-3338921	
主营范围	生产销售棉纱及其他纺织用纤维、纺织品、针织品、布、服装及其他缝纫品；从事本公司自产产品同类商品及纺织相关的原材料、辅料、专用设备和配件、电器机械及器材的批发、进出口业务（不设店铺，涉及配额许可证或国家专项管理规定的，须按国家规定另行报批并凭证经营，法律、行政法规禁止的项目不得经营，法律、行政法规限制的项目须取得许可后方可经营）。				

企业名称	喜利得（中国）有限公司			海关编码	4408241017
通讯地址	广东省湛江开发区永平南路			邮政编码	524022
企业类型	进出口货物收发货人	注册日期	1998.10.6	注册资本	6600 万美元
评定时间	2010.3.5	报关有效期	2014.4.30	所属海关	湛江海关
法人姓名	Guenter Schweitzer		电话	00-4232344380	
日常联系人	林海		电话	0759-3379201	
主营范围	制造、加工、装配喜利得牌子钻孔机系列、直接固定系列、高性能安卡锚栓系列及与之相关的产品（包括整机、零配件及辅件）；销售自产产品系列并提供售前售后服务、技术咨询和与之相关的服务；从事非配额许可证管理、非专营商品的进口（自用）和收购出口业务；从事进出口、国内外购买、佣金代理（拍卖除外）业务；批发建筑施工工具及其耗品并提供与之相关的其他服务；从事下述产品的研究开发和实验发展：与建筑施工工具及其耗品相关的高科技材料、工程材料和化工材料（涉及配额许可证管理、专项规定管理的商品按国家有关规定办理）。				

企业名称	湛江恒兴水产科技有限公司			海关编码	4408961024
通讯地址	广东省湛江市麻章区瑞云北路			邮政编码	524092
企业类型	进出口货物收发货人	注册日期	2003.3.13	注册资本	10000 万人民币
评定时间	2010.10.29	报关有效期	2014.3.13	所属海关	湛江海关
法人姓名	陈丹		电话	0759-2705555	
日常联系人	李月姬		电话	0759-3303333	
主营范围	研究开发水产品；养殖与加工、收购、销售；销售水产品及农副产品（除烟叶、蚕茧、棉花、粮食）；经营货物与技术进出口（法律行政法规禁止的项目除外，法律行政法规限制的项目须取得许可后方可经营）；提供物业出租。				

企业名称	广东新会美达锦纶股份有限公司			海关编码	4407912027
通讯地址	广东省江门市新会区江会路上浅口			邮政编码	529100
企业类型	进出口货物收发货人	注册日期	2000.6.7	注册资本	40451.325 万人民币
评定时间	2008.10.15	报关有效期	2014.6.7	所属海关	江门海关
法人姓名	梁伟东		电话	0750-6103188	
日常联系人	陈伟明		电话	0750-6103416	
主营范围	织造、染整锦纶 6 切片、纺丝；经营本企业自产产品的出口和生产所需要的机械设备、零配件；提供原辅材料的进口业务、加工贸易和补偿贸易业务［具体按粤外经贸进字（1999）550 号文经营］。				

<table>
<tr><td>企业名称</td><td colspan="3">新会德华尼龙切片有限公司</td><td>海关编码</td><td>4407922248</td></tr>
<tr><td>通讯地址</td><td colspan="3">广东省江门市新会区冈州大道东 11 号</td><td>邮政编码</td><td>529100</td></tr>
<tr><td>企业类型</td><td>进出口货物收发货人</td><td>注册日期</td><td>1996.1.23</td><td>注册资本</td><td>4911 万美元</td></tr>
<tr><td>评定时间</td><td>2008.11.21</td><td>报关有效期</td><td>2014.1.23</td><td>所属海关</td><td>江门海关</td></tr>
<tr><td>法人姓名</td><td colspan="2">郭敏</td><td>电话</td><td colspan="2">0750-6103416</td></tr>
<tr><td>日常联系人</td><td colspan="2">陈卫民</td><td>电话</td><td colspan="2">0750-6103416</td></tr>
<tr><td>主营范围</td><td colspan="5">生产经营锦纶 6 干切片，锦纶 6 长丝和弹力丝，产品 70% 外销。</td></tr>
</table>

<table>
<tr><td>企业名称</td><td colspan="3">福斯特惠勒动力机械有限公司</td><td>海关编码</td><td>4407932086</td></tr>
<tr><td>通讯地址</td><td colspan="3">广东省新会市天马工业开发区</td><td>邮政编码</td><td>529100</td></tr>
<tr><td>企业类型</td><td>进出口货物收发货人</td><td>注册日期</td><td>1994.3.10</td><td>注册资本</td><td>1600 万美元</td></tr>
<tr><td>评定时间</td><td>2008.10.15</td><td>报关有效期</td><td>2014.3.10</td><td>所属海关</td><td>江门海关</td></tr>
<tr><td>法人姓名</td><td colspan="2">丁晓明</td><td>电话</td><td colspan="2">0750-6930311</td></tr>
<tr><td>日常联系人</td><td colspan="2">李丽嫦</td><td>电话</td><td colspan="2">0750-6395215</td></tr>
<tr><td>主营范围</td><td colspan="5">设计、加工、制造、安装、调试、销售锅炉、锅炉组件、附件和辅机，并提供相应的服务。</td></tr>
</table>

<table>
<tr><td>企业名称</td><td colspan="3">广东新会中集特种运输设备有限公</td><td>海关编码</td><td>4407932152</td></tr>
<tr><td>通讯地址</td><td colspan="3">广东省江门市新会区大鳌镇沙角工业区</td><td>邮政编码</td><td>529144</td></tr>
<tr><td>企业类型</td><td>进出口货物收发货人</td><td>注册日期</td><td>2003.3.20</td><td>注册资本</td><td>900 万美元</td></tr>
<tr><td>评定时间</td><td>2008.11.21</td><td>报关有效期</td><td>2014.3.20</td><td>所属海关</td><td>江门海关</td></tr>
<tr><td>法人姓名</td><td colspan="2">吴发沛</td><td>电话</td><td colspan="2">0750-6248888</td></tr>
<tr><td>日常联系人</td><td colspan="2">蒋丽辉</td><td>电话</td><td colspan="2">0750-6248228</td></tr>
<tr><td>主营范围</td><td colspan="5">设计、制造、销售、租赁、维修以及堆场各类集装箱(包括特种集装箱)、集装箱半成品、集装箱相关零部件、各种不含动力部分的箱式半挂车零部件和金属构件，并提供相关技术咨询服务。</td></tr>
</table>

企业名称	李锦记（新会）食品有限公司			海关编码	4407942100
通讯地址	广东省江门市新会区七堡镇大桥工贸开发区			邮政编码	529156
企业类型	进出口货物收发货人	注册日期	1995.12.25	注册资本	51788 万港币
评定时间	2008.11.21	报关有效期	2011.12.25	所属海关	江门海关
法人姓名	曾庆鸿		电话	0750-6705555	
日常联系人	刘晓坚		电话	0750-6705555	
主营范围	生产、加工、销售各类调味品、营养保健食品、饮料、农副海产加工品，味液、食用油、醋类、罐头、方便面及其相关包装品，提供相关工艺技术咨询和转让。（涉及国家实行出口许可证、配额管理的商品除外）				

企业名称	新会日兴不锈钢制品有限公司			海关编码	4407942132
通讯地址	广东省新会市司前镇工业开发区			邮政编码	529159
企业类型	进出口货物收发货人	注册日期	1998.6.17	注册资本	2000 万美元
评定时间	2010.3.26	报关有效期	2014.6.17	所属海关	江门海关
法人姓名	李耀如		电话	0750-6571288	
日常联系人	鲁瑞年		电话	0750-6571288	
主营范围	生产不锈钢制品，产品 70% 外销。				

企业名称	江门市新会区冠华针织厂有限公司			海关编码	4407942411
通讯地址	广东省江门市新会区罗坑镇工业大道东 1 号			邮政编码	529157
企业类型	进出口货物收发货人	注册日期	2007.7.6	注册资本	5280 万美元
评定时间	2008.11.18	报关有效期	2013.7.6	所属海关	江门海关
法人姓名	陈天堆		电话	0750-6462168	
日常联系人	陈建邦		电话	0750-6462168	
主营范围	高档织物面料的织染及后整理加工。				

<table>
<tr><td>企业名称</td><td colspan="3">维达纸业（广东）有限公司</td><td>海关编码</td><td>4407942166</td></tr>
<tr><td>通讯地址</td><td colspan="3">广东省新会市会城镇城东区东侯工业区</td><td>邮政编码</td><td>529100</td></tr>
<tr><td>企业类型</td><td>进出口货物收发货人</td><td>注册日期</td><td>1991.11.25</td><td>注册资本</td><td>3455 万美元</td></tr>
<tr><td>评定时间</td><td>2008.11.21</td><td>报关有效期</td><td>2014.11.25</td><td>所属海关</td><td>江门海关</td></tr>
<tr><td>法人姓名</td><td colspan="2">张健</td><td>电话</td><td colspan="2">0750-6168534</td></tr>
<tr><td>日常联系人</td><td colspan="2">李玉钿</td><td>电话</td><td colspan="2">0750-6168534</td></tr>
<tr><td>主营范围</td><td colspan="5">生产经营高档生活用纸（原纸、小包装面纸、盒装面纸、卷筒卫生纸、湿纸巾、餐纸、抹手纸）等高档系列产品，妇女卫生巾，产品 20%外销（卫生许可证有效期至 2011 年 9 月 12 日）。提供普通货运业务。</td></tr>
</table>

<table>
<tr><td>企业名称</td><td colspan="3">松下电子部品（江门）有限公司</td><td>海关编码</td><td>4407942371</td></tr>
<tr><td>通讯地址</td><td colspan="3">广东省江门市新会区会城大道 18 号</td><td>邮政编码</td><td>529100</td></tr>
<tr><td>企业类型</td><td>进出口货物收发货人</td><td>注册日期</td><td>2006.5.23</td><td>注册资本</td><td>420000 万日元</td></tr>
<tr><td>评定时间</td><td>2010.12.6</td><td>报关有效期</td><td>2012.5.23</td><td>所属海关</td><td>江门海关</td></tr>
<tr><td>法人姓名</td><td colspan="2">小林俊明</td><td>电话</td><td colspan="2">0750-6962371</td></tr>
<tr><td>日常联系人</td><td colspan="2">柯耀明</td><td>电话</td><td colspan="2">0750-6962371</td></tr>
<tr><td>主营范围</td><td colspan="5">开发、设计、生产、加工及销售新型电子元器件（电力电子器件、混合集成电路），数字音、视频编解码终端器件、电子专用材料及电子元件和零配件，并提供相关的售后服务、技术服务及咨询；批发本公司自产产品及其同类商品；办理佣金代理（拍卖除外）及相关的进出口业务（涉及配件许可证管理、专项规定管理的商品按照国家有关规定办理）。</td></tr>
</table>

<table>
<tr><td>企业名称</td><td colspan="3">江门市新会华贸发展有限公司</td><td>海关编码</td><td>4407962008</td></tr>
<tr><td>通讯地址</td><td colspan="3">广东省江门市新会区会城知政南路 32 号</td><td>邮政编码</td><td>529100</td></tr>
<tr><td>企业类型</td><td>进出口货物收发货人</td><td>注册日期</td><td>2001.11.9</td><td>注册资本</td><td>1230 万人民币</td></tr>
<tr><td>评定时间</td><td>2009.7.30</td><td>报关有效期</td><td>2014.11.9</td><td>所属海关</td><td>江门海关</td></tr>
<tr><td>法人姓名</td><td colspan="2">尹国荣</td><td>电话</td><td colspan="2">0750-6622277</td></tr>
<tr><td>日常联系人</td><td colspan="2">陈秀清</td><td>电话</td><td colspan="2">0750-6622297</td></tr>
<tr><td>主营范围</td><td colspan="5">批发、零售煤炭（煤炭经营资格证有效期至 2013 年 6 月 11 日），预包装食品、散装食品（食品流通许可证有效期限至 2014 年 2 月 23 日）；代理检验检疫报检业务；经营国内贸易、货物及技术进出口业务（国家法律、行政法规禁止的项目除外；国家法律、行政法规限制的项目须取得许可后方可经营）。</td></tr>
</table>

企业名称	华美（台山）五金制品有限公司			海关编码	4407948174
通讯地址	广东省台山市广海镇新华工业区			邮政编码	529231
企业类型	进出口货物收发货人	注册日期	2004.1.14	注册资本	1500 万美元
评定时间	2008.10.15	报关有效期	2013.12.7	所属海关	江门海关
法人姓名	RUDOLF WILHELM WEBER		电话	0750-5315688	
日常联系人	李其玩		电话	0750-5315688	
主营范围	研发、生产和经营各类汽车、摩托车、商业和家用保安防盗系统的电子五金系列锁具及零配件、各类安全门、自动门、月台屏蔽门等系列门产品及集成智能卡及其零配件；制造各类钥匙机、锁具机械设备；提供相关安装及售后服务；批发、零售各类钥匙机、锁具机械设备；开展进出口业务（不设店铺，不涉及国家贸易管理商品，涉及配额、许可证管理商品的，按国家有关规定办理申请）。				

企业名称	台山山度士制衣厂有限公司			海关编码	4407948038
通讯地址	广东省台山市白沙镇三八工业开发区			邮政编码	529254
企业类型	进出口货物收发货人	注册日期	1996.3.15	注册资本	260 万美元
评定时间	2008.12.24	报关有效期	2014.3.24	所属海关	江门海关
法人姓名	郑紫云		电话	0750-5866798	
日常联系人	李前远		电话	0750-5866989	
主营范围	生产和销售各类男女服装。				

企业名称	台山市冠荣金属制品有限公司			海关编码	4407948185
通讯地址	广东省台山市高新技术开发区第 5 区			邮政编码	529200
企业类型	进出口货物收发货人	注册日期	2004.6.15	注册资本	1500 万美元
评定时间	2008.12.24	报关有效期	2014.6.17	所属海关	江门海关
法人姓名	洪英智		电话	0750-5625001	
日常联系人	雷雅仪		电话	0750-5625079	
主营范围	经营烧烤炉、取暖炉及烤炉配件等金属搪瓷制品。				

<table>
<tr><td>企业名称</td><td colspan="3">台澳铝业（台山）有限公司</td><td>海关编码</td><td>4407948084</td></tr>
<tr><td>通讯地址</td><td colspan="3">广东省台山市西湖外商投资示范区 11-13 号</td><td>邮政编码</td><td>529200</td></tr>
<tr><td>企业类型</td><td>进出口货物收发货人</td><td>注册日期</td><td>2000.11.2</td><td>注册资本</td><td>2600 万美元</td></tr>
<tr><td>评定时间</td><td>2008.11.21</td><td>报关有效期</td><td>2014.10.11</td><td>所属海关</td><td>江门海关</td></tr>
<tr><td>法人姓名</td><td colspan="2">何尚平</td><td>电话</td><td colspan="2">0750-5587383</td></tr>
<tr><td>日常联系人</td><td colspan="2">黄周权</td><td>电话</td><td colspan="2">0750-5586383</td></tr>
<tr><td>主营范围</td><td colspan="5">生产铝型材、异型材、散热管（片）、汽车配件等铝制品、模具；批发铝锭、铝棒、喷粉涂料（不含危险化学品）经营进出口业务（不设店铺，不涉及国营贸易管理商品，涉及配额，许可证管理商品的按国家有关规定办理申请）。</td></tr>
</table>

<table>
<tr><td>企业名称</td><td colspan="3">台山市富诚铝业有限公司</td><td>海关编码</td><td>4407948074</td></tr>
<tr><td>通讯地址</td><td colspan="3">广东省台山市附城镇西湖外商投资示范区</td><td>邮政编码</td><td>529200</td></tr>
<tr><td>企业类型</td><td>进出口货物收发货人</td><td>注册日期</td><td>1999.12.6</td><td>注册资本</td><td>1950 万美元</td></tr>
<tr><td>评定时间</td><td>2009.7.30</td><td>报关有效期</td><td>2014.10.17</td><td>所属海关</td><td>江门海关</td></tr>
<tr><td>法人姓名</td><td colspan="2">陈国宾</td><td>电话</td><td colspan="2">0750-5582588</td></tr>
<tr><td>日常联系人</td><td colspan="2">梁小丽</td><td>电话</td><td colspan="2">0750-5582588</td></tr>
<tr><td>主营范围</td><td colspan="5">生产和加工铝合金轮毂、汽车及机车轮胎装配、车用冷却管等铝制品汽车配件、汽车用铸锻毛胚件、镁合金制品、铸铁和铸件、模具及各种五金制品的电镀及抛光（电镀及抛光由本公司分支机构台山市富诚铝业有限公司金属表面处理车间经营）。</td></tr>
</table>

<table>
<tr><td>企业名称</td><td colspan="3">开平威技电器有限公司</td><td>海关编码</td><td>4407944196</td></tr>
<tr><td>通讯地址</td><td colspan="3">广东省开平市水口镇兴达路 40 号第一幢</td><td>邮政编码</td><td>529300</td></tr>
<tr><td>企业类型</td><td>进出口货物收发货人</td><td>注册日期</td><td>2001.12.30</td><td>注册资本</td><td>500 万美元</td></tr>
<tr><td>评定时间</td><td>2008.12.24</td><td>报关有效期</td><td>2011.12.30</td><td>所属海关</td><td>江门海关</td></tr>
<tr><td>法人姓名</td><td colspan="2">邱明总</td><td>电话</td><td colspan="2">0750-2226622</td></tr>
<tr><td>日常联系人</td><td colspan="2">邱明总</td><td>电话</td><td colspan="2">0750-2226622</td></tr>
<tr><td>主营范围</td><td colspan="5">生产经营移动式冷气机、移动分离式冷气机、分离式冷气机、窗式冷气机、除湿机、冷气机与除湿机的半成品及其零配件产品。</td></tr>
</table>

企业名称	开平市利德信进出口贸易有限公司			海关编码	4407964081
通讯地址	广东省开平市三埠区长沙光明路 103 号首层			邮政编码	529300
企业类型	进出口货物收发货人	注册日期	2007.3.15	注册资本	300 万人民币
评定时间	2009.11.4	报关有效期	2013.3.15	所属海关	江门海关
法人姓名	余桥欢		电话	0750-2261166	
日常联系人	关永安		电话	0750-2236833	
主营范围	销售办公设备、电子产品、五金、建筑材料、日用品、服装、皮具、竹芒柳工艺品、文具、汽车配件（不含发动机）；提供货物、技术进出口的业务（法律、行政法规禁止的项目除外；法律、行政法规限制的项目须取得许可证后方可经营）。				

企业名称	鹤山雅图仕印刷有限公司			海关编码	4407946012
通讯地址	广东省鹤山古劳镇西江大堤玄坛庙滩地			邮政编码	529738
企业类型	进出口货物收发货人	注册日期	1993.3.9	注册资本	182000 万港币
评定时间	2008.10.15	报关有效期	2014.3.9	所属海关	江门海关
法人姓名	冯广源		电话	0750-8766115	
日常联系人	冯广源		电话	0750-8766115	
主营范围	承接国外客户委托排板、制板、印刷及装订、包装五金制品，经营玩具、游戏品、纸箱进出口业务，产品 100% 外销。				

企业名称	弗兰卡（中国）厨房系统有限公司			海关编码	4407946091
通讯地址	广东省鹤山市沙坪镇 莺朗工业区 318 号			邮政编码	529700
企业类型	进出口货物收发货人	注册日期	1998.12.20	注册资本	1057.2766 万美元
评定时间	2008.11.21	报关有效期	2011.12.20	所属海关	江门海关
法人姓名	JURG Kaspar Fischer		电话	0750-8415252	
日常联系人	麦树强		电话	0750-8855288	
主营范围	生产、销售及分销厨房设备（包括洗涤槽及附属产品、燃气灶具及厨房用具、厨房电器及快餐店厨房设备）及饮料容器，进口、批发上述自产产品的同类产品，采购和出口相关商品，研究开发新产品并提供所有相关服务。				

企业名称	阳江市谊林海达速冻水产有限公司			海关编码	4417920239
通讯地址	广东省阳江市闸坡水产新堤北环路一号			邮政编码	529536
企业类型	进出口货物收发货人	注册日期	2002.6.19	注册资本	6433 万港币
评定时间	2008.10.15	报关有效期	2014.11.9	所属海关	江门海关
法人姓名	吴达来		电话	0662-3885177	
日常联系人	冯仕苏		电话	0662-3882946	
主营范围	加工水产品及水产食品（含水产品收购，但限于企业自用）；兼营水产养殖。				

企业名称	阳江市二轻集团有限公司			海关编码	4417950014
通讯地址	广东省阳江市波陵园一街 11 号			邮政编码	529500
企业类型	进出口货物收发货人	注册日期	2002.9.29	注册资本	3000 万人民币
评定时间	2010.8.27	报关有效期	2012.3.23	所属海关	江门海关
法人姓名	程建华		电话	0662-3380890	
日常联系人	胡凤初		电话	0662-3381826	
主营范围	经营和代理各类商品及技术的进出口（国家限定公司经营或禁止进出口的商品及技术除外）。				

企业名称	阳江万事达海洋食品有限公司			海关编码	4417960221
通讯地址	广东省阳江市高新区尖山科技工业园			邮政编码	529500
企业类型	进出口货物收发货人	注册日期	2006.5.9	注册资本	2316.55 万人民币
评定时间	2011.9.14	报关有效期	2014.9.7	所属海关	江门海关
法人姓名	梁桂奇		电话	0662-2208855	
日常联系人	詹华		电话	0662-2208855	
主营范围	收购、加工、销售水产品；提供货物、技术进出口业务（法律、行政法规禁止的项目除外；法律、行政法规限制的项目须取得许可后方可经营）。				

企业名称	海南海宇锡板工业有限公司			海关编码	4601130835
通讯地址	海南省海口市丘海大道 69 号			邮政编码	570311
企业类型	进出口货物收发货人	注册日期	1993.12.31	注册资本	2040 万美元
评定时间	2009.3.25	报关有效期	2011.12.31	所属海关	海口海关
法人姓名	邓宇		电话	0898- 68920532	
日常联系人	吴多健		电话	0898- 68911464	
主营范围	生产销售各种规格的镀锡薄板；制罐、制盒及其销售；各种规格的镀层和冷轧钢板的加工、销售及涂漆印刷；兼营；黑色及有色金属材料的省内贸易。				

企业名称	海南东洋水产有限公司			海关编码	4601140034
通讯地址	海南省海口市长流镇堂善村			邮政编码	570312
企业类型	进出口货物收发货人	注册日期	1992.12.28	注册资本	12002 万美元
评定时间	2009.7.10	报关有效期	2011.12.28	所属海关	海口海关
法人姓名	水流良一		电话	0898-68712167	
日常联系人	严敏		电话	0898-68712330	
主营范围	兴办水产养殖、农产品种植及加工厂、经营本企业生产加工的水产品、蔬菜、农产品、调味品、薯类制品，提供本公司产品的运输业务（以上不含国家规定禁止的项目，且涉及行政许可的项目凭许可证经营）。				

企业名称	海南优美内衣有限公司			海关编码	4601140724
通讯地址	海南省海口市港澳工业区 3 号			邮政编码	570314
企业类型	进出口货物收发货人	注册日期	1993.1.7	注册资本	6673.50 万美元
评定时间	2008.10.22	报关有效期	2014.1.7	所属海关	海口海
法人姓名	OLive M · Spiesshofer		电话	0898-68666893	
日常联系人	何会东		电话	0898-68665517	
主营范围	生产和销售内衣、成衣、睡衣、泳装、休闲服、运动服等服装及服装辅助件；开展与自产产品同类商品的零售、批发和佣金代理（拍卖除外）业务；提供普通道路货运（不含危险品）业务（凡需行政许可的项目凭许可证经营）。				

企业名称	海南正红科技发展有限公司			海关编码	4601143202
通讯地址	海口市高新技术开发区			邮政编码	570314
企业类型	进出口货物收发货人	注册日期	2002.8.12	注册资本	1680 万美元
评定时间	2008.10.22	报关有效期	2014.8.12	所属海关	海口海关
法人姓名	林钧		电话	0898-68656888	
日常联系人	潘娟		电话	0898-68656888	
主营范围	研制、生产、销售集成电路、印刷电路板、网络卡、显示卡、电脑主机板、液晶显示器及其配件。				

企业名称	一汽海马汽车有限公司			海关编码	4601150700
通讯地址	海南省海口市金盘工业开发区			邮政编码	570216
企业类型	进出口货物收发货人	注册日期	2004.8.30	注册资本	120000 万人民币
评定时间	2009.5.7	报关有效期	2014.8.30	所属海关	海口海关
法人姓名	吴绍明		电话	0898-66820555	
日常联系人	陈承		电话	0898-66820284	
主营范围	除法律、行政法规禁止经营的行业或项目外，均可自主选择经营，但经营涉及国家或海南省实行专项审批和许可证管理行业或项目的，需取得有关部门的审批文件或许可证，方可经营。				

企业名称	海南泉溢食品有限公司			海关编码	4690153015
通讯地址	海南省海口市美兰区桂林洋经济开发区工业区			邮政编码	571127
企业类型	进出口货物收发货人	注册日期	2000.8.14	注册资本	2800 万人民币
评定时间	2008.11.27	报关有效期	2014.8.19	所属海关	海口海关
法人姓名	林生		电话	0898-65711516	
日常联系人	陶惠英		电话	0898-65718612	
主营范围	购销、运输冷冻产品、加工新鲜水产品、食品、水果、蔬菜、罐头。（凡需行政许可的项目凭许可证经营）				

企业名称	中海石油化学股份有限公司			海关编码	4690119639
通讯地址	海南省东方市珠江南大街1号			邮政编码	572600
企业类型	进出口货物收发货人	注册日期	2001.1.9	注册资本	461000万人民币
评定时间	2011.3.15	报关有效期	2014.1.5	所属海关	海口海关
法人姓名	杨业新		电话	010-84527201	
日常联系人	刘晓燕		电话	0898-25692545	
主营范围	开发、生产和销售化肥、化工产品；经营化肥、化工原料和产品的进出口贸易；提供石油天然气加工、处理和相关产品销售（凭许可证经营）业务；开发、生产和销售塑料制品；销售化工原料、备品配件；开展机械、电气设备检修；提供农化技术服务。（涉及配额、许可证等专项审批的事项应按照国家有关规定办理）				

企业名称	海洋石油富岛有限公司			海关编码	4690119641
通讯地址	海南省东方市珠江南大街3号			邮政编码	572600
企业类型	进出口货物收发货人	注册日期	2002.4.4	注册资本	46300万人民币
评定时间	2009.8.12	报关有效期	2014.3.30	所属海关	海口海关
法人姓名	杨业新		电话	010-84527201	
日常联系人	刘晓燕		电话	0898-25692545	
主营范围	开发、生产和销售化肥、化工产品；销售化工原料、备品配件；提供码头装卸、仓储、公路运输服务；开展机械、电气设备检修；经营进出口业务。（凡需行政许可的项目凭许可证经营）				

企业名称	海南金海浆纸业有限公司			海关编码	4690230059
通讯地址	海南省洋浦经济开发区D12区			邮政编码	578101
企业类型	进出口货物收发货人	注册日期	2006.4.26	注册资本	796310万人民币
评定时间	2008.11.27	报关有效期	2012.4.1	所属海关	海口海关
法人姓名	黄志源		电话	0898-28822288	
日常联系人	黄岗		电话	0898-28824256	
主营范围	生产销售木纸浆、纸、纸制品、相关的化工产品及制浆造纸类机器和配件；提供运输、装卸及港口服务，水、电、汽生产供应及环保代处理服务，招待所服务，产品售后服务、维修及技术咨询服务、培训服务。（凡需行政许可的项目凭许可证经营）				

企业名称	北海强盛进出口贸易有限公司			海关编码	4505910802
通讯地址	广西北海市北京路强盛广场			邮政编码	536000
企业类型	进出口货物收发货人	注册日期	1999.9.1	注册资本	2000 万人民币
评定时间	2009.1.13	报关有效期	2014.9.1	所属海关	南宁海关
法人姓名	王国强		电话	0779-3208888	
日常联系人	邱俏		电话	0779-3228880	
主营范围	经营烟花类：B 级喷花类成品，C、D 级烟花成品（其中，组合烟花类成品单筒药量 25G 以下）；爆竹类：C 级爆竹类成品（以上项目凭烟花爆竹经营许可证经营至 2013 年 8 月 8 日）； 经营和代理各类商品及技术的进出口业务，但国家限定公司经营或禁止进出口的商品及技术除外；经营对销贸易和转口贸易；研究烟花新产品（不含生产）。（凡涉及许可证的项目凭许可证在有效期限内经营）				

企业名称	北海东红制革有限公司			海关编码	4505930087
通讯地址	广西壮族自治区北海市合浦县城南郊禁山			邮政编码	536100
企业类型	进出口货物收发货人	注册日期	1993.5.12	注册资本	674.12 万美元
评定时间	2009.10.16	报关有效期	2014.5.12	所属海关	南宁海关
法人姓名	施荣川		电话	0779-7267008	
日常联系人	李国燕		电话	0779-7267012	
主营范围	生产销售 PU 皮革及 PU 皮革半成品，牛面皮革及牛面皮革半成品，反毛绒皮革及油椰皮革。加工牛面皮革和二椰皮革。				

企业名称	广西新振锰业集团有限公司			海关编码	4514960326
通讯地址	广西崇左市大新县桃城镇西城街			邮政编码	532300
企业类型	进出口货物收发货人	注册日期	2008.10.13	注册资本	9804 万人民币
评定时间	2011.2.22	报关有效期	2014.10.13	所属海关	南宁海关
法人姓名	言胜斌		电话	0771-3633206	
日常联系人	黄璐		电话	0771-3810980	
主营范围	经营二氧化锰、硅锰合金、锰铁自营出口、进口本企业所需原辅材料、机器设备、仪器仪表及零配件、化工锰、农副产品、硅铁、中低碳锰铁、硫酸锰、金属锰、锰矿石洗选加工，以及边境小额贸易。				

<table>
<tr><td>企业名称</td><td colspan="3">北海市万景海产有限公司</td><td>海关编码</td><td>4505960898</td></tr>
<tr><td>通讯地址</td><td colspan="3">广西北海市独树根西路六巷 8 号</td><td>邮政编码</td><td>536000</td></tr>
<tr><td>企业类型</td><td>进出口货物收发货人</td><td>注册日期</td><td>2002.9.23</td><td>注册资本</td><td>5000 万人民币</td></tr>
<tr><td>评定时间</td><td>2009.1.13</td><td>报关有效期</td><td>2014.9.23</td><td>所属海关</td><td>南宁海关</td></tr>
<tr><td>法人姓名</td><td colspan="2">符军</td><td>电话</td><td colspan="2">0779-3908788</td></tr>
<tr><td>日常联系人</td><td colspan="2">蔡伟</td><td>电话</td><td colspan="2">0779-3902766</td></tr>
<tr><td>主营范围</td><td colspan="5">生产速冻食品（凭全国工业产品生产许可证经营，有效期至 2014 年 3 月 24 日）；提供水产品冷藏服务，农副产品代购代销；经营本企业的进料加工和“三来一补”业务（污染物排放限于 2009 年 12 月 31 日前止）。（凡涉及许可证的项目凭许可证在有效期限内经营）</td></tr>
</table>

<table>
<tr><td>企业名称</td><td colspan="3">中钢集团广西铁合金有限公司</td><td>海关编码</td><td>4515910003</td></tr>
<tr><td>通讯地址</td><td colspan="3">广西来宾市兴宾区凤凰镇</td><td>邮政编码</td><td>546102</td></tr>
<tr><td>企业类型</td><td>进出口货物收发货人</td><td>注册日期</td><td>1993.12.29</td><td>注册资本</td><td>40030.5 万人民币</td></tr>
<tr><td>评定时间</td><td>2009.8.11</td><td>报关有效期</td><td>2011.12.29</td><td>所属海关</td><td>南宁海关</td></tr>
<tr><td>法人姓名</td><td colspan="2">安汉民</td><td>电话</td><td colspan="2">0772-6689993</td></tr>
<tr><td>日常联系人</td><td colspan="2">张海玲</td><td>电话</td><td colspan="2">0772-6689788</td></tr>
<tr><td>主营范围</td><td colspan="5">冶炼铁合金；设计及制造冶金设备；制造机械设备；销售本厂产品串换的物资；经营本企业自产产品及技术的出口和本企业所需的机械设备、零配件、原辅材料及技术的进口业务（国家限定经营或禁止出口的商品和技术除外）；开发第三产业；仓储；运输道路危险货物；提供道路旅客运输服务（只限分公司客运服务站经营）；运输道路普通货物（经营性道路危险货物运输 1 类：1、4、5 项；2 类：1、2 项；3 类：1、2、3 项；8 类 1、2 类）；修理汽车（只限运输分公司经营）；提供道路货运综合服务（只限分公司汽车货运服务站经营）；零售汽油、柴油、润滑油（只限分公司加油站经营）；制作、安装、销售、维护、保养及修理机械设备及其零配件（仅限机械分公司经营）。（凡涉及许可证的项目凭许可证在有效期限内经营）</td></tr>
</table>

<table>
<tr><td>企业名称</td><td colspan="3">柳州柳工挖掘机有限公司</td><td>海关编码</td><td>4502910804</td></tr>
<tr><td>通讯地址</td><td colspan="3">广西柳州市柳江县拉堡镇双拥路</td><td>邮政编码</td><td>545100</td></tr>
<tr><td>企业类型</td><td>进出口货物收发货人</td><td>注册日期</td><td>2006.8.8</td><td>注册资本</td><td>17510 万人民币</td></tr>
<tr><td>评定时间</td><td>2010.8.30</td><td>报关有效期</td><td>2012.8.8</td><td>所属海关</td><td>南宁海关</td></tr>
<tr><td>法人姓名</td><td colspan="2">黄祥全</td><td>电话</td><td colspan="2">0772-7226048</td></tr>
<tr><td>日常联系人</td><td colspan="2">黄云健</td><td>电话</td><td colspan="2">0772-7226056</td></tr>
<tr><td>主营范围</td><td colspan="5">设计、制造、销售挖掘机等建筑工程机械产品及其配件；经营相关技术的进出口业务；经营机电产品及零件、机电成套设备、工装模具、原辅材料、仪器仪表、轻工业品的进出口业务。（以上经营项目涉及许可审批的须取得许可证或其他批准文件后方可开展经营）</td></tr>
</table>

企业名称	广西柳工机械股份有限公司			海关编码	4502910249
通讯地址	广西柳州柳太路 1 号			邮政编码	545007
企业类型	进出口货物收发货人	注册日期	1994.11.16	注册资本	75016 万人民币
评定时间	2010.8.30	报关有效期	2014.11.16	所属海关	南宁海关
法人姓名	王晓华		电话	0772-3886123	
日常联系人	唐述辉		电话	0772-3886077	
主营范围	制造工程机械及配件，维修工程机械，租赁机械设备；经营本企业自产机电产品、成套设备及相关技术出口；经营本企业生产科研所需原辅材料、机械设备、仪器仪表、备品备件、零配件及技术的进口业务（国家规定的一、二类进口商品除外）；开展本企业中外合资经营、合作生产及“三来一补”业务；设计、研发、销售、售后服务及租赁工业车辆；提供场地租赁业务。（凡涉及许可证的项目凭许可证在有效期限内经营）				

企业名称	柳州富达机械有限公司			海关编码	4502940511
通讯地址	广西柳州市阳和工业新区工业园 B-22-1、B-23-1 号			邮政编码	545005
企业类型	进出口货物收发货人	注册日期	2002.9.16	注册资本	520 万美元
评定时间	2009.10.30	报关有效期	2014.9.16	所属海关	南宁海关
法人姓名	龚元相		电话	0772-3171562	
日常联系人	郭光明		电话	0772-3171562	
主营范围	生产、销售空气压缩机、压缩空气干燥器、压缩空气过滤器及相关设备，以及产品的售后服务；经营非自产的空气压缩机、压缩空气干燥器、压缩空气过滤器及其辅助设备和零部件的进出口、批发、佣金代理（拍卖除外）业务。（涉及行政审批的项目须取得许可后方可经营；涉及许可证的项目凭许可证在有效期限内经营）				

企业名称	南丹县南方有色冶炼有限责任公司			海关编码	4508960793
通讯地址	广西壮族自治区河池市南丹县车河镇丰塘坳			邮政编码	545700
企业类型	进出口货物收发货人	注册日期	2006.6.13	注册资本	1200 万人民币
评定时间	2010.3.23	报关有效期	2012.6.13	所属海关	南宁海关
法人姓名	周南方		电话	0778-2201396	
日常联系人	杨贵雄		电话	0778-2297181	
主营范围	加工、销售有色金属矿产品（国家明令禁止的除外）；销售建筑材料、矿山机电产品、副食品、日用百货、洗车服务；经营本企业生产、科研所需原、辅材料、机械设备、仪器仪表及零配件的进口和本企业自产产品的出口业务。（凡涉及许可证的项目凭许可证在有效期限内经营）				

企业名称	河池市南方有色冶炼有限责任公司			海关编码	4508960450
通讯地址	广西河池市北环路吉腰			邮政编码	547000
企业类型	进出口货物收发货人	注册日期	2000.6.29	注册资本	1200 万人民币
评定时间	2009.1.13	报关有效期	2012.6.29	所属海关	南宁海关
法人姓名	周南方		电话	0778-2201396	
日常联系人	杨贵雄		电话	0778-2297181	
主营范围	矿选、冶炼有色金属（除国家专控专营产品外）及销售附属产品、建筑材料、冶金、矿山、机电产品、化工产品（除毒品及危险品外）；经营本企业生产、科研所需原料、辅材料，机械设备、仪器仪表、零配件及相关技术的进口业务（国家限定经营和禁止进口的商品除外）；经营本企业自产产品及相关技术的出口业务（国家限定公司经营和禁止出口的商品除外）；经营本公司的进料加工和“三来一补”业务。（凡涉及许可证的项目凭许可证在有效期限内经营）				

企业名称	大海粮油工业（防城港）有限公司			海关编码	4512946159
通讯地址	广西防城港市港口区出海大道 1 号			邮政编码	538001
企业类型	进出口货物收发货人	注册日期	2000.10.18	注册资本	6950 万美元
评定时间	2008.10.17	报关有效期	2014.10.17	所属海关	南宁海关
法人姓名	穆彦魁		电话	0770-2800688	
日常联系人	丘海源		电话	0770-2800745	
主营范围	生产、加工及经营各类油籽、精炼动植物油脂、油料、面粉、饲料、大米及其相关产品深加工及与之相关的包装材料；经营公共仓储业务；批发面粉、大米和食用油产品；生产及销售蒸汽。（涉及配额许可证管理、专项规定管理的商品按国家有关规定办理；凡涉及许可证的项目凭许可证在有效期限内经营）				

企业名称	广西玉柴机器股份有限公司			海关编码	4506930100
通讯地址	广西玉林市天桥西路 88 号			邮政编码	537005
企业类型	进出口货物收发货人	注册日期	1993.7.14	注册资本	47298.96 万人民币
评定时间	2008.10.17	报关有效期	2014.7.14	所属海关	南宁海关
法人姓名	晏平		电话	0775-3283568	
日常联系人	丘俊松		电话	0775-3229963	
主营范围	制造销售柴油机、汽油机、发电机组、小型工程机械，提供技术咨询服务。				

企业名称	广西玉柴重工有限公司			海关编码	4506943411
通讯地址	广西玉林市陆川玉柴工程机械工业集中区			邮政编码	537000
企业类型	进出口货物收发货人	注册日期	2004.8.24	注册资本	40941 万人民币
评定时间	2011.8.15	报关有效期	2014.7.20	所属海关	南宁海关
法人姓名	晏平	电话		0775-3283568	
日常联系人	梁丹妮	电话		0775-3220013	
主营范围	制造、销售各种工程机械、农用机械及配件（以上项目在许可证有效期限内生产经营）；经营本企业自产产品及技术出口业务；经营本企业生产所需原辅材料、仪器仪表、机械设备、零配件及技术进口业务（国家限定经营和国家禁止进出口的商品除外）和进料加工和“三来一补”业务；经营工程机械、农用机械所用液压油、机油、齿轮油的包装和销售业务。（凡涉及许可证的项目凭许可证在有效期限内经营）				

企业名称	广西三环企业集团股份有限公司			海关编码	4506952813
通讯地址	广西北流市二环北路			邮政编码	537400
企业类型	进出口货物收发货人	注册日期	1999.3.3	注册资本	7179.2 万人民币
评定时间	2008.10.17	报关有效期	2014.3.3	所属海关	南宁海关
法人姓名	陈显彬	电话		0775-6290593	
日常联系人	梁豫峰	电话		0775-6290399	
主营范围	生产销售陶瓷、陶瓷模具；销售陶瓷原材料、机械及其配件、纸类包装，煤炭、建材、五金交电、日用百货、农副土特产品、钢材；提供仓储业务（除危险化学品）；陶瓷生产技术培训；开展进出口贸易（国家有专项规定的除外）；以下项目仅供分支机构有效许可证经营：室内装饰、润滑油、液化气；进口、国产瓶装酒的批发和零售。（凡涉及凭许可证的项目凭许可证在有效期内经营）				

企业名称	成都华川进出口集团有限公司			海关编码	5101310441
通讯地址	四川成都高新区高发大厦五楼			邮政编码	610015
企业类型	进出口货物收发货人	注册日期	2000.3.14	注册资本	3000 万人民币
评定时间	2010.8.3	报关有效期	2014.3.14	所属海关	成都海关
法人姓名	陆恺	电话		028-86614231	
日常联系人	杨朝	电话		028-85881233	
主营范围	自营和代理各类商品的进出口业务，国家限定公司经营和禁止进出口的商品和技术除外。				

企业名称	成都市华为赛门铁克科技有限公司			海关编码	5101343955
通讯地址	四川成都市高新区西部园区清水河片区			邮政编码	610000
企业类型	进出口货物收发货人	注册日期	2007.12.17	注册资本	8000 万美金
评定时间	2011.3.25	报关有效期	2013.12.17	所属海关	成都海关
法人姓名	蒋林		电话	0755-36834730	
日常联系人	ENRIQUE SALEM		电话	0755-36834730	
主营范围	经营网络安全系统、存储设备及软件研发、销售、技术服务、咨询、培训，以及进出口业务。				

企业名称	成都京东方光电科技有限公司			海关编码	5101314725
通讯地址	四川成都高新区（西区）合作路 1188 号			邮政编码	610000
企业类型	进出口货物收发货人	注册日期	2008.4.15	注册资本	183000 万人民币
评定时间	2010.11.30	报关有效期	2014.4.15	所属海关	成都海关
法人姓名	王家恒		电话	028-61771066	
日常联系人	曲伟浩		电话	028-61771074	
主营范围	研发、设计、生产、销售薄膜晶体管液晶显示器件以及其他电子元件；开展货物、技术进出口业务。				

企业名称	成都天齐机械五矿进出口有限责任公司			海关编码	5101310289
通讯地址	四川成都市高新区高朋东路 10 号 1 栋			邮政编码	610015
企业类型	进出口货物收发货人	注册日期	1998.6.12	注册资本	2000 万人民币
评定时间	2009.6.17	报关有效期	2014.6.12	所属海关	成都海关
法人姓名	姜德勤		电话	028-85159223	
日常联系人	曲禾		电话	028-85156117	
主营范围	经营货物进出口及技术进出口业务。				

<table>
<tr><td>企业名称</td><td colspan="3">成都银河磁体股份有限公司</td><td>海关编码</td><td>5101360304</td></tr>
<tr><td>通讯地址</td><td colspan="3">四川成都市高新区西区百草路 6 号</td><td>邮政编码</td><td>611731</td></tr>
<tr><td>企业类型</td><td>进出口货物收发货人</td><td>注册日期</td><td>1998.8.14</td><td>注册资本</td><td>16157.318 万人民币</td></tr>
<tr><td>评定时间</td><td>2011.3.10</td><td>报关有效期</td><td>2014.8.14</td><td>所属海关</td><td>成都海关</td></tr>
<tr><td>法人姓名</td><td colspan="2">戴炎</td><td>电话</td><td colspan="2">028-87851978</td></tr>
<tr><td>日常联系人</td><td colspan="2">代炎</td><td>电话</td><td colspan="2">028-87851591</td></tr>
<tr><td>主营范围</td><td colspan="5">制造销售永磁合金元件及光机电高新技术服务。</td></tr>
</table>

<table>
<tr><td>企业名称</td><td colspan="3">成都住矿电子有限公司</td><td>海关编码</td><td>5101342993</td></tr>
<tr><td>通讯地址</td><td colspan="3">四川成都高新区新加玻工业园</td><td>邮政编码</td><td>610041</td></tr>
<tr><td>企业类型</td><td>进出口货物收发货人</td><td>注册日期</td><td>1999.5.26</td><td>注册资本</td><td>850 万美元</td></tr>
<tr><td>评定时间</td><td>2008.12.23</td><td>报关有效期</td><td>2014.5.26</td><td>所属海关</td><td>成都海关</td></tr>
<tr><td>法人姓名</td><td colspan="2">WATANABE MITSUHIRO</td><td>电话</td><td colspan="2">028-85155577</td></tr>
<tr><td>日常联系人</td><td colspan="2">李华栋</td><td>电话</td><td colspan="2">028-85180228</td></tr>
<tr><td>主营范围</td><td colspan="5">开发、生产及销售引线框架类半导体材料和精密模具。</td></tr>
</table>

<table>
<tr><td>企业名称</td><td colspan="3">东方电气股份有限公司</td><td>海关编码</td><td>5101310142</td></tr>
<tr><td>通讯地址</td><td colspan="3">四川成都市高新西区西芯大道 18 号</td><td>邮政编码</td><td>610000</td></tr>
<tr><td>企业类型</td><td>进出口货物收发货人</td><td>注册日期</td><td>1994.11.8</td><td>注册资本</td><td>81700 万人民币</td></tr>
<tr><td>评定时间</td><td>2011.1.6</td><td>报关有效期</td><td>2011.11.8</td><td>所属海关</td><td>成都海关</td></tr>
<tr><td>法人姓名</td><td colspan="2">斯泽夫</td><td>电话</td><td colspan="2">87583144</td></tr>
<tr><td>日常联系人</td><td colspan="2">宋刚</td><td>电话</td><td colspan="2">87583144</td></tr>
<tr><td>主营范围</td><td colspan="5">经营通用设备制造业、电气机械及器材制造业、核能发电设备、风力发电设备、可再生能源发电设备等及其备品备件制造，销售及研发；经营工业控制与自动化的研发，制造及销售；经营环保设备、节能设备、石油化工容器的研发、制造及销售；经营仪器仪表、普通机械等设备的研发、制造及销售；经营工业气体制造及销售；经营电站设计、电站设备成套技术开发、成套设备、销售及服务；经营总承包与分包境外发电设备、机电、成套工程和境内国际招标工程，进出口贸易业务。</td></tr>
</table>

企业名称	东方电气集团东方锅炉股份有限公司			海关编码	5103910233
通讯地址	四川省自贡市自流井区五星街黄桷坪路 150 号			邮政编码	643001
企业类型	进出口货物收发货人	注册日期	1998.10.14	注册资本	160566 万人民币
评定时间	2009.11.24	报关有效期	2014.1.12	所属海关	成都海关
法人姓名	徐鹏		电话	0813-4736383	
日常联系人	卢雪梅		电话	0813-4733228	
主营范围	经营电站锅炉、电站辅机、工业锅炉、电站阀门、石油化工容器，核能反应设备，电站脱硫，脱硝；总承包环保工程；一般经营项目有项目成套及相关技术服务；锅炉岛工程成套、电站自控设备、工矿配件、计算机应用系统、机械设计及设备、出口本企业自产的机电产品；进口本企业生产、科研所需的原辅材料、机械设备、仪器仪表及零配件。				

企业名称	东方电气集团东方汽轮机有限公司			海关编码	5106910229
通讯地址	四川德阳高新技术产业园区金沙江西路 666 号			邮政编码	618201
企业类型	进出口货物收发货人	注册日期	1997.8.6	注册资本	184600 万人民币
评定时间	2009.6.17	报关有效期	2013.8.6	所属海关	成都海关
法人姓名	张文峰		电话	0838-2688571	
日常联系人	刘云飞		电话	0838-2433071	
主营范围	制造、加工、销售、修理、进出口、来料加工、三来一补。				

企业名称	乐山－菲尼克斯半导体有限公司			海关编码	5111932332
通讯地址	四川乐山市中区人民西路 289 号			邮政编码	614000
企业类型	进出口货物收发货人	注册日期	1997.4.8	注册资本	10186 万美元
评定时间	2008.10.15	报关有效期	2014.3.15	所属海关	成都海关
法人姓名	WILLIAM. J. MEDER		电话	0833-2127909	
日常联系人	唐文佳		电话	0833-2127909-2221	
主营范围	主要开发、设计、生产、组装、测试集成电器和分立半导体产品及相关产品，销售本公司产品并提供相关的售后服务。				

企业名称	四川长虹电器股份有限公司			海关编码	5107910062
通讯地址	四川绵阳市高新区绵兴东路35号			邮政编码	621000
企业类型	进出口货物收发货人	注册日期	1992.12.23	注册资本	284731万人民币
评定时间	2008.10.15	报关有效期	2011.12.1	所属海关	成都海关
法人姓名	赵勇		电话	0816-2413888	
日常联系人	何娇		电话	0816-2417793、2417551	
主营范围	经营家用电器、电子产品及零配件、通信设备、计算机及其他电子设备、电子电工机械专用设备、电器机械及器材、电池系列产品、电子医疗产品、电力设备、数字监控产品、金属制品、仪器仪表、文化及办公用机械、文教体育用品、家具、厨具及燃气具的制造、销售和维修，房屋及设备租赁，包装产品及技术服务，公路运输，仓储及装卸搬运，软件开发及销售、服务，企业管理咨询与服务，高科技项目投资及国家允许的其他投资业务，房地产开发与经营，废弃电器、电子产品回收及处理。				

企业名称	四川广元启明星铝业有限责任公司			海关编码	5108913050
通讯地址	四川广元市袁家坝工业开发区			邮政编码	628017
企业类型	进出口货物收发货人	注册日期	2001.3.27	注册资本	12000万人民币
评定时间	2008.10.15	报关有效期	2014.3.27	所属海关	成都海关
法人姓名	唐时林		电话	028-82818688	
日常联系人	周飞		电话	028-82818688	
主营范围	生产、销售电解铝锭、合金锭及预焙阳极碳块；经营生产用原料及成品进出口业务。				

企业名称	四川国际航空发动机维修有限公司			海关编码	5101933067
通讯地址	四川省成都市双流国际机场			邮政编码	610202
企业类型	进出口货物收发货人	注册日期	2000.5.19	注册资本	7190万美元
评定时间	2009.5.31	报关有效期	2014.5.19	所属海关	成都海关
法人姓名	贺利		电话	028-85703069	
日常联系人	林华		电话	028-85721446	
主营范围	制造航空发动机维修及有关零部件，为加工复出口产品所需的航空器材、外商在国内暂存的航空器材及经海关批准的其他航空器材提供仓储和报关业务。				

企业名称	四川航空股份有限公司			海关编码	5101911419
通讯地址	四川成都市双流国际机场航空大厦			邮政编码	610202
企业类型	进出口货物收发货人	注册日期	2003.6.26	注册资本	35000 万人民币
评定时间	2009.3.16	报关有效期	2014.6.26	所属海关	成都海关
法人姓名	李海鹰	电话	028-65393050		
日常联系人	王兵	电话	028-65393156		
主营范围	经营本企业自产产品及技术的出口业务和本企业生产、科研所需的机械设备、零配件、原辅材料及技术的进口业务。国家限定公司经营和禁止进出口的商品和技术除外。				

企业名称	四川轮胎橡胶（集团）股份有限公司			海关编码	5126911396
通讯地址	四川简阳市养马河镇			邮政编码	641402
企业类型	进出口货物收发货人	注册日期	2003.6.10	注册资本	5277.4 万人民币
评定时间	2010.1.8	报关有效期	2014.6.10	所属海关	成都海关
法人姓名	杨齐	电话	0832-7728888		
日常联系人	谢刚	电话	0832-7729108		
主营范围	生产轮胎、橡胶制品、橡胶合成制品；经营以上产品及原材料、设备和仪器的进出口业务；批发、零售、代储装饰材料、汽车配件、家用电器、机电产品、橡胶原料。				

企业名称	四川省外贸五金矿产进出口有限责任公司			海关编码	5101910653
通讯地址	四川成都市武侯区航空路 6 号丰德国际广场 3-7-2			邮政编码	610015
企业类型	进出口货物收发货人	注册日期	2001.5.21	注册资本	330 万人民币
评定时间	2009.5.31	报关有效期	2014.5.21	所属海关	成都海关
法人姓名	金羊	电话	028-85265997		
日常联系人	邱谨	电话	028-85265990		
主营范围	经营进出口业务和房屋租赁。				

<table>
<tr><td>企业名称</td><td colspan="3">四川省畜科饲料有限公司</td><td>海关编码</td><td>5101960449</td></tr>
<tr><td>通讯地址</td><td colspan="3">四川成都锦江区牛沙路 7 号</td><td>邮政编码</td><td>610066</td></tr>
<tr><td>企业类型</td><td>进出口货物收发货人</td><td>注册日期</td><td>2003.12.16</td><td>注册资本</td><td>1295 万人民币</td></tr>
<tr><td>评定时间</td><td>2010.11.30</td><td>报关有效期</td><td>2011.12.16</td><td>所属海关</td><td>成都海关</td></tr>
<tr><td>法人姓名</td><td colspan="2">邝声耀</td><td>电话</td><td colspan="2">028-84528888</td></tr>
<tr><td>日常联系人</td><td colspan="2">王华昌</td><td>电话</td><td colspan="2">028-84520111</td></tr>
<tr><td>主营范围</td><td colspan="5">自营和代理各类商品的进出口业务，国家限定公司经营和禁止进出口的商品和技术除外。</td></tr>
</table>

<table>
<tr><td>企业名称</td><td colspan="3">四川省宜宾五粮液集团进出口有限</td><td>海关编码</td><td>5114910354</td></tr>
<tr><td>通讯地址</td><td colspan="3">四川宜宾市岷江西路 150 号附 18 号</td><td>邮政编码</td><td>644007</td></tr>
<tr><td>企业类型</td><td>进出口货物收发货人</td><td>注册日期</td><td>1999.5.4</td><td>注册资本</td><td>3000 万人民币</td></tr>
<tr><td>评定时间</td><td>2008.10.15</td><td>报关有效期</td><td>2014.5.4</td><td>所属海关</td><td>成都海关</td></tr>
<tr><td>法人姓名</td><td colspan="2">刘中国</td><td>电话</td><td colspan="2">0831-3553968</td></tr>
<tr><td>日常联系人</td><td colspan="2">李林</td><td>电话</td><td colspan="2">0831-3565899</td></tr>
<tr><td>主营范围</td><td colspan="5">经营、代理各类商品和技术的进出口业务（国家限定公司经营或禁止进出口商品及技术除外）。</td></tr>
</table>

<table>
<tr><td>企业名称</td><td colspan="3">四川武田制衣有限公司</td><td>海关编码</td><td>5101931645</td></tr>
<tr><td>通讯地址</td><td colspan="3">四川成都市武候大道 217 号</td><td>邮政编码</td><td>610041</td></tr>
<tr><td>企业类型</td><td>进出口货物收发货人</td><td>注册日期</td><td>1994.5.21</td><td>注册资本</td><td>10 美金</td></tr>
<tr><td>评定时间</td><td>2008.12.23</td><td>报关有效期</td><td>2014.5.21</td><td>所属海关</td><td>成都海关</td></tr>
<tr><td>法人姓名</td><td colspan="2">武田正美</td><td>电话</td><td colspan="2">028-87014999</td></tr>
<tr><td>日常联系人</td><td colspan="2">夏茫</td><td>电话</td><td colspan="2">028-87014999</td></tr>
<tr><td>主营范围</td><td colspan="5">设计、加工、生产、销售服装及服饰品。</td></tr>
</table>

企业名称	四川一汽丰田汽车有限公司			海关编码	5101232971
通讯地址	四川成都经济技术开发区经开区南三路22			邮政编码	610100
企业类型	进出口货物收发货人	注册日期	2010.3.29	注册资本	30700万美元
评定时间	2010.6.7	报关有效期	2013.3.29	所属海关	成都海关
法人姓名	徐建一	电话		028-88435345	
日常联系人	李开宇	电话		028-88435145	
主营范围	制造、组装客车、客车底盘及乘用车及其零部件；研究开发新产品；在境内外销售产品及提供相关售后服务。				

企业名称	宜宾海丝特纤维有限责任公司			海关编码	5114911365
通讯地址	四川省宜宾市南广镇盐平坝			邮政编码	644002
企业类型	进出口货物收发货人	注册日期	2003.5.13	注册资本	48000万人民币
评定时间	2009.9.23	报关有效期	2014.5.13	所属海关	成都海关
法人姓名	冯涛	电话		0831-2360001	
日常联系人	廖琼	电话		0831-2360071、2360037	
主营范围	生产销售粘胶长丝；开展各类商品及技术的进出口业务（国家限制和禁止的除外）；经营进料加工和“三来一补”业务。				

企业名称	西南铝业（集团）有限责任公司			海关编码	5007910048
通讯地址	重庆市九龙坡区西彭镇			邮政编码	401326
企业类型	进出口货物收发货人	注册日期	1992.12.30	注册资本	325357万人民币
评定时间	2008.10.16	报关有效期	2011.12.30	所属海关	重庆海关
法人姓名	罗建川	电话		023-65808168	
日常联系人	王善钢	电话		023-65809344	
主营范围	开发铝及铝镁钛、铝锂合金、铝材加工、高精铝板、带、箔及高速薄带铸扎生产技术；开发、生产航天航空用新型铝合金材料及高温合金材料；生产轨道交通用高性能铝材；为加工户代购铝锭；加工、销售金属材料（不含稀贵金属）；承包境外有色金属行业工程和境内国际招标工程及工程所需的设备、材料出口；对外派遣实施上述工程的服务、货物及技术进出口（法律、法规禁止的项目除外，法律、法规限制的项目取得许可后方可经营）。				

企业名称	中电投远达环保工程有限公司			海关编码	5012910361
通讯地址	重庆北部新区经开园C30号地块			邮政编码	401122
企业类型	进出口货物收发货人	注册日期	2002.3.6	注册资本	7500万人民币
评定时间	2011.10.20	报关有效期	2012.3.6	所属海关	重庆海关
法人姓名	刘渭清		电话	023-68787913	
日常联系人	王玲		电话	023-62831617	
主营范围	承接环境保护工程总承包及常规燃煤锅炉，火电机组烟气脱硫脱硝工程及相关附属工程的施工；经营城市污水处理、垃圾治理项目的投资管理；工程项目的总承包；开发、销售及技术咨询服务电力、环保新产品；研发、生产、销售节能技术；销售电子产品；从事货物进出口和技术进出口。（以上经营范围涉及行政许可的，在许可核定的范围和期限内经营，未取得许可或超过许可核定范围和期限的不得经营）				

企业名称	重庆对外贸易进口有限公司			海关编码	5003910253
通讯地址	重庆市渝中区邹容路50号			邮政编码	400011
企业类型	进出口货物收发货人	注册日期	1999.8.16	注册资本	1531.767万人民币
评定时间	2008.10.16	报关有效期	2012.8.16	所属海关	重庆海关
法人姓名	李习锋		电话	023-63763318	
日常联系人	牟巍		电话	023-63763898	
主营范围	自营和代理除国家组织统一联合经营的出口商品和国家实行核定本公司经营的进口商品以外的其他商品及技术的进出口业务；经营进料加工和“三来一补”业务；经营对销贸易和转口贸易；销售瓶装酒（不含国家级名酒、进口酒，按许可证核定期限从事经营活动）。				

企业名称	嘉陵集团对外贸易发展有限公司			海关编码	5006910075
通讯地址	重庆市沙坪坝区双碑			邮政编码	400032
企业类型	进出口货物收发货人	注册日期	1993.3.11	注册资本	1000万人民币
评定时间	2008.10.16	报关有效期	2014.2.11	所属海关	重庆海关
法人姓名	王成刚		电话	023-65193369	
日常联系人	胡信华		电话	023-65193369	
主营范围	经营和代理各类商品及技术的进出口业务，但国家限定公司经营或禁止进出口的商品及技术除外；经营进料加工和“三来一补”业务；经营对销贸易和转口贸易；销售电器机械及器材、五金、日用百货、金属材料（不含稀贵金属）、建筑材料及化工原料（不含化学危险品）。				

企业名称	重庆四联技术进出口有限公司			海关编码	5003910025
通讯地址	重庆市渝中区人民路 123 号附 1 号			邮政编码	400015
企业类型	进出口货物收发货人	注册日期	1993.4.8	注册资本	300 万人民币
评定时间	2009.1.15	报关有效期	2014.3.1	所属海关	重庆海关
法人姓名	赵吉春		电话	023-63854054	
日常联系人	张彪		电话	023-63858621	
主营范围	自营和代理各类商品和技术的进出口（国家限定公司经营或禁止进出口的商品和技术除外）；销售五金、交电、日用百货、摩托车及其零部件、钢材、普通机电产品、成套设备、有色金属（国家有专项管理规定的除外）。				

企业名称	重庆长安汽车国际销售服务有限公司			海关编码	5005210002
通讯地址	重庆市江北区建新东路 260 号			邮政编码	400023
企业类型	进出口货物收发货人	注册日期	1996.5.6	注册资本	1375.64 万人民币
评定时间	2008.10.16	报关有效期	2014.10.18	所属海关	重庆海关
法人姓名	杜毅		电话	023-67591298	
日常联系人	肖锋		电话	023-67591888-8039	
主营范围	许可经营项目：（无）。一般经营项目：销售汽车（未经国家工商总局备案不得经营）及汽车零部件、模具、夹具、工具；开展货物及技术进出口业务。（国家法律、行政法规禁止的不得经营；国家法律、行政法规规定取得许可后方可从事经营的，未取得许可前不得经营）				

企业名称	重庆长安汽车股份有限公司			海关编码	5005210016
通讯地址	重庆市江北区建新东路 260 号			邮政编码	400023
企业类型	进出口货物收发货人	注册日期	2005.5.24	注册资本	232565.76 万人民币
评定时间	2010.1.6	报关有效期	2014.10.25	所属海关	重庆海关
法人姓名	徐留平		电话	023-67591279	
日常联系人	胡波		电话	023-67591782	
主营范围	许可经营项目：制造、销售汽车（含轿车），制造汽车发动机系列产品。一般经营项目：开发汽车（含小轿车）；开发、销售汽车发动机系列产品；开发、制造、销售、配套零部件、模具、工具；提供机械安装工程科技技术咨询服务；自营和代理各类商品和技术的进出口业务（国家限定公司经营或禁止进出口地商品和技术除外）；开发、生产、销售计算机软件、硬件产品；提供计算机应用技术咨询、培训；经营计算机网络系统设计、安装、维护；代办中国电信股份有限公司重庆分公司委托的电信业务。				

企业名称	重庆康明斯发动机有限公司			海关编码	5006930943
通讯地址	重庆市沙坪坝区烈士墓壮志路 100 号			邮政编码	400031
企业类型	进出口货物收发货人	注册日期	1995.11.10	注册资本	41760 万人民币
评定时间	2008.10.16	报关有效期	2014.3.9	所属海关	重庆海关
法人姓名	何勇		电话	023-63860102	
日常联系人	候征		电话	023-65335888-3303	
主营范围	生产柴油发动机，船用机组、柴油发电机组及其零部件。				

企业名称	重庆 ABB 变压器有限公司			海关编码	5007931102
通讯地址	重庆市九龙坡区中梁山玉清寺华岩南村一号			邮政编码	400052
企业类型	进出口货物收发货人	注册日期	1998.3.9	注册资本	4864.7 万美元
评定时间	2008.10.16	报关有效期	2008.10.16	所属海关	重庆海关
法人姓名	方秦		电话	010-84566688	
日常联系人	曾忆 / 唐贵全		电话	023-65093675/65093660	
主营范围	设计、制造、销售交流电力变压器、电抗器和高压直流换流变压器，并提供相关的售后服务。				

企业名称	长安福特马自达汽车有限公司			海关编码	5012230035
通讯地址	重庆市渝北区北部新区鸳鸯镇长福西路 1 号			邮政编码	401120
企业类型	进出口货物收发货人	注册日期	2001.7.12	注册资本	35143.9 万美元
评定时间	2008.10.16	报关有效期	2014.10.27	所属海关	重庆海关
法人姓名	徐留平		电话	023- 64758888	
日常联系人	涂梅艳		电话	023-67458018	
主营范围	生产轿车及其零部件；销售自产产品；批发汽车生产企业授权的进口 Mazda3 sport 汽车、零部件、维修工具设备和附件及标注马自达商标的促销品给签约马自达经销商，并进行上述业务的进口业务；研究开发汽车和零部件；提供售后服务（含提供维修用零部件）、培训、仓储服务及其他相关服务。				

企业名称	重庆钢铁股份有限公司			海关编码	5021931347
通讯地址	重庆市长寿经开区钢城大道1号			邮政编码	401220
企业类型	进出口货物收发货人	注册日期	1999.5.6	注册资本	173312.72万人民币
评定时间	2010.5.20	报关有效期	2014.10.18	所属海关	重庆海关
法人姓名	邓强		电话	023-68873339	
日常联系人	王蓓		电话	023-68848465	
主营范围	生产、加工、销售板材、型材、线材、钢坯及焦碳煤化工制品、自来水、资源综合利用发电、生铁及水渣、钢渣、废钢。				

企业名称	重庆普乐菲进出口有限公司			海关编码	5005260081
通讯地址	重庆市江北区兴隆路26号14-1、14-2			邮政编码	400020
企业类型	进出口货物收发货人	注册日期	2000.11.30	注册资本	300万人民币
评定时间	2009.4.13	报关有效期	2014.10.25	所属海关	重庆海关
法人姓名	钟德宏		电话	023-67748881	
日常联系人	王婧菡		电话	023-67748600	
主营范围	许可经营项目：批发（不含储存、零售）有毒品：3-硝基-4-羟基苯胂酸、氟硅酸钾、氟硅酸镁、氟化钠、氧化剂和有机过氧化物：高锰酸钾、过硫酸铵、过硫酸钾，易燃液体：乙二醇甲醚，腐蚀品：醋酸酐（有效期至2013年8月15日）；经营预包装食品批发（有效期限至2013年06月29日）。一般经营项目：销售化工产品及原料、建筑材料、装饰材料（以上均不含危险化学品）、农副产品（不含粮食）、五金、家用电器、矿产品（国家法律法规有专项管理规定的除外）、金属材料及制品、普通机电设备、仪器仪表、纸制品、包装制品；采集收购野生冬虫夏草；自营和代理各类商品及技术的进出口业务（国家限定公司经营或禁止进出口的商品及技术除外）；经营进料加工和“三来一补”业务；经营对销贸易和转口贸易。				

企业名称	重庆环松工业（集团）有限公司			海关编码	5007960030
通讯地址	重庆市九龙坡区华岩镇石堰工业园区			邮政编码	400052
企业类型	进出口货物收发货人	注册日期	2004.11.19	注册资本	5700万人民币
评定时间	2011.1.7	报关有效期	2012.11.19	所属海关	重庆海关
法人姓名	李松		电话	023-65270500	
日常联系人	谭宏		电话	023-65270529	
主营范围	制造、销售摩托车整车、助力车产品（取得相关许可审批后方可从事生产）、摩托车零部件（发动机的制造凭相关许可核定的范围从业）、汽车零部件（不含发动机）、助力车零部件、塑料制品（不含环境污染产品）、普通机械配件、通用汽油机、水泵发电机及发电机组、园林通用机械发电机及发电机组；销售摩托车、金属材料（不含稀贵金属）、五金、交电、办公用品、建筑材料（不含化危品）、百货（不含农膜）、日杂（不含烟花爆竹）；办理货物进出口。（法律法规禁止经营的不得经营；法律法规规定应经许可审批的凭有效许可文件核定的范围及期限从业）				

企业名称	隆鑫通用动力股份有限公司			海关编码	5007960565
通讯地址	重庆市九龙坡区九龙园区华龙大道 99 号			邮政编码	400050
企业类型	进出口货物收发货人	注册日期	2007.7.23	注册资本	72000 万人民币
评定时间	2011.1.7	报关有效期	2013.7.23	所属海关	重庆海关
法人姓名	高勇	电话		023-89028801	
日常联系人	郭瑾	电话		023-89028801	
主营范围	开发、销售汽油机及零部件、摩托车及零部件、汽车零部件、制造、销售：农业机具、林业机具、园林机械、普通机械及电器产品；批发、零售金属材料（不含稀贵金属）、橡塑制品；经营货物进出口、技术进出口。（法律、行政法规禁止的不得经营；法律、行政法规规定需许可审批的，取得许可审批后从事经营）				

企业名称	重庆隆鑫进出口有限公司			海关编码	5007960574
通讯地址	重庆市九龙坡区九龙园区华龙大道 99 号			邮政编码	400050
企业类型	进出口货物收发货人	注册日期	2007.10.10	注册资本	1000 万人民币
评定时间	2011.1.7	报关有效期	2013.10.10	所属海关	重庆海关
法人姓名	高勇	电话		023-89028918	
日常联系人	郑思静	电话		023-89028801	
主营范围	自营和代理各类商品及技术的进出口业务（国家限定公司经营或禁止进出口的商品及技术除外）。				

企业名称	重庆新途进出口贸易有限公司			海关编码	5005260114
通讯地址	重庆市江北区建新北路 76 号光宇大厦 11 楼			邮政编码	400020
企业类型	进出口货物收发货人	注册日期	2007.11.28	注册资本	1000 万人民币
评定时间	2010.3.23	报关有效期	2014.10.28	所属海关	重庆海关
法人姓名	王敬春	电话		023-89077888	
日常联系人	邱冈	电话		023-88165635	
主营范围	许可经营项目：（无）。一般经营项目：自营、代理货物进出口业务；销售摩托车（不含发动机）、钢材、建材（不含危险化学品）。（国家法律、行政法规禁止的不得经营；国家法律、行政法规规定取得许可后方可从事经营的，未取得许可前不得经营）				

企业名称	重庆力帆实业（集团）进出口有限公司			海关编码	5006960006
通讯地址	重庆市沙坪坝区上桥张家湾60号			邮政编码	400037
企业类型	进出口货物收发货人	注册日期	1998.8.31	注册资本	35000万人民币
评定时间	2008.11.24	报关有效期	2014.8.8	所属海关	重庆海关
法人姓名	尹喜地		电话	023-61663062	
日常联系人	杨利平		电话	023-61663055	
主营范围	经营和代理各类商品及技术的进出口业务（但国家限定公司经营或禁止进出口的商品及技术除外，不另附进出口商品目录）。经营经批准的境外加工装配项目所需的原辅材料、仪器仪表、零配件和技术的出口业务（国家禁止进出口的商品除外）。				

企业名称	重庆市汉斯·安海酉阳进出口有限公司			海关编码	5042950101
通讯地址	重庆市酉阳县钟多镇翠屏街25号			邮政编码	409800
企业类型	进出口货物收发货人	注册日期	1999.7.26	注册资本	210万人民币
评定时间	2009.1.15	报关有效期	2014.7.30	所属海关	重庆海关
法人姓名	安迪·柯若思		电话	021-24122888	
日常联系人	邱华		电话	023-61790045	
主营范围	经营电动工具和五金工具及零配件、园林工具和庭院工具、材料及零配件、家用电器及零配件的批发、佣金代理（拍卖除外）、上述商品的进出口，上述各项相关的技术咨询及服务，相关的配套业务（上述涉及配额许可证管理，专项规定管理的产品按国家有关规定办理，涉及行政许可的凭许可证经营），进料加工和转口贸易。				

企业名称	重庆长安铃木汽车有限公司			海关编码	5013930661
通讯地址	重庆市巴南区渔洞镇			邮政编码	401321
企业类型	进出口货物收发货人	注册日期	1995.5.25	注册资本	19000万人民币
评定时间	2008.10.16	报关有效期	2014.5.19	所属海关	重庆海关
法人姓名	徐留平		电话	023-66288616	
日常联系人	蔺诗阳		电话	023-66288607	
主营范围	生产、销售自产轿车、发动机及其零部件；销售自产产品；提供有关售后服务，并从事有关研究开发工作。				

<table>
<tr><td>企业名称</td><td colspan="3">贵州钢绳股份有限公司</td><td>海关编码</td><td>5203910756</td></tr>
<tr><td>通讯地址</td><td colspan="3">贵州省遵义市桃溪路 47 号</td><td>邮政编码</td><td>563000</td></tr>
<tr><td>企业类型</td><td>进出口货物收发货人</td><td>注册日期</td><td>1997.5.23</td><td>注册资本</td><td>16437 万人民币</td></tr>
<tr><td>评定时间</td><td>2009.1.13</td><td>报关有效期</td><td>2012.5.15</td><td>所属海关</td><td>贵阳海关</td></tr>
<tr><td>法人姓名</td><td colspan="2">赵跃</td><td>电话</td><td colspan="2">0852-8419267</td></tr>
<tr><td>日常联系人</td><td colspan="2">廖伟</td><td>电话</td><td colspan="2">0852-8419354</td></tr>
<tr><td>主营范围</td><td colspan="5">经营钢丝、钢绳产品及相关设备、材料、技术的研究，生产、加工、销售及进出口业务，科技产品的研制，开发与技术服务。</td></tr>
</table>

<table>
<tr><td>企业名称</td><td colspan="3">首钢水城钢铁集团进出口有限公司</td><td>海关编码</td><td>5202910638</td></tr>
<tr><td>通讯地址</td><td colspan="3">贵州省六盘水市水钢巴西中路</td><td>邮政编码</td><td>553028</td></tr>
<tr><td>企业类型</td><td>进出口货物收发货人</td><td>注册日期</td><td>1995.10.20</td><td>注册资本</td><td>5000 万人民币</td></tr>
<tr><td>评定时间</td><td>2008.12.4</td><td>报关有效期</td><td>2014.5.16</td><td>所属海关</td><td>贵阳海关</td></tr>
<tr><td>法人姓名</td><td colspan="2">张新建</td><td>电话</td><td colspan="2">0858-8923366</td></tr>
<tr><td>日常联系人</td><td colspan="2">庞揽月</td><td>电话</td><td colspan="2">0858-8922357</td></tr>
<tr><td>主营范围</td><td colspan="5">自营和代理各类商品和技术的进出口业务（国家限定公司经营或禁止进出口的商品和技术除外）。</td></tr>
</table>

<table>
<tr><td>企业名称</td><td colspan="3">云南冶金集团进出口物流股份有限公司</td><td>海关编码</td><td>5301910013</td></tr>
<tr><td>通讯地址</td><td colspan="3">云南省昆明市北市区小康大道 399 号</td><td>邮政编码</td><td>650224</td></tr>
<tr><td>企业类型</td><td>进出口货物收发货人</td><td>注册日期</td><td>1993.1.29</td><td>注册资本</td><td>13000 万人民币</td></tr>
<tr><td>评定时间</td><td>2008.5.21</td><td>报关有效期</td><td>2012.1.29</td><td>所属海关</td><td>昆明海关</td></tr>
<tr><td>法人姓名</td><td colspan="2">祁鸣</td><td>电话</td><td colspan="2">0871-8891686</td></tr>
<tr><td>日常联系人</td><td colspan="2">吕欣</td><td>电话</td><td colspan="2">0871-8891707</td></tr>
<tr><td>主营范围</td><td colspan="5">经营经批准的国家配额管理的有色黑色金属、化工产品、木制品、机械设备、仪器仪表、建筑材料、五金交电、针纺织品、服装、旅游产品、百货、工业生产资料、农业生产资料（不含管理商品）、日用杂品、仓储及相关服务，经贸部核定的一、二类商品和放开经营三定的一、二类商品和放开经营三类商品的进出口贸易及转口贸易，物流服务。（以上经营范围中涉及国家法律、行政法规规定的专项审批，按审批的项目和时限开展经营活动）</td></tr>
</table>

企业名称	云南南天电子信息产业股份有限公司			海关编码	5301910033
通讯地址	云南省昆明市高新技术产业开发区软件园创新大厦			邮政编码	650118
企业类型	进出口货物收发货人	注册日期	1993.4.21	注册资本	21055 万人民币
评定时间	2008.10.17	报关有效期	2012.4.21	所属海关	昆明海关
法人姓名	雷坚		电话	0871-3322302	
日常联系人	袁小婷		电话	0871-3318688	
主营范围	开发、生产、销售计算机软件、硬件、外围设备、金融专用设备、智能、机电产品（含国产汽车不含小轿车），承接网络工程，信息系统工程（不含管理项目）、技术服务及技术咨询，自产产品的安装、调试、维修，系统集成、网络设备、信息产品。（以上项目可按经贸部核定的经营范围开展进出口业务，以上经营范围中涉及国家法律、行政法规规定的专项审批，按审批的项目和时限开展经营活动）				

企业名称	中国烟草云南进出口有限公司			海关编码	5301910015
通讯地址	云南省昆明市园通街道 129 号			邮政编码	650031
企业类型	进出口货物收发货人	注册日期	1993.4.5	注册资本	5292.82 万人民币
评定时间	2008.6.10	报关有效期	2014.4.5	所属海关	昆明海关
法人姓名	吴永明		电话	0871-5127681	
日常联系人	徐瑞		电话	0871-5127681	
主营范围	经营烟叶出口、卷烟进口、烟丝出口及云南省烟草商业系统复烤设备、零配件进出口，烟草技术的进出口；接受委托，代理其他产品的进出口业务；经营非烟草产业业务，包括建材产品、五金化工、机电产品、轻工产品等。（涉及专项审批的凭许可证开展经营）				

企业名称	昆明中铁大型养路机械集团有限公司			海关编码	5301910130
通讯地址	云南省昆明市金马镇羊方旺 384 号			邮政编码	650215
企业类型	进出口货物收发货人	注册日期	1997.6.16	注册资本	58798.4 万人民币
评定时间	2008.6.10	报关有效期	2014.6.16	所属海关	昆明海关
法人姓名	马云昆		电话	0871-3831999	
日常联系人	施展		电话	0871-3831999	
主营范围	制造铁路专用设备器材及配件；制造金属结构及构件；制造铁路运输设备；经营本企业自产机电产品、成套设备及相关技术的出口业务；经营本企业生产、科研所需的原辅材料、机械设备、仪器仪表、零配件及技术的进口业务（国家实行核定公司经营的 14 种进口商品除外）；开展本企业“三来一补”业务；维修系统内汽车，运输服务；经营国内贸易，物资供销。（以上经营范围中涉及国家法律、行政法规规定的专项审批，按审批的项目和时限开展经营活动）				

<table>
<tr><td>企业名称</td><td colspan="3">云南昆钢国际贸易有限公司</td><td>海关编码</td><td>5301911373</td></tr>
<tr><td>通讯地址</td><td colspan="3">云南省安宁市郎家山</td><td>邮政编码</td><td>650302</td></tr>
<tr><td>企业类型</td><td>进出口货物收发货人</td><td>注册日期</td><td>2001.2.8</td><td>注册资本</td><td>3409 万人民币</td></tr>
<tr><td>评定时间</td><td>2008.6.10</td><td>报关有效期</td><td>2012.2.8</td><td>所属海关</td><td>昆明海关</td></tr>
<tr><td>法人姓名</td><td colspan="2">武云昆</td><td>电话</td><td colspan="2">0871-8602781</td></tr>
<tr><td>日常联系人</td><td colspan="2">周勤</td><td>电话</td><td colspan="2">0871-8603283</td></tr>
<tr><td>主营范围</td><td colspan="5">自营和代理各类商品及技术的进出口业务，但国家限定公司经营或禁止进出口的商品及技术（不另附进出口商品目录）；经营进料加工和“三来一补”业务；经营对外销售和转口贸易。</td></tr>
</table>

<table>
<tr><td>企业名称</td><td colspan="3">云南云维集团有限公司</td><td>海关编码</td><td>5304911305</td></tr>
<tr><td>通讯地址</td><td colspan="3">云南省曲靖市沾益县盘江镇花山公业园区</td><td>邮政编码</td><td>650216</td></tr>
<tr><td>企业类型</td><td>进出口货物收发货人</td><td>注册日期</td><td>2004.11.30</td><td>注册资本</td><td>73450 万人民币</td></tr>
<tr><td>评定时间</td><td>2008.6.10</td><td>报关有效期</td><td>2012.11.30</td><td>所属海关</td><td>昆明海关</td></tr>
<tr><td>法人姓名</td><td colspan="2">张跃龙</td><td>电话</td><td colspan="2">0874-3851610</td></tr>
<tr><td>日常联系人</td><td colspan="2">唐斌</td><td>电话</td><td colspan="2">0874-3851610</td></tr>
<tr><td>主营范围</td><td colspan="5">经营农用氮肥（含农用尿素）、磷、钾化学肥料、有（无）机化工产品及其副产品、醋酸、食糖、甲醛、甲醇、二氧化碳、粘合剂、建筑材料、矿产品、机械设备、机电产品；经营进口本企业生产所需的原辅材料、机械设备及零配件；经营轻质活性碳酸钙、塑料编织包装袋；经营汽车运输；安装化工机械；经营出口产品。</td></tr>
</table>

<table>
<tr><td>企业名称</td><td colspan="3">云南铜业股份有限公司</td><td>海关编码</td><td>5301911269</td></tr>
<tr><td>通讯地址</td><td colspan="3">云南省昆明高新技术产业开发区 M2-3</td><td>邮政编码</td><td>650102</td></tr>
<tr><td>企业类型</td><td>进出口货物收发货人</td><td>注册日期</td><td>2000.4.24</td><td>注册资本</td><td>125668.88 万人民币</td></tr>
<tr><td>评定时间</td><td>2009.3.12</td><td>报关有效期</td><td>2014.4.24</td><td>所属海关</td><td>昆明海关</td></tr>
<tr><td>法人姓名</td><td colspan="2">杨超</td><td>电话</td><td colspan="2">0871-3166802</td></tr>
<tr><td>日常联系人</td><td colspan="2">仲文革</td><td>电话</td><td colspan="2">0871-3166802</td></tr>
<tr><td>主营范围</td><td colspan="5">经营有色金属、贵金属的生产、加工、销售及生产工艺的设计、施工、科研；经营高科技产品化工产品的生产、加工及销售；经营机械动力设备的制作、安装；经营本企业自产产品及相关技术的出口业务；经营本企业生产、科研所需的原辅料、机械设备、仪器仪表、零配件及相关技术的进口业务；经营本企业的进料加工和“三来一补”业务；出口本企业自产的铜材、选矿药剂、有色金属；进口本企业生产、科研所需的原材料、机械设备、仪器仪表、零配件；经营有色金属开采和选矿业务；经营化肥加工及销售，饲料添加剂产品，硫酸。</td></tr>
</table>

企业名称	云南锡业股份有限公司			海关编码	5301311216
通讯地址	云南省昆明市高新技术产业开发区			邮政编码	650118
企业类型	进出口货物收发货人	注册日期	1999.10.18	注册资本	90652.03 万人民币
评定时间	2008.6.10	报关有效期	2014.10.18	所属海关	昆明海关
法人姓名	雷毅		电话	0871-6287206	
日常联系人	李浩		电话	0871-6287206	
主营范围	经营有色金属及其矿产品、化工产品（不含管理商品）、非金属及其矿产品、建筑材料的批发、零售、代购、代销，进出口业务（按目录经营），环境保护工程服务。经营劳务服务、技术服务、井巷掘进、有色金属深加工及其高新技术产品的开发、生产及自销。开展境外期货业务（凭许可证开展经营）。（以上经营范围涉及国家法律、法规的专项审批，按审批项目和时限开展经营活动）				

企业名称	云南烟草国际有限公司			海关编码	5301913080
通讯地址	云南省昆明市世博路 6 号			邮政编码	650224
企业类型	进出口货物收发货人	注册日期	2007.1.10	注册资本	40000 万人民币
评定时间	2011.1.5	报关有效期	2013.1.10	所属海关	昆明海关
法人姓名	李力		电话	0871-5013848	
日常联系人	郑晓帆		电话	0871-5017299	
主营范围	经营卷烟（含烟丝、烟草）、专用机械设备和零配件及其他烟用辅料出口；经营烟草（含烟叶、烟丝）、专用机械设备和零配件及其他进出口配套服务；向其境外投资企业出口烟叶；开展对外投资，烟草经济技术交流合作。（凭许可证开展经营）				

企业名称	云南博骏经贸有限公司			海关编码	5301963721
通讯地址	云南省昆明市盘龙区白龙路 411-2 号			邮政编码	650224
企业类型	进出口货物收发货人	注册日期	2008.10.27	注册资本	480 万人民币
评定时间	2011.10.19	报关有效期	2014.10.27	所属海关	昆明海关
法人姓名	李海琳		电话	0871-8423966	
日常联系人	余凤芬		电话	0871-8423966	
主营范围	经营国内贸易，物资供销；开展货物进出口业务（以上经营范围中涉及国家法律、行政法规规定的专项审批，按审批的项目和时限开展经营活动）。				

企业名称	河口国锋进出口有限公司			海关编码	5320960038
通讯地址	云南省河口县枫华小区 A 幢 3 单元 402 室			邮政编码	661300
企业类型	进出口货物收发货人	注册日期	2006.5.24	注册资本	500 万人民币
评定时间	2010.8.30	报关有效期	2012.5.24	所属海关	昆明海关
法人姓名	李云和		电话	0873-3425815	
日常联系人	李云峰		电话	0873-3425815	
主营范围	经营矿产品、机电产品、化工产品、化工原料、粮油及制品、橡胶及制品等。				

企业名称	西安西航集团莱特航空制造技术有限公司			海关编码	6101510004
通讯地址	陕西省西安市凤城十二路出口加工区 A 区			邮政编码	710021
企业类型	进出口货物收发货人	注册日期	2007.6.6	注册资本	2000 万人民币
评定时间	2009.11.12	报关有效期	2013.6.7	所属海关	西安海关
法人姓名	叔伟		电话	029-86153521	
日常联系人	邹建		电话	029-86153521	
主营范围	经营航空发动机、燃气轮机零部件的制造、销售、研发、检测、修理；开展货物及技术的进出口业务；开展机械加工业务。（以上经营范围凡涉及国家有限专项专营规定的从其规定）				

企业名称	西飞集团进出口有限公司			海关编码	6101911004
通讯地址	陕西省西安市闫良区西飞大道 1 号			邮政编码	710089
企业类型	进出口货物收发货人	注册日期	1994.7.4	注册资本	1000 万人民币
评定时间	2008.12.17	报关有效期	2014.3.28	所属海关	西安海关
法人姓名	曹晓虎		电话	029-86844489	
日常联系人	薛仲南		电话	029-86846872	
主营范围	经营本集团成员企业生产产品和相关技术的出口，生产所需原辅材料、设备、工具、零部件、技术、成品及计算机的进口，承办中外合资，经营合作生产。兼营：承办“三来一补”。				

企业名称	陕西龙门钢铁集团进出口有限公司			海关编码	6101912015
通讯地址	陕西省西安市北关正街31号开元北方大厦9-12			邮政编码	710014
企业类型	进出口货物收发货人	注册日期	2005.3.6	注册资本	4000万人民币
评定时间	2009.3.31	报关有效期	2014.3.7	所属海关	西安海关
法人姓名	秦敏生		电话	029-86291815	
日常联系人	允方		电话	029-86291815	
主营范围	经营机械设备（特种设备除外）、零配件、原辅材料、冶金炉料、钢坯、钢材、有色金属、化工产品（化学危险品除外）的销售，自营和代理各类商品的进出口业务，但国家限定和禁止经营的商品除外。				

企业名称	金堆城钼业股份有限公司			海关编码	6101319084
通讯地址	陕西省西安市高新区锦业一路88号			邮政编码	710075
企业类型	进出口货物收发货人	注册日期	2007.12.21	注册资本	32266万人民币
评定时间	2010.4.30	报关有效期	2013.12.24	所属海关	西安海关
法人姓名	张继详		电话	0913-4088088	
日常联系人	王琳		电话	029-88378621	
主营范围	经营钼矿产品、钼冶炼系列及其环保产品、钼化学系列产品、钼金属深加工系列产品、硫矿产品和其他有色金属产品的销售、对外投资。				

企业名称	西安航空动力股份有限公司			海关编码	6101919074
通讯地址	陕西省西安市北郊徐家湾			邮政编码	710021
企业类型	进出口货物收发货人	注册日期	1999.3.3	注册资本	44233万人民币
评定时间	2008.12.29	报关有效期	2014.3.8	所属海关	西安海关
法人姓名	叔伟		电话	029-86135034	
日常联系人	应彤		电话	029-86135034	
主营范围	经营航空发动机、汽车发动机、燃气轮机、烟气透平动力装置、压力容器、自行车、仪表、工具计测设备、普通机械、电器机械与器材、机械备件、电子产品、铝型材及其制品的制造、维修与销售；金属材料、锅炉设计、制造、安装及维修；公路客货运输；科技咨询服务；进出口业务等。				

<table>
<tr><td>企业名称</td><td colspan="3">西安西电国际工程有限责任公司</td><td>海关编码</td><td>6101319043</td></tr>
<tr><td>通讯地址</td><td colspan="3">陕西省西安市高新区唐兴路 7 号 B 座 2-4 层</td><td>邮政编码</td><td>710075</td></tr>
<tr><td>企业类型</td><td>进出口货物收发货人</td><td>注册日期</td><td>2002.1.10</td><td>注册资本</td><td>2000 万人民币</td></tr>
<tr><td>评定时间</td><td>2009.6.25</td><td>报关有效期</td><td>2014.4.1</td><td>所属海关</td><td>西安海关</td></tr>
<tr><td>法人姓名</td><td colspan="2">闫甲元</td><td>电话</td><td colspan="2">029-88832152</td></tr>
<tr><td>日常联系人</td><td colspan="2">黄河</td><td>电话</td><td colspan="2">029-88832171</td></tr>
<tr><td>主营范围</td><td colspan="5">自营和代理各类商品及技术的进出口业务；其他国家规定和专营进出口商品和国家禁止进出口等特殊商品除外；经营进料加工和“三来一补”业务；开展对销贸易和转口贸易；承包境外工程和境内国际招标工程；上述境外工程所需的设备，材料出口；对外派遣工程、生产及服务行业的劳务人员。</td></tr>
</table>

<table>
<tr><td>企业名称</td><td colspan="3">西安康明斯发动机有限公司</td><td>海关编码</td><td>6101930952</td></tr>
<tr><td>通讯地址</td><td colspan="3">陕西省西安市经济技术开发区泾渭科技产业园</td><td>邮政编码</td><td>710073</td></tr>
<tr><td>企业类型</td><td>进出口货物收发货人</td><td>注册日期</td><td>2006.2.16</td><td>注册资本</td><td>2000 万美元</td></tr>
<tr><td>评定时间</td><td>2010.2.25</td><td>报关有效期</td><td>2012.2.19</td><td>所属海关</td><td>西安海关</td></tr>
<tr><td>法人姓名</td><td colspan="2">方红卫</td><td>电话</td><td colspan="2">029-68932222</td></tr>
<tr><td>日常联系人</td><td colspan="2">乔建峰</td><td>电话</td><td colspan="2">029-68932302</td></tr>
<tr><td>主营范围</td><td colspan="5">生产和销售点柴油发动机及其零部件。</td></tr>
</table>

<table>
<tr><td>企业名称</td><td colspan="3">西安安泰叶片技术有限公司</td><td>海关编码</td><td>6101930775</td></tr>
<tr><td>通讯地址</td><td colspan="3">陕西省西安市经济技术开发区凤城 10 路</td><td>邮政编码</td><td>710021</td></tr>
<tr><td>企业类型</td><td>进出口货物收发货人</td><td>注册日期</td><td>1998.3.26</td><td>注册资本</td><td>1473.72 万美元</td></tr>
<tr><td>评定时间</td><td>2009.2.20</td><td>报关有效期</td><td>2014.3.20</td><td>所属海关</td><td>西安海关</td></tr>
<tr><td>法人姓名</td><td colspan="2">叔伟</td><td>电话</td><td colspan="2">029-86632305</td></tr>
<tr><td>日常联系人</td><td colspan="2">王燕华</td><td>电话</td><td colspan="2">029-86632305</td></tr>
<tr><td>主营范围</td><td colspan="5">生产、销售商用航空发动机、工业和海运用燃气轮机，蒸汽轮机的压气机叶片及相关和配套产品。</td></tr>
</table>

企业名称	西安西罗航空部件有限公司			海关编码	6101930734
通讯地址	陕西省西安市未央区徐家湾			邮政编码	710021
企业类型	进出口货物收发货人	注册日期	1996.12.4	注册资本	1827 万美元
评定时间	2008.11.3	报关有效期	2014.10.20	所属海关	西安海关
法人姓名	赵岳	电话		029-86152115	
日常联系人	樊敏	电话		29-86631006	
主营范围	生产、销售航空发动机涡轮叶片，提供航空发动机维修大修、装配和测试服务。				

企业名称	陕西生益科技有限公司			海关编码	6104930099
通讯地址	陕西省咸阳市金华路 1 号			邮政编码	712099
企业类型	报关企业	注册日期	2005.5.27	注册资本	20488.35 万人民币
评定时间	2008.12.17	报关有效期	2014.2.24	所属海关	西安海关
法人姓名	刘述峰	电话		029-33342318	
日常联系人	姜燕	电话		029-33379801	
主营范围	经营覆铜板、绝缘板、粘结片等系列化工、电子、电工材料，覆铜板专用设备开发、研制销售、技术咨询及服务。				

企业名称	西安杨森制药有限公司			海关编码	6101930036
通讯地址	陕西省西安市万寿北路 34 号			邮政编码	710043
企业类型	进出口货物收发货人	注册日期	1993.1.8	注册资本	20931.7 万人民币
评定时间	2009.6.23	报关有效期	2014.3.8	所属海关	西安海关
法人姓名	朴济和	电话		029-82576688	
日常联系人	杨革	电话		029-82576688	
主营范围	经营药品。				

企业名称	宝鸡钛业股份有限公司			海关编码	6103912066
通讯地址	陕西省宝鸡市钛城路 1 号			邮政编码	721014
企业类型	进出口货物收发货人	注册日期	2001.7.12	注册资本	43026.57 万人民币
评定时间	2008.11.3	报关有效期	2014.4.25	所属海关	西安海关
法人姓名	汪汉臣		电话	0917-3382112	
日常联系人	孙健		电话	0917-3382153	
主营范围	经营钛及钛合金等稀有金属材料、各种金属复合材料的生产、加工、销售、对外投资、科技开发，经营本企业自产产品及技术的出口业务；代理出口，将本企业自行研制开发的技术转让给其他企业生产的产品；经营本企业生产所需的原辅材料、仪器仪表、机械设备、零配件及技术的进口业务（国家限定公司经营和国家禁止进出口的商品除外）；经营进料加工和 “三来一补” 业务。				

企业名称	陕西东岭物资有限责任公司			海关编码	6103960029
通讯地址	陕西省宝鸡市马营路东段			邮政编码	721004
企业类型	进出口货物收发货人	注册日期	2007.3.12	注册资本	60000 万人民币
评定时间	2010.10.29	报关有效期	2013.4.13	所属海关	西安海关
法人姓名	仝明科		电话	0917-3452431	
日常联系人	张东波		电话	0917-3452431	
主营范围	经营金属材料、金培沙、银培沙、建筑材料、电器机械、化工原料（除专营）、矿产品的批发零售；金属加工（除专控产品）、有色矿粉（除专控外）、锌及副产品的销售；烟（限分支机构经营）日用百货、五金交电、油漆、日用杂品（烟花爆竹除外）、文化用品、劳保用品的批发零售，煤炭（限零售）、焦炭及其副产品的销售；废旧金属购销；冷轧带肋钢筋生产及销售；自用和代理各类商品和技术的进出口（国家限定的除外）；硫酸、煤焦油、粗苯（无仓储）的销售（经营有效期至 2012 年 12 月 31 日）。（以上经营范围凡涉及国家有专项专营规定的从其规定）				

企业名称	兰州石油化工国际事业公司			海关编码	6201910013
通讯地址	甘肃省兰州市西固福利东路 632 号			邮政编码	730060
企业类型	进出口货物收发货人	注册日期	1993.3.1	注册资本	800 万人民币
评定时间	2008.10.31	报关有效期	2014.1.10	所属海关	兰州海关
法人姓名	赵金法		电话	0931-7961704	
日常联系人	韩军孝		电话	0931-7921137	
主营范围	经营石蜡、烧碱、塑料编织袋、合成橡胶、合成香料、化学纤维、工艺品（不含金银首饰）、轻工业品、纺织品、橡胶制品的出口；耐火材料的进口；化工类（国家限制经营的除外），石化机械及设备、仪器仪表、零配件的进出口、金属材料、农副土特产品、皮革及制品的进出口。				

企业名称	酒泉钢铁（集团）有限责任公司			海关编码	6202910003
通讯地址	甘肃省嘉峪关市雄关东路 12 号			邮政编码	735100
企业类型	进出口货物收发货人	注册日期	2000.3.30	注册资本	973932 万人民币
评定时间	2008.10.31	报关有效期	2014.3.25	所属海关	兰州海关
法人姓名	冯杰		电话	0937-6715969	
日常联系人	孔芳		电话	0937-6712011	
主营范围	经营制造业、采矿业、农、林、牧、渔业，电力、燃气及水的生产和供应业，建筑业，交通运输、仓储，信息传输、计算机服务和软件业，批发与零售业，住宿和餐饮业，房地产业，租赁与商务服务业，科学研究、技术服务与地质勘查业、水利、环境和公共设施管理业，居民服务和其他服务业，教育、卫生、文化、体育与娱乐业（以上述国家专控专卖的项目均以资质或许可证为准）。				

企业名称	金川集团有限公司			海关编码	6203910005
通讯地址	甘肃省金昌市北京路			邮政编码	737100
企业类型	进出口货物收发货人	注册日期	2002.10.29	注册资本	622452.63 万人民币
评定时间	2008.10.31	报关有效期	2014.10.14	所属海关	兰州海关
法人姓名	杨志强		电话	0935-8812230	
日常联系人	陈立国		电话	0931-8619212	
主营范围	经营镍、铜、钴、贵金属、无机化工产品（国家限定产品除外）的生产销售、采掘业、制造业、科学研究和综合技术服务业、水电暖生产和供应业、国内贸易、进出口业务、境外期货业务、建筑业、交通运输业、种养殖业、房地产业、卫生文教、社会服务业。				

企业名称	甘肃酒钢集团宏兴钢铁股份有限公司			海关编码	6202910007
通讯地址	甘肃省嘉峪关市雄关东路 12 号			邮政编码	735100
企业类型	进出口货物收发货人	注册日期	2004.12.13	注册资本	409135 万人民币
评定时间	2011.5.5	报关有效期	2014.10.27	所属海关	兰州海关
法人姓名	程子建		电话	0937-6712719	
日常联系人	孔芳		电话	0937-6712011	
主营范围	经营钢铁压延加工、金属制品的生产、批发零售、科技开发、服务、进出口贸易（国家限制禁止项目除外）。				

企业名称	宁夏启元药业有限公司			海关编码	6401910027
通讯地址	宁夏银川市望远工业园启元大道 1 号			邮政编码	750100
企业类型	进出口货物收发货人	注册日期	1997.4.29	注册资本	29291 万人民币
评定时间	2008.10.17	报关有效期	2014.4.30	所属海关	银川海关
法人姓名	胡吉东		电话	0951-8011547	
日常联系人	周晓梅		电话	0951-4066938	
主营范围	经营化学原料药、化学原料药中间体（硫氰酸红霉素）、化学药制剂的生产、销售；开展中成药的开发、生产、销售技术的出口业务；经营枸杞干果、杞珍稀宝胶囊、杞珍参褒胶囊、启元牌杞圣胶囊，妇炎宁拴的加工、销售；经营农药（阿维菌素原药），饲料、饲料添加剂、食品添加剂，肥料的生产及销售；经营玉米收购、加工及其副产品的加工、销售；经营本企业生产、科研所需原辅材料、机械设备、仪器仪表、零配件及相关技术的进口业务；经营本企业的进料加工和“三来一补”业务，加工制箱 、制桶、压盖；包装装潢印刷品印制；供热。				

企业名称	宁夏有色金属进出口有限公司			海关编码	6402910001
通讯地址	宁夏银川市高新区创新园			邮政编码	753000
企业类型	进出口货物收发货人	注册日期	1993.12.31	注册资本	700 万人民币
评定时间	2008.10.17	报关有效期	2011.12.3	所属海关	银川海关
法人姓名	姜滨		电话	0952-2098503	
日常联系人	王晓荣		电话	0952-2098528	
主营范围	经营有色金属产品、电子产品、硅铁合金、本企业生产、科研所需原辅材料（国家规定的一类商品除外）、机械设备、仪器仪表、零配件；出口与本企业自产产品配套的相关或同类的商品（仅限有色金属等五金矿产品）；经营本企业生产所需原辅材料、机械设备、仪器仪表、零配件等商品及相关技术的进口业务；承办本企业中外合资经营、合作生产及开展“三来一补”业务；经营各类商品和技术的进出口业务。（不另附进出口商品目录；但国家限定公司经营或禁止进出口地商品及技术除外）				

企业名称	青铜峡铝业股份有限公司			海关编码	6403910004
通讯地址	宁夏青铜峡大坝镇铝长区中兴路 1 号			邮政编码	751603
企业类型	进出口货物收发货人	注册日期	1996.8.23	注册资本	36063.84 万人民币
评定时间	2008.10.17	报关有效期	2014.9.23	所属海关	银川海关
法人姓名	黄河		电话	0951-6665333	
日常联系人	杨昉		电话	0951-6665301	
主营范围	经营铝、铝型材及其制品，铝系列产品及其原辅料，碳素制品，机械设备、仪器仪表、金属化工材料、设备维修；经营本企业自产产品及相关技术的出口业务；经营本企业生产科研所需的原辅料、机械设备、仪器仪表、零配件及其相关技术的进口业务；承办中外合资经营、合作生产及“三来一补”业务；经营汽车运输及维修；经营金属化工材料、建筑工程设计、施工装饰、装修。				

企业名称	银川佳通长城轮胎有限公司			海关编码	6401930151
通讯地址	宁夏银川经济技术开发区开元东路南侧 16 号			邮政编码	750011
企业类型	进出口货物收发货人	注册日期	2003.1.14	注册资本	24650 万人民币
评定时间	2008.10.17	报关有效期	2014.1.21	所属海关	银川海关
法人姓名	李怀靖		电话	0951-2966251	
日常联系人	陈勇		电话	0951-2966684	
主营范围	经营工业橡胶制品（以各种用途和规格的轮胎为主）及其他橡胶制品的设计、生产、加工、销售；提供各种用途和规格的轮胎翻新。				

企业名称	塔什库尔干县中巴友谊商贸有限公司			海关编码	6507960002
通讯地址	新疆喀什市色满路 143 号海关公寓 C 座 102 室			邮政编码	844000
企业类型	进出口货物收发货人	注册日期	2002.5.29	注册资本	50 万人民币
评定时间	2010.8.4	报关有效期	2012.3.30	所属海关	乌鲁木齐海关
法人姓名	袁友俊		电话	0998-2837822	
日常联系人	袁友俊		电话	0998-2907188	
主营范围	经营宝玉石产品、铜器、玉器、工艺品、汽车配件、百货、针织品、机械设备、金属设备、建材化工产品、皮革制品、机电产品、通讯设备；经营边境小额贸易；经营各类商品和技术的进出口(但国家限定公司经营或禁止进出口的商品及技术除外)；开展与毗邻国家工程承包和劳务合作业务。				

企业名称	五矿新疆贸易有限责任公司			海关编码	6503910133
通讯地址	新疆阿拉山口准噶尔路 27 号			邮政编码	833418
企业类型	进出口货物收发货人	注册日期	2002.5.21	注册资本	3000 万人民币
评定时间	2008.10.15	报关有效期	2014.5.12	所属海关	乌鲁木齐海关
法人姓名	张志刚		电话	010-68494556	
日常联系人	陈宝增		电话	0909-6991188	
主营范围	许可经营项目：无。一般经营项目：金属材料、机械设备、建筑材料、五金交电、家用电器、化工产品、针纺织品的销售、边境小额贸易、废钢、废铝、废纸、废铜、废塑料边贸进口业务及钢材进口业务、钢材进口业务。				

企业名称	阿拉山口万达有限责任公司			海关编码	6503919058
通讯地址	新疆阿拉山口天山街 13 号（香榭丽酒店 422 房）			邮政编码	833418
企业类型	进出口货物收发货人	注册日期	2003.4.29	注册资本	200 万人民币
评定时间	2010.2.10	报关有效期	2014.4.29	所属海关	乌鲁木齐海关
法人姓名	韩鑫玉		电话	0991–2623126	
日常联系人	李宁		电话	0909–6992701	
主营范围	经营农副产品（内贸棉、粮、油除外）百货、副食品、其他食品、中药材、机电产品（轿车除外）、农业施工机械、建材、金属材料、化工产品（化学危险品除外）、家电、轻工产品、电子产品、商贸信息、咨询服务、边境小额贸易［以（1996）外经贸政审函字第 1040 号资格证书为准、原油进口业务］。货物与技术的进出口业务（法律法规另有规定的进出口项目除外）。销售第一类医疗机械。				

企业名称	博尔塔拉蒙古自治州阿拉山口隆瑞达商贸有限公司			海关编码	6503960094
通讯地址	新疆阿拉山口准噶尔路			邮政编码	833418
企业类型	进出口货物收发货人	注册日期	2003.1.30	注册资本	1560 万人民币
评定时间	2009.11.25	报关有效期	2014.1.30	所属海关	乌鲁木齐海关
法人姓名	张淑燕		电话	0991–3872093	
日常联系人	汪燕		电话	0991–3686116	
主营范围	许可经营项目：无。一般经营项目：钢材、矿产品、金属材料（稀贵金属除外）、建筑材料、机电产品、电子产品、化工产品、装饰材料、百货、土特产品、汽车配件、棉麻制品、畜产品、现代办公用品的销售、货物与技术的进出口业务（法律、法规另有规定的进出口项目除外）。经营边境小额贸易及项下废钢、废铝、废铜、废纸、废塑料的进口业务。				

企业名称	新疆榄润国际工程技术有限公司			海关编码	6501961038
通讯地址	新疆乌鲁木齐市南湖南路 133 号城建大厦 1			邮政编码	830063
企业类型	进出口货物收发货人	注册日期	2006.11.7	注册资本	500 万人民币
评定时间	2010.1.28	报关有效期	2012.10.29	所属海关	乌鲁木齐海关
法人姓名	厉复梅		电话	0991–4886271	
日常联系人	乔霞		电话	0991–4886271	
主营范围	销售机电产品、化工产品、五金交电、日用百货、针纺织品、建筑装饰材料、办公用品、农畜产品、工艺美术品、皮棉、工程机械设备销售及技术咨询服务，货物与技术的进出口业务。（以上项目涉及国家专项审批的，凭相关许可证规定的范围和期限方可经营）				

企业名称	塔城地区三宝有限公司			海关编码	6510960056
通讯地址	新疆塔城市文化路198号			邮政编码	834700
企业类型	进出口货物收发货人	注册日期	2007.1.30	注册资本	1700万人民币
评定时间	2008.9.20	报关有效期	2013.1.30	所属海关	乌鲁木齐海关
法人姓名	康和平		电话	0991-8529188	
日常联系人	殷玉		电话	0901-6270728	
主营范围	许可经营项目：旅游购物贸易出口经营、废旧物资回收（废钢、废铜、废铝、废纸、废塑料进口）、钢材进口、大米出口、成品油进出口、原油进口、焦炭出口、羊毛进口、粮油、汽车、糖烟、二类汽车整修、边境小额贸易、一般贸易。一般经营项目：经营玩具、建筑材料、农土特畜产品、水产品、机械设备、几点、机具及配件、有色金属、石化、针纺织品、五金电器，批发、零售酒、代理达坂城酒，仓储、中转、代办货物发运。				

企业名称	新疆塔城国际资源有限公司			海关编码	6510950016
通讯地址	新疆塔城市光明路经济合作区			邮政编码	834700
企业类型	进出口货物收发货人	注册日期	2003.9.16	注册资本	1000万人民币
评定时间	2008.9.20	报关有效期	2014.9.16	所属海关	乌鲁木齐海关
法人姓名	黄建荣		电话	021-66287907	
日常联系人	徐雪琴		电话	0901-6239195	
主营范围	许可经营项目：销售食品、饮料、易燃固体、自燃和遇湿易燃物品、氰化钠。一般经营项目：租赁，仓储，经营金属材料及制品、化工原料及制品、建筑材料、木材、矿产品、农产品、机械设备、五金交电及电子产品、纺织、服装及日用品、办公自动化用品、废旧金属；自营和代理各类商品和技术的进出口（国家限定公司经验或禁止进出口的商品和技术除外）；经营废铜、废铝、废钢、废塑料、废纸；开展边境小额贸易业务；经营黄金、白银及制品。				

企业名称	乌鲁木齐安仁商贸有限责任公司			海关编码	6501969030
通讯地址	新疆乌鲁木齐市友好北路620号金辉大厦F1203			邮政编码	830000
企业类型	进出口货物收发货人	注册日期	2007.2.5	注册资本	100万人民币
评定时间	2011.10.19	报关有效期	2013.2.5	所属海关	乌鲁木齐海关
法人姓名	秦卫星		电话	0991-4827801	
日常联系人	杨星宇		电话	0991-4827220	
主营范围	许可经营项目（具体经营项目和期限以有关部门的批准文件或颁发的许可证、资质证为准）：易燃固体、自燃和遇湿易燃物品类第1项。一般经营项目（国家法律、行政法规规定有专项审批的项目除外，需要取得专项审批的项目待取得有关部门的批准文件和颁发的许可证，资质证后方可经营，具体经营项目和期限以有关部门的批准文件和颁发的许可证、资质证为准）：销售针纺织品、服装鞋帽、皮革制品、五金交电、仪器仪表、电子产品、建筑装饰材料、化工产品、金属材料、机械设备、塑料制品、农副产品、机电设备、通讯器材，以及开展货物与技术的进出口业务。边境小额贸易。				

企业名称	新疆三宝实业集团有限公司			海关编码	6501260202
通讯地址	新疆乌鲁木齐经济技术开发区卫星路 531 号			邮政编码	830049
企业类型	进出口货物收发货人	注册日期	2010.3.5	注册资本	10000 万人民币
评定时间	2010.12.21	报关有效期	2013.3.5	所属海关	乌鲁木齐海关
法人姓名	康和平		电话	0991-8529188	
日常联系人	邱广军		电话	0991-8569191	
主营范围	许可经营项目，无一般经营项目（国家法律、法规规定有专项审批的项目除外；需要取得专项审批待取得有关部门的批准文件或颁发的行政许可证书后方可经营，具体经营项目和期限以有关部门的批准文件和颁发的行政许可为准）。经营边境小额贸易的进出口业务，废钢、废铜、废铝、废纸、废塑料等国家核定公司经营的五种废旧物资的进口，货物与技术的进出口业务，承包境外与出口机电产品的工程和境内国际招标工程，销售建筑材料、农畜产品、机械设备、机电设备、计算机软硬件及耗材、化工产品、石油制品、润滑油、五金交电、汽车配件、通讯器材。				

企业名称	新疆中泰化学（集团）股份有限公司			海关编码	6501910383
通讯地址	新疆乌鲁木齐市西山路 78 号			邮政编码	830009
企业类型	进出口货物收发货人	注册日期	2003.6.16	注册资本	115434 万人民币
评定时间	2010.11.4	报关有效期	2014.6.16	所属海关	乌鲁木齐海关
法人姓名	王洪欣		电话	0991-8785806	
日常联系人	杜娟		电话	0991-8788172	
主营范围	许可经营项目：生产、销售强力清洁消毒液，食品容器、包装材料用聚氯乙烯树脂。一般经营项目：生产、销售烧碱、聚氯乙烯树脂、塑料制品、化工产品、机电产品、金属材料、建筑材料、盐酸，仓储服务，经营氯化聚乙烯、液氯、氯化钙、次氯酸钠、压缩氢、氯化石蜡、纳米 PVC、硬化油、亚磷酸二正丁酯、塑料制品的制作及安装，金属制品的防腐和低压液化瓶的检验，自营和代理各类商品和技术的进出口（但国家限定公司经营或禁止进出口的商品和技术服务除外），经营食品添加剂氢氧化钠及盐酸的生产、销售。				

企业名称	新建天业对外贸易有限责任公司			海关编码	6512219022
通讯地址	新疆石河子开发区北三东路36号			邮政编码	832000
企业类型	进出口货物收发货人	注册日期	2011.5.13	注册资本	2000万人民币
评定时间	2008.5.17	报关有效期	2014.5.13	所属海关	乌鲁木齐海关
法人姓名	余天池		电话	0993-2623139	
日常联系人	徐泽鹏		电话	0993-2623297	
主营范围	自营和代理粮油食品进出口业务，土产畜产品、纺织丝绸、服装、轻工业品、五金产品、化工产品、机电产品的进出口业务（国家限定公司经营或禁止进出口的商品及技术除外），经营进料加工和“三来一补”业务，经营对销贸易和转口贸易，承包境外与出口自产设备相关的工程和国际招标工程，上述工程设备出口及劳务人员，废钢、废铜、废铝、废纸、废塑料、钢材进口业务。开展边境小额贸易业务。				

企业名称	克拉玛依奥斯特石化设备有限公司			海关编码	6502960012
通讯地址	新疆独山子区南京路晶都花苑33-10号			邮政编码	833600
企业类型	进出口货物收发货人	注册日期	2006.2.28	注册资本	1000万人民币
评定时间	2011.9.19	报关有效期	2012.3.16	所属海关	乌鲁木齐海关
法人姓名	柯婷婷		电话	0992-3866929	
日常联系人	孙美玉		电话	0991-3739260	
主营范围	经营石油化工、钻采、水处理设备、井口装置、抽油机、高中低压泵阀系列产品、机械管件、仪器仪表、防爆产品、机电产品、棉副产品、农副产品、石油化工产品、石化设备及配套产品的研发设计、委托加工、销售；提供油田设计咨询服务及应用与网上信息咨询、货物与技术进出口业务及边境小额贸易。				

企业名称	新疆中化建进出口有限责任公司			海关编码	6501910134
通讯地址	新疆乌鲁木齐西山78号			邮政编码	830000
企业类型	进出口货物收发货人	注册日期	1995.4.29	注册资本	300万人民币
评定时间	2008.10.17	报关有效期	2014.4.29	所属海关	乌鲁木齐海关
法人姓名	王洪欣		电话	0991 4542806	
日常联系人	张斌文		电话	0991-8788172	
主营范围	开展进出口业务（具体范围以对外贸易经济合作部的批复为准），销售五金交电产品、化工产品（有毒除外）、塑料制品、油漆、陶瓷制品、钢材。				

企业名称	新疆众和股份有限公司			海关编码	6501910254
通讯地址	新疆乌鲁木齐市喀什东路 18 号			邮政编码	830013
企业类型	进出口货物收发货人	注册日期	1997.10.14	注册资本	40000 万人民币
评定时间	2009.3.20	报关有效期	2014.9.26	所属海关	乌鲁木齐海关
法人姓名	刘杰		电话	0991-6689889	
日常联系人	何晓强		电话	0991-6686969	
主营范围	生产销售精铝、电子铝箔、腐蚀箔、化成箔电子元器件原料、铝及铝制品、炭素、金属材料、机电产品（其中专营小轿车及国家有专项审批规定的产品除外），经营汽车二级维护，经营本企业自产产品及相关技术的出口业务，经营本企业生产、科研所需的原辅材料、机械设备、仪器仪表、零配件及相关技术的进口业务，经营本企业的进料加工和“三来一补”业务（具体经营范围以进出口商品目录为准），生产、销售煤碳，发电，道路运输（具体范围以许可证为准），销售本企业生产废旧物资（专项审批除外），对外承包工程业务。				

企业名称	新疆南方航空进出口贸易有限责任公司			海关编码	6501910381
通讯地址	新疆乌鲁木齐市迎宾路 1341 号			邮政编码	830016
企业类型	进出口货物收发货人	注册日期	2003.4.24	注册资本	300 万人民币
评定时间	2009.3.20	报关有效期	2014.4.24	所属海关	乌鲁木齐海关
法人姓名	谭超		电话	0991-3801642	
日常联系人	高飞		电话	0991-3801642	
主营范围	经营销售仪器仪表、橡胶制品，一、二类航材的分销、自营和代理各类商品和技术的进出口（但国家限定公司经营或禁止进出口的商品和技术除外），仓储服务，日用百货、针纺织品、汽车配件、石油化工产品（专项审批除外）、计算机及配件、建筑材料、工艺美术品（黄金制品的除外），销售农副产品、橡胶制品，租赁特种工具、夹具，维修民用航空器、发动机，销售航空器材，国内劳务派遣。				

企业名称	霍尔果斯中石油国际事业有限公司			海关编码	6509910141
通讯地址	新疆霍城县霍尔果斯口岸友谊路			邮政编码	835200
企业类型	进出口货物收发货人	注册日期	1999.7.23	注册资本	5000 万人民币
评定时间	2008.9.4	报关有效期	2014.7.23	所属海关	乌鲁木齐海关
法人姓名	李刚		电话	0991-3682506	
日常联系人	扎丽帕		电话	0991-3682529	
主营范围	许可经营项目（具体经营项目以有关部门领发的批准文件或许可证、资质证书为准）：批发柴油、煤油、汽油、石油气、易燃液体（1，2-二甲苯、2-丙醇、2-甲基-1-丙醇、苯、甲醇、甲基苯、石脑油、石油原油、正丁醇、燃料油、溶剂油、馏分油、重油、混合油）。一般经营项目（国家法律、行政法规有专项审批的项目除外；需取得专项审批待取得有关部门的批准文件或领发的行政许可证后方可经营，具体经营项目和期限以有关部门的批准文件或领发的许可证为准）：经营沥青、航煤、润滑油、石油焦、石油化工品产品、机械设备、汽配、针纺织品、建筑材料、畜牧产品的销售；经营货物与技术的进出口业务；允许经营的进口商品原油、成品油、出口商品：成品油（以进出口企业资格证书为准）；开展边境小额贸易。				

企业名称	美克国际家具股份有限公司			海关编码	6501230070
通讯地址	新疆乌鲁木齐市经济技术开发区迎宾路 160 号			邮政编码	830015
企业类型	进出口货物收发货人	注册日期	2004.3.9	注册资本	63268 万人民币
评定时间	2008.9.4	报关有效期	2014.3.9	所属海关	乌鲁木齐海关
法人姓名	寇卫平		电话	0991-3628327	
日常联系人	冯军瑞		电话	0991-3628305	
主营范围	经营装饰装修材料、实木家具、聚酯家具及配套产品的生产、销售；自营和代理各类商品及技术的进出口业务（国家限定公司经营和国家禁止进出口的商品及技术除外）；经营对销贸易、转口贸易、进料加工和“三来一补”业务；提供房屋租赁；提供停车场服务，场地出租；经营木材及加工。				

企业名称	新疆石油管理局对外经济贸易总公司			海关编码	6502910001
通讯地址	新疆克拉玛依市昆仑路 41 号			邮政编码	834000
企业类型	进出口货物收发货人	注册日期	1994.9.26	注册资本	744 万人民币
评定时间	2009.11.25	报关有效期	2014.8.19	所属海关	乌鲁木齐海关
法人姓名	蔡利		电话	0990-6852991	
日常联系人	黄培新		电话	0990-6848726	
主营范围	经营各类物资批发及进出口业务，技术咨询，与石油和天然气开采有关的服务活动，贸易经纪与代理、工程管理服务，科技服务，工程承包。（以上项目涉及行政许可的赁许可证明经营）				

报关企业

企业名称	日通国际物流（中国）有限公司			海关编码	1105980048
通讯地址	北京市顺义区顺平路航港国际大厦 E508-E513 室			邮政编码	100000
企业类型	报关企业	注册日期	1995.10.2	注册资本	12750 万人民币
评定时间	2009.11.18	报关有效期	2012.10.2	所属海关	北京海关
法人姓名	董芳		电话	010-61417777	
日常联系人	张照梅		电话	010-61417777	
主营范围	承办海运、空运进出口货物；国际展品和私人物品的国际运输代理业务，包括揽货、订舱、包机、仓储、中转、集装箱拼装拆箱、结算运杂费、多式联运、报关、报检、保险、相关的短途运输服务及咨询业务；办理国际快递（不含私人信函和县级以上党政军机关公文的寄递业务）业务；无船承运业务；国际航线或中国香港、中国澳门、中国台湾航线的航空货运代理业务（危险品除外）；国内航线除中国香港、中国澳门、中国台湾航线外的航空货运销售代理业务（危险品除外）；普通货物道路运输，国际货运代理，仓储业务。				

企业名称	北京海龙国际运输代理有限公司			海关编码	1105980007
通讯地址	北京市朝阳区东四环中路 18 号			邮政编码	100000
企业类型	报关企业	注册日期	1996.2.22	注册资本	800 万人民币
评定时间	2009.11.18	报关有效期	2013.2.22	所属海关	北京海关
法人姓名	刘克勤		电话	010-87777652	
日常联系人	王文革		电话	010-87777652	
主营范围	许可经营项目：无。一般经营项目：国际货物运输代理、报关服务、代理报检服务、民用航空运输销售代理、经济贸易咨询、包装服务、仓储服务、普通货物运输、货物专用运输（集装箱）。				

企业名称	北京环宇天马国际货运代理有限公司			海关编码	1111580003
通讯地址	北京市顺义区北京空港物流园区			邮政编码	100000
企业类型	报关企业	注册日期	2004.3.4	注册资本	900 万人民币
评定时间	2011.1.7	报关有效期	2013.3.4	所属海关	北京海关
法人姓名	宋岷江		电话	010-64560077	
日常联系人	赵宏涛		电话	010-64560077	
主营范围	承办海运、陆运、空运进出口货物，国际展品、私人物品的国际货运代理业务，包括揽货、托运、订舱、仓储、中转、集装箱拼装拆箱、结算运杂费、报关、报验、保险、相关的短途运输服务及咨询业务。经营国际快递业务（私人信函及县级以上党政军公文除外）。经营普通货物运输。				

企业名称	北京泽坤国际货运代理有限公司			海关编码	1118980002
通讯地址	北京市顺义区北京空港物流基地物流园八街1号			邮政编码	100000
企业类型	报关企业	注册日期	2004.3.4	注册资本	1200万人民币
评定时间	2009.12.9	报关有效期	2013.3.4	所属海关	北京海关
法人姓名	申涛		电话	010-64568866	
日常联系人	郑玉丽		电话	010-64568866	
主营范围	承办海运、空运进出口货物的国际运输代理业务，包括揽货、订舱、仓储、中转、集装箱拼装拆箱、结算运杂费、报关、报验、保险、相关的短途运输服务及运输咨询业务。信息咨询（中介服务除外）。				

企业名称	新时代国际运输服务有限公司			海关编码	1108980006
通讯地址	北京市顺义区天竺镇府前街北侧6号1、2层			邮政编码	100000
企业类型	报关企业	注册日期	2002.5.22	注册资本	7780万人民币
评定时间	2010.6.30	报关有效期	2013.5.22	所属海关	北京海关
法人姓名	陈宏伟		电话	010-64572288	
日常联系人	王维胜		电话	010-64572288	
主营范围	提供订舱、托运、仓储、包装、货物的监装、监卸、集装箱装拆箱、分拨、中转及相关的短途运输服务，代理报关、报检、报验、保险、缮制签发有关单证，交付运费，结算及交付杂费，国际展品、私人物品及过境货物运输代理，国际多式联运、集运、咨询及其他国际货运代理业务，国内道路货物运输。				

企业名称	北京炎黄振国报关服务有限责任公司			海关编码	1101980013
通讯地址	北京市顺义区北京空港物流园区			邮政编码	100000
企业类型	报关企业	注册日期	1995.5.2	注册资本	200万人民币
评定时间	2010.4.22	报关有效期	2013.5.30	所属海关	北京海关
法人姓名	邸熠然		电话	010-80411369	
日常联系人	高连鉴		电话	010-80411379	
主营范围	提供报关业务咨询服务（涉及国家专项审批的项目除外）、报检咨询服务、国际货运代理（航空，船舶货运代理除外）、货物进出口、技术进出口、代理进出口。销售计算机软硬件、机械、电子设备（涉及国家专项审批的项目除外）、包装材料。承办展览展示。组织国内文化艺术交流。				

企业名称	嘉里大通物流有限公司			海关编码	1105980003
通讯地址	北京市朝阳区东三环北路三元东桥霄云路 21 号			邮政编码	100000
企业类型	报关企业	注册日期	2000.3.24	注册资本	27000 万人民币
评定时间	2010.4.12	报关有效期	2013.3.24	所属海关	北京海关
法人姓名	孔伟成		电话	010-64618899	
日常联系人	王玮		电话	010-64618899	
主营范围	开展国际流通物流业务、进出口业务及相关服务。自营或代理货物的进口、出口业务。接受委托为出口加工企业提供代理进出口业务。承办海运、陆运、空运进出口货物、国际展品、私人物品及过境货物的国际运输代理业务，包括、揽货、托运、订舱（含租船、包舱、包机）、仓储、中转、集装箱拼装拆箱、结算运杂费、报关、报验、保险、相关的短途运输服务及运输咨询业务。办理国际快递业务（私人信函及县级以上党政军公文除外）。第三方物流业务。提供道路普通货物的运输，国际集装箱运输，仓储、装卸、加工、包装、配送及相关信息处理服务和有关咨询业务。				

企业名称	天津经济技术开发区报关行			海关编码	1207280008
通讯地址	天津开发区第一大街 2 号津滨大厦第八层			邮政编码	300457
企业类型	报关企业	注册日期	1992.12.24	注册资本	150 万人民币
评定时间	2010.9.14	报关有效期	2011.12.24	所属海关	天津海关
法人姓名	张堃		电话	022-66270237	
日常联系人	王芳		电话	022-25763426	
主营范围	代办理通关手续及其他服务，提供进出口管理法律、法规和咨询服务和经纪、信息服务；货运代理；代办理进出口货物的报检、报验，国家有专项、专管规定的，按规定执行，涉及上述审批的，以审批有效期为准。				

企业名称	天津渤海报关有限公司			海关编码	1215980001
通讯地址	天津市武清区南北辛庄立交桥 168 号			邮政编码	301700
企业类型	报关企业	注册日期	2006.7.21	注册资本	500 万人民币
评定时间	2011.1.5	报关有效期	2012.6.22	所属海关	天津海关
法人姓名	杨志华		电话	022-82120588	
日常联系人	李雪莲		电话	022-82122159	
主营范围	代理报关业务。				

企业名称	天津美泰报关行有限公司			海关编码	1207480034
通讯地址	天津港保税区海滨二路 85 号 101 室			邮政编码	300461
企业类型	报关企业	注册日期	2006.12.15	注册资本	150 万人民币
评定时间	2010.5.6	报关有效期	2012.11.24	所属海关	天津海关
法人姓名	李洪		电话	022-25760239	
日常联系人	丁爱华		电话	022-25760849	
主营范围	在天津海关关区各口岸监管业务集中地从事报关业务。（国家有专项、专管规定的、按规定执行）				

企业名称	天津中铁青源国际货运代理有限公司			海关编码	1207280013
通讯地址	天津开发区第二大街 27 号 A 座 606 室			邮政编码	300457
企业类型	报关企业	注册日期	2005.1.5	注册资本	500 万人民币
评定时间	2010.10.26	报关有效期	2013.1.5	所属海关	天津海关
法人姓名	赵军		电话	022-66218358	
日常联系人	张益海		电话	022-66218359	
主营范围	提供国际货运代理（海运、空运、陆运）及相关咨询服务。国家有专营、专项规定的，按专营专项规定办理。				

企业名称	天津中远国际航空货运代理有限公司			海关编码	1207480018
通讯地址	天津港保税区海滨六路 29 号 A-231-2 室			邮政编码	300457
企业类型	报关企业	注册日期	1997.1.22	注册资本	1000 万人民币
评定时间	2010.6.17	报关有效期	2013.2.28	所属海关	天津海关
法人姓名	胡洪先		电话	022-84888250	
日常联系人	东秀静		电话	022-84889055	
主营范围	承办空运进出口货物的国际运输代理服务业务：包括揽货、订舱、仓储、中转、集装箱拼装拆箱、结算运杂费、报关、报验、相关的短途运输及咨询服务：办理国际航空快递（不含私人信函）业务；国际货运代理（海运、空运）；国际贸易航空客票代理业务（限分支机构经营）。（以上范围内国家有专营专项规定的按规定办理）				

企业名称	天津市永诚世佳国际货运代理有限公司			海关编码	1202980010
通讯地址	天津河东区新创智大厦1-2110、2111			邮政编码	300171
企业类型	报关企业	注册日期	2005.7.5	注册资本	500万人民币
评定时间	2010.1.11	报关有效期	2013.7.5	所属海关	天津海关
法人姓名	裴刚		电话	022-85582562	
日常联系人	寇毅		电话	022-85582562-858	
主营范围	承办海运、陆运、空运进出口货物的国际运输代理业务，包括揽货、订舱、中转、集装箱拼箱拆箱、报关、报验、保险、相关的短途运输服务的运输咨询服务。				

企业名称	天津津通报关有限公司			海关编码	1207280070
通讯地址	天津开发区第二大街泰达新开地A1-801室			邮政编码	300457
企业类型	报关企业	注册日期	1994.7.19	注册资本	180万人民币
评定时间	2010.4.20	报关有效期	2013.8.19	所属海关	天津海关
法人姓名	李洪运		电话	022-66282100	
日常联系人	李洪运		电话	022-66282100	
主营范围	代办货物进出口货柜报关、报验及相关服务。				

企业名称	上海中外运报关有限公司			海关编码	3112980034
通讯地址	上海宝山牡丹江路1325号414室H座			邮政编码	200439
企业类型	报关企业	注册日期	2007.2.1	注册资本	150万人民币
评定时间	2011.8.26	报关有效期	2013.3.3	所属海关	上海海关
法人姓名	张俊		电话	021-65750930	
日常联系人	冯坚		电话	021-65750930	
主营范围	办理进出口货物的报关、转关服务、代理报检业务。				

<table>
<tr><td>企业名称</td><td colspan="3">东方海外物流（中国）有限公司</td><td>海关编码</td><td>3106980014</td></tr>
<tr><td>通讯地址</td><td colspan="3">上海市静安区延安中路 841 号 2009A 室</td><td>邮政编码</td><td>200040</td></tr>
<tr><td>企业类型</td><td>报关企业</td><td>注册日期</td><td>2005.5.20</td><td>注册资本</td><td>484 万美元</td></tr>
<tr><td>评定时间</td><td>2010.12.24</td><td>报关有效期</td><td>2013.5.20</td><td>所属海关</td><td>上海海关</td></tr>
<tr><td>法人姓名</td><td colspan="2">邓宇昭</td><td>电话</td><td colspan="2">021-23018613</td></tr>
<tr><td>日常联系人</td><td colspan="2">李展亚</td><td>电话</td><td colspan="2">021-23018888</td></tr>
<tr><td>主营范围</td><td colspan="5">经营订舱、拆装箱、仓储、签发货物收据，收取运费和其他获准服务的费用，维修保养集装箱及其设备，联系及与卡车公司签订卡车运输服务合同，承办海运、空运进出口货物，国际展品、私人物品及过境货物国际货物运输代理业务，包括、揽货、订舱、仓储、中转、集装箱拼装拆箱、结算运杂费、报关、报验、保险、相关的短途运输服务及运输咨询业务。道路普通货运、道路货物专用运输（集装箱）。无船承运业务。</td></tr>
</table>

<table>
<tr><td>企业名称</td><td colspan="3">上海申景报关有限公司</td><td>海关编码</td><td>3103980103</td></tr>
<tr><td>通讯地址</td><td colspan="3">上海市斜土路 106，108 号 206 室</td><td>邮政编码</td><td>200023</td></tr>
<tr><td>企业类型</td><td>报关企业</td><td>注册日期</td><td>1995.3.28</td><td>注册资本</td><td>150 万人民币</td></tr>
<tr><td>评定时间</td><td>2010.12.24</td><td>报关有效期</td><td>2013.3.20</td><td>所属海关</td><td>上海海关</td></tr>
<tr><td>法人姓名</td><td colspan="2">王毅</td><td>电话</td><td colspan="2">021-64385050</td></tr>
<tr><td>日常联系人</td><td colspan="2">何宏彬</td><td>电话</td><td colspan="2">021-64385050-105</td></tr>
<tr><td>主营范围</td><td colspan="5">代理进出口货物报关、报检业务，从事经营货物进出口报关、报检手续的咨询、信息及技术服务。（涉及许可证经营的凭许可证经营）</td></tr>
</table>

<table>
<tr><td>企业名称</td><td colspan="3">上海心海国际物流有限公司</td><td>海关编码</td><td>3117980058</td></tr>
<tr><td>通讯地址</td><td colspan="3">上海市奉贤区南桥镇莘奉公路 1985 号北六 -54</td><td>邮政编码</td><td>201400</td></tr>
<tr><td>企业类型</td><td>报关企业</td><td>注册日期</td><td>2008.9.19</td><td>注册资本</td><td>500 万人民币</td></tr>
<tr><td>评定时间</td><td>2011.8.26</td><td>报关有效期</td><td>2012.9.19</td><td>所属海关</td><td>上海海关</td></tr>
<tr><td>法人姓名</td><td colspan="2">吴艳芬</td><td>电话</td><td colspan="2">021-51693551</td></tr>
<tr><td>日常联系人</td><td colspan="2">朱明洁</td><td>电话</td><td colspan="2">021-51693551</td></tr>
<tr><td>主营范围</td><td colspan="5">代理货物报关业务，代理报检业务，上海地区经济信息咨询服务，货运代理海上货物代理业务，公路国际货运代理业务，水上国际货运代理业务，航空国际货运代理业务，接受委托、代办、订舱、仓储货物的监装集装箱、拼箱、拆箱、国际多式联运、国际快递（私人信函除外）报检、报验、保险制有关单证、交付运费、结算交付杂费其他国际货物运输代理业务。（上述经营范围涉及许可经营的凭许可证经营）</td></tr>
</table>

企业名称	上海欣海报关有限公司			海关编码	3117980008
通讯地址	上海市奉贤区南桥镇莘奉公路 1985 号东六 -61			邮政编码	201400
企业类型	报关企业	注册日期	1996.1.19	注册资本	800 万人民币
评定时间	2011.7.22	报关有效期	2013.1.19	所属海关	上海海关
法人姓名	葛基中		电话	021-64398735	
日常联系人	朱明洁		电话	021-51693551*107	
主营范围	开展国际流通物流业务、进出口业务及相关服务。自营或代理货物的进口出口业务，接受委托为出口加工企业提供代理进出口业务，承办海运、陆运、空运进出口货物，国际展品、私人物品及过境货物的国际运输代理业务，包括揽货、托运、订舱（含租船包舱包机）、仓储、中转集装箱拼装拆箱、结算运杂费、报关、报验、保险、相关的短途运输服务及运输咨询业务，办理国际快递业务（私人信函及县级以上党政军公文除外），第三方物流业务道路普通货物的运输，国际集装箱运输、仓储、装卸、加工包装配送及相关信息处理服务和有关咨询业务。				

企业名称	嘉里大通物流有限公司上海分公司			海关编码	3111980027
通讯地址	上海沪青平公路 58 号			邮政编码	201105
企业类型	报关企业	注册日期	1996.1.17	注册资本	3000 万人民币
评定时间	2009.11.25	报关有效期	2013.1.17	所属海关	上海海关
法人姓名	耿昊		电话	021-62689090	
日常联系人	童志杰		电话	021-31330096	
主营范围	开展国际流通物流业务、进出口业务及相关服务。自营或代理货物的进口出口业务，接受委托为出口加工企业提供代理进出口业务，承办海运、陆运、空运进出口货物，国际展品、私人物品及过境货物的国际运输代理业务，包括揽货、托运、订舱（含租船包舱包机）、仓储、中转、集装箱拼装拆箱、结算运杂费、报关、报验、保险相关的短途运输服务及运输咨询业务，办理国际快递业务（私人信函及县级以上党政军公文除外），第三方物流业务道路普通货物的运输，国际集装箱运输、仓储、装卸、加工包装配送及相关信息处理服务和有关咨询业务。				

企业名称	上海外联发国际货运有限公司			海关编码	3122480006
通讯地址	上海市外高桥保税区基隆路 6 号 13 层			邮政编码	200131
企业类型	报关企业	注册日期	1999.9.6	注册资本	500 万人民币
评定时间	2011.9.26	报关有效期	2012.12.31	所属海关	上海海关
法人姓名	徐峰		电话	021-58698008	
日常联系人	吴雯		电话	021-58690360	
主营范围	承办海运、空运进出口货物的国际运输代理业务（包括揽货、订舱、仓储、中转、集装箱拼装拆箱、结算运杂费、报关、报验、保险、相关的短途运输及咨询业务），保税仓库仓储，冷库经营，货运代理（二类），国际贸易及咨询服务；会展服务。（涉及许可经营的凭许可证经营）				

<table>
<tr><td>企业名称</td><td colspan="3">上海茂鸿国际货运有限公司</td><td>海关编码</td><td>3109980169</td></tr>
<tr><td>通讯地址</td><td colspan="3">上海市南浔路 260 号隆江大厦 401-412 室</td><td>邮政编码</td><td>200080</td></tr>
<tr><td>企业类型</td><td>报关企业</td><td>注册日期</td><td>2007.2.16</td><td>注册资本</td><td>500 万人民币</td></tr>
<tr><td>评定时间</td><td>2010.6.23</td><td>报关有效期</td><td>2011.12.10</td><td>所属海关</td><td>上海海关</td></tr>
<tr><td>法人姓名</td><td colspan="2">刘纯明</td><td>电话</td><td colspan="2">021-63566669</td></tr>
<tr><td>日常联系人</td><td colspan="2">付建如</td><td>电话</td><td colspan="2">021-63563396</td></tr>
<tr><td>主营范围</td><td colspan="5">承办海运、空运进出口货物和非贸易货物的国际运输代理业务，包括揽货、订舱、仓储、中转、集装箱拼装拆箱、结算运杂费、报关、报验、保险、相关的短途运输服务及咨询业务，办理快递业务（不含私人信函）业务，无船承运，民用航空运输销售代理（涉及许可经营的凭许可证经营）。</td></tr>
</table>

<table>
<tr><td>企业名称</td><td colspan="3">上海亚东报关有限公司</td><td>海关编码</td><td>3109980254</td></tr>
<tr><td>通讯地址</td><td colspan="3">上海市虹口区杨树浦路 147 号 1 幢 4A-2A 室</td><td>邮政编码</td><td>200082</td></tr>
<tr><td>企业类型</td><td>报关企业</td><td>注册日期</td><td>2006.10.25</td><td>注册资本</td><td>200 万人民币</td></tr>
<tr><td>评定时间</td><td>2011.8.26</td><td>报关有效期</td><td>2012.10.25</td><td>所属海关</td><td>上海海关</td></tr>
<tr><td>法人姓名</td><td colspan="2">赵民</td><td>电话</td><td colspan="2">021-55970300</td></tr>
<tr><td>日常联系人</td><td colspan="2">张菲</td><td>电话</td><td colspan="2">021-63373807</td></tr>
<tr><td>主营范围</td><td colspan="5">在上海海关的关区内从事报关业务，代理出入境检验检疫报检，商务咨询（除经纪），投资咨询，企业管理咨询，道路货物运输代理（涉及行政许可证的，凭许可证经营）。</td></tr>
</table>

<table>
<tr><td>企业名称</td><td colspan="3">上海亚东国际货运有限公司</td><td>海关编码</td><td>3109980199</td></tr>
<tr><td>通讯地址</td><td colspan="3">上海市虹口区杨树浦路 147 号 1 幢 4A-2B 室</td><td>邮政编码</td><td>200082</td></tr>
<tr><td>企业类型</td><td>报关企业</td><td>注册日期</td><td>1996.1.17</td><td>注册资本</td><td>2200 万人民币</td></tr>
<tr><td>评定时间</td><td>2011.3.22</td><td>报关有效期</td><td>2013.1.17</td><td>所属海关</td><td>上海海关</td></tr>
<tr><td>法人姓名</td><td colspan="2">蔡大任</td><td>电话</td><td colspan="2">021-63366666</td></tr>
<tr><td>日常联系人</td><td colspan="2">张菲</td><td>电话</td><td colspan="2">021-63373990</td></tr>
<tr><td>主营范围</td><td colspan="5">承办海运、空运进出口货物，国际展品、私人物品及过境货物的国际运输代理业务，包括揽货、订舱、仓储、中转、集装箱拼装拆箱、结算运杂费、报关、报验、保险、相关的短途运输服务及咨询业务国际快递（邮政企业专营业务除外），联运服务，自营和代理各类商品和技术的进出口，但国家限定公司经营或禁止进出口的商品及技术除外。民用航空运输销售代理，在上海海关的关区内从事报关业务、无船承运业务。（涉及许可证经营的，凭许可证经营）</td></tr>
</table>

企业名称	上港集团物流有限公司			海关编码	3109980051
通讯地址	上海市黄浦路 53 号十二层			邮政编码	200080
企业类型	报关企业	注册日期	2002.9.24	注册资本	250000 万人民币
评定时间	2011.3.22	报关有效期	2013.9.24	所属海关	上海海关
法人姓名	王海建	电话	021-53930088		
日常联系人	梁斌	电话	021-53930166		
主营范围	承办海运进出口货物的国际运输代理业务，包括揽货、订舱、仓储、中转、集装箱拼装拆装箱、结算运杂费、报关、报验、保险、相关的短途运输服务及运输咨询业务，港口装卸业务，集装箱堆存、运输、修理、清洗业务、仓储。民用航空运输销售代理，无船承运，道路货物运输（二类大型物件）；道路货物运输（国际集装箱）；道路危险货物运输（集装箱）；道路危险货物运输；在上海海关的关区内从事报关业务，从事货物及技术的进出口业务，国际船舶运输业务。				

企业名称	上海华松报关服务有限公司			海关编码	3118980010
通讯地址	上海松江区车墩镇车亭公路 138 弄 B 区			邮政编码	201613
企业类型	报关企业	注册日期	2006.12.22	注册资本	300 万人民币
评定时间	2010.1.8	报关有效期	2012.11.28	所属海关	上海海关
法人姓名	张金余	电话	021-57710588		
日常联系人	沈凤	电话	021-57722768		
主营范围	经营报关业务和货运代理。（上述经营范围涉及行政许可的，凭许可证经营）				

企业名称	上海增振国际物流有限公司			海关编码	3118980015
通讯地址	上海佘山民强商务中心 D 区			邮政编码	201600
企业类型	报关企业	注册日期	2007.10.11	注册资本	500 万人民币
评定时间	2010.12.24	报关有效期	2013.6.27	所属海关	上海海关
法人姓名	刘梅珍	电话	021-57820661		
日常联系人	柴坚强	电话	021-57820661		
主营范围	承办海运、陆运、空运进出口货物、国际展品和私人物品的国际运输代理业务，装卸服务，会展会务服务，商务信息咨询服务。批发零售五金交电、办公用品、日用百货、纸制品。从事报关业务。（上述经营范围涉及行政许可的，凭许可证经营）				

<table>
<tr><td>企业名称</td><td colspan="3">上海万历报关有限公司</td><td>海关编码</td><td>3120980025</td></tr>
<tr><td>通讯地址</td><td colspan="3">上海青浦区新业路 599 号 542 号房</td><td>邮政编码</td><td>201700</td></tr>
<tr><td>企业类型</td><td>报关企业</td><td>注册日期</td><td>2005.12.5</td><td>注册资本</td><td>1118 万人民币</td></tr>
<tr><td>评定时间</td><td>2010.1.8</td><td>报关有效期</td><td>2011.12.5</td><td>所属海关</td><td>上海海关</td></tr>
<tr><td>法人姓名</td><td colspan="2">张东峰</td><td>电话</td><td colspan="2">021-50461616</td></tr>
<tr><td>日常联系人</td><td colspan="2">曹慧</td><td>电话</td><td colspan="2">021-50462534</td></tr>
<tr><td>主营范围</td><td colspan="5">代理进出口货物报关、转关及相关业务咨询，从事海上、航空、陆路国际货运代理业务，商务信息咨询，仓储服务。（企业经营涉及行政许可的，凭许可证件经营）</td></tr>
</table>

<table>
<tr><td>企业名称</td><td colspan="3">上海劲达报关有限公司</td><td>海关编码</td><td>3120980020</td></tr>
<tr><td>通讯地址</td><td colspan="3">上海市青浦区公园路 348 号 7D-380</td><td>邮政编码</td><td>201700</td></tr>
<tr><td>企业类型</td><td>报关企业</td><td>注册日期</td><td>2005.7.20</td><td>注册资本</td><td>300 万人民币</td></tr>
<tr><td>评定时间</td><td>2010.1.8</td><td>报关有效期</td><td>2013.7.20</td><td>所属海关</td><td>上海海关</td></tr>
<tr><td>法人姓名</td><td colspan="2">陈国根</td><td>电话</td><td colspan="2">021-53756080</td></tr>
<tr><td>日常联系人</td><td colspan="2">潘妍</td><td>电话</td><td colspan="2">021-51028793</td></tr>
<tr><td>主营范围</td><td colspan="5">办理报关业务。（涉及行政许可的，凭许可证经营）</td></tr>
</table>

<table>
<tr><td>企业名称</td><td colspan="3">上海欣哲国际货物运输代理有限公司</td><td>海关编码</td><td>3120980024</td></tr>
<tr><td>通讯地址</td><td colspan="3">上海青浦区浦仓路 485 号 102 室</td><td>邮政编码</td><td>201700</td></tr>
<tr><td>企业类型</td><td>报关企业</td><td>注册日期</td><td>2005.9.15</td><td>注册资本</td><td>500 万人民币</td></tr>
<tr><td>评定时间</td><td>2010.12.24</td><td>报关有效期</td><td>2013.9.15</td><td>所属海关</td><td>上海海关</td></tr>
<tr><td>法人姓名</td><td colspan="2">陈福源</td><td>电话</td><td colspan="2">021-55970142</td></tr>
<tr><td>日常联系人</td><td colspan="2">袁诚诚</td><td>电话</td><td colspan="2">021-55970142</td></tr>
<tr><td>主营范围</td><td colspan="5">海上国际货物运代理业务、陆路国际货运代理业务、仓储服务、货物包装、寄递业务(信件和其他有信件性质的物品除外）商务信息咨询、展览、展示服务、报关业务。（涉及行政许可的，凭许可证经营）</td></tr>
</table>

企业名称	上海善流物流有限公司			海关编码	3116980013
通讯地址	上海浦东新区康桥镇康士路 17 号 315 室			邮政编码	201315
企业类型	报关企业	注册日期	2005.2.28	注册资本	500 万人民币
评定时间	2011.1.13	报关有效期	2013.2.28	所属海关	上海海关
法人姓名	王善如		电话	021-50644178	
日常联系人	王善如		电话	021-50644178	
主营范围	代理报关；国际海上、公路、水上运输代理服务，货运代理，快递服务（信件和其它具有信件性质的物品除外），仓储；从事货物及技术的进出口业务。（以上凡涉及行政许可经营的凭许可证经营）				

企业名称	上海南汇报关实业有限公司			海关编码	3116980001
通讯地址	上海浦东新区沪南路 9828 号			邮政编码	201300
企业类型	报关企业	注册日期	1995.5.12	注册资本	180 万人民币
评定时间	2010.4.21	报关有效期	2013.7.13	所属海关	上海海关
法人姓名	席建华		电话	021-68006561	
日常联系人	盛涛		电话	021-38230200	
主营范围	经营电脑预录、代理报关服务和代理报检。（涉及行政许可的凭许可证经营）				

企业名称	上海星辰报关有限公司			海关编码	3121980002
通讯地址	上海崇明工业园区秀山路 28 号 130 室			邮政编码	200083
企业类型	报关企业	注册日期	1996.12.3	注册资本	200 万人民币
评定时间	2010.4.21	报关有效期	2011.12.3	所属海关	上海海关
法人姓名	张秀兰		电话	021-65429125	
日常联系人	施向新		电话	021-65429125	
主营范围	代理进出口货物报关咨询服务。				

企业名称	上海怡世翔国际货物运输代理有限公司			海关编码	3121980010
通讯地址	上海崇明城桥镇鳌山路 2 号 13 幢 107			邮政编码	202150
企业类型	报关企业	注册日期	2006.7.24	注册资本	1180 万人民币
评定时间	2011.8.26	报关有效期	2012.3.10	所属海关	上海海关
法人姓名	陈征		电话	021-50483636	
日常联系人	陈征		电话	021-50483636	
主营范围	海上国际货物运输代理。公路国际货物运输代理。水上货物运输代理。航空国际货物运输代理。接受委托代办、订舱、仓储、集装箱、拆箱、报关、报检、保险、缴付运费、结算、缴付杂费、寄递业务。从事货物进出口业务。销售轴承、汽车配件、皮革制品等。在上海海关的关区内从事报关业务。				

企业名称	上海兴亚报关有限公司			海关编码	3107980011
通讯地址	上海市普陀区武威西路 301 号 106 室			邮政编码	200072
企业类型	报关企业	注册日期	2002.4.9	注册资本	1000 万人民币
评定时间	2010.1.8	报关有效期	2013.6.13	所属海关	上海海关
法人姓名	石慧		电话	021-65455672	
日常联系人	周颂文		电话	021-68852337	
主营范围	代理报关业务及与之有关的咨询、信息和技术服务业务。				

企业名称	北京康捷空国际货运代理有限公司上海分公司			海关编码	3105980027
通讯地址	上海市长宁区临虹路 128 弄 1 号 1-3 楼			邮政编码	200235
企业类型	报关企业	注册日期	2005.7.29	注册资本	232 万美元
评定时间	2010.4.6	报关有效期	2012.10.18	所属海关	上海海关
法人姓名	谢石柱		电话	021-52574698	
日常联系人	张卫忠		电话	021-52574698-7802	
主营范围	承办进出口货物的空运、海运。国际运输代理业务，包括揽货、订舱、中转、集装箱拼装拆箱结算、运杂费，国际航空快件报关、报检。				

企业名称	上海百福东方国际物流有限责任公司			海关编码	3105980040
通讯地址	上海市长宁区虹桥路2545弄29号			邮政编码	200335
企业类型	报关企业	注册日期	2006.5.19	注册资本	500万人民币
评定时间	2011.5.6	报关有效期	2012.5.19	所属海关	上海海关
法人姓名	蔡旭东		电话	021-38682300	
日常联系人	徐晔		电话	021-38682300	
主营范围	海上国际货物运输代理，公路国际货物运输代理，航空国际货物运输代理，货物代理，仓储服务，国际快递业务（除邮政信函），会务服务，展览展示服务，报关服务，物流咨询，在上海海关的关区内从事报关业务。（涉及行政许可的凭许可证经营）				

企业名称	日通国际物流（中国）有限公司上海分公司			海关编码	3105980035
通讯地址	上海市长宁区延安西路2299号11楼G11室			邮政编码	200336
企业类型	报关企业	注册日期	2005.11.24	注册资本	7750万人民币
评定时间	2010.12.24	报关有效期	2012.10.2	所属海关	上海海关
法人姓名	下小野田恒		电话	021-62950202	
日常联系人	梁晓		电话	021-62950202	
主营范围	承办海运、空运、进出口货物、国际展品和私人物品的国际运输代理业务，包括揽货、订舱、包机、仓储、中转、集装箱拼装拆箱、结算运杂费、多式联运报送、报验、保险、相关的短途运输服务及咨询业务办理国际快递（不含私人信函）业务，无船承运业务，国际航线除中国香港、中国澳门、中国台湾航线外的航空货运销售业务(危险品除外)，普通货物道路运输，国内货运代理仓储业务（涉及行政许可的凭许可证经营）。				

企业名称	上海华兴国际货运公司			海关编码	3104980028
通讯地址	上海市安福路298弄2号			邮政编码	200031
企业类型	报关企业	注册日期	1991.10.30	注册资本	1000万人民币
评定时间	2011.8.26	报关有效期	2013.10.30	所属海关	上海海关
法人姓名	张健		电话	021-64458160	
日常联系人	袁惠琴		电话	021-64458161	
主营范围	承办空运、海运、进出口货物的国际运输代理业务，包括揽货、订舱、包机、仓储、中转集装箱拼装拆箱、结算运杂费、报关、报验、保险、陆上汽车运输服务及咨询业务，承办国际航空快件（不含私人信函业务）。				

企业名称	苏州亚东国际物流有限公司			海关编码	3223980046
通讯地址	江苏昆山开发区长江南路666号楼1601-1606室			邮政编码	215300
企业类型	报关企业	注册日期	2006.6.5	注册资本	2000万人民币
评定时间	2011.6.21	报关有效期	2012.5.23	所属海关	南京海关
法人姓名	劳渝声		电话	0512-57886390	
日常联系人	高金明		电话	0512-57886390	
主营范围	承办海运、陆运、空运、快递进出口货物的国家运输代理业务，包括：揽货、托运、订舱、仓储、中转、集装箱拼装拆箱、结算运杂费、报关报检、保险、相关的短途运输服务及运输咨询业务。				

企业名称	江苏凯联国际物流有限公司			海关编码	3223980045
通讯地址	江苏周市镇长江北路777号			邮政编码	215300
企业类型	报关企业	注册日期	2006.5.31	注册资本	600万人民币
评定时间	2011.1.5	报关有效期	2012.6.20	所属海关	南京海关
法人姓名	靳海滨		电话	0512-57358868	
日常联系人	朱建华		电话	0512-57358868	
主营范围	承办海运、陆运、空运、快递进出口货物的国家运输代理业务，包括：揽货、托运、订舱、仓储、中转、集装箱拼装拆箱、结算运杂费、报关报检、保险、相关的短途运输服务及运输咨询业务。				

企业名称	浙江中外运有限公司宁波明州分公司			海关编码	3302980008
通讯地址	浙江宁波市碶闸街58号			邮政编码	315020
企业类型	报关企业	注册日期	1997.12.5	注册资本	10000万人民币
评定时间	2009.1.28	报关有效期	2012.12.9	所属海关	宁波海关
法人姓名	江明龙		电话	0574-87190908	
日常联系人	史建钢		电话	0574-87191520	
主营范围	货运代理业务。				

企业名称	宁波外联报关有限公司			海关编码	3302985001
通讯地址	浙江省象山县丹东街道象山港路515号			邮政编码	315010
企业类型	报关企业	注册日期	1997.5.8	注册资本	150万人民币
评定时间	2010.6.2	报关有效期	2013.4.22	所属海关	象山海关
法人姓名	陈明波		电话	0574-87268299	
日常联系人	张宏平		电话	0574-86818116	
主营范围	一般经营项目：办理进出口货物和进出境工具的报关、纳税和仓储、运输、报验、信息咨询、服务。（上述经营范围不含国家法律法规规定禁止、限制和许可经营的项目）				

企业名称	厦门中州报关有限公司			海关编码	3502480004
通讯地址	福建省厦门现代物流园区象兴四路22号象屿大厦三层			邮政编码	361006
企业类型	报关企业	注册日期	2005.10.18	注册资本	150万人民币
评定时间	2010.9.27	报关有效期	2013.9.20	所属海关	厦门海关
法人姓名	向岿		电话	0592-5620455	
日常联系人	林启文		电话	0592-5616639	
主营范围	代理报关（其他法律、法规未禁止或未规定需要审批的项目，自主选择经营项目，开展经营活动）。				

企业名称	青岛易安达国际物流有限公司			海关编码	3702289998
通讯地址	山东省青岛开发区富春江路136号2层			邮政编码	266555
企业类型	报关企业	注册日期	2006.3.29	注册资本	700万人民币
评定时间	2010.4.23	报关有效期	2012.3.4	所属海关	青岛海关
法人姓名	潘继刚		电话	0532-86973601	
日常联系人	高爱强		电话	0532-86973601	
主营范围	许可经营项目：代理报关、普通货运。一般经营项目：国际货运代理、仓储服务、代理报检。				

企业名称	青岛尚世通报关有限公司			海关编码	3702482321
通讯地址	山东省青岛保税区北京路 45 号东侧 1、2 号仓库附房			邮政编码	266555
企业类型	报关企业	注册日期	2005.9.15	注册资本	150 万人民币
评定时间	2010.4.23	报关有效期	2013.7.10	所属海关	青岛海关
法人姓名	陈文杰		电话	0532-86959535	
日常联系人	孟召军		电话	0532-86959535	
主营范围	代理报关，报检；国内货运代理及其相关业务咨询服务（以上范围需经许可证经营的，须凭许可证经营）。				

企业名称	青岛联通报关有限公司			海关编码	3702980768
通讯地址	山东省青岛市西陵峡二路一号			邮政编码	266002
企业类型	报关企业	注册日期	1994.12.26	注册资本	82 万美元
评定时间	2010.7.29	报关有效期	2011.12.18	所属海关	青岛海关
法人姓名	王玉忠		电话	0532-82955860	
日常联系人	韩志青		电话	0532-82955860	
主营范围	办理进出口货物、运输工具物品的报关、仓储运输、电脑预录及咨询服务业务。				

企业名称	中外运—敦豪国际航空快件有限公司山东分公司			海关编码	3702981637
通讯地址	山东省青岛市李沧区合川路 40 号			邮政编码	266071
企业类型	报关企业	注册日期	1993.8.31	注册资本	200 万人民币
评定时间	2011.3.9	报关有效期	2013.9.30	所属海关	青岛海关
法人姓名	田海天		电话	0532-87662000	
日常联系人	孙俊荣		电话	0532-87662000	
主营范围	承办陆运、空运进出口货物的国际运输代理业务。包括：揽货、订舱、仓储、中转、包机、集装箱拼装拆箱、结算运杂费、报关、报验、保险、相关的短途运输服务及咨询业务；经营国际、国内快递业务。				

企业名称	青岛翔通报关行有限公司			海关编码	3702983618
通讯地址	山东省青岛市香港中路56号金光大厦20层			邮政编码	266071
企业类型	报关企业	注册日期	1996.1.23	注册资本	630万人民币
评定时间	2010.2.9	报关有效期	2012.12.19	所属海关	青岛海关
法人姓名	张双弟		电话	0532-89098777	
日常联系人	卜繁举		电话	0532-89098582	
主营范围	许可经营项目：国内港口货物运输的无船承运业务；海关预录入、进出口货物报关代理、报验代理、报检、监管仓储、监管运输代理。一般经营项目：国际、国内货运代理、咨询服务；快递服务；自有房屋出租；国际货物运输代理经纪服务。				

企业名称	青岛中储货运报关中心			海关编码	3702983900
通讯地址	山东省青岛市太平路51号山东国际贸易大厦1201室			邮政编码	266002
企业类型	报关企业	注册日期	1996.9.18	注册资本	150万人民币
评定时间	2011.9.28	报关有效期	2013.9.22	所属海关	青岛海关
法人姓名	王子勤		电话	0532-82972361	
日常联系人	孙鲁梅		电话	0532-82972361	
主营范围	提供专业报关、报验、经济信息咨询服务。				

企业名称	海程邦达国际物流有限公司			海关编码	3702983940
通讯地址	山东省青岛市香港中路18号福泰广场18楼			邮政编码	266071
企业类型	报关企业	注册日期	2000.8.17	注册资本	678万美元
评定时间	2010.2.9	报关有效期	2013.7.23	所属海关	青岛海关
法人姓名	王希平		电话	0532-85710757	
日常联系人	王嘉骏		电话	0532-82655518	
主营范围	承办海运、空运进出口货物、国际展品、私人物品的国际运输代理业务，包括：揽货、订舱、仓储、中转、集装箱拼装拆箱、结算运杂费、报关、报验、保险、相关的短途运输服务及咨询业务；经营无船承运人业务。				

企业名称	青岛中远报关有限公司			海关编码	3702984369
通讯地址	山东省青岛市市南区瞿塘峡路 19 号			邮政编码	266002
企业类型	报关企业	注册日期	1998.7.16	注册资本	165 万人民币
评定时间	2011.3.9	报关有效期	2013.6.12	所属海关	青岛海关
法人姓名	荆劳	电话	0532-80883555		
日常联系人	李明宏	电话	0532-80883555		
主营范围	办理进出口货物、运输工具、物品的报关、报验、代运业务和延伸服务。（需经许可经营的，凭许可证经营）				

企业名称	青岛经汉物流服务有限公司			海关编码	3702984829
通讯地址	山东省青岛市市南区太平路 51 号国贸大厦 16 层			邮政编码	266002
企业类型	报关企业	注册日期	2000.4.28	注册资本	900 万人民币
评定时间	2010.4.23	报关有效期	2013.4.17	所属海关	青岛海关
法人姓名	位海	电话	0532-82668811		
日常联系人	庄良	电话	0532-82668811		
主营范围	承办海运、空运进出口货物的国际运输代理业务，包括：揽货、订舱、仓储、中转、集装箱拼装拆箱、结算运杂费、报关、报验、保险、相关的短途运输服务及咨询业务；经营国际快递业务。				

企业名称	青岛京大国际货运代理有限公司			海关编码	3702986528
通讯地址	山东省青岛市市南区东海中路 18 号 1 栋 2 层网点			邮政编码	266071
企业类型	报关企业	注册日期	2003.6.25	注册资本	600 万人民币
评定时间	2010.4.23	报关有效期	2013.6.8	所属海关	青岛海关
法人姓名	杨东	电话	0532-85062221		
日常联系人	孙皓	电话	0532-86077678		
主营范围	承运海运、空运进出口货物的国际运输代理业务，包括揽货、定舱、仓储中转集装箱拼装拆箱、结算运杂费、报关、报验保险、相关的短途运输服务及运输咨询业务。				

<table>
<tr><td>企业名称</td><td colspan="3">山东中外运弘志物流有限公司</td><td>海关编码</td><td>3703981988</td></tr>
<tr><td>通讯地址</td><td colspan="3">山东省淄博市张店区中心路 299 号</td><td>邮政编码</td><td>255086</td></tr>
<tr><td>企业类型</td><td>报关企业</td><td>注册日期</td><td>2001.3.28</td><td>注册资本</td><td>1800 万人民币</td></tr>
<tr><td>评定时间</td><td>2010.2.9</td><td>报关有效期</td><td>2013.3.2</td><td>所属海关</td><td>青岛海关</td></tr>
<tr><td>法人姓名</td><td colspan="2">崔卫国</td><td>电话</td><td colspan="2">0533-3172128</td></tr>
<tr><td>日常联系人</td><td colspan="2">巩道友</td><td>电话</td><td colspan="2">0533-3197801</td></tr>
<tr><td>主营范围</td><td colspan="5">国际集装箱公路运输业务；承办海运、陆运、空运进出口货物的国际运输代理业务，包括：揽货、订舱、中转、仓储、集装箱拼箱、结算运杂费、报关、报验、保险、相关的短途运输服务及咨询业务。进出口货物运输的无船承运业务，国际快递业务，国内物品快件寄递业务（以上经营范围需审批或许可经营的凭审批手续或许可证经营）。</td></tr>
</table>

<table>
<tr><td>企业名称</td><td colspan="3">山东朗越国际运输服务有限公司</td><td>海关编码</td><td>3706289876</td></tr>
<tr><td>通讯地址</td><td colspan="3">山东省烟台市芝罘区冰轮路付 1 号</td><td>邮政编码</td><td>264002</td></tr>
<tr><td>企业类型</td><td>报关企业</td><td>注册日期</td><td>1995.1.6</td><td>注册资本</td><td>600 万人民币</td></tr>
<tr><td>评定时间</td><td>2010.5.27</td><td>报关有效期</td><td>2011.12.3</td><td>所属海关</td><td>青岛海关</td></tr>
<tr><td>法人姓名</td><td colspan="2">顾善科</td><td>电话</td><td colspan="2">0535-6279298</td></tr>
<tr><td>日常联系人</td><td colspan="2">宫蔚青</td><td>电话</td><td colspan="2">0535-6654142</td></tr>
<tr><td>主营范围</td><td colspan="5">海上国际货物运输代理、航空货运、货运代理及其报关、报验、保险业务、国际快递（不含信件性质的物品）；普通货物运输：货物专用运输（集装箱有效期至 2011 年 5 月 14 日）；仓储（不含危险品）。</td></tr>
</table>

<table>
<tr><td>企业名称</td><td colspan="3">山东泛亚国际货运有限公司</td><td>海关编码</td><td>3710981064</td></tr>
<tr><td>通讯地址</td><td colspan="3">山东省威海市海滨北路 46 号（威胜大厦 18 楼）</td><td>邮政编码</td><td>264200</td></tr>
<tr><td>企业类型</td><td>报关企业</td><td>注册日期</td><td>1997.10.13</td><td>注册资本</td><td>1000 万元</td></tr>
<tr><td>评定时间</td><td>2010.4.23</td><td>报关有效期</td><td>2013.10.24</td><td>所属海关</td><td>青岛海关</td></tr>
<tr><td>法人姓名</td><td colspan="2">单永强</td><td>电话</td><td colspan="2">0631-5207608</td></tr>
<tr><td>日常联系人</td><td colspan="2">邹昆</td><td>电话</td><td colspan="2">0631-5207608</td></tr>
<tr><td>主营范围</td><td colspan="5">承办海运、空运进出口货物的国际运输代理业务，包括：揽货、订舱、仓储、中转、集装箱拼装拆箱、结算运杂费、报关、报验、保险、相关的短途运输服务及咨询业务；办理国际快递（不含私人信函）业务；公路国际集装箱支办（分公司经营）；从事进出中华人民共和国港口货物运输的无船承运业务(许可证有效期至2010年8月31日)；自营和代理各类商品及技术的进出口业务（不另附进出口商品目录），国家规定的专营进出口商品和国家禁止进出口等特殊商品除外。（法律、行政法规、国务院决定禁止的项目除外，法律、行政法规、国务院决定限制的项目取得许可后方可从事经营）</td></tr>
</table>

企业名称	中国外运山东有限公司威海分公司			海关编码	3710981937
通讯地址	山东省威海市海滨中路 28 号			邮政编码	264200
企业类型	报关企业	注册日期	2003.3.20	注册资本	16200 万人民币
评定时间	2010.4.23	报关有效期	2013.2.15	所属海关	青岛海关
法人姓名	张少明		电话	0631-5322391	
日常联系人	徐勇		电话	0631-5963736	
主营范围	承办海运、陆运、空运进出口货物，国际展品、私人物品和过境货物的国际运输代理业务，包括揽货、定舱、仓储、中转、集装箱拼装拆箱、结算运杂费、报关、报验、保险、相关的短途运输服务及运输咨询业务，办理国际多式联运业务，办理国际快递业务，资格证书批准范围内的无船承运业务。				

企业名称	湖北中外运报关有限公司			海关编码	4201980513
通讯地址	湖北省武汉市汉口建设大道 611 号			邮政编码	430014
企业类型	报关企业	注册日期	2000.12.15	注册资本	150 万人民币
评定时间	2011.8.19	报关有效期	2011.12.20	所属海关	武汉海关
法人姓名	邓汉春		电话	027-83614470	
日常联系人	魏天万		电话	027-83626273	
主营范围	接受委托代办进出口货物的报关纳税事宜。				

企业名称	浩通国际货运代理有限公司			海关编码	4301980011
通讯地址	湖南省长沙市芙蓉中路 269 号华联大厦 13 楼			邮政编码	410005
企业类型	报关企业	注册日期	2001.4.4	注册资本	184 万美元
评定时间	2010.8.3	报关有效期	2013.4.4	所属海关	长沙海关
法人姓名	彭鑫		电话	0731-84300300	
日常联系人	郑灿奇		电话	0731-84781346	
主营范围	承办海运、空运进出口货物、国际展品和过境货物的国际运输代理业务，包括揽货、仓储、中转、集装箱拼装拆箱、结算运杂费、报关、报验、保险、相关的短途运输服务及咨询业务；办理国际快递（不含私人信函）业务。				

企业名称	湖南华海报关贸易有限公司			海关编码	4301980021
通讯地址	湖南省长沙市芙蓉区五里牌团结路 8 栋 507 房			邮政编码	410001
企业类型	报关企业	注册日期	2007.1.15	注册资本	200 万人民币
评定时间	2010.8.3	报关有效期	2013.1.15	所属海关	长沙海关
法人姓名	刘永		电话	0731-84781326	
日常联系人	刘永		电话	0731-84781326	
主营范围	从事法律、法规、政策允许的报检代理服务，代理进出口报关业务。				

企业名称	湖南外运报关行			海关编码	4301980004
通讯地址	湖南省长沙市东二环一段 678 号			邮政编码	410001
企业类型	报关企业	注册日期	2003.4.3	注册资本	153 万人民币
评定时间	2010.8.3	报关有效期	2013.3.1	所属海关	长沙海关
法人姓名	丁时维		电话	0731- 4781325	
日常联系人	丁时维		电话	0731- 4781325	
主营范围	接受进出口企业、涉外单位和个人委托、办理本省范围内的代理报关手续。				

企业名称	中外运空运发展股份有限公司华南分公司			海关编码	4401983076
通讯地址	广东省广州市越秀区东风中路 437 号越秀城市广场南塔 33 层 3301-3304 室			邮政编码	510030
企业类型	报关企业	注册日期	2000.1.12	注册资本	/
评定时间	2011.5.31	报关有效期	2013.1.12	所属海关	广州海关
法定代表人	郝文宁		电话	020-83512000	
日常联系人	黄晖		电话	020-83512088	
主营范围	承办空运进出口货物和过境货物的国际运输代理业务，包括揽货、分拨、订舱、包机、仓储、中转、物流服务、国际多式联运、集装箱拼装拆箱、结算运杂费、报关、报验、保险、相关的短途运输服务及咨询服务。经营国际快递（不含私人信函和县以上党政军和机关公文）业务。与以上业务相关的咨询、服务、技术交流，货运代办、普通货运、寄递业务（信件和其他具有信件性质的物品除外）。				

企业名称	广州丰力橡胶轮胎有限公司			海关编码	4401917017
通讯地址	广东省广州从化市鳌头镇万力路3号			邮政编码	510940
企业类型	报关企业	注册日期	2008.4.15	注册资本	44523 万人民币
评定时间	2009.11.23	报关有效期	2014.4.15	所属海关	广州海关
法人姓名	孙维元		电话	020-37967800	
日常联系人	邓光强		电话	020-37967798	
主营范围	生产、销售轮胎、橡胶制品及有关的设备和配件，技术咨询服务，经营本企业自产产品及相关技术的进出口业务，经营本企业生产、科研所需的原辅材料、机械设备、仪器、仪表、零配件及技术的进出口业务。				

企业名称	东莞市准捷报关服务有限公司			海关编码	4419980073
通讯地址	广东省东莞凤岗镇雁田村兴田大厦一楼商铺			邮政编码	523700
企业类型	报关企业	注册日期	2006.2.16	注册资本	150 万人民币
评定时间	2010.2.21	报关有效期	2012.2.16	所属海关	黄埔海关
法人姓名	马文静		电话	0769-87777760	
日常联系人	贾素芹		电话	0769-87777760	
主营范围	代理报关业务（凭有效许可证经营）。				

企业名称	东莞市和记报关服务有限公司			海关编码	4419980068
通讯地址	广东省东莞市凤岗镇雁田村兴田大厦 B 区 7-10 号			邮政编码	523700
企业类型	报关企业	注册日期	2005.11.7	注册资本	150 万人民币
评定时间	2010.2.21	报关有效期	2013.11.7	所属海关	黄埔海关
法人姓名	谢荣修		电话	0769-87860886	
日常联系人	谢荣修		电话	0769-87860886	
主营范围	代理报关业务（凭有效许可证经营）。				

企业名称	中山中外运报关有限公司			海关编码	4420980067
通讯地址	广东省中山市火炬开发区沿江东一路17号3号仓A1室			邮政编码	528403
企业类型	报关企业	注册日期	2000.9.25	注册资本	150万人民币
评定时间	2010.1.6	报关有效期	2013.7.22	所属海关	拱北海关
法人姓名	张翅弦		电话	0760-88165020	
日常联系人	郑凌曦		电话	0760-88165020	
主营范围	办理进出口货物和进出境运输工具的报关、纳税、电脑打单、传真业务；出入境检验检疫代理报检业务；提供有关运输咨询服务。				

企业名称	阿拉山口中铁国际物流有限公司			海关编码	6503980003
通讯地址	新疆阿拉山口新丝路			邮政编码	833418
企业类型	报关企业	注册日期	1997.3.22	注册资本	200万人民币
评定时间	2009.12.11	报关有效期	2013.3.22	所属海关	乌鲁木齐海关
法人姓名	李翔		电话	0909-6991680	
日常联系人	李亭亭		电话	0909-6993462	
主营范围	许可经营项目：易燃固体、自燃和遇湿易燃物品（第4-1类、4-2类、4-3类）剧毒品除外（截至期限2013年12月30日）。一般经营项目：代理报关、报验业务、百货；代理报检业务、承办陆运进出口国际货运代理业务。				

企业名称	五矿国际货运新疆有限责任公司			海关编码	6503980010
通讯地址	新疆阿拉山口准噶尔路27号（联检小区201号）			邮政编码	833418
企业类型	报关企业	注册日期	2003.1.30	注册资本	200万人民币
评定时间	2009.12.11	报关有效期	2012.12.18	所属海关	乌鲁木齐海关
法人姓名	马洪印		电话	0909-6991298	
日常联系人	王红珠		电话	0909-6991559	
主营范围	许可经营项目（具体经营项目以有关部门的批准文件或颁发的许可证、资质证书为准）国内普通货物运输（有效期至2009年1月7日）：易燃液体（第3-1类、第3-2类）易燃固体（第4-1类）、氧化剂（第5-1类）、有毒品（第6-1类、腐蚀品（第8-1类、第8-2类）压缩气体（第2-1类）成品油除外、剧毒品除外。一般经营项目（国家法律、行政法规有专项审批的项目的项目除外）：承办陆运进出口货物的国际运输代理业务，包括：揽货、仓储、中转、集装箱拼装拆箱、结算运杂费、报关、报验、保险、相关的短途运输服务及咨询业务，销售日用百货、饲料、钢材、建材、五金矿产品、化工产品（化学危险品除外），房屋租赁。				

<table>
<tr><td>企业名称</td><td colspan="3">新疆阿拉山口捷安物流有限公司</td><td>海关编码</td><td>6503989013</td></tr>
<tr><td>通讯地址</td><td colspan="3">新疆阿拉山口准噶尔路</td><td>邮政编码</td><td>833418</td></tr>
<tr><td>企业类型</td><td>报关企业</td><td>注册日期</td><td>2003.11.26</td><td>注册资本</td><td>300 万人民币</td></tr>
<tr><td>评定时间</td><td>2010.12.15</td><td>报关有效期</td><td>2011.11.26</td><td>所属海关</td><td>乌鲁木齐海关</td></tr>
<tr><td>法人姓名</td><td colspan="2">李清贵</td><td>电话</td><td colspan="2">0909-6995996</td></tr>
<tr><td>日常联系人</td><td colspan="2">王劲松</td><td>电话</td><td colspan="2">0909-6995996</td></tr>
<tr><td>主营范围</td><td colspan="5">承办陆运进出口货物的国际运输代理业务，包括揽货、托运、订舱、仓储、中转、集装箱拼装拆箱、结算运杂费、报关、报验、保险、相关的短途运输服务及运输咨询业务。</td></tr>
</table>

<table>
<tr><td>企业名称</td><td colspan="3">新疆乾通国际货运有限责任公司</td><td>海关编码</td><td>6503980014</td></tr>
<tr><td>通讯地址</td><td colspan="3">新疆阿拉山口准噶尔路（阿口岸宾馆 208#）</td><td>邮政编码</td><td>833418</td></tr>
<tr><td>企业类型</td><td>报关企业</td><td>注册日期</td><td>2003.12.15</td><td>注册资本</td><td>300 万人民币</td></tr>
<tr><td>评定时间</td><td>2009.12.11</td><td>报关有效期</td><td>2011.12.15</td><td>所属海关</td><td>乌鲁木齐海关</td></tr>
<tr><td>法人姓名</td><td colspan="2">胡建军</td><td>电话</td><td colspan="2">0909-6992575</td></tr>
<tr><td>日常联系人</td><td colspan="2">江洪</td><td>电话</td><td colspan="2">0909-6993790</td></tr>
<tr><td>主营范围</td><td colspan="5">许可经营项目：易燃液体（第 3-2 类、第 3-3 类）、腐蚀品（第 8-2 类）、易燃固体（第 4-1 类）成品油除外、剧毒品除外（只限于报关、报检使用，不得经营化学危险品，有效期 2014 年 10 月 07 日）。一般经营项目：承办陆运进出口货物的国际运输代理业务，包括：揽货、订舱、仓储、中转、集装箱拼装拆箱、结算运杂费、报关、报验、保险、相关的短途运输服务及运输咨询业务、租赁业务（仅限 G60 槽罐）。</td></tr>
</table>

<table>
<tr><td>企业名称</td><td colspan="3">新疆口岸工贸国际货运代理有限公司</td><td>海关编码</td><td>6503980015</td></tr>
<tr><td>通讯地址</td><td colspan="3">新疆阿拉山口新丝路（口岸工贸股份公司）</td><td>邮政编码</td><td>833418</td></tr>
<tr><td>企业类型</td><td>报关企业</td><td>注册日期</td><td>2004.9.22</td><td>注册资本</td><td>300 万人民币</td></tr>
<tr><td>评定时间</td><td>2010.8.5</td><td>报关有效期</td><td>2013.9.22</td><td>所属海关</td><td>乌鲁木齐海关</td></tr>
<tr><td>法人姓名</td><td colspan="2">程香</td><td>电话</td><td colspan="2">0909-6993658</td></tr>
<tr><td>日常联系人</td><td colspan="2">张平</td><td>电话</td><td colspan="2">0909-6991868</td></tr>
<tr><td>主营范围</td><td colspan="5">承办陆运进出口货物和过境货物的国际运输代理业务，包括揽货、托运、仓储、中转、集装箱拼装拆箱、结算运杂费、报关、报验、保险、相关的短途运输服务及运输咨询业务。</td></tr>
</table>

企业名称	阿拉山口博报国际货运代理有限公司			海关编码	6503980018
通讯地址	新疆阿拉山口准噶尔南路 4 号			邮政编码	833418
企业类型	报关企业	注册日期	2006.10.18	注册资本	233 万人民币
评定时间	2009.12.11	报关有效期	2012.10.18	所属海关	乌鲁木齐海关
法人姓名	王俊		电话	0909-6991118	
日常联系人	王博		电话	0909-6992560	
主营范围	许可经营项目（具体经营项目以有关部门的批准文的许可证、资质证书为准）：易燃液体（第 3-2 类、第 3-3 类）、易燃固体（第 4-1 类）剧毒品除外、成品油除外，打字、复印。国内普通货物运输（有效期至 2009 年 1 月 7 日）。一般经营项目（国家法律、行政法规有关专项审批的项目除外）：承办陆运进出口货物的国际运输代理业务，包括：揽货、仓储、中转、集装箱拼装拆箱、结算运杂费、报关、报检、保险、相关的短途运输服务及咨询业务，销售日用百货、饲料、钢材、建材、五金矿产品、化工产品（化学危险品除外），房屋租赁。				

企业名称	阿拉山口鸿安国际货运代理有限公司			海关编码	6503989017
通讯地址	新疆阿拉山口准噶尔路			邮政编码	833418
企业类型	报关企业	注册日期	2006.7.19	注册资本	200 万人民币
评定时间	2010.12.15	报关有效期	2012.7.19	所属海关	乌鲁木齐海关
法人姓名	沈自强		电话	0909-6266002	
日常联系人	沈志军		电话	0909-6266002	
主营范围	许可经营项目（具体经营项目以有关部门的批准文件的许可证、资质证书为准）：无。一般经营项目（国家法律法规行政法规有专项审批的项目除外）：承办陆路国际货运代理业务，包括：揽货、托运、集装箱拼装拆箱、结算运杂费、报关、报验、保险、相关的短途运输服务及运输咨询业务。				

制度规定篇

ZHIDU GUIDING PIAN

海关企业分类管理的主要规章及相关法律文书

中华人民共和国海关企业分类管理办法

（2010 年 11 月 15 日中华人民共和国海关总署令第 197 号公布；2011 年 1 月 1 日起施行）

第一章　总　则

第一条　为了鼓励企业守法自律，提高海关管理效能，保障进出口贸易的安全与便利，根据《中华人民共和国海关法》及其他有关法律、行政法规的规定，制定本办法。

第二条　在海关注册登记的进出口货物收发货人、报关企业的分类管理，适用本办法。

其他企业的分类管理，由海关总署另行规定。

第三条　海关根据企业遵守法律、行政法规、海关规章、相关廉政规定和经营管理状况，以及海关监管、统计记录等，设置 AA、A、B、C、D 五个管理类别，对有关企业进行评估、分类，并对企业的管理类别予以公开。

第四条　海关总署按照守法便利原则，对适用不同管理类别的企业，制订相应的差别管理措施，其中 AA 类和 A 类企业适用相应的通关便利措施，B 类企业适用常规管理措施，C 类和 D 类企业适用严密监管措施。

全国海关实行统一的企业分类标准、程序和管理措施。

海关与企业应当加强合作，开展经常性信息交流和业务联系。

第五条　海关总署对企业分类管理工作进行指导、监督；直属海关负责审定、调整本关区企业适用的管理类别。

第二章　管理类别的设定

第一节　进出口货物收发货人

第六条　AA 类进出口货物收发货人，应当同时符合下列条件：

（一）符合 A 类管理条件，已适用 A 类管理 1 年以上；

（二）上一年度进出口报关差错率 3% 以下；

（三）通过海关稽查验证，符合海关管理、企业经营管理和贸易安全的要求；

（四）每年报送《企业经营管理状况评估报告》和会计师事务所出具的上一年度审计报告；每半年报送《进出口业务情况表》。

第七条　A 类进出口货物收发货人，应当同时符合下列条件：

（一）已适用 B 类管理 1 年以上；

（二）连续 1 年无走私罪、走私行为、违反海关监管规定的行为；

（三）连续1年未因进出口侵犯知识产权货物而被海关行政处罚；

（四）连续1年无拖欠应纳税款、应缴罚没款项情事；

（五）上一年度进出口总值50万美元以上；

（六）上一年度进出口报关差错率5%以下；

（七）会计制度完善，业务记录真实、完整；

（八）主动配合海关管理，及时办理各项海关手续，向海关提供的单据、证件真实、齐全、有效；

（九）每年报送《企业经营管理状况评估报告》；

（十）按照规定办理《中华人民共和国海关进出口货物收发货人报关注册登记证书》的换证手续和相关变更手续；

（十一）连续1年在商务、人民银行、工商、税务、质检、外汇、监察等行政管理部门和机构无不良记录。

第八条 进出口货物收发货人有下列情形之一的，适用C类管理：

（一）有走私行为的；

（二）1年内有3次以上违反海关监管规定行为，且违规次数超过上一年度报关单及进出境备案清单总票数1‰的，或者1年内因违反海关监管规定被处罚款累计总额人民币100万元以上的；

（三）1年内有2次因进出口侵犯知识产权货物而被海关行政处罚的；

（四）拖欠应纳税款、应缴罚没款项人民币50万元以下的。

第九条 进出口货物收发货人有下列情形之一的，适用D类管理：

（一）有走私罪的；

（二）1年内有2次以上走私行为的；

（三）1年内有3次以上因进出口侵犯知识产权货物而被海关行政处罚的；

（四）拖欠应纳税款、应缴罚没款项超过人民币50万元的。

第十条 进出口货物收发货人未发生本办法第八条和第九条所列情形并符合下列条件之一的，适用B类管理：

（一）首次注册登记的；

（二）首次注册登记后，管理类别未发生调整的；

（三）AA类企业不符合原管理类别适用条件，并且不符合A类管理类别适用条件的；

（四）A类企业不符合原管理类别适用条件的。

第十一条 在海关登记的加工企业，按照进出口货物收发货人实施分类管理。

第二节 报关企业

第十二条 AA类报关企业，应当同时符合下列条件：

（一）符合A类管理条件，已适用A类管理1年以上；

（二）上一年度代理申报的进出口报关单及进出境备案清单总量在2万票（中西部5000票）以上；

（三）上一年度进出口报关差错率3%以下；

（四）通过海关稽查验证，符合海关管理、企业经营管理和贸易安全的要求；

（五）每年报送《企业经营管理状况评估报告》和会计师事务所出具的上一年度审计报告；每

半年报送《报关代理业务情况表》。

第十三条 A类报关企业，应当同时符合下列条件：

（一）已适用B类管理1年以上；

（二）企业以及所属执业报关员连续1年无走私罪、走私行为、违反海关监管规定的行为；

（三）连续1年代理报关的货物未因侵犯知识产权而被海关没收，或者虽被没收但对该货物的知识产权状况履行了合理审查义务；

（四）连续1年无拖欠应纳税款、应缴罚没款项情事；

（五）上一年度代理申报的进出口报关单及进出境备案清单等总量在3000票以上；

（六）上一年度代理申报的进出口报关差错率在5%以下；

（七）依法建立账簿和营业记录，真实、正确、完整地记录受委托办理报关业务的所有活动；

（八）每年报送《企业经营管理状况评估报告》；

（九）按照规定办理注册登记许可延续及《中华人民共和国海关报关企业报关注册登记证书》的换证手续和相关变更手续；

（十）连续1年在商务、人民银行、工商、税务、质检、外汇、监察等行政管理部门和机构无不良记录。

第十四条 报关企业有下列情形之一的，适用C类管理：

（一）有走私行为的；

（二）1年内有3次以上违反海关监管规定的行为，或者1年内因违反海关监管规定被处罚款累计总额人民币50万元以上的；

（三）1年内代理报关的货物因侵犯知识产权而被海关没收达2次且未尽合理审查义务的；

（四）上一年度代理申报的进出口报关差错率在10%以上的；

（五）拖欠应纳税款、应缴罚没款项人民币50万元以下的；

（六）代理报关的货物涉嫌走私、违反海关监管规定拒不接受或者拒不协助海关进行调查的；

（七）被海关暂停从事报关业务的。

第十五条 报关企业有下列情形之一的，适用D类管理：

（一）有走私罪的；

（二）1年内有2次以上走私行为的；

（三）1年内代理报关的货物因侵犯知识产权而被海关没收达3次以上且未尽合理审查义务的；

（四）拖欠应纳税款、应缴罚没款项超过人民币50万元的。

第十六条 报关企业未发生本办法第十四条和第十五条所列情形，并符合下列条件之一的，适用B类管理：

（一）首次注册登记的；

（二）首次注册登记后，管理类别未发生调整的；

（三）AA类企业不符合原管理类别适用条件，并且不符合A类管理类别适用条件的；

（四）A类企业不符合原管理类别适用条件的。

第三章　管理类别的适用与调整

第十七条　企业符合本办法第六条第（一）项或者第十二条第（一）项、第（二）项的规定，可以通过注册地海关向直属海关提出适用AA类管理申请，并提交下列材料：

（一）《适用AA类管理申请书》；

（二）《企业经营管理状况评估报告》；

（三）会计师事务所出具的上一年度审计报告。

第十八条　企业符合本办法第七条或者第十三条的规定，可以通过注册地海关向直属海关提出适用A类管理申请，并提交下列材料：

（一）《适用A类管理申请书》；

（二）《企业经营管理状况评估报告》。

第十九条　注册地海关接受企业适用AA类、A类管理申请后，经审核企业提交的材料齐全，符合法定形式的，应当当场制发《企业分类管理申请受理决定书》，并报直属海关审定。

对申请AA类的，直属海关经审查认为不需要进行稽查验证的，应当自受理之日起1个月内作出不予适用决定；直属海关经审查认为需要进行稽查验证的，应当在稽查结论作出之日起2个月内作出适用或者不予适用决定。

对申请A类的，直属海关应当自受理之日起3个月内作出适用或者不予适用决定。

第二十条　申请适用AA类、A类管理的企业有下列情形之一的，直属海关对其申请予以退回，并作出不予适用的决定：

（一）申请时不符合本办法所规定的条件的；

（二）审核期间不符合本办法所规定的条件的；

（三）审核期间有涉嫌走私或者违反海关监管规定以及侵犯知识产权的行为被海关立案侦查或者调查的。

第二十一条　C类企业自海关作出类别调整决定之日起满1年未再发生本办法第八条或者第十四条所列情形的，经企业申请，海关将其调整为B类。

D类企业自海关作出类别调整决定之日起满1年未再发生本办法第九条或者第十五条所列情形的，经企业申请，海关将其调整为C类。

申请调整为B类、C类管理的C类、D类企业有本办法第二十条所列情形之一的，直属海关对其申请予以退回，并作出不予调整的决定。

第二十二条　C类、D类企业申请调整为B类、C类的，应当通过注册地海关向直属海关提交《企业管理类别调整申请书》。注册地海关经审核，企业提交的材料齐全，符合法定形式的，应当当场制发《企业分类管理申请受理决定书》，并报直属海关审定。

直属海关应当自受理之日起1个月内作出调整或者不予调整的决定。

第二十三条　企业有下列应当降低类别情形之一的，注册地直属海关应当自发现之日起1个月内，根据本办法第二章的规定，作出调整其管理类别的决定：

（一）AA 类、A 类企业不符合原管理类别适用条件的；

（二）B 类企业有 C 类、D 类管理类别情形之一的；

（三）C 类企业有 D 类管理类别情形之一的。

第二十四条 经直属海关决定调整或者不予调整企业管理类别的，由企业注册地海关在决定作出之日起 10 个工作日内将相关决定送达企业。

自海关作出调整决定之日起，海关按照调整后的管理类别对企业实施相应的管理措施。

企业在海关作出调整或者不予调整企业管理类别之前撤回管理类别调整申请的，海关终止管理类别调整的审核，并作出终止管理类别调整审核的决定。

第二十五条 AA 类或者 A 类企业涉嫌走私被立案侦查或者调查的，海关暂停其与管理类别相应的管理措施；暂停期内，按照 B 类企业的管理措施实施管理。

第二十六条 企业仅名称或者海关注册编码发生变化的，其管理类别可以继续适用，但是有下列情形之一的，按照下列方式调整：

（一）企业发生存续分立，分立后的存续企业承继分立前企业的主要权利义务或者债权债务关系的，其管理类别适用分立前企业的管理类别，其余的分立企业视为首次注册企业；

（二）企业发生解散分立，分立企业视为首次注册企业；

（三）企业发生吸收合并，合并企业管理类别适用合并后存续企业的管理类别；

（四）企业发生新设合并，合并企业视为首次注册企业。

第四章　管理措施的实施

第二十七条 报关企业代理进出口货物收发货人开展报关业务，海关按照报关企业和进出口货物收发货人各自适用的管理类别分别实施相应的管理措施。

因企业的管理类别不同导致应当实施的管理措施抵触的，海关按照下列方式实施：

（一）报关企业或者进出口货物收发货人为 C 类或者 D 类的，按照较低的管理类别实施相应的管理措施；

（二）报关企业和进出口货物收发货人均为 B 类以上管理类别的，按照报关企业的管理类别实施相应的管理措施。

第二十八条 加工贸易经营企业与承接委托加工的生产企业管理类别不一致的，海关对该加工贸易业务按照较低的管理类别实施相应的管理措施。

第五章　附　则

第二十九条 作为企业分类管理评定记录的走私罪，其评定时间认定以人民法院刑事判决书生效时间为准。

作为企业分类管理评定记录的走私行为、违反海关监管规定行为、进出口侵犯知识产权货物行为，其评定时间认定以海关行政处罚决定书作出时间为准。

第三十条 警告以及罚款额在人民币 3 万元以下的违反海关监管规定行为，不作为企业分类管理评定记录。

第三十一条 本办法下列用语的含义是：

"其他企业"，指在海关注册登记的进出口货物收发货人、报关企业外，海关总署规定的其他从事与进出口活动直接有关的企业。

"中西部"，指除东部地区以外的其他地区。东部地区包括北京市、天津市、上海市、辽宁省、河北省、山东省、江苏省、浙江省、福建省、广东省。

"拖欠应纳税款"，指自缴纳税款期限届满之日起超过3个月仍未缴纳进出口货物、物品应当缴纳的进出口关税、进出口环节海关代征税之和，包括经海关认定违反海关监管规定，除给予处罚外，尚需缴纳的税款。

"拖欠应缴罚没款项"，指自海关行政处罚决定规定的期限届满之日起超过3个月仍未交付海关罚款、没收的违法所得和追缴走私货物、物品等值价款。

"进出口总值"，包括海关贸易统计与单项统计数据，以海关的统计为准，有关数据仅用于海关企业分类管理。

"报关差错率"，指上一年度企业所有报关员以该企业作为申报单位进行申报被记分的总次数，除以该年度企业作为申报单位申报的报关单及进出境备案清单总票数的百分比。

"1年"，指连续的12个月。

"年度"，指1个公历年度。

"一年内"，涉及向上调整企业管理类别的，以《企业分类管理申请受理决定书》作出之日倒推12个月计算；涉及向下调整企业管理类别的，以最近一次行政处罚决定作出之日倒推12个月计算。

"以上"、"以下"，均包含本数。

第三十二条 本办法由海关总署负责解释。

第三十三条 本办法自2011年1月1日起施行。2008年1月30日海关总署令第170号公布的《中华人民共和国海关企业分类管理办法》同时废止。

（附件略）

海关总署公告 2010 年第 78 号

现将《中华人民共和国海关企业分类管理办法》（海关总署令第 197 号）执行过程中涉及的法律文书及相关报表格式予以公布。

本公告内容自 2011 年 1 月 1 日起施行。海关总署公告 2008 年第 19 号、第 77 号同时废止。

特此公告。

附件：1．适用 AA（A）类管理申请书

2．企业管理类别调整申请书

3．企业分类管理申请受理决定书

4．企业管理类别调整决定书（向上调整）

5．企业管理类别调整决定书（向下调整）

6．企业管理类别不予调整决定书

7．继续适用企业管理类别决定书

8．企业撤回管理类别调整申请书

9．终止企业管理类别调整审核决定书

10．送达回证

11．企业经营管理状况评估报告（进出口货物收发货人）

12．企业经营管理状况评估报告（报关企业）

13．进出口业务情况表

14．报关代理业务情况表

二〇一〇年十二月十日

附件 1

适用 AA（A）类管理申请书

企业类型	□进出口货物收发货人　□报关企业		
企业名称			
海关注册编码		组织机构代码	
法定代表人		联系人	
联系电话		传真	

海关：

本单位已适用□ A/ □ B 类管理一年以上。经自我评估，认为符合《中华人民共和国海关企业分类管理办法》相关规定，现向你关提出适用□ AA/ □ A 类管理申请。

本单位知悉并同意遵守《中华人民共和国海关企业分类管理办法》及相关海关规定，保证所提交的所有申请材料真实、齐全、有效，并存有相关文件、资料备查。

本单位承诺适用□ AA/ □ A 类管理后，按海关规定时间报送如下材料：

每年 4 月 30 日前报送：□《企业经营管理状况评估报告》，□会计师事务所出具的上一年度《审计报告》和上一年度下半年的□《进出口业务情况表》/ □《报关代理业务情况表》；

每年 7 月 31 日前报送：本年度上半年的□《进出口业务情况表》/ □《报关代理业务情况表》。

附：□《企业经营管理状况评估报告》

□会计师事务所出具的上一年度《审计报告》

□《适用 A 类管理决定书》或《企业管理类别调整决定书》复印件

□《报关注册登记证书》（复印件）

法定代表人签章：　　　　申请单位（盖章）

年　月　日

《中华人民共和国海关企业分类管理办法》第六条规定AA类进出口货物收发货人，应当同时符合下列条件：

（一）符合A类管理条件，已适用A类管理1年以上；

（二）上一年度进出口报关差错率3%以下；

（三）通过海关稽查验证，符合海关管理、企业经营管理和贸易安全的要求；

（四）每年报送《企业经营管理状况评估报告》和会计师事务所出具的上一年度审计报告；每半年报送《进出口业务情况表》。

《中华人民共和国海关企业分类管理办法》第十二条规定AA类报关企业，应当同时符合下列条件：

（一）符合A类管理条件，已适用A类管理1年以上；

（二）上一年度代理申报的进出口报关单及进出境备案清单总量在2万票（中西部5000票）以上；

（三）上一年度进出口报关差错率3%以下；

（四）通过海关稽查验证，符合海关管理、企业经营管理和贸易安全的要求；

（五）每年报送《企业经营管理状况评估报告》和会计师事务所出具的上一年度审计报告；每半年报送《报关代理业务情况表》。

《中华人民共和国海关企业分类管理办法》第七条规定A类进出口货物收发货人，应当同时符合下列条件：

（一）已适用B类管理1年以上；

（二）连续1年无走私罪、走私行为、违反海关监管规定的行为；

（三）连续1年未因进出口侵犯知识产权货物而被海关行政处罚；

（四）连续1年无拖欠应纳税款、应缴罚没款项情事；

（五）上一年度进出口总值50万美元以上；

（六）上一年度进出口报关差错率5%以下；

（七）会计制度完善，业务记录真实、完整；

（八）主动配合海关管理，及时办理各项海关手续，向海关提供的单据、证件真实、齐全、有效；

（九）每年报送《企业经营管理状况评估报告》；

（十）按照规定办理《中华人民共和国海关进出口货物收发货人报关注册登记证书》的换证手续和相关变更手续；

（十一）连续一年在商务、人民银行、工商、税务、质检、外汇、监察等行政管理部门和机构无不良记录。

《中华人民共和国海关企业分类管理办法》第十三条规定A类报关企业，应当同时符合下列条件：

（一）已适用B类管理1年以上；

（二）企业以及所属执业报关员连续1年无走私罪、走私行为、违反海关监管规定的行为；

（三）连续1年未因代理报关的货物侵犯知识产权而被海关没收，或者被没收但对该货物的知识产权状况履行了合理审查义务；

（四）连续1年无拖欠应纳税款、应缴罚没款项情事；

（五）上一年度代理申报的进出口报关单及进出境备案清单等总量在3000票以上；

（六）上一年度代理申报的进出口报关差错率在5%以下；

（七）依法建立账簿和营业记录，真实、正确、完整地记录受委托办理报关业务的所有活动；

（八）每年报送《企业经营管理状况评估报告》；

（九）按照规定办理注册登记许可延续及《中华人民共和国海关报关企业报关注册登记证书》的换证手续和相关变更手续；

（十）连续一年在商务、人民银行、工商、税务、质检、外汇、监察等行政管理部门和机构无不良记录。

附件 2

企业管理类别调整申请书

<table>
<tr><td>企业类型</td><td colspan="3">□进出口货物收发货人　□报关企业</td></tr>
<tr><td>企业名称</td><td colspan="3"></td></tr>
<tr><td>海关注册编码</td><td></td><td>组织机构代码</td><td></td></tr>
<tr><td>法定代表人</td><td></td><td>联系人</td><td></td></tr>
<tr><td>联系电话</td><td></td><td>传真</td><td></td></tr>
<tr><td colspan="4">海关：
本单位现管理类别为□ C/ □ D 类。自海关于　年　月　日作出类别调整决定之日起已满 1 年。现向你关提出调整为适用□ B/ □ C 类管理的申请。
本单位知悉并同意遵守《中华人民共和国海关企业分类管理办法》及相关海关规定，保证所提交的所有申请材料真实、齐全、有效，并存有相关文件、资料备查。
附：□《企业管理类别调整决定书》（复印件）
□《报关注册登记证书》（复印件）

法定代表人签章：　　　　申请单位（盖章）
年　月　日</td></tr>
</table>

《中华人民共和国海关企业分类管理办法》第二十一条规定：

C类企业自海关作出类别调整决定之日起满1年未再发生本办法第八条或者第十四条所列情形的，经企业申请，海关将其调整为B类。

D类企业自海关作出类别调整决定之日起满1年未再发生本办法第九条或者第十五条所列情形的，经企业申请，海关将其调整为C类。

申请调整为B类、C类管理的C类、D类企业有本办法第二十条所列情形之一的，直属海关对其申请予以退回，并作出不予调整的决定。

附件3

中华人民共和国　　　　　海关
企业分类管理申请受理决定书

关分受〔　〕　号

企业名称：

海关注册编码：

你单位提出的□适用AA类/□适用A类/□C类调整为B类/□D类调整为C类管理申请，我关于　　年　　月　　日收悉。经审核，材料齐全，符合法定形式，根据《中华人民共和国海关企业分类管理办法》□第十九条/□第二十二条的规定，我关予以受理。

年　　月　　日

附件 4

中华人民共和国　　　海关
企业管理类别调整决定书

关分决〔　〕　　号

企业名称：

海关注册编码：

你单位提出的　　　　申请，我关已予以受理。经审核，我关认为你单位符合《中华人民共和国海关企业分类管理办法》　　规定的条件，决定对你单位适用　　　类管理。

年　　月　　日

附件 5

中华人民共和国　　　海关
企业管理类别调整决定书

关分决〔　〕　　号

企业名称：

海关注册编码：

你单位现管理类别为　　类。经审核，你单位（事实描述）

我关认为上述事实属于《中华人民共和国海关企业分类管理办法》第二十三条第　项规定的情形。根据《中华人民共和国海关企业分类管理办法》第　条之规定，我关决定对你单位由　类管理调整为　类管理。

如不服本决定，依照《中华人民共和国行政复议法》第九条、第十二条，《中华人民共和国行政诉讼法》第三十九条之规定，可在本决定书送达之日起 60 日内向海关总署申请行政复议，或者在本决定书送达之日起 3 个月内，向人民法院起诉。行政复议或者诉讼期间，不影响本决定的执行。

年　月　日

附件6

中华人民共和国　　　海关
企业管理类别不予调整决定书

关分决〔　〕　　号

企业名称：

海关注册编码：

你单位提出的　　　　申请，我关已予以受理。经审核，你单位（事实描述）

我关认为上述事实属于《中华人民共和国海关企业分类管理办法》　　规定的情形，根据该条规定，决定不予调整你单位管理类别。

如不服本决定，依照《中华人民共和国行政复议法》第九条、第十二条，《中华人民共和国行政诉讼法》第三十九条之规定，可在本决定书送达之日起60日内向海关总署申请行政复议，或者在本决定书送达之日起3个月内，向　　　　　　　　　　　　　　　　　　　　人民法院起诉。行政复议或者诉讼期间，不影响本决定的执行。

年　月　日

附件 7

中华人民共和国　　　　海关
继续适用企业管理类别决定书

关分决〔　〕　　号

企业名称：

海关注册编码：

经审核，我关认为你单位符合《中华人民共和国海关企业分类管理办法》第二十六条规定中继续适用企业管理类别的条件，决定对你单位继续适用　类管理，适用起始时间仍为该管理类别确定的时间（即　　年　月　日）。

年　月　日

附件 8

企业撤回管理类别调整申请书

<table>
<tr><td>企业类型</td><td colspan="3">□进出口货物收发货人　□报关企业</td></tr>
<tr><td>企业名称</td><td colspan="3"></td></tr>
<tr><td>海关注册编码</td><td></td><td>组织机构代码</td><td></td></tr>
<tr><td>法定代表人</td><td></td><td>联系人</td><td></td></tr>
<tr><td>联系电话</td><td></td><td>传真</td><td></td></tr>
<tr><td colspan="4">海关：
本单位于　　年　月　日，向海关提交了□适用 AA 类管理申请书 / □适用 A 类管理申请书 / □企业管理类别调整申请书，《企业分类管理申请受理决定书》编号：　　。因本单位自身原因，特向海关申请撤回。

法定代表人签章：　　　　　　申请单位（盖章）
年　月　日</td></tr>
</table>

附件 9

中华人民共和国　　　　海关
终止企业管理类别调整审核决定书

关分决〔　〕　　号

企业名称：

海关注册编码：

你单位于　　年　月　日提交的《企业撤回管理类别调整申请书》收悉。根据《中华人民共和国海关企业分类管理办法》第二十四条第三款之规定，我关决定终止对你单位企业管理类别调整的审核。

年　月　日

附件 10

送达回证

受送达人：____

代 理 人：____

送达方式：____

____________（具体列明送达方式）

送达地点：____

送达文书：____

________（具体列明法律文书名称及文号）

签收人：__________ _______年____月____日

签收人非受送达人的，请注明与受送达人关系：____________________

经办关员：__________ _______年____月____日

受送达人拒签情况：（此处由经办关员填写）______

____

见证人：__________ _______年____月____日

附件 11

企业经营管理状况
评估报告

（进出口货物收发货人）

企业名称：________________________

海关编码：________________________

填报日期：________________________

填表说明

本评估报告适用于向海关申请或者已经适用 AA、A 类管理的企业，请在填写本报告前，认真阅读以下内容：

一、本评估报告是海关对企业实施分类管理的重要依据之一，请审慎如实填写。

二、本评估报告第三部分“自我评估”，是对企业是否符合海关管理、企业经营管理和贸易安全要求的全面自评，请逐项选择“是”或者“否”。其中，如申请人认为“贸易安全”部分的个别指标超出其经营范围确不适用的，可暂不填写。

三、对于申请适用 AA 类管理的企业，“自我评估”所列各项均为“是”的，视为通过自我评估；任何一项自评结论为“否”的，则视为未通过自我评估，不符合海关管理、企业经营管理和贸易安全的要求。

四、对于申请适用 AA 类管理的企业，海关将对本评估报告中的各项内容，进行全面核实，并开展稽查验证。“自我评估”中所列各项是否符合海关管理、企业经营管理和贸易安全的要求，以海关稽查结论为准。

一、基本信息

（一）主体状况（必填）

1. 工商注册日期：_____年___月___日；

2. 进出口业务类型（按下列选择顺序，以序号在前为优先序，作唯一选择）：____；

（1）生产型企业 （2）贸易型 （3）生产贸易混合型

（4）服务型（通讯、饮食、房地产、运输等） （5）其他

3. 主要贸易方式（按下列选择顺序，以序号在前为优先，作唯一选择）：____；

（1）一般贸易（2）加工贸易（3）一般贸易和加工贸易混合型

4. 有无直接对外投资参股及控股的企业：____；

（1）有 （2）无

如填写有，请具体列明（可添加附页）

企业名称：____________，参股或控股___；

企业名称：____________，参股或控股___；

企业名称：____________，参股或控股___；

企业名称：____________，参股或控股___；

企业名称：____________，参股或控股___；

5. 企业是否有多个经营场所、分公司或子公司：__；

（1）是 （2）否

如果是，请具体说明公司名称、经营场所地址、负责人。（可添加附页）

____

____

____

（二）财务情况（按企业上一年度会计报表数目填报，必填）

6. 企业上一年度（___年度）的流动比率____%；

7. 企业上一年度（___年度）的速动比率____%；

8. 企业上一年度（___年度）的资产负债率___%；

9. 企业上一年度（___年度）的总资产报酬率__%；

10. 企业上一年度（___年度）的应付帐款为___万元（人民币）；

11. 企业上一年度（___年度）的净利润为____万元（人民币）；

12. 企业上一年度（___年度）的净资产为____万元（人民币）；

13. 企业上一年度（_ __年度）固定资产净值余额为___万元（人民币）。

（三）员工状况（必填）

14. 员工总人数：___；

15. 外籍员工人数：___；

外籍员工的国籍（全部具体列明）：

__、__、__、__、__、__、__、__；

16. 法定代表人有无刑事犯罪记录：___；

（1）有　　（2）无

有刑事犯罪记录的请填写：

（1）犯罪时间：_______；

（2）罪名：_______；

（3）刑罚种类及刑期：_______；

17. 海关业务负责人情况：

姓名：___；　　国籍：___；

身份证件：_______；身份证件号码：_______；

有无刑事犯罪记录：___；

（1）有　　（2）无

有刑事犯罪记录的请填写：

（1）犯罪时间：_______；

（2）罪名：_______；

（3）刑罚种类及刑期：_______；

18. 财务负责人情况：

姓名：___；　　国籍：___；

身份证件：_______；身份证件号码：_______；

有无刑事犯罪记录：___；

（1）有　　（2）无

有刑事犯罪记录的请填写：

（1）犯罪时间：_______；

（2）罪名：_______；

（3）刑罚种类及刑期：_______；

19. 企业报关员有无刑事犯罪记录：___；

（1）有　　（2）无

有刑事犯罪记录的请填写：

（1）报关员姓名：_______；

（2）身份证件：_______；身份证件号码：_______；

（3）犯罪时间：_______；

（4）罪名：_______；

（5）刑罚种类及刑期：_______。

二、标准对照

1. 连续1年无走私罪、走私行为、违反海关监管规定的行为；______

（1）是　　（2）否

2. 连续1年未因进出口侵犯知识产权货物而被海关行政处罚；______

（1）是　　　（2）否

3. 连续 1 年无拖欠应纳税款、应缴罚没款项情事；_____

（1）是　　　（2）否

4. 上一年度进出口总值 50 万美元以上；_____

（1）是　　　（2）否

5. 上一年度进出口报关差错率（3%/5%）以下，_____；实际数值是：____

（1）是　　　（2）否

6. 会计制度完善，业务记录真实、完整；_____

（1）是　　　（2）否

7. 主动配合海关管理，及时办理各项海关手续，向海关提供的单据、证件真实、齐全、有效；_____

（1）是　　　（2）否

8. 按照规定办理《中华人民共和国海关进出口货物收发货人报关注册登记证书》的换证手续和相关变更手续；_____

（1）是　　　（2）否

9. 连续一年在商务、人民银行、工商、税务、质检、外汇、监察等行政管理部门和机构无不良记录。_____

（1）是　　　（2）否

三、自我评估

（一）内部控制情况

1. 具备职责明确的进出口组织结构：（1）进出口业务管理层职责分工明确；（2）进出口业务管理制度或流程明确；（3）设立专门的进出口部门或岗位。____

（1）是　　　（2）否

2. 不相容岗位相互分离：进出口授权批准、业务执行、财务会计、内部监督等部门岗位相互分离且监督制约。_____

（1）是　　　（2）否

3. 进出口部门或岗位内部管理规范：（1）具备专门岗位人员负责报关事务；（2）建立报关单证资料、报关专用印章、电子口岸 IC 卡等的授权审批制度并有效执行。_____

（1）是　　　（2）否

4. 依法设置会计机构：（1）建立会计工作岗位责任制；（2）配备专职会计从业人员；（3）会计岗位分工明确且相互监督制约。_____

（1）是　　　（2）否

5. 严格遵守会计法、会计准则和海关有关管理规定:（1）会计账簿单证资料按法定年限完整保存，会计核算、编制、报送等符合会计法、会计准则和海关有关管理规定；（2）会计记录、审计报告等会计资料真实、准确、完整记录和反映进出口活动的有关情况。_____

（1）是　　　（2）否

6. 具备真实、准确、完整记录企业进出口生产经营管理活动的信息系统，且财务控制、物流控制等功能模块有效运行。_____

（1）是　　（2）否

7. 系统数据完整可查：（1）进出口活动等主要环节在系统中能够实现流程检索跟踪；（2）系统数据及时、准确、完整录入且按期限完整保存。_____

（1）是　　（2）否

8. 具备进出口单证复核或其它纠错控制制度或程序：在申报前或委托申报前有专门部门或岗位人员对进出口单证涉及的价格、归类、数量、品名、规格等内容的真实性、准确性和规范性进行内部复核监督，防止或减少错报漏报。_____

（1）是　　（2）否

9. 具备物流控制制度或程序：（1）按照海关管理要求建立与进出口活动有关的货物管理制度，如实记录和反映一般贸易货物、保税货物、特定减免税货物等的进口、储存、加工、使用、处置、出口等情况；（2）将海关监管货物与其他货物区分管理，定期盘点并如实记录盘点情况；（3）对保税货物和减免税货物建立专门的使用、管理记录。_____

（1）是　　（2）否

10. 如经营进出口代理业务（不适用的可不填写），具备委托方资信审查程序：进出口代理前对委托方进行资信审查，具备代理进出口业务的立项审批程序和手续控制，且对贸易的全过程进行跟踪管理。_____

（1）是　　（2）否

11. 如经营进出口代理业务（不适用的可不填写），具备单据和实货验核程序：对实际收发货人委托事项进行书面审核并验核有关货物，同时保留有关书面记录。_____

（1）是　　（2）否

12. 具备内部审计制度：（1）设立专门的内部审计机构或岗位，或聘请外部专职人员定期独立对进出口业务实施内部审计；（2）完整保存内部审计记录。_____

（1）是　　（2）否

13. 对发现问题及时规范纠错：对进出口业务内部审计发现的问题及时进行内部整改或完善有关内部控制。_____

（1）是　　（2）否

（二）财务状况

14. 具备盈利能力：未出现最近三年连续亏损的记录。_____

（1）是　　（2）否

15. 具备缴税能力：企业上月末固定资产净值不低于最近一年内向海关单笔纳税最高额。_____

（1）是　　（2）否

（三）守法及资信情况

16. 一般贸易进出口活动真实合法，不存在以下任一情形：（1）涉嫌走私或违规的；（2）需追征税款的；（3）有违反海关法律法规的其他行为的。_____

（1）是　　（2）否

17. 加工贸易及保税进出口活动真实合法，不存在以下任一情形：（1）涉嫌走私或违规的；（2）需追征税款的；（3）有违反海关法律法规的其他行为的。_____

（1）是　　（2）否

18. 减免税或其他进出口活动真实合法，不存在以下任一情形：（1）涉嫌走私或违规的；（2）需追征税款的；（3）有违反海关法律法规的其他行为的。_____

（1）是　　（2）否

19. 不存在未经海关注册登记和未取得报关从业资格从事报关业务的情形。_____

（1）是　　（2）否

20. 企业的单位名称、企业性质、企业住所、法定代表人（负责人）等海关注册登记内容发生变更，不存在不按规定向海关办理变更手续的情形。_____

（1）是　　（2）否

21. 不存在擅自变更或者启用"报关专用章"的情形。_____

（1）是　　（2）否

22. 配合海关稽查验证，不会发生以下任一情形：（1）向海关提供虚假情况或隐瞒重要事实；（2）有拒绝或拖延提供账簿单证资料、故意转移、隐匿、篡改、毁弃账簿单证资料等逃避海关稽查、逃避税款征缴的行为；（3）有其他违反《海关稽查条例》的行为。_____

（1）是　　（2）否

（四）贸易安全情况

23. 具备如下场所安全控制措施：（1）货物处理和存储设施周围具备隔离设施且定期检查完整性；（2）车辆或人员进出厂门有专人看守；（3）公私车辆划区分开停放；（4）楼房构造足以防止非法进入且定期检查其完整性；（5）上锁设备和钥匙控制有专人管理；（6）照明设施、警报系统及录像监控设施对出入口、货物处理及储存区等关键区域实现全覆盖。_____

（1）是　　（2）否

24. 具备如下进入安全控制措施：（1）企业员工佩戴身份标识，并只能进入职责范围之内的区域；（2）来访者进入企业需经登记备案且有内部人员陪同；（3）发现可疑人员进入的，企业员工应及时报告。_____

（1）是　　（2）否

25. 具备如下人员安全控制措施：（1）对拟雇佣的管理层人员或关键敏感岗位员工进行有无犯罪记录的背景审查；（2）对关键敏感岗位的员工定期进行安全背景的检查或调查；（3）开展旨在提高员工供应链安全意识的日常性培训；（4）对解雇或停职员工及时收回工作证件、设备并禁止其进入企业生产经营场所。_____

（1）是　　（2）否

26. 具备如下商业伙伴安全控制措施：（1）在筛选商业伙伴时重点评估其安全性、合法性、稳定性及财务偿付能力；（2）要求商业伙伴按照AA类管理或其它供应链安全管理项目的要求优化和完善贸易安全管理；（3）定期监控和检查商业伙伴遵守贸易安全要求的情况。_____

（1）是　　（2）否

27. 具备如下货物与集装箱安全控制措施：（1）货物运出入企业的有关文件档案得到合法、完整、准确的保存；（2）核实运出入信息并保存核实记录；（3）出现货物溢、短装或者其它异常现象时有及时报告或其它应对措施，防范安全隐患；（4）在货物关键交接环节有签名、盖章等保护制度；（5）通常要运用七点检查程序（前壁、左侧、右侧、底部、顶部、内外门、外部 / 起落架）检查集装箱完整性和可靠性；（6）集装箱封条有专人管理且具备高安全性（所用封条应达到或超过现有的 PAS ISO 17712 标准或同等标准）；（7）集装箱和货物储存区域应有安全防护且足以防止未经授权的进入或其它损害。＿＿＿＿

（1）是　　（2）否

28. 具备如下运输工具安全控制措施：（1）有专门程序或制度检查出入运输工具，防止藏匿可疑物品；（2）有专门程序或手段对装载货物的运输工具进行动态跟踪监控；（3）对司机进行专门的反恐安全培训；（4）运输工具停放区域有安全防护且足以防止未经授权的进入或其它损害。＿＿＿＿

（1）是　　（2）否

29. 具备如下信息安全控制措施：（1）有专门程序或制度保护信息系统不受未经授权的进入；（2）针对不正当进入信息系统、篡改贸易数据等滥用信息技术系统行为有严格的责任追究制度；（3）有数据恢复、备份等专门程序或技术能力防止信息丢失。＿＿＿＿

（1）是　　（2）否

30. 具备应对灾害或紧急安全事故的应急程序或机制，并且应急程序或机制应与所有相关的企业员工进行日常沟通以保证及时了解掌握。＿＿＿＿

（1）是　　（2）否

本单位保证此报告真实准确有效，并存有相关文件备查。如有不实，自愿承担海关不适用 AA 类 /A 类管理的法律后果。

法定代表人签字：　　　　　　　　　　加盖单位公章

年　月　日

附件 12

企业经营管理状况
评估报告
（报关企业）

企业名称：________________________

海关编码：________________________

填报日期：________________________

填表说明

本评估报告适用于向海关申请或者已经适用AA、A类管理的企业，请在填写本报告前，认真阅读以下内容：

一、本评估报告是海关对企业实施分类管理的重要依据之一，请审慎如实填写。

二、本评估报告第三部分“自我评估”，是对企业是否符合海关管理、企业经营管理和贸易安全要求的全面自评，请逐项选择“是”或者“否”。其中，如申请人认为“贸易安全”部分的个别指标超出其经营范围确不适用的，可暂不填写。

三、对于申请适用AA类管理的企业，“自我评估”所列各项均为“是”的，视为通过自我评估；任何一项自评结论为“否”的，则视为未通过自我评估，不符合海关管理、企业经营管理和贸易安全的要求。

四、对于申请适用AA类管理的企业，海关将对本评估报告中的各项内容，进行全面核实，并开展稽查验证。“自我评估”中所列各项是否符合海关管理、企业经营管理和贸易安全的要求，以海关稽查结论为准。

一、基本信息

（一）主体状况

1. 工商注册日期:_____年___月___日;

2. 有无直接对外投资参股及控股的企业：___;

（1）有　　（2）无

如填写有，请具体列明（可添加附页）

企业名称：____________，参股或控股___;

企业名称：____________，参股或控股___;

企业名称：____________，参股或控股___;

3. 是否有多个经营场所、分公司或子公司：

（1）是　　（2）否

如果是，请具体说明公司名称、经营场所地址、负责人。（可加附页）

____

____

____

____

（二）财务情况（按企业上一年度会计报表数目填报）

4. 企业上一年度（___年度）的流动比率____%;

5. 企业上一年度（___年度）的速动比率____%;

6. 企业上一年度（___年度）的资产负债率___%;

7. 企业上一年度（___年度）的总资产报酬率__%;

8. 企业上一年度（___年度）的应付帐款为___万元（人民币）;

9. 企业上一年度（___年度）的净利润为____万元（人民币）;

10. 企业上一年度（___年度）的净资产为____万元（人民币）;

11. 企业上一年度（___年度）固定资产净值余额为____万元（人民币）。

（三）员工状况

12. 员工总人数：___;

13. 外籍员工人数：___;

外籍员工的国籍（全部具体列明）：

___、___、___、___、___、___、___、___;

14. 法定代表人有无刑事犯罪记录：___;

（1）有　　（2）无

有刑事犯罪记录的请填写：

（1）犯罪时间：_______;（2）罪名：_______;

（3）刑罚种类及刑期：_______;

15. 报关业务负责人情况：

姓名：___;　国籍：___;

身份证件：_______；身份证件号码：_______；

有无刑事犯罪记录：___；

（1）有　　（2）无

有刑事犯罪记录的请填写：

（1）犯罪时间：_______；（2）罪名：_______；

（3）刑罚种类及刑期：_______；

16. 财务负责人情况：

姓名：___；　国籍：___；

身份证件：_______；身份证件号码：_______；

有无刑事犯罪记录：___；

（1）有　　（2）无

有刑事犯罪记录的请填写：

（1）犯罪时间：_______；（2）罪名：_______；

（3）刑罚种类及刑期：_______；

17. 企业报关员有无刑事犯罪记录：___；

（1）有　　（2）无

有刑事犯罪记录的请填写：

（1）报关员姓名：_______；

（2）身份证件：_______；身份证件号码：_______；

（3）犯罪时间：_______；

（4）罪名：_______；

（5）刑罚种类及刑期：_______。

二、标准对照

1. 企业以及所属执业报关员连续 1 年无走私罪、走私行为、违反海关监管规定的行为；_____

（1）是　　（2）否

2. 连续 1 年代理报关的货物未因侵犯知识产权而被海关没收，或者被没收但对该货物的知识产权状况履行了合理审查义务；_____

（1）是　　（2）否

3. 连续 1 年无拖欠应纳税款、应缴罚没款项情事；_____

（1）是　　（2）否

4. 上一年度代理申报的进出口报关单及进出境备案清单等总量在（2 万 /5000/3000）票以上；_____

（1）是　　（2）否

5. 上一年度代理申报的进出口报关差错率在（3%/5%）以下，_____实际数值是：_____

（1）是　　（2）否

6. 依法建立账簿和营业记录，真实、正确、完整地记录受委托办理报关业务的所有活动；_____

—

（1）是　　（2）否

7. 按照规定办理注册登记许可延续及《中华人民共和国海关报关企业报关注册登记证书》的换证手续和相关变更手续；_____

（1）是　　（2）否

8. 在商务、人民银行、工商、税务、质检、外汇、监察等行政管理部门和机构无不良记录。_____

（1）是　　（2）否

三、自我评估

（一）内部控制情况

1. 具备职责明确的报关组织结构：（1）报关业务管理层职责分工明确；（2）报关业务管理制度或流程明确；（3）设立专门的报关部门或岗位。_____

（1）是　　（2）否

2. 不相容岗位相互分离：报关授权批准、业务执行、财务会计、内部监督等部门岗位相互分离且监督制约。_____

（1）是　　（2）否

3. 报关部门或岗位内部管理规范：（1）具备专门岗位人员负责报关事务；（2）建立报关单证资料、报关专用印章、电子口岸 IC 卡等的授权审批制度并有效执行。_____

（1）是　　（2）否

4. 依法设置会计机构：（1）建立会计工作岗位责任制；（2）配备专职会计从业人员；（3）会计岗位分工明确且相互监督制约。_____

（1）是　　（2）否

5. 严格遵守会计法、会计准则和海关有关管理规定：（1）会计账簿单证资料按法定年限完整保存，会计核算、编制、报送等符合会计法、会计准则和海关有关管理规定；（2）会计记录、审计报告等会计资料真实、准确、完整记录和反映代理报关活动的有关情况。_____

（1）是　　（2）否

6. 具备真实、准确、完整记录企业报关经营管理活动的信息系统，且财务控制、物流控制等功能模块有效运行。_____

（1）是　　（2）否

7. 系统数据完整可查：（1）报关活动等主要环节在系统中能够实现流程检索跟踪；（2）系统数据及时、准确、完整录入且按期限完整保存。_____

（1）是　　（2）否

8. 具备完备的报关员内部管理制度：对报关员挂靠、私揽货物报关等不规范行为具备责任追究制度或控制措施。_____

（1）是　　（2）否

9. 具备合理审查程序：报关企业接受委托前，能够对委托方身份资料、经营性质及规模、分类

管理等级、以往诚信守法记录等以及委托方提供的报关单证等资料的真实性、合法性情况进行合理审查。______

（1）是　　（2）否

10. 具备报关单证管理制度：（1）具备报关单证管理制度或流程；（2）建立报关单证管理台账；（3）完整保存与委托方签订的书面委托代理协议及进出口报关单证。______

（1）是　　（2）否

11. 具备内部审计制度：（1）设立专门的内部审计机构或岗位，或聘请外部专职人员定期独立对报关业务实施内部审计；（2）完整保存内部审计记录。______

（1）是　　（2）否

12. 对发现问题及时规范纠错：对报关业务内部审计发现的问题及时进行内部整改或完善有关内部控制。______

（1）是　　（2）否

（二）财务状况

13. 具备盈利能力，未出现最近三年连续亏损的记录。______

（1）是　　（2）否

（三）守法及资信情况

14. 代理一般贸易进出口活动真实合法，不存在以下任一情形：（1）涉嫌走私或违规的；（2）需追征税款的；（3）有违反海关法律法规的其他行为的。______

（1）是　　（2）否

15. 代理加工贸易及保税进出口活动真实合法，不存在以下任一情形：（1）涉嫌走私或违规的；（2）需追征税款的；（3）有违反海关法律法规的其他行为的。______

（1）是　　（2）否

16. 代理减免税或其他进出口活动真实合法，不存在以下任一情形：（1）涉嫌走私或违规的；（2）需追征税款的；（3）有违反海关法律法规的其他行为的。______

（1）是　　（2）否

17. 不存在未经海关注册登记和未取得报关从业资格从事报关业务的情形。______

（1）是　　（2）否

18. 取得变更注册登记许可后，不存在未按规定向海关办理变更手续的情形。______

（1）是　　（2）否

19. 不存在擅自变更或者启用“报关专用章”的情形。______

（1）是　　（2）否

20. 本企业及所属报关员不存在非法代理他人报关或者超出业务范围进行报关活动的情形。______

（1）是　　（2）否

21. 不存在以出让名义的形式供他人办理报关业务的情形。______

（1）是　　（2）否

22. 配合海关稽查验证，不会发生以下任一情形：（1）向海关提供虚假情况或隐瞒重要事实；

（2）有拒绝或拖延提供账簿单证资料、故意转移、隐匿、篡改、毁弃账簿单证资料等逃避海关稽查、逃避税款征缴的行为；（3）有其他违反《海关稽查条例》的行为。______

（1）是　　（2）否

（四）贸易安全情况

23. 具备如下场所安全控制措施：（1）货物处理和存储设施周围具备隔离设施且定期检查完整性；（2）车辆或人员进出厂门有专人看守；（3）公私车辆划区分开停放；（4）楼房构造足以防止非法进入且定期检查其完整性；（5）上锁设备和钥匙控制有专人管理；（6）照明设施、警报系统及录像监控设施对出入口、货物处理及储存区等关键区域实现全覆盖。______

（1）是　　（2）否

24. 具备如下进入安全控制措施：（1）企业员工佩戴身份标识，并只能进入职责范围之内的区域；（2）来访者进入企业需经登记备案且有内部人员陪同；（3）发现可疑人员进入的，企业员工应及时报告。______

（1）是　　（2）否

25. 具备如下人员安全控制措施：（1）对拟雇佣的管理层人员或关键敏感岗位员工进行有无犯罪记录的背景审查；（2）对关键敏感岗位的员工定期进行安全背景的检查或调查；（3）开展旨在提高员工供应链安全意识的日常性培训；（4）对解雇或停职员工及时收回工作证件、设备并禁止其进入企业生产经营场所。______

（1）是　　（2）否

26. 具备如下商业伙伴安全控制措施：（1）在筛选商业伙伴时重点评估其安全性、合法性、稳定性及财务偿付能力；（2）要求商业伙伴按照 AA 类管理或其它供应链安全管理项目的要求优化和完善贸易安全管理；（3）定期监控和检查商业伙伴遵守贸易安全要求的情况。______

（1）是　　（2）否

27. 具备如下货物与集装箱安全控制措施：（1）货物运出入企业的有关文件档案得到合法、完整、准确的保存；（2）核实运出入信息并保存核实记录；（3）出现货物溢、短装或者其他异常现象时有及时报告或其他应对措施，防范安全隐患；（4）在货物关键交接环节有签名、盖章等保护制度；（5）通常要运用七点检查程序（前壁、左侧、右侧、底部、顶部、内外门、外部 / 起落架）检查集装箱完整性和可靠性；（6）集装箱封条有专人管理且具备高安全性（所用封条应达到或超过现有的 PAS ISO 17712 标准或同等标准）；（7）集装箱和货物储存区域应有安全防护且足以防止未经授权的进入或其它损害。______

（1）是　　（2）否

28. 具备如下运输工具安全控制措施：（1）有专门程序或制度检查出入运输工具，防止藏匿可疑物品；（2）有专门程序或手段对装载货物的运输工具进行动态跟踪监控；（3）对司机进行专门的反恐安全培训；（4）运输工具停放区域有安全防护且足以防止未经授权的进入或其它损害。______

（1）是　　（2）否

29. 具备如下信息安全控制措施：（1）有专门程序或制度保护信息系统不受未经授权的进入；（2）针对不正当进入信息系统、篡改贸易数据等滥用信息技术系统行为有严格的责任追究制度；（3）

有数据恢复、备份等专门程序或技术能力防止信息丢失。______

（1）是　　（2）否

30. 具备应对灾害或紧急安全事故的应急程序或机制，并且应急程序或机制应与所有相关的企业员工进行日常沟通以保证及时了解掌握。______

（1）是　　（2）否

本单位保证此报告的真实准确有效，并存有相关文件备查。如有不实，自愿承担海关不适用AA类/A类管理的法律后果。

法定代表人签字：　　　　　　　　　　加盖单位公章

年　月　日

附件 13

进出口业务情况表

企业名称：______________________

海关编码：______________________

填报日期：______________________

填报期间：　　年　　月至　　年　　月

内容		有（是）	无（否）	不适用	备注（情况说明）
基本情况	1. 企业所有权性质或股权结构有无变化				
	2. 企业管理层和进出口各部门主要负责人有无变动				涉及部门及职务：________；________
	3. 是否变更注册登记				变更时间及内容：________；________
	4. 进口或出口商品总货值列前三位的境外供（收）货人有无变化				供货人名称及国别 1. ________；________ 2. ________；________ 3. ________；________ 收货人名称及国别 1. ________；________ 2. ________；________ 3. ________；________
	5. 半年期期末资产负债率有无明显变化				本期期末资产负债率：________

一般贸易业务	6. 进口货物中有无《中华人民共和国海关总署公告（2006 年第 11 号）》所列公式定价商品				涉及商品名称及编码：__________；__________
	7. 有无与《中华人民共和国海关审定进出口货物完税价格办法》（海关总署令第 148 号）第十六条所列的特殊关系企业开展进出口贸易的情况				1. 买卖双方为同一家族成员的；（ ） 2. 买卖双方互为商业上的高级职员或者董事的；（ ） 3. 一方直接或者间接地受另一方控制的；（ ） 4. 买卖双方都直接或者间接地受第三方控制的；（ ） 5. 买卖双方共同直接或者间接地控制第三方的；（ ） 6. 一方直接或者间接地拥有、控制或者持有对方 5% 以上（含 5%）公开发行的有表决权的股票或者股份的；（ ） 7. 一方是另一方的雇员、高级职员或者董事的；（ ） 8. 买卖双方是同一合伙的成员的；（ ） 9. 买卖双方在经营上相互有联系，一方是另一方的独家代理、独家经销或者独家受让人，如果符合前 1–8 项的规定，也应当视为存在特殊关系。（ ）
	8. 上述特殊关系企业进出口相同或类似货物的交易价格与无特殊关系进出口的相同或类似货物的交易价格相比是否存在差异				涉及商品名称及编码：__________；__________
	9. 所签进出口贸易合同中有无《中华人民共和国海关审定进出口货物完税价格办法》（海关总署令第 148 号）第十一条规定的特许权使用费或其他费用支付的相关内容				涉及商品名称及编码：__________；__________
	10. 有无经海关审核后调整价格、归类、数量、原产地等申报内容的情况				涉及商品名称及编码：__________；__________
	11. 有无从(向)保税仓库、保税区进（出）口货物				涉及商品名称及编码：__________；__________
	12. 有无对外承接代理一般贸易业务				代理货值及税款：__________；__________

加工贸易及保税业务	13. 进口或出口保税货物主要种类有无增减或变化				涉及商品名称及编码：________；________
	14. 保税料件进口来源或成品出口主要流向有无变化				
	15. 保税货物内销申报价格是否出现明显变化				涉及商品名称及编码：________；________
	16. 加工贸易产品实际单损耗或耗料清单有无变化				涉及商品名称及编码：________；________
	17. ERP 等信息管理系统中对保税料件代码是否有特定标示				举例保税料件名称、代码：________；________
	18. 外发加工的比例有无明显变化				外发加工比例：________
	19. 加工贸易占全部贸易方式进、出口货值的比重有无明显增减				加工贸易比例增减情况：________
减免税业务（含不作价设备管理）	20. 减免税货物是否做到定期清点核对				最近核对时间：________
	21. 有无销售、转让、出租、抵押或其他改变减免税货物所有权的情况				
	22. 有无改变减免税货物使用、存放地点的情况				
	23. 有无减免税货物使用用途与申报用途不一致或其他改变使用用途的情况				
内部控制及贸易安全管理	24. 内部控制及贸易安全管理措施有无变化				涉及方面：________________
	25. 是否开展内部审计				内审时间和内容：________；________
填表说明：1. 本报表所填报业务为半年期内进出口客观情况，请在相应的空格项内划“√”，需填报具体情况的，请以文字说明；2. 凡涉及变化或增减情况均以最近一次验证稽查情况或上一半年期报送情况为比较对象；3. 明显增减变化是指增减比例达到或超过 20%。					

本单位保证此表填报内容真实、完整、准确，并存有相关文件备查。自愿承担因填报不实而导致的相应法律责任。

（加盖单位公章）

法定代表人签字：　　　　　　　　　　　　年　月　日

附件 14

报关代理业务情况表

企业名称：______________________

海关编码：______________________

填报日期：______________________

填报期间：　　　年　　月至　　　年　　月

内容		有（是）	无（否）	不适用	备注（情况说明）
基本情况	1. 企业所有权性质或股权结构有无变化				
	2. 企业管理层和进出口各部门主要负责人有无变动				涉及部门及职务：________；________
	3. 是否变更注册登记				变更时间及内容：________；________
	4. 委托代理申报报关单总票数列前三位的企业有无变化				委托企业名称及海关编码： 1. ________；________ 2. ________；________ 3. ________；________
	5. 代理申报报关单（含进出境备案清单）总票数有无明显变化				申报总票数及货值：________；________
报关员管理	6. 企业报关员总数量有无变化				现有报关员数量：________
	7. 有无报关员挂靠开展报关业务				涉及人员数量：________
	8. 有无报关员因涉嫌走私、违规或其他违法问题被取消或中止报关员资格				涉及人员数量及问题：________；________
报关业务管理	9.ERP 等信息管理系统是否定期更新报关业务管理信息并保存历史数据				最近更新时间：________
	10. 报关业务台账是否完整记录报关代理情况并将相关随附材料妥善保管				台账记录主要项目：________
	11. 有无对委托人身份资料、分类管理等级、以往诚信守法记录等以及委托人所提供情况的真实性进行合理审查的书面记录				书面记录主要项目：________
	12. 报关代理业务中有无经海关审核后调整价格、归类、数量、原产地等申报内容的情况				涉及问题起数：________
	13. 企业报关差错总记分次数有无增加				记分次数：________
内部控制及贸易安全管理	14. 内部控制及贸易安全管理措施有无变化				涉及方面：________
	15. 是否开展内部审计				内审时间和内容：________；________

填表说明：1. 本报表所填报业务为半年期内进出口代理客观情况，请在相应的空格项内划“√”，需填报具体情况的，请以文字说明；2. 凡涉及变化或增减情况均以最近一次验证稽查情况或上一半年期报送情况为比较对象；3. 明显增减变化是指增减比例达到或超过 20%。

本单位保证此表填报内容真实、完整、准确，并存有相关文件备查。自愿承担因填报不实而导致的相应法律责任。

（加盖单位公章）

法定代表人签字： 年 月 日

海关常用代码表

全国海关关区代码表（直属海关）

关区代码	关区名称	关区代码	关区名称
0100	北京关区	4900	长沙关区
0200	天津关区	5000	广东分署
0400	石家庄区	5100	广州海关
0500	太原海关	5200	黄埔关区
0600	满洲里关	5300	深圳海关
0700	呼特关区	5700	拱北关区
0800	沈阳关区	6000	汕头海关
0900	大连海关	6400	海口关区
1500	长春关区	6700	湛江关区
1900	哈尔滨区	6800	江门关区
2200	上海海关	7200	南宁关区
2300	南京海关	7900	成都关区
2900	杭州关区	8000	重庆关区
3100	宁波关区	8300	贵阳海关
3300	合肥海关	8600	昆明关区
3500	福州关区	8800	拉萨海关
3700	厦门关区	9000	西安关区
4000	南昌关区	9400	乌关区
4200	青岛海关	9500	兰州关区
4600	郑州关区	9600	银川海关
4700	武汉海关	9700	西宁关区

全国海关关区代码表（含隶属海关）

关区代码	海关名称
0100	北京关区
0101	机场单证
0102	京监管处
0103	京关展览
0104	京一处
0105	京二处
0106	京关关税
0107	机场库区
0108	京通关处
0109	机场旅检
0110	平谷海关
0111	京五里店
0112	京邮办处
0113	京中关村
0114	京国际局
0115	京东郊站
0116	京信
0117	京开发区
0118	十八里店
0119	机场物流
0121	京调查局
0123	机场调技
0124	北京站
0125	西客站
0126	京加工区
0127	京快件
0128	京顺义办
0129	北京海关天竺综合保税区
0200	天津关区
0201	天津海关
0202	新港海关
0203	津开发区
0204	东港海关
0205	津塘沽办
0206	津驻邮办
0207	津机场办
0208	津保税区

关区代码	海关名称
0209	蓟县海关
0210	武清海关
0211	津加工区
0212	天津保税物流园区
0213	天津东疆保税港区
0214	天津滨海新区综合保税区
0215	天津机场海关快件监管中心
0216	天津经济技术开发区保税物流中心
0220	津关税处
0400	石家庄区
0401	石家庄关
0402	秦皇岛关
0403	唐山海关
0404	廊坊海关
0405	保定海关
0406	石家庄海关驻邯郸办事处
0407	秦加工区
0408	中华人民共和国沧州海关
0409	廊坊海关驻出口加工区办事处
0410	石家庄海关驻机场办事处
0500	太原海关
0501	并关监管
0502	太原机场海关
0503	大同海关
0504	侯马海关
0505	山西方略保税物流中心
0600	满洲里关
0601	海拉尔关
0602	额尔古纳
0603	满十八里
0604	满赤峰办
0605	满通辽办
0606	满哈沙特
0607	满室韦
0608	满互贸区
0609	满铁路
0610	满市区
0611	满洲里海关驻西郊机场办事处
0700	呼特关区
0701	呼和浩特

关区代码	海关名称
0702	二连海关
0703	包头海关
0704	呼关邮办
0705	二连公路
0706	包头海关驻国际集装箱中转站办事处
0707	额济纳海关
0708	乌拉特海关
0709	满都拉口岸
0710	东乌海关
0711	呼和浩特海关驻白塔机场办事处
0712	呼和浩特海关驻出口加工区办事处
0713	鄂尔多斯海关
0800	沈阳关区
0801	沈阳海关
0802	锦州海关
0803	沈驻邮办
0804	沈驻抚顺
0805	沈开发区
0806	沈驻辽阳
0807	沈机场办
0808	沈集装箱
0809	沈阳东站
0810	葫芦岛关
0811	沈阳海关驻辽宁沈阳出口加工区办事处
0812	沈阳海关驻张士出口加工区办事处
0813	沈阳保税物流中心
0900	大连海关
0901	大连港湾海关
0902	大连机场
0903	连开发区
0904	连加工区
0905	大窑湾海关驻北良港办事处
0906	连保税区
0907	大连保税物流园区
0908	连大窑湾
0909	大连邮办
0910	大连大窑湾保税港区
0912	大连国际快件监管中心
0915	庄河海关
0917	大连海关驻旅顺办事处

关区代码	海关名称
0930	丹东海关
0931	丹东海关驻本溪办事处
0932	太平湾海关
0940	营口海关
0941	营口海关驻盘锦办事处
0950	鲅鱼圈关
0951	营口港保税物流中心
0960	大东港关
0980	鞍山海关
1500	长春关区
1501	长春海关
1502	长开发区
1503	长白海关
1504	临江海关
1505	图们海关
1506	集安海关
1507	珲春海关
1508	吉林海关
1509	延吉海关
1511	长春机办
1515	图们车办
1516	集海关村
1517	珲长岭子
1518	吉林海关驻车站办事处
1519	延吉三合
1521	一汽场站
1525	图们桥办
1526	集安青石
1527	珲春圈河
1529	延吉南坪
1531	长春东站
1537	珲沙坨子
1539	延开山屯
1547	珲加工区
1549	延古城里
1557	珲春海关驻车站办事处
1559	延吉邮办
1569	延吉海关驻机场办事处
1591	长春邮办
1593	长白邮办

关区代码	海关名称
1595	图们邮办
1596	集安邮办
1900	哈尔滨区
1901	哈尔滨关
1902	绥关铁路
1903	黑河海关
1904	同江海关
1905	佳木斯关
1906	牡丹江关
1907	东宁海关
1908	逊克海关
1909	齐齐哈尔
1910	大庆海关
1911	密山海关
1912	虎林海关
1913	富锦海关
1914	抚远海关
1915	漠河海关
1916	萝北海关
1917	嘉荫海关
1918	饶河海关
1919	哈内陆港
1920	哈开发区
1922	哈关邮办
1923	哈关车办
1924	哈关机办
1925	绥关公路
2200	上海海关
2201	浦江海关
2202	吴淞海关
2203	沪机场关
2204	闵开发区
2205	沪车站办
2206	沪邮局办
2207	沪稽查处
2208	宝山海关
2209	龙吴海关
2210	浦东海关
2211	卢湾监管
2212	奉贤海关

关区代码	海关名称
2213	莘庄海关
2214	漕河泾发
2215	上海海关驻上海世博会园区监管服务中心
2216	上海浦东机场综合保税区
2217	嘉定海关
2218	外高桥关
2219	杨浦监管
2220	金山海关
2221	松江海关
2222	青浦海关
2223	南汇海关
2224	崇明海关
2225	外港海关
2226	贸易网点
2227	普陀区站
2228	长宁区站
2229	航交办
2230	徐汇区站
2231	洋山海关驻市内报关点
2232	嘉定海关驻出口加工区办事处
2233	浦东机场
2234	沪钻交所
2235	松江加工
2236	洋山海关驻芦潮港铁路集装箱中心站监管点
2237	上海松江出口加工区 B 区
2238	上海青浦出口加工区
2239	上海闵行出口加工区
2240	上海漕河泾出口加工区
2241	沪业一处
2242	沪业二处
2243	沪业三处
2244	上海快件
2245	沪金桥办
2246	上海保税物流园区
2247	上海海关驻化学工业区办事处
2248	洋山海关（港区）
2249	洋山海关（保税）
2300	南京海关
2301	连云港关
2302	南通海关

关区代码	海关名称
2303	苏州海关
2304	无锡海关
2305	张家港关
2306	常州海关
2307	镇江海关
2308	新生圩关
2309	盐城海关
2310	扬州海关
2311	徐州海关
2312	江阴海关
2313	张保税区
2314	苏工业区
2315	淮安海关
2316	泰州海关
2317	禄口机办
2318	南京现场
2319	如皋海关
2320	无锡海关驻机场办事处
2321	常溧阳办
2322	镇丹阳办
2324	常熟海关
2325	昆山海关
2326	吴江海关
2327	太仓海关
2328	苏吴县办
2329	通启东办
2330	泰州海关驻泰兴办事处
2331	锡宜兴办
2332	锡锡山办
2333	南通关办
2335	昆山加工
2336	苏园加工
2337	连开发办
2338	苏关邮办
2339	南通海关驻出口加工区办事处
2340	无锡海关驻出口加工区办事处
2341	连云港海关驻连云港出口加工区办事处
2342	南京海关驻江苏南京出口加工区办事处
2343	南京海关驻江苏南京出口加工区（南区）办事处
2344	苏州海关驻苏州高新区出口加工区办事处

关区代码	海关名称
2345	镇江海关驻镇江出口加工区办事处
2346	苏州工业园区海关保税物流中心
2347	苏州工业园区海关驻苏州工业园区出口加工区 B 区办事处
2348	张家港保税物流园区
2349	南京海关驻邮局办事处
2350	苏州高新区保税物流中心（B 型）
2351	南京海关驻江宁经济技术开发区办事处
2352	南京龙潭保税物流中心（B 型）
2353	常州海关驻出口加工区办事处
2354	扬州海关驻出口加工区办事处
2355	常熟海关驻出口加工区办事处
2356	吴江海关驻出口加工区办事处
2357	常州海关驻武进办事处
2358	苏州工业园综合保税区
2359	苏州海关驻吴中出口加工区办事处
2360	盐城海关驻大丰港办事处
2361	淮安海关驻出口加工区办事处
2362	江阴保税物流中心
2363	太仓保税物流中心
2364	江苏武进出口加工区
2365	张家港保税港区
2900	杭州关区
2901	杭州海关
2903	温州海关
2904	舟山海关
2905	台州海关
2906	绍兴海关
2907	湖州海关
2908	嘉兴海关
2909	杭经开关
2910	杭州萧山机场海关
2911	杭关邮办
2912	杭关萧办
2915	丽水海关
2916	杭州萧山机场海关快件监管中心
2917	衢州海关
2918	杭关余办
2919	杭富阳办
2920	金华海关
2921	义乌海关

关区代码	海关名称
2922	金华海关驻永康办事处
2931	温关邮办
2932	温经开关
2933	温关机办
2934	温关鳌办
2935	温州海关驻瑞安办事处
2936	温州海关驻乐清办事处
2941	舟山海关驻嵊泗办事处
2951	台州海关驻临海办事处
2952	台州海关驻温岭办事处
2961	绍兴海关驻上虞办事处
2962	绍兴海关驻诸暨办事处
2981	嘉关乍办
2982	嘉兴海关驻嘉善办事处
2983	嘉兴海关驻出口加工区办事处
2984	嘉兴海关驻海宁办事处
2985	嘉兴海关驻桐乡办事处
2991	杭州经济技术开发区海关驻出口加工区办事处
3100	宁波关区
3101	宁波海关
3102	镇海海关
3103	甬开发区
3104	北仑海关
3105	甬保税区
3106	大榭海关
3107	甬驻余办
3108	甬驻慈办
3109	宁波机场海关
3110	象山海关
3111	宁波保税区海关驻出口加工区办事处
3112	宁波保税物流园区
3113	浙江慈溪出口加工区
3114	宁波海关驻鄞州办事处
3115	宁波海关驻鄞州办事处栎社保税物流中心
3116	宁波梅山保税港区港口功能区
3117	宁波梅山保税港区保税加工物流功能区
3300	合肥海关
3301	芜湖海关
3302	安庆海关
3303	马鞍山海关

关区代码	海关名称
3304	黄山海关
3305	蚌埠海关
3306	铜陵海关
3307	阜阳海关
3308	池州海关
3310	合肥现场
3311	合肥海关驻骆岗机场办事处
3312	芜湖海关驻出口加工区办事处
3500	福州关区
3501	马尾海关
3502	福清海关
3503	宁德海关
3504	三明海关
3505	福保税区
3506	莆田海关
3507	福关机办
3508	福州新港
3509	福关邮办
3510	南平海关
3511	武夷山关
3513	福现业处
3520	福州出口加工区海关
3521	福清出口加工区海关
3522	福州保税物流园区
3700	厦门关区
3701	厦门海关
3702	泉州海关
3703	漳州海关
3704	东山海关
3705	石狮海关
3706	龙岩海关
3707	厦肖厝关
3710	厦高崎办
3711	厦门东渡海关
3712	厦海沧办
3713	厦驻邮办
3714	象屿保税
3715	高崎机场海关
3716	厦同安办
3717	象屿保税物流园区

关区代码	海关名称
3718	泉州出口加工区
3719	厦门加工
3720	厦门火炬（翔安）保税物流中心
3722	厦门海关驻同安办事处大嶝监管科
3777	厦稽查处
3788	厦侦查局
4000	南昌关区
4001	南昌海关
4002	九江海关
4003	赣州海关
4004	景德镇关
4005	吉安海关
4006	昌北机办
4007	南昌海关驻高新技术产业开发区办事处
4008	南昌海关驻龙南办事处
4009	新余海关
4010	九江海关驻出口加工区办事处
4011	南昌海关驻出口加工区办事处
4012	赣州海关驻出口加工区办事处
4013	南昌海关驻上饶办事处
4014	南昌保税物流中心
4200	青岛海关
4201	烟台海关
4202	日照海关
4203	龙口海关
4204	威海海关
4205	济南海关
4206	潍坊海关
4207	淄博海关
4208	烟台海关驻出口加工区 B 区办事处
4209	荣成海关
4210	青保税区
4211	济宁海关
4212	泰安海关
4213	临沂海关
4214	青前湾港
4215	青菏泽办
4216	东营海关
4217	青枣庄办
4218	青开发区

关区代码	海关名称
4219	蓬莱海关
4220	青机场关
4221	烟机场办
4222	莱州海关
4223	青邮局办
4224	龙长岛办
4225	威开发区
4226	青聊城办
4227	青岛大港
4228	烟关快件
4229	德州海关
4230	青岛保税物流园区
4231	烟开发区
4232	日岚山办
4233	济机场办
4234	济南海关驻出口加工区办事处
4235	济邮局办
4236	荣成海关驻龙眼港办事处
4237	济通关处
4238	威海关驻威海邮局办事处
4239	潍诸城办
4240	青岛海关快件监管中心
4241	烟加工区
4242	威加工区
4243	济宁海关驻曲阜办事处
4244	青岛海关驻滨州办事处
4245	烟台海关驻邮局办事处
4246	青加工区
4247	威海海关驻机场办事处
4248	青岛海关驻莱芜办事处
4249	潍坊海关驻出口加工区办事处
4250	青岛西海岸出口加工区
4253	日照保税物流中心
4254	青岛保税物流中心
4255	潍坊海关驻寿光办事处
4258	青岛前湾保税港区
4600	郑州关区
4601	郑州海关
4602	洛阳海关
4603	南阳海关

关区代码	海关名称
4604	郑州机办
4605	郑州邮办
4606	郑铁东办
4607	郑安阳办
4608	郑州海关驻出口加工区办事处
4609	郑州海关驻商丘办事处
4610	周口海关
4700	武汉海关
4701	宜昌海关
4702	荆州海关
4703	襄阳海关
4704	黄石海关
4705	武汉沌口
4706	宜三峡办
4707	鄂加工区
4708	武汉海关现场业务处
4709	武汉海关驻江汉办事处东西湖保税物流中心
4710	武关货管
4711	武关江岸
4712	武关机场
4713	武关邮办
4716	十堰海关
4718	武汉东湖新技术开发区海关
4900	长沙关区
4901	衡阳海关
4902	岳阳海关
4903	长沙海关驻郴州办事处
4904	常德海关
4905	长沙海关
4906	株洲海关
4907	韶山海关
4908	湘关机办
4909	株洲海关驻醴陵办事处
4910	长沙海关驻郴州出口加工区办事处
4911	衡阳海关永州监管组
4912	郴州国际快件监管
4913	长沙金霞保税物流中心
5000	广东分署
5100	广州海关
5101	广州新风

关区代码	海关名称
5103	清远海关
5104	清远英德
5105	广州海关现场业务处
5106	南沙海关小虎监管点
5107	肇庆高新区大旺进出境货运车辆检查场
5108	肇庆德庆
5109	新风窖心
5110	南海海关
5111	南海官窑
5112	南海九江
5113	南海北村
5114	南海平洲
5116	南海业务
5117	桂江货柜车场
5118	平洲旅检
5119	南海三山
5120	广州内港
5121	内港芳村
5122	内港洲嘴
5123	内港四仓
5125	从化海关
5126	内港赤航
5130	广州萝岗
5131	花都海关
5132	花都码头
5133	萝岗石牌
5134	穗保税处
5135	广州海关现场业务处驻市政务中心监管点
5136	穗统计处
5137	穗价格处
5138	穗调查局
5139	穗监管处
5140	穗关税处
5141	广州机场
5142	民航快件
5143	广州车站
5144	穗州头咀
5145	广州邮办
5146	穗交易会
5147	穗邮办监

关区代码	海关名称
5148	穗大郎站
5149	大铲海关
5150	顺德海关
5151	顺德海关加工贸易监管科
5152	顺德食出
5153	顺德车场
5154	北窖车场
5155	顺德旅检
5157	顺德陈村港澳货柜车检查场
5158	顺德勒流
5160	番禺海关
5161	沙湾车场
5162	番禺旅检
5163	番禺货柜
5164	番禺船舶
5165	南沙旅检
5166	广州南沙保税港区
5167	南沙货港
5168	广东南沙出口加工区
5169	南沙海关
5170	肇庆海关
5171	肇庆高要
5172	肇庆车场
5173	肇庆保税
5174	肇庆旅检
5175	肇庆码头
5176	肇庆四会
5177	肇庆三榕
5178	云浮海关
5179	罗定海关
5180	佛山海关
5181	高明海关
5182	佛山澜石
5183	三水码头
5184	佛山窖口
5185	佛山海关快件监管现场
5186	佛山保税
5187	佛山车场
5188	佛山火车
5189	佛山新港

关区代码	海关名称
5190	韶关海关
5191	韶关乐昌
5192	三水海关
5193	三水车场
5194	三水港
5195	审单中心
5196	云浮新港
5197	广州联邦快递亚太转运中心
5198	穗河源关
5199	穗技术处
5200	黄埔关区
5201	黄埔老港海关
5202	黄埔新港海关
5203	新塘海关
5204	东莞海关
5205	太平海关
5206	惠州海关
5207	黄埔海关驻凤岗办事处
5208	黄埔海关驻广州经济技术开发区办事处（广州保税区海关）
5210	埔红海办
5211	河源海关
5212	新沙海关
5213	黄埔海关驻长安办事处
5214	黄埔海关驻常平办事处
5216	黄埔海关驻沙田办事处
5217	东莞海关寮步车检场
5218	新塘海关江龙车检场
5219	广州保税物流园区
5220	东莞保税物流中心（B型）
5300	深圳海关
5301	皇岗海关
5302	罗湖海关
5303	沙头角关
5304	蛇口海关
5305	深关现场
5306	笋岗海关
5307	南头海关
5308	沙湾海关
5309	布吉海关
5310	淡水办

关区代码	海关名称
5311	深关车站
5312	深监管处
5313	深调查局
5314	深关邮办
5315	惠东海关
5316	大鹏海关
5317	深关机场
5318	梅林海关
5319	同乐海关
5320	文锦渡关
5321	福保税关
5322	沙保税关
5323	深审单处
5324	深审价办
5325	深关税处
5326	深数统处
5327	深法规处
5328	深规范处
5329	深保税处
5330	盐保税关
5331	三门岛办
5332	深财务处
5333	深侦查局
5334	深稽查处
5335	深技术处
5336	深办公室
5337	大亚湾核
5338	惠州港关
5339	深加工区
5340	深关特办
5341	深惠州关
5342	深红海办
5343	深圳盐田港保税物流园区
5344	惠州港海关驻大亚湾石化区办事处
5345	深圳湾海关
5346	深圳机场海关快件监管中心
5348	大铲湾海关
5349	深圳前海湾保税港区
5700	拱北关区
5701	拱稽查处

关区代码	海关名称
5710	拱关闸办
5720	中山海关
5721	中山港
5724	中石岐办
5725	坦洲货场
5726	中山保税物流中心
5727	中小榄办
5728	中山海关驻神湾港办事处
5730	拱香洲办
5740	湾仔海关
5741	湾仔船舶
5750	九洲海关
5760	拱白石办
5770	斗门海关
5771	斗井岸办
5772	斗平沙办
5780	高栏海关
5790	拱监管处
5791	珠澳跨境工业区珠海园区海关办事机构
5792	拱保税区
5793	万山海关
5795	横琴海关
5798	拱行监邮
5799	拱行监处
6000	汕头海关
6001	汕关货一
6002	汕关货二
6003	汕关行邮
6004	汕关机场
6006	汕关保税
6007	汕关业务
6008	汕保税区
6009	汕关邮包
6011	揭阳海关
6012	汕关普宁
6013	澄海海关
6014	广澳海关
6015	南澳海关
6018	汕关惠来
6019	汕关联成

关区代码	海关名称
6020	汕关港口
6021	潮州海关
6022	饶平海关
6023	潮州海润快件监管中心
6028	潮阳海关
6031	汕尾海关
6032	汕关海城
6033	汕关陆丰
6038	汕头海关外砂快件监管中心
6041	梅州海关
6042	梅州兴宁
6400	海口关区
6401	海口海关
6402	三亚海关
6403	八所海关
6404	洋浦经济开发区海关
6405	海保税区
6406	清澜海关
6407	美兰机场
6408	洋浦保税港区海关
6700	湛江关区
6701	湛江海关
6702	茂名海关
6703	徐闻海关
6704	湛江南油
6705	湛江水东
6706	湛江吴川
6707	湛江廉江
6708	湛江高州
6709	湛江信宜
6710	东海岛组
6711	霞山海关
6712	湛江霞海
6713	湛江机场
6714	湛江博贺
6715	湛江进出境快件监管中心
6800	江门关区
6810	江门海关
6811	江门高沙
6812	江门外海

关区代码	海关名称
6813	江门旅检
6816	江门市进出境货运车辆检查场
6817	江门保税
6820	新会海关
6821	新会港
6827	新会稽查
6830	台山海关
6831	台公益港
6837	台山稽查
6840	开平海关
6841	开平码头
6847	开平稽查
6850	恩平海关
6851	恩平港
6857	恩平稽查
6860	鹤山海关
6861	鹤山码头
6867	鹤山稽查
6870	阳江海关
6871	阳江港
6872	阳江车场
6877	阳江稽查
7200	南宁关区
7201	南宁海关
7202	北海海关
7203	梧州海关
7204	桂林海关
7205	柳州海关
7206	防城海关
7207	东兴海关
7208	凭祥海关
7209	贵港海关
7210	水口海关
7211	龙邦海关
7212	钦州海关
7213	桂林机办
7214	北海海关驻出口加工区办事处
7215	广西钦州保税港区
7216	南宁保税物流中心
7217	广西钦州保税港（口岸）

关区代码	海关名称
7900	成都关区
7901	成都海关
7902	成都双流机场海关
7903	乐山海关
7904	攀枝花关
7905	绵阳海关
7906	成关邮办
7907	成都自贡
7908	成都加工
7909	成都公路国际物流中心监管场站
7910	成都双流机场海关非邮政快件监管点
7911	成都海关驻泸州办事处
7912	成都海关驻宜宾办事处
7913	成都海关驻南充办事处
7914	绵阳出口加工区
7915	成都保税物流中心（B型）
8000	重庆关区
8001	重庆海关
8002	南坪开发
8003	重庆机办
8004	重庆邮办
8005	万州海关
8006	重庆东站
8007	九龙坡港
8008	渝加工区
8009	重庆海关驻涪陵办事处
8010	重庆两路寸滩保税港区水港功能区
8011	重庆两路寸滩保税港区空港功能区
8012	重庆两路寸滩保税港区保税加工物流功能区
8300	贵阳海关
8301	贵阳总关
8302	贵阳海关驻机场办事处
8303	中华人民共和国遵义海关
8600	昆明关区
8601	昆明海关
8602	畹町海关
8603	瑞丽海关
8604	章凤海关
8605	盈江海关
8606	孟连海关

关区代码	海关名称
8607	南伞海关
8608	孟定海关
8609	打洛海关
8610	腾冲海关
8611	沧源海关
8612	勐腊海关
8613	河口海关
8614	金水河关
8615	天保海关
8616	田蓬海关
8617	大理海关
8618	芒市海关
8619	保山监管
8620	昆明机场
8621	昆明邮办
8622	西双版纳
8623	昆丽江办
8624	思茅海关
8625	河口海关驻山腰办事处
8626	六库监管
8627	昆明海关现场业务处开发区监管科
8628	云南昆明出口加工区
8800	拉萨海关
8801	聂拉木关
8802	日喀则关
8803	狮泉河关
8804	拉萨机办
8805	拉萨现场
8808	吉隆海关
9000	西安关区
9001	西安海关
9002	咸阳机场
9003	宝鸡海关
9004	西安海关邮局办事处
9005	陕西西安出口加工区 A 区
9006	陕西西安出口加工区 B 区
9007	西安保税物流中心
9400	乌关区
9401	乌鲁木齐海关现场业务处
9402	霍尔果斯

关区代码	海关名称
9403	吐尔尕特
9404	阿拉山口
9405	塔城海关
9406	伊宁海关
9407	吉木乃办
9408	喀什海关
9409	红其拉甫
9410	乌鲁木齐海关隶属阿勒泰海关
9411	塔克什肯
9412	乌拉斯太
9413	老爷庙
9414	红山嘴
9415	伊尔克什
9416	库尔勒办
9417	乌鲁木齐机场海关
9418	乌鲁木齐海关驻出口加工区办事处
9419	都拉塔海关
9420	乌鲁木齐海关驻车站办事处
9500	兰州关区
9501	兰州海关
9502	酒泉海关
9505	兰州海关驻天水监管组
9600	银川海关
9601	银川海关业务现场
9602	银川海关驻机场办事处
9603	银川海关驻惠农监管组
9700	西宁关区
9701	西宁海关现场

国内地区代码表

地区代码	地区名称	地区代码	地区名称
11	北京	43	湖南
12	天津	44	广东
13	河北	45	广西
14	山西	46	海南
15	内蒙古	50	重庆
21	辽宁	51	四川
22	吉林	52	贵州
23	黑龙江	53	云南
31	上海	54	西藏
32	江苏	61	陕西
33	浙江	62	甘肃
34	安徽	63	青海
35	福建	64	宁夏
36	江西	65	新疆
37	山东	71	台湾
41	河南	81	香港
42	湖北	82	澳门

国内地区性质代码表

（企业 10 位海关编码第 5 位）

代码	地区性质
1	经济特区
2	经济技术开发区和上海浦东新区、海南洋浦经济开发区
3	高新技术产业区
4	保税区
5	出口加工区
6	保税港区
7	保税物流园区
8	
9	其他
0	

企业性质代码表

（企业10位海关编码第6位）

代码	企业性质
1	国有企业
2	中外合作企业
3	中外合资企业
4	外商独资企业
5	集体企业
6	私营企业
7	个体工商户
8	报关企业
9	其他
0	
A	从事对外加工的国有企业
B	从事对外加工的集体企业
C	从事对外加工的私营企业